中国法治论坛

CHINA FORUM ON THE RULE OF LAW

中国法治论坛
CHINA FORUM ON THE RULE OF LAW

妇女社会权利的保护：
国际法与国内法视角 （上）

Protection of Women's Social Rights:
from International and Domestic
Law Perspectives Ⅰ

主编／〔中国〕李西霞
〔瑞士〕丽狄娅·R. 芭斯塔·弗莱纳

Editors in Chief

〔China〕Li Xixia
〔Switzerland〕Lidija R. Basta Fleiner

社会科学文献出版社
SOCIAL SCIENCES ACADEMIC PRESS（CHINA）

总　　序

　　故宫北侧，景山东麓，一座静谧的院落。蕴藉当年新文化运动的历史辉煌与典雅的土地上，流淌着中国法律理论的潺潺清泉，燃烧着法治思想的不息火焰。多年来，尤其是1978年中国改革开放以来，一代代法律学者在这里辛勤劳作，各领风骚，用他们的心血和智慧，谱写了许多可以载入史册的不朽篇章。

　　为了记载和激扬法治学问，推动法治，继往开来，中国社会科学院法学研究所设立"中国法治论坛"系列丛书。一方面，重新出版最近20余年来有重要文献价值的论文集，如始于20世纪70年代末的关于人治与法治、法律面前人人平等、起草新宪法以及法律阶级性等问题的专项讨论，90年代初以来关于人权、市场经济法律体系、依法治国、司法改革、WTO与中国法、环境保护、反酷刑、死刑存废等问题的专项讨论；另一方面，陆续编辑出版今后有足够学术含量和价值、比较成熟的国际国内相关研究项目和会议的论文集。

　　法律乃人类秩序规则。法治乃当世共通理念。"中国法治论坛"不限于讨论中国的法律问题，也并非由中国社会科学院的学者独自担当。我们期望，这个论坛能够成为海内外学者、专家和广大读者、听众共同拥有的一个阐解法意、砥砺学问的场所，一片芳草茵茵、百花盛开的园地。

夏　勇

2003 年 6 月 6 日

Preface to China Forum
on the Rule of Law

To the north of the Forbidden City and east of Jingshan Hill lays a peaceful courtyard. It is the seat of the Institute of Law of Chinese Academy of Social Sciences, the most prestigious national institute in China devoted to legal research and legal education. On this small piece of land, rich in historical splendor and elegance of the New Culture Movement of 1919, flows an inexhaustible spring of Chinese legal theory and rages an inextinguishable flame of the ideal of the rule of law. Since several decades ago, especially since the "reform and opening up" in 1978, generations of Chinese legal scholars have been working diligently on this small piece of land and, with their wisdom and painstaking efforts, composed many immortal masterpieces of law that will go down in history.

China Forum on the Rule of Law is a series of books published by the Institute of Law with a view to carrying on the past and opening a new way for the future in the research of the rule of law and promoting the development of the rule of law in China. In this series, we will, on the one hand, republish papers published in China in the past 20 years which are of great historical significance, such as those relating to the discussions since late 1970s on the rule of man and the rule of law, the equality of everyone before the law, the drafting of the new Constitution, and the class nature of the law and those relating to debates since early 1990s on human rights, the legal system under the market economy, ruling the country in accordance with the law, judicial reform, WTO and China, environmental protection, eradication of torture, and abolition of the death penalty. On the other hand, we will edit and publish papers from future research projects and academic seminars, both in China and abroad, which are relatively mature and of sufficiently high academic value.

The law is the norms of order for all mankind and the rule of law a universal ideal of all peoples in the contemporary world. China Forum on the Rule of Law is not limited to the discussion of the legal issues in China, nor will it be monopolized by scholars of the Institute of Law. We sincerely hope that it will be able to provide an opportunity for scholars, experts, as well as readers to freely express their ideas and exchange their views on legal issues, a forum for a hundred schools of thoughts to contend, and a garden for a hundred flowers to bloom.

Xia Yong

6 June 2003

目 录

第一单元　妇女社会权利的保护：国际法与
国内法视角

第二单元　妇女社会保障权的立法、
行政和司法保护

CONTENTS

Part One   Protection of Women's Social Rights from Perspectives of International Law and Domestic Law

Part Two   The Legislative, Administrative and Judicial Protection of Women's Social Security Rights

序　一

　　妇女人权既是人权研究的一个重要领域，也是人权保障的一个特殊领域。从人权理论研究和人权保障实践来看，妇女人权具有双重性：一方面，国际人权和国内人权确认的几乎所有权利，都与妇女有关，或者说，妇女几乎是一切人权的权利主体，包括公民权利与政治权利、经济社会和文化权利以及生存权、发展权、和平权、环境权、免受恐惧权等权利，妇女与男子一样都是这些权利的主体，平等地享有这些权利；另一方面，国际人权法和国内人权法又都对妇女人权或多或少或此或彼地给予了特别的规定和不寻常的保障，以使妇女能够平等、真实、有效地享受与男子一样的各种人权，同时还享有一些基于妇女性别和生理所特有的人权。正如"从最初始的意义上讲，人权是弱者保护自己利益并向强者斗争、挑战的有力武器"，而"对于人类强者而言人权并不是至关重要的护身符"一样，[①] 国际人权法和国内人权法对妇女人权做出特别规定并给予特殊保障，正说明了妇女在以往男权主导的人权世界中处于弱势地位。郝铁川教授曾借用费孝通先生的"差序格局"理论，来说明权利实现的渐进性，指出"近代以来的立法事实表明，先是18、19世纪有财产的男性获得政治权利，然后是20世纪初叶所有男性都获得政治权利，最后是20世纪中叶，妇女获得了与男子平等的政治权利"。[②] 西方国家在宪法和法律规定上实现男女政治权利的平等，尚且经历了一、二百年的历史，今天要在法律规定上和具体实践中切实保证男女经济社会文化权利的平等实现，绝不是一场革命或者运动就能够即刻解决的易事，而将是涉及文化、观念、传统、制度、法律以及经济社会发展水平等诸多因素的需要长期努力奋斗的事业。

　　1978年中国改革开放以来，中国社会科学院法学研究所即开始了对妇女

---

① 李林：《走向人权的探索》，法律出版社，2007，第326页。

② 郝铁川：《论权利实现的差序格局》，载《中国社会科学》2002年第5期。

权利（妇女人权）问题的研究，在全面修改 1982 年宪法、修改《婚姻法》、起草《妇女权益保障法》、《继承法》等法律过程中，发挥了重要作用。1990 年中国社会科学院法学研究所开始对人权理论与人权政策问题进行全面系统研究，陈明侠、信春鹰、黄列、朱晓青等教授也在福特基金会北京办事处的支持下，积极开展妇女与人权等项目的研究，取得了重要成效。1996 年中国社会科学院人权研究中心成立，进一步强化并推进了妇女人权保障的理论与实践问题研究。2002 年，中国社会科学院法学研究所成立了性别与法律研究中心，运用社会性别视角来分析立法、司法、执法及法学教育和法学研究，推动有利于男女两性共同发展的法律框架的创建，推进法学研究和法学教育中的社会性别主流化。

由李西霞女士负责并具体组织实施的"加强妇女社会权利的法律保护"项目，既是中国社会科学院法学研究所长期以来开展人权与法治研究的重要组成部分，也是我所关于妇女人权保障法治问题研究的延续和深化。本项目的顺利实施，对于深化妇女社会权利法律保障的理论研究，比较并借鉴国际人权法、区域人权法和国别人权法对以妇女为主体的社会权利保障的有益经验，完善中国保障妇女社会权利的法治机制，具有重要的理论价值和实践意义。展现在读者面前的《妇女社会权利的保护：国际法与国内法视角》（中英文版）这本文集，就是实施本项目所取得的重要成果之一。

本书收录了中国社会科学院法学研究所从 2009 年 12 月至 2013 年 5 月实施"加强妇女社会权利的法律保护"项目过程中形成的主要研究成果。本书围绕"国际法和国内法对妇女社会权利的保护""妇女社会保障权的立法、行政和司法保护""妇女健康权的立法、行政和司法保护""妇女劳动权的法律保护"和"妇女社会权利保护和实施的国际监督机制"等专题进行了广视野、多方位的深入讨论，涉及反家暴立法、妇女就业权、女工劳动保护、男女同工同酬、男女同龄退休、怀孕和生育歧视、生育保护制度、妇女健康权、妇女家庭劳动、移徙女工权利的国际保护、女童的受教育权、国际人权公约视野下的妇女权利保障、妇女劳动权的法律保护、女权主义视角下的妇女劳动权、妇女的工作权以及荷兰、英国、瑞士、德国、法国和澳大利亚妇女社会权利保护等方面的诸多内容。

本书从国际和国内两个层面，重点探讨了妇女作为社会弱势群体的社会权利的法律保护和实现。从社会发展历史来看，妇女对于整个人类社会的繁荣进步起到了巨大的促进作用，正如毛泽东说的"妇女能顶半边天"。然而，由于妇女在身体结构和生理素质方面与男性有着先天不同，妇女担负着生育子女的社会使命，加上普遍存在的文化偏见以及传统性别歧视等观念，使得她们社会权利的保障和实现往往面临更多的困难和更大的挑战。因此，世界各国普遍强调对妇女权益尤其是妇女经济社会文化权利的特殊保护。

在国际层面上，联合国人权法律文件既要求对公民权利和政治权利与经济社会文化权利这两类人权给予同等保护，也要求对于妇女权利（包括经济社会文化权利）给予特殊保护；既要求缔约国从文化和法律制度上矫正深层次的性别失衡，也要求缔约各国对妇女提供更好更有效的法律保护。国际人权法律文件，尤其是联合国《经济、社会和文化权利国际公约》和《消除对妇女一切形式歧视公约》，已经在妇女权利保护和实现过程中扮演重要角色。墨西哥世界妇女大会还通过了《世界行动计划》，并将 1976~1985 年定为"联合国妇女十年：平等、发展与和平"，为全球组织关注该问题提供了平台和基础。另外，1995 年在北京召开的世界妇女大会，也促进了世界各个国家、地方和国际妇女组织的相互联系与合作。

在国家层面上，许多国家强调对妇女权利的特别保护并建立了相关法律制度来实现妇女的权利。各国实现国际人权法规定的妇女权利的途径不尽相同，有的国家规定国内执法和司法机关可以或者应当直接实施国际人权法律文件，有的国家则规定需要把国际人权法律文件通过国内立法，转化到其国内法律体系中，才能予以实施。2001 年，中国立法机关批准了联合国《经济、社会和文化权利国际公约》，但公约不能直接在中国适用，需要经过中国全国人大及其常委会的转化立法，才能适用之。但是，这是由中国的宪政体制和法律制度决定的，绝不意味着中国不重视《经济、社会和文化权利国际公约》的实施，更不意味着中国对妇女经济社会文化权利保障的不重视。相反，中国政府一向重视并加强对妇女经济社会文化权利的保障和实现。2007 年 3 月，中国全国人大通过国家经济社会发展"十一五"规划，明确规定了男女平等的政策，提出"实施男女平等的基本政策，实施妇女发展规划，保障妇女在教育、就业、社会保障、婚姻和财产，以及参与社会事务的各项权利，加强对妇女的卫生保健、扶贫、劳动保护和法律援助"。2012 年 3 月，全国人大通过国家经济社会发展"十二五"规划，进一步规定"坚持男女平等，切实保障妇女合法权益，加强未成年人保护，发展妇女儿童事业"。这些充分体现了中国《宪法》和《妇女权益保护法》中关于男女平等的原则和中国政府在《北京 +10 宣言》中所做出的庄严承诺。

2003 年 6 月 27 日，中国如期向联合国经济、社会及文化权利委员会提交了执行《经济、社会和文化权利国际公约》情况的首次报告。报告近 200 页，配有近 30 幅图表，全面、系统地介绍了中国履行《经济、社会和文化权利国际公约》的情况。5 月 13 日，经社文委员会通过关于中国履行《经济、社会和文化权利国际公约》报告的"结论性意见"，对中国颁布实施《劳动保障监察条例》、修订《集体合同规定》和《最低工资规定》，通过《中国农村扶贫开发纲要（2001～2010年）》，落实《关于切实加强防治艾滋病工作的通知》等方面工作予以积极评价。"同时也对中国流动人口在就业、社会保障、卫生服务、住房和教育等方面的权益保护表示了关注。委员会还提出了相关改进建议，希望中国政府在下次定期报告中列出国内生产总值用于教育、卫生和住房计划的比例；呼吁采取有效措施，确保《经济、社会和文化权利国际公约》第三条规定的非歧视原则得到切实遵守，包括消除男女工资差别、保证男女机会均等……"因此，将国际人权法与国内人权法相结合、将妇女人权保障理论与妇女人权保护实践相结合，通过比较分析和研究，不断完善国内法律制度，加强《经济、社会和文化权利国际公约》在中国的实施，达成实施本项目的主要目的。

中国政府向来高度重视妇女发展和男女平等。在实行改革开放后和发展妇女事业过程中，已经形成了立法、制度建设、政策导向和机构建设等多方位的保护体系。从立法的角度看，中国已基本形成了保护妇女权益的法律保障体系，如宪法、妇女权益保障法、刑法、民法、诉讼法和行政处罚法、社会保险法（包括医疗保险、养老保险、生育保险、工伤保险和失业保险）等。尤其是2005年8月《中华人民共和国妇女权益保障法》修正案的通过，新增了反歧视原则、男女平等原则、预防和制止家庭暴力等相关规定。这些法律的实施，加快了男女平等的发展进程，对妇女社会权利的保护和实现起到了积极地促进作用。

尊重和保障人权，是中国宪法规定的基本原则，也是中国政府长期坚持的基本国策。2009年4月，中国出台首份《国家人权行动计划（2009～2010年）》，内容涵盖经济、社会和文化权利各领域，包括了工作权利、基本生活水准权利、社会保障权利、健康权利、受教育权利、文化权利等方面的两年期工作目标和具体措施。2011年7月，中国国务院新闻办公室主任王晨宣布，上述《行动计划》的目标任务全面如期完成，中国人权事业取得重大进展。在妇女权利保障方面取得的成就是，妇女的平等地位与合法权益得到全面保障，两年来妇女参与管理国家和社会事务的水平进一步提高。国家制定和完善了《社会保险法》、《女职工劳动保护规定》等涉及女职工权益的法律法规，全国人大开展了《妇女权益保障法》的执法检查，各级工会积极向女职工提供法律援助。2012年6月，中国制定颁布了第二个《国家人权行动计划（2012～2015年）》，明确提出下一步要努力消除就业性别歧视，落实男女同工同酬。加强女职工劳动保护，适时修改女职工特殊劳动保护标准。

推进已建工会的企业签订并履行女职工权益保护专项集体合同。

我们相信，随着中国政治经济社会文化的全面发展和依法治国基本方略的全面落实，到2020年中国全面建成小康社会时，中国人权保障事业将取得更加辉煌的成就，中国妇女人权尤其是妇女的经济社会文化权利将得到更加充分的保障和实现。

我们同样相信，本书的出版有利于深入了解不同国家对妇女社会权利保护的立法、行政和司法制度，有助于相互学习借鉴国际上通过法律途径解决妇女社会权利保障问题的立法执法司法经验，有助于增进对作为社会弱势群体之一的妇女及其社会权利法律保护重要性的认识，推动对妇女社会权利法律保护的人权理论与实际问题研究，推动中国妇女社会权利法律保护的对策研究和制度完善。

本书作者包括来自中国社会科学院法学研究所、国际法研究所以及来自北京大学、中国人民大学、中国政法大学、中华女子学院、武汉大学、西北工业大学、西南财经大学、人力资源和社会保障部、国务院法制办公室、全国妇联、卫生部卫生发展研究中心的专家学者如刘海年、刘翠霄、朱晓青、薛宁兰、赵建文、李西霞、叶静漪、黎建飞、王虎峰、刘明辉、郭慧敏、芮立新、陈培勇、薛小健、吴越、李运华、常鹏翱、谢增毅、余少祥、钱叶卫、刘延东、杨慧、贺玲、董文勇、董斌、戴瑞君、石娟、黎博思、魏倩、潘玮、严婵、高永贤、宋大平，以及来自瑞士弗里堡大学的托马斯·弗莱纳和丽狄娅·R.芭斯塔·弗莱纳、德国慕尼黑大学理查德·吉森、荷兰乌特勒支大学的艾伯丁·杰西娜·温德曼和玛丽蕾·布瑞克、英国英中协会前任主任凯蒂·李女士、澳大利亚悉尼新南威尔士大学的克里斯汀·弗斯特、英国利兹大学的德利·达芬、伦敦大学玛丽皇后学院的瑞博·茉瑞等著名教授和专家学者。值此《妇女社会权利的保护：国际法与国内法视角》（中英文版）一书出版之际，我要代表中国社会科学院法学研究所对上述作者的智力贡献及其所付出的努力表示衷心感谢。

最后，我要代表中国社会科学院法学研究所对荷兰驻华大使馆支持和资助本项目表示衷心感谢。尤其对荷兰驻华大使馆一直关心中荷两国学者在法治和人权领域交流合作以及在本项目实施过程中给予的诸多支持和帮助表示感谢。同时，对西南财经大学、四川省妇女联合会、英国英中协会、荷兰乌特勒支大学人权研究所对本项目实施的大力协助，再次表示由衷谢意。

李 林

2013 年 5 月

序　二

　　每当我阅读涉及妇女权益方面的著述，包括这本《妇女社会权利的保护：国际法与国内法视角》（中英文版）时，"和谐"总是作为一个突出而重要的建构性要素，将我阅读所得图景与脑海既存图景叠加、交织、重构，从而形成一幅新的混合着经验与设想的社会和谐共处图景。和谐，确实是一个相当美好的字眼，无论是将其用来描述一个自然状态，还是用来描述一个社会状态，都映现出植于描述者内心深处的美好倾向。于今，我们旨在建设一个社会主义和谐社会，明确把和谐这个充满美感的字眼及其所代表的社会要素，作为我们为之努力的社会理想构成，充分表明我们的社会理想趋向善与美的结合。

　　和谐得以作为价值追求目标的逻辑前提，就是这一价值追求过程所在系统的内部存在差异，简而言之，差异是和谐的前提，无差异则无和谐。就像单一色彩构不成一幅画作一样，和谐图景也不能由无差异的构成要素组成。人之分为男人女人构成人类社会最基本的差异，从而决定了两性和谐图景是社会和谐图景最为基本的构成。自人类社会生成之后，两性之间的差异就不曾纯粹是生理性的，而从来就是社会性的；对两性之间差异再塑造的社会过程就不只是适应性的，而更是建构性的。历史经验与现实观念都告诉我们，两性和谐的社会建构不仅是必要而重要的，而且也是可能而必然的。

　　不断萦绕在以性别视野观察社会的思考者（就像本书的作者与读者）脑海中真正难解的问题，不是要不要两性和谐的问题，而是如何才算是两性和谐的问题，以及由此延展开的如何才能实现两性和谐的问题。当思考者居于不同的社会历史时空坐标中，并且又是具备自主选择能力的社会主体时，其观察这些问题的角度、分析这些问题的思路以及解决这些问题的答案，肯定呈现出更为复杂或曰丰富的状态。我们对这些不同的角度、思路和答案，难以简单地做出优劣判断与取舍抉择。好在至今已有几个被充分证明是正确的前提：其一，加强妇女权益保障是实现当今社会两性和谐的必然选择，这是从两性社会结构及其功能的历史反思中得出的结论；其二，妇女权益保障的目标效果与社会现实条件密切相关，这是从妇女权益保障过程的经验归纳与教训反省中得出的结论；其三，妇女权益保障的设想与思路将随着不断的经验交流与观点交锋而愈加合理适当，这是妇女权益保障理论学说与政策观点在反复实践验证中得出的结论。《妇女社会权利的保护：国际法与国内法视角》（中英文版）一书正是在这些前提的基础上，集结中外关心妇女权益保障、致力社会和谐进步的专家学者，就更为专门化系统化的妇女社会权利的法律保护问题，展开深入研究与充分交流的学术结晶。

在我国几十年来的社会发展进步中，妇女权益保障事业的成就是其中可用"辉煌""巨大"等形容的组成部分，这已经是一个举世公认的事实。我国妇女由历史上屈从为"第二性"甚至有性别自贬情结的社会角色，到以妇女解放为肇端直至成为以顶起"半边天"自许并充满性别崇高感的社会角色，如果不是辉煌而巨大的成就反复迭出其中，在人类历史长河中的短短几十年间是完成不了这一转变过程的。在今天的社会结构体系与运行机制的各个领域与各个层级中，都有愈来愈多的女性在发挥作用并作出贡献，这些作用与贡献使得性别视野中的我国社会在结构上更为合理，在运行上更为协调，在前景上更为光明。然而，问题还是存在的，诸如在社会观念层面，对妇女权益保障事业的态度，还存在冷漠、歧视、歪曲和误解；在社会结构层面，对妇女权益的设定与配置，还存在欠缺内生动力的人为设计与刻意安排；在社会运行层面，对妇女权益保障措施的实行，还存在以应付充任落实、以口号代替制度、以典型说明普遍等绝非少见的现象。

可见，历史赋予我们的责任并未因妇女权益保障事业的不断进步而越来越少，相反，不断进步的时代倒是提出越来越多的妇女权益保障课题等待我们去承担。《妇女社会权利的保护：国际法与国内法视角》（中英文版）一书的价值，首先是其学术主题充分反映了现实需要与时代特征，既是妇女研究、人权研究、社会法研究的重点理论问题，也是当前国家社会政策制定与实施的重要实践问题。其次，本书很好地体现了妇女权益保障机制由价值呼吁、政策导向到法律规制的理念转化与路径转变，并由此表明，妇女权益只有成为法律权利体系的一部分，才能在法治机制中获得持续有效的保障。再次，本书展开的学术讨论和经验交流丰富而具体、系统而深入，在人权法与社会法相交汇的理论制度框架中，以及国际法与国内法相交织的观察视野中，充分探讨了妇女社会权利的界定、价值、保护与实现机制，具体涉及妇女的社会保障权、妇女健康权、妇女劳动权等，其中展现出既鲜明又切实的理论启发性和措施可行性。最后，必须说一说本书的作者群体，她们或他们都是长期关注妇女权益保障事业的理论研究者和实务工作者，热心运用自己的专业知识和工作能力为妇女权益保障事业作贡献。中国社会科学院法学研究所的性别与法律研究中心长期坚持妇女权益保障的理论开拓和事业推进，与本书的作者群体保持了长期的专业交流与工作联系，本书就是其成果表现之一。

《妇女社会权利的保护：国际法与国内法视角》（中英文版）一书给了我很多教益，除了上面的有感而发之外，本书中的具体论题与结论也使我对如何研究妇女权益保障问题有了更深的体会。其一，社会运行的系统性决定了许多妇女权益保障问题不仅仅就是妇女权益保障问题，其产生问题的缘由以及解决问题的方案，只有放在一个更大因而也更复杂的背景和系统中，才能认识得更清晰、解释得更合理、解决得更有效。例如，只有结合当前城乡二元化体制和农村集体经济运行机制的改革深化，许多农村妇女权益保障的深层次问题才能得以解决。其二，同一个从历史延续下来的妇女权益保障问题，随着其所在社会系统的结构性变化，其同一问题的同一解决方案的优劣取舍也会发生变化。例如，我国的两性不同龄退休问题，原本是女性为解决就业率等社会问题所做出的牺牲，特别是在社会经济体系中选择自由度较低的时期，女性为社会利益做出的这种集体牺牲几乎没有补偿的机会与条件。但是随着社会经济体系中选择自由度和社会保障程度的提高，不同龄退休的价值评价可能发生分化，可能在不同女性的不同人生规划中有不同的选择取舍。因此在解决这一问题的方案设计中，区别对待并更多体现女性自愿选择的方案应比集体划一的思路或许更有利于女性群体。其三，由前一个体会所引发的再一个体会就是，对于妇女权益保障机制的设计思路，由单纯将女性视为一个群体向将其进一步类型化转变，由社会政策的统一布局向更多体现女性自愿选择转变，或许是与时俱进的能够更为有效保障妇女权益的政策理念。由于我对妇女权益保障问题素来缺乏深入研究，上述体会很可能是名副其实的浅见，但至少可以证明我对妇女权益保障事业包括有关学术研究的关切与支持。

随着我国社会主义和谐社会与法治国家建设的不断发展，妇女权益保障事业包括有关学术研究也必将不断发展。这种前景看好的判断在本书中还有一个证明，就是本书作者近乎一半都是男性，这打破了许多人以为的妇女问题研究者或妇女事业实践者多数是女性的表面印象。越来越多的男性研究者或实践者的不断加入，将会愈加充分地证明，加强妇女权益保障不是基于"性别自利"以争取两性竞争优势的反映，而是现实的人们对人及人类社会的自我认识与前景设想不断求善求美的反映。两性和而不同，互相贡献美好，今后的人类历史应当真正成为两性联袂主演的活剧。

陈 甦

2013 年 5 月

Forward I

Women's human rights is an important field of human rights research as well as a special area of human rights protection. From the perspectives of theoretical research on human rights and the practice of human rights protection, women's human rights have a dual nature. On the one hand, almost all the rights provided for in international and domestic human rights laws are women-related; namely, both men and women are equally entitled to almost all human rights, including civil and political rights, economic, social and cultural rights, as well as the right to existence, right to development, right to peace, environmental rights, and the right to be free from fear. On the other hand, both international and domestic human rights' laws give some kind of special protection to women's human rights, with a view to enabling women to truly and effectively exercise various kinds of human rights on an equal basis with men. At the same time, women enjoy some special human rights based on their gender and special physiology. Just as " human rights are originally effective weapons for the disadvantaged to protect their own interests and to challenge the advantaged," rather than "a protective talisman for the advantaged",[1] special protection of women's human rights by international and domestic human rights laws precisely shows that women have been in a disadvantaged position concerning their human rights in the world dominated by

---

[1]   Li Lin, *The Exploration of the Path to Human Rights*,   (Beijing: Law Press China), 2007, p. 326.

men. Hao Tiechuan used Fei Xiaotong's theory of "pattern of difference sequence" to explain the progressiveness of the realisation of rights: "Legislative facts since the modern times have shown that: first, men of property acquired political rights in the 18th and 19th centuries; then, all men acquired political rights in the beginning of the 20th century; and finally, women acquired the same political rights as those enjoyed by men in the middle of the 20th century. "[1] It has taken the western countries between 100 and 200 years to guarantee equal political rights for men and women in constitution and law. Therefore, the *de jure* and *de facto* equality between men and women in the enjoyment of economic, social, and cultural rights is by no means something that can be achieved over night through a revolution or a campaign. It is an undertaking that involves such factors as culture, ideas, tradition, institutions, law and the level of economic and social development, and can be realized only through long-term efforts.

Since the "reform and opening up" in 1978, the Institute of Law of the Chinese Academy of Social Sciences (the Institute of Law CASS) has been engaged in the research on women's rights (women's human rights). It played an important role in the revision or drafting of many laws, including the 1982 Constitution, the Marriage Law, the Law on the Protection of Women's Rights and Interests, and the Inheritance Law. In 1990, the Institute of Law CASS began to carry out comprehensive and systematic research on human rights theories and policies. With the support from the Ford Foundation Beijing Office, many research fellows of the Institute, including professors Chen Mingxia, Xin Chunying, Huang Lie and Zhu Xiaoqing, have also carried out many research projects on women and human rights, making important achievements in this field. The establishment of the Centre for Human Rights Studies CASS in 1996 further strengthened and promoted the studies on theoretical and practical aspects of the protection of women's human rights. In 2002, the Centre for Gender and Law Studies was established under the Institute of Law CASS. The main tasks of the Centre are to analyse from gender perspective legislative, judicial and law enforcement practices, legal education and legal research, to promote the construction of a legal framework conducive to the mutual development of men and

---

[1] See Hao Tiechuan, "On the Pattern of Difference Sequence in the Realisation of Rights", *China Social Sciences*, No. 5, 2002.

women, and to promote the mainstreaming of gender perspective in legal research and education.

The Project "Strengthening the Legal Protection of Women's Social Rights in China", led by Ms. Li Xixia, is an important part of the long-term research on human rights and the rule of law, as well as a continuation and deepening of the research on the legal system of protection of women's human rights carried out by the Institute of Law CASS. The successful implementation of the Project is of great theoretical value and practical significance to the deepening of theoretical research on the legal protection of women's social rights, the comparison of and drawing on the useful experiences on the protection of women's social rights by international, regional and foreign human rights laws, and the improvement of the legal mechanisms for the safeguarding of women's social rights in China. This publication, entitled *Protection of Women's Social Rights: International and Domestic Perspectives* (Chinese and English edition) is one of the important results under the Project.

The publication includes the main research findings under the Project " Strengthening the Legal Protection of Women's Social Rights in China ", implemented by the Institute of Law CASS from December 2009 to May 2013. The articles contained in this book carry out wide-view, multi-aspects, and in-depth discussions around such topics as "protection of women's social rights under the international and domestic laws", "legislative, administrative and judicial protection of women's social rights, social security rights and health rights", "legal protection of women's labour rights" and "international monitoring mechanisms for the protection and implementation of women's social rights". They touch upon such issues as anti-domestic violence legislation, women's right to employment, labour protection of women, equal pay for work of equal value for men and women, the same retirement age for men and women, discrimination based on pregnancy and childbirth, maternity protection system, women's right to health, women's housework, international protection of the rights of female migrant workers, the right of girls to education, protection of women's rights under international human rights conventions, legal protection of women's labour rights, women's labour rights from the feminist perspective, protection of women's right to work, and protection of women's social rights in the Netherlands, UK, Switzerland, Germany, France and Australia.

This book focuses on the legal protection and realisation, both at the international and domestic levels, of the social rights of women as a disadvantaged group of society. Just as Mao Zedong once said, "Women can hold up half the sky". The history of social development shows that, women have always played an important role in prosperity and progress of the human society. Because of the inherent differences in physical makeup and physiology between men and women, women have to perform the social function of childbearing. In addition to cultural prejudice and traditional ideas, childbearing has posed more difficulties and greater challenges for women in the protection and realisation of their social rights. Therefore, special protection have been given by states around the world to women's rights and interests, especially women's economic, social and cultural rights.

At the international level, the UN human rights law instruments require states to provide equal protection to the two categories of human rights, namely civil and political rights and economic, social and cultural rights. At the same time, they for-see special protection to women's rights (including economic, social and cultural rights) in order to redress deep-rooted gender imbalance through the reform of cultural and legal institutions while at the same time providing women with better and more effective legal protection. These international human rights legal instruments, especially the International Covenant on Economic, Social and Cultural Rights (ICESCR) and the Convention on the Elimination of All Forms of Discrimination against Women (CEDAW), are now playing an important role in the protection and effective realisation of women's rights. The First World Conference on Women, held in Mexico City, also adopted World Plan for Action and declared the years 1976-1985 as the UN Decade for Women: Equality, Development and Peace, which created a platform and basis for global organisations to follow closely women's issues. The Fourth World Conference on Women, held in Beijing in 1995, also promoted the liaison and cooperation between domestic, regional and international women's organizations.

At the domestic level, many countries have emphasized special protection of women's rights and established corresponding legal systems to realise women's rights. Different countries may take different approaches to domestic implementation of international human rights laws. In some countries international human rights laws are directly applicable by domestic administrative and judicial organs while in others they can be implemented only after being transformed into domestic law through domestic legislation. Although the ICESCR was ratified by the Chinese legislative organ in 2001, it is not directly applicable in China, but must first be transformed into Chinese domestic law by the National People's Congress or its Standing Committee. This is determined by the constitutional and legal systems in China and does not mean that the Chinese government attaches no importance to the implementation of the ICESCR or to the protection and the realisation of women's economic, social and cultural rights. On the contrary, the Chinese government has always attached great importance to and been strengthening the protection and realisation of women's economic, social and cultural rights. The Eleventh Five-Year Plan for National Economic and Social Development, adopted by the National People's Congress in March 2007, clearly provided for the policy of equality of men and women: "The state carries out the basic policy of equality of men and women, implements development plan for women, safeguards women's rights in the fields of education, employment, social security, marriage and property, and participation in social affairs, and strengthens health care, poverty relief, labour protection, and legal aid for women. " In March 2012, the National People's Congress adopted the Twelfth Five-Year Plan for National Economic and Social Development, which, among others, provides that: "The state adheres to the principle of equality of men and women, safeguards women's lawful rights and interests, strengthens the protection of the minors, and develops various undertakings for women and children" . These provisions embody fully the principle of equality of men and women enshrined in the Chinese Constitution and the Law on the Protection of Women's Rights and Interests, as well as the solemn commitment made by the Chinese government in Beijing +10 Declaration.

As scheduled, on June 27, 2003, the Chinese government submitted its initial report on the implementation of the ICESCR to the Committee on Economic, Social and Cultural Rights. The report, which is nearly 200 pages in length and contains about 30 charts, gives a comprehensive and systematic introduction to the situation of China's implementation of the Covenant. On May 13 of the same year, the Committee adopted the Concluding Observations on China's report. They commend the measures taken by China for the implementation of the Covenant, including the promulgation of Rules on Supervision of Labour Security, amendment of the Regulations on Collective Contracts and the

Regulations on Minimum Wages, adoption of China Rural Communities Poverty Relief Program (2001 – 2010), and the implementation of the Circular on Strengthening the Prevention and Control of HIV/AIDS. Meanwhile, the Committee "notes with deep concern the *de facto* discrimination against internal migrants in the fields of employment, social security, health services, housing and education, putting forward suggestions and recommendations on the improvement of the situation. The Committee requests the Chinese government to include in its next periodic report annual comparative data on the percentage of gross domestic product allotted for education, health and housing programs and calls upon the Chinese government to undertake effective measures to ensure the equal right of men and women to enjoy economic, social and cultural rights as provided for in Article 3 of the Covenant, including eliminating wage gaps between men and women, and providing equal opportunities for both men and women. " In view of the above fact, the main purpose of the project Strengthening the Legal Protection of Women's Social Rights in China is to promote continuous improvement of the domestic legal system for the implementation of ICESCR in China through comparative analysis and studies that connect international human rights law with domestic human rights law and combine theory with practice.

The Chinese government has always attached great importance to the development of women and the equality of men and women. Since the implementation of the policy of "reform and opening up" and in the process of furthering women's cause, China has developed a multi-layered system for the protection of women's rights consisting of legislation, system building, policy orientation, and institutional construction. As far as legislation is concerned, China has already developed a basic system of laws on the protection of women's rights and interests. It includes the Constitution, the Law on the Protection of Women's Rights and Interests, the Criminal Law, the Civil Law, litigation laws, the Law on Administrative Punishment, and Social Insurance Law (i. e. law on health insurance, pension insurance, maternity insurance, insurance against injuries at work, and unemployment insurance) . The amendment to the Law on the Protection of Women's Rights and Interests, adopted in August 2005, is of special importance. It lays down the non-discrimination principle, principle of equality of men and women and the prevention and prohibition of domestic violence. The implementation of these laws has speeded up the process of effective implementation of the principle of gender equality and played a positive role in promoting the protection and realisation of women's social rights.

Respecting and safeguarding human rights is one of the basic principles of the Chinese Constitution as well as one of the basic state policies pursued by Chinese government over a long period of time. In April 2009, China adopted the first National Human Rights Action Plan for the two-year period form 2009 to 2010. It contained the objectives and concrete measures for the protection and safeguarding of a wide range of economic, social and cultural rights, including the right to work, right to basic standard of living, right to social security, right to health, right to education, and cultural rights. In July 2011, Wang Chen, Director of the State Council Information Office, announced that China had achieved all the objectives of the National Human Rights Action Plan (2009 – 2010) and made major progress in the development of the human rights cause. These achievements included: women's equal status and lawful rights and interests had been fully protected; the level of women's participation in the administration of state and social affairs had been further raised; the state had adopted and revised a series of laws and regulations relating to the protection of the rights and interests of female employees, including the Social Insurance Law and the Regulations on the Labour Protection of Female Employees; the National People's Congress had carried out inspection on the enforcement of the Law on the Protection of Women's Rights and Interests; and trade unions at various levels had actively provided legal aid to female employees. In June 2012, China promulgated the National Human Rights Action Plan (2012 – 2015), which states that the government will make further efforts in eliminating gender discrimination in employment, implementing the system of equal pay for equal work irrespective of sex, and strengthening the labour protection of female employees. China will also revise in appropriate time the standard of special labour protection for female employees, and promote the conclusion and implementation of special collective contracts on the protection of women's rights and interests in enterprises that have established trade unions.

With the overall political, economic, social and cultural development and the full implementation of the fundamental strategy of ruling the country by law, we are confident that China will make even greater achievements in safeguarding women's human rights, especially their economic, social and cultural rights, by the year 2020, when it achieves the goal of building an all-around well-off society.

We also believe that the publication of this book will help to deepen people's understanding of the legislative, administrative and judicial systems of protection of women's social rights in different countries and contribute to the international exchange of legislative, law-enforcement and judicial experiences in dealing with various problems related to the legal protection of women's social rights. It should enhance the understanding of women as one of the disadvantaged social groups and the importance of legal protection of their social rights, and promote the research on theoretical and practical issues relating to the legal protection of women's social rights, as well as the improvement of the relevant systems.

The contributors of this publication are scholars and experts from various universities, research institutions and government organs, both in China and abroad. The Chinese contributors include: professors Liu Hainian, Liu Cuixiao, Zhu Xiaoqing, Xue Ninglan, Zhao Jianwen, Li Xixia, Ye Jingyi, Li Jianfei, Wang Hufeng, Liu Minghui, Guo Huimin, Rui Lixin, Chen Peiyong, Xue Xiaojian, Wu Yue, Li Yunhua, Chang Pengao, Xie Zengyi, Yu Shaoxiang, Qian Yewei, Liu Yandong, Yang Hui, He Ling, Dong Wenyong, Dong Bin, Dai Ruijun, Shi Juan, Li Bosi, Wei Qian, Pan Wei, Yan Chan, Gao Yongxian, Song Daping. They are respectively from the Institute of Law CASS, the Institute of International Law CASS, Peking University, Renmin University of China, China University of Political Science and Law, China Women's University, Wuhan University, Northwest Polytechnical University, Southwestern University of Finance and Economics, the Ministry of Human Resources and Social Security, the Legislative Affairs Office of the State Council, All-China Women's Federation, National Health Development Research Centre of the Ministry of Health, ect. The foreign contributors include: Professor Thomas Fleiner, Former Director of the Institute of Federalism University of Fribourg, Switzerland; Professor Lidija R. Basta Fleiner of the Institute of Federalism University of Fribourg, Switzerland, former First-Vice President of the Advisory Committee on the Framework Convention for the Protection of National Minorities; Professor Richard Giesen from University of Munich, Germany; Associate Professor Albertine Gesina Veldman and Lecturer Marjolein van den Brink from Utrecht University, Netherlands; Ms. Katie Lee, Former Director of the Great Britain China Centre; Ms. Christine Forster, Senior Lecturer at Law Faculty, University of NSW Sydney, Australia; Professor Delia Davin from Leeds

University UK; and Rainbow Murray, Ph. D Candidate at Murray Queen Mary University of London. On the occasion of publication of the book *Protection of Women's Social Rights: International and Domestic Perspectives* (Chinese and English edition), it is on behalf of the Institute of Law CASS that I hereby express heartfelt thanks to all the colleagues for their intellectual contributions and efforts.

Finally, on behalf of the Institute of Law CASS, I would like to extend our sincere gratitude to the Embassy of the Kingdom of the Netherlands in China for its support and financing of the above mentioned project, especially for its great support and assistance in the exchange and cooperation between Chinese and Dutch scholars in the fields of the rule of law and human rights over the past years and for putting this project in place. Meanwhile, we would also like to thank the Southwestern University of Finance and Economics, Sichuan Provincial Women's Federation, Great Britain-China Centre, and the Netherlands Institute of Human Rights of Utrecht University for their assistance and cooperation of this project.

Li Lin [*]

May, 2013

---

[*]   Professor of Law, Director of the Institute of Law, Chinese Academy of Social Sciences.

Forward Ⅱ

Whenever I read writings on women's rights and interests (including this publication entitled *Protection of Women's Social Rights*: *International and Domestic Perspectives* (Chinese and English edition) , "harmony" is always defined as a prominent and important constructive element. It superimposes the images I get from the reading upon those that are already in my mind; it interweaves them and reshapes them into a new picture of social harmony, which is a mixture of experience and imagination. Harmony is indeed a beautiful word. Whether used to depict a natural or social phenomenon it always reflects the good intentions rooted deep inside the user's heart. Today, we are endeavoring to construct a harmonious socialist society, which embraces specifically the esthetic word "harmony" and the social element the word symbolises as a component of the social ideal to which we commit ourselves. This demonstrates convincingly that our social ideals develop towards the integration of good and beauty.

One precondition for harmony to become a normative goal our society pursuits is that there exist differences inside the system in which such a process of value-pursuit is taking place. In short, difference is the precondition of harmony; without difference, there will be no harmony. Just like a picture that cannot be painted with a single color, the picture of harmony cannot be composed by undifferentiated elements. The differentiation of human beings into men and women constitutes the fundamental difference in human society; in consequence, the picture of harmony between men and women is the most important component of the picture of social harmony. Since the formation of human society, the difference between men and women has been never purely physiological, but also social. As a result, the social process of restructuring gender difference is no longer an adaptive process but more importantly, also a constructive process. Both historical experience and ideas about reality tell us that the social construction of gender harmony is not only necessary and important, but also possible and inevitable.

The really difficult issue that continuously haunts the thinkers who observe society from gender perspective (like the authors and readers of this book) is not whether we need gender harmony, but what gender harmony is and how to realize gender harmony. When a thinker, as a social subject with independent ability to make his/her own choice, is located in different social and historical space-time coordinates, the perspective from which he observes this issue, the line of thought he follows in analysing it, and the answers he gives are notoriously more complicated or richer in nature. It is therefore difficult for us to make a simple judgment on or the choice between different perspectives of thought, or answers. Fortunately, today there are several premises that have been fully proved to be correct: firstly, a historical reflection on the social gender structure and its functions shows that strengthening the protection of women's rights and interests is necessary for the realization of gender harmony; secondly, a reflection on the experiences gained and lessons learnt from the protection of women's rights and interests shows that the target effect of the protection of women's rights and interests is closely related to actual social conditions; and thirdly, a reflection on the repeated testing of the theories and policies of the protection of women's rights and interests shows that the assumptions and thinking on the protection of women's rights and interests can be gradually rationalized in line with the continuous exchange of experiences and confrontation of different ideas. The book *Protection of Women's Social Rights: International and Domestic Perspectives* (Chinese and English edition) is the result of in-depth research by and full exchange of opinions between Chinese and foreign experts and scholars who are dealing with the protection of women's rights and interests and devoted to the promotion of social harmony and progress on various issues relating to the specialized and systematic legal protection of women's social rights on the basis of the above-mentioned premises.

Famously, during the past several decades of social development and progress,

China has made achievements in the protection of women's rights and interests that can be described as "glorious" and "tremendous". Indeed, the transformation of women's role in society from that of the self-deprecating "Second Sex" to that of sublime "Half the Sky" would not have been achieved in just a few decades without a great many "glorious" and "tremendous" achievements. Today, more and more women are playing crucial roles and contributing importantly in various areas and at various levels of the system of social structure and its operational mechanisms. From the gender perspective, these roles and contributions make the Chinese society more rational in its structure, more coordinated in its operation, and brighter in its prospect. Nevertheless, many problems remain to be solved: at the level of social ideas, the protection of women's rights and interests is still treated with indifference, discriminated against, distorted and misunderstood; at the level of social structure, the setting and allocations of women's rights and interests are still artificially designed and deliberately arranged and, as a result, lack endogenous impetus; at the level of social operation, in the implementation of measures for the protection of women's rights and interests, it is still a common practice to implement the measures perfunctorily rather than conscientiously, to substitute institutions with slogans, and to present an exceptional case as a general phenomenon.

Accordingly, the continuous advancement of the protection of women's rights and interests does not reduce our historical responsibility in this area; on the contrary, it raises more and more new issues for us to solve. This book *Protection of Women's Social Rights: International and Domestic Perspectives* (Chinese and English edition) is valuable for the following reasons: firstly, academic themes of the book fully reflect the practical needs and characteristics of our times. They cover both the key theoretical issues in women's research, human rights research and social law research and important practical issues in the current formulation and implementation of state policies. Secondly, this book embodies very well the transformation of ideas of and approaches to the protection of women's rights and interests from those of value-based proposals and policy guidance to those concerning regulation by law. The articles demonstrate that women's rights and interests can be protected in a sustainable and effective way by the mechanism of the rule of law only once they have become a part of the system of legal rights. Thirdly, the academic discussions and exchanges of ideas contained in this book are rich, concrete, systematic and in-depth. Within a theoretical and institutional framework covering both human rights law and social law, and from the perspectives of both international law and domestic law, the authors of this book explored on the definitions, values, and the protection of women's social rights as well as on the mechanisms for their protection and realization, touching upon such concrete rights as the right to social security, the right to health and labour rights. The ideas and proposals they put forward are both theoretically enlightening and practically feasible. Finally, mention must be made of the authors of this book. They are theorists and practitioners who have long been concerned with and dedicated themselves to the protection of women's rights and interests. For a long period of time, the Center for Gender and Law Studies of the Institute of Law CASS has been devoted to the study of theories and promotion of the practice of the protection of women's rights and interests, maintaining a close academic and work relationship with the group of authors in the field of women's rights. This book is one of the results of this long-term effort.

Personally, I have benefited a lot from this book. Apart from the above reflections, the discussions on the concrete issues and the conclusions drawn from them contained in this book bring me a better understanding of the methods of research on the protection of women's rights and interests. Firstly, given that society operates as a system, many issues of the protection of women's rights and interests are not merely women's issues, but can be understood clearly, explained reasonably and solved effectively only when they are placed in a bigger and more differentiated background and viewed from the system as a whole. For example, many deep-seated problems of the protection of rights and interests of rural women can be solved only if they are dealt with in light of the current urban-rural dual structure and the deepening of the reform of the operation mechanism of the collective economy in rural areas. Secondly, with the change of social structure, the advantages and disadvantages of different solutions to the same problem of the protection of women's rights and interests may also change. For example, the system of different retirement age for men and women in China was originally a sacrifice made by women for the solution of the unemployment and various other social problems. Especially during the period of limited freedom of choice in the social-economic system, women had hardly any opportunity seeking compensation for such collective sacrifice. However, with the increase of the freedom of choice and the level of social security in the social-economic system, there may be some disagreement in the assessment of value embodied in the system of different retirement age for men and women, which would result in different planning of life by different women within such system. Therefore, the solution to this problem may be in differential treatment of women in light of their free choices. Such a policy is more beneficial to women than a uniform treatment. Thirdly, designing the mechanism for the protection of women's rights and interests can perhaps better keep pace with the times and more effectively protect women's rights and interests, provided a design is based upon the change from treating all women as a group to further dividing women into different categories and from making a uniform planning of social policy to accommodate women's voluntary choices. Since I have never carried out any in-depth research on the protection of women's rights, the above understandings are probably my humble opinions. They nevertheless show my concern about and the support for the cause of protection of women's rights and interests and for the related academic research projects.

I am confident that, with the progress of the construction of a harmonious socialist society and the rule of law, China will certainly make continuous progress in the protection of women's rights and interests and further promote related academic research. A piece of evidence in support of this optimistic judgment can be found right here in this book: nearly half of the authors of the book are men, which breaks many people's impression that most of the researchers of women's issues and practitioners in the field of the protection of women's rights and interests are women. The participation by more and more male researchers and practitioners shows that the strengthening of the protection of women rights is a sign not of the struggle between men and women for competitive advantages on the basis of "gender self-interest"; conversely, we are witnessing here a continuous pursuit by human beings for a better understanding of themselves and of the human society, and for good and beauty. The future human history should be a living drama performed by men and women living together in harmony, rather than in uniformity, and contributing to each other's betterment.

Chen Su *

May, 2013

---

* Professor of Law, Dupety Director of the Institute of Law, Chinese Academy of Social Sciences.

第一单元

妇女社会权利的保护：
国际法与国内法视角

国际人权公约视野下的
妇女权利保障

刘海年*

女性占世界总人口的二分之一，无论是作为妻子或母亲，她们在家庭福利、子女养育以及社会发展中都居十分重要的地位。然而，由于生理和社会历史的原因，女性却成为弱势群体中最大的群体。事实证明，对女性权益保护的重要程度，远远超出了其在总人口中的比例。

第一部分

从中国古代盘古开天辟地传说，或从西方《圣经》关于上帝造人，亚当、夏娃伊甸园故事的记载来看，人类初始，男女两性都是平等的。而据摩尔根《古代社会》描述的他对北美印第安人易洛魁血族团体的研究，以及人类学家对中国西南少数民族的调查，人类在进程中，还曾经历女性居于主宰地位的时期。在云南大理的泸沽湖，这一进程似乎至今并未完全结束。只是由于生理和某些社会原因，女性的主宰地位才逐渐让位于男性。在当时这一转变是与生产力发展相联系，是一种社会进步，没有任何材料说明曾经过暴力争斗，像后来阶级对阶级那样你死我活的斗争。然而，后来的情况就不同了。女性在家庭和社会的主宰地位，由始而渐渐让位于男性，继而渐渐依附于男性，再而变为男性的附属品，最悲惨的有些成为他们独占的或共同的玩偶。

* 刘海年，中国社会科学院荣誉学部委员、中国社会科学院法学研究所。

中国的传统道德宣扬"三纲五常""三从四德"。所谓"三纲"，即君为臣纲，父为子纲，夫为妻纲；"五常"，即五种人伦关系准则：仁、义、礼、智、信；所谓"三从四德"，是专对女子提出的行为规范，即女子在家从父，出嫁从夫，夫死从子，终生遵守妇德、妇言、妇容、妇功。由此可以看出，女性无论其社会地位或家庭地位都是最低的，甚至低于自己所生养的孩子。为了巩固男性的主宰地位和以血缘关系为纽带、以君权为中心的封建宗法等级秩序，从三千多年前的西周开始，上述传统道德便步步被法律所肯定，赋予国家强制力。这样的法律制度，随着1911年的辛亥革命推翻最后一个封建皇帝开始废止，但其影响，却长期存在，很难说今天人们的头脑中已经完全清除。

欧美等西方国家，封建社会历史不似中国等东方国家那么长，传统道德观念的约束也不似东方国家那么严重。在古代和中世纪，对妇女的限制主要表现在财产权和继承权方面，这就决定了她们必然依附于男性，女性在家庭和社会地位低下则是不争的事实。即使在近代启蒙思想家提出自由、平等、人权的号召，资产阶级革命将这样的观念上升为法律之后，女性仍长时期处于无权地位。主要西方国家妇女的选举权等权利，是二战之后联合国1952年《妇女政治权利公约》通过并实施后获得的，有些国家妇女的相关权利迟至20世纪70年代才实现。

中国和欧美等西方国家，女性地位低下还有这样的例子：在中国传统上，女孩出嫁后，本人原有的名字便渐渐失去重要性，而是随丈夫姓，称张氏、王氏或李氏，为不造成混淆，正式场合，在夫姓之后，再冠以本来姓氏，如张孙氏、王赵氏、李周氏等。不能仅将这种现象视为形式上姓氏的变化，而涉及相关财产权和人身权。这种影响的残留，在农村至今仍然能够见到。我不敢断言欧美等国婚后的妇女在姓名中冠夫姓，和现今港台地区某些婚后妇女在原姓名之前冠夫姓，是否与传统影响有关，因为她们中不少属于女强人，冠夫姓可能是为了示爱，决心永结百年之好，不在其中。不过，从总体看，妇女地位低下却仍是不争的事实。

第二部分

为了改变这种状况，维护妇女的权利，第二次世界大战之后，以联合国为代表的国际组织，进一步加强了妇女权利保障的举措，将制定此领域的国际公约和推动各国制定国内法提上了日程。其进展虽然不很迅速，但法律覆盖范围逐步扩大，妇女权利保障从一般到特殊、从原则到具体日益完备。

（一）维护妇女权利的国际公约日益完备

1945 年 6 月 26 日，面对第二次世界大战的杀戮，特别是面对二战中德国法西斯和日本军国主义对包括妇女儿童在内的人，实施有组织屠杀的惨无人道泯灭人性的野蛮行径，《联合国宪章》开宗明义地宣布："欲免后世再遭近代人类两度身历惨不堪言之战祸，重申基本人权，人格尊严与价值，以及男女与大小各国平等权利之信念。"《宪章》第 1 条第 3 款规定："促成国际合作，以解决国际间属于经济、社会、文化及人类福利性质之国际问题，且不分种族、性别、语言或宗教，增进并激励对于全体人类之人权及基本自由之尊重。"[①] 1948 年 12 月 10 日联合国大会通过的《世界人权宣言》（以下简称《宣言》），作为第一个世界性的专门保障人权的文献，大大拓展和丰富了《联合国宪章》有关人权保障的内容。《宣言》在序言之外共 30 条。《宣言》重申了《宪章》关于"人人有资格享有本宣言所载的一切权利和自由，不分种族、肤色、性别、语言、宗教、政治见解、国籍或社会出身、财产、出生或其他身份等任何区别。"《宣言》特别列出男女平等，并在以下有关权利享有各条，均以"人人"或"任何人"的全称肯定词语表述，说明对男女两性平等的重视。

为了使《宣言》确立的原则具有法律约束力，联合国指定人权委员会起草相应的国际人权公约。开始，人权委员会以西方国家的观念为指导，以《宣言》中关于公民权利和政治权利的内容为中心拟定公约草案，于 1950 年提交第五届联合国大会审议。大会认为公约草案未能全面反映《宣言》的内容，需要进行修改和补充。其后经当时社会主义国家和广大发展中国家的努力，1962 年第九届联合国大会审议了人权委员会提交的两公约草案。1955 ~ 1966 年又经十余年审议，1966 年 12 月 16 日，第二十一届联合国大会以 105 票正式通过了《经济、社会和文化权利国际公约》和《公民权利和政治权利国际公约》。

在人权委员会起草和联合国大会审议人权委员会草拟的国际人权公约期间，为适应形势发展的需要，联合国大会于 1952 年通过了《妇女政治权利公约》，1957 年通过了《已婚妇女国籍公约》，1962 年通过了《关于婚姻的同意、结婚最低年龄及婚姻登记的公约》。此外，国际劳工组织还于1951 年通过了《关于男女工人同工同酬的公约》。这些公约的通过和实施都对妇女权利保障起了良好作用，其基本内容均被 1966 年国际人权两公约

[①] 董云虎主编《世界人权约法总览》，四川人民出版社，1991，第 928 ~ 929 页。

所涵盖。

　　人权两公约的通过具有重要意义：其一，它赋予《宣言》所肯定的诸原则以法律约束力，与《宣言》一起成为世界人权宪章的核心文献。其二，它进一步指出了人权是不可分割的、相互依存的，如《经济、社会和文化权利国际公约》（以下简称《经社文公约》）序言揭示的："按照世界人权宣言，只有在创造了世人可以享有经济、社会及文化权利，正如享有公民和政治权利一样的条件的情况下，才能实现自由人类享有免于恐惧和匮乏的自由理想"。其三，在妇女权利保障方面，它较之于《世界人权宣言》向前迈进了一步，如，《宣言》只在第25条规定："母亲和儿童有权享受特别照顾和协助"，《经社文公约》则规定："对母亲，在产前和产后的合理期间，应给以特别保护。在此期间，对有工作的母亲应给以带薪休假或有适当社会保障福利金的休假"；该公约还规定："公平的工资和同值工作同酬而没有任何歧视，特别是保证妇女享受不差于男子所享受的工作条件，并享受同工同酬。"①《公民权利和政治权利国际公约》规定："本公约缔约各国承担保证男子和妇女在享有本公约所载一切公民和政治权利方面有平等的权利。""对十八岁以下的人所犯的罪，不得判处死刑；对孕妇不得执行死刑。"② 其四，两公约均规定设立专门机构监督条约的实施，各缔约国定期就条约在本国的实施情况提出报告，为条约的实施提供了组织保证。

　　尽管1966年国际人权两公约对妇女权利保障已对其生理特点和社会责任做出了一定特殊规定，但从多数条款和总体内容看，仍然是以同一标准平等地对待不同的群体和个人。毋庸讳言，这是历史进步，实现所规定的目标很不容易。不过，如要实现实质上的平等，必须针对不同人群的特殊需要做出特殊规定。妇女权利保障就是其中重要一项。为了依据妇女的特殊需要保障其权利，1967年第二十二届联合国大会通过了《消除对妇女歧视宣言》。该《宣言》指出："虽有《联合国宪章》、《世界人权宣言》、关于人权的各项国际公约及联合国与各专门机构之其他文书，虽在权利平等方面获有进展，而歧视妇女事情，仍数见不鲜"，而"歧视妇女有乖人类尊严及家庭与社会之福利"。"为废除现行歧视妇女的法律、习俗、规章与惯例，并为男女平等权利建立适当的法律保障，应采取一切适当措施"。③ 在《宣言》和1975年墨西哥召开的第一次世界妇女大会的推动下，1979年联合国大会通

---

① 中国社会科学院法学研究所编《国际人权文件与国际人权机构》，社会科学文献出版社，1993，第12、14页。

② 中国社会科学院法学研究所编《国际人权文件与国际人权机构》，第23、25页。

③ 中国社会科学院法学研究所编《国际人权文件与国际人权机构》，第120页。

过了《消除对妇女一切形式歧视公约》，1981 年生效。

《消除对妇女一切形式歧视公约》，在作为总括语的序文之下共分六个部分。序文指出，尽管《联合国宪章》、《世界人权宣言》等一系列保障人权文献肯定了保障人权原则，"歧视妇女的现象仍然普遍存在"。[①] 而这种歧视违反权利平等和尊重人格尊严的原则，阻碍妇女参加本国的政治、社会、经济和文化生活，妨碍社会和家庭的发展，影响她们更难充分发挥为国家和人类服务的潜力。正是基于此种情况，决心通过《公约》"执行《消除对妇女歧视宣言》内的各项原则"。第一部分，在阐释了"对妇女歧视"一词是指"基于性别而作的任何区别"，并由此限制妇女的作用、影响其两性平等的原则下享有基本人权和自由之后，对缔约国在消除对妇女歧视问题上提出总的要求。其中包括消除对妇女一切形式歧视，采取相应的立法、宣传教育等各种举措。第二部分，要求缔约国采取一切适当措施，消除本国在政治和公共事务中对妇女的歧视，保证其与男性有平等的选举权，担任公职的权利以及代表本国政府参加各国际组织工作的权利；保证其与男性相同的取得和改变国籍的权利。第三部分，缔约国要消除对妇女在教育、就业、社会保障和保健等方面的歧视。保证女性在学前教育、普通教育、技术、专业和高等教育以及各种职业训练方面都与男性平等；保证就业方面不受歧视，特别规定不得歧视结婚、怀孕、生育的妇女。妇女"在工作条件中享有健康和安全保障，包括保障生育机能的权利"；"妇女不因结婚或生育而受歧视，又为保障其有效工作权利起见，应采取适当措施"；"禁止以怀孕或产假为由予以解雇，以及以婚姻状况为由予以解雇的歧视，违反规定者得受处分"；"实施带薪产假或具有同等社会福利的产假，不丧失原有工作、年资或社会津贴"；"对于怀孕期间从事确实有害于健康工作的妇女，给予特别保护"。此部分还特别规定了消除对农村妇女的歧视，以及对她们在保健、计划生育、文化职业培训和获取农业信贷方面的优惠。第四部分，主要规定缔约各国要禁止在家庭、婚姻、财产所有、子女教育等方面对妇女歧视，保障妇女在有关人身移动、自由择居、家庭管理以及公民事务上享有与男人同等的法律行为能力。如发生纠纷，法院在诉讼的各个阶段给妇女以平等待遇。第五部分，是关于建立"消除对妇女歧视委员会"，以监督对公约的实施。委员会委员任期四年。按照公约第 18 条规定，各缔约国就实施公约的立法、司法、行政或其他措施的情况，于公约在本国生效后一年向联合国秘书长提出报告，供委员会审议，此后，至少每四年或在委员会请求下提出。第六部分主要是关

---

① 中国社会科学院法学研究所编《国际人权文件与国际人权机构》，第 125 页。

于公约批准程序的事项。值得提出的是该公约第 23 条规定，缔约国的法律或对缔约国生效的任何其他国际公约、条约或协定，如有对实现男女平等更为有利的规定，本公约的任何规定均不影响其效力。①

《消除对妇女一切形式歧视公约》是在 1966 年国际人权两公约通过后，联合国就妇女权利保障通过的一部专项公约，它在一系列国际人权文献就男女两性平等权利正面规定的基础上，就消除对妇女的生理、家庭和社会地位易产生一切形式歧视做出了逆向规定，使妇女与男子不仅实现了在法律形式上的平等，而且为实现事实上的平等迈出了重要一步。"消歧公约"通过后，作为这一公约的加强和补充，1993 年 12 月，联合国大会又通过了《消除对妇女暴力行为宣言》。针对实际存在的家庭、社会对妇女的身心方面和性方面的暴力侵害，《宣言》要求各国政府应采取得力措施加以消除，并依法对妇女暴力施加者予以惩罚。

（二）世界妇女大会大力推进

在联合国和世界人民，尤其是各国妇女的推动下，维护妇女权利的国际公约日益完备。从历史进程和当前实践看，从 1975 年开始举办的四次世界妇女大会，无论是对于保障妇女权利国际公约的完善，还是对于丰富妇女权利理论与实践，都具有历史性的作用。

1975 年在墨西哥城召开的第一次世界妇女大会，通过了《关于妇女的平等地位和她们对发展与和平的贡献的墨西哥宣言》。该宣言指出，妇女占全世界人口的一半，她们的问题是整个社会的问题。妇女在人类历史上起了作用，特别是为争取民族解放、加强国际和平及消除帝国主义、新老殖民主义、外国占领、犹太复国主义、外国统治、种族主义和种族隔离的斗争中所起的作用。妇女在现实中更多地和平等地参与所有不同层次的决策过程，对于加速发展的步调与维持和平将会作出决定性的贡献。而对妇女的歧视已经并且会继续阻碍他们的作用发挥。虽然社会的经济结构变革和发展是解决现实问题改善妇女状况的先决条件，"但其本身并不能保证立即提高这个长久限于不利处境的一个群体的地位"，因此，要"采取特别措施来消除对妇女的一切形式的歧视"。《墨西哥宣言》要求对于妇女尽早充分参加国家和国际生活予以迫切考虑。为了实现这一目标，必须进一步消除在家庭生活、财产关系和子女养育、文化及职业教育方面对妇女的歧视，消除在社会就业、任职、升迁以及工资福利方面对妇女的歧视，以实现妇女在家庭、社会、国家

---

① 参见中国社会科学院法学研究所编《国际人权文件与国际人权机构》，第 126～136 页。

和世界各个领域的生活中与男子享有平等权利。《墨西哥宣言》还特别指出："男女平等是男女的人格尊严和价值的平等以及男女的权利、机会和责任的平等。"① 正是基于这一认识，墨西哥宣言对推动 1979 年联合国大会通过的《消除对妇女一切形式歧视公约》起了重要作用。这次大会决定在联合国系统内建立两个妇女事务的专门机构，即："提高妇女地位国际研究和训练所"和"联合国妇女发展基金会"。墨西哥世界妇女大会还通过了《世界行动计划》，并将 1976～1985 年定为"联合国妇女十年：平等、发展与和平"，为妇女参与国家和国际层面活动和社会全面发展规划了蓝图。

1980 年，第二次世界妇女大会在哥本哈根召开。大会的主要议题是，评估执行第一次世界妇女大会《墨西哥宣言》和《世界行动计划》各项建议取得的进展，并根据新情况调整妇女十年行动计划后半期的各项方案。大会通过的《联合国妇女十年后半期行动纲领》指出，第一次世界妇女大会确定的平等、发展与和平原则与目标是切合实际的，是妇女十年的行动基础。大会特别指出，所谓平等的意义并不仅止于法律上的平等或消除法律上的歧视，还在于妇女作为受益者和积极活动分子，享有参与发展的平等权利、责任和机会。所谓发展是指包括政治、经济、社会、文化和人类生活的全面发展，还包括经济资源发展以及人的身体、道德、知识和文化的增长。为实现全面发展，必须在国家一级、地方一级和家庭内采取行动。为了实现发展，必须有和平稳定。其间的辩证关系是，没有发展，不可能消除歧视，实现平等，和平也不会持久。实现平等、发展与和平，还有助于为消灭帝国主义、新老殖民主义、犹太复国主义、种族主义、种族歧视、种族隔离、霸权主义、外国统治和压迫而进行的斗争。发展是重要的，不过，不应仅将发展视为一项值得追求的目标，而且还应当把它当作维持和平与促进男女平等的最重要的手段，最终的目标是实现男女平等。第二次世界妇女大会在总结十年《行动计划》前五年执行情况后提出的《后半期的行动纲领》中，敦促各国政府采取法律和政策措施，扩大妇女参加政治和其他决策过程，加速妇女充分参与经济和社会发展战略，解决其就业、保健、教育和培训等问题，特别是对农村妇女、移民妇女、失业妇女以及青年妇女面临的特殊问题要予以关注。②

1985 年，第三次世界妇女大会在内罗毕召开。本次大会聚集了 157 个国家的代表，最后通过的《提高妇女地位内罗毕前瞻性战略》深刻指出，人类

---

① 以上内容和引文见《关于妇女的平等地位和她们对发展与和平的贡献的墨西哥宣言》。

② 以上内容和引文见《联合国妇女十年：平等、发展与和平后半期行动纲领》。

社会不平等、尤其是妇女所处地位不平等，是由于世界上大多数人的普遍贫困和落后造成的。而这种贫困和落后，是帝国主义、新老殖民主义、种族隔离、种族主义、种族歧视的存在以及不公正的国际经济秩序的产物，性别歧视的存在使妇女地位进一步受到了损害。对妇女实现平等地位的障碍之一，是由社会、经济、政治、文化上的因素所造成的歧视。这种歧视往往以生理差别、性别不同为理由，使她们失去平等地进入权力结构的机会，而正是这种权力结构，主宰社会并决定有关发展问题和争取和平的主动行动。事实上，如果妇女由于受歧视无法进入权力结构充分发挥其才能，最终受损失的将是整个社会。《前瞻性战略》指出，在争取男女平等中，法律的制定是个至关重要的因素，因为它为采取行动提供了法律依据，并起着推动社会变革的作用。不过应当看到，立法与实践之间的差距，是妇女全面参与社会的又一障碍。对此，各国政府应加大相关法律实施的力度。本次世界妇女大会再次关注处于弱势地位的妇女，诸如城乡贫困妇女、受灾地区妇女、被剥夺了传统谋生手段的妇女、作为家庭唯一赡养者的妇女、身体和智力伤残的妇女、被拘留和触犯刑法的妇女、难民和流离失所的妇女、移民妇女，等等。《前瞻性战略》在提出的保障妇女权利的各项措施中，突出了妇女对国家层面和国际层面各项事务的平等参与，进一步发展了第一次世界妇女大会以来逐渐形成的这一思想认识和举措，即解决妇女面临的现实问题，改善妇女地位低下的状况，虽是解决妇女问题先决条件，但最根本的是迫切考虑让妇女参加国家和国际生活。只有通过平等参与，才能实现平等、发展与和平的目标。这样，就明确阐明了改进以往仅仅将社会福利作为支持和提高妇女地位的主要举措，强调妇女作为社会发展的参与者、决策者、贡献者和受益者的地位，并依次进入社会经济、政治和文化发展的主流。①

1995 年在北京召开的第四次世界妇女大会，适逢联合国成立五十周年。这是一次规模空前的世界妇女盛会。这次大会由 189 个国家政府的代表和非政府组织的代表参加。与之同时，约 3 万人参加了议题广泛的非政府组织论坛。其中涉及妇女与贫困、妇女教育与培训、妇女与健康、针对妇女的暴力、妇女与武装冲突、妇女与经济、妇女与权力决策、妇女地位提高的机制、妇女的人权、妇女与媒体、妇女与环境等。大会通过的《北京宣言和行动纲要》，回顾了 1975 年第一次世界妇女大会制定的联合国妇女十年（1976～1985）以来的进程，评价了 1979 年联合国大会通过的《消除对妇女一切形式歧视公约》的执行情况，特别是审视了 1985 年第三次世界妇女大

---

① 以上内容和引文均见《到 2000 年为提高妇女地位前瞻性战略》。

会通过的《提高妇女地位内罗毕前瞻性战略》在各国落实的成就与存在的阻力。《行动纲要》肯定，通过各国政府和国际社会的努力，"在达到男女平等方面，已经有了重大进展。许多政府通过了促进男女平等的立法，并设立国家机构，确保性别平等观点成为社会各领域的主流。国际机构也更加注重妇女地位和作用"。《行动纲要》同时指出了进一步实现男女平等仍然存在的诸多问题和阻力。主要是：不同群体和妇女间的权利发展不平衡；影响全人类尤其是影响妇女的生存环境持续恶化；全世界 10 亿多人生活在无法接受的贫穷状况之中，其中大多数是妇女；战争、武装冲突和恐怖主义造成了大量人员伤亡，妇女的处境更加悲惨；许多国家有关妇女平等的立法有待进一步完善，无论在家庭或社会，与法律不符的传统习惯仍然在人们的观念和制度中有严重影响；妇女所获的文化技术知识培训大大低于男性；对妇女的特殊保健措施远不能满足需要；等等。针对存在的问题，《行动纲要》就"妇女与贫困""妇女的教育和培训""妇女与保健""对妇女的暴力行为"和"提高妇女地位的机制"等重要问题的表现、成因和应采取措施进行了深入阐释，还就有关问题向各国及联合国提出了要求与呼吁。《北京宣言和行动纲要》在总结第一次世界妇女大会以来 20 年的历程之后，进一步强化和发展了这样的理念，即"确保将社会性别视角纳入社会发展各个领域的主流"。这样就可以向世人宣告："妇女的权利就是人权"，妇女和女童的人权，是所有人权和基本自由的一个不可剥夺、不可缺少、不可削减的一部分。保障妇女权利，实现男女平等，将妇女和男子之间的关系根本转变成平等的伙伴关系，才能使人类面对 21 世纪的挑战，才能使全人类的政治、社会、经济和文化权利的保障得到充分实现。①

（三）一系列专题国际会议和宣言的重要作用

在前后四次世界妇女大会举行的过程中，联合国和有关国际组织就有关人权问题通过的专题宣言和一系列专题会议，对妇女权利保障也发挥了重要作用。如 1977 年联合国大会通过的《关于人权新概念的决议案》，1981 年联合国大会通过的《消除基于宗教或信仰原因的一切形式的不容忍和歧视宣言》，1983 年国际劳工组织《关于促进集体谈判公约》，1988 年国际劳工组织《关于促进就业和失业保护公约》，1989 年国际劳工组织《关于独立国家土著和部落民族的公约》，1990 年在纽约举行的世界儿童问题首脑会议，1992 年在里约热内卢举行的环境与发展会议，1993 年在维也纳举行的世界

---

① 以上引文和内容均见 1995 年北京第四次世界妇女大会通过的《北京宣言和行动纲要》。

人权会议通过的《维也纳宣言和行动纲领》，1995 年在哥本哈根举行的社会
发展问题世界首脑会议等，都直接或间接为妇女权利、为男女平等的实现起
到了巨大推动作用。

第三部分

在国际人权公约，尤其是关于妇女权利保障公约和文献的推动下，中国
妇女权利保障法制在原有的基础上进一步完善。中国妇女数目占世界妇女总
数约五分之一，中国妇女权利保障法制完善，既对中国人权保障事业有重要
意义，也是对国际人权，尤其是对国际妇女权利保障的重大贡献。

如前所述，历史上中国妇女受多重压迫，地位低下，处境悲惨。1911 年
孙中山等领导的辛亥革命推翻了延续两千多年的封建专制制度，废除了最后
一个皇帝，1912 年制定的《中华民国临时约法》规定"中华民国人民，一
律平等"。① 其后，1913 年的《天坛宪法》（草案）、1914 的《中华民国约
法》、1923 年的《中华民国宪法》都在文字上沿袭了这一规定。且不说宪法
上的这一平等权利实际实行得如何，当时"人民"这一概念是否涵盖女性则
是模糊的。直到 1930 年国民政府《太原扩大会议宪法草案》和 1931 年《中
华民国训政时期约法》，才提出中华民国人民无论男女在法律上一律平等。
真正将保障妇女权利向前推进的是中国共产党 1927 年之后创建的红色政权。
1931 年《中华苏维埃共和国宪法大纲》及其之前通过的《中华苏维埃共和
国国家根本法（宪法）大纲草案》，对妇女权利作了前所未有的具体、明确
规定。《大纲草案》规定：苏维埃国家根本大法原则，"就是不但彻底实行妇
女解放，定出合理的不受宗法封建关系和宗教迷信所束缚的男女关系以及家
庭关系的法令，承认结婚或离婚的自由，而且还要实行保护女性和母性的办
法，发展科学和技术，使妇女能够事实上有脱离家务束缚的物质基础而参加
全社会的工作。"② 《宪法大纲》规定："中国苏维埃政权以保障彻底地实行
妇女解放为目的。承认婚姻自由，实行各种保护妇女的办法，使妇女能够事
实上逐渐得到脱离家务束缚的物质基础，而参加全社会经济的、政治的、文
化的生活。"③ 第二次国内革命战争时期红色根据地的这些宪法性文献的规
定，虽然由于战争形势、物质条件和区域狭小等限制未能得到全面贯彻，但

---

① 董云虎主编《世界人权约法总览》，第 740 页。
② 董云虎主编《世界人权约法总览》，第 777 页。
③ 董云虎主编《世界人权约法总览》，第 779 页。

其精神却在其后抗日根据地以及解放区的相关法律中得到了体现。正是这一精神和依据这一精神制定的法律，保障了广大妇女的自由解放。正是她们，成为中华民族抗击西方列强、日本军国主义以及国内反动派的生力军，为中华民族独立和人民解放事业作出了巨大贡献。

1949 年新中国建立，妇女权利保障在全国范围掀开了新篇章。1949 年制定的具有临时宪法作用的《中国人民政治协商会议共同纲领》明确规定："中华人民共和国废除束缚妇女的封建制度，妇女在政治的、经济的、文化教育的、社会生活的各方面，均有与男子平等的权利。实行男女婚姻自由。"[①] 以《共同纲领》为基础，1954 年 9 月通过的《中华人民共和国宪法》规定："中华人民共和国公民在法律上一律平等""中华人民共和国年满 18 岁的公民，不分民族、种族、性别、职业、社会出身、宗教信仰、教育程度、财产状况、居住期限，都有选举权和被选举权。但是有精神病的人和依照法律被剥夺选举权和被选举权的人除外"。《共同纲领》肯定的男女平等权利，在 1950 年先后制定的《婚姻法》《土地改革法》和 1953 年制定的《选举法》中得到了具体体现。为了贯彻这几个法律，中国政府开展了大规模的宣传教育和气势磅礴的群众性运动，妇女的地位得到了大幅度提高。1954 年宪法的实施，进一步巩固和发展了这一趋势。不过，受历史条件和社会经济、政治、文化发展水平制约，受政治运动的影响，20 世纪 60～70 年代，妇女权利如同全国人民的权利保障一样都受到局限。

1978 年后，随着改革开放，加强社会主义民主法制，发展社会主义市场经济，建设中国特色社会主义，中国妇女权利和整个中国人权保障事业，在原有的基础上得到了长足发展。以 1954 年宪法为基础，1982 年《宪法》进一步加强了人权保障力度。"公民的基本权利和义务"由原第三章提为第二章，放在更为突出的位置；通过《宪法修正案》，"依法治国，建设社会主义法治国家"，"国家尊重和保障人权"明确载入《宪法》。大体上在此前后，1980 年、2001 年两次修改了《婚姻法》，1985 年制定了《继承法》，1992 年修改了《工会法》。这些法律对婚姻自由、男女平等的婚姻制度，家庭中平等的财产继承、子女抚养、老人赡养，夫妻离异时的财产分割，社会就业与男人的平等权利，以及妇女依其生理条件应享受的特殊照顾等，都作了明确规定。特别应指出的是，中国在加入联合国《消除对妇女一切形式歧视公约》之后，积极着手进一步完善本国妇女权利保障法制，全国人民代表大会于 1992 年 4 月通过了《中华人民共和国妇女权益保障法》，2005 年人大常委

---

① 董云虎主编《世界人权约法总览》，第 811 页。

会对该法的进一步修正，使之更加完善。

《妇女权益保障法》总结国内外妇女权益保障的经验，从正向和逆向对妇女权益保障作了全面规定。该法开宗明义指出："实行男女平等是国家的基本国策。"国家促进男女平等，保障妇女的合法权益，保护妇女享有的特殊权益，消除对妇女一切形式的歧视，禁止虐待、遗弃、残害妇女。在此总方针下，其他各章对妇女与男子平等享有的政治、文化教育、劳动和社会保障、财产、人身、婚姻家庭等权益作了规定。其一，妇女享有与男子平等的政治权利。妇女有权通过各种途径和形式，管理国家事务，管理经济和文化事业，管理社会事务，享有与男子平等的选举权和被选举权。为保障其权利实现，法律规定，从全国人民代表大会和地方各级人民代表大会的代表，到基层居民委员会、村民委员会成员，妇女均应有适当名额。国家要积极培养和选拔女干部。国家机关、社会团体、企事业单位培养、选拔和任用干部，必须坚持男女平等原则，为其参加法律和公共政策制定提供条件。其二，妇女享有与男子平等的文化教育权利。学校和有关部门在入学、升学、毕业分配、授予学位、派出留学，以及从事科学、技术、文学、艺术和其他文化活动等方面，保障妇女享有与男子同等的权利。政府、社会、学校应当采取措施解决适龄女性儿童、少年就学存在的实际困难，保证贫困、残疾和流动人口中的适龄女性儿童完成义务教育和技术培训。其三，妇女享有与男子平等的劳动权利和社会保障权利。其中包括：与男子平等的就业权利，同工同酬权利和休息权利，升职、晋级、评定专业技术职务的权利，获得安全和卫生保障以及特殊劳动保护的权利，享受社会保险的权利。妇女在经期、孕期、产期、哺乳期受特殊保护。任何单位不得因结婚、怀孕、产假、哺乳等降低女职工的工资，辞退女职工，单方面解除聘用合同或服务协议，在执行国家退休制度时，不得以性别为由歧视妇女。其四，妇女与男子有平等的财产权。妇女在婚姻、家庭共有财产关系中，享有与男子平等的财产权和继承权；丧偶妇女有权处分继承的遗产，任何人不得干涉。妇女在农村土地承包经营、集体经济组织收益分配以及宅基地使用方面，享有与男子平等的权利，任何组织和个人不得以妇女未婚、结婚、离婚、丧偶等为由，侵害妇女的各项权益。其五，妇女享有与男子平等的人身权利。妇女的生命健康权、人身自由权、名誉权、荣誉权、隐私权、肖像权等不受侵犯，禁止溺、弃、残害女婴，禁止拐卖、绑架妇女，禁止对妇女实施性骚扰和猥亵活动，禁止卖淫、嫖娼，禁止组织、强迫、引诱妇女进行淫秽表演活动。其六，妇女与男子享有平等的婚姻家庭权利。法律规定，妇女享有平等的结婚和离婚自由，在夫妻关系中男女平等，对共同财产有平等的占有、使用、收益和处分权，禁止对妇女实施家庭暴力。父母双方对未成年子女有平等的监护权。夫妻离婚时，财产分割由双方协议解决，协议不成的按照顾子女和女方权益原则由法院解决。①

　　总结国内和国际上保障妇女权利的法律和实践经验，中国关于保障妇女权益的法律不断完备。国务院的妇女儿童工作委员会负有监督法律实施之责任。令许多外国朋友羡慕的是，中国政府继承了革命年代的光荣传统，在全国中央和地方各级建立了强有力的妇女权益保障组织——中华妇女联合会。法律规定："中华全国妇女联合会和地方各级妇女联合会依照法律和中华全国妇女联合会章程，代表和维护各族各界妇女的利益，做好维护妇女权益的工作。""妇女的权益受到侵害的，可以向妇女组织投诉，妇女组织……有权要求并协助有关部门或单位查处。""妇女组织对于受害妇女进行诉讼需要帮助的，应当给予支持。"很显然，国家法律赋予妇女组织的上述权力超出了一般社会组织的范围。由于得到了法律支撑和实践中保护妇女权益所发挥的巨大作用，在中国它被广大妇女亲切地誉为妇女的"娘家"。

　　以上可以看出，在中国，经过长期努力，妇女问题已成为公共政策和国家生活的主流，除国家制定妇女发展纲要之外，法律要求县以上各级地方政府要根据全国妇女发展纲要，制定本行政区域的妇女发展规划并将其纳入国民经济和社会发展计划。国家采取有效措施，为妇女依法行使权利提供必要条件。各级人民政府应当重视和加强妇女权益保障工作。《妇女权益保障法》多数条文都列举了侵犯妇女权益的法律责任。凡侵犯妇女权益的，依后果轻重承担法律责任，构成犯罪的，依法追究刑事责任。对国家机关及其工作人员实行问责制度，"国家机关及其工作人员未依法履行职责，对侵害妇女权益的行为未及时制止或者未给予受害妇女必要帮助，造成严重后果的，由其所在单位或者上级机关依法对直接负责的主管人员和其他直接责任人员给予行政处分。"②

　　法律完备，实施法律得力，中国妇女权益保障不断进步。不过，无论从国际人权公约看，或从中国相关妇女权益保障法的规定看，现实生活中差距都是存在的。就社会保障权利看，由于中国地区与地区间，城市与农村间，城市、农村不同社会阶层的妇女间，发展很不平衡，保障的程度差距很大。重男轻女的观念依然影响相当一部分人。由此造成的家庭矛盾不断发生，两性比例失调隐藏着巨大社会问题；适龄女童辍学率高于男童，在农村和边远

---

① 以上引文和内容均见《中华人民共和国妇女权益保障法》。
② 《中华人民共和国妇女权益保障法》第57条。

山区尤其如此，一些女童和少年无法完成九年义务教育；文化程度差距影响她们就业和在科学、技术领域的进一步发展，中国的高等科学技术人员和公职人员中女性数目低于男性，不能说与此无关；全国范围医疗保障覆盖面在逐步扩大，但低水平的情况短时间很难改变，许多妇女仍不得不继续忍受缺少合格的保健医疗的现实。此外，在人身权利方面，遭受性骚扰和包括家庭暴力在内的暴力侵害方面，女性的数量仍然最多。

　　以上问题的存在，既影响妇女权益保障的实现，也影响家庭幸福、社会和谐和社会主义建设事业发展，必须引起全社会的重视。当然，出路仍然是法治，各级政府和相关社会组织应在现有基础上进一步采取措施，将法律落到实处，使我国妇女权益保障一步一步达到新水平。

妇女社会权利的法律保护

——基于国际及国内的视角

朱晓青*

妇女的社会权利是涵盖多项权利的权利总和。这些权利迄今已在国际、区域和国家的法律中得到了确认和保护。然而，现实与法律间仍然有着一定距离。因此，对妇女社会权利的保护仍面临着诸多挑战。但鉴于篇幅的限制，同时也囿于分析的角度，本文将主要以妇女的就业权利及与此相关的权利为关注点，并由此来论述妇女社会权利的法律保护及其所面临的挑战。

一　社会权利概述

何谓社会权利？对此，国际和国内人权法学界迄今尚无统一界定。但中国学者中还是有一些关于"社会权利"的抽象的或较为抽象的概念。除此之外，有关国际人权条约（包括区域性人权条约）及国内法律对"社会权利"也有具象的，也就是列举式的表述或规定。

（一）关于社会权利的概念

1. 学者的定义

有学者认为，社会权利是指人的社会价值得以积极肯定和充分发展的权利。它包括生存权、劳动权、受教育权等。根据这种观点，国家和政府不只

---

* 朱晓青，中国社会科学院国际法研究所。

是对社会权利作消极的承认和不侵犯，还要采取积极的行动为社会权利的实现创设社会条件。① 另有学者主张，社会权利是指一定社会一切权利与权力之总和。②

2. 国际人权条约的列举式表述或规定

具有代表意义有联合国大会 1966 年 12 月 16 日通过，并于 1976 年 1 月 3 日生效的《经济、社会和文化权利国际公约》；以及欧洲理事会（Council of Europe）于 1961 年 10 月 18 日通过并开放签字，1965 年 2 月 26 日生效的《欧洲社会宪章》。前者为普遍性人权条约，而后者为区域性人权条约。

根据《经济、社会和文化权利国际公约》的规定，社会权利主要包括：工作权、享受公正和良好的工作条件的权利、组织和参加工会的权利、社会保障权、获得相当的生活水准的权利、健康权、受教育权等。

作为《欧洲人权公约》补充或"姊妹篇"的《欧洲社会宪章》在序言中充分阐明了其宗旨之一就是："保障社会权利的享有，并且，这种权利的享有不受种族、肤色、性别、宗教、政治观点、民族血统或社会出身等的歧视"。该《宪章》规定的作为缔约国法定义务的权利条款共 19 条，③ 其中，与就业有关的条款为 10 条，涉及工作权、工作条件、合理报酬权、组织和参加工会的权利、集体谈判权、就业年龄、禁止雇用童工、就业妇女的保护、职业培训等。1988 年 5 月 5 日通过，并于 1992 年 9 月 4 日生效的《欧洲社会宪章补充议定书》增加了 4 项权利，可列为社会权利的有：在就业及职业中平等机会和平等待遇的权利、参与工作条件和工作环境决策和改善的权利、老年人的社会保障权。这几项权利后被纳入 1996 年修改后的《欧洲社会宪章》。此外，1996 年修改后的《宪章》还增加了一些新的权利，但仍是与就业有关的条款居多，如：雇用终止时受保护的权利、劳动者在雇主破产时提出赔偿保护的权利、体面工作权、工人代表在企业中的保护权及获得便利权、集体冗余事项程序中的信息和协商权等。《宪章》所规定的就业之外的条款也称"社会凝聚力"（social cohesion）条款，其所涉及的社会权利有健康权、社会保障权、社会及医疗救助权、社会和经济保护权、移民劳动者及其家庭的保护和救助权等。1996 年修改后的《欧洲社会宪章》增加了

---

① 来源于 CNKI 中国知网，www. CNKI. net. 还可查阅《北京大学法学百科全书（宪法学/行政法学》，北京大学出版社，1999。

② 童之伟：《"社会权利"的法哲学阐释》，《法学评论》1995 年第 5 期。

③ 《欧洲社会宪章》关于缔约国法定义务的权利规定于宪章第二部分，宪章第一部分则规定了作为政治宣言的 19 项目标权利。按照《宪章》的规定，对这些目标权利，各缔约国应采取一切适当手段，积极寻求它们得以有效实现的条件，以使这些目标变成为可实施的权利。

住房权。值得注意的是受教育权规定于《欧洲人权公约》中，而不属《欧洲社会宪章》保护的社会权利。

3. 国内法律的列举式表述或规定

国内法关于社会权利的规定一般见诸于宪法。以较为典型的巴西宪法为例。现行《巴西联邦共和国宪法》于 1988 年通过，1996 年修订。该《宪法》第 6 条明确规定："教育、健康、工作、休闲、保障、社会保障、保护母亲和儿童、援助贫困者是本宪法规定的社会权利。"① 此外，自 20 世纪 80 年代起，越来越多的国家通过修改宪法对经济、社会和文化权利加以规定，其中或多或少有关于社会权利的列举式表述或规定，如苏里南、哥伦比亚、捷克、俄罗斯、荷兰、波兰、阿尔巴尼亚、莫桑比克、葡萄牙等。通常规定的社会权利包括工作权、健康权、住房权、社会保障权。②

（二）社会权利表现出的大致特点

虽然对"社会权利"有不同的定义或表述，但还是可发现这类权利的大致特点。

1. 社会权利常常与经济和文化权利连接

首先，从载有社会权利的法律文件来看，不论是国际法还是国内法，一般均将社会权利规定于经济、社会和文化权利名下。国际层面如《经济、社会和文化权利国际公约》。与其名称相符，该《公约》在其关涉实质权利的 15 个条款中，除社会权利外，还明确规定有经济和文化权利。再如区域层面，《欧洲社会宪章》虽冠以"社会宪章"之名，但事实上，该《宪章》中也不乏涉及经济权利的条款。例如：《宪章》第 16 条规定，家庭享有社会、法律和经济保护权；第 17 条规定，母亲和儿童享受社会和经济保护的权利。1996 年修改后的《欧洲社会宪章》第 30 条规定了免受贫困和社会排斥权。而国内层面主要见诸于国内宪法的规定。如前所述，有的国家将经济、社会和文化权利作为一个独立部分规定于基本权利之下，如苏里南、哥伦比亚、捷克、波兰、阿尔巴尼亚及莫桑比克等国；有的国家则将经济、社会、文化权利分散规定在宪法基本权利项下的多个条款中，如俄罗斯、荷兰、安哥拉等国。③ 其次，有时很难截然划分经济和社会权利。例如，《经济、社会和文

---

① 该条款的英文表述是：Education, health, work, leisure, security, social security, protection of motherhood and childhood, and assistance to the destitute, are social rights, as set forth by this Constitution. 资料来源于 http: //www. hrcr. org/national/。最后访问日期：2012 年 8 月 30 日。

② 资料来源于 www. hrcr. org/national/。

③ 可登录 www. hrcr. org/national/查阅。

化权利国际公约》第 11 条第 1 款规定，缔约各国承认"人人有权为他自己和家庭获得相当的生活水准，包括足够的食物、衣着和住房，并能不断改进生活条件"。再如，《欧洲社会宪章》第 19 条规定，缔约国保证"在其他缔约国领土内从事收益性职业的权利"。显然，该条款包含了工作权以及收益或说经济的权利。

2. 从不具有可诉性的权利向有可诉性的权利发展

这里仅从国际层面来分析。与经济和文化权利一样，社会权利长期以来被视为不可诉的权利。近年来，关于经济、社会和文化权利是可诉还是不可诉之争议虽依然存在，但情况似乎发生了一些变化，这就是，社会权利与经济和文化权利有从不可诉向可诉发展的趋势。主要表现在于：

（1）普遍性人权条约实施机制的加强。为加强《经济、社会和文化权利国际公约》下的国家义务及公约实施机制，2008 年 6 月 18 日，新成立的联合国人权理事会通过了《经济、社会和文化权利国际公约任择议定书》。该《议定书》设立了个人申诉程序。它规定，个人有权在《经济、社会和文化权利国际公约》中规定的权利受到侵犯时，向国际人权机构提出申诉。无疑，这一程序将使《公约》项下的权利（包括社会权利）受到侵犯的个人多了一条获得救济的途径。

（2）区域性人权条约实施机制的加强。以欧洲理事会（Council of Europe）人权法律保护机制下的实践为例。1995 年，欧洲理事会通过的《规定集体申诉制度的欧洲社会宪章附加议定书》创设了集体申诉程序。该议定书的目的在于改善《欧洲社会宪章》监督机制的效力，以便在国家报告程序之外，使宣称违反宪章的集体申诉得到处理。按照该议定书的规定，有权提交集体申诉的组织有：①1961 年宪章第 27 条所指的国际雇主组织和工会组织；②在欧洲理事会享有咨商地位的国际非政府组织，以及为此目的而被政府委员会列入名单的组织；③申诉所针对的缔约国管辖范围内的雇主和工会的有代表性的国内组织（第 1 条）。此外，每一缔约国可在向欧洲理事会秘书长提出的声明中宣布授权国内非政府组织提交针对它的申诉。芬兰作出了此种声明。① 1996 年修改后的《欧洲社会宪章》第四部分第 D 条也对"集体申诉"作了规定。

毫无疑问，由于集体申诉程序的设置，《欧洲社会宪章》建立的人权法律保护机制先于《经济、社会和文化权利国际公约》使经济和社会权利获得了多路径的保护。但尽管如此，《欧洲社会宪章》建立的人权法律保护机制

---

① *European Social Charter*：*Short Guide*，Council of Europe Publishing，2000，p. 67.

的作用和效力仍是有限的。主要原因在于：第一，集体申诉程序的最后决议或建议是由非司法机构作出的无法律约束力的文件；第二，与经济和文化权利一样，社会权利的充分实现要求一定的经济基础；第三，经济和社会权利在司法上的不可诉性。这就意味着，社会权利与经济权利一样，它们迄今不能通过司法途径获得救济。

由上可见，不论是个人申诉程序还是集体申诉程序均是向非司法机构提起，故与司法上的"诉"还有相当大的距离。但不管怎样，它们对于社会权利的保障还是有积极意义的。

二　妇女社会权利保护的法律依据

不论从国际还是国内层面来看，均可说已经形成了对妇女社会权利保护的法律机制。这一机制主要由两大部分组成，即立法及实施机制。立法包括国内和国际立法。它们是妇女社会权利保护的法律依据。实施机制同样包括国际和国内两个层面。关于实施机制将在以后的章节论及。

（一）法律依据：国际视角

保护妇女社会权利的国际法律依据包括《联合国宪章》及普遍性的和专门性的国际人权文件。

1.《联合国宪章》

《联合国宪章》是第二次世界大战后最为重要并最具权威的普遍性国际组织—联合国的纲领性文件。《宪章》在其序言部分明确重申基本人权等之信念；并在第 1 条第 3 款中宣布联合国的宗旨之一是："促成国际合作，以解决国际间属于经济、社会、文化，以及人类福利性质之国际问题，且不分种族、性别、语言或宗教，增进并激励对于全体人类之人权及基本自由之尊重"。此外，《宪章》载入了 7 条保护人权的条款。《宪章》标志着国际社会对人权概念普遍接受，并以国际人权机制保护人权的开始。《宪章》为现代国际人权法的发展奠定了法律基础，在一定程度上也为联合国在人权领域采取具体措施和行动提供了法律依据。

2. 保护妇女社会权利的普遍性国际人权文件

从国际层面来看，保护妇女社会权利的普遍性文件首先是《世界人权宣言》。《宣言》作为"国际人权宪章"的第一个文件，它宣示："人人有资格享有本宣言所载的一切权利和自由，不分种族、肤色、性别、语言、宗教、政治或其他见解、国籍或社会出身、财产、出生或其他身份等任何区别。"

《宣言》指明了应受到保护的两类人权，即：公民权利和政治权利，以及经济、社会和文化权利。《宣言》虽无法律拘束力，但它在国际人权法中处于重要地位：（1）它确定了普遍的人权标准；（2）它是其他国际人权公约的依据，甚或也是一些国家国内法的依据。

其次是《经济、社会和文化权利国际公约》。该《公约》是保护妇女社会权利的重要且具法律约束力的普遍性国际人权公约。它也是联合国人权体系下保护妇女社会权利的最基本的法律依据。《公约》第3条强调："缔约各国承担保证男子和妇女在本公约所载一切经济、社会及文化权利方面享有平等的权利。"据此，妇女享有工作权、享受公正和良好的工作条件的权利、组织和参加工会的权利、社会保障权、获得相当的生活水准的权利、健康权、受教育权等社会权利。

3. 保护妇女社会权利的专门性国际人权文件

为了切实保护妇女的权利（包括社会权利），联合国、国际劳工组织和联合国教育、科学及文化组织通过了一系列公约、宣言。

（1）联合国《消除对妇女一切形式歧视公约》

联合国大会于1979年12月18日通过的《消除对妇女一切形式歧视公约》是保护妇女人权的综合性公约。它也是联合国人权体系内重要的人权公约之一。制定该公约的目的在于用一个在法律上有约束力的文件来消除基于性别的对妇女的歧视。基于此，《公约》"对妇女的歧视"作了明确界定，[1]同时，规定了缔约国应确保的妇女的政治、经济、社会、文化、公民或任何其他方面的人权或基本自由。根据《消除对妇女一切形式歧视公约》的规定，妇女的社会权利主要包括教育权、工作权、享有相同的就业机会的权利、自由选择专业和职业、同值工作同酬、社会保障权、享有健康和安全的工作条件的权利等。

截至2012年8月29日，《消除对妇女一切形式歧视公约》的缔约国为187个。[2]

（2）国际劳工组织的专门性公约

国际劳工组织是第一次世界大战后由《凡尔赛和约》于1919年建立的，其宗旨是促进社会正义和维护世界和平。作为联合国的专门机构，国际劳工

---

① 《消除对妇女一切形式歧视公约》第1条规定："'对妇女的歧视'一词指基于性别而作的任何区别、排斥或限制，其影响或其目的均是以妨碍或否认妇女不论已婚未婚在男女平等的基础上认识、享有或行使在政治、经济、社会、文化、公民或任何其他方面的人权或基本自由。"

② 资料来源于 http://treaties.un.org. 最后访问日期：2012年8月30日。

组织负责有关人权、雇用政策、工作条件、产业关系、职业健康和安全、社会安全和其他相关问题的公约和建议的国际劳工标准的制定。国际劳工组织公约的标准有双重目的，即：消除不平等待遇和促进平等机会。

最早的直接适用于妇女的国际劳工标准是由国际劳工组织在其1919年的第一次会议上正式通过的。其一是《妇女产前产后就业公约》（第3号公约；引用时得称为《生育保护公约》），其二是《夜间工作（妇女）公约》（第4号公约）。这两个公约的正式通过反映出当时国际社会对职业妇女的尊重。这些最初的标准是为了保护和维护妇女的家庭和社会角色，确保生育保护，限制雇用妇女从事与妇女的社会形象不一致的某些部门的工作。①

1919年《生育保护公约》在1952年经由第103号公约修改。第103号公约涉及的范围较之1919年公约广泛得多。它适用于工作在各种场所的妇女，即工作在工业企业、非工业企业、农业领域的妇女，包括在家庭中工作的挣工资的妇女（第1条第1款）。

《夜间工作公约》通过后，经1934年和1948年两次修改。1990年，国际劳工组织通过了《修正后的1948年夜间工作公约议定书》，以及一项新的公约和建议，即：第171号《夜间工作公约》及第178号《关于夜间工作的建议》。《第171号公约》的变化在于，它既适用于妇女，也适用于男人。

国际劳工组织通过的有关就业平等的最重要的公约，如：1951年《关于男女工人同工同酬的公约》（第100号公约，简称《同酬公约》）和1958年《关于就业及职业歧视的公约》（第111号公约，简称《非歧视公约》）。《同酬公约》规定，为从事同等价值工作的男人和妇女提供相同的报酬，而没有基于性别的歧视。这一原则适用于雇工报酬的所有方面。根据《同酬公约》第1条（a）的规定，报酬不仅包括基本的或最低限度的工资或薪水，也包括任何附加的直接或间接支付的现金或诸如此类的报酬。有人认为，这种宽泛的关于报酬的界定试图阻止在男女基本工资相同的情况下，男人得到某些福利或津贴，而女性则得不到的歧视性的收入差别等情况的发生。②《同酬公约》是国际劳工组织被最广泛批准的文件之一。③

---

① See Ma. Del Mar Serna Calvo, "Legislation on Women's Employment in Latin America: A Comparative Study"，引自黄列和朱晓青译《妇女与国际人权法》（第一卷），北京，生活·读书·新知三联书店，2007，第383页。

② 参见瓦莉瑞·L.伍斯特维尔德《妇女与就业》，载黄列和朱晓青译《妇女与国际人权法》（第一卷），生活·读书·新知三联书店，2007，第391页。

③ 至2012年8月30日，《同酬公约》的批准国为169个。中国于1990年6月7日批准该《公约》。资料来源于http://www.ilo.org。最后访问日期：2012年8月30日。

《非歧视公约》的目的是为了促进在就业和职业方面的机会和待遇平等。在该《公约》中，"歧视"被界定为"基于种族、肤色、性别、宗教、政治见解、民族血统或社会出身的任何区别、排斥或特惠，其效果为取消或损害就业或职业方面的机会平等或待遇平等"。① 如同《同酬公约》一样，这个公约也得到了广泛的批准。②

此外，联合国教育、科学及文化组织也通过了《取缔教育歧视公约》（1960 年）等。上述公约为妇女社会权利的国际保护提供了法律依据。

（二）法律依据：中国视角

1949 年以后，中国政府采取了立法、司法等种种措施，确立并实施男女平等原则，以保障妇女的各种权利（包括社会权利）。

1.《宪法》

2004 年 3 月 14 日第十届全国人民代表大会第二次会议通过的《中华人民共和国宪法修正案》，将人权写进了宪法。作为现行宪法，该《宪法》第33 条明确规定："国家尊重和保障人权。"这是中国第一次将保护人权的条款写进宪法。此外，该《宪法》第 48 条强调："中华人民共和国妇女在政治的、经济的、文化的、社会的和家庭的生活各方面享有同男子平等的权利。"《宪法》是中国的根本大法，其规定对于作为人权组成部分的妇女人权（包括妇女社会权利）的保护至关重要。

2.《妇女权益保障法》

1992 年 4 月 3 日第七届全国人民代表大会第五次会议通过了《妇女权益保障法》。这部法律是中国有史以来第一部全面保障妇女权益的法律。它也是一部全面保障妇女人权的基本法律。该法规定了其基本原则为：男女权利平等；对妇女实行特殊保护；禁止歧视、虐待、残害妇女。《妇女权益保障法》还将中国于 1980 年 11 月 4 日批准并于同年 12 月 4 日对我国生效的《消除对妇女一切形式歧视公约》所确认的有关权利融入其中。它规定保障妇女的政治权利、文化教育权利、劳动权利、财产权利、人身权利和婚姻家庭权利。

2005 年修改后的《妇女权益保障法》较之原法律有了一些突破性的变化。主要如：（1）将男女平等基本国策载入法律。（2）规定了反歧视原则。

---

① 第 111 号《非歧视公约》第 1 条（a）。
② 至 2012 年 8 月 30 日，《非歧视公约》的批准国为 170 个。中国于 2006 年 1 月 12 日批准该《公约》。资料来源于 http：//www.ilo.org。最后访问日期：2012 年 8 月 30 日。

（3）将妇女发展纲要纳入国民经济和社会发展计划。（4）明确禁止性骚扰。

3.《劳动法》

1994 年 7 月 5 日第八届全国人民代表大会常务委员会第八次会议通过了《劳动法》。该法第 3 条规定："劳动者享有平等就业和选择职业的权利、取得劳动报酬的权利、休息休假的权利、享受社会劳动安全卫生保护的权利、接受职业技能培训的权利、享受社会保险和福利的权利、提请劳动争议处理的权利以及法律规定的其他劳动权利。"第 12 条强调，劳动就业，不因民族、种族、性别、宗教信仰不同而受歧视。第 13 条指明，妇女享有与男子平等的就业权利，在录用职工时，除国家规定的不适合妇女的工种或者岗位外，不得以性别为由拒绝录用妇女或者提高对妇女的录用标准。

4.《就业促进法》

2007 年 8 月 30 日第十届全国人民代表大会常务委员会第二十九次会议通过了《就业促进法》。该法第 3 条第 1 款规定："劳动者依法享有平等就业和自主择业的权利。"第 2 款则强调："劳动者就业，不因民族、种族、性别、宗教信仰等不同而受歧视。"此外，第 27 条明确规定："国家保障妇女享有与男子平等的劳动权利"（第 1 款）；"用人单位招用人员，除国家规定的不适合妇女的工种或者岗位外，不得以性别为由拒绝录用妇女或者提高对妇女的录用标准"（第 2 款）；"用人单位录用女职工，不得在劳动合同中规定限制女职工结婚、生育的内容"（第 3 款）。这对妇女就业提供了法律保障。

5.《劳动合同法》

2007 年 6 月 29 日第十届全国人民代表大会常务委员会第二十八次会议通过了《劳动合同法》。该法第 42 条明确规定，用人单位不得解除在孕期、产期、哺乳期的女职工的劳动合同。

6.《社会保险法》

2010 年 10 月 28 日第十一届全国人民代表大会常务委员会第十七次会议通过，2011 年 7 月 1 日起施行。该法第 6 章专章规定了"生育保险"制度。其下的第 53 条及第 54 条规定，职工应参加生育保险，由用人单位按国家规定缴纳生育保险费，职工不缴纳生育保险费；而职工享受的生育保险待遇包括生育医疗费用和生育津贴；职工未就业的配偶按照国家规定享受生育医疗费用待遇。《社会保险法》所构建的社会保障体系，确保了妇女在生育情况下从国家和社会获得物质帮助的权利。

除上述法律外，还有一些保障妇女社会权利的行政法规，主要有 2012 年 4 月 18 日国务院第二百次常务会议通过的，并于公布之日（5 月 7 日）起施行的《女职工劳动保护特别规定》（以下简称《特别规定》）。该《特别规定》取代了 1988 年 6 月 28 日国务院第十一次常务会议通过的《女职工劳动保护规定》。该《特别规定》较之 1988 年的《女职工劳动保护规定》有了诸多发展和完善。主要表现为：其一，《特别规定》的适用范围在"国家机关、企业、事业单位"的基础上进一步扩大到"社会团体、个体经济组织以及其他社会组织"等用人单位。其二，对女职工的劳动保护更趋完善。例如，调整了女职工禁忌从事的劳动范围；延长女职工产假；规定"在劳动场所，用人单位应当预防和制止对女职工的性骚扰"等。其三，调整了监督管理体制。按照《特别规定》，政府相关部门对用人单位检查监督及处罚的责任得到明确，改变了过去缺乏罚则，执法力度不够的问题。上述立法方面的完善和进展无疑有利于推进妇女社会权利的享有，以及相关部门和单位对妇女社会权利的保护。

三　妇女社会权利保护的实施机制

"实施机制"一词有双重含义。从国际层面上讲，它含"监督"之意，实施机制的目的是监督缔约国履行人权条约义务；而从国内层面上讲，它含"履行"之意，缔约国应采取立法、司法和其他措施履行人权条约义务。考虑到本文的视角，这里将主要论及联合国框架下妇女社会权利保护的实施机制及中国保护妇女社会权利的法律措施。

（一）联合国框架下妇女社会权利保护的实施机制

纵观妇女社会权利保护的国际实施机制，包括联合国及依国际人权条约所建立的实施机制。这种实施机制通常由监督机构和监督程序或制度构成。

1. 联合国下设的监督机构及监督程序

这里主要论及两个机构及其相应的监督程序或制度。

（1）联合国人权委员会暨人权理事会

根据《联合国宪章》第 68 条的规定，联合国经济及社会理事会于 1946 年设立了作为其附属机构的人权委员会。1947 年 1 月，人权委员会开始工作。人权委员会是联合国处理有关促进和保护人权事项的主要机构，它也是联合国研究、拟定和起草人权文件的重要机构。自人权委员会建立起，它就在制定人权标准、审查人权标准的实施等领域作了大量工作和贡献。然而，随着人权的发展，人权委员会功能的局限性愈加显现。正如联合国秘书长所言："人权委员会虽有其显著的长处和骄人的历史，但其完成任务的能力已跟不上新的需要，并因其会议的政治化和工作的选择性而受到影响。"① 鉴于此，人权理事会应运而生。

2006 年 3 月 15 日，联合国大会以 170 票支持、4 票反对和 3 票弃权的压倒性多数通过建立人权理事会，取代人权委员会。与人权委员会不同，人权理事会是联合国大会的附属机构，直接向联合国所有会员国负责。人权理事会是联合国关于人权问题对话与合作的主要论坛。这一新的人权理事会也将"有助于克服与人权委员会有关的一些日益严重的问题，包括观念问题和实质问题……将把人权提升到《联合国宪章》原本赋予的优先地位"。②

根据 2006 年 3 月 15 日联合国大会通过的第 60/251 号建立人权理事会的决议，创设了普遍定期审查制度。普遍定期审查制度是人权理事会建立的独立的程序机制，目的在于确保一视同仁地评估每个国家的人权状况。按照这一制度或程序，联合国所有成员国的人权记录每四年就要接受一次审查。而每个国家则可借审查的机会，公开其为改善其国内人权状况而采取的行动及其履行人权义务的情况。无疑，它也包括妇女社会权利的保护状况。可以说，普遍定期审查是新的人权理事会用以提醒各国有义务全面地尊重并实施所有人权和基本自由的重要环节之一。这一制度或程序的最终目标是改善各国的人权状况，以及处理在任何地方发生的侵犯人权的事件。③

（2）经济、社会和文化权利委员会

经济、社会和文化权利委员会系由联合国经济及社会理事会据其决议于 1987 年所设立。作为非条约机构的经济、社会和文化权利委员会负责完成经济及社会理事会根据《经济、社会和文化权利国际公约》所承担的监督公约履行的任务。经济、社会、文化权利委员会在国家义务履行中起着积极作用。然而，尚需注意的是，由于作为"第二代人权"的经济、社会、文化权利显然具有的纲领性和原则性的特征，以及对这类权利的可诉性也存疑虑或争议，因此带来了实际操作上的困难，故而，《经济、社会和文化权利国际公约》下的实施机制迄今仍显得有些无力。

为了加强经济、社会和文化权利委员会的功能，人权理事会第四届会议关于《更改经济、社会、文化权利委员会的法律地位的决议》决定，即"遵照国际法，特别是国际条约法，启动一个程序，更改经济、社会和文化权利委员会的法律地位，以便使该委员会与所有其他条约监督机构处于相同地

---

① 摘自《秘书长报告》，可查阅 http：//www. un. org。

② 摘自《秘书长报告》，可查阅 http：//www. un. org。

③ 资料来源于 http：//www. un. org。

位"。为此，人权理事会曾请经济、社会和文化权利委员会和人权事务高级专员办事处向理事会 2007 年最后一届会议提交报告，概述有关更改地位的意见、提案和建议，以便协助实现上述目标。① 可以期待，更改法律地位后的经济、社会和文化权利委员会在监督国家义务的履行方面会发挥更为积极、有效的作用。

2. 国际人权条约下设的监督机构及监督程序

此处主要论及依《消除对妇女一切形式歧视公约》及其《任择议定书》所建立的监督机构及程序。

依据《消除对妇女一切形式歧视公约》第 17 条的规定，设立了消除对妇女歧视委员会。自 1982 年建立以来，该委员会负责监督缔约国执行《消除对妇女一切形式歧视公约》的情况。换句话说，委员会的职能主要是通过缔约国提交的国家报告，来审查各缔约国在执行《公约》方面所取得的进展，以及影响公约义务履行的因素和困难。而随着《消除对妇女一切形式歧视公约任择议定书》的生效，委员会也具有了审查个人申诉的职能。由此，《消除对妇女一切形式歧视公约》及其《任择议定书》下的监督程序有：

（1）国家报告程序。它是国际人权条约规定的监督缔约国履行条约义务的一项普遍程序或制度。报告程序要求缔约国在相应条约规定的期限内，或在有关国际机构要求时，以条约规定的程序，向有关人权机构提交它们在履行条约义务方面所采取措施和所取得的进展的报告。许多国际人权条约将国家报告规定为强制性义务，并使其发展成为国际人权监督的基本手段。

根据《消除对妇女一切形式歧视公约》第 18 条的规定，在《公约》对缔约国生效后一年内，向联合国秘书长提交国家报告，以供消除对妇女歧视委员会审议。此后，至少每 4 年并随时在消除对妇女歧视委员会的请求下提交国家报告。国家报告中将写明《公约》在该缔约国的实施情况，以及影响《公约》规定义务的履行的各种因素和困难。

（2）个人申诉程序。个人申诉程序也称个人来文程序。它是指个人对国家侵犯其人权而向有关国际人权机构投诉的程序。

1999 年 10 月 6 日联合国大会第 A/54/4 号决议通过了《消除对妇女一切形式歧视公约任择议定书》。2000 年 12 月 22 日，《任择议定书》生效。截至 2012 年 8 月 29 日，《任择议定书》的缔约国为 104 个。② 《任择议定书》

---

① 《联合国人权理事会的报告》（A/62/537）（http：//daccessdds. un. org）。
② 资料来源于 http：//www. un. org. 最后访问日期：2012 年 8 月 30 日。

是一项程序性议定书，它引入了执行《消除对妇女一切形式歧视公约》的新程序，即个人申诉程序及与其相关的调查程序。根据《任择议定书》规定，成为议定书缔约国的国家承认消除对妇女歧视委员会有权接受并审议依据《议定书》提起的个人申诉；个人或个人团体均可向该委员会提出申诉，其他人也可以代表受害者提起申诉。显然，《任择议定书》的通过，对于加强《消除对妇女一切形式歧视公约》的实施机制，并有效保护妇女的权利包括社会权利具有积极意义。

在个人申诉程序的发展方面，需要再次提及的还有《经济、社会和文化权利国际公约任择议定书》。尽管该《议定书》迄今尚未生效，但它对于经济、社会和文化权利保护的实施机制的强化无疑还是值得期待的。

（二）国内法律的保护措施

仅就中国现行法律规定的保护措施而言，可说已形成了多途径的保护妇女社会权利的保护措施。

首先，《劳动法》第10章在"劳动争议"项下规定了劳动争议的处理方式及原则。该法第77条规定："用人单位与劳动者发生劳动争议，当事人可以依法申请调解、仲裁、提起诉讼，也可以协商解决。"第79条则规定了解决劳动争议的具体步骤，即："劳动争议发生后，当事人可以向本单位劳动争议调解委员会申请调解；调解不成，当事人一方要求仲裁的，可以向劳动争议仲裁委员会申请仲裁。当事人一方也可以直接向劳动争议仲裁委员会申请仲裁。对仲裁裁决不服的，可以向人民法院提起诉讼。"为切实保护劳动者的权利，《劳动法》第89条还明确规定了用人单位的法律责任，强调："用人单位制定的劳动规章制度违反法律、法规规定的，由劳动行政部门给予警告，责令改正；对劳动者造成损害的，应当承担赔偿责任。"

其次，《劳动争议调解仲裁法》明确规定用调解和仲裁的方式解决用人单位与劳动者间的劳动争议，如：因确认劳动关系发生的争议；因订立、履行、变更、解除和终止劳动合同发生的争议；因除名、辞退和辞职、离职发生的争议；因工作时间、休息休假、社会保险、福利、培训以及劳动保护发生的争议；因劳动报酬、工伤医疗费、经济补偿或者赔偿金等发生的争议；等等。

最后，《劳动合同法》在第7章"法律责任"项下明确规定了用人单位违反法律、法规时应承担的法律责任。该章第88条针对用人单位对劳动者损害行为的程度规定了从行政处罚到刑事责任的法律责任。

四 妇女社会权利保护状况及存在的问题

虽然国际、国内层面的法律均规定保护妇女的社会权利，并也有一定的实施措施，但是，对妇女社会权利的保护还是存在诸多问题。这可以从社会性别的视角，并从法律规定和现实状况两方面来看。

（一）现行法律的社会性别缺失

1. 国际层面

（1）与保护妇女社会权利并存的社会性别缺失

值得注意的是，在国际人权法保护妇女人权（包括妇女社会权利）的同时，也并存着或交织着社会性别的缺失。

国内法学者常说，法律是中立的。同样，许多国际法学者也认为，"国际人权法是表面上性别中立的法律（gender-neutral law）"。① 然而，尽管理论上国际人权法是性别中立的，但实践中，它又受到"那种将妇女和男人归入私与公的分离的存在阶层的性别偏见的国内法和社会结构的影响"，② 由此，歧视妇女的事件屡见不鲜。此外，"国际人权和保护人权的法律文书是在以男性为主导的世界里主要由男人发展制定的"，因而，"它们没有以对社会性别敏感的方式（即对妇女经历的不公正有所反映）得到解释"。③ 正是由于社会性别视角或观点的缺失，妇女人权更易被边缘化。自然，妇女的社会权利也不能避免。

此外，国际人权法中社会性别的缺失在国际劳工组织通过的一些公约中也有表现。例如，国际劳工组织 1951 年通过的《同酬公约》。这个《公约》可以说是人权史上第一个具体保障妇女平等经济权利的公约。该《公约》旨在促进"男女工人同等价值的工作付予同等报酬"。再如，1958 年通过的《非歧视公约》。该《公约》的目的是促进就业与职业机会均等和待遇平等。为此，《公约》将禁止性别歧视载入其中，并对"歧视"作了界定。但上述两项公约对于妇女工作权的保护仅仅集中于"有酬工作"，具体为：同等报酬、获得就业及职业培训的机会等。两公约并未考量妇女在另一工作领域，即家务劳动中的负担。这也是两个公约共同的也是最大的缺陷。追溯其根本

---

① Nancy K. D. Lemon, *Domestic Violence Law*, West Group, 2001, p. 864.
② Nancy K. D. Lemon, *Domestic Violence Law*, West Group, 2001, p. 864.
③ 〔加〕丽贝卡·J. 库克编著《妇女的人权：国家和国际的视角》，黄列译，中译本，北京，中国社会科学出版社，2001，第 10 页。

原因，很大程度上在于，在刻板印象中，妇女的角色或定位多局限于家庭中的妻子和母亲，操持家务及生养子女被视为妇女的定型任务。这种观念对于早期制定的《同酬公约》及《非歧视公约》也不免产生影响，因而存在社会性别视角的缺失或盲点。

（2）实施机制的缺陷

从整个妇女人权的保护情况来说，现行的关于妇女人权的条约或条款的无效实施，或说缺乏相应的实施机制，弱化了国际人权法律规则的效力，使得本已处于边缘的妇女人权常常是"纸上谈兵"。妇女的社会权利也不例外。

以《消除对妇女一切形式歧视公约》为例。该《公约》的实施受到其相对无力的语言、有限的监督方式及缔约国所作的保留的影响，因而，实施或执行是不力的。就语言来说，《消除对妇女一切形式歧视公约》第3条规定，缔约国承担采取"一切适当措施"，保证妇女得到充分发展和进步，以确保妇女在与男子平等的基础上，行使和享有人权和基本自由的义务。"一切适当措施"这一用语与《消除一切形式种族歧视国际公约》相比较，给缔约国留下了相当大的酌处权。《消除一切形式种族歧视国际公约》为缔约国规定了更为即时并有约束力的义务。该《公约》第2条规定，缔约国……承诺"立即以一切适当方法"实行消除一切形式种族歧视与促进所有种族间的谅解的政策。

就监督程序或制度而言，《消除对妇女一切形式歧视公约》仅规定了一种监督公约实施的方式，即缔约国报告制度。根据《公约》第18条的规定，缔约国应就本国实行公约的各项规定"所采取的立法、司法、行政或其他措施以及所取得的进展，向联合国秘书长提出报告"，供消除对妇女歧视委员会审议。报告制度是国际人权条约下的普遍制度，也是国际人权监督的基本手段。但是，报告制度不是没有缺陷的。这种缺陷在《消除对妇女一切形式歧视公约》中的体现是很清楚的。例如，如果缔约国未按照公约的规定提交报告，对缔约国的这种行为是没有可适用的敦促机制的。实施机制的缺陷必然影响了《公约》所载的各种权利的充分和有效的实施。

当然，这种情况随着《消除对妇女一切形式歧视公约任择议定书》的通过而发生了变化。如前所述，该《议定书》引入了执行《消除对妇女一切形式歧视公约》的个人申诉程序，并且，该《议定书》禁止保留。由此，加强了《消除对妇女一切形式歧视公约》的实施或执行力度。这不能不说是随着社会性别主流化的推进而带来的国际人权法的变化。这对于保护妇女人权（包括妇女社会权利）自然是有利的。

2. 国内层面

以《劳动法》为例。它也存在着社会性别的缺失。何谓劳动法的社会性别缺失？有学者认为，劳动法的社会性别缺失，是指在社会经济发展过程中出现的、现行劳动法尚未规范和调整的关涉两性劳动权平等享有和实现的领域。① 主要表现就是，缺乏关于非正规就业的规定。而妇女恰恰就是非正规就业的主力军。此外，《劳动法》第 12 条规定："劳动就业，不因民族、种族、性别、宗教信仰不同而受歧视。"第 13 条强调："妇女享有与男子平等的就业权利，在录用职工时，除国家规定的不适合妇女的工种或者岗位外，不得以性别为由拒绝录用妇女或者提高对妇女的录用标准。"显然，上述规定体现了比较充分的社会性别意识。但是，这些条款在实践中的可操作性不强。加之囿于传统的"定型观念"或"定型态度"，更使得操作性受到抑制。

（二）现实中基于性别的歧视状况

从中国的视角，并主要以妇女就业为例，妇女社会权利实现方面依然存在问题，并面临挑战。

近年来，就业中基于性别的歧视屡屡发生。主要表现之一：就业录用或招工中对女性的直接或间接歧视；之二：非正规就业者中女性居多。其主要原因就是，正规就业的不可能。有人称之为"行业性别隔离"。

此外，还存在与就业歧视相关的其他歧视。较为突出并受到广泛关注的就是男女退休年龄的差异问题。这种差异有可能导致退休后的养老社会保障的损益问题，如提前退休对妇女养老保险金获取的减损。这一问题现已引起了一些学者的关注和讨论。

总之，可以说，迄今在国际和国内两个层面均对保护妇女人权（包括妇女社会权利）达成了共识，并且，也形成了保护妇女人权的法律依据和实施机制。但实践中，法律依据仍显不够，实施机制也还较为乏力。此外，如果从社会性别视角审视国际人权法和国内法，不难发现，它们在保护妇女人权的同时也交织着社会性别的缺失。因此，如同对妇女其他权利的保护一样，对妇女社会权利的保护依然任重而道远。

---

① 参见薛宁兰、于怀清《劳动法的社会性别分析》，载陈明侠、黄列主编《性别与法律研究概论》，中国社会科学出版社，2009，第 247 页。

德国妇女的社会权利：国际与欧盟框架

理查德·吉森[*]

一 简介

(一) 统计数据

在德国，女性就业人数占社会总就业人数的46%。在这些女性就业人员中，大约有二分之一从事非全日制工作；而男性就业人员中从事非全日制工作的比例还不到六分之一。德国男性与女性就业人员每小时收入的差距，即所谓的性别收入差距，是23%（欧盟为17%）。尽管在德国男性与女性接受高等教育的机会是均等的，然而女性从事的工作大多是收入不高且资格要求较低的工作。时至今日，典型的男性职业的工资报酬仍然显著高于典型的女性职业的工资报酬。[①]

这种不平等对待是多方面原因造成的。从某种程度上来说，是因为从业于工业部门的雇员比从业于服务产业的雇员赚的工资更多。除此之外，德国的传统产业工会组织，如德国金属和化工产业工会，有着良好的组织基础，

---

[*] 理查德·吉森，德国慕尼黑大学。

[①] Examples for monthly gross salary of unskilled workers under collective agreements in Germany：Metal-working industry Nordrhein-Westfalen：1，958 Euro；chemical industry Westfalen：1859 Euro；florists in western Germany：1363 Euro；system catering（fast food；collective agreements soon to be put into effect）：1193 Euro. Evidence referred to：Statistisches Bundesamt，Tarifdatenbank, www. destatis. de/DE/ZahlenFakten/GesamtwirtschaftUmwelt/VerdiensteArbeitskosten/Tarifvererdienste/TDB/Tarifdatenbank. html，last visited 4 April 2012.

能积极主动地开展争取劳工权利的斗争，因而有能力为雇员争取到较高的薪资报酬。[①] 收入越高的工作职位，女性任职的比例越低。尤其在领导岗位上，女性任职的人数就更少。在德国私营经济中，女性担任领导职务的比例应达到27%。但在德国最大的200家公司中，只有3.2%的董事会成员和10.6%的监事会成员是女性。且领导职位性别收入差距更是高达28%。与男性相比，女性要想在事业上获得成功，就必须在家庭生活方面做出更多的牺牲。比如，担任领导职务的人员中，已婚男性高达63%，已婚女性只有43%。[②]

即便我们充分考虑职业收入差距、女性较低的职业成功水平，以及女性从业人员较低的平均年龄这些因素，还是解释不清造成小时收入差距的原因。据估计，如果不考虑上述因素，那么在同样的工作职位中女性的收入比男性大约低8%（所谓的调整后性别收入差距）。这是歧视妇女的一个很严重的现象。

（二）进一步概述

在德国，已经制定了先进的平权措施计划并制定了实施平等原则的法律规范，其目的在于改善妇女的就业状况。不过，仍有一些法律规定与这些发展趋势相左，虽然这并非出于立法者本意。反歧视基本法没有成为关注的焦点这一事实有待继续观察。其他法律如劳动法、社会保障制度和国家税法，都会对劳动力市场中的妇女就业状况产生重大影响。

在文章的以下部分，本文作者将首先介绍反歧视法律的具体规定。然后，文章将主要分析与劳动力市场中的妇女就业状况相关其他重要法律，如德国社会法、劳动法和税法。在结论部分，文章将通过一个案例研究来阐明这些法律规定相互作用的结果。不过，在开始介绍前，我们先来了解一下国际层面和欧盟层面的法律框架。

二　欧盟层面和国际层面的法律框架

在欧盟法和国际法中，有许多关于妇女社会权利的规定。这些规定对德

---

① See *Klammer/Bosch/Helfferich* et al., Erster Gleichstellungsbericht, Unterrichtung durch die Bundesregierung, BT – Drucks. 17/6240 dated 16.6.2011, p. 127 et seq.; *Rieble*, RdA 2011, 36 et seq.; Statistisches Bundesamt, press release dated 21.3.2012 – 101/12, 2011: Verdienstunterschiede von Frauen und Männern bleiben bestehen.

② Statistics from *Holst/Busch*, Deutsches Institut für Wirtschaft, Führungskräfte-Monitor, 2010; *Klammer/Bosch/Helfferich* et al. (Fn. 2), p. 110 et seq., 127 et seq., 158.

国法律制度产生了不同的影响。接下来，本文作者将主要对欧盟法和《经济、社会、和文化权利国际公约》（以下简称《经社文公约》）在德国的适用模式进行分析说明。

（一）欧盟法在德国的适用

欧盟条例具有普遍适用性，应直接适用于所有欧盟成员国。在这种情况下，甚至公民个人之间的关系也可以援引欧盟法律主张其权利。

欧盟法横向直接效力体现在公民个人之间的关系上，由《欧洲联盟运行条约》第 157 条规定。该规定要求男女同工同酬。从欧洲法院的判例看，该规定不仅对欧盟成员国强制适用，而且对成员国雇用合同的当事人也强制适用。[①]

对于本文所探讨的男女平等对待这一主题，欧盟指令有着特别重要的意义。《欧洲联盟运行条约》第 288 条第 3 段规定，欧盟指令必须被转化为国内法律。在性别平等方面，欧盟指令第 2006/54/EG 号至关重要。[②] 在德国，这项指令已被转化成国内法，即《一般平等待遇法》，该法直接适用于雇主和雇员之间的劳资关系。

欧盟指令被转化为国内法后，必须根据原指令对该国内法进行评估（即所谓的解释一致性原则）。此外，欧洲法院的判例也表明，不允许欧盟成员国制定与欧盟指令相冲突的国内法。[③] 这使得许多欧盟指令中有关歧视禁令的规定可以直接适用于私人法律关系中，特别是雇主和雇员之间的劳资

---

① European Court of Justice（ECJ）8.4.1976，Case C–43/75（Defrenne II），ECR 1976，455 et seq.；ECJ 7.2.1991，Case C–184/89（Nimz），ECR 1991，I–297 et seq.；*Schlachter* in Müller–Glöge/Preis/Schmidt（edit.），Erfurter Kommentar zum Arbeitsrecht，12ᵗʰ edition. 2012，Art.157 AEUV，recital 3.

② Directive 2006/54/EG of 5 July 2006 on the implementation of the principle of equal opportunities and equal treatment of men and women in matters of employment and occupation，OJ 2006，L 204，p. 23. The directive replaces a bunch of former regulations regarding：Directive 1975/117/EWG（Equal pay），directive 1976/207/EWG（Equal treatment for working conditions），directive 1986/378/EWG（social security，modified by directive 1996/97/EG），directive 1997/80/EG（Burden of proof for discrimination）. For matters outside the Labor Law：Directive 2004/113/EG（Directive implementing the principle of equal treatment between men and women in the access to and supply of goods and services）.

③ ECJ 22.11.2005，Case C–144/04（Mangold），ECR 2005，I–9981 et seq.；ECJ 16.7.2007，Case C–411/05（Palacios），ECR 2007，I–8531 et seq.；ECJ 19.1.2010，Case C–555/07（Kücükdevici），ECR 2010，I–365 et seq.；Accepted by the German Federal Constitutional Court（Bundesverfassungsgericht，BVerfG）6.7.2010–2 BvR 2661/06（Honeywell），BVerfGE 126，286 et seq. = NJW 2010，3422 et seq.

关系中。①

当欧盟法与成员国国内法发生冲突时，应优先适用欧盟法的相关规定。成员国国内法院必须适用欧盟法。如果对适用欧盟法有异议，成员国国内法院可以请求欧洲法院对法律适用问题进行裁决。不过，值得注意的是，只有成员国国内最高法院才负有此项请求义务（《欧洲联盟运行条约》第288条）。欧洲法院对法律的解释问题做出的裁决具有约束力。这种情况多发生在对性别平等待遇的法律适用有争议的案件中。

（二）《经济、社会和文化权利国际公约》在德国的适用

1. 作为德国联邦法律组成部分的《经济、社会和文化权利国际公约》（以下简称《经社文公约》）

在德国，《经社文公约》被认为具有法律拘束力。鉴于德国已经批准《经社文公约》，并且已经通过批准该公约的法令，② 因而，《经社文公约》在德国是一项可以普遍适用的法律，德国国内法院也必须适用该公约。《经社文公约》已经具备德国联邦法律的地位。这意味着，从理论上讲，克减以及更为具体的法规有可能抑制该公约的效力。在这种情况下，一方面，德国可能会因此违反其应承担的国际义务；另一方面，德国国内法中现有的《经社文公约》权利可能会名存实亡。不过，在德国，有可能会出现效力低于联邦法律的其他法规与《经社文公约》发生冲突的情形。此时，应优先适用《经社文公约》相关规定。③

与欧盟法相比，《经社文公约》没有具体的法律实施制度。例如，没有超国家法院，对于违反《经社文公约》也没有进一步的制裁措施。只有一套根据《经社文公约》第16条规定建立的缔约国提交报告和由经济及社会理事会审议报告的程序。④

2.《经社文公约》是一项政治确认，更是一项可以直接适用的法律

再者，如果《经社文公约》包括确定的义务，并且如果该公约赋予公民可

---

① ECJ Mangold, Palacios, Kücükdevici, loc. Cit. （Fn. 6）.

② Law dated 23. 11. 1973, BGBl 1973 II, S. 1569; see also the announcement dated 9. 3. 1976 about the entry into force dated 3. 1. 1976, BGBl 1976 II, p. 428.

③ Federal Administrative Court of Germany （Bundesverwaltungsgericht, BVerwG） 9. 4. 2009 – 6 C 16/08, BVerwGE 134, 1 et seq. = D? V 2009, 771 et seq.

④ See *Richter* in Knickrehm/Rust （edit.）, Festschrift Bieback, 2010, S. 265 et seq. ; *J. Schneider*, Die Justiziabilität wirtschaftlicher, sozialer und kultureller Menschenrechte, 2004, p. 11 et seq. See also for the here not applicable system of collective complains after the additional protocol from 1995 and the additional protocol for the American Convention on Human Rights from 1999.

诉和可执行的权利，那么该公约的相关规定是公约实施的障碍还是公约实施的目的，目前仍不甚明了。在这种情形下，很难确切地知道《经社文公约》第11（1）条第1句话中提到："人人有权享有不断提高的生活条件"究竟意味着什么。另外，该公约第13条第（2）（a）款的规定："初等教育应属义务性质，并应向所有人免费提供"的含义却相对比较清楚。当然，为了满足公约中有关提供初等教育的要求，可能会对学历教育的年限有不同的看法。

早期的德国法律的主要结论是：《经社文公约》从根本上来说是一项正式适用的法律，但改公约还包含着与可诉和可执行权利无关的政治确认。①直到今天，政治确认毋庸置疑仍是《经社文公约》最重要的功能。其目标就是作出一项政治确认。这意味着，所有人民享有平等的权利，不得有基于种族、出身或性别因素的任何区分。除此之外，成为社会生活的一部分还意味着必须享有最低水平的社会保障并参与经济和文化资源的分配。欧盟成员国共同作出的这一承诺不可低估。《经社文公约》的全部理念是建立在实现一个政治目标的基础上。该公约在第1（1）条第1句话中强调的"自决权"，为欧盟成员国自行决定某些具体事项提供了依据。

在这项政治确认之上，《经社文公约》或许还包括了有约束力的义务和可执行的个人权利。尽管在德国，《经社文公约》的相关规定被认为已经通过欧盟法得到充分实施，但在最近的涉及大学收费的案件中，《经社文公约》在诉讼过程中被大量援引。以前，在德国大学中学习大多是免费的。但近年来，德国的一些联邦州开始实行大学收费制度。这样一来，一些学生必须每学期支付500欧元才能进入大学学习。但也有例外的情况，比如特别的或社会上的弱势学生可以免交学费。实行大学收费制度并不违反德国国内法或欧盟法律。但是，案件当事人却援引《经社文公约》第13条第（2）（丙）款规定，主张大学收费违反该公约规定。该公约第13条第（2）（丙）款规定："高等教育应根据成绩，以一切适当的方法，对一切人平等开放，特别是做到逐渐免费。"德国联邦行政法院认为大学收费制度并不违反《经社文公约》第13条第（2）（丙）款规定。法院在澄清《经社文公约》是可以直接适用的法律的这一事实的同时，也进一步指出《经社文公约》具有联邦法律的地位，它相对于建立大学收费制度的德国国内法具有优先适用性。尽管如此，德国联邦行政法院认为公约的这项规定并不禁止大学收费。在解释《经社文公约》时，法院引用了经济及社会理事会根据《经社文公约》第16

---

① *Echterhölter*, BB 1973, 1595 et seq.; *P. Kirchhof*, EuGRZ 1994, 16 et seq.; different opinion *Zuleeg*, RdA 1974, 321 et seq.

条规定对缔约国报告出具的结论性意见的相关内容。尽管这些针对缔约国报告的结论性意见不具法律拘束力，但还是有可能总结出那些被普遍认可的国家实践。① 根据这些结论性意见，德国联邦行政法院裁定《经社文公约》第13 条第（2）（丙）款规定的目标，是获得接受高等教育的一种保障形式，与财务状况无关。学费只占学生生活费用的一小部分。还有，除了上述提及的免交学费的例外情形外，还可以依据《联邦教育和培训救助法》对有需要的学生提供全面的经济资助。②

在其他案件中，德国法院也否认了根据《经社文公约》推导出来的可诉和可执行的权利，③ 或是否认对这些推导出来的权利的侵犯。④ 欧洲法院宣

---

① BVerwG 9. 4. 2009 – 6 C 16/08, BVerwGE 134, 1 et seq. = DÖV 2009, 771 et seq., et al. referring to *Simma* in Ruland/Papier/Baron von Maydell（edit.）, Festschrift Zacher, 1998, p. 874 et seq.; *J. Schneider*, Die Justiziabilität wirtschaftlicher, sozialer und kultureller Menschenrechte, 2004, p. 12 f.; *Riedel/Söllner*, JZ 2006, 270 et seq.

② BVerwG in the place indicated above, et al. referring to Schweizerisches Bundesgericht 11. 2. 1994, BGE 120 Ia, 1（13）; Schweizerisches Bundesgericht 8. 4. 2004, BGE 130 I, 113（123）; *Riedel/Söllner*, JZ 2006, 270（274）; *Klee*, Die progressive Verwirklichung wirtschaftlicher, sozialer und kultureller Menschenrechte, 1999, p. 166 et seq.; *Lorenzmeier*, NVwZ 2006, 759（760）.

③ LSG Berlin-Brandenburg 15. 9. 2011 – L 22 R 617/10, recital 56 – 60, cited from juris; LSG Berlin-Brandenburg 26. 1. 2012 – L 8 R 2/08, recital 43, cited from juris; both court decisions referring to a possible discrimination of citizens of the former DDR regarding the pension system.

④ OVG Hamburg 3. 2. 2009 – 1 A 21/07, cited from juris（no violation of Art. 13 para. 3 ICESCR by governmental order regarding compulsory schooling also being fulfilled by attending a private school; judgment affirmed by the BVerwG 15. 10. 2009 – 6 B 27/09, NVwZ 2010, 525 et seq., with no greater detail for the ICESCR）; BayVGH 21. 5. 2008 – 7 ZP 08. 612, NVwZ – RR 2009, 163 et seq.（to the obligation to pay school books）; ArbG Stuttgart 12. 9. 2003. 15 BV 250/96, NZA – RR 2004, 540 et seq.（concerning trade union rights according to Art. 8 para. 1 lit. a ICESCR）; BayLSG 29. 3. 2002 – L 9 EG 18/97, cited from juris（no entitlement for citizens of the ICESCR – states to claim full social benefits according to Art. 2 para. 2 ICESCR）; VGH Baden-Württemberg 29. 3. 1982 – A 13 S 238/82, cited from juris（ban on working for asylum-seekers, Art. 6 para. 1 ICESCR）; VG Karlsruhe 18. 10. 2000 – 10 K 2791/99, cited from juris（again referring to ban on working for asylum-seekers）; OVG Sachsen-Anhalt 24. 3. 1994 – 3 L 19/93, cited from juris（no violation of Art. 6 para. 1 ICESCR by non-recognition of foreign diplomas）; Federal Labour Court of Germany（Bundesarbeitsgericht, BAG）17. 2. 1994 – 8 AZR 68/93, cited from juris（no violation of Art. 2, 6, 14 ICESCR by non-inclusion of a DDR – officer because of his qualifications）; BVerfG 12. 5. 1987 – 2 BvR 1226/83, BVerfGE 76, 1 et seq.（no violation of Art. 2 para. 1, Art. 10 para. 1 ICESCR by limitating the rights of family members regarding moving into the country）. The BVerfG mentions Art. 3, 7 ICESCR only on the side in order to justify the duty of the state to protect the unborn life, BVerfG 28. 5. 1993 – 2 BvF 2/90, BVerfGE 88, 203 et seq. A similar reference to Art. 10 ICESCR is mentioned by the BVerwG in order to justify an immigration law, BVerwG 31. 3. 1987 – 1 C 26/86, InfAuslR 1987, 287 et seq.

称，《经社文公约》第 13 条第（2）（丙）款规定已通过欧盟法律得以实现。[①]

3.《经社文公约》中的妇女社会权利

为本文研究的目的，我们必须设问《经社文公约》中究竟包括了哪些妇女社会权利。

首先，根据《经社文公约》第 2 条第 2 段规定，该公约所载所有权利的普遍行使不得有基于性别因素的歧视。

其次，《经社文公约》第 3 条强调，缔约各国承担保证男子和妇女在本公约所载一切经济、社会及文化权利方面享有平等的权利。

再次，《经社文公约》第 7 条第（甲）（1）款包含了一项特别规定。根据此项规定，国家要保证"公平的工资和同值工作同酬而没有任何歧视，特别是保证妇女享受不差于男子所享受的工作条件，并享受同工同酬。"

最后，在妇女社会权利的语境下，有必要对《经社文公约》第 10 条做简要说明。《经社文公约》第 10（1）条规定："应给予家庭尽可能广泛的保护和帮助。"《经社文公约》第 10（2）条规定："对母亲，在产前和产后的合理期间，应给以特别保护。在此期间，对有工作的母亲应给以带薪休假或有适当社会保障福利金的休假。"

我们很难确定在上述论及的条款中，哪些是整个公约实施的障碍，哪些又是能够推导出个人权利的有拘束力的规范。原则上讲，至少我们可以确立《经社文公约》所载权利的责任本质。在该公约的特定条款中，也有关于责任的相关规定，例如《经社文公约》第 10（2）条规定。该条中关于"带薪休假或有适当社会保障福利金的休假"的规定清楚地表明，妇女在产前和产后应当予以物质方面的保障。由此，我们可以得出明确的结论，并可以假设个人权利的存在。不过，除了这些明确的规定外，《经社文公约》的主要功能仍没有改变，即为国家提供一个平台，使其得以明确声明其在保障经济、社会与文化权利方面的政治意图。

三　德国妇女的社会权利

（一）平等待遇与反歧视——欧盟法及其对国内法的影响

1. 德国劳动法中的平等待遇

在德国，平等待遇原则在很多数情形下都非常重要。鉴于此，本文只列

---

① ECJ 13.4.2010，Case C – 73/08（Bressol），ECR 2010，I – 2735 et seq.，recital 83 et seq.

举出少数例子予以说明。

第一，根据平等待遇原则，制定相关规定：雇主的招聘广告中不得出现仅限男性求职者字样。如果违反此项规定，即便招聘广告是非歧视性的且求职者没有成功应聘，雇主仍会被判处向求职者支付赔偿金，赔偿标准依据《一般平等待遇法》第15节第2段第2句的规定确定。

第二，根据平等待遇原则，求职者在求职面试时，对被问及是否怀孕此类问题，求职者可以不予回答。即使雇主事后发现求职者在回答这类问题时撒谎，雇主也不得因此终止雇用合同。①

第三，类似的情形还有，雇主不得基于企业运营方面的原因只终止与女性雇员的雇用关系，而不涉及其与男性雇员的雇用关系（参见《就业保护法》第1节第3段）。

第四，如上所述，法律规定在所有工作职位中禁止女性待遇低于男性待遇。尽管如此，女性的工资还是比男性低得多。但是，在大多数情况下这并不违反法律。关于工资待遇的歧视禁令，特别是像《欧洲联盟运行条约》第157条有关性别歧视的禁令，只适用于为同一雇主工作且相同的工作职位。此外，该雇主必须根据一个统一的标准来计算相同工作职位的工资。然而，法律并不禁止对不同的岗位工作做出不同的评估，并据此支付不同的报酬。②

2. 女性优先招聘的规定和配额制度

在签订劳动合同时，每个雇员都可以自主地选择雇主。只有在出现统计数据上可测算的异常情况时，才可以基于反歧视法的证据规则提出性别不平等待遇问题。③

为限制与性别歧视相关的风险发生，法律规定在公共服务部门，对拥有同等资格的求职者应优先雇用性别代表性不足的雇员（大多是女性）。这一规定的前提是假设实际存在有两个同样合适的求职者。④ 此时，只要决策委

① ECJ ECR 2000, I – 549 – Mahlburg; ECR 2001, I – 6993 – Tele Danmark; BAG 15. 10. 1992 – 2 AZR 227/92, NZA 1993, 257 et seq.; BAG 6. 2. 2003 – 2 AZR 621/01, NZA 2003, p. 848 et seq.

② ECJ 11. 5. 1999, Case C – 309/97 (Wiener Gebietskrankenkasse), ECR 1999, I – 2865 et seq.; ECJ 28. 9. 1994, Case C – 200/91 (Coloroll), ECR 1994, I – 4389 et seq.; ECJ 6. 12. 2007, Case C – 300/06 (Voß), ECR 2007, I – 10573 et seq.; *Schlachter* in Müller-Glöge/Preis/Schmidt (edit.), Erfurter Kommentar zum Arbeitsrecht, 12th edition 2012, Art. 157 AEUV, recital 10 et seq.

③ BAG 22. 7. 2010 – 8 AZR 1012/08, NZA 2011, 93 et seq.; BAG 27. 1. 2011 – 8 AZR 483/09, NZA 2011, 689 et seq.

④ Example: § 7 para. 1 Gleichstellungsgesetz Nordrhein-Westfalen, GVBl. NRW 1999, p. 590, as last amended at 21. 4. 2009, GVBl. 2009, p. 224. The European Court of Justice has authorized such law as long as less qualified members of the minority gender are not privileged, ECJ 17. 10. 1995, Case C – 450/93 (Kalanke), ECR 1995, I – 3051 et seq.

员会宣布了选择其中一位求职者的理由，这项规定就不再适用。作者认为，这类规则对私人公司不会有太多影响，因为在特定情况下，私人公司聘用某人总会找到充分的理由。

在德国与欧盟层面上，大公司中高级管理任职中女性的配额问题已经开始显现。① 到目前为止，还很难对此达成共识。

3. 德国养老保险中的性别平等待遇

在德国，女性与男性的退休年龄没有差别。目前（2012 年），退休年龄是 65 岁零一个月。在今后几年中，德国将会分阶段延长退休年龄。届时，1964 年和之后出生的人的退休年龄将延长到 67 岁。② 在某些情况下，人们认为将养育子女的时间计算在养老保险缴费期间会导致养老金费用的增加。因为根据这种计算方法产生的高额费用并非通过被保险人的缴费支付，而是由联邦税款支付。③

4. 欧盟在职业退休金方面的性别平等问题

根据欧盟法，在养老保险制度中，并不强制实行性别平等待遇原则。例如，许多欧盟成员国都有法律规定女性可以先于男性主张养老金权利。原因是欧盟法并不禁止女性与男性在退休年龄方面的差别。在社会保障方面，性别平等通过第 79/7 号指令实施。④ 第 79/7 号指令第 7 （1） 条第 （a） 项明确规定，允许女性与男性的退休年龄有所差别。⑤

这意味着，一方面社会保障制度允许女性与男性的退休年龄有所差别，而另一方面《欧洲联盟运行条约》第 157 条则要求实行男女在工资方面的平等待遇。过去，这样的矛盾导致了与职业退休金相关问题的产生。在许多欧盟成员国中，其社会保障法律都规定，职业退休金制度允许女性和男

---

① See *Klammer/Bosch/Helfferich* et al. （Fn. 2）, p. 158.

② § 36, § 235 SGB VI.

③ See in detail § § 56, 177, 249, 249a, 294 – 299 SGB VI.

④ Directive 79/7 on the progressive implementation of the principle of equal treatment for men and women in matters of social security, 19. 12. 1978, OJ 1979, L 6, p. 24.

⑤ ECJ 7. 7. 1992, Case C – 9/91 （Equal Opportunities Commission）, ECR 1992, I – 4297 （4337 et seq. ）; ECJ 30. 3. 1993, Case C – 328/91 （Thomas）, ECR 1993, I – 1247 （1271 et seq. ）; ECJ 1. 7. 1993, Case C – 154/92 （van Cant）, ECR 1993, I – 3811 （3834 et seq. ）; ECJ 19. 10. 1995, Case C – 137/94 （Richardson）, ECR 1995, I – 3407 （3430 et seq. ）; see ECJ 16. 2. 1982, Case 19/81 （Burton）, ECR 1982, 555 （576）; ECJ 30. 1. 1997, Case C – 139/95 （Balestra）, ECR 1997, I – 549 （577 et seq. ）. According to the European Court of Justice the authorization of unequal treatment not only covers the retirement pensions but also （in conformity with the retirement pension） regulations of invalidity insurance, ECJ 11. 8. 1995, Case C – 92/94 （Graham）, ECR 1995, I – 2521 （2552 et seq. ）.

性不同龄退休。这在英国显得尤为重要，因为英国的法定社会保障程度相对较低而且退休养老金大多由私人养老金体系支付。由于有歧视男性之嫌，欧洲法院宣布不允许提前退休的女性领取职业退休金。[①] 为了防止再度发生已经出现的问题，法院宣布这项判决从宣布之日即 1990 年 5 月 17 日起生效。

（二）劳动法中关于的生育保护与父母保护的规定

1. 生育保护和生育津贴

在德国，怀孕妇女在产前 6 周不得工作。（《生育保护法》第 3 节第 2 段）。除这项规定外，为防止怀孕女雇员可能发生的健康风险，还有一项普遍性的雇用禁止规定（《生育保护法》第 3 节第 1 段）。此外，不得安排怀孕女雇员从事繁重或危险的体力劳动以及额外工作（《生育保护法》第 4 节和第 8 节）。女雇员在产后 8 周内不得工作；如果出现早产或多胞胎生育的情况，则产后 12 周内不得工作（《生育保护法》第 6 节）。另外，法律还规定禁止解雇怀孕女雇员和产后未满四个月母亲。只有在特殊情况下，才可以不适用此禁止性规定，例如公司永久停业（《生育保护法》第 9 节）。

在法律规定的不得工作期间，怀孕女职员和新生儿母亲有权享有生育现金津贴，津贴待遇水平为休产假前的平均工资数额。这些所谓的生育现金津贴一部分通过医疗保险基金支付（《孕产妇保护法》第 11 节和第 13 节），其余部分由雇主支付。

以前，由于要承担因支付生育津贴而产生的额外成本，雇主都不愿意雇用入职后早晚都会遇到生育问题的女性。这种状况随着 2006 年初《费用补偿法》的颁布实施得到了矫正。[②] 自此，生育津贴费用由所有雇主分摊。这意味着每一个雇主都必须按照其支出的工资总额的一定比例缴纳生育保险

---

① ECJ 17. 5. 1990, Case C – 262/88 （Barber）, ECR 1990, I – 1889 et seq. = NJW 1991, 2204 et seq.; ECJ 9. 10. 2001, Case C – 379/99 （Menauer）, ECR 2001, I – 7275, recital 17 et seq. The European Court of Justice applied Art. 119 EC Treaty, which is today's Art. 157 TFEU. To all this *Schlachter* in Müller-Glöge/Preis/Schmidt （edit.）, Erfurter Kommentar zum Arbeitsrecht, 12th edition 2012, Art. 157 AEUV, recital 5; *Tillmanns* in Henssler/Willemsen/Kalb （edit.）, Arbeitsrecht Kommentar, 4th edition 2010, Art. 157 AEUV, recital 11 et seq.

② AAG from 22. 12. 2005, BGBl. I 2005, p. 3686. Furthermore according to this act in companies employing up to 30 employees are apportioned 80% of the costs regarding continued remuneration in the event of sickness.

费。如果雇用怀孕女雇员或者母亲，按照《费用补偿法》第 1 节第 2 段规定，雇主支付生育津贴后有权得到补偿。当然，这会助长官僚主义，但它也有助于应对对女性的歧视。尽管如此，如果女雇员怀孕或生育，还是会给雇主带来不利影响，因为雇主必须雇用另一位雇员来短期或长期代替怀孕女雇员或生育妇女的工作。

2. 育儿假

《联邦育儿津贴及育儿假法》第 15 节[①]规定，父母在孩子满 4 岁前有权享有不带薪休假。根据该法第 18 节规定，雇员应在育儿假开始前的八周内递交休假申请，一旦雇员递交了休假申请，雇主就不能解雇该雇员。

根据《联邦育儿津贴及育儿假法》第 15 节第 5～7 段规定，如果有权享有育儿假的当事人所供职的公司的人数达到或多于 15 人，他或她可以向雇主提出要求缩短工作时间，从事非全日制工作，前提是雇主没有基于经营上的紧急原因而提出异议。但是，由于法律规定的措辞含糊不清，很多雇员不愿意冒险提出要求，唯恐雇主不同意其从事非全日制工作。

3. 禁止解雇的特殊保护和定期雇用制度

如前所述，为防止雇主解雇母亲和父母，法律规定向他们提供免遭解雇的特殊保护；然而，在实践中雇主却能想方设法在特定时期内规避该特殊保护制度的适用。比如，雇主与雇员签订的固定期限雇用合同。在德国，如果没有客观原因，签订的固定期限雇用合同的有效期最长可达两年。而对于期限为两年的定期雇用合同，雇用合同双方当事人可以协商同意将其分解为三个单独的期限较短的定期雇用合同。另外，在法律许可的范围内，双方可以约定以普通解雇的方式终止劳动合同（《非全日制工作和终止劳动合同法》第 14 节第 2 段第 1 句和第 15 节第 3 段）。例如，雇用合同的双方当事人可以先签订一个为期一年的定期雇用合同，随后就该定期雇用合同期限的延展再达成一个新的协议，商定该合同期限可连续延展三次，每次延展期限为四个月。由此可见，尽管法律规定不能基于生育或抚养孩子的原因解雇母亲或父母，但雇用关系仍然可以在约定的期限届满时终止。虽然 7 年前德国政府就打算对雇员提供普遍性保护，禁止雇主解雇连续就业已满两年的雇员，并进一步计划取消那些没有合理理由所签订的定期雇用合同。这样一来，雇主就

---

① BEEG from 5.12.2006，BGBl. I 2006，p. 2748.

无法再规避针对母亲和父母所提供的免遭解雇的特殊保护制度。① 但是这项提议至今尚未付诸实施。②

（三）针对母亲和家庭的社会保障和税收优惠

1. 育儿津贴

享有育儿假意味着还有权享有国家发放的货币津贴。享有育儿假和育儿津贴要求权利人与孩子一起生活，照顾并养育孩子，同时不得从事任何全日职工作（参见《联邦育儿津贴及育儿假法》第1节第1~3段）。育儿津贴的享有期限为12个月，父母双方总计不超过14个月。对于单亲家庭和有其他情况的家庭，单身父亲或母亲也可以享有为期14个月的育儿津贴（《联邦育儿津贴及育儿假法》第4节）。如果权利人提交申请，要求育儿津贴每个月减半发放，这将把原来的支付期限延长至28个月（《联邦育儿津贴及育儿假法》第6节第2句内容）。

根据《联邦育儿津贴及育儿假法》第2节第1段规定，育儿津贴待遇水平是孩子出生前一年权利人月平均净工资的67%，月工资的计算方法可参照《所得税法》（《联邦育儿津贴及育儿假法》第2节规定）。也就是说，权利人的收入，即负责养育孩子的父母的收入，是决定育儿津贴待遇水平的重要因素。权利人可享有育儿津贴的最高数额是1800欧元。根据《联邦育儿津贴及育儿假法》第2节第2段规定，对于那些月工资低于1000欧元的权利人，可以提高其津贴水平。收入越低，增幅就越大。

如果权利人在生育后有其他的收入来源，那么他或她的育儿津贴水平将会被削减（《联邦育儿津贴及育儿假法》第2节第3段）。但在多胞胎生育的情况下，将为每个孩子多发放300欧元的育儿津贴。如果权利人有至少两个

---

① In the coalition agreement between CDU, CSU and SPD in 2005, available on www. cdu. de/doc/pdf/05_ 11_ 11_ Koalitionsvertrag. pdf, it was said under paragraph 2. 7. 1 regarding protection against dismissal: "We will restructure the options for fixed-term contracts in such a way that a fixed-term contract without material reason will be allowed after an interval of 24 months. At the same time we provide the option for the employer in the situation of a new employment to agree with the employer on a waiting-period of 24 months instead of the legally drawn waiting-period of six month. This option also exists if the employee is hired again by the same employer after a period of six month. For young entrepreneurs the possibility remains available to agree on a fixed-term employment up to 48 months without material reasons within the first four years of establishment. CDU, CSU and SPD have furthermore agreed on the fact, that this rule for entrepreneurs may not be available in addition to the possibility of extensive liberation of protection of dismissal. For this reasons we will simplify the protection of dismissal …".

② Criticism from *Giesen*, NZS 2010, 473 (477 et seq.), et al.

不满 3 周岁的孩子，或者有至少三个不满 6 周岁的孩子，也将提高其育儿津贴待遇水平。依据现行育儿津贴制度，母亲在产后 8 周内并未享有育儿津贴待遇，所以，根据《联邦育儿津贴及育儿假法》第 3 节规定，还会进一步考虑在育儿津贴制度引入其他类型的津贴。

2. 儿童津贴

父母享有儿童津贴（《所得税法》第 31 节和第 62 节规定；对于负有有限纳税责任的人来说，适用《联邦儿童津贴法》）。头两个孩子儿童津贴待遇标准为每个孩子每月 184 欧元，第三个孩子的津贴为每月 190 欧元，第四个以及之后的孩子津贴为每月 215 欧元。儿童津贴单独发放，与权利人的收入状况无关。

3. 儿童的社会保障福利

抚养孩子的纳税人在所得税纳税方面享有优惠。根据《所得税法》第 32 节第 6 段规定，抚养一个符合资格要求的孩子可以享有 2184 欧元的税收减免。这个数额反映了维持最低生活水平所需的收入，因此是免税的。

4. 已婚夫妇的税收优惠

根据《所得税法》第 32（a）节第 5 段规定，已婚夫妇共同缴纳所谓的应税平均收入纳税。具体做法如下：将已婚夫妇双方的应税收入加在一起再除以二，以此为基础，计算夫妇各自的应纳税额。这样计算的结果，夫妇双方纳税额应为按照应税平均收入缴纳的税款的 2 倍。当双方的工资收入水平不同时，双方可平均承担累进税额。[1] 不过，实施这项规定也有负面影响，比如夫妻双方更愿意只有一方参与就业。[2]

5. 健康保险

在德国，所有公民都必须参加健康保险。近九成的公民参加了法定健康保险，一成左右的公民参加了私人健康保险。所有健康保险都为公民提供了全方位的保障，特别在生育方面。

6. 儿童照顾

虽然依据《社会法法典》第八部第 24 节第 1 段规定，父母有权将孩子

---

[1] In Germany an income of 8.004 is tax free. The amount exciding this limit has to be taxed with 14%. This tax rate is increased in steps and reaches at the amount of 52.882 42%, at 250.731 45%. In addition there is the so called solidary surcharge of 5,5%. Members of the church have to pay depending on the federal state they are living in between 8% and 9% of the income tax (church tax). The advantages of the Spouse-Splitting are set for the income tax to approximately 8.000 in case one spouse earns over 105.000 and the other spouse nothing at all.

[2] *Klammer/Bosch/Helfferich* et al. (Fn. 2), p. 59 et seq.

送入幼儿园托管。但这并不意味着父母可以将孩子送到幼儿园全日托管，而是一天只可托管 6 小时。因此，很多幼儿园的开放时间是上午 8 点到下午 2 点。而且，将孩子送入幼儿园进行托管大都需要缴费。每个社区的幼儿园收费标准有所不同。在大多数情况下，父母会根据自己的经济能力缴纳费用。贫困家庭的父母不需要缴费，快要上小学的孩子的父母也不用缴费。幼儿园收费最高可达一年 2500 欧元。目前，德国正在就下述建议进行讨论，即向没有把孩子送到幼儿园托管的母亲每月发放 150 欧元的孩子照顾费用。必须承认，这引发了德国各界的激烈讨论，因为人们担心受教育程度低的女性会因此不去就业。

　　一个更为棘手的问题似乎与孩子入学后的作息时间有关，孩子一般在 6 岁上学。小学的课程通常在上午 8 点开始，中午至下午 1 点之间结束。尽管目前全日制学校和其他的全日制看护机构正在迅猛发展，但仍然很少且收费不菲。在很多时候，家长甚至不可能在早上课程开始前将孩子送到学校。[①]

四　母亲重返劳动力市场困难重重——以德国为例

　　当然，上述法律规定在实践中是相互关联和相互作用的。其影响可以通过对一个就业案例的说明予以阐释。[②]

　　X 太太，已婚，没有孩子，24 岁完成学业（接受职业培训教育或大学本科教育）。她与丈夫想要孩子，但在此之前 X 太太想进一步体验一下职业生活。鉴于她良好的资格条件，她很快被雇主 A 雇用了。一年后，她从 A 处辞职并开始为雇主 B 工作，B 为她提供了更好的待遇条件但是与其签订的是一份为期两年的定期合同。这样一来，即便是 X 太太在此期间怀孕，她也不能利用对怀孕女性的解雇禁令来保护自己。因此，X 太太在两年定期合同期满后与 B 签订了不定期雇用合同。又过了一年，X 太太怀孕了。这时她 28 岁。在生育保护期之后，她休了三年的不带薪育儿假。在这期间，她领取育儿津贴。当她 30 岁时，即仍处于育儿假期间时，她怀上了第二个孩子。因此，她将育儿假从 2 年延长至 5 年。育儿假结束后，她想重新工作，而 B 则必须为她提供一个职位。但在此之前，B 已经雇用了另一位员工代替 X 太太并且对这位员工很满意。此时，X 太太已经 33 岁，她自己也不确定要求返回原

---

① *Klammer/Bosch/Helfferich* et al.（Fn. 2），p. 70.

② For the statistic basis of the typical history of employment see *Klammer/Bosch/Helfferich* et al.（Fn. 2），p. 45 et seq.，115 et seq.，122 et seq.，160.

工作岗位是否是正确的选择。她的第一个孩子已到了快要入学的年龄。小学生只有每天上午的四个半小时课程，这点时间根本不允许她去工作。而且，养育第二个孩子的花费也相当昂贵。X 太太的母亲很想帮忙，但住得又太远。这时雇主 B 提出建议：由 B 支付 X 太太三个月的工资作为补偿，条件是 X 太太同意终止雇用合同。X 太太同意了。虽然她必须为因此获得的工资支付税款，但有相应的税收优惠政策（《所得税法》第 24 节第 1 项（b）、第 34 节第 1 段和第 2 段第 2 项），而且不用缴纳任何社会保障费用。此外，X 太太准备申请失业津贴。失业津贴数额相当于她最后一次工资收入的 67%，可领取一年（《社会法法典》第三部第 127 节第 2 段、第 129 节第 1 段）。在领取失业津贴这段时间，她必须找到一份工作［《社会法法典》第三部第 119 节第 4 段和第 5 段及第 120 节］。由于她要照顾两个孩子，因此很多工作都不适合她。此时，她的丈夫也比刚开始工作时赚的钱多了些。她的丈夫很高兴，因为 X 太太终止雇用合同使得他和他的家庭得到一笔钱，而且 X 太太没有工作他们还能享受失业津贴。另外，第二个孩子的幼儿园费用比第一个孩子的要低。她的丈夫认为他的家庭会在接下来几年中生活得很好，这不单单是因为夫妻平均纳税政策会带给他们更多税收优惠。又过了 5 年 X 太太想重新就业，这时就非常困难了。此时她已经 37 岁并且 9 年没有工作了。在寻觅了很久之后，X 太太终于找到一份非全日制工作。不过，这份工作与她的专业不对口并且收入也没有以前的可观。

五　结语

上述案例表明，本文前述论及的多数法律规定、优惠政策和津贴待遇原本是件好事，但现实社会并不以人们的意志为转移，它有它自己的运行规律。关于德国的妇女社会权利法律体系，从整体上说，首先，现行反歧视法律禁止性规定并不如人们所期望的那么有效。很多歧视现象识别难，因而禁止也难。其次，本文论及的社会、税收和劳动法领域的相关规定在很多方面都发挥了重要作用。虽然在某些情形下，这些法律规定的实施需要以高额的财政支出作为支撑，但基本上都实现了它们的预设功能。也就是说，这些法律规定确实起到了保护妇女并为她们提供社会保障的作用。然而，有一些合理的法律规定却产生了立法者意想不到的负面影响，比如上述案例所述情形。

德国法律虽不具有典范性，但也不应被低估。本文作者在此想要说明的是，劳动、社会和税收方面的法律规定对德国妇女的影响是多方面的。除此之外，还应该认识到德国每个联邦州的社会和经济现实各不相同。在这个制度中，筹措足够的资金意味着社会保障制度运行在财政方面的可能性，但它并不是唯一的决定因素。还有，它与家庭团结或女性在现实社会中实际遭受歧视的程度等社会动态现象无关。这些动态现象在每个州都不相同。因此，制定反歧视法律规定等矫正行动应根据每个州的具体情况确定。总之，应由立法者慎重制定平衡各方利益的法律规范。

（宋夏瀛洁译、李西霞校）

关于理解人权发展进程的几点思考

凯蒂·李 *

在过去的 15 年里,我一直在积极参与促进深入了解中国法治和人权进程的各种活动。我们在中国建立了广泛的合作伙伴关系,有政府部门、司法机关、学者个人和负有改革思想的律师;并与中方合作伙伴联合组织实施了一系列座谈会、研讨会、圆桌会和试点研究课题。我们对许多具体问题进行研究,如刑事诉讼程序、辩护律师的权利和作用、行为准则、刑法改革等。讨论的许多内容都与国际人权标准相关,并致力于探讨如何最大程度地激励和进行真实有效的变革以实现所期望的结果:一个在本质上更公平、更可靠的司法体制。作者以为,尽管多数情形已经凸显出促进人权的必要性,然而实现和实施这些权利的现实环境却充满了挑战性和复杂性,且常常带有很浓的政治色彩,需要巧妙和专门的解决方案。

那么,在我自己的国家英国,情况也是这样吗?答案既是肯定的,也是否定的。对许多英国人来说,保护和促进核心的公民权利和政治权利与法治密切相关。英国(尤其在英国的英格兰和威尔士)或许是发达国家中拥有最悠久的法治传统的国家之一。通常认为,"法治"一词的出现归功于牛津大学的英国法律教授 A. V. 戴雪,他于 1885 年提出法治概念。不过,法治的理念在此之前早就出现了。早在公元前 4 世纪,古希腊哲学家亚里士多德就已经提出"法治优于一人之治",并继续指出"甚至监法官也遵守法律"。亚里士多德的法治观提醒我们,我们奉为神圣不可侵犯的原则和奠定我们文明民主政府体制的重要基础有其深厚的历史根源。这些法治思想影响巨大,它

---

* 凯蒂·李,英国英中协会。

要求每一届新任政治领导人依其各自不同的时代背景重新诠释和表达这些核心原则。

然而，法治发展的进程在英格兰也是跌宕起伏、迂回曲折。下面是在英格兰法治进程中一些众所周知的里程碑事件：

——1215 年《自由大宪章》：该宪章第 39 章规定，"凡自由民，除经同等身份的人的依法判决或遵照内国法律之规定外，不得加以拘留、监禁、没收财产、剥夺其法律保护权、或加以放逐、伤害、搜索或逮捕"。第 40 章规定，"任何人的权利或公正都不能被出卖、被否决、被拖延"。我们可以说，《自由大宪章》是表达人民意愿、实质性地（即使它不是持久的）限制君主的绝对权力、并且赋予所有自由人法律平等的最早的文件之一。

——人身保护令：从本质上说，人身保护令制度的实施是为了应对非法拘禁带来的挑战。1670 年，首席大法官沃恩曾指出，"如果公民的人身自由被非法剥夺，人身保护令是最常用的救济措施，他可以通过申请人身保护令重新获得自由。"

——废除酷刑和陪审团审判制度的发展：在 15 世纪，英格兰普通法已经坚决反对使用酷刑并拒绝采纳通过酷刑获取的证据。这一立场在 1640 年得到了星室法院（该法院独立于普通法院）的支持；而在此之前，该法院一直采纳通过酷刑获得的证据，1640 年该做法被最终废除。

——1689 年《权利法案》：1688 年英国发生"光荣革命"，废黜国王詹姆斯二世。在废黜国王后，把王位传于詹姆斯二世的女婿威廉·奥兰治，其前提是必须接受由议会提出的《权利法案》。该法案由威廉·奥兰治国王于 1689 年签署。从那一刻起，再没有任何一个英国君王可以依赖神权来废止法律。议会的权威和独立被宣告天下；建立法治在 1701 年通过的《王位继承法》中得到进一步支持，司法独立被写入法律。

当然，英国并不是唯一一个有着长期法治传统的国家。只要看看法国 1789 年《人权和公民权利宣言》和美国 1791 年《人权法案》，就能明了早在 18 世纪西方世界是如何发展权利和自由理念，他们又是如何对这些进行广泛的讨论并为争取这些权利而斗争。作者认为，英国是一个有着特别悠久的法治传统的国家，对法治和自由的核心内容的理解根深蒂固，以至于当英国在 20 世纪早期考虑制定《人权法案》时，一位前任首相听到后说："我们不需要权利法案，因为我们有自由。"所以，直到通过《人权法案》，英国是西方民主国家中唯一一个没有采取权利积极保障措施的国家。其主要原因是英国有保障公民权利的消极自由，以及普通法关于每个人都可以自由地去做法律禁止以外的事情的基本原则。

有人认为，普通法的吸引力在于权利的生长方式根植于社区生活，它存在于社区生活也成长于社区生活。普通法经验不仅包含了人类文明的智慧，还囊括了人类文明的愚钝。它充满着对历史的尊重和洞察力，因此它没有把上一代人的价值观念强加给下一代人。人们坚持认为，通过这种方式，普通法提供了社区发展的和平政治环境，而不是把政治动荡或革命作为变革的先决条件。另外，它还会把当时的某些公共道德准则同化为法律原则。

但是，到 20 世纪末，特别是工党政府上台执政以后，就开始致力于通过《人权法案》。可以这样说，普通法对权利保护的渐进发展已不再使人满意或不能满足快速变化的社会需求。自 1945 年以来，特别是 20 世纪 70 年代以后，人权的发展和国际人权法的发展意味着依赖剩余权利、普通法和宪法传统，已经不再适合 20 世纪后期的情形了。

对于一个普通人来说，《人权法案》在 1998 年的通过也许并不是一个特别重要的时刻——因为该法案的通过并不是通过推翻专制政权来实现的；权利和自由也没有受到严重侵犯。然而，此时，大多数立法机关都已经认识到有必要对权利提供积极的保障措施，依赖普通法的渐进发展对权利进行保护已经不再具有可持续性。因此，尽管英国是批准 1953 年《欧洲人权公约》的首批国家之一（事实上，英国在该公约的起草过程中曾发挥了重要作用），但是直到 45 年后的 1998 年英国才通过《人权法案》，将积极的人权保护纳入国内法律。

自《人权法案》通过时起，它就已经改变了英国人民对其拥有的自由权利和人身自由的理解。先前模糊不清的关系现在已经变得明朗。权利的概念更加清晰；依据《人权法案》提起的诉讼案件的判决结果，使得公共机构的行为发生了可衡量的变化，形成了更强的在开发公共政策和相关实践中纳入人权因素的意识。

在英国，并非所有的源于实施《人权法案》所带来的发展都被认为具有积极作用。最近，欧洲人权法院对有关恐怖分子和外国罪犯的驱逐案件的裁判，令人高度关注；以至于《人权法案》中有关防止或长时间推迟把恐怖分子和外国罪犯驱逐回人权保护欠缺的母国的相关规定遭到了强烈抨击。事实上，在一个主要由保守党政府执政的情形下，对欧洲人权法院是否已经大大偏离了最初的职责范围和《欧洲人权公约》起草者的意图这种质疑是公开的，新上任的司法部长明确提出了这一质疑。

但是，从总体上讲，人们的权利意识得到了极大的提高和发展。另外，本文作者还认为，更为重要的是《人权法案》颁行本身已经表明，所有的国家都不能因为已经取得的成就而故步自封。因此，虽然许多人会说，公平竞争、正义和自由的理念已经融入英国人的血液中，因为我们拥有自己特殊的历史和悠久的普通法传统。然而，面临新的挑战和整个社会关于国家的哪些行为是可以接受的态度的不断变化，必须时刻保持高度警惕。不应有任何自满情绪，比如联合国普遍定期审议机制在其通过的英国2012年的国别人权审查报告中指出，非常有必要对各项具体的人权给予长期关注。该国别人权审查报告对英国提出了132项建议，涉及的问题从国内人权保护到儿童、妇女和残疾人权利的保护。英国接受了该报告中的91项全部或部分建议。

作者认为，在英国，尽管自由和正义的发展有着非常悠久的历史传统，但人权保护仍需要继续加强和不间断地进行监督，关于这一点英国市民社会组织的报告和媒体的报道中都有提到。那么，像在中国这样一个基本自由和正义的传统有着一个非常不同的发展路径的国家，建立和保护核心人权要面临哪些挑战呢？当出现权力滥用和司法腐败的现象时，所有的人都有认知。比如，毫无疑问，对无辜的人被定罪、使用酷刑、强奸、拐卖儿童等这些现象的发生，所有的人都会深感厌恶。因而，这种挑战存在于制度的构建，在这个制度中能够揭露和指控滥用权力而不用害怕或出现相互指责。这样的制度，如果要获得大众的好评，要花费很多时间、金钱和具有奉献精神；另外，制度的设计也必须符合该制度运行的社会和文化现实，这样它才能扎根和生长。对人权核心原则价值的吸收不只是在中国学术界而且也在中国社会更为广泛的范围内，这种现象显而易见，且日渐明晰；这些核心原则包括表达自由、获得公平审判的权利、独立的司法系统。人权不能被视为是由外部的国际压力强加给某个国家的价值观；人权必须扎根于人权所在的社会、由该社会拥有并由该社会塑造，这也是我在中国观察到的一个过程，虽然诸多挑战和限制源于中国目前的发展阶段，但对于核心人权的构成内容的理解水平正在逐步提高。这要归功于人权教育项目、中国社会对消除权力滥用日渐增强的要求，以及废止现代社会不再接受的传统实践的政治意愿。一步一步地，中国正在逐渐建立起保护人权的各种机制。从历史的角度看，将出现并且实际上已经出现了作为转折点的里程碑事件（如孙志刚案件和2004年宪法修正案明确规定保护人权）；法治的发展在中国也非常重要，因为国家的政治意愿是要看到国家行为发生实质性变革。

所以，中国和英国的历史和传统不可能是再毫无联系了：因为我们有一个共同的目标，即坚守人权的基础和核心原则，并尽一切可能促进和保护这些核心权利。许多不同的社会主体如政府机构和市民社会活动家首先引入人权意识，然后开始行动并开发解决方案；各种形式的媒体传播无疑发挥了巨大的作用。但实质性的变革还需要愿景和奉献精神。国际人权社会应该尽其所能支持这一愿景在中国的实现。从一个长期观察者的角度看，虽然发展的势头有时看似停滞不前，但我相信，深层次变革的发展势头依然存在。

（李西霞译）

法国妇女的权利

瑞博·茉瑞*

一　引言

根据 2012 年度的性别平等指数，法国以 0.77[①] 的分数排名世界第 20 位。教育程度指数得到了最高的满分（1 分），经济平等指数得分 0.79，在妇女赋权指数得分 0.51。与之相比，中国以 0.64 的总分排在第 81 位。中国在教育方面（0.95 分）和经济平等（0.76 分）几乎和法国做得一样好，只是在妇女赋权方面中国只得到了较低的分数（0.21 分）。尽管中国的人民代表大会中妇女代表的比例（21.3%）比法国议会中妇女代表的比例（18.9%）要高，但仅妇女赋权一项就导致中国的总分降低（法国议会中妇女代表的比例很可能在 2012 年 6 月议会选举后有大幅上升）。[②] 妇女赋权的指数"可以衡量在资质要求较高的工作职位中、在议会中和在高级管理职位中两性的差距"。[③] 对于妇女来说，仅保障其在职场和政治上的代表性远远不够；要获得真正的平等，妇女需要能够得到与男性同样的机会与权力职位。

本文将对法国妇女的权利从不同的角度进行探究，重点介绍法国好的实践、正在采取措施以期改善妇女权利状况的情况，以及那些仍需很多努力才能实现平等的方面。尤其是，本文将具体研讨妇女在职场中的权利；有关产

---

　*　瑞博·茉瑞，英国伦敦大学玛丽皇后政治与国际关系学院。

①　http：//www. socialwatch. org/node/14367.

②　www. ipu. org，最后访问日期：2012 年 5 月 13 日。

③　http：//www. socialwatch. org/node/14372.

假、生育选择和儿童照顾的政策；防止暴力侵害的法律保护以及提高妇女的政治代表性和加强对妇女赋权的措施。在法国，即使是法律上的权利与事实上的不平等长期并存，但由于法国普遍的公民资格模式不承认公民之间的差异，法国长期以来一直在为妇女的权利而抗争。近年来，法国逐渐承认与性别平等相关的问题，并已开始采取一些干预性措施，以期减少男性和女性之间的不平等。在法国，传统上妇女一直处于绝对依附于丈夫和父亲的地位，生育政策的实施也是为了提升妇女作为母亲角色的作用。所以，近些年鼓励妇女积极参与公共生活的改革措施正在对两性关系产生着缓慢但却具有高度象征意义的影响。这也是法国的性别平等指数为什么能在短短五年时间里从世界排名第 70 名上升为世界第 20 位。[①]

二　妇女在职场中的权利

自 20 世纪 60 年代起，妇女接受教育的程度水平逐渐提高，生育控制也使得妇女更容易平衡家庭和事业关系，因而，妇女开始大规模进入劳动力市场。从表 1 中我们可以看出，51.8% 的妇女活跃在劳动力市场中，而男性的比例则为 62.1%。形成这一差异的部分原因是因为妇女的寿命较长，也正因为如此，妇女在退休年龄人群中占有较大的比重。有 20% 的妇女既没有退休也没有工作，而男性的这一比例为 14.4%。一方面，表 1 中的数据反映出目前接受高等教育的妇女的比例要稍高于男性，比如在 21 岁的年轻人中，只有 36% 的男性还在接受高等教育，而妇女的这一比例则为 46%[②]；另一方面，这些数据还包括了那些为照顾家庭选择退出劳动力市场的妇女。同时，妇女

表 1　2010 年妇女就业状况

		妇　女	男　性
在劳动力市场中的情况	就业	12194000（46.7%）	13498000（56.5%）
	失业	1315000（5.0%）	1338000（5.6%）
在劳动力市场中的总人数		13509000（51.8%）	14836000（62.1%）
劳动力市场之外的情况	超过退休年龄的人数	7358000（28.2%）	5607000（23.5%）
	其他	5236000（20.0%）	3439000（14.4%）
总人口数		26103000（100%）	23882000（100%）

资料来源：INSEE（www.insee.fr），括号中的数据反映出男性和女性占总数的比例。

---

① France's GEI score in 2007 was 0.64（http：//www.socialwatch.org/node/9370）.

② Insee（2012），*Femmes et hommes：regards sur la parité.*

比男性更易受到失业的影响；虽然男性失业的绝对人数较妇女要高，但是妇女的失业率（9.7%）——即正在找工作的妇女人数占劳动力市场中全部妇女人数的比例，还是比男性失业率（9.0%）要高。

此外，妇女比男性更多地从事非全日制工作。从 2010 年的情况看，31% 的妇女从事非全日制工作，而只有区区 7% 的男性从事非全日制工作。① 在某些情况下这是一种刻意为之的选择，反映出人们既希望通过工作获得报酬又希望能够兼顾家庭的愿望与需要。2010 年，20% 的单身且无子女的妇女通过非全日制工作获取报酬。对于已婚妇女来说，有一个孩子的妇女中有 29% 从事非全日制工作，有两个孩子的妇女有 37% 从事非全日制工作，而生养三个及其以上孩子的妇女中，有 46% 从事非全日制工作。但是，只有 28% 的单身母亲从事非全日制工作，因为她们既需要养家糊口，又要承担起照顾孩子的主要责任。与此相似的是，与单身男性相比，更多的有孩子的男性从事全日制工作，因为他们需要供养家庭。② 尽管越来越多的妇女开始参与劳动力市场，但是母亲养育子女父亲供养家庭的传统观念仍然存在。就像表 2 数据所显示的那样，两性用于家庭琐事上的时间差距越来越小。在 1986 年，妇女每天做家务事花费的时间是 4 小时 40 分钟，而男性则为 2 小时 11 分钟。到 2010 年，男性的日均家务时间增加到 2 小时 24 分钟，而妇女的日均家务时间则减少到 3 小时 52 分钟。尽管如此，妇女用于做家务（包括履行照顾家庭的责任）的时间仍是男性的 2 倍，这必然会影响到妇女在职场中的工作时间和妇女享有的休闲时间。

表2　公共生活和私人生活的时间分配

单位：小时，分钟

	1986 年		2010 年	
	妇女	男性	妇女	男性
工作时间	2:26	4:16	2:39	3:55
做家务时间	4:40	2:11	3:52	2:24
休闲时间	4:04	4:44	4:41	5:14

资料来源：Insee（2012），*Femmes et hommes：regards sur la parité*，第 31 页。

在某些情况下，妇女从事非全日制工作并非出于自己的选择，这可以被看作是一种就业不足的表现。就业不足是指雇主为从事非全日制工作的雇员

---

① Insee（2012），*Femmes et hommes：regards sur la parité*.
② All figures are from l'Insee，enquête emploi 2010.

提供的工作时间不能达到其预期工作时间。妇女的就业不足率是 8.8%，而男性只有 3.3%。[1] 因此，男性和妇女在就业中的差距不仅仅反映了生活方式的不同偏好，更反映了妇女在劳动力市场中处于明显的劣势地位，在劳动力市场中，妇女比男性易受到失业的影响，也更易受到就业不足的影响。发生这种现象的部分原因是因为：男性与女性通常情况下会在不同的经济部门中集中就业，妇女一般比男性更易成为雇员，并且往往供职于服务部门（售货员、办公室职员及从事其他类似工作的人员），而男性则更多地在工业部门中供职和从事体力劳动，但也有较多的男性供职于高层的或专业性的、管理性的职位。同时，鼓励灵活就业的政策也是造成这一现象的原因之一。实行这项政策的目的是促进人们平衡工作与家庭生活的关系，鼓励他们将工作与养育子女结合起来。但是，这项政策却带来了意外的后果，妇女被排挤出主流的全日制工作劳动力市场而被迫进入次一级的非全日制工作市场，在那里，妇女的福利水平较低，升职的机会也大大减少。[2] 雇主往往会与妇女签订定期劳动合同而不是长期劳动合同，这也是这种现象的一种表征。

　　在法国，虽然已有立法对同工同酬作出规定，但性别工资差异较大这一现象却一直存在。1991 年，性别工资差异为 29%，2009 年只下降为 25%。[3] 造成两性工资差距的原因之一在于，通常情况下，妇女工作的时间较短，多就业于低薪部门，职位较低责任较小，并且职业生涯往往会因养育子女而中断。即使我们考虑到所有因素，仍然存在相当大的两性工资差距。这些因素同时也是造成两性之间养老金缴费水平巨大差异的原因，从而导致老年妇女退休金过低并面临更大的贫穷风险。在刚刚结束任期的萨科奇执政期间，非常不受欢迎的养老金改革方案最终被迫通过，政府为使这些改革更易被民众接受所进行的一项尝试就是通过大肆渲染性别不平等的危害并提出该法旨在寻求对这些性别不平等现象进行矫正。养老金改革方案实施后，即便妇女在她们的一生中养老保险缴费较少，但男女两性在养老金待遇水平方面的差距也会有所减小；因为对于妇女由于产假或养育孩子而中断就业所导致的工资的减少，将对她们提供相应的津贴。

　　很明显，在法国劳动力市场中，存在着程度不同的性别不平等现象。比如，妇女就业的部门与男性不同，更容易失业或就业不足，不容易晋升至高级职位，并且收入明显低于男性。我们该如何解释妇女的弱势，又能做些什么来

---

[1] l'Insee, enquête emploi 2010.

[2] Maria Stratigaki，《欧盟政治中性别概念的吸纳："兼顾工作和家庭生活"的情形下》，*Social Politics*，Volume 11，Number1，2004，pp. 30 – 56。

[3] Insee (2012)，*Femmes et hommes：regards sur la parité*.

改善现状呢？目前，家庭和学校中出现的性别社会化现象，使得女生更多地选择了文科而男生倾向于学习科学与数学，正是这种趋势导致了整个劳动力市场中的职业性别隔离现象。高中学生毕业时会选择以后继续攻读的学科文凭（高中毕业资格），如文科、理科或者工科，其中选择攻读文科的学生中女生数量占绝对优势，而选择学习理科与工科的女生却是凤毛麟角。因而，男性与妇女获得不同类型的资格证书，再加上性别社会化现象，及其鼓励男孩自信、雄心勃勃和有远大志向的固化观念，最终导致在劳动力市场中的职业性别隔离。

不过，法国已经通过相关立法保护妇女免遭在工作场所的歧视。其中有些立法是关于母亲保护的，本文将在后文中进行讨论。1972 年，开始实施同工同酬法，该法要求"从事同等价值的工作付予同等报酬"；但是，该法并没有具体规定何谓"同等价值"，这使得法律实施的有效性大打折扣，尤其是男性与女性在绝大多数情况下从事的是不同的工作。例如，保洁员与保安这两种工作是否具有同等价值？面对性别歧视的指控，雇主却能胜诉，主张男性从事工作的价值与女性从事工作价值不相同，因而男性与女性的收入有差别是合理的。1975 年，通过一项新的立法反对招聘中的性别歧视；所有招聘者必须遵守，除非有正当理由，比如要求一名女性辅助员工与脆弱的女性病人一同工作。1983 年，法国的第一任妇女权利部长 Yvette Roudy 推动制定了有关妇女权利保护的最重要的一部法律。这部法律明确了"同等价值"工作的含义，从而消除了 1972 年法律中模糊不清的表述。同时，这部法律还规定由雇主承担举证责任。也就是说，在一个薪酬歧视案件中，证明不存在薪酬歧视是雇主的责任，而非是雇员的义务。这部法律还要求雇主应将薪酬公开并接受监督。2001 年，另一位社会党妇女权利部长 Catherine Génisson 强化了 Roudy 法和 1992 年的有关防治职场性骚扰的法律。Génisson 法包括以下相关内容："每三年必须进行一次有关职场性别平等的强制性协商；集体谈判中性别平等与薪酬平等的主流化；公司年度报告中使用的具体平等标准；在选举由职工参加的机构代表时性别平等原则的适用。"[①] 2004 年，工会与雇员签订了一份全国性的跨部门协议，其目的是要促进职场中的性别平衡，减少性别差距与劳动力市场中的职业性别隔离，并降低休产假可能对女性职业造成的负面影响。同年，开始采用性别平等标识以表彰在性别平等方面表现出色的公司。2006 年，右翼妇女权利部长 Nicole Ameline 领导制定了新法律框架，其目的是于 2010 年之前消除性别工资差异（显然，这个目标没有

---

① Gill Allwood and Khursheed Wadia，《法国的性别与政策》，（Basingstoke：Palgrave Macmillan，2009），第 46 页。

实现），并促进雇员工作与家庭生活之间的平衡。不同于以往的立法，Ameline 法没有把家庭责任视为妇女权利实现的障碍，也没有积极寻求办法简化协调职业与家庭生活关系的义务。① 尽管有些妇女从这些法律措施中受益，但她们对妇女承担家庭责任的传统模式几乎没有反对意见，也没有要求夫妻平等承担家庭责任。

除了这些作用极为有限的反歧视政策外，法国最近开始实行积极歧视立法措施，要求大公司增加其董事会组成人员的女性代表比例。公司必须确保在 2014 年前董事会成员中的 20% 为女性，2017 年这一比例必须达到 40%。这是法国迈出的第一步，反映出立法者观念的转变，开始实行性别配额制度，以增强其政治代表性。法国人现在渐渐开始承认，女性与男性不是在一个公平的环境中进行竞争，女性在谋求高职位的过程中面临着许多无形和结构性障碍（以及传统上的性别歧视）。因此，就像政治上性别配额制度促使政党做出更多努力吸纳女性候选人一样，职场中的性别配额制度也会促使公司董事会将更多的女性晋升至高级职位。让更多的女性供职于实权职位有可能矫正整个劳动力市场中的性别失衡现象，不过这其中存在着一定的风险，即法律的效果仅限于管理团队组成人员的微调，并不会波及整个劳动力市场的性别平衡。同时，该法只适用于大型私有公司，而大多数法国妇女则供职于公共部门或者中小型企业。所以，这部法律并没有向社会传递重要的象征性信息，即妇女的重要价值以及妇女参与高层决策的重要性。

总的来说，妇女在职场中的地位在稳步提高，尽管进程相当缓慢。现在，妇女更愿意参加工作，国家也通过实施立法措施保护她们免遭歧视并确保她们在公司高层的合法地位。但是，职场中仍然存在横向和纵向的职业性别隔离现象，比如女性主要在相对不重要和薪酬水平较低的部门工作，且在每个部门的任职都较低。女性的收入仍然低于男性，也更易受到失业的影响。产生这种职场中的持续不平等的一个原因就是家庭中的持续不平等。本文下一部分将深入探讨妇女生育问题，分析相关政策是如何既帮助又阻碍那些作为母亲的妇女。

三　母亲的权利

在法国，生育权包括几个不同方面的内容。控制生育的权利，包括享有

---

① Gill Allwood and Khursheed Wadia，《法国的性别与政策》，（Basingstoke：Palgrave Macmillan，2009），第 47 页。

合法的安全堕胎的权利，对于改善妇女在法国其他方面生活中的地位至关重要。享有产假工资以及产假后能够返回原工作岗位继续工作的权利对于保障妇女的收入和其职业发展也非常重要。在欧盟法层面，已经前瞻性地提出要加强实施父亲的陪产假和育儿假制度，以使父亲也可以更多地参与照顾孩子，而不是让母亲独自承担照顾孩子的重任。为此，法国也必须按照欧盟法的规定，制定相关立法。儿童照顾的提供是一个更为重要的方面，但法国在这方面做得并不是特别好。

（一）生育权

在法国，采取避孕措施和堕胎合法化的发展相对缓慢。因为法国实行的鼓励生育政策旨在激励生育，而非阻碍生育。1955 年以前，所有形式的堕胎都是违法的；只有在怀孕危及母亲的生命时，法律才允许堕胎。1967 年以前，采取避孕措施也是违法的；直到 1967 年，法律才规定避孕合法化，但是只适用于几种特殊情形。[1] 20 世纪 60 年代后期和 70 年代早期，越来越多的人主张将堕胎合法化，当时一名很有影响的女权主义律师承办了一起由一名年轻女孩遭受强奸后欲堕胎而引发的案件，此案对社会舆论起到了进一步推动作用。这些不满和抗议在 1975 年极富代表性的面纱禁令颁布时达到高潮。这部法律在女性中间派权利部长 Simone Veil 在任时开始实行，其中采取了一系列措施去平息鼓励生育、反对堕胎的意见。Simone Veil 把这部法律设计为关注健康问题的法律，她提到大量的非法堕胎及其带来的健康问题，以及由低劣的堕胎手术造成的高死亡率。她主张如果妇女一定要堕胎的话，最好是确保她们合法安全地堕胎。这部法律同时规定了严格的限制条件。国家并不负担堕胎的费用，因此贫困妇女难以负担堕胎手术费用。法律还允许医生基于道德方面的理由拒绝实施堕胎手术，这部法律是临时性的，5 年后通过第二个议案使其成为永久性法律。

自这部法律实施后，立法者还进行了一些改革使得妇女能够更自由选择堕胎和避孕。1997～2002 年，当时执政的社会党政府进行了关键性的改革，其中社会党的两名女性 Martine Aubry 与 Ségolène Royal[2] 对这次改革起到了关键的先导作用。与邻国相比，法国的青少年怀孕和妇女堕胎是两个不容忽视的问题：青少年怀孕的数量以及妇女堕胎的数量都居高不下。而避孕则可

---

[1]　Gill Allwood and Khursheed Wadia，《法国的性别与政策》，2009，第 83 页。

[2]　Martine Aubry 目前是社会党领导人，是 1997～2002 年政府中第二大有权势的部长；Ségolène Royal 在 2007 年的总统大选中代表社会党竞选法国总统，但在 2008 年竞选失败。

以有效缓解这两个问题。尽管法国关于堕胎方面的法律规定比一些邻国要严格得多（例如，英国、西班牙与荷兰允许合法堕胎并规定 22 周流产假期），但法国仍是欧洲堕胎率最高的国家之一。规范避孕法律的改革措施包括在学校提供免费的事后避孕药；未成年人避孕时不再需要征得其父母的同意；未成年人可以免费避孕；提供更好地获取避孕信息的途径。有关堕胎的法律的改革措施包括将堕胎后流产休假从 10 周延长至 12 周，免除了寻求咨询的义务，使得接受药物流产比接受手术流产更加便利，要求拒绝实施堕胎的医生推荐别人实施堕胎，并且允许青少年在没有父母同意的情况下进行流产。

2001 年有关堕胎和避孕的法律中包括了大部分上述改革措施，尽管制定该法的目的之一是减少堕胎需求，但是堕胎人数仍然居高不下。据估计，半数法国妇女曾有过堕胎经历，每三个活产婴儿中就有一次堕胎，相当于每年有 22 万例堕胎。[①] 在 2012 年度的总统大选中，极右派候选人 Marine le Pen 提出应对堕胎进行限制，以防止妇女的"便利堕胎"行为，因为她们将堕胎作为避孕的一种方式而进行多次堕胎。一些妇女权利组织对此进行了反驳，她们认为只有很少一部分妇女这么做。最后获胜的社会党候选人 François Hollande 对此进行了回应，他认为法国的任何一家医院都应该提供堕胎服务。这有助于解决目前存在的地区差异问题。

（二）产假和育儿假

法国长期以来一直实行鼓励生育的政策，其目的在于激励妇女多生育子女。因此，法国是欧盟成员国中生育率最高的国家之一，仅次于冰岛和爱尔兰，人口出生率为 12.87/1000。[②] 根据母亲生育孩子的数量和生育孩子的胎数不同，法国法律赋予她们的不同内容的产假权利。分娩时产下一个孩子的妇女，如果她还没有生育过孩子，那么她有权享有总共 16 周的产假（产前 6 周，产后 10 周）；如果她已经有两个或更多的孩子，她有权享有总计 26 周（产前 8 周，产后 18 周）的产假。如果她产下双胞胎，那么有权享有产前 12 周和产后 22 周产假；那些生育三胞胎或者多胞胎的母亲甚至可以享有近一年的产假（产前 24 周，产后 22 周）。产假并非必须要休完，但是母亲必须至少要休 8 周的产假（产后 6 周）以便符合领取产假津贴的资格要求。准妈妈们可以将产假的一部分移至产后，如果她们在医学上被认为适合在产前工

① http：//www. doctissimo. fr/html/sante/mag_ 2000/mag1215/dossier/sa_ 3400_ ivg_ niv2. htm，最后访问日期：2012 年 5 月 14 日。

② Eurostat http：//epp. eurostat. ec. europa. eu/tgm/table. do？ tab ＝ table&init ＝ 1&plugin ＝ 0&language ＝ en&pcode ＝ tps00112.

作并且在预产期至少 3 周之前停止工作。这些规定比其他国家，例如美国的相关规定更加慷慨，并且与法国人的家长式作风相一致，他们总是试图保护妇女并且维护她们生儿育女的角色。

对于休完产假的妇女，雇主必须安排她到原工作岗位任职，或者到类似的工作岗位任职且工资水平不得低于原工资水平。同时，她有权获得休假期间因工会集体协商而取得的任何加薪待遇。法律规定，禁止雇主因为怀孕或者休产假而解雇妇女，并且不能拒绝妇女休完产假后返回原工作岗位。但是，如果有妇女在宣称怀孕后被解雇，那么要想证明怀孕是遭解雇的动因便十分困难。

法国的产假津贴计算起来非常复杂。这与是否满足一定的条件有关，包括在生产之前就业时间至少满 10 个月，工资收入高于最低工资水平，休产假时间至少 8 周。同时，产假津贴依照产前三个月基本工资的平均数额计发，最高不超过每天 78.39 欧元。对于签订固定期限合同的员工和那些个体经营者，规则略有不同。从整体上来说，法国提供的生育津贴是相当慷慨的，将工资损失减到最小，并且旨在通过弥补产假期间的经济损失来鼓励妇女生育。

相比之下，陪产假就没有那么慷慨了。2002 年，当政的社会党政府开始实施父亲陪产假制度，赋予男性在妻子生产时享有 3 天假期的权利，还可以在婴儿出生的头四个月中任选 11 天（多胞胎生育时 18 天）作为休假。也就是说，父亲有权享有总计 14 天的陪产假，或者在多胞胎生育的情况下享有 21 天的假期。在此期间，他们不能享受平时的工资待遇，但是有权领取法定的陪产津贴，每天津贴待遇水平的计算方法与妇女的相同，并且雇主有义务安排父亲在假期结束后返回原工作岗位或者相当的工作岗位。[①] 男性与妇女之间权利的不平等反映出对妇女在怀孕、生产和断奶方面更多的体力要求，但是也限制了男性作为父亲的作用，并固化了母亲作为主要的照顾者的责任。

另外，父母双方还可以申请最长 3 年的不带薪育儿假。首次可以休一年，之后可以延期两次，直到最小的孩子年满 3 周岁。父母还有权使用调休制度（TOIL）来减少育儿假带来的经济影响。尽管育儿假是不带薪假期，但是育儿假制度受法律保护，雇员有权在假期结束后返回原单位继续工作，并

---

①　Ministère du Travail, de l'Emploi et de la Santé http：//www. travail-emploi-sante. gouv. fr/ informations-pratiques，89/fiches-pratiques，91/conges-et-absences-du-salarie，114/informations-pratiques，89/fiches-pratiques，91/maternite-paternite-adoption，1975/le-conge-de-paternite，12743. html.

且有权得到一份与原工作相当且薪资也相当的工作。当然，在职业生涯中停歇几年的时间毕竟会影响父母（通常是妇女）的事业发展，另外，休假期间的收入也会有所损失。

（三）儿童照顾

如果要将父母（通常是女性）从全天候照顾孩子的重任中解脱出来，使他们能够重返职场继续工作，那么是否能够获得服务良好、价格合理的儿童照顾服务是非常重要的。然而，法国的儿童照顾资源非常缺乏。根据巴黎市副市长 Olga Trostiansky 所作的家庭状况报告，仅有 6% ~8% 的法国婴幼儿[1]能够进入托儿机构。[2] 超过一半的 3 岁以下的儿童是在家中由母亲照顾，还有 26% 的儿童由私人保育员或者由家庭雇人照顾。虽然法国政府也提供儿童照顾服务（多数在城市地区），且服务良好，但是还不能满足需求。目前，法国政府不再依靠公共财力提供儿童照顾服务，而主要依靠私人（包括幼师和保育员）提供儿童照顾服务；同时政府通过发放税收补贴来分担家庭为此支出的费用。[3] 在以上措施的刺激下，儿童照顾服务的数量在逐步增多，但是仍然不能满足需求。[4] 因为人们希望工作时间能更加灵活，再加上父母越来越多地在朝九晚五的工作之余被要求加班，这些使得儿童照顾的供求关系更加紧张。还有，学校里课程安排的时间也给父母增添了麻烦。法国的学生一般周六早晨需要上学，但是周三下午不上学。这使得父母不得不在一周的工作期间承担额外的儿童照顾责任，也导致大量地聘请私人保育员，同时越来越多的母亲开始从事非全日制工作。法国这种有限的且多为私人性质的儿童照顾模式带来了双重后果。首先，适当的儿童照顾服务的缺乏使许多妇女陷入困境，使得她们无法在职业生涯中充分发挥其潜能。其次，私人保育员盛行，集体托儿服务不足，导致大量女性劳动力为富裕家庭提供儿童照顾服务。一个名为平等实验室（le Laboratoire de l'égalité）的妇女组织起草了一份平等协定，要求政府建立 50 万个儿童照顾设施，并延长父亲陪产假的时间。这项协定在 2012 年总统大选中被提交给各位候选人，而在众位签名者中，

---

①　Emilie Poyard, "Etats généraux de la femme: du travail à la crèche", *Elle* magazine, 15.03.10.

②　Marie-Thérèse Labatlier,《变化着的世界中的儿童照顾：法国应对灵活工作时间的政策》，载于 Jane E. Lewis 著《儿童、变化着的家庭和福利国家》，（Cheltenham：Edward Elgar Publishing, 2006），第 201 ~219 页。

③　Anne-Marie Daune-Richard,《处于家庭和福利国家之间的妇女工作：法国和瑞典的非全日制工作和儿童照顾》，载于 Birgit Pfau-Effinger and Birgit Geissier 著《欧洲社会中的照顾和社会融合》（Bristol：Policy Press, 2005），第 215 ~234 页。

④　Labatlier 2006.

刚刚当选总统的佛朗索瓦·奥朗德赫然在列。但鉴于目前艰难的财政状况，佛朗索瓦·奥朗德是否会兑现这项诺言还有待观察。

四 防止家庭暴力

在法国，家庭暴力是一个非常严重的问题。我们很难准确地判断这个现象的严重程度，因为遭受家庭暴力的情况经常被隐瞒不报。我们眼前就有一个明显的数据，2008 年有 184 人（157 名妇女和 27 名男性）死于家庭暴力，也就是说每两天就会有一人死于家庭暴力。[1] 早先的一项研究表明，大约一半死于家庭暴力的男性都是因为男性首先虐待妇女，进而被受害妇女所杀害的。[2] 法国政府应对家庭暴力的政策并不总是令人满意；为帮助女性逃避家庭暴力而提供的反家暴服务（比如帮助热线和避难所），政府尚不能提供足够的资源支持。根据 Allwood 和 Wadia 的记录，"直到 1975 年，法国法律还规定，如果丈夫在家里发现妻子与人通奸杀死妻子，那么法律可以免除他的罪行"。[3] 另外，法国很晚才认识到婚内强奸行为也是犯罪。1989 年，时任妇女权利部长 Michèle André 发起了一场有关家庭暴力的知识普及活动，一些家暴受害者受其鼓动决定采取行动时，政府却无法提供足够的资源帮助这些人。该部长将其原因归结为"这项活动的目的在于普及法律知识，并非鼓动妇女离开丈夫和家庭，把孩子留在家里而自己躲到避难所去"。[4]

最近，面对妇女运动带来的持续压力，帮助家庭暴力受害者的事业取得了一些新的发展。其中包括工作重心的转变，即由帮助受害者逃离暴力转变为将施暴者逐出家庭，这样一来被迫离开家庭的就不再是受虐待一方而是施暴一方。此外，2006 年的反家庭暴力法也值得一提，它将家庭暴力规定为离婚案件中的加重情节；将最低结婚年龄从 15 岁提高到 18 岁，以保护较为弱势的青少年女孩；对婚内强奸行为以及其他任何关系中的强奸行为做出明确规定。此外，该法还规定施暴者必须离开家庭。但是，由于资源不足以及警方、医疗与法律职业方面缺乏有素训练，加之妇女很难获得所需的支持和物质帮助，实施该法仍面临重重困难。目前，反家庭暴力工作仍然过于依赖妇

---

① 法国内政部，引自一份为法国参议院准备的关于家庭暴力的报告：http://www.senat.fr/rap/r09－553/r09－5533.html。

② République française（2006），"Sixième Rapport périodique national sur l'application de la Convention sur l'élimination de toutes les formes de discrimination à l'égard des femmes"。

③ Gill Allwood and Khursheed Wadia：《法国的性别与政策》，2009，第 18 页。

④ Marie-Victoire Louis（1990），"Violence Conjugales", *Les Temps Modernes*（April），p. 143.

女组织，而国家提供的服务却明显不足。

2010年，一部新的法律开始实施，它为保护家庭暴力受害者提供了更多的支持。紧接着，在2011年4月，右翼女性主义者时任团结与社会凝聚力部长的Roselyne Bachelot-Narquin推出一项新的计划。该计划旨在消除对妇女的暴力行为，不仅涉及家庭暴力，还涉及职场中的性别歧视和性骚扰、强奸、性暴力以及卖淫行为。其中明确提出，在有关保护暴力受害者的法律实施与医疗职业方面，还需要更多的训练与提升，给施暴者提供更多的改造机会减少再次施暴风险。同时，此项计划呼吁为性别暴力的受害者建立更好的支持服务机制，并且将这些服务的预算提高了30%以确保此机制能达到更好的效果。①

2011年5月，Dominique-Strauss Kahn（DSK）在纽约因涉嫌强奸酒店女服务员未遂而被逮捕，法国的性暴力问题开始引起人们的关注。DSK曾是社会党的领导人之一，曾任法国财政部部长以及国际货币基金组织总裁，并且是2012年总统大选可能的候选人之一。在他被逮捕之后，更多有关他的不当性行为的指控开始出现，其中包括记者Tristane Banon对其提出的9年前强奸未遂的指控，以及最近的一项揭发DSK与卖淫集团有染的指控，这一事件因为发生在卡尔顿酒店而被称为"卡尔顿事件"。许多法国人对于这些指控感到震惊，尤其是最后得知DSK曾被称为性捕食者，而政坛与媒体却称试图为其掩盖真相时，许多法国人觉得简直难以置信。因此，妇女运动开始要求政府在处理性暴力事件时要更加公开与透明，并且敦促更多的受害者站出来揭发罪恶。但是，由于低定罪率、对名誉的潜在伤害、举证难，以及文化传统上的压力，目前很多妇女在遭受性攻击后并不会提起诉讼而是选择保持沉默。

对于卖淫，法国政府一向持废除的态度，并且将妓女视为受害者。但是最近，关于此问题的讨论却被重新定义为一个法律和秩序问题，而且目前拉客行为已被规定为应判处有期徒刑的犯罪行为。② 这导致警察与妓女之间关系的变化，警察的角色由保护者转变为控诉方。尽管部分原因是为了满足欧盟层面和国际层面的要求，但拐卖妇女卖淫已被认为是一种犯罪行为。③ 在这部新法中，妓女成了麻烦事，而不是性剥削和性暴力的受害者，这样一来妓女更加难以获得法律援助。妓女常常成为其顾客与皮条客的施暴对象，并

---

① Observatoire de la Parité, 2011 http://www.observatoire-parite.gouv.fr/violences/fiches-de-synthese-71/article/plan-interministeriel-de-lutte.
② Gill Allwood and Khursheed Wadia：《法国的性别与政策》，2009，第114页。
③ Gill Allwood and Khursheed Wadia：《法国的性别与政策》，2009，第115页。

且对于她们来说获得法律保护非常困难，因为她们逐渐被迫在地下色情场所接客。规制卖淫行为非常困难，因为如果将其去罪化将导致卖淫大量出现，民众也会认为政府认可了妇女肉体可以成为商品进行买卖。但是，将卖淫入罪会使妓女的工作环境更加危险，她们也会更加难以逃脱被施暴和贩卖的命运。[1] 法国目前的规定也导致了性工作者的边缘化和被歧视。

五　女性的政治代表性

一直以来，法国政治上的女性代表严重不足。法国从没有过一位女性总统；唯一一次是在 2007 年，因为社会党候选人 Ségolène Royal 被 Nicolas Sarkozy 打败，才使一位妇女有资格参加第二轮总统大选。女性总理也只出现过一位，就是运气不佳的 Edith Cresson，她于 1991 年被社会党总统 François Mitterrand 任命为总理。在短暂的任期内，她广受批评并且负面新闻频发，其中不乏一些性别主义者作梗，因此她不得不在任职不满一年时就辞去职位，成为法国历史上任期最短的总理之一。政坛中的较低职位中，如法国议会中，女性代表人数也长期不足。直到 1997 年，法国议会中妇女代表的比例还维持在个位数水平。1997 年，由于社会党引入性别配额制度，此比例上升至 10.9%。

法国的妇女运动长期致力于提高女性的政治代表性的活动，受其影响，1999 年，法国政府对宪法进行了修正，并纳入性别平等原则。2000 年，该修正案被载入法律，它规定所有政党在大多数选举中必须将名额在男性与女性之间平等分配。法国是世界上第一个在法律中规定 50% 的性别平等配额的国家。因此，虽然名额分配相当不平衡，但是政治上女性代表的数量已经开始增加。在地方政治中，如果政党代表名单不符合法律规定，将会被拒绝；因此，妇女代表的比例已经接近 50%。但是在地方政坛领导人任职中女性代表仍然是少数，而男性则把持绝大多数位高权重的职位，比如市长和地方与地区委员会主席。在国家层面，2002 年议会中女性代表的比例升至 12.3%，2007 年升至 18.5%。女性政治代表性比例上升速度如此之慢是因为平等法存在缺陷。虽然法律规定各政党必须推举更多女性候选人，但是并没有明确规定应该向什么职位推举，这使得大多数女性候选人处于不可能获胜的境地。如果在立法选举中不实施平等原则，将对政党处以酌量减少国家拨款的

---

[1] Joyce Outshoorn：《关于卖淫和妇女性交易的政治辩论》，载于《社会政治：性别、国家和社会的国际研究》，Volume 12，Number 1，2005，pp. 141 – 155；Christine Overall，《对性工作的评估》，*Signs*，Volume 17，Number 4，1992，pp. 705 – 724。

处罚，但较大政党一般都能弥补此项损失。例如，萨科奇所在政党以前从来没有推举过 30% 的女性候选人，这与法律规定的 50% 相距甚远。不过，目前由于社会党有望赢得 2012 年 6 月的议会选举，他们开始重新努力推举更多女性候选人并且使更多女性候选人有机会成功。这样一来，法国国民议会中的女性代表人数可能会首次超过总代表人数的 30%，也使得法国的女性代表性比例由过去的世界排名较低跃升至高于欧洲平均水平。

从 1974 年至今，几乎每届法国政府都会为妇女事务而专门设立某种形式的部长职务。1974 年，为改善"妇女状况"Françoise Giroud 被任命为副部长。1978~1981 年，政府设立了专司妇女就业事务的国务卿。1981 年则是一个具有里程碑意义的年份，当时第一任社会党总统 François Mitterrand 首次设立了妇女权利部，部长 Yvette Roudy 拥有内阁职位。此后十年间，Roudy 带头进行了许多重要改革。1986 年，由于右翼势力执政，妇女权利部被取缔，当 1988 年左翼势力重新执政再次设立妇女权利部时，已不如原来位高权重，同时政府还设立了一个专司妇女权利与平等事务的国务卿。1993~1997 年右翼势力掌权期间，这个职位再次被取缔，1997 年则被左翼势力再次恢复。但是，Chirac 也确实办了件实事，他设立了一个平等监督机构，此机构日益壮大，成为监督妇女权利状况与提供政策解决方案的重要机构。2002 年，在 Jacques Chirac 获得了议会多数席位支持之后，曾短期存在过平等与职业平等部长的职位，担任此职位的 Nicole Ameline 在任期中通过了前文介绍的 Ameline 法。2005 年，此职位在某种程度上被降级，Nicole Ameline 也被 Catherine Vautrin 取代。在萨科奇执政期间，政府没有为妇女权利事务专门设立部长职务。但是，新任总统佛朗索瓦·奥朗德已经兑现了他的竞选承诺，即在 1986 年首次设立妇女权利部之后，再次设立一个完整的妇女权利部，并由 Najat Vallaud-Belkacem 任部长。上述有关妇女权利政策的发展，得益于政治进程中那些强势的妇女角色，妇女权利部长或者其他任同等职务的领导人都是推进妇女权利政策出台的关键人物。因此，重设妇女权利部并使其部长拥有内阁席位是十分重要的进步，表明妇女权利将再次成为政治议题的中心内容。由于 50% 的新一届法国内阁成员与政府成员是女性代表，并且其中很多人主张男女平等，这会给新任妇女权利部长以莫大支持。

六　结论

法国妇女的权利一直在稳步发展。目前，妇女有权享有不受暴力侵害的法律保护，有权合法堕胎；政府有法定义务保障妇女享有更多政治方面的平等代表性以及在经济实体中的高层任职；也有法律保障妇女在职场中不受歧视并享受同工同酬待遇。但是，尽管有一系列立法，妇女在法国社会中的地位仍不如男性高。许多在法律中明确规定的权利在实践中并没有被充分保护，这使得女性还经常遭受歧视、面临职场中横向与纵向的职业性别隔离、承担过重的家务责任、经受机会不均的堕胎服务、遭受家庭暴力与性暴力，以及权力职位中的较低的代表性等。妇女的法律地位和实际地位的不一致既与文化有关，也与政府实施法律的能力有关。从文化上来说，法国在某种程度上来说仍是一个家长制社会。性别观念虽然在进步，但是十分缓慢。许多男性（包括一些妇女）仍然认为妇女应服从于男性，妇女主要承担家庭责任，在公共生活中她们的地位低于男性。在家庭和学校中，仍然在传授和强化性别角色的观念。报道性别歧视和性暴力的文化禁忌仍然存在，媒体也在与女性有关的报道中不停地强化性别刻板印象。基于以上这些原因，对妇女的法律保护很难付诸实施。更有甚者，没有适当的配套制度和足够的资源来确保法律的实施，这使问题变得更加严重。现在，妇女在政治上代表性比例的提高预示着一个新时代的到来，这也许可以有助于改善现状。我们现在有一位签署了平等宪章的总统，一个男女代表数量平等的政府，一个完整的妇女权利部，并且我们很有可能拥有一个女性代表性比例更高的国会，所有这些都为我们强化、扩展与加强保护妇女权利的立法、确保将法律变为现实提供了更多的可能性。

（宋夏瀛洁译、李西霞校）

联合国的妇女权利监督实施机制

在监督实施妇女权利的所有国际机制中，联合国的机制具有突出的地位和影响。在缺乏亚洲区域或次区域人权监督实施机制的情况下，对中国有效的或有实际意义的国际妇女权利监督实施机制，实际上就是联合国的有关机制。

一 联合国妇女权利监督实施机制的法律依据

联合国妇女权利监督实施机制的法律依据是《联合国宪章》、"国际人权宪章"、①《消除对妇女一切形式歧视公约》和《北京宣言和行动纲要》等国际人权文书。

（一）联合国妇女权利监督实施机制建立的依据

建立联合国妇女权利监督实施机制的法律依据主要是《联合国宪章》。《宪章》序言宣布联合国将"运用国际机构，以促成全球人民经济及社会之进展"。《宪章》第 1 条第 4 款规定联合国应"构成一协调各国行动之中心"。联合国妇女权利监督实施机制实际上就是联合国的协调各国妇女权利保护行动的国际机构。

---

* 赵建文，中国社会科学院国际法研究所。

① 《公民权利和政治权利国际公约》《经济、社会、和文化权利国际公约》与《世界人权宣言》一起，构成"国际人权宪章"。

《宪章》第 7 条规定："一、兹设联合国之主要机关如下：大会、安全理事会、经济及社会理事会、托管理事会、国际法院及秘书处。二、联合国得依本宪章设立认为必需之辅助机关（subsidiary organs）。"该条第 1 款规定的联合国的六个主要机关的职责范围都不同程度的涉及妇女权利的促进和保护。在六个主要机关中，大会和经社理事会设立的辅助机关较多。① 联合国妇女权利监督实施的专门机制就包括在联合国主要机关根据该条第 2 款设立的"必需之辅助机构"中。例如，联合国经济社会理事会设立的"妇女地位委员会"。

根据 1979 年 12 月 18 日通过的《消除对妇女一切形式歧视公约》第 17 条，联合国设立消除对妇女歧视委员会作为负责监督实施该公约的条约机构。该公约第 17 条第 1 款规定："为审查执行本公约所取得的进展起见，应设立一个消除对妇女歧视委员会，由在本公约所适用的领域方面有崇高道德地位和能力的专家组成，其人数在本公约开始生效时为十八人，到第三十五个缔约国批准或加入后为二十三人。这些专家应由缔约各国自其国民中选出，以个人资格任职，选举时须顾及公平地域分配原则及不同文明与各主要法系的代表性。"

（二）联合国妇女权利监督实施机制的活动的法律依据

《联合国宪章》序言重申"基本人权，人格尊严与价值，以及男女与大小各国平等权利之信念"。《联合国宪章》第 1 条第 3 款"将不分种族、性别、语言或宗教，促进并激励对于全体人类之人权和基本自由之尊重"规定为联合国的宗旨之一。

《宪章》第 8 条规定："联合国对于男女均得在其主要及辅助机关在平等条件之下，充任任何职务，不得加以限制。"

《联合国宪章》第 13 条第 1 款规定："大会应发动研究，并作成建议……以促进经济、社会、文化、教育及卫生各部门之国际合作，且不分种族、性别、语言或宗教，助成全体人类之人权及基本自由之实现。"

《联合国宪章》关于"国际经济及社会合作"的第 9 章第 55 条规定："为造成国际间以尊重人民平等权利及自决原则为根据之和平友好关系所必要之安定及福利条件起见，联合国应促进：（子）较高之生活程度，全民就业，及经济与社会进展。（丑）国际间经济、社会、卫生、及有关问题之解决；国际间文化及教育合作。（寅）全体人类之人权及基本自由之普遍尊重

---

① 梁西：《国际组织法》（修订第五版），武汉大学出版社，2001，第 94 页。

与遵守，不分种族、性别、语言或宗教。"《宪章》第 56 条规定："各会员国担允采取共同及个别行动与本组织合作，已达成第 55 条所载之宗旨。"《宪章》的这些条款的要求，对于联合国及其会员国具有至高无上的重要地位。①

《联合国宪章》第 62 条规定："一、经济及社会理事会得作成或发动关于国际经济、社会、文化、教育、卫生及其他有关事项之研究及报告；并得向大会、联合国会员国及关系专门机关提出关于此种事项之建议案。二、本理事会为增进全体人类之人权及基本自由之尊重及维护起见，得作成建议案。三、本理事会得拟具关于其职权范围内事项之协约草案，提交大会。四、本理事会得依联合国所定之规则召集本理事会职务范围以内事项之国际会议。"

根据《宪章》的上述规定，联合国的六个主要机关——大会、安全理事会、经济及社会理事会、托管理事会、国际法院和秘书处——都承担了国际人权保护（包括妇女权利保护）的职责，其中联合国大会、经济及社会理事会的地位和作用更为突出。

1948 年《世界人权宣言》宣布人人生而自由，在尊严和权利上一律平等，且人人都有资格享有该宣言所载的一切权利和自由，不得有任何区别，包括男女的区别。1966 年《经济、社会和文化权利国际公约》和《公民和政治权利国际公约》要求缔约国有义务保证男女平等享有所有经济、社会、文化、公民和政治权利。

1979 年《消除对妇女一切形式歧视公约》于 1981 年 9 月 3 日在第二十个国家批准后生效，现有（2012 年 8 月 29 日）187 个当事国。② 这个公约被称为"妇女权利法案"（bill of women rights），"是联合国为促进其会员国社会内男女平等而通过的最为有效的文件之一"。③ 该公约解释了平等的含义，确立了男女平等的国际标准以及如何去实现这种平等的步骤。公约要求缔约各国采取"一切适当措施，包括制定法律，保证妇女得到充分的发展和进步，其目的是为确保她们在与男子平等的基础上，行使和享有人权和基本自由"。④

---

① 〔英〕伊恩·布朗利：《国际公法原理》，曾令良、余敏友译，法律出版社，2003，第 628 页。

② 资料来源于 http：//treaties. un. org，最后访问日期：2012 年 8 月 30 日。

③ 联合国人权事务高级专员人权事务中心：《国际人权文书：各人权条约机构通过的一般性意见和建议汇编》，HRI/GEN/1/Rev. 7，12 May 2004，中文本，第 235 页。

④ See the Division for the Advancement of Women of the United Nations Secretariat, *The Convention on the Elimination of All Forms of Discrimination against Women and its Optional Protocol*, *Handbook for Parliamentarians*, UN publication, Sales No. E. 03. IV. 5. ISBN 978 – 92 – 1 – 130226 – 4.

除了《联合国宪章》和《消除对妇女一切形式歧视公约》以外，联合国大会以及联合国主持召开的妇女问题世界会议通过的决议或文件，也是联合国妇女权利监督实施机构的活动的法律依据。

1993 年《维也纳宣言和行动纲领》第一部分第 18 段指出："妇女和女童的人权是普遍性人权当中不可剥夺和不可分割的一个组成部分。使妇女能在国家、区域和国际各级充分、平等地参与政治、公民、经济和文化生活，消除基于性别的一切形式歧视，这是国际社会的首要目标。"

妇女问题世界会议通过的一系列文件也是这方面的法律依据，只不过是"软法"而已。1975 年举行了第一次妇女问题世界会议，随后开始了"联合国妇女十年（1976～1985 年）"。该年是联合国大会宣布的国际妇女年，联合国的妇女权利保护出现了加速的进程。继 1975 年在墨西哥、1980 年在哥本哈根、1985 年在内罗毕举行联合国妇女问题世界会议之后，1995 年 9 月在北京举行了第四次妇女问题世界会议。会议通过了《北京宣言和行动纲要》。中国政府和人民为会议的成功和该文件起草和通过付出了重要努力。

《北京宣言和行动纲要》强调，所有人权——公民、文化、经济、政治和社会权利，包括发展权利——都是普遍、不可分割、相互依赖和相互联系的，妇女和女童的人权是普遍人权中不可剥夺、不可分割的一个组成部分；妇女和女童充分和公平享有一切人权和基本自由是各国政府和联合国的优先事项。

根据《北京宣言和行动纲要》，社会性别主流化是妇女权利保护的主要途径。这涉及如何确保把性别观点和注意力集中到使男女平等目标作为一切活动的中心，也就是将社会性别的考虑纳入所有政策、法规、项目中，使男女平等不仅停留于一种宣言，而是全方位地体现于社会生活的方方面面，改变目前以男性话语为主流的局面。

《北京宣言和行动纲要》要求，所有妇女和女童的人权必须构成联合国人权活动的一个组成部分。必须加紧努力，将所有妇女和女童的平等地位和人权问题纳入联合国整个系统的活动主流，并在有关机关和机制定期和有系统的处理这些问题。这方面特别需要加强妇女地位委员会、联合国人权事务高级专员、人权委员会（包括其特别报告员和专题报告员、独立专家、工作组及其防止歧视及保护少数小组委员会）、① 可持续发展委员会、社会发展委员会、预防犯罪和刑事司法委员会、消除对妇女歧视委员会及其他人权条约机构以及联合国系统所有有关实体（包括各专门机构）之间的合作和协调。

---

① 　人权委员会已被人权理事会取代。

《北京宣言和行动纲要》指出，适用国际人权文书时必须更明确地考虑到性别分析清楚显示的情况，及对妇女的歧视是一贯的，而且是体制性的。性别不平等深深地根植于几乎所有的社会当中。妇女和女童在经济和社会资源的分配上时常受到歧视，这种情况直接侵犯她们的权利；在世界所有地方，都有女性在承受暴力和歧视，她们在决策进程中缺乏发言权。另外，孕产妇的高死亡率仍然是世界面临的一个严峻问题。性别平等不仅仅只是一项基本人权，实现性别平等将带来巨大的社会和经济进步，赋予妇女权利将大力推动经济发展，促进生产力和增长。

《北京宣言和行动纲要》指出，虽然妇女越来越多地利用法律制度来行使自己的权利，然而在许多国家，由于不了解这些权利的存在，从而妨碍妇女充分享受人权和获得平等地位。许多国家的经验表明，可以赋予妇女权力，并使其积极行使自己的权利，而不论其受教育程度或社会经济地位如何。扫除法盲方案和宣传媒体战略已有效地帮助妇女了解她们的权利与生活其他方面的联系，而且表明可以采取符合成本效益的倡议帮助妇女取得这些权利。必须开展人权教育，促进人们了解妇女的人权，包括了解处理侵犯妇女权利的申诉机制。所有人、尤其是处于易受伤害环境中的妇女，都必须充分认识到自己的权利以及对侵犯其权利的行为进行法律申诉的机会。

《北京宣言和行动纲要》的基本要求已经写入《千年宣言》宣布的到2015 年应当实现的八项千年发展目标之中。这些目标是与贫穷、饥饿、疾病、文盲、性别不平等作斗争。2000 年，联合国大会第二十三届特别会议通过了“执行《北京宣言和行动纲要》的进一步行动和举措”的决议。妇女地位委员会2005 年第四十九届会议和2010 年第五十九届会议都通过文件，重申继续实施《北京宣言和行动纲要》。①

二　联合国人权监督实施的一般性机制

尽管《联合国宪章》没有直接规定具体的人权监督实施机制，但联合国在人权保护的长期实践中，逐步建立和不断完善相关的机制，例如由联合国大会通过人权保护建议或要求某些国家停止侵犯人权的行动，以及授权联合

---

① See 15 – *year review of the implementation of the Beijing Declaration and Platform for Action*（1995）*and the outcomes of the twenty-third special session of the General Assembly*（2000）, Report of the 54th Session of the Commission on the Status of Women, E/2010/27（SUPP）-E/CN. 6/2010/11（SUPP）.

国人权机构审查有关国家的人权状况等。①

联合国一般性人权监督实施机制并不是专门性的妇女权利监督实施机制，但妇女权利是其监督实施的重要内容。

（一）联合国主要机关的人权监督实施机制

1. 联合国大会及其人权理事会

联合国大会每年都通过有关人权问题的决议，包括有关联合国及其成员国执行有关妇女的国际人权公约、促进妇女人权保护的决议。

联合国大会是联合国的决策机关，是所有联合国机关及其会员国的人权保护活动的最高的监督实施机关。联合国大会通过了一系列的国际人权公约和其他国际人权文书，每项重要人权文书通过后，联合国大会都定期通过监督实施的决议。例如，联合国大会 2007 年第 62/218 号决议和 2009 年第 64/138 号决议都是《消除对妇女一切形式歧视公约》的监督实施决议。

根据《1995 年第四次世界妇女大会行动纲领》第 312 段，联合国大会"应将性别问题纳入其工作的各个方面。它应评估有效执行《行动纲领》方面的进展，认识到这些问题贯穿社会、政治和经济政策。……应将世界会议的后续工作列为其关于提高妇女地位的长期工作的一部分。"

2006 年 3 月 15 日，联合国大会通过决议，决定在联合国大会之下设立人权理事会，取代经社理事会之下的人权委员会。与人权委员会的国别人权状况审议经常针对发展中国家不同，人权理事会的普遍定期审议机制每四年对联合国所有成员国的人权状况进行一次评估。各成员国的妇女权利，包括妇女社会权利问题，当然也是人权理事会审议或监督实施的主要内容之一。

2. 联合国经济及社会理事会

联合国经济及社会理事会是直接从事国际人权文书的起草和从事大量促进、监督实施人权活动的联合国机构。

根据《行动纲领》第 313 段规定，联合国经济及社会理事会在《联合国宪章》规定的任务范围内并按照联合国大会的有关决议，将监督在执行《行动纲领》方面的全系统协调并在这方面作出建议。

经济及社会理事会下设区域委员会。中国所在的区域称为"亚洲和太平洋地区经济及社会理事会"［The United Nations Economic and Social Commission for Asia and the Pacific（ESCAP）］。《行动纲领》第 301、303 段指出："联合国各区域委员会和其他分区域/区域机构应在它们的任务范围

① 邵津主编《国际法》，北京大学出版社，2000，第 307 页。

内促进和协助有关国家机构监测和执行全球性的《行动纲领》。这项工作应与执行各自区域行动纲领或计划的工作协调进行，而且应与妇女地位委员会密切协作，要考虑到有必要就联合国在经济、社会、人权和有关领域的专题会议协调后续工作。""各区域委员会应在其任务范围内，与其他区域政府间组织、非政府组织、金融和研究机构和私营部门就性别问题进行协作。"

经社理事会的大量决议和其他活动涉及妇女权利问题。例如，经济社会理事会 2009 年第 13 号决议是关于联合国提高妇女地位国际研究和训练所今后的行动问题的，第 14 号决议是关于巴勒斯坦妇女权利问题的，第 15 号和第 16 号决议都是关于妇女地位委员会的今后的工作组织和方法和工作组问题的。

3. 联合国秘书处以及联合国人权事务高级专员办公室

《行动纲领》第 326 段规定了联合国秘书长以及秘书长办公室的有关工作。该段"要求秘书长为执行《行动纲领》并为将全系统性别观点纳入联合国所有活动的主流承担联合国内政策的协调工作，要考虑到有关机构的任务规定。秘书长应为确保实现这些目标方面的有效协调考虑具体的措施。为此目的，请秘书长使用现有人力和财力资源，在秘书长办公室内设置一个高级员额，担任秘书长的性别问题顾问，并协助确保同提高妇女地位司密切合作在全系统执行《行动纲领》"。

《行动纲领》第 327 段指出，联合国秘书处"政策协调和可持续发展部提高妇女地位司的主要职能是向妇女地位委员会和其他有关提高妇女地位的政府间机关以及向消除对妇女歧视委员会提供实质性服务。……要求秘书长特别在联合国经常预算范围内提供充分的人力和财力资源，以确保该司能更有效地执行职务"。

（二）联合国专门机构的人权监督实施机制

《联合国宪章》第 57 条第 1 款规定："由各国政府间协定所成立之各种专门机关，依其组织约章之规定，于经济、社会、文化、教育、卫生及其它有关部门负有广大国际责任者，应依第六十三条之规定使与联合国发生关系。"例如，联合国教育、科学和文化组织促进世界人民的教育权利的职责和活动机制。其中，如教科文组织 1978 年建立的个人申诉机制。[①] 再如，国际劳工组织主持缔结了一系列的妇女权利保护公约，并有该组织的响应机制的

---

① UNESCO，Doc. 104 EX/Decision 3.3，paragraph 10.

保障。例如 1919 年《国际劳工组织关于生育保护的第 3 号公约》和 1952 年《国际劳工组织关于生育保护的第 103 号公约》等。[1]

《消除对妇女一切形式歧视公约》序言表示"考虑到在联合国及各专门机构主持下所签署旨在促进男女权利平等的各项国际公约，还注意到联合国和各专门机构所通过旨在促进男女权利平等的决议、宣言和建议"。

（三）一般性人权条约的监督实施机制

根据《北京宣言和行动纲要》第 325 段，人权"条约机构在它们的任务范围之内应适当考虑到《行动纲领》的执行情况，并确保将妇女平等地位和人权方面纳入其工作中"。

《公民权利和政治权利国际公约》《经济、社会和文化权利国际公约》这样的一般性人权条约的监督实施机制都与妇女社会权利的保护和实现有关。

普遍性人权条约监督实施机制一般包括：

当事国报告机制。《经济、社会和文化权利国际公约》第 16 条规定："一、本公约缔约各国承担依照本公约这一部分提出关于在遵行本公约所承认的权利方面所采取的措施和所取得的进展的报告。二、（甲）所有的报告应提交给联合国秘书长；联合国秘书长应将报告副本转交经济及社会理事会按照本公约的规定审议；（乙）本公约任何缔约国，同时是一个专门机构的成员国者，其所提交的报告或其中某部分，倘若与按照该专门机构的组织法规定属于该机构职司范围的事项有关，联合国秘书长应同时将报告副本或其中的有关部分转交该专门机构。"

当事国指控机制。根据《经济、社会和文化权利国际公约任择议定书》第 10 条关于"国家间来文"的规定，该"议定书缔约国可以在任何时候根据本条作出声明，承认委员会有权接受和审议涉及一缔约国声称另一缔约国未履行《公约》所规定义务的来文"。

个人申诉机制。《经济、社会和文化权利国际公约任择议定书》第 1 条第 1 款规定："成为本议定书缔约方的《公约》缔约国承认委员会有权根据本议定书条款的规定接受和审议来文。"第 2 条规定"来文可以由声称因一缔约国侵犯《公约》所规定的任何经济、社会和文化权利而受到伤害的该缔约国管辖下的个人自行或联名提交或以其名义提交。代表个人或联名个人提交来文，应当征得当事人的同意，除非来文人能说明未经当事人同意而代为

---

[1]　徐显明主编《国际人权法》，法律出版社，2004，第 361 页。

提交的正当理由"。

监督《公民和政治权利国际公约》执行情况的人权事务委员会可接受关于违反该公约关于男女平等之规定——特别是第 26 条的申诉。例如布鲁克斯（S. W. M. Broeks）诉荷兰案，第 172/1984 号来文。1987 年 4 月 9 日，对基于性别的歧视的禁止已扩大到其他文书规定的权利。可能还有其他一些国际人权公约都保护妇女享有平等权利的权利。这些国家的妇女——如果其国家也是这些条约的缔约国——可以就这些权利受到侵犯一事提出申诉。

三　联合国妇女权利监督实施的专门机制

（一）联合国保护妇女权利的专门机制：消除妇女歧视委员会

根据《行动纲领》第 322、323 段，"消除对妇女歧视委员会在执行其根据《消除对妇女一切形式歧视公约》的职责时，应在其任务范围之内，在审议缔约国提出的报告时考虑到《行动纲领》"。"邀请《消除对妇女一切形式歧视公约》缔约国根据《公约》第 18 条提出报告时，包括就执行《行动纲领》所采取措施的资料，以期协助消除对妇女歧视委员会有效监测妇女享有《公约》所保障各项权利的能力。"目前（2012 年 8 月 29 日），《消除对妇女一切形式歧视公约》有 187 个当事国。

《公约》第 17～30 条对消除妇女歧视委员会的任务及条约的管理作了规定。

委员会作为监督系统发挥作用，监督那些批准或加入《公约》的国家执行《公约》的情况。委员会自 1986 年至今已经就公约的解释和适用问题通过了 26 项一般性建议，最近的一项建议是关于妇女移民工人保护问题的。

这主要通过审查当事国提交的报告进行。委员会审议这些报告，根据审议情况提出各种结论性意见。意见强调国家报告的积极方面和委员会表示关注的事项，明确指出委员会希望缔约国在下一份报告中报告什么内容。委员会对缔约国报告的审查不是对抗性程序。相反，委员会尽力在缔约国和委员会委员之间建立起建设性对话。尽管委员会的一些委员可能就某一具体领域批评缔约国，但其他委员将作出重大努力，对该国在其他领域中取得的进步予以鼓励。委员会届会的总的气氛是自由交流思想、资料和建议。这种诚挚气氛的一个证明是，委员会从未正式宣布当事国违反《公约》，而是通过一系列问题和评论，指出该国的缺点。但是，这一办法也意味着委员会没有使自己处于这样一种位置，向完全违反《公约》的国家施加压力，迫其改变政策和立法。

消除对妇女歧视委员会可以受理缔约国公民向委员会提出的申诉，指控其违反《公约》所规定权利的行为。个人申诉程序的目的是查明正在出现的歧视妇女的趋势和方式，以制订旨在解决广泛问题的政策建议。截至 2010 年 8 月 20 日，有 99 个国家接受消除对妇女一切形式歧视公约任择议定书，承认该委员会审查其国民向该委员会提交的来文的权力。该委员会审议的个人申诉案件对妇女权利保护产生了一定的影响，如恩古廷诉荷兰案，A. S. 诉匈牙利案等。①

（二）联合国保护妇女权利的专门机制：妇女地位委员会

妇女地位委员会于 1946 年 6 月根据经社理事会决议成立，联合国经济及社会理事会的职司委员会，是联合国专司性别平等和提高妇女权利的机构，是关于妇女地位问题的主要的全球性政策制定机构。委员会的职责通常是就促进妇女的政治、经济、公民、社会和教育等领域的权利问题向经济及社会理事会提交建议和报告，就妇女权利领域的紧迫问题拟定建议，负责起草妇女权利保护的文书等，以期落实男女权利平等的原则。《消除对妇女一切形式歧视公约》就是妇女权利委员会负责起草的。②

根据《行动纲领》第 318 段，"妇女地位委员会作为协助经济及社会理事会的一个职司委员会，在联合国系统内监测《行动纲领》的执行情况和就其向理事会提出咨商意见方面应发挥中枢作用。它应具有明确的任务规定，并通过在联合国经常预算内重新分配资源而取得充分的人力和财政资源来执行其任务"。

联合国成员国的代表们每年聚集在纽约联合国总部，评估性别平等的进步，认识相关挑战，为促进性别平等和提高妇女地位制定全球性标准和确定

---

① Dung Thi Thuy Nguyen v. Netherland, CEDAW Communication No. 3//2004; A. S. v. Hungary, CEDAW, Communication No. 4/2004.

② 1967 年 11 月，联合国大会通过了《消除对妇女歧视宣言》。1972 年，联合国秘书长请妇女地位委员会征求各会员国对一项可能的妇女人权国际文书的形式和内容提出意见。第二年，经济及社会理事会任命了一个工作组，审议拟定此项公约的问题。1974 年，妇女地位委员会开始起草一项消除对妇女歧视公约。1975 年举行的国际妇女年世界会议的结果使委员会的工作受到鼓舞。这次世界会议通过了一项行动计划，要求制定"消除对妇女歧视公约以及有效的实施程序"。随后，委员会一直进行制定公约的工作。1977 年，妇女地位委员会完成了向联合国大会提交的草案，大会任命了一个特别工作组完成了最后案文的起草。关于该公约起草的历史，参见 Fact Sheet No. 22, Discrimination against Women: The Convention and the Committee, available at: http://www. ohchr. org/Documents/Publications/FactSheet22en. pdf, 最后访问日期：2012 年 10 月 13 日。

具体政策。1987 年经社理事会第 22（1987）号决议，将委员会的授权扩大到促进平等、发展和和平的目标，监督执行提高妇女地位的措施，评价和估量国家、次区域、区域和全球层级取得的进步。1995 年第四次世界妇女大会过后，联合国大会授权该委员会将大会的随后进程并入其工作日程，定期检查行动纲领中普遍关注的关键领域，并在联合国活动中社会性别主流化的问题发挥主导和促进作用。1996 年以后，委员会的权限又扩展到确定影响男女平等的紧急问题、趋势和新途径。

委员会由 45 个成员国的代表组成，成员国及其代表由经社理事会选举，任期四年。委员会的各成员国根据以下比例推举：非洲国家 13 人，亚洲国家 11 人，拉丁美洲和加勒比国家 9 人，西欧和其他国家 8 人，东欧国家 4 人。委员会每年开会一次，时间为 10 个工作日。

妇女地位委员会的主要成果是每年关于优先事项的一致结论性意见。一致结论性意见包括对委员会所关心的优先事项的分析和对政府、政府间组织和其他机构、民间社会部门和利益相关者的建议。除一致结论性意见外，委员会还通过一系列有关事项的决议，包括妇女和女童与艾滋病/艾滋病毒的决议。

委员会向经济及社会理事会提交工作总结报告。

提高妇女地位司为委员会提供实质性服务。该司还负责对参加委员会年度会议的民间社会的代表提供便利，以及协调委员会会期内联合国的平行活动。

（三）联合国保护妇女权利的专门机制："联合国妇女" 实体

1. "联合国妇女" 实体成立前的有关实体和机构

"联合国妇女" 实体是在合并联合国妇女发展基金、联合国提高妇女地位国际研究和训练所、联合国提高妇女地位司和联合国性别问题和提高妇女地位特别顾问办公室四个机构或实体的基础上建立的。

（1）联合国妇女发展基金

为了响应 1975 年在墨西哥城参加第一次世界妇女大会的妇女组织的号召，1976 年成立了联合国妇女发展基金。1984 年 12 月 14 日，联大第 39/125 号决议，决定将联合国妇女十年自愿基金活动改组为一个与联合国开发署维持自主联系的单独的有特性的实体，以便在联合国发展合作的总体机制中发挥一种建设性的和催化性的作用。根据大会有关决议，该基金是联合国大会下设的联合国在提高妇女权利、实现性别平等、培育妇女自身能力的创新性项目或战略方面提供技术和财政援助的机构。该机构的工作以下列三个主题领域为重点：提高妇女的经济能力；将两性平等观点纳入治理和领导工作；促进妇女的人权和消除对妇女一切形式的暴力行为。

基金所持理念为免于歧视和暴力的生活是每一位妇女的基本权利，以及性别平等对实现发展和建立正义的社会至关重要。基金与妇女组织和政府都保持紧密联系，并且将它们与联合国体系联系在一起，以便使它们参加国家和国际的政治行动，积聚变革的动力。

基金把其行动集中在一个最高目标上：支持在国家一级执行提高性别平等的现有国际承诺，并为此目的在以下相关领域展开工作：实现妇女的经济保障和权利；结束针对妇女的暴力；减少艾滋病和艾滋病毒在妇女和女童中间流行；以及在稳定和脆弱的国家在民主政府中促进性别正义。

基金与国家一道，活跃在各个地区和各个层级，在诸如土地和遗产权，妇女的体面的工作，以及结束针对妇女的暴力等领域为消除歧视和促进性别平等方面制定和执行法律和政策。基金还从事旨在改革机构的工作，以使它们对性别平等和妇女权利更加负责，以加强妇女权利拥护者的能力和声音，以及改变社会上的有害的和歧视性的惯例。

联合国妇女发展基金于1989年开始在中国山东从事扶贫项目。1992年，妇发基金与国家统计局合作开发性别统计系统，协助国家统计局将社会性别意识纳入其工作环节中。目前，国家统计局已经发展出较完善的统计系统，并且该系统现用于对于妇女儿童发展纲要的监督体系中。妇发基金北京办公室于1998年10月正式确立。该办公室奉行妇发基金在世界各国的总原则，主要于中国、蒙古和朝鲜人民民主共和国从事推动妇女事业的工作。

联合国妇女发展基金为促进妇女人权、政治权利和经济保障的创新项目和政策提供经济和技术资助。

（2）联合国提高妇女地位国际研究和训练所

为响应1975年墨西哥城妇女问题世界会议提议，1976年成立了联合国提高妇女地位国际研究和训练所。该所是联合国唯一一个在国际范围内致力于开展和促进研究训练项目、提高世界妇女地位和实现世界性别平等的方法型机构。总部设立在多米尼加共和国。

提高妇女地位国际研究和训练所与联合国会员国政府、民间社团和联合国系统合作，在国家、区域、国际层面就不同议题进行研究、培训活动。比如，研训所对妇女的家庭劳动进行量化，明确了概念框架和方法，在性别统计方面进行了大量的决定性的工作，从不同层面衡量了性别差距，在衡量和评价妇女有报酬或无报酬的工作对国民经济核算体系所作出的贡献方面起到先锋作用。同时，研训所还就妇女获取资源，例如非洲、亚洲和拉丁美洲的妇女如何获得存款和水等问题进行指导研究，包括妇女在国家、区域、国际层面参与的政治活动进行研究。近年来，研训所在有关全球化进程对妇女的冲击和男性在性别平等方面的基本作用进行研究。

该所在培训方面也进行了富有成效的工作。

（3）联合国提高妇女地位司

提高妇女地位司的设立可以追溯到1946年，现隶属于联合国秘书处经济和社会事务部，在工作上接受联合国性别问题和提高妇女地位问题特别顾问的指导。

联合国提高妇女地位司旨在促进全世界妇女地位的提高，使妇女能够以平等伙伴的身份与男子一起参与人类的一切活动，如参与可持续发展、和平与安全、施政以及人权等活动，并使妇女成为这些活动的受益者。提高妇女地位司的任务之一是努力促使社会性别观点成为联合国系统内外的社会主流。

提高妇女地位司的主要任务：提高妇女地位司与各国政府、民间社会及其联合国系统伙伴的紧密合作，发挥其推动全球有关妇女问题和两性平等议程的催化剂作用；开展研究和开发政策方案，并促进各国政府与民间社会之间的相互作用；通过推动全球标准和规范的制定和实施，加强国际决策进程与本国决策进程之间的交流；为承担创设全球政策和规范任务的妇女地位委员会提供实质性服务；为消除对妇女歧视委员会提供实质性服务和技术服务。例如，《北京宣言和行动纲要》号召各国政府制定该宣言的实施策略和行动计划，提高妇女地位司要求联合国各成员国提交关于实施策略和行动计划的书面材料，以及提交对其他国际妇女法律文书的遵守情况的材料。

（4）性别问题和提高妇女地位特别顾问办公室

性别问题和提高妇女地位特别顾问办公室成立于1997年。在性别平等和提高妇女地位问题上，特别顾问是支持性的和顾问性的。在促进、便利和支持在整个联合国系统性别主流化的实施过程中，性别问题和提高妇女地位特别顾问办公室从事关于社会性别主流化咨询，开发方法、工具和信息材料方面的工作。

联合国支持各级的男女平等的强有效的措施之一是继续社会性别主流化——包括研究、立法、政策制定和各类具体活动，确保女性与男性一样能够影响、参与各种发展活动，并从中获取利益。然而，在男性与女性之间存在着明显的不平等的今天，一直需要有目的地干预社会性别主流化的策略，推动男女平等和加强妇女权利。响应三次有关妇女问题的世界大会——墨西哥、哥本哈根和内罗比会议的号召，以及联合国大会的决议，联合国秘书处为成员国作出男女平等的榜样，在秘书处管理的所有岗位都达到了 50/50 性别比例。

2. "联合国妇女"实体的建立和运行

多年以来，联合国在促进两性平等的事业上面临严重挑战，包括资金不足以及联合国本身缺乏一个受到公认的主导机构。

2010 年 7 月 2 日，第 64 届联合国大会投票一致赞成创立一个名为"联合国妇女"的促进性别平等和增强妇女权利的实体，以此增强联合国在提高妇女地位事务方面的作用，增强妇女和女童在国际社会的发言权，同时为会员国提供更加协调、及时和切合需求的支持。该实体整合了联合国目前现存的四个相关的机构或实体，经过了会员国四年的谈判，也是联合国改革的一个重大成就。①

"联合国妇女"实体将致力于发挥两项关键作用。一个是支持政府间机构制定相关政策、全球标准和规范；另一个是帮助会员国执行这些标准，随时准备好为提出要求的会员国提供恰当的技术和金融支持，并且与民间社会达成有效的伙伴关系。

"联合国妇女"实体从 2011 年 1 月开始运作。联合国秘书长任命一位副秘书长级别的官员领导这一新机构。这位负责两性平等和加强妇女权力事务的副秘书长将是联合国高级决策层的成员，并向秘书长汇报工作。

"联合国妇女"这个实体具有一般职责，可以处理所有国家同妇女相关的问题。这个实体将增强联合国在同社会性别相关的问题上工作的一致性，加强而不是取代那些继续在实现这些目标方面承担责任的机构的工作。这个新实体还将帮助联合国系统对其在性别平等方面的承诺进行问责，包括定期监督联合国系统范围内在这方面取得的进展。

"联合国妇女"实体的总部位于纽约，其运作经费既有联合国常规预算，也依靠自愿捐助。

目前，世界上没有任何一个国家已经实现了法律上和事实上的男女平等，消除了歧视妇女现象。从总体上看，妇女仍遭受多种形式的歧视，能够获得的权利、资源和机会有限。要真正改善这一状况，妇女权利的国际监督实施机制是必不可少的。为进一步提高妇女权利保护水平，中国应当全面融入联合国妇女权利监督实施机制，比如接受《消除对妇女一切形式歧视公约》的个人申诉机制。

---

① UN Women：United Nations Entity for Gender Equality and the Empowerment of Women，http：//www. unwomen. org/（20100805）.

妇女社会权利的国际监督机制

戴瑞君[*]

一　妇女社会权利的国际法律标准

社会权利是对一组基本人权的统称。虽然对于哪些权利属于社会权利尚无定论，但是"社会保障权"和"健康权"作为社会权利已经被多项国际人权条约反复申明。例如，《世界人权宣言》作为"所有人民和所有国家努力实现的共同标准"，[①] 在第 22 条规定："每个人，作为社会的一员，有权享受社会保障，并有权享受他的个人尊严和人格的自由发展所必需的经济、社会和文化方面的各种权利的实现"；第 25 条第 1 款规定"人人有权享有为维持他本人和家属的健康和福利所需的生活水准，包括食物、衣着、住房、医疗和必要的社会服务；在遭到失业、疾病、残疾、守寡、衰老或在其他不能控制的情况下丧失谋生能力时，有权享有保障"。这两条规定侧重于社会保障权，并以列举的方式指出了社会保障权的具体内容。将《世界人权宣言》法律化的《经济、社会和文化权利国际公约》在其第 9 条明确规定："本公约缔约各国承认人人有权享受社会保障，包括社会保险。"另外，该公约第 12 条还对"健康权"做了明确具体的规定："一、本公约缔约各国承认人人有权享有能达到的最高的体质和心理健康的标准。二、本公约缔约各国为充分实现这一权利而采取的步骤应包括为达到下列目标所需要的步骤……"

---

*　戴瑞君，中国社会科学院国际法研究所。

①　《世界人权宣言》序言。

　　"平等"和"非歧视"作为国际人权法的基本原则，使妇女和男子平等地享有国际人权条约所规定的各项社会权利。正如《经济、社会和文化权利国际公约》第 3 条所规定，"本公约缔约各国承担保证男子和妇女在本公约所载一切经济、社会及文化权利方面享有平等的权利"。而一些专门指向妇女权利的国际人权法律文件进一步强化了妇女的社会权利。例如，《消除对妇女一切形式歧视公约》可以看作"妇女人权宪章"，它对妇女的健康权和社会保障权作了更加细致的规定。该公约第 11 条要求缔约国采取一切适当措施，保证妇女在男女平等的基础上享有社会保障权和健康权；公约第 12 条规定了孕产妇的健康权和保健权；公约第 14 条专门对农村妇女的健康权和社会保障权作出规定。

　　许多区域性人权条约也确认了作为基本人权的"健康权"和"社会保障权"。例如，《欧洲社会宪章》第 11 条规定了"健康保护权"；第 12 条规定了"社会保障权"。《欧洲联盟基本权利宪章》第 34 条规定了"社会保障"；第 35 条规定了"健康保护"。《非洲人权和民族权宪章》第 16 条规定了健康权。《〈非洲人权和民族权宪章〉关于非洲妇女权利的议定书》第 13 条规定了妇女的"经济和社会福利权利"，第 14 条规定了妇女的"健康和生育权利"。《〈美洲人权公约〉在经济、社会和文化领域权利的附加议定书》第 9 条规定了社会保障权，第 10 条规定了健康权。

　　这些国际法律文件对社会权利的规定构成了社会权利的国际法律标准，同时也是社会权利国际监督机制运行的主要法律依据。

二　妇女社会权利国际监督机制的构成

　　妇女社会权利的国际监督机制，既包括一般性的人权国际监督机制，也包括专门的社会权利国际监督机制。

（一）人权国际监督机制的性质

　　人权的国际监督机制是国际人权运动的产物。两次世界大战的浩劫让世人认识到在国际层面促进人权保护的必要性。联合国自成立以来即致力于"增进并激励对于全体人类之人权及基本自由之尊重"。在联合国等政府间国际组织的推动下，人权国际保护事业日渐繁荣，在联合国层面和区域层面均已形成了系统地监督国家履行人权保障义务的机构和制度，这些机构和制度被统称为"人权的国际监督机制"。

　　人权的国际监督机制是人权国际保护的重要形式。人权国际保护一般是由国家和国际组织依据国际人权条约或习惯国际人权法，为防止发生侵犯人权的行为或者针对已经发生的侵犯行为而实施。人权国际保护不仅着眼于对危及国际和平与安全的严重侵犯人权的行为的制裁和惩罚，更重要的是通过国际社会的共同努力和相互合作，促进人权在世界范围内的普遍实现。后者是人权国际保护的核心，也是人权国际保护的常态。而常态的人权国际保护，主要是由人权的国际监督机构按照人权的国际监督制度加以实施。

人权国际监督机制的性质需对照人权的国内保护机制加以分析。第一，人权国内保护是人权保护的基础。尽管人权已是国际法和国内法共同的调整对象，但是不可否认，人权的国内保护是实现人权的基本的首要的途径，是人权保护的基础；人权国际保护要产生效果最终还依赖于人权国内保护活动的开展。第二，人权国际保护是国内保护的补充。一国政府既是保护人权的主要义务主体，又是侵犯人权的首要来源。实践证明，在很多时候，单靠国家的自觉、自制、自力来改进人权保护状况往往难以奏效。于是，对不愿改进者，需要以人权国际保护的力量来促其进步；对不知改进者，亦须人权国际保护的力量来让其觉醒；对不能改进者，更需人权保护的国际力量的援助和支持。总之，在人权的国内保护惰怠不前时，需要人权国际保护作为一种外部力量来鞭策、补充。第三，人权国际保护是监督和促进，而非取代人权的国内保护。正如路易斯·亨金所言："当一个国家尊重和保障人权方面有欠缺时，国际人权法不是去取代国内法和国家机制，而是努力促使该国改进其国家的法律和机制，使它们更为有效。"[1] 颇具影响力的欧洲人权机制也一直强调自己与人权的国内保护机制相比的附属地位，认为区域人权文件不是规则清单而是确立标准，留给国家去选择解释的方法；区域人权法院的存在是为了确保国家的解释与公约的标准相一致。而确保普遍人权得到有效保护仍依赖于国家的法院、国家的立法以及行政部门，而不是由一个非常弱势的区域司法监督体系来承担。[2]

（二）人权国际监督机制的构成

人权的国际监督机制可以从联合国和区域两个层面加以描述。

联合国层面的人权监督机制又可划分为宪章机制和条约机制。《联合国

---

[1]　转引自庞森《当代人权 ABC》，四川人民出版社，1991，第 66 页。

[2]　Lord Lester of Herne Hill，"Universality versus Subsidiarity：a reply"，in *European Human Rights Law Review*，No. 1 1998，转引自 Rachel Murray，"A Comparison between the African and European Courts of Human Rights"，in *African Human Rights Law Journal*，Vol. 2 No. 2 2002，p. 210。

宪章》将增进并激励对于人权和基本自由的尊重作为其宗旨之一，并日益发展出一套保护人权的机构和程序安排。人们习惯将源于《联合国宪章》的这一套机构和制度称为联合国保护人权的宪章机制。根据《联合国宪章》第68条，1946年经社理事会成立了人权委员会，成为联合国具体、全面处理与人权有关的一切事务的主要机构。在地位上，它是经社理事会的职能机构。2006年人权委员会被设立于联合国大会之下的人权理事会所取代。当年人权委员会曾设附属机构——防止歧视和保护少数小组委员会，1999年更名为增进和保护人权小组委员会，担当人权委员会的智囊机构。2006年伴随人权委员会被人权理事会取代，该小组委员会也终止了使命。2008年由18位独立专家组成的新的咨询委员会成为人权理事会的专家智囊机构。目前宪章机制的主体是联合国人权理事会及在其主持下进行的一系列活动和程序，这其中主要包括人权理事会创建的普遍定期审查制度，以及从人权委员会那里继承的特别程序和申诉程序。

人权条约监督机制是联合国层面另一重要的监督机制。联合国成立后主持制定了一系列重要的人权条约。目前已经生效的八项核心人权条约均有各自专门的条约机构及其监督的程序。条约机构是依据核心人权条约的规定设立的旨在监督缔约国履行人权条约义务的机构，通常称为"委员会"。① 它们由在人权领域有深厚造诣的以个人身份任职的独立专家组成，属于专家机构。这些条约机构通过国家报告程序、个人来文审查程序、国家间指控程序以及调查访问程序等监督程序履行监督职能。

在区域层面，欧洲、美洲和非洲地区先后建立了以人权条约为基础的区域人权条约监督机制。

在欧洲，欧洲理事会主导制定了《欧洲人权和基本自由公约》（简称《欧洲人权公约》）、《欧洲社会宪章》，同时以两个条约为依托建立了相应的条约监督机制。欧洲人权法院主要通过受理来文的措施监督缔约国对《欧洲人权公约》的执行状况；而接受《欧洲社会宪章》的国家则承担定期向欧洲理事会秘书长提交国家报告的义务。

在美洲，美洲国家组织建立的美洲人权委员会，负责起草了《美洲人权公约》；依据该公约的规定设立了美洲人权法院。同时，《美洲人权公约》对美洲人权委员会在该公约下的监督职能也作了规定，包括对来自该公约缔约

---

①　尽管经济、社会和文化权利委员会不是根据条约设立的，但将负责监督人权条约执行情况的委员会称为"条约机构"已被包括联合国人权高级专员办事处在内的国际社会普遍接受，本文为讨论方便，亦采用"条约机构"的称谓。

国的个人申诉的强制管辖权。另外，作为美洲国家组织的主要机构之一，美洲人权委员会还有权对美洲国家组织成员国的人权状况进行研究和实地调查，并可以接受指控有关国家侵犯《美洲人的权利和义务宣言》所保护的权利的个人申诉。由此，未批准《美洲人权公约》的美洲国家组织成员国，如美国、加拿大，其人权状况也将处于美洲人权委员会的监督之下。

在非洲，非洲人权和民族权委员会依《非洲人权和民族权宪章》设立，具有审查缔约国国家报告、接受个人申诉及国家间指控等广泛的监督职能。2006 年成立并于 2008 年开始运作的非洲司法与人权法院在人权领域具有与欧洲人权法院和美洲人权法院类似的争议管辖权和咨询管辖权。

一般性的人权国际监督机制都或多或少涉及对国家履行社会权利保障义务的审查和监督。在这些监督机制中，有些机制直接指向妇女的社会权利，即专门针对妇女社会权利的国际监督机制。

（三）妇女社会权利国际监督机制的构成

在当前的人权国际监督机制中，直接涉及对妇女社会权利进行监督的机制包括关于社会权利的特别程序、国家报告程序、个人申诉程序以及条约机构关于社会权利的一般性评论或建议。

1. 关于社会权利的特别程序

特别程序属于人权的宪章监督机制，它又分为专题程序和国别程序。专题程序由人权理事会指派特别报告员承担。报告员将对某一主题的人权问题进行研究并发表报告。特别报告员的职位是荣誉性的，报告员不是联合国的工作人员，他/她以专家的名义发表观点，不代表任何政府。特别报告员在履行特别程序的过程中可以通过形式不同的活动履行其职责，如回应个人申诉、进行研究、对在国家一级进行技术合作提供咨询意见，并参与一般性的宣传活动等。报告员每年定期向联合国大会和人权理事会作报告，其中会披露一些国家的人权信息，这将给所涉国家造成一定的舆论压力。报告员的报告虽然不具有正式的法律拘束力，但是报告员自身在人权领域的权威性将引导人们对某一人权问题的理解。

在人权理事会的特别程序中，有两项专题程序与妇女的社会权利直接相关，它们是关于"人人享有能够达到的最高标准的身体和精神健康权"专题及关于"针对妇女的暴力：原因及其后果"专题。

（1）关于"人人享有能够达到的最高标准的身体和精神健康权"的特别程序

关于"人人享有能够达到的最高标准的身体和精神健康权"的特别报告

员由人权委员会于 2002 年任命，人权理事会于 2007 年延续其职能。关于健康权的特别报告员的职责包括：从所有有关的来源收集、查找、获取和交换关于健康权的信息；同政府、联合国机构、世界卫生组织等联合国专门机构、非政府组织以及国际金融机构进行对话并商讨可能的合作领域；就世界范围内的健康权状况作出报告，包括法律、政策、良好做法以及面临的挑战；对采取哪些适当措施来促进和保护健康权做出建议。值得指出的是，特别报告员还被要求在工作中融入性别的视角，考虑经社文权利委员会和消除对妇女歧视委员会关于健康权的一般性意见。这为关于"健康权"的特别报告中能够特别关注女性经验、关注女性健康权奠定了基础。

在履行特别报告员职能的过程中，报告员可以进行国家访问，也可以处理个人申诉。访问国家是报告员履行职能的重要方式，访问的目的在于获得关于健康权的一手资料，以使报告的结果和建议更具说服力。访问还可以了解国家是否需要国际合作和援助，同时报告员还可以针对一些令人担忧的问题提出改进的建议。从 2003 年开始，特别报告员已经发表了 13 份国家访问报告。如果报告员收到关于国家侵犯健康权的个人申诉，他将独立或者联合其他相关的特别报告员向涉诉国家写信，请国家对申诉发表评论、澄清事实，提醒国家依据国际法承担保障健康权的义务，并请国家说明将采取哪些措施来补救侵犯健康权的情况。

健康权特别报告员每年都应向人权理事会（2006 年之前向人权委员会）和联合国大会提交年度报告，汇报一年的工作进展。截至 2008 年，健康权特别报告员已经就以下议题作了报告：促进作为人权的健康权、贫穷与健康权、世界贸易组织与健康权、对卫生专业人员进行人权教育、性权利与生殖健康、健康权与预防暴力、精神残疾与健康权、基于人权路径的健康指标、卫生制度与能达到的最高标准的健康权。

（2）关于"针对妇女的暴力：原因及其后果"的特别程序

针对妇女的暴力是对妇女健康权的直接侵犯。1994 年，人权委员会任命了关于"针对妇女的暴力：原因及其后果"的特别报告员，2008 年人权理事会决定延续其职责。

妇女暴力问题特别报告员的职责是从政府、条约机构、联合国专门机构、其他人权问题特别报告员以及政府间和非政府间组织那里收集和获取关于针对妇女的暴力的信息，并对这些信息作出有效的回应；为消除针对妇女的暴力，分析导致暴力发生的原因，提出可以在国家层面、区域层面以及国际层面采取的补救暴力后果的措施；同其他特别报告员、特别代表、工作组、独立专家、条约机构以及妇女地位委员会密切合作。

国家访问和受理个人申诉也是妇女暴力问题特别报告员履行职责的重要途径。截至 2009 年，妇女暴力问题特别报告员已经单独或同其他特别报告员、工作组一起对 30 余个国家和地区进行了访问，发表了相应的妇女暴力问题国别报告。对于个人申诉，特别报告员将向所涉国家发出紧急申诉或者指控信件/来文，要求涉诉国家作出回应。紧急申诉一般适用于那些有可靠证据证明妇女的生命或身体完整性受到了即刻的威胁，需要国家立即采取有效措施保护妇女免受暴力威胁或危险的情况。指控信件则主要针对已经发生暴力侵犯或存在制度性的暴力侵犯，要求国家对相关的法律制度和适用予以澄清的情况。特别报告员与政府之间的对话及信件往来不应被看作报告员对国家的指控或者价值判断，而是在督促国家采取有效的措施以预防、调查、惩治及补救针对妇女暴力问题。

妇女暴力问题特别报告员每年同样需要向人权理事会（人权委员会）提交年度报告。从 1995 年开始，妇女暴力问题特别报告员已经就家庭中对妇女的暴力；社区的暴力；国家参与的暴力；贩运妇女、女性移民及对妇女的暴力；民族、性别及对妇女的暴力；武装冲突期间国家参与的针对妇女的暴力；家庭中的文化习惯导致的针对妇女的暴力；有效执行国际准则以结束针对妇女的暴力；艾滋病与针对妇女的暴力；文化与针对妇女的暴力；针对妇女的暴力的指标与国家的回应；政治经济与针对妇女的暴力等主题提交了报告。

2. 关于社会权利的国家报告程序

"国家报告程序"属于人权的条约监督机制。它是联合国各项核心人权条约规定的唯一一项强制性的国际监督程序。国家加入任何一项核心人权条约，均承担定期向条约机构提交国家履行人权条约状况的国家报告的义务，并接受条约机构对国家报告的审议。

在涉及妇女社会权利的国际人权条约下，《经济、社会和文化权利国际公约》要求缔约国在批准条约后两年内提交首次国家报告，其后每五年提交一次定期报告；《消除对妇女一切形式歧视公约》要求缔约国在加入公约后一年内提交首次报告，其后每四年提交一次定期报告。国家在报告中应依据条约的规定，汇报自己为保护和实现妇女的社会权利采取的措施，遇到的困难及今后的规划。

缔约国提交报告后，条约机构根据报告中提出的事项向缔约国提出议题和问题清单。拟定问题清单时，有些条约机构也考虑联合国机构、国家人权机构以及非政府组织提供的信息。国家在收到议题及问题清单后可以提交书面答复。之后，条约机构安排同缔约国代表团就履约情况围绕报告及问题清单，以问答的形式进行建设性对话。其目的在于协助缔约国政府致力于尽可能全面和有效实施相关条约。在对话过程中，一些条约机构也邀请联合国机构、国家人权机构以及非政府组织的代表出席，甚至为他们提供发言的机会。建设性对话结束后，条约机构根据报告和建设性对话的情况提出结论性意见，指出缔约国下一步努力的方向，包括提出某些具体的履约建议。许多条约机构还启动了形式不一的结论性意见的后续行动程序，监督缔约国落实结论性意见，这一环节可以邀请联合国系统、国家人权机构或其他非政府组织予以协助。

3. 关于社会权利的个人申诉程序

"个人申诉"这一制度往往规定在条约的任择议定书或者任择性条款中，以国家的自愿接受为前提，因此条约机构受理个人申诉属于任择性的人权条约监督机制。目前，关于社会权利的国际人权条约有些已经设置了个人申诉程序。《〈经济、社会和文化权利国际公约〉任择议定书》包含了个人申诉程序，但是该议定书尚未生效，因此还未启动。包含个人申诉程序的《〈消除对妇女一切形式歧视公约〉任择议定书》已于 2000 年生效，截至 2012 年 8 月 29 日，《任择议定书》的缔约国为 104 个。① 但是消除对妇女歧视委员会受理的案件数量相对有限，截至 2009 年 11 月共受理 24 件案件，审结 16 件，有 8 件仍在审理过程中。

条约机构在受理个人申诉后，将作出受理或不予受理的决定。对于决定受理的案件，条约机构经审理后将发表缔约国是否违反公约的意见。从严格的法律意义上讲，条约机构的意见不是司法机构的判决，不具有法律拘束力。不过，在多数情况下，缔约国都会认真实施条约机构的建议，并采取救济措施。另外，一些条约机构也通过相关的后续行动程序来保障缔约国对条约机构意见的执行。比如，消除对妇女歧视委员会要求国家在一定时间内或在下次国家报告中反映执行委员会关于个人申诉意见的情况。

4. 条约机构关于社会权利的一般性评论或建议

各条约机构均有权发布对由其负责监督的人权条约的解释，即一般性意见"消除种族歧视委员会"和"消除对妇女歧视委员会"称一般性意见为"一般性建议"。这些一般性意见或建议涵盖的内容广泛，既包括对实质性条款的全面解读，也包括对缔约国报告中针对该条约中的特别条款信息的一般性指导。虽然条约机构的一般性意见或建议不具有正式的法律效力，但是因为条约机构由相关领域的专家组成，具有较高的独立性和权威性，他们发表的这些意见和建议受到很多国家的重视，在实践中已经成为指导缔约国履行人权义务的指南。

---

① 资料来源于 http：//www. un. org. 最后访问日期：2012 年 8 月 30 日。

目前，针对妇女的社会权利，经社文权利委员会和消除对妇女歧视委员会均发表了相关的一般性意见或建议。

（1）经济、社会和文化权利委员会（以下简称经社文权利委员会）关于"享有能达到的最高健康标准的权利"第 14 号一般性意见。经社文权利委员会于 2000 年针对经社文公约第 12 条发布的第 14 号一般性意见对于如何正确理解健康权、缔约国如何采取措施保障健康权的实现都作了详细的阐释，其中特别提到缔约国在相关卫生政策、规划、方案和研究中，应纳入性别视角，促进妇女和男子平等享有健康权。意见还专门对"妇女"的健康权进行了阐释。

（2）经济、社会和文化权利委员会关于"社会保障权"第 19 号一般性评论。2008 年，经社文权利委员会针对《经济、社会和文化权利国际公约》第 9 条"社会保障的权利"发布了第 19 号一般性意见，对社会保障权的规范性内容、缔约国保障社会保障权的义务、侵犯社会保障权的责任，以及在国家一级可以采取的措施均给出了详细的意见。评论中专门阐释了国家如何保障男女平等地享有社会保障权。

（3）消除对妇女歧视委员会关于"对妇女的暴力行为"第 19 号一般性建议。消除对妇女歧视委员会在 1992 年发布的这项一般性建议中指出基于性别的暴力是对妇女的一种歧视形式，它严重阻碍妇女与男子平等享有权利和自由，包括妇女享有的"能达到的最高标准的身心健康权"。该建议结合公约逐条分析了针对妇女的暴力的识别、危害，并对缔约国如何预防、消除暴力提出了具体的建议。

（4）消除对妇女歧视委员会关于"妇女和健康"第 24 号一般性建议。消除对妇女歧视委员会于 1999 年发表的这项一般性建议主要围绕公约的第 12 条"消除对妇女在健康方面的歧视"而展开。建议分析了第 12 条的具体内涵，及其与公约其他条款的关系，并对缔约国如何保障妇女的健康权利提出了具体的建议。

这些一般性意见或建议不仅为缔约国履行对妇女社会权利的保障义务提供了指导，而且在某些情况下已经成为条约机构监督缔约国履行人权义务的依据。它们在实践中的影响力已经远远突破了其法律地位的局限。

三　妇女社会权利国际监督机制的运行：中国与荷兰的视角

妇女社会权利的国际监督机制作为一种外部的监督机制，能否有效运行并发挥作用，主要取决于国家对国际监督机制的接受程度。以荷兰和中国为例，尽管两国都肯定尊重和保障人权的价值，但是由于两国对人权国际监督机制的开放程度不同，国际监督机制对两国的影响程度也有所差别。

对于社会权利的宪章监督机制，中国和荷兰均是联合国会员国，因此都将接受人权理事会关于人权状况的普遍定期审查。另外，荷兰于 2001 年 4 月向联合国人权理事会的特别程序发出了长期邀请，这意味着荷兰随时接受来自特别程序的访问要求。① 中国没有发出这样的邀请，对于特别报告员的访问要求将分别考虑，分别做出是否邀请的决定。对于社会权利的条约监督机制，中国和荷兰都批准了包含社会权利的《经济、社会和文化权利国际公约》及《消除对妇女一切形式歧视公约》。但是，荷兰同时还批准了包含个人申诉程序和调查访问程序的《〈消除对妇女一切形式歧视公约〉任择议定书》。中国尚未批准任何包含个人申诉程序的议定书。因此，社会权利的国际监督机制至少可以从四个方面对荷兰进行监督，它们是人权理事会的普遍定期审查、人权理事会的特别程序、国家报告程序以及个人申诉程序；而对中国的监督主要来自两个方面：普遍定期审查制度和国家报告程序。

（一）人权理事会对妇女社会权利的普遍定期审查

"普遍定期审查制度"是由人权理事会 47 个成员国组成的普遍定期审查工作组对所有联合国会员国的人权状况定期进行全面审查的制度。该制度于 2008 年正式启动，将花四年时间完成对 192 个会员国的第一轮审查。普遍定期审查的依据包含国家批准的所有人权条约。

1. 人权理事会对荷兰的普遍定期审查

2008 年 4 月 15 日，荷兰接受了普遍定期审查。在审查过程中，许多国家围绕妇女权利（包括妇女社会权利）的保护向荷兰提出问题、作出评论、并列举建议，问题集中在直接危害妇女健康权的"暴力侵害妇女现象"。荷兰代表对各国的提问做出了回应。例如，瑞典、加拿大、印度等国都提到了荷兰存在的暴力侵害妇女问题。对此，荷兰代表指出，在暴力侵害妇女问题特别报告员提出报告之后，荷兰正致力于关于家庭暴力问题的新行动方案。另外，将对预防和早期发现家庭暴力给予特别关注；政策将着重于消除在家庭暴力领域专业工作者之间信息交流方面的障碍。荷兰发起了一个制止暴力

---

① 截至 2012 年 6 月 1 日，全球共有 91 个国家向联合国人权理事会特别程序发出了长期、公开的邀请。http://www.ohchr.org/EN/HRBodies/SP/Pages/Invitations.aspx，最后访问日期：2012 年 11 月 2 日。

侵害妇女的全国宣传运动，2007 年 4 月开设了全国热线和特别网站。"妇女解放监督"处理所有形式的暴力侵害妇女行为，比如性犯罪、家庭暴力、凌辱和有关名誉的暴力行为，并对暴力的发生情况和类型进行数据统计和数据更新。① 工作组审议结束后，荷兰提交了针对各国建议的进一步的回应，在家庭暴力方面，荷兰表示为了增进了解与性别相关的家庭暴力的性质，由司法部协调，在各部门之间启动了一项宣传程序。关于就与名誉相关的暴力方面提出的建议，荷兰表示该国正在编制专门的学校教育方案。荷兰将在拟向消除对妇女歧视委员会提交的第五次报告中通报执行委员会建议的情况。

2. 人权理事会对中国的普遍定期审查

2009 年 2 月 9 日，中国接受了普遍定期审查。在审议过程中，许多国家提出了与妇女社会权利密切相关的问题和建议。比如，中国对菲律宾提出的继续努力建立与国情、社会和经济发展水平相适应的健全的社会保障制度和支持服务的建议表示赞同；赞同南非提出的改善卫生基础设施，确保妇女、儿童和老人等脆弱群体享有医疗服务的建议。②

从两国接受普遍定期审查的表现来看，两国都表现出了愿意与人权理事会合作的意愿，认真准备，积极回应各国的提问，并明确表示接受其他国家提出的一些合理建议。审查对于两国保障妇女社会权利起到了正面的促进作用。

（二）关于妇女社会权利的特别程序

迄今，中国尚未对有关社会权利的特别程序发出过邀请。

2006 年，荷兰接受了人权理事会"针对妇女的暴力：原因和后果"特别报告员的访问。报告员的调查围绕三个方面：家庭暴力/亲密伴侣间的暴力；性服务业中的暴力行为；移民、寻求庇护妇女和难民妇女的境况。报告员在访问后指出，由于荷兰政府认为基于性别的暴力主要是一个可以在法律和秩序的框架内予以解决的融合问题，而不是性别问题，因此，政府虽承诺解决这一问题，但是观念上的问题将降低政府政策的整体效力，造成选择性地做出反应，进而使某些形式的暴力正常化，还有一些暴力行为则会被当作文化问题来处理。由此，报告员建议荷兰政府完善性别平等政策和体制框架、消除一切形式的歧视、调查并惩治暴力侵害妇女者、保护可能受暴力之害的妇女、增加对暴力侵害妇女的原因及后果的认识。③ 报告员还围绕这些

---

① UN Doc. A/HRC/8/31，普遍定期审议的工作组报告：荷兰，第 18、34 段。

② UN Doc. A/HRC/11/25, Report of the Working Group on the Universal Periodic Review, China, Paras. 32 & 40.

③ UN Doc. A/HRC/4/34/Add. 4，内容提要。

方面提出了许多具体的建议，这些建议有些已经反应在了普遍定期审查时联合国人权高专所作的资料汇编中。

荷兰政府积极配合了特别报告员的访问。对于特别报告员的建议，如上文所述，荷兰政府在接受普遍定期审查时对其中的某些建议做出了回应，并表示将在向消除对妇女歧视委员会提交的第五次国家报告中做出更加详细的汇报。

（三）关于社会权利的国家报告程序

《经济、社会和文化权利国际公约》全面规定了健康权、社会保障权等社会权利。《消除对妇女一切形式歧视公约》对妇女的社会权利作了全面规定。国家在履行报告义务时，应当汇报为保障社会权利所采取的措施。

1. 经济、社会和文化权利委员会对荷兰国家报告的审查

从 1983 年提交首次报告开始，荷兰已经向经社文权利委员会提交了五次报告，最近一次是于 2008 年 4 月 9 日提交的第四、第五次合并报告。委员会已经审议了荷兰提交的三次报告，并提出了相应的结论性意见。

委员会针对荷兰第二次定期报告所作的结论意见中提出了若干有关妇女社会权利的问题：① 对荷兰社会保障制度的改革可能给社会中最弱势的群体带来不利后果表示担忧，并要求荷兰在下一次报告中对政府能够确保减少社会福利预算不会给社会弱势群体带来不利影响做出详细的说明；② 荷兰在报告中没有对妇女的暴力和虐待儿童的统计数据进行分析并用于制定措施来解决这些问题，因此，要求荷兰通过目标明确的政策来保护家庭福利。① 2005 年，荷兰提交的第三次定期报告首先对委员会审议上次报告的结论性意见做出了回应。荷兰在回应中对如何进行社会福利体系改革做出了详细解答，并汇报了荷兰为预防和打击家庭暴力所采取的措施。②

委员会在审议荷兰的第三次定期报告后提出，荷兰长期存在家庭暴力和侵犯儿童的行为，但是却缺少家庭暴力方面的专门立法。于是，委员会敦促缔约国通过关于家庭暴力的具体立法，在下次报告中通报向警方报案的家庭暴力案件数的分类数据，并且介绍缔约国提出的题为"更健康的生活"（2004 ~ 2007）计划的情况。③ 荷兰在 2008 年提交的第四、第五次合并报告中首先回应了委员会审议上次报告的结论性意见，指出，荷兰提出了解决家

---

① 　UN Doc. E/C. 12/1/Add. 25.

② 　UN Doc. E/1994/104/Add. 30.

③ 　UN Doc. E/2007/22，经济、社会、文化权利委员会第 36 届和第 37 届会议报告，第 571 ~ 604 段。

庭暴力问题的新办法，即把家庭暴力当作公共安全问题来处理，并表示自2006 年 2 月 1 日以来，警察已有权逮捕家庭暴力嫌疑犯。刑法、民法和行政法中均有禁止家庭暴力的规定。为获取最新的关于家庭暴力的统计数据，荷兰于 2008 年开展了一项大型公共调查活动。报告还对 2004～2007 年更健康的生活计划的实施情况作了介绍。

2. 经济、社会和文化权利委员会对中国国家报告的审查

中国 2003 年向委员会提交了首次报告。委员会针对中国的首次报告提出了内容详尽的结论性意见。其中涉及妇女社会权利的意见有：取消户籍制度，使人人平等享有社会福利和保障；在下一次报告中说明家庭暴力的程度，特别是针对妇女的暴力情况，以及缔约国为纠正这种现象所采取的立法和其他措施；根据委员会关于健康权的第 14 号一般性意见，改善农村地区和少数民族地区的卫生服务；采取紧急措施阻碍艾滋病毒/艾滋病和其他性传播疾病的扩散等。[①] 2010 年，中国政府如期通过联合国秘书长向经社文权利委员会递交了《经济、社会和文化权利国际公约》执行情况的第二次履约报告。

3. 消除对妇女歧视委员会对荷兰国家报告的审查

从 1992 年提交首次报告开始，荷兰已经向消除对妇女歧视委员会提交了五次国家报告，最近一次提交是 2009 年 7 月 1 日。

消除对妇女歧视委员会在审议荷兰提交的第四次国家报告时，同样对家庭暴力、贩运人口、对妇女的性剥削等问题提出了关注。[②] 2009 年，荷兰提交第五次国家报告时，考虑了委员会的结论意见，并在相应的条款具体说明了采取的措施。不过，消除对妇女歧视委员会在第五次报告的结论性意见中提出，希望荷兰能够优先关注结论意见的关切和建议，并将报告的重点放在关切的领域；尽管该委员会也重申了系统地和持续地实施公约所有规定的义务。委员会指出，虽然荷兰在制止家庭暴力方面取得了一些进展，但是先前的结论意见中的许多建议没有得到足够的重视，这份结论性意见再次就荷兰在健康、社会保障等多个领域存在的问题提出了建议。[③]

4. 消除对妇女歧视委员会对中国国家报告的审查

中国自 1983 年提交首次报告以来，已经提交了 6 次报告，最近一次是于 2004 年 2 月 4 日提交的第五、第六次合并报告。委员会针对中国的第三、

---

① UN Doc. E/C. 12/1/Add. 107.

② UN Doc. CEDAW/C/NLD/CO/4.

③ UN Doc. CEDAW/C/NLD/CO/5.

第四次报告的结论性意见中对中国妇女遭受的不同形式的暴力行为表示关注，包括对被监禁妇女施暴、性虐待、家庭暴力、性暴力和在工作单位受到性骚扰，建议中国政府依据委员会第 19 号一般性意见，审查和修订关于对妇女暴力行为的法律和政策。委员会还关注到妇女失业或中断就业对其住房、保健和社会保障权利造成的后果，建议中国政府从性别视角分析其经济政策对妇女产生的消极影响，并采取措施减轻和抵消这些影响。① 2004 年，中国提交了第五、六次合并报告，在报告中考虑了委员会审议上次报告的结论意见，对如何打击针对妇女的暴力等问题作了详细说明。但是，正如委员会对中国第五、六次报告的结论意见所指出的，报告没有优先关注结论意见的关切和建议；此外，没有按性别分列的统计资料，无法评估妇女在经济增长和减少贫困中受益的情况。委员会认可中国在制止暴力、打击贩运等方面所作的努力，但是依然存在缺乏禁止暴力的国家立法、缺乏为受害人提供利用司法的机会和支持，对犯罪行为人的惩罚力度不够等问题。② 中国应在其下次定期报告中提供解决上述问题的相关信息。

综上可见，荷兰和中国基本都能够按照条约的要求按时提交报告，并能够对条约机构的结论性意见予以答复。从报告的形式上看，对《经济、社会和文化权利国际公约》提交的报告，国家往往能够首先回应条约机构审议上次报告时的结论性意见，然后逐条汇报；而对《消除对妇女一切形式歧视公约》提交的报告，国家却没有将对结论性意见的回应单列出来，而是分散到了报告的相关部分中。这种做法上的不一致可能与各条约机构对国家报告的指南不统一有关。不过，这样做给人的印象是没有优先关注结论性意见的关切和建议，正如消除对妇女歧视委员会所示。在这一点上，中国和荷兰存在同样的问题。实际上，由于人权的相互依存性，针对不同条约的报告在内容上多有重复，再加上条约机构没有时间审议面面俱到、长篇累牍的报告，因此，目前大多数条约机构希望缔约国重点回应结论性意见的关切，汇报新的报告周期所取得的进展，以便条约机构在审议时能抓住重点，富有成效。

而从报告的内容上看，两个国家对条约机构的意见还是给予了充分尊重和重视，能够在报告中予以回应，条约机构的一些意见实际上得到了不同程度的采纳。例如荷兰应条约机构的建议，为获取最新的家庭暴力统计数据，正在开展一项大型公共调查活动；中国根据条约机构的意见，不断完善对家

---

① UN Doc. A/54/38/Rev. 1，消除对妇女歧视委员会第 20、21 届会议报告，第一部分，第 251～336 段。
② UN Doc. CEDAW/C/CHN/CO/6.

庭暴力的法律规制。同时也应看到，条约机构的意见并不都能立即或者全面地得到国家的赞同。例如，条约机构建议荷兰通过关于家庭暴力的专门立法，而荷兰认为现有的分散在各部法律中的规定已经非常全面，不需要专门立法；条约机构要求中国提供分性别的统计数据，中国已经开始努力，但是可能在能力上和技术手段上还不能立刻做到。

（四）关于社会权利的个人申诉程序

中国尚未接受人权条约项下的个人申诉程序，因此没有相关案件被提交到条约机构。

荷兰于 2002 年批准了《〈消除对妇女一切形式歧视公约〉任择议定书》，使得个人对于声称荷兰政府侵犯人权的事件，在用尽国内救济后可以向消除对妇女歧视委员会提出申诉。截至 2010 年 5 月 31 日，消除对妇女歧视委员会已经受理了四例来自荷兰的申诉案件，其中两件来文已停止审理，一件被委员会决定不予受理，另一件委员会认为缔约国不存在违反公约的行为。这件缔约国不违反公约的案件便是 Dung Thi Thuy Nguyen v. the Netherlands 案，该案涉及妇女获得社会保障的权利。

在第 3/2004 号来文 Dung Thi Thuy Nguyen v. the Netherlands 案中，来文者 Dung Thi Thuy Nguyen 女士在怀孕休产假期间，根据荷兰的法律规定只获得了产假期间收入损失的部分补偿；而只有怀孕的妇女才可能面对这一负面影响，这意味着妇女因怀孕而直接受到了歧视。因此来文者称荷兰违反了《消除对妇女一切形式歧视公约》第 11 条第 2 款（b）项规定的妇女有权在休产假期间获得丧失工资的全面补偿的规定。在审理过程中，荷兰政府和来文者进行了多轮意见的交锋。委员会经审理认为，荷兰的《残废保险法》第 59（4）节的实施并没有使妇女因为婚姻或生育而受到歧视，公约也没有使用"全额补偿"因怀孕和生育造成的"收入损失"的用语，因此认为在本案所呈现的事实中荷兰不存在违反公约第 11 条第 2 款（b）项的行为。①

在条约机构受理个人申诉案件时，荷兰政府认真严肃地对待条约机构的审议，按照要求提交了多轮答复和意见。无论结果如何，荷兰政府的表现表明它认可并积极配合条约机构的审议和监督。

从妇女社会权利国际监督机制对中国和荷兰的监督状况来看，总的来说，两个国家对待国际人权义务的态度是认真的，基本能够做到按时、持续

---

① UN Doc. A/61/38，消除对妇女歧视委员会第 34、35、36 届会议报告，第三部分，附件八。

地提交国家报告，尊重和重视监督机构提出的意见和建议。但是仍有一些监督机构反复强调的建议并未被两国采纳。例如，荷兰政府将家庭暴力问题看作主要是融合问题的认识；中国没有分性别统计的保障社会权利的数据等。当然，由于国际人权监督机构所作出的决定、意见并不具有法律拘束力，国家可以根据自身情况决定是否采纳以及何时采纳，这并无可厚非。不过，国际监督机构的意见通常是依据人权条约的规定作出的，国家若拒不采纳可能承担违反条约义务的法律后果。

四　妇女社会权利国际监督机制面临的挑战与展望

（一）妇女社会权利国际监督机制面临的挑战

妇女社会权利国际监督机制目前至少面临来自三个方面的挑战。

首先，"妇女"的弱势地位在短期内难以改变。尽管早在20世纪60年代，《国际人权宪章》中就勾画了一幅所有人，包括妇女应当享有的全面的人权图景，但妇女的实际处境表明，国际法律文件赋予她们的权利并未得到充分的保障。1946年成立的联合国经济与社会理事会的职司机构——妇女地位委员会推动制定了大量保障妇女权益的专门条约，但是仍未使妇女的地位得到改观。全面、完整地保障妇女人权的《消除对妇女一切形式歧视公约》虽然得到了接近普遍的批准，但是缔约国对公约实质条款的大量保留和履行报告义务的懈怠，在很大程度上贬损了公约的价值。让妇女和男子站在同一起跑线上依然任务而道远。

其次，对"社会权利"可诉性的质疑在一定程度上阻碍了对它的有效保障。这一质疑源于对经济、社会、文化权利与公民权利、政治权利的认识分歧。长期以来，后者被认为可以通过司法途径获得救济，而前者则否。于是，侵犯社会权利似乎并不会带来严重的法律后果。虽然消除对妇女歧视委员会已经受理了涉及社会权利的个人申诉案件，已开放签字的《〈经济、社会和文化权利国际公约〉任择议定书》也包含了个人申诉程序，但是前者受理的案件屈指可数，后者则尚未生效。短期内，社会权利救济弱化的局面难以根本转变。

最后，"国际监督机制"自身效力的有限性，是当今国际法体系难以改变的事实。人权国际监督机制的性质决定了相对于国家的人权保障机制，它只能是补充性的，只能从外部进行监督、促进。因此，国际机制的效果需要长期不懈的努力推动才能被识别。尽管国际监督机制逐步表现出了从宣示型向实施型转变的趋势，但是国家人权保障机制作为实现人权的决定力量这一现实并没有改变。

（二）　对妇女社会权利国际监督机制的展望

尽管面临诸多挑战，人权的国际监督机制对于推进妇女社会权利的作用不容忽视。近期，国际监督机制的一些积极发展将进一步增强其作用，进一步促进妇女社会权利的实现。

1995 年第四次世界妇女大会至今，性别意识主流化的观念已经从国际走向了国内。在国际人权机构的反复倡导下，"性别视角"不仅日渐成为国际机构的一项工作方法，而且已经被越来越多的国家融入政策制定、分析和推行过程中。随着这一观点的不断深入人心，随着妇女与男子不同的感受和经验能够在决策中得到充分体现，妇女的从属地位将在很大程度上得到改善，妇女的人权状况也将得到大的改观。

2008 年《〈经济、社会和文化权利国际公约〉任择议定书》在联合国大会获得通过，再一次证明了经济、社会、文化权利可以通过司法途径获得救济，强化了这些权利的"基本人权"属性。然而议定书的通过仅是良好的开端，倡导和推动它的尽快生效才是完善社会权利国际监督机制的当务之急，唯有此，个人才可以通过更多途径获得社会权利的救济。

社会权利的国际监督机制虽然是一种外部的监督机制，但是近年来国际人权机构逐步表现出推动人权的国际监督机制向着实施型机制演进的趋势。无论是人权的宪章机制还是条约机制都越来越关注国际监督在国内产生的实际效果，通过各种后续跟踪程序追踪人权机构的结论、意见、建议在国内的实施情况。这无疑会进一步增强国际监督机制的效力。

第二单元

妇女社会保障权的立法、行政和司法保护

瑞士社会保障制度的基本理念
及其面临的挑战

——从关注妇女权利的视角

托马斯·弗莱纳 丽狄娅·R.芭斯塔·弗莱纳[*]

一 引言

（一）宪法原则

瑞士现行的社会保障制度是依据其联邦宪法原则和制度建立和发展起来的。这些宪法原则和制度包括：个人责任、直接民主、联邦主义、对社会团结进行制度性安排的宪法和立法标准和由国家提供的保障以及依据各州立机构和私有机构建立起来的类似于全国统一的保险制度。

瑞士在其联邦宪法序言中明确规定了个人自由与社会团结原则："……深知使那些行使自由的人真正拥有自由，以及对国家实力的衡量尺度在于其最弱势群体成员的福利程度。"另外，宪法第六条明确规定责任原则，每个人都对他（她）自己个人的充分发展，以及他（她）自己对国家和社会的团结承担责任。

（二）从各州责任到联邦职权

要了解瑞士社会保障制度及其相关政策的具体特征，我们必须首先考察以下相关要素。在传统上，瑞士各州一直承担着维系其各管辖区内社会凝聚力的责任。所以，长期以来，它们一直认为其制定法律和法令的责任当然也

---

  * 托马斯·弗莱纳，瑞士弗里堡大学联邦研究所；丽狄娅·R.芭斯塔·弗莱纳，《欧洲保护少数民族框架公约》咨询委员会前任第一副主任。

包括了制定社会政策这一内容。在瑞士的历史发展过程中，穷人与残疾人曾遭到社会的排斥。但自从瑞士联邦共和国建立之后，情况有了很大转变。如今，制定社会保障原则、标准及其目标的权限已归联邦政府所有，不过依照瑞士行政联邦制的安排，实施上述社会保障标准的相关机构和部门依然由各州掌控。另外，各州还承担着保障其各自管辖区内人口健康的主要责任，并对其辖区内的医院和医生进行管理。卫生立法主要由各州制定。

（三）公司与民主政治文化

我们要考察的第二个要素是瑞士强烈的公司政治文化。在作出任何重要决定前，都必须在各利益团体之间达成一致意见。社会合伙人诸如雇主与雇员也常常对社会保障制度发展的所有重要事项进行协商一致决定。不同的公司和不同的州对瑞士政治产生的影响在很大程度上来源于瑞士的直接民主制度。

历史上，瑞士福利国家是通过不同的宪法修正案而逐步建立的。通过修正宪法，各州将越来越多的权力逐渐授予联邦政府。就社会保障而言，联邦政府主要通过一个复杂的类似于全国统一的保险制度来实现，而非通过征收附加税收实现。

（四）性别平等

瑞士社会长期歧视妇女，尤其是在社会保障领域。经过多年争取和多次失败后，直到1971年瑞士妇女才被赋予平等的投票权。自此，尽管在宪法层面和立法层面，瑞士已经极大地提升了女性公民的社会地位，但性别平等状况仍有待改善。

在本文中，我们将首先简要回顾瑞士福利国家的发展历史，进而主要分析现行宪法标准，包括性别平等原则。在文章的第三部分，我们将简要介绍不同的保险计划所提供的社会保障内容。最后在结论部分，我们将探究瑞士社会保障面临的挑战并提出主要应对方案，以加强对妇女的社会保障。

二　历史

（一）各州保障社会福利的责任

根据宪法第45、48条规定，各州有责任照顾生活在其辖区内的贫困公民。该责任范围在瑞士1975年宪法修正案中被扩大，即各州有义务照顾生活在其辖区内的所有公民。

1848 年瑞士联邦共和国建立之初，贫穷更多地被认为是一个与公共秩序相关的问题，而非社会保障问题，更谈不上维系社会团结。然而，需要注意的一个事实是，与现在不同，当时的瑞士是欧洲最贫穷的国家之一。

（二）社会保障的早期立法

根据瑞士联邦宪法，凡与社会福利相关的职权都需要由宪法对其进行明确规定。不属于联邦权限范围内的社会福利保障的责任则由各州政府负责。

然而，瑞士 1874 年通过的第二部宪法赋予了联邦政府一项特殊职权，即制定立法禁止童工并对日工作时间进行限制。正是由于这条规定，瑞士早在 1877 年就出台了第一部工厂劳动法。该法规定，禁止妇女在周日和晚上工作（第 15 条，参见 BBl 1877 Ⅱ 483）。另外，该法还规定保护雇员健康并禁止雇用 14 周岁以下的儿童从业（第 16 条）。

（三）健康与事故保险

随着 1890 年宪法修正案的通过，联邦政府被授权对强制健康保险与强制事故保险进行立法。1900 年，第一个关于健康和事故保险的立法案遭到否决。直到 1911 年瑞士联邦才通过了一部新的健康保险法，该法于 1912 年全民公决中以微弱多数票获得批准。但是，该法并没有为全体公民提供强制健康保险；直到 1992 年，也只有 4 个州提供强制健康保险。

尽管当时健康保险不是强制性的，但是已有 99% 的全国人口参加健康保险。1994 年新的健康保险法获得通过，该法要求为所有居民提供防范各种风险的强制保险，尤其是为妇女提供防范其高风险的保险。不过，依照统一费率进行支付的原则并没有改变。

关于事故保险，瑞士于 1918 年实施强制事故保险，并成立专门的联邦机构为工厂雇员提供事故保险。该机构陆续颁发了有关事故保险方面的专项法规，以规范意外事故保险和工作时间内发生的事故保险。依据 1994 年健康保险法，健康保险还必须涵盖未被其他保险计划覆盖的事故费用，这一规定对没有就业的人来说尤为重要，例如在家工作的妇女、儿童和老人。

（四）养老金制度

瑞士基本养老金制度的基础发展相当薄弱。1926 年，多数的人民和多数的州通过一项宪法修正案，赋予联邦政府负责为老年人和残疾人提供基本养老保障的职权。然而第一个立法案在全民公决中却遭到否决。直到二战期间的 1946 年瑞士在经历了军队中的士兵与其家庭表现出的精诚团结和齐心协力后，人民才接受为年满 18 周岁以上的公民提供强制养老金这样的法律。这部法律目前仍然有效，不过已经过几次修订。如今这项法律为大部分公民提供最低生活保障。对于最贫困的人口来说，还将提供额外补贴。

1972 年，瑞士在宪法层面上引入所谓养老保险三大支柱新理念。第一支柱为基本养老保险，由在职雇员支付保险费；第二支柱为"强制性职业养老保险"，该制度需要通过立法实施。它要求在职雇员按月缴纳养老保险费，以便能从累积资本中受益并以适当的方式维持先前的生活质量和生活水平。第三支柱的基础是个人依据其收入情况购买适合其年龄的补充养老保险的可能性。这项补充保险不是强制性的，不过财务安排会被优先考虑。

（五）担忧

相对而言，瑞士的确建立了相当完善的社会保障制度。当然，我们也知道目前起码有 20% 的瑞士人口在其一生的职业生涯中至少一次享有社会保障制度带来的利益。尽管上述制度看似无可争议，但是有许多瑞士人（尤其是年轻人）担心这种制度难以长期维系下去，因为瑞士在将来不得不面临诸多挑战。他们认为在未来的数年内在职雇员将无力承担为老龄人口支付社会保障费用这一重任。为了提供具有国际竞争力的工资待遇，瑞士必须降低社会保障缴费水平。

三　社会保障标准

（一）需要帮助的人

瑞士社会保障制度的基本理念是通过 1999 年新宪法确立的，该宪法自 2000 年 1 月 1 日起生效。该宪法第 12 条规定，保障任何需要帮助的人享有获得帮助和照顾的基本权利，包括维持体面的生活水平所需的经济支持。这项权利是一项可执行的法定权利，联邦法院已在审理拒绝为寻求庇护者提供必要的生计这类案件中予以实施。

然而，由联邦法律保障的社会救助的实施则主要由各州政府负责。历史上，瑞士各州政府一直负责社会救助的具体事务，现在仍然负责向需要帮助的人提供社会救助。在以往宪法和现行宪法中，都规定各州政府负责为其辖区内需要帮助的居民提供社会救助（宪法第 115 条）。

瑞士被认为是世界上最富有的国家之一。不过，瑞士也面临着贫困问题的挑战，尤其是独自抚养孩子的无业单亲妈妈是面临陷入贫困风险的最主要的人群。由此看来，1999 年宪法第 12 条规定也特别有助于保护那些需要帮助的妇女。

（二）基本权利和社会目标

瑞士现行宪法在有关基本权利的章节中明确提出了联邦政府和各州政府需要实现的社会目标。这些社会目标在该宪法第 41 条中被逐一列明，但是它们不能通过法院判决予以执行。据此，每个人都有权享有社会保障与卫生保健；联邦政府和各州政府需要保护每个家庭并为其提供合理的住宿条件；每个人都有机会在公平条件下靠劳动谋生；青年人和成年人都享有接受教育与高级培训的权利；联邦政府和州政府应努力确保每个人受到保护，避免因年老、残疾、疾病、事故、失业、生育、孤寡遭受经济窘境。

（三）妇女的平等权

关于瑞士妇女的权利和社会地位，宪法第 8 条第 3 段的规定对其尤为重要，因为该条款不仅明确规定男女在法律面前一律平等，而且在日常社会生活中也一律平等。也许有人认为该条规定是不言自明的。然而，从瑞士的历史和其传统社会发展的视角来看，这项规定有着至关重要的作用。其原因是因为，直到 20 世纪 70 年代，瑞士妇女还没有投票权，而且法律制度中更是设置了重重歧视妇女的条款。妇女不仅受到法律制度的严重歧视，而且更受到社会的严重歧视。所以，宪法第 8 条要求立法机构从 1981 年起开始制定各种可能的措施以保护妇女免于歧视，并确保和提升妇女在瑞士社会中的平等地位。这曾经并将仍然对瑞士的社会保障制度发挥重要作用。

依据宪法的这条规定，1995 年联邦立法机关在当时还相当保守的瑞士通过了《性别平等促进法》。该法完善了为受到歧视的妇女提供司法救济的途径，并为非政府组织从事促进妇女社会地位的专项活动提供联邦经费。除此之外，该法还规定建立特别联邦机构以促进性别平等和消除对妇女的任何可能的歧视。依据联邦《性别平等促进法》，各州颁行了各自的性别平等法律并成立专门办公室以促进平等和消除歧视。在联邦层面上，1976 年还成立了解决妇女问题的专门委员会。

（四）社会目标的实施

宪法制定的社会目标将通过联邦和各州立法予以实施。一般来说，联邦法律通过各州予以实施，但在某些情况下也可以通过市级相关机构或部门予以实施。就养老保险、残疾人保险和儿童津贴制度来说，除各州立机构外，私营经济的公司协会也参与实施。关于卫生保健，联邦政府在健康保险、流行病、食物和药品方面的职权非常有限。另外，环境保护的管理规范也归联邦政府负责。各州政府拥有保护其辖区内居民健康的立法权力和义务。医院等医疗机构和老人院由相关各州或各市进行管理。

（五）　缺乏对联邦法律进行违宪审查

在对这一发达的社会保障制度进行考察时，我们必须承认，那些被联邦立法歧视的妇女根本没有可能在联邦法院（瑞士联邦法院还具有宪法法院的功能）就遭到的歧视对联邦政府进行起诉。直到目前，联邦法院仍无权对联邦立法进行违宪审查，尤其是无权审查联邦社会保障立法是否违反性别平等的相关规定。只有在工资方面，宪法第 8 条赋予妇女直接寻求司法救济的权利，可以对雇主提供的不平等的工资待遇与不平等的工作条件提起诉讼。

四　联邦法律规定的社会保险

在联邦层面上，大多数社会目标并非通过征收税收实现，而是通过个人为具体的社会保险项目缴纳社会保险费来实现。缴费人有权从相应保险项目中获得保险补偿，因为从法律上讲他们是参保人，理应得到相应的保险价值。这些保险项目为不同层面的人群提供社会保险并进行社会再分配。资金来源是参保人和雇主的强制性缴费。

（一）　基本养老保险（第一大支柱）

瑞士的基本养老保险制度是世界上最发达，但也可能是最有趣的制度。根据基本养老保险原则，由现今的在职雇员为退休人员支付养老保险费。通过这种制度安排，现今的在职雇员将其部分收入转移支付给退休人员，退休人员则希望、主张并坚信作为养老保险费的缴费人，现今的在职雇员退休后也会从下一代雇员缴纳的保险费中获得回报。养老保险费的支付义务是基于个人的居住地来确定的，所有居住在瑞士的居民不论其国籍都必须缴纳养老保险费。基本养老保险的资金来源是雇员与雇主的缴费。雇员未就业配偶的工作也被视为是对保险的一种缴费。"关于妇女、法律和社会的国家研究项目"的研究结果表明，在现实中不公平的现象持续存在，因为家庭妇女常常因为养老金的计算方法遭受不公。

参加基本养老保险并已缴纳保险费的居民在离开瑞士后仍可作为参保人

员享有养老保险金。这种养老保险制度只有在在职雇员对该制度有充分的信任时，才能在现实中顺利实施。这种信任是指现今在职雇员相信他们在退休后也能从比他们年青一代雇员为其支付的养老费中受益。

20世纪90年代之前的养老保险法律规定，只有男性有资格享有养老保险金。到了90年代，为了实施宪法规定的性别平等原则，立法机构实行了养老金享有的分立制度，以保证夫妻双方均有权享有养老金。

养老金待遇水平严格遵循再分配理念。每个20～64周岁的女性居民或20～65周岁的男性居民必须依据其收入情况支付养老保险费。普通收入居民按其收入的一定比例支付养老保险费。但是，所有缴费人领取的养老金数额却几乎是一样的。事实上，收入最高的居民领取的养老金最多也只有无力缴纳保险费或只能缴纳一小部分保险费的居民领取的养老金的2倍。也就是说，相对于之前缴纳的养老保险费，高收入居民领取的养老金非常少。

（二）残疾人保险

1959年，联邦立法机构通过了一项针对残疾人的强制性基本保险。与基本养老保险制度一样，残疾人保险费也是由在职雇员支付，雇员和雇主按收入比例支付保险费。残疾人保险金用以支付生活费、融入社会的费用以及理疗费。事实上，该项法律扩大了政府的行政职责范围，要求政府促进甚至主动安排残疾人在其力所能及的情况下重新融入职业生活。

（三）失业保险

1951年，联邦政府在其法律中提出了失业保险的基本理念。然而，该项法律仅规定了一些与公共和私有保险相关的基本原则。1976年宪法修正案对由联邦提供的失业保险进行了规定。保险费由雇主和雇员各付一半。1977年开始实施这项临时失业保险制度。之后于1982年通过新的立法。根据新法规定，在失业后的最初两年内失业人员可获得其先前工资收入的大部分作为补偿，另外，失业人员的教育和职业培训费也由该保险基金支付。

失业保险是由联邦政府制定的强制保险，由各州和地方机构负责实施。相关权利与义务由联邦法律规定。

（四）健康保险

瑞士社会保障制度不仅创立了一种新的国家保险，而且还将私有保险纳入社会保障制度。健康保险正是如此。如前所述，早在20世纪初，瑞士就颁行了健康与事故保险立法。自此以后，该制度被不断地全盘更新或修改。与养老保险不同，健康保险缴费标准是统一的，且每个人都必须缴纳。健康保险必须覆盖所有必需的和经济上是合理的用于治疗疾病或缓解病情的医疗费用。尽管健康保险是私有公司经营，但是他们有义务为所有人办理健康保险，不允许他们对高危人群如妇女或老年人依其病情严重程度收缴保险费。所有私有保险提供的健康保险都必须覆盖用于疾病治疗所必需的基本费用。新法通过后，在瑞士居住的所有人都必须参加健康和事故保险。由于在法律层面上特别规定在不同的保险项目之间均衡风险，因而之前对妇女的歧视得以基本消除。

（五）职业养老保险（第二大支柱）

最后，除了针对老年人的联邦基本养老保险外，1982 年通过了新的养老保险法。作为养老保险的第二大支柱，职业养老保险不仅能保障老年人退休后的基本生存，同时还能确保老年人退休后继续维持之前的生活标准。在综合考虑有关私有或公立养老金机构现行法律规定的基础上，职业养老保险法规定实施强制职业养老保险，雇主与雇员必须各缴纳 50% 的养老保险费。

（六）生育保险

长期以来，尽管瑞士宪法明确规定了制定妇女生育保险立法的宪法义务，遗憾的是瑞士人民还是在全民公投中否决了议会提出的生育保险立法案。在该法案遭到全民公投否决后，议会又提出一项新的立法建议，要求雇主依据民法中的债法制度，为年轻的母亲支付为期 14 周（分娩后）的薪金。该制度在结果上可能会导致事实上的歧视。为避免支付因妇女休产假而发生的额外费用，雇主可能不愿意雇用女性职员。因此，瑞士也就成了欧洲唯一没有实施强制生育保险的国家。

（七）家庭补贴

2009 年，一部新的法律开始实施。该法的主要内容是保障瑞士的每个家庭里的每个孩子都享有补贴，补贴由父母领取，用以支付抚养孩子的费用以及孩子接受教育的费用，直至孩子满 25 周岁。家庭补贴项目的行政管理通过现有的各州养老金管理机构予以施行。家庭补贴的最低标准是每月 200 瑞士法郎，不过各州可依据其具体情况提高这一最低补贴标准。比如，瑞士弗里堡等一些州将最低补贴标准提高到每月 400 瑞士法郎。

五　挑战

（一）全球化

随着瑞士的商业和经济强劲地融入全球市场，可以预见作为一个小国它在社会保障领域面临的巨大挑战。社会保障制度的发展是建立在经济主权政体（即民族国家）可以掌控国民经济这一理念的基础上，而全球化则是对这一基础性理念的挑战。事实上，瑞士的政治话语权在很大程度上受到力主提高瑞士经济竞争力、降低税收和减少社会保险缴费等政治势力的影响。它们认为瑞士的经济已经没有能力承担支付社会保障的巨额开支。国际市场的自主性不再允许小国对其私营公司增加额外负担。而政客则援引瑞士的社会制度富有竞争力这种说法来捍卫社会福利国家取得的成就，认为只有实施这种制度，瑞士才能吸引那些希望生活在社会和文化上宜居环境里的高素质人才。

（二）移民

事实上，瑞士有 20% 以上的居民是外国人。如上所述，瑞士的社会保障制度是建立在由在职雇员交纳保险费这样的理念基础上。维护国家认同的政治家对移民到瑞士的外国人耿耿于怀，因为他们认为这些外国人在受益于瑞士的社会保障制度的同时，却没有像长期生活在瑞士的居民一样全额缴纳社会保险费。他们的这种想法忽略了外国劳工与高素质雇员对社会保险基金的贡献。如果没有外国劳工，瑞士经济的效率与实力及其竞争力将不复存在。

（三）不断变化着的社会

社会保障的理念发展初时，它是建立在传统的社会里，母亲负责照顾家庭，父亲在外工作赚取家用。如今社会发生了改变，传统家庭在很多情形下被"补丁家庭"取代。对许多人而言，家庭中仅一人工作赚取家用已经无力保障家庭正常生活所必需的开支，因而男女可以同时在外工作赚取家用。社会流动性随着居住地点、工作场所和工作性质的改变急剧上升。拥有长期雇员的终身雇主、终身赞助商和终身企业家被经理取代；而经理则无权对公司雇员的福利做出承诺，因为他只是在短期内管理公司，不久后将会被猎头公司推荐的其他人选取代。金融体制改变了劳动的基本价值，多数人不再通过职业技术性工作和手工技术创造财富，而是通过投机致富。

（四）医疗费用

很显然，卫生医疗面临着高科技高成本的挑战，普通的社会保险已无力承担高额的医疗成本。另外，普通的诊疗费、药费和住院费也大幅上涨。因此，许多家庭甚至是中产家庭都得拿出大部分收入用于支付医疗保险的统一缴费。在不断上涨的医疗费用中受害最深的是单身家庭的妇女，她们通常要支付与他人相同标准的保险费（其中包括他们孩子的保险费）。

尽管瑞士官方宣称基本健康保险可以满足基本的医疗需求，然而多数医生都坚持认为事实并非如此。在现实中，医生面对不同的治疗方案，常常难以做出决定。医生决定治疗方案所依据的标准是什么，没有人知道。比如，尤其是我们不知道他们在多大程度上考虑了妇女对整个社会福祉的重要性。

另外，负责管理医院的许多州也无力再承担高科技手术费。不同州之间的协调、甚至是最富庶的州之间也迫切需要合作，但是由于这种合作涉及瑞士法语区与德语区之间的语言平衡问题，所以对此争议很大。

（五）金融危机

我们实实在在经历的金融危机也降低了在职雇员对社会保障制度的信任度，他们担心缴纳的保险费是否会通过下一代雇员的缴费得到补偿和支付。这种信任度似乎在慢慢消失。同样的情况也发生在养老保险的第二大支柱——职业养老保险上。在上次金融危机中，由于股市低迷，养老金资产大幅缩水。事实上，整个社会保障制度只有在强劲的经济发展中才能生存下来。

（六）人口平均预期寿命

一个重要的方面就是，瑞士的人口平均预期寿命已经发生改变，男女平均寿命比过去更长。当制定养老保险法律时，瑞士的人口平均预期寿命是71岁，2008年延长至82岁（男性79岁，女性84岁），而这一数据还可能继续攀升。如，仅从2001年到目前，65岁男性人口平均预期寿命的增长年数就从17.3年增至18.7年，而65岁女性人口平均预期寿命的增长年数则从21年升至22年。依据这些发展的新情况，议会提议改变养老金基金利率的配额，但是这项议案在两个月前遭到否决。现在，养老金的走势扑朔迷离，这将给今后养老金的享有者，尤其是享有较低养老金待遇水平的妇女带来什么样的后果呢？

（七）灵活性保障

应对这些社会的新发展，需要有政治上最难驾驭的灵活性和可信的社会保障制度，同时辅以不同的措施。有几项政治提议要求如下：更好地帮助残疾人融入经济生活；更好地协调不同的社会保险政策；采取更多的预防性措施以避免需要由保险支付的损害；实施弹性退休年龄制度，尤其是那些从事对身体条件要求较少的职业的雇员。然而，最重要的是经济发展强势，只有这样才是一个好的社会保障制度的最佳保障。

（八）妇女需要什么

妇女需要更好的工作条件来承担抚养孩子的责任，这种抚养孩子的责任应与孩子的父亲一起承担。这尤其意味着母亲希望在孩子受教育阶段更多地照顾孩子的愿望应该得到支持。妇女应该更多地享有从事灵活就业的机会，包括暂时中断工作而不降低其退休金的待遇水平等。此外，法律还需要为妇女提供接受继续教育和重新融入职业生活的特殊机会。这些议题仍需进一步讨论和完善。

作为社会保障制度的主要策略，不断完善相关的原则应得到正视，比如，完善帮助他人主要是为了赋权他们使其具有自助能力的原则。所以，为了改善妇女的现状和提高妇女的社会地位，上述政策原则要求改变仍为较保守的瑞士社会所长期秉持的一种观点，即男女在社会中扮演的角色不同，分工也不同。单亲家庭的母亲独自抚养子女对妇女来讲应该不会成为一种风险，但对她们在社会中的发展则是一种挑战。

社会政策不再单单意味着法律和秩序政策，不应该以排斥社会上需要帮助的人为目标，而应该成为一种基于相信社会力量的衡量尺度在于其最弱势群体成员的福利程度这样的政策，如前文所提及的宪法序言规定。社会政策决不能将人们从社会中排斥出去，而是帮助他们融入一个开放和宽容的社会交往中。

（九）结论

2008 年，瑞士批准了联合国《消除对妇女一切形式歧视公约》任择议定书。根据该公约，个人可以就其受到的任何形式的歧视向消除对妇女歧视委员会提出来文。这无疑将对瑞士妇女产生积极影响。

　　本着实事求是的态度，作为律师，我们应该说，瑞士有关妇女法律地位的相关规定已非常完善，不过，在实施联邦法律规定的性别平等相关权利方面仍存在明显不足。因此，本文作者建议在瑞士实行对联邦立法的违宪审查机制。从长远看，实施违宪审查机制一方面将极大地促进瑞士的整体性别平等状况，另一方面又能具体地促进社会保障制度的完善。

（李西霞译）

我国生育保险立法及法律实施状况

刘翠霄[*]

在工业化社会，妇女参与经济社会活动的机会增多，成为社会财富生产和人类自身繁衍双重任务的承担者，由此使妇女的生育行为不仅是个人行为，而且具有了社会性质。国家需要通过建立生育保险制度，为妇女在孕、产、育阶段提供一定的物质帮助，减轻她们在这些阶段的经济负担和由于担心失去工作而产生的精神压力，使其安心育儿，达到保障母婴健康的目的。由此可以看出，生育保险制度具有以下几个特点：一是获得生育保险待遇是国家通过立法赋予妇女的一项权利；二是生育保障权是妇女在怀孕、生产、养育子女期间才能享有的权利；三是生育保障权的主要内容是国家为其提供物质帮助，或者称经济援助，国家还规定在孕产育期雇主不能随意解雇生育妇女；四是实施生育保险制度的目的是要减轻生育妇女的经济负担和精神压力，安心为社会培育出健康优秀的下一代。生育保险制度是维护妇女社会权利的一项重要而不可或缺的制度。

一　我国生育保险立法状况

我国生育保险制度是1951年2月随着《劳动保险条例》的颁布而建立起来的，条例对企业女职工生育待遇作了规定。1952年政务院颁布的《关于各级人民政府、党派、团体及所属事业单位的国家工作人员实行公费医疗预防的指示》以及1955年国务院颁布的《关于女工作人员生育假期规定的

---

* 刘翠霄，中国社会科学院法学研究所。

通知》，对机关、事业单位女职工的生育保险作了规定。企业女职工与国家机关、事业单位女职工的产假都是 56 天（8 周），产假期间工资也都照发；不同的是，企业女职工生育保险待遇由企业提供，而国家机关和事业单位女职工的生育保险待遇由国家财政提供。

当 20 世纪 80 年代初期，国有企业改革拉开序幕以后，女职工多的企业就无法与女职工少的企业公平竞争。为了降低用工成本、赚取更多利润，企业采取减少雇用女工或者减少生育女工生育保险待遇的办法。为了维护妇女的就业权利和充分享受生育保险权利，中华全国总工会和全国妇联于 1980 年 11 月 6 日联名向中央书记处递交了《关于辽宁省一些企业对怀孕哺乳女工实行放长假的报告》。报告反映，据不完全统计，在沈阳、大连、鞍山，有 30 多个企业对怀孕哺乳女工实行留职放长假 1 ～ 3 年、同时发放 70% ～ 75% 工资的做法。有些企业甚至采取撤销托儿所、不给哺乳女工喂奶时间的办法，迫使哺乳女工回家休长假。改变这种状况的手段是，将企业生育保险变为社会生育保险，生育保险基金由社会筹集。

生育保险制度改革开始在各地展开。例如，1988 年辽宁省鞍山市规定，生育津贴由夫妻双方所在企业各承担 50%，如果男方不在本地企业工作，由女方企业全部承担；再如，1988 年湖南省株洲市规定，企业按工资总额一定比例缴纳生育保险费，通过银行划归劳动部门统筹，生育女工凭企业证明按月从当地劳动部门领取生育津贴。但是，由于各地做法不一，管理和监督难度较大，尤其是地方性法规强制力弱而导致生育保险费征缴比较困难，因此，需要建立全国性的生育保险制度。

1988 年 7 月 21 日，国务院发布了《女职工劳动保护规定》，统一了机关、企业、事业单位的生育保险制度，将生育保险的实施范围从原来的国有企业扩大到国内一切企业，包括国有企业、集体企业、外商投资企业、乡镇企业等，并且将女职工的产假由原来的 56 天增加到 90 天（其中产前 15 天）。生育保险制度自建立以来，在维护女职工合法权益、保障女职工基本生活方面发挥了重要的作用。但是，这时的生育保险由于是由女职工单位承担，所以不是真正意义上的社会保险，而是企业承担生育保险成本的企业保险。

在总结各地实施生育保险制度改革和创新经验的基础上，1994 年 12 月，劳动部发布了《企业职工生育保险试行办法》，确立了生育保险费用实行社会统筹的生育保险模式。1995 年 7 月 27 日，国务院发布了《中国妇女发展纲要（1995 ～ 2000 年）》，将生育保险的目标确定为，到 20 世纪末"在全国城市基本实现女职工生育费用的社会统筹"。劳动部于 1995 年和 1996 年分别发布了《关于贯彻实施〈中国妇女发展纲要〉的通知》和《关于印发劳动部贯彻〈中国妇女发展纲要（1995～2000年）〉实施方案的通知》，两个"通知"都对生育保险改革提出了具体要求。2004年劳动和社会保障部发布了《关于进一步加强生育保险工作的指导意见》，各省、自治区、直辖市根据劳动和社会保障部的规章制定适合本地区的生育保险实施办法。至此，我国的生育保险法规体系初步形成。1994年12月劳动部发布、至今仍在适用的《企业职工生育保险试行办法》主要内容有：

1. 适用范围

生育保险适用于所有企业。试行办法没有对机关和事业单位女职工的生育保险作出规定，但是根据1988年的《女职工劳动保护规定》，国家机关、企业和事业单位的女职工实行一体保护，即机关、事业单位女职工生育保险参照试行办法实施。

2. 费用统筹

试行办法第3条规定，生育保险按属地原则组织，生育保险费实行社会统筹。按属地原则组织，是指按行政区域划分的市、县为单位组织实施，在某一行政区域内所辖的各类企业一律参加所在地的生育保险，执行当地的统一缴费标准及有关规定。生育保险根据"以支定收、收支基本平衡"的原则筹集资金，由企业按照不超过职工工资总额1%的比例向社会保险经办机构缴纳生育保险费，建立生育保险基金。职工个人不缴纳生育保险费。

3. 生育保险待遇

女职工按照法律、法规的规定享受产假。产假期间的生育津贴，按照本企业上年度职工月平均工资计发，从生育保险基金支付。女职工生育的检查费、接生费、手术费、住院费和药费由生育保险支付。因生育引起疾病的医疗费，由生育保险基金支付。女职工生育或流产以后，由本人或所在企业持有关证明，到当地社会保险经办机构办理手续，领取生育津贴和报销生育及医疗费。由于我国的生育保险是建立在计划生育的基础上的，不符合计划生育政策的生育行为不能享受生育保险待遇。

4. 生育保险基金的监督和管理

生育保险基金由劳动部门所属的社会保险经办机构负责征收、支付和管理。生育保险基金存入社会保险经办机构在银行开设的生育保险基金专户。生育保险基金的筹集和使用，实行财务预算和决算制度，由社会保险经办机构作出年度报告，并接受同级财政、审计监督。社会保险经办机构可以从生育保险基金中提取不超过基金2%的管理费。

二　我国生育保险制度实施状况

《企业职工生育保险试行办法》实施以后，覆盖范围在稳步扩大，有关统计表明，到 2009 年 6 月，全国 31 个省、直辖市、自治区都参加了生育保险，参加生育保险的人数达到 9794 万人；2008 年，生育保险基金总收入113.7 亿元，基金总支出 71.5 亿元，当期结存 42.2 亿元，滚存 168.2 亿元；2008 年，享受待遇的人数为 1400527 人，占参加生育保险总人数的 1.64%，人均待遇标准 8268 元；1994 ~ 2007 年，城镇孕产妇住院分娩率由 76.4% 提高到 95.8%，孕产妇死亡率由 44.1/10 万下降到 25.2/10 万，新生儿死亡率由 12.2‰下降到 5.5‰。①

但是，我国的生育保险在实施中也存在以下问题：

1. 覆盖范围过窄

现行生育保险制度仅适用于部分企业以及国家机关、事业单位和社会团体，据统计，有 2.14 亿城镇人口和近 2 亿流动人口中的育龄妇女，不在保障之列。② 在农村，没有建立独立的生育保险制度，而是以新型合作医疗制度为依托，对农村孕产妇保健、住院分娩等费用给予一定支付。所以，农村妇女的生育保障还是十分脆弱和不足的，而农村的出生率高于城市，过窄的生育保险覆盖率使得为我国劳动力再生产作出巨大贡献的农村妇女的生育保障权受到影响。

2. "试行办法"缺乏应有的强制力

试行办法缺乏强制力导致相当多的企业，尤其是非国有制企业以及城镇自由职业者和个体劳动者，没有参加生育保险，甚至有些企业规定，在劳动合同期间女职工不能生育子女，侵犯了妇女的生育权利。

3. 生育费用和医疗费用界限不清

生育保险基金的统筹是按照生育妇女的工资和生育医疗费确定的，而生育医疗费用与医疗保险费用交叉重叠，导致生育医疗费用过度使用。"试行办法"虽然对因生育引发疾病的治疗费用由生育保险基金支付，但是，没有规定比较详细的病种范围，导致医疗保险基金负担加重。

4. 待遇水平偏低

"试行办法" 只是规定生育保险待遇从生育保险基金中支付，但是没有

---

① 胡晓义主编《走向和谐：中国社会保障发展 60 年》，中国劳动社会保障出版社，2009，第404 页。

② 胡晓义主编《走向和谐：中国社会保障发展 60 年》，第 412 页。

规定具体支付标准，导致社会保险经办机构采取定额支付的办法，超过定额的部分由企业支付，企业如果不予支付，生育妇女的正当权益将受到侵害。甚至有些经营困难的企业不缴纳生育保险费，这些企业的生育妇女也就不能获得生育保险待遇，她们的生育保障权因此被剥夺。在农村，由于人们对生育保险缺乏认识以及医疗卫生资源不足，不仅妇女分娩仍以土法接生为主，而且遇到棘手问题无法处理，导致产妇死亡率远远高于城镇。

5. 生育保险基金结余额过高

"试行办法"规定生育保险缴费率为企业工资总额的 1%，据全国总工会 1996 年对 9 个省市百家企业的调查，有 49% 的企业认为征缴比例过高，80% 的企业认为负担过重。[①] 由于征缴比例偏高和待遇标准偏低的双重原因，导致生育保险基金结余额过大，结余额过多说明对于生育妇女的保障不足。

三　完善我国生育保险制度的意见

生育是人类自身再生产行为，通过生育保证人类种族繁衍，生育使国家获得源源不断的劳动力大军，生育又具有了社会行为的性质。在进入工业化社会并建立起相应社会保险制度的国家，为了保障母婴平安健康，都基本都建立了生育保险制度。了解国外生育保险制度的内容，对于完善我国生育保险制度不无裨益。

（一）国际经验

在国际范围，由于各国国情不同，对于生育也采取不同的政策和法律进行规范。在自然生育率不断下降的发达国家，国家一般采取鼓励生育的政策措施，为生育者及其家庭提供福利待遇。

1. 德国的生育保险制度

在德国，国家实行的鼓励生育的政策有子女津贴、育儿津贴、育儿假。

（1）子女津贴。提供给居住在德国有 18 岁以下子女的人，养育子女者在提出申请并获得同意以后，即享有获得领取子女津贴的权利，所需资金由联邦财政通过雇主连同工作报酬一起每月向负主要抚养责任的父母一方支付。子女津贴的标准（1998 年），1~2 个子女每人每月 220 马克、3 个子女每人每月 300 马克、4 个以上子女每人每月 350 马克。正在接受教育或者残疾子女，年龄可以放宽到 27 岁。

---

① 邓大松主编《社会保险》，中国劳动社会保障出版社，2002，第 341 页。

（2）育儿津贴。育儿津贴在子女出生后的头两年提供，每月最多600马克，由雇主在发薪时支付给雇员。获得育儿津贴父母的条件是，他们对子女有人身监护权，自己照料和养育子女、不工作或者从事每周最多19小时的工作和居住在德国境内。配偶或者单身养育者的年收入超过法定界限的，不享有育儿津贴，生育多胞胎者，提供相应倍数的育儿津贴。

（3）育儿假。作为雇员的父亲或者母亲享有3年育儿假的权利，在3年期间父母最多可以轮换3次。在休育儿假期间，雇主原则上不能解雇雇员，在雇主同意的情况下，可以提前结束育儿假。在3年育儿假期间，享受医疗保险待遇，不缴纳养老保险费和失业保险费，但视为缴纳养老保险费和失业保险费。①

从以上内容可以看出，德国的生育政策与我国生育保险制度的不同之处在于：

（1）德国的生育制度是福利制度而不是保险制度。在德国，生育政策由于不需要生育者支付任何费用，只是享受国家提供的各项待遇，是一种福利制度而不是社会保险制度。这是因为负生育率使养老保险基金供款人在逐渐减少将导致养老保险基金出现危机，因此，养育子女者为我们未来的社会，尤其是为年金保险作着重要贡献。

（2）德国的生育制度覆盖了全社会的妇女。"在农村生活的居民，以他们传统的多子多女为未来的保障作出贡献。自1986年以来，在养老保险中也承认农妇的养育子女时间以及为农妇提供养育子女待遇和养育补贴。在这方面，农妇与所有其他妇女的地位是相同的。"②

（3）孕妇和产妇待遇规定在医疗保险制度中。即参加医疗保险的妇女有获得孕产妇待遇的权利。待遇主要有：①由医生和助产士为孕妇提供照料。包括怀孕期间检查，提供有关营养、预防疾病措施、口腔卫生等指导意见，产妇和新生儿由助产士照料，分娩前和分娩后由医生或助产士开的药品、包扎用品和采取的治疗措施所产生费用，全部由医疗保险机构承担。②为在怀孕和分娩期间需要在家庭提供护理的孕产妇提供援助，即孕产妇具有获得家庭护理的权利。③参加了医疗保险的孕妇有权利要求在自己选择的并且是医疗保险机构同意的妇产医院或者普通医院产科分娩，并有权要求医院提供护理。分娩和护理费用由医疗保险机构承担；④提供产妇津贴。按照母亲保护

---

① 〔德〕霍尔斯特·杰格尔：《社会保险入门——论及社会保障法的其他领域》，刘翠霄译，中国法制出版社，2000，第152～157页。

② 刘翠霄：《天大的事——中国农民社会保障制度研究》，法律出版社，2006，第351页。

法的规定，除了一次性支付 150 马克的产妇津贴以外，在产妇保护期内，[①]为具有雇佣关系的产妇每天支付 25 马克津贴（1998 年），为失业保险金和失业救济金领取者每天提供的津贴额不得超过她们能够享受的病假工资的标准。对于没有参加医疗保险因而不能够获得产妇津贴的产妇，最多提供 400 马克的产妇津贴。产妇津贴由联邦保险事务所支付。[②]

2. 英国的生育保险制度

在英国，1911 年的国民保险法规定，夫妇中只要有一方参加国民保险，在妇女生育以后就可以享受一次性生育补助。1913 年又规定，夫妇双方都参加国民保险的，可以享受双份生育补助。贝弗里奇报告延续了国民保险法有关生育保险的受保险人必须参加国民保险、缴纳国民保险费的原则。享受全额生育津贴的受保险人每年缴费不少于 25 周，生育之前缴费不少于 50 周，达不到规定缴费时间的，只能获得减额津贴。生育保险待遇分为三个方面：一是生育奖励，提供给刚出生的婴儿；二是从预产期之前第 6 周开始、共支付 13 周的生育津贴。1975 年，劳动保护法赋予女员工一项雇佣关系权利，即女员工有从雇主处获得 6 周产假工资的权利，获得待遇的条件是，女员工在预产期 11 周之前，为同一雇主工作至少 2 年，并且每周工作不少于 16 小时。在规定实施的初期，产假工资为女员工工资的 90%，20 世纪 80 年代后期改革为定额待遇，标准与病假工资相同，即每周为 52.5 英镑。国民保险按照参加国民保险职工工资额的 0.05% 从国民保险基金中提取并形成产假工资基金，在雇主支付产假工资后，劳动部从其管理的产假工资基金中给雇主以补偿。因此，产假工资实质上仍然是国民保险。1982 年，将享受生育保险的范围由参加国民保险的受保险人扩大到所有产妇。

英国是举世闻名的福利国家，在它所举办的众多福利项目中，医疗福利当属福利之最。英国既没有实行美国式市场化的、主要通过商业保险解决国民看病问题的模式，也没有实行德国式责任分担的社会保险模式，而是实行政府经办医疗服务机构，免费为全体国民提供医疗服务的模式。英国政府用税收款项办医院、雇用医务人员，或者采取政府购买的形式，向私人开业医

---

① 产妇保护期也称作禁止雇用保护期，保护期起于预产期或者分娩前 6 周，止于分娩后 5 周。早产者获得待遇的时间比正常分娩要多出两者之间的那段时间，早产或者多胞胎产妇待遇的提供则止于产后 12 周。由于产妇在产期没有工作收入，所以，国家通过连续提供数月的产妇津贴来保障她们的生活所需。对于在禁止雇用保护期内因收入减少的孕产妇，雇主有义务提供她在职时最后三个月或者最后 13 周的平均收入。

② 〔德〕霍尔斯特·杰格尔：《社会保险入门——论及社会保障法的其他领域》，刘翠霄译，中国法制出版社，2000，第 45～48 页。

师购买医疗服务，向制药公司购买药品，向全体国民提供医疗服务。英国的国民卫生服务制度经历了从社会医疗保险到医疗福利的发展过程。1911 年通过的国民保险法规定，雇员必须参加医疗保险，由雇主、雇员和政府共同缴纳医疗保险费。医疗保险待遇有病假工资、因病收入损失补偿、初级医疗服务，费用由医疗保险基金支付。1946 年通过、1948 年 7 月 5 日生效的国民卫生服务法规定，把所有的医疗都纳入国民卫生服务，为国民提供全方位的医疗服务。无论是劳动者还是非劳动者，无论个人的支付能力，都可以得到免费的医疗服务。

英国的国民卫生服务通过三道途径提供：（1）医院服务。在提供服务方面，由政府办的医院居于核心地位，在整个国民卫生服务体系中，医院服务的支出占到 2/3。病人在医院住普通病房一律免费，因治疗需要必须住单间的，也可以免费；（2）门诊医生服务。居民选择好自己的门诊医生并进行登记注册，就可以随时得到医生的服务。门诊医生在为患者提供服务以后，由患者签字，然后由基层的家庭卫生服务委员会支付发生的费用。医生的服务价格（薪金）由政府决定，主要按就诊人次数付费；（3）社区医疗服务。社区医疗服务范围宽泛，主要有妇幼福利、家庭护理、学校卫生服务。妇幼福利内容包括为孕妇做产前检查，孕妇可以在家或在医院分娩，为产妇提供产后照顾，为婴儿做常规检查和提供牛奶及维生素等食品。这些福利的提供旨在减少婴儿死亡率，改善儿童健康状况；（4）提供药品。大多数药品由门诊医生开处方提供，医院处方只占很小比例。94% 的处方药从有资格的药剂师经营的零售药店购买。每个处方不论药费的多少均收取 2.8 英镑的手续费，儿童、老年人、孕妇、收入低于贫困线者以及慢性病人药店免收手续费。

英国的生育保险制度与德国生育保险制度相比，虽然德国规定得更明确、详细一些，但是实质内容是基本一致的，表现为：一是没有建立专门的生育保险制度，妇女怀孕、生产、育儿期间所需检查费、接生费、因生育引发疾病的治疗费，全部从医疗福利中支付；二是全覆盖，医疗保险制度建立初期，制度只覆盖具有雇佣关系的劳动者，1982 年将保护的范围扩及所有产妇；三是生育保障是福利保障，而不是需要缴纳社会保险费的社会保险保障。

（二）完善我国生育保险法的意见

有比较才有鉴别，有鉴别才有发展。尽管我国还处于市场经济发展的初期阶段，经济发展水平还比较低，不能完全照搬发达国家的经验，但是，我们的今天是他们的昨天，他们的制度也是一步步由不完善逐步发展为比较完善，所以，仍有许多我们从我国国情出发可以借鉴的内容。

1. 需逐步扩大生育保险的覆盖范围

除了扩大城镇企业女职工的生育保险的覆盖面以外，随着农村新型合作医疗制度的建立，逐步将广大农村育龄妇女包括在内。一方面，劳动力的再生产不只局限于城镇，各个行业的主力军主要是农村青年在接受了较好的教育和培训以后进入不同的部门的。另一方面，随着生育水平的下降（自 20世纪 80 年代初实行计划生育以来，人口出生率由 1970 年的 33‰下降到目前的 12‰），以及老龄化社会急速推进（2010 年，老年人口占总人口的比例为12%，到了 2040 年，这个比例将上升到 30%），① 全社会更加关注人口质量和素质，而妇女生育保险与提高我国人口素质关系密切，因此，扩大生育保险的覆盖面时，尤其要加强在农村开展优生优育工作，以确保农村妇女和儿童的身心健康，最终增强我国在国际上的竞争力。

2. 加强法规的强制性

主要是强制参加了城镇医疗保险的企业必须参加生育保险；对于人数在法定范围以下的小企业和个体工商户，规定凡自愿参加医疗保险的允许其参加生育保险；在农村，应逐步将参加新型合作医疗的农民纳入生育保险范围，各级财政也应像在新型合作医疗中那样，给予一定的财政补贴。法规的强制性增强了，不仅能够筹集到更多的生育保险资金，而且可以避免招用职工时的性别歧视，保障女职工的劳动权益；农村生育妇女和婴儿由于获得了比较好的生育保障，身心也会更加健康。

3. 提高生育保险待遇标准

生育保险待遇虽然遵循着"以收定支"的原则，实行现收现付制度，但是，积累过多基金以应对生育风险，影响到的是生育保险的立法初衷。只有适当提高生育保险待遇标准，才能使生育保险法规定的内容得到切实实现。

4. 将因生育引发疾病所支付的费用规定由医疗保险支付

由于一般疾病和因生育引发的疾病界限难以划分和确定，所以，可以参照德国和英国的经验，规定妇女在孕、产、育阶段所发生的疾病从医疗保险基金中支付，将减少由此产生的纠葛，使生病妇女及时得到诊治，保障母婴平安。

5. 提高生育保险基金的统筹层次

目前的县（市）级统筹层次过低，导致统筹单位多、基金分布分散、调

---

① 胡晓义主编《走向和谐：中国社会保障发展 60 年》，中国劳动社会保障出版社，2009，第413、415 页。

剂性差的后果。在实行全国统筹具有一定困难的情况下，一定要在尽可能短的时间内，实行省级统筹，以增强基金的调剂性和在更大范围实现社会公平。

6. 规定产妇及其配偶可以轮换育儿

参照德国的规定，可以规定在 90 天的产假中，产妇及其配偶可以轮换育儿一次，这既可以改变几千年延续下来的育儿是妇女的责任的习惯，也可以减轻妇女的负担，使男性从育儿中体会育儿的不易，增加家庭的和谐。

国际层面上的妇女权利和个体经营者的生育津贴：公共责任还是私人责任

艾伯丁·杰西娜·温德曼[*]

一　引言

本文将围绕荷兰的妇女利益团体和工会发起的一场运动展开讨论。这场运动的目的是为了声援女性个体经营者（包括和配偶一起创业的女性），以使她们在因怀孕和生育遭受工资收入损失的情况下获得享有公共社会保险的权利。这场运动与 2004 年 8 月荷兰政府废止《个体经营者残疾保险法》有关。[①] 在该法被废止前，它不仅提供疾病和残疾津贴，而且还为女性个体经营者提供为期 16 周的生育津贴，津贴标准为最低净工资数额。荷兰政府提出废止公共残疾保险（包括享有生育津贴的权利）的原因是要通过降低管理成本（如在强制性公共社会保险项目下由于缴费产生的费用）和促使人们转变观念（从更宏观的视角看待公共责任），促进企业家创业。[②]

21 世纪头几年，欧洲各国日趋推崇"大市场、小政府"理念。在缺乏明确和现实的必要性时，公共监管不应该成为自由市场机制的负担。从这个角度出发，荷兰政府认为对个体经营者基于残疾风险提供保险的责任不再是政府的责任。因为企业家与普通雇员不同，他们是自负盈亏，所以，他们应该自行负责其开支、利润和收入。因而，个体经营者也必须被认为有能力自行负责在私有市场上自愿选择和安排收入保险并为此支付保险费。

　＊　艾伯丁·杰西娜·温德曼，荷兰乌特勒支大学。

　①　Wet Arbeidsongeschiktheid Zelfstandigen，Act of 24 April 1997，*Stb.* 1997，177.

　②　Kamerstukken II（House of Representatives Reports）2003/04，Bill 29 497，nr. 3，p. 6.

基于同样的理由，荷兰政府提出取消女性个体经营者的生育津贴。这在当时讨论是否废止该法的过程中，就已经引起了参议院的关注。首先，妇女因怀孕和生育暂时中断工作而遭受工资收入损失的风险是否可以通过私有市场提供充分的保险保障？根据私有保险原则，"生育"并不是一项不可预见的风险。通过私有市场对生育提供保险很有可能会发生逆向选择和道德风险等这类问题。因而，这可能会导致保险公司把"生育风险"从保险范围中排除出去或者对生育保险适用限制性保单条件。其次，难道荷兰政府不应该依据国际法和/或欧洲法有关基本社会权利和（性别）平等权的相关规定为所有女性职员提供公共生育津贴吗？妇女因怀孕和生育暂时中断工作而遭受工资收入损失的情况下缺乏社会保险，这或许会阻碍她们的自主创业积极性，或许会引致她们持续长时间工作，给母婴带来严重的健康风险。

荷兰政府在回应议会的关切时指出，生育风险完全可以在商业市场上获得充分保险，不过私有保险公司可能会设置一些限制性条件，如在享有生育津贴前的"等候期"等。根据政府的说法，这本身不会影响到社会保障是个体经营者的个人责任这一主流观点。女性企业家可以通过预存资金应对工作中断而导致的工资收入损失，同时依据与一般性残疾风险相同的条件在私有市场上对因生育引发的不可预见的并发症进行保险。①

至于国际法上规定的社会和妇女权利，荷兰政府认为这些规定并不使成员国承担为女性个体经营者提供公共生育津贴的义务。不过，应参议院要求，社会事务部部长向国际劳工组织发出请求，请求其就这一事项出具非正式意见（尤其结合国际劳工组织第 103 号公约和第 183 号公约的规定）。② 然而，议会取消《个体经营者残疾保险法》的进程并没有停止，在国际劳工组织回复之前，取消公共生育津贴的提案已获议会多数通过。

取消女性个体经营者的公共生育津贴这一事件，后来演变成了由妇女团体、女性律师、工会和荷兰平等机会委员会共同发起的一场全国性运动的导火索。这项运动既包括针对国家声称其违反国际公法义务的集体法律诉讼，也包括针对私有保险公司声称其对女性个体经营者在生育保险方面设置不利条件的个人法律诉讼，还包括荷兰平等机会委员会在对国际法和欧盟法关于妇女权利规定的适用性进行研究后发布的咨询意见。

鉴于这场运动涉及的范围广且具有重要意义，本文将主要讨论在这场运动中与女性个体经营者的生育津贴相关的最重要的国际法与欧盟法问题。这

① *Kamerstukken II*（House of Representatives Reports）2003/04，Bill 29 497，nr. 14，p. 36.

② *Kamerstukken I*（Senate Reports）2003/04，Bill 29 497，nr. 37.

些问题包括：

（1）社会领域里妇女的基本权利是否要求成员国为其女性个体经营者提供生育津贴？如果有此要求，这是否意味着要为她们提供公共生育津贴？

（2）如果要通过私有保险公司对女性个体经营者提供生育津贴，这是否意味着根据国际法上和欧洲法上关于妇女权利的相关规定，私有保险公司有义务向她们提供生育保险？相对于基于疾病或事故等其他风险的残疾津贴享有的资格条件，保险公司是否可以依法对基于生育风险而享有的残疾津贴的女性个体经营者设置更多的限制性条件？

二　欧盟层面上关于女性个体经营者生育保护的妇女权利

（一）成员国提供公共项目的义务

20世纪70年代以来，欧洲联盟（其前身为欧洲共同体）通过了一系列性别平等指令，这些指令主要与就业和社会保障相关。

《就业平等待遇指令》

欧盟理事会通过的关于在就业准入、职业培训、晋升和工作条件方面实行男女平等原则的第76/207/EC号指令（经2002/73/EC号指令修正），明确规定在特定领域禁止直接和间接性别歧视。[①]

根据欧洲法院已经确立的判例法，任何基于怀孕和生育的对妇女的不利对待构成直接的性别歧视。在欧盟平等法律框架内，直接歧视与间接歧视不同，它不能以不利对待具有合法目的而被认为具有客观合理性。

第2002/73/EC号《就业平等待遇指令》第1条明确规定，"欧盟各成员国在制定和实施法律、法规、行政规章、政策和活动时，应主动考虑男女平等这一目标的实现。"对妇女在怀孕期间和分娩后提供的保护应被视为是实现男女平等目标的组成部分。[②]

虽然第2002/73/EC号指令包括生育保护的相关规定，但是其保护范围仅适用于有工资收入的职员。对此，唯一的例外涉及该指令第3（a）条规定，即"禁止任何基于性别的直接或间接歧视，包括就业准入条件、个体经

① Council Directive of 23 September 2002 revising Directive 76/207, *Official Journal* (of the EU) L 269, 5/10/2002. At present, the Directive is replaced by EU Directive 2006/54 (recast).

② *Cf.* Article 2, s. 7.

营准入条件或职业准入条件"。人们由此会想到取消对女性个体经营者提供生育保护很可能会阻碍其自主创业，因而构成直接歧视。然而，问题是该指令是否要求其成员国履行实施生育保护措施的积极义务，如为女性个体经营者提供公共生育津贴的义务。以上分析表明，该指令禁止任何基于产假或生育津贴享有资格方面对妇女的不利对待。此外，指令对公共社会保障也未作出规定。就社会保障的范围和相关事宜，另一项欧盟性别平等指令会更具相关性。

《个体经营者平等待遇指令》

欧盟理事会第 86/613 号指令对"农业从业人员和个体经营者在从业过程中男女平等原则的适用，以及对女性个体经营者在孕期和抚育子女方面提供的保护"进行了规范。[①] 尽管该指令在其目标中明确规定提供生育保护，但对此指令第 8 条仅规定了一项"软法律"义务：即成员国有义务"审查女性个体经营者和与配偶一同创业的女性是否以及在什么条件下因怀孕或生育暂时中断工作时，有权享有社会保障项目下或其他公共社会保护制度下的现金津贴。"指令草案第 8 条本来包含了一项在这方面采取措施的"硬法律"义务，[②] 该义务规定虽被欧洲议会批准但却遭到欧盟理事会的否决，所以在指令正式通过时，并没有包括这项"硬法律"义务。指令生效后，欧洲议会通过了几项决议意在修改《个体经营者平等待遇指令》。[③] 目前，修改指令的建议仍在审议过程中，对此尚未在政治层面达成一致。

就上述讨论的欧盟法律来看，还不能认为成员国负有为女性个体经营者或与配偶一起创业的女性提供生育保护的法律义务。这也是荷兰政府在废止为女性个体经营者提供生育津贴时提出的观点。不过，在 1998 年最初实行公共生育津贴政策时，荷兰政府援引的是同一指令。所以，我们最多可以说欧盟性别平等政策鼓励在这一领域采取措施。[④]

（二）保险公司提供私有保险项目的义务

即使有人认为成员国在欧盟性别平等法上有义务为女性个体经营者提供生育津贴，但是，是必须通过公共社会保障项目实施还是在法律上规定通过私有保险项目实施，仍是一个悬而未决的问题。

如果要在法律上规定通过私有保险公司为个体经营者提供包括生育津贴

---

① *Official Journal* L 359，19/12/1986.

② *Official Journal* C 113，27/4/1984.

③ *Official Journal* C 85，21/2/1997，p. 186；*Official Journal* C 271，12/11/2003 p，590；*Official Journal* C 74E，23/4. /2004，p. 882；*Official Journal* C 157，28/6/2005 p. 83.

④ Cf. EP resolution，*Official Journal* C 121，21/4/2001.

在内的残疾保险，必然涉及私有保险公司在欧盟法律上是否负有这种义务？另外，私有保险公司是否可以依法拒绝某些女性享有这些保险待遇或规定生育津贴享有的不利条件，以避免出现逆向选择或道德风险这类问题或由此产生的赔偿金？

关于上述第一个问题，前述指令似乎并没有规定为女性个体经营者提供生育保护措施的积极义务。另外，如同《就业平等待遇指令》一样，这些指令仅涉及成员国与/或私营雇主，并不适用于公共保险公司。为深入探究上述问题，以下介绍第三个欧盟性别平等指令。

《获得或提供商品和服务过程中的男女平等待遇指令》

2004 年 12 月 13 日通过的欧盟理事会第 2004/113 号指令的目的是在获得或提供商品和服务的过程中实行男女平等待遇原则。[1] 指令第 4 条禁止在商业市场上的性别歧视；但是如果提供的商品与服务具有性别专属性或指向性，那么它并不排除差别对待，不过这种差别对待必须具有合法目的且实现这一合法目的的手段是适当的和必要的。指令针对向公众提供商品与服务（包括商业保险服务）的所有人。

第 2004/113 号指令序言第 20 段规定："如果妇女因怀孕和生育而对其采取不公平待遇，应被视为一种直接性别歧视，因此应在保险和相关的金融服务领域被禁止。"指令第 5（2）条规定允许在风险评估时使用基于性别的因素来确定保单中的保费和保险金，以及在提供保险服务时使用基于性别的差别化条款。然而，依据该指令第 5（3）条，第 5（2）条规定并不适用于与怀孕和生育相关的费用。

荷兰平等机会委员会在其咨询意见中以及就有关歧视的申诉发表的无约束力的意见中[2]认为，保险公司拒绝将女职员基于生育风险的保险纳入保险范围是对指令的违反，因为它构成了直接歧视。[3] 另外，在平等机会委员会

---

[1]　*Official Journal* L 373，21/12/2004，pp. 37 – 43.

[2]　It must be noted that Directive 2004/113 did not had to be implemented before 21 December 2007. Individual complaints reviewed by the EOC are based on Article 7 of the Dutch General Equal Treatment Act, already in force since 1994. The said national provision stipulate comparable obligations as laid down in Article 3 and 4 of the Services and Goods Directive.

[3]　EOC, *De afschaffing van de publieke regeling voor zwangerschaps – en bevallingsuitkering voor zelfstandigen in relatie tot Europese regelgeving* (Advisory opinion on the abolishment of the Dutch public scheme for maternity benefits for the self-employed on the basis of European law), no. 2006/06, pp. 11 – 12, at www. cgb. nl (Dutch only); EOC, *Advies Gelijke behandeling van zwangere zelfstandigen. Aanbevelingen voor een gelijkebehandelingsbestendig stelsel van zwangerschaps – en bevallingsuitkeringen* (Opinion on equal treatment of pregnant self-employed women. Recommendations for a 'equality-proof' maternity benefits scheme), no. 2007/04 at www. cgb. nl (Dutch only).

看来，相对适用于疾病和事故风险的保险条件，对生育风险保险服务规定不利条件同样构成歧视。其结果是妇女因为怀孕和生育而遭受不公平对待。

A. Eleveld 受荷兰平等机会委员会的委托，对此问题进行深入研究，并在其研究结果中对上述某些结论提出质疑。① 首先，第 2004/113 号指令第 5 条是以健康保险和养老金计划为参考制定的。男女之间的健康或人口平均预期寿命统计数据上的差异可能与基于性别的因素来确定保单中的保费和保险金有关，而这与怀孕或生育费用没有关系。在 Eleveld 看来，这意味着指令的重要性受到了限制。其次，虽然第 2004/113 号指令第 4 条禁止私有（保险）公司基于性别原因拒绝或限制向个人提供服务。但是，无论是依据该指令第 5 条还是依据该指令序言第 20 段规定，都无法认定私有保险公司负有提供包括生育风险在内的保险产品的一般性义务，② 或者说负有提供与其他伤残保险服务同样条件的生育风险保险产品的一般性义务。

针对该问题提起的全国性法律诉讼

后来的情势却显示，学界的观点与欧盟法上性别平等义务在商业市场上的准确含义并不相同。为找到阐述这个问题的立足点，有必要借助这方面的判例法进行说明。遗憾的是，欧洲法院至今还没有对有关通过私有保险公司提供生育津贴对女性造成的不平等待遇的案件作出过判决，不过，荷兰法院在 2004 年取消公共保险项目后对该问题做出过判决。

如前所述，取消公共生育津贴引发了由妇女团体、女性律师和荷兰工会联盟共同发起的一场运动，支持对私有保险公司提起法律诉讼。诉讼涉及的法律问题是：通过私有保险公司提供生育津贴所适用的限制性条件是否违反《获得或提供商品和服务过程中的男女平等待遇指令》和/或荷兰《平等待遇法》，从而构成对妇女的非法歧视。③

这一问题，其实在 2004 年以前就已经有人向平等机会委员会提起过申诉。申诉案件的事实是：因为公共保险项目提供的生育津贴待遇水平仅相当于最低社会保障水平，由此引发一些女性个体经营者要求增加额外的残疾保

---

① A. Eleveld, *Een zwangerschaps – en bevallingsuitkering voor zelfstandig werkenden* (Maternity benefits for self-employed workers), University of Leiden, Leiden 2007, pp. 38 – 45, at www. cgb. nl (Dutch only).

② "Maternity risk" refers here explicitly to the interruption of work due to the need of a rest period before and after childbirth, coinciding with maternity leave for employees. In the opinion of Eleveld, any disability resulting from medical complications because of pregnancy or childbirth as well as disability because of pregnancy and childbirth beyond the period of maternity leave, should be treated equally to disability to work because of risks of sickness or accident (Eleveld 2007, pp. 45 – 47).

③ See note 12 on the matter of the applicable law at the time.

险金。

前述提起的法律诉讼，主要是针对通常情况下适用于通过私有保险公司提供生育津贴的保险条件，比如：①

——等候期，最长为两年。保险合同签订后，参保人在规定的等候期内不能对生育津贴提出主张；

——生育津贴待遇水平仅与申请生育津贴之日前双方所同意的两年之内的日津贴数额有关，而与参保人在此期限是否增加保险金额（如参保人缴纳更多的保险费）无关；

——在其他保险服务结束之前（尤其是与短期和长期疾病相关的伤残保险），不能对生育风险进行投保；

——生育风险不在保险范围之内，但因怀孕或分娩引起的客观上认定的医疗疾病除外。

保险公司适用这些保险条件的目的是为了避免逆向选择问题的发生，即可能出现的女性个体经营者滥用保险条件的情形。例如，她们在产假临近休产假时才签订保险合同，而在产假结束后立即终止保险合同；或者是在临近休产假时提高保险金额，而在产假结束之后立即终止合同。不过，在通常的残疾保险中却没有旨在防范滥用保险的类似规定。

荷兰法院的判决

第一个案件发生在 2004 年。对于本案，荷兰乌特勒支地方法院经过简易程序审理后，判决如下：把生育风险（因分娩而暂时中断工作的残疾津贴）从现行的残疾保险政策中排除出去的做法是无效的，因为它违反了商业市场上性别平等的法律规定。② 法院同意平等机会委员会在先前的一个有关歧视的申诉案件中作出的决定：即这种排除是基于怀孕和生育的理由，因而构成直接性别歧视。第二个案件是法院于 2005 年作出判决的。同样也是经过简易程序审理，法院作出了以下判决：法院确认适用于生育风险的残疾保险条件和适用于其他原因如疾病的残疾保险条件之间存在着不公平差异。③

---

① The following is based on the study into the policy conditions of disability insurance services provided by 21 Dutch insurance companies：P. J. M. Vroonhof and R. Braaksma, *Arbeidsongeschiktheidsverzekering. Ongelijkheid mannen en vrouwen door bepalingen zwangerschaps – en bevallingsverlof* (Private disability insurance. Unequal treatment of men and women in respect of maternity leave conditions), EIM：Zoetermeer 2007, www. cgb. nl (Dutch only).

② Rechtbank Utrecht 27 – 05 – 2004, *LJN AP0146*, www. rechtspraak. nl.

③ Rechtbank Utrecht 15 – 11 – 2005, *LJN AU6168*, www. rechtspraak. nl.

第三个案例的判决是法院于 2006 年作出的。不过，在该案中法院适用的是普通程序。法院认为，适用于生育津贴的两年等候期本身并不违反相关的性别平等规定。提供基于客观认定的医疗疾病的残疾津贴服务与提供生育津贴的服务有所不同，但无论保单中如何定义残疾一词，妇女都有权享有这项生育津贴。把这两项服务分开来看的话，无论是生育津贴服务保单还是常规的残疾津贴服务保单，都做到了男女一视同仁。①

被诉保险公司对地方法院 2006 年的判决提起了上诉。阿姆斯特丹上诉法院推翻了地区法院的判决，认为相对于残疾津贴而言，对享有生育津贴适用不公平条件构成间接性别歧视，它是借助于避免负面的财政风险（如可能会导致所有参保人的缴费增加）这一目的从而使其表面上具有客观正当性。②上诉法院认为，认定间接性别歧视存在的原因在于保单中对残疾的定义，即将残疾限制为包括因怀孕而引起的医疗疾病引起的残疾；残疾定义本身对男女一视同仁，但事实上，该定义对妇女却有着不利的影响，因为它并没有包括因生育导致的工作中断。

2008 年，荷兰最高法院对上述法律问题做出最终裁决。③ 最高法院认为，伤残保单平等地适用于男性与女性，因为保单覆盖的残疾是基于医疗疾病引起的残疾，此处的医疗疾病也包括因怀孕而引起的医疗疾病。另外，欧盟第 2004/113 号指令并未要求保险公司提供生育津贴服务。因此，当保险公司提供生育保险服务时，他们有权制定具体的保险条件。最后，最高法院还认定没有违反《获得或提供商品和服务过程中的男女平等待遇指令》第 5（3）条的规定，因为在签订残疾保险合同（甚至是那些包括生育津贴的残疾保险合同）时，对男女适用的是同样标准的保险金或保险费。

小结

从以上分析我们可以得出结论，根据荷兰国内判例法以及判例法确立所依据的欧盟法上对妇女权利的相关规定，私有保险公司既没有义务提供生育津贴保险服务，也没有义务对生育保险适用同其他保险同样的条件。当然，你可以不同意法庭推理和判决。不过，看起来案件的结果（无论是否存在歧视）似乎完全取决于是将基于生育风险的残疾保险和基于疾病风险的伤残保险视为一种服务还是两种不同的服务。如果被视为两种不同的服务，无论附

---

①　Rechtbank Utrecht 03 - 05 - 2006, *LJN* AW7505, www. rechtspraak. nl.

②　Gerechtshof Amsterdam 19 - 10 - 2006, *LJN* AZ0509, www. rechtspraak. nl.

③　Hoge Raad 11 - 07 - 2008, *LJN* BD1850, www. rechtspraak. nl.

加什么条件，基于生育风险的生育津贴保险都不能有基于性别的非法区别对待，因为这仅适用于妇女。

另外，也许有人会主张第 2004/113 号指令第 5（3）条规定所表达的意思是与怀孕和生育相关的费用应该由男女共同承担。不过，虽然残疾保险费率是一样的，但事实上女性个体经营者承担了怀孕和生育的大部分费用，其原因是因为对基于生育风险的残疾保险服务适用了不利的保单条款。

基于现行法律规定，我们不得不得出以下结论，即生育津贴无法单靠商业市场上的私有保险公司获得充分保障。

三　国际层面上关于女性个体经营者生育保护的妇女权利

由于私营保险公司不能为女性个体经营者提供适当的生育保护，这又一次提出了联合国成员国是否有义务依据国际法上关于妇女权利的规定提供公共生育津贴这一问题。上述分析表明，欧盟法上关于妇女权利的规定似乎并没有包括前述义务，但其他国际法文件或许有关于此项义务的规定。

正如本文引言所示，荷兰政府提出的取消对女性个体经营者提供公共残疾保险的议案在当时就曾引起参议院的关注，参议院尤其担心实行这项举措是否会违反国际劳工组织第 103 号公约、第 183 号公约和 1979 年联合国《消除对妇女一切形式歧视公约》（以下简称《消歧公约》）第 11（2）条规定。荷兰政府却认为，这些国际法文件并没有科以缔约国为女性个体经营者提供公共生育津贴的义务，因为文件中规定的适用范围仅限于在职职员。以下，我们将逐一审视上述三个国际公约。

国际劳工组织第 103 号《生育保护公约》和第 183 号《生育保护公约》

国际劳工组织第 103 号公约（1952 年）和第 183 号公约（2000 年）都规定女职员有权享有强制性产假和生育（现金）津贴，并且规定提供现金津贴的待遇水平必须保证妇女能以适当的健康条件和适宜的生活标准供养自己及其孩子。荷兰先后于 1981 和 2009 年批准了上述两公约。根据第 103 号公约第 1 条规定，公约的确仅适用于工资收入者；但第 183 号公约似乎并没有对适用范围给予明确界定。第 183 号公约第 2 条规定："第 183 号公约适用于所有就业女性，包括那些从事非典型形式的隶属工作的妇女（those women in atypical forms of dependent work）。"在荷兰取消对女性个体经营者提供公共残疾保险时，第 183 号公约尚未获得荷兰参议院的批准。按照议会的要求，荷兰政府曾于 2005 年 4 月和 9 月请求国际劳工组织就上述两公约的适用范围出具非正式意见。然而，由于荷兰政府之后取消了生育津贴公共保险项目，2006 年 4 月国际劳工组织在其回复意见中，称不能满足荷兰政府的要求。

联合国《消除对妇女一切形式歧视公约》（以下简称《消歧公约》）

荷兰于 1991 年批准联合国《消歧公约》。《消歧公约》第 11（2）条规定："为使妇女不致因为结婚或生育而受到歧视，并保障其有效的工作权，各缔约国应采取适当措施：(..)（b）实施带薪产假或具有同等社会福利的产假，不丧失原有工作、年资或社会津贴。"

同样，荷兰政府也认为国际法上的这项规定仅适用于工资收入者，没有规定为女性个体经营者提供公共生育津贴的国家义务。对此，荷兰工会联盟对荷兰政府提起法律诉讼，主张政府的上述举措违反《消歧公约》第 11（2）（b）条的规定。海牙地方法院驳回了原告的诉讼请求。法院认为，依据该公约的措辞，《消歧公约》第 11（2）条的规定对女性个体经营者不适用。此外，由于国际法上的这项规定不具有自动执行性，因而，该规定不能直接适用于个人。[1]

2006 年 8 月，消除对妇女歧视委员会（以下简称"消歧委员会"）[2] 对《消歧公约》第 11 条做出了适当的解释。在 Dung Thi Thuy Nguyen vs. The Netherlands 一案中，原告是与其丈夫一同创业的女性，同时还从事非全日制工作并领取薪水，她就被拒绝申领残疾保险津贴提起诉讼（当时，荷兰政府尚未废止《个体经营者残疾保险法》）。消歧委员会认为，《消歧公约》第 11 条规定适用于所有在家庭以外从事有报酬工作的妇女。[3] 此后不久，消歧委员会在 2007 年的第三十七届会议上对荷兰政府提交的关于执行《消歧公约》第四次定期报告进行了审议。在得知荷兰政府取消个体经营者的公共残疾保险项目后，消歧委员会在其结论性意见中明确呼吁荷兰政府切实遵行《消歧公约》第 11（2）（b）条规定，恢复为所有女性提供生育津贴的政策。[4]

基于上述讨论，我们必须得出以下结论，旨在消除在就业领域对妇女歧

---

① Rechtbank Den Haag 25 – 07 – 2007，*LJN BB0334*，www. rechtspraak. nl.

② Under the Optional Protocol of 2000，a State recognizes the competence of the Committee on the Elimination of Discrimination against Women—the body that monitors States parties' compliance with the Convention—to receive and consider complaints from individuals or groups within its jurisdiction.

③ Views of the CEDAW – Committee 29 August 2006，Case 3/2004，CEDAW/C/36/D/3/2004，www. un. org/womenwatch/daw/cedaw/protocol/dec – views. htm.

④ Concluding comments of the Committee on the Elimination of Discrimination against Women：Netherlands，2 February 2007，comment no. 30，www. un. org/womenwatch/daw/cedaw/37sess. htm.

视的《消歧公约》第 11 条款在其第（2）（b）项中为缔约国设置了为女职员提供产假津贴的义务，不论她们是受雇于他人还是女性个体经营者。

四　结论

妇女因怀孕和生育暂时中断工作而遭受工资收入损失的情况下缺乏社会保险，这或许会阻碍她们的自主创业积极性，或许会引致她们持续长时间工作，给母婴带来严重的健康风险。因此，有关生育保护和性别平等的妇女权利，要求各国为其女性个体经营者提供生育津贴。

通过审视欧盟层面和国际层面上的相关法律文件，可以看出这些法律文件并没有适当解决女性个体经营者和与配偶一同创业女性的这一特殊问题。生育保护国际标准的适用仅限于工资收入者。

在审视性别平等的法律文件时，可以看出，欧盟层面上关于妇女权利的法律规定没有为女性个体经营者和与配偶一同创业的女性提供充分的保护。虽然欧盟《个体经营者平等待遇指令》（第 86/613 号指令）鼓励成员国在相关领域采取措施，但没有规定成员国为个体经营者提供公共生育津贴的强制性义务。在荷兰，国家公共保险项目被私营保险项目取代后，其实施的结果也证明了生育津贴无法单靠商业市场上的私营保险获得充分保障。荷兰法院对《获得或提供商品和服务过程中的男女平等待遇指令》的解释，意味着私有保险公司既没有义务提供生育津贴保险服务，也没有义务对生育保险适用与其他保险同样的保险条件。

尽管欧盟层面上的性别平等法律对女性个体经营者提供的保护不够充分，但是国际层面上关于性别平等权利的相关规定—联合国《消歧公约》第 11（2）（b）条—明确规定了缔约国提供公共生育津贴的义务。

鉴于荷兰已经批准《消歧公约》，因而它就负有实施该公约第 11（2）（b）条规定的义务，且这一义务也已经被负责监督缔约国执行《消歧公约》的消歧委员会所确认。在荷兰，由妇女利益团体和工会发起的这项运动，极好地体现了欧盟层面和国际法层面上规定的妇女权利的重要性，并取得了最终胜利。考虑到国家在国际法上承担的保障性别平等与生育保护义务，荷兰于 2008 年通过成文法恢复了保障女性个体经营者的公共生育津贴政策。①

---

① 　Act of 29 May 2008, *Stb*. 2008, 192.

Bibliography

Barnard, C. , EC Employment Law, Oxford University Press, 2006.

– Caracciolo di Torella, E. , 'The goods and Services Directive: Limitations and Opportunities', Feminist Legal Studies (13) 2005, pp. 337 – 347.

– Caracciolo di Torella, E. 'The Principle of Gender Equality, the Goods and Services Directive and Insurance: A Conceptual Analysis', Maastricht Journal of European and Comparative

law (13) 2006 – 3, pp. 339 – 350.

– Committee on the Elimination of Discrimination against Women, Concluding comments: Netherlands, 2 February 2007, www. un. org/womenwatch/daw/cedaw/37sess. htm

– Equal Opportunities Commission, Advisory opinion on the abolishment of the Dutch public scheme for maternity benefits for the self-employed on the basis of European law, no. 2006/06, at www. cgb. nl (Dutch only).

– Equal Opportunities Commission, Opinion on equal treatment of pregnant self-employed women. Recommendations for a 'equality-proof' maternity benefits scheme, no. 2007/04 at www. cgb. nl (Dutch only).

– Eleveld, A. , Maternity benefits for self-employed workers, University of Leiden, Leiden 2007, at www. cgb. nl (Dutch only).

– Foubert, P. , The Legal Protection of the Pregnant Worker in the European Community. Sex Equality, Thoughts of Social and Economic Policy and Comparative Leaps to the United States of America, The Hague: Kluwer Law International 2002.

– Lester, G. , 'A Defense of Paid Family Leave', Harvard Journal of Law & Gender (28) 2005 – 1, pp. 1 – 84.

– Monster, W. C. , E. Cremers en L. Willems, UN Convention on the elimination of all forms of discrimination against women, maternity and labour, Den Haag: Vuga 1998 (Dutch only).

– Neuner, J. 'Protection Against Discrimination in European Contract Law', European Contract Law Review 2006 – 1, pp. 35 – 50.

– Ulrich, K. E. , 'Insuring Family Risks: Suggestions for a National Family Policy and Wage Replacement', Yale Journal of Law and Feminism (14) 2002 – 1, pp. 1 – 68.

– Vroonhof, P. J. M. , and R. Braaksma, Private disability insurance. Unequal treatment of men and women in respect of maternity leave policy conditions, EIM: Zoetermeer 2007, www. cgb. nl (Dutch only).

（李姝娴译、李西霞校）

我国生育保障制度的改革发展

芮立新　高永贤*

一　我国生育保障制度的历史沿革

生育保障制度是指国家通过立法，对生育职工给予收入补偿、医疗服务和生育休假的社会保障制度，一般包括医疗费用、生育津贴和生育休假等待遇项目。生育保障大体分为"单位保障"和"社会保险"两种模式，在社会主义市场经济条件下，"社会保险"模式的生育保险制度对于促进女性平等就业、均衡企业负担、维护社会和谐稳定更具有积极意义。

我国生育保障制度从 1951 年算起已有 60 年历史。其中经历了两个大的发展阶段：第一阶段是新中国成立初期至改革开放初期，可称为"劳动保险阶段"。1951 年，政务院颁布《劳动保险条例》，对企业女工人与女职员的生育保障等待遇项目作出规定。1955 年，国务院出台《关于女工作人员生产假期的通知》，使机关和事业单位女工作人员也享有基本相同的制度保障。在农村，广大农民主要依靠家庭和土地保障。在"文革"期间，劳动保险制度被取消，改由所在单位自行负担，实际演变为"单位保障"。这一阶段的历史贡献是开我国生育保障之先河，其制度设计大体适应计划经济体制的要求。第二阶段是改革开放至党的十七大之前，可称为"生育保险改革探索"阶段。1984 年党的十四届三中全会后，我国改革转向以城市为重点、以国有企业改革为中心。随着计划经济体制向市场经济体制转轨，开始进行企业职工生育保险等社会保险制度改革。经过 20 多年的探索，初步建立了适应社

---

* 芮立新、高永贤，中华人民共和国人力资源和社会保障部法制司。

会主义市场经济体制要求的生育等保险制度和政策体系框架；在农村也开始建立新型合作医疗制度。党的十七大提出"加快建立覆盖城乡居民的社会保障体系"，以此为标志，我国社会保障制度进入第三个发展阶段，即统筹城乡、全面覆盖、综合配套、统一管理的阶段。这一阶段的核心目标，是使全体人民人人老有所养，病有所医，就业者享有与职业相关的基本保障，保障水平随经济发展逐步提高。这是全面建设小康社会和构建社会主义和谐社会的必然要求。

二　我国生育保障制度框架和基本政策

目前，我国生育保障制度分为城市与农村两个制度体系运行，主要覆盖城市职业人群和农村居民。城市生育保障制度主要由城镇职工生育保险制度和用人单位保障方式（雇主负责制）两部分组成。农村生育保障制度由新型农村合作医疗制度、中西部地区分娩补助计划及国家对贫困人口的补助措施等组成。

（一）城市生育保障制度

计划经济体制时期，我国城市的生育保障完全实行单位负责制。随着社会主义市场经济体制的建立，以社会统筹互济为核心特点的职工生育保险制度应运而生，并代表着发展方向。但是从总体上看，目前城市的生育保障制度仍是双轨运行。

用人单位负担职工生育有关待遇的办法是历史遗留下来的传统生育保障措施，法律依据是 1988 年国务院颁布的《女职工劳动保护规定》和劳动部《关于女职工生育待遇若干问题的通知》（劳险字〔1988〕2 号）。生育待遇包括生育津贴、生育医疗费。生育津贴标准是按职工原工资标准计发。女职工怀孕期间的检查费、接生费、手术费、住院费和药费由所在单位支付。职工产假最少为 3 个月，部分地区对晚婚晚育的职工给予奖励产假的政策，多数地区增加 3 个月产假，产假期间的工资待遇由用人单位支付。目前，这种方式主要在国家机关、事业单位、社会团体及部分企业中实施。机关、事业等单位的资金来源于财政预算拨款。

职工生育保险制度建立虽然只有十几年时间，但是发展迅速。到 2009 年 6 月底，参保人数达到 9794 万人，比 1994 年增长了 10 多倍。与单位负责制相比，生育保险制度最大的特点是：费用社会统筹，风险共担；同时，参保职工可以更好地享受生育保险服务资源，可以选择多家医疗机构，从而更好地保护其权益。

1. 城镇职工生育保险制度基本框架

国际上的生育保障制度通常包含生育津贴和生育医疗照顾两部分。前者是指妇女劳动者产假期间享有的现金补助，后者是指由医疗机构为生育妇女提供的产前检查及住院期间的服务，并通常包括在医疗保险制度中。我国把两部分组合起来，在医疗保险制度之外建立了独立的职工生育保险制度。1994年，劳动部发布《企业职工生育保险试行办法》（劳部发〔1994〕504号），在全国范围推进职工生育保险制度改革。

（1）覆盖范围：城镇企业及其职工。

（2）资金筹集：生育保险根据"以支定收，收支基本平衡"的原则筹集资金。参加统筹的企业，按照规定的比例缴纳生育保险费，职工个人不缴费。在筹资比例上，考虑到全国地区间经济情况差异，具体筹资比例由当地人民政府确定，但是最高不得超过职工工资总额的1%。生育保险基金筹集方式主要有三种：一是用人单位按照职工工资总额的一定比例向当地社会保险经办机构缴纳生育保险费。这一方式的生育保险筹资比例大体在0.68%左右的水平。二是国家机关、事业单位参保，资金来源于财政拨款。这部分人员仅仅享受医疗待遇，生育津贴部分由原工资渠道解决。根据各地生育保险规定，缴费一般在职工工资总额的0.4%~0.5%。三是按照绝对额征缴。用人单位按照规定的每人每月固定缴费额，向社会保险经办机构缴纳保险费。此办法是生育保险开展早期的做法，主要在山西、河北等少部分地区实行。

（3）待遇支付：生育保险待遇支付的项目主要是生育津贴和医疗费用。

生育津贴：各地规定生育津贴支付期限一般与产假期限相一致。生育津贴的支付标准有几种方式：一是按照女职工生育前工资标准支付；二是按照本单位上年度职工月平均工资计发；三是按照职工缴纳社会保险费基数计发；四是按照社会平均工资标准计发等。

生育医疗费：医疗费用主要包括生育女职工的检查费、接生费、手术费、住院费、药费和计划生育手术费。

（4）基金管理：生育保险基金由社会保险经办机构负责收缴、支付和管理，纳入财政专户，实行专款专用。生育保险基金的筹集和使用，实行预决算制度，并接受同级财政、审计监督。

2. 各地生育保险制度改革创新

截止到2009年，全国有30个省、自治区、直辖市出台地方生育保险办法。各地在改革实践中结合本地具体情况，在《企业职工生育保险试行办法》的基础上进行制度创新，丰富了生育保险制度的内容。

（1）扩大适用范围

一是将生育保险覆盖面扩展到机关、事业等单位。由于受历史条件限制，1994年劳动部颁布的《企业职工生育保险试行办法》仅适用于城镇企业及其职工。在全国30个省、自治区、直辖市颁布的地方生育保险政策中，有15个地方政策规定将机关、事业单位、社会团体、民办非企业、个体工商户等单位纳入生育保险覆盖范围。各地在实践中对机关、事业单位参保采取不同的办法，筹资比例低于企业，在职工工资总额的0.4%~0.5%，以解决职工生育住院的医疗费，生育津贴部分由原工资渠道解决。这主要是由于财政预算管理体制将工资部分纳入统筹比较困难。在医疗费报销方面区别于医疗保险，没有限定起付线和封底线，一般在医疗保险"三个目录"之内①，个人不负担医疗费用。

二是将灵活就业人员、失业人员纳入保障范围。广东等省将与单位建立劳动关系的人员全部纳入生育保险参保范围，包括灵活就业人员、农民工等，为进城务工人员住院分娩提供制度保障，解决部分流动人口生育费用问题。上海市将具有本市城镇户籍并参加城镇社会保险的从业人员、失业人员全部纳入生育保险范围。

三是将城镇居民纳入保障范围。为了提高人民群众的健康水平，解决老百姓看病难、看病贵的问题，2007年全国开始进行城镇居民基本医疗保险试点工作。在推进试点过程中，河北、广东、陕西等14个省将城镇居民住院分娩的费用纳入城镇居民医疗保险制度解决。将过去城镇就业人员的生育保障制度向非职业人群推进。

（2）拓展生育保险保障项目。为了进一步保障劳动者权益，充分发挥生育保险的保障功能，一些地方在生育保险待遇方面增加了保障项目。

一是将男职工家属的生育费用纳入生育保险支付范围。在生育保险推进过程中，男职工多的企业由于享受待遇人员少，因此，参保积极性不高。为鼓励男职工多的企业积极参保，体现社会保险权利与义务对等的原则，全国有15个省规定男职工家属可以享受生育保险待遇。主要措施是报销住院分娩50%的医疗费；有的地区根据当地消费水平支付一次性生育补助金。

二是将计划生育手术费纳入生育保险基金支付。各地开展生育保险后，职工实施计划生育手术费所发生的费用还由职工所在单位支付。为了解决这

---

① "三个目录"，是指《基本医疗保险和工伤保险药品目录》《基本医疗保险诊疗项目》和《基本医疗保险医疗服务设施范围》。

一问题，1999 年劳动保障部颁布《关于妥善解决城镇职工计划生育手术费用问题的通知》，要求将计划生育 4 项计划生育手术纳入生育保险支付范围。目前，22 个省将计划生育手术费纳入基金支付范围，手术包括放置（取出）宫内节育器、流产术、引产术、绝育及复通术。

三是建立一次性补助机制。如江苏、浙江、广东、河南等省规定给予生育职工一次性营养补助金，具体标准不一。如广东省规定"营养补助费标准按所属统筹地区上年度在岗职工月平均工资的一定比例计发"。

（3）实行定点医疗服务管理。在开展生育保险早期，部分地区为了控制生育医疗费增长，在医疗费用结算方面采取简单的定额支付的办法，即按照顺产、难产、剖宫产等不同情况确定医疗费支付绝对额支付给职工。在遇到高龄产妇出现并发症或高危妊娠的情况下，定额的支付费用难以应对高风险，不能达到保障的作用。为了保障职工基本医疗需求，全国有 17 个省规定采取定点医疗机构管理，按照基本医疗保险医疗服务管理的有关规定，对生育保险实行同步管理。探索在基本医疗保险药品目录、诊疗项目和医疗服务设施项目内，职工个人住院分娩不负担医疗费的管理办法，实行社会保险经办管理部门与医疗机构直接结算。目前，北京、湖南、四川等地基本实现了"生孩子不花钱"，较好地解决了生育医疗费个人负担重的问题。

（二）农村生育保障制度

1. 新农合制度

2002 年中共中央国务院颁布了《关于进一步加强农村卫生工作的决定》（中发〔2002〕13 号），提出了建立以大病统筹为主的新型合作医疗制度和医疗救助制度，使农民人人享有初级卫生保健。其中，对于农村生育保障的措施是：加强农村孕产妇和儿童保健工作，提高住院分娩率，改善儿童营养状况。要保证乡（镇）卫生院具备处理孕产妇顺产的能力；县级医疗机构及中心乡（镇）卫生院具备处理孕产妇难产的能力。新型农村合作医疗基金主要解决农民的大额医疗费用或住院医疗费用，其中包括了农村妇女住院分娩的医疗费。

2. 公共卫生的"降消"项目

"降消"项目，即降低孕产妇死亡率、消除新生儿破伤风，主要是国家对中西部贫困地区进行救助，以补助供方为主，包括农村卫生院增添设备、人员培训等。对产妇补助标准人均 300 元左右。

3. 中西部分娩补助计划

2009 年卫生部、财政部颁发了《关于进一步加强农村孕产妇住院分娩工作的指导意见》提出了国家对中西部困难地区住院分娩的妇女实施补助，此计划取代"降消"项目于 2009 年实施。

三　我国生育保障制度面临的主要问题

（一）　生育保障制度安排尚有缺失

我国现有城镇户籍人口 4.31 亿人，其中就业人员 2.94 亿人。按照《女职工劳动保护规定》和《企业职工生育保险试行办法》规定，目前制度覆盖了 2.1 亿人，其中单位负担生育费用的有 1.22 亿人，参加生育保险的 0.97 亿人。城镇就业人员中生育保障制度未覆盖人员为 0.97 亿人，主要是城镇不在岗职工、灵活就业人员等。城镇居民尚未纳入制度安排。另外，还有大量流动人员没有生育保障。

（二）　农村生育保障水平低

目前，我国新型合作医疗制度覆盖了广大农村，在政策层面解决了农村产妇分娩费用问题。但是，还不能认为所有农村妇女都有了生育保障，主要是医疗服务的资源与环境没有得到根本的改变。我国广大农村卫生资源短缺，据调查一些乡、村两级医疗机构的医疗设备陈旧、不足，急救药械不到位，医务人员技术水平低，不能开展手术，服务环境和综合抢救能力差，产妇尚不具备到医院分娩的条件。

（三）　对流动人口的保障差

我国社会经济发展处于转型时期，随着非正规就业人群的增多，出现了就业流动性增加，劳动关系不稳定，女职工生育保障缺失等问题。

（四）　单位保障生育待遇的能力减弱

城市生育保障的双轨制不可能长期运行。单位负担生育费用模式保障能力逐步弱化，一些经营困难的用人单位无力保障女职工生育待遇的落实。生育保险覆盖面窄，不利于解决妇女就业难以及就业性别歧视的问题。

四　完善生育保障制度改革的建议

（一）弥补制度缺失

1. 扩大城镇职工生育保险制度覆盖面

按照生育保险与医疗保险同步推进的思路，扩大生育保险覆盖面。在制度推进过程中，研究适合灵活就业人员、农民工的生育保险办法，逐步将与用人单位建立劳动关系的职工全部纳入参保范围，实现应保尽保。加大对生育保险措施落实的执法监察力度，确保城镇职工依法享受生育保险待遇。

2. 探索城镇居民生育保障模式

充分利用医疗保险的制度优势和覆盖人群优势，统筹解决城镇居民生育保障问题。在东、中、西部地区选择部分城市进行试点，探索城镇居民生育保障模式和运行管理办法。重点研究解决城镇居民、困难企业职工在基层医疗机构住院分娩医疗费用问题，逐步将城镇居民医疗保险参保人员住院分娩发生的符合规定的医疗费用纳入城镇居民基本医疗保险基金支付范围。开展居民医疗保险门诊统筹的地区，可将参保居民符合规定的产前检查费用纳入基金支付范围。在总结试点经验的基础上，探索在全国范围内推广城镇居民生育保障制度。

（二）逐步提高生育保障待遇水平

按照国家人口发展策略及城乡出生人口分布，在适应我国基本国情的基础上，坚持以保障基本生活和基本医疗服务为原则，随着经济发展水平的提高，逐步提高城镇职工、城乡居民的生育保障水平。研究制定可行的生育保险待遇标准以及生育医疗费用结算办法。城镇居民生育待遇，应在城镇居民基本医疗保险制度报销住院费用一定比例的基础上，研究解决个人负担部分医疗费的办法，或根据当地具体情况适当提高住院医疗费报销比例。在农村积极推进中西部分娩补助计划和新农合政策的落实，通过提高财政补助标准、增强基金共济能力等方式，努力降低农村妇女在村、乡镇级医疗机构分娩个人负担医疗费用的比例。

（三）统筹城乡生育保障制度

1. 由单位保障过渡到社会保障

统筹规划机关、事业单位、企业等城镇各类用人单位的生育保障制度，逐步改变城市生育保障两种制度双轨运行的状态，由单位负责制的生育保障制度过渡到社会保险式的生育保障制度，真正发挥社会保险互助共济均衡负担的作用。

2. 统筹城乡生育保障制度

按照建立统筹城乡社会保障体系的总体要求，综合考虑城镇职工生育保险、农村生育保障制度的现实，立足当前、谋划长远、统筹兼顾、体现公平，优化城乡生育保障资源配套，满足城乡居民不同层次的生育保障需求，做好城乡生育保障制度的衔接。

荷兰妇女社会权利的法律保护：
怀孕与生育

玛丽蕾·范·登·布瑞克[*]

一　导言

　　本文将讨论荷兰有关妇女在怀孕、生育和子女抚养方面的人权的实施和实现问题，并将着重讨论妇女的社会权利。有关这一领域内的其他基本权利，如隐私权、身体完整性权利、家庭生活权和自主权的保护（或保护的缺失）方面问题不在本文讨论的范围之内。怀孕及其相关的问题可能影响妇女对其他所有或大部分基本人权的享有。这即使对于从未或从不怀孕的妇女来说也是如此。例如，仅妇女会怀孕这一预期就会对所有妇女的就业机会产生负面影响。

　　在荷兰，妇女在怀孕、生育和子女抚养方面的基本权利总的来说得到了很好的保护：很少有妇女死于分娩或与怀孕有关的原因。与欧洲或其他各洲的国家相比，荷兰的堕胎率和少女怀孕率都很低。学校并不禁止学生怀孕。单亲母亲享有与有性伴侣（无论异性或同性，婚内或婚外）的母亲相同的亲权。性别平等法律保护妇女在就业中不受怀孕歧视。尽管如此，荷兰在妇女的社会权利保护方面仍然有许多问题值得关注，其中排在第一位的就是与怀孕有关的就业歧视。

　　本文首先将介绍一些有关怀孕和与怀孕相关的问题的事实和数据（第二部分）；然后将介绍荷兰保护基本权利的法律制度（第三部分）；荷兰已批准了大量有关人权和/或怀孕问题的国际或区域性条约，其中欧盟法律无疑对

---

　　* 玛丽蕾·范·登·布瑞克，荷兰乌特勒支大学法学院法学理论与人权研究所。

荷兰有关怀孕的法律，特别是在就业和非歧视方面的法律产生了深远的影响（第四部分）；第五部分对有关健康保健方面的问题作一综述；第六部分对本文内容作出一个简短的总结。

二　事实和数据

荷兰在晚育方面是"世界冠军"。[①] 在这个国家中，在 30 岁或更晚的年龄生育第一胎的妇女比率要比世界上任何其他国家都要高。导致这一现象的原因主要有两个：妇女受教育水平的提高和妇女所面临的在工作与照顾幼儿之间的矛盾。这一矛盾部分是由（廉价）幼儿保育机构的缺乏所导致的。阻止母亲进入劳动市场的另一个障碍就是相关的税收法规（在经济上）鼓励妇女留在家中照顾其子女。这对于受教育程度低，因而职业发展受限，收入水平低的妇女来说尤其如此。第三个原因就是所谓的"荷兰式儿童保育理念"，[②] 即"最好的保育方式是家庭保育"，并且这种家庭保育最好由孩子的母亲提供。

荷兰平均每个妇女所生育子女数已从 1950 年的 3.097 个减少到 2010 年的 1.796 个。[③] 欧洲的平均值为 1.6 个。

与其他欧洲国家相比，荷兰妇女对劳动市场的参与水平还是相对较高的。然而她们的工作时间却是所有经济合作与发展组织成员国中最少的。这主要是由于许多妇女从事（小）非全日制工作所导致的：在荷兰有 60% 的妇女从事非全日制工作。[④] 妇女在生育之后其劳动市场的参与率从生育前的

① Gijs Beets, Edith Dourleijn, Aart Liefbroer & Kène Henkens, *De timing van het eerste kind in Nederland en Europa* [The timing of the first child in the Netherlands and Europe], NIDI report no. 59, The Hague 2001, abstract in English on p. 5, available at: http://www.nidi.nl/Content/NIDI/output/nidi%20reports/nidi - report - 59.pdf, last accessed 8 October 2012.

② Janneke Plantenga & Lucy Kok, *Nederland werkt en moeder ook* [The Netherlands works and mother does too], The Hague: E - Quality 2007, quoted in: E - Quality, *Factsheet Kinderopvang en arbeidsparticipatie van vrouwen* [Child care facilities and labour market participation of women], 30 September 2010, available at: http://www.e - quality.nl/assets/e - qualitynew/Publicaties/Publicaties%202010/FactsheetArbeidsparticipatieEnKinderopvang.pdf, last accessed 25 August 2012.

③ The all-time low was in 1980, when the average was 1, 602. Source: Centraal bureau voor de Statistiek, Den Haag/Heerlen. See: http://statline.nl/StatWeb/publication/PrintView.aspx?DM = SLNL&PA = 37422ned&DI = 0, 4 = 5, 7, 9, 11, 13....; last accessed 7 May 2012.

④ See: Raad voor Werk & Inkomen (RWI), *Kwartaal analyse arbeidsmarkt, Deel I: Nederland als combi-natie* [Quarterly labour market analysis, Part I: The Netherlands as 'combi-nation'], June 2005, available at: http://www.rwi.nl/CmsData/File/Archief/PDF/kwartaalJuni2005 _ deel1.pdf, last accessed 29 April 2012.

82% 降至 70%，略低于欧盟国家的平均水平，即从 75% 降至 60%。然而生育第一胎子女后从事全职工作的荷兰妇女比例从生育前的 60% 降至 20%，而在整个欧盟范围内这一比例从 80% 降至 62%。在妇女的职业生涯中的另一个关键时刻就是孩子上小学的时候：她们往往会将大的非全日制工作换为小的非全日制工作，或者完全放弃工作。学校的作息时间与劳动市场的日常节奏并不一致，而廉价儿童保育机构非常稀缺，并且在如今经济危机和与之相伴随的政府开支削减的形势下就更为稀少了。·

少女生育的情况在荷兰很少。少女生育率低于荷兰的只有一个国家，那就是瑞士。① 在荷兰每年有 4000 多名少女怀孕，其中有 60% 将孩子生了下来。而她们中的大多数决定自己照顾孩子。收养的情况很少。在荷兰每年大约发生 28000 次堕胎。

使荷兰政府感到非常担忧的一个问题就是高达万分之三十三的围产儿死亡率。这一比例高于其他欧洲国家，而芬兰最低，仅为万分之二十。② 有人将此归因于荷兰人在家中而不是在医院或诊所分娩的习惯，但是这一假设被证明是错误的。统计数据表明，在家中分娩和在医院分娩的婴儿的死亡率是没有区别的。③ 欧洲人权法院强调妇女私生活受到尊重的权利，而这一权利就包括妇女选择分娩场所的自由。相应地，国家负有为妇女行使这一自由而创造法律和制度环境的义务，除非出于保护其他权利的目的——如在具体情况下妇女的选择会导致重大的健康危险——而需要对这一选择自由作出限制。④

三　荷兰保护基本权利的法律制度

在荷兰基本权利通过两种方式得到保护。荷兰宪法（*Grondwet*）第 1 条

---

① CBS, *Statistisch Jaarboek 2000*. Statistics available at the CBS website: www.cbs.nl. Globally, Europe has the lowest number of teenage pregnancies (2% of the entire population), as compared to 4% in Asia, or 6% worldwide. Source: *World Population Data Sheet* 1998, Population Reference Bureau.

② See: http://www.nationaalkompas.nl/gezondheid – en – ziekte/sterfte – levensverwachting – en – daly – s/sterfte – rond – de – geboorte/verschillen – internationaal, last accessed 28 April 2012. In comparison: Pakistan has the highest number: 460 on 10000.

③ B. W. J. Mol, A. de Jonge, J. G. Nijhuis & S. E. Buitendijk, "Hoge babysterfte niet door thuisbevalling" [High perinatal mortality not caused by home births], *Medisch Contact*, 11 Nov. 2012, Vol. 65, No. 45, pp. 2390 – 2394.

④ ECtHR, *Case of Ternovszky v. Hungary* (appl. no. 67545/09), 14 December 2010, para. 24.

至第 23 条规定了基本权利，① 其中名列第一位的就是平等原则。宪法第 1 条规定，国家必须平等对待处于相似的情况下的每个人，并禁止基于宗教或其他信仰、政治信念、种族、性别或"任何其他理由"的歧视。虽然在宪法所列举的基本权利之间没有正式的等级划分，但是在第 1 条中所规定的权利仍然被认为是具有重要意义的。②《平等待遇法》（见本文第四部分）将平等对待和禁止歧视原则的适用范围扩展到私主体之间的关系。在荷兰没有违宪审查制度，即法院无权作出有关初级立法是否违反宪法权利的决定（宪法第 20 条）。然而，由此而产生的在宪法保护方面的缺陷在很大程度上为荷兰对国际法所采取的一元论制度（宪法第 93 条和第 94 条）所弥补。根据宪法，对荷兰有直接效力的国际法规定优先于与之相冲突的国内法规范（宪法第 94 条）。由于这一制度，国际法对荷兰的人权保护产生了重大的影响。在性别歧视领域中的一个标志性案件就是 Ms. Broeks 案。在该案中，Ms. Broeks 在失业后未能领到失业救济金，原因是她在家中并非"养家糊口的人"。如果她是一个男人的话，那么她就可以满足领取失业救济金的条件。在穷尽国内补救措施之后，Ms. Broeks 向负责监督《公民权利与政治权利国际公约》实施的人权事务委员会提交了申诉。荷兰政府提出，《公民权利与政治权利国际公约》并不包含享有社会福利的权利，因此人权事务委员会应宣布该申诉不可受理。但是这一意见并没有被委员会所采纳。委员会认为《公约》第 26 条是一项独立的规定。它并不使缔约国负有建立社会保障体制的义务。但是一旦某个缔约国建立了这样一种制度，那么它在实施这一制度的时候就不得基于性别而进行歧视。③ 荷兰政府曾认真考虑过是否因此而退出《公约》。但是荷兰法院很快就采取了与人权事务委员会相同的思路——由于荷兰所实施的一元论制度，《公约》第 26 条是可以在荷兰直接适用的——从而使荷兰政府不得不对其社会保障制度进行全面改革，并使退出《公约》之举成为多余。《经济、社会和文化权利国际公约》对于荷兰在有关怀孕问题方面的法律实践并不十分重要。通过对包含自 1999 年以来荷兰所有国内法院

---

① An English translation of the Dutch Constitution is available from a website developed by Leiden University：http：//www. denederlandsegrondwet. nl/9353000/1/j9vvihlf299q0sr/vgrnbhimm5zv.

② See M. Claes and J. H. Gerards, *Protection of Fundamental Rights post-Lisbon*：*The Interaction between the EU Charter of Fundamental Rights, the European Convention on Human Rights（ECHR）and National Constitutions*；*the Netherlands*, Report prepared for FIDE, 2012, available at：http：//www. nver. nl/documents/FIDE_ report_ 2012_ topic_ 1. pdf, last accessed 12 June 2012.

③ HRC, *S. W. M. Broeks v. the Netherlands*, Communication 172/1984, 9 April 1987, UN Doc. CCPR/C/29/D/172/1984.

已出版案件的"荷兰判例法数据库"进行检索，可以找到 1493 个有关"怀孕"的案件和 81 个有关"《经济、社会和文化权利国际公约》"的案件，但是只能找到 1 个同时涉及"怀孕"和"《经济、社会和文化权利国际公约》"的案件。① 这一案件涉及个体经营者在怀孕期间收入损失保险的问题。由于该问题已在其他地方得到了广泛的讨论，因此本文不作进一步讨论。

荷兰批准了许多人权和性别歧视方面的国际文书，其中包括国际劳工组织的公约②和欧洲区域性公约。《欧洲人权公约》有关怀孕和生育的判例法主要侧重于家庭法和外籍人法方面的问题，并且主要涉及亲属法或家庭生活权等方面的案件。这些问题不属于本文所讨论的范围。然而被提交到欧洲人权法院的一些案件与本文所讨论的议题有关，其中包括 Ternovszkyv. Hungary 案。③ 对于荷兰来说最具影响力的还是欧盟有关性别平等、怀孕、育儿假、举证责任和非全日制工作方面的指令以及欧盟法院的判例法。④ 以上这些指令和判例法之所以如此重要，是因为欧盟法在欧盟成员国中直接适用并且是最高位阶的法律。这意味着成员国不能通过制定新的国内法改变相关法律的方式逃避欧盟法的实施。

---

① The database is accessible via: www. rechtspraak. nl.

② Esp. the three Conventions on maternity protection, Conventions No. 3 (1919), 103 (1952) and 183 (2000). The ILO has reviewed domestic maternity legislation in 167 countries, including China and the Netherlands. See: ILO, *Maternity at Work. A review of national legislation. Findings from the ILO Database of Conditions of Work and Employment Laws*, 2nd edition, Geneva, 2010. See also ILO, *Equality at work: The continuing challenge. Global Report under the follow-up to the ILO Declaration on Fundamental Principles and Rights at Work*, report of the Director-General, Internatonal Labour Conference, 100th Session 2011, Geneva, 2011. Both reports are available in pdf format at the ILO website, www. ilo. org. Another relevant ILO Convention, which has been ratified by the Netherlands is No. 175 (1994) on part-time work.

③ ECtHR, *Case of Ternovszky v. Hungary* (Appl. no. 67545/09) 14 December 2010.

④ Of particular relevance are the so-called Recast Directive (which replaced some earlier directives in 2009): Directive 2006/54/EC of the European Parliament and of the Council of 5 July 2006 on the implementation of the principle of equal opportunities and equal treatment of men and women in matters of employment and occupation (recast) (2006) *OJ* L204/23; the Pregnancy Directive: Directive 92/85/EEC of 19 October 1992 on the introduction of measures to encourage improvements in the safety and health at work of pregnant workers and workers who have recently given birth or are breastfeeding (1992), *OJ* L348/1; and the Parental Leave Directive, 96/34/EC (1996) *OJ* L145/4; Directive 97/80/EC of 15 December 1997 on the burden of proof in cases of discrimination based on sex (1998) *OJ* L14/6; and Council Directive 97/81/EC of 15 December 1997 concerning the Framework Agreement on part-time work concluded by UNICE, CEEP and ETUC – Annex (Framework Agreement on Part-time Work) (1998) *OJ* L14/12.

四　国内法：平等和非歧视

本部分将着重讨论为荷兰平等法所涵盖的、与怀孕关系密切的两个问题：就业和教育。在讨论这两个问题之前，我将首先简要介绍一下荷兰平等立法的总体框架；然后讨论在就业领域最常见的怀孕歧视形式，对就业领域与怀孕和照顾子女问题有关的其他立法做一简单回顾，并介绍各种与怀孕和照顾子女有关的休假；最后将着重讨论与教育有关的问题。

（一）荷兰有关平等的立法

荷兰《平等待遇法》于 1994 年生效。在此法通过之前已存在一个针对就业中的性别歧视提供保护的《男女平等待遇法》（1980 年）。新法并没有改变旧法的效力，并且旧法作为特别法优先于新法（《平等待遇法》第 4条）。但是《平等待遇法》的适用范围更广，并且包含了有关怀孕和生育歧视的所有规定。因此，本文只讨论新法的相关内容。

《平等待遇法》在有限的领域内禁止基于有限的一些理由的"区别对待"。该法中所使用的术语是"区别对待"（onderscheid），而非"歧视"，因为后者在荷兰语是一个贬义词。而"区别对待"这一更为中性的术语则被认为能够更好地表述为《平等待遇法》所涵盖的所有不平等待遇，包括那些与故意和恶意的歧视无关的不平等待遇形式。由于英语"discrimination"（"歧视"或"区别对待"）是一个通用的术语，所以在这里作者使用该词。受到《平等待遇法》保护的身份特征除性别外还包括宗教或其他信仰、政治信念、种族、国籍、性取向以及婚姻状态。该法的适用范围涵盖就业（包括职业培训）（第 5 条和第 6 条）和物品及服务的提供（第 7 条）这两个领域。

根据欧盟法院所建立的制度，《平等待遇法》禁止直接和间接歧视（第1 条）。直接歧视是指直接基于被禁止的理由的区别对待。间接歧视是指看上去中性，但是会对不同群体成员产生不同影响的规定或标准。① 除该法本身所明确规定的例外情况外，《平等待遇法》禁止一切直接歧视。这种非常严格的标准被称为"封闭系统"。该法也禁止间接歧视——除非这种间接歧视能够满足所谓的"客观正当性标准"的要求。"客观正当性标准"包括合

---

① The landmark case of the CJEU in which it introduced the concept of indirect discrimination to EU law was *Bilka Kaufhaus GmbH* v. *Karin Weber von Harz*, Case 170/84 (1986), ECR 1607.

法的目的以及达到这一目的恰当和必要的手段。《平等待遇法》第 1 条第 2 款规定，基于怀孕、生育或母亲身份的区别对待构成直接歧视。欧盟法院在 Dekker v. the Netherlands 案中首次将怀孕歧视解释为基于性别的直接歧视。① 该法院推理说，由于只有妇女才能够怀孕，因此任何基于怀孕理由的不利对待都与女性身份有着密不可分的关系。根据"封闭系统"标准，除非存在可适用的例外情况，否则这种构成直接歧视的怀孕歧视或母亲身份歧视应该总是被禁止的——至少在《平等待遇法》所涵盖的领域内如此。该法第 2 条第 2 款（b）项规定，出于保护妇女的目的，尤其是出于怀孕或生育保护目的而做出的基于性别的区别对待属于一般性禁止规定的例外情况。这意味着对妇女有利的基于怀孕理由的区别对待是允许的；而对妇女不利的基于怀孕理由的区别对待则是不允许的。比如，产假是有利的区别对待；而因妇女怀孕而拒绝雇用她们则是不利的区别对待。有关基于怀孕理由的直接歧视的严格的"封闭系统"标准导致了一个结果，那就是由怀孕所导致的与工作有关的困难不必由妇女独自承担，而是与雇主共同分担。

　　《平等待遇法》第 11 条建立了一个平等待遇委员会（Commissie Gelijke Behandeling）。该委员会调查有关歧视的申诉并就调查结果发表意见。委员会的意见并不具有约束力。之所以如此，一个重要的原因就是该委员会仅有权对一个案件中有关平等方面的问题发表意见，而无权在其对案件的审理过程中审查诸如就业法等其他法律方面的问题。成立委员会的目的就是处理相关案件中的歧视问题，因为在主流法院的审理过程中经常被忽略的正是这些问题。尽管委员会的意见不具约束力，但是在实践中它们一般都能为案件各方所接受。有时在委员会发表意见之后案件的一方仍然将案件提交法院处理，这或者是因为其不接受委员会的意见，或者是因为还需要法院就案件的其他法律方面作出决定。相关案件的当事人也可直接向普通法院提起诉讼。尽管如此，由于将案件提交委员会审理不需要支付费用，也无须法律代表，并且委员会总是对其所受理的案件开展积极的调查，因此仍然有相当数量的案件被提交到委员会。由于以上原因以及委员会在非歧视法领域内的专门知识，使得委员会很受那些认为自己受到歧视的人的欢迎。该委员会平均每年发表大约 250 份意见，其中有关怀孕歧视的意见 15 份。然而委员会所处理的案件仅反映了冰山一角。委员会所开展的一项调查表明，在 2007～2011 年怀孕的所有职业妇女中，有 45% 曾经遭遇到她们知道或者怀

① This equation was first made by the CJEU in the case of Dekker v. VJV Centrum, Case C – 177/88 (1990), ECR I – 3941.

疑构成歧视的情况。① 很显然，法律程序众所周知的缺点，特别是其恶化包括雇主和雇员之间关系在内的各种关系的倾向，使得人们不愿意向委员会提起申诉。

（二）就业

《平等待遇法》禁止在包括签订劳动合同前的招聘启事和工作申请程序在内的就业关系的所有阶段中的歧视行为。该项禁止也涵盖包括职业培训在内的所有就业条件。根据欧盟法院的判例法，必须以严格的方式解释禁止怀孕歧视的规定。在任何情况下都不得将怀孕等同于疾病。② 最常见的怀孕歧视形式很可能就是拒绝雇用怀孕妇女或终止其临时雇用合同。重要的是，妇女在求职面试时不必提供其是否怀孕的信息，雇主也无权询问此方面的情况。然而，在实践中妇女面临着一个困难的局面，因为她们中许多人不希望雇主发现她们在说谎，从而在一开始就破坏她们与雇主之间的关系。除非雇主或多或少地以明确的方式承认是因为求职者怀孕而不雇用她们的，否则根本无法证明歧视的存在。

在上文中所提到的平等待遇委员会的调查报告所涵盖的期间内需要续签临时雇用合同的妇女中，有44%认为其雇主或多或少是因为她们怀孕而终止其合同的。相比之下，在被雇主终止长期雇用合同的妇女中，只有3%认为终止合同与其怀孕有关。

大多数雇主都非常清楚他们不能以怀孕为理由解雇女雇员或拒绝雇用妇女。因此，他们往往会为其拒绝雇用怀孕妇女或解雇女雇员的决定寻找各种借口，如员工表现不佳或因业务量减少需要裁员等等。这使得歧视行为很难证明。因此，法律规定了举证责任的转移。③ 求职者只需提出有关歧视的推定，而无须证明歧视的实际发生。比如，为确立有关歧视的推定，申诉人只需出具证据显示，雇主在得知其怀孕之前一直对其工作感到满意，但在此之

---

① CGB, *Hoe is het bevallen? Onderzoek naar discriminatie van zwangere vrouwen en moeders met jonge kinderen op het werk* [A difficult birth. Research into discrimination of pregnant women and mothers with young children at work], Utrecht, 2012, summary in English. Available at the website of the ETC: www.cgb.nl.

② CJEU, *Brown v. Rentokil*, Case C – 394/96, 30 June 1998, ECR I – 4185.

③ This was first applied in an equal pay case by the CJEU: Case 109/88 *Handels – og Kontorfunktionaerernes Forbund I Danmark v. Dansk Arbejdsgiverforening acting on behalf of Danfoss*, 17 October 1989. This line was followed by the Dutch ETC. Later the EU adopted Directive 97/80/EC of 15 December 1997 on the burden of proof in cases of discrimination based on sex. A similar provision has been laid down in Art. 10 ETA.

后不久就通知她不再续签她的雇用合同。在这种情况下，有关歧视的推定的证据包括：（1）有关对雇员工作评估的书面证据（或者也可以是不存在雇主对其工作不满的证据）；（2）在雇主得知雇员怀孕与作出不再续签其雇用合同的决定之间很短的时间间隔。申诉人的（前）同事也可以提供有关其曾遭受相同经历的补充证据。一旦申诉人确立了有关怀孕歧视的推定，雇主就必须证明并没有发生歧视。例如，在上面所举的例子中，雇主可以通过证据说明，虽然其对该雇员的工作有积极评价，但也有批评意见，或者该员工在工作中出现过严重失误。有时雇主并不反驳申诉人所提出的证据，而是提供新的信息，对情况作进一步说明。例如，雇主可以证明由于业务量的减少而必须裁员，或者该雇员曾表示，只有在将其工作时间减少至每周两天的情况下她才肯回去上班。重要的是，以上所举例子只有在续签临时雇用合同的情况下才会发生，因为法律规定，正式员工在从怀孕开始至产假结束后 6 个星期的期间内（一般来说大约 6 个月），雇主不得终止其雇用合同。① 另外，有关工作时间的法律赋予职工在不使雇主增加太大负担的前提下逐渐减少或增加其工作时间的权利。但是对于这一权利存在一些限制，如最低工作年限和所减少或增加的工作时间的限度。

禁止歧视原则包括回到原工作岗位或在相同条件下被安排类似工作岗位的权利。这一权利被规定在上文中所提到的"怀孕指令"（2002/73/EC）第 2 条第 7 款和"重塑指令"（2006/54/EC）第 15 条之中。这一权利在荷兰法律中并没有明确规定，但是它被包含在有关禁止在就业中的怀孕歧视的广泛的适用范围之内。尽管如此，欧洲委员会认为荷兰应在法律中规定这一权利，以履行其根据欧盟法所承担的义务。目前荷兰政府正在考虑这一建议。②

女性雇员在其结束产假回到工作岗位之后，有权在 9 个月内为给婴儿哺乳而中断工作。③

女性雇员有权获得 16 周的产假，其中包括预产期前的 4～6 周，具体安排由女性雇员自己决定。④《就业与护理兼顾法》（Wet arbeid en zorg）第 3 条第 7 款第（1）项规定，女性雇员在产假期间应获得与其正常工资数额相

---

① Art. 7：670（2）Burgerlijk Wetboek（Civil Code）and art. 3：13 Wet Arbeid en Zorg（Act on Employment and Care）.

② Kabinetsstandpunt 3e evaluatie AWGB, Brief aan de Tweede Kamer ［Government assessment of the 3rd periodic review of the ETA；letter to the Second Chamber of Parliament］, 24 October 2011, kenmerk 2011 - 2000460838.

③ Art. 4：8（1）Arbeidstijdenwet, Act on working hours.

④ Art. 3：1 Wet arbeid en zorg ［Act on employment and care］.

同的津贴。相比之下，孩子的父亲仅能获得 2 天的父亲陪护假。有人建议将父亲的陪护假延长至 2 个星期，但是这一建议因为代价太高而很快就遭到了拒绝。另外还有许多其他旨在平衡就业与育儿之间关系的休假形式。其中最为重要的无疑就是育儿假。男女雇员都享有至少相当于其周工作时间 26 倍的育儿假。该假期可以一次性休完，也可以用来临时减少每周的工作时间。除非雇员与雇主签订了有关这方面的特殊协议，如在集体雇用合同中规定了特别条款，否则该假期是不带薪的。其他形式的休假包括短期和长期护理假和不可抗力事假。这些假男女职工都可以申请。

（三）教育

荷兰很少有少女怀孕，这意味着荷兰相关的教育很成功。非常年轻的母亲可能会在获得充足住房或经济支持方面遇到困难。[1]

在这方面的例子很少，其中一个是由一名女大学生提交到荷兰平等待遇委员会的案子。该大学生由于怀孕并且预产期与某一课程的考试时间相同，因此未能参加该考试。[2] 她请求学校允许她在稍后的时候参加补考，但是学校拒绝了这一请求，理由是未能参加这一课程的考试所导致的学习上的延误还没有严重到需要为她安排补考的程度。但是平等待遇委员会作出了不同的决定。它认为因为怀孕而缺考不同于因为疾病或休假而缺考，因为只有妇女才会怀孕。任何由于怀孕而遭受的不利待遇都应被认为是构成直接歧视。在本案中，该女学生所遭受的不利待遇就是她不得不在未完成本科课程的情况下开始硕士课程，这意味着她在硕士课程初期必须承担相当大的额外学习负担。除非存在可适用的例外情况，否则所有直接性别歧视都是为《平等待遇法》所禁止的——而在本案中并不存在这种例外情况。

（四）健康法

在荷兰，堕胎已被非刑事化（《荷兰刑法典》第 296 条第 5 款）：在有认证的医院或诊所依据 1980 年《终止妊娠法》中所规定的条件，由医生对尚未达到离开母体后能够独立存活阶段的胎儿——即未满 24 周的胎儿——所实施的堕胎手术是合法的。每个（合法地）居住在荷兰的人都必须参加基本健康保险。对于那些无力购买该项保险的人，其保险金由政府支付。这一基

---

[1]　More information is available at a website, especially developed for teenage mothers: http://www.tienermoeders.nl.

[2]　ETC decision 2009 - 71.

本健康保险也涵盖了在怀孕期间的医疗费用和生育护理费用。[①]　基本健康保险还曾经涵盖避孕费用。该费用在 2011 年被排除在基本健康保险之外——但未成年人（即 18 岁以下的人）的避孕费用除外。在荷兰生育护理主要涵盖在婴儿出生后的第一周在家中对产妇和新生儿的专业护理。这方面的费用并不一定要从母亲的保险中支出。如果孩子的父亲和母亲生活在同一家庭之中，那么他也是这种生育护理的受益者，因此也可以从他的保险中报销护理费用。[②]　在荷兰，在家中分娩是常规，而在医院分娩则是例外。

没有获得居住许可的外国人不能报销医疗服务费用，因为他们被排除在健康保险之外。但是《外籍人法》第 10 条第 2 款规定，必须为所有病人提供"病情所必须"的医疗服务，即在病人面临丧失生命或身体重要功能的情况下为其提供必要的医疗服务。"病情所必须"这一概念还涵盖了"可能对他人构成威胁"的情况。这主要指传染性疾病，尤其是肺结核。怀孕也属于这种情况，在这里受到威胁的"其他人"是未出生的胎儿。[③]　最后，辅助生殖也为大多数保险公司所涵盖。投保人最多可报销三次辅助生殖尝试的费用。但是年满 43 岁的妇女大多数被排除在这种保险之外。

五　结论

正如在导言中所指出的，相对而言，妇女怀孕和生育在荷兰得到了很好的法律保护。但是在这方面存在着一个主要的瓶颈，即妇女在劳动市场继续遭受到歧视。这种歧视是持久的，虽然受到法律的禁止，却仍然在大规模地发生。毫无疑问，只要怀孕仍然会给雇主带来麻烦，这种歧视就会继续存在。怀孕对于许多雇主来说都是一件麻烦的事情，因为怀孕雇员至少要休 4 个月的产假（如果她决定在休完产假之后接着再休育儿假或者因怀孕而导致其他疾病的话，那么她离开工作岗位的时间就更长了）。这对于已经怀孕的女性求职者来说更是一个非常不利的条件。而在一名女性雇员证明了其价值之后，雇主一般就不会随便解雇她了。要解决这个问题非常难，除非孩

---

① This is regulated by the Wet van 16 juni 2005, houdende regeling van een sociale verzekering voor geneeskundige zorg ten behoeve van de gehele bevolking (Zorgverzekeringswet) [Act of 16 July 2005, on a social insurance for medical care for the entire population (Care insurance act)].

② See ETC 2004 - 40.

③ See Brief van de Minister van Volksgezondheid, Welzijn en Sport aan de Tweede Kamer inzake Zorgverlening aan illegalen [Letter of the Minister of Public Health, Wellbeing and Sports to the Second Chamber of Parliament, on Care for migrants without a residence permit], 16 October 2006, kenmerk Z/VV - 2723002.

子的父亲也能够像母亲一样休 16 个星期的产假，这样对于雇主来说男性雇员就像女性雇员一样会带来同样的麻烦了。但是，考虑到荷兰政府甚至不愿意将男性雇员的父亲陪护假从 2 天延长到 2 个星期，以上设想显然是不现实的。

（宋夏瀛洁译、李西霞校）

同龄退休：妇女的基本社会权利

薛宁兰[*]

一 相关背景

中国男女职工、男女职员不同龄退休的制度始于 20 世纪 50 年代。《中华人民共和国劳动保险条例》（1951）、《国务院关于工人、职员退休处理的暂行规定》（1958）分别对男女工人、男女职员的退休年龄采取了基于性别和行业的区别对待，[①] 即，女工人、女职员分别比男工人、男职员提前 10 年或 5 年退休。

中国现行男女退休年龄的主要依据是 1978 年《国务院关于工人退休、退职的暂行办法》和《国务院关于安置老弱病残干部的暂行办法》（统称"国务院 104 号文件"）。它们将男女退休年龄分为两类。干部类：男 60 周岁、女 55 周岁；工人类：男 60 周岁，女 50 周岁。这两个文件1979 年经中国第五届全国人民代表大会常务委员会第二次会议原则批准，具有法律效力。它们迄今依然有效，是中国关于男女法定退休年龄的基本依据。

2006 年 1 月 1 日施行的《中华人民共和国公务员法》没有延续《国家

---

[*] 薛宁兰，中国社会科学院法学研究所。

① 例如 1951 年 2 月政务院发布的《中华人民共和国劳动保险条例》第 15 条规定，男工人和职员年满 60 岁，工龄满 25 年；女工人和职员年满 50 岁，工龄满 20 年的，可以享受退休养老待遇；在井下、低温、高温工作场所工作的，或者直接从事有害身体健康工作的，男工人和职员年满 55 岁，女工人和职员年满 45 岁，可以享受退休养老待遇。

公务员暂行条例》（1993）的规定，① 其第 87 条规定"公务员达到国家规定的退休年龄或者完全丧失工作能力的，应当退休"，从而回避了男女公务员是否同龄退休的问题。何为"国家规定的退休年龄"？依照国务院第 104 号文件和中组部、人事部 1990 年《关于县（处）级以上女干部退（离）休年龄问题的通知》（即"22 号文件"），男女公务员（包括其他公职人员）的退休年龄是有差别的，即，县（处）级以上女公务员和男公务员都是 60 周岁退（离）休，县（处）级以下的女公务员则要比同级别的男性公务员提前 5 年退休。这不仅导致男女公务员之间的法定退休年龄不同，也在女性公务员间造成了制度性的差别对待。

　　20 世纪 80 年代末以来，几乎每年的全国人大会议和全国政协会议（简称"两会"）期间都有代表和委员提交"男女同龄退休"或"男女公务员/科技人员同龄退休"的建议，但一直未被全国人大和政府相关部门接受或改正。② 2009 年 4 月，全国人大常委会副委员长、全国妇联主席陈至立呼吁北京在全国范围内率先实行女干部、女知识分子与男性的同龄退休。③ 2011 年国务院妇女儿童工作委员会"关于落实全国人大常委会妇女权益保障法执法检查报告及审议意见的报告"称，④ 人力资源和社会保障部将统筹考虑就业形势、性别平等、社会保障等因素，兼顾干部与工人、在职人员与退休人员、机关事业单位与企业的各种情况，充分论证、审慎研究女性退休年龄问题。报告的积极意义在于政策制定者的性别平等理念有所提高，明确提出了性别平等是统筹考虑女性退休年龄诸多因素中的一项指标，在解决问题的策略上采取了一种灵活的有弹性的姿态。

---

① 1993 年中国《国家公务员暂行条例》曾规定男女公务员不同龄退休。其第 78、第 79 条分别对公务员"应当退休"年龄的上限，和"可以提前退休"年龄的下限作出规定，即：公务员男年满六十周岁，女年满五十五周岁，应当退休；公务员男年满五十五周岁，女年满五十周岁，且工作年限满二十年的，本人提出要求，经任免机关批准的，可以提前退休。该条例关于公务员退休年龄的规定，是新中国成立初期相关法律规定的延续。

② 2003 年，参加全国政协十届一次会议的妇联界的 66 位委员，提交了一份建议修改《国家公务员暂行条例》中男女退休年龄不相同的提案。2006 年，"两会"的全国提案组共收到 5 份关于男女同龄退休的提案。2009 年"两会"期间，全国政协委员程萍提出"从专业技术、知识研究等领域开始，实现男女同龄退休"的提案。中华女子学院教授孙晓梅自 2009～2011 年连续三年在全国两会上提交《建议国家实行部分群体分阶段、弹性退休制度》的建议。2010 年"两会"上，妇联也曾提出类似提案，人大也进行过研究。参见《女性平均寿命比男性高　委员热议"弹性退休"》，《广州日报》2011 年 3 月 8 日。

③ 《陈至立再呼吁男女同龄退休　为女性人才发展创造条件》，中国网，最后访问日期：2010 年 2 月 1 日。

④ 《国务院妇女儿童工作委员会认真落实全国人大常委会审议意见　建章立制继续加强妇女儿童权益保护》，资料来源：http://www.legaldaily.com.cn，最后访问日期：2011 年 4 月 7 日。

二　退休也是一项权利

对于女性比男性提前 5～10 年退休的规定，许多人认为，是国家对女性的照顾和保护，具有一定的历史合理性。[①] 因为，当时，国家处于计划经济时期，工资水平差别不大、养老金替代率低，女性普遍多生育、多子女；家务劳动（包括哺育子女、照料老人）的社会化程度很低，这些无报酬的工作主要由女性承担，由此造成职业妇女双重角色的冲突尖锐；加之，当时中国科学技术落后，社会产业结构以重工业为主，妇女从事的大部分工作与体力劳动相关，劳动强度大，因此成为当时立法选择女性比男性提前退休的社会基础。

然而，退休是劳动者依法享有的一项基本权利。"退休权与劳动权紧密相连，它是劳动权的一部分。只有劳动者才存在退休问题，因此，退休权的主体应是劳动者而不是公民"。[②] 国际法上的工作权（劳动权）是个人对应于国家的基本人权。由于工作权的实现与否关系到人的基本生存，因此，它是国际人权法领域中少数被单独列出进行讨论的人权范畴，也是在国际和国内立法各个层面被优先保障的领域。1948 年联合国《世界人权宣言》第 23条、第 24 条将劳动权具体化为：劳动就业权、自由择业权、获得公平报酬权、参加工会的权利、休息和休假权。联合国《经济、社会和文化权利国际公约》则将工作权即劳动权作为一项基本的社会权利。[③] 在中国《劳动法》中[④]，劳动权有广义和狭义之分。广义的劳动权是就业前、工作中和失业后各项权利的集合，具体如：工作权、报酬权、休息权、职业安全权、职业教育权、团结权、民主参与权、社会保险权等。中国学者普遍认为，狭义的劳动权与"就业权"同义，是指劳动者获得和选择工作岗位的权利，具体包括职业获得权、平等就业权和择业权。退休作为劳动者劳动的终结，是劳动者

---

① 《人事部有关负责人答〈中国妇女报〉记者问》，《中国妇女报》2000 年 8 月 31 日；孙晓梅：《对男女同龄退休建议和提案的思考》，载《中华女子学院学报》2012 年第 2 期。

② 马岭：《对劳动权中若干法律问题的思考》，载郭慧敏主编《社会性别与劳动权益》，西北工业大学出版社，2005，第 64 页。

③ 《经济、社会和文化权利国际公约》第 6～9 条、第 11～15 条，社会权利主要包括：工作权、享受公正和良好的工作条件的权利、组织和参加工会的权利、社会保障权、获得相当的生活水准的权利、健康权、受教育权等。

④ 中国现行《劳动法》第 3 条规定："劳动者享有平等就业和选择职业的权利、取得劳动报酬的权利、休息休假的权利、获得劳动安全卫生保护的权利、接受职业技能培训的权利、享受社会保险和福利的权利、提请劳动争议处理的权利以及法律规定的其他劳动权利。"

对劳动权的放弃。由此可见，退休权与劳动权紧密相连。法律规定劳动者的退休年龄，是对劳动权的限制，劳动者达到退休年龄便失去了劳动权。与此同时，他/她们也获得了养老的社会保障权。

从劳动者基本权利角度审视中国男女不同龄退休的规定，不难发现，仅因性别，便让女性提前退休，很难说不构成法律上的"歧视"。上述保护女性观点隐含的假设是将劳动作为一种义务。"如果把劳动看作一种义务，减免'义务'当然是'保护'；如果把劳动看作一种权利，减免'权利'就难说是'保护'了。""尤其是考虑到广大女性职工即使拒绝'保护'也不得不接受'保护'的事实，'保护女性'一说就显得有些勉强。"①

中国《宪法》第44条规定"国家依照法律规定实行企业事业组织的职工和国家机关工作人员的退休制度。退休人员的生活受到国家和社会的保障。"它表明，在中国，退休权是一项独立的基本权利，受到宪法保护。② 为保障个人享有这一宪法基本权利，国家负有三方面义务：即消极不作为的义务、积极作为的义务和保护性义务。

在退休权实现方面，国家负有积极作为的义务。它表现在，国家应为达到一定年龄的劳动者提供必要的养老待遇，使劳动者在年老丧失劳动能力时，可通过国家养老的社会保障，继续享受健康的生活，安度晚年。中国2011年7月1日起施行的《社会保险法》针对企业事业组织的职工和国家机关工作人员，规定"参加基本养老保险的个人，达到法定退休年龄时累计缴费满十五年的，按月领取基本养老金。"（第16条）由此可见，法定退休年龄在中国建立统一的养老保险制度过程中依然具有重要意义。它对于公有制单位（企事业单位、国家机关和人民团体）的职工而言，是他们开始领取基本养老金的临界点。但是，目前不同行业女性比男性分别提前5年或10年退休的规定，使她们不仅比处于同一职位的男性在工资收入方面有较大数额的减少，也会因提前退休而工龄短、养老金替代率低，从而无法获得满额退休金。③ 因此，今后国家在保障劳动者退休权实现方面，不仅要消除现阶段退休权的身份性特点，从公有制单位扩展至非公企业、临时工乃至全体劳动者（包括农民），同时，也应尽快改变男女不同龄退休带来的女性利益普遍受损的状况，认识到推行男女同龄退休制度不仅有利

---

① 潘锦棠：《养老社会保险制度中的性别利益——兼评关于男女退休年龄的讨论》，载《中国社会科学》2002年第2期。

② 参见夏正林《论退休权的宪法保障》，载《法学》2006年第12期。

③ 参见潘锦棠《养老社会保险制度中的性别利益——兼评关于男女退休年龄的讨论》，第123页。

于两性劳动权的平等享有，也是中国养老社会保障制度体现性别公正理念的反映。

三　一部分女性愿意提前退休的原因

21 世纪以来，互联网以不可阻挡之势，在中国迅速普及。有关男女退休年龄的争论通过互联网走出"高深"的学术殿堂，成为百姓"餐前饭后"的话题。

2003 年，公众对男女同龄退休问题的讨论达到高峰。当年 9 月，一篇《关于"男女同龄退休"问题的调查报告》（未刊稿）引起各界强烈反响。该项调查显示，被调查的企业女职工的 100%、事业单位女职员的 80%、女公务员的 20% 反对男女同龄退休。[①] 到 2003 年 12 月底，参与新浪网"是否赞成男女同龄退休"调查问卷的网民达 8569 人次；新华网发展论坛关于"我为什么不赞成男女同龄退休"讨论的浏览量达 10962 人次；参加搜狐网观潮栏目有关"男女同龄退休引发争议"讨论的网民达 18162 人次。[②] 为此，有人统计分析后得出结论[③]：参与讨论的网民中不赞成同龄退休的，新华网为 31.20%、新浪网为 22.25%，均在所有意见分布中位居第一；有关网民不赞成男女同龄退休的理由，排在首位的是专家和妇代会代表的"代表性不够"，分别为 31.21% 和 22.25%。作者因此认为"如果现在就把男女同龄退休写入法律，来指导现行退休政策有失牵强"。要"充分照顾到社会各阶层劳动妇女的利益"，"尽可能平衡不同行业、不同工种劳动者的具体利益，在调整过程中，尽可能有一个弹性空间"；还要"考虑到国家退休政策的调整，可能对整个养老保险基金的影响"，"考虑到用人单位企业对女性劳动者的偏见问题。"[④]

为澄清决策者、媒体以及公众在男女同龄退休问题上的模糊认识，为国家确立保障妇女人权、体现社会性别公正的退休养老制度提供实证研究依

---

① 转引自中国社会科学院"公务员退休年龄问题研究"课题组：《现行退休政策与女公务员的利益诉求》，载孟宪范主编《转型社会中的中国妇女》，中国社会科学出版社，2004，第 381 页。

② 转引自郭武伟《男女同龄退休问题网民民意研究——对新浪、新华两大门户网站的专题评论的统计分析》，载《甘肃社会科学》2005 年第 5 期。

③ 郭武伟：《男女同龄退休问题网民民意研究——对新浪、新华两大门户网站的专题评论的统计分析》，第 102 页。

④ 郭武伟：《男女同龄退休问题网民民意研究——对新浪、新华两大门户网站的专题评论的统计分析》，第 103 页、第 105 页。

据，2003 年以来，中国社会科学院、全国妇联、全国总工会等组织先后开展了对这一问题的实证调查研究。为回应"大部分妇女自己不同意男女同龄退休"① 的惯常说法，2010 年 9 月，全国妇联妇女研究所与黑龙江、江苏、江西、四川四省妇女研究所联合开展"退休年龄问题研究"项目。课题组在上述四省市发放调查问卷 4500 份，回收有效问卷 4188 份。调查样本采取立意抽样的方式，展示了不同性别、不同身份的人们对同龄退休问题的态度。调查发现，影响被访者对现行退休年龄态度的因素主要有：经济因素、工作环境因素、家庭因素、观念因素。不同行业、不同性别群体对现行退休年龄的看法不同，不同意男女工人同龄退休的比例，女干部 30.7%、女技术人员 38.7%、女工人则为 50.6%。课题组对相关影响因素分析后认为，"部分人'不同意'同龄退休，是社会生产力水平发展不高，劳动者没有享受体面劳动条件，工资福利和社会保障制度不健全，社会全体成员不能平等参与社会发展分享社会发展成果，迫使她/他们不得不把'提前退休'当作其工作和生活的'权宜之计'。政策制定者不应该把这种社会发展水平不高和制度不健全导致的'无奈之举'，当成部分工人或女工人群体的'自愿选择'。"②

可见，当前一部分女性（主要是工人阶层）愿意提前退休，是非常时期政策引导的结果，并非其内心真实意愿的表达。女干部、女技术人员呼吁同龄退休，则是因为现行规定影响到其职务升迁和退休后的收入。上述调查一定程度上回应了反对男女同龄退休观点所持论据，它们也表明，妇女群体在退休年龄上的诉求并非整齐划一，而是有不同利益诉求的和分层的。例如，近年来披露报端的诉请同龄退休案件多是女干部、女知识分子提出的。为此，今后推动男女同龄退休的策略，应当分群体、分阶段实施有选择的弹性退休年龄制度。这不仅能够体现退休的权利属性与特征，还通过渐进调整的方式，结合中国人口老龄化进程和就业状况，逐步将男女法定退休年龄调整到一个合理的区间。然而，无论法定男女退休年龄是否延长，实现男女同龄退休是近期应实现的目标。

四　以推动男女公职人员同龄退休为突破口

"公职人员"一词并非法律术语。一般认为，它是指具有国家公职身份

---

① 退休年龄问题研究课题组：《退休年龄问题研究报告》，载刘小楠主编《反就业歧视的策略与方法》，法律出版社，2011，第 318 页。

② 刘伯红、郭砾、郝蕊：《她/他们为什么赞成或反对同龄退休？——对选择退休年龄影响因素的实证研究》，载《妇女研究论丛》2011 年第 3 期。

或其他从事公职事务的人员，具体包括在国家立法机关、司法机关、行政机关、中国共产党和各个民主党派的党务机关、各人民团体以及国有企业中履行公共职务或从事公职事务的工作人员，即通常说的"干部"。参照中国《公务员法》第2条关于公务员的界定，笔者认为，体育、卫生、科技、教育等领域的专业技术人员，也是依法履行公职、由国家财政负担工资福利的工作人员。故"公职人员"包括干部和专业技术人员两大类人员。

推动公职人员男女同龄退休的具体步骤可分为两个阶段[①]：近期，应当将1990年原人事部关于高级知识分子退休问题的人退发〔1990〕5号文件、中组部和人事部关于处级以上女干部退休年龄的"组通字22号文件"，公开化、规范化，由中央重新统一发文，使这一政策在全国范围内获得普遍执行的效力。"十二五"期间，国家应修改《公务员法》。修法内容具体有：第一，将《公务员法》第87条"公务员达到国家规定的退休年龄或者完全丧失工作能力的，应当退休"修改为两款：（1）公务员年满60周岁或丧失工作能力的，应当退休；（2）此规定适用于具有国家公职身份或其他从事公职事务的一切公职人员。第二，将《公务员法》第88条关于公务员可以提前退休条件的第二项"距国家规定的退休年龄不足五年，且工作年限满二十年的"修改为"年满55周岁并且工作年限满二十年的"。[②]

提出这一政策法律建议的主要理由和依据主要是：

第一，男女公职人员不同龄退休是一种不经济的制度安排。

公职人员是国家政治、经济、文化和社会事业建设的骨干力量。他们大多具有大专以上文化水平，属于高知识人群，国家对他们的培养教育周期长、投入多。依照现行国务院104号文件，女性公职人员比男性提前5年退休。从女性的生命历程看，0～25/27岁时，她们与男性同处在接受教育的阶段，法律规定她们进入劳动力市场的最低年龄与男性相同（劳动法规定公民年满16周岁可以参加劳动），但是，她们退出劳动力市场的年龄却早于男性5年。女性27～55岁处于工作阶段，退休时工龄不满30年很难获得满额退休金，她们退休后还能存活20年或更长的时间。这势必造成国家教育资源

---

①　2011年2月25日，中国社会科学院妇女/性别研究中心承担的全国妇联委托项目"中国法律法规的回顾性研究与社会性别分析"课题组向"两会"代表委员提交"关于调整公职人员退休年龄政策的建议""关于'十二五'期间修改《公务员法》男女退休年龄的建议"两份建议书。

②　《公务员法》第88条规定："公务员符合下列条件之一的，本人自愿提出申请，经任免机关批准，可以提前退休：（一）工作年限满三十年的；（二）距国家规定的退休年龄不足五年，且工作年限满二十年的；（三）符合国家规定的可以提前退休的其他情形的。"

和人力资源的浪费，不利于社会的可持续发展。

男女不同龄退休的制度安排也是"男主外、女主内"的传统社会性别分工观念的结果。虽然立法的初衷在于照顾和保护女性，但男性同样需要得到国家保护。男女在退休问题上享有平等的选择权。目前，男性公职人员比女性多工作 5 年的制度安排，使他们过多地承担了社会养老的重担，对他们权利的享有也会带来负面影响。因此，男女不同龄退休规定不只是对女性的歧视，也构成对男性的歧视。

第二，延长女性公职人员退休是建立和完善养老社会保障制度的需要。

中国已进入老龄社会。到 2009 年，中国老龄化比例已达 8.3%，显著赶超世界平均水平 7.5%。① 与之相关的是，中国的人口平均预期寿命在延长。据国家统计局数据②，1990 年中国人口预期寿命 68.55 岁，其中男性 66.84 岁，女性 70.47 岁；到 2000 年，中国人口平均预期寿命上升至 71.40 岁，其中男性 69.63 岁，女性 73.33 岁。而在新中国成立初期，中国人口平均预期寿命男性仅为 40.0 岁，女性为 42.3 岁。随着平均预期寿命延长，人们保持劳动能力的年龄也相应延长；"十二五"期间及其之后的几十年间，中国社会养老负担将不断加重，养老社会保险的压力日益增大。男女不同龄退休也会使养老社会保险压力日益增大，不利于中国养老社会保障制度完善。据国家权威部门统计③，目前大量不规范的"提前退休"，使职工平均退休年龄降到 53 岁，而中国养老保险个人账户是以个人 60 岁后领取养老金设计的。

第三，实行公职人员同龄退休符合广大女性公职人员意愿。

经济社会的发展使得中国妇女群体的整体状况改善，新中国成立初期实行男女不同龄退休的法律基础已经改变。首先，随着女性受教育程度普遍提高，各行业中女性从事智力型工作的比例逐步提高。各类专业技术人员中女性比例由 1982 年的 38%，提高到 1997 年的 50%；在国家机关、党群组织和企业事业单位负责人中，女性比例从 1982 年的 10% 上升到 1997 年的 15%。④ 其次，女性群体平均预期寿命从新中国成立初期的 42.3 岁提高到 73.33 岁，并且高于男性 3~4 岁。再次，随着计划生育国策的推行，女性生

---

① 《专家称中国人口未富先老"十二五"最重要挑战》，资料来源：http://www.sina.com.cn，最后访问日期：2011 年 2 月 20 日。

② 中华人民共和国国家统计局编《中国统计年鉴 2009》，北京，中国统计出版社，2010，资料来源：http://www.stats.gov.cn/tjsj/ndsj/2009/indexch.htm，最后访问日期：2012 年 10 月 5 日。

③ 《中国平均退休年龄 53 岁　提前退休冲击养老制度》，资料来源：http://www.sina.com.cn，最后访问日期：2006 年 7 月 7 日。

④ 李慧英主编《社会性别与公共政策》，当代中国出版社，2002，第 194 页。

育周期缩短，平均 30 岁左右结束生育。加之家务劳动社会化程度大幅度提高，生育和抚育子女对在职妇女的影响日益减弱。如今，40~60 岁的中国女性正处在精力旺盛、专业技能日趋成熟、工作经验丰富的从业"黄金"时期。

退休年龄直接关涉公职人员的劳动权益和经济利益。作为一项国家政策，它也牵涉政府、企业，以及相关利益群体，影响到社会稳定，确实需要充分的论证和民意支持。那么，公职人员对男女同龄退休的意愿如何呢？2005 年，中国社会科学院"公务员退休年龄研究"课题组以党政机关、社会团体的男女干部为主要研究对象，同时以相当数量的国有企业女职工为参照群体，在具有代表性的陕西、福建、湖南、浙江四省进行了"公务员退休年龄民意"问卷调查。结果显示，与女职工相比，女性公务员更倾向于晚退休。在女性公务员群体中，50 岁以上的和职务在处级以上的女性公务员更希望晚些退休。有 73.2% 的女性公务员赞同男女公务员同龄退休。男女公务员普遍赞同实行男女同龄弹性退休方案，持赞同态度的男性公务员为 72.7%，女性公务员为 81.8%。[①] 不仅如此，近年来，女职员、女知识分子诉请同龄退休的案件不断披露报端[②]，实行男女同龄退休也成为历年中国"两会"期间的热议话题。可见，当年政策的受益者如今日益感受到区别对待的不合理与不公平，调整法定男女公职人员退休年龄的时机已经成熟。

第四，男女公职人员同龄退休符合宪法基本原则和精神。

男女平等是中国宪法确立的一项基本原则，它需要通过具体的立法，采取各种消除男女不平等因素的具体措施加以贯彻落实。实行男女同龄退休体现了我国社会的文明进步，是履行中国批准的国际人权公约的举措[③]。率先在条件已经成熟的公职人员中推行男女同龄退休，也是实现不分行业、不分性别的平等退休制度的第一步。正如有学者所言，男女平权退休是宪法权利，"调查有多少人赞成和反对同龄退休，没有任何意义。就像不可通过投

---

① 杨宜音、谭深等：《有关女性公务员退休年龄问题的调查报告》（未刊稿），2005 年 6 月，第 15 页。

② 具体案情参见《女高级知识分子诉用人单位强行退休纠纷案》，资料来 http://www.woman-legalaid.org.cn，最后访问日期：2006 年 2 月 22 日；《平顶山湛河区法院对"退休性别歧视案"作一审判决》，资料来源：http://www.xinhuanet.com，最后访问日期：2006 年 2 月 9 日。

③ 中国批准的有关妇女人权保障的国际公约也是促进性别平等、保障妇女人权法律体系的组成部分。目前主要有：联合国《消除对妇女一切形式歧视公约》《经济、社会、和文化权利国际公约》；国际劳工组织《男女工人同工同酬公约》《关于就业及职业歧视的公约》（第 111 号公约）。

票决定是否要残害一个人的肢体，也不可通过村民投票来瓜分一个村民的财产一样，是否符合宪法精神而不是人数多少才是依据。"①

不仅如此，当前实行公职人员同龄退休有一定的法律政策基础和实践基础。为贯彻男女平等基本国策和宪法原则，1990 年人事部人退发〔1990〕5 号文件②，规定女性高级专家，凡身体能坚持正常工作，本人自愿的，可以到 60 周岁退（离）休。1992 年中组部、人事部《关于县（处）级女干部退（离）休年龄问题的通知》（即"组通字 22 号文件"）规定："党政机关、群众团体的县（处）级女干部，凡能坚持正常工作，本人自愿的，其退（离）休年龄可到 60 周岁。"

这两个文件在许多省市自治区的党政机关和事业单位中得到贯彻落实，特别是人事部关于高级女知识分子延长退休年龄的通知，曾在 80% 的事业单位得到执行，受到广大女性知识分子的欢迎。③ 然而，由于这两个文件不具有法律、法规的强制力，在全国范围内并没有得到普遍执行。2010 年全国人大常委会关于《妇女权益保障法》实施情况执法检查报告指出："关于女性高级知识分子和处级以上女干部的退休政策，在部分中央和地方国家机关及事业单位没有得到很好执行。这部分妇女过早退休，不仅直接影响了她们的经济利益，同时也影响了她们晋升、发展空间，造成人力资源的浪费，也导致中高层女干部后继乏人。"④ 可见，将已有政策转化为法律规定是可行的，也是必需的。

五　结语

中国有关退休年龄的法律法规及政策性文件处于不断变化的状态。当前不仅男女之间退休年龄不同，即便是女性群体内部，不同行业、不同级别女性间的退休年龄也存在差别。其中，女性工人的退休年龄最低，为 50 周岁，并且在效益不好的企业中还存在着比法定退休年龄更低的"内退"年龄。

退休，既是劳动者退出劳动力市场的临界点，又是其依法领取退休金或者享受养老保障的社会福利制度。以性别视角观察中国的退休制度，不仅要关注男女工作权（劳动权）的平等享有，还要关注养老社会保障制度设计中

---

① 蔡定剑：《男女平权退休是宪法权利》，载《南方周末》2009 年 6 月 3 日。
② 该文件的全称是：《关于高级专家退（离）休有关问题的通知》。
③ 全国妇联妇女研究所：《关于国家公务员男女同龄退休问题的建议报告》，2005 年 2 月（未刊稿）。
④ 转引自陈丽平《常委委员热议男女同龄退休问题》，《法制日报》2010 年 7 月 3 日。

性别利益的均衡。前述分析可见，女性比男性提前 5～10 年退休的法律政策，侵害到女性平等就业权和养老的社会保障待遇。今后，中国这方面的法律政策改革还有较大的空间。在政策层面，应废除与宪法、法律相抵触的行政法规及政策性文件，逐步实行同一行业的男女之间、同一行业不同级别的女性之间的同龄退休；在国家法律层面，修改《妇女权益保障法》《劳动法》《公务员法》时应确立"国家实行男女同龄退休制度"的基本原则。

社会权利起源于福利国家的思想，属于第二代人权，其实现需要国家的积极作为。退休是劳动者不分性别、年龄等平等享有的基本社会权利。女性与男性同龄退休，则是她们作为劳动者依法享有平等社会权利的题中应有之义。它是国家对男女平等参与社会经济发展权的尊重，是社会文明进步的标志。它不仅符合中国宪法法律中男女平等基本原则的要求，也符合中国加入的国际人权公约的精神。

确保"特别规定"实施的
配套立法倡导要点

刘明辉[*]

2012 年 4 月 18 日国务院发布的《女职工劳动保护特别规定》（简称"特别规定"）与 1988 年发布的《女职工劳动保护规定》相比，有两点重大突破。其一是增加了一项新制度——用人单位负有预防和制止职场性骚扰的义务；其二是增加 8 天产假，把带薪产假改为产假期间发"生育津贴"。这是女权主义者推动多年的成果，值得庆贺。但其全面实施尚缺乏足够的法制基础，亟待配套立法。笔者不仅从事性别与法的教学和研究工作，还参与相关实践活动。曾主持 NGO 推动企业建立防治职场性骚扰机制项目，在国内推出第一家国企建立了防治职场性骚扰机制，并引领其他 5 家共建。作为公益律师，曾为怀孕期间被解雇的妇女提供法律援助。从理论与实践的结合中发现完善相关法律具有紧迫性。现提出女权主义者近期立法倡导的两个要点。

一 细化用人单位防止性骚扰的义务

（一）用人单位防止性骚扰的义务规范及其细化的必要性

《特别规定》第 11 条规定："在劳动场所，用人单位应当预防和制止对女职工的性骚扰。"这是国家立法首次设置用人单位防止性骚扰的义务规范，

---

* 刘明辉，中华女子学院法学院。

其中的"应当"一词表明这是一种强制性规范。用人单位只要违反此项义务，就应当承担相应的法律责任。这是女职工期盼已久的一项法律制度，堪称保障女职工人格尊严和工作环境权的一项重大突破，填补了国家性骚扰立法的一项空白。尤其是首次在劳动法领域确立此项制度，在法制建设历程中具有里程碑意义。如果用人单位履行了此项义务，女职工遭受性骚扰的概率就会明显降低；即使女职工遭受了性骚扰，也可以把侵权人和单位一起告到法庭，追究单位不履行预防和制止性骚扰义务的民事赔偿责任。但是，在实际操作时会产生诸多困惑。

其一，何为职场性骚扰？职场性骚扰有哪些类型？以何标准认定职场性骚扰？职场性骚扰与其他场合的性骚扰有何区别？

其二，用人单位应当采取哪些措施履行防止性骚扰义务？

其三，如果用人单位未履行防止性骚扰义务，其法律后果是什么？如果受害人提起诉讼，法院会判决用人单位与侵权人一起承担连带赔偿责任吗？法官如何掌握免责情形？

这些困惑均需地方政府和有关部门配套立法加以明确，否则，女职工很难从这种纸面上赋予的抽象的权利中获得实际利益。之前的判例已经暴露出立法的漏洞。在轰动全国的原告 L 诉上司横山宏明和广州某日资公司侵权案中，对于原告要求二被告赔偿 40 万元的诉讼请求，法院仅判决横山宏明支付精神损害抚慰金 3000 元。从原告 L 遭受横山宏明性骚扰长达数月，多次向公司投诉未果反被开除来看，该公司并无防止性骚扰的机制，依据《广东省实施〈中华人民共和国妇女权益保障法〉办法》的规定，理应承担连带赔偿责任。但是，就是因为其第 29 条第 2 款仅规定："用人单位和公共场所管理单位应当通过建立适当的环境、制定必要的调查投诉制度等措施，预防和制止对妇女的性骚扰。"从立法技术上来看，法律结构欠完整，缺乏相应的明确的法律责任，其结果是任由法官行使自由裁量权，因而使该义务规范停留在纸面上。可见细化用人单位防止性骚扰的义务规范具有必要性。

（二）细化用人单位防止性骚扰义务的可行性

其可行性体现在以下三个方面：

其一是具备上位法依据和域外惯例。因为职场性骚扰侵犯了劳动者的人格尊严权、劳动安全卫生权和平等就业权。保障劳动者工作环境的安全和卫生，尊重劳动者的人格尊严和平等就业权是劳动法的基本精神和重要内容之一，也是核心劳工标准之一，被称为劳动者的基本权利。鉴于性骚扰基于对女性尊严的蔑视和从属性定位，是一种特殊的性别歧视，消除歧视也是中国批准签署的《消除对妇女一切形式歧视公约》和《消除就业和职业歧视公约》（第111号公约）规定的义务。职场性骚扰导致受害人的身心俱损，劳动关系紧张，工作环境恶劣，受害人往往被迫离职。我国批准签署的《职业安全和卫生及工作环境公约》（第155号公约），要求缔约国采取保护劳动者的生命与健康、工作能力、人道工作环境的措施，尤其是法律措施。因此，在许多国家，职场性骚扰是反性骚扰法的重点。立法者秉承"防重于治"的理念，将雇主责任作为反职场性骚扰法的核心。如菲律宾《1995年反性骚扰法》等均规定雇主防治职场性骚扰的义务和未履行义务应当承担的赔偿责任。

判例法国家通过巨额赔偿警示雇主必须履行防治性骚扰义务。例如，美国历史上首例性骚扰集团诉讼案历经14年，1998年12月以和解方式结案。在原告方让步的情况下，共支付给洛伊斯等15名原告350万美元。对方律师费628万美元。算上己方律师费等，矿主及其保险商共花费了1500万余美元。1997年12月，第八巡回法院裁决："显然，埃弗莱斯矿对待妇女一直冷酷无情，并一直存在着性骚扰，而妇女们因此遭受的精神痛苦也显而易见。这些非人道的做法伤害了每位原告的情感和精神，她们蒙受了不可挽回的羞辱。尽管金钱损害赔偿不足以弥补对她们的伤害，也不能使她们恢复到受损害之前的状态，但却可以确立一个先例——在工作场所，这种恶意是不能被容忍的。"① 本案表明美国法律承认了恶意工作环境理论，认定工作场所的性骚扰可以构成性别歧视。如果雇主没有采取任何具体措施来阻止性骚扰，他们也应当承担连带赔偿责任。这使美国的所有企业都意识到，必须尽快制定有关政策，张贴在工作场所，并采取措施制止性骚扰的行为。

其二是地方立法已有尝试。2005年《妇女权益保障法》修正案创设禁止性骚扰的规定之后，为了遏制职场性骚扰现象的蔓延，绝大部分省、直辖市和自治区在地方法规中创设了防治性骚扰的雇主责任。例如，2006年7月31日修订的《湖南省实施〈中华人民共和国妇女权益保障法〉办法》第30条第2款规定："各单位应当采取措施预防和制止工作场所的性骚扰。"这是我国第一个关于单位防止工作场所性骚扰义务的法律规范。之后，其他省、直辖市和自治区②陆续修订《实施〈中华人民共和国妇女权益保障法〉办

---

① 参见〔美〕克拉拉·宾厄姆、劳拉·利迪·甘斯勒著《洛伊斯的故事——一个改变美国性骚扰立法的里程碑案件》，纪建文译，北京，法律出版社，2004，第377页。

② 江西省、陕西省、上海市、安徽省、宁夏回族自治区、广东省、天津市、浙江省、湖北省、四川省、山西省、江苏省、河北省、云南省、福建省、内蒙古自治区、山东省、青海省、北京市等。

法》，增设单位防治工作场所性骚扰的义务。有的比较具体，例如，2008 年
1 月 19 日修订的《江苏省实施〈中华人民共和国妇女权益保障法〉办法》
第 32 条第 2 款规定："用人单位和公共场所管理单位应当通过建立适当的环
境、制定必要的调查投诉制度等措施，预防和制止对妇女的性骚扰。"2008
年 9 月 28 日修订的《福建省实施〈中华人民共和国妇女权益保障法〉办法》
第 25 条第 3 款规定："用人单位应当采取措施预防工作场所的性骚扰，有性
骚扰情形发生时，应当及时处理。"其中，四川省的规定比较完备①，为相关
配套立法积累了实践经验。

其三是试点企业已经具备实践经验。国内的诸多判例显示出事后救济成
本过高。不仅举证难而风险高，胜诉难而赔偿少。而且会受到报复，承受偏
见所形成的舆论压力，甚至使家庭成员受牵累。"在女性只身面对性骚扰时，
制度和工作环境的支持非常重要。对餐馆服务员的案例进行分析后发现，对
来自客人的性骚扰有积极应对措施的工作环境中，女服务员受到客人性骚扰
的可能性大大降低。如餐馆服务员 H 所说：'我遇到的老板基本上都是为员
工的，一般都是出来劝，实在不行了就换个服务员。有的时候老板一看客人
喝高了，就会主动换上男服务员。要是闹得厉害了，就报警。'餐馆的案例
说明，好的企业政策对有效防范性骚扰发生有着积极的意义。"②

近年来，基于企业的社会责任感、企业文化的灵魂——尊重人的尊严，
顾及商誉对企业的事关生存发展的影响力，一些先进企业主动承担防治职场
性骚扰的义务。例如，以通用电气（中国）公司为范例，国际劳工组织等机
构资助原北京大学妇女法律研究与服务中心，在河北省衡水市老白干酿酒
（集团）有限公司、北京翠微大厦、北京西郊宾馆、唯美度国际美容连锁集
团有限公司、中山火炬城建开发有限公司和华北制药集团有限公司等企业做
试点。

这些企业在其防治职场性骚扰的措施中，不仅制定了防治职场性骚扰的
规章制度、设置了专门受理性骚扰投诉和处理投诉事件的机构，而且明确管

---

① 2007 年 9 月 27 日修订的《四川省实施〈中华人民共和国妇女权益保障法〉办法》第 33 条
规定："禁止以语言、文字、图像、信息、肢体行为等任何形式对妇女实施性骚扰。用人单
位和雇主应当采取措施制止工作场所的性骚扰。"第 47 条规定："违反本办法规定，对妇女
实施性骚扰或者家庭暴力，构成违反治安管理的，受害人可以提请公安机关对违法行为人
依法给予治安管理处罚，也可以依法向人民法院提起民事诉讼。构成犯罪的，依法追究刑
事责任。在工作场所发生对妇女实施的性骚扰，造成妇女身体、精神、名誉损害，单位或
者雇主有过错的，应当依法承担相应的民事赔偿责任。"

② 唐灿、陈明霞、薛宁兰等：《工作场所中的性骚扰：多重权力和身份关系的不平等——对 20
个案例的调查和分析》，《妇女研究论丛》2009 年第 6 期。

理者的职责，包括及时调查处理投诉或者举报的事件、对受害人采取补救措施和惩处加害人等积极作为的义务，以及不得泄密、不得报复等不作为的义务。对于"单位采取什么防范措施"已经积累了丰富的经验。

建章立制后，上述企业劳动关系和谐，未发生性骚扰事件。在试点企业彰显出积极预防的作用。实践证明，雇主有能力制定并实施防范措施；即使在发生性骚扰事件后，也有能力及时采取补救措施。可见细化用人单位防止性骚扰义务具有可行性。

（三）细化用人单位防止性骚扰义务的立法建议

在地方制定实施"特别规定"的法规、最高法院做出司法解释、人力资源和社会保障部出台规章时，在细化用人单位防止性骚扰的义务时可以考虑以下条款：

在具体措施方面，可以表述为：用人单位应当建立性骚扰防治机制，包括但不限于以下措施：（1）依法制定明确的防治性骚扰的规章制度；（2）设置便于投诉或举报的专门机构，负责受理投诉与调查工作；（3）开展防治职场性骚扰政策的宣传教育活动，定期进行防治职场性骚扰的培训；（4）接到性骚扰投诉或者发现性骚扰行为时，及时妥善处理，根据具体情形采取对受害人的补救措施和对加害人的惩戒措施，并尽可能采取保密和防止报复措施。（5）在劳动合同和集体合同中明确禁止工作场所性骚扰。（6）有防止顾客/客户性骚扰的措施。

对于第（6）项，试点企业的做法是：在与顾客/客户签订的服务合同/协议或者通知、注意事项等文书中，写明企业防治性骚扰的政策。在服务场所的醒目位置张贴"尊重他人的人格尊严"等警示语，提醒顾客/客户共同营造先进的企业文化与和谐的工作环境。在入职培训和日常培训中增加如何应对来自顾客/客户性骚扰的内容。例如，针对接热线电话的员工经常遭受性骚扰的情况，规定在何种情况下可以录音、可以挂机等自我保护措施。

在未履行法定义务的法律后果方面，应当设置具体的连带赔偿责任、补救措施和免责情形。

1. 连带赔偿责任

在面试及工作场所，求职者或者女职工遭受性骚扰的，用人单位应当与加害人一起承担连带赔偿责任。女职工因拒绝性骚扰而被开除、辞退或者被迫辞职而未安排复职的，用人单位应当支付赔偿金。

2. 补救措施

女职工因拒绝性骚扰致使发生下列情形之一的，用人单位应及时采取纠正等补救措施：（1）被剥夺晋升机会的；（2）被取消参加培训、旅游、参评先进等享受奖励或者福利资格的；（3）被调换岗位或者工作地点、减薪、降级或者撤职的；（4）被扣发奖金、提成或者被罚款的；（5）被开除、辞退或者被迫辞职的；（6）因报复而影响职位和待遇的其他情形。

3. 免责情形

用人单位能够证明履行了上述义务的，根据其履行情况可减轻或者免除赔偿责任。

女职工不利用所在单位预防或纠正性骚扰机制没有正当理由的，可以免除用人单位的赔偿责任。

实践证明，只有将"义务"具体化，才能起到预防作用。只有增设法律责任，才能有效地督促用人单位履行"义务"。

二　消除生育保险中的户籍歧视制度

（一）户籍歧视是落实生育津贴制度的最大障碍

《特别规定》中最引人注目的变化之一是将女职工生育享受的产假由90天延长至98天。同时引导用人单位通过参加生育保险将生育负担社会化，以减少"性别亏损"，促进企业公平竞争。其立法初衷在于减轻企业负担，在女职工与其所在单位利益之间寻求平衡。落实生育津贴制度以参加生育保险为前提，如果企业不能参加生育保险，就意味着其不得不回到改革之前企业负担生育费用的时代。而现行生育保险制度确实存在不允许外地户籍女职工参加生育保险的规定。例如，《上海市城镇生育保险办法》历经两次修正①，仍然将适用范围限于"具有本市城镇户籍并参加本市城镇社会保险的从业或者失业生育妇女"。除了办理人才引进"居住证"的外来精英女以外，都被排斥在城镇生育保险之外。即使其所在单位愿意缴费，也无法跨越制度的藩篱。

（二）户籍歧视阻碍生育负担社会化影响女性就业

由于这种制度性户籍歧视阻碍生育负担社会化，所以对女职工就业产生

---

① 2001 年 10 月 10 日上海市人民政府令第 109 号发布；根据 2004 年 8 月 30 日上海市人民政府令第 33 号《上海市人民政府关于修改〈上海市城镇生育保险办法〉的决定》第一次修正；根据 2009 年 3 月 30 日上海市人民政府令第 11 号《上海市人民政府关于修改〈上海市城镇生育保险办法〉的决定》第二次修正。

了明显的负面影响。

　　根据《妇女权益保障法》和《女职工劳动保护规定》（包括修正后的《女职工劳动保护特别规定》）等法律法规的规定，对于不参加生育保险社会统筹的女职工，其所在单位应当承担生育费用。有人认为生育费用不过几千元而已，不存在负担过重的问题。其实，几千元的生育医疗费在生育保险待遇中只占较小部分，较大部分负担是产假津贴。因为多数女职工休产假 4 个月，在北京市工作的女职工出现难产情形，即使生一胎，也有权休 233 天（每月按 30 天计算）。因为《劳动法》第 62 条规定："女职工生育享受不少于九十天的产假。"依据《特别规定》，女职工顺产生育的产假改为 98 天。女职工难产的，增加产假 15 天。多胞胎生育的，每多生育 1 个婴儿，增加产假 15 天。《北京市人口与计划生育条例》规定了晚育（已婚妇女年满 24 周岁初育）奖励假 30 天（也可以由男方享受），休假期间不得降低其基本工资或者解除劳动合同；不休奖励假的，按照女方一个月基本工资的标准给予奖励。领取《独生子女父母光荣证》的，女职工经所在单位批准，可以再增加产假 3 个月，但减免 3 年独生子女父母奖励费。而根据北京市民政局的文件，一方户口在本市的，就可以办理《独生子女父母光荣证》。可见，嫁给北京人的外来女，是有可能休 233 天产假的。而依据《妇女权益保障法》第 27 条的规定，"任何单位不得因结婚、怀孕、产假、哺乳等情形，降低女职工的工资"。此处的"工资"取代了 1988 年国务院《女职工劳动保护规定》中的"基本工资"，意味着全部劳动报酬，包括基本工资（含计时工资、计件工资）、奖金、津贴和补贴。

　　正因为在如此长的产假期间由单位支付工资，才导致用人单位或者不招外来女，或者排挤处于"三期"的女职工。有的单位不得不搞虚假派遣①或者出资购买商业医疗保险，甚至不择手段地逼迫、引诱孕妇自动辞职。笔者的当事人蔺某就遭遇了所在公司的排挤——在孕期被增加一倍工作量以至于昏倒在地铁中。她凭着顽强的毅力在治愈后坚守岗位，最终仍被辞退。该案历经 4 年，北京市劳动争议仲裁委员会支持了蔺某继续履行劳动合同的请求，但法院一审、二审均判决蔺某败诉，直至 2011 年再审才确认原判有误，经过调解，改为蔺某自动辞职，领取了 8000 元的补偿金。据蔺某调查，该公司因"性别亏损"，自 2008 年 2 月 8 日北京市劳动争议仲裁委员会做出裁

---

① 本文作者作为原北京大学法学院妇女法律研究与服务中心律师提供法律援助的一个案例：北京的某公司委托上海的劳务派遣机构为沪籍女职工邬某搞虚假派遣，邬某在京休产假 4 个月，从上海领取 3 万多元的生育津贴。

决之日起，就不再招录外来女。

可见，雇用外来女的单位也受到了歧视，阻碍其参与公平竞争。从而引发了侵害女职工权益的许多纠纷，加重了对外来女的就业性别歧视，也直接影响女大学生就业。例如，很多单位暗箱操作只要男生，有些单位勉强招录女生却附加"3 年内不得怀孕""5 年内不准生育"等条件。26 岁的李某拒签这种不平等合同，但她求职多家而处处碰壁。一位老总直言不讳地告诉她，你这种年龄是"不受欢迎的年龄"，你想想啊，女性到了这个年龄，结婚生育迫在眉睫，工作没多久就要谈恋爱、成家、生孩子、休产假，工资还得照发，用人单位何必找这个麻烦？反正年轻人多的是。可以设想，假如把"工资照发"改成生育保险基金支付，用人单位的态度就会有所转变。因此，仅由《妇女权益保障法》和《就业促进法》规定单位不得在合同中有"禁婚""禁育"条款，是不足以保障妇女的平等就业权的。当务之急是扩大生育保险的覆盖面。

（三）消除生育保险户籍歧视的实践经验

在推动北京市消除生育保险户籍歧视的过程中，发现障碍主要来源于以下两个方面：

一是担心生育保险不与户口挂钩会增加大城市医疗机构的负担，并且增加大城市的承载压力。这是可以理解的，关键在于如何制定解决方案。不能因为法律变革吸引外来女留在城市生育导致医院不堪重负，就剥夺外来女本应享受的生育保险权利和平等就业权利，而应当通过国家财政转移支付等手段增加医疗设施和医务人员，化解此项变革的负面影响。社会保险的普惠制是大势所趋、人心所向。不仅职业女性有权享受生育保险待遇，而且非职业女性也有社会保障权利。正如郑功成教授所言：生育险和就业地方相关，不和他的户籍相关，这一点法律上很明确。更值得关注和期待的是，生育保险应该由现在的只面向职业女性发展成面向所有的女性。上升到福利性、普惠性的保险，这才是它的法律方向。可见，生育保险不与户口挂钩，这仅仅是公平的底线。

二是对生育保险的功能认识不足。笔者反复向主管部门的决策者灌输：生育保险制度的确立体现了国家对生育社会价值的认可。妇女不仅是促使人类走向富裕与文明的强大生产力，而且是人类自身的创造者。生育关系到整个民族的劳动力再生产，而下一代的素质高低直接关涉整个民族的兴衰。正如史探径所言，生育行为具有社会价值，是一种神圣的社会劳动，按照市场规则，社会就应该承认生育的社会价值并支付合理的报酬或给予经济补偿。① 生育保险可以减轻女职工的经济和心理负担，从而以健康的体魄孕育"民族的未来"。妇女为尽此社会责任而导致体能和经济的双重亏损，理应得到社会的回报。多数妇女因此而沦为弱势群体，获得法律倾斜性保护才使实质性公正得以实现。

因此，在生育保险社会统筹之初，就显示出促进女性就业的特殊功能。例如，山东省济宁市生育保险的参保率达到 90%，且每年都有稳步上升趋势。企业按照上年度全部职工工资总额的 1%，每月 10 日前向当地社会劳动保险机构缴纳生育保险费。生育保险与养老保险、医疗保险等各项社会保险实行了"一票征缴制"。缓解了企业生育费用负担畸轻畸重的矛盾。在未实行生育保险统筹前，女职工集中的纺织、商业系统，生育费用最重，职工人均负担分别是每年 37 元和 22 元；负担最轻的是航运、建筑和电力系统，职工人均负担分别是每年 4 元、7 元和 8 元。如该市棉纺织厂在职职工 4500人，女职工占 70% 以上，平均每年有 300 名左右女职工按计划生育，需支出生育费用 40 多万元，使企业发展困难。实行社会统筹后，该厂已累计受益达 80 万元，弥补了因女工生育、哺育给企业经济效益带来的部分损失，那种认为招女工吃亏、企业负担重的观念有了较大程度的改变。全市基本上改变了过去那种靠劳动部门硬压任务按比例招收女工的状况，每年招收的女工比例都在 50% 以上。过去，有许多企业把怀孕、生育的女职工当成包袱，当成优化组合下岗的对象，实行生育保险后，转变了观念，能够妥善安排女职工工作。女职工已成为企业发展的一支生力军，全市涌现出一大批女工程师、女能手和女企业家。②

除了学者和妇女组织反复游说以外，北京市第一中级人民法院也曾提出建议。根据该法院对 2010 年度审理的涉及女职工享受生育保险权利的二审劳动争议案件进行调研的结果，外地户口女性职工因无法办理生育保险享受相关待遇，从而要求单位报销生育费用成为女职工劳动保护纠纷的争议焦点。北京市相继出台了《北京市企业职工生育保险规定》（2005 年）、《北京市劳动和社会保障局关于企业职工生育保险有关问题处理办法的通知》（2006 年）、《北京市人力资源和社会保障局关于进一步完善企业职工生育保险有关问题的通知》（2009 年）、《北京市实施〈中华人民共和国妇女权益保障法〉办法》（2009 年）等一系列规范性文件，为女职工生育保险制度的健

---

① 参见史探径主编《社会保障法研究》，法律出版社，2000，第 217 页。

② 参见山东省济宁市妇联《女职工生育保险社会统筹情况调查》，《中国妇运》2002 年第 5期。

全与普及提供了更加明细的指引。但这些文件仅适用于本市行政区域内的城镇各类企业和与之形成劳动关系的具有本市常住户口的职工。虽然《北京市劳动和社会保障局关于企业职工生育保险有关问题处理办法的通知》将生育保险的适用对象扩大至本市行政区域内的城镇各类企业、民办非企业单位、实行企业化管理的事业单位中持北京市人事局签发的《北京市工作居住证》的职工，但是仍没有针对大多数外地户口女性职工如何享受生育保险制度的相关待遇作出规定，生育保险的制度价值无法得到充分发挥，以人为本，尊重女性的理念打了折扣。所以，妇女生育保险权利保障缺失问题已成为北京市女性劳动者的维权重点。调研发现，涉案女职工大多集中在家政、餐饮、文化教育、服装等劳动密集型服务行业，这些行业人员流动性强，没有固定住所，且多为农村户口，女性职员大多会选择回到原籍度过孕、产期，这就使得维权成本过高、女职工本应依法享有的各项生育待遇不能得到切实落实。此外，北京市女性劳动力有相当一部分是女性大学毕业生，这部分人目前正值生育年龄，由于所在单位不能为她们解决本市户口，她们大多选择将户口、档案托管在学校或者人才服务机构，导致结婚后很难办理《生育服务证》，无法享受生育保险。针对这种情况，一中院建议：相关部门进一步从社会保险和社会保障方面完善女职工权益保护的相关制度。[①]

通过 5 年多的不懈努力，终于转变了立法者的观念。基于消除户籍歧视以促进女性就业的理念，《社会保险法》中的生育保险制度并未与户籍挂钩。为了与《社会保险法》相一致，2011 年 7 月 7 日，北京市人力资源和社会保障局出台了《关于落实社会保险法有关问题的通知》（京人社法发〔2011〕196 号）。规定"本市行政区域内的用人单位和职工应当参加基本养老保险、基本医疗保险、工伤保险、失业保险及生育保险"。又经过近 5 个月的磨合期，终于自 2012 年 1 月 1 日，率先消除了生育保险中的户籍歧视制度，此举引起了强烈的积极的社会反响，为上海和深圳做出了榜样。

综上所述，为了确保《特别规定》第 11 条规定得以实施，必须在配套立法时细化用人单位防止性骚扰的义务规范，并增设相应的法律责任。为了确保女职工在休产假期间能从生育保险基金领取生育津贴以减少"性别亏损"，必须尽快消除生育保险中的户籍歧视制度。

---

① 张晓蓓：《一中院法官对完善女职工生育保险制度提出建议》，北京法院网，最后访问日期：2011 年 3 月 11 日。

生育假制度比较研究：
德国、荷兰和中国

李西霞[*]

　　自 1878 年产假制度在德国肇始至今，已有百余年历史。[①] 在此期间，世界上绝大多数国家都分别建立了产假期限和生育津贴水平各不相同的产假制度，[②] 其中，相当数量的国家还通过立法建立了父亲陪护假或父母育儿假制度。[③] 从单一的产假发展成为由产假、父亲陪护假和父母育儿假构成的较为

---

　*　李西霞，中国社会科学院法学研究所。

　①　参见 Gustav Adolf & Herbert Buchner, MUTTERSCHUTZGESETZ, at 66 – 67（4th ed. 1976）（stating that maternity leave was provided as early as 1878 in Germany），转引自 Mona L. Schuchmann,"The Family and Medical Leave Act of 1993：A Comparative Analysis with Germany", 20 J. Corp. L. 334（1995 – 1995），Note 18 and 19；另参见 Annie Pelletier," The Family Medical Leave Act of 1993—Why Does Parental Leave in the United States Fall so far Behind Europe?" Gonz. L. Rev. 565. 2006 – 2007. 另参见 Robert G. Moeller, "Mother's Work：From Production to Reproduction in Postwar West Germany", in *Journal of Social History*, Vol. 22, No. 3（Spring, 1989），p. 418。

　②　截止 2005 年，全球已有 166 个国家通过相关立法，实行产假制度。参见 Ida Öun and Gloria Pardo Trujillo：*Maternity at work：A review of national legislation. Findings from the ILO's Conditions of Work and Employment Database*（Geneva, ILO, 2005）2005, EXECUTIVE SUMMARY。

　③　到 2007 年，已有 66 个国家通过相关法律，规定父亲有权享有带薪陪护假或带薪育儿假。参见：Heymann, Jody, Alison Earle, and Jeffrey Hayes. 2007. The Work, Family, and Equity Index：Where does the United States stand globally? Boston：Project on Global Working Families. http：//www. hsph. harvard. edu/globalworkingfamilies/images/report. pdf（accessed April 29, 2008）. 转引自：Margaret O'Brien, "Fathers, Parental Leave Policies, and Infant Quality of Lift：International Perspectives and Policy Impact", *The ANNALS of the American Academy of Political and Social Sciences*, 624, July 2009。

全面的生育假制度，其关注的内容也从保护母亲和新生儿的健康与提供工作保障措施扩大到家庭与职场中的性别平等、对养育子女责任的重新界定，以及增进儿童福祉领域。本文根据项目设计①要求，研究分析德国、② 荷兰和中国三个国家的生育假制度，以期为完善中国的相关制度提供理论依据和有益经验。

一　关于生育假、产假、父亲陪护假、和父母育儿假概念的使用

关于与生育相关的不同类型休假概念的使用，不同国家的学者在其各自的研究中使用的术语存在明显差异。在本研究中，笔者采用一种相对来说被普遍接受的方法界定生育假、产假、父亲陪护假和父母育儿假。③ 生育假一词用来指与生育相关的各种休假的统称，具体包括产假（maternity leave）、父亲陪护假（paternity leave）和父母育儿假（parental leave）。④ 通常情况下，产假由新生儿母亲专属享有，它具体指女职工在分娩期间依法享有的有工作保障的休假。在许多国家，产假包括产前假和产后假。父亲陪护假由新生儿父亲单独享有，时间较短，它是新生儿父亲在孩子出生时能够享有的一项法定权利。父母育儿假则是在母亲休完产假后或父亲休完陪护假后，由父母两人共同享有或其中一人享有的一段较长时间的休假，用来照顾和抚育婴幼儿。⑤ 产假制度，世界上多数国家都有规定，其目的是为了保护母亲和新

---

① 2011 年 9 月 19 日至 9 月 28 日，笔者作为中国社会科学院法学研究所加强妇女社会权利法律保护访问团成员之一，对荷兰和德国进行了访问。在荷兰，走访了乌特勒支大学法学院、荷兰人权研究所、健康与人权组织国际协会、荷兰平等待遇委员会、E - Quality 组织、Clara Wichmann 研究所等相关机构；在德国，走访了维尔茨堡大学法学院和慕尼黑大学社会法研究所。在此期间，访问团与上述机构或组织的专家和学者就妇女社会权利的法律保护进行了深入的交流和探讨，访问取得了圆满成功。本研究是此次访问的成果之一。

② 本研究内容不包括 1990 年两德统一前的德意志民主共和国的相关制度。

③ Sakiko Tanaka, "Parental Leave and Child Health across OECD Countries", in *The Economic Journal*, Vol. 115, No. 501, Features (Feb., 2005), p. F7; Rebecca Ray, Janet C. Gornick and John Schmitt, "Who cares? Assessing Generosity and Gender Equality in Parental Leave Policy Designs in 21 Countries", in *Journal of European Social Policy*, 2010, p. 209.

④ 本文不涉及收养子女假。

⑤ Margaret O'Brien: "Fathers, Parental Leave Policies, and Infant Quality of Life: International Perspectives and Policy Impact", *The ANNALS of the American Academy of Political and Social Science*, 624, July 2009; See also: Sakiko Tanaka: "Parental Leave and Child Health across OECD Countries", *The Economic Journal*, Vol. 115, No. 501, Features (Feb., 2005), p. F8.

生儿的健康，以及为新生儿母亲提供工作保障措施。[1] 2005 年，有 166 个国家建立了产假制度。[2] 但是，父亲陪护假和父母育儿假在各个国家却有较大差异。2007 年，有 66 个国家建立了带薪父亲陪护假制度或带薪父母假制度。[3] 其目的在于促进女性劳动力市场参与和男女两性在有偿工作和无偿的家务劳动中的责任分担。

二 德国的生育假制度

（一）德国生育假立法

德国是世界上最早实施产假制度的国家。早在 1878 年，德国就通过了世界上第一部《产假法》，实行不带薪产假制度，法律保障女职工产后享有为期 3 周的产假。[4] 当时由于工业革命，妇女大量涌入劳动力市场。[5] 一方面，她们自身及其子女的健康引起了社会的广泛关注；另一方面，她们承担着职场工作和照顾家庭的双重责任，尤其是在怀孕期间和分娩后。因此，当时的立法目的是对妇女提供保护以防止她们在生育期间过度劳累并确保正常怀孕和生产健康的孩子。[6] 之后，立法者通过不断修订法律延长产

---

[1] ILO, 2009. *Gender equality at the heart of decent work.* Report VI, International Labour Conference, 98th Session（Geneva），p. 45.

[2] Ida Öun and Gloria Pardo Trujillo：*Maternity at work：A review of national legislation. Findings from the ILO's Conditions of Work and Employment Database*（Geneva，ILO，2005）2005，EXECUTIVE SUMMARY.

[3] Heymann, Jody, Alison Earle, and Jeffery Heyes. 2007. *The Work, Family, and Equity Index：Where does the United States stand globally?* Boston：Project on Global Working Families. http：//www. hsph. harvard. edu/globalworkingfamilies/images/report. pdf（accessed April 29, 2008）.

[4] Mona L. Schuchmann, "The Family and Medical Leave Act of 1993：A Comparative Analysis with Germany", 20 J. Corp. L. 331 1994 – 1995, p. 335；Raymond DeVries, Sirpa Wrede, Edwin van Teijlingen, and Cecilia Benoit：*Birth by Design：Pregnancy, Maternity Care and Midwifery in North American and Europe*, 2001, p. 204, Routledge.

[5] Mona L. Schuchmann, "The Family and Medical Leave Act of 1993：A Comparative Analysis with Germany", 20 J. Corp. L. 334（1995），p. 345.

[6] Gustav Adolf & Herbert Buchner, MUTTERSCHUTZGESETZ, at 66 – 67（4th ed. 1976）（stating that maternity leave was provided as early as 1878 in Germany），转引自 Mona L. Schuchmann, "The Family and Medical Leave Act of 1993：A Comparative Analysis with Germany", 20 J. Corp. L. 334（1995），at 67（stating that "To best ensure a normal pregnancy and birth of a healthy baby, doctors believed that pregnant women should not be overburdened during pregnancy）.

假期限并提高生育津贴水平，以实现特定的立法目的。[①] 20 世纪 80 年代，德国通过相关立法实行父母育儿假制度，赋予新生儿父母亲享有育儿假的权利，以期促进女性就业和男女两性在家庭和工作领域享有平等的机会并分担同样的责任。[②] 从 1878 年创制产假制度到 1986 年实行父母育儿假制度，德国建立了由产假和育儿假组成的生育假制度。在此过程中，德国多次调整生育假政策目标，并积极改革政策工具，逐渐放弃对家庭主义观念和传统劳动性别分工的支持，促进"去家庭主义"和鼓励妇女就业，[③] 促进职场和家庭中的性别平等，促进职工兼顾工作和家庭生活，并关注儿童福祉。目前，规范生育假的法律主要包括 1952 年的《生育保护法》（Maternity Protection Act）和 2009 年 3 月 17 日对该法的修正案、2007 年 1 月 1 日生效的《德国父母金及父母休假法》（Parental Allowance and Parental Leave Act）和 2009 年 3 月 28 日对该法的修正案、1911 年的《国民保险条例》（National Insurance Regulation）和 2009 年 3 月 17 日对该法的修正案、2006 年的《全民平等待遇法》（General Act on Equal Treatment）和 2009 年 2 月 5 日对该法的修正案。[④] 以下从产假和父母育儿假两个方面进行介绍。

（二）产假

1. 产假期限

如前所述，德国是世界上最早实行产假制度的国家。早在 1919 年国际劳工组织成立之前，德国已于 1878 年建立了产假制度。尽管产假为产后不带薪休假，期限也只有 3 周，[⑤] 但它为女职工提供了法律和制度保障，并体现了当时社会对产妇和新生儿健康的关注。此后，为了实现不同的政策目

---

① Gustav Adolf & Herbert Buchner, MUTTERSCHUTZGESETZ, at 66 - 67 (4th ed. 1976) (stating that maternity leave was provided as early as 1878 in Germany), 转引自 Mona L. Schuchmann, "The Family and Medical Leave Act of 1993: A Comparative Analysis with Germany", 20 J. Corp. L. 334 (1995), at 67 (stating that "Generally, amendments to the Maternity Leave Act, increasing the amount of leave and pay, were considered to be desirable improvements based upon progress made in the German social system and newly acquired medical knowledge.").

② Parental leave in a narrow sense was introduced in Germany in 1986. See: Jane Lewis, *Work-Family Balance*, *Gender and Policy*, (Edward Elgar, 2009), p. 125.

③ Jane Lewis, *Work-Family Balance*, *Gender and Policy*, (Edward Elgar, 2009), p. 127.

④ 参见 http://www.ilo.org/dyn/travail/travmain. sectionReport1? p_ lang = en&p_ countries = DE&p_ sc_ id = 2000&p_ year = 2009&p_ structure = 3 "visit on 2 February 2010".

⑤ Mona L. Schuchmann, "The Family and Medical Leave Act of 1993: A Comparative Analysis with Germany", 20 J. Corp. L. 334 (1995), p. 335.

标，德国联邦政府多次通过立法调整产假期限和产假津贴待遇。在德国产假制度长期发展和完善过程中，主要的立法措施包括：（1）1927 年，德国批准国际劳工组织第 3 号《生育保护公约》（以下简称"第 3 号公约"）后，为履行该公约义务，德国通过《尊重妇女产前和产后就业法》（Act Respecting Employment Before and After Childbirth）。① 该法规定怀孕妇女享有12 周的产假，其中产前 6 周，产后 6 周，产后 6 周为强制性休假。其目的在于使国内法律与"第 3 号公约"保持一致，并为新生儿母亲和新生儿提供健康保护，以及为新生儿母亲提供就业保障。（2）20 世纪 50、60 年代以来，德国女性就业比例持续上升。为了加强对妇女的劳动保护和养育健康的下一代，德国于 1952 年通过《母亲保护法》。② （3）1965 年，德国延长产后强制性休假至 8 周（多胞胎生育或早产的情况下产后 12 周），加上产前 6 周，总共为 14 周。③ （4）为了鼓励生育，1979 年，德国将新生儿母亲产后休假的期限延长至 6 个月（包括产后 2 个月的强制性休假）。④ 虽然1979 年产假政策改革有利于提高生育率，然而，这无疑是对母亲作为新生儿最主要照顾者的明确承认，根本没有考虑到新生儿父亲可能分担照顾婴儿的责任。

现行法律规定，在德国，所有与雇主有雇佣关系的妇女，包括在家工作的挣工资的妇女（female home workers）和与这些妇女享有同样权利的妇女

---

① Kook Hee Lee，"Gender Equality in Reconciling Work and Chilcare in South Korea"（2009），, Cornell Law School Inter-University Graduate Student Conferences，paper 17. At：http：// scholarship. law. cornell. edu/lps_ clacp/17.

② Robert G. Moeller，"Protecting Mother's Work：From Production to Reproduction in Postwar West Germany"，*Journal of Social History*，Vol. 22（3），1989，pp. 419 – 420.

③ Mutterschutzgesetz "MuSchG" "Maternity Protection Act"，Nov. 9，1965，BGBl. I No. 67 at 1821，§ 6（1）（F. R. G.），translated in INTERNATIONAL LABOUR OFFICE，LEGISLATIVE SERIES 1965 – Ger. F. R. 2（stating that "No woman shall be employed until eight weeks after her confinement."）. CF：Kook Hee Lee， "Gender Equality in Reconciling Work and Chilcare in South Korea"（2009），Cornell Law School Inter-University Graduate Student Conferences，paper 17. At：http：//scholarship. law. cornell. edu/lps_ clacp/17.

④ Mutterschutzgesetz "MuSchG" "Maternity Protection Act"，June 25，1979，BGBl. I No. 32，at 797（F. R. G.），*translated in* INTERNATIONAL LABOUR OFFICE，LEGISLATIVE SERIES 85 – 93（1980）. § 8a（1） （stating that "A mother shall be entitled to maternity leave immediately after the end of the protected period referred to in subsection（1）of section 6 and until the date on which her child reaches the age of six months. She shall receive cash maternity benefit under subsection（1）or（3）of section 13 in respect of the leave period."）. CF：Kook Hee Lee，"Gender Equality in Reconciling Work and Chilcare in South Korea"（2009），Cornell Law School Inter-University Graduate Student Conferences，paper 17. At：http：//scholarship. law. cornell. edu/lps_ clacp/17.

（those with the same legal rights as home workers）都享有产假。[1] 产假期限为14 周，其中产前 6 周，产后 8 周（多胞胎生育或早产的情况下产后 12 周）（产后休假为强制性休假）。妇女在分娩后的强制性休假期间不得工作。然而，孕妇在产前休假期间如果明确表示希望继续工作，那么她可以继续工作直到分娩；她也可以随时改变主意停止工作。也就是说，孕妇在产前是否休假是她的一项权利，可以自行决定。但是，产后休假则具有强制性质，它禁止妇女在产后休假期间从事工作。

2. 生育津贴

在逐渐延长产假期限的同时，德国发展了产假补偿制度，即生育津贴制度。德国 1883 年《医疗保险法》首次确立了产假补偿制度，[2] 以保障女职员在分娩后有稳定的收入来源，维持母亲和孩子适当的生活水平。然而，只有一小部分就业妇女，也就是说只有那些参加自我保险的就业妇女才有资格享有生育津贴。生育津贴标准为为其工资的二分之一或四分之三，享有津贴的期限为产后 3 周。[3] 生育津贴由医疗保险基金支付。其后，重要的生育津贴改革包括：（1）1942 年，参加法定医疗保险的妇女在产前 6 周和产后 6 周享有现金生育津贴，其标准为女职工分娩前 13 周的平均收入，但不得不低于每天 2 德国马克。[4]（2）1965 年，随着产后强制性休假的期限延长至 8 周，享有生育津贴的期限相应延长到 14 周（包括产前 6 周）。[5]（3）1979 年，德国将新生儿母亲产后休假的期限延长至 6 个月。相应地，生育津贴标准的计算依据也作了调整，为女职员分娩前三个月的平均收入。母亲在强制性休假的 8 周内，生育津贴标准从每天 3.5 德国马克到每天 25 德国马克不等。从第三个月起，生育现金津贴标准最高为每天 17 马克。除此之外，母亲在休假期间还有权享有雇主支付的补助金，以弥补女职员分娩前三个月平均收入

---

① Maternity Protection Act § 1.

② 吕亚军、刘欣：《浅析欧盟成员国"家庭友好政策"》，载于《中华女子学院学报》2009 年 2 月第 21 卷第 1 期。

③ Maternity & Gender Policies：Women and the Rise of the European Welfare States 1880s - 1950, edited by Gisela Bock & Pat Thane, (Routledge (USA and Canada), 1991), p. 223.

④ Kook Hee Lee, "Gender Equality in Reconciling Work and Chilcare in South Korea" (2009), Cornell Law School Inter-University Graduate Student Conferences, paper 17, p. 29. At: http://scholarship. law. cornell. edu/lps_ clacp/17.

⑤ Kook Hee Lee, "Gender Equality in Reconciling Work and Chilcare in South Korea" (2009), Cornell Law School Inter-University Graduate Student Conferences, paper 17, p. 39. At: http://scholarship. law. cornell. edu/lps_ clacp/17.

和生育津贴之间的差额。①

现行法律规定，一般来说，德国所有的就业妇女和登记为失业人员的妇女在法定的产假期间有权享有生育现金津贴。② 生育现金津贴待遇标准为女职工产假前三个月平均净工资的 100%。③

以上分析表明，在产假制度的构建上，德国在母亲角色这个问题上似乎一直持"较为保守"的态度，这可能是因为德国传统上一直奉行男主外女主内的家庭模式的缘故。相关政策主要侧重于保护母亲和新生儿健康、和为女职工提供就业保障和生育津贴，这种政策实际上一直在起着鼓励妇女留在家里照顾婴幼儿的作用。政府在产假制度的设计和调整方面一直处于主导地位，生育津贴由政府、雇主和雇员共同缴纳的医疗保险基金支付。

（三）父母育儿假和育儿津贴

20 世纪 60 年代，妇女运动的第二次浪潮在欧洲大陆兴起。妇女要求在工作和家庭领域、私人和公共领域享有与男性平等的呼声日渐高涨。70 年代以后，女性就业率进一步提高，要求改革产假制度的舆论压力也进一步增大。在此情形下，瑞典顺应变革的政治呼声，于 1974 年率先实行父母育儿假。其目的在于促进两性平等，使父亲和母亲在家庭和工作方面享有平等的机会并分担同样的责任，④ 支持职工平衡工作和家庭关系，促进妇女就业并改善妇女在劳动力市场的状况。⑤ 之后，其他国家纷纷仿效，支持父亲使用父亲陪护假和父母育儿假帮忙带孩子，鼓励男性尽早进入抚育婴幼儿的家庭角色并力求实现家庭角色的性别平等。⑥

在德国国内，1985 年 7 月 10 日，德国批准《消除对妇女一切形式歧视

---

① Jan Ondrich, C. Katharina Spiess, Qing Yang, and Gert G. Wagner "The Liberalization of Maternity Leave Policy and the Return to Work after Childbirth in Germany", *Review of Economics of the Household* 1, 2003, p. 80.

② Maternity Protection Act § 13 (1) (2), National Insurance Regulation § 200 (1).

③ National Insurance Regulation § 200 (2), Maternity Protection Act § 13 (1), 14 (1).

④ Margaret O'Brien, "Fathers, Parental Leave Policies, and Infant Quality of Lift: International Perspectives and Policy Impact", *The ANNALS of the American Academy of Political and Social Sciences*, 624, July 2009, pp. 190 – 191.

⑤ Nancy E. Dowd, "Envisioning Work and Family: A Critical Perspective on International Models", *Harvard Journal on Legislation*, Vol. 26, 311 1989.

⑥ Margaret O'Brien, "Fathers, Parental Leave Policies, and Infant Quality of Lift: International Perspectives and Policy Impact", *The ANNALS of the American Academy of Political and Social Sciences*, 624, July 2009, pp. 190 – 191.

公约》。因而，有义务履行该公约关于"要求成员国保证家庭教育应该包括确认教养子女是父母的共同责任"的规定。[1] 另外，一直以来，德国人非常重视儿童的早期教育和发展。他们认为，儿童的早期发展阶段对儿童一生的发展至关重要。所以，法律应尽量为父母亲在平衡工作和家庭生活方面提供更大的选择空间，使父亲或母亲任何一方在儿童生命的早期发展阶段有时间和精力照顾他们。通过规定父母亲的休假时间，育儿假为父母提供必要的时间以照顾孩子；通过提供补贴，育儿津贴使父母有经济能力使用休假。这样，当新生儿父母亲面对工作和家庭生活的冲突时，就可以把儿童利益放在第一位。[2]

来自国际层面的影响和国内舆论的压力，促使德国对其产假制度进行改革。1986 年，《联邦育儿津贴法》生效，德国引入父母育儿假制度，赋予作为雇员的父亲享有育儿假的权利，同时也使得父母育儿假在抚育婴幼儿方面成为一个更为重要的工具。[3] 新生儿父母亲享有使用育儿假的平等权利，这是德国在其历史上首次以法律形式承认父亲在照顾婴幼儿方面的作用。育儿假的期限为 10 个月（包括母亲产后两个月的强制性休假）。[4] 每个家庭留在家里照顾婴幼儿的母亲或父亲有权享有育儿津贴，其标准为在母亲产后强制性休假结束后的前 6 个月为每月 600 德国马克，它与新生儿父母休假前的

---

[1] Article 5 of the Convention on the Elimination of All Forms of Discrimination against Women provides for that States Parties shall take all appropriate measures： （a）to modify the social and cultural patterns of conducts of men and women, with a view to achieving the elimination of prejudices and customary and all other practices which are based on the idea of the inferiority or the superiority of either of the sexes or on stereotyped roles for men and women； （b）to ensure that family education includes a proper understanding of maternity as a social function and the recognition of the common responsibility of men and women in the upbringing and the development of their children, it being understood that the interest of the children is the primordial consideration in all cases.

[2] Mona L. Schuchmann, "The Family and Medical Leave Act of 1993： A Comparative Analysis with Germany", 20 J. Corp. L. 334 （1995）, p. 346.

[3] Jan Ondrich, C. Katharina Spiess, Qing Yang, "Barefoot and in a German Kitchen： Federal Parental Leave and Benefit Policy and the Return to Work after Childbirth in Germany", *Journal of Population Economics*, Vol. 9, No. 3 （Aug., 1996）, p. 250.

[4] In 1979 a regulation was introduced which granted employed women paid leave for the duration of six months after childbirth. This policy measure was discontinued with the introduction of parental leave in 1986, which gave mothers and fathers an equal right to use leave. 参见 Kook Hee Lee, "Gender Equality in Reconciling Work and Childcare in South Korea" （2009）, Cornell Law School Inter-University Graduate Student Conferences, paper 17, p. 40. At： http：// scholarship. law. cornell. edu/lps_ clacp/17. 另参见 Sakiko Tanaka： "Parental Leave and Child Health across OECD Countries", in *The Economic Journal*, Vol. 115, No. 501, Features （Feb., 2005）, p. F17。

工资收入水平没有关系。从第 7 个月开始，育儿津贴标准将依据新生儿出生两年前的家庭年度净收入予以确定，并逐渐减少。对于双亲家庭，如果家庭年度净收入每年超过 29400 德国马克，该家庭则没有资格享有育儿津贴；而对于单亲家庭，享有育儿津贴的家庭年度净收入的上限是 23700 德国马克。每多生育一个孩子，享有育儿津贴的年度净收入上限增加 4200 德国马克。[①]

　　随后，对父母育儿假政策进行的一次重大改革发生在 1992 年。父母育儿假的期限延长至 3 年，享有父母育儿津贴的期限延长到 2 年，育儿津贴为每月 600 德国马克（或每月 300 欧元）。然而，由于德国传统的男主外女主内家庭模式的影响和男女工资收入的差距，随着育儿假期限的延长，年轻母亲退出劳动力市场的时间越长，最后返回劳动力市场的比例也越低。[②] 虽然，父亲也有权享有部分育儿假，但实际上只有女性使用育儿假。[③] 比如，1994年，仅有 2.2% 的育儿假申请者是父亲，而且父亲仅占使用育儿假人数的1.5%。[④] 因此，育儿假和育儿津贴制度似乎在养育子女领域没有真正实现两性平等，因为育儿假的使用者主要是母亲。

　　为实现更大程度上的男女平等，21 世纪初期，德国对其父母育儿假政策进行了一系列改革，并把男女两性平等地从事有偿工作和无偿的家务劳动作为其政策的主要目标。[⑤] 这些改革措施主要包括：首先，2001 年改革赋予育儿假制度更大的灵活性，父母育儿假被规定为一项个人权利，新生儿父母可以选择同时休假。另外，如果他们选择享有育儿津贴的期限为 1 年的话，津贴标准为每月 900 德国马克（或每月 450 欧元）。[⑥] 其次，在育儿假期间，从

---

① Jan Ondrich, C. Katharina Spiess, Qing Yang, "Barefoot and in a German Kitchen: Federal Parental Leave and Benefit Policy and the Return to Work after Childbirth in Germany", *Journal of Population Economics*, Vol. 9, No. 3 (Aug., 1996), p. 251.

② Jan Ondrich, C. Katharina Spiess, Qing Yang, and Gert G. Wagner "The Liberalization of Maternity Leave Policy and the Return to Work after Childbirth in Germany", *Review of Economics of the Household* 1, 2003, p. 79. CF: Jan Dirk Vlasblom, Joop Schippers, "Changing dynamics in female employment around childbirth: evidence from Germany, the Netherlands and the UK," *Work, Employment and Society*, Volume 20 (2), 2006, pp. 342 – 343.

③ Jan Dirk Vlasblom, Joop Schippers, "Changing dynamics in female employment around childbirth: evidence from Germany, the Netherlands and the UK," *Work, Employment and Society*, Volume 20 (2), 2006, p. 342.

④ Germany, The Second and Third State Report to the Committee on the Elimination of All Forms of Discrimination Against Women, Nov. 4, 1996, CEDAW/C/DEU/2 – 3 at 39.

⑤ Jane Lewis, *Work-Family Balance, Gender and Policy*, (Edwrd Elgar, 2009), p. 131.

⑥ Esther Geisler and Michaela Kreyenfeld, 'Against all odds: Fathers' use of parental leave in Germany', *Journal of European Social Policy*, 2011, pp. 90 – 91.

事非全日制工作在 2001 年成为新生儿父母亲的一项合法权利。[①]法律规定，父母任何一方在休育儿假期间可以从事非全日制工作，每周工作时间为 15 小时至 30 小时。如果超过 30 小时，育儿津贴为每月 300 欧元。从事非全日制工作的前提条件是该职工与雇主的雇佣关系已经持续 6 个月以上，并且没有商业上的利益障碍。这一法律规定仅适用于职工人数超过 15 名的企业。[②]在休育儿假期间从事非全日制工作的父母有权在与雇主商定的非全日制工作期间结束后返回其原工作岗位。[③] 2000～2001 年间进行改革的意图是要促进男女在就业和照顾婴幼儿方面享有更多的平等机会。最后，2007 年，新生儿的父母育儿假被削减为 12 个月。如申请带薪假的是母亲，父亲还可以申请额外两个月的假期（这一实践采取了斯堪的纳维亚模式）。也就是说新生儿父母有权享有 14 个月的带薪育儿假，在此期间，育儿现金津贴待遇标准为平均月工资收入的 67%，最高为 1800 欧元，最低为 300 欧元。育儿现金津贴的支付由国家承担。[④]

以上分析表明，21 世纪初，德国改革选择的路径与促进男女两性平等地从事有偿工作和无偿家务劳动这一目标相联系，它标志着摒弃早期父母育儿假制度下的设计初衷，因为该早期制度导致大量女性退出劳动力市场。不过，所采取的改革措施却更加注重工具主义，承诺父母亲的平等就业，实行较短的育儿假假期和非全日制工作制。

三　荷兰的生育假制度

（一）荷兰的生育假立法

从比较的视角看，荷兰的产假制度也有较长的历史。早在 1889 年，荷

---

① Jan Dirk Vlasblom, Joop Schippers, "Changing dynamics in female employment around childbirth: evidence from Germany, the Netherlands and the UK", *Work, Employment and Society*, Volume 20 (2), 2006, p. 334.

② Parental Allowance and Parental Leave Act § 15 (5), 15 (6) (7).

③ Parental Allowance and Parental Leave Act § 15 (5).

④ Margaret O'Brien, "Fathers, Parental Leave Policies, and Infant Quality of Lift: International Perspectives and Policy Impact", *The ANNALS of the American Academy of Political and Social Sciences*, p. 624, July 2009. 另参见 Klammer, U. and Letablier, M. T., "Family policies in Germany and France: the role of enterprises and social partners", *Social Policy and Administration*, 41 (6), 2007, pp. 672 - 692. CF: Jane Lewis, *Work-Family Balance, Gender and Policy*, (Edwrd Elgar, 2009), p. 127.

兰就通过《劳动法》建立了产假制度。然而，相对于德国而言，荷兰在开发生育假政策方面却起步较晚。20 世纪 90 年代以前，荷兰的生育假政策非常有限。当时，唯一有效的休假政策是 1930 年《健康保险法》规定的期限为 12 周的产假。但是，进入 20 世纪 90 年代末期，由于家庭模式和劳动力市场就业模式的变化，休假制度的改革成了一个重要的政策问题。在此背景下，荷兰进行了一系列改革。第一个重要的改革是 1990 年将产假期限从 12 周延长至 16 周。其后，又分别于 1991 年和 1997 年实行育儿假制度和父亲陪护假制度。2001 年 12 月 1 日，颁发实行《就业和护理兼顾法》，规定带薪产假、带薪父亲陪护假和不带薪育儿假制度。[①] 在现行法律体系中，规范生育假的法律规定主要包括在 2001 年《就业和护理兼顾法》、1995 年《工作时间法》（2009 年修正案）、1913 年《疾病保险法》（2009 年修正案）、1966 年《残疾人保险法》（2009 年修正案）、2001 年《民法典》（2009 年修正案）、1994 年《平等待遇法》（2009 年修正案）和 1997 年《工作条件法》（2009 年修正案），1991 年《父母亲育儿假法》（1997 年修正案）。[②]

（二）产假

在荷兰，1889 年《劳动法》首次规定，自 1890 年起女性产业工人享有不带薪产假，产假期限为 12 周，产前 6 周，产后 6 周。40 年后的 1929 年，荷兰通过《健康保险法》规定，从 1930 年起，女职工有权享有生育津贴：已婚女职工的生育津贴为其工资报偿的 100%，未婚女职工的生育津贴为其工资报偿的 80%。[③] 生育津贴的享有期限为 12 周，从健康保险基金支付。1990 年将产假期限和享有生育津贴的期限从 12 周延长至 16 周，生育津贴标准为其工资收入的 100%。

现行的产假制度规定在 2001 年生效的荷兰《就业和护理兼顾法》。该法规定了一系列措施以保护怀孕女职工的健康和安全，并保障有孩子的家庭能够兼顾家庭和工作。紫色联合政府强调该法中的"休假时间政策"是促进劳动力重新分配的一个手段，它能使母亲和父亲凭借平等的法律手段协商确定

---

① *The Politics of Parental Leave Policies*: *Children*, *Parenting*, *Gender and the Labour Market*, edited by Shelia Kamerman and Pater Moss, (The Policy Press, University of Bristol, 2009), p. 176.

② 参见 http://www.ilo.org/dyn/travail/travmain. sectionReport1？p_ lang = en&p_ countries = DE&p_ sc_ id = 2000&p_ year = 2009&p_ structure = 3 "visit on 2 February 2010"。

③ Gro Hagemann, *Reciprocity and Redistribution-Work and Welfare Reconsidered*, (Edizioni PLUS - Pisa University Press, 2007), pp. 87 - 94.

最佳的时间安排。① 《就业和护理兼顾法》规定，女职员享有带薪产假的权利，产假期限为 16 周，其中产前 6 周，产后 10 周；② 在产假期间，生育现金津贴待遇平均标准高于当期国家平均工资标准，具体为产假之前日工资的 100%。③

值得指出的是荷兰女性个体经营者的生育津贴待遇问题。2004 年 8 月，荷兰政府废止了《个体经营者残疾保险法》，④ 取消个体经营者的生育津贴。在该法废止前，它不仅提供疾病和残疾保险金，而且还为女性个体经营者提供为期 16 周的生育津贴，津贴标准为最低净工资数额。在荷兰妇女利益团体和工会的推动下，同时考虑到荷兰在已批准的《消歧公约》上承担的保障性别平等与生育保护义务，荷兰于 2008 年通过成文法恢复了保障女性个体经营者的生育津贴政策。⑤根据该成文法，女性个体经营者在生育期间有权享有生育津贴，期限为 16 周，生育津贴的标准依据前一年的年收入计算，但最多不得超过每月 1317 欧元。⑥

（三）父亲陪护假

《就业和护理兼顾法》还规定，新生儿父亲享有带薪陪护假。带薪陪护假为 2 天，在婴儿出生后 4 周内休完，由用人单位全额支付两天日工资的 100%。

（四）父母育儿假

如前所述，自 1974 年瑞典实行育儿假制度以后，对包括荷兰在内的国家产生了积极影响。同时，在荷兰国内，20 世纪 80 年代，随着从事非全日制工作和服务行业工作的妇女人数的增加，非全日制就业人数迅速增多。究其原因，一是因为缺乏儿童保育设施和缺乏对儿童照顾的支持，这种情形迫使新生儿母亲只有从事非全日制工作来兼顾工作和照顾孩子；二是因为 20 世纪 80 年代荷兰国内劳动力市场严峻的就业形势，强化了对非全日制工作

---

① Trudie Knijn and Chiara Saraceno，"Changes in the regulation of responsibilities towards childcare needs in Italy and the Netherlands：different timing, increasingly different approaches"，*Journal of European Social Policy*，2010，p. 449.

② Work and Care Act § 3：1.2, 3：1.3.

③ Work and Care Act § 3：10.1, 3：7.1.

④ Wet Arbeidsongeschiktheid Zelfstandigen，Act of 24 April 1997，*Stb*. 1997，177.

⑤ Act of 29 May 2008，*Stb*. 2008，192.

⑥ *The Protection of Working Relationships*：*A Comparative Study*，edited by Frans Pennings & Claire Bosse，（Kluwer Law International，2011），p. 106.

就业的选择。为了保障以女性为主的非全日制就业者的权利，以及相关的育儿政策，荷兰于 1991 年颁行《父母育儿假法》，开始实施不带薪育儿假制度。育儿假期限为 6 个月，育儿假期间必须从事非全日制工作，且每周工作时间不得少于 20 小时。该法的颁行旨在实现两个目标：一是提高妇女的就业率。从事非全日制工作有助于新生儿父母在劳动力市场的参与而不必完全退出劳动力市场。二是促进男性和女性在有偿工作和无偿劳动之间的平等分工。然而，法律实施的效果似乎并没有实现所预期的目标，例如，1994 年，有资格享有育儿假的女性和男性职员中只有 27% 的女性职员和 11% 的男性职员申请使用育儿假。① 另外，该法关于每周工作时间不得少于 20 小时的规定，使相当数量从事非全日制工作的母亲丧失了享有育儿假的资格。

为了解决上述问题，荷兰 1997 年 7 月 1 日颁布施行新修订的《父母育儿假法》。根据修订后的法律，为现任雇主工作的时间超过一年以上的雇员有权享有育儿假。新生儿父母育儿假期限为 6 个月，在此期间必须从事非全日制工作，非全日制工作时间为正常工作时间减半。另外，职员可以要求用人单位将其育儿假休假时间安排在超过 6 个月的一个较长的期间内或要求每周休假的时间延长。除非有令人信服的商业理由，否则用人单位不得拒绝职员的要求。育儿假在孩子满 8 岁前的任何时候都可以使用。育儿假是一项个人权利，不得在新生儿父母双方之间自主分配。因此，休假政策的灵活性大大增加。不过，尽管进行了上述重要改革，但育儿假原则上仍为不带薪休假，除非育儿假期间的工资补偿通过集体劳动协议加以解决。所以说，如果说 1991 年育儿假法被解释为在一个相当标准的工作时间制度下引入一项缩短工作时间的法定权利，那么 1997 年修订后的育儿假法则使育儿假更加符合多样性和个性化的现实工作时间。② 2007 年，符合育儿假资格要求的女职员和男职员中分别有 42% 和 18% 申请使用育儿假。③

从以上分析可以看出，从 20 世纪 90 年代初建立育儿假制度到 21 世纪初对育儿假制度的改革，荷兰一直把父亲从事全日制工作母亲从事非全日制工作并照顾子女的家庭模式作为协调工作和家庭生活责任的主要方式，虽然

---

① *The Politics of Parental Leave Policies*：*Children*，*Parenting*，*Gender and the Labour Market*，edited by Shelia Kamerman and Pater Moss，（The Policy Press，University of Bristol，2009），p. 180.

② *The Politics of Parental Leave Policies*：*Children*，*Parenting*，*Gender and the Labour Market*，edited by Shelia Kamerman and Pater Moss，（The Policy Press，University of Bristol，2009），p. 180.

③ Trudie Knijn and Chiara Saraceno，"Changes in the regulation of responsibilities towards childcare needs in Italy and the Netherlands：different timing，increasingly different approaches"，*Journal of European Social Policy*，2010，p. 449.

政府通过立法延长非全日制女职工的劳动时间。该模式不同于德国的男主外女主内家庭模式。另外，荷兰通过立法为非全日制职工提供实质性的保护，使育儿假的使用更具个性和灵活性，其保护水平高于德国。但是，与德国不同，荷兰政府没有贸然地扩大推行政策实施的财政承诺，而是把更多的成本转嫁给雇主，如一些雇员育儿假期间的津贴通过集体协议协商可以得到解决。所以，荷兰的津贴水平不如德国慷慨，且资格条件也比较严格。

四　中国的生育假制度

（一）　中国的生育假立法

中国产假制度建立于 20 世纪 50 年代初。1951 年，政务院颁发《中华人民共和国劳动保险条例》，对企业"女工人与女职员"的产假期限及其产假期限的工资补偿作出明确规定。1955 年，国务院颁发《关于女工作人员生育假期规定的通知》，对机关、事业单位女职工生育保险作出规定，使机关和事业单位女职工也享有基本相同的制度保障，同时也使生育保护的覆盖范围从企业女职工扩大到机关、事业单位女职工。[①] 此后，我国不断通过颁发和实施新的法律法规，逐渐完善了生育假制度。现行法律制度中，规范生育假的法律文件包括：1992 年《中华人民共和国妇女权益保障法》（2005 年修正）、1995 年《劳动法》、《企业职工生育保险试行办法》（1995 年）、2002 年《人口与计划生育法》和 2011 年《社会保险法》、2012 年《女职工劳动保护特别规定》以及各省制定的生育保险地方性法规和政府规章。[②]

（二）　产假

新中国成立之初，中国于 1951 年颁发《中华人民共和国劳动保险条例》，对产假制度进行规定。该条例第 16 条规定，"女工人与女职员生育，产前产后共给假五十六天，产假期间，工资照发"。另外，条例还规定女工人与女职员或男职员的配偶生育时，有权享有由劳动保险基金项下支付定额

---

① 黎建飞主编《社会保障法》，中国人民大学出版社，2008，第 187 页。另参见郑功成等著《中国社会保障制度变迁与评估》，中国人民大学出版社，2002，第 278 页。

② 目前，北京、上海、广东、山东、重庆、江苏、海南、福建、湖南、吉林、安徽、河南、新疆、西藏等省市分别由省级人民政府或省人民代表大会常务委员会制定相关条例。其他省、市、自治区关于生育保险的规定则主要由当地的劳动厅等部门作出。参见丁雯雯编著《生育保险法律应用指南》，法律出版社，2011，第 5 页。

的生育补偿费。1955 年，国务院颁发《关于女工作人员生育假期规定的通知》，生育保护的覆盖范围从企业女职工扩大到机关、事业单位女职工。

20 世纪 70 年代末以来，随着改革开放和社会主义市场经济在中国的逐步建立，企业用人制度和用工制度已经开始改革，但生育成本依然由企业各自负担。为了避免妇女因生育而对其就业产生的负面影响，加强对妇女的生育保护，中国对产假制度进行了一系列改革。1988 年，国务院颁布《女职工劳动保护规定》，将女职工的产假从原来的 56 天延长到 90 天（其中产前15 天），产假期间的生育津贴为其基本工资，生育津贴由企业支付。1994年，劳动部发布《企业职工生育保险试行办法》，规定从 1995 年 1 月 1 日起，产假期间的生育津贴按照本企业上年度职工月平均工资计发，由生育保险基金支付。

2011 年 7 月 1 日生效的《中华人民共和国社会保险法》，是新中国成立以来第一个关于社会保险的综合性立法，它的实施将极大地加强公民个人各项社会保险权利（从业人员的养老保险、医疗保险、失业保险、工伤保险、和生育保险；非从业人员的养老保险和医疗保险）的法律保护，并将在一定程度上减少社会不平等。生育保险作为我国社会保险制度的重要组成部分，在《社会保险法》中有专章规定。内容涉及参保与缴费原则、生育保险待遇、生育医疗费用项目等。

2012 年 4 月 18 日，国务院颁布《女职工劳动保护特别规定》。主要的改革内容包括：首先，该规定将生育保护的适用范围扩大到个体经济组织。①其次，该规定将法定产假从原来的 90 天延长到 98 天，其中产前假 15 天；难产的，增加产假 15 天。如系多胞胎生育的，每多生育一个婴儿，增加产假 15 天。女职工怀孕未满 4 个月流产的，享受 15 天产假；怀孕满 4 个月流产的，享受 42 天产假。② 最后，女职工产假期间的生育津贴，对已经参加生育保险的，按照用人单位上年度职工月平均工资的标准由生育保险基金支付；对未参加生育保险的，按照女职工产假前工资的标准由用人单位支付。③

（三）晚育假

截至目前，中国尚未在国家层面上对父亲陪护假和父母育儿假作出规定。不过，《人口与计划生育法》第 25 条规定新生儿父母在晚育情形下可享

---

① 《女职工劳动保护特别规定》第 2 条。
② 《女职工劳动保护特别规定》第 7 条。
③ 《女职工劳动保护特别规定》第 8 条。

有晚育①假。据此，大部分省、自治区和直辖市在其地方性立法中为新生儿母亲规定了晚育假，即在法定产假的基础上给予母亲适当延长产假的奖励，和给予新生儿父亲晚育假。有学者认为，新生儿父亲晚育假是中国部分省市通过其地方性法规或政府文件确立的男性享有陪护假和相关津贴的制度（截至 2011 年，至少已有 26 个省市自治区以地方性法规或政府文件形式确立男性享有陪护假）。②不过，作者认为，晚育假是一种不同与男性陪护假的休假，因为它要求新生儿父母必须满足晚育的资格要求，所以，父亲晚育假还称不上是完全意义上的父亲陪护假。虽然其设计的初衷是为了鼓励年轻父母响应国家晚育的政策，但实际上晚育假有利于父母照顾婴幼儿。

五　结论

综上所述，德国、荷兰和中国都建立了比较完善的带薪产假制度，能较好地保护母亲和新生儿的健康以及为新生儿母亲提供劳动保障措施。然而，就育儿假而言，三个国家的制度差异却非常大。德国通过立法提供了比较慷慨的津贴待遇和宽松的资格条件。育儿假期限较长，为 14 个月的育儿假制度（其中包括有父亲专属享有的 2 个月的育儿假），且育儿假期间的工资补偿由社会保险基金支出，体现出政府、雇主和雇员三方的责任。育儿假期间新生儿父母亲可以从事非全日制工作。相对而言，荷兰的育儿假期限却仅有 6 个月，且为不带薪育儿假，但某些雇员育儿津贴可由职员和用人单位通过集体协议协商解决。育儿假期间新生儿父母亲必须从事非全日制工作，这是享有育儿假的先决条件。但是，雇员可以要求企业调整其在育儿假期间的工作时间，体现了现实工作时间的多样性和个性化。中国在地方层面上规定的晚育假可以视为是一种有条件的父亲陪护假，因为晚育假的享有以晚育为先决条件，并不是普遍适用的。另外，各省对晚育假的规定不尽相同。

德国和荷兰把育儿假政策视为是实现男女机会平等的一个重要途径，在育儿假制度中设计了专门由父亲享有的休假期限和休假津贴（在荷兰通过集

---

①　晚育，指的是适当推迟初育年龄。所谓初育年龄，是妇女婚后生育第一个子女的年龄。按照中国计划生育政策规定，妇女 22 岁后结婚为晚婚，属鼓励范围，25 岁后生育属晚育，也属于鼓励范围。参见侯文若、孔泾源主编《社会保险》，中国人民大学出版社，2002，第 419 页。

②　吕孝权：《积极参与修订〈女职工劳动保护规定〉，促进平等就业》，载于《妇女观察·中国》（《电子月报》2011 年第 79 期）。http://www.womenwatch‑china.org/Upload/fck/4344C3AEED496F7AD1DCD716FCBCEADE5EAFBE32.pdf。

体协调安排）以保障父母育儿假政策中的性别平等因素。这表明，全社会对社会性别、养育子女和工作的态度和看法已经发生根本性的转变：父亲和母亲被认为都有责任照顾年幼子女，政府和雇主有责任协助父母平衡好家庭和工作关系。这种态度的变化也反映出理念的重大变化，给予妇女生育的社会价值予以承认。

在德国和荷兰，两国政府已经明确规定在孩子的早期发展阶段，孩子的父亲和母亲有权享有父母育儿假以照顾婴幼儿。这说明，照料婴幼儿已经不再是家庭私事。育儿假不仅仅是劳动保护和劳动就业问题，已经成为一个关系全体人民利益的人口政策问题。

中国已于1980年11月4日和2001年3月27日分别批准《消除对妇女一切形式歧视公约》和《经济、社会和文化权利国际公约》，因而有义务履行两个国际公约中关于生育保护相关义务。建立育儿假制度是履行公约义务的首选方案。但在考量设计育儿假政策时，应牢记中国的国情并实行那些符合中国价值观念和经济现实发展的政策，这是非常重要的一个方面。在过去的二十多年里，父亲陪护假和父母育儿假的不同模式正被多个发达国家所创制，中国应加强对育儿假的研究并积极推进立法倡议活动，大力宣传实行育儿假政策将给整个社会带来的好处，以便获得广大民众支持育儿假政策。

"怀孕歧视"：为什么有禁不止

郭慧敏[*]

怀孕歧视是就业性别歧视的一种，法律规定基本完备，却有令不止，是我国目前反就业歧视中的一种吊诡现象，耐人寻味。

法定的权利只是妇女取得权利的一种机会，如果没有权利实现的文化与社会环境，权利将会遭遇多重挤压或消解，而带来与立法宗旨相反的后果。在我国，一方面，多部立法都有禁止怀孕歧视的规定；另一方面歧视大行其道。不仅是普通女性，就是处于就业高端的女大学生、研究生也存在就业难，职业门槛难进的现象，她们被作为"潜在的怀孕者"遭受就业市场歧视。好不容易进入职业也面临生育时的再次挤压。据一项对 2543 名产妇所进行的调查结果显示，四成多被调查者表示休完产假后难以回到原工作岗位，约七成企业女性中层管理人员受制于生育。[①] 个中原委，一般国内少有研究者关注。本文试图从怀孕歧视的社会现象出发，探讨一种具有普世意义的妇女法律权利在中国成为法定权利后遭遇的多重消解现象，并提出一种重构的权利策略。

一　问题的提出：立法与现实的反差

怀孕歧视问题在目前中国还没有成为法律的一个论域，是因为我们几乎不费吹灰之力，已将之写进了法律，但是立法与现实在却存在较大的反差。

---

* 郭慧敏，西北工业大学人文与法学院法学系。

① 参见陈道霖《四成多女性生了孩子丢了位子——生育对女性职场发展有多大影响?》，《中国妇女报》，2007 年 7 月 24 日。

在国际社会，法定权利与现实权利的落差往往是人权度量的一个指标，在有关妇女权利的立法与现实的差距似乎更能表明这一点。这也成为我国妇女界的一个困惑，我们早已把西方人很难进法律的内容写进了法律，却会受到那么多的国际社会的批评。

（一）立法：似乎面面俱到

我国现有立法直接或间接涉及怀孕歧视的内容可分为两个部分：

一是平等倡导：从宪法到劳动法、劳动合同法，再到妇女权益保障法均有所规定，如《妇女权益保障法》第22条规定，"国家保障妇女享有与男子平等的劳动权利和社会保障权利"。《就业促进法》第27条重申："平等的劳动权利。"这是中国关于男女平等的典型表述。

二是怀孕歧视禁止：虽然法律并没有命名更没有定义"怀孕歧视"，但相关的内容已经包括在里面了。这一内容又可分为录用性别歧视禁止、合同婚育条款限制的禁止和怀孕解雇和降低工资的禁止：

录用性别歧视禁止：如《妇女权益保障法》第23条："单位在录用职工时，除不适合妇女的工种或者岗位外，不得以性别为由拒绝录用妇女或者提高对妇女的录用标准。"2007年《就业促进法》第27条再次强调这一点，从立法技术上讲，"不得"字样是禁止性规范，具有较高的强制性。因为每个女性都可能怀孕，以怀孕为名的就业限制，实际上也就是对女性的拒绝。

合同婚育限制条款禁止：如《妇女权益保障法》第24条："各单位在录用女职工时，应当依法与其签订劳动（聘用）合同或者服务协议，劳动（聘用）合同或者服务协议中不得规定限制女职工结婚、生育的内容。"《就业促进法》再次作了这一规定。

因怀孕解雇、降低工资禁止：如《劳动合同法》第42条第4款，规定女职工在孕期、产期、哺乳期的，用人单位不能依照本法第40条、第41条的规定解除劳动合同。《妇女权益保障法》第27条同样规定：任何单位不得因结婚、怀孕、产假、哺乳等情形，降低女职工的工资，辞退女职工，单方解除劳动（聘用）合同或者服务协议。但是，女职工要求终止劳动（聘用）合同或者服务协议的除外。

初看起来，立法虽粗陋了一些，但似乎也面面俱到，并无太大的疏漏。

（二）现实：怀孕歧视林林总总

1. 歧视公开且表现极端

怀孕歧视在国内不仅普遍而且具有公开性，方式极端。如有些用人单位明确规定，没有怀孕的女性才有资格进入职业，于是对应聘女性体验时公开增设有辱尊严的身体检验项目，这就是包括未婚女性在内的招聘体检中的"孕检"。如昆明某大学毕业的女学生高某，到昆明嘉百利商贸有限公司应聘，顺利通过了笔试和面试。正式上班前，被公司人事部要求做"HCG"怀孕检查，如怀孕要在人工流产之后才可来上班，不作孕检就不许上班。事发之后记者的调查进一步发现，当地有此规定的单位竟有四成。①这样，非怀孕的单一女性身体成为一种职业资格的前提条件，社会职业在很大程度上公开地排斥母职。

2. 劳动格式合同中的禁孕条款几成惯例

有些用人单位，"怀孕就走人"是惯例，当事人怀孕甚至根本没必要去理论。尤其是对外来工打工妹，越是临时的吃青春饭的行业，越是如此②。另外一种就是将禁止怀孕写入劳动合同，这种合同多是格式合同，根本不是当事人合意，为了当时找到工作，当事人不得不违心签订合同。③研究生毕业的王某在与单位签订聘用合同时发现，合同中竟然有这样的条款："5 年之内职员不能怀孕，否则便以自动离职处理。"当时，她心里有点担忧，也有不服，可到底是求职心切，合同就签了。28 岁时发现自己怀孕，想要孩子却又害怕因为怀孕，失去这个来之不易的工作。④武汉某商场与该女工签订的协议包括这样的条款：育龄女员工必须年满 24 周岁，在公司服务满二年以上方可在公司申请怀孕指标，不在公司计划安排之内，即使已在外申请了计划生育指标而怀孕生育也不能享受生育期间公司提供的工资及福利。这样就把企业的意愿通过一个无效的合同，强制变成了雇员的"意愿"，而无效合同的效力只在法律上对簿公堂时才可能被宣布无效，但在现实尤其是"现管"中的效力却是真实的存在。如另一合同制女工肖某，与企业订立了为期 10 年的劳动合同。劳动合同中约定"从签订劳动合同之日起，5 年内不准领、养小孩，否则一律开除"。当时肖某等人急于上班，没有对此提出异议。后肖怀孕，并萌发了生孩子的愿望。她将情况向厂里反映，主管厂长也没有表示异议。但当肖某提出休产假及要求相关待遇时，厂里不仅不

---

① 参见金鑫《公司规定新员工怀孕须流产　不做孕检不准上班》，《生活新报》2006 年 9 月 5 日。

② 参见何伟、汤碧琴、周桂娣《怀孕自动离职竟成惯例》，来源：http://www.mie168.com/job/2005－03/181392.htm，最后访问日期：2012 年 11 月 26 日。

③ 张雨馨：《女性求职遭歧视现象：三年不许生育　何其霸道!》，《工人日报》2005 年 9 月 14 日。

④ 《女职工 5 至 10 年内不准怀孕》，《华西都市报》2003 年 8 月 20 日。

予批准，并且指出其违反厂规，又有合同的对方同意约定在先，最终将其开除。①

3. 用"生育保证书"方式把用人单位意志强加给应聘者

生育保证书，不是劳动合同，看起来像是员工的一种自愿行为，但实际上是用人单位强加给她们的。如在辽宁省人才市场举行的"重点企业、重点项目"招聘，沈阳市的周女士通过几轮筛选，最终获得某企业"综合办文秘"的面试机会。但就在她以为竞聘即将胜出之际，用人单位工作人员却说："按照公司规定，未婚女性和结婚后没生孩子的女性，我们是不能录用的，除非与我们签订协议保证三年内没有要孩子的计划。"生育保证书是由雇员个人向用人单位提出的保证，保证在工作的某些时段内不生育孩子，这比合同的禁孕条款更彻底，干脆是你个人的保证，违反了保证也是你个人的事，用人单位可以以此规避法律。如深圳某通信发展公司传呼部自 1997 年起，就对传呼部的女工制订了一条"不成文"的规定，即要求凡是到适合结婚、生育年龄的女职工在填写"续约征询表"的同时，如果想继续留任的，均要立下一份名为"生育保证书"的字据，内容如下：本人某某保证在某年某月至某年某月的合同期内不怀孕，如有违反将做自动离职处理。② 由于妇联的介入，引起社会关注导致诉讼。

4. 以"孕期"保护为名降低工资或职务

职业妇女的"四期"尤其是孕期保护性立法，具有中国特色，用人单位也往往打着保护孕妇的旗号，减少怀孕妇女的待遇或降低职务，使国家规定的保护缩减。这是一种最普遍的现象，因其往往以照顾母婴健康为名，又难以进行权利救济。笔者在长期的妇女法律援助工作中，遇到求助最多的也是这种情况。而当事人常常为照顾孩子，不想与单位因打"官司"打坏了"关系"只能忍气吞声。如某基业大厦物业管理公司任总经理助理的曾女士公开自己怀孕的消息后，即被调任保洁员。不仅职位降低，工资也从几千元降到几百元。曾女士认为，公司此举是在挤对她，是变相辞退。她将此事反映到劳动仲裁部门，要求恢复原职原薪。后来也找公司沟通，但被告知"其实你怀孕应主动提出辞职"。③

---

① 参见姜春康《谁有权决定女性就业者何时怀孕?》，《法制日报》2004 年 10 月 28 日。

② 参见解丽《女工被迫签下"生育保证书"生育权能否被担保?》，来源：http://www.haishu.gov.cn/info.asp? ID = 87728，最后访问日期：2012 年 11 月 26 日。

③ 《高管怀孕被任保洁员 工资数千降为几百元》，来源：http://www.yuerzhinan.com/zbhy/yqzs/200801/256.html，最后访问日期：2012 年 10 月 28 日。

5. 以道德过错或工作失误为名进行怀孕解雇

怀孕解雇是女雇员因怀孕而遭遇的解雇的现象，但为了规避法律妇女怀孕期不得解雇的规定，用人单位往往寻找借口，辞退员工，轰动一时的商务部与唐女士诉讼案是这种情况的典型例证。2005年4月1日，唐女士作为原告就自己因结婚怀孕被商务部在公务员试用期取消资格一案向东城区人民法院提起民事诉讼。唐女士于2004年7月大学毕业后，趁工作前的时间空当，领取了结婚证。于8月1日被商务部录用为人事教育劳动司公务员，并签订了公务员录用协议，按规定试用期为1年。在11月份的一次单位例行体检中，她被检查出已经怀孕，她和丈夫商量后决定要把孩子生下来，并把自己的情况向领导做了汇报，以争取计划生育指标。单位认为她在填写的单位录用登记表上，在婚姻的选择栏里选填的是未婚，于是以原告对组织不诚实、弄虚作假、不符合公务员条件为名，同时也认为唐某的行为违反与单位签订的试用协议约定中的"体检身体失真"条款，属违约行为，取消其公务员试用资格。但原告认为商务部辞退她的理由实际是因为她的结婚和怀孕，所谓的"不诚实"成为单位辞退她的借口。她的救济过程更有意思，首先，唐女士以单位辞退违法向国家人事部的申诉控告处提出申诉，人事部以唐女士还不是正式公务员，申诉资格不适格而没有受理；其次，唐女士向中央国家行政机关所属事业单位人事争议仲裁委员会提出人事仲裁，仲裁委表示该案应由人事公正厅负责。然而，人事部人事公正厅已被撤销；唐女士于是向法院提起诉讼，2005年4月1日上午北京市东城区法院开庭审理这一案件，但因原告未到而宣布休庭。2005年4月21日上午，东城法院对本案做出一审判决，认为她属于商务部录用公务人员，该案不属法院受理范围，原告应向被告同级人民政府人事部门申诉因此裁定驳回唐女士的起诉。① 这样一起典型的怀孕歧视案在"不诚实"的说辞和管辖的推诿中消解。

以上的案例时有发生，但并不总能进入法律救济渠道，虽有个别案子艰难胜诉，但仍然困境多多。回顾一下怀孕歧视问题在他域的法律化或对我们有某种启示。

二　他山之石："怀孕歧视"的法律禁止之路

就业中妇女因"怀孕"遭遇不公平待遇的现象，最早在20世纪70年代

---

① 《怀孕女公务员状告商务部一案被裁定驳回》，http://www.66law.cn/archive/news/2006-08-24/1204312266.aspx，最后访问日期：2012年10月28日。

的美国引起重视，虽然民权法第七章关于性别歧视的规定是一个反性别歧视的核心法律。该章规定：雇主不得因受雇者的种族、肤色、宗教信仰、性别与原始国籍等因素，而拒绝雇用或解雇，或在薪资、工作条件、工作待遇或优遇等雇用条件上，有任何歧视之情形①。但是美国国会并未明确规定可以适用在禁止怀孕歧视方面。平等就业机会委员会（EEOC）为性别歧视所颁布之指导原则，这一原则认为：雇主对怀孕受雇者给予差别待遇，属于表面歧视（facially discriminatory），构成性别歧视（gender discrimination），而违反民权法第七章之规定②，但也只是个指导原则而已。联邦地方法院及上诉法院是不是接受指导要看法官的认识。

在司法实践中美国最高法院的判决，因法官看法不同，几个具有怀孕歧视里程碑式的案子判决结果却大相径庭。在 Geduldig v. Aiello③ 一案中，理由基于被告在为公司员工提供的一份福利计划：为因伤病导致"失能"，不能上班的员工提供带薪病假，但是怀孕不是生病，所以女员工怀孕不能享受类似的带薪伤病假福利。原告认为这是性别歧视，要求以宪法平等保护条款（Equal Protection Clause）作为怀孕女工保障的依据。但法院不这么看，而认为被告将员工区分成"怀孕"与"非怀孕"两类，并不等同于区分成"男性"与"女性"。不是基于性别（sex）而是基于身体状况（physical condition）的区分，所以不构成性别歧视。④ 但在 Nashville Gas Co. v. Satty⑤ 一案中，最高法院却认为公司要求怀孕女雇员在生产期间必须请无薪病假，以及在生产后返回工作岗位时将会丧失年资等措施，对女性造成差别影响，违反民权法第七章之规定，属于性别歧视。

同样事情发生在加拿大，在"布里斯（Bliss）对加拿大首席检察官"⑥一案中，原告诉《失业保险法案》规定失业怀孕妇女只有在已经受雇用 10个星期后才有资格享受母亲津贴，对怀孕妇女的区别对待是不平等行为，要求最高法院考虑法定救济金供应的有效性。但最高法院拒绝打破已有的歧视性救济金供应制度，因为他认为找不到违背平等规则的地方。相反，最高法

---

① Title Ⅶ of the Civil Rights Act of 1964 §703（a），42 U. S. C. §2000e-2（a）（1976）.

② 这些法院判决主要有 Berg v. Richmond Unified School Dist., 528 F. 2d 1208, 1213（9th Cir. 1975）; Holthaus v. Compton & Sons., Inc., 514 F. 2d 651, 654（8th Cir. 1975）; Wetzel v. Liberty Mut. Ins. Co. 511 F. 2d 199, 206（3d Cir. 1975）; Hutchinson v. Lake Oswego School Dist., 374 F. Supp. 1056, 1060（D. Ore. 1974）等。

③ Geduldig v. Aiello, 417 U. S. 484（1974）.

④ Id. at 496-497.

⑤ Nashville Gas Co. v. Satty, 434 U. S. 136（1977）.

⑥ Bliss v. Attorney Genneral of Canada（1979），1 S. C. R. P. 183.

院得出一个怪诞的结论：对孕妇的区别对待并不是对性别基础的歧视。判决的准确叙述如下：假定被告已受到歧视，那也不是因为她的性别。（《失业保障法案》）第 46 部分适用于怀孕妇女，当然并不适用于男性。如果第 46 部分把失业孕妇与其他失业男性和女性区别对待我想这是因为她们怀孕了，而不是因为她们是妇女。布里斯（Bliss）案的判决表明：男性的规范标准的适用性太窄，不能将妇女生活的特殊性和不同性考虑进去。由于没有把怀孕作为性别的组成部分，所以歧视的含义将妇女的平等限制在与男人具有同一性范围内。①

　　问题的讨论在平等的实质和形式逻辑层面进行，怀孕的区别对待是不是性别歧视，是不是就业上性别歧视中的一个组成部分，能不能适用这一法律，争论甚为激烈。"禁止就业上怀孕歧视之形式法律依据，系由援引较抽象或概括之法律或条文，逐步发展至具体之法律及条文。"② 由于法院这些判决将"怀孕"与性别分离，认为雇主对怀孕的职业限制并不基于性别，而无视只有女性会才怀孕这一事实，甚至不进行简单的逻辑推论，因此遭遇妇女团体的强烈反对。几经周折，经过实质论证和逻辑推理得出结论：以男性为标准的平等没有办法包含女性经验，没有一个男性会遭遇此种困境与问题。而且现有科学背景下，只有女性才能怀孕，事实上因怀孕而在职场中受到差别待遇者只有女性，因此，怀孕歧视应被视为雇主基于"性别"而采取的差别待遇。在妇女运动的压力下，美国国会在 1978 年专门制定了《禁止怀孕歧视法》（Pregnancy Discrimination Act of 1978）③。该法对 1964 年民权法第七章有关性别歧视之定义加以修正，特别规定该法案中"因性别因素（because of sex）"和"基于性别因素（on the base of sex）"均应包括（但不限于）因为或基于怀孕、分娩或其他与怀孕相关之医疗情况在内，包括享受附加福利方面都要与受雇时情形一样，与没有受到影响的有工作能力和无工作能力的人所享受到待遇一样。20000e - 2（h）不得解释为"因性别"或"基于性别"而给予妇女以其他非平等待遇。

　　1978 年《禁止怀孕歧视法》公布之后，联邦最高法院之后的判决结果

① 凯瑟琳·马奥尼：《作为人权的妇女权利：各种理论观点的分析及其实施战略》，载于白桂梅主编《国际人权与发展，中国和加拿大的视角》，法律出版社，1998，第 314 页。

② 翁仪龄：《职场怀孕歧视禁止之理论与实务》，台北大学/法律专业研究所/95/硕士/095NTPU0195005 研究生：指导教授：郭玲惠博士，www. gender. edu. tw/academy/index_dr. asp？cate = &p，最后访问日期：2012 年 5 月 1 日。

③ Pregnancy Discrimination Act of 1978, 42 U. S. C.

大多数有利于怀孕女雇员。例如在 California Federal Savings and Loan Association v. Mark Guerra[①] 一案中，认定加州法律要求给予怀孕员工复职的规定是合法的，并无违反禁止怀孕歧视法之规定。

怀孕歧视是性别歧视，今天中国人看来并不复杂，但喜欢较真的美国人却走了很长的路，表现出法律人的一丝不苟，也反映了妇女权利的进步中经历的充分博弈，一个个司法判例在女雇员权利和雇主权利之间一直在找一个平衡点再将其规则化。而且在建构妇女权利的同时也在兼顾雇主的权利，每一场诉讼，都是激烈的讨论与斗争，权利的进步是一点一滴的论争，通过一个一个诉讼实现的。美国的怀孕歧视禁止之路是从怀孕歧视到性别歧视，从判例法走向成文法的一个艰苦而漫长的过程。

台湾省的经验是另一种类型，通过典型事件用妇女运动的压力来推动性别平等法律的发展。改变制度对怀孕女性造成的结构性不平等，并以政府责任来保证权利实现。1987 年 8 月，国父纪念馆 57 位女性员工及高雄市立文化中心 44 位女性员工，因于招考时与馆方约定，凡是女性员工年满三十岁，或是结婚、怀孕就自动离职，而被迫离职之事件，类似这样的“单身条款”在当年其实非常普遍，只是这次女性员工愿意集体出面申诉，因此在妇女新知等妇女团体之声援下，要求国父纪念馆及高雄市立文化中心废止这一不合理规定，并要求教育部下令所有文化机构废除此种“单身条款”之不合理规定，且召开记者会，呼吁社会正视妇女在工作职场上所受到之不平等待遇。妇女团体在声援的过程中，却发现境内并没有相关法律可以规范这种不合理的性别歧视。[②] 经过十多年的妇运工作者和学者的努力，由妇女自己参与起草法案，历经十二年台湾终于推动了“立法”。走过政治沧桑的《两性工作平等法》（后于 2008 年改为《性别工作平等法》）终于在 2001 年 12 月 21 日“立法院”三读通过，并于 2002 年 3 月 8 日正式施行。该法一方面保障女性在就业市场的平等权利，另一方面亦宣示育儿是社会和政府的大事，应由男女两性及政府社会共同承担责任。把怀孕歧视作为性别歧视的一种。1992 《就业服务法》第 5 条规定：“为保障国民就业机会平等，雇主对求职人或所雇用员工，不得以种族、阶级、语言、思想、宗教、党派、籍贯、性别、婚姻、容貌、五官、身心障碍或以往工会会员身份为由，予以歧视。”违反规定者，依该法第 65 条规定，主管机关对雇主得处新台币三十万元以上一百五十万元以下罚锾。《性别平等法》除规定产假外，还规定了女性留职停薪

---

①　California Federal Savings and Loan Association v. Mark Guerra, 479 U.S. 272 (1987).

②　参见尤美女《从立法到执法谈两性工作平等法之落实》，《全国律师》2002 年第271 期。

的育儿假。如第 16 条规定："受雇者任职满一年后，於每一子女满三岁前，得申请育婴留职停薪，期间至该子女满三岁止，但不得逾二年。同时抚育子女二人以上者，其育婴留职停薪期间应合并计算，最长以最幼子女受抚育二年为限。""受雇者于育婴留职停薪期间，得继续参加原有之社会保险，原由雇主负担之保险费，免予缴纳；原由受雇者负担之保险费，得递延三年缴纳。"另外对保护孕期妇女就业做得好的企业进行奖励。算是较全面的对职业妇女怀孕提供了保障。

三　阳光下的坚冰，遭遇多重消解的 怀孕妇女工作权

我国现有法律和制度虽然表面上看都有关于怀孕（已怀孕或将怀孕）妇女的职业保障，但是在制度和文化之间甚至在制度与制度之间存在着潜在冲突，这种冲突从多个方面消解这项法定的女性权利，使有关权利的规定空洞化，最终只能沦为一种立法的倡导姿态。

（一）　法律移植带来的文化冲突

法律文本可移植，但权利及意识却难栽培。权利背后是一系列的与权利相关的文化。作为重要性别法律议题的禁止怀孕歧视与性别理论进入中国后，社会性别遭遇了二元对立思维的挑战，特别容易将之教条化和简约化，而忽视其权利关系的核心。理论上说，"性别定义由两大部分和若干小部分组成：1）性别是组成以性别差异为基础的社会关系的成分，涉及四个互相关联的方面：具有多种再表现形式的文化象征；规范性概念；组织、机制；主体认同；2）性别理论可以概括为：性别是区分权力关系中的基本方式，是权力形成的主要源头和主要途径。"[1] 反映了一个性别对另一个性别的权力控制关系。而"性别歧视"指某一性别基于其性别的一系列与个人的潜能或能力无关的因素在现实社会中遭遇的不公平对待。这里包括女性与国家，女性就业者与用人单位，甚至是女性与工会的权利关系，这些关系均需要清理，才能建立有关性别歧视的理念。而性别歧视则是禁止怀孕歧视的基础理论、文化背景和立法的依据。

---

[1]　参见琼·斯科特《社会性别：一个有用的历史分析范畴》，原载《美国史学评论》1986 年，见李银河编《妇女，最漫长的革命》，三联书店，1997，第 167 页。

一个性别主导或实际主导对另一个性别歧视，在形式上均基于区分、排斥或限制。其基础则是性别的特征，不同的特征构成了歧视的前提。而怀孕正是一种女性特征，雇主将女性怀孕的身体置于职业的选择之外，暗含着以男性身体为标准对女性身体的改造和排斥，因为不怀孕的女体才更接近于男性劳动力。如何看待怀孕，是传统生育文化、社会经济及国家意识的反映。区分本没有问题，但是区分后的负面评价却是问题的所在。歧视性的区分是建立在不合理的和主观的标准之上的区分。妇女怀孕而带来的性别歧视源于古老的性别分工，传统父权制认为，生育是女人的事，女人是主内的，生育是家庭私领域的事，不能在公领域解决，妇女要生孩子就得退回家庭，一个怀孕的妇女的身体，不管多么暂时，都不具备劳动力的资格，理应受到劳动力市场的排斥。而这一点在我国既没有经过理论的论证，也没有通过妇女运动对文化进行改造，即便是在中国计划生育中普遍"一胎化"的今天，怀孕也理所当然地被职业排斥。一种没有文化根基的立法在现实中往往不堪一击。

（二）福利向权利转型中雇主对权利成本的算计

我国现行法律有关职业妇女怀孕的规定，主要有两个来源，一是革命根据地和社会主义建设时期为了动员妇女走向革命和建设，国家福利保障主义对生育保护的法律和政策；二是国际妇女运动的影响，尤其是《消除对妇女一切形式歧视公约》以性别平等和反歧视为目标的国际妇女权利策略的影响，前者到后者既有一个从福利到权利的转型，也有一个权利意识的内化。妇女走向社会，参加工作，在中国革命和建设历史上经历了一个被动员的过程，这个过程中国家千方百计以福利方式解决妇女的生育负担，也是对妇女作为生育工具的某种奖励。在妇女与儿童的利益方面，国家更看重的是革命接班人的利益，保护母亲目的是为了保护儿童。在 20 世纪 90 年代企业改制之前，企业利益与国家利益甚至妇女利益具有某种一体性，生育保障的成本由国家统一承担。但改制后，虽有生育保险将生育负担部分转向社会，但企业仍要负担大部分，这也造成中国目前生育保障因所处单位性质不同而福利程度不同的原因。更是企业为规避生育负担而歧视怀孕妇女的一个原因。

（三）一个行政执法批复的消解作用

有关劳动的权利救济在中国很有特色，在相当程度上行政权大于司法权，劳动争议有诉前程序，先调解，再仲裁，最后才能走司法程序，而在现实中行政权力过大，对法律有相当的变通性。这种变通性在怀孕辞退上表现出来。针对上海市劳动局的请示，国家劳动部办公厅对《关于外商投资企业女职工在孕期、产期、哺乳期间解除、终止劳动合同问题的请示》的复函（1990 年 7 月 18 日劳办计字〔1990〕21 号）明确函复：（1）对外商投资企业实行计划生育的女职工在孕期、产期、哺乳期间解除劳动合同的问题，现应按国务院《女职工劳动保护规定》（以下简称《规定》）的有关条款执行。（2）孕期、产期、哺乳期间的女职工在合同规定的试用期内发现不符合录用条件的，可以辞退。但不得以女职工怀孕、休产假、哺乳为由辞退。（3）《规定》第 4 条"不得在女职工怀孕期、产期、哺乳期解除劳动合同"的规定，是指企业不得以女职工怀孕、生育和哺乳为由解除劳动合同，至于女职工在"三期"内违纪，按照有关规定和劳动合同应予辞退的，可以辞退。由于这一批复与立法的精神相左，造成了很多实践中的问题，多数女性因怀孕被解雇，有了上方宝剑。而且一些单位照猫画虎，明明是因怀孕，而用其他借口辞退女性成为合法，由于妇女组织的不断反对，直到 2000 年 1 月 20 日，劳动和社会保障部办公厅才发出了关于废止劳办计字〔1990〕21 号文件的通知（劳社厅函〔2000〕8 号），文件只例行公事地说：经研究，决定废止《劳动部办公厅对〈关于外商投资企业女职工在孕期、产期、哺乳期间解除、终止劳动合同问题的请示〉的复函》（劳办计字〔1990〕21 号）。废止文件中没有任何理由，该法规虽已被废止，但是其有效时间长达十年，而其影响至今都没有消除，而且从立法的位阶上，行政执法机构只能解释而无权变通上位法的规定。

审视立法，规定的过于原则，力度不够，更没有多少操作性，尤其是在中国没有专门平等救济机制的今天，执行程序法严重缺位，而且行政法规也起了负面的作用，消解和扭曲了立法的原意。

（四）用人单位对劳动规章和劳动合同权力的滥用

另外，用人单位之所以胆大妄为，敢于公开进行怀孕歧视，与劳动法规定的漏洞有相当的关系。《劳动法》第 4 条：用人单位应当依法建立和完善规章制度，保障劳动者享有劳动权利和履行劳动义务。《全民所有制工业企业法》第 50 条规定：职工应当以国家主人翁的态度从事劳动，遵守劳动纪律和规章制度，完成生产工作任务。也就是说国家授权企业制定劳动规章，以至于其产生间接的法律效力，很多劳动仲裁依据的就是劳动规章，但是没有规定权利的下限，也没有对劳动规章的上级单位的审查机制，以至于市场经济后，企业劳动规章成为损害员工权利的制度性原因。"一些用人单位滥用劳动规章制定权，侵害劳动者权益的现象屡有发生，由此引发的劳动纠纷因法律规定的空缺而难以公断。"①

造成这一切的原因，一是立法的先天不足。表现为立法时没有进行严格的论证，甚至法律没有概念化，怀孕歧视不是一个明确的法律概念，只是法律规定中有这样的含义。怀孕歧视也不过是性别歧视的一部分，但是性别歧视本身也不是一个法律概念，其违法行为构成、如何认定、相应的法律责任、救济程序等，均是问题。二是对妇女权益的保障成本在市场经济转型中由原来的国家福利模式（国家作为动员妇女参加社会主义建设而提供的照顾性福利）转化为市场经济的权利模式，但保障成本只通过生育保险并不足以弥补，何况法律又赋予了过大权力，雇主滥用权力千方百计地规避成本也就顺理成章了。至于用行政手段变通法律也是中国法治现代化中的通病，需要各方面的制约。

四　禁止"怀孕歧视"本土的建构

为什么在我国有关怀孕歧视的立法会遭遇现实的冲击与消解，其中重要的原因之一是这一国际妇女议题根本没有经过一个本土化的再建构，加之有关妇女立法的边缘化和非可诉性，不因怀孕而受歧视作为一项法定劳动就业保障权利就只能是妇女取得权利的一种机会，而不是现实中实际利益的获得。法律概念的本土化不仅仅是法律文字的简单拷贝，背后的社会法律文化及国家对妇女的立法意识也需要改变。本文试提出以下的本土化策略：

（一）对生育行为的社会文化改造和人权倡导

中国是一个人口大国，也是一个有几千年生殖崇拜文化传统的国家，想想"女娲造人"的古老传说，再看看遍布华夏的古塔（塔是男性生殖器崇拜的象征），历代统治者重民数，才成为一个人口的泱泱大国，并有深厚而悠远的生育文化。然而女性一直是被看作一个生育工具对待的，即使到近代，也没有得到完全的改变，大革命以至于社会主义计划经济时代，对女性的保护也多是从保障儿童的利益出发。②作为妇女问题，一直没有解决的是妇女为

---

① 王俊英、宋新潮：《论用人单位的劳动规章的法律效力》，《河北法学》2003 年第 5 期。

② 参见玛格丽特·吴《中国女工保护与平等》，引自李小江、朱虹、董秀玉主编《性别与中国》，生活·读书·新知三联书店，1994，第 93～94 页。

谁生孩子的问题。妇女承担着人类再生产的重任，却无法得到合理的补偿，不仅如此，在一个"人定胜天"年代，妇女的身体作为生育工具受到保护，而在一个计划生育的年代，妇女的身体又成为生育控制的工具。以至于将能生育的妇女身体——怀孕作为一个职业障碍和短处来处理，这也内化为现代知识妇女的生育恐惧意识，"生了孩子丢了位子"，使很多女性不得不在生育和工作之间作出不得已的"二选一"选择。正因为这一歧视的存在并具有较广泛的社会影响，不仅导致普通女性，甚至高学历女性——女大学生、女研究生甚至女博士找工作也难，更导致了不少在职女性因职业压力过度晚婚、晚育，甚至有人决定当"丁克"，终身不生育。或者干脆在研究学习期间突然结婚生孩子。这无论是对妇女的身体，还是未来的孩子都会造成严重的影响。然而，对职业女性而言，怀孕只是职业生涯中某一个时刻的短期失能，从十月怀胎到分娩后三个月生产休假（按独生子女计），一般只有一年多时间，而人的职业生涯一般会有二三十年以上，何以成为职业的一道难以跨越的门槛？

与生产后的育儿假期不同，产假福利和因此产生的家务劳动本来是应该分开认识和计算的，但人们将之一体化，背后的文化、社会机制比较复杂。生育不仅仅是妇女的事，更是国家社会和全人类的事，生育需要受到全社会的尊重，政府需要承担责任和成本，也有能力承担责任。否则如果有人发起一个妇女抵制生育的运动或倡导，政府将如何应对？工作权和生育权均为妇女人权的一部分，国际妇女运动的经验证明：人权要想有效，就必须成为特定社会的文化和传统中的一部分……除非国际人权在特定文化和传统中具有充分的合法性，否则它们的实施将受到阻挠，尤其是在国内法上，缺少这种合法性，几乎就不可能通过法律或其他社会变革力量来改善妇女的地位。在妇女法定地位和权利问题上应激发"国内话语"和跨文化对话，以加强国内活动者的能力，了解和论及他们自己生活环境下妇女屈从的性质。深化妇女免受一切形式歧视的国际权利概念和规范内容的普遍性文化合意。①但是中国却不同，我们先接过了有关的权利话语，很快又制定了法律，以对应国际人权的挑战，但实质上，问题依然存在。

（二）国家立法意识的转变

关于歧视理论有两大学说：差异论和不平等论，也是立法采取的立场。

---

① 〔加〕丽贝卡·J. 库克编著《妇女的人权——国家和国际的视角》，黄列、朱晓青译，中国社会科学出版社，2001，第9页。

"差异派主张男女两性无论在社会上还是在生物结构上都存在差异，但反对有预设立场和不正确的分类。对处理男女的不对称性和相似性很敏锐。特别有助于矫正性别偏见的谬误。认为男人女人都受性别偏见的毒害。不平等论则认为两性不仅在生理基础上受到后天的社会分化，并且因此受到不平等的待遇，而所有使女人附属男子的不平等行为都应该受到法律禁止，认为女性的处境是结构性的问题。女性被强加的次级性需要根本的改造。在社会环境下，女性的性条件和物质生存条件会因此结合起来，共同构成对妇女的不利处境。"① 但是在女性怀孕中的与职业相关的区别对待是不是一种性别歧视，在理论上的澄清却不是简单的事，差异派认为，区别对待是合理的，平等派认为这是一种性别歧视。市场经济转型后对妇女的就业歧视在一定程度上是过去在革命和社会主义计划经济时期国家为了儿童对妇女过度的福利性保护造成的，使得福利保护的成本过大，如包括孕期在内的"四期"保护，正如有学者指出"中国近期对于城市女工制订了区分男女生理差异的保护性立法。虽然这些法律致力于满足在劳动场所妇女再生产的需求，但也说明了当前'妇女问题'是作为生理问题而非社会问题处理的。这显然区别于'文革'期间强调男女无差别的政策。""重要的是，这些法律和法规包含了中国政府与妇女的相互矛盾和复杂关系的多重目标的内在联系。简言之，就其基调和重点而言，这些中国法律源于儒家传统和不断变革中的社会主义目标。"② 妇女的生育问题在中国的法律中一直采取的是生理保护目标而不是着眼于公平的社会负担，在原计划经济中由于是国家承担保护成本，到市场经济后不合理地转嫁给用人单位，而企业不愿承担这部分"额外成本"，怀孕妇女的工作效率会降低，雇主的成本会增加，"保护"的负效应正好成了企业拒绝接受女职工的潜在理由。之所以如此，"是因为法律理论的大部分历史上占主流的只有男人一种声音，妇女声音得不到重视。……结果，男人制定法律、执行法律、解释法律并且这种解释来自男人想象力的创造。""由于缺乏女性的觉察力，使法律的目的、本质和概念受到深刻影响，主要反映在法律存有偏见和不完全性。"③

---

① 凯瑟琳·麦金侬：《性骚扰与性别歧视——职业女性困境剖析》，赖慈芸、雷文玫、李金梅合译，巨流图书出版公司，1994，第13页。

② 参见凯瑟琳·马奥尼《作为人权的妇女权利：各种理论观点的分析及其实施战略》，白桂梅主编《国际人权与发展，中国和加拿大的视角》，北京，法律出版社，1998，第310页。

③ 参见凯瑟琳·马奥尼《作为人权的妇女权利：各种理论观点的分析及其实施战略》，白桂梅主编《国际人权与发展，中国和加拿大的视角》，北京，法律出版社，1998，第310页。

（三）怀孕歧视的重构

怀孕歧视的立法，不仅需要完善，更需要重构，重构至少包括以下几个方面。

1. "性别歧视"需要法律概念化

美国的经验是如果没有民权法关于歧视的规定，根本不可能处理怀孕歧视问题，怀孕歧视只是性别歧视的子概念。性别歧视国内法律概念化的依据是我国作为缔约国的《消除对妇女一切形式歧视公约》，公约关于性别歧视的定义是：基于性别而作的任何区别、排斥或限制，其影响或目的均足以妨碍或否认妇女不论已婚未婚在男女平等的基础上认识、享有或行使在政治、经济、社会、文化、公民或任何其他方面的人权和基本自由。这是细化怀孕歧视法律概念的前提。

2. 界定怀孕歧视的违法行为构成

台湾省参照美国的经验将怀孕歧视主要分为三种：直接歧视、差别影响歧视和混合动机歧视。结合国际经验和我国的情况，立法拟将怀孕歧视行为界定为：基于妇女怀孕在员工录用、劳动合同、工作调整、辞退而进行的区别、限制和排斥，其结果影响了妇女法定的平等劳动权和健康权。作为就业歧视例外的豁免是：妇女自己要求的工作岗位调整；依法对妇女的特殊保护；"真实职业资格"和"业务必要"，但需要雇主举证。在我国则需要对怀孕歧视的主体、行为特征、损害后果等认真界定。

3. 将怀孕歧视纳入劳动监督，并建立专门的劳动歧视的投诉机制

没有一个独立的类似于平等机会委员会机构及相应机制，很难处理好有关歧视案件的投诉，在很多国家平等机会委员会的设置，有的属于政府，有的属于一种独立的法定机构。如美国平等机会委员会根据《民权法》第 7 条专设，专门负责处理不同类型的就业歧视案件，该委员会成员由五位总统提名，经参议院同意后组成委员会，任期为五年，主席与副主席由总统任命，总部设在华盛顿特区，在全国分设五十个地区性机构，有权力颁布平等机会的指导性原则，设有专门律师，协助政府处理平等机会投诉。与工会协作，处理各种平等机会纠纷。美国还设有联邦契约遵循署，隶属劳工部，设立若干监察使，负责监督与协调有关承包联邦政府契约与建筑工程者对平等法的执行。这些经验值得我们借鉴，在中国可以在劳动保障部门建立一专门部门处理就业平等投诉，也可以成立专门平等机会委员会，暂时也可以由劳动督察部门代行。但需要明确其权限，另外各级妇女儿童工作委员会也可以实体化，加强这一工作。

国际上养老保险法律外因性理论与
妇女退休年龄新探

陈培勇*

养老保险法律的外因性理论是指由外而内地影响养老保险法律产生、发展和改革的理论，之所以称之为外因性理论，是因为这些理论分别产生或兴起于养老保险法律的初创、发展和改革相应的每一个阶段之前，推动和指导着养老保险法律的发展历程，是养老保险法律发展历程的外部诱因。养老保险法律的外因性理论主要包括新历史主义理论（New Historism）、福利经济学理论（Welfare Economics）、新自由主义理论（Neoliberalism）和第三条道路理论（The Third Way）。如果将养老保险法律比作高贵典雅的君子兰，那么，外因性理论就好比君子兰生长不可或缺的"土壤、水、空气和阳光"。国际上，养老保险法律的外因性理论发展经历了"国家积极干预—国家全面负责—自由市场调节—国家与市场组合管理"的过程，一方面，这恰好与养老保险法律的建立、发展和改革的历程相吻合；另一方面，也恰好与经济学理论中所讲的"看得见的手"与"看不见的手"的博弈过程相似。学术界通常论述社会保障或者社会保险法律外因性理论的较多，论述养老保险法律外因性理论的较为罕见。不过尚未有人提出外因性理论这一概念。

笔者认为，第一，养老保险法律虽有其特殊性，有其自身的运行规律，但养老保险法律作为社会保障或者社会保险法律中的重要组成部分，其理论基础与社会保障或者社会保险法律的理论基础是一脉相承的。第二，养老保险法律的外因性理论与内因性理论不同。大家通常论述养老保险法律制度中

---

* 陈培勇，国务院法制办公室。

的现收现付制（Pay As You Go）、基金制（Fully Funded）、部分积累制（Patially Funded）以及待遇确定制（Defined Benefits）和缴费确定制（Defined Contribution）等理论，笔者认为，这些理论主要是阐述养老保险法律的内因性规律，如果将养老保险法律比作血液的话，内因性理论则犹如红细胞、白细胞和血小板，而外因性理论则相当于造血干细胞。养老保险法律内因性理论与阐述养老保险法律外因性规律的新历史主义理论、福利经济学理论、新自由主义理论、第三条道路理论不同，不同之处就在于外因性理论为养老保险法律的创立、发展和改革提供了理论指导和理论支持，这种指导和支持既有直接的，也有间接的；而内因性理论与养老保险法律同生同存、相互交织在一起。

因此，本文力求从纵向历史的角度对养老保险法律的外因性理论作一剖析，重点从各个理论产生的时代背景、主要观点和对每一个理论的评价三个方面进行探讨，目的在于厘清养老保险法律理论产生、发展和变化的脉络与轨迹，为国际上养老保险法律的产生、发展和改革历程铺路。

一　新历史主义理论

（一）　新历史主义理论产生的时代背景

19世纪70年代，随着资本主义经济日益发展壮大，一方面，资本家对工人的剥削和压迫变本加厉，工人阶级的相对贫困问题愈益严重；另一方面，周期性的经济危机频繁爆发，失业大军的队伍越来越庞大，社会上绝对贫困人口数量越来越大。压迫、贫困和生存没有保障激起了工人阶级强烈的愤怒和抗争，于是，工人运动风起云涌，罢工、游行、示威和起义此起彼伏，严重危及了资产阶级政权的稳定。如何缓解资产阶级与工人阶级之间的社会矛盾，维护资产阶级的统治地位，成为摆在资本主义国家政府和社会面前的一大难题。正是在这一时代背景下，针对上述十分棘手的社会问题，一些学者倡导的新历史主义理论应运而生。

（二）　新历史主义理论的主要观点

探讨新历史主义理论的主要观点，笔者侧重于探讨其与养老保险法律有关的内容，目的是研究新历史主义理论与养老保险法律创立之间的关联性。新历史主义理论的代表人物是德国学者古斯塔夫·施穆勒（Gustav Von Schmoller，1838~1917）、路德维希·布伦坦诺（Ludwig J. Brentano，1844~

1931）和阿道夫·瓦格纳（Adolf Wagner，1835～1917）等。为了积极应对当时德国面临的阶级斗争激化这一最危险的社会问题，新历史主义理论提出了应对之策，主要观点可以概括为"一个目的、两项措施"："一个目的"，就是国家应当有一个促进文化和福利发展的目的①。"两项措施"，一是国家应当通过举办一些公共事业发展文化、改善公共卫生和保护老幼贫病者；二是国家应当改革济贫法，不仅制定全国最低生活标准，而且对劳动者实施强制性的社会保险制度。通过上述措施达到缓和阶级矛盾、促进德国经济进一步发展的目标（华迎放 2006；周志太，2009；张世贤，2009）。

（三）新历史主义理论评价

新历史主义理论强调国家在社会经济发展中具有特殊地位和重要作用，针对社会上存在的收入分配不均现象，主张国家对经济进行干预，进行收入调节，实质上是一种社会改良主义；新历史主义理论企图通过采取一种家长式的社会政策来提高工人阶级的物质和文化生活水准，改善劳动者的生存环境，从而达到稀释工人阶级对收入分配不公之不满情绪的目标。

新历史主义理论重视对社会现实的研究，特别是针对当时历史背景下的阶级斗争，该理论已经意识到社会收入分配不公容易激发被压迫的工人阶级对作为统治阶级的资产阶级之仇恨，如果不采取有效措施加以疏导，就很可能危及资产阶级的统治地位。正是在此基础上，新历史主义理论在国际社会保障法律历史上第一个系统地阐述了社会保障的经济思想，第一次提出通过国家干预的方式，制定强制性的社会保险法律，用以调节社会财富分配不公的问题，保障劳动者的生活权益，缓和劳资矛盾，维护资产阶级的统治地位，促进社会稳定（刘志英，2006；侯建新，2008）。

笔者认为，新历史主义理论上述主张对制定养老保险法律等社会保障方面的法律提供了理论导向和理论支撑，体现了社会保障乃至养老保险法律的核心价值观，具有重要的理论意义和实践意义。不过，囿于当时的时代背景，新历史主义理论对于制定包括养老保险法律在内的社会保障方面法律的探讨还是初步的、理念性的，并没有详细具体的计划。正是基于上述考虑，新历史主义理论为养老保险法律于 1889 年在德国的诞生提供了理论指导和理论支撑。

---

① 应当指出的是，文化和福利的目的是国家应当关注的一个重要目的，当然国家还有维护社会秩序和国家安全、促进国民经济生产增强本国经济实力等方面的重要目的。

二　福利经济学理论

(一)　福利经济学理论产生的时代背景

1929 年 10 月 24 日，美国股市突然出现了一股空前的抛售浪潮，股市行情一路狂跌，投资者的名义财富减少了 80%，股票市场在过去两年赚的 400 亿美元悉数赔进去了，40 万储户提款拮据，[①] 标志着美国经济步入了危机丛中。随后世界上许多国家先后陷入了经济危机的泥潭，这就是历史上令人闻风丧胆的"大萧条"时期。[②] 1929～1933 年，资本主义国家爆发了有史以来最为严重的经济危机，可以说这是一次最深刻、最持久、最广泛和破坏性最大的世界性资本主义经济危机。[③] 经济危机导致许多工厂企业倒闭，工人失业人数剧增，英国 1933 年失业人数为 275 万，失业率为 22.5%，美国 1932 年失业率为 25%，达到历史最高峰，1400 万失业人口流落街头，一般人民的生活水平大大下降，几乎倒退到 20 年以前的水平，[④] 大量失业工人陷入贫困境地，工人罢工风起云涌，许多资本主义国家国内阶级矛盾迅速激化，资本主义制度处于生死危急关头，资产阶级的统治地位遥遥欲坠。在经济危机期间，美国经济遭受了沉重打击：通货严重紧缩，消费价格指数下降近 25%，工业生产下降 47%，国民生产总值下降约 30%，货币供应量年均递减 10%，大批工厂、银行倒闭，[⑤] 国民收入递减。[⑥] 1932 年，美国工业生产仅停滞在 1929 年最高水平的 53%，当时，经济大萧条的特征之一是投资崩溃，美国净投资已经变为负数，到 1933 年，美国住宅建筑和住房修理的总支出额均仅为 1928 年时的 1/10，世界上许多其他资本主义国家的经济也遭遇了寒冬的考验。如何应对经济危机的重大冲击？如何保障老年人和失业人员的基本生活，避免工人阶级与资产阶级之间的矛盾进一步激化？如何维护资本主义制度的平稳运行？这些问题成为当时各国政府和理论界研究的热点问题，促进了福利经济学理论的产生和发展。

---

① 胡代光：《经济理论和政策问题研究》，北京大学出版社，2005，第 38 页。
② 牛文光：《美国社会保障制度的发展》，中国劳动社会保障出版社，2004，第 127 页。
③ 周志太编著《外国经济学说史》，中国科学技术大学出版社，2009，第 306 页。
④ 胡代光：《经济理论和政策问题研究》，第 38 页。
⑤ 胡代光 (2005) 提出，仅 1932 年一年，美国就有 1400 家银行倒闭。胡代光著《经济理论和政策问题研究》，北京大学出版社，2005，第 38 页。
⑥ 华迎放：《社会保障总论》，田成平：《社会保障制度建设》，人民出版社、党建读物出版社，2006，第 38～39 页。

（二）福利经济学理论的主要观点

福利经济学理论又称民主社会主义理论，该理论产生于 20 世纪 20 年代到 40 年代。福利经济学的代表人物是阿瑟·庇古（Arthur C. Pigou，1877～1959）和威廉·贝弗里奇（William H. Beveridge，1879～1963）。总体来说，福利经济学理论主张用国有化和计划经济来推进福利国家政策，提倡劳资合作，强调通过超额累进税对收入和财富进行再分配，以实现收入均等化和社会公平。

20 世纪 20 年代英国经济学家庇古创立福利经济学，认为"在很大程度上，影响经济福利的是：第一，国民收入的大小；第二，国民收入在社会成员中的分配情况"①。综合华迎放（2006）、侯建新（2008）、周志太（2009）、张世贤（2009）等学者的观点，庇古的福利经济学理论在社会保障法律历史上第一次提出，为了实现收入分配结果的公平，国家应当将国民收入从富人手中向穷人手中转移，即收入再分配的福利国家思想。因此，庇古被称为"福利经济学之父"。具体地说，庇古以边际效用价值论为基础，将福利分为社会福利和经济福利，两者划分的标准是能否以货币计量，不能以货币计量的为社会福利，也称为广义的福利，包括因占有财物而获得的满足，包含自由、家庭幸福、友谊、正义等；能够以货币计量的为经济福利，也称为狭义的福利，经济福利在总福利中占的比重不大，但是具有决定性作用，可以在一定程度上反映社会状况。根据边际效用递减法则，庇古认为，只有实行收入均等化才能够增加社会福利，鉴于市场机制本身不能达到收入均等化状态，国家应当通过征收累进税实现财富由富人向穷人的转移支付，缩小收入差距，通过收入均等达到货币边际效用相等，就会达到社会经济福利的最大化。鉴此，庇古提出三项具体措施：一是增加必要的货币补贴，改善劳动条件，当劳动者遭遇年老、疾病、失业、工伤等风险时能够得到相应的物质补偿和帮助；二是实行超额累进税率，税收用以补助低收入者，实现收入均等化，增加普遍福利的效果；三是实行普遍养老金或者养老补贴制度。② 庇古的福利经济学被学界称为旧福利经济学。

20 世纪 30 年代，面对世界性经济危机，许多政治家和经济学家都在努

---

① Arthur C. Pigou, *The Economics of welfare*, (Macmillan and Co., 1924), p. 123.
② 刘志英：《社会保障与贫富差距研究》，中国劳动社会保障出版社，2006，第 40～41 页。

力寻找医治资本主义经济危机这一痼疾的灵丹妙药。[1] 从 1939 年希克斯出版《价值与资本》到 1950 年理论界提出"阿罗不可能定理"属于新福利经济学阶段，这一阶段的核心观点是经济效率是最大的社会经济福利问题，提出"当没有任何变动能使一些人的情况变好而同时不会使任何人变坏时，就实现福利最大化"的帕累托最优原理，进一步提出通过国家干预经济实现经济稳定增长，保证个人福利和社会福利的最大化。[2] 1941 年，英国经济学家贝弗里奇临危受命为英国社会保险和相关服务部际协调委员会主席，主持研究战后英国的社会保险改革方案。1942 年，提出了《贝弗里奇报告》，该报告设计了一整套"从摇篮到坟墓"的社会福利制度，笔者将其运用到养老保险法律制度中，可以说，报告强调了 5 个原则：一是普遍性原则，即养老保险应当满足所有老年人的养老需求；二是保障基本生活原则，即国家强制的养老保险待遇水平不宜过高，养老保险只能保障老年人最基本的生活需要，给个人参加自愿保险和储蓄留出一定的空间；三是统一原则，即养老保险的缴费标准、待遇支付和行政管理必须统一；四是权利与义务对等原则，即享受养老保险待遇必须以劳动和缴纳养老保险费为条件；五是坚持了俾斯麦时期提出的费用由政府、雇主、雇员三方负担的原则。[3]

（三）福利经济学理论评价

福利经济学理论强调国家干预的作用，同时强调国家在社会保险中的作用，是对德国新历史主义的发展，特别是《贝弗里奇报告》奠定了建设福利国家大厦的理论基础。福利经济学理论应用于包括养老保险在内的社会保障法制建设中有利于修复战争创伤，有利于避免市场失灵，有利于缓和高收入

---

[1] 1936 年，英国经济学家约翰·梅纳德·凯恩斯在《就业、利息和货币通论》一书中，提出了著名的有效需求不足理论与国家干预思想。凯恩斯提出的国家干预主张是对市场机制的修正和弥补，同样建议采取超额累进税率进行收入再分配，国家增加公共投资、直接举办公共工程，扩大社会保障支出，提高边际消费倾向，促进充分就业。凯恩斯强调国家在社会保障方面的作用有二：一是提高消费倾向，因为穷人的消费倾向高于富人，社会保障的转移支付功能能够促进穷人消费，从而提高整个社会的平均消费倾向；二是稳定宏观经济，社会保障有自动稳定器作用，可以熨平经济波动。因此，这一理论的出发点仍然是促进经济发展，并不一定是关心民众福利，但客观上为政府干预经济，承担更大社会保障责任提供了有力的理论支持。（刘志英，2006），虽然凯恩斯不是福利经济学理论的代表人物，但其在社会保障方面的思想与福利经济学理论有相似之处。因此，在此作一介绍，用于多角度地阐释福利经济学理论。

[2] 周志太编著《外国经济学说史》，中国科学技术大学出版社，2009，第 376～379 页。

[3] Report by Beveridge, W. (1942) *Social Insurance and Allied Services*, (London：HMSO, Reprinted 1995).

阶层与低收入阶层之间因收入差距过大造成的矛盾，从而有利于维护社会稳定。总之，福利经济学理论促进了福利国家的诞生和发展，成就了社会保障制度的最佳时代，为养老保险法律在世界范围内的广泛发展起到了不可磨灭的推动作用。

但是，国家在社会保障领域包括养老保险方面干预过多，在经济快速发展的时候，国家财政不会有太大的压力，不过，当经济出现新的波折特别是遇到大的经济危机时，容易让福利国家背上沉重的财政负担，国家财政因此可能将不堪重负，难免会采取措施降低福利、减轻国家责任。笔者认为，福利经济学理论推动建立的包括养老保险法律在内的社会保障制度，从国际社会保障发展的历史中应当得出其对人类社会的积极作用大于其消极作用的结论。应当指出的是，无论是凯恩斯的有限保障思想还是贝弗里奇的国家提供的基本生活保障水平不宜过高的思想，还是比较中肯的。福利经济学理论催生了 1935 年美国《社会保障法》出台和 1942 年英国《国民保险法》的修订，为建立福利国家提供了理论依据。

三　新自由主义理论

（一）新自由主义理论兴起的时代背景

1973 年 10 月第四次中东战争爆发，为了打击以色列及其支持者，石油输出国组织（OPEC）中的阿拉伯成员国当年 12 月宣布收回石油标价权，并将其囤积的原油价格从每桶 3.011 美元提高到 10.651 美元，使油价猛然上涨了两倍多，从而触发了第二次世界大战之后最严重的全球经济危机。持续三年的石油危机对发达国家的经济造成了严重的冲击。在这场危机中，美国的工业生产下降了 14%，日本的工业生产下降了 20% 以上，所有工业化国家的经济增长都明显放慢。1978 年底，世界第二大石油出口国伊朗的政局发生剧烈变化，伊朗亲美的温和派国王巴列维下台，引发第二次石油危机。此时又爆发了两伊战争，全球石油产量受到影响，从每天 580 万桶骤降到每天 100 万桶以下。随着石油产量的剧减，油价在 1979 年开始暴涨，从每桶 13 美元猛增至 1980 年的 34 美元。这种状态持续了半年多，此次危机成为 20 世纪 70 年代末西方经济全面衰退的一个主要原因。[①] 1973 年和 1979 年的两次

---

① 石油危机_ 百度百科 mht. 互联网，http://baike.baidu.com/view/25178.htm，最后访问日期：2008 年 6 月 17 日。

石油危机导致整个世界经济发展停滞不前，欧美发达国家经济陷入"滞涨"，高福利成为各国日益沉重的财政负担，直接导致了福利经济学理论的危机。福利经济学理论的"失灵"，引发了人们对自由放任的怀古情绪。弗里德曼等新自由主义理论学者抓住这一有利时机，顺应时代的要求，对古典经济学理论进行了改革与发展，使其理论得以迅速传播。同时垄断资本集团也需要弗里德曼等新自由主义者以新的理论和政策摆脱危机，缓解资本主义的基本矛盾。于是，新自由主义理论以 1973～1975 年的"滞胀"式经济危机这一绝好机会为转折点，由小变大，由弱转强，并借英国保守党撒切尔首相和美国共和党里根总统的上台而登上了"政府经济学"的宝座。正是在这一时代背景下，产生于 20 世纪 20、30 年代的新自由主义理论，经过"罗斯福新政"的冷落之后，反而进入了兴起乃至蓬勃发展的时期，重新焕发了生机与活力。①

（二）新自由主义理论的主要观点

1973 年的石油危机在很大程度上改变了人们对"从摇篮到坟墓"的高福利模式的迷信和追求，政府和理论界均开始了改革与反思。新自由主义理论是在继承资产阶级自由放任的古典经济学理论之基础上，以反对和抵制凯恩斯的福利经济学理论为主要特征，适应国家垄断资本主义向国际垄断资本主义转变要求的理论体系和政策主张。② 以英国经济学家弗里德里希·冯·哈耶克（Friedrich Von Hayek，1899～1992 伦敦学派）、美国经济学家米尔顿·弗里德曼（Milton Friedman，1912～2006 货币学派）为代表的新自由主义理论对福利国家进行了深刻的剖析，明确反对福利国家政策，认为以个人自由为基础的私人企业制度和自由市场制度是人类历史上迄今为止所能选择的最佳制度，国家过多干预经济的做法忽略了市场机制的能动作用，也妨碍

---

① 辛涉：《新自由主义的兴起及对当代世界的影响》mht，互联网，http//www.xslx.com，2003\10\21，最后访问日期：2007 年 6 月 21 日。当然，辛涉进一步提出，新自由主义理论的兴起，还有两个重要因素，一是新自由主义学者在经济学理论界长期的自我雕琢。当许多经济学者忙于皈依凯恩斯的福利经济学理论时，美国仍有一批坚定的学者不断开拓经济学的研究领域，不断寻找凯恩斯主义的弱点，通过挑战，逐渐提高了水平。二是"新武装"推进了新自由主义理论的兴起。核心是重新解释"经济人"假设，认为经济活动中的人，是"会计算、有创造性并能获取最大利益的人"，也就是"有理性"的人。根据"经济人"定义，新自由主义者用它来观察验证经济及种种非经济的人类活动和社会现象，认为亚当·斯密的"看不见的手"不仅对经济活动起作用，而且对人类的其他一些活动同样起作用。政府并不是凌驾于自由的个人之上的"主人"。除了公民意见一致的目标和理想外，国家不应有自己的目标和理想。国家最重要的任务是保护公民的自由，国家是各自由人的共同意志的体现。这样，新自由主义理论发展了古典经济学。

② 韩晶：《新自由主义：金融危机的根源》，《经济研究参考》2009 年第 24 期。

了个人的自我独立。

因此，新自由主义理论主张"自由、公正、不干涉"，其核心思想是个人自由与经济自由主义，新自由主义理论极度推崇自由市场经济，反对计划经济。新自由主义理论认为，福利服务的市场化是最好的选择，应当采取措施降低并且转移国家在社会保障方面的作用，让市场机制发挥主导作用。同时，新自由主义理论主张社会保险应当走民营化、私有化和市场化的道路，这些就是新自由主义理论的总体思想观点（华迎放，2006；侯建新，2008；周志太，2009；张世贤，2009）。为了进一步深入研究新自由主义理论的思想观点，有必要对新自由主义理论主要代表人物的社会保障观点作一分析，同时寻找这一理论与养老保险法律改革的关联性。

弗里德曼社会保障的主要观点是：国家应当设计补助低收入者的"负所得税"方案，负所得税就是国家规定一个最低收入线，按照一定的负所得税税率对在最低收入线以下的人给予一定的补助：负所得税 = 最低收入指标 -（实际收入 × 负所得税税率）。[①] 如果将"负所得税"方案应用到养老保险领域，其在一定程度上相当于家计调查式（Means-tested）的最低养老金制度。

哈耶克作为新自由主义理论的最主要的代表之一，其社会保障的主要观点是"两个强调、两个反对和一个方案"。"两个强调"：一是强调维护个人自由，二是强调机会平等；"两个反对"：一是反对国家干预下的收入均等化，二是反对强制性的社会保险；"一个方案"是认为提供福利的最佳的两个渠道是家庭和自由竞争的市场，只有当家庭和市场"失灵"或者一些福利本身不能从上述两个渠道获得时，政府才应当对社会福利进行暂时的干预。[②] 如果将这个方案应用到养老保险领域，是一种传统意义上家庭养老和现代意义上企业年金等补充性养老保险的结合。

刘小怡（2004）较为全面地提出，新自由主义理论的主要理论观点，一是极力主张私有制，反对公有制；二是主张自由经营，反对国家干预；三是提出"自然失业率"理论，反对工会组织；四是坚持健全财政原则，反对通货膨胀；五是宣扬自由贸易，鼓吹经济全球化。笔者认为，新自由主义理论本身更多的是一种经济理论，但其主张自由经营、反对国家干预的观点，不仅与社会保障法律有着深刻的渊源，而且与养老保险法律有着密切的关系，为养老保险法律的改革提供了理论指导和支持。

---

① 刘志英：《西方社会保障思想史的演变》，李珍主编《社会保障理论》，中国劳动社会保障出版社，2007，第130页。

② 刘志英：《西方社会保障思想史的演变》，李珍主编《社会保障理论》，中国劳动社会保障出版社，2007，第130~131页。

（三）　新自由主义理论评价

刘小怡（2004）从经济学的角度对新自由主义理论中主张自由经营、反对国家干预进行了评价，指出新自由主义理论的主要理论基础是一般均衡理论。该理论试图证明一般均衡的存在性、唯一性、稳定性和有效性，进而证明市场经济的有效性。尽管西方一般均衡理论也认识到市场价格和均衡价格不一致和非市场出清的可能性，但是为了证明一般均衡的稳定性，它总是试图从理论上寻找避免非市场出清条件下出现交易的可能性。为此，西方一般均衡理论提出了两条可能的出路：一是设想存在一种机制，使得人们根本不可能在错误的价格上进行交易，二是设想价格的调整过程十分迅速，以至于人们没有时间进行错误的交易。前一设想是瓦尔拉斯和埃奇渥斯的重订契约特权，后一设想是马歇尔的瞬时调整过程。但是，两者与现实经济生活都存在着差距。对于前者，人们不知道那位全能的"价格制定人"是谁，也不知道谁赋予了交易者以"特权"；对于后者，信息的不完全和信息成本不为零决定了价格调整的速度不会很大，更不用说接近无限了。如果交易者没有"特权"的保护，而价格调整的速度又不是很快，那么在非均衡出现之后和调整到均衡之前的这段时间，就一定会出现非市场出清条件下的错误交易。西方一般均衡论学者对这些是有一定了解的，实际上已经不把一般均衡看作现实存在，而是看作一个参照系。新自由主义理论的主要问题不在于肯定一般均衡论的稳定性，而在于把一般均衡论的稳定性绝对化；不在于肯定市场经济的有效性，而在于把市场经济理想化，从而看不到市场经济的局限性和政府适度干预的必要性。[①]

笔者认为，新自由主义理论看到了传统福利国家存在的弊端，试图放弃国家干预，取消收入均等化的策略，完全充分地发挥市场机制的作用，减轻国家愈渐沉重的财政负担，促进经济发展，这一意图对于改革社会保障法律包括养老保险法律都是积极的、有益的。但是，新自由主义理论从福利经济学理论强调发挥国家干预作用走到其强调个人和市场机制作用的极致，应该说在这一想法的方向上走的路程比福利经济学理论要远得多，忽视了在包括养老保险在内的社会保障领域国家应当承担的责任，忘记了俾斯麦创立社会保险制度之前，由于国家对社会保险没有强制性的干预措施，造成收入差距过大，工人阶级与资产阶级矛盾日益尖锐，危及资产阶级的统治地位。新自

---

① 刘小怡：《新自由主义述评》，http://www.100paper.com/100paper/jingjixuelilun/2007062440620.html，最后访问日期：2009 年 6 月 12 日。

由主义理论为了减少国家责任、应对经济危机，不惜以牺牲社会公平为代价，容易造成新的收入分配不公，激化工人阶级与资产阶级的矛盾，进而影响社会稳定的大局。从一定程度上说，新自由主义理论是主张自由经济的古典经济学思想的回归，影响到养老保险法律改革的具体成果可能是提高养老保险缴费、降低养老保险待遇以及更多地发挥按照市场机制运行的补充养老保险的作用。当然，养老保险法律的上述改革还与许多其他背景情况有着密切的关系，本文后面还将作相应论述。不过，正是从这一角度说，新自由主义理论的兴起在推动整个社会保障法律改革的同时，也推动了1979年以后英国和美国养老保险法律的改革，对养老保险法律适应新的经济社会发展形势起到了积极作用。

四　第三条道路理论

（一）第三条道路理论产生的时代背景

20世纪90年代开始，由于发达国家人口出生率明显下降，人均预期寿命不断延长，加上第二次世界大战后生育高峰出生的人口陆续开始步入老年人群，许多国家65岁以上人口占总人口的比例越来越高，不少国家的这一比例已经远远超过了10%，65岁以上老年人人口与工作者人口的比率随之提高。于是，人口老龄化问题逐步成为摆在世界上许多国家养老保险法律面前的一个重要课题。人们对养老保险法律制度能否顺利跨越人口老龄化的冲击产生了困惑，养老保险法律出现了一个两难的选择：一是如果按照新自由主义理论的主张一味地削减福利，鉴于福利刚性的特点，只会激发社会矛盾，引起社会动荡；二是如果按照福利经济学理论的主张维持原先较高的福利待遇不变，国家财政将不堪重负，国家的经济发展必然受到影响和制约，包括养老保险法律制度在内的整个国家社会保障制度难以实现可持续发展。世界上许多国家养老保险法律不得不正视这一困境，正是在这一时代背景下产生和发展起来的第三条道路理论，为如何找到两全之策提出了新思路。

（二）第三条道路理论的主要观点

简言之，第三条道路理论是力图吸取新自由主义理论和福利经济学理论两者之长、避免两者之短而创立的一种新理论，笔者常常称之为类似中国儒家思想的"中庸之道"。第三条道路理论的主要代表人物是英国社会学家安东尼·吉登斯（Anthony Giddens，1938 ~ ）。同时，英国当时的首相托尼·布莱尔（Tony Blair）也是这一理论的积极倡导者与实践者。第三条道路理论在社会保障领域的主要观点有以下三个方面：第一，如果过于强调自由市场作用可能导致贫困等许多社会问题和阶级矛盾，因此，国家需要对经济社会发展进行适当地干预，特别是适度地干预社会保障法律制度；第二，如果过于强调国家干预作用，国家提供过高的福利也会产生负面影响，这样就可能造成对国家的依赖，并侵蚀人们的生活意志和自我负责精神，最终会对经济社会发展带来消极影响，因此，应当适当发挥市场机制的作用；第三，核心主张是改变传统的消极福利政策为现在和将来的积极福利政策。该理论针对福利国家制度存在的弊端，提出"不承担责任就没有权利"，建议将救济型的社会福利政策转变为以人力资源开发为核心的"造血型"的福利政策①，强调社会保障应当充分发挥雇员、雇主和国家三方的积极作用，是一项由国家、NGO、私营机构和个人共同参与的事业，国家提供最基本的保障，救助最贫困的人员，同时鼓励私营机构承担责任，引入市场竞争机制和消费者自由选择服务机制，减轻国家的负担（华迎放，2006；刘志英，2007）。②

刘志英（2007）进一步提出，英国首相布莱尔的"第三条道路"理论在养老保险方面提出了两个观点：一是国家不仅应当提供适当水平的养老金，而且应当支持强制性的养老保险储蓄计划；二是逐步改革固定的退休年龄制度，把老年人视为一种资源而不是一种负担，充分发挥老年人在经济社会发展中的积极作用。

（三）第三条道路理论评价

国际上福利国家建立以来，成效是比较显著的，但对福利国家的认识，福利经济学理论与新自由主义理论采取了两种截然对立的立场。前者认为充分发展的福利制度是体面的人道社会之标志，后者则认为福利制度是企业的

---

① 杨帆、杨浩：《新自由主义思潮对我国社会保障制度的影响》，《黑龙江科技信息》2009 年第 6 期。

② 陈泽华、张智勇：《第三条道路——当代资本主义发展的新模式》，《教学与研究》1999 年第 11 期。一文中进一步提出，第三条道路理论的行动准则是只要有可能就投资于人力资本，而不是给予直接的补偿，最终实现将福利国家转变为社会投资国家的目标。为了在公平和效率之间取得平衡，第三条道路力主把经济增长放在首位，用经济增长来促进社会公平。布莱尔曾多次呼吁那些关注社会公正的人应更加关注经济增长，强调社会福利政策应当以促进经济增长为目标，把福利的削减和增加就业机会结合起来，福利的支出要有针对性，使社会福利发挥最大的效用，避免社会资源的浪费。

敌人，是公民秩序衰退的原因。第三条道路理论在社会福利领域既不像新自由主义理论那样过分强调发挥市场机制的作用，也不像福利经济学理论那样过分强调国家干预的作用，而是主张将效率与公平、市场机制与国家干预、权利与义务有机结合起来，在经济发展和社会公平之间找到均衡点。陶正付（2000）从国家与市场之争、福利经济学理论的新发展以及务实等方面对第三条道路理论作了较为全面的评价：一是第三条道路理论第一次以政府的名义达成共识，重新界定市场和国家的作用，是经济理论发展的一大进步；二是第三条道路理论是欧洲福利经济学理论的重建，更加贴近于资产阶级的需要，更加注重为资产阶级服务，致使社会党变成了温和、人道的资产阶级政党；三是第三条道路理论反映了西方国家领导层政治视野的转变，阶级色彩淡化，更加注重解决现实问题，代表了一种务实的价值取向，更加符合西方发达国家的经济社会现实，从长远来看，有利于促进西方资本主义的进一步调整和完善。[①]

　　笔者认为，简单地说，第三条道路理论的核心理念是将政府与市场有机地结合起来，强调走一条贴近现实的道路，避免过左或过右的激进政策，通过均衡地发挥政府与市场两方面的优势，推动经济社会的平稳健康可持续的发展。如果将这一理论具体应用到养老保险法律的改革中，就应当充分考虑养老保险待遇水平与经济社会发展水平和承受能力之间的关系，养老保险法律制度在实现保障老年人生活目标的同时，不能让国家背负过重的财政负担，不能因此而阻碍经济社会的发展；另外，养老保险法律制度也不能反其道而行之，过于强调应当减轻国家财政负担，促进经济快速发展，而不顾退休后老年人的生活状况，将这些老年人置于贫困境地而不顾。第三条道路理论与养老保险法律关系较为密切，涉及养老保险法律的改革是否应当走这么一条道路，如果从整个养老保险法律的角度来讲，应当将国家干预与市场自由竞争、公平与效率、权利与义务有机结合起来，这样将更有利于辩证地发挥两方面的优势、共同推动养老保险法律制度的发展与改革，但如果仅从基本养老保险法律的角度来讲，可能还要更多地发挥国家干预的作用。正是从这一意义上说，第三条道路理论在新自由主义理论推动养老保险法律改革的基础上，进一步矫正了养老保险法律改革的方向。第三条道路理论事实上推动了英国 2007 年和 2008 年养老金法的问世。

---

① 陶正付：《欧洲"第三条道路"崛起的原因浅析》，《高校社科信息》2000 年第 2 期。

五 上述理论的进一步探索

本文较为详细地探讨了新历史主义理论、福利经济学理论、新自由主义理论和第三条道路理论产生的时代背景、主要观点和一些学者和笔者本人对这些理论的评价。上述每一种理论的产生都与当时的经济发展状况、不同利益集团之间的矛盾斗争密不可分，都与养老保险法律的发展历程密不可分，为养老保险法律的创立、发展和改革提供了理论指导和理论支撑。新历史主义理论产生于养老保险法律创立之前，福利经济学理论兴起于养老保险法律发展之前，新自由主义理论产生于养老保险法律改革之前，而第三条道路理论则产生于养老保险法律改革过程之中。正是基于上述原因，通过对每一种理论进行比较详细地阐释，可以发现，养老保险法律发展历程与这些外因性理论具有较强的关联性。笔者认为，从整体上和深层次考虑，应当至少从三个维度评价这些与养老保险法律密切相关的理论。

（一）国家与市场的维度

从国家基本养老保险作为保障雇员退休后基本生活的角度，国家在基本养老保险方面的责任是无可替代的，也是责无旁贷的；只有作为基本养老保险待遇补充的职业养老金和私人养老金才可以更多地通过市场机制进行资源配置。而本文研究的侧重点是基本养老保险，因此，从这个意义上说，新历史主义理论、福利经济学理论强调国家在基本养老保险方面的责任是正确的，新自由主义理论过分强调市场的作用是不现实的，如果国家不尽可能地在基本养老保险方面发挥作用，贫富差距只会越来越大，社会矛盾也会随之激化，反之只有国家建立基本养老保险，并且通过税收手段调节收入差距（但并一定非要实现收入均等化，而是进行适当水平的收入再分配），才能更好地维护社会稳定。当然，福利经济学理论过于强调国家的责任，致使许多国家在发展福利时遭遇了财政不堪重负的困境，则是这一理论有失偏颇的地方，与新自由主义理论过于强调市场机制的作用一样，都是难以持续发展的。另外，新自由主义理论强调市场机制的作用，在补充养老保险方面则是正确的，有利于激发人们参加补充养老保险的积极性，推动经济发展和社会进步。第三条道路理论的出现，强调国家和市场在社会保障方面的均衡作用，这一理论在基本养老保险领域也似有不妥，因为基本养老保险是保障雇员退休后基本生活的制度，只有国家承担更多的职责，才能保证这一制度的平稳运行。但是，第三条道路理论运用于整个的养老保险法律当中，则是较为合适的，一般国家的养老金起码是由基本养老金、补充养老金和个人储蓄养老金三个层次组成的，三个层次的养老金，基本养老金主要体现国家的作用，补充养老金主要体现市场的作用，个人储蓄养老金则主要体现个人选择市场的作用。

（二）公平与效率的维度

公平与效率的关系如何摆布，向来是养老保险法律不得不面对的一个难题，简单地说，基本养老保险计划应当更加注重公平，体现收入再分配的功能，这样才能缩小收入差距，减少社会矛盾。但是，基本养老保险计划如果过于关注公平，而不顾及效率，也是不妥的，因为这样很可能会抹杀雇员参加基本养老保险的积极性，换句话说，不能因为是基本养老保险计划，就实行"大锅饭"，这样的话，就不是社会保险性质的基本养老保险法律了，而变成了纯粹社会救助式的养老金，干多干少最后得到的养老金完全一样，结果就会造成大家不愿意工作，从而影响经济发展，影响效率作用的发挥，最终自然也会影响到基本养老保险资金的来源，大家得到的养老金就会越来越少，形成经济发展与养老保险发展的恶性循环。因此，从这个角度来说，一方面，基本养老保险计划应当更多的关注公平，尽可能地减少差距，发挥"社会安全阀"的作用，这也是福利经济学理论强调国家作用，进而强调社会公平的一个重要原因；另一方面，基本养老保险计划也应当适当地兼顾效率，适当地体现差异，这也就是必须在养老保险法律中明确规定雇员领取基本养老保险待遇的前提是缴纳养老保险费，雇员领取基本养老金的水平与其缴费是有一定关联的，但是，这一关联又必须强调互助共济，不能变成基金制的完全相关。此外，对于因为缴费年限太短、缴费基数太小的雇员，造成基本养老保险待遇过低的，国家可以采取社会救助式最低养老金予以协助，但是这一养老金水平不宜过高。正是在这个意义上说，新自由主义理论因重视发挥市场机制的作用，难免会产生过于重视效率而忽视公平的问题。第三条道路理论虽然试图平衡国家与市场的作用，从而平衡公平与效率的作用，但是，这难以适用基本养老保险计划领域。总之，基本养老保险计划应当更多地强调公平，适当地注重效率，应当致力于寻找一个高收入者和低收入者都可以接受的均衡点。

（三）强制与自愿的维度

事实上，从强制与自愿的维度说，基本养老保险计划应当是偏向于强制的，不强制难以实施这一计划，但是，这种强制也不是针对所有的群体，比如，许多国家对于自雇人员参加基本养老保险计划往往采取自愿原则。新历史主义理论虽然没有明确对基本养老保险计划发表过言论，但是从这一理论强调国家应当建立福利制度，调整贫富差距，保障工人阶级的生存权利的角度，可以推断出这一理论提倡强制的基本养老保险计划。显然，从福利经济学理论强调国家在社会保险、社会福利方面作用的角度，也可以更加清楚地看出其提倡国家在基本养老保险方面的强制作用。新自由主义理论，作为在社会福利领域倡导市场机制作用的理论，反对国家干预，应当可以清楚看出其更倾向于自愿的原则。第三条道路理论，试图寻找一条强制与自愿相结合的道路。

从上述三个维度的分析可以看出，养老保险法律的外因性理论各有优劣，也各有用武之地，即，新历史主义理论和福利经济学理论可以在基本养老保险领域发挥更大的作用，但也应当把握好一个较为恰当的"度"；新自由主义理论运用于补充养老保险法律领域未失为一种较好的选择，但是也不能缺少国家的税收优惠等措施的支持；第三条道路理论在基本养老保险计划和补充养老保险计划构成的整个养老保险计划中更有优势，但国家与市场作用的具体比例仍有待于进一步求证。

六　国际上实现男女同龄退休已是大势所趋

国际上原先一般男性退休年龄晚于女性，现在越来越多的国家雇员领取养老金男女法定退休年龄趋向一致，在 170 个国家中，共有 103 个国家男女退休年龄相同，占 60.6%[1]，比如，德国、墨西哥、美国等国家都是 65 岁，英国将在 2020 年实现男女同为 65 岁。各国提高法定退休年龄意在减轻国家负担，应对人口老龄化冲击。

（一）英国提高法定退休年龄的措施

从公平角度说，女性雇员退休年龄提高到与男性雇员一样，解决性别之间的公平性问题[2]；提高男女退休年龄，以达到增加养老保险缴费，减少养老金支出的目的。提高法定退休年龄将分四步走：第一步，以 2010 年 4 月

---

[1]　刘铮、潘锦棠：《世界各国退休年龄现状分析比较》，《社会保障》（中国人民大学书报资料中心）2006 年第 4 期。

[2]　关于性别间的公平问题。目前，不少国家男性的退休年龄往往高于女性的退休年龄，同时，人均受教育年限却不断增加，这样一来，女性雇员实际参加工作的年限往往短于男性雇员，女性雇员缴纳养老保险费的年限自然也少于男性雇员，而女性雇员的平均预期寿命一般高于男性雇员，这就导致男女之间养老金的差异，即在同等条件下，男性雇员缴费时间长，退休时每月领取的养老金高于女性雇员，而领取的年限则少于女性雇员（雷晓康，2009）。

作为起点，之后的 10 年内即到 2020 年 4 月，目标是将女性的法定退休年龄从当前实行的 60 岁逐步提高到与当前男性退休年龄相同的 65 岁，这期间，男性的退休年龄不提高；第二步，以 2024 年 4 月作为新的起点，2 年内即 2026 年 4 月之前将男女法定退休年龄统一由当时的 65 岁提高到 66 岁，即提高 1 岁；第三步，以 2034 年 4 月作为进一步的新起点，2 年内即 2036 年 4 月之前将男女退休年龄再提高 1 岁，即提高到 67 岁；第四步，以 2044 年 4 月作为更新的起点，2 年内即 2046 年之前还要提高 1 岁，即提高到 68 岁之法定退休年龄。[①] 由此可见，英国和世界上许多国家正在进行的养老保险法律改革一样，为了有效地应对人口老龄化的冲击，也为了提高养老保险的公平性，采取了统一男女退休年龄和进一步提高退休年龄的措施。同时，还有英国自己的一个特点，即先统一男女法定退休年龄，再每隔 10 年统一提高 1 岁的法定退休年龄。

（二）德国和美国提高法定退休年龄的措施

德国 2005 年新修订的《老年和伤残保险法》[②] 的主要内容是决定从 2012 年起开始提高国家法定退休年龄，2012 年起每年提高一个月，2024 年起每年提高 2 个月，这样退休年龄将从现在的 65 岁，逐步提高到 2029 年的 67 岁。

美国也和德国相似，已经从 2004 年起开始由原先的 65 岁每过一年提高 2 个月，到 2014 年将提高到 67 岁。

（三）初步的结论

通过上述分析不难看出，提高法定退休年龄，男女同龄退休，减轻养老保险基金压力，是世界上大多数国家已经或者正在采取的应对人口老龄化冲击的重要措施。中国将来也应当提高国家法定退休年龄。为了应对人口老龄化的冲击，包括英国、德国、美国在内大多数国家的养老保险改革中往往采取提高法定退休年龄之措施，主要考虑是：提高法定退休年龄既可以有效地减少养老金的发放，又可以较大幅度地增加养老保险基金规模。

中国如果提高法定退休年龄，不仅可以较为有效地应对人口老龄化，而且可以大幅度地降低养老金隐性债务的负担。鉴于中国目前平均退休年龄只有 53 岁，平均领取养老金的时间却有 20 年，并且养老金隐性债务规模庞

---

① DWP（Department for Work and Pensions）（2007）. *Basic State Pension*. ［online］Accessed at （http：／www. thepensionservices. gov. uk／state－pension／home. asp.）［27Jan. 2009］p. 45.

② SSA, *Social Security Programs Throughout the World：Europe, 2006*, ［online］Accessed at（http：／／www. ssa. gov. ／policy／docs／progdesc／ssptw／2005－2006／europe／index. html）［11Jul. 2009］.

大，如果不及时采取提高法定退休年龄的措施，养老保险基金难以具备较长时间的支付能力，国家财政也将不堪重负。当然，提高法定退休年龄容易招致大量参保人的反对，据人民网 2008 年 11 月 5～7 日网上调查统计显示，参与网上投票的 126600 人中，62.2% 的网友反对国家提高法定退休年龄，但也有 30.2% 的网友赞成。针对这一情况，一是应当借鉴国外缓慢提高法定退休年龄的经验，用 20 年甚至 30 年时间逐步提高；二是对于不愿意延迟退休的人采取类似瑞典和美国实行的弹性退休年龄，早退休获得的养老金将按比例减少；三是做好宣传引导工作，毕竟人们整体的健康状况越来越好，人均预期寿命越来越长，提高法定退休年龄对减轻国家财政负担，减轻养老保险基金压力，降低工作者人群的缴费费率都有积极作用。不过，在一定时期，也应当考虑提高法定退休年龄对就业究竟会产生怎样的影响，以便于妥善处理两者的关系，避免出现因难以统筹兼顾而发生"按下葫芦起来瓢"的现象。

参考文献

［1］胡代光：《经济理论和政策问题研究》，北京，北京大学出版社，2005。

［2］牛文光：《美国社会保障制度的发展》，北京，中国劳动社会保障出版社，2004，第 127 页。

［3］Pigou，Arthur C. The Economics of Welfare. Macmillan，1924. p.123.

［4］刘志英：《社会保障与贫富差距研究》，北京，中国劳动社会保障出版社，2006，第 40～41 页。

［5］周志太：《外国经济学说史》，合肥，中国科学技术大学出版社，2009，第 376～379 页。

［6］Report by Beveridge，W.（1942）Social Insurance and Allied Services. London：HMSO，Reprinted 1995 ［7］《石油危机》，百度百科 mht. http：／／baike. baidu. com／view／25178. htm ［17 Jun. 2008］

［8］辛涉：《新自由主义的兴起及对当代世界的影响》，mht. http／／www. xslx. com，2003 – 10 – 21 ［21 Jun. 2007］

［9］韩晶：《新自由主义：金融危机的根源》，载《经济研究参考》，2009（24）。

［10］李珍：《社会保障理论》，北京，中国劳动社会保障出版社，2007，第 130～131 页。

［11］李珍：《社会保障理论》，北京，中国劳动社会保障出版社，2007，第 130～131 页。

［12］杨帆、杨浩：《新自由主义思潮对我国社会保障制度的影响》，载《黑龙江科技信息》，2009（6）。

妇女社会权利的保护研究

——以同龄退休为视角

钱叶卫[*]

  19 世纪初，随着英、法等国资本主义大工业的迅速发展，越来越多的妇女走向社会，进入劳动力市场，为妇女参与社会生活提供了客观经济条件。在清末西学东渐的浪潮下，中国妇女也走出了家庭的狭小空间，开始从事社会劳动。新中国成立后，妇女的社会权利得到了以宪法为主体的相关法律的保障。《宪法》第 48 条规定："中华人民共和国妇女在政治的、经济的、文化的、社会的和家庭的生活等方面享有同男子平等的权利。"那么，法律的规定是否意味着中国妇女的社会权利得到充分保障了呢？笔者以为，目前还没有。妇女参与社会的程度往往取决于经济是否独立，这是决定她们能否充分享有社会权利的前提。妇女的劳动所得是构成其经济收入的主要来源，由于我国妇女的劳动权利在现实生活中并没有得到充分保护，特别是其中的同龄退休问题，彰显了女性争取社会权利的道路仍然非常漫长。笔者在下文中将围绕同龄退休的相关问题展开。

一 关于退休年龄的政策文件规定

  1987 年 5 月 29 日《中央组织部、劳动人事部关于女干部离休退休年龄问题的通知》专门就女干部退休年龄作出明确规定，指出继续依照下列文件处理：

---

 * 钱叶卫，全国妇女联合会。

1. 关于女干部离休、退休的年龄，仍应按照第五届全国人民代表大会常务委员会第二次会议原则批准的《国务院关于安置老弱病残干部的暂行办法》（国发〔1978〕104 号）中的规定执行。国发〔1978〕104 号文件规定男女退休年龄是：男年满 60 周岁，女年满 55 周岁。

2. 高级专家和骨干教师、医生，科技人员，继续按照《国务院关于高级专家离休退休若干问题的暂行规定》（国发〔1983〕141 号）和《国务院关于延长部分骨干教师、医生、科技人员退休年龄的通知》（国发〔1983〕142 号）办理。

国发〔1983〕141 号文件规定"高级专家离休退休年龄，一般应按国家统一规定执行。对其中少数高级专家，确因工作需要，身体能够坚持正常工作，征得本人同意，经下述机关批准，其离休退休年龄可以适当延长：副教授、副研究员以及相当这一级职称的高级专家，经所在单位报请上级主管机关批准，可以适当延长离休退休年龄，但最长不超过 65 周岁；教授、研究员以及相当这一级职称的高级专家，经所在单位报请省、市、自治区人民政府或中央、国家机关的部委批准，可以延长离休退休年龄，最长不超过 70 周岁；学术上造诣高深、在国内外有重大影响的杰出高级专家，经国务院批准，可以暂缓离休退休，继续从事研究或著述工作"。

国发〔1983〕142 号文件规定"为了充分发挥现有骨干专业技术人员的作用，促进教育、卫生、科学技术事业的发展，并考虑到脑力劳动的特点，决定在 1990 年前，对在上述单位工作的讲师、主治医师、工程师、农艺师、助理研究员以及具有高等院校、中等专业学校（含中等师范学校）和高中毕业学历或经严格考核取得学历的、教学经验丰富的中、小学教师中，确因工作需要，身体能够坚持正常工作，有较强业务能力，本人又愿意继续工作的，经所在单位报请县一级以上主管机关严格审查批准，可将他们的退休年龄延长 1～5 年，延长后的退休年龄，女同志最长不得超过 60 周岁，男同志最长不得超过 65 周岁。不符合上述条件的其他人员的退休年龄，仍按国家统一规定执行"。

3. 在党政机关、群众团体、事业单位工作，年满 55 周岁的处（县）级女干部，原则上按照国发〔1978〕104 号文件规定执行。个别确因工作需要，一时尚无适当接替人选，且身体能正常工作的，根据本人自愿，经所在单位审查同意，报任免机关批准，其离休、退休年龄可适当推迟。

其后，1990 年人事部（人退发〔1990〕5 号）文件、1992 年中共中央组织部和人事部（组通字〔1992〕22 号）文件规定，对符合一定条件的女性高级专家和党政机关、群众团体以及事业单位中担任党务和行政工作的女干部，其退离休年龄可以到 60 周岁。

这些政策文件对男女干部退休年龄作了大体界定，即一般情况下男女退休年龄分别是：男 60 周岁、女 55 周岁，只有少数严格符合条件的女性退休年龄才有可能达到 60 周岁。目前的国有企业、集体企业、外企及其他性质企业大多参照了这一规定，对处于管理职位脑力劳动居多的职工退休年龄是：男 60 周岁、女 55 周岁；对处于具体操作体力劳动居多的职工退休年龄则是：男 55 周岁、女 50 周岁；有的特殊行业甚至是男 45 周岁、女 40 周岁。

显然，无论退休年龄高低如何，男女退休年龄总是有一个不可逾越的 5 年时间差，而对于男女退休为什么存在年龄差却没有一个文件给出一个说法和理由。

二　同龄退休的争议观点阐述

本着尊重事实的原则，笔者就妇联信访及相关网站中涉及男女同龄退休问题的各方观点和建议专门进行了整理，主要表现为以下三种观点，并从正反两个方面作了阐述。[①]

（一）同龄退休是否符合男女平等之争议

同龄退休是否符合男女平等成为争议双方都加以运用的论据。

1. 肯定说

这种观点认为，只有同龄退休才能体现男女实质上的平等。虽然相关法律规定了男女平等，但国家政策规定了两性在退休年龄上相差 5 年，剥夺了女性 5 年的劳动权利，导致了国家法律与国家政策的不一致，构成男女在退

---

① 这些观点主要摘自笔者在工作中接待关于同龄退休问题的来信、来访及来电的信访案件。中国妇女九大期间，有代表提出了在修订《妇女权益保障法》时应增加男女同龄退休条款的建议后，在社会上产生强烈反响，成为妇女九大期间的来信来访来电及相关网站热点问题。在九大短短的几天内，我会信访处受理有关反映男女同龄退休问题建议的来信来访来电共 60 余件，约占这一期间来信来电来访总量的 8%，反映者各阶层均有，对同龄退休持赞同态度的占此类建议的 20%，多为政府机关、事业单位、大学、研究所的公务员、科研人员；对同龄退休持反对态度的占此类建议的 46.7%，多为文化层次较低、从事体力劳动的企业女工；主张应根据情况慎重对待的占此类建议 33.3%。群众对这一问题争论激烈，相关网站也设有专栏对这一问题进行讨论。九大之后，由于同龄退休条款没有通过，一些面临退休困境的政府机关、事业单位、大学、研究所的公务员、科研人员信访投诉渐有增多趋势。为此，本着尊重事实的原则，笔者就来信来访来电及相关网站中涉及男女同龄退休问题的各方观点和建议专门进行了整理，主要表现为文中所述三种观点，并从正反方面进行了归纳提炼。

休年龄上事实的不平等。这种事实上的不平等直接后果表现为：一是工作年限不平等，女性工龄短于男性；二是知识层次不平等，知识层次高的因为工作年限少反而比知识层次低的拿的退休工资低；三是经济上的不平等，女性的提前离岗拉大了男女分配差距，形成了经济地位的不平等。此外，女性提前退休会加深性别歧视，也许当初让女性提前退休是出于照顾意图，现在随着女性自身和社会的发展已经失去存在的基础，倘若继续执行就成了束缚女性发展的绳索，形成一种新的性别歧视。故此，在追求男女平等的今天，只有制定男女同龄退休的规定，才能真正达到事实上的平等。

2. 否定说

这种观点认为，同龄退休只注重男女退休年龄形式上的平等，并没有真正体现男女平等。首先，妇女 55 岁退休并非歧视妇女，而是为妇女的利益考虑，是从照顾女性的角度出发的。中国女性既要承受工作压力，还要承担繁重家务，提前退休可使她们尽早摆脱工作压力。其次，追求平等要顾及男女有别这一客观实际。女同志 50 岁已经力不从心，工作效率低下，成了单位照顾的对象，若为追求形式上的男女平等，强干到 60 岁，不利于身体健康，也不能体现平等，因为平等并非一刀切，是根据每个人的特点给予每个人公平待遇。此外，这种观点还认为，现在的制度过于照顾女性，不利于社会公平竞争。为了讲平等而把男性的位置让女性坐，只会弱化公务员队伍的办事效率，造成公务员队伍女性化。因为人上岁数后，体力及对事物的反应敏感度都不及年轻人，经常会摆老资格不做实事，担子不肯让年轻人挑，不利于社会公平竞争。

（二）同龄退休是否加大就业压力之争议

关于同龄退休是否加大就业压力，提前退休是否造成人力资源浪费方面的争议，可以说是本次争议的焦点问题。人力资源与就业压力都是作为双方论述同龄退休问题的主要论据。

1. 肯定说

这种观点认为，女性提前退休有利于缓解当前的就业压力。首先，老年人虽具有丰富的经验和成熟的思维，但从大局看，当前年轻大学生和研究生的过人智慧、超前思路以及丰富的理论基础更有其可取的必要性，否则就会造成就业压力的增大及资源更大程度的浪费。其次，提前腾出岗位给正在待业的大学生，符合我国国情，有益于社会的稳定进步。现在众多男女青年没有岗位工作，并非没有工作能力，而是因为中国人口太多，就业机会太少。此外，提前退休对于真正有能力、有技术的人来说并没有太多影响，她们退休后仍有单位高薪聘请。

2. 否定说

这种观点认为，就业压力与男女同龄退休无关，女性提前退休是对人力资源的极大浪费。首先，就业问题是政府和全社会的问题，不是妇女该承担的责任。妇女应该有与男人相等的劳动权利，是否提前退休应由个人根据自身情况做出选择，不应硬性规定。同龄退休是社会的进步，是社会对女性权利的承认，有利于家庭权利的平等。其次，根据现在女性的教育和婚育背景看，55 岁左右妇女基本不用再牵挂子女，事业、家庭状况良好，工作、处世经验丰富，正是可以集中精力发挥才干的时候，让她们提前退休，于己于国不能说不是人力资源的浪费。当然，女性可以根据本人意愿提前退休，但这也只是尊重妇女个人意愿的体现。

（三）同龄退休是否代表少数人利益之争议

在同龄退休是否代表或维护少数人利益上争论也非常激烈。

1. 肯定说

这种观点认为，同龄退休是少数人的主张，维护的是少数人的利益。这种观点认为，对同龄退休赞同的主要是政府机关、事业单位、大学、研究所的公务员、科研人员及其他企事业中高层管理干部，她们属于社会各阶层的优势群体，有着高学历、高职称、高薪金，工作经验丰富，无下岗之忧，精力充沛，有工作的强烈愿望，但这一部分人在整个女职工队伍中所占比例较少，大部分女职工处于生产或服务前线，随时有可能下岗，其再就业非常困难，她们生理和心理上都明显弱于同龄的男性职工，大多强烈要求维持女职工 50 岁退休的政策，或希望再提前几年退休进入社保。同龄退休应考虑大多数人的利益，不能因为保障少部分妇女的权益，侵害多数妇女的权益。

2. 否定说

这种观点认为，同龄退休不能简单界定为代表少数人利益还是代表多数人利益的问题，同龄退休所包含的含义不是字面所理解的所有男性女性都在一个绝对年龄值退休，而是根据经济发展需要提出一个大多数行业都能接受的男女统一退休年龄，各行业再根据工作特点确定各自的男女统一退休年龄值，同龄退休重点应着眼于从事相同行业的男女两性同一年龄退休。目前，政府机关、高等院校、科研机构及其他企事业单位管理层的工作岗位都具有知识密集型特点，不需要重体力劳动，这些单位的女性有学历、有职称、有经验、有能力，她们完全可以与同行业的男性同龄退休。

三　实行同龄退休是时代发展的需要

（一）同龄退休的含义

同龄退休的含义重在对"同龄"的界定，笔者认为，"同龄"可拆分为"同一年龄"，其中"同一"有两层含义，第一层含义是指从国家整体经济发展大局和行业形势等宏观角度出发，国家提出一个能适用大多数行业的退休年龄，倡导全体公众在该"同一"年龄退休。这一层含义似乎与社会公众的通常理解大体相同，即认为所有行业从业人员不分男女，都在60周岁或其他一个年龄值退休，这也是同龄退休引起种种非议的根源所在。笔者认为，就目前我国的经济发展形势和行业特点来看，该层含义应界定为倡导性，因为我国体力劳动密集型行业从业人员居多，虽然随着科技发展，一些行业的体力因素会逐渐弱化，但各行业之间仍有其不同特点，特别是一些工作环境恶劣、体力消耗较多的行业，强求他们与其他行业退休年龄相同不太现实；第二层含义是指从各具体行业微观角度出发，"同一"行业，"同一"年龄退休，亦即同一行业从业人员执行同一退休年龄，各行业的退休"年龄"由各行业根据工作特点参照国家退休年龄的规定确定。同龄退休的重点应放在第二层含义上，因为根据目前我国女性的综合素质发展状况来看，要求同一行业同一年龄退休完全可行。

（二）同龄退休是贯彻男女平等基本国策，推动两性和谐发展的需要

《宪法》第42条规定"中华人民共和国公民有劳动的权利和义务"，第48条规定"中华人民共和国妇女在政治的、经济的、文化的、社会的和家庭的生活等各方面享有同男子平等的权益"；《劳动法》第13条规定"妇女享有与男子平等的就业权利"；《妇女权益保障法》第2（2）条规定："实行男女平等是国家的基本国策。国家采取必要措施，逐步完善保障妇女权益的各项制度，消除对妇女一切形式的歧视。"第22条规定："国家保障妇女享有与男子平等的劳动权利和社会保障权利。"第27（2）条规定："各单位在执行国家退休制度时，不得以性别为由歧视妇女。"以上法律条文明确规定了男女平等，女性和男性具有相同的法律地位，女性同男性的各项权益应该平等、女性与男性都有劳动权利，这当然包括了女性与男性退休年龄应该平等之意。倘若相关政策文件对男女退休年龄差没有一个明确的说法或给出一

个强有力的依据，那么只能说这些政策文件本身违宪，同时也违背了《妇女权益保障法》的相关规定，没有法律依据剥夺女性 5 年或更多年限的劳动权利，没有法律依据让女性先于男性退休，这就是对女性的性别歧视。国家法律与国家政策的不一致，是一种形式上的平等，事实上的不平等。男性与女性共同构成了人类社会，男女同龄退休是维护两性和谐发展的需要，只有两性和谐了，社会才能和谐稳定。

（三） 同龄退休是维护妇女权益，促进妇女发展的需要

同龄退休问题从本质上说应属于劳动和社会保障权益范畴，其之所以成为当前热点和亟待解决的问题，究其原因在于，该问题的解决关系到妇女政治权利、劳动权利、文化教育权利及财产权利的需要，与妇女的全面发展密切相关。

1. 维护政治权利的需要

《中国性别平等与妇女发展状况》白皮书数字显示，2003 年，全国新录用公务员的女性比例为 27.8%，中央国家机关新录用公务员中的女性比例达到 37.7%。[①] 上述数字表明我国政府公务员中女性已经达到相当的比例。妇女参政的身份体现在公务员这一职业上，而参政议政能否发挥作用取决于政府领导班子中女性成员的比例，我国目前中央及各级政府领导层中少有女性声音。因为在国家管理阶层较高的岗位上，往往是只有达到一定的年龄界限才能满足那个岗位所需要的知识和阅历，基层公务员中女性能上科级已经十分困难，而一些地方以机构改革为由强使女性科级、处级在现有的退休年龄基础上又提前 5 年离岗，直接造成了一批有魄力有经验有阅历的女干部提前5～10 年退出政治舞台，这不仅是对国家人才资源的浪费，也是对整个女性的政治权利的歧视。

2. 维护劳动权益的需要

宪法规定男女平等，这其中应包含着男女在劳动权益上的平等，更具体地来说，男女在工作机会上应该平等。《中国性别平等与妇女发展状况》白皮书数字显示，2004 年底，国有企事业单位专业技术人员中的女性比例达到 43.6%，比 1995 年的 37.3% 提高了 6.3 个百分点，其中高、中级职务中的女性比例分别由 20.1%、33.4% 提高到 30.5% 和 42.0%。[②] 相关数字表明我国相关企事业单位中担任高、中级职务女性比例不断上升，而现行政策文件

---

① 中华人民共和国国务院新闻办公室：《中国性别平等与妇女发展状况》，《人民日报》海外版 2005 年 8 月 24 日。

② 中华人民共和国国务院新闻办公室：《中国性别平等与妇女发展状况》，2005 年 8 月 24 日。

规定使妇女特别是职位级别较高的女性比同行业男性提前 5 年退休，一方面，使女性无形中丧失了晋职晋级的机会，同年龄的男性可以照样晋职晋级，这样带来的不是某男性和某女性之间的差异和不平衡，而是整个男性与整个女性之间的差异和不平衡。另一方面，女性提前退休并非基于女性自愿，而是国家政策或单位土政策使然，这就使人怀疑女性的劳动权益与男性的劳动权益是否处于同一水准。

3. 维护文化教育权益的需要

当前的文化教育与解放时期、改革开放相比已经有质的飞跃，几乎所有的人都经历了初等教育，高中生几乎有一半能上大学，其中女性在接受高等教育的学生中所占的比例也越来越高。《中国性别平等与妇女发展状况》白皮书数字显示，2004 年，全国普通高等院校在校女生为 609 万人，占在校生总数的 45.7%，比 1995 年提高 10.3 个百分点；女硕士、女博士的比例分别达到 44.2% 和 31.4%，比 1995 年分别提高 13.6 和 15.9 个百分点。[①] 由于男女两性均须在 22 周岁左右大学毕业、研究生 25 周岁毕业，博士生至少 28 周岁毕业，在这样的教育背景下，如果还一味坚持以往的退休政策，必然带来不合理现象，让女博士、女硕士 55 周岁退休，而只具备普通大学、大专、高中甚或初中学历的男性公民 60 周岁退休，只会践踏社会的公平与正义，大量浪费社会的教育资源，会引起新一轮的女子读书无用论，国家要发展文化教育，要提高女性文化素质，应该出台相配套的同龄退休政策。

4. 维护财产权益的需要

提前退休给女性造成了很大的经济损失。首先，体现在技术职称及相关待遇上，女性提前退休使她丧失了与她同年龄男性的职称按年限评定机会，而技术职称高低不仅仅是个人事业水平、业务能力的象征，更与切身利益密切相关。相关报道表明，截至 2007 年底，我国科技人力资源中女性已达 1970 余万，占科技人力资源总量的 38%。但在我国科技领域的高层次人才中，女性比例长期徘徊在 5% 左右，科学院女院士和工程院女院士只占院士总数的 5%，首席科学家中，女性占 4.6%，"长江学者"中，女性仅占 3.9%。女性高层次科技工作者获三大奖项者所占比率严重不足，其中一个重要原因是我国绝大多数女性科技工作者的退休年龄为 55 岁，比男性提前 5 年，加上女性在生育期的时间耗费等，科研生涯较男性少 10 个年头，这对

---

① 中华人民共和国国务院新闻办公室：《中国性别平等与妇女发展状况》，《人民日报》（海外版）2005 年 8 月 24 日。

女性科技工作者成为高端科技领军人才的影响是致命的。① 其次，体现在职工退休金与工龄的关系上，迟退休者在享受迟退休期间调资规定的基础上，还可基于较长工龄享受较高比例的退休金，客观上造成男女退休生活水准差异，体现了男女经济上不平等的差距。此外，体现在社会保障中养老退休金与交纳年限的关系上，女性提前 5 年退休，其退休金交纳的年限很显然少于男性 5 年，带来的结果必然是整个女性的收入低于男性的收入，收入的不均衡必然带来女性在享受生活、对家庭的义务方面的缺失，不利于女性自身发展的需要，不利于建设和谐性社会与和谐性家庭。经济利益需求需要同龄退休政策的出台。

（四）同龄退休是顺应时代潮流，与国际接轨的需要

1. 符合相关国际公约精神

1948 年，联合国大会通过的《世界人权宣言》明确规定了关于基本人权、人格尊严与价值、男女平等权利及大小各国平等权利的原则，这些权利涉及人身安全、奴役、酷刑、行动、言论自由、社会保险、工作、健康、教育和公民资格等各个方面。这些人权"不分种族、肤色、性别、语言、宗教、政治或其他见解、国籍或社会出身、财产、出生或其他身份等"对所有人平等地适用。1966 年通过的《经济、社会和文化权利国际公约》具体地描述了包括妇女权利在内的各种人权，它明确规定了妇女享受公正和良好的工作条件的权利，特别是无任何歧视地享受公平的工资和同值工作同酬的权利；晋升的同等机会以及休息和带薪休假的权利等。1979 年联合国大会通过的《消除对妇女一切形式歧视公约》第 1 条规定"基于性别而作的任何区别、排斥或限制，其影响或其目的均是以妨碍或否认妇女不论已婚未婚在男女平等的基础上认识、享有或行使在政治、经济、社会、文化，公民或任何其他方面的人权和基本自由"界定为"对妇女的歧视"。② 消除基于性别的一切形式歧视，使妇女平等地参与社会，成为国际社会的首要目标。两性的不同龄退休显然是基于性别的一种歧视，我国政府应遵循公约精神，履行政府义务，采取立法等适当措施，修改或废除构成对妇女歧视的退休政策文件规定，消除任何个人、组织或企业对妇女的歧视，实现男女退休年龄上的事实平等。

2. 其他国家退休年龄的规定

目前，全球有 165 个国家对退休年龄（享受养老金年龄）做了具体规

---

① 梁捷、李海秀：《女高科技人才为何凤毛麟角》，《光明日报》2010 年 5 月 14 日。

② 李明舜、林建军主编《妇女人权的理论与实践》，吉林人民出版社，2005，第 66～76 页。

定。丹麦、冰岛和挪威的退休年龄最高：男女都是 67 岁。斯威士兰、赞比亚、科威特等国最低，男女都在 50 岁退休。据统计，全世界男性平均退休年龄约为 60 岁，女性约为 58 岁。其中，规定男女相同退休年龄的国家占多数。[1] 如西班牙男性和女性的退休年龄都是 65 岁、美国规定的退休年龄是 65 岁、德国规定的退休年龄是 65 岁、巴西的退休年龄都是 60 岁。东欧国家目前也纷纷提高职工退休年龄，如波兰正计划在 10 年内逐步把男女职工的退休年龄提高到 65 岁适应老龄化社会的需要。

3. 应对人口老龄化复杂形势的需要

2006 年初，全国老龄办已发布《中国人口老龄化发展趋势预测研究报告》。这份报告表明，2030 年以后，人口总抚养比将随着老年抚养比的迅速提高而大幅攀升，并最终超过 50%。老龄化加剧，需要供养的人增多，而劳动者减少，社保基金面临巨大的缺口。研究表明，养老基金缺口的症结在于女性退休年龄偏低，女性支出的膨胀，致使社会统筹养老基金支付将陷入僵局。因此，调整的重点首先应该放在女性的退休年龄上。当务之急是先缩小男女退休年龄的差距，提高偏低的女性退休年龄。减轻中国企业的养老负担，增强其在国际市场上的竞争力，活跃中国经济，向老年人提供更可靠的养老保障。[2]

老龄化问题实际上是 21 世纪的全球性难题。近年，英国等西欧国家也开始尝试推迟退休年龄。英国公布的最新退休金制度白皮书宣布，女性的退休年龄将增加到 65 岁，以便到 2020 年实现男女同龄退休。该项改革从 2010 年起分阶段实施。2024～2046 年将国家退休年龄从 65 岁增加至 68 岁[3]；德国政府宣布在 2011 年把退休年龄从 65 岁提高到 67 岁。[4] 西班牙政府不久前通过一项提议，拟将目前法定 65 岁的退休年龄推迟到 67 岁，以维持公共养老体系可持续性。根据政府的计划，推迟退休年龄工作将从 2013 年开始，每年把退休年龄推延 2 个月，直到 2025 年，达到 67 岁退休的目标。[5] 亚洲国家也

[1] 《延长退休年龄 日本人 70 岁开始新工作》，http://www.liuxue.net/article1/news45517.shtml，最后访问日期：2010 年 7 月 20 日。

[2] 丛春霞：《延长退休年龄对养老保险基金缺口的影响分析》，http://news.xinhuanet.com/theory/2009-12/10/content_12617153.htm，最后访问日期：2013 年 1 月 12 日。

[3] 吴慧琼：《最新英国养老保险制度改革简述》，http://qkzz.net/article/51b52cfd-6700-44c3-b5e3-672a67263954_2.htm，最后访问日期：2013 年 1 月 12 日。

[4] 《延长退休年龄 日本人 70 岁开始新工作》，http://www.liuxue.net/article1/news45517.shtml，最后访问日期：2010 年 7 月 20 日。

[5] 《老龄化问题突出 韩国西班牙积极应对》，http://www.older99.com/html/news/5020.html，最后访问日期：2013 年 1 月 12 日。

在经历调整。新加坡的长期目标是把退休年龄从 62 岁提高到 67 岁。韩国近年也宣布正常退休年龄将在 2013 年由 60 岁提高到 61 岁，之后每隔 5 年提高1 岁，直至正常退休年龄达到 65 岁。[①]

总之，如果单纯以当前社会就业压力或其他方面问题为原因，压制缩短女性工作年限，从短期看，似乎是维护了大多数女性的利益，而且缓解了就业压力，只是没有体现那些少数要求同龄退休的女性群体利益而已；但从长远看，依上文分析可知，减少工龄显然是不利于整个女性群体长期和全面的发展，自然也不利于社会的全面和科学发展。

四　相关建议：退休政策应统筹协调各方面的利益

政府机关、社会团体、高等院校、科研机构及其他企事业单位中学历较高、从事脑力劳动的人群对同龄退休多持赞同态度。这些单位的女性受教育程度较高，特别是公务员、科研人员、企事业中高层管理者大多具有本科以上学历，女硕士、女博士的人数和比例也在不断增多，她们要求同龄退休，希望延长工作年限，或出于对事业的热爱，或出于自身发展的追求，或出于提高收入的需要，或出于其他原因，但共同的是她们有能力继续工作，也有能力胜任工作。随着我国女性接受高等教育人数的连年增加，女性进入中高级管理层和科研部门的人数也逐年增多，反映同龄退休的诉求也将会更加集中强烈。

面对这种复杂形势，政府倘若一概不考虑这部分群体的利益需求，一味照搬照用不合理的退休年龄规定，势必挫伤女性参与国家建设、奉献社会的积极性，不利于两性和谐发展，也无法体现社会的公平和正义。为此，本人建议相关部门出台政策时要具有超前意识，要统筹兼顾不同层面、不同发展需求，在同龄退休问题上宜采取"弹性退休"和"分步走"的政策。

1. 弹性退休

"弹性退休"在坚持男女同龄退休原则的基础上，其"弹性"体现在三点上，一是在国家提倡的退休年龄的基础上，不同行业根据行业自身特点确定本行业合理的退休年龄，不同行业退休年龄可以不同，同一行业中男女退休年龄应该完全相同；二是在退休年龄和工龄（满一定工作年限）之间由职工个人自主选择其一退休，工龄对于男女职工也是相同的；三是在同一行业

---

① 丁开：《退休年龄将推迟至 65 岁?》，http://news.sina.com.cn/o/2008－11－09/111614702290s.shtml，最后访问日期：2013 年 1 月 12 日。

中男女同龄退休的法律框架下，确定一段早于法定退休年龄 1～5 年的可选择退休期间，根据职工身体条件和个人意愿，并综合考虑工龄、学历、职级等因素，由职工与单位协商选择确定实际退休年龄，这里特别注意的是协商应本着职工个人意愿，由职工发起，以防止变相的让女职工提前退休。这样，既体现了社会公平原则，也兼顾了群体内部的不同利益和意愿。

2. 分步走

对施行时间和行业人群采取"分步走"的措施。一是在施行时间上"分步走"。给出一个时间段，循序渐进，规定在一定的年限里达到某个退休年龄值，如规定在 2010～2020 年女性退休年龄达到 60 岁，这也是其他国家的习惯做法，比较可行，既使规定有一个缓冲适应过程，也使人们心理有个预期，易于接受；二是在行业人群上"分步走"。首先，在公务员中实现男女同龄退休。目前，我国已经具备实施公务员男女同龄退休的条件，在制定《公务员法》实施细则时，应明确规定"实行公务员男女同龄退休"。这样既能体现女公务员这一群体的意愿，为妇女从政提供了可能条件，又为其他行业做出示范带头作用；其次，在科研、医疗、教学、管理部门及其他脑力劳动居多的行业人群中实现男女同龄退休。这一方面是延续原政策精神的需要，同时也利于统筹协调各方面利益，合理配置社会人才资源；最后，在其他行业中普遍实现男女同龄退休。在所有行业中实现男女同龄退休是同龄退休的应有之义，也是构建社会主义和谐社会的应有之义。

制定社会救助法　为家暴
受害者提供临时救助

刘延东[*]

按照全国人大常委会立法规划，社会救助法的起草工作已基本完成并将于 2010 年下半年进入审议程序。作为保障公民基本生活，促进社会公平的法律，社会救助法在我国社会保障法律体系中具有支架性的地位，为依靠自身努力难以维持基本生活或因遭遇突发重大变故导致临时性重大困难的公民获得国家和社会的基本生活帮助和服务提供了法律依据。遭受家庭暴力无家可归的人，因其自身弱势和处境的急难性，也应获得临时性社会救助，得到法律的庇护。

一　我国现有社会救助法律制度及其不足

目前，我国已初步建立起以城乡低保、农村五保、灾害救助、医疗救助为基础，以临时救助为补充，与廉租住房、教育、司法等专项救助制度衔接配套的覆盖城乡的社会救助制度体系[①]，社会救助事业蓬勃发展。与之形成鲜明对比的是，我国的社会救助法制建设仍比较滞后，社会救助缺乏必要的法律规范。尤其是在临时救助方面，相关制度建设还存在很大不足，主要表现在以下方面：

一是缺乏专门的社会救助法律。目前，我国关于临时救助的规定主要集

---

* 刘延东，全国妇女联合会。

① 《民政部：覆盖城乡的社会救助体系基本建立》，《人民日报》2009 年 1 月 7 日。

中在《城市生活无着的流浪乞讨人员救助管理办法》（以下简称管理办法）中。2003 年 6 月，国务院第 12 次常务会议通过了管理办法，规定：县级以上城市人民政府应当根据需要设立流浪乞讨人员救助站，救助站对流浪乞讨人员的救助是一项临时性社会救助措施。同年，民政部发布第 24 号部令，公布了《城市生活无着的流浪乞讨人员救助管理办法实施细则》，对因自身无力解决食宿，无亲友投靠，又不享受城市最低生活保障或者农村五保供养，正在城市流浪乞讨度日人员的临时性救助做了具体规定。另外，民政部还颁布了《救助管理机构基本规范》，对县级以上人民政府举办的为流浪乞讨人员提供临时性社会救助管理机构的各项工作进行了规范。从法律位阶来看，以上规定要么属于国务院颁布的行政法规和部门规章，要么是多部门联合发文，其效力具有天然的局限，不能够从根本上解决临时社会救助的法治化运行和规范化管理问题。

二是关于临时救助的现行规定不健全。按照管理办法的规定，临时性社会救助措施的对象是"城市生活无着的流浪乞讨人员"，按照管理办法实施细则的规定，这些人员是指"因自身无力解决食宿，无亲友投靠，又不享受城市最低生活保障或者农村五保供养，正在城市流浪乞讨度日的人员"。也就是说，有明确法规依据的临时性救助对象范围很窄，仅限于流浪乞讨人员。但现实生活中，需要获得临时救助的人群和家庭很多。例如，因遭受自然灾害导致临时性基本生活困难的受灾户；因遭受家庭暴力等人身伤害或威胁而无家可归的老人、妇女和儿童；在城乡居民最低生活保障和其他专项社会救助制度覆盖范围之外，家庭人均收入略高于当地低保标准，但是由于遭受了突发性、临时性原因，如家庭成员重病、伤残等，造成基本生活出现暂时困难的家庭，等等。对这些人员的救助也应当纳入临时性社会救助的范围。

从临时性社会救助措施的内容来看，依据现行规定主要包括以下内容：①提供符合食品卫生要求的食物；②提供符合基本条件的住处；③对在站内突发急病的，及时送医院救治；④帮助与其亲属或者所在单位联系；⑤对没有交通费返回其住所地或者所在单位的，提供乘车凭证。从实际操作来看，除了以上救助内容，提供临时性庇护，发放救济、救灾款物等也是临时性救助措施的重要内容。

三是各地关于临时性救助规定的内容不一致，不利于保护救助对象的合法权益。虽然我国缺少统一的社会救助法律，关于临时性救助的规定也是有待完善，但是，各地从便民、利民的原则出发，制定了许多临时性救济工作规定，对本地区城乡居民突发性、临时性的生活困难给予临时救助。例如，北京市 2005 年下发了《关于进一步规范临时救助制度有关问题的通知》，对经医疗、教育、灾害等专项救助后，生活仍存在困难的城乡低保对象，以及家庭收入虽然高于低保标准，但生活确有困难的低收入人员，符合救助条件的，要及时纳入救助范围；对于现行救助项目尚未涵盖到、低收入群众反映突出的供暖等突发困难，可纳入临时救助范围；农村低保对象患常见病、慢性病不能进入当地合作医疗报销范围，且家庭生活确有困难的，可申请享受临时救助；城市低保对象确因生活困难，难以支付个人自负费用而不能进入医疗救助程序的，也可通过临时救助予以缓解。2010 年，湖南省永州市新田县出台了《临时救济工作的有关规定》，对因水灾、旱灾、冰雹灾、火灾、风灾等灾害造成临时性基本生活困难的受灾户；因疾病、人身意外伤害等特殊情况影响基本生活的病灾户；季节性缺粮断炊的五保户、低保户；其他需要临时性救济的特困户给予临时性救济。

四是现行关于家庭暴力救助的规定缺乏可操作性。2008 年 7 月，全国妇联联合中宣部、最高人民检察院、公安部、民政部、司法部、卫生部联合下发了《关于预防和制止家庭暴力的若干意见》，规定民政部门救助管理机构可以开展家庭暴力救助工作，及时受理家庭暴力受害人的求助，为受害人提供庇护和其他必要的临时性救助；有条件的地方要建立民政、司法行政、卫生、妇联等各有关方面的合作机制，在家庭暴力受害人接受庇护期间为其提供法律服务、医疗救治、心理咨询等人文关怀服务。然而，何种程度的家庭暴力受害者可以得到临时性救助，提供救助的机构、获得救助的程序、救助期限、内容、方式等都没有在若干意见中得到体现。

从地方性法规来看，目前，我国有 27 个地方出台了专门反对家庭暴力的地方性法规或规范性文件。大部分地方都规定了关于家庭暴力的社会救助内容。例如，《新疆维吾尔自治区预防和制止家庭暴力规定》（2008 年 11 月）明确指出：家庭暴力受害人可以直接就近请求民政救助机构提供庇护和临时性救助。《黑龙江省人民代表大会常务委员会关于预防和制止家庭暴力的决定》（2003 年 6 月）规定：有条件的市、县级人民政府应当建立家庭暴力受害人救助场所，为受害人提供帮助。《内蒙古自治区预防和制止家庭暴力条例》（2006 年 4 月）规定：旗县级以上人民政府应当根据实际情况设立或者指定家庭暴力受害人庇护场所，并在经费上予以保障……总的来说，地方性法规也存在操作性不强，内容不够详细具体的问题。

临时救助制度作为最低生活保障、专项救助、社会互助制度的有效补充，对于缓解人民群众各种突发性困难具有重要作用。作为社会救助的一种形式，临时性救助的法律地位及其内涵亟须通过立法加以明确和完善。

二　社会救助的基本理念

一般而言，获得社会救助的是那些依靠自身的能力无法维持个人及其家庭成员的最基本的生活水准，需要国家和社会给予支持和帮助的弱势群体[①]。由于性别、体能等方面的原因，家庭暴力的受害者主要是妇女。尽管她们中的很多人并不是生活困难或有一定的生活来源，但是，社会救助以人为本和国家责任的基本理念，对救助家庭暴力受害者提供了支持。

（一）人权保障理念

作为人类社会最早出现的社会福利制度安排，社会救助的目标是扶危济贫、救助社会弱势群体，为社会成员提供最低生活保障。因此，社会救助常被认为是社会保障的最后一道防线，对每一个社会成员的基本生活起到"兜底"作用，体现了保障人权以及国家责任思想。

社会救助体现的首先是人权保障的理念。根据现代人权理论，人权包括人的生存权和发展权。生存权是一切人权的起点。[②] 近代资产阶级自然法学派把人的生存权看作天赋人权中最高、最基本的权利。他们认为，生存权是来自人的自我保存本性或人的欲望，自然界的每种动物都在竭力保持自己的存在，而作为理性动物的人类当然也不例外。无论是发达社会还是不发达社会，生理需求与安全需求都是社会成员最基本、最起码的需求。公民在患病时能获得医疗救助，在饥饿时能获得必要的食物，在自然灾害面前、在遭受暴力袭击或威胁时能够得到及时救援，这是公民的基本权利。

发展是生存的必然要求。生存权中只确定了生存的最低标准，这本身就隐含了有发展可能。1986 年，联合国大会通过的《发展权利宣言》指出："发展权利是一项不可剥夺的人权，由于这种权利，每个人和所有各国人民均有权参与、促进、享受经济、社会、文化和政治发展，在这种发展中，所有人权和基本自由都获得充分实现。"在社会发展到了已经满足了人得以生存的一般条件之后，人们又产生了获取更大生存能力的需要，使生存需要不再停留在"求生"的层次而进化到"生存质量"上来。这时社会发展导致对生存权仅从"生存"意义上保护已经不够，需要对"生存质量"进行保护。根据联合国《经济、社会和文化权利国际公约》的精神，社会历史原因

---

① 参见赵淑兰、吕华菊《社会救助研究动态》，《社会工作》2007 年第 9 期。

② 韩德培主编《人权的理论与实践》，武汉大学出版社，1995，第 364、380 页。

和人的先天差异带来的事实上不平等的生存状态，促成国家有必要对这种不平等的悬殊加以干预、调节和援助，保障人人平等享受社会发展使生存水平提高的物质成果。保障"人人有权享有能达到的最高体质和心理健康的标准"，"为一切人，特别是为低收入的各部分人和人口多的家庭提供足够的住房和社会服务"。① 这些方面的要求与规定正契合了社会救助法律制度的功能追求。

（二）国家责任理念

对经济困难及遭遇突发性重大困难的群众提供救助是国家应尽的责任。依据社会契约论的观点，"人们以契约建立国家的目的是为保障民众的权利，并为其谋求更大的幸福……公共福利是社会契约的最高原则。"② 人们订立社会契约的目的在于追求自由平等的社会状态，"寻找出一种结合的形式，使它能以全部共同的力量来维护和保障每个结合者的人身和财富"③。人民授权国家和政府，是为了让自己的权益得到最大限度的保障和实现。国家和政府被看作是为保证公民人身和财产安全的信托。在个人生命安全难以保障或者生活难以达到群体最低标准时，有权要求国家和政府给予帮助，国家和政府也有义务来保障他们的利益。

从正义论观点出发，所有的社会资源——自由和机会、收入和财富及自尊的基础——都应被平等地分配，除非不平等分配有利于最不利者④。也就是说，国家在分配制度设计上必须保证处于最不利条件的人实现最大可能的利益。为此，要求国家通过制度上的安排，保证出生于低收入家庭的个人同出生于富裕家庭的个人有平等的获得利益的机会。随着时代的进步，正义概念越来越多地被作为一种评价社会制度的道德标准，被视为社会制度的首要价值。

以现代的国家理论来看，现代国家是民主的国家，代表的是全体社会成员的利益，是公共的普遍利益。公民履行了自己对国家的义务，国家也应该履行其对公民的相应义务。生存权和发展权作为公民的基本权利，当然对应于国家承担相应的义务。社会作为一种无形的组织存在，由于不直接掌握各

---

① 《经济、社会和文化权利国际公约》第 11 条，见：http：//www.un.org/chinese/hr/issue/esc.htm。

② 〔苏〕涅尔谢相茨著《古希腊政治学说》，蔡拓译，商务印书馆，1991，第 206 页。

③ 〔法〕卢梭著《社会契约论》，何兆武译，商务印书馆，2002，第 23 页。

④ 〔美〕约翰·罗尔斯：《正义论》，何怀宏等译，中国社会科学出版社，1989，第 302～303页。

种资源，对公民权利的保护是低程度的，对贫困者的帮助是有限的。国家作为一种超级组织，具有强制力以及庞大的资源优势，形成了干预国民财富再分配的强大基础，为代表社会对贫困者施以救助提供了条件。"国家为人民聚集而成，政府乃由人民组织而为人民谋福利之机关，人民有所困苦，则应加以救济，人民有所需要。自当伸与协助，此乃贤明政府应负之责任也。"①目前，世界上大多数国家都把社会救助看成政府行为，是国家的一项义不容辞的责任。个人需要时接受社会救助是一种法定权利，这是社会文明发展程度的一个标志。

三　临时救助的理论与实践

临时救助主要是指对在日常生活中由于各种特殊原因造成基本生活出现暂时困难的家庭和个人，给予非定期、非定量生活救助的制度。它是对各类一般性社会救助制度都没有覆盖的困难群众所实施的一项补助性救助措施。临时救助与一般性社会救助的区别主要在于：

一是救助主体不同。社会救助的对象是已经处于生活困境中的社会成员。一般而言，只有在家庭或公民因某种社会的或生理、心理的原因而无力维持最低生活水平时才能获得社会救助制度的资金和物质给付②。而临时救助的对象主要包括在最低生活保障和其他专项社会救助制度覆盖范围之外，由于特殊原因造成基本生活出现暂时困难的家庭和个人，重点是低保边缘家庭和个人、虽然已纳入最低生活保障和其他专项社会救助制度覆盖范围，但由于特殊原因仍导致基本生活暂时出现较大困难的家庭和个人，以及政府认定的其他特殊困难人员。也就是说，需要临时救助的人并非没有自我生存的能力，只是由于突然面临超出能力的困难才需要获得社会的帮助。

二是救助程序不同。社会救助不是一种普遍的社会福利制度，因此，必须有一套严格的制度和程序、通过专业的核查来确定申请救助对象的生活状况是否真的符合条件。一般会有一套称为"家庭经济情况调查"的法定工作程序来审核申请救助的公民的收入状况③。但是，在市场经济条件下，由于市场本身所具有的风险性和不确定性，使得经济条件比较宽裕的家庭生活突

---

① 陈凌云：《现代各国社会救济》，商务印书馆，1937，许世英序，第1页。

② 参见吴豁《论社会救助的基本特征》，《中国减灾》2007年第5期。

③ 参见任振兴《社会救助的概念及原则》，《社会福利》2003年第3期。

然陷入困境成为可能，进而成为社会救助对象。对于这种突如其来的变故，要求临时救助工作程序既要严格规范，又要尽可能避免繁琐复杂，符合"救急救难"的工作特点。

三是救助的期限不同。社会救助以维护和保障公民的基本生存权为目标，因此，只有当受助人群生活水平达到了最低生活标准或社会救助标准才能停止社会救助。对于贫困救助的情况，期限就更为漫长。而临时救助的期限较短，有的是一次性救助，有的是针对突发事件存续期间的救助，具有临时性、应急性。例如，公民遭受自然灾害而造成生活困难时，由国家和社会紧急提供维持最低生活水平的资金和物资等资源的社会救助就是一种临时性的救助。在重大困难消失或者克服后，受助者仍将达到普通人的生活水平。所以一般而言，这种情况的救助皆属临时性的，保证困难发生时公民的基本生活，在相关障碍消失后，救助便停止了。

因此，与一般性社会救助相比，临时救助具有灵活、便捷、更加贴近民生的特点。它所解决的是公民突发性、临时性重大困难。这种突发性、临时性的重大困难主要是自然灾害和重大疾病，也包括其他的不可预测的困难和障碍。例如，严重家庭暴力，致使受害人暂时无法回归家庭；解救的被拐卖的妇女和儿童，暂时没有联系上亲人、无家可归；等等。在我国，临时救助是一项传统的民政救助业务。长期以来，临时救助制度在保障城乡困难群众的基本生活，缓解他们的特殊困难方面发挥了重要作用。随着经济社会的发展，临时救助的理论和实践都发生了很大的变化。救助内容从当初单一的生活救助发展到今天的生活、医疗、教育、住房、就业、司法、交通、丧葬、心理等多项内容，其内涵和外延也在不断深化和拓展。而且，这些救助工作分属不同的部门管理，甚至某一项社会救助制度的实施涉及多个部门，使社会救助工作呈现出多元性特征[①]。因此，通过立法明确临时救助的内容，在现行救助的基础上扩大救助范围，具有可行性和必要性。

四　家庭暴力受害者需要获得临时救助

家庭暴力作为全球性的历史话题，跨越不同经济文化形态，在不同国家的不同历史阶段普遍存在。家庭暴力虽然是发生于家庭成员之间的暴力行为，但它是关涉个人、家庭和社会方方面面的问题，其产生有着深厚的历史、文化和社会根源。

---

① 　参见王思斌《转型中的中国社会救助制度之发展》，《文史哲》2007 年第 1 期。

（一）救助家庭暴力受害者是一项国家责任

从起源来看，家庭暴力源于人类对暴力的崇拜。[①] 市民社会形成之时，人们基于对暴力滥用的恐惧，通过协商将公共暴力交给公共机构行使，但同时又保留了一部分暴力，那就是基于亲密关系之间的家庭暴力。因为，发生在家庭领域中的暴力与发生公共领域中的暴力不同，其自由行使并不会招致他人的报复与威胁。家庭成员的血缘关系与亲情关系在很大程度上宽容了家庭暴力的发生。并且，由于体能、经济和社会地位等方面的差距，丈夫对妻子、父母对未成年子女的暴力往往不会遭遇直接的对抗。而法律基于公共领域和私人领域的划分，在私人领域神圣不可侵犯的要求下，客观上置家庭暴力于法律等公共权力之外，导致家庭暴力与国家救济产生分离，并且一直延续至今[②]。

女权主义者认为，家庭暴力源自男性对女性行使的权力和控制[③]。因为从实际情况来看，家庭暴力几乎始终表现为一种针对性别的暴力，其受害者绝大多数是女性，施暴者绝大多数为男性。男女两性生理与体能的差异是导致暴力行为产生的直接原因，但家庭暴力更多是"结构层面的暴力"，它反映的是社会以及家庭传统父权模式，以及妇女在社会中的不平等的经济和政治地位。从实践来看，由于历史的、社会的以及生理的等各方面原因，家庭暴力的受害者多为妇女、儿童和老人。这部分人群从资源占有、社会地位等方面来看处于弱势群体的地位。从救助弱势、公平正义的角度出发，对家庭暴力受害者提供救助也是国家责任的体现。

正是因为家庭暴力的产生有着深厚的历史、文化和社会根源，反对家庭暴力、救助家庭暴力受害人实际上是国家和社会的天然责任。随着社会的发展和文明的进步，越来越多的国家从保障人权、实现公平正义出发，纷纷举起反对家庭暴力的大旗，主动承担起为家庭暴力受害者提供庇护的国家职责。我国2005年修改的《妇女权益保障法》也明确规定，预防和制止家庭暴力是国家的责任。公安、民政、卫生等部门应在各自职责范围内做好反对家庭暴力工作。虽然这部法律并未进一步详细规定国家以及民政等有关部门的具体职责，但是家庭暴力受害人应当获得国家和社会救助的理念无疑得到了法律认可。

---

① 参见周安平《家庭暴力的法理学分析》，《中共南京市委党校南京市行政学院学报》2005年第6期。

② 参见周安平《家庭暴力的法理学分析》，《中共南京市委党校南京市行政学院学报》2005年第6期。

③ 参见黄列《家庭暴力的理论研讨》，《妇女研究论丛》2002年第3期。

（二）家庭暴力对于公民而言属临时性重大困难

家庭暴力是发生在家庭内部的暴力行为。它与一般暴力行为相比具有特殊性。第一，家庭暴力的主体是家庭成员。根据我国的法律规定，这里的家庭成员是指具有权利义务关系的亲属，为共同生活在一个家庭内的成员，如配偶、父母子女、兄弟姐妹、祖孙、婆媳等。从受害者来看，由于体力、地位等各方面的差异，家庭暴力的受害者主要是妇女、儿童和老人。第二，家庭暴力的发生具有隐蔽性。由于家庭暴力发生在家庭内部，社会很难及时知悉并介入反对家庭暴力的发生，为受害者提供帮助。在我国，受"家丑不可外扬"传统观念的影响，家庭暴力一般被当作私人"家务事"处理，受害者在遭受暴力以后，无法寻求社会、法律的帮助，只能在人前隐瞒真相、强颜欢笑。第三，家庭暴力行为的表现形态多样。一般认为，家庭暴力最典型的表现形式是身体（肉体）上的暴力，如殴打、捆绑、限制人身自由等形式。从我国司法解释的规定来看，家庭暴力的范围限为身体上的暴力及因身体暴力引起的精神伤害。

需要指出的是，家庭暴力绝不是个别现象，它可能发生在任何家庭，并不完全受经济状况、受教育程度等因素的影响[1]。因此，遭受家庭暴力的妇女往往并不是生活极其困难的人群，不符合现行社会救助关于低于最低生活标准才给予救助的规定。但是，这并不意味着这部分人群不需要获得救助。相反，家庭暴力给家庭成员带来的困难和压力，往往迫使受害者需要及时离开或者不得不离开施暴场所，以保证自身以及家庭成员的人身健康和安全。

有关研究发现，妇女在第一次发生暴力时就要离开受暴场所，如果没有任何表示的话就会形成一种模式，视为对暴力的容忍，而男性就会继续不断地施暴。而且如果妇女在第一次遭受暴力后就选择离开受暴人的话，会比挨了多次打之后才这么做更有效[2]。然而，妇女离开受暴场所后要到哪里去呢？

一般而言，亲友作为家暴受害人非正式支持系统中的重要组成部分，是其遭受家庭暴力时首先想到的人。但在涉及与家庭有关的事务方面，亲友的态度通常都不够理智和坚决，对两性家庭角色、平衡婚姻家庭与个体权益方面存在偏差。尤其在我国，"宁拆一座庙，不破一桩婚"等传统文化的影响，使得人们在面对家庭暴力时，首先去做的是和解当事人矛盾，要求家庭暴力

---

① 参见杨青松、邓克平《家庭暴力的现状与防治——以广州地区为例》，《法学评论》2002 年第 1 期。

② 刘敏：《她看家庭暴力》，《中国妇女报》2001 年 12 月 3 日。

的双方，包括受害者做出妥协和让步，而不是明辨是非责任，给予施暴者以惩治。他们倾向于把家庭暴力问题简单化为一般的家庭矛盾，淡化家庭暴力的违法性。由此导致许多受暴者得不到及时而有效的亲友支持，常常陷于孤立无援的境地，甚至还要承受误解、漠视及嘲笑等社会压力。这不仅不利于保护当事人的合法权益，更加纵容、宽容了家庭暴力的发生。

在实践中，很多极端的家庭暴力案件不仅危及受害者，甚至还影响到受害者亲友的安全与健康。这些家暴受害人在遭受家庭暴力之后，无法从亲友那里获得任何帮助和支持，有的只能选择离家出走或者铤而走险，走向以暴制暴、违法犯罪的道路。因此，为家庭暴力受害者提供社会救助，为她们提供食物与住宿、介绍工作、提供工作培训建议，尤其是帮助受害人重新树立自尊等，对于维护受害者的基本权益、保证他们的人身安全与健康，抚慰受害者的心灵，解决一些实际困难是十分必要。同时，也为家庭暴力的冲突双方提供了一条淡化矛盾的缓冲带，避免造成更大的伤害和恶性事件的发生。

（三）为家庭暴力受害者提供临时救助有实践经验

建立家暴庇护所、为遭受家庭暴力侵害的公民提供救助是国际上通用的预防和制止家庭暴力的有效手段。19 世纪 70 年代初，英国伦敦首创了"妇女庇护所"。之后，美国、加拿大、荷兰、瑞士等国相继设立了类似于上述庇护所的"妇女之家"。1985 年在香港政府的资助下，香港社会福利会成立了一个妇女避难所性质的"和谐之家"，专门为受虐待的妇女提供庇护服务。

近年来，我国民政部门也在家庭暴力救助方面进行了有益的尝试。如湖北省孝感市妇联于 1999 年 4 月在孝感市创立了"孝感市妇女儿童家庭暴力庇护中心"。2001 年 11 月，孝感市妇联建立庇护站，并在其基础上组建了"孝感市妇女儿童绿荫中心"。庇护机构的工作人员和志愿人员除了从事医疗工作的人员、专业的心理咨询和治疗人员与法律工作者之外，还包括专业的社会工作者队伍[1]。庇护机构要对受婚姻暴力侵害的人员提供必要的庇护和生活保障，再由法律援助机构为受婚姻暴力侵害的人员提供必要的法律帮助。

2003 年 6 月 12 日，江苏省徐州市妇联和市民政局联合成立了徐州市家庭暴力庇护中心。徐州市民政局所属的社会福利机构——徐州市救助管理站具体承担了庇护工作。该庇护中心设权益部、宣传部、后勤部和办公室，具

---

[1]　参见张剑《家庭暴力的法律规制及其社会救助》，《中华女子学院山东分院学报》2004 年第 4 期。

体负责受理受暴群众来访、家庭暴力调查、依法维权和法律援助工作；负责开展反家暴宣传、对受害人进行心理辅导、组织各类公益活动；提供住宿、饮食、医疗等后勤保障服务；进行日常管理工作等，社会反响良好。

五　结语

制定社会救助法，将地方经验上升为法律规定，明确将家庭暴力受害人纳入国家社会保障法律制度范围，具有现实性、紧迫性和可行性，对于保障公民人身权益，促进家庭和睦、社会和谐具有十分重要的意义。因此，建议在制定社会救助法时设立"临时救助"专章，规定：国家建立健全临时救助制度。对基本生活出现临时性重大困难的家庭和个人，由县级人民政府民政部门给予临时庇护和救助。

我国老年妇女经济保障问题研究

杨　慧[*]

研究背景

随着我国人口老龄化程度的不断提高，老年人口规模日益增大。2010～2030 年我国 60 岁及以上老年人口将由 1.73 亿增加到 3.48 亿，2010～2032 年我国老年人口比例将由 12.7% 增加到 25% 以上，[①] 即无论是老年人口规模还是老龄化程度，都将在未来二十余年内翻一番。在未来二十余年内，我国 60 岁及以上老年人口年均增加 925 万，其中，老年妇女年均增加 485 万人，占新增老年人口的 52.42%，[②] 人口老龄化过程中的女性化趋势较为明显。

对于规模较大的老年妇女，无论是与同龄的老年男性相比，还是与同性别的低龄女性相比，她们在社会资源的分配与占有方面均处于弱势位置，致使老年妇女问题成为老年人问题的核心。[③] 诸多学者对此展开了广泛研究：姚远和米峙通过使用 2000 年中国城乡老年人口状况一次性抽样调查数据，得出了我国老年妇女处于经济最底层的结论。[④] 在生活来源方面，贾云竹认

---

* 　杨慧，全国妇联妇女研究所。

① 　参见杜鹏、翟振武、陈卫《中国人口老龄化百年发展趋势》，《人口研究》2005 年第 6 期。

② 　参见陈卫《中国未来人口发展趋势：2005～2050》数据计算得来。《人口研究》2006 年第 4 期。

③ 　参见姚远、米峙《从构建和谐社会角度看解决中国老年妇女问题的重要性》，《妇女研究论丛》2005 年增刊。

④ 　参见姚远、米峙《从构建和谐社会角度看解决中国老年妇女问题的重要性》。

为无论城市还是农村，老年妇女在主要生活来源方面，均对家庭成员的依赖程度显著高于同地域的男性老人。① 对于有养老金的老年妇女，陈卫民和李莹从缴费年限及女性退休年龄时间等方面，分析了女性养老金偏低的原因，② 王晶等基于吉林省百村老年妇女生存现状调查得出了孤寡老年妇女贫困化程度高的结论。③ 以上研究对于认识我国老年妇女经济保障状况，具有重要的参考价值。

然而，上述有关老年妇女的研究多散在于女性学、社会学、人口学和老年学等各个学科领域，④ 专门对老年妇女经济保障进行系统研究的成果却相对较少，这既不利于进一步认识老年妇女经济保障问题的成因，也不利于为政府部门提供具有针对性的政策建议。因此，本文旨在人口老龄化和女性化过程中，运用社会性别视角，研究老年妇女的经济保障状况，探讨老年妇女经济保障问题的成因，在借鉴国外老年妇女经济保障政策的基础上，提出了改善老年妇女经济保障状况的政策建议。

一　老年妇女经济保障现状

基于 2005 年全国人口 1% 抽样调查和 2006 年城乡老年人生活状况追逐调查数据，在社会性别理论视角下，准确认识老年妇女养老金享有率低、收入低、人均财产少、经济依赖性强、贫困率高等经济保障问题及其与男性老人的差距，对于把握老年妇女经济保障方面存在的实际问题、提供具有社会性别视角的政策建议，具有重要意义。

（一）　养老金拥有率低

养老保险是我国社会保障制度的重要组成部分，养老金是老年人退休后的生活保障。⑤ 虽然现阶段城市老年人的退休金已占到老年人均收入的 76.9%，⑥

---

① 参见贾云竹《中国老年妇女的经济地位状况分析》，《浙江学刊》2007 年第 1 期。
② 参见陈卫民、李莹《退休年龄对我国城镇职工养老金性别差异的影响分析》，《妇女研究论丛》2004 年第 1 期。
③ 参见王晶、赵莹、刘彦喆《关于老龄女性化与农村老年妇女生存状况的思考——基于吉林省百村老年妇女生存现状调查》，《东北师大学报（哲学社会科学版）》2010 年第 3 期。
④ 参见周云、柳玉芝《老年妇女研究综述》，载于刘伯红主编《中国妇女研究年鉴（2001～2005）》，社会科学文献出版社，2007，第 232～239 页。
⑤ 参见李姗姗《浅析企业与机关事业单位退休金之差距》，《理论界》2009 年第 7 期。
⑥ 参见张凯悌、郭平主编《中国人口老龄化与老年人状况蓝皮书》，中国社会出版社，2010，第 85 页。

但是，老年妇女的养老金享有率依然显著低于男性：2005 年全国 1% 人口抽样调查数据显示，女性养老金享有率（56.9%）仅占男性的 66.71%。[①]此外，"即使老年妇女能够享受离退休金待遇，其水平也低于男性老年人。"[②]

（二）人均收入水平低

姚远、米峙研究发现，如果以 2000 年北京市最低生活保障线为标准，北京市 1/3 ~ 2/3 的老年妇女生活费低于低保线；城市无经济收入和月平均收入低于 100 元的老年妇女比例高达 27%，这一比例在农村老年妇女中则更高。[③] 随着我国社会经济的发展和养老保障制度的不断完善，近年来我国老年人收入性别差异趋于缩小，但是，老年妇女的平均经济收入水平依然低于男性老人。以 2005 年为例，城镇老年妇女月均收入为 963.75 元，[④] 仅占男性老人的 60.12%；而在农村，老年妇女的家庭经营性人均年收入低于男性老人 1000 元左右。[⑤]

（三）人均财产少

受财产继承和分配习俗等因素的影响，男性在家庭财产占有方面具有天然优势，家庭储蓄和住房等财产通常也会登记在男性名下，以致老年妇女的家庭财产权益无法得到有效保障：2006 年调查显示，虽然城乡老年妇女及其配偶的房产拥有率分别为 74.5% 和 57.3%，但是如果老年妇女丧偶，其房产拥有率将降至 14.77% 和 32.97%。丧偶老年妇女在丧失房产的情况下，很容易寄人篱下，这不但容易使她们在家庭赡养纠纷中处于弱势地位，更容易使老年妇女被不肖子女赶出家门，在降低老年妇女生活质量的同时，还严重损害了老年妇女的尊严。

此外，对于没有退休金的老年妇女，如果存有一定数额的养老钱，将有助于应对老年生活。然而，2006 年调查显示，城乡老年妇女存有养老钱的比例分别仅为 22.55% 和 7.94%，不但低于城乡男性 4 ~ 9 个百分点，其存款金额也远远低于男性老人。

---

① Pearson Chi – Square = 13483. 20，Asymp. Sig. （2 – sided）= 0.00.
② 参见姚远、米峙《从构建和谐社会角度看解决中国老年妇女问题的重要性》，第 60 页。
③ 参见姚远、米峙《从构建和谐社会角度看解决中国老年妇女问题的重要性》，第 60 页。
④ 参见张凯悌、郭平主编《中国人口老龄化与老年人状况蓝皮书》，第 85 页。
⑤ 参见张凯悌、郭平主编《中国人口老龄化与老年人状况蓝皮书》，第 90 页。

（四）　经济依赖性强

家庭成员供给是我国老年妇女最主要的生活来源，该比例在农村高达72.7%。[①] 近年来，虽然老年妇女自养比例不断提高，但是即使是在2008年，农村老年妇女仍然有半数以上（52.3%）依靠家庭成员供养，城市老年妇女的比例也在1/3以上（36.6%），城乡老年妇女依靠家庭成员养老的比例是城乡男性的2倍以上。[②] 老年妇女对家庭成员的高依赖性，在降低其家庭地位、加重家庭成员经济负担的同时，也增加了老年妇女经济来源的不稳定性。如果家庭成员不能及时给予老年妇女足够的经济支持，她们将极易陷入贫困。

（五）　贫困发生率高

在贫困老年人口中，由于终生低收入、低养老金、低社会地位及低财产拥有率等原因，致使老年妇女的贫困发生率显著高于男性。2005年城市老年妇女的贫困率为3.8%，而男性老人仅为1.7%，[③] 老年妇女的贫困率是男性的2.24倍。受农村社会养老保障覆盖率和保障水平低等因素的影响，农村老年妇女的贫困率高达4.3%，[④] 该比例不但高于城市老人，还大大高于农村老年男性。此外，在地区差异方面，西北地区老年妇女贫困发生率更高。

老年妇女普遍存在的经济保障水平偏低、保障稳定性较差等问题，将导致她们在生活质量和社会地位方面受到很大影响。那么，是什么原因导致老年妇女经济保障面临上述问题呢？

二　老年妇女经济保障问题的成因

在老年妇女过去几十年的家庭和社会生活中，大都处于男女不平等的环境，她们在教育和就业方面的性别劣势，致使她们很难获得有固定收入的工作岗位。[⑤] 以往研究表明，对于大多数人而言，经济状况在生命过程中具有

---

① 参见杜鹏、武超《1994～2004年中国老年人主要生活来源的变化》，《人口研究》2006年第2期。

② 根据国家统计局人口和就业统计司编写的《中国人口和就业统计年鉴2009》的相关数据计算得来。

③ 参见张凯悌、郭平主编《中国人口老龄化与老年人状况蓝皮书》，第121～122页。

④ 参见张凯悌、郭平主编《中国人口老龄化与老年人状况蓝皮书》，第124页。

⑤ 参见宋晓俐《在回忆中性满足 老年妇女的六大"揪心事"》，千龙新闻网，最后访问日期：2012年10月27日。

一致性，青年或中年时期收入很低的劳动者将继续面临老年贫困，[1] 而老年妇女生命历程中的劣势积累效应将使她们更容易陷入贫困。因此，研究老年经济保障问题的性别差异，既需要从生命周期的视角，考虑男女两性在中青年期的教育资源积累、社会劳动参与状况和职业发展的性别差异，还需要社会性别视角，分析退休制度、养老金计发办法及遗属保障等制度性因素对老年妇女的不利影响。

（一）生命历程的影响

1. 受教育程度低

受重男轻女等传统观念的影响，无论是在青壮年人口还是在老年人中，女性受教育年限均低于男性。2005 年中国 1% 人口抽样调查数据显示，在 60 岁及以上年龄组中，女性未上过学的比例高达 59.62%，该比例是男性的 2.45 倍，而受过大专及以上教育的比例仅占男性的 1/3，[2] 偏高的文盲率和较低的受教育水平，直接抑制了女性的就业与发展。

2. 正规就业率低

由于传统家庭分工，妇女终生承担了大量的家务劳动及照料家人的责任，该责任在增加妇女家务负担、占用妇女社会劳动时间的同时，在一定程度上降低了女性正规就业率。2008 年时间利用调查显示，女性每天比男性多从事无酬劳动 143 分钟，[3] 如果从 15～74 岁计算，[4] 老年妇女一生共进行了 52 万小时的无偿劳动，该劳动时间相当于男性有酬劳动时间的 60%。同时，在女性受教育水平低、性别歧视、职业隔离及"男主外、女主内"等传统性别角色定型的影响下，女性在职业生涯中更容易处于劳动技能差、职业层次低、正规就业比例低的不利状态。

3. 连续工作时间短

受传统性别分工的影响，除了女性有酬劳动参与率相对偏低、在照料婴幼儿过程中女性连续就业的时间相对较短外，女性退休时间早于男性五年的退休政策，直接导致女性退休前工资水平低于男性。在养老金替代率既定的情况下，较低的退休前工资，将直接导致女性养老金收入明显低于男性。

---

[1] 参见 Nancy R. Hooyman and H. Asuman Kiyak 著《社会老年学：多学科的视角》，周云等译，中国人口出版社，2007，第 496 页。

[2] 根据 2005 年中国 1% 人口抽样调查数据中表 9－8 的有关数据计算得来。

[3] 参见国家统计局《2008 年时间利用调查》，中国统计出版社，2009，第 84 页。

[4] 2008 年时间利用调查的年龄区间为 15～74 岁。

4. 丧偶比例偏高

在老龄化进程中，两性预期寿命的差异以及男大女小的传统婚姻模式，[1] 致使老年妇女的丧偶率明显高于男性，我国城乡老年妇女的丧偶率分别是男性的 2.84 倍和 2.06 倍。[2] 研究表明丧偶是家庭贫困尤其是女性致贫的重要原因，我国丧偶老人的贫困发生率（高达 10.8%）是有偶同住的 3.6 倍，[3] 这与王晶等的研究结论"女性独居者相对于女性总体更加贫困、经济状况恶劣"具有一致性。[4] 在地区差异方面，不但老年妇女贫困率具有西高东低的特征，而且东北地区老年妇女的贫困率显著高于男性。

5. 财产丧失率高

虽然我国《妇女权益保障法》和《老年人权益保障法》明确规定了妇女及老年人的财产权益，但是，受男权社会及儿子继承财产等传统习俗的影响，在儿子结婚或男性老人去世时，儿子往往会过早继承或分配了父亲的房屋及其他家产，老年妇女丧偶后不但无法得到丈夫的遗产，而且连自己已有的资产权益也会丧失。该习俗是造成丧偶老年妇女房产拥有率低的重要原因。

（二）制度性因素的影响

1. 女性退休时间早

20 世纪 50 年代，我国为了照顾和保护妇女，实行了女性比男性早五年的退休政策，该政策一直沿用至今。按照现行的退休制度，即使是男女同龄参加工作、拥有相同的起始工资、不存在就业和职务提升中的性别歧视，仅由于退休时间问题，与男性相比，女性每月的养老金将损失 17%（女性养老金仅占男性的 83%）。男女不同龄退休政策，在一定程度上强化了社会性别不平等。[5]

2. 遗属保障程度低

遗属保险是养老保障重要组成部分，在社会保障参保人死亡后，其配偶等家庭成员可在符合一定条件下获得遗属津贴。我国 1994 年颁布的《中华人民共和国劳动法》第 73 条规定：劳动者死后，其遗属依法享受遗属津贴，

---

① 参见黄鹂《关注老年妇女问题——以安徽为例分析》，《安徽大学学报（哲学社会科学版）》2007 年第 4 期。

② 根据 2005 年全国 1% 人口抽样调查中的表 9-5 相关数据计算得来。

③ 参见张凯悌、郭平主编《中国人口老龄化与老年人状况蓝皮书》，第 122 页。

④ 参见王晶、赵莹、刘彦喆《关于老龄女性化与农村老年妇女生存状况的思考——基于吉林省百村老年妇女生存现状调查》，第 173 页。

⑤ 参见彭希哲《社会政策与性别平等——以对中国养老金制度的分析为例》，《妇女研究论丛》2003 年第 2 期。

但是由于不同的企业、系统、行业和地区间责任和待遇水平各异①，无法有效保障丧偶老年妇女的经济利益。然而现行《劳动合同法》并未对遗属保障做出相应法律规定，这将进一步影响了丧偶老年妇女享受遗属津贴的权益，以至于诸多企事业单位在经济利益和法律规定有待完善的情况下，"合理"规避了对本单位职工的遗属保障责任。

3. 养老金计发办法不利

2005 年国务院颁布了《关于完善企业职工基本养老保险制度的决定》（国发〔2005〕38 号文），企业女职员特别是女工人因法定退休年龄比男职工低，致使她们退休后在个人账户养老金计发月数方面，不但比男职工增加了 31～56 个月的分母效应，而且由于基础养老金按照缴费每满 1 年发给 1%的计发办法，进一步拉大了企业女职员、特别是女工人与男职工在退休后每月领取的个人账户养老金水平的差距。②

4. 低保条件的影响

虽然农村老年妇女的贫困率高于男性，但是受老年人未婚率性别差异及低保救助条件的影响，在低保政策的执行过程中，男性老人更容易因"五保"老人而成为低保"常补对象"，老年妇女因已婚率、有子女比例较高，在被视同为子女有赡养能力并履行赡养义务的前提下，女性贫困老人应保尽保程度明显偏低。2005 年 1%人口抽样调查数据显示，在以最低社会保障金为主要生活来源的被访者中，老年妇女比男性低 3.73 个百分点。2008 年民政部数据显示，虽然城市最低生活保障人数已达 2334.8 万人，但是女性仅占 40.59%。③

5. 新农保政策的影响

新型农村养老保险对于解决农村老人的基本养老保障问题，具有划时代的意义。然而，在《国务院关于开展新型农村养老保险试点的指导意见》中，新农保制度的实施，采取政府主导和农民自愿相结合的原则，已年满 60 周岁、未享受城镇职工基本养老保险待遇的老年人，在其符合参保条件的子女参保缴费情况下，无须缴费即可按月领取基础养老金。④ 对于农村老年人

---

① 参见关博、关察《关于建立社会遗属保险的必要性和可行性》，《沈阳大学学报》2009 年第 4 期，第 37 页。

② 参见桂世勋《关于改革基本养老金计发办法的利与弊》，《市场与人口分析》2006 年第 2 期，第 25～28 页。

③ 参见民政部规划财务司发布 2008 年民政事业发展统计报告，http：//cws.mca.gov.cn/accessory/200905/1242966216915.xls，最后访问日期：2012 年 10 月 26 日。

④ 参见《国务院关于开展新型农村养老保险试点的指导意见》，中央政府门户网站，最后访问日期：2012 年 10 月 27 日。

而言，一方面老年妇女比例更大，另一方面老年妇女对子女参保的掌控与约束能力更差，自愿和子女参保缴费的双重条件，直接导致农村老年人尤其是老年妇女很难获得基础养老金。

（三）性别理论的反思

著名女权主义者西蒙·波伏娃认为，女人不是天生的，而是被造就的。老年妇女问题表面上是一个简单的性别差异问题，实际上却反映了根深蒂固的重男轻女社会制度和文化观念，是一个不平等的社会性别问题。[①]

传统社会文化的主宰使得女性从童年时期接受的教育、到就业时劳动力市场的性别歧视，以及人们对职业女性仍然以家庭为中心的性别期待，致使女性承担了大量家务劳动及养育子女的责任。与此同时，在职业女性的职称评定和升迁过程中，评委会及各级领导对女性能力的忽视及男性优先等潜规则，致使女性职业发展面临重重障碍。调研发现，北京市某单位在男性任三年副处长后，一般都会升为正处长，而对于女性，即使连任 12 年副处长，也很难得到进一步提升。

此外，现阶段我国对公民权利的保障不足，加之人们对女性照料婴幼儿、病人、老年人及其他家务劳动等社会价值的认识不足，致使在男权社会下，在各项社会保障制度的设计过程中，尤其是在设计与就业关联的五项社会保险制度时，很容易将非正规就业和未就业女性排除在外，直接导致了女性养老金享有率低、对家庭成员依赖性强、贫困发生率高等经济保障问题。

三　国外有关老年妇女经济保障的经验

在老年妇女的经济保障方面，许多发达国家和发展中国家，都采取了有效措施，确保了老年妇女的经济利益。现将其具体保障措施介绍如下：

1. 男女同龄退休

目前世界上已约有 60% 的国家实行了同龄退休政策，在 170 个国家中，男性平均法定退休年龄为 60.5 岁，女性为 59.1 岁，二者仅相差 1.4 岁，而我国的男女退休年龄差距则在 5～10 岁。此外，在女性退休年龄方面，我国女工人 50 岁的退休年龄，位于世界各国女性退休年龄最低的八国之一，而

---

①　参见黄鹏《关注老年妇女问题——以安徽为例分析》，第 46 页。

女性健康预期寿命与法定退休年龄之差位于世界第四位。[①] 国外实行男女同龄退休政策，对于缩小老年人收入的性别差异，发挥了重要作用。

2. 建立遗属保险

美国、加拿大、法国等经合组织国家，匈牙利、波兰等中东欧国家，日本、印度等亚太地区国家，科威特等中东国家以及阿根廷、巴西等拉美国家，均已普遍设立了遗属保障制度，遗属津贴的发放标准一般占养老金的40%～100%。[②] 在美国，享受遗属津贴的丧偶老人高达 683 万人，占社会保障受益人的 14.5%。[③] 即在美国每七位享受社会保障的人员当中，就有一位享受了遗属保障。遗属保障对于确保遗属尤其是丧偶老年妇女基本生活水平发挥了重要作用。

3. 实行国民养老金

日本早在 1959 年制定的《国民年金法》中，就已将参保对象确定为全体国民，而且还在 1985 年确立了妇女独立的年金权，把国民年金的适用范围扩大到被雇用者的妻子，妻子在无工作时可以领取厚生年金中的基础年金。[④] 美国也已于 1984 年加强了对丧偶和离婚妇女的养老金保护，[⑤] 在老年妇女的收入中，来自社会保障和养老金的比例高达 62.7%，[⑥] 约有五分之三的老年妇女因社会保障而脱离贫困。[⑦]

不但在发达国家普遍实行了全民养老金制度，即使是在发展中国家，也普遍建立了社会养老保障制度。尼泊尔作为亚洲最穷的国家，已于 1996 年实行全民社会养老金计划。此外，非洲博茨瓦纳、毛里求斯和纳米比亚、南非等均已实行全民社会养老金制度；拉丁美洲的玻利维亚、巴西，也推行了全民社会养老保障制度，其中，加勒比地区的安提瓜在 2004 年就已为 60 岁

---

① 参见高庆波、邓汉《关于提高女性劳动者退休年龄的探讨》，《妇女研究论丛》2009 年第 6 期，第 32～37 页。

② 参见王莉莉、郭平主编《日本老年社会保障制度》，中国社会出版社，2010，第 190～193 页。

③ 参见 Institute for women's policy research，http：//womenandsocialsecurity. org/Women_ Social_ Security/news. htm，最后访问日期：2010 年 7 月 25 日。

④ 参见王莉莉、郭平主编《日本老年社会保障制度》，第 191 页。

⑤ 参见美国国务院国际信息局：http：//www. america. gov/st/democracy－chinese/2008/March/20080304143106ajesrom0. 4780084. html，最后访问日期：2010 年 7 月 25 日。

⑥ 根据 Institute for women's policy research 发布的相关数据计算得来，http：//womenandsocialsecurity. org/Women_ Social_ Security/news. htm，最后访问日期：2010 年 7 月 25 日。

⑦ 参见赵勇《消除贫困与社会保障制度》，http：//www. nuigalway. ie/sites/eu－china－humanrights/seminars/ns0404s/zhao% 20yong－chn. doc，最后访问日期：2012 年 10 月 28 日。

及以上老人发放 281 美元的养老金，2006 年该养老金进一步增加到 375 美元。①

在发达国家和发展中国家普遍推行的社会养老保障制度，对于完善我国养老保障制度，尤其是完善与老年妇女有关的社会养老保障制度，有重要的借鉴意义。

四　改善老年妇女经济保障状况的政策建议

联合国针对老年妇女人数超过老年男子这一事实，在老龄问题世界大会强调指出，各地老年妇女的境况必须成为采取政策行动的优先问题。② 温家宝总理在 2010 年政府工作报告中明确指出，改善民生是经济发展的根本目的。老年妇女作为人民的重要组成部分，其基本生存问题理应得到充分保障。在推进社会性别平等的基础上，针对我国老年妇女经济保障存在的问题，结合国际环境和政府工作报告，特提出以下政策建议。

1. 试点推行男女同龄退休政策

男女同龄退休是国际社会的发展趋势，近年来，我国男女不同龄退休政策，已严重妨碍了妇女的职业发展和养老金水平。选择部分省份率先开展职业女性尤其是女干部、女知识分子与男性同龄退休的试点工作，③ 并逐步推广试点范围，可以在促进妇女职业发展的同时，增加老年妇女个人账户积累额，增加基础养老金数额、减少个人账户养老金计发月数，从而提高老年妇女养老金水平。

2. 建立遗属保障

遗属保险不但可以确保老年妇女的经济独立性，保障其晚年生活，促进和谐社会与促进性别平等，④ 而且还可以提高老年妇女的家庭和社会经济地位。2006 年中国城乡老年人生活状况追逐调查数据显示，妻子从未工作、丈夫有养老金的被访者占 61.8%。如果我国能够及时建立遗属保障，六成以上

---

① 参见 Zeng Yi (ed.), "*Demography*" *volume of the Encyclopedia of Life Support Systems*，中文版《生命支持系统大百科全书：人口学分卷》（主编马力和姜卫平，翻译刘鸿雁和郭维明等，校译游允中和顾宝昌等），（中国人口出版社，2010），第 365~367 页。

② 参见王晶、赵莹、刘彦喆《关于老龄女性化与农村老年妇女生存状况的思考——基于吉林省百村老年妇女生存现状调查》，第 170 页。

③ 参见张海燕《全国妇联主席呼吁北京率先实行男女同龄退休》，新浪网，最后访问日期：2012 年 10 月 27 日。

④ 参见裴晓梅《老年妇女的经济安全需要遗属保险》，《中国老年报》2006 年 3 月 8 日，第 2 版。

的无养老金老年妇女可以通过遗属津贴获得经济保障。因此，普遍推行遗属保障政策，完善遗属保障制度，规范遗属津贴标准和资金来源，既是公平看待女性社会贡献的反映与认可，又是对妇女参与社会发展的经济补偿[①]。

3. 依法保障老年妇女的经济权益

全国妇联副主席莫文秀同志要求妇联组织应抓住《老年人权益保障法》修改的契机，关注老年妇女的合法权益，将性别平等意识纳入《老年人权益保障法》的修改过程，从而使社会经济发展成果惠及包括老年妇女在内的全体人民。[②] 因此，及时修改并完善《老年人权益保障法》和《妇女权益保障法》，提高老年妇女的法律意识，加强移风易俗的文化新风建设，从法律和习俗两个层面，有效保护老年妇女的经济权益。

4. 在养老保障政策中纳入性别视角

在养老保障政策的制定、执行过程中，尤其是在社会养老保障政策的修改、完善过程中，纳入社会性别视角、提高相关人员的社会性别意识，从生命周期和社会性别分工等层面，充分研究、预测相关法律政策对老年妇女产生的各种影响，在认识并肯定老年妇女家务劳动的价值基础上，对老年妇女的大量无酬家务劳动给予合理的经济补偿。在切实扩大城乡居民的养老保障范围的同时，确保老年妇女依法平等享有各项经济保障权益。

---

① 参见王莉莉、郭平主编《日本老年社会保障制度》，第 202 页。
② 参见蒋永萍《保障老年妇女权益，构建平等和谐社会——〈老年人权益保障法〉修改专家讨论会在京举行》，《妇女研究论丛》2007 年第 5 期。

Part One

Protection of Women's Social Rights
from Perspectives of International
Law and Domestic Law

Protection of Women's Rights from the Perspective of International Human Rights Conventions

Liu Hainian [*]

Women make up half of the world total population. Whether as wife or mother, they always play a very important role in the wellbeing of the family, in the raising of children and in the development of society. However, for some physiological, social and historical reasons, women have become the largest disadvantaged group in society. It has been proved that the significance of protecting the rights and interests of women far exceeds that of women's proportion in the total population.

Part I

Both Chinese mythology of creation of the world by Pan Gu and the western story about the creation of human beings by God and Adam and Eve in the Garden of Eden in the Bible show that men and women were equal in the beginning of human history. The research on Iroquois tribes described by Lewis H. Morgan in his book *Ancient Society* and the investigation by anthropologists on ethnic minorities in the Southwestern part of China show that women once occupied a dominant position in society in certain periods of human evolution; this phenomenon still exists in Lake Lugu of Dali Prefecture in China's Yunnan Province. Later, women's dominant position gradually gave way to men only because of some physiological and social reasons. This transition was a social change related to the development of

---

[*] The Institute of Law, Chinese Academy of Social Sciences, honorary CASS member.

the productive force. There is no evidence showing that it was a process of violent struggle like the life-or-death class struggles that followed. However, successively, the situation had changed. Women became dependent on men and gradually turned into their appendants. Some even become men's exclusive or common sex toys.

The traditional Chinese code of moral conduct advocates the Three Cardinal Guides (ruler guides subject, father guides son, and husband guides wife), Five Constant Virtues (benevolence, righteousness, propriety, knowledge and sincerity) and women's Three Obediences (namely, woman was required to obey her father before marriage, and her husband during married life and her sons in widowhood) , as well as Four Virtues (fidelity, physical charm, propriety in speech and efficiency in needle work). This shows us that, women's status in ancient China, be it in the society or in the family, were the lowest, even lower than those of their own children. The above traditional ethics were recognized by law and given the coercive state power during the period Western Zhou Dynasty, about 3000 years ago, so as to strengthen the dominant position of men and the feudal patriarchal hierarchy, which took the blood relationship as its linkage and monarchical power as its center. Although such legal system was abolished along with the last emperor during the 1911 Revolution, its influence has not been totally eradicated from people's mind even today.

Western countries do not have such a long history of feudal system as in China and other oriental countries. Therefore they have not been so strongly influenced by the ideas of traditional ethics. In the ancient times and the middle Ages, the inequality in legal status of women was mainly manifested in the areas of property and inheritance rights, which determined that women were inevitably dependent on men and that their status in the family and society was low. Even after the ideas of freedom, equality and human rights were put forward by modern Enlightenment thinkers and were embodied in laws through the Bourgeois Revolution, women had still been in a powerless position for a long period of time. It was only after the adoption and implementation of the UN Convention on the Political Rights of Women in 1952 that women in major western countries began to enjoy the right to vote and other rights. In some western countries, such rights were not realized until the 1970s.

The Examples of low status of women in Chinese and western societies also include: in traditional Chinese society, after a girl is married to a man, her own name loses legal significance and she is only called by her husband's family name, such as Mrs. Zhang, Mrs. Wang or Mrs. Li. To avoid mix-up, in formal occasions, her own family name is added to that of her husband's, for example, Mrs. Zhang-Sun, Mrs. Wang-Zhao and Mrs. Li-Zhou. And this change of family name has implications to property rights and personal rights. Today, this is still the case in some rural areas. I am not sure whether the practice in today's western countries and Chinese regions of Hong Kong and Taiwan of women using their husbands' family name is influenced by traditional ideas, because some of the women there have very high social status and it is possible that they use their husband's family name only to show their love for their husbands. In general, however, the inferior status of women is an undisputable fact.

Part II

To change this situation and uphold women's rights, international organizations represented by the UN strengthened the protection of the rights and interests of women after the World War II. The adoption of international conventions and promotion of domestic legislation in this field was put on their agenda. Although the progress has not been very fast, the scope of the relevant laws have gradually expanded and the safeguards for women have developed from those of general principles to those of concrete safeguards.

1. Increasing Improvement of International Treaties on the Protection of Women's Rights

On 26 June 1945, in view of the organized slaughters that occurred during the World War II, especially the slaughter of women and children committed by German Nazis and Japanese militarists, the Charter of the United Nations declares at its very beginning that its purpose is: "to save succeeding generations from the scourge of war, which twice in our lifetime has brought untold sorrow to mankind, and to reaffirm faith in fundamental human rights, in the dignity and worth of the human person, in the equal rights of men and women and of nations large and small." Article 1 (3) of the Charter proclaims that one of the purposes of the UN is: "to achieve international co-operation in solving international problems of an economic, social, cultural, or humanitarian character, and in promoting and encouraging respect for human rights and for fundamental freedoms for all without

distinction as to race, sex, language, or religion. "① On 10 December 1948 the
UN adopted the Universal Declaration of Human Rights (UDHR), which, as the
first world instrument specialized in safeguarding human rights, greatly expanded
and enriched the human rights contents in the UN Charter. In addition to its
Preamble, the UDHR contains a total of thirty articles. It reiterates the principle in
the UN Charter: "Everyone is entitled to all the rights and freedoms set forth in
this Declaration, without distinction of any kind, such as race, colour, sex,
language, religion, political or other opinion, national or social origin, property,
birth or other status. " The Declaration explicitly lists gender as a prohibited ground
for discrimination and in the subsequent articles uses the terms "everyone" or "all"
to describe the subjects of human rights so as to emphasize gender equality.

In order to give binding legal force to the principles established in the UDHR,
the UN designated a Human Rights Commission to be responsible for the drafting
of an international human rights covenant. At the beginning, the Human Rights
Commission, guided by the ideology of western countries, drafted a human rights
covenant centred on civil and political rights in the UDHR and submitted it in 1950
to the UN General Assembly for deliberation. The General Assembly was of the
opinion that the draft covenant failed to fully reflect the contents of the UDHR and
therefore needed to be revised and supplemented. Thanks to the efforts made by
socialist states and the developing countries, the General Assembly deliberated the
two draft covenants submitted by the Human Rights Commission in 1962. On 16
December 1966, after over 10 years of deliberation, the General Assembly adopted
the International Covenant on Economic, Social and Cultural Rights (ICESCR)
and the International Covenant on Civil and Political Rights (ICCPR) with a vote
of 105 to 0.

During the drafting and deliberation of the human rights covenants, the UN
General Assembly, in order to adapt to the new situation, adopted the Convention
on the Political Rights of Women in 1952, the Convention on the Nationality of
Marriage Women in 1957, and the Convention on Consent to Marriage,
Minimum Age for Marriage and Registration of Marriages in 1962. Moreover, the
ILO also adopted the Convention Concerning Equal Remuneration for Men and

---

① Dong Yunhu (ed.), *Collection of Human Rights Instruments in the World*, (Chengdu: Sichuan
People's Publishing House, 1990), pp. 928 −929.

Women Workers for Work of Equal Value in 1951. The adoption and implementation of the above conventions played a positive role in the safeguarding of women's rights and the contents of these conventions were embodied in the two international human rights covenants adopted in 1966.

The adoption of the two international human rights covenants was of a great significance: firstly, the covenants gave legal binding force to the various principles provided for in the UDHR and, together with the UDHR, they became the core instruments of the International Bill of Human Rights; secondly, they further emphasized the principle of indivisibility and interdependence of human rights. For example, the Preamble of the ICESCR provides that: "in accordance with the Universal Declaration of Human Rights, the ideal of free human beings enjoying freedom from fear and want can only be achieved if conditions are created whereby everyone may enjoy his economic, social and cultural rights, as well as his civil and political rights"; thirdly, they took a step further from the UDHR with respect to the safeguarding of women's rights. Whereas the UDHR only provides in Article 25 that: "Motherhood and childhood are entitled to special care and assistance", the ICESCR lays down in Article 10 (2) that "Special protection should be accorded to mothers during a reasonable period before and after childbirth. During such period working mothers should be accorded paid leave or leave with adequate social security benefits." The same covenant also provides that the States Parties shall ensure "Fair wages and equal remuneration for work of equal value without distinction of any kind, in particular women being guaranteed conditions of work not inferior to those enjoyed by men, with equal pay for equal work."① In addition, the ICCPR provides for that: "The States Parties to the present covenant undertake to ensure the equal right of men and women to the enjoyment of all civil and political rights set forth in the present covenant;" and that "Sentence of death shall not be imposed for crimes committed by persons below eighteen years of age and shall not be carried out on pregnant women;"② and fourthly, the two covenants each set up a special body to be responsible for the supervision over its

① The Institute of Law, Chinese Academy of Social Sciences (ed.), *International Human Rights Instruments and International Human Rights Bodies*, (Beijing: Social Sciences Academic Press, 1993), pp. 12 and 14.

② The Institute of Law, Chinese Academy of Social Sciences (ed.), *International Human Rights Instruments and International Human Rights Bodies*, pp. 23 and 25.

implementation and provides that State Parties shall submit periodical reports on
their implementation of the covenant, thereby providing organizational safeguards
for the implementation of the covenant.

Although the two international human rights covenants of 1966 contain special
provisions on the protection of women's rights in light of women's physiological
characteristics and social responsibilities, the majority of the provisions in the two
covenants still apply the same standards to different groups and individuals. Needless
to say, the two covenants represent historical progresses and their objectives are not
easy to achieve. However, in order to achieve substantive equality, it is necessary
to adopt special provisions suited to the special needs of different groups of people,
including women. In order to safeguard women's rights in light of their special
needs, the UN General Assembly adopted in 1967 the Declaration on the
Elimination of Discrimination against Women, pointing out that: "despite the
Charter of the United Nations, the Universal Declaration of Human Rights, the
International Covenants on Human Rights and other instruments of the United
Nations and the specialized agencies and despite the progress made in the matter of
equality of rights, there continues to exist considerable discrimination against
women;" that "discrimination against women is incompatible with human dignity
and with the welfare of the family and of society" and that "All appropriate
measures shall be taken to abolish existing laws, customs, regulations and practices
which are discriminatory against women, and to establish adequate legal protection
for equal rights of men and women." [1] Propelled by this Declaration and the First
World Conference on Women, held in Mexico City in 1975, the UN General
Assembly adopted in 1979 the Convention on the Elimination of All Forms of
Discrimination against Women (CEDAW), which came into force in 1981.

The convention consists of the Preamble and six parts. In the Preamble it is
pointed out that, despite the principles provided for in the UN Charter, the
UDHR and a series of other human rights instruments, "extensive discrimination
against women continues to exist." [2] And such discrimination violating the
principles of equality of rights and respect for human dignity is an obstacle to the

---

[1] The Institute of Law Chinese, Academy of Social Sciences (ed.), *International Human Rights
Instruments and International Human Rights Bodies*, p. 120.

[2] The Institute of Law, Chinese Academy of Social Sciences (ed.), *International Human Rights
Instruments and International Human Rights Bodies*, p. 125.

participation of women, on equal terms with men, in the political, social, economic and cultural life of their countries; it hampers the growth of the prosperity of society and the family and makes more difficult the full development of the potentialities of women in the service of their countries and of humanity. In view of this situation, the General Assembly is determined to implement through the convention "the principles set forth in the Declaration on the Elimination of Discrimination against Women". The first part of the convention defines the term "discrimination against women" as "any distinction, exclusion or restriction made on the basis of sex which has the effect or purpose of impairing or nullifying the recognition, enjoyment or exercise by women, irrespective of their marital status, on a basis of equality of men and women, of human rights and fundamental freedoms," and provides for general obligations of State Parties with respect to the elimination of discrimination against women, including adoption of corresponding legislative, publicity and educational measures. In the second part, State Parties are required to take all appropriate measures to eliminate discrimination against women in the political and public life of the country and, in particular, to ensure to women, on equal terms with men, the right to vote, to hold public office, to represent their Governments at the international level and to acquire, change or retain their nationality. In the third part, the convention requires from State Parties to eliminate discrimination against women in the field of education, employment, social security and health care. They must ensure that women have equal rights with men in pre-school, general, technical, professional and higher technical education, as well as in all types of vocational training; that they are not discriminated against in the field of employment, especially on the grounds of marriage, pregnancy, and child birth; and that they have the right to protection of health and to safety in working conditions, including the safeguarding of the function of reproduction; State Parties must prevent discrimination against women on the grounds of marriage or maternity and to ensure their effective right to work; prohibit, subject to the imposition of sanctions, dismissal on the grounds of pregnancy or of maternity leave and discrimination in dismissals on the basis of marital status; introduce maternity leave with pay or with comparable social benefits without loss of former employment, seniority or social allowances; and provide special protection to women during pregnancy in types of work proved to be harmful to them. This part of the convention also provides for the elimination of discrimination against rural

women, and for the preferential treatment for rural women in such matters as health
care, family planning, cultural and vocational training, and access to agricultural
credit and loans. The fourth part of the convention requires that State Parties
prohibit discrimination against women in the areas of family, marriage, property
rights, and education of children, and accord to women a legal capacity identical to
that of men in the movement of persons and the freedom to choose residence and
domicile, management of family and other civil matters. In case of dispute, men
and women shall be treated equally in all stages of procedure in courts and tribunals.
Part five of the convention establishes a Committee on the Elimination of
Discrimination against Women, to be responsible for monitoring the
implementation of the convention. The members of the Committee shall be elected
for a term of four years. According to Article 18 of the convention, State Parties
undertake to submit to the Secretary-General of the United Nations, for
consideration by the Committee, a report on the legislative, judicial, administrative
or other measures which they have adopted to give effect to the provisions of the
convention, and on the progress made in this respect: (a) Within one year after
the entry into force for the State concerned; (b) Thereafter at least every four years
and further whenever the Committee so requests. Part six of the convention deals
with matters relating to the ratification procedure of the convention. It is
noteworthy that Article 23 of the convention provides for that: "Nothing in the
present convention shall affect any provisions that are more conducive to the
achievement of equality between men and women which may be contained: (a) In
the legislation of a State Party; or (b) In any other international convention, treaty
or agreement in force for that State. "①

The CEDAW is a specific convention on the protection of women's rights
adopted by the UN after the adoption of the two international human rights
covenants in 1966. On the basis of the principle of the equal rights of men and
women guaranteed in a number of international human rights instruments, the
CEDAW provides some positive measures in light of the fact that women are more
likely to be subjected to various forms of discrimination because of their
physiological characteristics and their inferior status in the family and the society,

---

① See the Institute of Law, Chinese Academy of Social Sciences (ed.), *International Human Rights
Instruments and International Human Rights Bodies*, pp. 126 −136.

thereby taking an important step towards the realization of not only *de jure* equality
but also *de facto* equality between men and women, In December 1993, the UN
General Assembly, in order to strengthen and supplement the CEDAW, adopted
the Declaration on the Elimination of Violence against Women, which requires
governments to adopt effective measures to eliminate the physical, psychological,
and sexual violence against women occurring in public or in private life and to
punish perpetrators of such violence.

2. Vigorous Promotion by World Conferences on Women

Promoted by the UN and people around the world, especially by women in
different countries, the system of international instruments on the protection of
women's rights becomes increasingly comprehensive. Given the historical process
and current practice we can see that the four world conferences on women held
since 1975 have played a historical role in the improvement of international
instruments on the protection of women's rights and in the enrichment of theory
and practice of women's rights.

The First World Conference on Women, held in the Mexico City in 1975,
adopted the Declaration of Mexico on the Equality of Women and Their
Contribution to Development and Peace. The document points out that the
problems of women, who constitute half of the world's population, are the
problems of society as a whole and that women played an important role in the
history of humanity, especially in the struggle for national liberation, the
strengthening of international peace, and the elimination of imperialism,
colonialism, neo-colonialism, foreign occupation, Zionism, alien domination,
racism and apartheid, stressing that greater and equal participation of women at all
levels of decision-making shall decisively contribute to accelerating the pace of
development and the maintenance of peace; that discrimination against women has
prevented and will continue to prevent women from giving full play to their role;
and that the changes in the economic structure of the societies, although are the
prerequisites for resolving practical problems and improving women's conditions,
"cannot of themselves ensure an immediate improvement in the status of a group
which has long been disadvantaged", therefore, specific measures need to be taken
in order to eliminate all forms of discrimination against women. The Mexico City
Declaration requires that urgent consideration be given to the full, immediate and
early integration of women into national and international life. In order to achieve

this goal, further efforts must be made to eliminate discrimination against women in areas of family life, property relations, child-raising, cultural and vocational education, employment, promotion, wage and welfare, so as to realize the equal rights of man and woman in the family, the society, and in every area of national and international life. The declaration especially points out that: "Equality between women and men means equality in their dignity and worth as human beings as well as equality in their rights, opportunities and responsibilities." [1] It was based on this understanding that the Declaration of the Mexico City has played an important role in promoting the 1979 UN Convention on the Elimination of All Forms of Discrimination against Women. At the conference it was decided to establish two special bodies on women's affairs with the UN: the International Research and Training Institute for the Advancement of Women and United Nations Development Fund for Women. The conference also adopted World Plan for Action and declared the years 1976 – 1985 as the UN Decade for Women: Equality, Development and Peace, which provided a blueprint for women's participation in national and international activities and the comprehensive development of the society.

The Second World Conference on Women was held in Copenhagen in 1980 to assess the progresses made in the implementation of the Declaration of Mexico City and the World Plan for Action, and to outline actions to be taken during the second half of the Decade for Women. The conference adopted the programme of Action for the Second Half of the United Nations Decade for Women: Equality, Development and Peace. The programme pointed out that the principles and goals of equality, development and peace established at the First World Conference on Women were feasible and constituted the basis of the activities of the UN Decade for Women. The Conference especially pointed out that equality means not only legal equality or elimination discrimination in law, but also the right, responsibility and opportunity of women to participate in the development process as agents and beneficiaries of development. The so-called development refers to the comprehensive development of politics, economy, society, culture and human life, including the development of economic resources and the physical, moral,

---

① See Declaration of Mexico on the Equality of Women and Their Contribution to Development and Peace.

intellectual, and cultural growth. In order to realize comprehensive development, actions must be taken at the national, local and family levels. And peace and stability are also indispensable to development. The dialectic relations between development, equality and peace are as the following: without development, it is not possible to eliminate discrimination and realize equality or have durable peace. The realization of equality, development and peace is also conducive to the struggle against imperialism, colonialism and neo-colonialism, Zionism, racism, racial discrimination, apartheid, hegemonism, alien domination and oppression. Although development is important, it should be regarded not as a goal in itself, but as an important means for maintaining peace and promoting equality between men and women. Its ultimate objective is to achieve gender equality. The Second World Conference on Women, based on the evaluation of the first five years of implementation of the World Plan of Action for the United Nations Decade for Women, adopted the Programme of Action for the Second Half of the United Nations Decade for Women, urging governments to adopt laws and policies aimed at increasing women's participation in political and other decision-making processes; to speed up the implementation of the strategy for women's full participation in economic and social development, and to resolve their problems in employment, health care, education and training. Special attention should be paid to the special problems faced by rural women, migrant women, unemployed women and young women. ①

The Third World Conference on Women was held in Nairobi in 1985 and was attended by the representatives from 157 countries. The final document adopted by the Conference, the Nairobi Forward Looking Strategies for the Advancement of Women, flagged out that the inequality of women in most countries stems to a very large extent from mass poverty and the general backwardness of the majority of the world's population caused by underdevelopment being a product of imperialism, colonialism, neo-colonialism, apartheid, racism, racial discrimination and of unjust international economic relations. And the unfavourable status of women is aggravated in many countries, developed and underdeveloped, by *de facto* discrimination on the grounds of sex or gender. One of the fundamental obstacles

---

① For the above contents and citations, see *Programme of Action for the Second Half of the United Nations Decade for Women: Equality, Development and Peace*.

to women's equality is that *de facto* discrimination and inequality in the status of women and men derive from larger social, economic, political and cultural factors that have been justified on the basis of physiological and sexual differences and result in the denial of equal access to the power structure that controls society and determines development issues and peace initiatives. Ultimately, society is the loser if the talents of women are under-utilized as a result of discrimination. The Nairobi Forward Looking Strategies pointed out that law making is a crucial factor in the realization of gender equality because it provides legal basis for the adoption of actions and promotes social changes. However, it should be noted that sharp contrasts between legislative changes and effective implementation of these changes are a major obstacle to the full participation of women in society. Therefore, governments should strengthen the implementation of the relevant laws. The conference once again showed concern for disadvantaged women, including rural and urban poor women, women in areas affected by natural disaster, women deprived of their traditional means of livelihood, women who are sole supporters of families, physically and mentally disabled women, women in detention and women who have committed crimes, refugee and displaced women, migrant women, etc. Among the various measures for the safeguarding of women's rights, the Nairobi Forward Looking Strategies laid special emphasis on the equal participation of women in public affairs at the national and international levels and further developed the understanding that had gradually taken form since the First World Conference on Women, namely: although solving the practical problems faced by women and improving their status are the prerequisite for the solution of women's problem, the solution is to enable women to participate in public life at national and international levels. The objectives of equality, development and peace can be achieved only through equal participation by women. Thus, the strategies clearly changed the past approach of only taking social welfare as the main measure for supporting women and improving their status, emphasized women's role as the participants, decision-makers, contributors and beneficiaries of social development, and enabled them to enter into the mainstream of social, economic, political and cultural development. [1]

---

[1]   For the above contents and citations, see *Nairobi Forward-Looking Strategies for the Advancement of Women to the Year 2000*.

The Fourth World Conference on Women was held in Beijing in 1995, on the occasion of the 50th anniversary of the establishment of the United Nations. It was the largest conference the United Nations had ever organised, attended by government and NGO representatives from 189 countries. Meanwhile, about 30000 people participated in NGO forums with a wide range of topics, including women and poverty, education and training of women, women and health, violence against women, women and armed conflicts, women and economy, women in power and decision-making, institutional mechanisms for the advancement of women, human rights of women, women and the media, and women and the environment. The Beijing Declaration and Platform for Action adopted at the conference reviewed the progress of the United Nations Decade for Women (1976 – 1985) since the Firth World Conference on Women in 1975, evaluated the implementation of the Convention on the Elimination of All Forms of Discrimination against Women adopted by the UN General Assembly in 1979, and especially examined the achievements and obstacles encountered by governments in the implementation of the Nairobi Forward Looking Strategies for the Advancement of Women, which was adopted at the Third World Conference on Women in 1985. The Platform for Action confirmed that, through the efforts made by governments and the international community, "there has been important progress in achieving equality between women and men. Many Governments have enacted legislation to promote equality between women and men and have established national machineries to ensure the mainstreaming of a gender perspective in all spheres of society. International agencies have focused greater attention on women's status and roles." Meanwhile, the Platform for Action displayed various obstacles to the further realization of equality between women and men. They mainly include: the imbalance in the development of rights between different groups of women; continuing environmental degradation that affects all human lives, especially women; more than 1 billion people in the world today, the great majority of whom are women, living in unacceptable conditions of poverty; wars and armed conflicts and terrorism that resulted in large number of casualties, especially among women; the legislation on the equality between men and women in many countries need to be further improved and, whether in family or society, traditional or customary practices incompatible with law still exerting serious influence on people's mind and systems; women having much less cultural and technical training than

men; serious inadequacies in health care available to women, etc. The Platform of
Action expounded on the manifestations and causes of problems relating to "women
and poverty", "education and training of women", "women and health care",
"violence against women", and "institutional mechanisms for the advancement of
women" as well as measures to be adopted for the solution of these problems. It
also raised demands and appeals to governments and the UN with regard to these
issues. The Beijing Declaration and Platform for Action, after evaluating the
historical process in the 20 years since the First World Conference on Women,
further strengthened and developed the idea that the gender perspective should be
mainstreamed in all spheres of society so that it can be declared to the world that
"women's rights are human rights." The human rights of women and girl children
are an inalienable, indispensable and non-derogable part of human rights and
fundamental freedom of all human beings. Only by safeguarding women's rights,
realizing gender equality and transforming the relationship between men and women
into that of an equality partnership can the mankind meet the challenges of the 21st
century and fully realize political, social, economic, and cultural rights. [1]

3. An Important Role of Special International Conferences and Declarations

In the process of organizing the four world conferences on women, the UN and
the relevant international organizations had held a series of conferences and adopted
a series of resolutions and declarations on the relevant human rights, which have
played an important role in safeguarding women's rights. These declarations and
conferences include: Resolution on the New Concepts of Human Rights, adopted
by the UN General Assembly in 1977; the Declaration on the Elimination of All
Forms of Intolerance and of Discrimination Based on Religion or Belief, adopted
by the UN General Assembly in 1981; the Convention concerning the Promotion
of Collective Bargaining, adopted by the ILO in 1983; the Employment Promotion
and Protection against Unemployment Convention, adopted by the ILO in 1988;
the Convention concerning Indigenous and Tribal Peoples in Independent Countries,
adopted by the ILO in 1989; the World Summit for Children, held in New York in
1990; the United Nations Conference on Environment and Development, held in
Rio de Janeiro in 1992; the Vienna Declaration and Programme of Action, adopted

---

[1]   For the above contents and citations, see *The Beijing Declaration and Platform for Action*, adopted at the
Fourth World Conference on Women in 1995.

by the World Conference on Human Rights in Vienna in 1993; and the World
Summit for Social Development, held in Copenhagen in 1995, all of which have
strongly promoted, either directly or indirectly, the realization of women's rights and
the equality between men and women.

Part III

By ratifying and implementing the international human rights conventions,
especially the conventions and instruments on women's rights, China has made
great progress in improving its legal system for safeguarding of women's rights.
Since Chinese women make up about 1/5 of the total population of women in the
world, the improvement of the legal system for safeguarding the rights of Chinese
women is not only of great importance to human rights protection in China, but
also a great contribution to international protection of women's rights.

As mentioned before, in history, Chinese women had a very inferior status both
in family and society. They suffered from multiple oppressions and led miserable
life. In 1911, in the revolution led by Dr. Sun Yat-sen, the feudal system that had
lasted for over 2000 years was overthrown and the last emperor abolished. The
Provisional Constitution of the Republic of China, adopted in 1912, provided
that: "All people in the Republic of China are equal"[1] and this provision was
retained in the 1913 (Draft) Constitution of the Temple of Heaven, the 1914
Constitution of the Republic of China and the 1923 Constitution of the Republic
of China. However, it is not clear whether the concept of "people" covered
women at that time, let alone whether this constitutional provision was effectively
implemented. It was not until in 1930 and 1931 that the equality between men and
women was provided for in the Draft Constitution of Republic of China adopted at
the Taiyuan Enlarged Conference and in the Provisional Constitution of the
Republic of China during the Period of Political Tutelage. It was the "Red
Political Power" established by the Chinese Communist Party after 1927 that
genuinely promoted the protection of women's rights in China. The Outline
Constitution of the Soviet Republic of China of 1931 and the Draft Outline of the

---

[1]   Dong Yunhu (ed.), *Collection of Human Rights Instruments in the World*, (Chengdu: Sichuan
People's Publishing House, 1990), p. 740.

Basic Law (Constitution) of the Soviet Republic of China adopted earlier contained unprecedented specific and clear provisions on women's rights. The Draft Outline provided that: one of the constitutional principles of the Soviet Republic was: "not only to completely realize the liberation of women, adopt laws on the reasonable gender and family relationships not restrained by patriarchal feudal relations and religious superstition, and recognize the freedom of marriage and divorce, but also implement measures to protect women and mothers, develop science and technology, and truly enable women to have the material basis to free themselves from household duties and take job in the society." [1] The Outline Constitution provided that: "The Chinese Soviet political power takes the complete liberation of women as its aim, recognizes the freedom of marriage, implement various measures to protect women, and enable women to obtain the material basis to be free from household duties and take part in the economic, political and cultural life of the society." [2] Although the provisions in these constitutional documents adopted by the political power of red revolutionary bases during the Second Chinese Revolutionary Civil War were not fully implemented due to such factors as the war situation, the lack of material conditions, and the small scale of the revolutionary bases, their spirit was later embodied in the relevant laws of Anti-Japanese Democratic Base Areas and liberated areas. It was exactly this spirit and the laws made in accordance with this spirit that ensured the liberation of the broad masses of women in China. They became a new force in China's struggle against western powers, Japanese militarism and domestic reactionaries, and made great contribution to the independence of the Chinese nation and the liberation of Chinese people.

With the establishment of the new China in 1949, a new chapter was opened in safeguarding of women's rights in China. The 1949 Common Programme of the Chinese People's Political Consultative Conference, serving as a temporary constitution at that time, provided for that: "The People's Republic of China abolishes the feudal system that has fettered Chinese women. Women enjoy equal rights with men in political, economic, cultural, educational and all other aspects of social life. The system of freedom of marriage shall be implemented." [3] Based on

---

① Dong Yunhu (ed.), *Collection of Human Rights Instruments in the World*, p. 777.

② Supra note ①, p. 779.

③ Supra note ①, p. 811.

the Common Programme, the 1954 Constitution of the People's Republic of China provided for that: "All citizens of the People's Republic of China shall be equal before the law;" and that: "All citizens of the People's Republic of China, who have reached the age of 18, have the right to vote and stand for election, regardless of their ethnic origin, race, sex, occupation, social origin, religious belief, education, property status, or length of residence, except insane persons and persons deprived by law of the right to vote and stand for election." The principle of equality between men and women recognized in the Common Programme was later concretely embodied in the Marriage Law and the Land Reform Law adopted in 1950 and the Election Law adopted in 1953. In order to implement these laws, the Chinese government launched large-scale publicity and education campaigns, and great mass movements, considerably improving the status of women. The implementation of the 1954 Constitution further strengthened and promoted this trend of development. However, during the 1960s and 1970s, the women's rights, like all other rights of Chinese people, was impeded by such factors as historical conditions, the levels of social, economic, political and cultural development, and political movements.

After 1978, along with the reform and opening up of China, the strengthening of socialist democracy and the legal system, the development of socialist market economy, and the construction of socialism with Chinese characteristics, there has been a significant development both in the protection of the rights of Chinese women and in China's human rights cause. Based on the 1954 constitution, the 1982 constitution further strengthened the protection of human rights: it gave "The Fundamental Rights and Duties of Citizens" a more prominent position by moving it from Chapter Three to Chapter Two; through constitutional amendments it recognized the principles of "ruling the country by law and construction of a socialist state under the rule of law", further strengthened by the provision that "The state respects and protects human rights". During this period, the Marriage Law was amended in 1980 and 2001, the Inheritance Law was adopted in 1985, and the Trade Union Law was revised in 1992. These laws contain clear provisions on the freedom of marriage, the equality between men and women in marriage relation, the equal right between men and women in such matters as inheritance, raising of children, the support for the elderly, and the division of property at divorce, equal employment opportunity and special protections for women in light

of their special physiological conditions. More importantly, after the ratification of
the UN Convention on the Elimination of All Forms of Discrimination against
Women, China has actively improved its legal system for the safeguarding of
women's rights: the Law on the Protection of the Rights and Interests of Women
was adopted by the National People's Congress in April 1992 and amended by the
Standing Committee of the National People's Congress in 2005.

The Law on the Protection of the Rights and Interests of Women, building on
the domestic and foreign experiences in the protection of the rights and interests of
women, makes comprehensive provisions on the protection of women. The Law
lays down at the very beginning that: "The state shall implement the policy of
equality between men and women as a basic national policy." The state promotes
the equality between men and women, safeguards the lawful rights and interests of
women, protects their special rights and interests, eliminates all forms of
discrimination against women, and prohibits maltreatment, abandonment, and
physical abuse of women. Under the guidance of this general principle, the law
provides in various chapters political, cultural, educational, labour, social security,
property, personal, marriage and family rights that women should enjoy on an
equal footing with men. Firstly, women enjoy equal political rights with men.
Women have the right to manage state affairs, manage economic and cultural
undertakings and administer social affairs through various channels and in various
ways and they shall enjoy the equal right, with men, to vote and to stand for
election. In order to realize these rights, the law provides that there shall be an
appropriate number of women deputies among deputies to the National People's
Congress and local people's congresses at various levels and there should be an
appropriate number of women among the members of the residents' committees and
villagers' committees. The state shall actively train and select female cadres. State
organs, public organizations, enterprises and public institutions must, in training,
selecting and appointing cadres, adhere to the principle of equality between men
and women, and create conditions for women to participate in the making of laws
and public policies. Secondly, women enjoy equal rights with men with respect to
culture and education. Schools and departments concerned shall guarantee that
women enjoy equal rights with men in such aspects as starting school, entering a
higher school, job assignment upon graduation, conferment of academic degrees
and dispatch for study abroad and in their participation in scientific, technological,

literary, artistic and other cultural activities. The government, society and schools shall take effective measures to solve the actual difficulties for the female school-age children to receive education and shall create conditions to ensure that poor, disabled and migrant female school-age children finish their compulsory education and technical training. Thirdly, women enjoy equal working rights and social security rights with men. These rights include equal employment right, rights to equal pay for work of equal value and to rest, rights relating to promotion in post or in rank, evaluation and determination of professional and technological titles, rights to safe and healthy working conditions as well as special labour protection, right to social insurance, right to special protection during menstrual period, pregnancy, maternity leave and nursing period; no entity may dismiss female employee, reduce her salary or unilaterally terminate the labour contracts or service agreement because of marriage, pregnancy, maternity leave or breast-feeding; and no entity may discriminate against women for the reason of gender when implementing the national retirement policy. Fourthly, women are equal with men in enjoying property rights. In joint property relationships derived from marriage or family, women's equal rights with men of succession to property shall be protected. Widowed women shall have the right to disposal of the property they have lawfully inherited and no one may interfere with the disposition thereof. Women shall enjoy equal rights with men in the field of rural land contracted management, distribution of proceeds of collective economic organizations, use of housing land. No organization or individual may infringe upon women's rights and interests on the ground of women's status of as single, marriage, divorce, or widow. Fifthly, women enjoy the equal personal rights with men. Women's rights of life and health, personal freedom, reputation, honour, privacy, and portrait shall not be violated; drowning, abandoning or cruel infanticide in any manner of female babies shall be prohibited; abduction of and trafficking in, or kidnapping of women, sexual harassment or indecent acts against women, and prostitution and whoring are prohibited; and it is prohibited to organize, force or induce women to engage in obscene performances. Sixthly, women enjoy equal rights with men in marriage and family. Women shall enjoy the freedom of marriage and divorce. A woman shall enjoy equal rights with her spouse in possessing, utilizing, profiting from and disposing of the property jointly possessed by the husband and wife according to law. Domestic violence against women is prohibited. Both parents shall enjoy the equal right to guardianship of their minor child (children). At the time of divorce, the husband and the wife shall seek agreement regarding the disposition of their jointly possessed properties; if they fail to reach an agreement, the people's court shall make a judgment in light of the actual circumstances of both parties and according to the principle of showing consideration for their child (children) and for the rights and interests of the wife. ①

Through upon domestic and international laws and practices related to the protection of women's rights, China has been continuously improving its laws on the protection of the rights and interests of women. The State Council Working Committee on Women and Children is responsible for monitoring the implementation of these laws. Many foreign friends admire the Chinese government for carrying on its glorious tradition of the revolutionary era by establishing women's federations—powerful organizations responsible for safeguarding women's rights and interests—at the central and various local levels. The Law on the Protection of the Rights and Interests of Women provides for that "the All-China Women's Federation and women's federations at various levels shall, in accordance with the laws and charter of the All-China Women's Federation, represent and uphold the rights of women of all nationalities and all walks of life, and strive for the protection of women's rights and interests;" that "when a woman's lawful rights and interests are infringed upon, she may file a complaint with a women's organization, which shall require the relevant department or entity to investigate and deal with the case;" and that "a women's organization shall support the women victims who need help in litigation." Apparently, the above powers of women's federations given by national law exceed those of ordinary social organizations. Because of their legally guaranteed status, these organizations are playing an important role in protecting women's rights and interests and consequently are affectionately called by the broad masses of Chinese women as their "parents' home".

The above-said testifies to the fact that, after long period of efforts, the women's issue has been mainstreamed in the public policy and state life in China. The Law on the Protection of Rights and Interests of Women provides for that: "the state shall work out a program for the development of Chinese women and incorporate it into the plan on the national economy and social development;" furthermore,

---

①   The above contents are cited from the Law on the Protection of the Rights and Interests of Women.

"each local people's governments at the county level shall, according to the program for the development of Chinese women, work out a plan on the development of women within its own administrative area and shall incorporate it into the plan on development of the national economy and social development. " The state shall take effective measures to provide necessary conditions for women to exercise their rights in accordance with law. The people's governments at all levels should attach importance to and strengthen the protection of women's rights and interests. The Law on the Protection of the Rights and Interests of Women has provided in many articles for the legal responsibilities for violations of women's rights and interests. Anyone who infringes upon women's rights and interests shall, in light of the severeness of the consequences of the violation, bear legal responsibilities. Those whose acts of violation constitute criminal offences shall be investigated for criminal responsibilities. An accountability system for state organs and their staff has also been established: "If a state organ or any of its staff members fails to perform its (his) duties, fails to stop an infringements upon the rights and interests of a woman or fails to give necessary help to a woman victim and thus causes any serious consequences, the entity of the aforesaid staff member or the authority at higher level shall give an administrative sanction to the directly liable person-in-charge and other directly liable persons. "①

Thanks to a complete system of laws and effective implementation of these laws, China has been making continuous progress in safeguarding women's rights and interests. However, there are still gaps between the actual situation of women's rights in China and the requirements of international human rights conventions and the relevant Chinese laws. Take the right to social security as an example. Because of the differences in the level of development between different regions, between rural and urban areas, and between different social strata in rural and urban areas, there exist big gaps in the level of social security enjoyed by women in different areas and different strata of society. The tradition of son preference still affects a large number of people, resulting in frequent family conflicts and huge social problems related to sex imbalance. The dropout rate among school-age girls is higher than that among school-age boys, especially in rural, remote and mountainous areas, where some girls are still unable to finish the nine-year

---

① See Article 57 of the Law on the Protection of the Rights and Interests of Women.

compulsory education. Low educational level has affected women's employment opportunity and their further development in the fields of science and technology: currently the proportion of women is lower than that of men among senior scientists, technicians, and civil servants. Although the coverage of medical security is gradually expanding throughout the country, the situation of low level of benefits still cannot be changed in a short period of time and many women are still faced with the difficulties in having access to adequate health care. Moreover, with respect to personal rights, the number of women subjected to sexual harassment and violence, including domestic violence, is still very large.

The persistence of the above-mentioned problems affects not only the realization of women's rights and interests, but also family happiness, social harmony, and socialist construction. Therefore, the whole society must attach great importance to these problems. The solution to this problem is of course the rule of law. Governments at various levels and the relevant social organizations should take further steps to effectively implement relevant laws so as to gradually raise the level of the protection of women's rights and interests in China.

(Translated by Bi Xiaoqing, proofread by Li Xixia)

Legal Protection of Women's Social Rights

—International and Domestic Perspectives

Zhu Xiaoqing *

"Women's rights" is a collective concept, covering a series of rights that have been confirmed and protected by international, regional and national laws. However, there is a certain gap between the law and the reality; the protection of women's rights is still faced with many challenges. Constrained by space and perspective of analysis, this article will mainly focus on women's right to employment and other related rights, and discuss the legal protection of women's social rights, including related problems and challenges faced by such protection.

I. A Brief Introduction to Social Rights

Currently there is no unified definition of social rights in international and Chinese human rights circles. Nevertheless, Chinese scholars have developed some abstract or relatively abstract concepts of social rights. Moreover, relevant international human rights treaties (including regional human rights treaties) and domestic laws contain also provisions enumerating contents of social rights.

1. 1   The Definition of Social Rights

1. 1. 1   A Scholarship definition
Some scholars hold that social rights are the rights that confirm and fully develop

* The Institute of International Law, Chinese Academy of Social Sciences.

the social value of human beings, and they mainly include such rights as right to existence, right to work, and right to education. According to this opinion, the state or the government bears the obligations of not only passively recognizing and refraining from violation of social rights, but also of taking positive actions to create social conditions for the realization of these rights. ① Other scholars maintain that social rights are the totality of all rights and powers in a given society. ②

1. 1. 2　Provisions enumerating contents of social rights in international human rights treaties.

The most representative international human rights treaties also covering social rights are, among others, the International Covenant on Economic, Social and Cultural Rights (ICESCR), adopted by the UN General Assembly on 16 December 1966 and became effective on 3 January 1976, and the European Social Charter, adopted by the Council of Europe and open for signature on 18 October 1961 and came into effect on 26 February 1965. The former is a universal human rights treaty and the latter a regional human rights treaty.

According to the provisions of the ICESCR, social rights mainly include: the right to work, the right to the enjoyment of just and favorable conditions of work, the right to organize and join trade unions, the right to social security, the right to adequate living standard, the right to health and the right to education.

The European Social Charter, as a supplement to or "companion treaty" of the European Convention on Human Rights, provides in its Preamble that one of its purposes is to secure the enjoyment of social rights without discrimination on grounds of race, color, sex, religion, political opinion, national extraction or social origin. Part II of the Charter, which contains 19 articles, provides for the state parties' legal obligations with respect to social rights. ③ Of these articles, ten are about employment-related rights and principles, including the right to work, the right to just conditions of work, the right to reasonable remuneration, the right to

---

① See PKU Encyclopedia of Legal Science: Constitutional and Administrative Law, available at: www. CNKI. net.

② Tong Zhiwei, "Interpretation of Social Rights from A Perspective of the Philosophy of Law", *Law Review*, No. 5, 1995, pp. 12 −18.

③ Part I of the Charter provides for 19 rights and principles to be pursued by contracting parties as the aim of their policy. According to the Charter, contracting parties shall pursue, by all appropriate means, the attainment of conditions in which these rights and principles may be effectively realized.

organize and join trade unions, right to collective bargaining, minimum age of employments, prohibition of child labor, protection of employed women, and the right to vocational training. The Additional Protocol to the European Social Charter, which was adopted on 5 May 1988 and came into effect on 4 September 1992, provides for four new rights, namely: the right to equal opportunities and equal treatment in matters of employment and occupation, the right to take part in the determination and the improvement of working conditions and working environment in the undertaking, as well as the right of the elderly to social protection. These rights were incorporated into the revised European Social Charter in 1996. Besides, the revised Charter also provides for some other new rights. Most of them are still related to employment, such as: workers' right to protection in cases of termination of employment, workers' right to protection of their claims in the event of the insolvency of their employer, the right to dignity at work, the right of workers' representatives in undertakings to protection against acts prejudicial to them and to be afforded appropriate facilities to carry out their functions, and workers right to be informed and consulted in collective redundancy procedures. The clauses in the Charter that provide for non-employment related rights are called "social cohesion clauses". They provide for such social rights as the right to health, the right to social security, the right to social and medical help, the right to social and economic protection, and the right of migrant workers and their family members to protection and assistance. The 1996 revised Charter also provides for the right to housing. It is worthy noting that the right to education is provided for in the European Convention on Human Rights, and therefore not protected a social right by the European Social Charter.

1. 1. 3   Provisions enumerating contents of social rights in domestic laws.

Domestic legal stipulations on social rights usually can be found in the constitution. A typical example in this respect is the Brazilian Constitution. The current Constitution of the Federal Republic of Brazil, which was adopted in 1988 and amended in 1996, provides in Article 6 reading as follows: : "Education, health, work, leisure, security, social security, protection of motherhood and childhood, and assistance to the destitute, are social rights, as set forth by this Constitution. "[1] Besides, since the 1980s, more and more countries in the world,

---

[1]   Source: http: //www. hrcr. org/national/, last visited 30 August 2012.

including Surinam, Columbia, Czech Republic, Russia, the Netherlands,
Poland, Albania, Mozambique, and Portugal, have added through amendments
provisions on economic, social and cultural rights, including programmatic norms
covering social rights, to their constitutions. The social rights provided for in these
constitutions mainly include the right to work, the right to health, the right to
housing, and the right to social security. [1]

1.2   The Main Characteristics of Social Rights

Despite the existence of many different definitions or formulations of "social
rights", some common characteristics can be found in this kind of rights.

1.2.1   Social rights are usually related to economic and cultural rights.

Firstly, in legal instruments, whether at the international or domestic level, social
rights are usually put under the category of economic, social and cultural rights. An
example at the international level is the ICESCR. As its name suggests, in its fifteen
articles on substantive rights, the Covenant provides for not only social rights, but
also economic and cultural rights. At the regional level, the European Social
Charter, although called a "social charter", also contains many provisions on
economic rights. For examples, the Charter provides for the right of the family to
social, legal and economic protection in Article 16, and the right of mothers and
children to social and economic protection in Article 17. The 1996 revised
European Social Charter provides in Article 30 the right to protection against
poverty and social exclusion. At the domestic level, the relevant provisions can be
found mainly in the constitution. As mentioned above, some countries, such as
Surinam, Columbia, Czech Republic, Poland, Albania and Mozambique, put the
provisions on economic, social and cultural rights as an independent category of
rights, under the chapter on fundamental rights in the constitution, while in other
countries, such as Russia, the Netherlands, and Angola, provisions on economic,
social and cultural rights are scattered in many different articles under the part on
fundamental rights in the constitution. [2] Secondly, sometimes it is hard to make a
clear distinction between economic and social rights. For example, Article 11 (1)
of the ICESCR provides for that: "The States Parties to the present Covenant

---

[1]   Source: http://www.hrcr.org/national/, last visited 30 August 2012.

[2]   Source: http://www.hrcr.org/national/, last visited 30 August 2012.

recognize the right of everyone to an adequate standard of living for himself and his family, including adequate food, clothing and housing, and to the continuous improvement of living conditions. " A further example: Article 19 of the European Social Charter guarantees " the right to engage in a gainful occupation in the territory of other Contracting Parties". Apparently this right covers the right to work and the right to economic gains or economic rights.

1. 2. 2   Development from non-justiciable rights to justiciable rights.

Here the author will discuss this issue only at the international level. Like economic and cultural rights, social rights had for a long period of time been regarded as non-justiciable rights. Although the controversy over the justiciability of economic, social and cultural rights continues, it seems that the situation is beginning to change in recent years; namely, there is a trend for these rights to develop from non-justiciable rights into justiciable rights. The main manifestations of this trend of development include:

a. The strengthening of the implementation mechanisms of the universal human rights treaties-On 18 June 2008, the newly established UN Human Rights Council adopted an Optional Protocol to the International Covenant on Economic, Social and Cultural Rights, so as to strengthen the mechanism for the implementation of the state obligations under the Covenant. The Optional Protocol established an individual communications procedure. According to the Protocol, individuals whose rights under the ICESCR have been infringed upon may submit communications to the Committee on Economic, Social and Cultural Rights. This protocol has undoubtedly offered one more remedy to victims of violation of various rights (including social rights) under the ICESCR.

b. The strengthening of mechanisms for the implementation of regional human rights treaties-Take the human rights legal protection mechanism under the Council of Europe as an example. In 1995, the Council of Europe adopted the Additional Protocol to the European Social Charter Providing for a System of Collective Complaints, which created a collective complaints procedure. The purpose of this protocol is to improve the effectiveness of the enforcement of social rights guaranteed by the Charter and to provide a channel for dealing with collective complaints against alleged violations of the Charter outside state reporting procedure. According to this protocol, the following organizations have the right to submit complaints alleging unsatisfactory application of the Charter: (a) international organizations of employers and trade unions referred to in Article 27 of the 1961 Charter; (b) international non-governmental organizations which have consultative status with the Council of Europe and other organizations which have been put on a list established for this purpose by the Governmental Committee; (c) representative national organizations of employers and trade unions within the jurisdiction of the Contracting Party against which they have lodged a complaint (Article 1). Moreover, any Contracting State may also declare that it recognizes the right of any other representative national non-governmental organization within its jurisdiction which has particular competence in the matters governed by the Charter, to lodge complaints against it. So far, only Finland has made such a declaration. ① The 1996 revised European Social Charter also provides for "Collective Complaints" in Article D of Part IV.

Undoubtedly, by establishing the collective complaints procedure, the human rights protection mechanism under the European Social Charter took the lead over the ICESCR by providing for a multi-path protection to economic and social rights. Nevertheless, the role and effect of the human rights protection mechanism under the European Social Charter are limited, mainly for the following reasons: firstly, the final decisions or recommendations resulting from the collective complaints procedure are non-legally binding documents made by a non-judicial body; secondly, like economic and cultural rights, the full realization of social rights requires certain economic basis; and thirdly, economic and social rights are still non-justiciable rights, which means that, social rights, like economic rights, still can not be remedied through judicial means.

Therefore, under such mechanisms, both individual and collective complaints procedures are submitted to non-judicial bodies, which fall short of the complaints in judicial sense. Nonetheless, they are of positive significance to the safeguarding of social rights.

II. The Legal Basis of the Protection
of Women's Social Rights

The legal mechanisms for the protection women's social rights have already been

---

① *European Social Charter: Short Guide*, Council of Europe Publishing, 2000, p. 67.

established both at the international and national levels. This mechanism mainly consists of two parts: legislation and implementation mechanism respectively. The former include domestic and international legislation. They are the legal basis of the protection of women's social rights. The latter, also covers domestic and international levels and will be discussed later in this article.

2.1　The Legal Basis at the International Level

The international legal basis of the protection of women's social rights consists of the Charter of United Nations and various universal and specialized international human rights instruments.

2.1.1　The UN Charter

The UN Charter is a framework document of the most important and authoritative universal international organization established after the World War II. It reaffirms the faith in fundamental human rights, and declares in Article 1 (3) that one of the purposes of the United Nations is: "To achieve international cooperation in solving international problems of an economic, social, cultural, or humanitarian character, and in promoting and encouraging respect for human rights and for fundamental freedoms for all without distinction as to race, sex, language, or religion." Apart from that, the Charter contains seven other provisions on the protection of human rights. It marks universal acceptance by the international community of human rights concept and the beginning of the protection of human rights through international mechanism. It provides legal basis for the development of contemporary international human rights law and, to a certain extent, provides legal basis for the adoption of concrete measures and actions by the UN in the field of human rights.

2.1.2　Universal international human rights instruments

At the international level, the first of universal instruments protecting women's social rights is the Universal Declaration of Human Rights (UDHR). As part of the "International Bill of Human Rights", the UDHR declares that: "Everyone is entitled to all the rights and freedoms set forth in this Declaration, without distinction of any kind, such as race, colour, sex, language, religion, political or other opinion, national or social origin, property, birth or other status." The Declaration provides for two categories of human rights, namely: civil and political rights, and economic, social and cultural rights. Although the UDHR is not legally binding, it occupies an important position in international human rights law on the following reasons: a. it establishes a universal human rights standard; b. it is the basis for drafting other international human rights document and, even domestic laws of some countries.

The second important and legally binding universal human rights document covering also women's social rights is the ICESCR. It is also a fundamental legal basis for the protection of women's social rights under the UN human rights system. Article 3 of the Covenant stresses that: "The States Parties to the present Covenant undertake to ensure the equal right of men and women to the enjoyment of all economic, social and cultural rights set forth in the present Covenant." According to ICESCR, women enjoy a series of social rights, including the right to work, the right to just and safe and healthy work conditions, the right to organize and join trade unions, the right to social security, the right to adequate living standard, the right to health, and the right to education.

2. 1. 3   Specialized international human rights instruments

In order to truly safeguard women's rights (including social rights), the UN, the International Labour Organization (ILO) and United Nations Educational, Scientific, and Cultural Organization (UNESCO) have adopted a series of conventions and declarations.

a. UN Convention on the Elimination of All Forms of Discrimination against Women (CEDAW)

The UN General Assembly adopted CEDAW on 18th December 1979. It is a comprehensive convention on the protection of women's rights. It is also one of the important conventions in the UN human rights protection system. The aim of this convention is to eliminate gender-based discrimination against women through legally binding norms. For this purpose, the Convention gives a clear definition of the term "discrimination against women", ① and provides for the civil, political, economic, social, cultural, and other human rights or fundamental freedoms of women that should be protected by state parties to the Convention. According to the Convention, women's social rights mainly include the right to education, the

---

① Article 1 of the Convention provides that: "the term 'discrimination against women' shall mean any distinction, exclusion or restriction made on the basis of sex which has the effect or purpose of impairing or nullifying the recognition, enjoyment or exercise by women, irrespective of their marital status, on a basis of equality of men and women, of human rights and fundamental freedoms in the political, economic, social, cultural, civil or any other field."

right to work, the right to equal employment opportunity, the right to free choice of profession and employment, the right to equal pay for work of equal value, the right to social security, and the right to safe and healthy work conditions.

By 29 August 2012, CEDAW has a total of 186 state parties. ①

b. Specialized conventions adopted by the ILO

The Treaty of Versailles (1919) created the ILO after the World War I. Its objective is to promote social justice and sustain world peace. As a specialized agency of the UN, the ILO is responsible for the adoption of conventions and recommendations on human rights, employment policy, working conditions, industrial relations, occupational health and safety, social security and other related issues. The ILO conventions have a two-fold aim, namely: the elimination of unequal treatment and promotion of equal opportunity.

The first international labour standards directly applicable to women were adopted by the ILO at its first conference in 1919. These are the Convention concerning the Employment of Women before and after Childbirth (C3, Maternity Protection Convention) and the Convention concerning Employment of Women during the Night (C4, Night Work (Women) Convention). The adoption of these two conventions reflected the respect for professional women shown by the international community at that time. These early standards aim at protecting and upholding women roles in family and society, ensuring the maternity protection, and restricting the employment of women in certain work that are inconsistent with women's social image. ②

The 1919 Maternity Protection Convention was revised in 1952 by the Convention No. 103, which has a much wider scope of application than the 1919 Convention: It is applicable to women employed in industrial undertakings and in non-industrial and agricultural occupations, including women wage earners working at home (Article 1. 1.).

The Night Work (Women) Convention was revised respectively in 1934 and 1948. In 1990, the ILO adopted the Protocol of 1990 to the Night Work

---

① See http: //treaties. un. org. Last visited 30 August 2012.

② See Ma. Del Mar Serna Calvo, "Legislation on Women's Employment in Latin America: A Comparative Study", in Kelly D. Askin and Dorean Koenig (eds.), *Women and International Human Rights Law*, Chinese Edition (translated by Huang Lie and Zhu Xiaoqing), (Beijing: SDX Joint Publishing Company, 2007), vol. 1, p. 383.

(Women) Convention (Revised) of 1948, as well as a new Convention (C171, Night Work Convention, which is applicable to both women and men) and a recommendation (R178, Night Work Recommendation).

The ILO has also adopted a series of conventions on equal employment, including the 1951 Convention concerning Equal Remuneration for Men and Women Workers for Work of Equal Value (C100, Equal Remuneration Convention), and 1958 Convention concerning Discrimination in Respect of Employment and Occupation [C111, Discrimination (Employment and Occupation) Convention]. The Equal Remuneration Convention provides for the principle of equal remuneration for men and women workers for the work of equal value without discrimination based on sex. This principle is applicable to all aspects of remuneration for employed work. According to Article 1 (a) of the Convention, the term "remuneration" includes the ordinary, basic or minimum wage or salary and any additional emoluments whatsoever payable directly or indirectly, whether in cash or in kind, by the employer to the worker and arising out of the worker's employment. Some authors hold that the purpose of such a broad definition of remuneration is to prevent the discriminatory situation in which women are denied certain welfare or benefits that are available to men while the base wage for men and women are the same. [1] The Equal Remuneration Convention is one of the most widely ratified ILO conventions. [2]

The objective of the Discrimination (Employment and Occupation) Convention is to promote equal opportunity and treatment in respect of employment and occupation. The Convention defines "discrimination" as: "any distinction, exclusion or preference made on the basis of race, colour, sex, religion, political opinion, national extraction or social origin, which has the effect of nullifying or impairing equality of opportunity or treatment in employment or occupation." [3] This Convention, like the Equal Remuneration Convention, is also widely ratified. [4]

---

[1] See Valerie Oosterveld, "Women and Employment", in Ibid. , p. 391.

[2] By 30 August 2012, the Convention had been ratified by 169 countries. China ratified the Convention on 7 June 1990. Source: http: //www. ilo. org. Last visited 30 August 2012.

[3] Article 1 (a) of the Discrimination (Employment and Occupation) Convention.

[4] By 30 August 2012, 170 countries have ratified the Discrimination (Employment and Occupation) Convention. China ratified the Convention on 12 January 2006. Source: http: //www. ilo. org. Last visited 30 August 2012.

Besides, the UNESCO has also adopted relevant conventions, including the Convention against Discrimination in Education (1960). The above conventions provide legal basis for the international protection of women's social rights.

2. 2   The Legal Basis: Chinese Perspective

The Chinese government has since 1949 adopted many legislative, judicial and other measures to establish the principle of gender equality and safeguard the various rights (including social rights) of women.

2. 2. 1   The Constitution.

The Amendment to the Constitution of the People's Republic of China was adopted at the Second Session of the Tenth National People's Congress on 14 March 2004. As the current constitution, it provides in Article 33 that: "The state respect and safeguard human rights. " This was the first time in Chinese history that the protection of human rights was provided for in the Constitution. Article 48 of the Constitution lays down that: "Women in the People's Republic of China enjoy equal rights with men in all spheres of life, in political, economic, cultural, social and family life. " The Constitution is the fundamental law of China and its relevant constitutional provisions are of great significance for the protection of women's rights (including women's social rights) as human rights.

2. 2. 2   The Law on the Protection of Rights and Interests of Women.

Adopted at the Fifth Session of the Seventh National People's Congress on 3 April 1992, this is the first and also a basic law in the Chinese history that provides for comprehensive protection of women's rights and interests. It lays down the following basic principles: equality between men and women; special protections for women; and prohibition of discrimination against, maltreatment of, or cruel treatment of women. It also incorporates the relevant rights confirmed by CEDAW, which China ratified on 4 November 1980 and which came into force with respect to China on 4 December of the same year. The rights and interests of women guaranteed under this law include political rights, cultural and educational rights and interests, labour rights and interests, property rights and interests, personal rights, as well as marriage and family rights and interests.

The revised Law on the Protection of Rights and Interests of Women (2005) made a number of breakthroughs as compared with the 1992 Law: firstly, it makes the realization of the equality between men and women a basic state policy;

secondly, it provides for the principle of prohibition of discrimination; thirdly, it requires governments at various levels to work out programs for the development of Chinese women and incorporate them into the plan on the national economy and social development; and fourthly, it specifically prohibits sexual harassment against women.

2.2.3   The Labour Law.

This law was adopted at the 8th meeting of the Standing Committee of the Eighth National People's Congress on 5 July 1994. The Law provides in Article 3 that: "Labourers shall have the right to be employed on an equal basis, choose occupations, obtain remuneration for their labour, take rest, have holidays and leaves, obtain protection of occupational safety and health, receive vocational skills training, enjoy social insurance and welfare, and submit applications for settlement of labour disputes, and other rights relating to labour as stipulated by law". Article 12 guarantees that "Labourers shall not be discriminated against in employment, regardless of their ethnic community, race, sex, or religious belief", whereas Article 13 for-sees that: "Females shall enjoy equal rights as males in employment. It shall not be allowed, in the recruitment of staff and workers, to use sex as a pretext for excluding females from employment or to raise recruitment standards for the females, except for the types of work or posts that are not suitable for females as stipulated by the State."

2.2.4   The Employment Promotion Law

This law was adopted at the 29th meeting of the Standing Committee of the Tenth National People's Congress on 30 August 2007. It provides in Article 3 (1) that: "Workers shall enjoy the right to equal employment and the right to free choice of occupation in accordance with law". Article 3 (2) regulates that "No worker seeking employment shall suffer discrimination on the grounds of ethnicity, race, gender or religious belief." In addition, Article 27 of the Law clearly provides that: "The State guarantees that women enjoy equal right to work as men" (27.1); that "When an employing unit recruits persons, it shall not refuse to employ women or raise recruitment standards for females by using gender as an excuse, except where the types of work or posts are not suitable for women as prescribed by the State" (27.2); and that: "When an employing unit recruits female workers, it shall not have such provisions as restrict female workers from getting married or bearing a child included in the labor contract" (27.3).

2. 2. 5   The Labour Contract Law

This law was adopted at the 28th Meeting of the Standing Committee of the Tenth National People's Congress of the People's Republic of the China on June 29, 2007. Article 42 of the Law provides that an employing unit may not revoke the labor contract concluded with a female worker who is in the pregnancy, puerperal or breast-feeding stage.

2. 2. 6   The Social Insurance Law

This law was adopted at the 17th Meeting of the Standing Committee of the Eleventh National People's Congress of the People's Republic of the China on 28 October 2010, and took effect on 1 July 2011. The chapter six of the law specially focuses on maternity insurance system. Articles 53 and 54 of the Law provide for that employees shall participate in maternity insurance, and the maternity insurance premiums shall be paid by employers rather than employees in accordance with the relevant provisions of the state; employees shall enjoy the maternity insurance benefits, which shall include maternity medical expenses and maternity allowances; the unemployed spouse of an employee shall enjoy the maternity medical expense benefits in accordance with the relevant provisions of the state. Thus, the social security system established by the Social Insurance Law has guaranteed women, who are in the pregnancy, puerperal or breast-feeding stage, to have access to material assistance from the state and society.

Apart from the above laws, there are a number of administrative regulations on the protection of women' social rights. One of them is the Special Provisions on the Labor Protection of Female Employees (the Special Provisions), adopted on 18 April 2012 at the Two Hundredth Regular Session of the State Council. The Special Provisions replaced the Regulations concerning the Labour Protection of Female Employees (the Regulations) adopted on 28 June 1988 at the Eleventh Regular Session of the State Council and came into force on 7 May 2012. Compared with the Regulations of 1988, the newly promulgated Special Provisions contain some new provisions on the special protection. Firstly, conversely to the Regulations providing that "These Regulations shall apply to the female employees of all state organs, mass organizations, enterprises and public institutions", the Special Provisions expands the scope of application to include "social organizations, individual economic organizations and other social organizations and their female employees". Secondly, the Special Provisions have strengthened the protection of female employees, such as relevant provisions on adjustment of the scope of prohibited labour for female employees, extension of maternity leave, "employers shall prevent and prohibit the sexual harassment of female employees in their work places." Thirdly, the Special Provisions adjusts the supervision and management system. In accordance with this system, the government related agencies have clear responsibilities for supervising and inspecting employers' compliance with these Special Provisions. This has resolved the problems of inadequate punishment and inadequate law enforcement in the past. The improvements of the above legislation are definitely beneficial for the promotion of women's enjoyment of social rights and the protection of women's social rights provided by related departments and units.

III. Mechanisms for the Implementation
of Women's Social Rights

The term "implementation mechanism" has a dual meaning. At the international level, it has the meaning of "monitoring", the purpose of implementation being to monitor State Parties in the implementation of their obligations under human rights treaties; at the domestic level, it has the meaning of "implementation", namely State Parties are obligated to adopt measure at the level of legislative regulation, in practice by means of judicial enforcement and other measures. For the purpose of this paper, the author will mainly discuss mechanisms for the implementation of women's social rights under the framework of the UN, and the legal measures taken by the Chinese government for the protection of women's social rights.

3.1　Mechanisms for the Implementation of Women's Social Rights under the Framework of the UN

International mechanisms for the implementation of women's social rights, including those established under the UN and under international human rights treaties, usually include monitoring bodies and monitoring procedures.

3. 1. 1　Monitoring bodies and procedures under UN.

Here we will mainly discuss two monitoring bodies and their corresponding procedures.

a. UN Commission on Human Rights (UN Human Rights Council)

The UN Commission on Human Rights was established in 1946 by the

Economic and Social Council as one of its subordinate organ, in accordance with Article 68 of the United Nations Charter and began its work in January 1947. It was the main UN body responsible for the promotion and protection of human rights, as well as for research and drafting international human rights instruments. Since its establishment, the Commission has done a large amount of work and made significant contribution to the establishment of international human rights standards and norms and to the monitoring of implementation of these standards and norms. However, with the development of the international standards of human rights protection, the limitations of the status and competencies of the Human Rights Commission became increasingly obvious. As the UN Secretary-General pointed out: "The Commission on Human Rights in its current form has some notable strengths and a proud history, but its ability to perform its tasks has been overtaken by new needs and undermined by the politicization of its sessions and the selectivity of its work. "① It was against this background that the Human Rights Council was born.

On 15 March 2006, the UN General Assembly adopted by a vote of 170 in favour, 4 against, and 3 abstentions the Resolution establishing the Human Rights Council, which replaced the Commission on Human Rights. The newly Human Rights Council is different from the Human Rights Commission in that it is a subsidiary organ of the UN General Assembly and directly responsible to all the members of the UN. It is a major UN forum for dialogue and cooperation in the field of human rights, which "would help serve to overcome some growing problems — of perception and in substance — associated with the Commission ⋯ and to accord human rights a more authoritative position, corresponding to the primacy of human rights in the Charter of the United Nations. "②

The Resolution 69/251 adopted by the UN General Assembly on 15 March 2006 that the created the Human Rights Council also established a Universal Periodic Review system, which is an independent procedure of the Human Rights Council, designed to ensure equal treatment for every country when their human rights situations are assessed. This procedure reviews the human rights records of all

---

① See Report of the UN Secretary-General, available at http: //www2. ohchr. org/english/bodies/ hrcouncil/docs/gaA. 59. 2005. Add. 1_ En. pdf. Last visited 8 April 2012.

② See Report of the UN Secretary-General, available at http: //www2. ohchr. org/english/bodies/ hrcouncil/docs/gaA. 59. 2005. Add. 1_ En. pdf. Last visited 8 April 2012.

UN members every four years. Each country may use the procedure to publicize the actions it has taken for the improvement of human rights conditions and for the implementation of its human rights obligations, including obligations for the protection of women's social rights. The universal period review procedure is an important means used by the Human Rights Council to remind states of their obligation to fully respect and implement all human rights and fundamental freedoms. The ultimate goal of this system or procedure is to improve the human rights conditions in each country and deal with violations of human rights wherever they occur. [1]

b. Committee on Economic, Social and Cultural Rights

The UN Economic and Social Council (ECOSOC) established the Committee on Economic, Social and Cultural Rights in 1987. As a non-treaty body, the Committee is responsible for the fulfillment of the task of monitoring the implementation of the ICESCR undertaken by the ECOSOC and plays an important role in the implementation of state obligations under the Covenant. However, because of the difficulties in actual operation resulting from the fact that economic, social and cultural rights, as "second generation rights", are programmatic rights or declarations of principle, and because of the controversy over their justicibility, the current implementation mechanism under the ICESCR is still weak.

In order to strengthen the function of the Committee of Economic, Social and Cultural Rights, the Human Rights Council adopted in 2007 the Resolution on the Rectification of the Legal Status of the Committee on Economic, Social and Cultural Rights, in which it decided: "To initiate a process to rectify, in accordance with international law, in particular the law of international treaties, the legal status of the Committee on Economic, Social and Cultural Rights, with the aim of placing the Committee on a par with all other treaty monitoring bodies;" and to request, in the above context, the Committee on Economic, Social and Cultural Rights to present a report outlining views, proposals and recommendations on this issue to the last session of the Human Rights Council in 2007, in order to assist in the achievement of the above aim. [2] Hopefully, the rectification of legal status will enable the Committee on Economic, Social and Cultural Rights play a

---

[1]   Source: http://www.un.org.

[2]   Report of the UN Human Rights Council, (A/62/537), available at: http://daccessdds.un.org.

more positive and effective role in monitoring the implementation of the state obligations under the ICESCR.

3. 1. 2   Monitoring bodies and procedures under the International Human Rights Treaties, the CEDAW and its Optional Protocol

The Committee on the Elimination of Discrimination against Women was established in accordance with Article 17 of CEDAW. The Committee has been responsible for the monitoring of the implementation of CEDAW by state parties since its establishment in 1982. Its main function is to review the progresses made and difficulties encountered by state parties in the implementation of the Convention through the examination the reports submitted by state parties. With the coming into effect of the Optional Protocol, the Committee has also acquired the competence to receive and consider communications submitted by individuals. The monitoring procedures established under CEDAW and its Optional Protocol therefore include:

a. State Reporting Procedure

It is a universal procedure or system established under most international human rights treaties. The procedure requires state parties to submit in accordance with the prescribed procedure to the relevant monitoring body within the prescribed time period or whenever such body so requests, reports on the measures adopted and progresses made in the implementation of treaty obligations. Many international human rights treaties have provided for the compulsory state-reporting obligation, making it a basic means of international human rights monitoring.

Article 18 of CEDAW provides that States Parties should submit to the Secretary-General of the United Nations, for consideration by the Committee, a report on the measures which they have adopted to give effect to the provisions of the present Convention and on the factors and difficulties affecting the implementation of their obligations under the Convention within one year after the entry into force for the State concerned; and thereafter at least every four years and further, whenever the Committee so requests.

b. Individual Complaint Procedure

Individual complaint procedure is also called individual communications procedure. It is a procedure whereby individual victims of alleged violation of human rights by states can submit complaints to the relevant international human rights bodies.

The Optional Protocol to CEDAW (OP-CEDAW) was adopted on 6 October 1999 by UN General Assembly and came into force on 22 December 2000. By 29 August 2012, OP-CEDAW had had a total of 104 State Parties. [1] OP-CEDAW is a procedural protocol. It introduces a new procedure for the implementation of CEDAW, namely an individual communications procedure and the relevant investigation procedures. According to this protocol, States that become parties to the optional protocol recognize the competence of the Committee to receive and consider communications under the protocol; either individuals or groups of individuals can submit individual communications; communications may also be submitted on behalf of individuals or groups of individuals. Apparently, the adoption of OP-CEDAW plays a positive role in strengthening the implementation mechanism of CEDAW and effectively protecting women's rights, including social rights.

With respect to individual complaint procedure, mention should again be made to the Optional Protocol to the ICESCR. Although the protocol has not yet come into force, its role in strengthening the mechanism for the implementation of economic, social and cultural rights is something to be looking forward to.

3. 2   Domestic Legal Protection Measures

As far as the current legal provisions are concerned, China has already developed a system of multi-channel measures for the protection of women's social rights.

Firstly, the Labour Law provides in Chapter 10 for the methods and principles for dealing with labour disputes. Article 77 of the Law stipulates that: "Where a labour dispute between the employing unit and labourers takes place, the parties concerned may apply for mediation or arbitration or take legal proceedings according to law, or may seek for a settlement through consultation." Article 79 of the Law provides for the concrete procedure for the resolution of labour disputes: "Where a labour dispute takes place, the parties involved may apply to the labour dispute mediation committee of their unit for mediation; if the mediation fails and one of the parties requests for arbitration, that party may apply to the labour dispute arbitration committee for arbitration. Either party may also directly apply to the labour dispute arbitration committee for arbitration. If one of the parties is not satisfied with the adjudication of

---

[1]   Source: http://www.un.org. Last visited 30 August 2012.

arbitration, the party may bring the case to a people's court. " In order to effectively protect workers' rights, Article 89 of the Labour Law also provides for the legal responsibilities of the employing units, providing that: "Where the rules and regulations on labour formulated by the employing unit run counter to the provisions of laws, rules and regulations, the labour administrative department shall give a warning to the unit, order it to make corrections; where any harms have been caused to labourers, the unit shall be liable for compensations. "

Secondly, the Law on Mediation and Arbitration of Labour Disputes explicitly provides for the methods of mediation and arbitration for resolving the following labour disputes between employing units and employees: disputes arising from the confirmation of labor relations; disputes arising from the conclusion, performance, alteration and termination of labor contracts; disputes arising from name removal, dismissal, resignation or vacation of office; disputes arising from working hours, rest days and leave days, social insurance, fringe benefits, training and labor protection; disputes arising from labor remunerations, work related injury medical expenses, economic compensation or damages; or other labor disputes prescribed by laws and regulations.

And thirdly, the Labour Contract Law provides in Chapter Seven for the legal responsibilities of employing units for violations of laws and administrative regulations. Article 88 of the Law provides for various administrative and criminal punishments for the employing units that commit such violations in light of the seriousness of the harms done to the employees.

IV. Current Situation and Problems

Although both international and domestic laws have provided for the protection of women's social rights and a number of mechanisms have been created to implement these rights, many problems still exist in the protection of women's social rights. I shall continue by examining these problems from a gender perspective, both in legislation and in practice.

4.1   The Lack of a Gender Perspective in Current Laws

4.1.1   At the International Level

a. The Lack of A Gender Perspective Coexisting with the Protection of

Women's Social Rights

It is worth noting that international human rights law, while playing an important role in the protection of women's human rights (including social rights), lacks a gender perspective.

Some Chinese scholars often maintain that law should be neutral. Many international law scholars also argue that "international human rights law is *prima facie* gender-neutral law". ① However, although international human rights law is in theory gender-neutral, in practice it is influenced by domestic laws and social structure that put men and women into separate spheres of existence—public and private, respectively, and embody stratified gender prejudice. ② As a result, discrimination against women becomes a pattern. Besides, "International human rights and the legal instruments that protect them were developed primarily by men in a male-oriented world. They have not been interpreted in a gender-sensitive way that is responsive to women's experiences of injustice. "③ This lack of a gender perspective or outlook can easily lead to the marginalization of women's human rights and women's social rights are of course no exception in this respect.

Further on, the lack of a gender perspective also manifests itself in the conventions made by the ILO. One example is the 1951 Equal Remuneration Convention. As already said before, the Convention is the first convention in human history that provides for concrete safeguards for women's equal economic rights. Its aim is to promote "equal remuneration for men and women workers for work of equal value". Another example is the 1958 Discrimination (Employment and Occupation) Convention. The objective of this convention is to promote equal opportunity and treatment in the field of employment and occupation. For this purpose, it prohibits discrimination based on gender and gives a clear definition to the term "discrimination". However, the protections provided by the above two conventions are limited only to those relating to "paid work", such as equal pay for work of equal value, equal opportunity in the fields of employment and vocational training, etc. The two conventions fail to take into consideration women's burden in another field of work, namely housework. This is a major

---

①   Nancy K. D. Lemon, *Domestic Violence Law*, West Group, 2001, p. 864.

②   Supra note ①.

③   Rebecca J. Cook, *Human Rights of Women: National and International Perspectives*, Chinese edition (Translated by Huang Lie), (Beijing: China Social Sciences Publishing House, 2001), p. 10.

drawback common to both conventions. It can be explained by the stereotyped role of women as wife and mother in the family, whose main tasks are to do housework and raise children. The two conventions adopted in the 1950s are obviously affected by this traditional idea, inevitably resulting in the lack of a gender perspective.

b. Shortcomings in the Implementation Mechanism

As far as the protection of women's human rights is concerned, the ineffective implementation of or lack of implementation mechanism for the current conventions and provisions on women's human rights has weakened the legal impact of the international human rights law. This is why women's human rights, including women's social rights, which are already marginalized, can not be effectively protected.

Take CEDAW for instance. The implementation of this Convention is ineffective due to its relatively weak language, limited methods of monitoring, and the many reservations made by State Parties. With respect to the language used by the Convention, Article 3 of the CEDAW provides for that State Parties shall take "all appropriate measures" to ensure the full development and advancement of women, for the purpose of guaranteeing them the exercise and enjoyment of human rights and fundamental freedoms on a basis of equality with men. This formulation leaves State Parties with broad discretional power. In comparison, the International Convention on the Elimination of All Forms of Racial Discrimination provides for more immediate and binding obligations for State Parties. Article 2 of this Convention stipulates that State Parties undertake to pursue "by all appropriate means and without delay" a policy of eliminating racial discrimination in all its forms and to promote understanding among all races.

With respect to the monitoring procedure, the CEDAW only provides for one form of monitoring mechanism for its implementation, namely the state reporting mechanism. Article 18 of the Convention provides that state parties undertake to submit to the Secretary-General of the United Nations, for consideration by the Committee, a report on the legislative, judicial, administrative or other measures which they have adopted to give effect to the provisions of the present Convention and on the progress made in this respect. Although a universal system under international human rights treaties, the reporting system is not without shortcomings, obviously manifested in the CEDAW. For example, if a State Party fails to submit the report in accordance with the requirement of the Convention, there is no applicable mechanism to make it fulfill this obligation. Such defects in the implementation mechanism have inevitably impeded the full and effective realization of various rights under the Convention.

Of course, the situation has changed with the adoption of the OP-CEDAW. As mentioned above, by introducing the individual complaints procedure and prohibiting State Parties from making any reservation to it, this protocol, has strengthened the effectiveness of the implementation of CEDAW. This change in international human rights law, brought about by the mainstreaming of a gender perspective, is undoubtedly conducive to the protection of women's human rights, including their social rights.

4.1.2   At the Domestic Level

Take the Labour Law for example. It also lacks a gender perspective. According to some scholars, the lack of gender perspective in labour law is manifested in those areas affecting the equal enjoyment and realization of labour rights for men and women that have emerged during the social and economic development but not yet regulated or adjusted by the current labour law. [1] Its main manifestation is the lack of legal regulation in the area of informal employment, where women are the principal force. Moreover, Article 12 of the Labour Law provides that: "Labourers shall not be discriminated against in employment, regardless of their ethnic community, race, sex, or religious belief", whereas Article 13 lays down that: "Females shall enjoy equal rights as males in employment. It shall not be allowed, in the recruitment of staff and workers, to use sex as a pretext for excluding females from employment or to raise recruitment standards for the females, except for the types of work or posts that are not suitable for females as stipulated by the State." Apparently, the above provisions have embodied a high degree of gender consciousness. However, they are not very operative in practice, and the problem is further compounded by the traditional "stereotyped" ideas about and attitudes towards women.

4.2   Current Situation of Gender-Based Discrimination in Practice

Currently, China still faces many problems and challenges in realizing women's

---

①   See Xue Ninglan and Yu Haiqing, "Gender Analysis of the Labour Law", in Chen Mingxia and Huang Lie (eds.), *Introduction to Gender and Law Research*, (Beijing: China Social Sciences Publishing House, 2009), p. 247.

social rights. In the followings I will give a brief introduction to such problems and challenges by mainly taking women's employment as example.

In recent years, gender-based discrimination in employment occurs frequently in China. Its main manifestations include: first, direct or indirect discrimination against women in the recruitment of employees; second, the dominance of women in the sector of informal employment. The main cause for this phenomenon is women's lack of employment opportunity in formal sectors, which is qualified by some people as an "Industry gender segregation".

Besides, there exist in China other employment-related discriminations. Among them, the different retirement age for men and women is the more prominent one that has attracted widespread attention. Early retirement age may negatively affect women's old-age social security; for example, it may lead to the reduction in their pension. Currently this problem has already drawn the attention of and generated a lot of debate among some scholars.

As a matter of conclusion it can be said that, currently, a common understanding of the protection of women's human rights, including women's social rights, has already been reached at both the international and the domestic levels, and relevant legal standards and implementation mechanisms have also been established. In practice, however, these legal standards are still insufficient and their implementation mechanisms lack effectiveness. Moreover, these documents do not incorporate enough of a gender perspective. Therefore, much remains to be done, both at the international level and at the domestic level, in the protection of women's social rights in particular, and in the protection of other women's rights in general.

(Translated by Li Xixia)

The Social Rights of Women in Germany: the International and European Framework

Richard Giesen [*]

I. Introduction

1. 1 Statistics

46% of all German employees are female. Approximately half of this number of women occupies part-time jobs; with respect to men, it is close to a sixth. The difference in hourly earnings in Germany between men and women, the so-called Gender Wage Gap, is set at 23% (EU: 17%). Despite the fact that the possibilities in gaining a higher education in Germany are equal, women mostly tend to work in jobs where the potential earning is lower and where fewer qualifications are needed. Until today the occupations administered typically by men offer considerably better earnings in comparison to those administered typically by women. [①]

There are manifold reasons for this unequal treatment. To some extent this is due to the fact that there is more money to earn in the industrial branches than in provision of services. In addition the German labor unions operating for the

---

[*] The University of Munich, Germany.

[①] Examples for monthly gross salary of unskilled workers under collective agreements in Germany: Metal-working industry Nordrhein-Westfalen: 1958 Euro; chemical industry Westfalen: 1859 Euro; florists in western Germany: 1363 Euro; system catering (fast food; collective agreements soon to be put into effect): 1193 Euro. Evidence referred to: Statistisches Bundesamt, Tarifdatenbank, www. destatis. de/DE/ZahlenFakten/GesamtwirtschaftUmwelt/VerdiensteArbeitskosten/ Tarifvererdienste/TDB/Tarifdatenbank. html, last visited 4 April 2012.

traditional industrial branches like metal and chemistry are well organized and capable of demanding higher earnings due to greater willingness to force a labor struggle. [1] The percentage of women employed decreases in proportion to better earning opportunities. Especially the number of women in leading positions is notably low. This amount is set to 27% regarding the German private economy. Concerning the 200 greatest German companies only 3.2% of the executive board members and 10.6% of the supervisory board members are women. The Gender Pay Gap regarding leading positions lies at 28%. In comparison to men, being successful in your job as a woman depends much more on making cutbacks on your family life. In leading positions 43% of the women and 63% of the men are married. [2]

Even taking into consideration the differently paid professions, the lower level of career successfulness and the averagely younger age of employed women it is not possible to completely define where the difference in hourly earnings come from. It is presumed that women, excluding the previous said, make circa 8% less than men in identical positions (so called adjusted Gender Pay Gap). This is a considerable fact for a discrimination against women.

1. 2   For Further Advance

In Germany there is an advanced system of affirmative actions and regulations for placements on equal footing, which is intended to improve the situation of women in employment. Despite this there are regulations, which unintentionally collide with these developments. What remains to be seen is the fact that basic antidiscrimination law is not the center of attention. There are other regulations of Labor Law, the Social Security Systems and national Tax Law, which strongly influence the situation of women on the labor market.

In the following document at first the specific rules regarding antidiscrimination will be depicted. Afterwards the document will set its focus to other important rules of German Social, Labor and Tax Law concerning the situation of women in the

---

[1]   See *Klammer/Bosch/Helfferich* et al. , Erster Gleichstellungsbericht, Unterrichtung durch die Bundesregierung, BT-Drucks. 17/6240 dated 16. 6. 2011, p. 127 et seq. ; *Rieble*, RdA 2011, 36 et seq. ; Statistisches Bundesamt, press release dated 21. 3. 2012 −101/12, 2011: Verdienstunterschiede von Frauen und Männern bleiben bestehen.

[2]   Statistics from *Holst/Busch*, Deutsches Institut für Wirtschaft, Führungskräfte-Monitor, 2010; *Klammer/Bosch/Helfferich* et al. (Fn. 2), p. 110 et seq. , 127 et seq. , 158.

labor market. In conclusion a case study will be presented to clarify the coaction of
these regulations. But before this a look at the international and European legal
framework is in order.

II. The European and the International Legal Framework

There are a lot of rules in European Law and International Law, which deal with
the social rights of women. They all have a different impact on the German Law
System. In the following document there will be an explanation of the mode of
action of the European Law and the International Covenant on Economic, Social
and Cultural Rights (ICESCR) in Germany.

2. 1   Application of European Law in Germany

European Law has a direct effect on the EU member states if this is provided by
the specific European regulation. In this case the citizens can invoke to European
Law even between each other.

The direct effect of the European Law in the relation from citizen to citizen is
delineated in Art. 157 of the Treaty on the Functioning of the European Union
(TFEU). This rule demands an equal pay between women and men. From the
jurisdiction of the European Court of Justice this rule is compulsory not only for the
EU member states but also for the parties of an employment contract. [1]

Especially the EU directives are of major importance for our point of interest
regarding the equal treatment of men and women. Art. 288 para. 3 TFEU states
that EU directives have to be transformed into national law. In terms of gender
equality the EU directive 2006/54/EG is extremely important. [2] In Germany this

---

[1]   European Court of Justice (ECJ) 8. 4. 1976, Case C-43/75 (Defrenne II), ECR 1976, 455 et seq. ; ECJ
7. 2. 1991, Case C-184/89 (Nimz), ECR 1991, I-297 et seq. ; *Schlachter* in Müller-Glöge/Preis/Schmidt
(edit.), Erfurter Kommentar zum Arbeitsrecht, 12th edition. 2012, Art. 157 AEUV, recital 3.

[2]   Directive 2006/54/EG of 5 July 2006 on the implementation of the principle of equal opportunities
and equal treatment of men and women in matters of employment and occupation, OJ 2006, L 204,
p. 23. The directive replaces a bunch of former regulations regarding: Directive 1975/117/EWG
(Equal pay), directive 1976/207/EWG (Equal treatment for working conditions), directive 1986/
378/EWG (social security, modified by directive 1996/97/EG), directive 1997/80/EG (Burden
of proof for discrimination). For matters outside the Labor Law: Directive 2004/113/EG (Directive
implementing the principle of equal treatment between men and women in the access to and supply of
goods and services).

directive was transformed into national law by creating the Allgemeine Gleichbehandlungsgesetz (AGG). This regulation is directly applicable in the relations between employer and employee.

National regulations transforming this EU directive have to be assessed on the basis of the directive (so called Interpretation in Conformity). Additionally the jurisdiction of the European Court of Justice demands that it is not possible for the EU member states to create national law that is in conflict with the regulations of the directive. [1] This leads lots of EU directives concerning discrimination bans to the point where the directive is directly applicable in private relations especially between employer and employee. [2]

In the event of a conflict between European law and national law, European law has priority. National Courts have to apply European Law. In the event of doubts concerning the application of European law, national courts may request that the matter is to be referred to the European Court of Justice. Above all the Supreme Court is obliged to refer that matter to the European Court of Justice (Art. 288 TFEU). The European Court of Justice makes binding decisions regarding the interpretation of the law. This in particular happened in many cases concerning the regulations of equal gender treatment

2. 2   Application of the ICESCR in Germany

2. 2. 1   *ICESCR as German federal law*

The regulations of the International Covenant on Economic, Social and Cultural Rights (ICESCR) are referred to as binding law in Germany. Because of the fact that the ICESCR has been ratified by Germany and a statute of consent has been adopted[3] the ICESCR is now generally applicable law and has to be applied by German Courts. It has reached the status of federal law. That means in theory derogating and more particular regulations may suppress the ICESCR. In this case

---

[1]   ECJ 22. 11. 2005, Case C −144/04 (Mangold), ECR 2005, I −9981 et seq. ; ECJ 16. 7. 2007, Case C −411/05 (Palacios), ECR 2007, I −8531 et seq. ; ECJ 19. 1. 2010, Case C −555/07 (Kücükdevici), ECR 2010, I −365 et seq. ; Accepted by the German Federal Constitutional Court (Bundesverfassungsgericht, BVerfG) 6. 7. 2010 −2 BvR 2661/06 (Honeywell), BVerfGE 126, 286 et seq. = NJW 2010, 3422 et seq.

[2]   ECJ Mangold, Palacios, Kücükdevici, loc. Cit. (Fn. 6).

[3]   Law dated 23. 11. 1973, BGBl 1973 II, S. 1569; see also the announcement dated 9. 3. 1976 about the entry into force dated 3. 1. 1976, BGBl 1976 II, p. 428.

on the one hand Germany would violate its international obligations. On the other hand in national law the existing rights of the ICESCR would be extinct. However it is possible that German regulations that are inferior to federal law are in contrast to the ICESCR. In that respect the ICESCR has precedence over the inferior German law. [1]

In contrast to European Law no specific system of law enforcement exists. For example there is no supranational Court and no further sanctions for their enforcement. Solely there is the reporting procedure of the Economic and Social Council according to Art. 16 et seq. ICESCR. [2]

2.2.2   *ICESCR as a political acknowledgement, but also directly applicable law*

Additionally it is not always evident if the requirements of the ICESCR are supposed to be considered as program blocks or intentions, if they contain definable obligations and-if they do-if they grant actionable and enforceable rights for the citizens. In this context it is difficult to consider what exactly is meant by Art. 11 para. 1 s. 1 ICESCR when it states: "The right to continuous improvement of living conditions". On the other hand Art. 13 para. 2 lit. a ICESCR is considerably clearer when it says that "primary education shall be compulsory and available free to all". Of course it is possible to argue about the length of an education curriculum to fulfill the requirements for an adequate primary education.

Earlier German law primarily concluded that the ICESCR is basically formally applicable law, but it also contains political acknowledgements, which are no actionable and enforceable rights. [3] Until today this is beyond doubt the most important function of the ICESCR. The goal is to deliver a political acknowledgement. That means all people have equal rights and that there is no differentiation because of their race, their origins or their gender. Beyond that being a part in communal life has to mean a minimum of social security and in addition, participation in the economic and cultural resources. This shared

---

[1]   Federal Administrative Court of Germany (Bundesverwaltungsgericht, BVerwG) 9.4.2009 − 6 C 16/08, BVerwGE 134, 1 et seq. = DÖV 2009, 771 et seq.

[2]   See *Richter* in Knickrehm/Rust (edit.), Festschrift Bieback, 2010, S. 265 et seq.; *J. Schneider*, Die Justiziabilität wirtschaftlicher, sozialer und kultureller Menschenrechte, 2004, p. 11 et seq. See also for the here not applicable system of collective complains after the additional protocol from 1995 and the additional protocol for the American Convention on Human Rights from 1999.

[3]   *Echterhölter*, BB 1973, 1595 et seq.; *P. Kirchhof*, EuGRZ 1994, 16 et seq.; different opinion *Zuleeg*, RdA 1974, 321 et seq.

commitment of the EU member states should not be underestimated. The entire
concept of the ICESCR is based on reaching a political goal. The possibility for the
EU member states to determine certain details is stated in the beginning of Art. 1
para. 1 s. 1 ICESCR by emphasizing the "right of self-determination".

Above this political commitment it may be that the ICESCR contains binding
obligations and individually enforceable rights. Though in Germany it is assumed
that the regulations of the ICESCR are adequately fulfilled by European Law, in
recent events the ICESCR had a large part in the proceedings concerning the
dispute about tuition fees. In former times studying at a German university was
mostly free of charge. In recent years some German federal states have introduced
tuition fees. As a result some students had to pay 500 per semester to study at a
German university. Exceptions were possible, such as dispenses for exceptional or
socially disadvantaged students. There were no national or European regulations in
contradiction to these tuition fees. However the claimants against tuition fees
invoked Art. 13 para. 2 lit. c ICESCR: ,, Higher education shall be made equally
accessible to all, on the basis of capacity, by every appropriate means, and in
particular by the progressive introduction of free education". The German Federal
Administrative Court (Bundesverwaltungsgericht) considered tuition fees as no
violation of Art. 13 para. 2 lit. c ICESCR. Although the Court clarified the fact
that the ICESCR is directly applicable law, the judges furthermore stated that the
ICESCR has, in its function as federal law, precedence over the inferior German
national law, which introduced tuition fees. Despite this the Federal Administrative
Court believed the rule not to prohibit the fees. For their interpretation of the
ICESCR the Court used the reports of the Economic and Social Council, covered
because of Art. 16 et seq. ICESCR. Though these reports are not binding, it was
possible to draw conclusions regarding the generally agreed state practices. [1] Based
on these reports, the German Federal Administrative Court concluded the goal of
Art. 13 para. 2 lit. c ICESCR to be a form of insurance of obtaining access to
higher education independently from financial standing. The tuition fees were only
a small fraction of the students' costs of living. Also besides the exceptions for needy

---

[1]   BVerwG 9. 4. 2009 −6 C 16/08, BVerwGE 134, 1 et seq. = DÖV 2009, 771 et seq., et al. referring to
Simma in Ruland/Papier/Baron von Maydell (edit.), Festschrift Zacher, 1998, p. 874 et seq.;
J. Schneider, Die Justiziabilität wirtschaftlicher, sozialer und kultureller Menschenrechte, 2004, p. 12 f.;
Riedel/Söllner, JZ 2006, 270 et seq.

students there were comprehensive monetary payments based on the Federal
Education and Trainings Assistance Act (Bundesausbildungsförderungsgesetz,
BAFöG). [1]

In other cases German courts denied the derivation of actionable and enforceable
rights from the ICESCR [2] or its violation, too. [3] The European Court of Justice
pronounced with regard to Art. 13 Para. 2 lit. c ICESCR that the requirements of
the ICESCR are fulfilled by European Law. [4]

2.2.3　*Women's social rights in the ICESCR*

For our purposes it is mandatory to ask, which social rights of women are
embedded in the ICESCR.

　- In Art. 2 Para. 2 ICESCR it is defined that the rights enunciated in the
ICESCR shall be exercised i. a. without discrimination of sex.

---

[1]　BVerwG in the place indicated above, et al. referring to Schweizerisches Bundesgericht 11. 2. 1994,
BGE 120 Ia, 1 (13); Schweizerisches Bundesgericht 8. 4. 2004, BGE 130 I, 113 (123); *Riedel/
Söllner*, JZ 2006, 270 (274); *Klee*, Die progressive Verwirklichung wirtschaftlicher, sozialer und
kultureller Menschenrechte, 1999, p. 166 et seq.; *Lorenzmeier*, NVwZ 2006, 759 (760).

[2]　LSG Berlin-Brandenburg 15. 9. 2011 −L 22 R 617/10, recital 56 −60, cited from juris; LSG Berlin-
Brandenburg 26. 1. 2012 −L 8 R 2/08, recital 43, cited from juris; both court decisions referring to
a possible discrimination of citizens of the former DDR regarding the pension system.

[3]　OVG Hamburg 3. 2. 2009 −1 A 21/07, cited from juris (no violation of Art. 13 para. 3 ICESCR by
governmental order regarding compulsory schooling also being fulfilled by attending a private school;
judgment affirmed by the BVerwG 15. 10. 2009 −6 B 27/09, NVwZ 2010, 525 et seq., with no
greater detail for the ICESCR); BayVGH 21. 5. 2008 −7 ZP 08. 612, NVwZ −RR 2009, 163 et
seq. (to the obligation to pay school books); ArbG Stuttgart 12. 9. 2003. 15 BV 250/96, NZA-
RR 2004, 540 et seq. (concerning trade union rights according to Art. 8 para. 1 lit. a ICESCR);
BayLSG 29. 3. 2002 −L 9 EG 18/97, cited from juris (no entitlement for citizens of the ICESCR-
states to claim full social benefits according to Art. 2 para. 2 ICESCR); VGH Baden-Württemberg
29. 3. 1982 −A 13 S 238/82, cited from juris (ban on working for asylum-seekers, Art. 6 para. 1
ICESCR); VG Karlsruhe 18. 10. 2000 −10 K 2791/99, cited from juris (again referring to ban on
working for asylum-seekers); OVG Sachsen-Anhalt 24. 3. 1994 −3 L 19/93, cited from juris (no
violation of Art. 6 para. 1 ICESCR by non-recognition of foreign diplomas); Federal Labour Court of
Germany (Bundesarbeitsgericht, BAG) 17. 2. 1994 −8 AZR 68/93, cited from juris (no violation
of Art. 2, 6, 14 ICESCR by non-inclusion of a DDR-officer because of his qualifications); BVerfG
12. 5. 1987 −2 BvR 1226/83, BVerfGE 76, 1 et seq. (no violation of Art. 2 para. 1, Art. 10 para. 1
ICESCR by limitating the rights of family members regarding moving into the country). The
BVerfG mentions Art. 3, 7 ICESCR only on the side in order to justify the duty of the state to
protect the unborn life, BVerfG 28. 5. 1993 − 2 BvF 2/90, BVerfGE 88, 203 et seq. A similar
reference to Art. 10 ICESCR is mentioned by the BVerwG in order to justify an immigration law,
BVerwG 31. 3. 1987 −1 C 26/86, InfAuslR 1987, 287 et seq.

[4]　ECJ 13. 4. 2010, Case C −73/08 (Bressol), ECR 2010, I −2735 et seq., recital 83 et seq.

– Art. 3 ICESCR directs that the states undertake to ensure the equal right of men and women to the enjoyment of all economic, social and cultural rights set forth in the ICESCR.

– Art. 7 lit. a, ii ICESCR contains a special regulation. According to it, the states ensure "fair wages and equal remuneration for work of equal value without distinction of any kind, in particular women being guaranteed conditions of work not inferior to those enjoyed by men, with equal pay for equal work."

– Within the context of the women social rights, Art. 10 ICESCR is to be mentioned. Art. 10 Nr. 1 ICESCR states that "the widest possible protection and assistance should be accorded to the family." Due to Art. 10 Nr. 2 ICESCR there shall be "special protection ··· to mothers during a reasonable period before and after child birth. During such period working mothers should be granted paid leave or leave with adequate social security benefits."

It is hard to determine which of these rules are supposed to be considered program blocks and which are binding regulations capable of deriving individual rights. In principle it is possible to establish at least a liable essence of the rights proclaimed in the ICESCR. Liability can also be found in certain regulations, for example Art. 10 Nr. 2 ICESCR. The fragment "paid leave or leave with adequate social security benefits" shows clearly that women shall be materially secured before and after childbirth. This leads to explicit conclusions and the assumption of existing individual rights. Nevertheless apart from such explicit requirements, it remains the case that the main function of the ICESCR is the possibility for the states to make a clear statement about their political intentions aimed at the securing of economic, social and cultural human rights.

III. Social Rights of Women in Germany

3.1 Equal treatment and antidiscrimination-European Law and its influence on the national regulations

3. 1. 1 Equal treatment in German Labor Law

In Germany the principle of equal treatment is of importance in many situations. Because of this only a few examples will be given:

– Derived from the principle of equal treatment there is the commandment to formulate a job advertisement not only to be looking for men. In case of a violation the employer owes damages regarding to § 15 para. 2 s. 2 AGG even if the applicant could not have gotten the job in the event of a non-discriminating job advertisement.

— In addition, the inadmissibility of questions regarding a possible pregnancy of the applicant in the situation of a job interview is concluded from the principle of equal treatment. If it transpires that the applicant lied when asked this kind of questions, it is not possible for the employer to terminate the employment contract based on this incident. [1]

— Similarly, it is not allowed to terminate the employment relationship of women rather than men for operational reasons. (See § 1 para. 3 Employment Protection Act, Kündigungsschutzgesetz, KSchG).

— Although as stated above there are prohibitions for less favorable treatment of women in every job, women earn considerably lower wages. However, in most cases this is no violation of law. Discrimination bans concerning wages, especially the one regarding gender as in Art. 157 TFEU, only apply for equal work for the same employer. Additionally this employer has to calculate his or her wages based on a unified system. However it is not forbidden to evaluate different work activities differently and pay accordingly. [2]

3. 1. 2   Regulations of preferential recruitment of women and quotas

In case of signing a work contract every employee is free in the decision which employer to choose. Only if there is a statistically measurable anomaly it is possible to talk about an unequal treatment because of gender based on rules of evidence of anti-discrimination law. [3]

In order to limit the risks associated with the gender discrimination there are laws

---

[1]   ECJ ECR 2000, I −549 −Mahlburg; ECR 2001, I −6993 −Tele Danmark; BAG 15. 10. 1992 − 2 AZR 227/92, NZA 1993, 257 et seq. ; BAG 6. 2. 2003 −2 AZR 621/01, NZA 2003, p. 848 et seq.

[2]   ECJ 11. 5. 1999, Case C −309/97 (Wiener Gebietskrankenkasse), ECR 1999, I −2865 et seq. ; ECJ 28. 9. 1994, Case C −200/91 (Coloroll), ECR 1994, I −4389 et seq. ; ECJ 6. 12. 2007, Case C −300/06 (Voß), ECR 2007, I −10573 et seq. ; *Schlachter* in Müller-Glöge/Preis/Schmidt (edit.), Erfurter Kommentar zum Arbeitsrecht, 12th edition 2012, Art. 157 AEUV, recital 10 et seq.

[3]   BAG 22. 7. 2010 −8 AZR 1012/08, NZA 2011, 93 et seq. ; BAG 27. 1. 2011 −8 AZR 483/09, NZA 2011, 689 et seq.

for public services recommending the employment of members of the underrepresented gender (which are mostly women) in the case of equal qualifications. This presupposes that there actually are two equally suitable applicants. [1] As far as the deciding committee declares its reasons for choosing one candidate over another, this rule is not applicable any more. From my point of view these kinds of rules will not have a significant impact on private companies, because there are always good reasons for picking a certain person in the specific situation.

At German and European level the issue of quotas for women for high levels of management in big companies has arisen. [2] It has so far been impossible to reach an agreement.

3. 1. 3   Equal treatment of gender in the German pension insurance

In Germany there is no difference of retirement ages between women and men. The general retirement age is currently (2012) 65 years and one month. In the next couple of years the retirement age is to be raised in stages. Generations from 1964 and younger are going to retire at the age of 67. [3] Calculating the pensions periods devoted to child-rearing is in certain circumstances considered as a pension increase. Higher costs resulting from this method are not financed through contributions of the insured, but rather funded with federal tax money. [4]

3. 1. 4   European problems related to gender equality in the field of occupational retirement provisions

According to European law, equal treatment of gender is not mandatory for the pension insurance. In many EU member states there are regulations that women can claim pension rights earlier than men. European Law does not prohibit such differences in retirement ages for women and men. Referring to the social security the gender equality is implemented by the directive 79/7. [5] Art. 7 para. 1 lit. a of the

---

[1] Example: § 7 para. 1 Gleichstellungsgesetz Nordrhein-Westfalen, GVBl. NRW 1999, p. 590, as last amended at 21. 4. 2009, GVBl. 2009, p. 224. The European Court of Justice has authorized such law as long as less qualified members of the minority gender are not privileged, ECJ 17. 10. 1995, Case C −450/93 (Kalanke), ECR 1995, I −3051 et seq.

[2] See *Klammer/Bosch/Helfferich* et al. (Fn. 2), p. 158.

[3] § 36, § 235 SGB VI.

[4] See in detail § § 56, 177, 249, 249a, 294 −299 SGB VI.

[5] Directive 79/7 on the progressive implementation of the principle of equal treatment for men and women in matters of social security, 19. 12. 1978, OJ 1979, L 6, p. 24.

directive 79/7 explicitly allows differences in retirement ages of women and men. ①

This means that on the one hand the social security allows different retirement ages of women and men and on the other hand Art 157 TFEU demands equal treatment in wages. In the past this contradiction led to problems concerning the occupational retirement provision. According to their social security regulations the occupational retirement provision of many states allowed different retirement ages for women and men. Above all this matters in Great Britain where the statutory social security is relatively low and the retirement pensions are mostly financed by private pension schemes. Because of the discrimination of men, the European Court of Justice has declared the possibility of early retirement for women in the occupational retirement provision inadmissible. ② In order to prevent any problems for the past years, the court declared this judgment to be applicable only from the date of its pronouncement at the 17th of May 1990.

3.2   Maternity and Parental Protection in Labor Law

3.2.1   *Maternity protection and maternity benefits*

In Germany pregnant women are not allowed to be employed six weeks before the birth of the child and onwards (§ 3 para. 2 Maternity Protection Act, Mutterschutzgesetz-MuSchG). Regardless of this regulation in case of possible health risks for the pregnant employee there is a general employment prohibition (§ 3 para. 1 MuSchG). Moreover pregnant employees are not allowed to be

---

① ECJ 7.7.1992, Case C −9/91 (Equal Opportunities Commission), ECR 1992, I −4297 (4337 et seq.); ECJ 30.3.1993, Case C −328/91 (Thomas), ECR 1993, I −1247 (1271 et seq.); ECJ 1.7.1993, Case C − 154/92 (van Cant), ECR 1993, I − 3811 (3834 et seq.); ECJ 19.10.1995, Case C −137/94 (Richardson), ECR 1995, I − 3407 (3430 et seq.); see ECJ 16.2.1982, Case 19/81 (Burton), ECR 1982, 555 (576); ECJ 30.1.1997, Case C −139/95 (Balestra), ECR 1997, I − 549 (577 et seq.). According to the European Court of Justice the authorization of unequal treatment not only covers the retirement pensions but also (in conformity with the retirement pension) regulations of invalidity insurance, ECJ 11.8.1995, Case C −92/94 (Graham), ECR 1995, I −2521 (2552 et seq.).

② ECJ 17.5.1990, Case C −262/88 (Barber), ECR 1990, I −1889 et seq. = NJW 1991, 2204 et seq. ; ECJ 9.10.2001, Case C −379/99 (Menauer), ECR 2001, I −7275, recital 17 et seq. The European Court of Justice applied Art. 119 EC Treaty, which is today's Art. 157 TFEU. To all this *Schlachter* in Müller-Glöge/Preis/Schmidt (edit.), Erfurter Kommentar zum Arbeitsrecht, 12th edition 2012, Art. 157 AEUV, recital 5; *Tillmanns* in Henssler/Willemsen/Kalb (edit.), Arbeitsrecht Kommentar, 4th edition 2010, Art. 157 AEUV, recital 11 et seq.

burdened with heavy or dangerous physical labor and extra work (§ § 4, 8 MuSchG). After childbirth the employment prohibition is eight weeks; in the case of premature children or multiple births it is twelve weeks (§ 6 MuSchG). Also there is a prohibition of dismissal for pregnant employees and mothers until four months after childbirth. This prohibition can only be bypassed in exceptional circumstances-for example in the case of complete closure (§ 9 MuSchG).

During the period of not being employed due to the regulations described above, the woman continues to receive her former average wages. These so called maternity benefits are paid to a certain extent by health insurance (§ § 11, 13 MuSchG). The remaining amount is paid by the employer.

In earlier days these maternity benefits resulted in the fact that, because of the additional costs, the employers were not willing to employ women presumed to be giving birth in the future. This situation was corrected in the beginning of 2006 by the Act on the Compensation of Employer Expenditures and to Amend Further Laws (Aufwendungsausgleichsgesetz, AAG). [1] Ever since maternity costs have been apportioned between employers. This means that every employer has to contribute with a certain percentage of the wages he or she pays. In the event of employing a pregnant employee or mother, the employer is then entitled to a compensation of these payments, as per § 1 Para. 2 AAG. Of course this leads to an increase in bureaucracy, but it also helps to counter the discrimination of women. Despite this fact, the employer always has a disadvantage during maternity of one of his or her employees, because he or she has to hire a substitute for a shorter or longer period.

3. 2. 2   Parental leave

Parents are entitled by § 15 Federal Child-Raising Allowance and Parental Leave Act (Bundeselterngeld-und Elternzeitgesetz, BEEG)[2] to an unpaid leave from work till the child reaches the age of 4. After submitting the application, but no more than eight weeks before the beginning of the parental leave, there is a prohibition of dismissal, as per § 18 BEEG.

According to § 15 para. 5 −7 BEEG, the party entitled to parental leave is able to demand a reduction of working hours in companies with more than 15 employees if

---

[1]   AAG from 22. 12. 2005, BGBl. I 2005, p. 3686. Furthermore according to this act in companies employing up to 30 employees are apportioned 80 % of the costs regarding continued remuneration in the event of sickness.

[2]   BEEG from 5. 12. 2006, BGBl. I 2006, p. 2748.

there are no objections in the form of urgent operational reasons. Admittedly, the latter wording is quite ambiguous. Therefore many employees do not risk a claim lest the employer should not agree to part-time work.

3. 2. 3   *Special protection against dismissal and fixed-term employment*

In practice, the above-mentioned protection against dismissal for mothers and parents can be circumvented for a certain amount of time. This is done in the way of a fixed-term employment contract between the employer and the employee. In Germany such contracts can be signed without an objective reason for a period up to two years. Within these two years it is possible to agree on three individual term-limitations. Additionally it can be arranged, to the extent legally permissible, that the labor contract can be terminated by ordinary dismissal (§ 14 para. 2 s. 1 , § 15 para. 3 Act on Part-Time Work and Terminated Work Contracts, Teilzeit-und Befristungsgesetz-TzBfG). Thus, for example, it is possible for the parties of the employment contract to initially agree on a one-year fixed-term employment and afterwards make a further agreement to extend this employment for another three consecutive time periods of four months. In case of a prohibition of dismissal due to maternity or parental reasons during this period, the employment still terminates at the end of the fixed term. Though seven years ago the German government intended to apply the general protection of employees against dismissal only after two years of constant employment and furthermore planned on banning fixed-term employments without sustentative grounds. In this way the special protection against dismissal for mothers and parents could not be circumvented any more. [1] However, this proposal has not been put into effect. [2]

---

[1]   In the coalition agreement between CDU, CSU and SPD in 2005, available on www. cdu. de/doc/ pdf/05_ 11_ 11_ Koalitionsvertrag. pdf, it was said under paragraph 2. 7. 1 regarding protection against dismissal: "We will restructure the options for fixed-term contracts in such a way that a fixed-term contract without material reason will be allowed after an interval of 24 months. At the same time we provide the option for the employer in the situation of a new employment to agree with the employer on a waiting-period of 24 months instead of the legally drawn waiting-period of six month. This option also exists if the employee is hired again by the same employer after a period of six month. For young entrepreneurs the possibility remains available to agree on a fixed-term employment up to 48 months without material reasons within the first four years of establishment. CDU, CSU and SPD have furthermore agreed on the fact, that this rule for entrepreneurs may not be available in addition to the possibility of extensive liberation of protection of dismissal. For this reasons we will simplify the protection of dismissal ⋯".

[2]   Criticism from *Giesen*, NZS 2010, 473 (477 et seq.), et al.

3.3   Social Security and Tax Benefits for Mothers and Families

3.3.1   *Parental benefits*

Being in parental leave means to be entitled to monetary payment by the state. This requires the person entitled to live in one household with the child, to care for and raise the child and furthermore not to exercise any or no full rate employment (see § 1 para. 1 −3 BEEG). Parental benefits are paid up to twelve months and altogether no longer than 14 months. In the case of single-parent families and other instances it is possible for the single parent to get parental benefits for 14 months (§ 4 BEEG). Following a request submitted by the entitled person, the parental benefits can be disbursed in half, which leads to a period of payment up to 28 months (§ 6 s. 2 BEEG).

According to § 2 para. 1 BEEG the parental benefit is 67 % of the average monthly net wages the year before the childbirth. For the calculation of the monthly wages the Einkommensteuergesetz (EStG) is partially referred to (§ 2 BEEG). The crucial element is the income of the entitled person, that is the parent responsible for raising the child. The maximum amount of parental benefits is 1800. Regarding wages under 1000 there is an increase arranged, § 2 para. 2 BBEG. The lower the income, the bigger the increase.

As far as the entitled person generates own income after childbirth, this leads to a decrease of the benefits, (§ 2 para. 3 BEEG). In case of multiple childbirth there is a further increase of 300 for every child. Another raise of payments is intended for people with at least two children under the age of 3 or at least three children under the age of 6. Irrespective thereof, according to § 3 BEEG further benefits are being taken into account of the parental benefits, which leads to the fact that especially during the eight weeks after childbirth no or little entitlement exists.

3.3.2   *Child benefits*

Parents receive child benefits (§ § 31 et seq. 62 et seq. Income Tax Code, Einkommensteuergesetz-EStG; for people with limited tax liability the Federal Child Allowance Act, Bundeskindergeldgesetz-BKGG applies). The monthly child benefits are set for the first two children to 184 each, for the third child to 190 and for the fourth and every further child to 215 . The benefits are disbursed independently from the income situation of the entitled person.

3. 3. 3   *Social security benefits for children*

Taxpayers raising children benefit in terms of income taxation. According to §
32 para. 6 EStG for every eligible child there is a tax abatement of 2184. This
amount describes the minimum subsistence income and is therefore tax-free.

3. 3. 4   *Tax benefits for married couples*

According to § 32a para. 5 EStG married couples are jointly taxed by the so
called "splitting-tariff". This is done as follows: the taxable income of the married
couples is added and halved. This so to be calculated income tax is doubled. This
leads to the fact that the taxable income is distributed equally between the married
couple. In the case of different levels of income the progressively increasing tax rate
is evenly split on both partners. [1] A side effect of this is the incentive for only one
partner to labor. [2]

3. 3. 5   *Health insurance*

In Germany health insurance is mandatory for all citizens. Close to 90 % of the
population is insured by statutory health insurance, 10% by private health
insurance. All insurances provide full protection benefits especially in the event of
childbirth.

3. 3. 6   *Childcare*

Though parents are entitled by § 24 para. 1 Code of Social Law, Book VIII
(Sozialgesetzbuch VIII, SGB VIII) to childcare in the kindergarten, unfortunately
this entitlement does not mean a full day care; moreover it is set only to six hours a
day. Because of this many kindergartens are open from 8 a. m. to 2 p. m.
Furthermore, childcare in the kindergarten is largely fee-paying. The fees differ
from community to community. In the majority of cases the fees are paid according
to economic capacity. Needy people do not have to pay, as well as parents with
older children close to school enrollment. Kindergarten fees may be up to 2500 a
year. Presently there is a discussion in Germany about disbursing a monthly

---

[1]   In Germany an income of 8. 004 € is tax free. The amount exciding this limit has to be taxed with
14% . This tax rate is increased in steps and reaches at the amount of 52. 882 42% , at 250. 731 €
45% . In addition there is the so called solidary surcharge of 55% . Members of the church have to
pay depending on the federal state they are living in between 8% and 9% of the income tax (church
tax). The advantages of the Spouse-Splitting are set for the income tax to approximately 8. 000 € in
case one spouse earns over 105000 € and the other spouse nothing at all.

[2]   *Klammer/Bosch/Helfferich* et al. (Fn. 2), p. 59 et seq.

childcare payment of 150 to women not sending their children to kindergarten. Admittedly this payment is controversially discussed, because of the fear of women with little education being discouraged to labor.

An even more difficult issue seems to be the time after school enrollment when the child is usually at the age of 6. Classes at primary school normally start at 8 a. m. and end between noon and 1 p. m. Currently all-day schools and additional all-day supervisions are strongly in development but still rare and linked with costs. In many cases there is no possibility to take children to school before classes in the morning. [1]

IV. The Difficult Return of Mothers to the Labor Market—a German Example

The regulations stated above in practice of course belong together. Their impact can be clarified describing a typical history of employment. [2]

Mrs. X, married, no children, completes her education at the age of 24 (vocational training or university studies). Mrs. X and her husband would like to have children, but before that Mrs. X wants to gain an insight in professional life. Because of her good qualifications she is employed right away by employer A. After a year of employment she quits the job and starts working for employer B who provides better conditions but offers a fixed-term contract for two years. In case of pregnancy the prohibition of dismissal for pregnant women is of no help to her. So Mrs. X waits for the two years to pass and then signs a contract of employment with indefinite duration with B. After another year Mrs. X is pregnant. Her age is now 28. After the period of maternity protection she takes three years of unpaid parental leave. During this time she receives child raising allowance. At the age of 30, still during the parental leave, Mrs. X has her second child. Because of this she extends the parental leave from two to five years. On her returning to work, the employer has to offer her a workplace. However, quite some time ago the employer already hired another employee, which he is very pleased with. At this point Mrs. X is 33

---

[1]   Klammer/Bosch/Helfferich et al. (Fn. 2), p. 70.

[2]   For the statistic basis of the typical history of employment see Klammer/Bosch/Helfferich et al. (Fn. 2), p. 45 et seq., 115 et seq., 122 et seq., 160.

years old and not quite sure if demanding her former workplace is the right choice
to make. Her first child is now close to school enrollment. Primary school only
lasts four and a half hours in the morning, which is not enough time to work. The
care for her younger child is already very expensive. Mrs. X's mother would really
like to help out, but is living too far away. At this point the employer makes an
offer: he proposes to pay her a compensation of three monthly wages on condition
that she agrees on a termination agreement. Mrs. X agrees. Even though she has to
pay tax for the amount of money gained by this agreement, there are certain tax
benefits (§ 24 Nr. 1 b, § 34 Para. 1, Para. 2 Nr. 2 EStG), and furthermore no
social security contributions to be paid. In addition Mrs. X is going to apply for
unemployment benefits. These benefits are set to 67 % of her last income and is
paid for one year total (§ 127 para. 2, § 129 Nr. 1 Code of Social Law, Book
III-Sozialgesetzbuch III, SGB III). During this period she has to search for a job
(§ 119 para. 4, 5, § 120 SGB III). Because of her children she is not available
for a great variety of jobs. In the meantime her husband earns slightly more money
than in the beginning. He is happy because he and his family got quite some money
by the termination agreement and they are getting unemployment benefits without
even working for them. Moreover kindergarten fee for the second child is lower
than for the first. He thinks the family will be doing well for the next few years not
only because of further tax benefits regarding the splitting-effect. Another five years
later Mrs. X has major problems returning to the labor market. At this point she is
37 years old and did not work for nine years. After a long period of searching
Mrs. X gets a part-time job. This job is not in accordance with her qualifications
and less paid than her former occupation.

V. Conclusion

The example mentioned above shows that many of the earlier depicted
regulations, benefits and bonuses can be a good thing, but the social reality draws
up its own rules. Overall the following is to be said regarding the German Law
System:

— The prohibitional regulations concerning antidiscrimination are by far not as
effective as they seem to be at first glance. Many discriminations are hard to
recognize and therefore difficult to battle.

– The impact of the remaining mentioned regulations regarding the fields of Social, Tax and other Labor Law is manifold. Basically these rules fulfill their intended function, although in certain cases only at high financial expenses. That means the regulations indeed guarantee protection and social security for women. Moreover, some justified regulations developed side effects not intended by the legislator, as shown in the example mentioned before.

German regulations are not exemplary; however, they should not be underestimated. The point I was trying to make was to illustrate the manifold impacts of Labor, Social and Tax Law for women in Germany. Additionally it has to be considered that every state has its own social and economic reality. In this system money, considered synonymous with the financial possibilities of social security, is not the only decisive element. Furthermore it is not about social dynamics such as family solidarity or the questions to what extent women are discriminated in reality. These aspects differ in every state, which leads to the fact that corrective actions like regulations against discrimination need a state-specific handling. In conclusion it remains at the discretion of the legislator to come up with balanced results.

Some Thoughts on the Development of a Human Rights Understanding

Katie Lee [*]

For the last fifteen years I have been actively involved in the promotion of the understanding of the rule of law and human rights in China. I have worked with a wide range of Chinese partners from government departments and judicial organs to individual scholars and reform-minded lawyers, and been part of many symposia, workshops, roundtables and pilot studies. We have looked at detailed questions of criminal procedure, the role and rights of defence lawyers, codes of conduct, and reform to the criminal law. Many of the discussions have been framed with reference to international human rights standards, and how best to instigate and deliver real and effective change that will lead to the desired outcome: in essence a fairer and more reliable system of justice. What I have learnt is that, in spite of what seems to be, in most instances, an obvious and compelling case for the promotion of human rights, the reality of realising and implementing those rights is challenging, complex, often very political and requires clever and dedicated solutions.

Is the same true in my own country the UK? And the answer is both yes and no. For many the protection and promotion of core civil and political rights are closely associated with the rule of law. The UK, and specifically England and Wales, has perhaps one of the longest traditions of the rule of law of any developed

[*] The Great Britain China Center.

country. The term "rule of law" is generally credited to the then Professor of English Law at Oxford, Professor A. V. Dicey in 1885 but the concept has been around for a good deal longer. Aristotle, the Greek philosopher of the 4th century B. C. said, "It is better for the law to rule than one of the citizens" and continued "so even the guardians of the laws are obeying the laws". This reminds us that it is often the case that principles we hold as sacrosanct and an essential basis for our civilised and democratic system of government have very long roots; that the influence of ideas is extremely powerful but that it can require each new political generation to re-interpret those core principles and express them in the context of their own age.

The history of the development of the rule of law in England was neither straight nor immediate but there are some key milestones which are well known:

— Magna Carta, 1215 which in Chapter 39 states, "No free man shall be seized or imprisoned or stripped of his rights or possessions, or outlawed or exiled, or deprived of his standing in any other way, nor will we proceed with force against him, or send others to do so, except by the lawful judgement of his equals or by the law of the land." And Chapter 40, "To no one will we sell, to no one deny or delay right or justice." We can say that Magna Carta was one of the first documents to capture the will of the people and curtail, to some significant degree (even if it was not lasting), the absolute power of the monarch and gave an element of legal parity to all free men.

— Habeas Corpus which is in essence the challenge to unlawful detention so that, by 1670, Chief Justice Vaughan was able to state that "The writ of habeas corpus is now the most usual remedy by which a man is restored again to his liberty if he has been, against law, deprived of it."

— the abolition of torture and the development of the jury trial. By the fifteenth century the Common Law of England had adamantly set its face against the use of torture and the admission of evidence procured by torture. This position was supported when, in 1640 the Court of Star Chamber (a separate court from the ordinary courts), in which evidence obtained by torture was still received, was finally abolished.

— and finally the Bill of Rights 1689 that followed the Glorious Revolution (as it is known) of 1688 when King James II was deposed and his daughter's husband, William of Orange was invited to ascend the English throne on Parliament's terms.

From that point on no English monarch could again rely on divine authority to override the law. The authority and independence of parliament were proclaimed; and the establishment of the rule of law was further supported by the Act of Settlement 1701 when the independence of the judiciary was enshrined in law.

Of course the UK is not alone in this tradition and one has only to look at the French Declaration of the Rights of Man and the Citizen, 1789 and the American Bill of Rights 1791 to see how far the concepts of rights and freedom had developed in the Western world by the eighteenth century and how widely they were being discussed and fought for. My point here is that Britain has had a particularly long and entrenched understanding of the core elements of the rule of law and of a sense of freedom, so much so that when Britain was considering the Human Rights Act in the early 1990s, a former Prime Minister was heard to say: "We have no need of a Bill of Rights because we have freedom". Until the passing of the Human Rights Act the UK was alone amongst western democracies in not having a positive guarantee of rights. The main focus was on a negative conception of liberty as the guardian of our rights, and on the fundamental principle of the common law that an individual is free to do whatever he or she pleases unless there is a law which prohibits it.

The attractiveness of the common law, it is argued, lies in the fact that the rights it develops are grounded in the way of the life of the community in which it exists and has grown organically with it. The common law experience reflects the wisdom and even the follies of our civilisation. It is imbued with a respect for history and a sense of perspective: thus it does not attempt to impose one generation's value set on a future generation. By this means, it is contended, the common law provides for the peaceful political development of a community rather than making political upheaval or revolution a prerequisite to change. It allows the assimilation of current public morality into legal principles.

But by the end of the 20th Century, and in particular with the coming to power of a Labour government committed to the passing of a Human Rights Act, it could be said that the incremental development of the common law to protect rights was no longer seen as satisfactory or adequate in meeting the demands of a fast-changing society. The development in human rights and international human rights law since 1945, and in particular since the 1970s, meant that relying on residual rights, on common law and constitutional traditions, was simply no longer an adequate position for the late 20th century.

To the average man in the street the passing of the Human Rights Act in 1998 was not a particularly significant moment-there had been no overthrow of an autocratic regime bringing about the Act; there was no sense that rights and liberties were under significant attack. And yet the time had come when the majority of the legislature felt that there needed to be a positive guarantee of rights; that relying on the incremental development of the common law to protect rights was no longer a sustainable position. Thus even though Britain was one of the first countries to ratify the European Convention on Human Rights in 1953 (and indeed played a significant role in the drafting of the Convention), it took another forty-five years before positive human rights protection was put into domestic law with the passing of the Human Rights Act in 1998.

Since then, however, the Human Rights Act has changed British people's understanding of their freedom and liberty. What was implicit has now become explicit. There is a clearer concept of rights and as a result of a number of cases brought under the Human Rights Act there is measurable change in public body behaviour and a far greater consciousness of the need to consider human rights implications in developing public authority policy and practice.

Not all the developments arising from the implementation of the Act are seen as positive in the UK. Recent high-profile decisions by the European Court of Human Rights in deportation cases concerning terrorists and foreign criminals which have relied on provisions in the Human Rights Act to prevent, or significantly delay, deportation back to non-human rights compliant mother countries, have brought the Human Rights legislation in for significant criticism. Indeed with a predominantly Conservative government now in power there is open questioning, as by the new Minister of Justice, as to whether the European Court of Human Rights has strayed too far from its original remit and the intentions of the drafters of the European Convention on Human Rights.

But overall there has been a significant development in people's awareness of their rights and, more significantly, I would suggest the adoption of the Act is an indication that no country can, as it were, rest on its laurels. So whilst many would say that a sense of fair play, justice and freedom are wired into the DNA of being British, as a result of our history and the long tradition of common law, nonetheless continual vigilance is required as new challenges arise and as society's view of what is

acceptable behaviour by the state changes. There can never be any room for
complacency and a reading of the UN's Universal Periodic Review of the United
Kingdom (2012) shows how necessary constant attention to the consideration of
specific human rights must be. There were 132 recommendations made to the UK
on issues ranging from domestic human rights protections to the rights of children,
women and disabled people. The UK has accepted, in full or in part, 91 of those
recommendations.

My point here is that, in spite of what is a very long tradition of the development
of freedom and justice in the UK, nonetheless human rights continue to need
protection and require constant monitoring as the reports of civil society
organisations and our media demonstrate. How much more of a challenge is it then
to establish and protect core human rights, in a country like China where a tradition
of fundamental freedom and justice has had a very different development. No-one
can fail to recognise abuse of power or the corruption of justice when it is
identified-there is undoubtedly a fundamental abhorrence to obvious abuse such as
the conviction of innocent people, the use of torture, rape, child trafficking and
the list could go on. The challenge lies in constructing a system where such abuse
can be exposed and prosecuted without fear or recrimination. Such a system, as is
well-appreciated, costs time, money and dedication and how it is designed must
develop out of the society and culture in which it resides if it is to have real roots
and growth. The absorption of an appreciation of what core principles such as
freedom of expression, right to a fair trial, an independent judiciary means, within
not just Chinese academia but Chinese society more widely, is palpable and
increasingly articulated. Human rights cannot be seen to be a set of values imposed
from outside by international pressure but have to be owned and shaped by the
society in which they reside and that is the process which I observe within China,
in spite of all the obvious challenges and restrictions that arise from the stage of
development that China is currently undergoing. The level and understanding of
what constitute core human rights is growing, encouraged by a number of human
rights education programmes, by the increasing demands of Chinese society for an
end to egregious forms of abuse, and by political will to stamp out traditional
practices no longer acceptable to a modern society. Gradually the story of
establishing protection for human rights in China is being told-there will be, and
indeed already are, milestones that, with a historical perspective, will be seen as

turning points (one thinks of the Sun Zhigang case, and the 2004 amendment to the Constitution to include protection of human rights for example); the developments in the rule of law are also fundamental here as is the political will to see real change in state behaviour.

So although history and tradition in China and the UK could not be further apart we share a common goal: to keep the fundamentals and core principles of human rights firmly in sight and to strive to promote and protect those core rights in every way possible. There are many actors from government bodies to civil society activists that bring about first of all awareness, and then action and the development of solutions; media in all its forms undoubtedly has a huge role to play. But real change does also require vision and dedication. It is the role of the international human rights community to support that vision in China where it can and as best as it can. What is undeniable, from the point of view of a long-term observer, is the sense of momentum may, at times, seem to stall, I am confident that the underlying momentum for change remains.

Women's Rights in France

Rainbow Murray [*]

I. Introduction

In the 2012 Gender Equity Index, France is ranked 20th in the world, with a score of 0. 77. [①] France obtains the highest possible score (1) for education, 0. 79 for economic equality, and 0. 51 for empowerment. This compares to China's ranking of 81st, with a total score of 0. 64. China performs almost as well as France on education (0. 95) and economic equality (0. 76), but is let down by a very low score for empowerment (0. 21), despite having more women (21. 3%) in its Parliament than France (18. 9% , although this is likely to rise considerably following parliamentary elections in June 2012). [②] The empowerment score "measures the gaps in highly qualified jobs, parliament and senior executive positions". [③] It is not sufficient for women to be present in the workplace and in politics; for women to have true equality, they need to have access to the same opportunities and positions of power as men.

This paper explores several dimensions of women's rights in France, highlighting areas in which France has performed well, areas in which it is taking action to try to

---

[*] The School of Politics and International Relations, Queen Mary, University of London.
① http: //www. socialwatch. org/node/14367.
② www. ipu. org, last visited 13 May 2012.
③ http: //www. socialwatch. org/node/14372.

improve the situation for women, and areas where there remains much to be done before women can achieve equality. In particular, the paper focuses on women's rights in the workplace; policies relating to maternity leave, reproductive choice and childcare; legal protection from violence; and measures to boost women's political representation and empowerment. France has struggled historically with the issue of women's rights, as its model of universal citizenship does not recognise differences between citizens even when equality *de jure* sits alongside deep-rooted inequality *de facto*. In recent years, France has increasingly acknowledged problems of gender equality and begun to take a more interventionist approach aimed at reducing inequalities between men and women. In a country which has traditionally maintained chivalrous, patriarchal relations between men and women, with natalist policies promoting the role of women as mothers, recent reforms to encourage women's more active participation in public life are having a slow but highly symbolic impact on gender relations. This explains France's rise from 70th to 20th in the world in the Gender Equity index rankings in the space of just five years. [1]

II. Women's Rights in the Workplace

Women have entered the labour force en masse since the 1960s, as education levels for women have risen and access to birth control has made it easier for women to combine having a family and having a career. Table 1 reveals that 51.8% of the female population was part of the active labour market, compared to 62.1% of men. This difference is explained in part by women's greater longevity, with women comprising a larger proportion of the population above the age of retirement. 20% of women were neither retired nor in the labour market, compared to 14.4% of men. While these figures may reflect the slightly higher proportion of women now entering higher education, with 46% of women still in education at the age of 21 compared to 36% of men[2], they also include women who have chosen to exit the labour market in order to raise a family. Women are also more affected by unemployment than men; while the absolute figures for

---

[1]   France's GEI score in 2007 was 0.64 (http://www.socialwatch.org/node/9370).

[2]   Insee (2012), *Femmes et hommes: regards sur la parité.*

unemployment are higher for men, the unemployment rate-calculated as a percentage of those in the active labour market who are seeking work-is higher for women (9. 7%) than men (9. 0%).

Table 1　　Women in the Labour Force in 2010

		Women	Men
In labour market	Employed	12194000 (46. 7%)	13498000 (56. 5%)
	Unemployed	1315000 (5. 0%)	1338000 (5. 6%)
Labour market total		13509000 (51. 8%)	14836000 (62. 1%)
Not in labour market	Above retirement age	7358000 (28. 2%)	5607000 (23. 5%)
	Other	5236000 (20. 0%)	3439000 (14. 4%)
Population Total		26103000 (100%)	23882000 (100%)

Source: INSEE (www. insee. fr). Figures in brackets represent the percentage of total for each sex.

Women are also more likely than men to be working part-time. 31% of women worked part-time in 2010, compared to 7% of men. [1] In some cases this is a choice, reflecting a desire or need to balance domestic commitments with paid employment. In 2010, 20% of single women without children in paid employment worked part-time. For women in couples, this proportion rose to 29% of women with one child, 37% of women with two children, and 46% of women with three or more children. However, only 28% of single mothers worked part-time, due to the need to perform the role of breadwinner as well as primary care-giver. Similarly, men with children are more likely than single men to work full-time due to the need to provide for their families. [2] Despite women's increased participation in the labour market, traditional notions still exist that it is the mother's role to care for the children and the father's role to provide for the family. As Table Two demonstrates, the gap between men and women for domestic chores is narrowing; in 1986, women typically spent 4 hours and 40 minutes per day on housework, compared to 2 hours and 11 minutes for men. In 2010, men had increased their share to 2 hours 24 minutes, and women had reduced theirs to 3 hours 52 minutes. However, this still equates to nearly twice as

---

[1]　Insee (2012), *Femmes et hommes: regards sur la parité.*

[2]　All figures are from l'Insee, enquête emploi 2010.

much housework (including caring responsibilities) for women as for men. This has repercussions for women's availability in the workplace and also for the amount of leisure time that women enjoy.

Table two   Division of time between public and private life

	1986		2010	
	Women	Men	Women	Men
Professional time	2:26	4:16	2:39	3:55
Time spent on domestic chores	4:40	2:11	3:52	2:24
Leisure time	4:04	4:44	4:41	5:14

Figures are in hours and minutes. Source: Insee (2012), *Femmes et hommes: regards sur la parité*, p. 31.

In some cases, women's part-time work is not through choice and can be considered a form of under-employment. Someone may be considered under-employed if they work part-time and desire to work longer hours than those offered by their employer. The rate of under-employment is 8.8% for women, compared to 3.3% for men[1]. Differences in employment between men and women therefore go beyond lifestyle preferences and reflect a distinct disadvantage for women within the labour market, where women are more affected by unemployment and are much more affected by under-employment. This may in part be due to the fact that men and women tend to be congregated in different sectors of the economy, with women much more likely than men to work as employees and to be based in the service sector (retail assistants, office work and similar), with men more prevalent in industry and manual labour but also in more senior, professional and managerial posts. It is also due to the policy of "flexibilisation" of the job market, designed to facilitate work-life balance and support the combination of employment and parenthood. The effect of this policy has been to push women away from the primary, full-time labour market and into a secondary, part-time labour market where their work offers fewer benefits and opportunities for progression.[2] Another symptom of this phenomenon is that

[1]   l'Insee, enquête emploi 2010.

[2]   Maria Stratigaki, "The Cooptation of Gender Concepts in EU Politics: The Case of 'Reconciliation of Work and Family'", *Social Politics*, Volume 11, Number 1, 2004, pp. 30 −56.

women are more likely than men to be employed on fixed-term rather than
permanent contracts.

There also exists a significant gender pay gap in France that has remained
stubbornly high over time, despite the existence of equal pay legislation. In 1991,
the pay gap was 29%, and in 2009 it had reduced only to 25%.[1] This gap is
explained in part by women working fewer hours, in less well-paid sectors, in
positions of lower responsibility and with careers punctuated by breaks to raise
children. Even after allowing for all these explanations, however, a sizeable pay gap
remains. These factors also explain a substantial gap in pension contributions across
the sexes, resulting in lower pensions and greater poverty for elderly women.
Under the recently concluded Sarkozy presidency, bitterly opposed pension reforms
were forced through, and one attempt by the government to make these reforms
more palatable was through highlighting and seeking to address this significant
gender inequity. In future, there should be a reduced gap in pension entitlements
even if women make more modest contributions to pension schemes throughout
their lives, because allowances will be made for reduced payment stemming from
maternity leave and career breaks.

It is clear that the labour market in France is gendered in a number of ways.
Women work in different sectors to men, are more likely to be unemployed or
under-employed, less likely to rise to senior positions, and earn significantly less
than men. How can we account for women's disadvantage, and what can be done
to improve the situation? Gender segregation across the labour market is a product
of gender socialisation within families and schools that tend to push girls more
towards arts subjects and boys towards science and maths. High school students
choose a baccalaureate (school-leaving qualification) that is oriented towards arts,
science or engineering, with girls numerically dominant in the arts-based
baccalaureate and heavily under-represented in the other two streams. The
segregated labour market is therefore the product of different types of qualification
earned by men and women, combined with gender socialisation and stereotypes that
encourage boys to be more confident, assertive and ambitious.

However, there is legislation seeking to protect women against discrimination in
the workplace. Some of this relates to maternity provision and will be considered

---

[1]　Insee (2012), *Femmes et hommes: regards sur la parité.*

later in the paper. In 1972, an equal pay law was introduced, requiring "equal pay for work of equal value", although ambiguity over what constituted "equal value" rendered the law somewhat ineffective, especially considering that men and women rarely did the same job. For example, is the work of a cleaner equivalent in value to that of a security guard? Employers successfully defended against claims of discrimination by arguing that the jobs done by men and by women were not equivalent and that their difference justified the pay differential. In 1975, legislation was introduced against sex discrimination in job recruitment, except on "legitimate grounds" such as requesting a female support worker to work with vulnerable female patients. The key piece of legislation was introduced in 1983 by France's first Women's Rights Minister, Yvette Roudy. This law defined what was meant by work of "equal value", thus removing the ambiguity present in the 1972 law. It also placed the burden of proof on employers, whereby in a pay discrimination case, it was the responsibility of the employer to prove that pay discrimination had not taken place, rather than the obligation of the employee to prove that it had. Requirements for pay transparency and scrutiny were also placed upon employers. The Roudy law was reinforced in 2001 by another Socialist Women's Rights minister, Catherine Génisson, along with a law in 1992 regarding sexual harassment in the workplace. The Génisson law introduced "compulsory negotiation of gender equality in the workplace every three years; the mainstreaming of gender equality and equal pay in collective bargaining; specific equality indicators to be used in annual reporting at company level; and the principle of gender parity in elections to bodies comprising workers' representatives".[1] In 2004, trade unions and employers signed a national intersectoral agreement aimed at promoting a gender balance in the workplace, reducing the gender gap and labour market segregation, and reducing potentially harmful consequences for women's careers of taking maternity leave. In the same year, an equality kitemark was introduced to reward best practice in companies demonstrating high levels of gender equality. In 2006, a right-wing Women's Minister, Nicole Ameline, set up a new framework designed to eliminate the gender pay gap by 2010 (clearly, it did not succeed) and to promote work-life balance. Unlike previous legislation, the Ameline Law did not

[1] Gill Allwood and Khursheed Wadia, *Gender and Policy in France* (Basingstoke: Palgrave Macmillan, 2009), p. 46.

see family responsibilities as a barrier to women's rights, and sought to make it easier to reconcile professional and family obligations. [1] While some women benefited from these measures, they did little to challenge the normative equation of domestic responsibility with women, rather than something to be shared equitably between both parents.

In addition to these anti-discrimination policies, whose success has been rather limited, France recently introduced positive-discrimination legislation which mandates large companies to feminise the composition of their boards. Companies have until 2014 to ensure that 20% of their board members are women and, by 2017, the proportion of women must have risen to 40%. This is a first for France and reflects a change of mindset that began with gender quotas for political representation. The French are now more willing to recognise that women do not operate on a level playing field with men, and face many invisible and structural barriers (as well as old-fashioned discrimination) in their pursuit of more senior positions. Thus, just as political gender quotas have obliged political parties to make more of an effort to recruit women candidates, so these workplace quotas will force boards to promote women to senior positions. It is possible that having more women in positions of power might help to redress gender imbalances throughout the workforce, although there is also the risk that this legislation will simply produce a slight reshuffle in the composition of management teams, without having a ripple-down effect to the rest of the workplace. It also only affects large companies in the private sector, whereas the majority of French women are employed in the public sector or in small and medium sized businesses. Nonetheless, this law does send out an important symbolic message about the value of women and the importance of their contribution to senior decision-making.

Overall, women's position within the workplace has been improving steadily over time, albeit at a rather slow pace. Women are more likely to work than in the past, and legislation is designed to protect them from discrimination and ensure their rightful place at the summit of companies. However, there is still both horizontal and vertical segregation in the workplace, with women located predominantly in less prestigious and well-remunerated sectors and in the lower ranks within each sectors. Women still earn less than men and suffer more from

---

[1]　Gill Allwood and Khursheed Wadia, *Gender and Policy in France*, 2009, p. 47.

unemployment. One cause for this ongoing disparity is the continued inequality within the home. The next section explores maternity issues in more depth to see how policies both help and hinder women as mothers.

III. Maternity Rights

Maternity rights in France cover several different dimensions. The right to control fertility, including access to safe legal abortion, has been fundamental to improving women's position in other aspects of French life. The provision of maternity pay and the right to return to employment after a period of maternity leave have also been essential for protecting women's income and careers. France is also subject to legislation emanating from the European Union, which has been forward thinking in seeking to strengthen paternity and parental leave options so that fathers can become more involved in childcare rather than women shouldering the burden alone. Childcare provision is a further important aspect and an area in which France is not particularly strong.

3.1 **Reproductive rights**

Access to contraception and legalised abortion has emerged relatively slowly in France. France's pro-natalist policies have been designed to encourage, not hinder, reproduction. All forms of abortion were illegal until 1955, at which point abortion was legalised only when the pregnancy threatened the life of the mother. Contraception was also illegal until 1967, when it was first legalised, but only under limited circumstances. [1] Mobilisation grew throughout the late 1960s and early 1970s to legalise abortion, including publicity by a leading feminist lawyer of the case of a teenager who tried to abort a pregnancy resulting from rape. These protests culminated in the highly symbolic Veil law in 1975. This law, introduced by female centrist minister Simone Veil, used a number of measures to appease pro-life opponents to abortion. She framed the law as a health issue, citing the high levels of back-street abortions and the health problems and high mortality rate stemming from botched abortions. She argued that if women were going to abort their babies regardless, it would be better to ensure that they did so legally and

---

[1]   Gill Allwood and Khursheed Wadia, *Gender and Policy in France*, 2009, p. 83.

safely. The law also came with strict limitations. Abortions were not funded by the state, making them difficult for poorer women to afford. Doctors were allowed to refuse an abortion on moral grounds, and the legislation itself was temporary, with a second bill required five years later to make the law permanent.

Since this initial legislation, several reforms have liberalised access to abortion and contraception. Key reforms took place under the Socialist government in 1997 − 2002, spearheaded by two of the key women in the Socialist party, Martine Aubry and Ségolène Royal. ① Access to contraception was considered an important way of stemming two problems where France compared unfavourably to her neighbours: her high levels of teenage pregnancy, and her high levels of abortion. Even though abortion laws were more restrictive in France than in some neighbouring countries (for example, the UK, Spain and the Netherlands allow legal abortion up until 22 weeks of pregnancy), France had one of the highest rates of uptake in Europe. Changes to the laws governing access to contraception included making the morning-after pill available in schools and for free from pharmacies; removing the requirement of parental consent for minors to use contraception; making contraception free of charge to minors; and providing better access to information about contraception. Changes to abortion laws included extending the time period from ten to twelve weeks, removing the obligation to seek counselling, making it easier to have a pharmaceutical rather than surgical abortion, obliging doctors who refuse to carry out an abortion to recommend someone else who can do it, and allowing teenagers to have an abortion without their parents' consent.

Although the 2001 abortion and contraception law which enacted most of the above changes was designed in part to reduce the need for abortion, uptake remains high. It is estimated that half of all French women have an abortion at some point in their lives, with one abortion for every three live births, equating to about 220000 abortions per year. ② In the 2012 presidential election, far-right candidate Marine le Pen suggested that access to abortion should be restricted to prevent "convenience abortions" by women who abort multiple times as a form of

---

① Martine Aubry is currently the Socialist party leader and was the second most powerful minister in the 1997 −2002 government. Ségolène Royal was the Socialist party candidate in the 2007 presidential election and narrowly lost the leadership election to Aubry in 2008.

② http: //www. doctissimo. fr/html/sante/mag_ 2000/mag1215/dossier/sa_ 3400_ ivg_ niv2. htm, last visited 14 May 2012.

contraception. This suggestion was refuted by women's rights groups who claimed that a very small minority of women used abortion in this way. The victorious Socialist candidate, François Hollande, responded by saying that it should be possible to access abortion services at any hospital in France. This would help to address significant existing regional disparities in provision.

3. 2 Maternity and parental leave

France has long had a natalist policy, designed to encourage women to have children. As a result, France has one of the highest birth rates in the European Union, behind only Iceland and Ireland, with 12. 87 births per 1000 people. [1] Maternity leave entitlement varies depending on the number of children being born as well as the number of children that the mother already has. A woman giving birth to a single baby will be entitled to a total of sixteen weeks of maternity leave (six prior to the birth and ten after) if she has no more than one older child; if she already has two or more children, she may take 26 weeks in total (eight before the birth and eighteen after). If she is carrying twins, she may take twelve weeks prior to birth and 22 after, and mothers carrying triplets or higher multiple births are entitled to nearly a year of leave (24 weeks before birth and 22 weeks after). Women are not obliged to use their full entitlement, but they must take a minimum of eight weeks (six of them post-birth) in order to be eligible for maternity pay. Women may move some of their maternity leave into the post-birth period, provided they are deemed medically fit to work before birth and cease working a minimum of three weeks before their due date. These rules are much more prescriptive (and generous) than those in the USA, for example, and are consistent with the paternalist approach in France that seeks to protect women and support their reproductive role.

After returning to work from maternity leave, a woman must be allowed to resume her previous role, or a similar role on at least the same salary that she previously earned. She is also entitled to any pay rises negotiated collectively during her absence. Employers are legally forbidden from making a woman redundant as a direct result of her pregnancy or maternity leave, and they cannot refuse to allow

---

[1] Eurostat http: //epp. eurostat. ec. europa. eu/tgm/table. do? tab = table&init = 1&plugin = 0&language = en&pcode = tps00112.

her to return to work at the end of her period of leave. However, women who are made redundant after announcing that they are pregnant may find it difficult to prove that their pregnancy was the motivation for their redundancy.

Maternity pay in France is rather complex to calculate. It depends on meeting certain conditions, including working for a minimum of ten months prior to the birth, having a salary above the minimum wage, and taking a minimum of eight weeks of leave. Maternity pay is then based on an average of the net salary of the three preceding months, up to a ceiling of 78. 39 euros per day. Slightly different rules apply to workers on fixed-term contracts and those who are self-employed. The overall provision is quite generous, resulting in minimal loss of salary, and is designed to encourage women to have children without a financial penalty incurred through taking maternity leave.

By contrast, paternity leave is rather less generous. Introduced under a Socialist government from the start of 2002, this leave entitles men to three days of leave at the moment of birth, followed by an additional eleven days (18 in the event of multiple births) that can be taken any time within the first four months of the infant's life. Thus, fathers are entitled in total to fourteen days of paternity leave, or 21 days in the event of multiple births. During this leave, they do not receive their usual salary but are entitled to statutory paternity pay at a daily rate calculated in the same way as for women, and employers are obliged to allow fathers to return to work in the same or equivalent position at the end of their leave[1]. The unequal entitlements between men and women reflect the greater physical demands on women of pregnancy, childbirth and weaning, but they also provide a limited role for fathers and reinforce the role of mothers as the primary care-givers.

In addition, parents of either sex may apply for up to three years of (unpaid) parental leave. This leave is granted for one year in the first instance and may be renewed twice, although it expires after the youngest child reaches the age of three. Parents may use entitlement to Time Off in Lieu (TOIL) as a way of reducing the financial impact of this leave. Although this leave is not remunerated, it is legally protected, and employees must be entitled to return to work after their leave with

---

[1]   Ministère du Travail, de l'Emploi et de la Santé http: //www. travail-emploi-sante. gouv. fr/ informations-pratiques, 89/fiches-pratiques, 91/conges-et-absences-du-salarie, 114/informations-pratiques, 89/fiches-pratiques, 91/maternite-paternite-adoption, 1975/le-conge-de-paternite, 12743. html.

their previous employer in a post of equivalent status and pay to their former employment. Of course, taking a career gap of several years is still likely to hinder the career progression of the parent (usually female), in addition to the loss of income during this time.

3.3　Childcare

Access to good and affordable childcare is essential if parents (usually women) are to be freed from the burden of caring for their children full-time and enabled to return to the workplace. However, France suffers from a lack of childcare resources. According to Olga Trostiansky, deputy mayor of Paris with a families brief, only 6% −8% of French infants find a nursery place. [1] More than half of children under the age of three are cared for at home by their mothers, with a further 26% cared for by a private childminder or family employee. [2] Where state childcare services are provided (mostly in urban areas), they are of high quality, but provision is inadequate. Instead of focusing on public provision of childcare, the French state relies primarily on private services including au pairs and childminders, with tax subsidies being offered to help families shoulder the costs. [3] Childcare provision is growing, but supply has not been able to match demand. [4] The desire for a more flexible labour force, with parents increasingly being asked to work hours outside the traditional weekday 9 −5 model, has also placed a strain on childcare requirements. In addition, school hours create an awkward arrangement for parents. French children traditionally go to school on Saturday mornings but do not attend on Wednesday afternoons. This creates an additional childcare burden on parents in the middle of the working week, and contributes to the high uptake of private childminder arrangements as well as the greater prevalence of part-time work among mothers. The consequences of France's limited, and mostly privatised, model of child-care are two-fold. Firstly, the difficulty in securing

---

[1]　Emilie Poyard, "Etats généraux de la femme: du travail à la crèche", *Elle* magazine, 15. 03. 10.

[2]　Marie-Thérèse Labatlier, "Childcare in a changing world: Policy responses to working time flexibility in France", in Jane E. Lewis (ed,), *Children, Changing Families and Welfare States* (Cheltenham: Edward Elgar Publishing, 2006), pp. 201 −219.

[3]　Anne-Marie Daune-Richard, "Women's work between family and welfare state: part-time work and childcare in France and Sweden", in Birgit Pfau-Effinger and Birgit Geissier (eds,), *Care and Social Integration in European Societies* (Bristol: Policy Press, 2005), pp. 215 −234.

[4]　Labatlier 2006.

adequate childcare arrangements prevents many women from achieving their full potential in their professional lives. Secondly, the emphasis on private childminders rather than collective childcare provision results in a large, feminised labour force engaged in caring for the children of wealthier families. A women's organisation, the Equality Laboratory (le Laboratoire de l'égalité) has created an Equality Pact whose demands include the creation of 500000 childcare places and the extension of paternity leave. This pact was presented to the candidates in the 2012 presidential elections, and one of its signatories was François Hollande, who has just been elected the new president of France. Whether he will honour this pledge, given the difficult financial climate, remains to be seen.

IV. Protection against Violence

Domestic violence is a serious problem in France. It is difficult to know exactly how widespread the phenomenon is, as much of it goes unreported. One stark statistic is that in 2008, 184 people (157 women and 27 men) died as a result of domestic violence-equating to one death every two days.[1] An earlier study indicated that about half of the male deaths from domestic violence are the result of the murder of an abusive male partner by his female victim.[2] French policy to tackle domestic violence has not always been satisfactory, with inadequate resources committed to services (such as helplines and shelters) required to help women escape from violent relationships. Allwood and Wadia note that "until 1975, French law excused the murder by a man of his wife if he caught her committing adultery in the martial home",[3] and France was also slow to recognise the crime of rape within marriage. When Michèle André, then minister for Women's Rights, launched a public information campaign about domestic violence in 1989, insufficient resources were committed to helping victims who were mobilised to take action by the campaign. This was justified by the minister on the grounds that "the aim of the campaign was to improve knowledge of the law, not for women to

---

[1]   French Interior Ministry, cited in a report on domestic violence for the French Senate: http: // www. senat. fr/rap/r09 −553/r09 −5533. html.

[2]   République française (2006), "Sixième Rapport périodique national sur l'application de la Convention sur l'élimination de toutes les formes de discrimination à l'égard des femmes".

[3]   Gill Allwood and Khursheed Wadia, *Gender and Policy in France*, 2009, p. 128.

leave their husbands and the marital home with their children and go instead to a refuge". ①

In the face of ongoing pressure from women's movements, there have been some more recent developments to help victims of domestic violence. These include a shift in emphasis from helping victims to flee situations of violence, towards evicting the perpetrator of violence from the family home so that it is the violent partner rather than the abused partner who is forced to leave their home. The 2006 Domestic Violence Act recognises domestic violence as aggravating circumstances within divorce cases. It raises the minimum age for marriage from 15 to 18, thus protecting vulnerable teenage girls. It explicitly recognises the act of rape within marriage and any other form of relationship. The Act also obliges perpetrators of violence to be the ones to leave the family home. However, difficulties in implementing the Act remain, due to insufficient resources and training within the police, medical and legal professionals, alongside difficulties for women in accessing the support and resources that they require. There is still too much reliance on women's organisations rather than state-funded services.

A law in 2010 pledged greater support for the victims of violence. This was followed by a new plan to eradicate violence against women which was unveiled by right-wing feminist and then Minister for Solidarity and Social Cohesion, Roselyne Bachelot-Narquin, in April 2011. It aimed to tackle not only domestic violence, but also sexism and sexual harassment in the workplace, rape, sexual violence, and prostitution. It specified the requirement for greater training by law enforcement and healthcare professionals dealing with the victims of violence, and better rehabilitation of the perpetrators of violence to reduce the risk of reoffending. It also called for better support services to be made accessible to victims of gender violence, and allocated a 30% increase in the budget for these services to ensure their greater effectiveness. ②

The issue of sexual violence was brought into sharp relief in France in May 2011, following the arrest of Dominique-Strauss Kahn (DSK) in New York for the alleged attempted rape of a chamber maid. DSK was a leading figure in the Socialist

---

① Marie-Victoire Louis (1990), "Violence Conjugales", *Les Temps Modernes* (April), p. 143.

② Observatoire de la Parité, 2011 http: //www. observatoire-parite. gouv. fr/violences/fiches-de-synthese-71/article/plan-interministeriel-de-lutte.

Party, a former finance minister, director of the International Monetary Fund and the favourite to take the Socialist nomination for the presidential election in 2012. Following his arrest, further allegations about his sexual misconduct emerged, including a complaint by journalist Tristane Banon of an attempted rape nine years earlier, and recent allegations-known as the "Carlton Affair", due to their location in the Carlton Hotel-of DSK's involvement in a prostitution ring. Many French people were shocked by the allegations against DSK, not least as it subsequently emerged that he had a reputation as a sexual predator that had been swept under the carpet by both the political establishment and the media. Women's movements called for greater openness and transparency regarding sexual violence and urged more victims to come forward and speak out. At present, many women do not press charges following sexual assault given the low conviction rate, the potential damage to their reputation, the difficulty in proving the guilt of the offender, and cultural pressures to remain silent.

Concerning prostitution, the traditional attitude of the French state has been one favouring the abolition of prostitution, with prostitutes regarded as victims. More recently, the debate has been reframed as a law and order issue, and the act of soliciting has now been reclassified as a criminal act carrying a prison sentence. [1] This has resulted in a changed relationship between the police and prostitutes, with the role of police shifting from one of protection to one of prosecution. The trafficking of women for prostitution has also been recognised as an offence, although this came about partly in response to European and international requirements. [2] By reframing prostitutes primarily as a nuisance rather than as victims of sexual exploitation and violence, this new law has made it harder for prostitutes to access legal assistance. Prostitutes are often at the receiving end of violence from their clients and pimps, and it is difficult for them to receive protection from the law, with their work increasingly being forced underground. Regulating prostitution is a very difficult matter, as decriminalisation might lead to the proliferation of prostitution and the seeming endorsement of the commodification and purchase of women's bodies. However, criminalisation might result in more dangerous working conditions for prostitutes and greater difficulty for

---

[1]   Gill Allwood and Khursheed Wadia, *Gender and Policy in France*, 2009, p. 114.
[2]   Gill Allwood and Khursheed Wadia, *Gender and Policy in France*, 2009, p. 115.

them in escaping from violence and trafficking. ① France's current solution also contributes to the marginalisation and stigmatisation of sex workers.

V. Women's Political Representation

For a long time, women have been heavily under-represented within French politics. There has never been a woman president; the only time a woman has qualified to the second round of a presidential election was in 2007, when Socialist candidate Ségolène Royal was defeated by Nicolas Sarkozy. There has only been one woman prime minister, the ill-fated Edith Cresson, who was nominated to the post by Socialist president François Mitterrand in 1991. After a short term in office riddled with criticism and negative media coverage, some of it sexist in nature, Cresson was forced to resign less than a year after taking up office, making her one of the shortest-serving prime ministers in French history. At lower levels of politics, women have been chronically under-represented in the French parliament. Until 1997, the proportion of women in the French parliament remained stubbornly in single figures. In 1997 it reached 10.9% following the use of gender quotas by the Socialist Party.

In 1999, the French constitution was amended to incorporate the principle of gender parity, following a long campaign by women's movements for better political representation. This amendment was enshrined in law in 2000, requiring all political parties to field an equal number of men and women in most elections. France was the first country in the world to enact a 50% parity gender quota. As a result, the number of women in politics has started to increase, albeit rather unevenly. In local politics, where party lists can be rejected unless they comply with the law, the proportion of women has risen to nearly 50%. Yet women still remain a very small minority of leaders within local politics, and men hold the vast majority of coveted posts such as mayors and presidents of local and regional councils. At the national level, the proportion of women in parliament rose to 12.3% in 2002, and 18.5% in 2007. These disappointingly small increases can be explained by weaknesses in the

---

① Joyce Outshoorn, "Political Debates on Prostitution and Sex Trafficking of Women", *Social Politics: International Studies in Gender, State and Society*, Volume 12, Number 1, 2005, pp. 141 – 155; Christine Overall, "What's Wrong with Prostitution? Evaluating Sex Work", *Signs*, Volume 17, Number 4, 1992, pp. 705 –724.

parity law. Parties are obliged to field more women candidates, but without specification as to where they will be placed, resulting in most women candidates standing in unwinnable seats. The penalty for non-implementation of parity in legislative elections is a modest reduction in parties' state subsidies, meaning that the larger parties can afford to offset this loss. For example, Sarkozy's party has never fielded as many as 30% women candidates, far from the required 50%. However, the Socialist party are expected to win the 2012 parliamentary elections in June, and they have renewed their efforts to field more women candidates and place more of them in winnable seats. As a result, the number of women in the French National Assembly might surpass the 30% mark for the first time, taking France from a lowly position in world rankings to above the European average.

France has had some form of portfolio for women in almost every government since 1974. In 1974, Françoise Giroud was named a junior minister for the "female condition". From 1978 – 1981, there was a Secretary of State for Women's Employment. A landmark moment came in 1981, when the first Socialist president, François Mitterrand, established the first Ministry for Women's Rights, with its minister, Yvette Roudy, holding a full cabinet post. Many of the important reforms of the 1980s were spearheaded by Roudy. This ministry disappeared when the Right came into power in 1986, and re-emerged in a less powerful form once the Left returned to power in 1988, with a Secretary of State for women's rights and equality. This position again disappeared during the right-wing majority 1993 – 1997, and was again reinstated by the left in 1997. However, Chirac did create a Parity Observatory that has grown in strength and has been an important body in monitoring women's rights and proposing policy solutions. After Jacques Chirac obtained a parliamentary majority in 2002, there was briefly a Minister for Parity and Professional Equality, Nicole Ameline, who passed the Ameline law discussed earlier in this paper. This post was somewhat downgraded in 2005 and she was replaced by Catherine Vautrin. Under Sarkozy's presidency, there was no portfolio allocated specifically to women's rights. However, François Hollande has honoured his campaign promise to reintroduce a full Women's Ministry for the first time since 1986, headed by Najat Vallaud-Belkacem. The development of women's rights policies has depended on strong women actors within the political process, and Women's Ministers or their equivalents have been key figures in advancing policies that promote women's rights. Reinstating a full Women's Rights Ministry complete with a position in cabinet is therefore a very important step forward that indicates that women's rights will again be central to the political agenda. The new Women's Minister will also be supported by the fact that 50% of the new French cabinet and government are women, many of them with feminist sympathies.

VI. Conclusion

Women's rights in France have developed steadily over time. Women now enjoy legal protection from violence, the right to legal abortion, a legal obligation to have more equal representation of women in politics and positions of economic power, and laws to protect their rights in the workplace against discrimination and in favour of equal pay. Despite this raft of legislation, however, women still enjoy a less favourable position in French society than men. Many of these legally enshrined rights are not fully protected in practice, with women experiencing discrimination, horizontal and vertical segregation in the workplace, disproportionate responsibility for domestic tasks, uneven access to abortion, domestic and sexual violence, and lower representation in positions of power. The reasons for this disconnect between women's legal and actual positions relates both to culture and to the ability to enforce these laws. Culturally, France is still a somewhat patriarchal society. Gender attitudes are evolving, but slowly. Many men (and some women) still believe that women are subordinate to men and that their role is primarily domestic, with their position in public life being secondary to that of men. Gender roles are still taught and reinforced in families and schools. There are cultural taboos about reporting sexism and sexual violence, and the media reinforces gender stereotypes through its coverage of women. For all these reasons, women's legal protection is quite difficult to enforce in practice. This problem is furthered by the fact that this legislation is not always supported by sufficient mechanisms and resources to ensure that it is enforced. The advent of a new era for women's representation in politics may help to remedy this situation. With a president who has signed an equality charter, a parity government, a full Women's Rights ministry and, in all likelihood, a much more feminised parliament, there will be far more opportunity to reinforce, expand and strengthen legislation pertaining to women's rights in order to ensure that in future, the reality will live up to the legal promises.

United Nations Mechanisms for Monitoring the Implementation of Women's Rights

Zhao Jianwen *

Among the international mechanisms for monitoring the implementation of women's rights, the relevant UN mechanisms have a prominent place both in terms of status and in terms of influence. In the absence of a regional or sub-regional human rights-monitoring mechanism in Asia, the relevant UN mechanisms are virtually the only international mechanisms for monitoring the implementation of women's rights that have legal effectiveness on or of practical significance to China.

I. Legal Bases of UN Mechanisms for the Implementation of Women's Rights

The legal bases of the UN mechanisms for the implementation of women's Rights mainly include the Charter of the United Nations (Hereinafter the UN Charter), the International Bill of Human Rights, [1] the Convention on the Elimination of All Forms of Discrimination against Women (CEDAW), the Beijing Declaration and Platform for Action, and other UN human rights instruments.

---

* The Institute of International Law, Chinese Academy of Social Sciences.

[1] The International Covenant on Civil and Political Rights, the International Covenant on Economic, Social and Cultural Rights, together with the Universal Declaration of Human Rights, make up the "International Bill of Human Rights."

1.1   Bases of the Establishment of UN Mechanisms for the Implementation of Women's Rights

The main legal basis for the establishment of the UN mechanism for the implementation of women's rights is the UN Charter, which declares in its Preamble that the UN will "employ international machinery for the promotion of the economic and social advancement of all peoples" and provides in its Article 1 (4) that the UN shall "be a centre for harmonizing the actions of nations in the attainment of these common ends." The UN mechanisms for the implementation of women's rights in fact consist of various UN bodies responsible for coordinating the actions taken by various countries for the protection of women's rights.

Article 7 of the UN Charter provides that: "1. There are established as principal organs of the United Nations: a General Assembly, a Security Council, an Economic and Social Council, a Trusteeship Council, an International Court of Justice and a Secretariat. 2. Such subsidiary organs as may be found necessary may be established in accordance with the present Charter." The functions and powers of all the six principle organs mentioned in paragraph 1 of this article involve to varying extents the promotion and protection of women's rights. Of the above six principal organs, the General Assembly and the Economic and Social Council (ECOSOC) have established many subsidiary organs. [1] Special UN bodies for the implementation of women's rights are among "such subsidiary organs as may be found necessary" provided for in Article 7 (2) of the UN Charter. An example in this respect is the Commission on the Status of Women, established under ECOSOC.

The Committee on the Elimination of Discrimination against Women (hereinafter the Committee) was established in accordance with Article 17 of CEDAW, adopted by the UN on December 18, 1979, as a treaty body responsible for the supervision over the implementation of CEDAW. Article 17 (1) of CEDAW provides that: "For the purpose of considering the progress made in the implementation of the present Convention, there shall be established a Committee on the Elimination of Discrimination against Women consisting, at the time of

---

[1]   Liang Xi, *Law of International Organizations*, revised 5th Edition, (Wuhan: Wuhan University Press, 2001), p. 94.

entry into force of the Convention, of eighteen and, after ratification of or
accession to the Convention by the thirty-fifth State Parties, of twenty-three experts
of high moral standing and competence in the field covered by the Convention.
The experts shall be elected by State Parties from among their nationals and shall
serve in their personal capacity, consideration being given to equitable geographical
distribution and to the representation of the different forms of civilization as well as
the principal legal systems. "

1. 2   Legal Bases of the Activities of UN Bodies Responsible for Monitoring the Implementation of Women's Rights

The legal bases of the activities of UN bodies responsible for monitoring the
implementation of women's rights include the followings:

Preamble of the UN Charter, which reaffirms " faith in fundamental human
rights, in the dignity and worth of the human person, in the equal rights of men
and women and of nations large and small" and Article 1 (3) of the UN Charter
which provides that one of the purposes of the United Nations is "to promote and
encourage respect for human rights and for fundamental freedoms for all without
distinction as to race, sex, language, or religion. "

Article 8 of the UN Charter, which provides that: " The United Nations shall
place no restrictions on the eligibility of men and women to participate in any
capacity and under conditions of equality in its principal and subsidiary organs. "

Article 13 (1) of the UN Charter, which stipulates that: " The General
Assembly shall initiate studies and make recommendations for the purpose of: ···
promoting international co-operation in the economic, social, cultural,
educational, and health fields, and assisting in the realization of human rights and
fundamental freedoms for all without distinction as to race, sex, language, or
religion. "

Article 55 in Chapter 9 of the UN Charter (International Economic and Social
Cooperation), which provides for that: "With a view to the creation of conditions
of stability and well-being which are necessary for peaceful and friendly relations
among nations based on respect for the principle of equal rights and self-
determination of peoples, the United Nations shall promote: a. higher standards of
living, full employment, and conditions of economic and social progress and
development; b. solutions of international economic, social, health, and related

problems; and international cultural and educational cooperation; and c. universal respect for, and observance of, human rights and fundamental freedoms for all without distinction as to race, sex, language, or religion. " Also Article 56 of the UN Charter, which provides that: "All Members pledge themselves to take joint and separate action in co-operation with the Organization for the achievement of the purposes set forth in Article 55. " The above provisions are the highest international law for both UN and its member states. ①

Article 62 of the UN Charter, which provides that: "1. The Economic and Social Council may make or initiate studies and reports with respect to international economic, social, cultural, educational, health, and related matters and may make recommendations with respect to any such matters to the General Assembly to the Members of the United Nations, and to the specialized agencies concerned. 2. It may make recommendations for the purpose of promoting respect for, and observance of, human rights and fundamental freedoms for all. 3. It may prepare draft conventions for submission to the General Assembly, with respect to matters falling within its competence. 4. It may call, in accordance with the rules prescribed by the United Nations, international conferences on matters falling within its competence. "

According to the above provisions of the UN Charter, all the six principal organs of the United Nations, namely the General Assembly, Security Council, ECOSOC, Trusteeship Council, International Court of Justice and the Secretariat, have undertaken the responsibilities of international protection of human rights (including women's rights). Among them, the General Assembly and ECOSOC have more prominent status and play a more important role in this respect.

The 1948 Universal Declaration of Human Rights declares that all human beings are born free and equal in dignity and rights and that everyone is entitled to all the rights and freedoms set forth in this Declaration, without distinction of any kind, such as sex. The 1966 International Covenant on Economic, Social and Cultural Rights (ICESCR) and International Covenant on Civil and Political Rights (ICCPR) require State Parties to ensure equal enjoyment by men and women of all economic, social, cultural, civil and political rights.

---

① Ian Brownlie, *Principles of Public International Law*, Chinese edition (translated by Zeng Lingliang and Yu Minyou) , (Beijing: Law Press China, 2003) , p. 628.

The 1979 CEDAW came into effect on September 3, 1981, after it had been ratified by 20 states. By August 29, 2012, it has a total of 187 State Parties. [1] CEDAW is known as the "Bill of Women's Rights" and "one of the most effective instruments that the United Nations has adopted to promote equality between the sexes in the societies of its States Members". [2] The Convention defines the concept of equality, establishes the international standard on the equality between men and women, and sets forth the steps to be taken in order to realize this equality. It requires State Parties to "take all appropriate measures, including legislation, to ensure the full development and advancement of women, for the purpose of guaranteeing them the exercise and enjoyment of human rights and fundamental freedoms on a basis of equality with men." [3]

Apart from the UN Charter and the CEDAW, the resolutions of UN General Assembly and other documents adopted by the UN world conferences on women are also the legal bases of the activities of UN bodies responsible for monitoring the implementation of women's rights.

The 1993 Vienna Declaration and Program of Action states in its Part I paragraph 18 that: "The human rights of women and of the girl-child are an inalienable, integral and indivisible part of universal human rights. The full and equal participation of women in political, civil, economic, social and cultural life, at the national, regional and international levels, and the eradication of all forms of discrimination on grounds of sex are priority objectives of the international community."

The series of documents adopted by world conferences on women are also legal bases in this respect; only they constitute "soft laws". The First World Conference on Women was held in Mexico City in 1975. It was followed by the United Nations Decade for Women (1976 − 1985). The UN declared the year 1975 International Women's Year. Since then, the UN has accelerated the process of

---

[1]   See http://treaties. un. org, visited on August 30, 2010.

[2]   Centre for Human Rights of the Office of UN High Commissioner for Human Rights: *International Human Rights Instruments: Compilation of General Comments and General Recommendations*, Adopted by Human Rights Treaty Bodies, HRI/GEN/1/Rev. 7, 12 May 2004, p. 235.

[3]   See Division for the Advancement of Women of the United Nations Secretariat, *The Convention on the Elimination of All Forms of Discrimination against Women and its Optional Protocol*, Handbook for Parliamentarians, UN publication, Sales No. E. 03. IV. 5 · ISBN 978 −92 −1 −130226 −4.

protection of women's rights. The Second World Conference on Women was held in Copenhagen in 1980, the third one was held in Nairobi in 1985, and the fourth one was held in Beijing in 1995. The Beijing Conference adopted the Beijing Declaration and Platform for Action. The Chinese government and Chinese people had made important efforts for the success of the Conference and for the drafting and adoption of this document.

The Beijing Declaration and Platform for Action emphasizes that all human rights—civil, cultural, economic, political and social, including the right to development—are universal, indivisible, interdependent and interrelated; that the human rights of women and the girl child are an inalienable, integral and indivisible part of universal human rights, and that the full and equal enjoyment of all human rights and fundamental freedoms by women and the girl child is a priority for Governments and the United Nations, being essential for the advancement of women.

According to the Beijing Declaration and Platform for Action, gender mainstreaming is the main way to protect women's rights. This involves focusing on the gender perspective and attention on making the objective of gender equality the centre of all activities, namely mainstreaming a gender perspective in policies, laws and regulations, so as to ensure that equality between men and women does not remain a mere declaration, but is fully embodied in all aspects of social life, changing the current situation in which male-dominated discourse is the mainstream.

The Beijing Declaration and Platform for Action demands that human rights of all women and the girl child form an integral part of United Nations human rights activities. Intensified efforts are needed to integrate the equal status and the human rights of all women and girls into the mainstream of United Nations system-wide activities, as well as to address these issues regularly and systematically throughout relevant bodies and mechanisms. This requires, inter alias, improved cooperation and coordination between the Commission on the Status of Women, the United Nations High Commissioner for Human Rights, the Commission on Human Rights[1], including its special and thematic rapporteurs, independent experts, working groups and its Subcommission on Prevention of Discrimination and

---

① The Human Rights Council has now already replaced the Commission on Human Rights.

Protection of Minorities, Commission on Sustainable Development, the
Commission for Social Development, Commission on Crime Prevention and
Criminal Justice, Committee on the Elimination of Discrimination against Women
and other human rights treaty bodies, and all relevant entities of the United Nations
system, including specialized agencies.

The Beijing Declaration and Platform for Action points out, these international
human rights instruments must be applied in such a way as to take more clearly into
consideration the systematic and systemic nature of discrimination against women
that gender analysis has clearly indicated. Gender inequality is deeply rooted in
almost all societies. Women and girl children are often discriminated against in the
distribution of economic and social resources. Such discrimination directly violates
their human rights; women all around the world are subjected to violence and
discrimination and are excluded from the decision-making process. Moreover, the
high maternal mortality rate is also a serious problem faced by the world
community. Gender equality is not merely a fundamental human right. The
realization of gender equality can bring about huge social and economic progress,
since empowering women will greatly promote economic development and the
growth of productive force.

The Beijing Declaration and Platform for Action also points out that, while
women are increasingly using the legal system to exercise their rights, in many
countries the lack of awareness of the existence of these rights is an obstacle that
prevents women from fully enjoying their human rights and attaining equality.
Experience in many countries has shown that women can be empowered and
motivated to assert their rights, regardless of their level of education or socio-
economic status. Legal literacy programs and media strategies have been effective in
helping women to understand the link between their rights and other aspects of their
lives, demonstrating that cost-effective initiatives can be undertaken to help women
obtain those rights. Provision of human rights education is essential for promoting
an understanding of the human rights of women, including the knowledge of
recourse mechanisms to redress violations of their rights. It is necessary for all
individuals, especially women in vulnerable circumstances, to have full knowledge
of their rights and access to legal recourse against violations of their rights.

The basic requirements of the Beijing Declaration and Platform for Action have
already been incorporated into the eight Millennium Development Goals by 2015 as

announced by the United Nations Millennium Declaration; namely, to fight against poverty, hunger, illness, illiteracy, and gender inequality. In 2000, the UN General Assembly adopted a resolution for further actions and initiatives to implement the Beijing Declaration and the Platform for Action. The Commission on the Status of Women also adopted relevant documents in its 49th session in 2005 and 59th session in 2010 respectively, reaffirming the commitment to continued implementation of the Beijing Declaration and the Platform for Action. [①]

II. General Human Rights Monitoring and Implementation Mechanisms of the UN

Although the UN Charter does not provide directly for concrete human rights implementation monitoring mechanisms, the UN has gradually established and been continuously improving the relevant mechanisms in its long-term practice of human rights protection. For example, the UN General Assembly can adopt recommendations on the protection of human rights, demand from certain state to cease violation of human rights or authorise the UN human rights monitoring bodies to examine human rights situation in a given country. [②]

Although general human rights monitoring mechanisms of the UN are not specifically designed for monitoring the implementation of women's rights, the protection of women's human rights is one of the important contents of such mechanisms.

2. 1   Human Rights Implementation Monitoring Mechanisms of Principal Organs of the UN

2. 1. 1   UN General Assembly and Its Human Rights Council

The UN General Assembly adopts each year a number of resolutions on human rights issues, including resolutions on the implementation of international conventions relevant to women's human rights and resolutions on the promotion of the protection of women's human rights.

---

① See *15 − year review of the implementation of the Beijing Declaration and Platform for Action (1995) and the outcomes of the twenty-third special session of the General Assembly (2000)*, Report of the 54th Session of the Commission on the Status of Women, E/2010/27 (SUPP) -E/CN. 6/2010/11 (SUPP).

② Shao Jin (ed.), *International Law*, (Beijing: Peking University Press, 2000), p. 307.

As the main decision-making organ of the UN, the General Assembly is at the same time the highest human rights monitoring and implementation body for all organs and member states of the UN. It is in this capacity that it has adopted a series of international human rights conventions and other international human rights instruments. After the adoption of each important human rights instrument, the General Assembly periodically adopts resolutions on the implementation of such instrument. For example, both the General Assembly resolutions 62/218 and 64/138, adopted in 2007 and 2009 respectively, concern the implementation of the CEDAW.

The Beijing Platform for Action provides in paragraph 312 that the UN General Assembly "should integrate gender issues throughout its work. It should appraise progress in the effective implementation of the Beijing Platform for Action, recognizing that these issues cut across social, political and economic policy. ⋯ should include the follow-up to the Conference as part of its continuing work on the advancement of women."

On March 15, 2006, the UN General Assembly adopted a resolution establishing a Human Rights Council under the General Assembly to replace the Commission on Human Rights, which was established under the ECOSOC. Different from the country-specific examination of human rights situation by the Commission on Human Rights, the Universal Periodic Review (UPR) under the Human Rights Council reviews the human rights records of all UN Member States once every four years. Understandably, the situation of women's rights, including women's social rights, is one of the main issues under the review and supervision carried out by the Human Rights Council.

2.1.2 ECOSOC

The ECOSOC is directly responsible for drafting international human rights instruments and for promoting and supervising the implementation of human rights.

According to paragraph 313 of the Beijing Platform for Action adopted by the Fourth World Conference on Women, the Economic and Social Council, in the context of its role under the Charter of the United Nations and in accordance with relevant General Assembly resolutions, would oversee system-wide coordination in the implementation of the Beijing Platform for Action and make recommendations in this regard.

Regional commissions have been established under the ECOSOC to be responsible for, *inter alia*, the promotion of human rights in different regions. The United Nations Economic and Social Commission for Asia and the Pacific (ESCAP) is responsible for the region in which China is located. Paragraphs 301 and 303 of the Beijing Platform for Action point out that "The regional commissions of the United Nations and other subregional/regional structures should promote and assist the pertinent national institutions in monitoring and implementing the global Platform for Action within their mandates." This should be done in coordination with the implementation of, respective regional platforms or plans of action and in close collaboration with the Commission on the Status of Women, taking into account the need for a coordinated follow-up to United Nations conferences in the economic, social, human rights and related fields" and that: "The regional commissions should, within their mandates, collaborate on gender issues with other regional intergovernmental organizations, non-governmental organizations, financial and research institutions and the private sector."

Many of the resolutions adopted and activities carried out by the ECOSOC involve women's rights. For example, among the resolutions adopted by the ECOSOC in 2009, Resolution No. 13 concerns future operation of the International Research and Training Institute for the Advancement of Women, Resolution No. 14 concerns the situation of and assistance to Palestinian women, and resolutions No. 15 and No. 16 concern the future organization and methods of work of the Commission on the Status of Women and its Working Group on Communications on the Status of Women.

2.1.3   UN Secretariat and Office of the UN High Commissioner for Human Rights

The Beijing Platform for Action provides in paragraph 326 for the women-related work of United Nations Secretary-General and of the Office of the Secretary-General as follows: "The Secretary-General is requested to assume responsibility for coordination of policy within the United Nations for the implementation of the Beijing Platform for Action and for the mainstreaming of a system-wide gender perspective in all activities of the United Nations, taking into account the mandates of the bodies concerned. The Secretary-General should consider specific measures for ensuring effective coordination in the implementation of these objectives. To this end, the Secretary-General is invited to establish a high-level post in the office of the Secretary-General, using existing human and financial resources, to act as the Secretary-General's adviser on gender issues and to help ensure system-wide implementation of the Beijing Platform for Action in close cooperation with the Division for the Advancement of Women".

Paragraph 326 of the Beijing Platform for Action points out: "The primary function of the Division for the Advancement of Women of the Department for Policy Coordination and Sustainable Development is to provide substantive servicing to the Commission on the Status of Women and other intergovernmental bodies when they are concerned with the advancement of women, as well as to the Committee on the Elimination of Discrimination against Women… The Secretary-General is requested to ensure more effective functioning of the Division by, inter alia, providing sufficient human and financial resources within the regular budget of the United Nations. "

2. 2　Human Rights Implementation Monitoring Mechanisms of the UN Specialized Agencies

Article 57 (1) of the UN Charter provides that: "The various specialized agencies, established by intergovernmental agreement and having wide international responsibilities, as defined in their basic instruments, in economic, social, cultural, educational, health, and related fields, shall be brought into relationship with the United Nations in accordance with the provisions of Article 63. " For example, United Nations Educational, Scientific and Cultural Organization (UNESCO) has established mechanisms for promoting the right to education around the world, including an individual complaint mechanism established in 1978. [1] For another example, the ILO has adopted a series of conventions on the protection of women's rights and established corresponding implementation mechanisms, such as Maternity Protection Convention, 1919 (C3) and Maternity Protection Convention (Revised), 1952 (C103). [2]

The Preamble of CEDAW considers the international conventions concluded under the auspices of the United Nations and the specialized agencies promoting equality of rights of men and women, as well as resolutions, declarations and recommendations adopted by the United Nations and the specialized agencies promoting equality of rights of men and women.

---

① UNESCO, Doc. 104 EX/Decision 3. 3, paragraph 10.
② Xu Xianming (ed.), *International Human Rights Law*, (Beijing: Law Press China, 2004), p. 361.

2.3   Monitoring Mechanisms Established under General Human Rights Treaties

According to paragraph 325 of the Beijing Declaration and Platform of Action, human rights treaty bodies should, within their mandate, also take due account of the implementation of the Beijing Platform for Action and ensure the integration of the equal status and human rights of women in their work.

The monitoring mechanisms established under the general human rights treaties, such as ICCPR and ICESCR, are all relevant to the protection and realization of women's social rights.

The monitoring mechanisms for the implementation of the general human rights treaties mainly include:

2.3.1   State Parties Reporting System

Article 16 of the ICESCR provides that: "1. The State Parties to the present Covenant undertake to submit in conformity with this part of the Covenant reports on the measures, which they have adopted, and the progress made in achieving the observance of the rights recognized herein. 2. (a) All reports shall be submitted to the Secretary-General of the United Nations, who shall transmit copies to the Economic and Social Council for consideration in accordance with the provisions of the present Covenant; (b) The Secretary-General of the United Nations shall also transmit to the specialized agencies copies of the reports, or any relevant parts there from, from State Parties to the present Covenant which are also members of these specialized agencies in so far as these reports, or parts there from, relate to any matters which fall within the responsibilities of the said agencies in accordance with their constitutional instruments."

2.3.2   Inter-state Complaint Mechanism

Article 10 of the Optional Protocol to the ICESCR provides for an inter-state communications procedure: "A State Party to the present Protocol may at any time declare under the present article that it recognizes the competence of the Committee to receive and consider communications to the effect that a State Party claims that another State Party is not fulfilling its obligations under the Covenant."

2.3.3   Individual Complaint Mechanism

Article 1 (1) of the Optional Protocol to the ICESCR provides that: "A State Party to the Covenant that becomes a Party to the present Protocol recognizes the competence of the Committee to receive and consider communications as provided for by the provisions of the present Protocol. " Article 2 of the Protocol provides that: "Communications may be submitted by or on behalf of individuals or groups of individuals, under the jurisdiction of a State Party, claiming to be victims of a violation of any of the economic, social and cultural rights set forth in the Covenant by that State Party. Where a communication is submitted on behalf of individuals or groups of individuals, this shall be with their consent unless the author can justify acting on their behalf without such consent. "

The Human Rights Committee, which is responsible for the supervision over the implementation of ICCPR, has the competence to accept individual complaints about the violation of the Covenant provisions on the equality between men and women, especially Article 26. For example: in the case of S. W. M. Broeks v. the Netherlands (Communication No. 172/1984). On April 9, 1987, the Committee extended the scope of application of the provision in ICCPR on prohibition of gender discrimination to the rights provided for in other instruments. Namely, women in State Parties to the ICCPR can also file complaints to Human Rights Committee against the violation of their right to equality in relation to rights guaranteed by other international human rights treaties—provided that such State Parties to the ICCPR are also State Parties to those other international human rights treaties.

III. Specialized UN Monitoring Mechanisms for the Implementation of Women's Rights

3. 1 Specialized UN Body for the Protection of Women's Rights: the Committee on the Elimination of Discrimination against Women

According to paragraphs 322 and 323 of the Beijing Platform for Action, "The Committee on the Elimination of Discrimination against Women, in implementing its responsibilities under the Convention on the Elimination of All Forms of Discrimination against Women, should, within its mandate, take into account the Platform for Action when considering the reports submitted by State Parties" and "State Parties to the Convention on the Elimination of All Forms of Discrimination against Women are invited, when reporting under Article 18 of the Convention, to include information on measures taken to implement the Platform for Action in order to facilitate the Committee on the Elimination of Discrimination against Women in monitoring effectively women's ability to enjoy the rights guaranteed by the Convention. " By August 29, 2012, CEDAW had a total of 187 State Parties.

Articles 17 – 22 of the CEDAW lay down the tasks of the Committee on the Elimination of Discrimination against Women (hereafter referred to as the Committee). According to these provisions, the Committee is responsible for the supervision over the implementation of the Convention by State Parties. Since its establishment in 1986, the Committee has already adopted 26 general recommendations on the issues relating to interpretation and application of the Convention. The most recent one is on the protection of migrant female workers.

The Committee's supervision over the implementation of the Convention is mainly carried out through the examination of reports submitted by State Parties. Based on the examination of these reports, the Committee puts forward various concluding observations, which emphasize positive aspects of the State Party reports and principal issues of concern, indicating what the Committee hopes the State Parties to include in their next reports. The Committee's examination of State Parties' reports is not an adversarial procedure. On the contrary, the Committee tries its best to establish constructive dialogues with State Parties. Although some members of the Committee may criticize a State Party on its behaviour in a specific area, other members of the Committee will make a significant effort to emphasize the progresses made by the State Party in other areas. Sessions of the Committee are always held in an atmosphere of free exchange of ideas, materials and suggestions. A proof of such sincere atmosphere is that the Committee has never formally declared the violation of the Convention by any State Party, but only pointed out the problems in State Parties through a series of questions and comments. However, this also means that the Committee has never put itself in a position to bring pressure on State Parties that seriously violate the Convention in order to force them to change their policies and legislation.

Under the Optional Protocol to CEDAW, the Committee has the competence to receive complaints by citizens of a State Party claiming to be the victims of violation of any of the rights set forth in the Convention. The purpose of the individual complaint procedure is to identify emerging trends and patterns of discriminatory practices against women, for the purposes of formulation of policy aimed at solving a wide-range of problems. By August 2010, a total of 99 countries have ratified the Optional Protocol, thereby recognizing the competence of the Committee to receive and consider communications submitted by their citizens. The cases like *Dung Thi Thuy Nguyen v. Netherlands* and *A. S. v. Hungary* show the consideration of individual complaints by the Committee has promoted the protection of women's rights to a certain degree. ①

2. Specialized UN Body for the Protection of Women's Rights: the Commission on the Status of Women

The Commission on the Status of Women was established in June 1946, in accordance with a resolution of the ECOSOC. As one of the functional commissions of the ECOSOC, it is a principal global policy-making body dedicated exclusively to gender equality and advancement of women. The main functions of the Commission include: to prepare recommendations and reports to the ECOSOC on promoting women's rights in political, economic, civil, social and educational fields; to make recommendations to the ECOSOC on urgent problems requiring immediate attention in the field of women's rights; and to draft instruments on the protection of women's rights so as to implement the principle of gender equality. For example, the Commission on the Status of Women drafted CEDAW. ②

According to paragraph 318 of Beijing Platform for Action, "As a functional

---

① Dung Thi Thuy Nguyen v. Netherlands, CEDAW Communication No. 3//2004; A. S. v. Hungary, CEDAW, Communication No. 4/2004.

② In November 1967, the General Assembly adopted the Declaration on the Elimination of Discrimination against Women. In 1972, the Secretary-General of the United Nations asked the Commission on the Status of Women to request the views of Member States regarding the form and content of a possible international instrument on the human rights of women. The following year, a working group was appointed by the Economic and Social Council to consider the elaboration of such a convention. In 1974, the Commission on the Status of Women began drafting a convention on the elimination of discrimination against women. The work of the Commission was encouraged by the results of the World Conference of the International Women's Year, which was held in 1975. A Plan of Action adopted at that Conference called for a "convention on the elimination of discrimination against women, with effective procedures for its implementation". For the next few years, the process of elaborating a convention continued within the Commission. In 1977, following submission to it of a draft instrument, the General Assembly appointed a special working group to finalize the draft. For the drafting history of CEDAW, see Fact Sheet No. 22, Discrimination against Women: The Convention and the Committee, available at: http://www.ohchr.org/Documents/ Publications/FactSheet22en.pdf, visited on October 13, 2012.

commission assisting the Economic and Social Council, the Commission on the Status of Women should have a central role in monitoring, within the United Nations system, the implementation of the Platform for Action and advising the Council thereon. It should have a clear mandate with sufficient human and financial resources, through the reallocation of resources within the regular budget of the United Nations to carry it out. "

Each year, representatives of UN member states gather together at the UN Headquarters in New York to assess the progresses they have made in gender equality, identify the relevant challenges and to adopt global standards and concrete policies for the promotion of equality and raising of women's status. The Commission's mandate was expanded in 1987 by ECOSOC resolution 1987/22 to include the functions of promoting the objectives of equality, development and peace, monitoring the implementation of measures for the advancement of women, and reviewing and appraising progresses made at the national, sub-regional, regional and global levels. Following the 1995 Fourth World Conference on Women, the General Assembly mandated the Commission to integrate into its program a follow-up process to the Conference, regularly reviewing the critical areas of concern in the Beijing Platform for Action and to develop its catalytic role in mainstreaming a gender perspective in United Nations activities. In 1996, the mandate of the Commission was further expanded to identifying emerging issues, trends and new approaches to issues affecting the situation of women or equality between women and men.

Forty-five Member States of the United Nations serve as members of the Commission at any one time. The Commission consists of one representative from each of the 45 Member States elected by the Council on the basis of equitable geographical distribution: thirteen members from Africa; eleven from Asia; nine from Latin America and Caribbean; eight from Western Europe and other States, and four from Eastern Europe. Members are elected for a period of four years. The Commission meets annually for a period of 10 working days.

The principal output of the Commission on the Status of Women is the agreed conclusions on priority themes set for each year. Agreed conclusions contain an assessment of progress, as well as of gaps and challenges. In particular, they contain a set of concrete recommendations for action by Governments, intergovernmental bodies and other institutions, civil society actors and other relevant stakeholders. In addition to the agreed conclusions, the Commission also adopts a number of resolutions on a range of issues, including women, the girl children and HIV and AIDS.

The annual report of the Commission is submitted to the ECOSOC for adoption.

The Division for the Advancement of Women is responsible for providing substantive support to the Commission in all aspects of its work. The Division is also responsible for facilitating the participation of civil society representatives in the Commission's annual session, as well as for the coordination of parallel events held at the United Nations during the sessions.

3. Specialized UN Body for the Protection of Women's Rights: UN Women

3. 1   Relevant UN Entities and Bodies before the Establishment of the UN Women

UN Women was created by merging and building on the following four previously distinct parts of the UN system that focused exclusively on gender equality and women's empowerment: United Nations Development Fund for Women (UNIFEM), International Research and Training Institute for the Advancement of Women (INSTRAW), Division for the Advancement of Women (DAW) and Office of the Special Adviser on Gender Issues and Advancement of Women (OSAGI).

3. 1. 1   UNIFEM

The UNIFEM was created in 1976 in response to a call from women's organizations attending the 1975 UN First World Conference on Women in Mexico City. On December 14, 1984, the UN General Assembly decided in Resolution 39/125 that the activities of the Voluntary Fund for the United Nations Decade for Women should be continued through establishment of a separate and identifiable entity in autonomous association with the United Nations Development Program, which would play an innovative and catalytic role in relation to the United Nations overall system of development co-operation. According to the resolution, the UNIFEM is the women's fund at the United Nations, dedicated to advancing women's rights and achieving gender equality. It provides financial and technical assistance to innovative programs and strategies that foster women's empowerment. Within this framework, the UNIFEM focuses on three areas: strengthening women's economic capability; mainstreaming a gender perspective into governance and leadership; and promoting women's human rights and eliminating all forms of violence against women.

The UNIFEM works on the premise that it is the fundamental right of every woman to live a life free of discrimination and violence, and that gender equality is essential to achieving development and to building just societies. UNIFEM maintains strong ties to both women's organizations and governments, linking them with the UN system to join national and international political action, and to create momentum for change.

The UNIFEM focuses its activities on one overarching goal: to support the implementation at the national level of existing international commitments to advance gender equality. In support of this goal, the UNIFEM works in the following thematic areas: enhancing women's economic security and rights, ending violence against women, reducing the prevalence of HIV and AIDS among women and girls, and advancing gender justice as part of democratic governance in stable and fragile states.

Being active in all regions and at different levels, the UNIFEM works with countries to formulate and implement laws and policies eliminating discrimination and promoting gender equality in areas such as land and inheritance rights, decent work for women, and ending violence against women. The UNIFEM also aims to transform institutions to make them more accountable to gender equality and women's rights, to strengthen the capacity and voice of women's rights advocates, and to change harmful and discriminatory practices in society.

The UNIFEM began to implement poverty-relief projects in China's Shandong Province in 1989. In 1992, the UNIFEM cooperated with National Statistics Bureau in developing a gender statistics system, so as to help the Bureau to incorporate a gender perspective into its work. Now the National Statistics Bureau has developed a relatively complete gender statistics system and is using it in the monitoring of programs for the development of women and children. The UNIFEM Beijing Office was formally established in October 1998. The Office adheres to the general principle of the UNIFEM applicable to all the countries of the world and is mainly devoted to the promotion of women's cause in China, Mongolia and North Korea.

The UNIFEM provides financial and technical assistance to innovative programs and policies to promote women's human rights, political rights, and economic security.

3.1.2 INSTRAW

Established in 1976 upon the Recommendation (s) of the World Conference on Women in 1975 in Mexico, the INSTRAW has been the only United Nations Institute devoted to serve as a vehicle at the international level to promote and undertake research and training programs that contribute to the advancement of women and gender equality worldwide. Its headquarters is located in the Dominican Republic.

The INSTRAW works in partnership with UN member states, civil society, and the United Nations System to carry out research and training activities on different issues at the national, regional and international levels. For example, it has done a large amount of decisive work in the field of gender statistics by quantifying domestic chores done by women, developing conceptual frameworks and research methodologies for measuring gender gaps at different levels, and by playing a pioneering role in measuring and valuing women's paid and unpaid work, including these contributions into the system of national accounts. Meanwhile, the INSTRAW has also carried out research on women's access to resources; for example, women's access to credit and water in Africa, Asia and Latin America, and on women's political participation in governance and political processes at the national, regional and international levels. In recent years, many of the studies by INSTRAW have highlighted the impact of globalization on women and the fundamental role played by men in the realization of gender equality.

INSTRAW has also made remarkable achievements in its training work.

3.1.3 DAW

The establishment of DAW can be traced back to 1946. It is now a division under the Department of Economic and Social Affairs of the UN Secretariat and carries out its work under the guidance of the Special Adviser on Gender Issues and Advancement of Women.

The DAW advocates the improvement of the status of the women of the world. It aims to ensure the participation of women as equal partners with men in all aspects of human endeavour. It promotes women as equal participants and beneficiaries of sustainable development, peace and security, governance and human rights. One of the tasks of DAW is to mainstream a gender perspective in all sectors both within and outside the UN system.

The main tasks of DAW include: strengthening its cooperation with governments, its partners in the United Nations system and civil society and giving full play to its role as a catalyst for advancing the global agenda on women's issues; conducting research, developing policy options, and fostering interaction between governments and civil society; strengthening the communications between international and domestic policy-making processes by promoting the adoption and implementation of global standards and norms; providing substantive services to the Commission on the Status of Women (CSW), the central intergovernmental body with the mandate to elaborate policies to achieve equality between women and men, and to the Committee on the Elimination of Discrimination against Women. For example, following the Fourth World Conference on Women, the Division has been encouraging the UN member states to submit written materials on strategies and plans of action for the implementation of Beijing Declaration and Platform of Action and materials on their compliance with other international instruments on the protection of women.

3. 1. 4   OSAGI

The OSAGI was established in 1997. The role played by the Special Adviser in promoting gender equality and advancement of women is a supportive and advisory one. In promoting, facilitating and supporting the implementation of gender mainstreaming throughout the United Nations, the Office of the Special Adviser has initiated consultations on gender mainstreaming with senior management in many different United Nations entities and developed methodologies, tools and information materials.

A strong, continued commitment to gender mainstreaming is one of the most effective means for the United Nations to support promotion of gender equality at all levels-in research, legislation, policy development, and in the activities on the ground, as well as to ensure that women as well as men can influence, participate in and benefit from development efforts. There is a continued need, however, to complement the gender mainstreaming strategy with targeted interventions to promote gender equality and women's empowerment, particularly where there are glaring instances of persistent discrimination of women and inequality between women and men. In response to calls at three global conferences on women—

Mexico, Copenhagen, and Nairobi—and the resulting General Assembly resolutions, the UN Secretariat has achieved the goal of gender balance and the target of 50/50 women and men in posts under its administration at all level, thereby setting a good example for the UN member states.

3. 2   Establishment and Operation of " UN Women"

For many years, the UN has faced serious challenges in its efforts to promote gender equality globally, including inadequate funding and no single recognized driver to direct the UN activities on gender equality issues.

On July 2, 2010, the UN General Assembly unanimously adopted at its 64th session a resolution that established the UN Women, a UN entity for gender equality and the empowerment of women, with a view to providing women and girls with a powerful voice in international community, strengthening the UN's role in women's advancement, and providing coherent, timely and demand-driven support to UN Member States, at their request, in their efforts to realize equality for all women and girls. The Entity, created by merging previously distinct parts of the UN system, was the result four years of negotiation between UN member states and represents a major achievement of the reform of the UN system. [1]

The UN Women will devote itself to giving full play to the following two key roles: to support inter-governmental bodies in their formulation of policies, global standards and norms; and to help Member States implement these standards and norms, standing ready to provide suitable technical and financial support to those countries that request it and to forge effective partnerships with civil society.

The UN Women became operational in January 2011. The UN Secretary-General appoints an Under-Secretary-General to head this new entity. This Under-Secretary-General, responsible for promoting gender equality and empowerment of women, will be a member of all senior UN decision-making bodies and will report to the Secretary-General.

The UN Women has a general responsibility to deal with women-related issues in any country in the world. It will strengthen the coherence of UN's work on gender-related issues and enhance, but not replace, the efforts by other parts of the UN system, which will continue to work for gender equality and women's

---

[1]   See UN Women: United Nations Entity for Gender Equality and the Empowerment of Women, http://www. unwomen. org/, last visited August 5, 2010.

empowerment in their areas of expertise. It will also help the UN system to be accountable for its own commitments on gender equality by regular monitoring of system-wide progress.

The UN Women is headquartered in New York and funded by both voluntary contributions and the regular UN budget.

Currently, no country in the world has either completely realised both *de jure* and *de facto* gender equality or truly eliminated the phenomenon of discrimination against women. Women in general are still subjected to various forms of discrimination: the rights, resources and opportunities they are able to obtain are very limited. An international mechanism for monitoring the implementation of women's rights is indispensable to the improvement of this situation. To further raise the level of protection of women's rights, China should integrate itself fully into the UN mechanism for the implementation of women's rights; it can do so, *inter alia*, by accepting the individual complaint mechanism established under the CEDAW.

(Translated by Li Xixia)

International Monitoring Mechanisms for Women's Social Rights

Dai Ruijun[*]

I. International Legal Standards for Women's Social Rights

Social Rights are often referred to as a group of fundamental human rights. "The right to social security" and "the right to health" have repeatedly been affirmed as social rights in a number of international human rights treaties, although it is still controversial as to what rights else ought to be considered as social rights. For example, the Universal Declaration of Human Rights (UDHR) has been proclaimed " as a common standard of achievement for all peoples and all nations". [①] Its Article 22 lays down that "Everyone, as a member of society, has the right to social security and is entitled to realization of the economic, social and cultural rights indispensible for his dignity and the free development of his personality". Article 25 (1) provides that "Everyone has the right to a standard of living adequate for the health and well-being of himself and of his family, including food, clothing, housing and medical care and necessary social services, and the right to security in the event of unemployment, sickness, disability, widowhood, old age or other lack of livelihood in circumstances beyond his control". These two

---

[*]   The Institute of International Law, Chinese Academy of Social Sciences.
①   UDHR, Preamble.

provisions focus on the right to social security and enumerate specific contents of the right to social security. Another example is the International Covenant on Economic, Social and Cultural Rights (ICESCR), which gives legal force to several social rights enshrined in UDHR. In its Article 9, ICESCR expressly provides that "The State Parties to the present Covenant recognize the right of everyone to social security, including social insurance". Furthermore, its Article 12 specifically stipulates the right to health as "the right of everyone to the enjoyment of the highest attainable standard of physical and mental health", and obliges State Parties to take necessary steps "to achieve the full realization of this right".

Equality and non-discrimination is a fundamental principle of international human rights law. It guarantees the equal right of men and women to enjoy social rights enunciated in international human rights treaties. In the same vein, Article 3 of the ICESCR provides that, "State Parties to the Covenant undertake to ensure the equal right of men and women to the enjoyment of all economic, social and cultural rights set forth in the present Covenant". Moreover, some international human rights legal documents targeting promotion and protection of women's rights further strengthen women social rights. For instance, the Convention on the Elimination of All Forms of Discrimination against Women (CEDAW) can be seen as the "bill of women's human rights", it provides a detailed elaboration of the women's right to health and their right to social security. Article 11 the Convention requires State Parties to take all appropriate measures to ensure the enjoyment of the right to social security and the right to health on a basis of equality of men and women; Article 12 stipulates women's right to health and health care during pregnancy and lactation; Article 14 specially emphasizes rural women's right to health and social security.

Many regional human rights treaties also recognize the right to social security and the right to health as fundamental human rights. For example, the European Social Charter provides for the right to the enjoyment of "the highest possible standard of health attainable" in Article 11 and "the right to social security" in Article 12. The Charter of Fundamental Rights of the European Union provides for the right to "social security and social assistance" in Article 34 and the right to "health care" in Article 35. Article 16 of the African Charter on Human and People's Rights confirms the right to "enjoy the best attainable state of physical and mental health". The Protocol to the African Charter on Human and People's Rights on the Rights

of Women in Africa stresses women's economic and social welfare rights in Article
13, and health and reproductive rights in Article 14. The Additional Protocol to
the American Convention on Human Rights in the Area of Economic, Social and
Cultural Rights recognizes the right to social security and the right to health in
Article 9 and Article 10 respectively.

All of these international human rights documents constitute the international legal
standards for social rights protection, as well as major legal basis for the operation of
international monitoring mechanisms for social rights.

II. The International Monitoring Mechanisms
for Women's Social Rights

The international monitoring mechanisms for women's social rights comprise not
only general international human rights monitoring mechanisms but also special
mechanisms for social rights.

2.1   The Nature of International Human Rights Monitoring Mechanisms

The International human rights monitoring mechanisms are an outcome of the
international human rights movement. After experiencing the unprecedented
atrocities during the two world wars, people worldwide came to realize the need
for protecting human rights at the international level. Since its establishment, the
United Nations (UN) has been committed to "promoting and encouraging respect
for human rights and for fundamental freedoms for all". Under the auspice of the
UN and other inter-governmental organizations, the international cause of human
rights protection has become increasingly flagged. Nowadays, there are already
established institutions and procedures both at the UN level and at the regional level
for systematic monitoring of state parties' fulfilment of obligations of the protection
of human rights. These institutions and procedures are often referred to as the
international human rights monitoring mechanisms.

The international human rights monitoring mechanisms is an important
instrument of the human rights protection at the international level. Generally
speaking, human rights promotion and protection at the international level is
carried out by States and international organizations, and according to international

human rights treaties or customary international human rights law. Their key objective is to prevent or impose sanctions for violations of human rights respectively. The international protection of human rights not only focuses on the imposition of sanctions and penalties for serious human rights abuses endangering the international peace and security; more importantly, it aims to promote universal realization of human rights worldwide through joint efforts and mutual cooperation of the international community. The latter is the core and normal state of international human rights protection, and is carried out mainly by international human rights monitoring institutions in accordance with international monitoring procedures.

The analysis of the nature of the international human rights monitoring mechanism shall be carried out in comparison with that of national human rights protection mechanism. Firstly, domestic protection of human rights is the cornerstone of human rights protection. It is undeniable that domestic protection is the foremost and primary approach to promote and guarantee the realization of human rights. On the other hand, effectiveness of the international human rights protection ultimately relies on the operation of domestic mechanism of human rights protection. Secondly, the international human rights protection is a supplement to the domestic human rights protection. The Government of a State undertakes the main obligation to protect human rights; on the other hand, it is the primary source of human rights violations. Practice has proved that in many cases it is hard to obtain good results if people merely rely on the government's self-consciousness, self-constraint and its own strength to improve human rights situation. Therefore, for the government who has no willingness to improve human rights, it is necessary to take international action to stimulate it; for the one who has no consciousness to improve, it is necessary to take international action to arouse it; and for the one who is unable to improve, it is necessary to provide with support and assistance from the international community for the human rights protection. In short, in case that the development of domestic protection of human rights became stagnant, the international protection of human rights is required as an external force to push forward, and as a supplement. Thirdly, international human rights protection is to promote and monitor the implementation of human rights rather than to replace domestic human rights protection. As Louis Henkin pointed out, "international human rights law is not to replace national laws and mechanisms when there are deficiencies in national human rights protection, but to endeavour to improve national laws and mechanisms of the country and to make them work more efficiently".① Even the most influential mechanism-European Human Rights Mechanism always emphasizes the principle of subsidiarity. When referring to domestic human rights protection mechanisms, the European mechanism asserts that regional human rights documents are not list of norms, instead they set up standards and leave States to choose the method of interpretation; it is upon the regional human rights court to ensure the consistency between the standards of the conventions and the interpretation of the States. Putting in place an effective protection of universal human rights still relies on domestic courts, national legislations and the executive branches, rather than a weak regional judicial monitoring system.②

2.2　The Components of the International Human Rights Monitoring Mechanisms

The international human rights monitoring mechanisms can be described with a view to both the UN level and regional level.

At the UN level, the international human rights monitoring mechanisms can be further divided into charter-based mechanisms and treaty-based mechanisms. Having "promoting and encouraging respect for human rights and fundamental freedoms for all" as one of its purposes, the United Nations has developed a system of institutions and procedures to promote human rights, which are frequently referred to as the charter-based mechanisms. In accordance with Article 68 of the Charter of the United Nations, the UN Economic and Social Council (ECOSOC) established the Commission on Human Rights in 1946. The latter became the core organ within the United Nations to deal specifically and comprehensively with all human rights related issues. It was a subsidiary body of the ECOSOC. In 2006, the Commission on Human Rights was replaced by the United Nations Human Rights Council (HRC), which was set up directly under UN General Assembly (GA).

---

① CF: Pang Sen: *Contemporary Human Rights Study Series*, (Chengdu: Sichuan People's Press, 1991), p. 66.

② See Lord Lester of Herne Hill, "Universality versus Subsidiarity: a reply", in *European Human Rights Law Review*, No. 1 1998. CF: Rachel Murray, "A Comparison between the African and European Courts of Human Rights", in *African Human Rights Law Journal*, Vol. 2 No. 2 2002, p. 210.

The Sub-Commission on the Promotion and Protection of Human Rights (before 1999, known as the Sub-Commission on Prevention of Discrimination and Protection of Minorities) acting as a think tank of the UN Commission on Human Rights was wound up in 2006. In 2008, the Human Rights Council Advisory Committee composed of 18 independent experts was elected as the think tank of the Human Rights Council. The Charter-based mechanisms mainly consist of the UN Human Rights Council and a range of activities and procedures carried out under its auspices, which include the universal periodic review procedure established by the Human Rights Council, special procedures and complaint procedures assumed from the Commission on Human Rights.

At the UN level, there exists another kind of important mechanism, i. e. the UN treaty-based human rights mechanisms. Since the establishment of the United Nations, a number of important human rights treaties have been concluded under its auspice. Each of the eight core human rights treaties currently in force has its own treaty body and monitoring procedure. The human rights treaty bodies are committees[1] established according to the respective core human rights treaties in order to monitor State Parties' fulfilment of their obligations under the treaties. They are composed of independent experts, who have a profound knowledge in the field of human rights, and are expert agencies. The treaty bodies carry out their mandates through one or several of the following procedures: State reporting, individual communication, inter-state complaints, and inquiry and visit.

At the regional level, Europe, America and Africa have successively established regional human rights monitoring mechanisms on the basis of regional human rights treaties.

In Europe, the European Convention for the Protection of Human Rights and Fundamental Freedoms (commonly known as the European Convention on Human Rights) and the European Social Charter have been concluded under the auspices of the Council of Europe, and corresponding monitoring mechanisms were

---

[1]　Although the Committee on Economic, Social and Cultural Rights was not established under the International Covenant on Economic, Social and Cultural Rights, the Committee that monitors implementation of the human rights treaty is called "treaty body" has been generally accepted by the international community, including the Office of the United Nations High Commissioner for Human Rights.

also established under the two treaties. The function of the European Court of Human Rights is "to ensure the observance of the engagement undertaken" by the contracting states, and deliver opinions for individual communications. State Parties under the European Social Charter have obligations to submit regular reports to the Secretary-General of the Council of Europe.

In America, the Inter-American Commission on Human Rights, which was established by Organization of American States, drafted the American Convention on Human Rights and set up the Inter-American Court of Human Rights in accordance with the Convention. The American Convention on Human Rights provides for a monitoring role for the Inter-American Commission on Human Rights under the Convention, including the compulsory jurisdiction of the individual complaints from the State Parties to the Convention. On the other hand, as one of the principal institutions of the Organization of American States, the Inter-American Commission on Human Rights also has the competence to conduct research and make field surveys concerning the human rights situation in the member states of the Organization of American States, and may accept individual complaints against State Parties for their alleged violation of the rights enunciated in the American Declaration of the Rights and Duties of Man. As a result, some member states of the Organization of American States who have not ratified the American Convention on Human Rights, such as the United States and Canada, are under the supervision of the Inter-American Commission on Human Rights in the field of human rights situation.

In Africa, African Commission on Human and People's Rights was established under the African Charter on Human and People's Rights to review state reports, receive and consider individual communications and inter-state complaints. The African Court of Justice and Human Rights, which was established in 2006, began its operation in 2008; it has dispute and advisory jurisdiction similar to that of the European Court of Human Rights and the Inter-American Court of Human Rights.

The general human rights monitoring mechanisms more or less involve in examining and monitoring States' enforcement of social rights. Some of these mechanisms are targeted to women's social rights directly, i. e., human rights monitoring mechanisms especially for women's social rights.

2.3   The Components of the International Monitoring Mechanisms for Women's Social Rights

The current international human rights monitoring mechanisms, which directly deal with women's social rights, include special procedures for social rights, state reporting procedure, individual communications, and general comments or recommendations on social rights adopted by treaty bodies.

2.3.1   Special Procedures on Social Rights

Special procedures fall into the category of the charter-based mechanisms. They can be divided into thematic mandates and country mandates. Thematic mandates are to address thematic issues in all parts of the world, and are usually carried out by Special Rapporteurs designated by the UN Human Rights Council. Mandate holders of the special procedures serve in their personal capacity and their positions are honorary. The experts are not staffs of the United Nations. They express their views in an independent capacity and do not represent their respective governments. The mandate holders can carry out various activities in the special procedures, including responding to individual complaints, conducting studies, providing advice on technical cooperation at the country level, and engaging in general promotional activities. They submit an annual report to the General Assembly and the UN Human Rights Council and could publicly reveal human rights information of a country, which could exert some pressure on the county as well as create a public opinion. Although the Special Rapporteurs' reports do not have legally binding force, given the authority of the Special Rapporteurs in the field of human rights, their reports will to a large extent guide understanding of a human rights issue by related parties.

There are two thematic mandates dealing with women's social rights, namely "Special Rapporteur on the right of everyone to the enjoyment of the highest attainable standard of physical and mental health" and "Special Rapporteur on violence against women, its causes and consequences".

a. Special Rapporteur on the right of everyone to the enjoyment of the highest attainable standard of physical and mental health

The Commission on Human Rights appointed in 2002 a Special Rapporteur on the right of everyone to the enjoyment of the highest attainable standard of physical and mental health. The Human Rights Council assumed this mandate in 2007. The scope of the mandate of the Special Rapporteur on the right to health consists of the following elements: to gather, request, receive and exchange the right to health information from all relevant sources; to develop a regular dialogue and discuss possible areas of cooperation with all relevant actors, including Governments, relevant UN bodies, specialized agencies and programmes, in particular the World Health Organization, as well as non-governmental organizations and international financial institutions; to report on the status, throughout the world, of the realization of the right to health, including on laws, policies and good practices most beneficial to its enjoyment and obstacles encountered domestically and internationally to its implementation; to make recommendations on appropriate measures to promote and protect the realization of the right to health, etc. It is worth noting that the Special Rapporteur is further asked to apply a gender perspective and to take into account the General Comment No. 14 of the Committee on Economic, Social and Cultural Rights and the General Recommendation No. 24 of the Committee on the Elimination of Discrimination against Women. This lays down the basis for the Special Rapporteur to pay attention to women's special experiences on the enjoyment of the right to health.

In the discharge of these functions, the Special Rapporteur may conduct country visits as well as receive and consider communications from individuals. The carrying out of country visits is an essential element of the mandate. The aim of such visits is to obtain first-hand information on the right to health, to report on his findings and to propose, in a spirit of cooperation and assistance, recommendations to improve situations identified as matters of concern. Since 2003, the Special Rapporteur has delivered 13 reports on visits to different countries. Responding to individual complaints is another important component of the Special Rapporteur's mandate. In the framework of his/her mandate, the Special Rapporteur receives information on alleged violations of the right to health, he/she may accordingly write to the concerned government, either jointly with other special procedure mandate-holders or independently, inviting comment on the allegation, seeking clarification, reminding the Government of its obligations under international law in relation to the right to health and requesting information, where relevant, on steps being taken by the authorities to redress the situation in question.

The Special Rapporteur on the right to health reports annually to the Human Rights Council (the Commission on Human Rights before 2006) and the UN

General Assembly on the status of the right to health around the world. Until 2008, the Rapporteur has delivered reports, among others, on the following issues: to promote the right to health as a fundamental human right; poverty and the right to health; World Trade Organization and the right to health; human rights education for health professionals; the rights to sexual and reproductive health; violence prevention and the right to health; mental disability and the right to health; a human rights-based approach to health indicators; health systems and the right to the highest attainable standard of health.

b. Special Rapporteur on violence against women, its causes and consequences

Violence against women constitutes a direct violation of women's right to health. In 1994, the UN Commission on Human Rights appointed the Special Rapporteur "on violence against women, its causes and consequences", the Human Rights Council extended this mandate in 2008.

According to his/her mandate, the Special Rapporteur is requested to seek and receive information on violence against women and its causes and consequences from Governments, treaty bodies, the UN specialized agencies, other Special Rapporteurs responsible for various human rights questions and intergovernmental and non-governmental organizations, and to respond effectively to such information; to recommend measures, ways and means, at the national, regional and international levels to eliminate all forms of violence against women and its causes, and to remedy its consequences; to work closely with other Special Rapporteurs, special representatives, working groups and independent experts, and especially to cooperate closely with the Commission on the Status of Women in the discharge of its functions.

Country visits and responding to individual complaints are the main activities for the Special Rapporteur on violence against women in the discharge of his/her mandate as well. As of 2009, the Special Rapporteur on violence against women has visited more than 30 countries, either separately or jointly with other Special Rapporteurs and independent experts and working groups, and has delivered relevant reports on violence against women in different countries. As for individual complaints, the Special Rapporteur transmits allegation letters (communications) and urgent appeals to States regarding alleged cases of violence against women, which he/she receives. Urgent transmissions may be sent by the Special Rapporteur to concerned governments when reliable and credible information is received concerning

cases which involve an imminent threat, or fear of threat, to the right to personal
integrity or the life of a woman. For those communications that do not require
urgent action but relate to violations that already occurred and/or represent the
general patterns of violations, the Special Rapporteur may send allegation letters
requiring governments to clarify the substance of the allegations received. It should be
emphasized that the dialogue established with governments by the Special Rapporteur
and the transmission of the allegations concerning their countries in no way imply any
kind of accusation or value judgment on the part of the Special Rapporteur, but
rather a request for clarification with a view to trying to ensure, along with the
government concern, effective prevention, investigation, and punishment of acts of
violence against women and compensation for victims of such violations.

The Special Rapporteur on violence against women is requested to submit a
report on the activities undertaken and themes analysed under the mandate to a
regular session of the UN Human Rights Council on an annual basis (to the annual
session of the Commission on Human Rights before the establishment of the UN
Human Rights Council). Since 1995, the Special Rapporteur has reported,
among others, on the following issues: violence against women in the family;
violence in the community; violence perpetrated and/or condoned by the state;
trafficking in women, women's migration and violence against women; race,
gender and violence against women; violence against women perpetrated and/or
condoned by the State during the times of armed conflict; cultural practices in the
family that are violent towards women; towards an effective implementation of
international norms to end violence against women; HIV/AIDS and violence
against women; intersections between culture and violence against women;
indicators on violence against women and State response; political economy and
violence against women.

2.3.2   State Reporting Procedures on Social Rights

State reporting procedures under the different treaty-based mechanisms are the
only mandatory procedures of State Parties under each core UN human rights
treaty. Within one or two years after ratification or acceding to a core human rights
treaty, a State Party undertakes the obligation to submit an initial report and
thereafter every four or five years a periodic report, which are reviewed by relevant
treaty bodies and concluding observations or general recommendations are adopted.

There are two core international human rights treaties, which expressly provide women's social rights. One is the ICESCR, according to which the State Parties shall submit their initial reports within two years of the entry into force of the Covenant and thereafter periodic reports at five-year intervals. Another one is the CEDAW, under which the State Parties shall submit their initial reports within one year of the entry into force and thereafter periodic reports at every four years. The State reports shall include the measures, which they have adopted for the protection and realization of women's social rights, difficulties encountered, and a plan of action for the progressive implementation.

On receipt of States Parties' initial and periodic reports, the treaty bodies are to formulate, on the basis of the State Parties' reports and other information available to the treaty bodies (information from the UN specialized agencies, national human rights institutions, and NGO submissions, etc.) a list of issues and questions which is transmitted to the State Party in advance of the session at which the treaty body will consider the report. The State Party may submit written responses to the list of issues. Then a constructive dialogue between the treaty body and the State Party delegation will be held. The aim is to assist the Government in its efforts to implement the treaty as fully and effectively as possible. In the dialogue process, a number of treaty bodies also invite representatives of the UN specialized agencies, national human rights institutions and NGOs to attend the session and even provide them with the opportunity to speak. The examination of the report and the constructive dialogue culminate in the adoption of "concluding observations", intended to give the reporting State practical advice and encouragement on further steps to implement the rights contained in the treaty. In order to assist States in implementing their recommendations, the treaty bodies have begun to introduce procedures ensuring effective follow-up to their concluding observations. UN bodies, national human rights institutions and NGOs are always invited to assist the implementation of concluding observations.

2.3.3   Individual Complaints Procedure on Social Rights

The individual complaints procedure is optional for State Parties. A treaty body cannot consider complaints relating to a State Party unless the State has expressly recognized the competence of the treaty body in this regard, either by a declaration under the relevant treaty article or by accepting the relevant Optional Protocol. Currently, the Optional Protocol to the ICESCR provides for the individual complaints procedure; however, this Optional Protocol has not yet come into force. The Optional Protocol to the CEDAW (OP-CEDAW), which provides the communications procedure, entered into force in 2000; by 29 August 2012, OP-CEDAW had had a total of 104 State Parties. [1] However, the number of complaints that the Committee on the Elimination of Discrimination against Women received is small. As of November 2009, the Committee had received 24 individual complaints, among which 16 were concluded and 8 cases were still pending.

After a complaint is registered, the treaty body firstly makes its decision on the admissibility of the complaint. Once the treaty body finds that the complaint has met the admissibility criteria, it will proceed with the examination of the merits of the complaint and at the conclusion of the examination will deliver an opinion on whether there has been a violation of the treaty right. Speaking from a strictly legal sense, opinions of treaty bodies are not decisions of judicial institutions and have no binding legal force. In many cases, however, State Parties have bona fide implemented the Committee's recommendation and granted a remedy to the complainant. Meanwhile, some treaty bodies have introduced procedures ensuring effective follow-up of their opinions. For instance, the Committee on the Elimination of Discrimination against Women requests State Parties to report on their implementation of the concluding recommendations within a specified period or in their next reports.

2. 3. 4   General Comments/Recommendations on Social Rights Adopted by Treaty Bodies

Each of the treaty bodies publishes its interpretation of the provisions of the human rights treaty it monitors in the form of General Comments (CERD and CEDAW used the term "General Recommendations"). The General Comments or the General Recommendations adopted by treaty bodies cover a wide range of subjects, ranging from comprehensive interpretation of substantive provisions to general guidance on the information that should be submitted in State reports relevant for specific articles of the treaties. Although the General Comments or the General Recommendations do not have a binding legal force, considering authority and their independence of the treaty body members, State Parties have always paid close attention to the Comments and Recommendations. In practice, the General Comments or the General Recommendations have to some extent become the guideline to State Parties in fulfilling their obligations under human rights treaties.

---

[1]   Source: http://www.un.org, last visited 30 August 2012.

Up to now, both the Committee on Economic, Social and Cultural Rights and the Committee on the Elimination of Discrimination against Women have adopted several General Comments or General Recommendations on women's social rights.

a. General Comment No. 14 on "the Right to the Highest Attainable Standard of Health" adopted by the Committee on Economic, Social and Cultural Rights

In 2000, the Committee on Economic, Social and Cultural Rights adopted the General Comment No. 14 on the Article 12 of the ICESCR. In its General Comment No. 14, the Committee elaborates on how to adequately understand the right to health and how to take measures to guarantee the realization of right to health. The Committee especially recommends that States integrate a gender perspective in their health-related policies, planning, programmes and research, in order to promote equal right to health for both women and men. Furthermore, it gives specific interpretation on women's right to health.

b. General Comment No. 19 on "the Right to Social Security" of the Committee on Economic, Social and Cultural Rights

In 2008, the Committee on Economic, Social and Cultural Rights adopted its General Comment No. 19 on Article 9 (the right to social security) of the ICESCR. This General Comment focuses on the normative content of the right to social security, on State Parties' obligations, on violations and on implementation at the national level. It also includes special contents on interpreting how State Parties safeguard the right to equal enjoyment of social security between men and women.

c. General Recommendation No. 19 on "Violence against Women" of the Committee on the Elimination of Discrimination against Women

In 1992, the Committee on the Elimination of Discrimination against Women pointed out in its General Recommendation No. 19 that gender-based violence is a form of discrimination against women, and it seriously inhibits women's ability to enjoy rights and freedoms on a basis of equality with men, including "the right to highest attainable standard of health". The Committee analysed the Convention article by article, identified different forms of gender-based violence and the consequences, and made a long list of specific recommendations to be undertaken by State Parties, in order to prevent and eliminate violence against women.

d. General Recommendation No. 24 on "Women and Health" of the Committee on the Elimination of Discrimination against Women

The General Recommendation No. 24 was adopted in 1999 on Article 12 of the

Convention on the Elimination of All Form of Discrimination against Women, regarding the elimination of discrimination against women in the field of health care. In its Recommendation No. 24, the Committee elaborates its understanding of Article 12, the relationship between Article 12 and other Articles of the Convention, and provides a list of recommendations for actions by government.

The adopted General Comments/Recommendations not only provide guidance for State Parties on the measures to be taken to ensure full compliance with their obligations to protect women's social rights, but also have in some cases become supplementary grounds for treaty bodies to monitor State Parties. In practice, the influence of the General Comments/Recommendations has far exceeded its functions designed based on their legal status.

III. Operation of the International Monitoring Mechanisms for Women's Social Rights: China and the Netherlands Perspectives

As a kind of an external monitoring mechanism, the effectiveness of the international monitoring mechanisms for women's social rights depends primarily on the degree to which it is accepted in States Parties. For instance, although both China and the Netherlands affirm the value of respecting and safeguarding human rights, the impacts of the international human rights monitoring mechanisms in these two countries are different due to their different degrees of openness to the international mechanisms.

When it comes to the charter-based mechanisms for social rights, both China and the Netherlands are Member States of the United Nations and therefore they are under the Universal Periodic Review, whereby the overall human rights situation of the two countries is reviewed in the UN Human Rights Council. In addition, in April 2001, the Netherlands issued standing invitations to the HRC special procedures,[1] which mean the country will always accept requests to visit from all special procedures of the Human Rights Council. On the other hand, up to now,

---

[1]　There were 91 countries which had issued the standing and open invitations to the HRC special procedures by 1 June 2012. http://www.ohchr.org/EN/HRBodies/SP/Pages/Invitations.aspx, last visited 2 November, 2012.

China has not issued this kind of invitation, and will respond to requests from the HRC special procedures case by case. Both China and the Netherlands have ratified the ICESCR and the CEDAW. However, the Netherlands has also ratified the Optional Protocol to the CEDAW, which includes both the individual complaints procedure and the inquiry procedure, while China has not accepted any individual complaints procedure till now. From the above analysis, we know that there are at least four international mechanisms monitoring the Netherlands' enforcement of social rights, i. e., the Universal Periodic Review, the Human Rights Council special procedures, the state reporting procedure and the individual complaints procedure; for China, there are two ways for the international mechanisms to supervise its enforcement of social rights, that is the Universal Periodic Review and the state reporting procedure.

3. 1   The Universal Periodic Review of Women's Social Rights by the Human Rights Council

The Universal Periodic Review (UPR) process in the UN Human Rights Council is a procedure under which the human rights records of all UN Member States are to be reviewed periodically by the UPR Working Group, which consists of the 47 Council members. Beginning with the year 2008, this mechanism will take four years to carry out the first round of review of the human rights situation in all 192 Member States of the United Nations. The Universal Periodic Review of a UN Member State is mainly based on international human rights treaties ratified by the State.

3. 1. 1   Review of the Netherlands by the HRC

On April 15th 2008, the Netherlands was reviewed by the UPR Working Group. During the review session, many comments, questions and recommendations were raised as regards the protection of women's rights (including women's social rights), especially those on " violence against women " which directly jeopardizes women's right to health. The delegation of the Netherlands responded respectively to the questions. For example, in response to the question raised by Sweden, Canada, and India with regard to violence against women, following the report of the Special Rapporteur on violence against women, one delegate replied that the Netherlands was working on a new action programme on domestic violence. Extra attention would be paid to prevention and early identification of domestic violence. Policy would focus on removing obstacles with respect to the exchange of information between professionals in the field of domestic violence. A national awareness campaign on violence against women was launched, as were a national hotline and a special website in April 2007. Regarding all forms of violence against women, such as sexual crimes, domestic violence, abuse and honour-related violence, the Emancipation Monitoring addresses this with statistics and updates on prevalence and type of violence. ① After the review by the Working Group, the Netherlands submitted documents further responding the recommendations from relevant countries during the review session. In the area of domestic violence, the Netherlands launched a publicity programme among various departments, in order to enhance understanding of the nature of the gender-related domestic violence. The programme is coordinated by the Ministry of Justice. With regard to the recommendations concerning honour-related violence, the Netherlands is preparing special education programmes for schools. The Netherlands would provide to the Committee on the Elimination of Discrimination against Women with more information on the implementation of its Recommendations in the Fifth periodic report.

3.1.2 *Review of China by the HRC*

On February 9, 2009, the Universal Periodic Review Working Group reviewed China. During the review session, many countries provided questions and recommendations closely relating to women's social rights. For instance, the Philippines recommended that China continue its endeavour to build a sound social security system, supporting services commensurate with national conditions, as well as its level of social and economic development. South Africa recommended that China intensify its efforts to improve its health infrastructure, including access to health services, especially for vulnerable groups like women, children, the elderly, etc. China appreciated and expressly supported these recommendations. ②

From the review of the Netherlands and China by the UPR Working Group, it can be said that these two countries showed willingness to cooperate with UPR, made sufficient preparation for the review, responded to questions actively and took

---

① UN Doc. A/HRC/8/31, Report of the Working Group on the Universal Periodic Review, the Netherlands, paras. 18 & 34.

② UN Doc. A/HRC/11/25, Report of the Working Group on the Universal Periodic Review, China, paras. 32 & 40.

the recommendations seriously. From this perspective, the review played a positive role in promoting the protection of women's social rights in both of these countries.

3. 2   Special Procedures on Women's Social Rights

China has not issued any invitation to special procedures relating to women's social rights.

In 2006, the Netherlands accepted the request for a country visit of Special Rapporteur on " Violence against women: its causes and consequences ". The mission of the Rapporteur for the Netherlands focused on three areas: domestic/ intimate-partner violence, violence in the context of prostitution, and the situation of immigrant, asylum-seeking and refugee women. After the visit, the Rapporteur pointed out that while the Government was committed to combating all forms of gender-based violence, it identified it mainly as an integration problem to be addressed within a law and order framework. Such an approach failed to recognize the gendered nature of the problem. This not only hampered the overall effectiveness of the State response to violence against women, but also resulted in a selective response whereby some forms of violence became normalized and others were perceived as a cultural problem. Therefore, the Rapporteur recommended the Government of the Netherlands to improve the gender-equality policy and institutional framework, to eliminate all forms of discrimination, to investigate and punish perpetrators of violence against women and protect women at risk of violence, and to expand the knowledge on violence against women, its causes and consequences. [1] Some recommendations of the Special Rapporteur have been included in the Compilation prepared by the OHCHR for the UPR.

During the visit, the Government of the Netherlands cooperated closely with the Special Rapporteur. For the recommendations provided by the Rapporteur, the Government responded during the periodic review by the HRC, and indicated that it would provide further information in its fifth state report to the CEDAW Committee as mentioned above.

3. 3   State Reporting Procedure on Social Rights

The ICESCR contains comprehensive provisions for social rights, such as the

---

[1]   UN Doc. A/HRC/434/Add. 4, Report of the Special Rapporteur on Violence against women, its causes and consequences, Mission to the Netherlands.

right to health and the right to social security, while the CEDAW especially provides for comprehensive provisions on women's social rights. State Parties to these two international human rights treaties have an obligation to report on the measures taken for the protection of social rights in their periodic state reports.

3.3.1   Consideration of State Reports of the Netherlands by the Committee on Economic, Social and Cultural Rights

In 1983, the Netherlands submitted its initial report. Since then, it has submitted five periodic reports, including the latest combined fourth and fifth reports submitted on 9 April 2008. The Committee on Economic, Social and Cultural Rights has finished its first three considerations, and adopted concluding observations respectively.

In the concluding observations after consideration of the second periodic report submitted by the Netherlands, the Committee raised several issues relating to women's social rights: (1) the Committee expresses its concern that the reform of the social security system may have certain adverse consequences for the most underprivileged sectors of the society, and urges the Government to ensure that the reduction of budgetary allocations for social welfare programmes does not adversely affect the economic, social and cultural rights of the most vulnerable groups, and calls upon the Government to address this issue in detail in its next periodic report; (2) the Committee also regrets that the statistical data on violence against women and child abuse have not been analysed and used to formulate measures to address these problems, and recommended that more clearly targeted policies be adopted to protect the welfare of the family and the victims of the violence. [1] In 2005, the Netherlands responded to the Committee's observations in the first part of its third periodic report, having elaborated its social welfare programme reform and giving an account of its measures taken for preventing and combating domestic violence. [2]

The Committee on Economic, Social and Cultural Rights adopted the following relevant concluding observations after considering the third periodic report of the Netherlands. Firstly, the Committee expresses its concern about the persistence of domestic violence and child abuse in the Netherlands and notes the lack of specific

---

[1]   UN Doc. E/C. 12/A/Add. 25.

[2]   UN Doc. E/1994/104/Add. 30.

legislation concerning domestic violence, and urges the Government to adopt specific legislation. Secondly, the Committee also asks the Netherlands to provide in its next report disaggregated data on the number of incidents of domestic violence reported to the police, and provide information on the implementation of the plan entitled "A Healthier Life" (2004 −2007). ①

In its combined fourth and fifth periodic reports, the Netherlands responded to the concluding observations made by the Committee. Firstly, a renewed approach to domestic violence will be introduced, treating it as a public safety issue. Secondly, since February 1, 2006, the police have had powers to arrest domestic violence suspects under specified conditions. Thirdly, civil law, criminal law and administrative law have included provisions dealing with domestic violence. Fourthly, the Netherlands carried out a large-scale survey in 2008 to collect statistics on domestic violence. Fifthly, the report introduced the implementation of the "A Healthier Life" (2004 −2007) programme.

3. 3. 2   *Consideration of State Reports of China by the Committee on Economic, Social and Cultural Rights*

The Chinese Government submitted its initial report to the Committee on Economic, Social, and Cultural Rights in 2003. After considering the initial report, the Committee adopted the following concluding observations concerning women's social rights. Firstly, the Committee calls upon the Chinese Government to implement its decision to dismantle the hukou system of national household registration and to ensure everyone will be able to enjoy the same social welfare and social security. Secondly, the Committee requests that the Government provide, in its next periodic report, detailed information on the extent of domestic violence, in particular violence against women, and on the legislative and other measures taken by it to address the phenomenon. Thirdly, the Committee urges the Government to undertake effective measures to improve the delivery of health services in rural areas and ethnic minority regions in line with its General Comment No. 14 on the right to the highest attainable standard of health, and to take urgent measures to stop the spread of HIV/AIDS and other sexually transmitted diseases. ② In 2010, China

---

① UN Doc. E/2007/22, Report of the Committee on Economic, Social and Cultural Rights on its Thirty-sixth and Thirty-seventh Sessions, paras. 571 −604.

② UN Doc. E/C. 12/1/Add. 107.

submitted its second periodic report on the implementation of the International Covenant on Economic, Social and Cultural Rights to the ICESCR Committee through the UN Secretary-General.

3. 3. 3 Consideration of State Reports of the Netherlands by the Committee on the Elimination of Discrimination against Women

Since 1992, the Netherlands has submitted five periodic state reports to the Committee on the Elimination of Discrimination against Women, with the latest report submitted on July 1, 2009.

When considering the fourth periodic report, the Committee showed its concern for issues such as domestic violence, trafficking as well as sexual exploitation of women.[1] In 2009, the Netherlands submitted its fifth periodic report, and responded to the previous concluding observations and specified measures, which had been taken. While recalling the obligation of the State Party to implement all the provisions of the Convention systematically and continuously, the Committee pointed out in its concluding observations to the fifth periodic report that the Government should give priority to the concerns and recommendations identified in the concluding observations. Consequently, the Committee called upon the Government of Netherlands to focus on those areas in its implementation activities and to report on actions taken and results achieved in its next periodic report. The Committee welcomed the progress made in combating domestic violence, but remained concerned that many recommendations were not given enough attention; it further put forward a number of recommendations in the areas of health, social security, etc.[2]

3. 3. 4 Consideration of State Reports of China by the Committee on the Elimination of Discrimination against Women

China has submitted six periodic reports to the Committee on the Elimination of Discrimination against Women since 1983, and the latest report was the combined fifth and sixth periodic reports submitted on February 4, 2004. In its concluding observations on the consideration of the combined third and fourth periodic reports submitted by China, the Committee expressed its concerns about the diverse forms of violence against women, including custodial violence, sexual abuse, domestic

---

① UN Doc. CEDAW/C/NLD/CO/4.

② UN Doc. CEDAW/C/NLD/CO/5.

violence, sexual violence and sexual harassment in the workplace, and recommended that the Government examine and revise its laws and policies on violence against women in the light of the Committee's General Recommendation 19. The Committee also expressed its concern about the consequences of women's loss of employment, or of the interrupted employment, on women's rights to housing, health care and social security, and urged the Government to analyse, from a gender perspective, the effects of its economic policies, and to take steps to mitigate and counteract their negative effects on women. [1] In 2004, China submitted its combined fifth and sixth reports, responded to the previous concluding observations, and elaborated its measures to combat violence against women in the report. Nonetheless, the Committee pointed out in its concluding observations on consideration of the fifth and sixth reports that the Government did not give priority to concerns and recommendations identified in the previous concluding observations. In the present concluding comments, the Committee was concerned that the report did not include sufficient statistical data disaggregated by sex, comparing the current situation to that at the time of the previous report, which would make it difficult to assess whether women could fully and equally benefit from the economic growth and poverty reduction. While commending China for its efforts in addressing violence against women and trafficking in women, the Committee remained concerned by the lack of comprehensive national legislation on violence against women that also provided access to justice and means of support for victims and punishment of perpetrators. [2] China should provide information on addressing these concerns and recommendations in its next periodic report.

From the above analysis, we can see that both China and the Netherlands submitted their periodic reports in accordance with the requirements of the relevant international conventions, and responded to the concluding observations adopted by the treaty bodies. As to the form of the report, reaction to the concluding observations always forms a separate part of the reports to the Committee on the ICESCR, while it is not a separate or concentrated part in the reports to the

---

[1]　UN Doc. A/54/38/Rev. 1, Report of the Committee on the Elimination of Discrimination against Women on its Twentieth and Twenty-first Sessions, paras. 251 −336.

[2]　UN Doc. CEDAW/C/CHN/CO/6.

Committee on the CEDAW. The inconsistency in this practice may be related to different reporting guidelines of the various treaty bodies. However, this practice to some extent indicates that State Parties have not given priority attention to concerns and recommendations adopted by the Committees concerned, just as the Committee on the Elimination of Discrimination against Women pointed out. Neither China nor the Netherlands did well on this point. Given the interdependence of human rights, periodic reports to different treaty bodies inevitably overlap one another; on the other hand, the treaty bodies have not enough time to consider lengthy and exhaustive reports. Therefore, in order to make the state reporting procedure more efficient, most treaty bodies expect State Parties to give priority to concluding observations and to focus on progress made in the new reporting circle.

Judging from the contents of the reports, both China and the Netherlands showed full respect for and paid close attention to the concerns raised in the concluding observations, responding to most of the concluding observations and adopting some of the recommendations in practice to various degrees. For example, as requested by the treaty body, the Netherlands is carrying out a large-scale public investigation to gain the latest data on domestic violence; China is improving its legislation on domestic violence. At the same time, it should be noted that some of the recommendations adopted by the treaty bodies could not be immediately endorsed by State Parties, or be accepted as a whole. For instance, the Netherlands insists on relevant provisions scattering in several legislations are enough to address the problem of domestic violence, and does not think it necessary to enact a special law on domestic violence as recommended by the treaty body; China is trying to gather statistics by sex as recommended by the treaty body, but it could not reach the goal by one step given its current technical capacity.

3.4   Individual Complaints Procedure on Social Rights

China has not accepted any individual complaints procedure under the international human rights treaties; consequently there is no case against China presented to the treaty bodies.

Since the Netherlands ratified the Optional Protocol to the CEDAW in 2002, and accepted the individual complaints procedure stipulated in the Protocol, the alleged victims of human rights violation by the Netherlands could bring the case to the Committee on the Elimination of Discrimination against Women after they have exhausted all available domestic remedies. There are four cases brought to the Committee till 31 May 2010, among which two were discontinued, one was declared inadmissible, and the other one was considered revealing no violation of the Convention. The non-violation case is Dung Thi Thuy Nguyen v. the Netherlands, which involves women's right to social security.

In the case Dung Thi Thuy Nguyen v. the Netherlands (Communication No. 3/2004), the author of the communication Ms. Dung Thi Thuy Nguyen claimed to be a victim of a violation by the Netherlands of Article 11, paragraph 2 (b) of CEDAW. The author claimed that according to Dutch law, she received only partial compensation for her loss of income during her maternity leave; and only pregnant women would face this kind of negative result. Therefore, the author contended that women were discriminated against under Dutch law because of pregnancy, since in accordance with Article 11, paragraph 2 (b) of the CEDAW, women are entitled to maternity leave with full compensation for loss of income from their work. After several rounds of judicial proceedings, the Committee found that the section 59 (4) of the Invalidity Insurance (Self-Employed Persons) Act did not result in unfavourable treatment of women on grounds of marriage or maternity. In addition, the Committee noted that Article 11, paragraph 2 (b) did not use the term "full" payment, nor does it use "full compensation for loss of income" resulting from pregnancy and childbirth. As a result, the Committee was of a view that the facts before it did not reveal a violation of Article 11, paragraph 2 (b) of the Convention. ①

In the present case, the Netherlands takes the consideration of the treaty body seriously and submitted several opinions on the admissibility and merits of the communication to the Committee on the Elimination of Discrimination against Women. Whatever the result is, the Government shows its recognition and active cooperation attitude towards the treaty body and it's monitoring.

The above analysis indicates that, generally speaking, both China and the Netherlands took a serious attitude towards international human rights obligations, submitted periodic reports on time, and showed their respect for and paid close

---

①　UN Doc. A/61/38, Report of the Committee on the Elimination of Discrimination against Women on its Thirty-fourth, Thirty-fifth and Thirty-sixth Sessions, Part III, Annex 8.

attention to observations and recommendations of the treaty bodies. However, it is noteworthy that some recommendations, which have been repeatedly emphasized by the treaty bodies, have still not been accepted by the two countries. For example, in the Netherlands, the issue of domestic violence is mainly taken as an integration problem rather than that of discrimination against women; in China, there is no statistical data disaggregated by sex concerning social security. Since decisions, observations, and opinions made by the international human rights monitoring bodies are not legally binding, the Governments apparently have discretion on when and whether to accept the recommendations. However, these recommendations are usually made pursuant to the provisions of international human rights treaties; State Parties may bear the legal consequences for breaching their treaty obligations if they refuse to adopt the recommendations.

IV. Challenges and Development of the International Monitoring Mechanisms for Women's Social Rights

4.1   Challenges of the International Monitoring Mechanisms for Women's Social Rights

The international monitoring mechanisms for women's social rights currently face at least three important challenges.

Firstly, the disadvantaged status of women will remain unchanged in a long-term period. Although the International Bill of Human Rights has as early as 1960s outlined a picture that everyone, including women, is entitled to full enjoyment of all human rights, the actual situation of women indicates that their human rights under the international human rights law have not been adequately protected. Since its establishment in 1946, the Commission on the Status of Women as a functional commission of the UN Economic and Social Council has been working on adoption of a large number of special treaties on women's rights. However, no significant change has taken place in the status of women. Although the CEDAW has been ratified almost universally, the large number of reservations to the substantive provisions of the Convention as well as State parties' slacking off on their reporting obligations to a large degree undermine the value of the

Convention. It is still a long way to go for women to stand at the same starting line with men.

Secondly, doubts about the justiciability of social rights considerably impede the effective protection of women's social rights. The doubts stem from different understanding of the nature as regards economic, social and cultural rights, on one side, and civil and political rights, on the other. For a long time, the economic, social and cultural rights have been regarded mainly as non-justiciable rights, whereas the latter group of rights is considered enforceable and thus justiciable. Consequently, the infringement upon economic, social and cultural rights does not often lead to serious legal consequences. Although the Committee on the Elimination of Discrimination against Women has accepted individual complaints involving social rights, the cases brought to the Committee can be counted on fingers of one hand; more notably, the Optional Protocol to ICESCR opened for signature creates an individual complaints procedure has not yet entered into force. Therefore, we can say that, in a short-term period, the situation of ineffective remedies to social rights claims could not be effectively changed.

Thirdly, the limited capacity of the international human rights monitoring mechanism is undeniable within the contemporary international legal system. The nature of the international human rights monitoring mechanisms has a supplementary role relative to national human rights protection mechanisms, and its effect of external monitoring could only be discerned after long-term unremitting efforts. It is unchangeable that the national human rights protection mechanisms play the decisive role in promoting the realization of human rights, even though the international human rights monitoring mechanisms has developed a trend evolving from a type of declaration to a type of implementation mechanism.

4. 2   Development of the International Human Rights Monitoring Mechanisms for Women's Social Rights

Notwithstanding the challenges, the role of the international human rights monitoring mechanisms in the promotion of women's social rights cannot be undervalued. Recently, some positive developments in the international monitoring mechanisms will further strengthen their role and, correspondingly, further promote the realization of women's social rights.

Since the conclusion of the Fourth World Conference on Women in 1995, an international concept— " gender mainstreaming " has been gradually localized. Under the repeated advocacy of international human rights institutions, "gender perspective" is not only becoming one of the working methods of international institutions, more and more country also integrated gender issues into the process of policy making as well as decision-making, analysis and implementation. Given the increasing popularity of this perspective, and given the feelings and experiences of both men and women being fully reflected in the decision-making process, the subordinated status of women and their human rights situation are significantly improved step by step.

In 2008, the UN General Assembly adopted the Optional Protocol to ICESCR, which once again confirmed the justiciability of economic, social and cultural rights, and strengthened their nature as "fundamental human rights". However, the adoption of the Protocol is only a good starting point; putting its advocacy and promotion early into place is the most urgent task for improving the international monitoring mechanisms on social rights, because this would result in an access of individuals to more remedies in cases of violation of their social rights.

Notwithstanding their " external " nature, the international monitoring mechanisms for social rights show a trend to be developed into a type of implementation mechanism. Either the chartere-based mechanisms or the treaty-based mechanisms are increasingly concerned about the practical effects of the international monitoring in the countries, tracing State Parties' enforcement of their conclusions, observations and recommendations through a variety of follow-up procedures. Undoubtedly, this strategy will further increase the effectiveness of international monitoring mechanisms, including the effectiveness of the mechanisms for women's social rights.

(Translated by Dai Ruijun, proofread by Li Xixia)

Part Two

The Legislative, Administrative and
Judicial Protection of Women's
Social Security Rights

Basic Concepts and Challenges of the Swiss System of Social Protection with Special Focus on Women's Rights

Thomas Fleiner, Lidija R. Basta Fleiner [*]

I. Introduction

1.1 Constitutional Principles

Actually, the actual Swiss system of social security is based on the following constitutional principles and institutions: private responsibility, direct democracy, federalism, constitutional and legislative standards institutionalizing solidarity and state guaranteed security with a more or less centralized system of insurance, based on cantonal and/or private institutions.

The principles of individual freedom and solidarity are clearly formulated in the Preamble of the Constitution:

> ... *and in the knowledge that only those who use their freedom remain free, and that the strength of a people is measured by the well-being of its weakest members*

In addition, Article 6 of the Constitution lays down the basic principle of the responsibility of each individual for its proper development, as well as for its solidarity toward the state and the society.

---

[*] Thomas Fleiner, the Institute of Federalism University of Fribourg Switzerland, and Lidija R. Basta Fleiner is former First-Vice President of the Advisory Committee on the FCNM.

1. 2   From Cantonal Responsibility towards Federal Competences

In order to understand the specificity of the social security system and policy in Switzerland, one has to take the following facts into account:

Traditionally the Cantons have been responsible for social coherence of their society. For a long time they considered social policy to be part of their responsibility for law and order. The poor and disabled people were excluded from society. This has radically changed since the foundation of Switzerland as a federal country. Today, the principles, standards and goals of social security are federal powers. However, in line with the Swiss system of executive federalism, the Cantons are still the holders of institutions and agencies implementing those standards. The Cantons also have the main responsibility to guarantee health of their population. Hospitals are cantonal and doctors are under cantonal control. Health legislation is mainly cantonal.

1. 3   Corporate and Democratic Political Culture

The second basic element to take into account is a strong corporate political culture of the country. For each important decision one has to look for a consensus among different interest groups. Social partners of employers and employees have always decided in common agreement on any important development of our social security system. This impact of different corporations and Cantons on Swiss politics is strongly influenced by the system of direct democracy.

Historically, the Swiss welfare state was developed by constitutional amendments conveying more and more powers from the Cantons to the federal government. With regard to social security, the Federation mainly improved social security not with additional taxes but with a complex system of different more-or-less centralized insurances.

1. 4   Gender Equality

Switzerland has long discriminated women, particularly by its system of social security. After many failures, finally, and only in 1971, women were granted equal right to vote. Today, society is still struggling to improve gender equality although constitutionally and legally Switzerland has already improved the position of its female citizens.

In this paper we shall first give a short historical overview of the development of the Swiss welfare state. Then we shall analyse mainly actual constitutional standards, including the principle of gender equality. In the third part we shall briefly describe different insurances granting more or less social security. In our conclusions we shall look into actual challenges and put forward some major proposals to meet these challenges, in order to strengthen social security for women.

II. History

2.1   Social Welfare Responsibility of the Cantons

According to Article 45/48 of the Constitution initially in force, the Cantons had the responsibility to take care of poor citizens living within the cantonal territory. This cantonal obligation was made more inclusive and covered all citizens with a constitutional amendment in 1975.

When Switzerland was founded as a federal state in 1848, poverty was considered rather as a problem of public order than of social security, let alone solidarity. It is important to note, though, that unlike today, Switzerland in these times was one of the poorest countries in Europe.

2.2   Early Legislation for Social Security

According to the federal Constitution of Switzerland, each competence related to social welfare needs to have a particular constitutional basis. As long as the Federation has no competence, the responsibility for social welfare remains on the cantonal level.

However, already the second Constitution of 1874 provided for a special competence of the Swiss Federation to enact legislation in order to prohibit the work of children and to limit the length of working hours during one day. It was due to this provision that, historically, Switzerland introduced its first Law on Labour in Factories very early 1877. The Law, for example, prohibited that women work on Sundays and by night (Art. 15, BBl 1877 II 483). This law also regulated the health of employees and prohibited the employment of children aged under 14 (Art. 16).

2.3   Health and Accident Insurance

With a constitutional amendment of 1890, the Federation got the competence to introduce a mandatory insurance for health and accidents. The first Law on Health and Accident Insurance was rejected in 1900. It was only in 1911 that the Swiss Federation got a new general law on health insurance, which was in 1912 approved by the people with a slim majority. However this law did not provide for a mandatory health insurance for the entire population. In 1992, only in four Cantons health insurance became mandatory.

Nonetheless, although the insurance was not overall obligatory at that time, already 99% of the population had a health insurance. The new law on health insurance of 1994 required insurance compulsory for all residents and solidarity with regard to different risks, in particular with regard to higher risks of women. However, the principle of payment according to a flat rate was not changed.

As regards the insurance against accidents, the mandatory system was introduced already in 1918, with a special federal agency to provide accidents' insurance for employees in factories. This agency issued many regulations in order to protect people against the accidents in their environment or during working hours. According to the law of 1994, the health insurances had also to cover the costs for accidents, which were not covered by other insurances. This was particularly important for all those who were not employed, such as women working at home, children and elderly peoples.

2.4   Pension System

The foundation of a general pension system in Switzerland came rather haggardly. Already in 1926 the peoples and the Cantons adopted a constitutional amendment giving the Federation the competence and responsibility to guarantee a general pension for elderly people and later also for disabled persons. However, the people rejected the first legislative draft on a referendum. Only in 1946, after the experienced solidarity of the soldiers and their families in the army during the II World War, the people accepted the law introducing mandatory old age pension for the entire population over 18. The law is still in force, but it has been amended several times. Today it provides the minimum for a living for a considerable part of the Swiss society. For the poorest people it is supplemented with additional contributions.

In 1972, a new concept based on the so called three pillar system for old age people was introduced at the constitutional level, the first pillar being the general old age pension system paid by the active working generation and the second pillar requiring a legislation for the introduction of a mandatory occupational pension system to be provided by all employers. This second pillar had to be paid by the active working generation, which is required to capitalize its monthly contribution in order to be able to profit by the gains of this cumulated capital and to maintain the already obtained quality of life in an appropriate manner.

The third pillar is based on the possibilities for each person to provide with their proper income additional securities for their age. This additional capitalization is not compulsory but is fiscally privileged.

2.5   Fears

Comparatively speaking, Switzerland actually has a rather developed system of social security. Of course, one should keep in mind that nowadays at least 20% of the population in Switzerland need at least once during their professional activity to profit from the system of social security. Although the system as such is undisputed, there are many in Switzerland, mainly among the younger generation who fear that this system cannot sustain longer because of the general challenges Switzerland will have to face in future. They argue that in the years to come the burden of paying the costs of social security for the old age population cannot any more be taken over by the active working generations. In order to have internationally competitive wages, Switzerland will have to decrease the contribution for social security.

III. The Standards of Social Security

3.1   People in Need

The basic concept of the Swiss system of social security is laid down in the new Constitution of 1999, in force since 1st January 2000. Article 12 of the Constitution guarantees to everybody in need a fundamental right to assistance and care, including financial means required for a decent standard of living. . . This is an enforceable right, which has already been implemented by the Federal Court to asylum seekers who were refused to have the necessary means for their survival.

However, the obligations of fulfilment of this right guaranteed by a federal law, lies firstly upon the Cantons, which traditionally have been and still are responsible

to assist people in need. In the previous and in the actual Constitution the Cantons
of residence have been responsible to assist peoples in need. (Art. 115)

Switzerland is considered to be one of the richest countries in the world. On the
other side, also Switzerland faces poverty. In particular, single unemployed women
with children are the predominant part of the population facing the risk of poverty.
That said this constitutional provision also protects in particular the women in need.

3.2 Fundamental Rights and Social Goals

The Constitution actually in force foresees in its Chapter on Fundamental Rights
the social goals, which have to be achieved by the Federation and by the Cantons.
These social goals are enumerated in Article 41 of the Constitution; however, they
cannot be enforced by a court decision. Accordingly, everyone must have access to
social security and health care. Federation and Cantons have to protect families and
provide for reasonable accommodation. Each person should have possibility to earn
his or her living by working under fair conditions. Youngsters but also adults should
have access to education and advanced training. The Federation and Cantons shall
endeavour to ensure that everyone is protected against the economic consequences
of old age, invalidity, illness, accident, unemployment, maternity, being
orphaned and being widowed.

3.3 Equal Rights for Women

In terms of women's rights and social status in Switzerland, Article 8 par. 3 is
particularly important, since it explicitly guarantees equal rights for men and women
before the law, but also in their every-day life in society. This article might be
considered as self-evident. However, with respect to the Swiss history and its
traditional society, it is of greatest importance. Namely, as late as until the seventies
of the last century women had no federal right to vote and the legal system provided
innumerable legal provisions of discrimination of women. Women were severely
discriminated against not only by legal system, but also within society. This new
Article 8 of the Constitution has since 1981 imposed on the legislature to provide
for all possible means in order to protect women against discrimination, as well as to
ensure and also foster their equality in the Swiss society. This had and has still
important implications on the system of social security.

Based on this constitutional provision, the federal legislature adopted in 1995 the

Law for the Advancement of Gender Equality within the still rather conservative
society. This law improves access to justice for women feeling discriminated against
and provides federal contribution for NGO's with special activities to foster the
position of women in the society. It also provides for a special federal agency to
foster gender equality and to eliminate any possible discrimination. This federal law
has its correlative on the cantonal level. The Cantons also introduced by their laws
on gender equality a special office for fostering equality and eliminating
discrimination. On the federal level a special commission for issues concerning
women has been active since 1976.

3. 4   Implementation of the Social Goals

Social constitutional goals are implemented by federal and by cantonal legislation.
Federal legislation is in general executed by cantonal, in some cases even municipal
agencies or institutions. In the field of pension for elderly peoples as well as for
disabled persons and also for the contributions for children, there are-besides
cantonal agencies-also agencies of corporate associations from private economy.
With regard to healthcare, the Federation has only limited competences related to
health insurance, epidemic illnesses, food and drug. In addition, environmental
protection is also regulated on the federal level. Cantons have an original legislative
competence and obligation to protect health of the people. Institutions for surgery,
therapies such as hospitals or homes for elderly peoples are cantonal or municipal.

3. 5   Lacking Constitutional Review of Federal Legislation

Admittedly, though, within such a developed system of social security women
discriminated against by the federal legislature have no possibility to sue the
Federation for discrimination at a Federal Tribunal, which also acts as a
constitutional court. Until now the Federal Court has no power to review the
constitutionality of federal legislation and to examine in particular whether federal
social security legislation violates gender equality. Only with regard to their wages
the Constitution Article 8 gives women direct access to justice in order to sue the
employer for unequal wages or working conditions.

IV. Social insurances regulated by federal legislation

On the federal level, most social goals are not financed with taxes but with the

individual contribution to social insurances created for specific social goals. The
contributors have a right to compensation towards these insurances because they are
legally members and can expect a counter value. Those insurances provide for
different levels of solidarity and social redistribution. They are based on compulsory
contributions of the insured peoples on one side, and principally also by the
employers, on the other.

4.1   Old Age Pension Scheme (First Pillar: AHV/AVS)

The socially most developed and probably internationally most interesting system
is the old-age-pension scheme. According to this insurance principle, the actually
working generation pays for the pension of the old age population. By this system
the active generation transfers some of its earnings to the elderly people hoping,
claiming and trusting that it will as contributing member of the insurance later also
profit from such transfer to be guaranteed by the next generation. The obligation to
pay for the old-age-pension scheme is based on the residence of the person. All
persons with residence in Switzerland have to contribute, regardless of their
nationality. Contributions of employees are paid by the employee as well as by the
employer. The work of not employed spouses of the employees is also considered as
a contribution to the insurance. Nonetheless, in the National Research Program on
Women, Law and Society it has been observed that some inequalities persist in
practice, because women at home are often penalized by the method of calculating
pensions.

The members of the insurance residents who were paying and then leave the
country keep still profiting as insured members from their contribution to the
insurance. Such a system can realistically function only if the contributing working
generation has enough trust that they will also profit later as elderly people from the
contribution of the younger generation.

According to previous legislation of the old-age-pension-scheme up to the
nineties, principally it was the men who had the right to pension. In the nineties,
in order to follow a constitutional obligation for gender equality, the legislature
adopted a splitting system according to which both spouses of the couple have the
right to the pension.

The amount of the pension corresponds to a concept of rigorous redistribution.
Every person from 20 to 64 (female) or 65 (male) has to pay according to his or

her income. Persons having an ordinary income pay proportionally according their earnings. The amount of the pension however is almost flat. In fact, the people with the highest income get at most twice as the people who were not able to contribute or could contribute only with a small amount to this insurance. This means that the people with very high income get only a very low pension compared to their previous contributions.

4. 2   Pension for Disabled Persons

In 1959, the federal legislature introduced a general and also mandatory insurance for disabled persons. Like the-old-people-pension scheme, also the insurance for disabled persons is paid by the active working generation. Accordingly, also employees and employers contribute proportionally to their income to the costs and risks of this insurance. Disabled persons can benefit from this insurance with regard to their costs for living, re-integration, as well as for their costs for therapies. Actually, the legislation has enlarged the responsibility of the administration to foster and even enforce re-integration of disabled persons into working life, according to their possibilities.

4. 3   Pension for Unemployment

Since 1951 the Federation has introduced in its legislation a basic concept for the insurance for unemployment. However, this legislation only regulated some fundamental principles with regard to different either public or private insurances. In 1976, the Constitution was amended and provided for a general insurance guaranteed by the Federation against unemployment. The contribution to this insurance is paid half by the employer and half by the employed. This new system came into force already in 1977, but on a transitory basis. The new law was adopted in 1982. Based on this law, unemployed persons get a high percentage of his or her salary for two years. The insurance can also pay additional costs for education and professional training.

These are insurances based on a mandatory federal insurance with cantonal and local agencies for execution. All rights and obligations are regulated by federal legislature.

4. 4   Health Insurance

The Swiss system of social security has not installed only a new state insurance;

it has also used private insurances to integrate them into the system of social security. This is, namely, the case with health insurance. As already mentioned, the actual legislation on health and accident insurance was for the first time adopted at the beginning of the last century. Since this time it has often been totally renewed or amended. Contrary to the pension system, the health insurance is based on a flat rate contribution, which is mandatory for everybody. The insurance has to cover the costs for necessary and economically reasonable therapies of illnesses as well as palliation. Notwithstanding that the insurances are private companies they have the obligation to accept all peoples. They are not allowed to let, for instance, women or elderly people with higher risks for health costs pay contributions according to their higher risks. All private insurances have to cover all basic costs for necessary therapies. With the new legislation, all persons with residence in Switzerland are obliged to be insured for health and accident. There is a special legally installed foundation to provide for an equalization of the risks between different insurances. As a result the previous discrimination of women is basically eliminated.

4.5   Capitalized Pension (Second Pillar)

Finally, in addition to the federal insurance for elderly people, in 1982 a new legislation for the pension of elderly peoples was introduced. As a second pillar, it should not only guarantee the survival of elderly peoples but also ensure the continuation of their standard of living in the age of retirement. This law also took into account the already existing regulation for pensions in private or public institutions by introducing a mandatory system, according to which employers and employees are obliged to contribute half of the amount necessary for the commutation of pensions.

4.6   Maternity

As regards maternity, the Swiss people, regrettably, have rejected in a referendum a proposal of the parliament to introduce legislation protection women who have given birth to a child, although there has been since long time a clear constitutional obligation to provide such legislation. After this refusal by the people, the parliament introduced a new proposal providing in the Civil Law of Obligation, an obligation for employer to pay the salary for young mothers who give birth to a child, however, only for 14 weeks after the accouchement. This system may have factual discrimination as a consequence. Employers may be reluctant to employ women in order to avoid additional costs in case of maternity absence. Switzerland thus remains still the only country in Europe, which has no compulsory insurance for maternity!

4.7   Family allowances

Since 2009, a general legislation has been enforced, which principally guarantees to every child in Switzerland family allowances given to the parents during the childhood of their children and for their later education until they have reached the age of 25. The administration of this system is implemented by the existing cantonal agencies for the old-age scheme. The minimal rate is 200 Swiss Franks per month. However, the Cantons can raise this Swiss-wide guaranteed minimal rate, which in fact some do (Fribourg. e. g,) pay a double sum per month.

V. Challenges

5.1   Globalization

As a small country, with its commerce and economy internationally strongly integrated in the world market, Switzerland understandably faces substantial challenges with regard to its system of social security. The development of the social security system was based on the idea that national economy can be steered by economically sovereign polities, i. e., nation-states. Globalization challenges the fundamentals of this concept. Indeed, the actual political discourse in Switzerland is strongly influenced by the politicians defending Swiss competitive economic capacities and struggling for minimum taxes and minimum contributions for social security. They claim that our economy is not any more able to absorb these enormous burdens of costs for our social security. The sovereignty of the global market does not any more allow small nations to overburden their private companies. Politicians defending the achievements of the social welfare state invoke competitive capacity of our social system and claim that only based on this system Switzerland will be able to attract competent employees seeking a socially and culturally liveable environment.

5. 2　Migration

Actually, more than 20% of the residents in Switzerland are foreigners. As already said, the Swiss social security system builds on the concept that the insurance contributions correspond to the contributions, which are paid by the working generation. Politicians defending the national identity claim that many foreigners migrating to Switzerland profit from the Swiss social security system without paying full contributions, as do the long-time Swiss residents. They ignore that our foreign labour and high-qualified professional employees contribute to the payment of the social security. Without foreign labour the efficiency and strength of the Swiss economy and its competitive capacity would fade away.

5. 3　Changing Society

When the concepts of social security were developed they were based on traditional society, with a family and household taken care of by the mother while the father earned living for the family. Today, society has changed. The patchwork family often replaces the traditional family. For many people the income of only one person per family does not any more guarantee the necessary earning for a normal life of the family. Women and men are on the same level as employees and earning persons for the living of the family. The mobility of the society radically grew in terms of a geographic domicile as well as in terms of the place and function of employment. The life-time employer, patron and entrepreneur with long-time employees is replaced by the manager which has lost a commitment to the wellbeing of his company because he/she is only for short time managing a company and soon replaced by other persons proposed by head-hunters. The financial system has changed the basic value of labour. Many people earn fortunes not any more by their professional work and handcraft but by their speculation.

5. 4　Medical Costs

Health medicine is notably confronted with very costly high tech challenges, which can hardly be paid any more by normal insurance payments. In addition, also ordinary costs for medical therapy, for drugs and for hospitals have increased enormously, so that many families even of the middle class have to pay a proportionally very high part of their ordinary income for the flat rate of medical insurance. Most importantly, suffering from these raising costs is of course single families, with women often having to pay the same flat rate as any other person, including the contribution of their children.

Although official politics in Switzerland maintains the principle that basic health needs are all covered by the basic health insurance, most medical doctors insist that this is far away from reality. In fact, the doctors have often to make indeed hard decisions with regard to the contingent of possible means for therapies. What are the criteria upon which doctors are to decide-nobody knows! For instance, we cannot say in particular to what extent they take into consideration the importance of women for the well being of the society.

Moreover, most Cantons having responsibility for hospitals are not any more able to pay for high tech surgery. Coordination among different Cantons even among the richest Cantons is urgent but controversial because it has implications on the language balance between the French and the German part of Switzerland.

5.5   Financial Crisis

The actual financial crisis we are living through additionally undermines the trust of the working generation with regard to the credibility that their contribution to the insurance will be once compensated and paid the same way by the future working generation for the future old generation. It seems that this credibility is fading away. This is also the case for the capital invested for the pension of the so-called second pillar. During the last financial crises the pension funds have lost important assets because of the decline of the values of the stock exchange. In fact, the entire system of social security is able to survive only within a robust economy.

5.6   Life Expectation

Importantly, life expectation has changed and the average of life of men and women turned longer. When the Law on Pension was made, life expectancy for the whole population was 71, in 2008 it rose to 82 (male 79 female 84) and it will probably continue to rise. Only since 2001 the life expectancy for male with 65 has raised from 17.3 to 18.7 years and for female from 21 to 22 years. Based on these new developments, the parliament has changed the quota for the interest rate of pension funds. This proposal was, however, rejected two months ago in a popular. It is for the time being not foreseeable, what will be the consequences with regard to later pension holders, in particular for women with very low pensions.

5.7   Flexi-Security

With regard to these social developments a politically most difficult flexibility combined with credible social security will be necessary. Different measures will be indispensable. Several political proposals require better re-integration of disabled persons into economic life, better coordination among the different insurances, more preventive activities in order to avoid later damages to be paid by the insurance, flexibility for the age of retirement, in particular for persons in working in professions with less physical requirements. The most important, though, is a strong and developing economy, which will be the best guarantor for a good system of social security.

5.8   What is Needed for Women?

Women need better working conditions given their responsibilities towards their children, and these they are supposed share with fathers. This means in particular that they should be supported in their wishes to take more care of their children throughout their time of education. Women should have better possibilities for flexible working conditions, including the possibility to interrupt their activity without being penalized with loss of pension rights, etc. The laws need to provide in addition for special possibilities for continuous education and for re-integration into professional life. These issues still need improvement.

As the main strategy for the system of social security one should envisage improving the principle that one has mainly to help people in order to empower them to help themselves. Consequently, for the social status and situation of women this policy principle requires a change of the still conservative Swiss society, which remains based on the idea that women have special roles and functions in society, which are different from the role and function of men. To have a family and to have children as a single should not be a risk for women, but a challenge for their development, supported by the society.

Social policy is not any more a law-and-order-policy, with the aim to exclude people in social need. It has become instead a policy based on the conviction that the strength of societies is measured by the weakest as said in the already mentioned

Preamble of the Constitution. Social policy should never exclude people from the society but rather help integrate them into the system of open and tolerant social interaction.

5.9   To Conclude:

In 2008, Switzerland ratified the optional protocol of the United Nations Convention on the Elimination of all Forms of Discrimination against Women (CEDAW). According to this convention, individuals can always complain to this committee for any kind of discrimination. This will certainly have positive effect also for women in Switzerland.

For the truth's sake, as lawyers we should assess that the actual legal situation of women on paper is well developed. Nevertheless, there is still an important lack in enforcing the rights governing gender equality by the federal legislature. Therefore, we would consider that, in Switzerland, the introduction of the constitutional review of federal legislation would in the long range considerably improve gender equality in general and the system of social security in particular.

Maternity Insurance Legislation and Its Implementation in China

Liu Cuixiao [*]

In an industrialized society, women have increased opportunities to participate in economic and social activities and become the bearers of the dual task of production of social wealth and human self-reproduction. As a result, women's reproductive behaviour is not only an individual behaviour, but also a social behaviour. The state should establish a maternity insurance system to provide women with material assistance during the pregnancy, child-birth and nursing periods, so as to lessen their economic burden and alleviate their mental stress resulting from the worry about losing their job during these periods of time, thereby achieving the objective of safeguarding the health of the mother and the child. This is why the maternity insurance system has the following characteristics: first, maternity insurance benefit is a right given to women by the state through legislation; second, the right to maternity security is a right that can be enjoyed only by women during pregnancy, childbirth and nursing periods; third, the main content of the right to maternity security is the provision by the state of material assistance or financial assistance. The state has also provided that an employer cannot arbitrarily dismiss a woman who is in pregnancy, childbirth or nursing period; and fourth, the purpose of implementing the maternity insurance system is to reduce childbearing women's economic burden and mental stress, so that they can give birth to and raise healthy children. This system is indispensable to the protection of women's social rights.

---

[*] The Institute of Law, Chinese Academy of Social Sciences.

I. Current Situation of Legislation on Maternity Insurance in China

The maternity insurance system in China was established in February 1951 with the promulgation of the Regulations on Labour Insurance, which contain provisions on maternity benefits of female enterprise employees. Both the Instructions on the Implementation of the System of Public Medical Care for Staff Members of the People's Governments at Various Levels, Political Parties, Mass Organizations and Their Affiliated Public Institutions (promulgated by the then Government Administration Council in 1952), and the Circular on the Maternity Leave of Female Workers (promulgated by the State Council in 1955) contain provisions on maternity insurance of female employees of state organs and public institutions. Female employees of enterprises and of state organs and public institutions had a total of 56 days (8 weeks) of paid maternity leave. The difference between the two was that the maternity benefits of female employees of enterprises were paid by enterprises whereas those of state organs and public institutions were paid from state finance.

In early 1980s, with the reform of state-owned enterprises, it became difficult for the enterprises with large proportion of female employees to compete on a fair basis with the enterprises with small proportion of female employees. In order to reduce labour costs and make more profit, these enterprises began to adopt measures reducing the number of female employees, or the maternity benefits of childbearing female employees. On November 6, 1980, in order to protect women's right to employment and enable them to enjoy fully their right to maternity insurance, the All-China Federation of Trade Unions and the All-China Women's Federation jointly submitted to the Secretariat of the Central Committee of the Communist Party of China a Report on the Imposition of Long-Term Leaves on Pregnant and Nursing Female Employees by Some Enterprises in Liaoning Province. According to the Report, incomplete statistics showed that more than 30 enterprises in the cities of Shenyang, Dalian and Anshan had adopted the practice of giving pregnant and nursing female employees 1 - 3 years of long maternity leaves during which period they were paid 70% - 75% of their normal wages. Some enterprises even forced nursing women to take long maternity leave by closing down day-care facilities or not giving nursing employees time to breast-feeding their babies. To change this situation, the Report recommended that the state reform the current enterprise maternity insurance system into a social maternity insurance system, with social pooling of the maternity insurance fund.

Since then, the piloting reforms of the maternity insurance system have been carried out in various parts of the country. For example, in 1988, the Government of Anshan City in Liaoning Province provided that maternity allowance should be paid by both the enterprise for which the wife worked and the enterprise for which the husband worked, with each of them sharing 50% of the burden. If the husband was not employed by a local enterprise, then the enterprise for which the wife worked should bear the whole burden. Another example: the government of Zhuzhou City, Hunan Province provided that in 1988 that enterprises had to pay maternity insurance premium, which should be calculated according to certain percentage of the total amount of the wages of all the employees. The fund was put under the overall administration of the labour departments. Childbearing female employees were drawing their maternity allowance from local labour departments on a monthly basis by producing a certificate issued by their enterprises. However, because the practice differed in different localities, these maternity insurance systems were very difficult to administer and supervise. Especially the weak enforceability of local regulations made it difficult to collect the maternity insurance premium. Therefore, it was necessary to establish a national maternity insurance system.

On July 21, 1988, the State Council promulgated the Regulations Concerning Labour Protection of Female Employees. They introduced a unified maternity insurance system for state organs, enterprises and public institutions; expanded the coverage of maternity insurance from the original state-owned enterprises to all enterprises in the country, including state-owned enterprises, collectively-owned enterprises, foreign-invested enterprises, and rural enterprises; and increased the length of maternity leave from the original 56 days to 90 days (including 15 days before childbirth). Since its establishment, this maternity insurance system had played an important role in protecting lawful rights and interests and safeguarding the basic living standard of female employees. However, since the work units of female employees paid the cost of such maternity insurance, it is not social insurance in genuine sense, but enterprise insurance.

Based on summarizing the experiences after reforming and innovating the maternity insurance system, the Ministry of Labour, promulgated in December 1992 the Trial Measures for the Implementation of Maternity Insurance, establishing the maternity insurance mode of social pooling and overall planning of maternity insurance fund. On July 27, 1995, the State Council promulgated the Programme for the Development of Chinese Women (1995 −2000), defining the target of the maternity insurance system as "to basically realize the social pooling and overall planning of maternity insurance fund for female employees in cities throughout the country by the end of the 20th century." In 1995 and 1996, the Ministry of Labour issued the Notice on the Implementation of the Programme for the Development of Chinese Women and the Notice on Issuing the Plan for the Implementation of the Programme for the Development of Chinese Women (1995 −2000) respectively. Both contained specific requirements relating to the reform of the maternity insurance system. In 2004, the Ministry of Labour and Social Security issued the Guiding Opinion on Further Strengthening Maternity Insurance Work, requiring the governments of provinces, autonomous regions and municipalities directly under the Central Government to adopt measures for the implementation of the maternity insurance system, in accordance with the rules and regulations of the Ministry and in light of local conditions. A basic maternity insurance system in the country was thus established. In December 1994, the Ministry of Labour issued the Trial Measures for Maternity Insurance of Enterprise Employees, which is still in force today. The main contents of the Trial Measures include:

1. Scope of Application: the Trial Measures apply to all enterprises. Although the Trial Measures contain no provision on the maternity insurance for female employees of state organs and public institutions, according to the 1988 Regulations concerning Labour Protection of Female Employees, a unified protection system shall be implemented for female employees of state organs, enterprises and public institutions. Namely, a system of maternity insurance for female employees of state organs and public institutions shall be implemented through application by analogy of the Trial Measures.

2. Social Pooling of Insurance Fund: Article 3 of the Trial Measures provides that maternity insurance shall be organized on the territoriality principle, and funds shall be raised through a social pooling system. To be organized on the principle of territoriality means that the system shall be implemented under the responsibility of local cities or counties as organizing units. All enterprises within the jurisdiction of

an administrative city or county shall participate in the maternity insurance and pay contribution to the insurance fund according to a unified standard. The maternity insurance fund shall be raised in accordance with the principle of "determining collection by expenditure and striking a basic balance between income and expenditure". Enterprises shall pay up to 1% of their total payroll as maternity insurance contributions to the social insurance management agency, to be used to establish the maternity insurance fund. Individual employees do not pay maternity insurance contributions.

3. Maternity Insurance Benefit: After childbirth, female employees shall be entitled to maternity leave with pay in accordance with relevant laws and regulations. The maternity benefit during maternity leave shall be calculated in accordance with the average monthly wages of employees in the enterprise of the previous year, and paid from the maternity insurance fund. The expenses of female employees for prenatal examination, delivery, operations, hospitalization and medications shall be paid from the maternity insurance fund. Medical expenses for diseases caused by childbirth shall be covered by the maternity insurance fund. After childbirth or abortion, a female employee herself or the enterprises she works for shall appear before a local social insurance management agency with relevant certificates to go through the requisite formalities for receiving maternity benefit and reimbursing medical expenses incurred from childbirth. Since China's maternity insurance is established on the basis of family planning, the women who give birth to a child in violation of the family planning policy are not entitled to maternity insurance benefit.

4. Supervision and Management of the Maternity Insurance Fund: Maternity insurance fund is collected, paid and managed by social insurance management agencies affiliated with labour administrative departments. The fund is deposited on a special account opened by social insurance management agencies with a bank, and can be used only as earmarked.

Financial budgeting and final accounting systems are applied in the raising and use of maternity insurance fund. A social insurance management agency shall submit an annual report with respect to the fund and subject to supervision by the departments of finance and auditing at the same level. Social insurance management agencies may draw from the maternity insurance fund no more than 2% as management fee.

II. Implementation of the Maternity Insurance System in China

Since the Trial Measures for Maternity Insurance of Enterprise Employees was introduced, the coverage of the maternity insurance has been expanding steadily. Statistics show that, by June 2009, a total of 97. 94 million people in 31 provinces, autonomous regions and municipalities directly under the Central Government had been covered by maternity insurance; in 2008, the maternity insurance fund had a total income of 11. 37 billion Yuan and a total expenditure of 7. 15 billion Yuan, with a current balance of 4. 22 billion Yuan and a cumulative balance of 16. 82 billion Yuan. A total of 1400527 persons, or 1. 64% of the total number of people covered by insurance, had received maternity benefit in that year, with each receiving 8268 Yuan on average. Between 1994 and 2007, hospital delivery rate had increased from 76. 4% to 95. 8% , maternal mortality rate decreased from 44. 1 per 100000 to 25. 2 per 100000, and infant mortality rate decreased from 12. 2‰ to 5. 5‰ in urban areas. [1]

Nevertheless, many problems still exist in the implementation of the maternity insurance system in China:

1. The coverage of the system is too narrow. The current maternity insurance system covers only certain enterprises, state organs, public institutions and mass organizations. Statistics show that, currently, 214 million urban populations and 200 million migrant populations are not yet covered by maternity insurance. [2] No separate maternity insurance system has been established in rural areas. Instead, a new rural cooperative medical care system has been established to cover part of the costs of maternal heath care and hospital delivery. Therefore, maternity security for rural women is still very weak and insufficient. Moreover, since the birth rate in rural areas is higher than that in urban areas, the narrow coverage of maternity insurance has a negative impact on the right to maternity security of rural women, who are making huge contribution to the reproduction of the labour force in

---

[1]   Hu Xiaoyi (ed.), *Towards Harmony: Sixty Years of Development of Social Security in China*, (Beijing: China Labour and Social security Publishing House, 2009), p. 404.

[2]   Hu Xiaoyi (ed.), *Towards Harmony: Sixty Years of Development of Social Security in China*, 2009, p. 412.

China.

2. The "Trial Measures" lack necessary enforceability. As a result, female employees in many enterprises, especially in non-state-owned enterprises, and self-employed workers are not covered by maternity insurance. Some enterprises even forbid female employees to have a child during the term of labour contract, which violates women's reproductive right.

3. There is no clear distinction between maternity expenses and medical expenses. Social pooling of the maternity insurance fund is determined according to the wages and childbirth medical expenses of childbearing women. The overlapping between maternity insurance and health insurance has led to the overuse of maternity insurance fund. The "Trial Measures" provide that the medical expenses for the treatment of illnesses caused by childbirth shall be covered by maternity insurance fund. However, they do not include a detailed list of illnesses that can be covered by maternity insurance fund, leading to increased burden on health insurance fund.

4. The standard of maternity insurance benefit is too low. The "Trial Measures" only provide that maternity insurance benefit shall be paid from maternity insurance fund, but do not establish a concrete standard of maternity insurance benefit. In consequence, social insurance agencies have adopted the method of fixed amount payment of maternity benefit. Childbirth expenses exceeding the fixed amount have to be paid by the enterprises where the childbearing female employees work. If the enterprises refuse to cover the expenses, the lawful rights and interests of the childbearing employees will be infringed upon. Some enterprises in financial difficulties even refuse to pay maternity insurance contribution for their employees, which is a violation of their right to maternity security. In rural areas, because of the lack of awareness of maternity insurance and the shortage of medical resources, many women still have their children deliver by unprofessional midwives with backward traditional methods and unable to handle difficult labour, leading to much higher maternal mortality rate than in the urban areas.

5. The amount of outstanding balance of maternity insurance fund is too high. The Trial Measures provide that enterprises shall pay up to 1% of their total payroll as maternity insurance contribution. According to a survey of 100 enterprises in 9 provinces carried out by All-China Federation of Trade Unions in 1996, 49% of the enterprises held that this percentage was too high and 80% of the enterprises

held that the maternity insurance burden of enterprises was too heavy. [1] The high contribution standard and low benefit standard have led to a high amount of outstanding balance, which indicates the insufficiency of maternity security for childbearing women.

III. Suggestions for Improving the Maternity Insurance System in China

Childbirth is an act of human self-production and ensures the continuation of the human race. It provides the state with a steady flow of labour force and therefore also has the nature of social behaviour. To ensure the safety and health of the mother and the child, all industrialized states with a social security system have established a maternity insurance system. Having a better understanding of maternity insurance systems in foreign countries will be helpful to China in improving its own maternity insurance system.

3. 1　International Experiences

In light of their respective national conditions, different countries have adopted different policies and laws on childbirth. Countries with low natural birth rate usually adopt measures that encourage childbirth and provide welfare benefits to the mother and her family.

3. 1. 1　Maternity Insurance System in Germany

In Germany, policies adopted by the state to encourage childbirth include children's allowance, parental allowance and parental leave.

a. Children's Allowance: Children's allowance is paid to all persons living in Germany and raising children under the age of 18. These persons can apply to the government for children's allowance and, upon the approval of their application, they begin to receive the allowance. The allowance is paid from federal finance to the parent who bears the primary responsibility for raising the child. It is paid through his or her employer on a monthly basis, together with his or her wage. The standard of payment in 1998 was DM 220 per month for each child in a family

---

[1]　Deng Dasong (ed.), *Social Insurance*, (Beijing: China Labour and Social Security Publishing House, 2002), p. 341.

of one to two children, DM 300 per month for each child in a family of three
children, and DM 350 per month for each child in a family of four or more
children. Families with children receiving education or having disabilities can
receive children's allowance until such children reach the age of 27.

b. Parental Allowance: Parental allowance is available to parents during the first
two years following the birth of their child. The maxim amount of parental
allowance was DM 600 per month as of 1986, paid by the employer to an
employee together with his or her monthly wage. In order to be eligible for
parental allowance, parents must meet the following conditions: they have the
custody of their child; they care and rear their child personally; they have no job or
do not work more than 19 hours per week during the time the allowance is issued;
and they have a residence in Germany. Parents or a single parent whose annual
income exceeds legally prescribed limit are not entitled to parental allowance.
Parents of multiple births are entitled to multiple parental allowances.

c. Parental Leave: A parent is entitled to three years of parental leave, which can
be shared by his or her spouse. During the three year period, the father can take up
to three parental leaves; in principle, an employer cannot dismiss a parent during
parental leave; upon the agreement by his or her employer, a parent can terminate
his or her parent leave ahead of time; during the three years of parent leave, parents
enjoy health insurance benefits and enjoy pension insurance and unemployment
insurance without having to pay contributions. [1]

The above-discussed solutions testify to the following differences between the
German childbirth policy and the Chinese maternity insurance system:

a. The German childbirth system is a welfare system, rather than an insurance
system. In Germany, child-bearers can enjoy various welfare benefits provided by
the state without having to pay any fee. This is because a negative growth rate of
the population in Germany has led to gradual decrease of the contributors to the
pension insurance fund and the crisis of pension insurance fund. Therefore, child-
bearers are making an important contribution to the future of our society, especially
to our pension system.

---

[1] Horst Jäger, *Einführung in die Sozialversicherung und das übrige Sozialrecht* (*Introduction to Social Insurance
and Related Social Laws*) , Chinese edition (translated by Liu Cuixiao) , (Beijing: China Legal System
Publishing House, 2000), pp. 152 −157.

b. The childbirth system in Germany covers all women in the country. "Rural people, with their multi-child traditions, are making particular contribution to the safeguarding of the future of the country. Since 1986, the pension insurance system has recognized the time spent by rural women in raising children and provided childbearing benefits and allowances to rural women. In this respect, rural women enjoy the same status as urban women. "[1]

c. Pregnant and lying-in women are covered by health insurance system. Namely, all women participating in health insurance are entitled to maternity benefits, which include the followings: i. caring of pregnant women by doctors and maternity assistants, including prenatal check-up, provision of guidance in matters of nutrition; prevention of diseases and oral hygiene; caring of lying-in women and new born infants by maternity assistants; medicines prescribed by doctors or maternity assistants before and after delivery; dressing materials during operation, and related therapeutic measures. ii. Assistance to pregnant and lying-in women who need home care, namely the pregnant or lying-in women have the right to home care; iii. Pregnant women who have participated in health insurance have the right to give birth in a maternity hospital or the obstetrical department of a general hospital chosen by them and agreed upon by a health insurance agency, and to medical care provided by the hospital. The cost of delivery and nursing services are paid by health insurance agencies; iv. Maternity allowance: According to the Maternity Protection Law, mothers are entitled to a one-off payment allowance of 150 marks during the period of maternity protection. [2] Apart from that, during the protected period, a woman in an employment relationship is entitled to a daily allowance of DM 25 (1998) and a woman recipient of unemployment insurance payments or unemployment benefit is entitled to a daily allowance not more than

---

[1] Liu Cuixiao, *A Matter of Utmost Importance: A Study on the Social Security System in Rural China*, (Beijing: Law Press China, 2006), p. 351.

[2] Maternity protection period is also called employment prohibition period, which starts six weeks before childbirth and ends five weeks after childbirth. For women with premature or multiple births, the protected period is extended to 12 weeks after birth. Since women do not have wage income during the period of confinement, the state provides them with maternity allowance for several consecutive months so as to safeguard their basic living standard. For expectant and lying-in women who suffer from reduction of income as a result of pregnancy or childbirth, their employers have the obligation to pay them with an allowance equivalent to the average wage of the last three months or 13 weeks of their employment during the maternity protection period.

the daily wage they are entitled to during sick leave. Lying-in women who have not participated in health insurance and therefore are not entitled to maternity allowance can be paid a maximum amount of DM 400 allowance by a federal insurance agency. ①

3. 1. 2   Maternity Insurance System in the UK

In the UK, the 1911 National Insurance Act provided that a woman was entitled to a one-off payment of maternity benefit after childbirth if either she or her husband was covered by the national insurance. The 1913 National Insurance Act further provided that a woman was entitled to a double maternity benefit if both she and her husband were insured. The 1942 Beveridge Report reaffirmed the principle in the National Insurance Act that insurants of maternity insurance must take part in national insurance and pay contribution to the national insurance fund. In order to be entitled to full maternity benefit, a woman pay no less than 25 weeks of contribution each year and no less than a total of 50 weeks of contribution before childbirth. A woman who does not meet the above requirement is only entitled to a partial maternity benefit. Maternity insurance benefit consists of three parts: the first is baby bonus, provided to the mother of new born infant; the second is maternity allowance. The payment of maternity allowance starts six weeks before the baby is due and lasts for 13 weeks. The 1975 Labour Protection Act grants female employees the right to six weeks of maternity pay from their employers. In order to be eligible for maternity pay, a female employee must meet the following conditions: she must have worked for the same employers for at least two years, with no less than 16 working hours each week, by the end of the 11th week before the baby is due. At the beginning of the implementation of the system, the maternity pay was 90% of the female employee's weekly wage. In late 1980s, the maternity pay was reformed to become a fix-amount payment. The amount is the same as sick pay, namely £ 52. 5 a week. An amount equivalent to 0. 05% of total wage of all the employees participating in national insurance is taken from the National Insurance Fund to create a maternity pay fund. After paying the maternity pay to a female employee, an employer is compensated by the Ministry of Labour

---

① Horst Jäger, *Einführung in die Sozialversicherung und das übrige Sozialrecht* (*Introduction to Social Insurance and Related Social Laws*) , Chinese edition (translated by Liu Cuixiao) , (Beijing: China Legal System Publishing House, 2000) , pp. 45 −48.

from the Maternity Pay Fund under its administration. Therefore, maternity pay is in fact a part of national insurance scheme. In 1982, the coverage of maternity insurance was expanded from the participants of national insurance scheme to all childbearing women in the country.

The UK is famously a welfare state, and medical benefits rank first among numerous welfare benefits in the UK. The UK has adopted neither the U. S. model of marketed medical service funded mainly by commercial insurance nor the German model of social insurance with shared responsibilities. The model of National Health Service (NHS) is run by the government and provides free medical services to all citizens. The UK government uses tax revenue to establish hospitals, hire medical personnel, or purchase medical services from private practitioner and medicines from pharmaceutical companies through government purchase so as to provide medical services to all citizens. Since the beginning of the last century, the NHS system has evolved from a social insurance system to a welfare system. The 1911 National Insurance Act provided that all employees must participate in medical insurance and the insurance premium was paid jointly by the employee, his employer and the government. Medical insurance benefits included sick pay, compensation for the loss of income due to illness, and primary medical services. The expenses of the above benefits are covered by medical insurance fund. The National Service Act, adopted in 1946 and came into effect on July 5, 1948, incorporates all medical services into the NHS system to provide comprehensive medical service to citizens. All UK citizens, regardless of whether they work or not or whether they have the ability to pay, are entitled to free medical services.

The NHS is provided to citizens through three channels: (a) Hospital services. Government-run hospitals play a central role in the provision of health services and the expenditure of hospital services makes up 2/3 of the total expenditure of the NHS system. Hospitalization in general wards are free. Hospitalization in single wards, if necessary for treatment, is also free. (b) Outpatient services. A UK citizen who has selected and registered his or her own general practitioner can get medical services from such general practitioner at any time. After providing the service, the patient signs a bill and a grass-root family health service committee pays the expenses. The price of a practitioner's service (salary) is determined by the government and is mainly calculated on the basis of the number of patients. (c) Community healthcare service. Community healthcare service has a very wide

scope, mainly including maternity and child welfare services, home nursing, and
on campus healthcare service. Maternity and child welfare services include prenatal
examination for pregnant women, home or hospital delivery, postnatal care,
regular medical check-up of and provision of milk, vitamins and other foods to
infants. The above welfare services are aimed at reducing infant mortality and
improving children's health. (d) Provision of medicines. The majority of the
medicines in UK are prescribed by general practitioners in clinics. The medicines
prescribed by doctors in hospitals make up only a small proportion of the total.
94% of prescribed medicines are purchased from retail pharmacies run by qualified
pharmacists. Pharmacies charge a fee of £2.8 for each prescription, regardless of
the prices of the medicines prescribed. Such fee is exempted for children, the
elderly, pregnant women, people living below the poverty line and people with
chronic illnesses.

The maternity insurance system in the UK is in essence similar to that in
Germany, although the latter is regulated by more specific and detailed legal
provisions. The two systems share following characteristics: first, in both countries
no special maternity insurance system has been established. The expenses of prenatal
and postnatal examinations, delivery, and treatment for illnesses resulting from
childbirth incurred by a woman during the periods of pregnancy, childbirth and
nursing are all covered by healthcare welfare; second, both systems include all
citizens. At the beginning, the system in the UK covered only workers who had
entered into a labour relationship. The coverage was expended in 1982 to include
all women; third, in both countries, the maternity protection system is part of
welfare system, rather than a social insurance system, in a sense that no
contributions are required.

3.2   Suggestions for Improving the Maternity Insurance System in China

A system can be improved only when its strengths and weaknesses can be
identified through comparison with other systems. Currently, China is still at the
initial stage of developing market economy, with a relatively low level of economic
development. Therefore, it should not indiscriminately copy the experience of the
developed countries. Nevertheless, today's China is the yesterday of the developed
countries, whose advanced systems have been improved gradually, rather than

overnight. Therefore, China still can learn a lot from the experiences of those countries.

(1) China needs to expand gradually the coverage of maternity insurance. Apart from extending the scope of application to female employees of urban enterprises, the maternity insurance system should, with the establishment of the new rural cooperatives medical service system, extend its coverage in rural areas to gradually include all rural women of childbearing age. On the one hand, the reproduction of urban labour force is no long limited to urban areas. The labour force in various sectors in urban areas mainly consists of young people from rural areas who have received better education and training. On the other hand, with the decline of birth-rate (since the implementation of the family planning policy in early 1980s, the birth-rate in China has decreased from the 33‰ in 1970 to the current 12‰) and the rapid aging of the population (in 2010, old people consist 12% of the total population in China, this percentage will increase to 30% by 2040),[①] more and more attention is paid by society to the quality of population. Since maternity insurance is closely related to the improvement of population quality in China, the government should, while expanding the coverage of maternity insurance, make special efforts to strengthen the work of prenatal and postnatal care in rural areas, so as to ensure physical and mental health of rural women and children and improve ultimately China's international competitiveness.

(2) Strengthening the enforceability of relevant laws and regulations. Enterprises participating in urban medical insurance must also participate in maternity insurance; small enterprises and privately or individually-owned businesses that are not required by law to participate in maternity insurance but wish to participate in the insurance, should be allowed to do so; in rural areas, farmers participating in new rural cooperative medical scheme should be gradually covered by maternity insurance; local governments at various levels should give the maternity insurance fund certain financial subsidies, just as they do with new rural cooperative medical scheme. The strengthening of the enforceability of the relevant laws and regulations can not only raise more maternity insurance fund, but also prevent gender discrimination in employment and safeguard the labour rights of female employees.

---

① Hu Xiaoyi (ed.), *Towards Harmony: Sixty Years of Development of Social Security in China*, 2009, pp. 413 and 415.

Better maternity insurance can also improve physical and mental health of rural women and children.

(3) Raising the standard of maternity insurance benefits. Although a pay-as-you-go system is adopted for the payment of maternity insurance benefits in accordance with the principle of "determining collection according to expenses", the method of accumulating a large amount of money in fund so as to cope with maternity risks is contrary to the legislative purpose of the relevant laws and regulations. This can be realized only through a gradual raising of the standard of maternity insurance benefits.

(4) The expenses of the treatment of illnesses caused by childbirth should be covered by medical insurance. Since the boundary between ordinary illnesses and illnesses caused by childbirth is difficult to determine, China should draw on the German and British experiences and provide that expenses of the treatment of illnesses occurred during the pregnancy, childbirth and nursing periods shall all be paid from medical insurance fund, so as to reduce payment-related disputes and ensure the timely treatment of sick women.

(5) Raising the level of social pooling and overall planning of maternity insurance fund. Currently, the level of overall planning of maternity insurance fund at the county (city) level is too low, resulting in too many agencies responsible for overall planning, dispersed distribution and poor adjustability of the fund. Under the current situation, it is difficult to realize the overall planning of maternity insurance fund at the national level. This is why efforts must be made to realize as soon as possible the overall planning of the fund at the provincial level, so as to increase the adjustability of the fund and to achieve a higher level of social justice.

(6) Allowing both husband and wife to take maternity leave so that they can take turns to stay at home to care for their baby. By drawing on the German experience, China could provide that the 90 day maternity leave be shared between husband and wife so that they can take turns to stay at home and care for their baby. On the one hand, this could change the age-old traditional idea that only women have the responsibility to take care of children. On the other, it would reduce women's burden, enable men to experience the hardship of caring for children and enhance family harmony.

(Translated by Bi Xiaoqing, proofread by Li Xixia)

International Women's Rights and Maternity Benefits for the Self-employed: Public or Private Responsibility?

Albertine Gesina Veldman [*]

I. Introduction

This paper focuses on the Dutch campaign by women's interest groups and trade unions to secure public social insurance of loss of income due to pregnancy and child birth for self-employed female workers, including co-working spouses. In August 2004 the Dutch government ended the access to the Disability Insurance Act for the Self-Employed (WAZ). [1] Besides disability benefits in case of sickness and invalidity, the WAZ also provided self-employed women maternity benefits at the level of the net minimum wage for a duration of 16 weeks. The reasons put forward by the Dutch government for the abolishment of the public disability scheme, including the right to maternity benefits, are the advancement of entrepreneurship by lowering administrative costs, such as those that result from paying contributions under a mandatory public social scheme, and changing visions on public responsibilities more generally. [2]

In the early and mid 2000s the European Nation States more and more favor the *adagium* "more market and less government". Public regulation should not burden free market mechanisms without a clear and present necessity. From this

---

[*] Utrecht University, Netherlands.
[1] Wet Arbeidsongeschiktheid Zelfstandigen, Act of 24 April 1997, *Stb.* 1997, 177.
[2] Kamerstukken II (House of Representatives Reports) 2003/04, Bill 29 497, nr. 3, p. 6.

perspective, the Dutch government no longer considers the insurance of the disability risk of the self-employed a public responsibility. Unlike employees, entrepreneurs act for their own account and, hence, bear self-responsibility for costs, profits and income. The self-employed worker must, therefore, be considered able as well as self-responsible to opt for, arrange and finance voluntary income insurance in the private market.

The same reasoning is applied by government to the maternity benefits for self-employed women. The latter raises some concerns in the Senate when the proposal for the withdrawal of the WAZ is discussed.

First of all, can the risk of loss of income due to work interruption in case of pregnancy and child birth indeed be adequately insured on the private market? According to private insurance principles 'maternity' is not an unforeseen risk. This can therefore lead to problems of adverse selection and moral hazard, which may cause insurance companies to exclude the 'maternity risk' from coverage or to apply restrictive policy conditions.

Secondly, is the Dutch State not *obliged* to provide public maternity benefits for all female workers on account of fundamental social and (gender) equality rights flowing from international and/or European law? Lack of social insurance covering loss of income because of work interruption due to pregnancy and childbirth will hinder the access of women to self-employment, or may cause them to continue working on too long, which can pose serious health risks to the mother and child.

The national government's response to the concerns expressed in parliament, is that the maternity risk can be adequately insured on the commercial market, though private insurance companies may impose some restrictive conditions such as a 'waiting period' before one is entitled to maternity benefits. According to government, this by itself does not affect the principal view that social security is a private responsibility of the self-employed. Female entrepreneurs can anticipate work interruptions by setting aside funds, while unforeseen medical complications because of maternity can be insured on the private market on an equal footing with a general disability risk. [1]

In respect of international social and women's rights, the Dutch government holds the opinion that these rights do not oblige Member States to provide public maternity benefits for self-employed female workers. Nevertheless, on the request

---

[1]   *Kamerstukken II* (House of Representatives Reports) 2003/04, Bill 29 497, nr. 14, p. 36.

of the Senate, the Minister of Social Affairs will ask the International Labour Office
to render an informal opinion on the matter (especially in regard of ILO C103;
C183). [1] However, the parliamentary proceeding on the bill are not stalled and
before any answer from the ILO arrives, the bill ending public maternity benefits is
adopted by a majority of parliament.

The abolishment of public maternity benefits for the self-employed proofed to be
the start of a broad national campaign by national women's groups, women
lawyers, trade unions and the Dutch Equal Opportunities Commission (EOC).
The campaign comprises legal class action against the State, allegedly infringing
public international law obligations; individual legal proceedings against private
insurance companies imposing unfavourable conditions on self-employed women in
respect of the maternity risk (supported by funds from women's activist groups)
and the release by the EOC of advisory opinions, based on studies on the
applicability of international and European women's rights.

Because of their wider scope and significance, this paper discusses the most
important international and European law questions raised in the Dutch campaign in
respect of maternity benefits for self-employed women. These questions entail:

- Do fundamental women's rights in the social field demand Member States to
provide maternity benefits for self-employed women, and, if so, does this require a
public (funded) scheme?

-In the case maternity benefits for self-employed women are to be secured by way
of private insurances, does it flow from international or European women's rights
that private insurance companies are obliged to provide such schemes? And can they
lawfully impose more restrictive conditions on the entitlement to disability benefits
because of maternity risk, compared to those applying to disability benefits because
of other risks such as illness or accident?

II. European women's rights in respect of maternity protection for self-employed workers

2.1 Member States' Obligations for Providing Public Schemes

The European Union (former European Community) adopted since the 1970s

---

[1] *Kamerstukken I* (Senate Reports) 2003/04, Bill 29 497, nr. 37.

several gender equality directives, predominantly relating to employment and social
security.

The Employment Equal Treatment Directive

At the time, Council Directive 76/207/EC, revised by Directive 2002/73/EC,
on the implementation of the principle of equal treatment for men and women as
regards access to employment, vocational training, promotion and working
conditions, forbids direct and indirect sex discrimination in the specified fields. [1]

According to established case law of the European Court of Justice (ECJ) any
unfavourable treatment of women due to reasons of pregnancy and childbirth
constitutes direct sex discrimination. Within the structure of the EU equality law
provisions, direct discrimination-contrary to indirect discrimination-cannot be
objectively justified by a legitimate aim underlying the unfavourable treatment.

Revised Article 1bis of the Employment Equal Treatment Directive states that
"Member States shall actively take into account the objective of equality between
men and women when formulating and implementing laws, regulations,
administrative provisions, policies and activities in the areas referred to". The
protection of women in case of pregnancy and maternity is considered part of the
equality objective. [2]

Although maternity protection seems covered by the Directive, its scope is
limited to wage-earners. The only exception to this involves Article 3a that provides
"that there shall be no direct or indirect discrimination on the grounds of sex (..)
in relation to conditions for access to employment, *to self-employment* or to
occupation (..)" (*emphasis added*). One may reason that any failure to provide
maternity protection for self-employed women would limit access to self-
employment for women only, and hence, constitutes direct discrimination.
Questionable however, is whether the Directive imposes a positive obligation to
introduce maternity protection measures like public maternity benefits for self-
employed women. It rather forbids unfavourable treatment of women on account of
(taking up) maternity leave or (entitlement to) maternity benefits. Moreover,
public social security falls outside the scope of the Directive. In terms of its scope

---

[1]   Council Directive of 23 September 2002 revising Directive 76/207, *Official Journal* (of the EU) L
269, 5/10/2002. At present, the Directive is replaced by EU Directive 2006/54 (recast).

[2]   *Cf.* Article 2, s. 7.

and subject matter, another EU gender equality directive could be of more relevance.

The Self-employment Equal Treatment Directive

Council Directive 86/613 regulates "the application of the principle of equal treatment between men and women engaged in an activity, including agriculture, in a self-employed capacity, and on the protection of self-employed women during pregnancy and motherhood". [1] Still, Article 8 of the said Directive, despite its aim of offering maternity protection, only lays down a "soft-law" obligation: Member States are obliged "to examine whether, and under what conditions, female self-employed workers and co-working spouses may, during interruptions in their occupational activity owing to pregnancy or motherhood (..) be entitled to cash benefits under a social security scheme or under any other public social protection system". The original draft version of Article 8 contained an "hard law" obligation to take measures in this regard, [2] which version was approved by the European Parliament (EP) but was however rejected by the Council of Ministers. In the years following its entry into force, the EP adopted several resolutions to revise the Self-Employment Directive. [3] At present the Directive is under review, but so far no political agreement has been reached on its revision.

From the EU law discussed so far, it cannot be attained that Member-States have a legal obligation to provide maternity protection to self-employed or co-working spouses. The Dutch government rightly argued so, when withdrawing maternity benefits for self-employed women. Nevertheless, when public maternity benefits were originally introduced in 1998, the Dutch State referred to the same Directive. At most, it can be said that EU gender equality policy encourages measures in the respective field. [4]

2.2　Insurance Companies' Obligations for Providing Private Schemes

Even when one would assume an obligation for the Member-States to provide maternity benefits to self-employed workers on account of European gender equality

---

[1]　Official Journal L. *359* , *19/12/1986.*

[2]　*Official Journal* C 113, *27/4/1984.*

[3]　*Official Journal* C 85, 21/2/1997, p. 186; *Official Journal* C 271, 12/11/2003 p, 590; *Official Journal* C 74E , 23/4. /2004, p. 882; *Official Journal* C 157, 28/6/2005 p. 83.

[4]　Cf. EP resolution, *Official Journal* C 121, 21/4/2001.

law, this leaves open the question whether this would necessitate a public social security scheme or could also be lawfully ensured by way of private insurance schemes.

The latter raises the questions whether private insurance companies themselves are under any European law obligation to provide disability insurance for self-employed covering maternity benefits, and, secondly, whether they can lawfully refuse individual women access to these schemes or impose unfavourable conditions on the eligibility for maternity benefits to avoid, or compensate for, adverse selection or moral hazard.

In respect of the first question raised, the Directives discussed do not appear to impose positive obligations to introduce maternity protection measures for self-employed women. Moreover, they address the Member-States and/or private employers as in the case of the Employment Equal Treatment Directive. Therefore, they do not seem applicable to public insurances companies. Still, in respect of the questions raised, a third EU gender equality directive must be introduced.

The Services and Goods Equal Treatment Directive

Council Directive 2004/113 of 13 December 2004 aims to implement the principle of equal treatment between men and women in the access to, and supply of goods and services. [1] Article 4 forbids sex discrimination in the commercial market, but does not preclude differences in treatment, if the provision of the goods and services exclusively or primarily to members of one sex, is justified by a legitimate aim and the means of achieving that aim are appropriate and necessary. The Directive addresses all persons who provide goods and services that are available to the public, including (commercial) insurance services.

In consideration nr. 20 of the Directive it is stated "less favourable treatment of women for reasons of pregnancy and maternity should be considered a form of direct sex discrimination and therefore prohibited in insurance and related financial services." Article 5 (2) allows for proportionate differences in individuals' premiums and benefits where the use of sex is a determining factor in the assessment of risk. This, however, does not apply to costs related to pregnancy and maternity, according to Article 5 (3).

The Dutch Equal Opportunities Commission reasoned in its advisory opinions, as

---

[1]   *Official Journal* L. 373, 21/12/2004, pp. 37 −43.

well as in its (non-binding) decisions on individual complaints,[1] that the refusal by insurance companies to offer female workers insurance coverage of the maternity risk, is an infringement of the Directive because it constitutes direct discrimination.[2] The same applies, still according to the EOC, to imposing unfavourable conditions on maternity risk insurance services, compared to conditions that apply to the insurance of the risks of illness and accident. Women are, thus, treated unfavourably for reasons of pregnancy and maternity.

Eleveld, commissioned by the EOC to conduct further research on the topic, doubts some of these conclusions. [3] Article 5 of the Directive is formulated with an eye for health insurance and pension plans. Statistical differences in the health or life expectancies between men and women may account for differences in premiums and benefits between men and women, in so far as it does not relate to costs of pregnancy and maternity. This would imply, according to Eleveld, that the significance of the Directive is limited. Article 4 forbids private (insurance) companies to deny or to restrict their services to individuals on the basis of their sex only. But a general obligation for private companies to provide insurance products covering maternity risk,[4] or to provide such a product on equal conditions as apply to other disability insurance services, cannot be derived from Article 5 of the

---

[1] It must be noted that Directive 2004/113 did not had to be implemented before 21 December 2007. Individual complaints reviewed by the EOC are based on Article 7 of the Dutch General Equal Treatment Act, already in force since 1994. The said national provision stipulate comparable obligations as laid down in Article 3 and 4 of the Services and Goods Directive.

[2] EOC, *De afschaffing van de publieke regeling voor zwangerschaps-en bevallingsuitkering voor zelfstandigen in relatie tot Europese regelgeving* (Advisory opinion on the abolishment of the Dutch public scheme for maternity benefits for the self-employed on the basis of European law), no. 2006/06, pp. 11 – 12, at www. cgb. nl (Dutch only); EOC, *Advies Gelijke behandeling van zwangere zelfstandigen. Aanbevelingen voor een gelijkebehandelingsbestendig stelsel van zwangerschaps-en bevallingsuitkeringen* (Opinion on equal treatment of pregnant self-employed women. Recommendations for a "equality-proof" maternity benefits scheme), no. 2007/ 04 at www. cgb. nl (Dutch only).

[3] A. Eleveld, *Een zwangerschaps-en bevallingsuitkering voor zelfstandig werkenden* (Maternity benefits for self-employed workers), University of Leiden, Leiden 2007, pp. 38 – 45, at www. cgb. nl (Dutch only).

[4] "Maternity risk" refers here explicitly to the interruption of work due to the need of a rest period before and after childbirth, coinciding with maternity leave for employees. In the opinion of Eleveld, any disability resulting from medical complications because of pregnancy or childbirth as well as disability because of pregnancy and childbirth beyond the period of maternity leave, should be treated equally to disability to work because of risks of sickness or accident (Eleveld 2007, pp. 45 – 47).

Directive, nor consideration nr. 20.

National legal proceedings on the issue

It turns out scholarly views differ on the precise meaning of the European gender equality obligations in the commercial market. To find any foothold, it will be necessary to turn to case law delivered on the matter. The issue of unequal treatment of women in respect of private maternity benefits schemes has unfortunately not (yet) been answered by the ECJ, but national courts did rule on the issue after the abolishment of the Dutch public scheme in 2004.

As discussed earlier, this abolishment lead to the start of a campaign by, *i. a.*, women's groups, women lawyers and the Dutch federation of trade unions (FNV), supporting legal proceedings against private insurance companies. These proceedings involved the legal question whether the applicability of restrictive conditions on the provision of maternity benefits under private insurance schemes, constitutes unlawful discrimination of women on the basis of the EU Services and Goods Directive and/or the Dutch General Equal Treatment Act. [1]

Even before 2004 individual complaints were filed with the EOC on the matter, due to the fact that part of the self-employed women concluded additional disability insurances because the public scheme (WAZ) provided maternity benefits at the social minimum level only.

The legal complaints made, see to the policy conditions regularly applied to private maternity benefits schemes, such as: [2]

– waiting periods of, mostly, two years. The insured cannot claim maternity benefits during this specified period after concluding the insurance contract;

– maternity benefits will relate only to the daily amount of benefits agreed on two years prior to the moment that benefits are claimed, even if the insured amount was raised by the insured (and more premiums were paid) during this period;

– the maternity risk cannot be insured without closing other insurance services, notably disability insurances relating to short-term as well as long-term sickness;

---

[1]　See note 12 on the matter of the applicable law at the time.

[2]　The following is based on the study into the policy conditions of disability insurance services provided by 21 Dutch insurance companies: P. J. M. Vroonhof and R. Braaksma, *Arbeidsongeschiktheidsverzekering. Ongelijkheid mannen en vrouwen door bepalingen zwangerschaps-en bevallingsverlof* (Private disability insurance. Unequal treatment of men and women in respect of maternity leave conditions), EIM: Zoetermeer 2007, www. cgb. nl (Dutch only).

– exclusion of maternity risk, except in case of objectively established medical illness resulting from pregnancy or childbirth.

The reasons put forward by the insurance companies for these policy conditions is to avoid adverse selection, meaning possible abuse by self-employed women, f. i. because they conclude the insurance contract just before maternity leave is taken up and will end it immediately after, or will raise the insured amount of benefits just before maternity leave and terminate the contract afterwards. Comparable measures to avoid misuse are not taken in respect of regular disability insurances.

Dutch Legal Court Decisions

In the first court case of 2004, the District Court Utrecht decides in summary proceedings that the exclusion of the maternity risk (disability benefits relating to work interruption due to childbirth) in the disability insurance policy at hand, was null and void because of the infringement of the commercial market gender equality provisions. [1] The court agrees with the decision of the EOC upon an earlier complaint made by the applicant, that such an exclusion was based on pregnancy and maternity and, therefore, constituted direct sex discrimination. In a second court decision of 2005, also taken in summary proceedings, this is confirmed in respect of unfavourable differentiation between the policy conditions that apply to disability because of maternity and to disability because of other reasons, like sickness. [2]

However, in the third court case of 2006 the district court, now in full proceedings, decides that a waiting period of two years applicable to maternity benefits only, forms no breach of the relevant gender equality provisions. The service of providing disability benefits due to objectively established medical illness is to be differentiated from the service of providing maternity benefits, to which women are entitled irrespective of disability as defined by the insurance policy. Seen separately, neither the policy applied to the service of maternity benefits, nor the one applied to regular disability benefits, treat men and women differently. [3]

The respective insurance company appeals to the district court decision of 2006, indicated above. The Court of Appeal Amsterdam revises the original decision, in

---

[1]   Rechtbank Utrecht 27 −05 −2004, *LJN AP0146*, www. rechtspraak. nl.

[2]   Rechtbank Utrecht 15 −11 −2005, *LJN AU6168*, www. rechtspraak. nl.

[3]   Rechtbank Utrecht 03 −05 −2006, *LJN AW7505*, www. rechtspraak. nl.

that it considers the applicability of unfavourable conditions to maternity benefits compared to disability benefits, a form of indirect sex discrimination that is objectively justified by the aim of avoiding negative, financial consequences, which could lead to a raise of premiums for all insured. [1] The reason for accepting an indirect sex discrimination, according to the Court of Appeal, is that the definition of disability in the policy, which is restricted to disability because of medical illness including medical illness resulting from pregnancy, does in itself not differentiate between men and women, but in practise will merely have an unfavourable effect on women because it does not include work interruption because of maternity.

In 2008 the issue of law is settled by a final decision of the Dutch Supreme Court. [2] In its ruling the Supreme Court finds that the disability insurance policy applies to men and women equally because it covers disability as a result of medical illness, which also applies in case of medical illness following upon pregnancy. Furthermore, EU Directive 2004/113 does not oblige insurance companies to provide maternity benefits services. Hence, when they do provide for them, they are at liberty to apply specific conditions. Finally, the Court assesses that Article 5 (3) of the EU Service and Goods Directive is not infringed because no different benefits or premiums apply to men and women when concluding disability insurances, even those that do provide for maternity benefits.

Conclusions

It can be concluded that according to Dutch national case law as it stands on European women's rights, private insurance companies are neither under the obligation to provide for a maternity benefits scheme, or to offer equal conditions as they do. Of course, one may disagree with the reasoning of the courts. It seems the outcome of the case (discrimination or not) totally depends on whether one considers disability insurance of maternity risk and risk of illness as one service or as two separate services. In case of the latter, the supply of maternity benefits insurance, irrespective of the conditions attached, cannot unlawfully differentiate because of sex, as they apply to women only.

Furthermore, one can argue that Article 5 (3) of Directive 2004/113 expresses that the costs of pregnancy and maternity should be borne by men and women

---

[1]   Gerechtshof Amsterdam 19 −10 −2006, *LJN* AZ0509, www. rechtspraak. nl.

[2]   Hoge Raad 11 −07 −2008, *LJN* BD1850, www. rechtspraak. nl.

collectively. Although premiums may be the same for disability insurance, in fact self-employed women bear a disproportionate part of the costs of pregnancy and maternity because of the unfavourable policy conditions applied to disability insurance services of the maternity risk.

On the basis of the law as it stands, it must be concluded that maternity benefits cannot be properly ensured by (private) schemes provided by the commercial market only.

III. International Women's Rights in Respect of Maternity Protection for Self-Employed Workers

Failure to ensure proper maternity protection to self-employed women by private schemes, again raises the question whether Nation States have an obligation to provide for public maternity benefits on account of international women's rights. Although European women's rights appear to fall short of such an obligation, as demonstrated above, different international law instruments might possibly provide otherwise.

As was referred to in the introduction to this paper, the abolishment of the Dutch public (self-employed) disability scheme raised concerns in the Senate, especially in regard of ILO Convention no. 103 and 183 and Article 11 (2) of the UN Convention on the Elimination of All Forms of Discrimination against Women 1979 (CEDAW). The Dutch government, however, held the opinion that these instruments do not impose any obligation to provide for public maternity benefits for self-employed women, because the personal scope of these instruments is restricted to employees only. We will review the respective instruments below.

ILO Maternity Protection Conventions No. 103 and 183

ILO Convention No. 103 (Maternity Protection Convention, 1952), as well as ILO Convention No. 183 (Revised Maternity Protection Convention, 2000), provide for mandatory maternity leave and entitlement to maternity (cash) benefits at a level which ensures that the woman can maintain herself and her child in proper conditions of health and with a suitable standard of living. The Netherlands ratified the Conventions in, respectively, 1981 and 2009. From Article 1 of C103 it can be attained that the convention indeed applies to wage-earners only. The personal

scope of C183 seems less clearly defined. Article 2 states: 'the convention applies
to all employed women, including those in atypical forms of dependent work'.
Still, at the time of the abolishment of the Dutch public scheme for the self-
employed, the latter convention was not yet ratified by the Dutch State. Instructed
by parliament, the Dutch government did request the ILO in April and September
2005 to render an informal opinion on the scope of the relevant conventions.
Because the Netherlands already had withdraw the public scheme on maternity
benefits, the ILO in April 2006 answered it was unable to comply with the request.

*UN Convention on the Elimination of All Forms of Discrimination against Women
(CEDAW)*

The Netherlands ratified the CEDAW in 1991. Article 11 (2) of this
convention provides:

> *In order to prevent discrimination against women on the grounds of marriage or
> maternity and to ensure their effective right to work, State Parties shall take appropriate
> measures: (. .) (b) To introduce maternity leave with pay or with comparable social
> benefits without loss of former employment, seniority or social allowances.*

Again, the Dutch government considers the international law provision applicable
to dependent wage earners only. It therefore does not contain an obligation for the
State to provide for a public maternity benefits scheme for self-employed women.
Hereupon, the Dutch Federation of Trade Unions starts legal proceedings against
the State, claiming the infringement of Article 11 (2)   (b) CEDAW. The
District Court Den Haag turns the applicants' claim down. Because of its wordings,
the Court does not find it probable that the said international law provision also
applies to self-employed women. Moreover, the international law provision cannot
be directly relied upon by individuals because it lacks self-executing effect. [1]

In August 2006, the proper interpretation of Article 11 of the Convention is
addressed by the CEDAW-committee itself. [2] In the case of Dung Thi Thuy

---

[1]   Rechtbank Den Haag 25 −07 −2007, *LJN BB0334*, www. rechtspraak. nl.

[2]   Under the Optional Protocol of 2000, a State recognizes the competence of the Committee on the
       Elimination of Discrimination against Women—the body that monitors States parties' compliance with
       the Convention — to receive and consider complaints from individuals or groups within its
       jurisdiction.

Nguyen vs. The Netherlands-dealing with a complaint by a co-working spouse who is also a part time salaried employee on the denial of WAZ-benefits (then not yet withdrawn) -the Committee considers Article 11 applicable to all women working in gainful employment outside the home. ① Shortly later, the fourth periodic report submitted by the Netherlands on the application of the Convention, is reviewed by the CEDAW-committee in its 37th session (2007). Informed on the withdrawal of the public disability scheme for the self-employed, the Committee, in its Concluding Comments, expressively calls upon the Netherlands " to reinstate maternity benefits for all women in line with Article 11 (2)　(b) of the Convention". ②

On the basis of the foregoing, it must be conclude that Article 11 of the CEDAW, which aims to eliminate discrimination against women in the field of employment, imposes under section 2 (b) an obligation on the State-party to provide for maternity leave benefits to working women, be it dependently or independently employed.

IV. Final Remarks

Lack of social insurance covering loss of income because of work interruption due to pregnancy and childbirth will hinder the access of women to self-employment, or may cause them to continue working on too long, which can pose serious health risks to the mother and child. Hence, women's rights in respect of maternity protection and gender equality should require Nation States to provide for maternity benefits for self-employed women.

On the basis of a review of the different European and international law instruments it can be assessed that the particular situation of self-employed women and co-working spouses is not always properly addressed. International maternity protection standards tend to be directed at wage-earners only.

When gender equality instruments are taken into account, it was found that

---

① Views of the CEDAW-Committee 29 August 2006, Case 3/2004, CEDAW/C/36/D/3/2004, www. un. org/ womenwatch/daw/cedaw/protocol/dec-views. htm.

② Concluding comments of the Committee on the Elimination of Discrimination against Women: Netherlands, 2 February 2007, comment no. 30, www. un. org/womenwatch/daw/cedaw/ 37sess. htm.

European Union women's rights fall short of offering sufficient protection to self-employed women and co-working spouses. The EU Self-Employment Equal Treatment Directive 86/613 encourages measures in the respective field, but does not impose an obligation on the Member State to provide for a public maternity benefits scheme for the self-employed. Furthermore, the Dutch case, in which the national public scheme was withdrawn in favour of private schemes, proofs that maternity benefits cannot be properly ensured by private schemes provided by the commercial market only. The interpretation of the EU Services and Goods Equal Treatment Directive, given by the Dutch courts, implies private insurance companies are neither under the obligation to provide for a maternity benefits scheme, nor to offer equal conditions as they do.

Although European gender equality laws provide insufficient protection to self-employed women, the examination of international gender equality rights made clear that Article 11 (2) (b) of the UN Convention on the Elimination of All Forms of Discrimination against Women (CEDAW) does oblige State-parties to provide for a public maternity benefits scheme.

Due to its ratification of the CEDAW, the Netherlands has to comply with Article 11 (2) (b), as was also confirmed by the CEDAW-committee monitoring the application of the Convention. The Dutch campaign by women's interest groups and trade unions, that served as an exemplary case of the significance of European and international women's rights, was in the end successful in this respect. Because of international law obligations aimed to secure gender equality and maternity protection, public maternity benefits for self-employed women were reinstated by statutory law in the Netherlands in 2008. [1]

Bibliography

- Barnard, C., *EC Employment Law*, Oxford University Press, 2006.
- Caracciolo di Torella, E., "The goods and Services Directive: Limitations and Opportunities", Feminist Legal Studies (13) 2005, p. 337 −347.
- Caracciolo di Torella, E. "The Principle of Gender Equality, the Goods and Services

---

[1] Act of 29 May 2008, *Stb.* 2008, 192.

Directive and Insurance: A Conceptual Analysis", Maastricht Journal of European and Comparative law (13) 2006 −3, p. 339 −350.

− Committee on the Elimination of Discrimination against Women, Concluding comments: Netherlands, 2 February 2007, www. un. org/womenwatch/daw/cedaw/37sess. htm

− Equal Opportunities Commission, Advisory opinion on the abolishment of the Dutch public scheme for maternity benefits for the self-employed on the basis of European law, no. 2006/06, at www. cgb. nl (Dutch only).

− Equal Opportunities Commission, Opinion on equal treatment of pregnant self-employed women. Recommendations for a "equality-proof" maternity benefits scheme, no. 2007/04 at www. cgb. nl (Dutch only).

− Eleveld, A. , Maternity benefits for self-employed workers, University of Leiden, Leiden 2007, at www. cgb. nl (Dutch only).

− Foubert, P. , The Legal Protection of the Pregnant Worker in the European Community. Sex Equality, Thoughts of Social and Economic Policy and Comparative Leaps to the United States of America, The Hague: Kluwer Law International 2002.

− Lester, G. , "A Defense of Paid Family Leave", Harvard Journal of Law & Gender (28) 2005 −1, p. 1 −84.

− Monster, W. C. , E. Cremers en L. Willems, UN Convention on the elimination of all forms of discrimination against women, maternity and labour, Den Haag: Vuga 1998 (Dutch only).

− Neuner, J. "Protection Against Discrimination in European Contract Law", European Contract Law Review 2006 −1, p. 35 −50.

− Ulrich, K. E. , "Insuring Family Risks: Suggestions for a National Family Policy and Wage Replacement", Yale Journal of Law and Feminism (14) 2002 −1, p. 1 −68.

− Vroonhof, P. J. M. , and R. Braaksma, Private disability insurance. Unequal treatment of men and women in respect of maternity leave policy conditions, EIM: Zoetermeer 2007, www. cgb. nl (Dutch only).

Reform and Development of the Maternity Protection System in China

Rui Lixin, Gao Yongxian [*]

I. Historical Development of the Maternity Protection System in China

Maternity protection system is a social security system whereby the state provides through legislation income compensation, medical services, and maternity leave to childbearing employees. It usually covers maternity medical expenses, maternity benefits and maternity leave. There are two maternity protection models: "protection by employing unit" and "social insurance". Under the socialist market economy, the "social insurance" model of maternity protection has positive impact to promoting equal employment of women, balancing the burden of enterprises, and maintaining social harmony and stability.

The maternity protection system in China was established in 1951. Its 60 years of development can be divided into two stages. The first stage, which began in the early years of the People's Republic of China and ended in the early years of "Reform and Opening-up", can be called the "labour insurance stage". In 1951, the Government Administration Council promulgated the Regulations on Labour

* Rui Lixin, and Gao Yongxian, the Department of Legal Affairs of the Ministry of Human Resource and Society Security, P. R. China.

Insurance, which provided female workers and staff in enterprises with various kinds of maternity protection. In 1955, the State Council promulgated the Circular on the Maternity Leave of Female Staff of Government Organs, which gave the female staff members of state organs and public institutions basically the same institutional safeguards as those enjoyed by employees of the enterprises. In rural areas, female farmers mainly relied on their family and land for support during childbirth. During the "Cultural Revolution", the labour insurance system was abolished and replaced by a system of maternity protection provided by employing unit. A historical contribution of this stage of development was the establishment of the first maternity protection system in China, which was mainly designed to meet the need of the planned economy. The second stage of development, which began with the implementation of the policy of "Reform and Opening-up" and ended with the opening of the 17th National Congress of the Communist Party of China (CPC), can be called the stage of "exploration of the reform of the maternity insurance system". After the Third Plenary Session of the 14th Central Committee of the CPC in 1984, the focus of the reform began to focus on state-owned enterprises in urban areas. With the transition from the planned economic system to the market economic system, China began to carry out a reform in the social insurance system, including the system of maternity insurance for enterprise employees. After more than 20 years of exploration, a maternity insurance system and policy framework compatible with the socialist market economic system has been basically established in China and a new type of cooperative medical care system has also been set up in rural areas. At its 17th National Congress, the CPC established the policy of "speeding up the construction of a social security system that covers both urban and rural residents", which marked the beginning of the third stage of development of the social security system in China. This stage of development characterizes an overall plan for urban and rural areas, complete coverage, comprehensive system, and centralized management. The core objectives at this stage of development are to ensure that every elderly person is provided for with pension, every sick person receives necessary medical care, every employed person enjoys basic employment-related safeguards, and that the level of protection gradually raise along with the development of the economy. The above objectives are inevitable requirements of the state policies aimed at building an inclusive well off society and constructing a harmonious socialist society.

II. The Institutional Framework and Basic Policies
of Maternity Protection System in China

Currently there are two separate maternity protection systems in China, one covering urban occupational groups, the other covering rural residents. The former mainly consists of employee maternity insurance system and a system of protection by the employing unit (the employer), whereas the latter is made up of new rural cooperative medical care system, childbirth allowance program for central and western regions, and state subsidies to poverty-stricken populations.

2.1　The Urban Maternity Protection System

When China was under the planned economy, maternity protection in urban areas was entirely the responsibility of the employing unit. With the establishment of the socialist market economy, an employee maternity insurance system emerged with an overall pooling of insurance funds from the society and mutual assistance as its core characteristics. This system embodies the direction of development of the maternity protection system. However, generally speaking, a dual track system of maternity protection is currently still implemented in urban areas.

The traditional maternity protection system whereby the burden of maternity protection is borne by the employing unit is a legacy of the past. Its legal basis is the Regulations concerning the Labour Protection of Female Employees, promulgated by the State Council in 1988, and the Circular on Several Issues Concerning the Maternity Benefits of Female Employees, promulgated by the Ministry of Labour in the same year. Maternity insurance benefits include maternity allowance and maternity medical expenditure. Maternity allowance is calculated according to the employee's basic wage. Maternity medical costs, including the expenses of medical examination, delivery, operation, hospitalization and medicine, are reimbursed by the employing unit. The length of maternity leave is at least three months and can be extended to six months in some areas, as an encouragement to late marriage and late childbirth. An employee's wage during the maternity leave is paid by the employing unit. Currently, this system is mainly implemented in state organs, public institutions, social organizations and some enterprises. The maternity protection expenditures of state organs and public institutions are paid from budgetary allocations of these organs and institutions.

Although the employee maternity insurance has been functionning only a dozen years, its development has been very rapid. By the end of June 2006, the number of people covered by it had reached 97. 94 million, which was over a dozen times that of 1994. Compared with the system where the burden of maternity protection is borne by the employing unit, the main feature of the maternity insurance system is overall pooling of insurance funds from the society and sharing of risks; meanwhile, insured employees are able to better enjoy resources of maternity services and may choose from several medical establishments, thus better protecting their rights and interests.

2. 1. 1   The Basic Framework of the System of Maternity Insurance for Urban Employees

Internationally, maternity protection system mainly consists of two parts: maternity allowance and maternity medical care. The former refers to the cash allowance enjoyed by female employees during maternity leave; the latter refers to the pre-natal examinations and medical services provided by medical establishments to childbearing women during hospitalization, which is often covered by the medical insurance system. By combining the above-mentioned two parts, China has established an independent maternity insurance system outside the medical insurance system. In 1994, the Ministry of Labour issued the Trial Measures for Maternity Insurance of Enterprise Employees (Hereinafter the Trial Measures) to implement the reform on the employee maternity insurance system. The contents of the Trial Measures mainly include the followings:

a. Coverage

It provides for that the employee maternity insurance system shall cover urban enterprises and their employees.

b. Collection of fund

The fund for maternity insurance is collected according to the principle of " basing collection on expenditure and balancing between income and expenditure". Maternity insurance premiums are paid by enterprises according to certain percentages. Employees shall not pay any premium. A concrete percentage is determined by local governments in light of the economic condition of the locality, but should not exceed 1% of its total pay-roll. The fund for maternity insurance is collected mainly through the following three channels: first, the payment by the employing unit to the local social insurance agency of maternity

insurance premiums calculated according to a certain percentage, usually about
0. 68% , of the total pay-roll; second, the maternity insurance premiums of state
organs and public institutions, paid from budgetary allocations. The insurance only
covers the childbirth-related medical expenses of the employees. The fund for
maternity allowance is collected through original wage cannals. According to local
regulations on maternity insurance, the premium is about 0. 4% − 0. 5% of the
total pay-roll; third, the fixed amount of premium, with the employing unit paying
to the social insurance agency a fixed amount of premium for each employee on a
monthly basis. This method was adopted at the early stage of development of
maternity insurance system and is now only used in a small number of areas, mainly
Shanxi Province and Hebei Province.

  c. Maternity insurance benefits

Maternity insurance benefits mainly include maternity allowance and maternity
medical expenses.

  Maternity allowance: the period of payment of maternity allowance usually
corresponds to the period of maternity leave. There are several ways of calculating
maternity allowance: first, calculation of allowance according to the wage of the
female employee before childbirth; second, calculation of allowance according to
the average monthly wage of the employees in the employing unit in the previous
year; third, calculation of allowance according to the base social insurance premium
of employees; and fourth, calculation of allowance according to the average wage
in society.

  Maternity medical expenses: the expenses covered by maternity insurance mainly
include expenses of medical examination, delivery, operation, hospitalization,
medicine and birth control operations.

  d. Management of fund

Maternity insurance fund shall be collected, paid and managed by social insurance
agencies. The fund should be put on a special account and can be used only as
earmarked. A budget system shall be implemented for the collection and use of
maternity insurance fund, which is subjected to the supervision by financial and
audit authorities at the same level.

  *2. 1. 2   The Reform of and Innovation on the Maternity Insurance System Carried out by
Local Governments*

  By the year 2009, over 30 provinces, autonomous regions and municipalities directly under the Central Government promulgated measures for the implementation of the maternity insurance system. With a view to local conditions and local reform experience, local governments have carried out institutional innovation on the basis of the Trial Measures for Maternity Insurance of Enterprise Employees, thereby greatly enriching the content of the maternity insurance system.

a. Extending the scope of application

First, the coverage of maternity insurance has been extended to state organs and public institutions. Due to historical constraints, the Trial Measures for Maternity Insurance of Enterprise Employees, promulgated by the Ministry of Labour in 1994, applies only to enterprises in urban areas and towns and their employees. Among the local regulations on maternity insurance promulgated by 30 provinces, autonomous regions and municipalities directly under the Central Government, 15 extended the coverage of maternity insurance to state organs, public institutions, social organizations, community-run non-enterprise entities, and privately owned small businesses. In practice, different localities adopted different policies towards the participation of state organs and public institutions in the maternity insurance. The contribution rates of these organs and institutions were lower than those of enterprises, about 0.4% − 0.5% of the total wage of their employees. The insurance mainly covered the childbirth-related medical cost during hospitalization. Maternity allowance was paid through the original wage channel. This was mainly because it was difficult under the budget management system to incorporate this part of benefit into the overall maternity insurance system. The reimbursement of medical expenses for employees of the state organs and public organizations differed from that under the medical insurance system, in that it had set no minimum or maximum reimbursable expenses. All medical expenses that fell within "three catalogues of medical insurance" [1]could be reimbursed.

Second, some provinces, such as Guangdong Province, extended the coverage of maternity insurance to all persons who had established labour relationship with an employing unit, including informal employees and migrant workers, thereby providing institutional safeguard to childbearing migrant workers and some part of

---

[1]   It refers to National drug list for basic medical insurance, medical diagnosis and treatment items for basic medical insurance, and national medical service facilities for basic medical insurance.

migrant population. Shanghai Municipality extended the coverage of maternity insurance to all employed and unemployed childbearing persons who had permanent urban residential registration and had participated urban social insurance in this municipality.

Third, the coverage of maternity protection was extended to all urban residents. In order to improve the health of the great masses of people and solve the problem of difficulty in having access to and expensiveness of medical services, China began to experiment on the system of basic medical insurance for urban residents in selected places in 2007. In this process, 14 provinces, including Hebei, Guangdong and Shaanxi, have extended the coverage of urban medical insurance system to the expenses of hospital delivery, thereby expanding the scope of the maternity protection from employed urban residents to all urban residents.

b. Expanding contents of maternity insurance

In order to further protect the rights and interests of workers and to give full play to the protective function of maternity insurance, some local governments have adopted the following measures to increase contents of maternity insurance.

Firstly, they extended the coverage of maternity insurance to the family members of male employees. In the process of implementing the system of maternity insurance it was found out that enterprises with large proportion of male employees were not very enthusiastic in participating in maternity insurance system. In order to encourage these enterprises to actively participate in the maternity insurance system and embody the principle of reciprocity of rights and obligations, 15 provinces provided for that spouse of male employees could enjoy the maternity insurance benefit. Such a benefit took mainly the form of reimbursement of 50% of medical expenses of hospital delivery; in some areas it took the form of a lump-sum childbirth allowance calculated according to local level of consumption.

Secondly, the coverage of maternity insurance was extended to include the expenses of family planning operations. At the beginning, the maternity insurance system did not cover the expenses of family planning operations of employees, which had to be paid by the employing units. To solve this problem, the Ministry of Labour and Social Security promulgated in 1999 the Circular on Properly Solving the Problem Relating to the Expenses of Family Planning Operations of Urban Employees, which demands that maternity insurance cover four kinds of family planning operations. By now, the maternity insurance system in 22 provinces has covered the expenses of such family planning operations as placement (and extraction) of IUD, abortion, induction of labour, sterilization, and tubal reversal.

Thirdly, the mechanism of a lump-sum childbirth allowance was established. In the provinces of Jiangsu, Zhejiang, Guangdong and Henan, childbearing employees are given a lump-sum allowance. The standard of such allowance differs from province to province. In Guangdong Province, the childbirth allowance is calculated according to a certain percentage of the average monthly wage of employees in the locality in the preceding year.

c. Managing designated medical services institutions

When the new system of maternity insurance was put in place, some localities, in order to control the growth of medical expenditures, adopted a simple method of fix-amount payment in the settlement of medical cost, namely the determination of a fix-amount of medical cost in light of different modes of childbirth (spontaneous delivery, obstructed labour, or cesarean section). However, in case of complications in elderly parturient women or high-risk pregnancy, the method of fix-amount payment will not be able to cover the high medical expenses and therefore can not realize the objective of maternity protection. In order to safeguard employees' basic medical needs, 17 provinces adopted a system of management of designated medical institutions to carry out synchronized management of maternity insurance in accordance with the relevant provisions on the management of basic medical insurance. For medical expenses relating to hospital delivery which fell within the scope of the catalogues of drug list, medical diagnosis and treatment items, and medical service facilities covered by national basic medical insurance, they should be paid directly by social insurance agencies to medical institutions. Currently, Beijing Municipality, Hunan Province, and Sichuan Province implement basically a " hospital delivery free of charge", thus solving satisfactorily the problem of heavy burden of medical expenses for childbirth borne by the individual.

2. 2   The Rural Maternity Protection System

2. 2. 1   *The New Rural Cooperative Medical Care System*

In 2002, the Central Committee of the CPC and the State Council jointly promulgated the Decision on Further Strengthening Rural Health Work, which sets the goal of establishing a new type of cooperative medical care system with a unified medical care system for catastrophic illness as its main body, and a new medical assistance system, so as to ensure that every farmer enjoys primary health care. These systems include the following maternity protection measures in rural areas: to strengthen health care for maternal women and children, to raise the rate of hospital delivery and to improve the nutrition of children; to ensure that township hospitals have the capability for dealing with spontaneous delivery and that county-level medical institutions and center township hospitals have the capacity for dealing with obstructed labour. The new rural cooperative medical service fund is mainly used for covering large-amount medical expenses and hospitalization expenses of farmers, including hospital delivery expenses of rural women.

2.2.2   The Public Health "Reduction and Elimination" Programme

The so-called "Reduction and Elimination" Programme refers to a national programme entitled Reducing Maternal Mortality Rate and Elimination of Neo-Natal Tetanus. The programme involves state's assistance to poverty-stricken areas in central and western regions, mainly providing subsidy to health service providers, including procurement of medical equipment, and professional training, as well as an average of 300 yuan allowance for each childbearing woman.

2.2.3   The Childbirth Subsidy Plan for Central and Western Regions

In 2009, the Ministry of Health and the Ministry of Finance jointly promulgated the Guiding Opinion on Further Strengthening the Work Relating to Hospital Delivery of Rural Pregnant Women, which establishes a program of state subsidies for hospital delivery to women in poverty-stricken areas in central and western regions. This new program was launched in 2009 and replaced the "Reduction and Elimination" Program.

III. The Main Problems in the Maternity Protection System in China

3.1   Deficiencies in the Institutional Arrangement of the Urban Maternity Protection System

Currently, there are 431 million permanent urban residents in China, 294 of them are employed. The current maternity protection system established under the

Regulations concerning the Labor Protection of Female Employees and Trial Measures for Maternity Insurance of Enterprise Employees covers 210 million people, with 122 million of them having their childbirth expenses paid by their employing units and 97 million of them being covered by maternity insurance system. There are still 97 million urban employees, mainly laid-off employees and informal employees, who are not covered by urban maternity protection system. Moreover, unemployed urban residents are not covered by the system. Neither is the huge migrant population.

3.2   The Low Level of Maternity Protection in Rural Areas

Currently, the new rural cooperative medical care system has covered vast rural areas and solved, at the policy level, the problem of childbirth expenses of rural woman. However, it does not mean that all rural women are now covered by the rural maternity protection system. This is mainly because no fundamental change has taken place as regards the resources and environment of medical services in rural areas: there is still a widespread shortage of public health resources in vast rural areas; some medical institutions at the township and village levels are faced with the following major problems: the shortage and out-of-date medical equipment and facilities; the lack of emergency medicine and equipment, low technical level and the lack of adequate expertise of medical personnel; poor service environment and inadequate capability for emergency treatment, as well as the lack of capacity for handling hospital delivery.

3.3   A Poor Maternity Protection for Migrant Population

As of today, China is in a process of social and economic transition. With the increase of people in informal employment, the problems such as increased employment mobility, instability of labour relations, and lack of maternity protection for female employees have emerged.

3.4   A Decreased Ability of Employing Units to Provide Maternity Benefits

The two-track maternity protection system in urban areas is not sustainable: employing units gradually lose their capacity to provide maternity protection to female employees; some employing units in financial difficulties are unable to provide maternity benefits to their female employees. The narrow coverage of maternity insurance is not conducive to overcoming the difficulties faced by employed woman due to gender discrimination in employment.

IV. Suggestions on the Reform of the Maternity Protection System

4. 1   Remedying Institutional Deficiencies

4. 1. 1   Expanding the Coverage of Urban Maternity Insurance System

The coverage of maternity insurance should be expanded in accordance with the policy of promoting a synchronized development of maternity insurance and medical insurance. In the implementation of the relevant systems, efforts should be made to explore measures for facilitating the participation in maternity insurance by informal employees and migrant workers; for gradually expanding the coverage of the maternity insurance to all persons who have established labour relation with an employing unit, for strengthening law enforcement supervision so as to ensure that urban employees enjoy their lawful maternity insurance benefits.

4. 1. 2   Exploring Maternity Protection Mode for Urban Residents

In order to find a comprehensive solution to the problem of maternity protection for urban residents, the government should give full play to the institutional and coverage advantage of the medical insurance system. It should carry out experiments on the operational and management modes of maternity protection system for urban residents in selected cities in eastern, central and western regions; lay emphasis on covering medical expenses of childbirth in grassroots medical institutions of unemployed urban residents and employees of enterprises in financial difficulties; and gradually expand the coverage of urban residents basic medical insurance fund to include the medical expenses of hospital delivery of all urban residents. In areas where outpatient expenses of residents are covered by medical insurance, the coverage of urban residents basic medical insurance fund may be expanded to include the expenses of prenatal examinations. Based on the experience gained from experimentation in selected cities, steps should be taken to implement the urban maternity protection system in the whole country.

4. 2   Gradually Improving the Level of Maternity Protection

With the economy developing, China should adhere to the principle of ensuring to citizens basic living standard and basic medical services and gradually raise the level of maternity protection for urban employees and urban residents in accordance with the national population development strategy and in light of the distribution of birth population in urban and rural areas in the country and other basic national conditions, ; it should also adopt a feasible standard of maternity insurance benefits and feasible method for the settlement of medical expenses for childbirth. With regard to maternity benefits of urban residents, the government should, find a way to reduce the medical expenses borne by individuals on the basis of coverage of certain percentage of hospitalization expenses by urban residents' basic medical insurance, or, in light of local conditions, appropriately raise the proportion of reimbursable hospitalization expenses. In rural areas, efforts should be made that the implement childbirth subsidy program for central and western regions and the new rural cooperative medical care system be implemented, so as to reduce the proportion of medical expenses borne by rural women who give birth in village-and township-level medical institutions.

4. 3   Making an Overall Plan of Maternity Protection System for both Urban and Rural Areas

4. 3. 1   Transition from Protection by Employing Unit to Protection by Society

The government should make an overall plan of maternity protection system for state organs, public institutions, enterprises and other employing units in urban areas, gradually change the two track maternity protection system in urban areas, and put in place the transition of the maternity protection system from protection by employing unit to protection by society, so as to give full play to social insurance functions of mutual assistance and balance of burden.

4. 3. 2   Making an Overall Plan of Maternity Protection System for both Urban and Rural Areas

When establishing a unified urban and rural social security system, the government should, take into full consideration the realities of the current maternity insurance system for urban employees and the rural maternity protection system, stay firmly rooted in the present while looking ahead to the future. It should make overall plans and take all factors into consideration, effectively guarantee the principle of equality and fairness; optimize the allocation of maternity protection resources in urban and rural areas, satisfy different levels of maternity protection needs of urban and rural residents, and ensure the connection between urban and rural maternity protection system.

(Translated by Bi Xiaoqing, proofread by Li Xixia)

The Legal Protection of Women's Social Rights in the Netherlands: Pregnancy and Maternity

Marjolein van den Brink [*]

I. Introduction

This contribution focuses on the implementation and realisation of human rights with regard to pregnancy, maternity and parenthood of women in the Netherlands. The emphasis is on women's social rights. The protection (or lack thereof) of other fundamental rights in this realm, such as the right to privacy, physical integrity, to family life and to autonomy will not be discussed. Pregnancy and related issues may affect women's enjoyment of most if not all fundamental human rights. This is true even for women who have never been and never will be pregnant. The expectation that a woman will get pregnant, for instance, may negatively influence all women's chances to get a job.

In the Netherlands, the fundamental rights of women with regard to pregnancy, maternity and motherhood are-generally speaking-well-protected: very few women die in child-birth or due to pregnancy-related causes. Also the number of abortions in the Netherlands is very low in comparison to other countries, both in Europe and elsewhere, as is the number of teenage pregnancies. Schools do not ban pregnant students; single mothers have the same parental rights as women with a partner (opposite or same sex, within or outside of marriage). Sex-equality law

* Department of Legal Theory & Human Rights Institute, Utrecht Law School, the Netherlands.

protects women against pregnancy discrimination in employment. There are still quite some issues that require attention, pregnancy-related employment discrimination in the first place.

First some facts and figures regarding pregnancy and pregnancy-related issues will be presented (section 2). Then the legal system regarding the protection of fundamental rights in the Netherlands will be described (section 3). The Netherlands have ratified a significant number of international and regional treaties that are relevant to human rights and/or pregnancy issues. Of these European Union (EU) law have arguably had the most far-reaching impact on the development of contemporary Dutch pregnancy law, especially with regard to employment and non-discrimination (section 4). Section 5 is devoted to an overview of issues related to health care, followed by a conclusion (section 6).

II. Facts and Figures

The Netherlands is 'world champion late parenthood'. [1] More women give birth to their first child when thirty years or over, than anywhere else in the world. For this phenomenon two main causes have been identified: the rising education level of women and the problems involved in combining a career with caring for a child. These problems partly result from a lack of (low-cost) child care facilities. Another obstacle to the labour market participation of mothers is posed by tax regulations that make it (financially) attractive for women to stay at home and look after their children themselves. This is especially true for women with a low education level, and thus with limited career perspectives and low earnings. A third cause is what has been referred to as a "typical Dutch caring ideal" [2], that holds that "the best care is home care", preferably provided by the mother of the child.

---

[1] Gijs Beets, Edith Dourleijn, Aart Liefbroer & Kène Henkens, *De timing van het eerste kind in Nederland en Europa* [The timing of the first child in the Netherlands and Europe], NIDI report no. 59, The Hague 2001, abstract in English on p. 5, available at: http://www. nidi. nl/Content/NIDI/output/nidi% 20reports/nidi-report −59. pdf, last accessed 8 October 2012.

[2] Janneke Plantenga & Lucy Kok, *Nederland werkt en moeder ook* [The Netherlands works and mother does too], The Hague: E-Quality 2007, quoted in: E-Quality, *Factsheet Kinderopvang en arbeidsparticipatie van vrouwen* [Child care facilities and labour market participation of women], 30 September 2010, available at: http://www. e-quality. nl/assets/e-qualitynew/Publicaties/Publicaties% 202010/FactsheetArbeidsparticipatieEnKinderopvang. pdf, last accessed 25 August 2012.

The average number of children per woman has dropped from 3097 in 1950 to 1796 in 2010. [1] The European average is 1.6.

As compared to women in other European countries, the number of women active in the labour market is relatively high. However, the number of hours worked by women is by far the lowest of all OECD countries (Organization for Economic Cooperation and Development). This is caused by the high number of women working in (small) part-time jobs: 60% of all working women work part-time. [2] When women get children their labour market participation drops from 82% to 70%. That is slightly less than the European Union (EU) average: participation drops from 75% to 60%. However, in the Netherlands the percentage of women working full-time drops from 60% to 20% with the arrival of the first child, as compared to 80% to 62% in the entire EU. Another crucial moment for working women is when their children go to primary school: larger part-time jobs are then exchanged for small part-time jobs or women drop out completely. School times are not tuned into the daily rhythm of the labour market, and low cost child care facilities are scarce, and become even more so these days due to the economic crisis and accompanying budget cuts by the government.

The rate of teenage motherhood in the Netherlands is very low. Only Switzerland has an even lower rate. [3] Annually a bit over 4000 teenage girls get pregnant, 60% of them carries the pregnancy to term. Most girls decide to take care of their child themselves. Adoption is rare. In total, approximately 28,000 abortions are performed yearly in the Netherlands.

The one issue that really worries the Dutch government is perinatal mortality. 33 children on 10000. This is high in comparison to other European countries of

---

[1] The all-time low was in 1980, when the average was 1602. Source: Centraal bureau voor de Statistiek, Den Haag / Heerlen. See: http://statline.nl/StatWeb/publication/PrintView.aspx?DM=SLNL&PA=37422ned&DI=0, 4=5, 7, 9, 11, 13; last accessed 7 May 2012.

[2] See: Raad voor Werk & Inkomen (RWI), *Kwartaal analyse arbeidsmarkt, Deel I: Nederland als combinatie* [Quarterly labour market analysis, Part I: The Netherlands as "combi-nation"], June 2005, available at: http://www.rwi.nl/CmsData/File/Archief/PDF/kwartaalJuni2005_deel1.pdf, last accessed 29 April 2012.

[3] CBS, *Statistisch Jaarboek 2000*. Statistics available at the CBS website: www.cbs.nl. Globally, Europe has the lowest number of teenage pregnancies (2% of the entire population), as compared to 4% in Asia, or 6% worldwide. Source: *World Population Data Sheet 1998*, Population Reference Bureau.

which Finland has the lowest number: 20 on 10000. ① Some have attributed this relatively high number to the Dutch practice of giving birth at home instead of in a hospital or clinic, but that assumption has been proven wrong. The Dutch statistics are no different for babies born in hospital than for babies born at home. ② The European Court of Human Rights has emphasised that women's right to respect for their private life, which includes the personal choice where to give birth, entails an obligation for the state to ensure a legal and institutional environment that enables that choice, except where other rights-such as a significant health risk in a specific situation-render a restriction to that choice necessary. ③

III. The Dutch Legal System Regarding the Protection of Fundamental Rights

Fundamental rights are protected in the Netherlands in two ways. The first 23 provisions of the Constitution (Grondwet) set out fundamental rights. ④ The equality principle tops the list. Article 1 states that the State must treat everyone in similar circumstances equally, and prohibits discrimination on the ground of religious or other belief, political conviction, race, sex or "any other ground". Although there is no formal hierarchy between the fundamental rights listed in the Constitution, Article 1 is nevertheless considered of great importance. ⑤ The right to equal treatment and prohibition of discrimination has been extended to relations between private parties by the General Equal Treatment Act (ETA, see section 4 below). There is no system of constitutional review in the Netherlands. That is,

---

① See: http://www.nationaalkompas.nl/gezondheid-en-ziekte/sterfte-levensverwachting-en-daly-s/sterfte-rond-de-geboorte/verschillen-internationaal, last accessed 28 April 2012. In comparison: Pakistan has the highest number: 460 on 10000.

② B. W. J. Mol, A. de Jonge, J. G. Nijhuis & S. E. Buitendijk, "Hoge babysterfte niet door thuisbevalling" [High perinatal mortality not caused by home births], *Medisch Contact*, 11 Nov. 2012, Vol. 65, No. 45, p. 2390 −2394.

③ ECtHR, *Case of Ternovszky v. Hungary* (appl. no. 67545/09), 14 December 2010, para. 24.

④ An English translation of the Dutch Constitution is available from a website developed by Leiden University: http://www.denederlandsegrondwet.nl/9353000/1/j9vvihlf299q0sr/vgrnbhimm5zv.

⑤ See M. Claes and J. H. Gerards, *Protection of Fundamental Rights post-Lisbon: The Interaction between the EU Charter of Fundamental Rights, the European Convention on Human Rights (ECHR) and National Constitutions; the Netherlands*, Report prepared for FIDE, 2012, available at : http://www.nver.nl/documents/FIDE_ report_ 2012_ topic_ 1. pdf, last accessed 12 June 2012.

the courts are not allowed to decide on the compatibility of primary legislation with constitutional rights (Article 20 *Grondwet*). However, the ensuing lack of constitutional protection is largely compensated by the monist system that characterises the Dutch approach to international law (Article 93 and 94 *Grondwet*). Directly effective international provisions have priority over conflicting norms of national law (Article 94 *Grondwet*). Because of this system international law has a significant impact on human rights protection in the Netherlands. The landmark case in the area of sex discrimination was the case of Ms. Broeks. Ms. Broeks was not granted an unemployment benefit when she lost her job, because she was not the family's breadwinner. If she had been a man, she would not have had to fulfill that requirement. After exhausting domestic remedies, Ms. Broeks filed a complaint with the Human Rights Committee (HRC), which monitors implementation of the International Covenant on Civil and Political Rights (ICCPR). The Dutch government's protest that the ICCPR does not contain a right to social benefits, and that therefore Ms. Broeks' application should be declared inadmissible, was to no avail. The HRC decided that Article 26 is an independent provision. It does not oblige States to put a social security system in place. However, if a State offers such a system, the State should refrain from making discrimination on the basis of sex.[1] The Dutch government seriously considered the possibility to withdraw its ratification of the ICCPR. However, the Dutch courts quickly adopted the line of reasoning of the HRC–direct application of Article 26 of the ICCPR being possible because of the monist system–thus necessitating an overhaul of the social security system and making withdrawal from the ICCPR superfluous. The International Covenant on Economic, Social and Cultural Rights (ICESCR) is not very important in Dutch legal practice regarding pregnancy-related issues. A search in the Dutch case law database, that contains published cases of all national courts since 1999, gave 1493 hits on *zwangerschap* (pregnancy), 81 hits on IVESCR (*ICESCR*), and just 1 hit for the two combined.[2] This case concerned insurance against loss of income for the self-employed in case of pregnancy. This issue has been extensively discussed elsewhere

---

[1]   HRC, *S. W. M. Broeks v. the Netherlands*, Communication 172/1984, 9 April 1987, UN Doc. CCPR/C/29/D/172/1984.

[2]   The database is accessible via: www. rechtspraak. nl.

and is not further discussed here.

The Netherlands has ratified many international instruments that are relevant to human rights and to sex discrimination, including Conventions of the International Labour Organisation (ILO),[1] and at the European level. The case law on the European Convention on Human Rights (ECHR) relating to pregnancy and birth is mainly family law and aliens law focused, and deals with cases on the law of descent, or the right to family life etc. These issues fall outside the scope of this contribution. However, a few cases have been brought before the European Court of Human Rights (ECHR) that are relevant to the issue at hand, such as the case of *Ternovszky* v. *Hungary*, that was mentioned in section 2 above.[2] By far the most influential have been European Union (EU) directives on sex-equality, pregnancy, parental leave, burden of proof and on part-time work and the case law of the Court of Justice of the European Union.[3] These have been so influential because of the direct applicability of EU law in the member states in combination with the supremacy of EU law, which implies that states cannot escape EU law by adopting new domestic legislation to alter the legal situation.

---

[1]   Esp. the three Conventions on maternity protection, Conventions No. 3 (1919), 103 (1952) and 183 (2000). The ILO has reviewed domestic maternity legislation in 167 countries, including China and the Netherlands. See: ILO, *Maternity at Work. A review of national legislation. Findings from the ILO Database of Conditions of Work and Employment Laws*, 2nd edition, Geneva, 2010. See also ILO, *Equality at work: The continuing challenge. Global Report under the follow-up to the ILO Declaration on Fundamental Principles and Rights at Work*, report of the Director-General, Internatonal Labour Conference, 100th Session 2011, Geneva, 2011. Both reports are available in pdf format at the ILO website, www. ilo. org. Another relevant ILO Convention, which has been ratified by the Netherlands is No. 175 (1994) on part-time work.

[2]   ECtHR, *Case of Ternovszky v. Hungary* (Appl. no. 67545/09) 14 December 2010.

[3]   Of particular relevance are the so-called Recast Directive (which replaced some earlier directives in 2009): Directive 2006/54/EC of the European Parliament and of the Council of 5 July 2006 on the implementation of the principle of equal opportunities and equal treatment of men and women in matters of employment and occupation (recast) [2006] OJ L204/23; the Pregnancy Directive: Directive 92/85/EEC of 19 October 1992 on the introduction of measures to encourage improvements in the safety and health at work of pregnant workers and workers who have recently given birth or are breastfeeding [1992], OJ L348/1; and the Parental Leave Directive, 96/34/EC [1996] OJ L145/4; Directive 97/80/EC of 15 December 1997 on the burden of proof in cases of discrimination based on sex [1998] OJ L14/6; and Council Directive 97/81/EC of 15 December 1997 concerning the Framework Agreement on part-time work concluded by UNICE, CEEP and ETUC-Annex (Framework Agreement on Part-time Work) [1998] OJ L14/12.

IV. National Law: Equality & Non-Discrimination

This paragraph zooms in on two very relevant issues with regard to pregnancy, which are covered by Dutch equality legislation: employment (section 4.2) and education (section 4.3). First the general framework of Dutch equality legislation will be outlined (section 4.1). In the next section some of the most common forms of pregnancy discrimination in the area of employment will be discussed. Subsequently, a brief overview of other legislation that has relevance to the issue of pregnancy and parenting in the area of employment will be provided, followed by the different forms of pregnancy and parenting related leaves (4.2). The last section focuses on education.

4.1 Dutch Equality Legislation

The Dutch Equal Treatment Act (*Algemene wet gelijke behandeling*, ETA) came into force in 1994. Prior to the ETA, the *Wet gelijke behandeling van mannen en vrouwen* (Act on Equal Treatment of Men and Women, 1980) already protected against sex discrimination in employment. The younger ETA leaves the Equal Treatment Act M/W intact, and the latter has, as a *lex specialis*, priority over the ETA (Art. 4 ETA). However, the ETA is broader in scope and contains all provisions relevant to pregnancy and maternity discrimination. Therefore only the ETA will be discussed here.

The ETA prohibits "distinctions" on a limited number of suspect grounds in a limited number of areas. The act refers to "distinction" (*onderscheid*) rather than "discrimination" because of the negative, disapproving character the word "discrimination" has in Dutch. Distinction, being a more neutral term, was considered to better describe *all* forms of unequal treatment covered by the ETA, including those forms that have nothing to do with intended, malicious discrimination. Because in English "discrimination" is the commonly used word, that word will be used here. Identity characteristics protected by the ETA are, next to sex, religious or other belief, political conviction, race, nationality, hetero-or homosexual orientation and marital status. The main areas covered by the ETA are employment (Art. 5 and 6) and goods and services (Art. 7), which includes professional training.

Following the system developed by the Court of Justice of the EU (CJEU), the ETA prohibits both direct and indirect discrimination (Art. 1). Direct discrimination occurs when a distinction is based directly on one of the protected grounds. Indirect discrimination occurs when an apparently neutral provision or criterion has a different impact on members of one group as compared to the other. ① Direct discrimination is prohibited unless the ETA itself contains an explicit exception for that form of discrimination. This very strict test is commonly referred to as the "closed system". Indirect discrimination is also prohibited unless it fulfills the requirements of the so-called "objective justification test". The objective justification test requires a legitimate aim as well as suitable and necessary means to achieve that aim. Article 1 (2) of the ETA states that discrimination on the basis of pregnancy, giving birth and maternity constitutes direct discrimination. The interpretation of pregnancy discrimination with direct discrimination on the basis of sex was first made by the CJEU in the case of *Dekker v. the Netherlands*. ② The Court reasoned that since only women can get pregnant, any disadvantageous treatment because of pregnancy is inextricably linked to womanhood. Because of the closed system, this conception of pregnancy and maternity discrimination as a form of *direct* implies that is *always* prohibited-at least in the areas covered by the ETA-unless an exception is applicable. Article 2 (2) (b) states that distinctions on the basis of sex are exempt from the general prohibition in cases when the distinction is made to protect women, especially in relation to pregnancy and maternity. This means that distinctions on the basis of pregnancy are allowed if they are beneficial for women; they are not allowed if detrimental. An example of a beneficial distinction is pregnancy leave; an example of a detrimental distinction is the refusal to hire someone because she is pregnant. The result of the strict closed system regarding direct discrimination on the basis of pregnancy is that the work-related difficulties that are caused by pregnancies are shifted to employers, and do not have to be shouldered by women alone.

Article 11 of the ETA establishes the *Commissie Gelijke Behandeling* (Equal Treatment Commission, hereafter ETC). The Commission can investigate

---

① The landmark case of the CJEU in which it introduced the concept of indirect discrimination to EU law was *Bilka Kaufhaus GmbH* v. *Karin Weber von Harz*, Case 170/84 [1986], ECR 1607.

② This equation was first made by the CJEU in the case of Dekker v. VJV Centrum, Case C −177/88 [1990], ECR I −3941.

discrimination complaints and give its opinion. The ETC's opinions are not binding. One important reason for that is that the ETC is only competent to pronounce on the equality aspects of a case. The ETC is not competent to include aspects of other legislation, such as employment legislation in its deliberations. The Commission has been established expressly to filter out discrimination, because precisely these issues often remain invisible in the cases dealt with by mainstream courts. Even though the Commission's opinions are not binding, in practice they are generally accepted by the parties involved. Sometimes, one of the parties still starts court proceedings afterwards, either because it does not accept the Commission's opinion, or because a further decision on other legal aspects of the case is needed. It is also possible to bring a claim directly to the regular court. Still, quite a number of cases reach the Commission because no costs are involved, no legal representation is required, and because the Commission is active in the sense that it actively investigates the case presented. This, in combination with its expertise in the area of non-discrimination law, makes the ETC attractive for those who feel they have been discriminated against. The ETC issues yearly on average 15 opinions on complaints of pregnancy discrimination, on a total number of about 250 opinions. However, this is only the tip of the iceberg. Research commissioned by the ETC has shown that 45% of all working women who were pregnant in the period 2007 −2011 have experienced situations that they knew or suspected to be discriminatory. ① The well-known disadvantages of legal procedures, especially their tendency to change relationships such as those between employer and employee for the worse, arguably play a role in the reluctance to file complaints with the ETC.

4. 2 Employment

The ETA prohibits discrimination in all phases of an employment relationship, including the pre-contractual phase of the publication of vacancies and job application procedures. The prohibition also encompasses all employment conditions including professional training etc.

Following the case law of the CJEU, the prohibition of pregnancy discrimination

---

① CGB, *Hoe is het bevallen? Onderzoek naar discriminatie van zwangere vrouwen en moeders met jonge kinderen op het werk* [A difficult birth. Research into discrimination of pregnant women and mothers with young children at work], Utrecht, 2012, summary in English. Available at the website of the ETC: www. cgb. nl.

must be interpreted strictly. Under no circumstances can pregnancy be equated with illness. ① The most common forms of pregnancy discrimination presumably are the refusal to hire a pregnant job applicant and the discontinuation of temporary contracts. Importantly, women do not have to give information on their pregnancy in a job interview, and the employer is not allowed to ask. In practice, however, this is a difficult situation as many women are afraid of ruining the relation with the future employer from the start when he finds out they have been lying. Only when the employer more or less explicitly admits that pregnancy is the reason for not hiring the applicant, discrimination is mostly impossible to prove.

Of all women whose contract had to be renewed in the period covered by the ETC research mentioned above, 44% assumed that their pregnancy played a role in the decision of the employer to discontinue the contract. Contrariwise, only 3% of all women whose permanent contract was terminated thought their pregnancy had something to do with it.

Most employers are well aware that they are not allowed to fire or refuse to hire staff because of pregnancy. Therefore, very often another reason is given for the decision, such as unsatisfactory functioning of the employee, or a reduction in the work that has to be done. This makes discrimination extremely difficult to prove. Therefore, the burden of proof has been mitigated. ② It is up to the applicant to establish a *presumption* of discrimination. It is not necessary to really *prove* that discrimination took place. To establish a presumption of discrimination, an applicant may for example provide evidence showing that there her work was always considered satisfactory until the moment that the employer became aware that the applicant was pregnant, and then very shortly afterwards informed her that he would not renew her contract. In this case the presumption of discrimination rests on: (1) the presence of written evidence about the assessment of the employee's work (or maybe the lack of evidence of complaints about her work); and (2) the short time lapse between the knowledge of the employer of the pregnancy and the

---

① CJEU, *Brown v. Rentokil*, Case C −394/96, 30 June 1998, ECR Ⅰ −4185.

② This was first applied in an equal pay case by the CJEU: Case 109/88 *Handels-og Kontorfunktionaererernes Forbund I Danmark v. Dansk Arbejdsgiverforening acting on behalf of Danfoss*, 17 October 1989. This line was followed by the Dutch ETC. Later the EU adopted Directive 97/80/EC of 15 December 1997 on the burden of proof in cases of discrimination based on sex. A similar provision has been laid down in Art. 10 ETA.

decision not to renew the contract. Additional evidence may be provided by (former) colleagues who experienced something similar, or remarks about the pregnancy etc. Once a presumption has been established, it is up to the employer to show that discrimination did not take place. In the example given here, the employer may show that even though there have been positive job assessments, there has also been critique, or that there was just one serious incident. Sometimes, the evidence provided by the applicant is not refuted, but additional information is put forward to shed new light on the situation. The employer may show for example that he had to let go more staff because of a reduction in the work to be done. Or maybe the employee had indicated that she only wanted to return on condition that she could reduce her working time to two days. Importantly, this example can only occur in cases where a temporary contract has to be renewed. There is a legal prohibition to terminate the contract of a permanent worker during the time of her pregnancy (from the very beginning) and up to six weeks after the employee's maternity leave has finished (generally after approximately six months). [1] Secondly, the Act on the reduction or increase of working time entitles employees to gradually reduce or increase their working time, unless this would pose too much of a burden on the employer. However, there are several restrictions including a minimum number of years worked and the extent of the desired reduction or increase.

The prohibition of discrimination includes the right to return to one's own job or an equivalent job under the same conditions. This is determined in Article 2 (7) of the Pregnancy Directive (2002/73/EC) and in Article 15 of the Recast Directive (2006/54/EC), both mentioned above in section 3. This right has not been explicitly been repeated in Dutch law, but does come within the wide scope of the prohibition of pregnancy discrimination in employment. However, the European Commission takes the view that the Netherlands should include such a provision, in order to fulfill its obligations under EU law. The Dutch government currently considers the options. [2]

---

[1] Art. 7: 670 (2) Burgerlijk Wetboek (Civil Code) and art. 3: 13) Wet Arbeid en Zorg (Act on Employment and Care).

[2] Kabinetsstandpunt 3e evaluatie AWGB, Brief aan de Tweede Kamer [Government assessment of the 3rd periodic review of the ETA; letter to the Second Chamber of Parliament], 24 October 2011, kenmerk 2011 −2000460838.

After their return at work, employees who have just given birth are entitled to interrupt their work to breastfeed up to nine months after giving birth. ①

Employees are entitled to sixteen weeks of pregnancy and maternity leave. Six to four weeks have to be taken prior to the expected date of birth. It is for the employee to choose. ② Art. 3: 7 (1) *Wet arbeid en zorg* (Act on employment and care) provides that employees are entitled to financial benefit that equals their daily wages. In contrast, the father of the child gets only 2 days off work. Proposals to extent paternal leave to two weeks were quickly rejected as being too expensive. There are many other forms of leave that aim at the reconciliation of employment and care. Of these, arguably parental leave is the most important. Both men and women are entitled to a leave of 26 times their weekly working hours. The leave may be taken in its entirety or it can be used to temporarily reduce the number of hours worked per week. The leave is not paid, unless employers and employees have made a special agreement, for example in a collective employment agreement. Other forms of leave include short-term and long-term care leave and leave in case of *force majeur*. Men and women have equal access to these leaves.

4.3   Education

Very few teenage pregnancies mean that there are also few problems in education. Very young mothers may have trouble in finding adequate housing or obtaining financial support. ③

A rare example of a case that made it to the Dutch ETC was brought by a student who could not take an exam, because it was scheduled in the period when she was expected to give birth. ④ Her request for a retake at a later moment was turned down by the university, because the delay to her studies, caused by failing to pass the course, was not considered to be sufficiently serious. The ETC decided differently. The ETC argued that absence because of pregnancy is different from absence because of illness or holidays, because only women get pregnant. Any disadvantage suffered because of pregnancy, is considered to constitute direct sex

---

① Art. 4: 8 (1) Arbeidstijdenwet [Act on working hours].
② Art. 3: 1 Wet arbeid en zorg [Act on employment and care].
③ More information is available at a website, especially developed for teenage mothers: http: // www. tienermoeders. nl.
④ ETC decision 2009 −71.

discrimination. The disadvantage suffered by the student in this case consisted in the fact that she would have to start her master without having finished her bachelor, which implied a considerable extra burden at the start of her master. Direct sex discrimination is prohibited under the ETA unless there is an exception applicable, and that was not the case here.

V. Health Law

Abortion has been decriminalised in the Netherlands [Art. 296 (5) of the *Wetboek van Strafrecht* (Dutch Criminal Code)]. It is legal if performed by a medical doctor in a certified hospital or clinic according to the conditions laid down in the *Wet Afbreking Zwangerschap* (Act on Pregnancy Interruption, 1980) and before the unborn child would be able to survive independently from its mother, i. e. before the 24th week of the pregnancy.

Everyone residing (lawfully) in the Netherlands must have basic health insurance. This is government-paid for those who cannot afford to pay it themselves. This basic health package also covers medical care during pregnancy and maternity care. [1] Contraceptives used to be covered by the basic health insurance, but have been taken out in 2011, except for minors (that is children up to 18 years).

Maternity care in the Netherlands mostly includes professional help for mother, child and household at home in the first week after the child is born. Costs in this respect do not necessarily have to be paid by the woman's insurance. If the father of the child is part of the household into which the child has been born, he also benefits from the care provided, and therefore should be able to reclaim the costs from his insurance. [2] In the Netherlands home births are the rule and hospital births the exception.

People without a residence permit cannot claim medical care, because they are excluded from health insurance. However, Art. 10 (2) of the Aliens Act provides that medical care must be given when that is a 'medical necessity. A medical

---

① This is regulated by the Wet van 16 juni 2005, houdende regeling van een sociale verzekering voor geneeskundige zorg ten behoeve van de gehele bevolking (Zorgverzekeringswet) [Act of 16 July 2005, on a social insurance for medical care for the entire population (Care insurance act)].

② See ETC 2004 −40.

necessity occurs when someone's life is at stake, or vital functions may be lost. Also included in the concept are situations that present 'a risk for others'. This refers primarily to contagious diseases, tuberculosis in particular. Also pregnancy comes under this heading, the 'other' at risk being the unborn child. [1]

Finally, assisted reproduction is covered by most insurance companies up to three attempts. Women of 43 years and over are mostly excluded.

VI. Conclusion

As stated in the introduction, pregnancy and maternity in the Netherlands are relatively well protected by law. There is one main bottleneck though. The first is the continuing discrimination of women in the labour market. This discrimination is very persistent, and continues to occur on a large scale, despite legislation to the contrary. Arguably, this discrimination will continue for so long as pregnancy poses problems for the employer. Pregnancy is regarded as a nuisance by quite some employers, because the employee will be on leave for at least four months (she might be away much longer if she chooses to take parental leave immediately after her maternity leave, or if she has medical problems due to the pregnancy). This is something that especially disadvantages pregnant job seekers. Once an employee has proven her qualities, employers are generally less inclined to get rid of her. This is a difficult problem to solve, unless the father of a child would be entitled to the exact same length of leave of sixteen weeks, making men equally an unreliable nuisance for employers. However, given the reluctance to even extend the two-day paternal leave to two weeks, this is an unrealistic scenario.

---

[1] See Brief van de Minister van Volksgezondheid, Welzijn en Sport aan de Tweede Kamer inzake Zorgverlening aan illegalen [Letter of the Minister of Public Health, Wellbeing and Sports to the Second Chamber of Parliament, on Care for Migrants without a Residence Permit], 16 October 2006, kenmerk Z/VV −2723002.

The Same Retirement Age for Men and Women: A Basic Social Right of Women

Xue Ninglan [*]

I. Background

The system of different retirement ages for male and female workers and staffs was established in China in the 1950s. The Labour Insurance Regulations of the People's Republic of China of 1951 and the Interim Provisions of the State Council on the Retirement of Workers and Staff Members of 1958 provided for differential treatment of workers and staff members in retirement age, based on gender and industry; [①] the retirement age of female workers and staffs is 5 to 10 years lower than that of male workers and staffs.

The main legal bases of the current system of different retirement ages for men and women are the Provisional Measures of the State Council Concerning the Retirement and Resignation of Workers and the Provisional Measures of the State

---

[*] The Institute of Law, Chinese Academy of Social Sciences.

[①] For example, Article 15 of the Labour Insurance Regulations promulgated in Febuary 1951 by the Government Administration Council provided that: A male worker or staff who has reached the age of 60 shall be entitled to receive pension benefit if he has worked for at least 25 years, whereas for a female worker or staff, she shall be entitled to receive pension benefit when she reaches the age of 50 and if she has served the employing unit for at least 20 years; for those engaging in works in underground mines, in low temperature or high temperature, or in works in which they are exposed to a health hazard, a male worker or staff reaching the age of 55 or a female worker or staff reaching the age of 45 shall be entitled to receive pension benefit.

Council for Taking Care of the Aged, Physically Weak, Sick and Disabled Cadres.
Both were adopted in 1978 and together they are called "Document No. 104 of the
State Council". They divide the retirement ages for men and women into two
categories, namely, retirement ages of cadres: 60 for men and 55 for women; and
retirement ages of workers: 60 for men and 50 for women. These two documents
became legally effective when the Standing Committee of the Fifth National
People's Congress (NPC) at its Second Session approved them in principle in
1979. They are still effective today and constitute the bases of the current legal
retirement ages of men and women in China.

The Civil Servant Law, which took effective on January 1, 2006, does not
retain the provisions on retirement ages in the 1993 Interim Regulations on State
Civil Servants. ① Article 87 of the Law merely provides that: "A civil servant shall
retire when he/she reaches the age of retirement as provided for by the state or
losses his/her working ability completely," thereby evading the question of whether
male and female civil servants should retire at the same age. What is "the age of
retirement as provided for by the state"? According to Sate Council Document
No. 104 and the 1990 Notice of the Organization Department of the CPC Central
Committee and the Ministry of Personnel Concerning the Issue of the Retirement
Age of Female Cadres at or above the County (Division) Level (Document
No. 22), the retirement age is same for male and female civil servants (including
other public officers) holding positions at or above the county (division) level,
namely they both retire at the age of 60; but it is different for male and female civil
servants holding positions below the county level: namely 60 for men and 55 for
women. This has resulted in not only different retirement ages for male and female
civil servants, but also institutional differential treatments among female civil servants
themselves.

---

① The 1993 Interim Regulations on Civil Servants provided for different retirement ages for men and
women. Articles 78 and 79 of the Interim Regulations provided for the upper limit of the age at
which civil servants "shall retire" and the lower limit of the age at which civil servants "may apply for
early retirement": male civil servants who have reached the age of 60 or female civil servants who
have reached the age of 55 shall retire; male civil servants who have reached the age of 55 or female
civil servants who have reached the age of 50 can apply for early retirement if he or she has worked for
at least 20 years and they can retire upon the approval of the organ in charge of appointment and
dismissal. The above provisions are complementary to the relevant legal provisions adopted in the
early years of the People's Republic of China.

Proposals on "the same retirement age for men or women" or "the same retirement age for male and female civil servants/scientific and technical personnel" have been submitted to the NPC and the National Committee of the Chinese People's Political Consultative Conference (CPPCC) during their annual sessions every year since late 1980s. However, none of them have been adopted by the NPC or the relevant government departments.[1] In April 2009, Ms. Chen Zhili, Vice Chair of the Standing Committee of the NPC and Chairwoman of All-China Women's Federation, called on the Beijing Municipality to take the lead in implementing the system of same retirement age for male and female cadres and intellectuals.[2] In 2011, the State Council Working Committee on Women and Children stated in the Report and Deliberation Opinions on the "Report on the Inspection by the Standing Committee of the NPC on the Enforcement of the Law on the Protection of Women's Rights and Interests"[3] that the Ministry of Human Resource and Social Security would carry out a careful study on the issue of women's retirement age by making an overall consideration of factors such as employment situation, gender equality, and social security, and taking into account different conditions of cadres and workers, in-service staff and retirees, public institutions and enterprises. The positive significance of this report is that policy-

---

[1] During the First Session of the Tenth National Committee of CPPCC in 2003, 66 members of CPPCC jointly submitted a proposal on revising the provisions on different retirement ages for men and women in the Interim Regulations on Civil Servants. In 2006, the Proposals Group of NPC & CPPCC received five proposals on the same retirement age for men and women. During the sessions of NPC & CPPCC in 2009, Cheng Ping, a member of the CPPCC, put forward the proposal "To Start Implementing the System of the Same Retirement Age for Men and Women in the Fields of Science, Technology, Knowledge and Research". From 2009 to 2011, Sun Xiaomei from China Women's University had submitted in three consecutive years the "Proposal on the Implementation by Stages of a Flexible Retirement System among Some Groups of People". During the sessions of NPC & CPPCC in 2010, a similar proposal was submitted by All-China Women Federation and deliberated by the NPC. See "Women's Higher Life Expectancy than Men Triggers Heated Debate among Members of CPPCC on the System of 'Flexible Retirement'", in *Guangzhou Daily*, 8 March 2011.

[2] "Ms. Chen Zhili again Calls for the Implementation of the System of the Same Retirement Age for Men and Women, so as to Create Condition for the Development of Female Talents", http://forum. home. news. cn/thread/73586284/1. html, last visited 1 February 2010.

[3] "The State Council Working Committee on Women and Children Conscientiously Implements the Deliberation Opinion of the Standing Committee of the NPC by Establishing New Systems for the Protection of Rights and Interests of Women and Children", http://www. legaldaily. com. cn, last visited 7 April, 2011.

makers have enhanced their awareness of gender equality; more specifically, the factor of gender equality is to be taken into overall consideration when designing policy on the retirement age of women, and a flexible attitude towards strategies for solving the problem should be adopted.

II. Retirement is also a Right

Many people hold that the provision that women should retire 5 −10 years earlier than men embodies special protection and preferential treatment of women and was reasonable under certain historical conditions. [1] The following factors account for the argument: during the period when China was under the planned economy, the differences between people's wage levels were small and the replacement ratio of pension was low; women usually had multiple childbirth and many children; the level of socialization of housework (including fostering children and taking care of the elderly) was very low, and such unpaid work was mainly undertaken by women, resulting in sharp conflict between the two different roles played by working women. In addition, the level of scientific and technological development was also very low at that time, with heavy industry forming the main part of social industrial structure, and most of women's jobs involving high-intensity physical work. The above-described circumstances became the social basis of the legislation on the early retirement age for women at that time.

At the same time, however, retirement is a fundament right of workers provided for by law. "The right to retirement is closely related to and forms a part of labour rights. Only workers can retire. Therefore, the subjects of retirement are workers, rather than citizens." [2] On the other side, the right to work (labour right) provided in international law is a fundamental human right of individuals, with the state as the bearer of the corresponding obligations. Since the realization of the right to work has a direct bearing on the survival of individuals, this right is among the

---

[1] "Answers by a Responsible Person of the Ministry of Personnel to Questions Raised by a Reporter from China Women", in *China Women*, 31 August 2000; Sun Xiaomei, "Reflections on Proposals and Bills on the Same Retirement Age for Men and Women", *Journal of China Women's University*, No. 2, 2012, p. 6.

[2] Ma Ling, "Reflections on Several Legal Issues Concerning Labour Rights", in Guo Huimin (ed.), *Gender and Labour Rights and Interests*, (Xi'an: Northwest Polytechnic University Press, 2005), p. 64.

few human rights in the field of international human rights law that have been listed as a separate domain of discussion and a priority of protection at various levels of international and domestic laws. Articles 23 and 24 of the 1948 Universal Declaration of Human Rights further elaborate the labour right into more concrete rights, such as the right to work, the right to free choice of employment, the right to just and favourable remuneration, the right to join trade unions, and the right to rest and vacation. The International Covenant on Economic, Social and Cultural Rights (ICESCR) provides for labour rights as fundamental social rights. [1] Chinese Labour Law[2] provides for both the labour right in a broad sense and the labour right in a narrow sense. The former is a collection of rights enjoyed by workers before employment, in employment and in unemployment. It includes the right to work, the right to remuneration, the right to rest, the right to occupational safety, the right to occupational education, the solidarity right, the right to democratic participation, the right to social insurance, etc. It is widely held by Chinese scholars that the labour right in a narrow sense is equal to "the right to work", namely, the right of workers to obtain or freely choose a job. More specifically, it includes the right to obtain a job, the right to equal employment and the right to free choice of employment. Retirement, as the termination of a worker's work, is the renunciation of the right to work by the worker. Therefore, the right to retirement is closely related to the right to work. The legal provision on the retirement age is a limitation on the right to work. A worker loses his right to work, but at the same time acquires the right to social security for the elderly, once he or she reaches the retirement age.

An examination of the provisions on different retirement ages for men and women from the perspective of the fundamental rights of workers shows that it is hard to justify a system that let women retire at earlier age than men just because of

---

[1]   According to Articles 6 −9 and 11 −15 of the ICESCR, social rights mainly include the right to work, the right to the enjoyment of just and favourable conditions of work, the right to form and join trade unions, the right to social security, the right to adequate standard of living, the right to health, the right to education, etc.

[2]   Article 3 of the current Chinese Labour Law provides that: "Labourers shall have the right to be employed on an equal basis, choose occupations, obtain remuneration for their labour, take rest, have holidays and leaves, obtain protection of occupational safety and health, receive training in vocational skills, enjoy social insurance and welfare, and apply for settlement of labour disputes, and other rights relating to labour as stipulated by law."

their gender, which obviously constitutes discrimination in law. The above-mentioned assertion that earlier retirement age for women is a special protection for women is based on the assumption that work is an obligation. "If work is regarded as an obligation, the reduction of 'the obligation to work' of course constitutes a kind of protection; however, if work is regarded as a right, it is hard to say that the reduction of 'the right to work' constitutes protection. (⋯) Especially considering the fact that the majority of female employees are forced to accept this 'protection' against their will, this assertion seems even more far-fetched. "[1]

The Chinese Constitution provides in Article 44 that: "The state prescribes by law the system of retirement for workers and staff in enterprises and undertakings and for functionaries of organs of state. The livelihood of retired personnel is ensured by the state and society. " Apparently, the right to retirement is an independent fundament constitutional right in China. [2] In order to safeguard this fundamental constitutional right, the state has the following three obligations: the negative obligation of abstaining from infringement upon this right; the positive obligation of promoting the realization of this right, and the obligation of protecting this right from infringement.

The state's positive obligation to realize the right to retirement includes the following legal policy measures: They provide necessary pension benefits to people who have reached certain age through the social security system, so that workers can continue to enjoy healthy life and spend their remaining years in comfort when they become old or lose their capacity to work (a). The Social Insurance Law, which became effective on July1, 2011 and is applicable to employees of enterprises and institutions and staff members of state organs, provides in Article 16 that: "An individual participating in the basic endowment insurance shall receive a monthly basic pension provided that he/she has contributed premiums for a cumulative period of 15 years or more when he/she reaches the statutory retirement age" (b). This shows that legal retirement age still plays an important role in establishing a unified old-age insurance system in China. To the employees of publicly-owned employing units (enterprises and public institutions, state organs and mass

---

[1]   Pan Jintang, "Gender Interests in the Old-Age Social Insurance System: a Commentary on the Debate over the Retirement Ages of Men and Women", *China Social Sciences*, No. 2, 2002, p. 129.

[2]   See Xia Zhenglin, "On the Constitutional Protection of the Right to Retirement", *Law Science*, No. 12, 2006, p. 32.

organizations), it marks the beginning of the period in which they can draw their basic pension. However, the current regulations, according to which women in various industries retire 5 - 10 years earlier than men, not only reduce greatly the wage income of women as compared with men holding the same positions, but also shorten their length of service, lower their replacement ratio of pension and prevent them from getting their full pension. ① Therefore, to realize workers' right to retirement, the government should eliminate status-based discrimination in the enjoyment of the right to retirement and expand the coverage of pension from the employees of publicly-owned employing units to the employees of non-publicly-owned employing units, odd-jobbers and other workers (including farmers); at the same time, the government should change as soon as possible the current situation in which different retirement ages for men and women have resulted in widespread infringements upon women's interests. Furthermore, it is highly important to recognize that the implementation of the system of the same retirement age for men and women is not only conducive to the equal enjoyment of labour rights by men and woman, but also to the embodiment of the idea of fairness in the old-age social security system in China.

III. The Reasons Why Some Women are willing to Accept Earlier Retirement

Since the beginning of the 21ˢᵗ Century, the Internet has been rapidly spreading in China with an unstoppable momentum and, with the help of the Internet, the debate over the retirement ages for men and women has stepped out of the "ivory tower" and become the topic of "after dinner conversation" of ordinary citizens.

The public debate over retirement ages for men and women peaked in 2003. In September that year, an unpublished article entitled "Investigation Report on the Issue of the Same Retirement Age for Men and Women" aroused a strong response from people of all walks of life in China. The investigation showed that 100% of the female employees in enterprises, 80% of the female employees in public institutions, and 20% of female civil servants covered by the investigation were

---

① See Pan Jintang, "Gender Interests in the Old-Age Social Insurance System: a Commentary on the Debate over the Retirement Ages of Men and Women", p. 123.

against the same retirement age for men and women. ① By the end of December 2003, a total of 8569 citizens had participated in the questionnaire investigation "Do you support the implementation of a system of the same retirement age for men and women?" organized by sina. com; 19962 persons had participated in an on-line debate on the question of "The reasons why I don't support the system of the same retirement age for men and women", organized by the Development Forum of Xinhuanet; and 18162 netizens had participated in the debate on the issue of "the same retirement age for men and women" on sohu. com. ② A statistical analysis③ on the above on-line investigations and debates showed that 31. 20% of netizens participating in the debate on Xinhuanet and 22. 25% of the netizens participating in the debate on sina. com were against the system of the same retirement age for men and women—both ranked first in the chart of distribution of different opinions on the retirement system in the two investigations. As for the reasons why they did not support the system of the same retirement age for men and women, the first on the list, of the total in the chart of distribution of different reasons given for not supporting the system in the two investigations, consisting 31. 21% and 22. 25% respectively, was the "lack of representativeness" of the opinions of experts and deputies to the National Women's Congress, who proposed the implementation of such a system. On the basis of the above analysis, the author of this article concluded that "currently, it is not appropriate to adopt legal provisions on the same retirement age for men and women as the guidance for retirement policy" and that "in adjusting retirement ages, it is necessary to strike a balance between the concrete interests of workers in different industries and different professions, to leave a flexible space for accommodation, and to take into full consideration the impact of the adjustment of retirement policy on the pension

---

① See CASS Research Group on the Retirement Age of Civil Servants, "Current Retirement Policy and the Interests Claims of Female Civil Servants", in Meng Xianfan (ed.), *Chinese Women in Social Transition*, (Beijing: China Social Sciences Publishing House, 2004), p. 381.

② Quoted from Guo Wuwei, "Research on On-line Public Opinion on the Same Retirement Age for Men and Women: Statistical Analysis of On-line Comments on Special Topics in Two Major Web Portals—Sina. com and Xinhuanet", *Gansu Social Sciences*, No. 5, 2005, p. 102.

③ Quoted from Guo Wuwei, "Research on On-line Public Opinion on the Same Retirement Age for Men and Women: Statistical Analysis of On-line Comments on Special Topics in Two Major Web Portals—Sina. com and Xinhuanet", *Gansu Social Sciences*, No. 5, 2005, p. 102.

insurance fund and the prejudice against women held by of employing units and enterprises. "①

In order to clear up the confusion among policy-makers, media and the general public on the issue of the same retirement age for men and women, and to provide empirical research basis for the establishment of a retirement and pension system that safeguards women's human rights and embodies gender fairness, the Chinese Academy of Social Sciences, All-China Women's Federation, and All-China Federation of Trade Unions have carried out a series of empirical investigations and researches on this issue since 2003. In September 2010, in response to the popular saying that "most women do not support the same retirement age for men and women"②, the Women's Research Institute of All-China Women's Federation carried out the project "Research on the Issue of Retirement" in cooperation with women's research institutes of Heilongjiang Province, Jiangsu Province, Jiangxi Province and Sichuan Province. The research group distributed 4500 questionnaires in the above-mentioned four provinces and received 4188 valid returns. The method of purposive sampling was adopted to find out the attitude of people of different gender and status on the issue of the same retirement age. The survey showed that factors affecting respondents' attitude towards the current system of retirement age include, economic conditions, work environment, family, and ideas. People from different industries and gender groups have different attitude towards the current systems of retirement age, the percentages of those who were opposed to the same retirement age for men and women among female respondents of different professions were: female cadres: 30.7% , female technicians: 38.7% , and female workers 50.6% . Having analysed the various factors, the Research Group discovered that: "Some of the respondents 'oppose' the same retirement age for men and women because, due to the low level of the development of social productive force, workers do not enjoy decent working conditions, and due to the imperfection of the wage, welfare and social security systems, members of society

---

①   Guo Wuwei, "Research on On-line Public Opinion on the Same Retirement Age for Men and Women: Statistical Analysis of On-line Comments on Special Topics in Two Major Web Portals—Sina. com and Xinhuanet", pp. 103 and 105.

②   Research Group on Retirement Age , "Research Report on Retirement Age", in Liu Xiaonan (ed.), *Research on Strategies and Methods against Discrimination in Employment*, (Beijing: Law Press China, 2011) , p. 318.

are unable to equally participate in or benefit from social development. As a result, female workers are forced to accept 'early retirement' as 'an expedient way of solving their problems in work and life', which should not be taken by policy-makers as their 'voluntary choice'."[1]

Therefore, the acceptance among some women (mainly in the working class) to early retirement is the result of policy guidance in an early period, rather than genuine expression of will. The majority of female cadres and technicians call for the same retirement age for men and women because the current system of retirement age has a negative impact on their career advancement and their income after retirement. The above-mentioned survey has to a certain extent refuted the argument against the same retirement for men and women. It also shows that women's demands with respect to retirement age are not uniform, but are varied and stratified. For example, all the cases relating to the claim for the same retirement age for men and women reported by mass media in recent years have been brought to court by female cadres and intellectuals. Therefore, the future strategy for promoting the same retirement age for men and women should focus on the establishment of a flexible system that allows different groups of people to choose from different retirement ages. Such a system will not only embody the nature and characteristics of the right to retirement, but also gradually adjust the legal retirement ages of men and women to a reasonable range in light of the aging process of the population and the employment situation in China. However, the same retirement age for men and women should be a short-term goal, regardless of whether the legal retirement ages for men and women are to be extended.

IV. Taking the Promotion of the Same Retirement Age for Male and Female "Public Employees" as the Breakthrough Point

"Public employee" is not a legal term. Generally, it refers to people holding

---

[1]   Liu Bohong, Guo Li and Hao Rui, "Why do They Support or Oppose the Same Retirement Age for Men and Women? Empirical Research on Factors Affecting People's Attitude to Retirement Age", *Collection of Women's Studies*, No. 3, 2011, p. 30.

public offices or being engaged in the handling of public affairs in state legislative, judicial, administrative organs, party organs of the Communist Party of China (CPC) and other democratic parties, mass organizations and state-owned enterprises, i. e. , the so-called "cadres". In light of the definition of "civil servant" in Article 2 of the Civil Servant Law, the author of the article holds that professionals in the fields of sports, health, science and technology, and education are also public employees who perform public duties according to law and whose wages and welfare are paid from the state budget. Therefore, public employees should include both cadres and professionals.

The implementation of the system of same retirement age for men and women can be realized in two stages[①]: At the first stage, the Document No. 5 (1990) Concerning the Retirement of Senior Intellectuals, issued by the former Ministry of Personnel in 1990, and the Notice on the Retirement Age of Female Cadres at or above the Division Level (Document No. 22), issued by the Organization Department of the Central Committee of the CPC and the former Ministry of Personnel in 1990, should be made public and standardized and a new document, issued by the central government to make this policy effective and enforceable throughout the country. At the second stage, the government should revise the Civil Servant Law during the period of the Twelfth Five-Year Plan. Specifically, (a) Article 87 of the Law, which reads "A civil servant shall retire when he reaches the age of retirement as provided for by the state or losses his working ability completely", should be revised to read: "1. A civil servant shall retire when he reaches the age of 60 or losses his working ability completely. 2. Paragraph 1 of this article applies to all public employees holding public office or performing other public duties. " (b) Paragraph 2 of Article 88 on the requirements a civil servant must meet in order to have an early retirement, which reads: "His length of service has reached 20 years and he is less than 5 years younger than the retirement age as provided for by the state", should be revised to read: "He has reached the age of

---

① On February 25, 2011, the Research Group on "Retrospective Study and Gender Analysis of Chinese Laws and Regulations", a project commissioned by All-China Women's Federation and implemented by CASS Centre for Gender and Law Studies, submitted to deputies of NPC and members of the National Committee of CPPCC two proposals, namely the Proposal on Adjusting the Policy on Retirement Ages of Civil Servants and the Proposal on the Revision of the Provisions on the Retirement Ages of Male and Female Civil Servants in the Civil Servant Law.

55 and his length of service has reached 20 years". ①

The followings are the main reasons for and bases of the above policy-and-legislative proposals:

Firstly, the system of different retirement ages for male and female public employees is an uneconomic institutional arrangement. Public employees are the backbone of political, economic, cultural and social constructions of the country. Most of them have received higher education and belong to the group of intelligentsia. The state has made large and long-term investment in their education and training. According to the current policy (State Council Document No. 104), female public employees retire five years earlier than male public employees. Women receive education at the same age as men, namely from the ages of 0 and 25/27, and enter into the labour market at the same age as men (the Labour Law provides that the minimum age of employment for both men and women is 16). However, they must quit the labour market five years earlier than men. Many women begin work at the age of 27, when they retire at the age of 55, their length of service is less than 30 years and, it is difficult for them to get full pension. Yet, they will live for 20 or more years after retirement. This inevitably results in the waste of educational and human resources and is not conducive to the sustainable development of society.

The institutional arrangement of different retirement ages for men and women is also the product of the traditional gender division of social labour, according to which men are breadwinners and women are housewives. The original purpose of such institutional arrangement was to give preferential treatment and special protection to women. But men also need protection from the state. Men and women should enjoy an equal right of choice in matter of retirement age. The institutional arrangement currently in force, under which men work five more years than women, increases excessively men's social pension burden, thereby negatively affecting their enjoyment of relevant social rights. Therefore, the system of different

---

① Article 88 of the Civil Servant Law provides that: "A civil servant may, if having met any of the following requirements, apply for retirement in advance on his own initiative and retire upon the approval of the organ in charge of appointment and dismissal: (1) His length of service has reached 30 years; (2) His length of service has reached 20 years and he is less than 5 years younger than the retirement age as provided for by the state; (3) Other circumstances as provided for by the state, under which one may retire in advance."

retirement ages for men and women discriminates not only against women but also against men.

Secondly, delaying the retirement of female public employees is necessary in order to establish and improve the social pension system. China has already entered into an aging society. By 2009, the proportion of the elderly in the population had reached 8.3%, markedly surpassing the world average of 7.5%.[1] Related to the aging of the society is the increase of life expectancy of the Chinese population. According to the data published by the State Bureau of Statistics,[2] in 1990, the life expectancy of Chinese people was 68.55 years on average, 66.84 years for men and 70.47 for women. By 2000, the average life expectancy of Chinese population had increased to 71.40 years (69.63 for men and 73.33 for women). In contrast, it was only 40.0 for men and 42.3 for women in the early days of the People's Republic of China. As the average life expectancy increases, so does the average years in which people can maintain their labour capacity. During the period of "Twelfth Five-Year Plan" and in the dozens of years thereafter, the pressure of pension insurance on society will gradually increase. The different retirement ages for men and women will further increase such pressure and, therefore, is not conducive to the improvement of the old-age social security system in China. According to statistics provided by the relevant government authorities,[3] currently, a large number of irregular "early retirements" have reduced the average retirement age of employees in China to only the age of 53 whereas the system of individual account of old-age insurance is designed for pensioners who have reached the age of 60.

Thirdly, the implementation of the system of the same retirement age for male and female public employees conforms to the will of the broad spectrum across female public employees. Economic and social development has improved the condition of women as a whole and changed the legal basis on which the system

---

[1] See "Experts Say Chinese People Will Get Old before Getting Rich: the Most Important Challenge Faced by China during the Period of the Twelfth Five-Year Plan", Source: http://www.sina.com.cn, last visited 20 February 2011.

[2] See National Bureau of Statistics of the People's Republic of China (ed.), *China Yearbook of Statistics 2009*, Beijing, China Statistics Publishing House, 2010, available at: http://www.stats.gov.cn/tjsj/ndsj/2009/indexch.htm, last visited 5 October 2012.

[3] See "Chinese People Retire at the Age of 53 on Average: Early Retirement Is Having a Negative Impact on the Pension System", http://www.sina.com.cn, last visited 7 July 2006.

different retirement ages for men and women was established during the early days
of the People's Republic of China. First of all, with the raise of women's
educational level, percentages of women engaging in intellectual work in various
industries are gradually increasing. The percentage of women among various
technical professionals had increased from 38% in 1982 to 50% in 1997; the
percentage of women among leaders of state organs, Party and mass organizations,
state-owned enterprises and public institutions had increased from 10% in 1982 to
15% in 1997. [1] Next, women's average life expectancy had increased from 42.3
years in the early days of the People's Republic to 73.33 years in 2000, which was
3 − 4 years higher than men. Lastly, with the implementation of the family planning
policy, women's reproductive cycle has been shortened and ends at the age of 30 on
average. Additionally, with the drastic increase in the socialization of domestic
work, the impact of childbirth and child rearing on workingwomen is gradually
decreasing. Today, women aged between 40 and 60 are at the "golden age" of
employment, with ample energy, mature professional skills, and rich work
experience.

The policy on retirement age is directly related to the labour rights and economic
interests of public employees. As a state policy, it touches upon the interests of the
government, enterprises, and relevant social groups, affects social stability, and
therefore needs sufficient justification and public opinion support. So, what is the
attitude of public employees on the same retirement age for men and women? In
2005, the Research Group on the Retirement Age of Civil Servants, taking male
and female cadres in Party and government organs and mass organizations as the
main research subjects and an equal number of female employees in state-owned
enterprises as the reference group, carried out questionnaire survey on "Public
Opinions on the Retirement Age of Civil Servants" in four representative provinces
of Shaanxi, Fujian, Hubei and Zhejiang. This survey findings showed that,
compared with female employees of state-owned enterprises, female civil servants
were more inclined to support late retirement. Among the group of female public
servants, those who were over 50 years old and those holding positions at or above
the division level were more inclined to support late retirement. 73.2% of female

---

[1]   Li Huiying (ed.), *Gender and Public Policy*, (Beijing: Contemporary China Publishing House,
2002), p. 194.

civil servants supported the same retirement age for male and female civil servants. The majority of both male and female civil servants, namely 72.7% of male civil servants and 81.8% of female civil servants, supported a flexible plan for the same retirement age. [1] Moreover, in recent years, the cases brought to court by female employees and female intellectuals demanding the same retirement age of men and women have been constantly reported by mass media, [2] and the same retirement age for men and women have been recently a hot topic during each session of NPC and CPPCC. It is thus clear that the past beneficiaries of the policy of different retirement age for men and women are now finding such differential treatment increasingly unreasonable and unfair. The time has come to adjust the retirement ages of male and female civil servants.

Fourthly, the system of the same retirement age for men and women conforms to the basic principle and spirit of the Constitution. The equality of men and women is one of the basic principles established by the Chinese Constitution and to be implemented through the adoption of concrete legislation and measures aimed at eliminating various forms of inequality between men and women. The implementation of the system of the same retirement age for men and women testifies to the progress of society and advancement of civilization in China. It is also a step the Chinese government must take in order to fulfil its obligations under international human rights treaties. [3] Implementing such a system among civil servants is the first step of the implementation of an equal retirement system for all, regardless of industry or gender. As a Chinese scholar pointed out, equal retirement right of men and women is a constitutional right and "it is meaningless to investigate how many people support or oppose the system of the same retirement age for men

---

[1]   Yang Yiyin, Tan Shen, *et. al.*, "Survey Report on the Issue of the Retirement Age of Female Civil Servants" (unpublished report), June 2005, p. 15.

[2]   For more information about these cases, see "A Female Senior Intellectual Sues Her Employer for Forced Retirement", source: http://www. woman-legalaid. org. cn, last visited 2 February 2006; "The First Instance Judgment Made by the People's Court of Zhanhe District of Pingdingshan City in the Case of 'Gender Discrimination in Retirement'", source: http://www. xinhuanet. com, last visited 9 February 2006.

[3]   International instruments on the protection of women's human rights that have been ratified by China are also a part of Chinese legal system for the promotion of gender equality and safeguarding women's human rights. Currently these international instruments include CEDAW, ICESCR, ILO Equal Remuneration Convention, and ILO Discrimination (Employment and Occupation) Convention.

and women. Just as you can not decide by voting whether you can mutilate the body of a person, or whether people in a village can take over and divide up the property of one of the villagers, the question of whether or not to implement the system of the same retirement age for men and women should be determined not by how many people support it, but by whether or not it conforms with the spirit of the Constitution. "[1]

More importantly, the conditions have already been created, both in terms of laws and policies and in terms of practice, for the implementation of the system of the same retirement age for male and female civil servants. To implement the basic state policy and constitutional principle of the equality of men and women, the Ministry of Personnel issued in 1990 the Document No. (1990) 5,[2] providing that: "Female senior experts who have reached the retirement age of 55 but are still able and willing to carry on with their normal work may retire at the age of 60 instead." In addition, the Organization Department of the Central Committee of the CPC and the Ministry of Personnel issued in 1992 the Document No. 22, which provides that: "Female cadres at or above the division level in Party or government organs or mass organizations who have reached the retirement age of 55 but are still able and willing to carry on with their work may retire at the age 60 instead."

The above two documents have already been implemented by Party and government organs and public institutions in many provinces, autonomous regions and municipalities directly under the Central Government. Especially, the Document No. (1990) 5 of the Ministry of Personnel has been implemented by 80% of public institutions in the country and welcomed by the broad masses of female intellectuals. [3] However, since these two documents are not legally binding, they have not been fully and effectively implemented throughout the country. In 2010, the Standing Committee of the NPC pointed out in its Report on the Inspection of the Enforcement of the Law on the Protection of Women's Rights and Interests that: "The policy on the retirement of female senior intellectuals and

---

① Cai Dingjian, "Equal Retirement Right of Men and Women: A Constitutional Right", in *Southern Weekend*, 3 June 2009.

② The full title of the document is "Notice on Issues relating to the Retirement of Senior Experts".

③ Women's Research Institute of All-China Women's Federation, "Recommendations on the Same Retirement Age for Male and Female Civil Servants", February 2005, (unpublished).

female cadres holding positions at or above the division level have not been well implemented by some state organs and public institutions at the central and local levels. Early retirement of the above mentioned women affects not only their economic interest, but also their advancement in career, resulting in the waste of human resources and lack of qualified successors to senior-and middle-level female cadres."① Therefore, it is both feasible and necessary to turn the existing policies into laws.

V. Conclusions

Chinese laws, regulations and policies on retirement age have been in a state of constant revision. Currently, the retirement age is different not only for men and women, but also for women in different industries and women holding positions at different levels. Of different groups of women, female workers have the lowest retirement age of 50, and those in enterprises in financial difficulties have even lower retirement age.

Notoriously, retirement is a point at which a worker quits the labour market and starts drawing pension and enjoying other old-age social security benefits. When examining the China's retirement system from a gender perspective, attention must be paid not only to the equal enjoyment of the work right (the labour right) by men and women, but also to the balance of gender interests in the institutional design of the old-age social security system. The analysis in this article shows that Chinese laws and policies according to which women retire 5 −10 years earlier than men infringe upon women's right to equal employment and their right to old-age social security, leaving therefore much room for improvement and reform. At the policy level, the government should annul all the administrative regulations and policy documents that are contradictory to the Constitution and laws, and gradually introduce the system of the same retirement age for men and women in the same industry and for women holding different level of positions in the same industry. At the level of state law, the basic principle of "The state implements the system of the

---

① Quoted from Chen Liping, "Members of the Standing Committee of the NPC Carry out Heated Debate on the Issue of the Same Retirement Age for Men and Women", in *Legal Daily*, 3 July 2010.

same retirement age for men and women" should be established in the revision of
the Law on the Protection of Women's Rights and Interests, the Labour Law and
the Civil Servant Law.

Generally, social rights originate from the idea of welfare state and belong to the
category of the second-generation human rights. Their realization requires positive
actions by the state. Retirement is a fundamental social right that should be enjoyed
on an equal basis by all workers, regardless of their gender or age. The right of
women to the same retirement age as men is an inherent part of the equal social
rights that female workers are entitled to according the relevant laws in force. It
embodies the state's respect for the right of men and women to equal participation
in social and economic development, discloses a sign of the progress of society and
advancement of civilization, and accords with the fundamental principle of equality
of men and women as provided for in the Chinese Constitution and laws and in the
international human rights treaties ratified by China.

(Translated by Li Xixia)

Priorities of the Advocacy for the Legislation Supporting the Implementation of Special Provisions on the Labour Protection of Female Employees

*Liu Minghui**

Compared with the 1988 Regulations on the Labour Protection of Female Employees, the Special Provisions on the Labour Protection of Female Employees, promulgated by the State Council on April 18, 2012 (hereafter Special Provisions) have achieved two major breakthroughs: one is the establishment of a new system, namely the system of the employer's obligation to prohibit and prevent effectively sexual harassment in workplace; the other is the extension of the maternity leave by eight days, including the replacement of "paid maternity leave" with "maternity benefits" during maternity leave. These are the gratifying result of many years of advocacy and promotional efforts by feminist activists. However, the legal basis for the full implementation of these provisions is still insufficient and therefore supporting legislation urgently needs to be adopted. The author of this article not only engaged in gender-related teaching and research work, but also participated in the relevant practices and activities: she led the Project on the Promotion by NGOs for the Establishment by Enterprise of Mechanisms for the Prevention of Sexual Harassment in Workplace. Under this project, the first mechanism for the prevention of sexual harassment in workplace was established in a state-owned enterprise, which was later joined by five other enterprises; as a public interest lawyer, the author provided legal aid to female employees dismissed by their

---

* Law School of China Women's University.

employers on ground of pregnancy; and she demonstrated the urgency of improving the relevant laws and regulations by combining theory with practice. In the followings, this article will discuss in detail the prohibition and prevention of sexual harassment and maternity protection, which should be made by feminist scholars the priorities of their current legislative advocacy activities.

Ⅰ. Further Specifying the Employer's Obligation to Prohibit and Prevent Sexual Harassment

1.1　The Norms on the Employer's Obligation to Prevent Sexual Harassment and the Necessity of Further Specifying These Norms

Article 11 of the Special Provisions provides that: "Employers shall prevent and put to an end to sexual harassment of female employees in their work places." This is the first time that the national legislation provides for the employer's obligation of preventing and stopping sexual harassment of female employees in work places. The term "shall" used in this provision means that it is a mandatory norm. Any employer who fails to fulfil this obligation must bear corresponding liabilities. This is the legal regulation long awaited by female employees. It is indeed a major breakthrough in the protection of human dignity and the right to work environment, filling in the gap in state legislation on sexual harassment. The establishment of this system in the field of labour law is of particular landmark significance in the process of construction of legal system in China. If the employer fulfils this obligation, there will be a considerable reduction in female employees' risk of being sexually harassed. Besides, the victims of sexual harassment can bring lawsuit against not only the perpetrator, but also the employer and demand the latter to pay compensation for failure to perform its obligation of preventing and stopping sexual harassment. However, many difficult questions have arisen in the actual operation of this system.

First, what is sexual harassment in workplace? What are different types of sexual harassment in workplace? What are the standards for determining sexual harassment in workplace? And what are the differences between sexual harassment in workplace and sexual harassment under other circumstances?

Second, what kind of measures should be adopted by the employer to fulfil its obligation of preventing sexual harassment?

Third, what are the legal consequences for an employer of not fulfilling its obligation of preventing sexual harassment? If the victim files a lawsuit, can the court order the employer to bear joint and several liabilities for compensation together with the perpetrator of sexual harassment? Further, under what circumstances can the employer be exempted from such liability?

The above questions need clarifications by local governments and the relevant departments of the central government through the adoption of supporting legislation. Otherwise, female employees will be unable to get any actual benefit from such abstract right that exists only on paper. The law cases have already revealed many loopholes in the legislation. In the famous tort case of *L v. Hiroaki Yokoyama and a Japanese Company in Guangzhou*, the plaintiff demanded 400000 CNY compensation from two defendants. However, the court only ordered defendant Hiroaki Yokoyama to pay 3000 CNY compensation to the plaintiff for spiritual damage. In this case, L had been sexually harassed by Yokoyama for several months. She had filed complaint to the company many times. The company not only had done nothing to stop the harassment, but also dismissed L instead for filing the complaint. This showed that the company had not established any mechanism for preventing and stopping sexual harassment in accordance with law, and should have borne joint and several liabilities for compensation, in accordance with the relevant provisions of the Measures of Guangdong Province for the Implementation of the Law on the Protection of Women's Rights and Interests. However, Article 29 (2) of the Measures only provides that: "Employers and related departments responsible for the management of public places shall prevent and stop sexual harassment of women by taking such measures as creating appropriate environment and establishing necessary investigation and complaint systems." In view of legislative technique, the defects in the legal structure and the lack of clear legal liability have apparently led to arbitrary use of discretional power by judges. As a result, the obligation of preventing sexual harassment exists only on paper. This reveals a necessity to further specify the employer's obligation of preventing and stopping sexual harassment.

1. 2 Feasibility of Further Specifying the Employer's Obligation of Preventing and Stopping Sexual Harassment

Such feasibility is reflected in the following three aspects:

First, it has legal basis in higher-level law and international customary law. Sexual harassment in workplace violates the employee's rights to human indignity, to safe and healthy environment and to equal employment. These rights constitute the basic spirit and important content of labour law as well as core labour standard, and therefore are known as the fundamental rights of workers. Since sexual harassment is based on the contempt for women's human dignity and subordination of women, and constitutes a special kind of gender discrimination, China has international obligation to eliminate such discrimination under the Convention on the Elimination of All Forms of Discrimination against Women (CEDAW) and ILO Convention concerning Discrimination in Respect of Employment and Occupation (Convention No. 111). Sexual harassment in workplace causes physical and mental harms to the victims, resulting in tension of labour relationship and deterioration of work environment. The victims are often forced to quit their job. China has ratified the ILO Occupational Safety and Health Convention (Convention No. 155), which requires state parties to adopt measures, especially legal measures, to protect workers' life, health, and work capability and create humane work environment for them. In many countries, the prohibition of sexual harassment in workplace is therefore a focal point of the law against sexual harassment. Adhering to the idea of "prevention is better than cure", legislators of these countries take the responsibility of the employer as the core of the law against sexual harassment in workplace. For example, the Anti-Sexual Harassment Law adopted by the Philippines in 1995 provided for the obligation of employers to prohibit and prevent sexual harassment in workplace and their liability to pay compensation for not fulfilling this obligation.

In common law countries, the employers who fail to fulfil their obligation to prohibit and prevent sexual harassment in workplace must pay huge compensations to the victims of sexual harassment. For example, *Lois E. Jenson v. Eveleth Taconite Co.* was the first class-action sexual harassment lawsuit in the United States. It went on for 14 years and ended in December 1998 with settlement. The defendant paid a total of MYM 3.5 million to Lois Jenson and other 14 plaintiffs. Plus the 6.28 million lawyer's fees for the plaintiffs and fees for its own lawyers, the lawsuit cost the defendant and its insurance company over MYM 15 million. In its ruling on this case in December 1997, the United States Court of Appeals for the Eighth Circuit made the following statement: "It should be obvious that the callous pattern and practice of

sexual harassment engaged in by Eveleth Mines inevitably destroyed the self-esteem of
the working women exposed to it. The emotional harm, brought about by this
record of human indecency, sought to destroy the human psyche as well as the
human spirit of each plaintiff. The humiliation and degradation suffered by these
women is irreparable. Although money damage cannot make these women whole or
even begin to repair the injury done, it can serve to set a precedent that in the
environment of the working place such hostility will not be tolerated. "① This case
shows that the US law recognizes the theory of hostility in the environment of working
place and confirms that sexual harassment in work place can constitute gender
discrimination due to which the employers who fail to adopt any measure to prevent or
stop sexual harassment shall bear joint and several liabilities for compensation. As a
result, all enterprises in the US have realized that they must adopt relevant policies as
soon as possible and post them in workplaces, so that everybody can see them and take
necessary measures to prevent and stop sexual harassment.

Second, in this context, the experience of legislation at local levels in China can
also be instructive. Since the prohibition of sexual harassment was provided for in
the amended Law on Women's Rights and Interests in 2005, most provinces,
autonomous regions and municipalities directly under the Central Government have
provided for the employer's obligation to prohibit and prevent sexual harassment in
their local regulations, so as to prevent the spread of sexual harassment in
workplace. For example, the revised Measures of Hunan Province for the
Implementation of the Law on the Protection of Women's Rights and Interests,
adopted on July 31, 2006, provides in Article 30 (2) that: "All employing units
shall adopt measures for preventing and stopping sexual harassment in workplace. "
This is the first legal norm adopted in China on the obligation of employing units to
prevent and stop sexual harassment in workplace. Later, many other provinces,
autonomous regions and municipalities directly under the Central Government②

① Clara Bingham & Laura Leedy Gansler, *Class Action: The Story of Lois Jenson and the Landmark Case that
Changed Sexual Harassment Law*, Chinese edition (translated by Ji Jianwen), (Beijing: Law Press
China, 2004), p. 377.

② They include: Jiangxi Province, Shaanxi Province, Shanghai Municipality, Anhui Province, Ningxia
Hui Autonomous Region, Guangdong Province, Zhejiang Province, Hubei Province, Sichuan
Province, Shanxi Province, Jiangsu Province, Hebei Province, Yunnan Province, Fujian Province,
Inner Mongolia Autonomous Region, Shandong Province, Qinghai Province and Beijing
Municipality.

have also revised their respective measures on the implementation of the Law on the Protection of Women's Rights and Interests and provided for the employer's obligation to prohibit and prevent sexual harassment in workplace. Some of these measures are quite detailed. For example, the Measures of Jiangsu Province on the Implementation of the Law on the Protection of Women's Rights and Interests, adopted on January 19, 2008, provide in Article 32 (2) that: "Employers and relevant departments responsible for the management of public places shall prevent and stop sexual harassment of women by taking such measures as creating appropriate environment and establishing necessary investigation and complaint systems." The Measures adopted by Fujian Province on September 28, 2008 provide in Article 25 (3) that: "Employing units shall adopted necessary measures to prevent sexual harassment in workplace and immediately deal with any incident of sexual harassment whenever it occurs." And the measures promulgated by Sichuan Province are the most detailed and complete ones as compared to others.[①] In adopting these measures, local governments have accumulated practical experience for formulating supporting legislation.

Third, Chinese regulating authorities can profit from practical experience accumulated by piloting enterprises. Numerous cases of sexual harassment in China have shown that the cost of getting remedies after the occurrence of sexual harassment is very high. Victims of sexual harassment have very little chance of wining lawsuit against their harassers because of the difficulties in producing evidence. Even if they win the lawsuit, the amount of compensation they can get is very small. Moreover, they often become the targets of retaliation and are under pressure from prejudiced public opinion. Even their family members are often

---

① Article 33 of the revised Measures of Sichuan Province for the Implementation of the Law on Women's Rights and Interests, adopted on September 27, 2007, provides that: "It is prohibited to sexually harass women by spoken and written language, pictures, information, physical behavior or any other means. The employing unit or employer shall take measures to prohibit sexual harassment in workplace." Article 47 of the Measures provides that: "With regard to those who commit sexual harassment or domestic violence against women in violation of these Measures, the victims may apply to the public security organs for imposing administrative punishment concerning public security on them or bring civil lawsuit against them at a people's court. Those whose acts constitute crimes shall be investigated for criminal responsibilities. In cases of sexual harassment occurring in workplace and resulting in physical, mental and reputational damages to women, the work unit or employer who is in fault shall bear civil liability for compensation in accordance with law."

victimized. "The support of institutions and work environment is very important to women who are alone in the face of sexual harassment. An analysis of cases of sexual harassment in restaurants has shown that the risk of waitresses being sexually harassed has been drastically reduced in a work environment where proactive actions have been taken to prevent sexual harassment by customers. For example, one restaurant waitress said: 'whenever a customer harassed me, my boss would intervene on my behalf. When necessary, the boss would replace me with another waitress or waiter to wait on the customer. Sometimes when the boss saw a male customer was drunk, the boss would send a waiter instead of a waitress to serve him. If a customer persists on sexually harassing a waitress despite repeated persuasion, the boss will call the police.' These cases in restaurants demonstrate that good enterprise policies play a positive role in effectively preventing sexual harassment in workplace."[1]

In recent years, based on a sense of corporate social responsibility and respect for human dignity—which is the soul of corporate culture—and out of consideration of the influence of goodwill on the survival and development of enterprises, some advanced enterprises have taken active measures to fulfil their obligation of preventing and prohibiting sexual harassment in workplace. Taking GE (China) Co. Ltd. as a model and with the financial support from ILO and other organizations, the former Women's Legal Research and Service Centre of Peking University implemented a pilot project on the prevention and prohibition of sexual harassment in workplace in a number of enterprises, including Hebei Hengshui Laobaigan Liquor Co., Beijing Cuiwei Tower Co. Ltd., Beijing Xijiao Hotel, Aesthetic International Holdings Chain Group, Zhongshan Huoju Urban Construction Development Co. Ltd., and North China Pharmaceutical Group Corporation.

The measures adopted by the above-named enterprises contain not only rules and regulations on the prohibition and prevention of sexual harassment in workplace and on the establishment of special organs responsible for accepting and dealing with complaints about sexual harassment, but also provisions on various obligations of

---

[1] Tang Cang, Chen Mingxia, and Xue Ninglan, et. al., "Sexual Harassment at Workplace: Multiple Inequality in Power and Status Relationship Showned by Twenty Individual Cases", *Collection of Women's Studies*, No. 6, 2009.

administrators, including positive obligations to investigate and deal with complaints and reports of incidents of sexual harassment, to provide remedies to victims, and to punish perpetrators, as well as negative obligations of not to disclose personal information of, or retaliate against, victims of sexual harassment. Through such measures, these enterprises have accumulated rich experience about "what measures should an employer adopt to prevent sexual harassment in workplace".

After establishing relevant systems, labour-relations have been harmonious and no incident of sexual harassment has occurred in the above-mentioned enterprises. This demonstrated employers' ability to adopt and implement measures preventing sexual harassment in workplace and to take remedial measures when such sexual harassment occurs. Undoubtedly, such examples endorse the feasibility for the supporting legislation to further specify the employers' obligation of preventing sexual harassment in work place.

1.3　Legislative Proposals on Further Specifying the Employer's Obligation to Prevent Sexual Harassment

The followings are some proposed provisions to be taken as point of reference by local governments, the Supreme People's Court, and the Ministry of Human Resources and Social Security when they further specify the employer's obligation to prevent sexual harassment in workplace through the adoption of local measures for the implementation of the Special Provisions, judicial interpretations or ministerial rules and regulations.

With respect to concrete measures, the following formulation can be used: the employing unit shall establish a mechanism for the prohibition and prevention of sexual harassment, which shall include, but not be limited to the following measures:

a. to adopt specific rules and regulations on the prohibition and prevention of sexual harassment in accordance with law;

b. to establish special departments responsible for accepting and investigating complaints and reports of sexual harassment;

c. to carry out dissemination activities, education and periodical training on policies on the prohibition and prevention of sexual harassment in workplace;

d. to deal with complaint or reports of sexual harassment in a timely and appropriate manner, to provide victims with remedies and impose sanctions on perpetrators, and to adopt measures to protect, as far as possible, the privacy of the victims, and to protect them from retaliation;

e. to include in labour contracts or collective contracts specific provisions on the prohibition of sexual harassment in workplace; and

f. to adopt measures to prevent sexual harassment of employees by customers.

With respect to item f, the measures taken by piloting enterprises include: to include specific provisions on the enterprise's anti-sexual harassment policy in service contracts/agreements with clients/customers, notifications, and announcements and other documents; to post such messages as "Please respect the human dignity of others" in conspicuous spots in places of service, to encourage customers and clients to join the effort in creating an advanced corporate culture and a harmonious work environment; to include trainings on how to handle sexual harassment by clients/customers, in both induction trainings and regular trainings of employees. For example, in case telephone hotlines operators are sexually harassed by callers, the training should include instructions on the self-protection measures an operator can take under certain circumstances, such as recording the conversation or hanging up the phone on harassers.

With respect to legal consequences for employers who fail to fulfil their legal obligations of prohibiting and preventing sexual harassment, the relevant provisions should include concrete joint and several liabilities for compensation, remedial measures and grounds for exemptions from liabilities.

a. Joint and several liabilities for compensation

In cases in which a female job seeker or employee is sexually harassed during interview or in workplace, the employer should bear joint and several liabilities for the sexual harassment. In cases in which a female employee is dismissed or forced to quit her job for rejecting sexual harassment and no arrangement is made for her reinstatement, the employer shall pay compensation to the female employee.

b. Remedial measures

An employer shall take timely remedial measures if a female employee finds herself in the following situations as a result of rejecting sexual harassment in workplace:

i. being deprived of promotional opportunities;

ii. being disqualified for rewards or welfares, such as training, sightseeing tours, assessment for "model employees", etc. ;

iii. being transferred to another post or another workplace, or being punished with salary cut, demotion or removal from office;

iv. being deprived of or deduced from her bonus or premium or being imposed a fine;

v. being expelled, dismissed or forced to quit her job; or

vi. facing other negative impacts on her position and treatment as a result of retaliation for rejecting sexual harassment.

c. Grounds for exemptions from liabilities

An employing unit that can prove that it has fulfilled the above-mentioned obligations can have its liability for compensation reduced or exempted in light of the circumstance of its fulfilment of these obligations.

An employing unit can be exempted from the liability for sexual harassment in workplace if a female employee being sexually harassed has refused without justification to make use of the sexual harassment prevention and remedial mechanisms of the employing unit.

It has been proved by practice that the employer's anti-sexual harassment obligation can play the role of preventing sexual harassment only if the obligation is further specified through the adoption of supporting legislation, and that such supporting legislation can ensure effectively the fulfilment by employers of their anti-sexual harassment obligation only if they contain provisions on legal liabilities.

II. Eliminating Discrimination in Maternity Insurance Based on Registered Permanent Residence

2.1 Discrimination Based on Registered Permanent Residence Is the Biggest Obstacle to the Implementation of the System of Maternity Benefits

One of the most remarkable changes introduced by the Special Provisions is the extension of the length of maternity leave of female employees from the original 90 days to 98 days. Meanwhile, the Special Provisions encourage employing units to socialize the burden of childbirth through the participation in maternity insurance, so as to reduce the "gender cost" and promote fair competition between enterprises. The legislative purpose of this provision is to reduce the burden of enterprises and to strike a balance between the interest of female employees and that of the employing unit. A precondition of implementing the maternity benefits system is the participation by enterprises in maternity insurance. Enterprises that are unable to participate in maternity insurance have to bear the burden of childbirth expenses of their female employees, just as they did before the reform. And the current maternity insurance system does contain provisions that exclude from its coverage female employees without local registered permanent residence (*hukou*). For example, the Measures of Shanghai Municipality on the Implementation of the Maternity Insurance System in Urban Areas, although revised twice,[①] still limit their scope of application to "employed or unemployed childbearing women who are holders of urban *hukou* of the Municipality and have participated in urban social insurance of the Municipality. " As a result, all female employees who do not have local *hukou*, with the exception of a small number of elite women who have been issued "resident permit" as part of the Talent Introduction Project, are excluded from urban maternity insurance system, even if their employers are willing to pay maternity insurance premium for them.

2. 2 *Hukou* Discrimination Impedes the Socialization of the Burden of Childbirth and Affects Women's Employment

Such institutional discrimination based on *hukou* has an obviously negative impact on women's employment, because it impedes the socialization of the burden of childbirth.

According to the relevant provisions of the Law on the Protection of Women's Rights and Interests, Regulations concerning the Labour Protection of Female Employees, and the Special Provisions, the childbirth expenses of female employees not covered by the social pooling system of maternity insurance shall be paid by their employers.

Some say that the expenses of childbirth amount to only several thousand

---

① The Measures were promulgated on October 10, 2001 by Order No. 109 (2001) of the People's Government of Shanghai Municipality, revised for the first time on August 30, 2004 by Order No. 33 (2004) of the People's Government of Shanghai Municipality, and revised for the second time on March 3, 2009 by Order No. 11 (2009) of the People's Government of Shanghai Municipality.

Renminbi Yuan, which is not a very big burden for an enterprise. Indeed, medical
expenses of childbirth make up only a small part of maternity insurance benefits;
while the larger part of the burden borne by enterprises is in fact maternity leave
benefits. In China, most childbearing women have four months of maternity leave.
In Beijing Municipality, female employees who have difficult birth are entitled to
up to 233 days of maternity leave. The Labour Law provides in Article 62 that
"After childbirth, female workers shall be entitled to no less than ninety days of
maternity leaves." The Special Provisions increase the maternity leave to 98 days;
female employees who have difficult birth can have an extra maternity leave of 15
days; and female employees who bear more than one baby in a single birth shall be
granted an extra maternity leave of 15 days for each additional baby borne. The
Regulations of Beijing Municipality on Population and Family Planning provide 30
day reward maternity leave (which can be shared with the husband) for late
childbirth (the first birth given by a married woman who have reached the age of
24), during which period the employer may not lower the base wage of the female
employee or terminate her labour contract. Female employees, who give up the 30
days reward maternity leave, shall be granted an award equivalent to her monthly
basic salary. Female employees who have been issued an Honour Certificate for the
Parents of a Single Child can, upon the approval of her employing unit, be granted
an extra maternity leave of three months—on condition that she gives up her
"bonus for parents of single child" for the first three years after childbirth.
According to a document issued by Beijing Bureau of Civil Affairs, a marriage
couple can be granted an Honour Certificate for the Parents of a Single Child as
long as one or both of them have a Beijing *hukou*. Therefore it is possible for a
woman who does not have Beijing *hukou* but is married to a man who has Beijing
hukou to enjoy the maximum 233 days of maternity leave. And Article 27 of the
Law on the Protection of Women's Rights and Interests provides for that: "No
entity may, for the reason of matrimony, pregnancy, maternity leave or breast-
feeding, decrease a female employee's wage." Here, the term "wage", which
replaces "basic wage" in the 1988 Regulations concerning the Labour Protection of
Female Employees, means all remuneration, including basic wage (hourly wage,
piece wage, etc.), bonus, allowances, and subsidies.

It is exactly the obligation to pay full wages to female employees during such long
maternity leave that brings employers to either refuse to employ non-local women

or to compel them to quit their job during periods of pregnancy, childbirth and lactation. Some employers are forced to resort to false labour dispatch[1], purchase of commercial medical insurance, even try everything to compel or induce women to quit their job. One of the clients of the author of this article, Ms Lin Po, has been an example in this respect. After finding out that she was pregnant, her employer had tried to squeeze her out by doubling her workload, causing her to pass out in the subway. Although she stuck to her post with strong perseverance after recovering from the illness, the company ultimately dismissed her. Her lawsuit against the company was processed for four years. Although Beijing Arbitration Committee for Labour Disputes supported her request that the company continue to perform the labour contract with her, she lost the case in the courts of the first and second instances. The case was revised in 2011 and the court of revision ruled that there was an error in the original judgment. After mediation, the case was closed with a settlement: Ms Lin Bo resigned from the company and, in return, received 8000 CNY compensation from the company. According to an investigation by Ms Lin Bo, the company has stopped employing non-local women for fear of incurring more "gender costs" ever since Beijing Arbitration Committee for Labour Disputes made its decision in favour of her on February 8, 2008.

The above case proves that enterprises employing non-local women are also discriminated against and prevented from participating in competition on an equal basis with other enterprises. This has given rise to many disputes that infringe upon the rights and interests of female employees and aggravate the employment discrimination against non-local women, and has directly affected the employment of female college graduates. Many employers hire only male college graduates through so-called "black-box operation", while some others impose unreasonable conditions on female job applicants, such as "no pregnancy during the first three years of employment" or "no childbirth during the first five years of employment". For example, Ms Li, a 26 years old female job seeker, has been rejected by many companies because she refuses to sign labour contracts that contain the above-

---

[1] The author of this article was a lawyer of the former Women's Legal Research and Service Center of Peking University and had once involved in handling the following case: a company in Beijing entrusted one of labor force dispatchment organizations to make false labor dispatch for Ms Wu, a female employee who had registered permanent residence in Shanghai; Ms Wu took four months of maternity leave and received maternity benefit amounting to more than 30000 CNY.

mentioned unreasonable conditions. One CEO told her bluntly: "You know, as a female job applicant, you are at a very unwelcome age. Just think about it: women at your age are faced with imminent issues of marriage and childbirth. No long after you begin to work for us, you will have to date boyfriends, get married, give birth to a child and take maternity leave, all the while receiving full pay from us. Why should an employer look for such troubles when there are so many young male job applicants around?"

One can imagine that employers' attitude towards female job applicants would be different if female employees, instead of receiving full pay from the employer, could get maternity benefits from maternity insurance fund, during maternity leave. Therefore, the prohibition by the Law on the Protection of Women's Rights and Interests and the Employment Promotion Law of the inclusion of "no pregnancy" or "no childbirth" clauses in labour contracts is not enough to safeguard women's right to equal employment. What China urgently needs to do is to expand legal coverage of maternity insurance.

2.3   Practical Experience in Eliminating *Hukou* Discrimination in Maternity Insurance

During the process of promoting the elimination of *hukou* discrimination in maternity insurance, China is faced with the following two major obstacles:

First, the worry that disassociating maternity insurance from *hukou* will increase the burden of medical institutions in big cities, as well as the pressure on the bearing capacity of big cities themselves. This worry is understandable, and the key to alleviate it is to adopt an appropriate solution. We should not deprive non-local women who come to work and give birth in big cities as a result of legal reform of the right to maternity insurance and the right to equal employment, just because they have increased the burden of hospitals in these cities. Instead, we should eliminate the negative impacts of this reform by increasing medical facilities and personnel through various means, such as fiscal transfer payment. The system of universal coverage of social insurance represents the trend of development and goes hand in hand with popular feeling. Not only professional women should have the right to maternity insurance benefits, non-professional women should also have the right to social security. Just as Zheng Gongcheng points out, the relevant laws have made it clear that maternity insurance is related only to a female employee's place of employment, not to her *hukou*. More notably, it's commendable that the system of maternity insurance is developing from the current system covering only professional women to welfare and universal insurance system that covers all women. Therefore, disassociating maternity insurance system from *hukou* is merely a minimum requirement of fairness.

Second, an issue at stake is also the lack of understanding of the functions of maternity insurance. The author of this article has repeatedly tried to instil the following idea into the mind of policy-makers of the relevant government departments: the establishment of the maternity insurance system embodies the recognition by the state of the social value of procreation. Women are not only a powerful productive force that propels mankind towards prosperity and higher civilization, but also the creators of mankind itself. Procreation is essential to the reproduction of productive forces of the entire nation, since the quality of the next generation of population directly determines the rise and fall of the nation. Just as Shi Tanjin points out, procreation is a sacred social labour and has important social value. Therefore, society should, in accordance with market rules, recognize the social value of procreation and give women reasonable remuneration or economic compensation for their childbearing function. [1] Maternity insurance can alleviate economic and psychological burdens of female employees so that they can breed "the future of the nation" with healthy bodies. Women deserve reward by society for their physical and economic losses incurred by the performance of this social function. This makes women a vulnerable group of society, and only a special protection of women by law can ensure the realization of substantive justice.

In the same vein, from its very beginning, the system of social pooling of maternity insurance has performed the special function of promoting the employment of women. Take Jining City of Shandong Province, for instance. The coverage of maternity insurance in that city has reached 90%, and is increasing steadily each year. Maternity insurance premium is paid by enterprises on the 10th day of every month at a rate equivalent to 1% of the total wage of all employees in the previous year; in addition, a system of combined collection of various social insurances, including maternity insurance, old-age insurance, and medical

---

[1] See Shi Tanjin (ed.), *Studies on Social Security Law*, (Beijing: Law Press China, 2000), p. 217.

insurance, is implemented to alleviate unequal distribution of the burden of childbirth expenses among different enterprises. Before the implementation of the system of social pooling of maternity insurance, the burden of childbirth expenses was the heaviest among enterprises in the textile and commercial service industries, with annual per capita burdens of 37 CNY and 22 CNY respectively, and the lightest among enterprises in the shipping, construction and electric power industries, with annual per capita burdens of 4 CNY, 7 CNY and 8 CNY respectively. Take a cotton mill in that city as an example. The mill has a total of 4500 employees; over 70% of them are female. In the past, it used to spend about 400000 CNY each year to cover the childbirth expenses of about 300 female employees who gave birth according to plan, and this burden had seriously impeded the development of the enterprise. Since its implementation, the social pooling system has saved the mill a total of 800000 CNY. The system has made up for some of the losses incurred by enterprises as a result of childbirth and nursing of babies by female employees and, to a large extent, changed the attitude that employing female employees increases the burden of enterprises. The past situation of labour departments compelling enterprises to recruit female employees through the imposition of quotas has been basically changed and the percentage of women among newly recruited employees in the city as a whole has exceeded 50% each year during the past several years. Previously, many enterprises treated childbearing women as their burden and targets for lay-offs in the optimization process. After the implementation of the maternity insurance system, they have changed this attitude and are able to make appropriate work arrangements for female employees. As a result, female employees have become a strong force in the development of enterprises, and a large number of female engineers, experts and entrepreneurs have come to the city. [1]

Apart from the repeated lobbying by scholars and women's organizations, the First Intermediate People's Court of Beijing Municipality has also put forward recommendations on the reform of the maternity insurance system. A research on the second instance labour dispute cases involving female employees' right to maternity insurance tried by the Court in 2010 shows that most of these cases were

---

[1] See Women's Federation of Jining City, Shandong Province, "Investigation on the Situation of Social Pooling of Maternity Insurance", *Chinese Women's Movement*, No. 5, 2002, p. 31.

brought by non-local female employees who were unable to participate in maternity insurance and to enjoy corresponding benefits. They therefore demanded that their employers reimburse their childbirth expenses. In the past several years, the government of Beijing Municipality promulgated a series of normative documents to provide more detailed guidance on the improvement and expansion of the system of maternity insurance for female employees. These documents include the Provisions of Beijing Municipality on Maternity Insurance for Enterprise Employees (2005), Circular of the Bureau of Labour and Social Security of Beijing Municipality on the Handling of Issues relating to Maternity Insurance for Enterprise Employees (2006), Circular of the Bureau of Labour and Social Security of Beijing Municipality on Further Improving the System of Maternity Insurance for Enterprise Employees (2009), and the Measures of Beijing Municipality for the Implementation of the Law on the Protection of Women's Rights and Interests (2009). However, these documents apply only to various urban enterprises under the administrative jurisdiction of Beijing Municipality and employees who have Beijing *hukou* and have entered into labour relations with such urban enterprises. The Circular of the Bureau of Labour and Social Security of Beijing Municipality on the Handling of Issues relating to Maternity Insurance for Enterprise Employees expands the coverage of maternity insurance to include employees of various urban enterprises, privately-run non-enterprise units, and institutions managed as enterprises that have no Beijing *hukou* but have been issued a Certificate of Work and Residence in Beijing by the Personnel Bureau of Beijing Municipality. However, since the government has not made any provision on how the benefits of maternity insurance system can be enjoyed by the majority of female employees, who do not have Beijing *hukou*, it has failed to embody fully the institutional value of maternity insurance and the spirit of "putting people first" and respecting women. In consequence, the problems resulting from the deficiency in the system of safeguarding the right of female employees to maternity insurance have become a focal point of the rights protection activities carried out by female employees in Beijing. Investigations show that most of the female employees involved in cases of childbirth-related labour disputes with their employers work in labour-intensive industries, such as housekeeping industry, catering industry, cultural and educational industry, and garment industry. These women are highly mobile, have no fix residence and most of them have rural *hukou*. Many of them choose to spend

the periods of pregnancy and childbirth back in their domicile of origin. As a
result, they often find cost of maintaining their own rights too high and are unable
to enjoy the maternity benefits, which they are entitled to according to law.
Besides, a large proportion of the female workforce in Beijing is made up of female
college graduates who are at the childbearing age. Since their employers cannot get
a Beijing *hukou* for them, most of them choose to deposit their *hukou* and other
personal files at colleges from which they graduated or at a talent service centre,
which makes it very difficult for them to apply for Childbirth Service Certificate
after marriage and to enjoy maternity insurance benefits. In light of this situation,
the First Intermediate People's Court of Beijing Municipality recommended that the
relevant departments further improve the systems relating to the protection of female
employees' rights and interests through the improvement of social insurance and
social security systems. [1]

After five years of unremitting efforts, we have finally changed the mindset of
legislators: the newly adopted Social Insurance Law, based on the idea of
eliminating *hukou* discrimination and promoting the employment of women, no
longer links the maternity insurance system to *hukou*. To comply with this law, the
Bureau of Human Resource and Social Security of Beijing Municipality
promulgated on July 7, 2011 the Circular on Issues Relating to the Implementation
of the Social Security Law, which provides that: "Employing units and employees
within the administrative area of Beijing Municipality shall participate in basic old-
age insurance, basic medical insurance, work-related injury insurance,
unemployment insurance and maternity insurance." On January 1, 2012, after
another five months of running in period, Beijing Municipality finally took the lead
to abolish the system of *hukou* discrimination in maternity insurance. This move
caused strong positive social repercussions throughout the country and set a good
example for other cities like Shanghai and Shenzhen.

In conclusion, China should further specify the employer's obligation to prevent
sexual harassment and establish corresponding legal liabilities through the adoption of
supporting legislation, so as to ensure the implementation of Article 11 of the

---

[1]   Zhang Xiaopei, "The First Intermediate People's Court of Beijing Municipality Puts forward
Recommendations on Improving the System of Maternity Insurance for Female Employees",
http: //bjgy. chinacourt. org/public/detail. php? id =91127, last visited 11 March 2011.

Special Provisions. China should also abolish as soon as possible the system of *hukou* discrimination in maternity insurance, so as to enable female employees to get maternity benefits from maternity insurance fund and to reduce the "gender cost" incurred by enterprises for employing childbearing women.

(Translated by Li Xixia)

A Comparative Study of Parental Leave Systems of Germany, the Netherlands and China

Li Xixia*

It has been more than one hundred years since maternity leave was for the first time introduced, in Germany, as early as in 1878. [1] Since then, almost all countries have established maternity leave systems, with benefits levels and entitlement periods varying. [2] Among them, a considerable number of countries have adopted legislation allowing fathers to take paternity leave or parental leave. [3] Developing from the single maternity leave system to a more comprehensive

---

* The Institute of Law, Chinese Academy of Social Sciences.

[1] See: Gustav Adolf & Herbert Buchner, MUTTERSCHUTZGESETZ, at 66 −67 (4th ed. 1976) (stating that maternity leave was provided as early as 1878 in Germany), CF: Mona L. Schuchmann, "The Family and Medical Leave Act of 1993: A Comparative Analysis with Germany", 20 J. Corp. L. 334 (1995 −1995), Note 18 and 19; Also see: Annie Pelletier, "The Family Medical Leave Act of 1993—Why Does Parental Leave in the United States Fall so far Behind Europe?" Gonz. L. Rev. 565. 2006 − 2007; Robert G. Moeller, "Mother's Work: From Production to Reproduction in Postwar West Germany", in *Journal of Social History*, Vol. 22, No. 3 (Spring, 1989), p. 418.

[2] As of 2005, maternity leave legislation was available in 166 countries. See: Ida Öun and Gloria Pardo Trujillo: *Maternity at work: A review of national legislation. Findings from the ILO's Conditions of Work and Employment Database* (Geneva, ILO, 2005) 2005, EXECUTIVE SUMMARY.

[3] By 2007, sixty-six nations had a paid entitlement to paternity leave or a parental leave provision to which fathers had access. See: Heymann, Jody, Alison Earle, and Jeffrey Hayes. 2007. The Work, Family, and Equity Index: Where does the United States stand globally? Boston: Project on Global Working Families. http://www .hsph. harvard. edu/globalworkingfamilies/images/report. pdf (accessed April 29, 2008). CF: Margaret O'Brien, "Fathers, Parental Leave Policies, and Infant Quality of Lift: International Perspectives and Policy Impact", *The ANNALS of the American Academy of Political and Social Sciences*, 624, July 2009.

parental leave system consisting of maternity leave, paternity leave, and parental leave, this parental leave system has not only focused on the protection of the health of the mother and her new born, including the measures providing job security; but also extended its concerns to gender equality in the workplace and family, to a more general restructuring of responsibilities of parents, employers and state in providing childcare, and to child well-being. In accordance with the project design requirements,[1] this paper focuses on a study and analysis of parental leave systems of Germany,[2] the Netherlands, and China, with an aim to provide more theoretical bases and beneficial experiences for the improvement of relevant systems in China.

I. The Use of the Terms "Parental Leave in a Broader Sense", "Maternity Leave", "Paternity Leave", and "Parental Leave in a Narrow Sense"

There is a remarkable variation in terminology across countries and across studies concerning various types of the maternity related leave. In this paper, the author uses a generally accepted method for the identification and use of the parental leave in a broader sense, maternity leave, paternity leave, and parental leave in a narrow sense.[3] The parental leave in a broader sense is used as a generic term to refer to a variety of leave policies in maternity protection, including maternity leave, paternity

---

[1] As one of the project-team members of the Institute of Law of Chinese Academy of Social Sciences, the author joined the delegation visiting the Netherlands and Germany from September 19 to September 28, 2011. In the Netherlands, the delegation visited the Utrecht University School of Law, the Netherlands Institute of Human Rights, the International Federation of Health and Human Rights Organizations, the Dutch Equal Treatment Commission, E-Quality, and Clara Wichmann Institute, etc.; In Germany, the delegation visited the School of Law of Würzburg the University and the Institute of Social Law of Munich University. During the visit, the delegation members held in-depth discussions and exchange of views with the experts and scholars from the above institutes or organizations about the issues concerning the legal protection of women's social rights. The study visit has proven a great success; this study is one of the outcomes of the visit.

[2] This paper does not include relevant systems in the German Democratic Republic before the reunification of Germany 1990.

[3] Sakiko Tanaka, "Parental Leave and Child Health across OECD Countries", in *The Economic Journal*, Vol. 115, No. 501, Features (Feb., 2005), p. F7; Rebecca Ray, Janet C. Gornick and John Schmitt, "Who cares? Assessing Generosity and Gender Equality in Parental Leave Policy Designs in 21 Countries", in *Journal of European Social Policy*, 2010, p. 209.

leave, and parental leave in a narrower sense. ① Generally, maternity leave is exclusively for the mother, and it refers specifically to job-protected leave from employment at the time of childbirth. In many countries, maternity leave is a combined period of prenatal and postnatal leave. Paternity leave for fathers refers to a short-term leave available around the time of childbirth. Parental leave in the narrower sense is a statutory entitlement to enable parents to be absent from work after an initial spell of maternity or paternity leave. It is a gender-neutral, job-protected leave from employment, designed to facilitate employed parents' care of small children at home, and can be shared between the parents or enjoyed by one of the parents. ② In this article, where appropriate, the author also uses the term "parental leave" in the narrower sense. Most of the countries worldwide have provided maternity leave, aiming to preserve the health of the mother and her new born and to provide a measure of job security. ③ As of 2005, maternity leave has been provided in 166 member states. ④ However, in terms of paternity and parental leave, there exists a great difference among various countries. As of 2007, sixty-six nations had a paid entitlement to paternity leave or a parental leave provision to which fathers had an access. ⑤ Their purposes were to promote female labour market participation and shared responsibilities of paid work and unpaid housework between mother and father.

II. The Parental Leave System of Germany

2.1 Legislation

As already said, Germany is the world's first country that provided maternity

---

① This paper does not involve adoptive leave.

② Margaret O'Brien: "Fathers, Parental Leave Policies, and Infant Quality of Life: International Perspectives and Policy Impact", *The ANNALS of the American Academy of Political and Social Science*, 624, July 2009; See also: Sakiko Tanaka: "Parental Leave and Child Health across OECD Countries", *The Economic Journal*, Vol. 115, No. 501, Features (Feb. , 2005), p. F8.

③ ILO, 2009. *Gender equality at the heart of decent work*. Report VI, International Labour Conference, 98th Session (Geneva), p. 45.

④ Ida Öun and Gloria Pardo Trujillo: *Maternity at work: A review of national legislation. Findings from the ILO's Conditions of Work and Employment Database* (Geneva, ILO, 2005) 2005, EXECUTIVE SUMMARY.

⑤ Heymann, Jody, Alison Earle, and Jeffery Heyes. 2007. *The Work, Family, and Equity Index: Where does the United States stand globally?* Boston: Project on Global Working Families. http://www. hsph. harvard. edu/globalworkingfamilies/images/report. pdf (accessed April 29, 2008).

leave. Maternity leave was provided already in 1878, when the first Maternity
Leave Act was passed, and the legislation provided for three weeks of unpaid leave
after birth. ① The purpose of the legislation was to response to the growing number
of women working outside the home during the Industrial Revolution;② and in
particular, to protect health of a woman and her newborn baby, and to best ensure
a normal pregnancy and birth of a healthy baby, because it was believed that
women workers need protection for the reason that they bore the double burden of
work and household responsibilities, especially during pregnancy and directly after
giving birth, and they shall not be overburdened during pregnancy. ③
Subsequently, legislators made amendments to the Maternity Leave Act, increasing
the amount of leave and pay to achieve specific purposes. ④ In the 1980s, Germany
passed related laws, introducing the parental leave policy, which entitled fathers to a
leave as well. ⑤ This policy was designed to promote women's employment and
gender equality between men and women for sharing opportunities and
responsibilities for family and work. In the timeframe between creating maternity
leave in 1878 and the introduction of the parental leave in 1986, Germany
established the parental leave system comprised of maternity leave and parental
leave. During this process, Germany exhibited considerable changes in policy goals

---

① Mona L. Schuchmann, "The Family and Medical Leave Act of 1993: A Comparative Analysis with
　　Germany", 20 J. Corp. L. 331 1994 − 1995, p. 335, 345; Raymond DeVries, Sirpa Wrede,
　　Edwin van Teijlingen, and Cecilia Benoit: *Birth by Design: Pregnancy, Maternity Care and Midwifery in
　　North American and Europe*, 2001, p. 204, Routledge.

② Mona L. Schuchmann, "The Family and Medical Leave Act of 1993: A Comparative Analysis with
　　Germany", 20 J. Corp. L. 334 (1995), p. 345.

③ Gustav Adolf & Herbert Buchner, MUTTERSCHUTZGESETZ, at 66 − 67 (4th ed. 1976)
　　(stating that maternity leave was provided as early as 1878 in Germany), CF: Mona
　　L. Schuchmann, *The Family and Medical Leave Act of 1993: A Comparative Analysis with Germany*, 20
　　J. Corp. L. 334 (1995), at 67 (stating that "To best ensure a normal pregnancy and birth of a
　　healthy baby, doctors believed that pregnant women should not be overburdened during pregnancy).

④ Gustav Adolf & Herbert Buchner, MUTTERSCHUTZGESETZ, at 66 − 67 (4th ed. 1976)
　　(stating that maternity leave was provided as early as 1878 in Germany), CF: Mona
　　L. Schuchmann, The Family and Medical Leave Act of 1993: A Comparative Analysis with
　　Germany, 20 J. Corp. L. 334 (1995), at 67 (stating that "Generally, amendments to the
　　Maternity Leave Act, increasing the amount of leave and pay, were considered to be desirable
　　improvements based upon progress made in the German social system and newly acquired medical
　　knowledge.").

⑤ Parental leave in a narrow sense was introduced in Germany in 1986. See: Jane Lewis, *Work-Family
　　Balance, Gender and Policy*, (Edward Elgar, 2009), p. 125.

of the parental leave system, which resulted in reform to existing policy instruments and the introduction of new instruments. This is how Germany shifted away from positive familialism and support for a traditional gendered division of labour, towards greater de-familialisation and incentives for women's employment,[1] achieving equality within families as well as at the workplace outside home, promoting the goal of enabling employees to balance family and work, and concerns for children' wellbeing. Under the German laws, the main legal provisions regulating maternity leave and parental leave are included in the Maternity Protection Act of 1952 (as amended in 2009), Parental Allowance and the Parental Leave Act of 2006 (as amended in 2009), National Insurance Regulation and the General Act on Equal Treatment. (as amended in 2009).[2] The following section introduces German maternity leave and parental leave.

2.2   Maternity Leave

2.2.1   Duration

The German maternity leave system from as early as 1878 preceded the establishment of the International Labour Organization (ILO) in 1919. Although the law provided for only three weeks of unpaid leave after birth,[3] it also provided legal and systematic guarantees for working women, with a view to concerns of the whole society on the protection of the mother and her newborn baby. Since then, a number of legislative initiatives in the German federal legislature have adjusted the length of maternity leave and the maternity leave allowance. During the long period of German maternity leave development and improvement, major legislative measures include: (1) in 1927, upon the ratification of the ILO Maternity Protection Convention No. 3, Germany introduced the "Act Respecting Employment Before and After Childbirth" in order to fulfil the obligations under the Convention[4] The law allowed a pregnant woman to take leave during the last

---

① Jane Lewis, *Work-Family Balance*, *Gender and Policy*, (Edward Elgar, 2009), p. 127.

② http: //www. ilo. org/dyn/travail/travmain. sectionReport1? p _ lang = en&p _ countries = DE&p_ sc_ id =2000&p_ year =2009&p_ structure =3 [visit on February 2 2010].

③ Mona L. Schuchmann, "The Family and Medical Leave Act of 1993: A Comparative Analysis with Germany", 20 J. Corp. L. 334 (1995), p. 335.

④ Kook Hee Lee, "Gender Equality in Reconciling Work and Childcare in South Korea" (2009), Cornell Law School Inter-University Graduate Student Conferences, paper 17. At: http: // scholarship. law. cornell. edu/lps_ clacp/17.

six weeks prior to confinement and a compulsory maternity leave for six weeks. The aim was to ensure the national laws to comply with the ILO Convention No. 3 and to provide the protection of women' and children's health, as well as to guarantee job security. (2) Since the 1950s and 1960s, women in paid employment in Germany continued to increase. With an aim of strengthening labour protection of female workers and "building a healthy generation", Germany adopted the Maternity Protection Act in 1952. ① (3) In 1965, the Federal Republic of Germany extended the postnatal compulsory period to eight weeks for all new-born mothers (twelve weeks in the case of premature or multiple births), plus 6 six weeks before confinement, altogether 14 weeks. ② (4) In order to promote fertility, the Federal Republic of Germany extended in 1979 the postnatal period until the child reached six months old (including the two months of the postnatal period). Although this policy was beneficial in raising fertility rate, it explicitly recognized women's role as caregivers without corresponding recognition for men's role as caregivers. ③ As a result, during the four additional months, women had to be solely in charge of childcare without corresponding opportunities for men to engage in childcare.

The German laws nowadays in force provide for that those women in an employment relationship, including female home workers and those with the same legal rights as home workers are entitled to maternity leave. ④ The length of

---

① Robert G. Moeller, " Protecting Mother's Work: From Production to Reproduction in Postwar West Germany", *Journal of Social History*, Vol. 22 (3), 1989, pp. 419 −420.

② Mutterschutzgesetz [MuSchG] [Maternity Protection Act], Nov. 9, 1965, BGBl. I No. 67 at 1821, § 6 (1) (F. R. G.), *translated in* INTERNATIONAL LABOUR OFFICE, LEGISLATIVE SERIES 1965 − Ger. F. R. 2 (stating that "No woman shall be employed until eight weeks after her confinement. "). CF: Kook Hee Lee, "Gender Equality in Reconciling Work and Chilcare in South Korea" (2009), Cornell Law School Inter-University Graduate Student Conferences, paper 17. At: http://scholarship. law. cornell. edu/lps_ clacp/17.

③ Mutterschutzgesetz [MuSchG] [Maternity Protection Act], June 25, 1979, BGBl. I No. 32, at 797 (F. R. G.), *translated in* INTERNATIONAL LABOUR OFFICE, LEGISLATIVE SERIES 85 − 93 (1980). § 8a (1) [stating that "A mother shall be entitled to maternity leave immediately after the end of the protected period referred to in subsection (1) of section 6 and until the date on which her child reaches the age of six months. She shall receive cash maternity benefit under subsection (1) or (3) of section 13 in respect of the leave period. "]. CF: Kook Hee Lee, "Gender Equality in Reconciling Work and Childcare in South Korea" (2009), Cornell Law School Inter-University Graduate Student Conferences, paper 17. At: http://scholarship. law. cornell. edu/lps_ clacp/17.

④ Maternity Protection Act § 1.

maternity leave is 14 weeks, including 6 weeks before the confinement and 8 weeks (12 weeks in case of a premature or multiple births) after the birth of an infant. A mother can not work at all during the statutory period of leave following a childbirth; whereas she can be employed during the statutory period of leave before the child is due if she expressly wish to work; however, she can retract her decision to work at any time during the 6 weeks before her child is due. That is to say, the prenatal period is an entitlement for women to decide whether to take leave or not, whereas postnatal period has a mandatory nature and prohibits women from working during the first weeks after childbirth.

2. 2. 2   Maternity Benefit

While gradually extending the period of the maternity leave, Germany also created a maternity-benefit system through the Health Insurance Act of 1883, in order to secure financial stability for the women who could not work after childbirth and to maintain adequate standard of living of the mother and her new-born baby. [1] However, only a fraction of employed women—those who were self-insured— received maternity benefits for three weeks after birth, amounting to half or three-quarters of their wage. [2] Since then, major changes in maternity benefit in the subsequent years include the followings: (1) In 1942, women who were insured under the statutory health insurance system should be entitled, during the last six weeks before and the first six weeks after confinement, to pecuniary maternity benefit equal to the average earnings for the last preceding thirteen weeks, but not in any case less than two Reichsmark a day. [3] (2) In 1965, the financial support during the protected period continued after the extension of the postnatal period to 8 weeks (altogether 14 weeks, including 6 prenatal leave). [4] (3) In 1979, Germany extended the postnatal period until the child reaches six months of age.

---

[1]   Lv Yanjun, Liu Xin, "An Analysis of Family Friendly Policies in EU Member States", *Journal of China Women's University*, Vol. 21. No. 1, Feb. 2009.

[2]   Maternity & Gender Policies: Women and the Rise of the European Welfare States 1880s – 1950, edited by Gisela Bock & Pat Thane, (Routledge (USA and Canada), 1991), p. 223.

[3]   Kook Hee Lee, "Gender Equality in Reconciling Work and Chilcare in South Korea" (2009), Cornell Law School Inter-University Graduate Student Conferences, paper 17, p. 29. At: http://scholarship. law. cornell. edu/lps_ clacp/17.

[4]   Kook Hee Lee, "Gender Equality in Reconciling Work and Chilcare in South Korea" (2009), Cornell Law School Inter-University Graduate Student Conferences, paper 17, p. 39. At: http://scholarship. law. cornell. edu/lps_ clacp/17.

Accordingly, the amount of the benefit was based on an average income during the last three pre-childbirth months of work. The range in the eight-week mother protection period was from a minimum of DM 3. 50 to a maximum of DM25 per day. From the third month onward the maximum was DM 17 per day. The mother was further entitled to an employer supplement during the mother protection period. With this supplement, the employer paid the difference between the average income of the last three months and the maternity benefit. [1]

Under the German current laws, in general, all employed women as well as women who are registered as unemployed are entitled to maternity cash benefits. [2] The amount of maternity benefit paid by the statutory health insurance is 100 per cent of the average normal net wages over the last 3 months before the prenatal maternity leave period. [3]

The above analysis suggests that a trend has shifted towards a more "conservative" view of the role of mothers because of the German traditional attitudes regarding the desirability of the male breadwinner model. The maternity leave and benefit policy focused on the protection of health of the mother and her new-born baby and on providing working mothers with job protection and a maternity benefit. This in fact played a role in giving women incentives to stay at home and take care of their newborns and youngest children. The government took a leading role in the design and adjustment of the maternity leave system, the sources of maternity benefits coming from the contributory health-insurance fund paid by the government, employer and employee.

2. 2. 3   Parental Leave and Parental Benefits

With the second wave of the women's movement emerging in Europe in the 1960s, the increase of women's equality at work and at home, in private and in public, became an issue, which had to be accommodated. Furthermore, the employment rate of women continued to increase in the 1970s, which increased the need for a maternity system reform responding to a growing pressure from the public opinion. In this context, Sweden first introduced the parental leave system

---

[1]   Jan Ondrich, C. Katharina Spiess, Qing Yang, and Gert G. Wagner "The Liberalization of Maternity Leave Policy and the Return to Work after Childbirth in Germany", *Review of Economics of the Household* 1, 2003, p. 80.

[2]   Maternity Protection Act § 13 (1) (2), National Insurance Regulation § 200 (1).

[3]   National Insurance Regulation § 200 (2), Maternity Protection Act § 13 (1), 14 (1).

for the promotion of gender equality in 1974, which meant that men and women share the same opportunities and responsibilities for family and work. [1] The parental leave system was also designed to help employees to balance their work and family and to promote women's employment and improve women's conditions in the labour market. [2] Since then, other governments have followed Sweden's example and have introduced fathers' right to paternity leave and parental leave for the earliest period of children's lives, in order to encourage fathers to exercise caring responsibilities and obligations at and around childbirth and in the subsequent early years of a child's life in families and strive to achieve equality of family gender roles. [3]

With the ratification of the Convention on the Elimination of All Forms of Discrimination against Women (hereinafter the CEDAW) on 10 July 1985, Germany obliged itself to ensure that family education would include the recognition of childcare as a common responsibility of men and women. [4] More notably, German always paid close attention to learning and development in the early stages of life of infants and young children. This period of the child's life was always deemed to be critical to the child's later development. Hence, the law attempted to provide parents with greater degree of choice in balancing the demands of work and family, so as to enable one of the parents to devote him or herself to the undivided care of the child in the early stages of its life. By providing leave time for parents, the paid parental leave system offered them the time needed to devote to the child's care; by providing a stipend, families could afford to take the leave.

---

[1]　Margaret O'Brien, "Fathers, Parental Leave Policies, and Infant Quality of Lift: International Perspectives and Policy Impact", *The ANNALS of the American Academy of Political and Social Sciences*, 624, July 2009, pp. 190 −191.

[2]　Nancy E. Dowd, "Envisioning Work and Family: A Critical Perspective on International Models", *Harvard Journal on Legislation*, Vol. 26, 311 1989.

[3]　Supra Note [1].

[4]　Article 5 of the Convention on the Elimination of All Forms of Discrimination against Women provides for that States Parties shall take all appropriate measures: (a) to modify the social and cultural patterns of conducts of men and women, with a view to achieving the elimination of prejudices and customary and all other practices which are based on the idea of the inferiority or the superiority of either of the sexes or on stereotyped roles for men and women; (b) to ensure that family education includes a proper understanding of maternity as a social function and the recognition of the common responsibility of men and women in the upbringing and the development of their children, it being understood that the interest of the children is the primordial consideration in all cases.

Thus, parents were able to put children first when they faced the conflicting demands of work and family. [1]

Under the international influence and in response to the public opinion, Germany reformed its maternity leave system. In 1986, the Federal Child-Rearing Benefit Law came into force, introducing the parental-leave system. This system entitled fathers to a leave as well and also made parental leave a more important instrument in providing childcare for infants. [2] The new system offered mothers and fathers an equal right to use the parental leave. This was the first system in the history of Germany to recognize men's role as caregivers on equal terms with women. It provided a parental leave of 10 months (including 2 months of mother protection period). [3] One parent per family staying at home to rear the newborn child was entitled to a child-rearing benefit independent of previous employment status until the child was ten months old. The benefit rate for each of the first six months after the end of the mother protection was DM 600 per month to mothers and fathers who raised their child themselves, which was not linked to prior income. From the seventh month on, the benefit for each child depended on annual net family income two years before birth, and was reduced on a sliding scale basis. For a two parent household no benefit was available if annual net family income exceeded DM 29400 per year, while the upper limit for a single-parent household was DM 23700. Each additional child increased the upper limit by DM 4200. [4]

---

[1]　Mona L. Schuchmann, "The Family and Medical Leave Act of 1993: A Comparative Analysis with Germany", 20 J. Corp. L. 334 (1995), p. 346.

[2]　Jan Ondrich, C. Katharina Spiess, Qing Yang, "Barefoot and in a German Kitchen: Federal Parental Leave and Benefit Policy and the Return to Work after Childbirth in Germany", *Journal of Population Economics*, Vol. 9, No. 3 (Aug., 1996), p. 250.

[3]　In 1979 a regulation was introduced which granted employed women paid leave for the duration of six months after childbirth. This policy measure was discontinued with the introduction of parental leave in 1986, which gave mothers and fathers an equal right to use leave. 参见: Kook Hee Lee, "Gender Equality in Reconciling Work and Childcare in South Korea" (2009), Cornell Law School Inter-University Graduate Student Conferences, paper 17, p. 40. At: http://scholarship. law. cornell. edu/lps_ clacp/17. 另参见: Sakiko Tanaka: "Parental Leave and Child Health across OECD Countries", in *The Economic Journal*, Vol. 115, No. 501, Features (Feb., 2005), p. F17.

[4]　Jan Ondrich, C. Katharina Spiess, Qing Yang, "Barefoot and in a German Kitchen: Federal Parental Leave and Benefit Policy and the Return to Work after Childbirth in Germany", *Journal of Population Economics*, Vol. 9, No. 3 (Aug., 1996), p. 251.

A subsequent major change in the parental leave policy was made in 1992. The duration of parental leave was extended to 3 years; the benefits were available for a period of up to 2 years at a flat rate of DM 600 (or 300 Euro) per month. However, due to the influence of the German traditional attitudes regarding the desirability of the male breadwinner model and to a wage gap between men and women, the period young mothers were out of the labour market increased with the extension of the job-protection period, and the percentage of women who eventually returned to the labour market decreased as the period of job-protection period increased. [1] Although the father was entitled to part of the parental leave and benefits, in practice only women took it up. [2] For example, in 1994, a mere 2.2 per cent (16920) of the applicants for parental leave were fathers; furthermore, fathers accounted for 1.5 per cent (6049) of the people who took parental leave in 1994. [3] Therefore, the parental leave and benefits system did not realize gender equality in childcare because both parental benefits and parental leave were claimed primarily by mothers.

At the beginning of the 2000s, Germany coached some of its major work-family legislation in the context of achieving greater equality between men and women, whereby both men and women would engage in paid work and unpaid work, as its main policy goal. [4] These reform measures included: Firstly, in 2001, more flexibility was introduced, parental leave was individualized and both partners were permitted to take leave simultaneously. Parents had the option of receiving 900 DM (or 450 after 2001) per month if they reduced the benefit period to 1 year. [5]

[1]　Jan Ondrich, C. Katharina Spiess, Qing Yang, and Gert G. Wagner "The Liberalization of Maternity Leave Policy and the Return to Work after Childbirth in Germany", *Review of Economics of the Household* 1, 2003, p. 79. CF: Jan Dirk Vlasblom, Joop Schippers, "Changing dynamics in female employment around childbirth: evidence from Germany, the Netherlands and the UK," *Work, Employment and Society*, Volume 20 (2), 2006, pp. 342 - 343.

[2]　Jan Dirk Vlasblom, Joop Schippers, "Changing dynamics in female employment around childbirth: evidence from Germany, the Netherlands and the UK," *Work, Employment and Society*, Volume 20 (2), 2006, p. 342.

[3]　Germany, The Second and Third State Report to the Committee on the Elimination of All Forms of Discrimination Against Women, Nov. 4, 1996, CEDAW/C/DEU/2 -3 at 39.

[4]　Jane Lewis, *Work-Family Balance, Gender and Policy*, (Edwrd Elgar, 2009), p. 131.

[5]　Esther Geisler and Michaela Kreyenfeld, "Against all odds: Fathers' use of parental leave in Germany", *Journal of European Social Policy*, 2011, pp. 90 -91.

Secondly, a legal right for the part-time work was introduced in 2001. ① The persons who are entitled to parental leave have the a right to part-time work, provided that the employment relationship lasted 6 months and not urgent business interests stand in the way. Working time must be reduced to 15 − 30 hours per week. Furthermore, it applies only to enterprises with more than 15 employees. ② The workers have the right to return after the parental part-time to the working time as agreed before this period. ③ Reforms during 2000 − 2001 were carried out with the explicit intention of promoting more equal opportunities between men and women to engage in both employment and care work. Thirdly, in 2007, Germany cut the parental leave to 12 months, and added two-highly paid months for fathers to the shorter twelve-month maternity leave period (the two-month 'daddy leave' on the Scandinavian model in the case of couple families). The minimum amount of parental benefit is Euro 300 and the maximum amount of parental benefit is Euro 1800. The financing of the benefit comes from the State. ④

The above analysis shows that, in the early 2000s, the choice of reform path was linked to an attempt to further promote equality between men and women in paid work and unpaid household work, marking a departure from the illusory choice offered by the earlier system of parental leave, which resulted in a female labour market exit. However, these reforms were much more instrumentalist, with a commitment to equal parental employment, the shorter parental leave, and part-time working.

III. The Parental Leave System of the Netherlands

3.1 Dutch Parental Leave Legislation

From a comparative perspective, the Netherlands also has a long history of

---

① Jan Dirk Vlasblom, Joop Schippers, 'Changing dynamics in female employment around childbirth: evidence from Germany, the Netherlands and the UK', *Work, Employment and Society*, Volume 20 (2), 2006, p. 334.

② Parental Allowance and Parental Leave Act § 15 (5), 15 (6) (7).

③ Parental Allowance and Parental Leave Act § 15 (5).

④ Margaret O'Brien, "Fathers, Parental Leave Policies, and Infant Quality of Lift: International Perspectives and Policy Impact", *The ANNALS of the American Academy of Political and Social Sciences*, 624, July 2009. 另参见: Klammer, U. and Letablier, M. T., 'Family policies in Germany and France: the role of enterprises and social partners', *Social Policy and Administration*, 41 (6), 2007, 672 −92. CF: Jane Lewis, *Work-Family Balance, Gender and Policy*, (Edwrd Elgar, 2009), p. 127.

maternity leave system. The maternity leave was first provided for in the Labour
Law of 1889. However, compared to Germany, the Netherlands was a latecomer
to leave policies addressing working mothers. Before the 1990s, Dutch leave
policies were very limited. The only leave policy was the twelve-week pregnancy
and maternity leave as provided by the Health Insurance Act of 1930. However, as
a result of changing family forms and labour market patterns, leave arrangements
become a major policy issue by the end of the 20th century. Given this context, the
Dutch government carried out a series of reforms. The first important change was
the extension of maternity leave from 12 to 16 weeks in 1990. In 1991 and in
1997, parental leave and paternity leave were respectively introduced. On 1
December 2001, the Work and Care Act came into force, including the right to
paid maternity leave, paid paternity leave and unpaid parental leave. [1] Under the
current legal system, relevant rules and regulations governing parental leaves are
mainly included in the Work and Care Act of 2001, Working Time Act of 1995
(as amended in 2009), Sickness Act of 1913 (as amended in 2009), Disability
Insurance Act of 1966 (as amended in 2009), Civil Code of 2001 (as amended in
2009), Equal Treatment Act of 1994 (as amended in 2009), Working Conditions
Act of 1997 (as amended in 2009), and the Act on Parental Leave of 1991 (as
amended in 1997). [2]

3. 2   Maternity Leave

As already mentioned, the Labour Law of 1889 for the first time provided that,
from 1890 onwards, female industrial workers in the Netherlands were required to
take unpaid maternity leave. The duration of the maternity leave was twelve weeks
around confinement, six weeks before childbirth and six weeks after childbirth. It
then took forty years before the maternity benefit was provided for in the Health
Insurance Act of 1929. Under the Health Insurance Act of 1929, from 1930
onwards the State provided the female workers having the Dutch citizenship with
maternity benefit for 12 weeks: married female workers were eligible for 100%
wage compensation of maternity leave, and unmarried female workers were entitled

---

[1]   *The Politics of Parental Leave Policies: Children, Parenting, Gender and the Labour Market*, edited by Shelia
  Kamerman and Pater Moss, (The Policy Press, University of Bristol, 2009), p. 176.

[2]   http: //www. ilo. org/dyn/travail/travmain. sectionReport1 ? p _ lang = en&p _ countries =
  DE&p_ sc_ id =2000&p_ year =2009&p_ structure =3 [visit on 2 February 2010].

to 80% of wage compensation. ① The maternity benefits were paid from the health insurance fund. In 1990, the paid maternity leave was extended from 12 to 16 weeks, and female employees were entitled to 100% of wage earnings.

The maternity leave system currently in force was laid down in the Work and Care Act of 2001. Under this Act, there is a whole range of provisions in the Netherlands to protect health and safety of pregnant women, in order to ensure that families with children can enjoy a good work-life balance. The Purple Coalition emphasized 'time policies' as a means to facilitate a re-division of labour, giving mothers and fathers equal legal means to negotiate their preferred arrangements. ② The Act grants for 16 weeks of paid maternity leave, 6 weeks before the day following the expected date of delivery as indicated on a written declaration from a doctor or midwife, and 10 weeks following the delivery plus the number of days by which the prenatal leave has amounted to less than 6 weeks. ③ The wage payments during the 16 weeks from the government are at a maximum rate slightly higher than the average national wage rate, 100 per cent of the daily wage. ④

In the same vein, it is worth noting the issue related to the self-employed women maternity benefits. In August 2004 the Dutch government put out of force the Disability Insurance Act for the Self-Employed (WAZ). ⑤ Initially, the WAZ guaranteed self-employed women maternity benefits at the level of the net minimum wage for a period of 16 weeks, in addition to disability benefits in case of sickness and invalidity. With the Dutch campaign by women's interest groups and trade unions, and because of international law obligations under the CEDAW aimed to secure gender equality and maternity protection, public maternity benefits for self-employed women were reinstalled by statutory law in July 2008, with an aim to protect self-employed persons in case of pregnancy and maternity leave. ⑥ According to the law, a pregnant self-employed person is entitled to benefit for a period of

① Gro Hagemann, *Reciprocity and Redistribution-Work and Welfare Reconsidered*, (Edizioni PLUS-Pisa University Press, 2007), pp. 87 −94,.

② Trudie Knijn and Chiara Saraceno, "Changes in the regulation of responsibilities towards childcare needs in Italy and the Netherlands: different timing, increasingly different approaches", *Journal of European Social Policy*, 2010, p. 449.

③ Work and Care Act § 3: 1.2, 3: 1.3.

④ Work and Care Act § 3: 10.1, 3: 7.1.

⑤ Wet Arbeidsongeschiktheid Zelfstandigen, Act of 24 April 1997, *Stb.* 1997, 177.

⑥ Act of 29 May 2008, *Stb.* 2008, 192.

sixteen weeks around the delivery; its amount depends on the income during the
year before the benefit is claimed, subject to a maximum of 1317 Euro a month. ①

3. 3   Paternity Leave

The Work and Care Act also includes the right to paid paternity leave. The
duration of paternity leave is two days, paid in full by the employer within a period
of 4 consecutive weeks after the birth of an infant.

3. 4   Parental Leave

As mentioned above, the introduction of parental leave system by Sweden in
1974 has influenced positively other countries, including the Netherlands.
Meanwhile, during the 1980s in the Netherlands, the growth of part-time
employment accelerated hand in hand with the rise in female and service
employment. Namely, the lack of facilities and support for childcare made a part-
time employment the prevailing solution for mothers to cope with this major
problem; besides, the part-time-job option was reinforced by the labour market of
the 1980s. In 1991, the Parental Leave Act came into force. It provided for a
parental leave being taken on a part-time (at least 20 hours per week) and unpaid
basis for a maximum of 6 months. The Act was designed to achieve two aims: (1)
to increase the relatively low rates of employment among women, because it was
believed that part-time working hours was a means to enable young parents to work
part-time during a period of heavy care responsibilities and not have to leave the
labour market altogether. (2) To promote equal division of paid and unpaid work
between men and women. However, the Act failed to achieve the designed goals.
For example, in 1994, approximately 27% of the female and 11% of the male
employees who were entitled to parental leave actually used the leave. ② In
addition, the stipulations of the Act, especially the 20 hours threshold excluded
quite a number of (part-time) working mothers from taking leave.

On 1 July 1997, the revised Act on Parental Leave came into force, with an aim
to address these issues. In accordance with the revised Act, all employees who have

---

① *The Protection of Working Relationships: A Comparative Study*, edited by Frans Pennings & Claire Bosse,
(Kluwer Law International, 2011), p. 106.

② *The Politics of Parental Leave Policies: Children, Parenting, Gender and the Labour Market*, edited by Shelia
Kamerman and Pater Moss, (The Policy Press, University of Bristol, 2009), p. 180.

been employed by the current employer for one year or more have the right to parental leave. The parental leave is 6 months. The statutory right is part-time: parents still had the legal right to lower their working hours by 50% over a period of 26 weeks. Moreover, employees may ask the employer to spread the leave hours over a longer period than 6 months, or take more hours per week. Employers may not refuse unless compelling business reasons dictate otherwise. Also, the period during which the leave can be taken has been further extended until the child is eight years old. The parental leave is an individual right and cannot be shared among the new parents. As a result, the flexibility of the leave policy was increased. Despite these major changes, the leave remained unpaid. The income support during the parental leave is an issue to be settled by the social partners through collective labour agreements. In a nutshell: While the Act of 1991 could be interpreted as introducing a statutory right to reduce working hours against the background of a rather standard working time regime, the new proposal brought parental leave in line with the growing reality of rather diverse and individualized working hours. [1] In 2007, the take-up rates were 42 per cent and 18 per cent for eligible female and male workers, respectively. [2]

Accordingly, the introduction of parental leave system in the early 1990s and subsequent reforms to the initial period of the 2000s built on the idea to support the one-and-a half-bread-winner model family as the main means of reconciling work-and-family responsibility in the Netherlands, although in the 2000s the Dutch government promoted a longer part-time working for women. This is different from the German more tightly enforced conditions aimed at sustaining the male breadwinner model. The Netherlands provides substantial legal protection for part-time workers, which has been more individualized and flexible for the use of parental leave and therefore somewhat better than in Germany. Unlike Germany, the State has not radically extended its financial commitment to this policy area; rather, more costs have been passed to employers, for example, parental leave benefit of some employees being settled through collective agreement. Nonetheless,

---

[1] *The Politics of Parental Leave Policies: Children, Parenting, Gender and the Labour Market*, edited by Shelia Kamerman and Pater Moss, (The Policy Press, University of Bristol, 2009), p. 180.

[2] Trudie Knijn and Chiara Saraceno, "Changes in the regulation of responsibilities towards childcare needs in Italy and the Netherlands: different timing, increasingly different approaches", *Journal of European Social Policy*, 2010, p. 449.

the level of allowance in the Netherlands is not as generous as that of Germany and the eligible qualifications are much more stringent than those of Germany.

IV. The Parental Leave System of China

4.1   Legislation

The Chinese maternity leave system was introduced in the early period after the founding of the New China. In 1951, the Government Administration Council promulgated Labour Insurance Regulations clearly providing maternity leave and maternity benefit for female workers and staffs in enterprises. In 1955, the State Council issued the Notice of the State Council concerning Maternity Leave of Female Workers, which provided maternity insurance for female workers in government agencies and public institutions. These provisions ensured that the female workers in government agencies and public institutions enjoy the same level of benefit as that of female workers and staff in enterprises, and extended the coverage of maternity protection system to female workers in government agencies and public institutions. [1] Since then, China has gradually developed a parental leave system. The currently in force Chinese laws regulating parental leave system include the followings: the Law of the People's Republic of China on the Protection of Rights and Interests of Women of 1992 (as amended up to 2005), Labour Law of 1995, the Trial Measures for Maternity Insurance of Enterprise Employees of 1995, Law on Population and Family Planning of 2002, and Social Insurance Law of 2011, Special Rules concerning the Labour Protection of Female Employees of 2012, and local regulations and government rules concerning maternity protection promulgated by different provincial people's congresses and provincial people's governments. [2]

---

[1]   Li Jianfei: *Social Security Law*, China Renmin University Press, 2008, p. 187. See also: Zheng Gongcheng et, al,: *Change and Assessment of China' Social Security System*, (China Renmin University Press, 2002), p. 278.

[2]   At present, governments of Beijing, Shanghai, Guangdong, Shandong, Chongqing, Jiangsu, Hainan, Fujian, Hunan, Jilin, Anhui, Henan, Xinjiang, and Tibet have promulgated rules for maternity protection; while in other provinces, municipalities and autonomous regions, the local labour departments or other departments have promulgated relevant rules concerning maternity insurance is mainly made by the local labour department and other departments. See: Ding Wenwen: *Guidance on Maternity Insurance Laws*, Law Press, p. 5.

4.2 Maternity Leave

In 1951, the Government Administration Council promulgated Labour Insurance Regulations, which provided maternity leave and maternity benefit for female workers and staff in enterprises. Article 16 provided for that "If a female worker or staff gives birth to a child, she has the right to 56 days of maternity leave before and after the confinement, and her wage shall be paid as usual during maternity leave". It further provided that when a female worker or staff or the spouse of a male worker gave birth to a child, she was entitled to subsidies, which should be paid from the labour insurance funds at a fix rate. In 1955, the State Council issued the Notice of the State Council concerning Maternity Leave of Female Workers, which extended the coverage of maternity protection system to female workers in government agencies and public institutions.

Since the late 1970s, with the reform and opening up and the gradual establishment of socialist market economy in China, enterprise began to reform its employment system. However, the maternity insurance contributions were still solely borne by the enterprise, which had an adverse impact on women's employment. In order to address this problem and strengthen maternity protection, China carried out the following reforms on the maternity leave system. In 1988, the State Council promulgated the Regulations concerning the Labour Protection of Female Staff and Workers, and extended the maternity leave from previous 56 days to 90 days. The maternity benefit was same to their basic salaries, and should be paid by the enterprises. In 1994, the Ministry of Labour promulgated the Trial Measures for Maternity Insurance of Enterprise Employees, providing that from January 1 1995 the maternity benefit shall be calculated and paid to an employee as per the average monthly wages of the employees of her employer in the previous year through maternity insurance fund.

On July 1, 2011, the Social Insurance Law of the People's Republic of China came into force. This law was the first comprehensive national social insurance law since the foundation of new China. Its implementation will greatly strengthen the legal protection of rights to social insurance of employed Chinese individuals (pension insurance, medical insurance, unemployment insurance, occupational injury insurance, and maternity insurance) and all Chinese individuals (pension insurance and medical insurance), with a possible effect to reduce the pressures of social inequality. Maternity insurance scheme is an important part of China's social insurance system and is provided in a special chapter under the Social Insurance Law. The scheme includes the scope of application of the maternity insurance, contribution principle, maternity insurance benefits, maternity medical expenses and maternity allowance, etc.

On April 28, 2012, the Special Rules concerning the Labour Protection of Female Employees was promulgated. Firstly, the Special Rules enlarged the application scope to the individual economic organizations. ① Secondly, they extended the statutory maternity leave from previous 90 days to 98 calendar days (including prenatal portion of maternity leave 15 days). The length of maternity leave is extended by 15 days in the event of difficulty deliveries. Female employees who bear more than one baby in a single birth shall be granted an extra maternity leave of 15 days for each additional baby borne. Female workers who have a miscarriage within the first 4 months shall be granted 15 days of maternity leave, and 42 days of maternity leave shall be granted to female workers having a miscarriage after 4 months. ② Thirdly, for female workers who have participated in maternity insurance, the maternity benefit shall be calculated and paid through maternity insurance fund to an employee according to the average monthly wages of the employees of her employer in the previous year. ; For female workers who have not participated in maternity insurance, the amount of benefit replaces 100 per cent of a prior monthly income by the employer. ③

4.3   Late Childbearing Leave

So far, China has no national regulation either for paternity leave for new fathers or parental leave for new parents. However, Article 25 of the China's Population and Family Planning Law for-sees a stimulation for late childbearing leave for the new parents, on the condition that they bear a child at a late age④. Based on this

---

① Special Regulations concerning Female Workers' Labour Protection, Art. 2.
② Supra note ①. Art. 7.
③ Supra note ①. Art. 8.
④ Late childbearing refers to appropriately postpone the first birth after marriage. In accordance with China' family planning policy, late marriage means women get married after 22 years old; late childbearing means women give their first births after 25 years old. See: *Social Insurance*, edited by Hou Wenruo & Kong Jingyuan, (China Renmin University Press, 2002), p. 419.

provision, many provinces offer late childbearing leave for newborn baby parents, that is to say, to extend mother's maternity leave after the end of the statutory maternity leave and to grant father late childbearing leave. Some scholars argue that this is how provincial legislation has further developed paternity leave. (As of the year 2011, at least 26 provincial government provided paternity leave and benefit for new fathers in their respective local regulations or government documents). [1] Nevertheless, the author of this article believes that the late childbearing leave differs in legal nature from paternity leave, because the parents must meet the requirement of childbearing at a late age; in other words, it is not a paternity leave in a real sense. Although the original objective of the policy design was to encourage young couples to follow actively national policy for late childbearing, in fact the late childbearing leave is beneficial for new parents to take care of infants and young children.

V. Concluding Remarks

In summary, Germany, the Netherlands and China have established relatively developed paid maternity systems, which have provided both a better protection of health of the mother and her newborn, and the job security. However, in terms of the parental leave system, there exists a wide difference among the three countries. Germany has a relatively generous system of parental leave. It provides a comparatively longer duration of parental leave for 14 months (including 2 months are exclusively for the father). The compensation during the parental leave is paid from the social security fund, which indicates the shared responsibilities of the State, employer and employee. The persons who are entitled to parental leave have the right to part-time work. Compared with Germany, the Dutch law provides for a period of 6 months of unpaid parental leave, and the compensation for some employees during the parental leave may be negotiated through collective agreements. Furthermore, the parental leave entitlement has been structured as a part-time right. In comparison to Germany and the Netherlands, China's late childbearing leave provided at the provincial level can be regarded as a conditional

---

[1]   Lv Xiaoxian, "Actively Participate in the Revision Process of the Regulations for the Protection of Female Workers and Staff, and Promote Employment Equality", Women Watch China (electronic version), 79, 2011, p. 10. At : http://www. womenwatch-china. org/Upload/fck/4344C3AEED496F7AD1DCD716FCBCEADE5EAFBE32. pdf.

paternity leave, since the leave entitlement is based on the late bearing of a child and is therefore not universally applicable. Furthermore, the late childbearing leave varies among different provinces.

Germany and the Netherlands consider parental leave policy as an important way to achieve equal opportunities between men and women. Their parental leave systems have been structured to include the portion of leave available for fathers or reserve exclusively for fathers and wage replacement (through collective agreement in the Netherlands) during periods of leave, so as to assure gender equality factors. This shows that a fundamental societal change in attitudes towards gender, parenting, and work has taken place: Whereas both mothers and fathers should presumably share the responsibility for the care of young children, government and employers are held responsible for assisting parents in providing them with substantial practical assistance in balancing work and family roles. This represents a significant ideological shift testifying to the recognition of a social value of women's child bearing.

Germany and the Netherlands have explicitly guaranteed parental leave entitlements for fathers as well as mothers for this early period in a child's life, which indicates that infant care is no longer a private family matter. The parental leave system is not merely a question of labour protection; rather, it has become a matter of population policy that will be to the benefit of all people.

China ratified the Convention on the Elimination of All Forms of Discrimination against Women and International Covenant on Economic, Social and Cultural Rights respectively on November 4 1980 and March 27 2001, thus accepting it to fulfil its obligations concerning maternity protection. The introduction of parental leave system will be a preferred solution in order to comply with the obligations under the CEDAW and the ICESR. When reflecting upon the policy design, it is important to keep the Chinese context in mind, and to focus on the policies that are consistent with Chinese values as well as with the best economic outcome. Over the past 20 years, innovative models of paternity leave and parental leave provisions are being introduced across developed nations. China shall strengthen its study on the parental leave, promote legislative initiatives and make public awareness of the benefits to society of parental leave programs, so as to ensure the public's support for parental leave.

(Translated by Li Xixia)

Pregnancy Discrimination: Why does the Practice Persists despite Prohibition by Law?

Guo Huimin [*]

Pregnancy discrimination is a type of gender discrimination in employment. Currently, various kinds of discrimination against pregnant women by employers still exist in great abundance in China despite the fact that a relatively complete system of law on the prohibition of pregnancy discrimination has already been established in the country. This paradoxical phenomenon in the fight against discrimination in employment in China affords much food for thought.

Women's legal rights represent only women's opportunities of enjoying these rights. Without cultural and social environments favourable to their realization, these rights will be faced with multiple nullifications, leading to situations contrary to what legislators have envisaged: on the one hand, pregnancy discrimination is prohibited by numerous laws and regulations; but on the other, it is widely practiced in society. Victims of pregnant discrimination include not only ordinary pregnant female employees, but also female college graduates at the high end of employment, who find themselves unwelcome in the job market as "potential pregnant women". Those who are lucky enough to find a job will be faced with discrimination once again when they get pregnant. A survey of 2543 women who had just given birth to a child showed that over 40% of them found it difficult to go back to their original work posts after maternity leave, and over 70% of women in

[*] The Law Faculty of School of Humanity and Law, Northwestern Polytechnical University.

the middle management had their careers negatively affected by childbirth. ①
However, not much attention has been paid by Chinese scholars in the Mainland to
the causes behind such phenomenon. Taiwanese scholars Guo Linghui and Jiao
Xingkai have carried out systematic analysis on the U. S. legislation on pregnancy
discrimination and the relevant case law. On the basis of such analysis and in light of
the situation in Taiwan province, they put forward corresponding legislative
proposals. This article proceeds from the phenomenon of pregnancy discrimination
in society, explores the multiple nullification faced by a women's legal issue with
universal significance after it had been turned into legal right in China, and puts
forward strategies for the reconstruction of this right.

I. The Background: A Contrast between Legislation and Reality

Currently, pregnancy discrimination has not yet become a domain of discourse in
the field of law in China. This is because that introducing the prohibition went
smoothly. However, there is a big gap between legislation and reality. In
international community, the gap between *de jure* rights and *de facto* rights,
especially in the field of women's rights, is one of the indices for measuring the
extent of realization of human rights. This explains why China has been subjected
to so much criticism from international community for pregnancy discrimination
despite the fact that it has achieved something that many western countries have
been unable to achieve: prohibiting pregnancy discrimination by state law.

1. 1 The Legislation: Legal Provisions Seem to Be All-Rounded and Comprehensive

The existing legal provisions in China that directly or indirectly touch upon the
issue of pregnancy discrimination can be divided into two categories:

First, those providing for the principle of equality: they are contained in many
laws-from the Constitution to the Labour Law, the Labour Contract Law, and to
the Law on the Protection of Women's Rights and Interests. For example, Article

---

① See Chen Daolin, "Over 40% of Women Loss Their Work Posts after Childbirth: How Big Is the
Impact of Childbirth on Women's Career?", in *China Women's News*, 24 July 2007, A03.

22 of the Law on the Protection of Women's Rights and Interests provides that:
"The state shall guarantee that women enjoy the same labour and social security
rights as men do." And Article 27 of the Employment Promotion Law reiterates:
"The State guarantees that women enjoy equal right to work as men." The above
provisions are typical formulations of the principle of equality of men and women in
the Chinese law.

Second, the prohibition of pregnancy discrimination: although "pregnancy
discrimination" is not mentioned, let alone defined, by any Chinese law, it is
nevertheless prohibited in many Chinese laws. This prohibition can be further
divided into prohibition of gender discrimination in employment, prohibition of
clauses in labour contracts restricting women's right to marriage and reproductive
right, and prohibition of dismissal, or reducing the wage, of pregnant women.

Prohibition of gender discrimination in employment: for example, Article 23 of the
Law on the Protection of Women's Rights and Interests provides that: "With the
exception of the special types of work or post unsuitable to women, no unit may,
in employing staff and workers, refuse to employ women by reason of sex or raise
the employment standards for women." This prohibition is reiterated in Article 27
of the 2007 Employment Promotion Law. From the viewpoint of legislative
technique, a provision containing the term "may not" is a prohibitive legal norm
with strong compulsory force. Since every woman can become pregnant,
employment restriction based on pregnancy is in fact an employment restriction
imposed on all women.

*Prohibition of clauses in labour contracts that restrict women's right to marriage and
reproductive right*: for example, Article 24 of the Law on the Protection of Women's
Rights and Interests provides that: "When an entity employs a woman, it shall sign
a labour (employment) contract or service agreement with her. The labour
(employment) contract or service agreement shall not contain restrictions on her
matrimony and child-bearing." The Employment Promotion Law contains a similar
provision.

Prohibition of dismissal, or reducing the wage, of pregnant women: the Labour Contract
Law provides in Article 42 (4) that an employing unit may not revoke the labour
contract concluded with an employee who is at the pregnant, puerperal or breast-
feeding stage by applying the provisions in Articles 40 and 41 of this Law. The Law
on the Protection of Women's Rights and Interests also provides in Article 27 that

"No entity may, for the reason of matrimony, pregnancy, maternity leave or breast-feeding, decrease a female employee's wage, dismiss her or unilaterally terminate the labour (employment) contract or service agreement, with the exception that the female employee requests to terminate the labour (employment) contract or service agreement".

The above provisions seem coarse at first glance, but they are well rounded and contain no major omission.

1.2 The Reality: Pregnancy Discrimination is Widespread

1.2.1   Many Forms of Pregnancy Discrimination are practiced openly and in Extreme Manners

In China, pregnancy discrimination is not only widespread, but also practiced openly, and often in extreme manners. Some employing units make specific rules that only un-pregnant women can be employed and include openly humiliating pregnancy tests in the physical examination for female job applicants, including those who are not married. For example, Miss Gao, a college graduate in Kunming City of Yunnan Province, applied for a job at Yunnan Gabriel Trading Co. Ltd. After having successfully passed the written examination and interview, she was notified by the personnel department of the company that, before starting to work for the company, she had to undergo a pregnancy test and, if the test was positive, she had to abort the foetus. Otherwise the company would not employ her. An investigation carried out by a reporter later on revealed that 40% of the employing units in that city had adopted similar rules on the employment of women. [①] Thus, "single and unpregnant" becomes a precondition for the employment of female employees, and women's childbearing function has been, to a large extent, openly excluded by their social occupation.

1.2.2   The Inclusion of Childbirth-Restriction Clauses in Labour Contract Has Become a Common Practice

To some employers, dismissal of pregnant female employees has become an established practice, something that they have taken for granted. This is especially

---

① See Jin Xin, "Newly Recruited Female Employees Required by Their Companies to Undergo Pregnancy Test: Those Found Being Pregnant Asked to Undergo Abortion", in *Shenghuo Xinbao*, 5 September 2006.

true for female migrant workers, women in temporary employment and women who "earn money by their youth". ① Another established practice is to include a clause on the prohibition of pregnancy in a labour contract. Such format contracts are not based on a consensus of the parties, but signed by eager female job seekers against their will. ② For example, Ms Wang found a job after graduated from college with a master's degree. When she was signing the labour contract with her employer, she found a clause in the contract that read: "Female employees may not become pregnant within the first five years of working for the company. Violations of the above condition will be dealt with as automatic resignation from the company." Although Ms Wang was worried about this unfair clause, she ultimately signed the contract because she was too eager to get the job. Ms Wang, who was 28 years old by then, found herself pregnant. She was faced with a difficult choice: on the one hand, she wanted very much to have the child; on the other hand, she really did not want to lose her hard-won job. ③ For another example, a shopping mall in Wuhan City included the following clause in its labour contracts with female employees: only female employees who have reached the age of 24 and served for the company for at least two years are allowed to have child. Before having a child, she must apply for childbirth quota from the company. Those who give birth without being granted childbirth quota by the company shall not receive wage or other maternity benefits during maternity leave, even if they have already been granted childbirth quota by the government. In this way, the enterprise imposed its own will on its employees through the conclusion of an invalid contract. Nonetheless, such contracts can be declared invalid only when they are brought to the court. Their practical effect in reality is undisputed. For example, a female employee, Ms Xiao, signed a ten-year labour contract with a company. In the labour contract there was a clause that read: "A female employee may not give birth to or adopt any child within the first five years of employment. Anyone who

① See He Wei, Tang Biqin, and Zhou Guiti, "Automatic Dismissal of Female Employees Who Become Pregnant Has Actually Become an Established Practice", available at: http: // www. mie168. com/job/2005 −03/181392. htm, last visited 26 November 2012. ,

② Zhang Yuqing, "Female Job-Seekers Encounter Discrimination: They Are Not Allowed to Give Birth to a Child Within First Three Years of Employment", in *Workers' Daily*, 14 September 2005.

③ See "Female Employees Prohibited by Their Employer to Become Pregnant within the First five to Ten Years of Employment", in *Huaxi Metropolis Daily*, 20 August 2003.

violates this prohibition shall be dismissed. " Ms Xiao and other female job applicants did not raise any opposition to this clause because they were very eager to get the job. Later Ms Xiao found herself pregnant and wanted to have the child. She reported the matter to the manager, who expressed no opposition to her intention to have a child. However, when she applied for maternity leave and other maternity benefits, the company not only rejected her application, but also dismissed her on ground of violation of labour contract. ①

1. 2. 3   The Imposition of the Employer's Will on Job Applicants through the Signing of "No Childbirth Guarantee"

The so called "no childbirth guarantee", in which a female employee makes a promise that she will not give birth to a child within certain years of employment, is not a part of labour contract and seems like a voluntary statement by the employee. But actually it is imposed on them by their employers. For example, in a job fair for "Key Enterprises and Key Projects" organized by the Talent Market of Liaoning Province, Ms Zhou, after passing several rounds of screening, was finally given an opportunity of interview for a position of "Secretary of General Office" by an enterprise. During the interview, the recruiter of the enterprise told her that: "According to the policy of our company, we do not employ unmarried women or married women who have not yet given birth to a child, unless they can sign an agreement with the company, guaranteeing that they have no plan of having child within the first three years of employment. " The "no childbirth guarantee" is seen by employers as a better way to evade the relevant laws than "pregnancy prohibition clause" in a labour contract, because it looks like a unilateral promise made by an employee to the employer, rather than something imposed by the employer on the employee. For example, the paging department of a telecommunication company in Shen Zhen city had, since 1997, made the following unwritten rule for female employees: all those at the marriageable or childbearing age must submit to the company a "no childbirth guarantee", which read: "I the undersigned guarantee that I will not become pregnant during my term of contract with the company. Violation of this guarantee shall be dealt with as

---

① See Jiang Chunkang, "Who Have the Right to Decide When a Female Employee Can Become Pregnant?" in *Legal Daily*, 28 October 2004.

voluntary resignation from the company. "① Due to the intervention of the women's federation, this practice has caused concern of society and ultimately led to lawsuits against the company.

1. 2. 4 Reducing the Wage of or Demoting Pregnant Women in the Name of Protecting Them during Pregnancy

Legal provisions on the protection of working women during the "four periods" (namely the periods of menstruation, pregnancy, childbirth and lactation), especially during pregnancy, are legislation with Chinese characteristics; employers often lower the treatment of or demote pregnant women in the name of protecting them. This is a common practice because it is carried out in the name of protecting the mother and the infant, making it is very difficult for the victims to seek remedies. This is also the most common situation encountered by the author of this article during her many years of experience in providing legal aid to women. In order to be able to take care of their children, women subjected to such discrimination are often unwilling to bring their employers to court. For example, Ms Zeng had been an assistant to the general manager of an estate management company. After she made public that she was pregnant, she was reassigned to work post of a janitor and her salary was decreased from several thousand yuan to only several hundred yuan. Ms Zeng believed that the company's act constituted dismissal in disguise and brought the matter to a labour dispute arbitration commission, demanding that the company restore her original work post and salary. Later she tried to communicate with the company, but was told by the company: "Actually you should have voluntarily resigned from the company after you became pregnant. "②

1. 2. 5 The Dismissal on the Pretext of Moral Fault or Errors in Work

In order to evade the prohibition by law of dismissal of female employees on the grounds of pregnancy, employers often try to find some pretexts to dismiss pregnant

---

① See Xie Li, "Female Employees Forced to Sign 'No Childbirth Guarantee': Can the Right to Childbirth Be Guaranteed Away?" available at: http://www.haishu.gov.cn/info.asp? ID = 87728, last visited 26 November 2012.

② See "After Becoming Pregnant, a Female Employee Was Demoted from Her Original Position of Assistant to General Manager to That of Janitor and Her Salary Decreased from Several Thousand Yuan to Only Several Hundred Yuan", http://www.yuerzhinan.com/zbhy/yqzs/200801/256.html, last visited October 28, 2012.

women. One typical case in this respect is Ms Tang v. the Ministry of Commerce, which had caused quite a public sensation at the time. Ms Tang brought the case to the People's Court of Dongcheng District of Beijing Municipality on April 1, 2005. Ms Tang graduated from university in July 2004 and got married immediately after graduation. She was then employed as a civil servant by the Department of Personnel, Education and Labour of the Ministry of Commerce and signed an employment agreement with the Department. According to the agreement, her position was subject to one year's probation. In November, she was found out pregnant in a routine physical examination organized by her work unit. After consultation with her husband, she decided to have the child and reported the matter to the head of her Department so that she could apply "birth quota" from the government. As a result, the Ministry terminated Ms Tang's labour contract on the grounds that she had acted "dishonestly" by claiming she was unmarried in the employment registration form and, therefore, failed to meet the qualification of civil servant, and that she had also violated the clause on "truthfulness of the results of physical examination" in the probation agreement she had signed with the Ministry. Ms Tang maintained that the true reason behind the Ministry's termination of her employment contract was her marriage and pregnancy and the so-called "dishonesty" was just a pretext. Ms Tang's experience in seeking remedy was also noteworthy. First, she submitted an appeal against the Ministry's decision to terminate her employment contract to the Appeals and Complaints Department of the Ministry of Personnel on the grounds of wrongful dismissal. The appeal was dismissed by the Ministry of Personnel, because Ms Tang was not formally a civil servant and therefore not qualified to file the appeal as a civil servant; then Ms Tang applied for arbitration to the Commission for the Arbitration of Personnel Disputes in Institutions Subordinate to Administrative Organs of the Central Government, but the Commission rejected the application and told Ms Tang that she should submit the application to the Personnel Fairness Department of the Ministry of Personnel. However, the Department had already been abolished by then. So Ms Tang brought the case to the Court of Dongcheng District of Beijing Municipality. The Court held a hearing on the case on April 1, 2005, but announced an adjournment due to the absence of the plaintiff. On April 21, 2005, the Court declared the case inadmissible on the grounds that it is outside the Court's scope of accepting cases, advising Ms Tang to file an appeal to the personnel department of the people's government at same level. ① Thus, a typical case of pregnancy discrimination ended without any result amid the pretext of dishonesty and prevarication over jurisdiction.

Cases like this occur frequently in China. Not all of them can be settled through legal procedure, and very few of them ended with a judgment in favour of the plaintiff. Maybe China could learn something from the experience of legal prohibition of pregnancy discrimination in some foreign countries.

II. The Experiences of Other Countries and Regions: Road towards Legal Prohibition of "Pregnancy Discrimination"

2.1   The U. S.

The unfair treatment of women in employment on the grounds of pregnancy was brought to the forefront in the U. S. in the 1970s, although the relevant provisions in Title VII of the 1964 Civil Rights Act had been the core legal provision against gender discrimination. The Act made it unlawful for an employer to "fail or refuse to hire or to discharge any individual, or otherwise to discriminate against any individual with respect to his compensation, terms, conditions or privileges or employment, because of such individual's race, color, religion, sex, or national origin. "② However, the US Congress did not clearly indicate that this provision was applicable to pregnancy discrimination. Later, the Equal Employment Opportunity Commission (EEOC) issued a guideline on gender discrimination according to which an employer's differential treatment of pregnant employees is facially discriminatory and constitutes gender discrimination, and thereby violates Title VII of the Civil Rights Act. ③ This, however, was merely a guideline and it

---

① See "Lawsuit Filed by a Pregnant Female Civil Servant against the Ministry of Commerce Rejected by the Court", http://www.66law.cn/archive/news/2006 −08 −24/1204312266. aspx, last visited 28 October 2012.

② Title VII of the Civil Rights Act of 1964 § 703 (a), 42 U. S. C. § 2000e −2 (a) (1976).

③ The relevant cases include: Berg v. Richmond Unified School Dist., 528 F. 2d 1208, 1213 (9th Cir. 1975); Holthaus v. Compton & Sons., Inc., 514 F. 2d 651, 654 (8th Cir. 1975); Wetzel v. Liberty Mut. Ins. Co. 511 F. 2d 199, 206 (3d Cir. 1975); and Hutchinson v. Lake Oswego School Dist., 374 F. Supp. 1056, 1060 (D. Ore. 1974), etc.

was up to the judges of Federal or state courts to decide whether or not to follow it.

In judicial practice, due to the differences in judges' opinions, several landmark cases of pregnancy discrimination in the U. S. Supreme Court had resulted in very different judgments.

In the case of Geduldig v. Aiello,[1] the defendant provided employees with a welfare program that included paid leave to employees who were temporarily unable to work because of disability resulting from injuries or illnesses. However, the program excluded from its coverage certain disabilities resulting from pregnancy. The plaintiff held that this program constituted gender discrimination and demanded that the equal protection clause of the US Constitution be taken as the basis for the protection of pregnant female employee. However, the Court did not accept her argument. It held that the defendant divided employees into two groups—pregnant women and non-pregnant persons, rather than "men" and "women". Such a distinction was based not on sex, but on physical condition and therefore did not constitute gender discrimination.[2] In Nashville Gas Co. v. Satty,[3] however, the Supreme Court held that a company's policy of requiring pregnant employees to take a formal leave of absence without sick pay and denying them all accumulated job seniority after they return from the leave of absence caused discriminatory effect on women and therefore constituted discrimination in violation of Title VII of the Civil Rights Law.

2.2   Canada

The same thing also happened in Canada. In the case of Bliss v. Attorney General of Canada,[4] the plaintiff claimed that the Unemployment Insurance Act, which provided that unemployed pregnant women are entitled to maternity benefits only if they are reemployed for at least ten weeks, was an unequal discriminatory treatment of pregnant women, requesting the Supreme Court to consider the effectiveness of the provision of legally-prescribed welfare payment. However, the Supreme Court refused to break the existing discriminatory welfare payment system because it could not find any violation of the principle of equality by this system.

---

[1]   Geduldig v. Aiello, 417 U. S. 484 (1974).

[2]   Ibid. at 496 −497.

[3]   Nashville Gas Co. v. Satty, 434 U. S. 136 (1977).

[4]   Bliss v. Attorney General of Canada (1979), 1 S. C. R. P. 183.

On the contrary, the Court came to an absurd conclusion: differential treatment of pregnant women does not constitute discrimination based on sex. The followings are the exact wordings of the judgment: "Assuming the respondent to have been 'discriminated against', it would not have been by reason of her sex. Section 46 applies to women, it has no application to women who are not pregnant, and it has no application, of course, to men. If section 46 treats unemployed pregnant women differently from other unemployed persons, be they male or female, it is, it seems to me, because they are pregnant and not because they are women." The judgment of the "Bliss case" shows that scope of application of male-dominated norms and standards is too narrow to take into consideration the particularities of women's life. Since such standards fail to take pregnancy as a component part of gender, the definition of discrimination limits the scope of women's equality to that of men's equality. ①

The discussion of the issue was carried out at both substantive level and formal-logic level. There have been heated debates as to whether differential treatment of pregnant women constitutes gender discrimination and a component of gender discrimination in employment, and whether the law can be applied. "The formal legal basis for the prohibition of pregnancy discrimination has been gradually evolved from abstract or general laws to concrete laws. "② The above mentioned judgments have been strongly opposed by women's organization for disassociating "pregnancy" from gender, insisting that the occupational restrictions on pregnant women imposed by employers were not based on sex, ignoring the fact that only women could become pregnant, and even refusing to carry out simple logical deduction. After many twists and turns, a conclusion has been reached through substantive demonstration and logic deduction: equality that takes men as standard is not able to cover all the experience of women because no man can experience the dilemma and problems experienced by women. Moreover, at the current level of scientific and technological development, only women can become pregnant. In fact, all those who have encountered discriminatory treatment in workplace because of pregnancy

---

① Kathleen E. Mahoney, "Women's Rights as Human Rights: Analysis of Various Theories and Strategies for Their Implementation", in Bai Guimei (ed.), *International Human Rights and Development: Chinese and Canadian Perspectives*, (Beijing: Law Press China, 1988), p. 314.

② Weng Yiling, 'Prohibition of Pregnancy Discrimination in Workplace: Theory and Practice', www. gender. edu. tw/academy/index_ dr. asp? cate =&p. . . , last visited 1 May 2012.

are women. Therefore, pregnancy discrimination should be considered a kind of discriminatory treatment by the employer on the basis of "sex". Under the pressure of feminist movement, the U. S. Congress adopted in 1978 the Pregnancy Discrimination Act. ① This Act amends the definition of sex discrimination in Title VII of the Civil Rights Act of 1964 by especially providing that the terms "because of sex" or "on the basis of sex" include, but are not limited to, "because of or on the basis of pregnancy, childbirth, or related medical conditions"; and women affected by pregnancy, childbirth, or related medical conditions shall be treated the same for all employment-related purposes, including receipt of benefits under fringe benefit programs, as other persons not so affected but similar in their ability or inability to work. And 42 USC § 2000e − 2 may not be interpreted as giving women other unequal treatment "because of sex" or "on the basis of sex".

Since the promulgation of the 1978 Pregnancy Discrimination Act, most of the judgments of the Supreme Court in the relevant cases have been in favour of pregnant female employees. For example, in the case of California Federal Savings and Loan Association v. Mark Guerra, ② the Court finds that the provision in a California law requiring employers to provide reinstatement to employees disabled by pregnancy is lawful and does not contravene the relevant provisions of the Pregnancy Discrimination Act.

To Chinese people today, it seems quite obvious that pregnancy discrimination is a type of gender discrimination. But the legal reasoning imbedded in the common law system of precedents had gone a long way to come to this conclusion. This demonstrates the meticulousness of the law professionals and shows that sufficient game playing had been carried out in the progress of women's rights: each judicial precedent tries to strike a balance between the rights of female employees and those of the employers and to embody such balance in legal rules, constructing women's rights while giving proper consideration to the rights of employers. Each lawsuit has been a heated debate and struggle. The progress of rights is gradually realized through a series of debates and lawsuits. The prohibition of pregnancy discrimination in the U. S. has been a long and arduous process from judicial precedents to statutory law.

---

① Pregnancy Discrimination Act of 1978, 42 U. S. C.
② California Federal Savings and Loan Association v. Mark Guerra, 479 U. S. 272 (1987).

2. 3   Taiwan Province

The experience of Taiwan province is different from that of the U. S. and Canada. The development of gender equality law has been propelled by feminist movement through the pressure created by typical incidents and women's rights have been enforced through the change of the structural inequality by strengthening the accountability of the government. In August 1987, 57 female employees of the Sun Yat-sen Memorial Hall in Taipei and 44 female employees of the Municipal Cultural Centre of Kaohsiung were forced to quit their jobs because they had signed agreements with their employees according to which a female employee had to voluntarily quit her job as soon as she reached the age of 30, got married, or became pregnant. Such a "prohibition of marriage or pregnancy" clause in the labour contract was actually very common in Taiwan province back then. This time, however, the female employees of Sun Yat-sen Memorial Hall and KaohsiungMunicipal Cultural Centre took collective action against such discriminatory treatment. Supported by Awakening Foundation and other women's organizations, they filed a petition demanding Sun Yat-sen Memorial Hall and KaohsiungMunicipal Cultural Centre to abolish the "prohibition of marriage or pregnancy" clause, requesting the Ministry of Education to order all cultural institutions in Taiwan province to abolish similar unreasonable clauses in employment contract. They also held press conferences to draw the attention of society to the unequal treatment of women in employment. In the process of providing support to these female employees, women's organizations found out that there was no law in Taiwan province to regulate such unreasonable gender discrimination. ① After over a decade of unremitting efforts by feminist activities and scholars, the Gender Equality in Employment Act, with women themselves having been involved in the drafting process, was finally adopted by the Legislative Yuan of Taiwan province on December 21, 2001 and came into effect on March 3, 2002. The Act, on the one hand, safeguards women's equal rights in labour market; on the other, it declares that childbearing is a matter of great significance to society and the government, and that men, women, the government and society should share

---

① See You Meinu, 'On the Implementation of the Law on Gender Equality in Employment: From Legislation to Law Enforcement', *Lawyers of the Country*, 2002, No. 271, pp. 2 −4.

the responsibilities of childbearing. And pregnancy discrimination is treated as a type of gender discrimination. The 1992 Employment Services Act of Taiwan province provides in Article 5 that: "For the purpose of ensuring equal opportunity in employment, employer is prohibited from discriminating against any job applicant or employee on the basis of race, class, language, thought, religion, political party, place of origin, sex, marital status, appearance, facial features, disability, or past membership in any labour union." And according to Article 65 paragraph 1 of the Act, anyone that violates the above provision shall be fined therefore an amount of at least three hundred thousand New Taiwan Dollars (NTMYM 300000) and at most one million and five hundred thousand New Taiwan Dollars (NTMYM 1500000). Moreover, according to Article 2 of the Rules for the Implementation of the Employment Services Act, the competent authority (s) at the municipal and county/city levels, in the determination of employment discrimination in accordance with article 6 paragraph 4 subparagraph 1 of the Employment Services Act, shall invite representatives of the relevant government departments, labour organizations, and employers' organizations, as well as scholars and experts, to form an employment discrimination assessment committee to participate in the hearing of cases of employment discrimination. For example, some airline companies in Taiwan province adopted internal regulations requiring air hostesses who found themselves pregnant to apply, by producing a certificate from doctor, for leave without pay or temporary transfer within eight weeks of the date on which they become aware of the pregnancy. Those who refused to accept the transfer or leave without pay may be dismissed by the company. The Labour Department of Taibei Municipality held a hearing on the above internal regulations. It was argued at the hearing that such internal regulations constituted not only gender discrimination but also punishment of motherhood and were definitely the "pregnancy prohibition clause" in disguise, or a new form of "pregnancy prohibition clause". Such determination provided a governmental safeguard for the female employees to submitting complaints against pregnancy discrimination in employment.

III. Fast Ice under the Sun: Pregnant Women's Right to Work in the Face of Multiple Nullifications

Notwithstanding that current Chinese laws guarantee the employment rights of pregnant women (including those who are already pregnant and those who are about to be pregnant) , there are potential conflicts between institutions and culture, even between different institutions, having eroded from different sides this legally prescribed right of women, hollowing it out, and ultimately reducing it to a gesture of legislative advocacy.

3. 1　Cultural Conflicts Brought About by Legal Transplantation

Legal texts can be transplanted, whereas rights and rights consciousness are difficult to cultivate. Behind rights are a series of rights-related cultures. As an important issue of gender and law, the prohibition of pregnancy discrimination is linked to the status of gender theory in China: challenged by the thinking of binary opposition, gender theory can easily be dogmatized and over-simplified, with its core of power relationship ignored. Theoretically speaking, definition of gender has two parts and several subsets: 1) Gender is a constitutive element of social relationships based on perceived differences between the sexes. It involves four interrelated elements: first, culturally available symbols that evoke multiple representations; second, normative concepts; third, social institutions and organizations; and fourth, subjective identity. 2) Gender theory can be summarized as the followings: gender is the primary method of signifying relationships of power, and the main source of and pathway to the formation of power. [1] It reflects the power control relationship between sexes. " Gender discrimination" refers to unfair treatments in society of persons of a particular sex, based on a series of aspects of their sex that are not related to their potential or ability. It involves the power relationships between women and the state, between female employees and their employers, even between female employees and trade unions. The multiplicity of these relationships needs to be sorted out before the concept of gender discrimination can be defined. Moreover, the concept of gender discrimination builds on the basic theory, cultural background and legislative framework of the prohibition of pregnancy discrimination.

The factual domination of and discrimination against one sex by another can take

---

[1]　See Joan Scott, "Gender: A Useful Category of Historical Analysis", 91 (1986) 5 *The American Historical Review*, pp. 1053 −1075. See also Li Yinhe, *Women: the Longest Revolution*, (Beijing: SDX Joint Publishing Co. , 1997) , p. 167.

the form of distinction, exclusion or restriction. The bases of discrimination are
gender characteristics. Namely, different gender characteristics constitute the
grounds of discrimination. Pregnancy is one of the characteristics of women. An
employer's practice of excluding the body of a pregnant woman from occupational
choice implies the transformation and exclusion of woman's body by taking a man's
body as criterion, because a non-pregnant woman's body is closer to that of a male
labourer. The treatment of pregnancy reflects the traditional reproductive culture,
social economy and national consciousness. Distinction itself is not a problem,
whereas the negative evaluation according to the distinction is discriminatory.
Discriminatory distinctions are those made on unreasonable and subjective criteria.
Gender discrimination against women on the basis of pregnancy is rooted in ancient
division of labour between sexes. In the traditional patriarchal system, childbearing
is women's responsibility. It is a matter that belongs to the private sphere and should
not be dealt with in the public sphere. A woman who wants to give birth to a child
must go back to her family. A woman's body that has become pregnant, no matter
how temporary, does not qualify as a labour force and ought to be excluded from
the labour market. This traditional idea has neither been theoretically reflected nor
culturally reformed through women's movement. Even in today's China, where
most families have only one child as a result of the family planning policy, the
exclusion of pregnant women from workplace is still taken for granted. A piece of
legislation that lacks related cultural foundation is often vulnerable in reality.

3.2   The Calculation of the Cost of Rights by Employers in the Transition from Welfare to Rights

The laws on the pregnancy of working women in the current Chinese law mainly
come from two sources: the first one are the laws and policies on maternity
protection adopted by the Communist Party in "revolutionary bases" before it came
to power in China in 1949 and those adopted by the Communist Government
during the period of "socialist construction" for the purpose of mobilizing women
to take part in the revolution and construction; the second one is the influence of
international feminist movement, especially international legal documents and
strategies of women's rights that take gender equality and prohibition of
discrimination as their goals, notably the Convention on the Elimination of All
Forms of Discrimination against Women (CEDAW). The transition from the first

source to the second one has been a process of transition from welfare to rights, and a process of internationalization of rights consciousness. In the Chinese history of revolution and socialist construction, women were mobilized to enter into society and participate in social work. During this process, the state tried its best to provide women with various welfare entitlements, in order to lessen their childbirth burden and also to reward them for performing their reproductive functions. Between the interest of the mother and that of the child, the state attached more importance to the latter, because children were regarded as "successors to the revolutionary cause". The purpose of protecting the mother was to better protect the child. Before the enterprise restructuring in the 1990s, there was a kind of unity of the interest of enterprises with the interest of the state, even with the interest of women, and the cost of maternity protection was uniformly borne by the state. After the restructuring of enterprises, the main part of the childbearing burden has to be borne by enterprises, although some part of the burden has been shifted to society through maternity insurance. This is the reason why currently the level of maternity protection enjoyed by female employees in China varies depending on the nature of their employers, and why many enterprises practice pregnancy discrimination—to avoid the childbirth burden of female employees.

3.3 The Nullifying Effect of a Written Official Reply by an Administrative Organ on Administrative Law Enforcement

The remedies system for labour rights in China has a distinguishing feature: in such a system administrative power has largely a priority over judicial power. A labour dispute must first go through mediation and arbitration procedures before it can enter into judicial procedure. In practice, administrative organs have considerable power to adapt laws to suit practical needs. The following is an example of this power. Upon a request for instruction by the Labour Bureau of Shanghai Municipality, the General Office of the Ministry of Labour, issued on July 18, 1990 the Written Reply on Questions Relating to the Cancellation and Termination by Foreign Invested Enterprises of Labour Contract with Female Employees during Pregnancy, Maternity Leave, and Nursing Period [Written Reply No. 21 (1990)], which stipulated that: (1) Questions relating to the cancellation and termination by foreign invested enterprises of labour contracts with female employees who practice family planning during pregnancy, maternity leave

and nursing period shall be dealt with in accordance with the relevant stipulations of
the Regulations of the State Council on the Labour Protection of Female
Employees. (2) With respect to female employees who practice family planning
and are pregnant, on maternity or nursing their infants, those who are found to be
not meeting the qualifications required for employment provided for in the labour
contract during the probationary period can be dismissed. However, they cannot be
dismissed for reasons of being pregnant or on maternity leave or nursing their
infants; (3) Article 4 of the Regulations concerning the Labour Protection of
Female Employees, which provides that "enterprises may not reduce the basic
salaries of or terminate the labour contract with female employees during pregnancy,
maternity leave or nursing period" guarantees that their labour contract cannot be
terminated on the grounds of pregnancy, childbirth or nursing. However, the
female employees who, according to the relevant provisions or the labour contract,
should be dismissed for violation of rules or disciples during pregnancy, maternity
leave or nursing period may be dismissed. This Written Reply, which was against
the legislative spirit of Regulations concerning the Labour Protection of Female
Employees, caused many problems in practice. With the reference to this
document, many enterprises in fact dismissed employees on the grounds of
pregnancy although using other grounds as a justification, thereby "legalizing" their
illegal acts. As a result of continuous opposition by women's organizations, it was
only on January 1, 2000 that the Written Reply No. 21 (1990) of General Office
of Ministry of Labour was annulled by a circular [Circular No. 8 (2000)] issued
by the General Office of the Ministry of Labour and Social Security. The circular
just states that: After carrying out studies, it is decided that the Written Reply on
Questions Relating to the Cancellation and Termination by Foreign Invested
Enterprises of Labour Contract with Female Employees during the Pregnancy,
Maternity Leave, and Nursing Period [Written Reply No. 21 (1990)] shall be
annulled. It does not give any reason for the annulment. Although this document
has now already been annulled, it had been effective for as long as ten years and its
negative effect has not been totally eliminated even today. Moreover, as far as
legislative hierarchy is concerned, administrative law enforcement organs have the
competence only to interpret, not to adapt, the regulations adopted by higher-level
organs.

A close examination of the existing legislation against pregnancy discrimination in

China shows that the relevant provisions are too general, too weak, and lack the operability. Especially today, when China still has no special remedy mechanism for the violation of the right to equality, there is a serious lack of enforcement procedure. In addition, administrative regulations also have played a negative role by nullifying and distorting the original purposes of legislation.

3.4　The Abuse of Internal Labour Rules and Regulations and Labour Contracts by Employers

More impotant, one of the main reasons why employers dare to openly practice pregnancy discrimination is that there are many loopholes in the current system of labour laws and regulations. The Labour Law provides in Article 4 that: "The employing units shall establish and perfect rules and regulations in accordance with the law so as to ensure that labourers enjoy the right to work and fulfil labour obligations." The Law on Industrial Enterprises Owned by the Whole People provides in Article 50 that: "Employees should approach their work as the masters of the country that they are, observe labour discipline and rules and regulations, and fulfil their tasks in production and work." These provisions imply that the state authorizes enterprises to adopt internal labour rules and regulations that have indirect legal effects and can become the basis of arbitration for labour disputes. However, the relevant laws have provided for neither limitation on the power of enterprises of making internal labour rules and regulations nor the mechanism for the scrutiny of such rules and regulations by competent authorities. As a result, internal labour rule and regulations made by enterprises have become the institutional cause for violations of the rights of employees after the transition from the planned economy to the market economy. "Incidents of employing units abusing their power of making labour rules and regulations to violate labourers' rights and interests occur frequently, and the resulting labour disputes are difficult to deal with because of the loopholes in the relevant laws."[1]

There are two main root causes for all the above-canvassed problems. First, deficiencies in legislation, which are mainly manifested by the lack of adequate study in the legislative process and by the lack of conceptualization of law. Pregnancy

---

[1]　See Wang Junying and Song Xinchao, "Legal Effect of Labour Rules and Regulations Adopted by Employing Units", *Hebei Law Science*, 2003, No. 5, pp. 102 –104.

discrimination is not a clear legal concept, but only a meaning contained in legal provisions. It is merely a part of gender discrimination, which is in itself not a legal concept in China. The critical questions of how the unlawful act of pregnancy discrimination is constituted, how to determine it, what are the corresponding legal responsibilities, and what remedial procedures are available, etc. still remain to be solved. Second, the protection of women's rights and interests from the original state welfare regime (welfare provided by the state for the purpose of mobilizing women to participate in socialist construction) under the planned economy was changed into the rights mode under the market economy. In the new regime, the maternity insurance is not sufficient to cover all the cost of maternity protection, and the relevant laws give too much power to enterprises. Inevitably, today, employers try everything they can to avoid the cost of maternity protection by abusing the power given to them by law. As for the adaptation of law by administrative organs, it is also one of the common failings in the modernization of the legal system in China, which needs to be solved through the imposition of various restraints.

IV. A Localized Construction of the System of Prohibition of Pregnancy Discrimination in China

First and foremost, the legislation against pregnancy discrimination has been subjected to attack and nullification by social reality in China because this internationalised women's issue has never gone through a localized reconstruction process in the country. Moreover, the legislation on the protection of women is marginalized and non-justiciable. As a result, the right not to be subjected to pregnancy discrimination, as a legally prescribed employment right, can only become an opportunity of enjoying the right, rather than the actual enjoyment of the right or interest. Localization of legal concepts involves not merely a simple copying of legal texts, but also the change of legal culture and the state's legislative approach to women's issues. The followings are some of the strategies of localized reconstruction proposed by the author of this article.

4.1   Social Cultural Reform of Reproductive Behaviours and Human Rights Advocacy

China is a country with a huge population and a thousands of years old cultural tradition of fertility cult—you only have to think about the ancient myth of creation of the mankind by *Nuwa*, or look at the ancient pagodas that can be seen everywhere in the country (pagodas are symbols of phallism) to realize this fact. All the rulers of ancient dynasties attached great importance to the growth of population. In consequence, women have always been treated as tools of reproduction. This situation did not fundamentally change even in modern times. During the socialist revolution, even during the time of planned socialist economy, the aim of protecting women was largely to protect children. [1] One of the questions about women that have never been solved in China is: For whom do women bear children? Women have always been shouldering the heavy burden of human reproduction, but never received reasonable compensation. Moreover, women's bodies were first protected as tools of reproduction in the time of "man conquering nature" and then used as tools of birth control in the time of family planning. As a result, the function of women's body—pregnancy—is treated as a career barrier and contemporary intellectual women have developed a childbirth phobia: many of them have to choose between child and work. Due to the extensive social impact of this type of discrimination, many women, including some well-educated women with bachelor, master's, or even doctoral degrees, find it very hard to get a job; under the pressure of career, many working women choose late marriage and late childbirth, some even decide to become "dinks", namely never to have a child in their life, or to get married and give birth while they are still in college. All these can have very serious negative impact on women's body as well as on their future children. However, as far as working women are concerned, pregnancy is only a short-term disability: it takes only a little more than one year for a woman to go through the whole process from pregnancy to maternity leave (let's suppose that she will have only one child in her life), whereas a woman's career usually lasts for about thirty years. So why childbirth becomes a difficult obstacle for women's career development?

Different from parental leaves after childbirth, the cost of maternity leave benefits should be recognized and calculated separately from the costs of the resulting

---

[1]　Margaret Wu, "Protection of Female Workers and Equality in China", in Li Xiaojiang, Zhu Hong and Dong Xiuyu (eds.), *Gender and China*, (Beijing: SDX Joint Publishing Co. , 1994), pp. 93 −94.

housework. However, due to complicated cultural and social mechanisms, people often integrate the two into one. Childbirth is a matter that concerns women, but also the state, society and the entire mankind. Childbirth needs to be respected by the whole society; the government has the obligation as well as the capacity to bear the corresponding responsibilities and costs. Otherwise, what would the government do if women launch a campaign to boycott childbirth? The right to work and reproductive right are parts of women's human rights. The experience of international women's movement has shown that, for human rights to be effective, they have to become a part of the culture and tradition of a given society. Unless the international human rights have sufficient legitimacy within particular cultures and traditions their implementation will be thwarted, particularly at the domestic level, but also at the regional and international levels. Without such legitimacy, it will be nearly impossible to improve women's status through the law or other agents of social change. It is necessary to stimulate "internal discourse" and "cross-culture dialogue" on the issue of women's status and rights, so as to enhance the ability of internal actors to understand and address the nature of women's subordination in their own contexts, and deepen and broaden the universal cultural consensus on the concept and normative content of women's international right to be free from all forms of discrimination. [1] However, the situation in China is different: In order to meet the challenge posed by international human rights, we have accepted rights concepts and quickly adopted the corresponding laws but without actually solving the underlying problems.

4.2   The Change of Legislative Attitude of the State

There are two main theories of discrimination: difference theory and inequality theory, formulating different theoretical bases of legislation against discrimination. Difference theory presupposes the existence of social and biological differences between men and women but opposes classification with present position or incorrect classification. It is very sensitive to the asymmetries and similarities between men and women and conducive to correcting gender prejudices because it

---

[1]   Rebecca J. Cook (ed.), *Human Rights of Women: National and International Perspectives*, Chinese edition (Huang Lie and Zhu Xiaoqing transl.), (Beijing: China Social Sciences Publishing House, 2001), p. 9.

holds that both men and women are poisoned by gender prejudice. In contrast, the inequality theory holds that women are the victims of not only social differentiation, but also unequal treatments. Therefore any act that has the purpose or effect of making women subordinate to men should be prohibited. Women's current plight is structural and their secondary status needs to be changed radically. Under a given social environment, women's gender condition and their conditions of material existence combined to constitute a condition disadvantageous to women. [1] However, it is not easy to determine theoretically whether occupation-related differential treatments of pregnant women constitute gender discrimination: differential treatments considered reasonable by advocates of the difference theory can be regarded as gender discrimination by proponents of the equality theory. The employment discrimination against women that have emerged after the introduction of e market economy is to a certain extent caused by the excessive welfare protection given to women by the state for the sake of children during the times of revolution and socialist planned economy. Excessive welfare protection, such as the protection during the so-called "four periods", led to excessively high cost. As a scholar points out: "Recently China has adopted laws on the protection of women on the basis of the physiological differences between men and women. Although these laws are aimed at satisfying the reproductive needs of working women, they also show that currently 'women's issues' are dealt with as physiological, rather than social, issues. This is apparently different from the policy adopted during the 'Cultural Revolution', which denied the differences between men and women. " (⋯) "Importantly, these laws and regulations reveal the internal links between the multiple aims of the contradictions and complicated relationships between the Chinese government and Chinese women. In short, as far as keynotes and emphases are concerned, these Chinese laws are rooted in Confucian traditions and continuously changing socialist goals. " [2] Chinese laws dealing with women's reproduction issue has always been aimed at protection of women based on their

[1] Catharine A. MacKinnon, "Sexual Harassment and Sex Discrimination: An Analysis of the Dilemma Faced by Working Woman", translated by Lai Ciyun, Lei Wenmei and Li Jinmei, (Taipei: Juliu Publishing Company, 1994) , p. 13.

[2] Kathleen E. Mahoney, "Women's Rights as Human Rights: Analysis of Various Theories and Strategies for Their Implementation", in Bai Guimei (ed.), *International Human Rights and Development: Chinese and Canadian Perspectives*, 1988, p. 310.

physiological needs, rather than at the equitable social distribution of the cost of such protection. The cost was borne by the state under the planned economy, and the burden was unreasonably shifted to employing units under the market economy. However, enterprises are unwilling to bear this "extra burden": pregnancy lowers the work efficiency of female employees and increases the labour costs of employers. The negative effect of such "protection" has become the potential reason for enterprises' refusal to employ women. This is because "in a large part of the history of legal theory, men's voice had been the mainstream and women's voice had been ignored⋯as a result, laws had been made, enforced, and interpreted by men and such interpretation had been based on men's imagination." "The lack of women's insight had had a profound impact on the purposes, nature and concept of law, which was mainly manifested in the prejudice and incompleteness of law."①

4.3   Reconstructing the Concept of Pregnancy Discrimination

Legislation against pregnancy discrimination needs not only improvement, but also, more importantly, comprehensive reform, which should at least include the following aspects:

4.3.1   The Need for Legal Conceptualization of Gender Discrimination

The American experience shows that, without the provisions on discrimination in the Civil Rights Act, it would be impossible to deal with the problem of pregnancy discrimination, which is only a sub-concept of gender discrimination. The basis of domestic legal conceptualization of gender discrimination is the CEDAW, to which China is a State Party. According to the CEDAW, gender discrimination means any distinction, exclusion or restriction made on the basis of sex which has the effect or purpose of impairing or nullifying the recognition, enjoyment or exercise by women, irrespective of their marital status, on a basis of equality of men and women, of human rights and fundamental freedoms in the political, economic, social, cultural, civil or any other field. This definition is the precondition for further specifying the legal concept of pregnancy discrimination.

4.3.2   Defining Unlawful Act of Pregnancy Discrimination

Taking the U.S. experience as reference, Taiwan province divides pregnancy

---

① Kathleen E. Mahoney, "Women's Rights as Human Rights: Analysis of Various Theories and Strategies for Their Implementation", in Bai Guimei (ed.), *International Human Rights and Development: Chinese and Canadian Perspectives*, 1988, p. 310.

discrimination into three categories: direct discrimination, discrimination of disparate impact and discrimination of mixed-motivation. In light of international experience and the actual situation in Taiwan province, the legislator should define pregnancy discrimination as distinction, restriction and exclusion in recruitment of employees, labour contract, work adjustment, and dismissal which have the effect of infringing upon women's legally-prescribed equal rights to work and health. Exceptions to sex discrimination in employment include: work adjustment made at the request of women themselves; special protections given to women in accordance with law; " *bona fide* occupational qualifications " and " business necessity", provided that the employer shall bear the burden of proof in such cases. In the same vein, the Chinese law should carefully define the subjects, the behaviour characteristics and the harmful consequences of pregnancy discrimination.

4. 3. 3   Bringing Pregnancy Discrimination into the Scope of Labour Inspection and Establishing Special Mechanisms to Deal with Complaints about Employment Discrimination

Without an independent body and corresponding mechanism similar to that of equal opportunity commission, it will be very difficult to deal with complaints about discrimination in China. Equal opportunity commissions have been established in many countries, some of them are subsidiary organs of the government while others are independent statutory bodies. For example, the Commission on Equal Employment Opportunity in the U. S. was established under Title VII of the Civil Rights Act and is responsible for investigating and dealing with complaints about different types of employment discrimination. It consists of five members appointed by the U. S. President with the consent of the Senate for a term of five years. The Commission is headquartered in Washington D. C. and has over 50 field offices throughout the country. It has the power to promulgate guiding principles on equal employment opportunity and has its own lawyers to assist the government in handling complaints relating to equal employment opportunity. It also cooperates with trade unions in dealing with various equal employment opportunity disputes. The US has also established the Office of Federal Contract Compliance Programs under the Department of Labour, to be responsible for supervising and coordinating the implementation of Equal Employment Opportunity Act by contractors of supply and service to the federal government and construction contractors. China could use the above-mentioned U. S. experience as a point of reference and establish special bodies under labour and social security departments of the government to be responsible for handling complaints about violation of laws and regulations on equal employment opportunity. It can also establish a special equal opportunity commission or designate labour inspection departments to perform such functions on a temporary basis. Moreover, working committees on women and children at various levels can also be empowered to deal with complaints about gender discrimination in employment.

(Translated by Bi Xiaoqing, proofread by Li Xixia)

A Study on the External Cause Theories of Pension Law Worldwide and the Retirement Age for Women

Chen Peiyong [*]

The external cause theories are those theories that have implications on emergence, development and reform of the pension insurance law from the outside. They are summarized as external cause theories because they came respectively earlier than emergence, development and reform of the pension insurance law and pushed forward the evolvement of the pension insurance law as the external driving force. The external cause theories include the New Historicism, Welfare Economics, Neo-Liberalism and the Third Way theory. If the pension insurance law was a kaffir Lily, then the external cause theories should be the soil, water, air and sunshine. Worldwide, the external cause theories of the pension law have evolved from active state intervention, state taking whole responsibility, free market adjustment, to management through state intervention in combination with the market. On one hand, this evolution process conforms to the process of the establishment, development and reform of the pension insurance law. On the other, it also corresponds with the development of the balance between "the visible hand and the invisible one" as elaborated in the economic theories. In academic circles, there is plenty of literature on the external cause theories pertaining to social security or the social insurance law, while that on the external cause theories of the pension insurance law is seldom found. Furthermore, the external cause theory has not been raised yet.

[*] The Legislative Affairs Office of the State Council, P. R. China.

The author will argue here the following views. Firstly, although the pension insurance law has its unique nature and operation mechanism, it also shares the same theoretic basis with the social security and social insurance law, given that it is one of the important components of the social security or social insurance law. Secondly, the external cause theories of the pension insurance law are different from the internal cause theories thereof. One normally elaborates on the theories of the pension insurance law such as the Pay as You Go, Fully Funded, Partially Funded, Defined Benefits, Defined Contribution, etc., which are mainly on the internal operations of the pension insurance law. Symbolically, if we referred to pension insurance law as blood, the internal cause theories would work like white blood cell, red blood cell and platelet, whereas the external cause theories operate as the blood forming stem cell. The internal cause theories of the pension insurance law are different from the external ones, such as the New Historicism, Welfare Economics, Neo-liberalism, and the Third Way. The external cause theories provide direct or indirect theoretic guidance and support for the establishment, development and reform of the pension insurance law, while the internal cause theories co-exist and intertwined with the pension insurance law.

Therefore, this article undertakes a specific analysis on the external cause theories of the pension insurance law in their historical perspective, with the emphasis on the three aspects, i. e. the background, main views of various theories and the comments thereon. The aim is to draw a clear picture of the evolution of the legal theories for the pension insurance law so as to provide a basis for further studies on the establishment, development and reform of the pension insurance worldwide.

I. New Historicism

1. 1   Historical background of New Historicism

In 1870s, with the prosperous development of the capitalist market economy, the working class was facing the deteriorating problem of relative property under the heavy exploitation of the capitalists, while the number of the unemployed and the people in absolute property were increasing due to the repeated periodic economic crisis. The anger of and struggle by the working class had been triggered by the repression, property and the unsecured life. The rule of the capitalist government had been weakened by intensified struggles, strikes, protests and revolts from the working class. It was a towering question for the capitalist countries and societies to alleviate the social tensions between the capitalist and working classes while maintaining the ruling position of the capitalist class. In this context, the New Historicism initiated by some scholars had come, addressing the disturbing social problems.

1. 2   Major points of New Historicism

As to the main views of the New Historicism, this author focuses on the views relating to the pension insurance law, discussing the association between the New Historicism and the establishment of the pension insurance law. Among the leading scholars of the New Historicism were Gustav Von Schmoller (1838 − 1917), Ludwig J. Brentano (1844 − 1931), Adolf Wagner (1835 − 1917). New Historicism designed the policy aimed to meet the dangerous social challenge brought by the extensive tension between the classes in Germany. The main views of the New Historicism can be summarized as One Purpose and Two Measures. One Purpose means that the State shall have the purpose to promote the development of culture and welfare. ① Two Measures mean that the State shall promote some public services to develop culture, improve public health and protect the seniors, the minors, the poor and the sick, while reforming the law to support people in poverty with mandatory social insurance system for employees as well as the national bottom living standard. Only through these measures could the tensions between classes be alleviated and could the German economy develop further (Hua Yingfang 2006, Zhou Zhitai 2009, Zhang Shixian 2009).

1. 3   Comments on New Historicism

New Historicism emphasized the unique and important role played by the State in the social and economic development. This academic school advocated the State intervention in the economy, in order to adjust the income distribution. It is actually a kind of social reformism. The New Historicism tried to improve material and cultural life standards and the living environment of the working class, through

---

① Notably, that the state shall have the development of culture and welfare as one of its important purposes, of course, the state shall also have other important purposes such as to maintain social order and national security, promote national economy, and strengthen economic strengthen.

the adoption of a social policy based on parental approach, so as to soothe the anger the working class might have towards unfair distribution of income.

New Historicism attached importance to the study on social realities, in particular that on the class struggles in the historical background. This school had acknowledged that unequal distribution of income could easily provoke negative feelings from the oppressed working class on the ruling capitalist class. Should no action be taken to alleviate the situation, the ruling position of the capitalist class might be at stake. This is how the New Historicism became the first theory in the history of social security law worldwide to elaborate on the economic aspects of social security. It was first time to advocate the state intervention through the promulgation of mandatory social insurance law, in order to alleviate the problem of unjustified distribution of the social resources, to protect the rights and interests of the employees, to alleviate the tension between the employers and the employees, to maintain the ruling position of the capitalist class and to improve the stability of the society (Liu Zhiying 2006, Hou Jianxin 2008).

This author is of the view that the aforesaid suggestions of the New Historicism provided theoretic guidance and support for the adoption of the law on the social security such as the pension insurance law. They reflected the core values of social security, including the pension insurance legal system, which was of great significance theoretically and practically. However, as limited by the historical background, the theoretic elaboration made by the New Historicism on the law of social security, including the pension insurance law, was at the preliminary stage-with general conception, and no strategy specified. Thus, New Historicism provided theoretic guidance and support for the adoption of pension insurance law in Germany in 1889.

II. Welfare Economics

2.1 Historical background of Welfare Economics

On 24 October 1929, the stock market of the USA was hit by a wave of dumping. The stock market turned dramatically downward. The nominal value of the investors' assets shrank by 80%. The 40 billion USD earned in the previous two years had been wiped off. Four hundred thousands of depositors had difficulties to withdraw the cash from the banks[1]. All this indicated that the USA was in the economic crisis. Many of the other nations followed the suit. This was the Great Depression. [2] From 1929 to 1933, the capitalist countries experienced an unprecedented economic crisis, which might have been the deepest, most lasting, widest and the most destructive crisis. [3] The economic crises led to the closedown of many factories. The number of unemployed soured up. The unemployment rate in the UK of 1933 was 22.5% with 2.75 million people not being able to find a job while the unemployment rate of the USA of 1932 was 25%, the highest in history, with 14 million people having lost their jobs and houses. The living standard of the common people was lowered down to such a degree that it could only match the living standard 20 years ago. [4] The tough situation of the unemployed people and the repeated labour strikes intensified social conflicts and put the capitalist system and the ruling position of the capitalists at stake. The USA was heavily hit by the economic crisis with a serious deflation. The consumer index went down by nearly 25%. The industrial output shrank by 47% while its GNP was reduced by 30%. The monetary supply withered by 10% annually. Lots of factories and banks went out of business. [5] The national income significantly shrank. [6] The industrial output of the USA in 1932 only matched 53% of the highest standard of 1929. Additionally, the striking characteristic of the Great Depression was the collapse of investment. The net investment was in red in the USA. In 1933, the gross construction and maintenance expenditure of the houses only matched 10% of that of 1929. The same applied to many of other capitalist countries. How to meet the challenge of the economic crisis? How to secure the basic living standards of the seniors and the unemployed? How to avoid the escalation of the tension between the classes? How to maintain a stable operation of the

---

① Hu Daiguang, *Study on Economic Theories and Policy Issues*, (Beijing: Peking University Press, 2005), p. 38.

② Niu Wenguang, *Development of the US Social Security System*, (Beijing: China labour and Social Security Publishing House, 2004), p. 127.

③ Zhou Zhitai (ed.), *Foreign History of the Economic Theory*, (Hefei: Press of University of Science and Technology of China, 2009), p. 306.

④ *Supra* note 2, p. 38.

⑤ Hu Daiguang (2005) pointed out that 1400 banks went to bankcrupcy simply in 1932. See Hu Daiguang, *Supra* note 2, p. 38

⑥ Hua Yingfang, "General Introduction on Social Security", *Construction of the Social Security System*, by Tian Chengpin, (Beijing: People's Press, Publishing House for Readings on Party's Construction, 2006), pp. 38 −393.

capitalist system? All of these questions became the general topic to study further for the government and the academic communities in various countries. This facilitated the birth and the development of the Welfare Economics.

2. 2   The Main points of Welfare Economics

Welfare Economics is also called Democratic Socialism, which could be traced back to the period from 1920s to 1940s. The leading scholars of the Welfare Economics were Arthur C. Pigou (1877 – 1959) and William H. Beveridge (1879 – 1963). Generally speaking, the school of Welfare Economics advocated nationalization and planned economy to pursue the national policy of welfare. They encouraged the cooperation between the employers and the employees. They also emphasized the re-distribution of income and wealth by means of progressive tax to achieve the equalization of income and social justice.

In 1920s, Pigou created the Welfare Economics. He believed, "economic welfare is liable to be affected in an important degree (1) through the size of the national dividend and (2) through the way in which it is distributed among the members of the community." [1] According to the views of the scholars such as Hua Yingfang (2006), Hou Jianxin (2008), Zhou Zhitai (2009), Zhang Shixian (2009), Pigou's Welfare Economics was the first in the history of social security law to suggest that the national dividend should be transferred from the rich to the poor, which constituted the conception of redistribution of the national dividends. In this sense, Pigou is called the Father of the Welfare Economics. Based on the concept of marginal net products, Pigou divided the net products into the social net products and the private net products. The distinction between the social and the private net products should be on whether it could be measured in money. Those that could not be measured in money should be the social net products, also called as the net products in a broad sense, including the satisfaction obtained from the possession of the properties, such as freedom, happy family, friendship, justice, etc. Those that could be measured in money are private net products, also the net products in a narrow sense, playing a decisive role to reflect the social situations, although not with a so significant proportion in the national dividend. According to the diminishing marginal utility law, Pigou was of the view that only through the equality among the values of the social net products

---

① Arthur C. Pigou, *The Economics of Welfare*, (Macmillan and Co. , 1924), p. 123.

could the national dividends be maximized. Given that the market could not achieve the equalization, the state should impose progressive taxation to accomplish the transfer of properties from the rich to the poor, so as to close the gap between the net products users. Equalization could make the marginal social net products equal and the national dividends maximized. Pigou therefore made three suggestions. Firstly, the subsidy in money should be increased to improve the working conditions to enable the workers might obtain corresponding compensation and support in the event of senior, illness, unemployment and work-related injury. Secondly, the progressive taxation system should be installed to grant subsidy to those with low income, to achieve equal income among the people so as to enhance the effects of the universal welfare. Thirdly, a universally pension fund or pension subsidy system should be installed. [1] In the academic community, Pigou's economics is known as the Welfare Economics of old style.

In 1930s, many politicians and economists tried to find the way to deal with the capitalist economic crisis[2]; the Welfare Economics dominated the period from *Value and Capital* published in 1939 by Hicks to "Arrow's Impossibility Theorem" raised in 1950. The core view then was that the economic efficiency was the biggest issue for social economic welfare. Pareto Optimality was raised, in order that the welfare could be maximized in the event of a change making at least some people better off without making the other individuals worse off. It was also

---

[1] Liu Zhiying, *Study on Social Security and Gap between the Rich and the Poor*, (Beijing: China labour and Social Security Publishing House, 2006), pp. 40 −41.

[2] In 1936, the English economist John Maynard Keynes published *The General Theory of Employment, Interest and Money*, in which he raised the famous theory of the insufficiency of the effective demand and the state intervention. The state intervention suggested by Keynes is actually a modification and complementation of the market mechanism. In the meantime, he also suggested to redistribute the income through the progressive taxation. The state should increase the public investment, directly involve into the public project, increase expenditure on social security, raise the marginal consumption tendency to push for a full employment. Keynes emphasized two roles the state could play in the social security. On one hand, it can strengthen the consumption tendency. Given that the poor have consumption tendency than the rich, the transfer payment through the social security facilitate the poor to consume so as to enhance the consumption tendency of the whole society. On the other hand, the macroeconomic situation can thus be stabilized to lessen the fluctuation of the economy. In this sense, this theory aims at the economic development instead of people's welfare. However, it provides theoretic support for the state intervention in the economy and more state responsibility in the social security system. (Liu Zhiying 2006). Keynes is not representative for the Welfare Economics. His theory is, however, close to that of Welfare Economics in the regard of the social security. The author therefore introduces Keynes, in order to point to another perspective of elabouring the Welfare Economics.

advocated that the state should intervene in order to promote economic growth and to ensure the maximization of the individual and social welfare. [1] In 1941, the English economist Beveridge was appointed as the chairman for the interdepartmental committee on coordination of social insurance and allied services to chair over the study on the reform of the social insurance scheme after the War. In 1942, the *Beveridge Report* was issued. This report proposed a set of social welfare system with the coverage from the cradle to the tomb. When applying this report to the pension insurance system, it could be summarized that the report had attached importance to the following five principles. The first is the principle of the universality, i. e. the pension insurance shall cover all the needs of the pensioners. The second principle is that the basic living standard should be ensured. In other words, the mandatory pension scheme sponsored by the state shall not go beyond the necessary level. The pension insurance shall only secure the basic needs for the living of the pensioners to leave room for the volunteered insurance and deposits. The third principle is the unity. The contribution standard, the receipt of the pension funds and the administration under the pension insurance scheme shall be unified. The forth is that the rights shall correspond with the obligations. The pension shall only be enjoyed after making contribution in the scheme. The fifth principle sticks to the one raised in the Bismack that the cost should be shared among the government, the employee and the employer. [2]

2.3   Comments on Welfare Economics

The Welfare Economics attached great importance to the state intervention while stressing the function of the state in the field of social insurance. This was a further development of New Historicism. The *Beveridge Report* in particular laid the foundation for the welfare state. The Welfare Economics was applied in the development of the social security legal system, including the pension insurance law. This facilitated the recovering from the war and helped to avoid the dysfunction of the market. It was useful to alleviate the intension caused by the dramatic gap between the income of the rich and the poor, so as to maintain the stability of the society. Generally, Welfare

---

[1]   Hu Daiguang, *Study on Economic Theories and Policy Issues*, (Beijing: Peking University Press, 2005), pp. 376 −379.

[2]   Report by Beveridge, W. (1942) *Social Insurance and Allied Services*, (London: HMSO, Reprinted 1995).

Economics facilitated the emergence and development of the welfare state and helped to make the peak time for the social security system. It played a role not to be overlooked since it stimulated a prosperous development of the pension insurance law worldwide.

However, the over-intervention from the state in the social security area, including that of the pension insurance, might bring heavy financial burden to the welfare state when the economic is in the down turn or in crisis, in particular. Crucially, the state finance can keep in a healthy shape only upon a rapid economic growth. Otherwise the state finances could not bear the expenditure on social insurance. It would lead to a lower welfare and lighter state involvement. The author is of the view that the Welfare Economics facilitated the establishment of the social security system, including the pension insurance law. It thus played more a positive than a negative role. It should be pointed out that both Keynes's concept of limited security and the necessary basic living security perception held by Beveridge are theoretically convincing and empirically verified. Welfare Economics facilitated the amendment of the Social Security Act of the USA in 1935 and the National Insurance Act of the UK in 1942, laying down a theoretic framework for the welfare state.

III. Neoliberalism

3.1 Historical background of the development of the Neo-liberalism

The Forth Middle East War broke out in October 1973. To strike Israel and its supporters, the Arabic countries in the OPEC declared the revision of the oil price and raised the oil price from USD 3.011 a barrel to USD 10.651, which caused more than two times price raise of the oil and triggered the most deteriorated economic crisis since World War II. The 3 − year oil crisis made a significant blow to the economy of the developed nations. In this crisis, the industrial output of the USA went down by 14% while that of Japan went down by more than 20%. All industrialized nations began to experience a dramatically slow economic growth. At the end of 1978, the political uprising in Iran led to the collapse of the reign of the weak and pro-American Pahlavi, Shah of Iran. This triggered the second Oil Crisis. Iraq-Iran war then followed. The production of oil was significantly impaired. The output fell from 5.8 million barrels a day to 1 million barrels below. With the dramatic cut of oil production, the oil price soured up since

1979 from USD 13 a barrel to USD 34 a barrel in 1980. This crisis lasted more than 6 months and partially contributed to the world economic recession at the end of 1970s. ① The two oil-crisis in 1973 and 1979 held the economic growth of the world economy, while the economy of the US and the developed European countries began the sluggish years. The high level of the welfare became a heavy burden for the countries and led to the crisis of Welfare Economics. The dysfunction of the principles of Welfare Economics reminded people of the classic economic theories. Neoliberalists as Friedman took the chance, redefining and developing the classic economic theories in line with the new historical background. Neoliberalism quickly received a wide attention. In the meantime, the monopoly capitalist group also needed the new theories and policies based on the suggestions from neoliberalists like Friedman to alleviate the basic tension in the capitalist society while overcoming the economic crisis. Neo-liberalism therefore took the chance of the sluggish economy and developed into the economics held by the government as Thatcher and Reagan came into power. In these circumstances, originated in 1920s and 1930s, after being overlooked in the New Deal era of Roosevelt, the Neo-liberalism regained its vigour and began its prosperous development. ②

---

① Oil Crisis, Baidu Baike mht. <http: //baike. baidu. com/view/25178. htm > [Visited on 17 June 2008]

② Xin She, Rise of the Neo-liberalism and Its Impact on the Modern World. mht, < http// www. xslx. com, 2003 \ 10 \ 21 > [Visited on 21 June 2007]。 Xin She further pointed out two important elements for the rise of Neoliberalism. On one hand, neoliberalists had long been practicing their academic skills in the academic community for economic theory. When many economists were busy advocating Welfare Economics initiated by Keynes, some economists with firm mind in the US were keeping to explore the area for the economic studies. They kept picking up and challenging the flaws in the theory of Keynes. Thus their study had been improved. On the other hand, the new "equipment" stimulated the rise of neo-liberalism. Its core laid on the redefinition of the "economic man." It was believed that people in the economic activities were those who could calculate, create, and who tend to obtain the maximum interests, i. e. , the reasonable man. Based on the definition of the "economic man," neoliberalists observed and verified the economy and the other human activities and social phenomenon beyond economic framework. They believed that the "invisible hand" raised by Adam Smith not only played a part in economic life, but also in other area of human activities. The government should not be the master superior to free individuals. Apart from the common objectives, the state should not have its own objectives. The essential task of the state was to protect the freedom of its citizen. The state represented the common will of individuals. Thus, neo-liberalism re-visited and developed the classical economics.

3. 2   Views of Neo-liberalism

The Oil Crisis of 1973 had to a large degree changed people's conviction with the high welfare model, which provides public services from cradle to tomb. Both the government and academic community began to think and reflect thereon. Based on the laissez faire theory of the classic economics of capitalism, neoliberalism essentially opposes Welfare Economics of Keynes and advocates for a theoretic system and policy options in line with the transit from the national monopoly capitalism to the international monopoly capitalism. [①] Represented by the English economist Friedrich von Hayek (1899 −1992, London School) and the American economist Milton Friedman (1912 −2006, Currency School), neoliberalism has made an insightful analysis of the welfare state and firmly opposes the policy of welfare state. According to neoliberalism, the private enterprise and the free market system based on the individual freedom has been the best system options for human to choose till now. They believe the over-intervention from the state have overlooked the active function the market mechanism can have and hindered the self-independence of an individual.

Neoliberalism therefore advocates "freedom, justice and non-intervention." Its core concepts are individual freedom and economic liberalism. Neoliberalism attaches significant importance to free market economy while opposing planned economy. According to neoliberalism, the marketization of the welfare service is the optimal choice. Measures should be taken to weaken and transfer the role the state played in social security matters, which should be dominated by the market mechanism. In the meantime, neoliberalism argues for a privatized, liberalized path for social insurance. The aforesaid are the general views of neoliberalism (Hua Yinfang, 2006, Hou Jianxin 2008, Zhou Zhitai 2009, Zhang Shixian 2009). For further study on neo-liberalism, it is necessary to analyse the views of the leading economists of the neo-liberalism while looking for the linkage between the neo-liberalism and the reform of the pension insurance law.

As regards social security, Friedman essentially believed that the state should design a negative income tax scheme. The negative income tax means the state shall

---

① Han Jin, "Root of the Financial Crisis: Neo-liberalism", in *Reference for Economic Studies*, Vol. 24, 2009, p. 18.

provide bottom line of income. Those who obtain income below the bottom line shall be granted some subsidy at certain negative income rate. The formula is as follows: negative tax volume = the minimum income index- (actual income × negative income tax rate). [1] If we apply the negative income tax scheme to the pension insurance system, it is to a certain degree equivalent to means-tested minimum pension system.

As the leading representative for neoliberalism, Heyek's view on social security includes two emphases, two oppositions and one scheme. Two emphases refer to his attachment to individual freedom and equal opportunity. Two oppositions mean that he opposes the equal income under the state intervention and the mandatory social insurance. One scheme refers to his belief that the optimal channels for the provision of welfare should be the family and the competitive market. Only in case of dysfunction of the family or market can the state make an interim intervention with the social welfare. [2] The application of this scheme in the pension insurance law is actually a combination of the traditional family care for the pensioners and the modern enterprise pension scheme and the other complementary pension insurance.

Liu Xiaoyi (2004) made a pretty comprehensive summary of the major points of the neoliberalism. According to the summary, the first point is neoliberalism's favour of private system over the state owned system. Secondly, it advocates business freedom instead of the state intervention. Thirdly, neoliberalism raises the problem of natural unemployment, while opposing the establishment of trade union. Fourthly, the healthy monetary principle is firmly followed while inflation is opposed. Fifthly, the free trade and economic globalization is advocated. This author is of the view that neoliberalism is more like an economic theory. However, its argument for business freedom and opposition to the state intervention not only relates to the social security law, but also are closely associated with the pension insurance law, providing a theoretic guidance and support to the reform of the pension insurance law.

---

[1] Liu Zhiying, "Evolution of Social Security Ideology in Western Countries", in *Theory of Social Security*, by Li Zhen (ed.), (Beijing: China labour and Social Security Publishing House, 2007), p. 130.

[2] Liu Zhiying, "Evolution of Social Security Ideology in Western Countries", in *Theory of Social Security*, by Li Zhen (ed.), (Beijing: China labour and Social Security Publishing House, 2007), pp. 130 −131.

3. 3   Comments on Neoliberalism

Taking economic perspective as a framework, Liu Xiaoyi (2004) made comments on the business freedom and the opposition to the state intervention as argued by Neoliberalism. He pointed out that, essentially, a theoretic basis for Neoliberalism is the general equilibrium theory, which tries to prove the existence, uniqueness, stability and the effectiveness of the general equilibrium so as to prove the effectiveness of the market economy. Although the general equilibrium theory recognizes the difference between market price and equilibrium price and the possibility of non-clearing market; in order to prove the stability of the general equilibrium, it tries to theoretically identify the possibility for the deal without the market clearing conditions. For that purpose, the general equilibrium theory in the West suggests two possible options. On one hand, it is presumed that a mechanism can guard against the transactions at the incorrect prices. On the other hand, the adjustment of the price can be so quick that no time is left for an incorrect transaction. The former is Walras and Edgeworth's privilege to renew the contract while the latter refers to the Marshall's instant adjustment process. However, both of them have a gap with the reality of economic life. For the former, nobody knows who the omnipotent "price setting man" is and who gives traders the privilege. For the latter, the partially disclosed information and the existed cost for information decide the adjustment speed of the price is not so high, let alone the speed at the maximum. If the transaction participators lose the protection of privilege, and the price adjustment cannot be extremely fast, after the non-equilibrium occurs, the wrong transaction will definitely be concluded without the market clearing conditions before the equilibrium is regained. The Western scholars of general equilibrium theory acknowledge this problem and actually treat Marshall's instant adjustment process as a reference instead of the reality. The main flaw of neoliberalism is not its emphasis on the stability of the general equilibrium theory, but its absolute persistence on the stability of the general equilibrium theory. Its flaw does not focus on the effectiveness of the market, but on its absolute belief on the effectiveness of the market. It therefore cannot reveal the limits of the market economy and overlook the necessity of the appropriate state intervention. [1]

---

[1]   Liu Xiaoyi, "Comments on the Neo-liberalism", < http://www.100paper.com/100paper/jingjixuelilun/2007062440620.html > [Visited on 12 June 2009]

This author is of the view that neoliberalism nonetheless reveals the flaw of the traditional welfare state and tries to give up the state intervention while abandoning the policy for equal income, with the aim to facilitate economic growth by means of effective operation of the market mechanism while lightening the ever heavier financial burden. This is positive and helpful to reform the social security legal system, including the pension insurance law. However, neoliberalism goes to an extreme in stressing the individual freedom and market mechanism, opposite to the Welfare Economics emphasizing the state intervention. Admittedly, neoliberalism goes far beyond Welfare Economics while overlooking the responsibilities of the state relating to the social security, including pension insurance. It has overseen that engulfing income gap and the strong opposition between the working class and the capitalist class had endangered the ruling position of the capitalist class when there was no state intervention before Bismack established the social insurance system for the first time. Neoliberalism has weakened the state responsibilities to deal with the economic crisis at the cost of social justice. This has already led to the renewed unjustified redistribution of the national wealth, escalated tension between the working class and the capitalist class while endangering the social stability. To certain degree, neoliberalism is a revival of the classical economics, which advocates free economy. Its implications for the reform of the pension insurance law may be raising pension insurance premium, decreasing pension payment and more operation of the complementary pension insurance based on the market mechanisms. The aforesaid reform was also designed against other backgrounds, which may be elaborated further in this article. However, from this perspective, the rise of neoliberalism also drove the revision of the pension insurance law in both the UK and the US after 1979, while playing a part in reforming the whole social security legal system. It in fact facilitated the development of the pension insurance law in line with the social and economic trend.

IV. Third Way

4. 1   Emergence Context of the Third Way

Given the declining birth rate and the prolonged life expectancy in the developed countries, since 1990s, the baby boom after World War II began to decline, the population gradually getting older. The ratio of people with age above 65 was ever increasing in many countries. In some countries such a ratio even reached 10% of the total population. As a consequence, the ratio between the aged people above 65 years and those who are still below the retirement age was also increasing. The ageing of the populating has gradually become a significant issue for the pension insurance law in many countries. It has become a problem whether the legal system of pension insurance can overcome the impact of the ageing of the population. It has turned into a major a dilemma for the pension insurance law. On one hand, given the rigidity of the welfare a blunt cut of the welfare based on neoliberalism simply provokes social conflicts and causes the social disturbance. On the other, if the welfare is maintained at the original level as advocated by Welfare Economics, the state may be put under an unsustainable financial burden. Economic development may thus been put on hold and the social insurance system, including the pension insurance legal system, may not develop on a sustainable basis. The pension law in many counties has to take into account the possibility of this trend. Third Way has developed in this context, providing a new approach to solve this issue.

4.2   Major points of Third Way

Simply put, Third Way tries to combine the advantages of both Neo-liberalism and Welfare Economics while avoiding negative effects of these two theories. This author calls it a middle approach, similar to the Confucius doctrine of China. The leading expert for Third Way is the English sociologist Anthony Giddens (1938 −). The then PM of the UK, Tony Blair, is also the leading figure to enthusiastically advocate and practice Third Way. According to Third Way, the major points on the social security relate to the following three aspects. Firstly, an over emphasized free market system may lead to poverty and many other social problems and tensions between the classes. The state therefore needs to make appropriate intervention, especially regarding the social security legal system. Secondly, an over emphasized state intervention and the extremely high welfare services provided by the state may have negative implications, since it may cause reliance on the state and impair the will to live and the self responsibilities of an individual. This may finally undermine the economic development of a country. Therefore, the market shall play an appropriate role in this regard. Thirdly, the

core view is that the passive welfare policy should be turned into an active one. As
to the flaw of the welfare state system, this theory believes, "no responsibilities, no
rights". It suggests changing the relief oriented welfare policy into the "blood-
making" policy[1] with the focus on the exploitation of the human resources. It
advocates that all the three parties, the employer, the employee and the state, shall
play an active part in the social security system, which shall be the service jointly
provided by the state, the NGOs, the enterprises and the individuals. State
provides the basic service for the most needed under the social security system while
the private business enterprises are encouraged to shoulder their responsibilities with
the introduction of the competitive market mechanisms to enable the consumers
choose their own decision. This will help to lighten the burden of the state in this
regard (Hua Yingfang 2006, Liu Zhiying 2007).[2]

Liu Zhiying (2007) further pointed out that Third Way forcefully promoted by
the PM of the UK, Blair, has two views as regards pension insurance. On one
hand, the state shall not only provide the appropriate pension fund scheme but also
support a mandatory deposit scheme for pension insurance. On the other hand, the
fixed age of retirement should be gradually reformed to treat the aged people as the
resources instead of a burden. The aged people can thereby play an active role in
the economic and social development

4.3   Comments on Third Way

The establishment of the welfare state worldwide has worked effectively.
However, Welfare Economics and Neoliberalism hold totally different views on the

---

[1]   Yang Fan, Yang Hao, "Implications of the Neo-liberalism on China' Social Security System", in
Heilongjiang Technology Information, Vol. 6, 2009, p. 63.

[2]   Chen Zehua, Zhang Zhiyong, "The Third Way, A New Model for the Development of the
Modern Capitalism", in *Teaching and Research*, Vol. 11, 1999, p. 31. They further pointed out that
the action guidance of Third Way was to invest human capital as possible instead of direct
compensation. Its final objective is to turn the welfare state into a social investment state. To strike a
balance between justice and efficiency, Third Way gives priority to the economic growth while
promoting the social justice through the economic growth. Blair had for several times called those
who care for the social justice to put more attention to the economic growth. He emphasized that the
social welfare policy should aim to facilitate the economic growth and combine the reduction of
welfare and the increased opportunity for employment. He believed the expenditure for welfare shall
have specific target to make full use of the social welfare while avoiding the waste of the social
resources.

welfare state. The former believes that the effectively operated welfare system is a symbol of a decent humane society, while the later insists that the welfare is the enemy of the enterprises and causes the recession of the civil order. Without attaching too much importance either to the function the market system as Neoliberalism does, or to the state intervention like Welfare Economics advocates, Third Way argues for an integration of efficiency and justice, the market mechanism and the state intervention, the rights and obligations, so as to find the balance between the economic growth and the social justice. Tao Zhengfu (2000) has made a comprehensive analysis on Third Way, notably on the issues as the relationship between the state and the market, the new developments of Welfare Economics and the practices. Firstly, it is the first time for the government to reach a consensus to redefine the roles of the market and of the state, which is a step forward for the economic development theories. Secondly, Third Way is actually a reconstruction of Welfare Economics. It corresponds to the needs of the bourgeoisie classes and gives great attention to operate for the benefit of the bourgeoisie class. Socialist party thus becomes a "mild" and human-oriented bourgeoisie party. Thirdly, it reflects a wider horizon the Western leaders have with less emphasis on the class differences. Third Way tries rather to solve actual problems. In this sense, it represents a pragmatic option, which closely conforms to social reality of the Western developed countries. In the long run, it may facilitate a further adjustment and improvement of the Western capitalism. [1]

This author is of the view that, in summary, the core of Third Way theory has integrated the state and the market with the emphasis on a pragmatic path, while avoiding the extreme right or left policy. It helps the economy and society to achieve a balanced, healthy and sustainable development through the balanced combination of positive functions of the state and the market. When this theory is specifically applied in the reform of the pension insurance law, the payment level of the pension insurance and the relations between the social and economic development level and the sustainable capacity should be fully taken into account. On one hand, the pension insurance legal system should not put too heavy a burden on the state so as to hinder economic and social development while ensuring

---

[1]   Tao Zhengfu, "A Preliminary Analysis on the Rise of the European Third Way", in *Information Bulletin of the Social Sciences in the Universities*, Vol. 2, 2000, pp. 42 −45.

living standard of the aged people. On the other hand, the pension insurance legal system should not go to another extreme, with too much emphasis on the reduction of the state financial burden. It is not correct to attach significant priority to economic development without taking account of the living situations of the retired aged people, which may put the aged people in a helpless situation. Third Way closely associates with the pension insurance law given that it provides an option for the reform thereof. From a general perspective of the pension insurance legal system, the state intervention and the free market competition, justice and efficiency, rights and obligations should be integrated so that positive functions of the two can be utilized to develop further and reform the pension insurance legal system. The state can, however, play a more important role only if regulating the basic pension insurance law. In this sense, Third Way has modified the direction of the reform of the pension insurance law based on the driving force provided by Neoliberalism, encouraging actually the promulgation of the Pensions Act of 2007 and 2008 in the UK.

V. Further Developments

This article discussed thoroughly the contexts and major arguments of the theories of New Historicism, Welfare Economics, Neoliberalism and Third Way, pointing out pertinent comments by other scholars and his own. The development of each of the theories closely associated with the economic development and the conflicts between various interest groups. These theories are relevant for the development of the pension insurance law, providing a conceptual guidance and support for the establishment, development and reform of the pension insurance law. New Historicism came before the establishment of the pension insurance legal system. Welfare Economics was created before the development of the pension insurance law. Neoliberalism emerged before the reform of the pension insurance law, while the Third Way came when the reform of the pension insurance law was in progress. Based on the above, the detailed elaboration on each of the theories may reveal that the development of the pension insurance law has been closely associated with such external cause theories. This author is of the view that the theories closely associated with the pension insurance law should be commented generally in three dimensions.

5. 1   The Dimension of the state and market

The state is irreplaceable in the basic pension insurance legal system to secure the basic living standard after the employees retired. Only with the state intervention can the complementary professional pension fund and the private pension fund be effectively allocated through the market mechanism. The focus of this article is on the basic pension insurance. In this sense, the emphasis on the state responsibilities in the pension insurance scheme by New Historicism and Welfare Economics is correct, whereas it is unrealistic from Neo-liberalists to attach disproportionate importance to the market. If the state cannot play a role in the basic pension insurance scheme, the gap between the rich and the poor will be enlarged and may escalate the tension within the society. Only when the state establishes the basic pension insurance legal system and regulates the income gap by means of taxation (appropriate redistribution of the income instead of the equalization of the individual income) , can the stability of a society be maintained. On one hand, the over-emphasized responsibility of the state by Welfare Economics may overwhelm the financial capacity of the state, making it unsustainable for further development; just as the over-emphasis on the market by neoliberalism holds back the development. On the other hand, Neo-liberalism stresses the role played by the market, which is a correct option for the complementary pension insurance system. Neo-liberalism thereby encourages people to participate in the complementary pension insurance for the benefit of the economic growth and social development. The rise of Third Way stresses the balanced operation of the state and the market; this, however, seems inappropriate in the basic pension insurance system, which is the system to ensure the basic living standard of the retired. Only when the state shoulders more responsibility can the system operate smoothly. However, for the general pension insurance system, Third Way is appropriate, since the pension fund system is supported by three pillars: the basic pension insurance, the complementary pension insurance and the private pension saving. The basic pension insurance implies the state intervention. Complementary pension insurance reflects the role of the market while the private pension saving entails the private choice in the market.

5. 2   The Dimension of justice and efficiency

For the pension insurance law , the relation between justice and efficiency poses a hard question to deal with. Simply put, the basic pension insurance scheme shall give more attention to justice for income redistribution so as to narrow the income gap while softening the social tension. It is however also inappropriate for the basic pension insurance scheme to attach disproportionate importance to justice while overlooking the efficiency, since it may deprive the individual of an incentive to participate in the basic pension insurance scheme. In other words, the "big rice pot" is not suitable for the basic pension insurance system; it will make the pension insurance with social nature a purely welfare system. If people obtain the same no matter how hard they work, people may lose the incentive to work. It may thus impair the economic growth and efficiency with the consequence that the financial source of the pension insurance fund might be affected. Pensioners may finally get less and less payment from the pension fund. This would result in a vicious circle. Therefore, in this sense, the basic pension insurance shall treat justice as an essential issue to narrow the gap between the individuals as the social safety valve. That is why Welfare Economics stresses the role the state plays in assuring social justice. On the other hand, the basic pension insurance should take into account the efficiency and respect appropriately different treatment to different individuals. As a consequence, the pension insurance law should require the pensioner to contribute to the insurance fund before enjoying the pension payment. An employee gets a pension from the basic pension insurance scheme; the amount paid closely associates with the contribution made by this employee. However, this association should also take account of mutual contribution, instead of the absolute association with the contribution as characteristic to a fund. Besides, for those with short premium payment years and small base for premium, the state may provide assistance with the adoption of the minimum pension; this, however, should not be of a too high level. In this sense, whereas neoliberalism stresses the role played by the market, it overlooks the issue of justice due to over-emphasizing the issue of efficiency. Although Third Way tries to strike a balance between the state and the market so as to achieve equilibrium between justice and efficiency, it is hard to find its place in the basic pension insurance scheme. In summary, the basic pension insurance scheme should give more attention to the issue of justice while pursuing efficiency, so as to achieve equilibrium acceptable to both the rich and the poor.

5. 3   The Dimension of mandatory and voluntary scheme

Actually, from the perspective of this dimension, the basic pension insurance should favour the mandatory system. Otherwise the scheme cannot be carried out. However, this does not mean all the groups should be subject to the mandatory scheme. For instance, the self-employed can participate in the basic pension insurance scheme on the voluntary principle in many countries. New Historicism does not include the basic pension insurance scheme. However, given that New Historicism takes as crucial the establishment of the welfare system, the narrowed gap between the rich and the poor, the secured right to life for the working class, we can conclude that this theory is applicable to the mandatory basic pension insurance scheme. Obviously, Welfare Economics advocates for the mandatory arrangement of the state regarding the basic pension insurance scheme given its views on the role played by the state in the social insurance and welfare. Neoliberalism clearly favours the voluntary principle given its stance against the state intervention and its initiation for the market mechanism in the social welfare matter. Finally, Third Way tries to find a path to bring the mandatory and voluntary approaches together.

The above analysis of the three dimensions leads us to conclude that each of the external cause theories has its own unique merit and flaw, and each can solve some problem in reality. New Historicism and Welfare Economics can play a greater part in the basic pension insurance system if being applied appropriately. Neoliberalism is a sensible choice in the complementary pension insurance legal system, if supported by the tax preferential treatment from the state. Third Way may find its strength in the general pension insurance scheme consisting of the basic pension insurance scheme and the complementary pension insurance scheme. However, the ratio of the state and the market in the scheme needs to be clarified.

VI. International Trend of the Same Retirement Age for Men and Women

Initially, as a general rule, men used to retire later then women worldwide. Now more and more countries have adopted the same statutory retirement age for men and women. In 170 countries, there are 103 countries where the retirement age for men and women is the same, accounting for 60.6% . ① For instance, the retirement age in Germany, Mexico and the USA is 65 while the UK is expected to implement the same retirement age of 65 for men and women as well in 2020. Raising the retirement age in the countries lightens the financial burden and addresses the challenge of ageing population.

6.1   Measures adopted in the UK to raise the retirement age

It is a matter of justice in the perspective of gender politics to raise the retirement age of the female employees so that they can share the same retirement age with their male colleagues. ② The raise of the retirement age for male and female employees may increase the contribution to the pension insurance fund, so that the expenditure of the pension fund may be reduced. Four steps are proposed for the raise of the retirement age. Firstly, from April 2010 to April 2020, the women's age of retirement will be gradually raised from the present 60 to 65, the same of that of men's, while the retirement age for men keeps intact. Secondly, from April 2024 to April 2026, the statutory retirement age of both women and men will be uniformly raised from 65 to 66. Thirdly, from April 2034 to April 2036, the retirement age of women and men will be uniformly raised from 66 to 67. Fourthly, from April 2044 to April 2046; the statutory retirement age will be further raised from 67 to 68. ③ This reveals that the UK has adopted measures to unify the retirement age for men and women while further raising the retirement age, in order to deal effectively with the ageing population, as well as to ensure

①   Liu Zhen, Pan Jingtang, "A Comparative Analysis on the Retirement Age Worldwide", in *Social Security* (Information Centre for Social Sciences, RUC-Renmin University of China), Vol. 4, 2006, p. 61.

②   More elabouration on the justice between different gender: At the moment, some country have implemented a higher retirement age for men than that for women. In the meantime, the average education term per person is ever increasing. This generally makes the actual working time of female shorter than that of men. The premium payment years for women are naturally less than that for men. But the life expectancy of women is longer than that of men. This leads to the pension gap between the male and female employees. That is to say, under the same conditions, the male employees' premium contribution term is longer than that of the female employees. Thus the male employees receive more monthly pension than the female employee do, however, men receive pension for a shorter period of years than women (Lei Xiaokang 2009).

③   DWP (Department for Work and Pensions) (2007). *Basic State Pension*. [online] Accessed at <http://www.thepensionservices.gov.uk/state-pension/home.asp> [27Jan. 2009] p. 45.

justice of the pension insurance, just like other countries do in the legal reform of pension insurance. However, the UK unified the retirement age for men and women first before raising the statutory retirement age 1 year in every decade.

6.2 Measures adopted in Germany and the US to raise the statutory retirement age

In Germany, the amended Old Age and Disability Insurance Act of 2005① mainly provided that the national statutory retirement age would be raised since 2012 for 1 month every year. The age will be raised 2 months annually since 2024. Thus the retirement age will be gradually raised from the present 65 to 67 in 2029.

The similar case is in the US, where the retirement age has been raised since 2004 by 2 month annually. The age will be raised to 67 in 2014.

6.3 Preliminary conclusion and tentative proposals

Based on the aforesaid analysis, raised statutory retirement age and unified retirement age for both men and women have been the important measures for most of the countries to reduce the pressure on the pension insurance fund in face of the ageing population. China should also raise national statutory retirement age in future. To meet the challenge brought by the ageing population, most of the countries, including the UK, Germany, the US, generally adopted the measures to raise the retirement age, behind which the main concern is to reduce the distribution of the pension fund while significantly increasing the contribution of the pension insurance fund.

The raise of the statutory retirement age in China will not only meet the challenge of the ageing population, but can also significantly lighten the financial burden caused by the potential obligations entailed by the pension fund. The average retirement age in China only reaches 53 while average period for pension payment is 20 years. The potential debt entailed by the pension fund is tremendous. If no legal policy measure is taken to raise the retirement age in time, the pension insurance fund cannot sustain the payment of pension in the long run, and the state finance may also find it hard to support the pension scheme. It is not a

---

① SSA, *Social Security Programs Throughout the World: Europe, 2006*, [online] Accessed at <http://www.ssa.gov./policy/docs/progdesc/ssptw/2005 −2006/europe/index. html > [11 Jul. 2009].

surprise that many pension insurance contributors oppose the raise of retirement age. According to an Internet survey conducted from 5 to 7 November 2008, 62. 2% of the 126600 participants were against the raise of the national statutory retirement age while 30. 2% were in favour. In this context, firstly, the retirement age should be gradually raised through 20 or even 30 years, following the experience abroad to raise the retirement age gradually. Secondly, for those who do not want to postpone the retirement age, a flexible retirement system like that in Sweden and the US should be introduced, so as to allow people to retire earlier, with lower pension received. Thirdly, the public relations should be maintained well in this regard. With the prolonged life expectancy and the improved health status, a raised statutory retirement age has positive implication to reducing the state financial burden; it further eases pressure on pension fund, and decreases the contribution rates of the employees. However, in certain period, its influence on the employment situation should be also taken into account, so as to ensure the raised retirement age will not produce negative effects while maintaining a healthy balance between these two concerns.

(Translated by Wu Jun, proofread by Li Xixia)

Protection of Women's Social Rights

—the Same Retirement Age for Men and Women

*Qian Yewei**

In the beginning of the 19th century, the rapid development of large-scale industry in UK, France and other capitalist countries enabled more and more women to enter the labour market, which in turn created economic conditions for women to participate in social life. With the introduction of western scholarship into China in late Qing Dynasty, Chinese women also walked out of the narrow space of their homes and began to engage in social labour. Since the establishment of the People's Republic of China, women's social rights have been safeguarded by a system of laws with the Constitution as its main body. Article 48 of the Constitution provides that: "Women in the People's Republic of China enjoy equal rights with men in all spheres of life, including political, economic, cultural and social, and family life." However, the fact that women's social rights are provided for in law does not mean that they are fully safeguarded in reality. The extent to which women can participate in social life and enjoy their social rights is often determined by the degree of their economic independence. Earned income constitutes the main source of women's economic income. Currently, women's labour rights are not protected fully in China. Especially the issue of retirement age discloses the fact that Chinese women still have a long way to go in order to have their social rights fully realized. This article focuses on the issues relating to the same retirement age for men and women.

---

* All-China Women's Federation.

I. Policy Documents on Retirement Age

On May 29, 1987, the Organization Department of the Central Committee of the Communist Party of China and the Ministry of Labour and Personnel jointly issued the Circular on the Retirement Age of Female Cadres, which provides that the retirement of female cadres shall continue to be dealt with in accordance with the following documents:

1.1   The Provisional Measures of the State Council's for Taking Care of the Aged, Physically Weak, Sick and Disabled Cadres (Document Guo Fa (1978) 104), which were approved by the Standing Committee of the Fifth National People's Congress at its second meeting. According to the Provisional Measures, the retirement age is 60 years old for male cadres and 55 years old for female cadres.

1.2   The retirement age of senior experts, and "backbone" teachers, doctors and scientists and engineers shall continue to be regulated in accordance with the Provisional Regulations of the State Council on Issues Relating to the Retirement of Senior Experts [Document Guo Fa (1983) No. 141] and the Circular of the State Council on Raising the Retirement Age of Some Backbone Teachers, Doctors and Scientists and Engineers [Document Guo Fa (1983) No. 142)].

Document Guo Fa (1983) No. 141 provides, "The relevant provisions of the state shall apply to the retirement age of senior experts. The retirement age of a small number of senior experts may be appropriately raised with their own consent and the approval of the relevant government organs, provided that it is truly necessitated by their work and permitted by their health condition. Specifically, the retirement age of associate professors, associate research fellows and senior experts with professional titles at the equivalent level may be appropriately raised up to 65 years old upon the approval by the competent authorities at higher level of an application submitted by the work unit to which such persons belong; the retirement age of professors, research fellows and senior experts with professional titles at the equivalent level may be appropriately raised up to 70 years old with the approval by the provincial, municipal and autonomous regional people's governments or the ministries and commissions under the State Council of an application submitted by the work units to which such persons belong; outstanding senior experts with great academic attainment and major influence in China and abroad may, with the approval of the State Council, delay their retirement so that they can continue to carry out their research or writing. "

Document Guo Fa (1983) No. 142 provides, "It is decided, with a view to giving full play to the role of existing backbone professionals, promoting the development of educational, health, scientific and technological undertakings and in light of the special characteristics of brain work, that the retirement age of the following persons may be raised by one to five years upon the strict examination and approval by the competent authorities at or above the county level of an application submitted by the work units to which such persons belong—provided that such persons have strong professional capability, are willing to continue to work, and the rise of the retirement age is truly necessitated by their work and permitted by their health conditions: lecturers, doctors-in-charge, engineers, agronomist, assistant research fellows, and primary and middle school teachers who have graduated from universities, colleges, secondary technical schools (including secondary teachers' schools), high schools or have obtained the similar qualification after passing strict assessment. The raised retirement age may not exceed 60 for women and 65 for men. The retirement age of personnel who do not meet the above requirements shall be determined according to the unified state provisions. "

1. 3   The retirement age of female cadres at the division (county) level in Party or government organs, mass organizations, and public institutions is 55 in principle comply with the provisions of Document Guo Fa (1978) No. 104. In exceptional cases where no suitable replacements have been found for such cadres when they have leached their retirement age, their work units may, based on consent of such persons and approval by the department in charge of appointment and removal, raise appropriately their retirement age, provided such rise in retirement age is necessitated by their work and permitted by their health condition.

Later, the Document Ren Tui Fa (1990) No. 5 issued by the Ministry of Personnel in 1990, and the Document Zu Tong Zi (1992) No. 22, jointly issued by the Organization Department of the Central Committee of CPC and the Ministry of Personnel in 1992, provide that senior female experts and female cadres in charge of Party affairs or administrative work in Party and government organs, mass organizations or public institutions who meet certain requirements may have their retirement age raised to 60 years old.

The above documents have given general definitions of the retirement ages of male and female cadres. As a general rule, the retirement age is 60 years of age for men and 55 years of age for women; only in some exceptional cases the retirement age for some women who meet certain strict conditions may be raised up to 60 years. In view of the above standards, currently, most state-owned enterprises, collective-owned enterprises, foreign enterprises and other enterprises in China have adopted the following retirement ages for their employees: 60 years for men and 55 years for women who are in managerial positions or mainly engaged brain work; 55 years for men and 50 years for women who are mainly engaged in physical labour; and in some special professions, the retirement age is as low as 45 years of age for men and 40 years of age for women.

We can see that there is always a 5! year gap between men and women in the retirement ages for different groups of people, yet no explanation or reason has been given by any of the above-cited documents for such a difference.

II. Arguments for and against the Same Retirement Age for Men and Women

In accordance with the principle of respecting the truth, the author of this article has carried out a study analysing different opinions and suggestions on the issue of the retirement ages of men and women, as reflected in the petitions to women's federations and in relevant websites. These opinions and suggestions are centred on three questions that can be used as arguments both in favour and against the same retirement age for men and women. ①

---

① These opinions mainly come from letters, visits and phone calls received by me in my daily work. During the session of the Ninth National Women's Congress held in 2003, some deputies to the Congress put forward the suggestion that a provision on the same retirement age for men and women be introduced to the Law on the Protection of Women's Rights and Interests. The suggestion evoked strong reactions in society and became a hot topic of letters and phone calls to the Complaints and Appeals Division of the Congress and of relevant websites during the session of the Ninth National Women's Congress. In just a few days, the Complaints and Appeal Division of the Congress received over 60 letters, visits and phone calls on the issue of the same retirement age for men and women, which made up 8% of the total number of letters, visits and phone calls received during this period of time. Among these opinions, which came from people of all walks of life, 20% were for the same retirement age for men and women, mainly coming from civil servants and researchers of government organs, public institutions, universities, and research institutions; 46.7% were against the same retirement age for men and women, mainly coming from female enterprise employees (continue in next page)

2.1   The Same Retirement Age for Men and Women and the Principle of Gender Equality

The equality between men and women is an argument used both by those who are for the same retirement age for men and women and by those are against it.

2.1.1 The argument that the same retirement age is in conformity with the principle of gender equality-According to this argument, only the same retirement age can reflect the essence of equality between men and women. Although the equality between men and women has been enshrined in the relevant laws, the state policy denies women years of labour right by setting the 5 years difference between the retirement age of men and women. This has resulted in the contradiction between the state law and state policy, causing the *de facto* inequality between men and women in retirement age. The direct consequences of such *de facto* inequality include: first, the inequality in the length of service, namely women's length of service is shorter than that of men's; second, the inequality between people irrespective of their gender with different levels of knowledge, namely the retirement pay of people with higher level of knowledge is lower than that of people with lower level of knowledge, because the length of service of the former is shorter that that of the latter; third, economic inequality. The earlier retirement of women widens the income gap between men and women, resulting in the inequality in economic status. Moreover, the earlier retirement age for women also deepens gender discrimination. Maybe at the beginning the system of earlier retirement age for women was intended as a favourable treatment for women. However, with the development of society and emancipation of women

---

(following the note of previous page①) with low educational level and engaging in physical labour; 33.3% suggested that the issue should be treated cautiously in light to the actual situation. Heated debate on this issue was carried out among the public, and the relevant websites also created special columns to discuss the issue. After the Ninth National Women's Congress, since the suggested provision on the same retirement age for men and women was not adopted by the legislative organ, there was a steady increase in complaints and appeal by female civil servants and researchers in government organs, public institutions, universities, and research institutions who faced retirement. On the basis of complaints and appeals submitted through letters, visits and phone calls, as well as expressed on the relevant websites and in line with the principle of respecting the truth, the author of this article has examined and analysed various opinions and suggestions on the issue of the same retirement age for men and women, which are centred around three main questions that can be used as arguments both for and against the same retirement age for men and women.

themselves, such a system has already lost its justification and has become instead the impediment to women's development, which is a new form of gender discrimination. Therefore, *de facto* equality can be truly achieved only through the adoption of a provision on the same retirement age for men and women.

2. 1. 2 The argument that the same retirement age for men and women is not in conformity with the principle of gender equality-According to this argument, the same retirement age for men and women emphasizes only the formal equality between men and women in retirement age but fails to reflect truly the spirit of gender equality. Firstly, the system where women retire at the age of 55 is a preferential treatment adopted to protect women's interest. Chinese women are under the dual pressure of work and heavy household chores. Earlier retirement enables them to get rid of the pressure from their work as soon as possible. Secondly, in the pursuit of equality, consideration must be taken of the objective differences between men and women. At the age of 50, many women begin to feel that their work efficiency is decreasing, that they have less and less energy to work, and that they have rather become someone to be taken care of by their work units. To require them to work until they reach the age of 60 on the grounds of formal equality is not conducive either to their health or to the realization of the principle of equality, because equality is not uniformity, but equal treatment in equal situation, implying fair treatment of men and women due to special conditions according to their respective physical and psychical differences. This argument further objects that the current system, by giving too much favourable treatment to women, is not conducive to fair competition in society. Equalising working positions for men and women just for the purpose of achieving formal equality will only result in low work efficiency and feminization of the rank of civil servants, because as people get old, their physical strength and sensitivity will decrease. They tend to flaunt their seniority in front of their young colleagues, unable or unwilling to do their job, yet refusing to let their young colleagues do it, which also impedes fair competition.

2. 2   The Same Retirement Age for Men and Women Increases the Employment Pressure of Society

The controversy over the question of whether the same retirement age for men and women will increase employment pressure of society, and whether earlier retirement age for women results in the waste of human resources, represents the focal point of this debate. The employment pressure and human resource have been used as arguments both for and against the same retirement age for men and women.

2.2.1 The argument that earlier retirement age for women is conducive to alleviating the current employment pressure-Firstly, although old people have richer experience and are more mature in their way of thinking, generally, well-educated young people, with their high intelligence, advanced ideas and profound theoretical basis, should be given priority in employment. To do otherwise would increase the employment pressure on society and result in greater waste of human resource. Secondly, earlier retirement of women can provide more employment opportunities to unemployed young college graduates, therefore suits better nation-wide conditions in China and, therefore, more conducive to social stability and progress. Currently, many young people cannot find job not because of the lack of work capability, but because of the lack of employment opportunity given the overpopulation in China. Moreover, earlier retirement has no major impact on women with genuine work capability and skills, since they have no difficulty in finding high-paying jobs after retirement.

2.2.2 The argument that the same retirement age for men and woman has nothing to do with employment pressure on society, and that earlier retirement age for women is a great waste of human resource-Firstly, the employment pressure is a problem to be solved by the government and society, not by discriminating women. Women should have the same right to work as men. Whether or not to retire at an earlier age should be decided by each individual in light of his or her own conditions, rather than legally imposed on him or her. The system of the same retirement age for men and women is the result of social progress and recognition by society of women's rights, and is critical to the realization of equal rights of men and women in family. Secondly, a review of the educational, marriage and childbirth background of contemporary women shows that women at the age of 55 are basically free from care for their children and in good career and family conditions. They have accumulated rich work and life experiences and able to concentrate on their work, giving full play to their potentials. Requiring them to retire at this age is a waste of human resource both for women themselves and for the state. Understandably, a woman should be able to retire at an earlier age if she wishes so, in order to respect the individual will of women.

2. 3   The System of the Same Retirement Age for Men and Women Represents the Interests of a Minority

Heated debate has also been carried out over the question of whether the system of the same retirement age for men and women represents or protects the interest of only a minority of people.

2. 3. 1 The argument that the proposal for the same retirement age for men and women is put forward only by a minority of people for the purpose of preserving their own interest-According to this argument, the advocates of the same retirement age for men and women are mostly civil servants and researchers of government organs, public institutions, universities and research institutes as well as senior management personnel of enterprises and other institutions. They belong to the privileged group of society, with high educational level, high professional title, high salary, and rich work experience, and with no worry about being laid off. They are energetic and highly motivated to continue their work. However, they make only a small proportion of female employees. The majority of female employees work in the frontline of production and service. They are faced with dismissal all the time and it is very difficult for them to find another job after being laid off. They are notoriously weaker than their male counterparts, both physiologically and psychologically. The majority of them demand strongly that the current policy of retirement age at 50 for female employees be maintained. They even wish to retire at earlier age so that they can enjoy social security benefits as soon as possible. When adopting policies on retirement age, the government should take into consideration the rights and interests of the majority of people, and these should not be sacrificed for the sake of protecting the rights and interests of only a minority of women.

2. 3. 2 The argument that in case of the same retirement age for men and women the issue at stake is not whether this solution should accommodate the interest of the minority or of the majority. The same retirement age for men and women should not be understood literally as requiring all men and women to retire at the same age. Rather, it means that a retirement age for both men and woman that can be accepted by most industries should first be adopted according to the need of economic development. Then a uniform retirement age for both men and women should be adopted for each industry in light of the special nature of the industry.

The target of the system of the same retirement age for men and women should be men and women engaging in the same profession. Currently, the work posts of government organs, institutions of higher learning, and research institutes and the management posts of enterprises and other institutions are characterized by knowledge-intensiveness and no need for heavy physical labour. Women in these work posts have high educational level and professional qualification, rich experience and strong work capability. They have no problem in retiring at the same age as their male counterparts.

III. The Implementation of the Same Retirement Age for Men and Women Follows Demands of Today

3.1 The Meaning of the Same Retirement Age

The key to understanding the meaning of the "same retirement age" is the definition of the term "the same", which can have two levels of meanings. The first is that the state should suggest, from the macro point of view of the development of the national economy as a whole and of different industries in the country, a retirement age for all employees working in different industries. This level of meaning seems to be roughly the same as the general understanding, namely all employees in the country, regardless of their profession or gender, should retire at the age of 60 or at some other age. This is also the source of various controversies over the same retirement age for men and woman. Based on the current situation of economic development and industrial characteristics in China, the author believes that this level of meaning should be non-compulsory because, currently, a large proportion of employees in China work in physical labour intensive industries. Although with the development of science and technology the importance of physical labour will gradually weaken in some industries, differences in the nature of work in different industries will continue to exist. Especially for the employees in some industries with poor working conditions and high physical labour intensity, it is unrealistic to require them to retire at the same age as employees in other industries. The second-level meaning of "the same" retirement age is that each industry should determine, from the microscopic point of view of the characteristics of the industry, "the same" retirement age for employees working in "the same" industry, while different industries can have different retirement ages in light of the different natures of work in the respective industries, and in accordance with the relevant state provisions on retirement age. The same retirement age policy should build on the second-level meaning of "the same". The implementation of a system of the same retirement age for employees of the same industry is entirely feasible given the current status of the comprehensive qualification of women in China.

3.2　The Same Retirement Age for Men and Women: A Requirement for Equality between and the Harmonious Development of Men and Women

The Chinese Constitution provides in Article 42, "Citizens of the People's Republic of China have the right as well as the duty to work" and in Article 48, "Women in the People's Republic of China enjoy equal rights with men in all spheres of life, including political, economic, cultural and social, and family life." The Labour Law provides in Article 13, "Women shall enjoy equal employment rights with men." The Law on the Protection of Women's Rights and Interests provides in Article 2 (2), "It is a basic state policy to realize equality between men and women. The state shall take necessary measures to gradually improve various systems for the protection of the rights and interests of women and to eliminate all kinds of discrimination against women", in Article 22, "The state shall ensure that women enjoy the same labour and social security rights as men do", and in Article 27 (2), "No entity may discriminate against women on the ground of gender when implementing the retirement system of the state." According to the above-mentioned legal provisions, men and women are equal, have the same legal status, and enjoy equal rights and interests. They have the same labour rights, including equal right in retirement age. If the relevant policy documents can not give a clear justification or provide a strong basis for the different retirement ages for men and women, then it can only be said that such documents themselves are in violation of the Constitution as well as the Law on the Protection of Women's Rights and Interests. The practice of depriving women of five or more years of the right to work by requiring women to retire at an earlier age than men without legal basis, constitutes gender discrimination against women. Such inconsistency between the state law and state policy is a typical example of the gap between *de jure* equality and *de facto* inequality. Men and women play equally important, although not identical role in human society. The same retirement age for men and women is necessary for a harmonious development of the relationship between men and women, which in turn is a precondition for social harmony and stability.

3.3　The Necessity of the Same Retirement Age for Men and Women

Essentially, the same retirement age for men and women belongs to the scope of the protection of labour rights and social security rights. It has become a hot issue calling for an urgent solution because it touches upon the protection of women's political rights, labour rights, cultural and educational rights as well as their property rights, and is closely related to the overall promotion of women.

3.3.1 The same retirement age for men and women and the protection of women's political rights-According to the *White Paper on Gender Equality and Women's Development in China*, the proportion of female civil servants recruited in 2003 nationwide was 27.8 per cent of the total number of civil servants recruited in the country; and that in the organs of the CPC Central Committee and central government was 37.7 per cent. [1] The above statistics show that women already make up a large proportion of civil servants in China. However, whether women's political participation can play an effective role in political decision-making, depends on the percentage of women in the government leadership. Currently, there is little women's voice in the government leadership at both the central and local levels. This is because only persons who have reached a certain age can accumulate sufficient knowledge and work experience required by senior positions in the government leadership. It is very difficult for female civil servants in the grassroots government organs to be appointed to middle-level positions. Some local governments, in the name of institutional reform, require female cadres at the section and division levels to leave their leadership position five years before their retirement age. As a result, many enterprising and experienced female cadres have been forced to leave the political arena 5 − 10 years earlier than their male counterparts. This is not only a waste of human resource, but also a violation of the political rights of women as a whole.

3.3.2. The same retirement age for men and women and the protection of

---

[1]　Information Office of the State Council of the People's Republic of China, "Gender Equality and Women's Development in China" in *People's Daily Overseas Edition*, 24 August 2005.

women's labour rights-The Chinese Constitution guarantees the equality of men and women, including the equality in the enjoyment of labour rights. More specifically, men and women should have equal employment opportunity. According to the *White Paper on Gender Equality and Women's Development in China*, by the end of 2004, women accounted for 43. 6 per cent of the total number of professionals and technicians in state-owned enterprises and public institutions nationwide, 6. 3 percentage points up over the 37. 3 per cent of 1995, among whom, the number of senior and intermediate-level women professionals and technicians rose from 20. 1 per cent and 33. 4 per cent to 30. 5 per cent and 42. 0 per cent, respectively. [1] The relevant statistics show that the percentage of women among these holding senior and middle-level positions in enterprises and public institutions has been rising steadily. Nonetheless, the provisions in the current policy document require women, especially women holding senior positions, to retire five years earlier than their male counterparts, thereby depriving them of the promotion opportunities that are enjoyed by their male counterparts of the same age. The consequence is the difference and imbalance between men and women as two different social groups. More importantly, earlier retirement of women is not based on the consent of women themselves, but on the policies of the state or of the employing units. One cannot but wonder whether in China women can enjoy effectively the right to work on an equal basis with men.

3. 3. 3 The same retirement age for men and women and the protection of women's cultural and educational rights-Cultural and educational levels of Chinese people have made a qualitative leap since the establishment of the People's Republic of China, especially since the reform and opening up. Primary education covers almost all citizens and nearly half of senior high school graduate are able to enter into college. The percentage of girls among college students is increasing steadily. According to the *White Paper on Gender Equality and Women's Development in China*, in 2004, the number of girl students in institutions of higher learning nationwide reached 6090000, accounting for 45. 7 per cent of all students in such schools and an increase of 10. 3 percentage points over 1995. The proportion of female postgraduate and doctoral students was 44. 2 per cent and 31. 4 per cent, 13. 6 percentage points and 15. 9 percentage points higher

---

[1]   Information Office of the State Council of the People's Republic of China, "Gender Equality and Women's Development in China" in *People's Daily Overseas Edition*, 24 August 2005.

respectively over the figures for 1995. ① Both men and women usually graduate from college around the age of 22, get their master's degree around the age of 25 and doctoral degree no earlier than the age of 28. Against such an educational background, a continued implementation of the current retirement policy will inevitably lead to an unreasonable situation in which female employees with master's or doctor's degrees have to retire at the age of 55, while male employees with undergraduate, junior college, senior high school, even junior high school education can retire at the age of 60. Such practice tramples on social fairness and justice, causing a huge waste of educational resource of society. It will inevitably lead to the resurgence of the conviction that education is useless for women. In order to develop cultural and educational undertakings and raise women's cultural quality, the state must adopt corresponding policy on the same retirement age for men and women.

3.3.4 The same retirement age for men and women and the protection of women's property rights-Early retirement causes considerable economic losses to women. Firstly, in terms of professional titles and related treatments, early retirement deprives women of the opportunity to participate in the competition with their male counterparts of the same age for professional titles. These are not only the indicator of a person's career development and professional proficiency, but closely related to his or her economic interests. According to relevant reports, by the end of 2007, the number of female scientists and engineers in China had reached 19.7 million, making up 38% of the total number of scientists and engineers in the country. However, the percentage of women among senior scientists and engineers has been remaining at around 5% for a long time now. Women make only 5% of the total number of the members of Chinese Academy of Science and of Chinese Academy of Engineering, 4.6% of the total number of chief scientists, and 3.9% of the total number of "Changjiang Scholars" in the country. The percentage of female senior scientists and engineers among the winners of "Three Major National Awards" (namely National Award for Natural Sciences, National Award for Technological Invention, and National Award for Scientific and Technological Advancement) is particularly low. One of the main reasons for this situation is that the majority of female scientists and engineers retire at the age of 55, five years

① Information Office of the State Council of the People's Republic of China, "Gender Equality and Women's Development in China" in *People's Daily Overseas Edition*, 24 August 2005.

earlier than their male counterparts. Given the time spent on childbirth and child raising, women's research career is 10 years shorter than that of their male counterparts, which has a fatal impact on women's effort to become a top scientist or engineer in the country. [1] Secondly, with respect to the relationship between retirement pay and the length of service, those who retire at a later age, apart from enjoying the raises in salary during the additional years of work, can also enjoy higher retirement pay, which is based on the length of service. This results in the differences in the living standard and economic inequality between male and female retirees. Moreover, as regards the relationship between social security benefits and the years of contribution to the social security fund, because women retire five years earlier than men, their years of contribution to the social security fund are five years less than men. This inevitably results in the income gap between male and female retirees, which in turn affects women's enjoyment of their life and the fulfilment of their family responsibilities after retirement. This situation is not conducive to the promotion of women and the construction of social and domestic harmony. Therefore, the adoption of policy of the same retirement age for men and women is necessary for the protection of women's economic rights and interests.

3.4 The System of the Same Retirement Age for Men and Women Follows Demands of Today and Complies with International Standards

3.4.1 The system of the same retirement age for men and women is in conformity with the spirit of the relevant international conventions. The Universal Declaration of Human Rights, adopted by the UN General Assembly in 1948, reaffirms faith in fundamental human rights, in the dignity and worth of the human person, and in equal rights of men and women and of nations, large and small. It provides for the following human rights and fundamental freedoms: the right to personal security, the freedom from servitude, the freedom from torture, the freedom of movement, the freedom of speech, and the rights to social insurance, to work, to health, to education, and to citizenship. According to the declaration, everyone is equally entitled to the above-mentioned rights and freedoms, "without distinction of any kind, such as race, colour, sex, language, religion, political or

---

[1] Liang Jie and Li Haixiu, "Why Are Female High-Tech Personnel So Few and Far Between?", in *Guangming Daily*, 14 May 2010.

other opinion, national or social origin, property, birth or other status. " The 1966 International Covenant on Economic, Social and Cultural Rights further lays down various human rights, including women's rights. In particular, it provides for women's right to just and favourable working conditions, in particular the right to fair wages and equal remuneration for work of equal value without distinction of any kind, the equal opportunity to be promoted in employment to an appropriate higher level, the right to rest, the right to paid leaves, etc. The Convention on the Elimination of All Forms of Discrimination against Women (CEDAW), adopted by the UN General Assembly in 1979, defines in Article 1 the term "discrimination against women" as "any distinction, exclusion or restriction made on the basis of sex which has the effect or purpose of impairing or nullifying the recognition, enjoyment or exercise by women, irrespective of their marital status, on a basis of equality of men and women, of human rights and fundamental freedoms in the political, economic, social, cultural, civil or any other field. "[1] Eliminating all forms of discrimination based on sex and enabling women to participate in social activities on an equal basis with men, has become a primary objective of the international society. Different retirement age for men and women apparently constitutes a discrimination based on sex. The Chinese government should fulfil its obligation under the convention by adopting legislative and other appropriate measures to revise or abolish the retirement policy documents that discriminate against women, to eliminate discrimination against women by any individual, organization or enterprise, and to realize the *de facto* equality between men and women in retirement age.

3. 4. 2 Provisions on retirement age in other countries-Currently, a total of 165 countries in the world have adopted specific provisions on the retirement age (the pensionable age). Denmark, Iceland and Norway have the highest retirement age in the world, namely 67 for both men and women whereas Swaziland, Zambia and Kuwait have the lowest retirement age, namely 50 for both men and women. According to statistics, the average retirement age in the world is 60 for men and 58 for women. The majority of the countries in the world have provided for the same retirement age for men and women. [2] For example, the

---

[1]   Li Mingshun and Lin Jianjun (eds.), *Theory and Practice of Women's Human Rights*, (Changchun: Jilin People's Publishing House, 2005), pp. 66 −67.

[2]   See "Raising the Retirement Age: the Japanese Begin to Work on a New Job at the Age of 70", http: //www. liuxue. net/article1/news45517. shtml, last visited 20 July 2010.

retirement age for both men and women is 65 in Spain, the U. S. and Germany, and 60 in Brazil. Currently, the Eastern European countries are raising the retirement age. For example, Poland is planning to raise the retirement age for both men and women to 65 years of age so as to meet the needs of an aging society.

3. 4. 3 The same retirement age for men and women is indispensable for coping with a complicated situation of the ageing of the population. The Research Report on the Trend of Development of the Aging of the Population in China, issued by the Office of the National Committee on the Aging of Population of the Ministry of Civil Affairs in the beginning of 2006, predicts that, with the rapid growth of old-age dependency ratio, the total dependency ratio in China will rise drastically after the year 2030 and eventually exceed 50%. As the problem of the ageing of the population worsens, the number of people dependent on others increases while the number of workers decreases, and a huge gap in the social insurance fund would emerge. Researches show that the main cause for the gap in the pension fund is women's low retirement age, augmenting spending on women retirees. Therefore, the focus of adjustment should be on women's retirement age. The top priority at present is to narrow the gap between the retirement age of men and of women by raising women's retirement age. This will reduce the pension burden of enterprises, increase their competitiveness in international market, and stimulate the growth Chinese economy, so as to provide the elderly with more reliable old-age security. [1]

The ageing of the population has become a global problem in the 21st century. In recent years, UK and other western European countries have been carrying out experiments on rising the retirement age. UK declares in its *White Paper on the Pension System* that it will raise women's retirement age to 65 years old, so as to achieve the goal of implementing the same retirement age for men and women by 2020. The phasing in of this change began in 2010. The state retirement age will be gradually raised from 65 to 68 between 2024 and 2046. [2] Germany had also declared that it would raise the retirement age of both men and women from 65 to

---

[1]   Cong Chunxia, "Analysis of the Impact of the Extension of the Retirement Age on the Gap in the Old-Age Insurance Fund", http://news. xinhuanet. com/theory/2009 − 12/10/content _ 12617153. htm, last visited 12 January 2013.

[2]   Wu Huiqiong, "A Brief Introduction to the Reform of the Pension System in UK", http://qkzz. net/article/51b52cfd −6700 −44c3 −b5e3 −672a67263954_ 2. htm, last visited 12 January 2013.

67 by the year 2011. [1] The Spanish government recently adopted a proposal to raise the retirement age from 65 to 67, so as to ensure the sustainability of the public pension system. According to the government's plan, the implementation of the reform will begin in 2013: the retirement age will be raised by two months each year, until it reaches 67 by the year 2025. [2] Asian countries are also adjusting the retirement age. Singapore has set the long-term goal of raising the retirement age from the current 62 years old to 67 years old. South Korea announced recently that it would raise the normal retirement age from 60 to 61 in the year 2013. Thereafter, the retirement age will be raised by one year in every five years until it reaches 65. [3] In Japan, the Elderly Employment Stabilization Law is implemented to ensure that old people who are willing and able to work can be employed until they reach the age of 65 whereas under the old law they must retire at the age of 60.

To conclude, although the practice of shortening women's length of service merely on the ground of current employment pressure seems to be able to uphold the interest of the majority of women and contain the employment pressure on society in the short run, it nonetheless fails to embody the interest of a minority group of women who demand the same retirement age for men and women. In the long run, however, as the analysis of this article has shown, the system of early retirement of women is apparently not conducive to the long-term and promotion of women and comprehensive development of society?

IV. Suggestions: Retirement Policy should Strike a Balance between the Interests of Different Groups of People

The supporters of the same retirement age for men and women are mainly people with higher education and engaging in brain work in government organs, mass

---

[1]   Cong Chunxia, *supra* note [1].

[2]   "Positive Measures Taken by South Korea and Spain in Response to the Prominent Problem of the Aging Population", http://www.older99.com/html/news/5020.html, last visited 12 January 2013.

[3]   Ding Kai, "Will the Retirement Age Be Raised to 65 Years Old?", http://news.sina.com.cn/o/ 2008-11-09/111614702290s.shtml, last visited 12 January 2013.

organizations, colleges and universities, research institutes, and other enterprises and public institutions. Women belonging to this group have higher educational background. Most female civil servants, researchers, and middle and senior managerial personnel of enterprises and public institutions have bachelor's degree and the number of those who have master's or doctoral degree is growing steadily. They demand the same retirement age for men and women and hope to extend their length of service for different reasons, such as the love of their work, pursuit of self-development, need for higher income, etc. But they have one thing in common: they are competent for their work and able to continue to do their work. With the steady growth of the number of women of higher educational background, the percentage of women in middle and senior management and among researchers will also increase correspondingly. As a result, the demand for the same retirement age for men and women will become ever stronger.

Faced with such a serious situation, if the government refuses to take into consideration the interests and demands of this group of people and continues to implement unreasonable provisions on retirement age, it will affect negatively women's enthusiasm for participating in the construction of the country and making contribution to society. Notably, it will also hinder a harmonious development of men and women and the realization of social justice. The author of this article therefore suggests that the relevant government departments, in making policies on retirement age, should be proactive and forward thinking, give full and comprehensive consideration to the demands of different groups of people and at different levels, and adopt elastic and step-by-step approach towards the issue of the same retirement for men and women.

4.1 The elastic retirement system-While adhering to the principle of the same retirement age for men and women, the "elastic retirement system", remains "elastic" in the following three ways: First, on the basis of the retirement age proposed by the state, each industry may determine a reasonable retirement age for its own employees in light of the nature of the industry. Different industries may have different retirement age while the men and women in the same industry should have the same retirement age. Second, an individual employee should be allowed to choose freely between retiring at a fixed retirement age and retiring at a fix working age (i. e. to retire after the employee has worked for a fixed number of years). In the latter case, the fixed working age should be the same for men and women. Third, under the legal framework for the same retirement age for men and women in the same industry, an optional retirement age, which is 1 – 5 years earlier than the legal retirement age, may be negotiated between an employee and his or her work unit, in light of the health condition, length of service, educational background, and the professional title of the employee. Such negotiation could only be initiated by the employee so as to prevent the imposition by the employer of early retirement on the employee. Such a system can reflect the principle of social justice, at the same time striking a balance between the interests and wills of different individuals within a same social group.

4. 2 The step-by-step approach-A "step-by-step" approach to the system of the same retirement age may be adopted with a view of the prescribed time of implementation and different groups of people in different industries. First, the step-by-step approach in terms of the time of implementation means to raise gradually the retirement age to a predetermined target within a given period of time For example, to raise gradually women's retirement age to 60 years old within the ten year period and, say, from 2010 to 2020. This approach, also adopted by many foreign countries, is feasible because it makes the changes more acceptable to people by allowing them to have a psychological expectation of the change in advance and providing them with a period of adaptation. Second, within the step-by-step approach in terms of different groups of people in different industries the first step is to implement the same retirement age for men and women among civil servants. Currently the necessary conditions have already been created in China for the implementation of the same retirement age for men and women among civil servants. The Detailed Rules for the Implementation of the Civil Servant Law, to be adopted in the near future, should specifically provide, "A system of the same retirement age for men and women shall be implemented among civil servants" so as to embody the will of female civil servants, create necessary condition for the full participation of women in political affairs, and set a good example for other industries. The second step is to implement the system of the same retirement age for men and women in industries or fields with a large proportion of brainworkers, such as scientific research, medical care, education, and management. This step is in fact the continuation of the existing policies and will contribute to balancing of the interests of different groups of people and to a reasonable allocation of human resource of society. The final step is to implement

the system of the same retirement age in all industries and sectors, which is the ultimate objective of the system of the same retirement age for men and women, as well as an inherent component of the construction of a socialist harmonious society.

(Translated by Bi Xiaoqing, proofread by Li Xixia)

China Needs a Social Relief Law
for the Victims of Domestic Violence

Liu Yandong [*]

In accordance with the legislative plan of the Standing Committee of the National People's Congress, the drafting of a Social Relief Law was basically completed in the second half of the year 2010 and would soon enter into deliberation procedure. The law was drafted with an aim at safeguarding citizens' basic livelihood and promoting social justice, which would make it a pillar of the social security law in China. It would also constitute the legal basis for citizens who are unable to support themselves or face major temporary difficulties as a result of sudden major mishaps, to seek relief and services from the state and society, so as to maintain their basic livelihood. Victims of domestic violence who become homeless also need temporary social relief and the protection of law, since they are also in a disadvantaged position and distressful situation.

I. The Current Social Relief Legal System in China
and Its Deficiencies

Currently, China has already established a social relief system that covers both urban and rural residents. The primary components of this system are urban and rural subsistence allowance, the "five guarantees" in rural areas, disaster relief and medical relief, with temporary relief as a supplement; they are linked with and

---

[*] All-China Women's Federation.

complementary to various special relief systems, such as the low-rent housing system, educational assistance system, and legal aid system. [1] In stark contrast with the rapid development of social relief system, the development of the legal system of social relief in China lags behind, resulting in the lack of necessary legal norms for social relief work. This is especially true for legal regulation of temporary relief. The main manifestations of such deficiency are the followings:

First, there is no special law on social relief. Currently, the provisions on temporary social relief in China are mainly included in the Measures for the Administration of Relief for Vagrants and Beggars without Assured Living Sources in Cities (hereinafter as the Measures). The Measures, adopted by the State Council at its 12th executive meeting in June 2006, provide that the people's governments at the county level and above shall set up relief stations for vagrants and beggars, where necessary. The relief provided to vagrants and beggars by the relief stations is a temporary public measure. In the same year, the Ministry of Civil Affairs promulgated by Order No. 24 the Implementation Rules for the Measures for the Administration of Relief for Vagrants and Beggars without Assured Living Sources in Cities. They contain concrete stipulations on temporary relief to persons who cannot afford board and lodging by themselves, have no relative or friend to rely on, enjoy no minimum living guarantees in cities or the five guarantees (food, clothing, medical care, housing and burial expenses) in rural areas, and are roaming about and begging in the cities every day. Furthermore, the Ministry of Civil Affairs has also promulgated the Basic Norms on the Administration of Relief Agencies, which regulate the work of agencies that provide temporary social relief to vagrants and beggars. As far as legislative hierarchy is concerned, the above provisions are either administrative regulations or ministerial rules promulgated respectively by the State Council or ministries or commissions under it, or jointly issued by several government departments. With inherently limited legal effect, they are inappropriate to realise the law-based operation and standardized administration of temporary social relief.

Second, the current provisions on temporary relief are incomplete. According to the Measures, the recipients of temporary social relief are "vagrants and beggars

---

[1]   "Ministry of Civil Affairs: A Social Relief System Covering Both Urban and Rural Areas Has Been Basically Established in China", in *People's Daily*, 7 January 2009.

without assured living sources in cities". And the Implementation Rules for the Measures further define these people as "persons who cannot afford board and lodging by themselves, have no relative or friend to depend on, enjoy no minimum living guarantees in cities or the five guarantees (food, clothing, medical care, housing and burial expenses) in rural areas, and are roaming about and begging in the cities every day". Crucially, according to the above-cited provisions, the scope of the recipients of temporary social relief is very narrow, limited only to vagrants and beggars. In reality, however, many more people and families need temporary relief. For example, the victims of natural disaster who face temporary difficulties in maintaining their basic livelihood; old people, women and children who become homeless as a result of domestic violence or other forms of personal harm or threat; families whose household per capita income is higher than local minimum income standard, and who, therefore, are not covered by subsistence allowances system and other special social relief system, but face temporary difficulties in maintaining basic livelihood because of sudden and temporary mishaps, such as serious illness and disability of a family member, etc. The measures of social relief should also apply to these persons.

As far as its content is concerned, temporary social relief measures provided for in the current regulations mainly include: 1) provision of food in conformity with the requirements on food hygiene; 2) provision of a lodging place that meets the basic conditions; 3) in case a recipient suddenly suffers from an acute disease in the relief station, sending the person to hospital for treatment; 4) helping the recipient to get in contact with his relatives or work unit; 5) in case the recipient has no money to pay for his return to his domicile or work place, providing him with a travel certificate. In practice, the provision of temporary shelter and the distribution of relief fund and materials are also an important element of temporary relief measures.

Third, there are inconsistencies between local regulations on temporary relief of different localities, which is not conducive to the protection of lawful rights and interests of the recipients of relief. Although China has no unified law on social relief and the existing provisions on temporary relief still need improvement, many local regulations on temporary relief have been adopted by various local governments in accordance with the principle of "working for the convenience and benefit of the people", in order to provide temporary relief to urban residents within their respective administrative areas facing sudden or temporary difficulties in

life. For example, the Government of Beijing Municipality issued in 2005 the
Notice on Issues Relating to Further Standardizing the Temporary Relief System,
which provides that: (a) Relevant social relief agencies should provide temporary
relief to urban and rural recipients of subsistence allowance who, after receiving
special medical or educational assistance or disaster relief, still have difficulties in
maintaining basic livelihood, or to low-income people who are not eligible for
subsistence allowance because their family income is higher than the minimum
standard, but still face real difficulties in maintaining basic livelihood; (b)
Emergency situations that are not covered by existing relief programmes but have
serious impact on low-income people, such as the lack of heating in harsh winter,
can be also covered by the scope of temporary relief; (c) Rural recipients of
subsistence allowance who suffer from common or chronic diseases, are not covered
by local cooperative medical care and have real difficulties in maintaining basic
livelihood may apply for temporary relief; (d) Urban recipients of subsistence
allowance can also seek temporary relief, provided they cannot enter into medical
relief procedure because they cannot afford paying the part of expenses to be born
by themselves due to financial difficulties. In 2010, the Government of Xintian
County, Yon Zhou City in Hunan Province promulgated the Provisions on
Temporary Relief Work guaranteeing temporary relief to the following persons:
(a) People who face temporarily difficulties in maintaining basic livelihood as a
result of flood, draught, hail, fire, wind and other natural disasters; (b) People
whose basic livelihood is affected by diseases and accidents; (c) Households
enjoying the " five-guarantees" and households enjoying the minimum living
guarantee, who are suffering from seasonal food shortages, and other impoverished
households in need of temporary relief.

Fourth, the current provisions on the relief to victims of domestic violence lack
operability. In July 2008, the All-China Women's Federation, Publicity
Department of the CPC Central Committee, Supreme People's Procuratorate,
Ministry of Public Security, Ministry of Civil Affairs, Ministry of Justice, and the
Ministry of Health jointly issued a policy document " Several Opinions on
Prevention and Prohibition of Domestic Violence". It foresees (for a change!)
that relief management agencies under civil affairs departments may carry out
domestic violence-related relief work, accept requests for relief made by victims of
domestic violence, and provide them with shelter and other temporary relief;

where conditions permitting, a mechanism should be established for the cooperation between civil affairs departments, judicial administration departments, health departments and women's federations, so as to provide victims of domestic violence with legal services, medical treatment, and psychological counselling while giving them a shelter. However, the Opinions do not specify the scope of application as regards the victims of domestic violence in terms of severity of domestic violence, agencies responsible for providing the relief, working procedure, time period, content, and method of relief.

As far as local regulations are concerned, currently, a total of 27 local governments have already adopted local regulations or other normative documents against domestic violence. Most of these regulations provide for social relief for the victims of domestic violence. For example, the Provisions of Xinjiang Uygur Autonomous Region on Prevention and Prohibition of Domestic Violence, adopted in November 2008, explicitly foresees that victims of domestic violence can directly seek shelter and temporary relief from the nearest relief agency established by local civil affairs department. The Decision of the Standing Committee of the People's Congress of Heilongjiang Province on Prevention and Prohibition of Domestic Violence, adopted in June 2003, provides that, where conditions permitting, people's governments at the municipal or county level shall establish relief stations to provide relief to victims of domestic violence. The Regulations of Inner Mongolia Autonomous Region on Prevention and Prohibition of Domestic Violence, adopted in April 2006, provide that people's governments at the county or higher level shall, in light of the actual local conditions, establish or designate shelters for victims of domestic violence and support such shelters with necessary funding. Generally, the local regulations in this respect also have the problem of lack of operability and specificity.

As an effective supplement to the minimum subsistence guarantee system, special relieves system, and the social mutual assistance system, temporary relief system is playing an important role in alleviating the difficulties people face due to various kinds of sudden mishaps. The legal status and the connotation of temporary relief, as a form of social relief, urgently need to be specified through legislation.

II. Basic Values and Aims of Social Relief

Typically, the recipients of social relief are members of disadvantaged groups who are unable to maintain a basic living standard for themselves and their families by relying on their own ability and therefore need support and assistance from the state and society. ① Because of such factors as gender and physical strength, victims of domestic violence are mainly women. Although many of them do not face difficulties in maintaining basic livelihood or do have source of income, the basic values and aims of social relief embodying humanism and state responsibility require the state and society to provide them with relief.

2.1 Human Rights Protection

Social relief, as the first social welfare institutional arrangement in human history, aims at assisting disadvantaged social groups and guaranteeing minimum living standard to all members of society. Therefore, social relief is often regarded as the last line of defence of social security that provides a minimum guarantee of basic livelihood for all members of society. As such, social relief reflects the idea of human rights protection and state responsibility.

Social relief first and foremost embodies the idea of human rights protection. According to human rights theory, human rights include the right of existence and the right to development. The right of existence is the starting point of all other human rights. ② The advocates of liberal natural law theory in modern history regarded the right of existence as the highest and most fundamental among various natural human rights. They held that the right of existence is based on human natural instinct of self-preservation. Every species of animal in the natural world try its best to preserve itself. Understandably, as a rational animal, the human being is of course no exception. Whether in developed or underdeveloped societies, physiological needs and the need for safety are the basic needs of members of society. Consequently, it is a fundamental right for a citizen to receive medical assistance when he is ill, to get the necessary food when he is hungry, or to be given timely help when he is affected by natural disaster, or subjected to violent attack or threat.

Development is the necessary requirement of existence. The fact that the right of

---

① See Zhao Shulan and Lu Huaju, "Trend of Development in Social Relief", *Journal of Social Work*, No. 9, 2007.

② Han Depei (ed.), *Theory and Practice of Human Rights*, (Wuhan: Wuhan University Press, 1995), pp. 364 and 380.

existence involves only the minimum living standard implies the possibility of development. The Declaration on the Right to Development adopted by the UN General Assembly in 1986 points out, : "The right to development is an inalienable human right by virtue of which every human person and all peoples are entitled to participate in, contribute to, and enjoy economic, social, cultural and political development, in which all human rights and fundamental freedoms can be fully realised." When social development reaches the stage of being able to create conditions for the basic survival of human beings, people begin to demand for more than survival ability, which no longer stays at the level of mere "subsistence", but has reached the level of "the quality of life". In this case, it is necessary to protect the right of existence not only in the sense of "subsistence", but also in the sense of "the quality of life". According to the spirit of the International Covenant on Economic, Social and Cultural Rights, the *de facto* inequalities in living conditions due to social and historical constraints and inherent personal differences demand the state to adopt measures to intervene, regulate and provide assistance, so as to eliminate such inequalities and ensure that everyone can equally enjoy higher living standard brought about by social development. "The right of everyone to the enjoyment of the highest attainable standard of physical and mental health" and "the provision for all, particularly persons in low income groups and large families, of adequate housing and community services" reflects the functions and objectives of the legal system of social relief. [1]

2.2   State Responsibility

The state has the responsibility to provide relief to citizens who are in financial hardship or faced with sudden and major difficulties. According to the theory of social contract, "people establish a state by social contract to safeguard their rights and to seek greater happiness ··· public welfare is the highest principle of social contract." [2] The purpose of entering into a social contract aims to pursuit a social condition of freedom and equality, "to find a form of association which will defend

---

[1]   See Article 11 of the International Covenant on Economic, Social and Cultural Rights, http: // www. un. org/chinese/hr/issue/esc. htm.

[2]   Нерсесянц, В. С, *Political Theories in Ancient Greece*, Chinese edition (translated by Cai Tuo), (Beijing: The Commercial Press, 1991), p. 206.

and protect with the whole common force the person and goods of each associate". ① People confer power on the state and the government for the purpose of maximizing the protection and realization of their rights and interests. The state and the government are seen as the trustees of people's personal and property safety. Individuals who are unable to protect their own life or safety or to maintain the minimum living standard have the right to demand relief from the state and the government, whereas the latter have the obligation to safeguard the rights and interests of the former.

According to the theory of justice, "all social primary goods—liberty and opportunity, income and wealth, and the bases of self-respect—are to be distributed equally unless an unequal distribution of any or all of these goods is to the advantage of the least favoured". ② In other words, in designing the distribution system, the state must ensure the realization of the maximum interests of the least favoured. For this purpose, the state must ensure through institutional arrangement that individuals born into low-income families have the same profit-making opportunity as those born into rich families. With the progress of society, the concept of justice is increasingly taken as a moral criterion for evaluating social system, as well as the primary value of social system.

From the point of view of modern state theory, the modern state should be a democratic state, representing the interest of all members of society, i. e. , the general public interest. While citizens must fulfil their obligations to the state, the state must also deliver its corresponding obligations to citizens, including the obligation to protect and realise the right of existence and the right to development, which are two of the fundamental rights of citizens. Being an intangible form of organized existence, society does not directly control various resources; it can only provide limited protection to citizens' rights or relief to the poor. Conversely, the state possesses the monopole of coercive power and huge resources, which form a strong basis for the intervention in the redistribution of national wealth and for the provision of relief to the poor on behalf of society. "A state is formed as a gathering of people. The government is organized by the people and for the people. When

---

① Jean-Jacques Rousseau, *The Social Contract*, Chinese edition (translated by He Zhaowu), (Beijing: The Commercial Press, 2002), p. 23.

② John Rawls, *A Theory of Justice*, Chinese edition (translated by He Huaihong et. al.), (Beijing: China Social Sciences Publishing House, 1989), pp. 302 −303.

people are in difficulties, the government should provide relief and when people have needs, the government should satisfy them—this is what a wise and able government should do. "[1] Currently, social relief in most countries is seen as a state act and a bounden duty of the government; to receive necessary social relief is a legal right of an individual, which reflects the level of development of social civilization.

III. Theory and Practice of Temporary Social Relief

Temporary social relief refers to the system of providing non-scheduled and non-fixed-amount relief to families or individuals who are faced with temporary difficulties in maintaining their basic livelihood as a result of various special circumstances. It is a supplementary relief measure targeting the people faced with difficulties in their life but are not covered by any of ordinary social relief systems. The main differences between temporary relief and ordinary social relief are the followings:

First, recipients of relief are different. The recipients of ordinary social relief are members of society who face difficulties in maintaining their livelihood in their daily life. Usually, families or citizens can receive relief money or material from the social relief system only when they are unable to maintain the minimum living standard for some social, physiological or psychological reasons;[2] whereas the recipients of temporary relief are those who are outside the coverage of the minimum living standard system and other special relief systems, but are faced with temporary difficulties in maintaining basic livelihood for some special reasons, mainly including those whose living standard is bordering the minimum living standard, those who have already been covered by the minimum living standard system and other special social relief systems but for some special reasons still face temporary difficulties in maintaining their livelihood, and other persons identified by the government as having special difficulties. In a nutshell: the recipients of temporary relief do not lack the ability to support themselves. They need social relief only because they are

---

① Chen Lingyun, *Social Relief in Modern States*, (Beijing: The Commercial Press, 1937), Preface by Xu Shiying, p. 1.

② See Wu Tao, "Basic Characteristics of Social Relief", *Disaster Reduction in China*, No. 5, 2007.

faced with sudden difficulties that are beyond their ability to cope with.

Second, relief procedure is different. Social relief is not a general social welfare. A set of strict institutions and procedures must be established instead, in order to determine through specialized examination whether an applicant for social relief meets relevant requirements. Typically, there will be a set of legal procedures called "household means-test" to examine the income level of the applicant. ① However, under the market economy, a well-off family may suddenly get into financial difficulties because of the risks and uncertainties of the market itself and therefore become recipient of social relief. Such sudden changes demand that the procedures of relief work be strict and standardized on the one hand, and avoid as much as possible over-complication and tediousness on the other hand, so as to be in line with the spirit of temporary relief work, namely, "helping people in difficulties or in an urgent need".

Third, duration of relief is different. Social relief measures aim at safeguarding citizens' right of basic existence. Therefore, they can cease only when the recipients' living standard has reached the minimum living standard or the standard set by social relief laws or regulations. Moreover, the time period for the relief for poor people is longer. In contrast, the time period of temporary relief is shorter: some measures are one-time relief while others are aimed at meeting some emergencies, being temporary and contingent in nature. For example, the emergency relief fund and materials provided by the state and society to citizens who are faced with difficulties in their life as a result of natural disasters. After major difficulties disappear or are overcome, the recipients of relief will be able to live a normal life. Generally speaking, such relieves are all temporary measures aimed at safeguarding citizens' basic livelihood. They are terminated when the difficulties disappear.

Compared with ordinary social relief, temporary relief is more flexible, more convenient, speedier, and closer to people's actual life. Its purpose is to help citizens to cope with sudden, temporary and major difficulties, which mainly include natural disasters and serious illnesses, but may also include other unpredicted difficulties and obstacles. Examples of the latter include the situations of people who

---

① See Ren Zhenxing, "The Concept and Principles of Social Relief", *China Social Welfare*, No. 3, 2003.

become temporarily homeless as a result of serious domestic violence, or woman and child, victims of human trafficking that are rescued but have not yet been able to get into contact with their family and therefore become temporarily homeless, etc. In China, temporary relief is a traditional relief work of civil affairs departments. For a long time, temporary relief system has played an important role in safeguarding the basic livelihood of urban and rural people in special difficulties and in helping them to overcome these difficulties. With the progress of economic and social development, great changes have taken place in both the theory and practice of temporary relief, the connotation and extension of which have been expanding continuously and the coverage of which has extended from basic livelihood at the beginning to today's medical care, education, housing, employment, administration of justice, transportation, funeral and burial, and psychological treatment. In addition, the temporary relief of today has displayed the characteristic of pluralism: different temporary relief systems are administered by different government agencies; sometimes, the implementation of one social relief system requires the participation by many different government agencies. ①
Therefore, it is both feasible and necessary to adopt new legislation to define clearly the content and extend the coverage of the temporary relief system.

IV. Victims of Domestic Violence Need Temporary Relief

Domestic violence takes place in all countries and at all historical stages, since it is as a global phenomenon historically transcending economic and cultural forms. Although it occurs only between members of a family, domestic violence involves many aspects relating to the individual, family and society, and has deep historical, cultural, and social roots.

4.1   Providing Relief to Victims of Domestic Violence is a Responsibility of the State

As far as its origin is concerned, domestic violence is rooted in man's warship of

---

① See Wang Sibing, "Development of Social Relief System in China during the Period of Transition", *Journal of Literature, History and Philosophy*, No. 1, 2007.

violence. ① When civil society was formed, men agreed that only public institutions should exercise public violence fearing the abuse of violence. At the same time they nonetheless retained for themselves some violence-domestic violence based on intimate relationship: unlike violence occurring in the public sphere, violence occurring in the private sphere of family would not incur retaliation from others. Domestic violence is tolerated to a large extent by family members because of kinship or intimate relationship between the perpetrators and the victims. More notably, because of the differences in physical strength and economic and social status, domestic violence committed by husband against wife or by parents against their minor children would not often be met with direct resistance. Based on the dichotomy between public and private spheres and the idea of the sacrosanctity of the private sphere, law had in effect placed domestic violence outside the reach of public power, resulting in the separation of victims of domestic violence from state relief—a situation that remains mostly unchanged even today. ②

The feminists argue that domestic violence originates from the power and control exercised by men over women, ③ because, in reality, domestic violence seems always to be a kind of gender-specific violence: the majority of the victims are women and the majority of the perpetrators are men. Notwithstanding the differences in physiology and physical strength between men and women as a direct cause, domestic violence is more of a "structural violence", reflecting a traditional patriarchal attitude of society and family, including unequal economic and political status of men and women in society. Due to historical, social and physiological reasons, the majority of the victims of domestic violence are women, children and the elderly; all of them are disadvantaged groups in terms of possession of resources and social status. From the perspective of fairness and justice, to provide relief to the victims of domestic violence reflects state's fulfilment of its obligation.

It is exactly because domestic violence has deep historical, cultural and social roots that the combat against domestic violence and the provision of assistance to victims of domestic violence are in fact an inherent responsibility of the state and

---

① See Zhou Anping, "Jurisprudential Analysis of Domestic Violence", *Journal of Nanjing Party Institute of CPC*, No. 6, 2005.

② Supra note ①.

③ Huang Lie, "Theoretical Studies on Domestic Violence", *Collection of Women's Studies*, No. 3, 2002.

society. With the development of society and the progress of civilization, more and more countries have taken initiatives to provide relief to victims of domestic violence as fulfilment of their obligations, for the purpose of protecting human rights and achieving fairness and justice. The 2005 Chinese Law on the Protection of Women's Rights and Interests also clearly provides that prevention and prohibition of domestic violence is a responsibility of the state. Public security, civil affairs department and health department must try their best in the work of fighting against domestic violence within their respective competences. Although this law does not specify further concrete obligations of the state and of civil affairs and other relevant departments of the government with respect to the prevention and prohibition of domestic violence, the law undoubtedly legalises the principle that victims of domestic violence have the right to receive relief from the state and society.

4.2   Domestic Violence Constitutes Major Temporary Difficulty for its Victims

As already said, domestic violence is a kind of violence that occurs within a family. Compared to other forms of violence, it has some special characteristics. Firstly, it occurs exclusively between members of a family. According to the Chinese law, the term "family members" refers to relatives who live together in a family and have a relationship of rights and obligations among them, such as husband and wife, parents and their children, brothers and sisters, grandparents and grandchildren, mother-in-law and daughter-in-law. The victims of domestic violence are mostly women, children and the elderly because of their weak physical strength, lower social status and other factors. Secondly, domestic violence is often not known by people outside the family. Since domestic violence occurs within a family, it is difficult for the relevant departments to find out, intervene and provide relief to the victim. The Chinese people, influenced by the traditional idea of "not to wash one's dirty linen in public", regard domestic violence as a private family matter. In consequence, victims of domestic violence are often reluctant to seek social or legal assistance and have no choice but to conceal the fact and pretend to be happy. Thirdly, domestic violence can take many different forms. The most typical form is physical violence, such as beating, binding, and restriction of personal freedom. According to the relevant judicial interpretations in China, domestic violence is limited to physical violence and the mental injury resulting from physical violence.

Crucially, domestic violence is by no means an exceptional phenomenon. It can happen in any family and is not wholly affected by such factors as economic condition or level of education. ① Woman victims of domestic violence often do not belong to the group of people who have encountered major financial difficulties in their life and, therefore, are not eligible under current regulations for social relief, which apply only to people who are living below the minimum living standard. However, this does not mean that they do not need relief. Domestic violence brings difficulties and pressure on victims, who are often forced to leave their homes where violence occurs, so as to protect the personal health and safety of themselves and of their family members.

Relevant researches show that a woman should leave the place of violence when she is subjected to domestic violence for the first time. Otherwise, her inaction will be seen as tolerance to domestic violence and she will be subjected repeatedly to such violence. Moreover, it is more effective for stopping domestic violence if a woman decides to leave the abuser after she is subjected to abuse for the first time than if she decides to do so after being repeatedly abused. ② However, where can a woman go after leaving the home where she is subjected to domestic violence?

Usually, the persons a woman would first turn to after being subjected to domestic violence are relatives and friends, who are an important component of the informal support system for victims of domestic violence. However, when it comes to family-related matters, relatives and friends are often not able to adopt a sufficiently reasonable or firm attitude; they often have biased opinions on issues relating to the role of man and woman in family or the balance between marriage, family and the rights of the individual. Especially in China, people are influenced by the traditional culture of "rather to pull down a temple than to break up a marriage". When they are asked for support, the first thing they try to do is to reconcile the perpetrator and the victim of domestic violence, demanding compromise from both sides, rather than to make a clear distinction between right

---

① See Yang Qingsong and Deng Keping, "The Current Situation and the Prevention and Control of Domestic Violence: Taking the Area of Guangzhou as Example", *Law Review*, No. 1, 2002.

② Liu Ming, "Domestic Violence from Women's Perspective", in *China Women*, 3 December 2001.

and wrong, and seek punishment of the perpetrator. They tend to simplify the issue of domestic violence, regard it as a common matter of family conflict, and play down the unlawfulness of domestic violence. As a result, many victims of domestic violence are unable to get timely and effective support from relatives and friends. They often find themselves in a situation of isolation and helplessness and have to endure misunderstanding, indifference, ridicule and other social pressures. This is not conducive to the protection of the lawful rights and interests of the relevant parties and constitutes connivance in and tolerance of domestic violence.

Actually, extreme acts of domestic violence can endanger the safety and health of not only the victims of domestic violence, but also of relatives and friends of the victims. Unable to get any help or support from the relatives and friends, some victims of domestic violence have no choice but to run away from their home or even answer violence with violence and end up committing crimes. Therefore, social relief to victims of domestic violence, providing them with food and shelter, helping them to find a job, giving them vocational training and advices, and especially helping them to re-establish self-respect, is of great importance to protecting their basic rights and interests, safeguarding their personal safety and health, soothing their souls and helping them overcome their actual difficulties. Meanwhile, social relief can also provide a buffer zone between the victim and the perpetrator of domestic violence, so as to avoid greater harms or vicious incidents.

4. 3   Practical Experiences in Temporary Relief to Victims of Domestic Violence

Establishing shelters for and providing relief to victims of domestic violence are two of the common and effective measures taken by countries throughout the world when preventing and prohibiting domestic violence. The first "women's shelter" in the world was established in London in early 1970s. After that, similar women's shelters were established in the U. S. , Canada, the Netherlands, and Switzerland. In 1985, the Social Welfare Society of Hong Kong, with the financial support from the Hong Kong Government, established the "Harmony House" which provides shelter to women victims of domestic violence.

In recent years, civil affairs departments under various local governments in China have also carried out useful experimentations on providing relief to victims of domestic violence. For example, in April 1999 the Women's Federation of

Xiaogan City in Hubei Province established the Shelter Centre of Xiaogan City for Woman and Child Victims of Domestic Violence. In November 2001, the Women's Federation of Xiaogan City established a shelter station for women and, on the basis of the station, set up the "Green Shade" Women and Children's Shelter Centre of Xiaogan City. The staff members of the Centre include medical personnel, specialized psychological consultants and psychotherapists, legal professionals, and social workers.[①] The Centre provides necessary shelter to victims of domestic violence and guarantees their basic livelihood while legal-aid institutions provide them with legal aid.

On June 12, 2003, the Women's Federation and the Civil Affairs Department of Xuzhou City in Jiangsu Province established jointly the Xuzhou Shelter Centre for Victims of Domestic Violence. The Centre is run by the Relief Management Station of Xuzhou City-a social welfare institution affiliated to the Civil Affairs Bureau of Xuzhou City. The Centre has established the Department of Rights and Interests, Publicity Department, Logistic Department, and the General Office. It is responsible for receiving visits by victims of domestic violence, conducting investigations on domestic violence, protecting the rights of and providing legal aid to victims of domestic violence; raising the anti-domestic-violence public awareness, providing psychological counselling to victims of domestic violence, organizing various kinds of public interest activities; providing victims of domestic violence with room and board, medical treatment, and other logistic services; and for carrying out daily administration of the Centre. The social feedback of the Centre's work has been very favourable.

V. Conclusion

The above discussions show that it is practical, feasible as well as urgent for China to adopt a Social Relief Law, so as to transform existing local experiences in social relief work into legal provisions and to bring victims of domestic violence under the coverage of the system of social security law. Such a law would be of great importance to safeguarding citizens' personal rights and interests and to promoting

---

① See Zhang Jian, "Domestic Violence: Legal Regulation and Social Relief", *Journal of Shandong Women's College*, No. 4, 2004.

domestic peace and social harmony. The author of this article suggests that the future Social Relief Law contain a special chapter on "Temporary Relief", which should, among others, lay down that the state establishes a temporary relief system to provide temporary shelter and relief to families and individual who are faced with major temporary difficulties in maintaining basic livelihood. Civil affairs departments of people's governments at the county level should provide such temporary shelter and relief.

(Translated by Li Xixia)

The Analysis of Older Women's Economic Security in China

Yang Hui[*]

Background

With the process of continuous aging of the population in China, the number of older people is constantly increasing. Statistics show that, from 2010 to 2030, the number of Chinese people aged 60 or older will increase from 173 million to 348 million; from 2010 to 2032, the proportion of the aged will increase from 12. 7% to more than 25% of China's total population. [1] That is to say, both the number of older people and the level of aging population will double in 22 years. In the next 23 years, the number of older people aged 60 or older will increase 9. 25 million per year, including older women 4. 85million, accounting for 52. 42 per-cent. [2] This indicates that feminization trend is noticeable in the process of aging population.

Compared to either the older men of the same age or the women of younger age, the large number of older women are in a disadvantaged position in the allocation and possession of social resources, which makes older women's issue now

[*] The Women' Studies Institute of China of All-China Women's Federation.

[1] See Du Peng, Zhai Zhenwu, and Chen Wei, "Development Trend of Population Ageing in China over the Next 100 years", *Population Research*, No. 6, 2005, p. 91.

The data is calculated based on the information from "Future population Trends in China: 2005 — '50" by Chen Wei, in *Population Research*, No. 4, 2006, p. 94.

become a core of older people's problem.[1] Many scholars have carried out extensive research on the older women related issues: Yao Yuan and Mi Zhi had come to the conclusion that the older women had the lowest economic status based on the findings from the 2000's sample survey on older population in urban and rural China;[2] in respect of source of livelihood, Jia Yunzhu held that either in urban area or in and rural area, the older women had a higher degree of dependence on their family members than older men in the same areas;[3] as for older women who received pension income, Chen Weimin and Li Ying analysed the reasons for their low pension income from the perspective of years of contribution and women retirement age;[4] based on the survey findings on older women's living conditions in one hundred villages of Jilin province Wang Jing concluded that single aged women and widow aged women had a higher degree of poverty than others.[5] All of the above-quoted research findings are critically relevant in that they help us understand fully the situation of the economic security for older women in China.

However, most of the above-mentioned researches on older women focus on such areas as femaleology, sociology, demography, and gerontology,[6] only a few of them are specialized in the systematic study on older women's economic security. This is neither conducive to the further understanding of the causes for problems of older women's economic security, nor beneficial for providing targeted policy recommendations to the government. Therefore, this paper aims to study the

---

[1] See Yao Yuan and Mi Zhi, "The Importance of Resolving the Problems Related to Older Women from a Perspective of Building a Harmonious Society", *Collection of Women's Studies*, Supplement, 2005, p. 59.

[2] Supra note [1], p. 60.

[3] See Jia Yunzhu, "An Analysis of Older Women's Economic Status in China", *Zhejiang Academic Journal*, No. 1, 2007, p. 210.

[4] See Chen Weimin and Li Ying, "The Impacts of the Retirement Age on the Sexual Difference in Old-age Pension Among China's Urban Employees", *Collection of Women's Studies*, No. 1, 2004, p. 30.

[5] See Wang Jing, Zhao Ying, and Liu Yanji, "Reflection on the Feminization of Aging Population and Elder Women's Living Conditions—An Analysis Based on the Survey Findings on Elder Women's Living Conditions in One Hundred Villages in Jilin Province", *Journal of Northeast Normal University* (*Philosophy and Social Sciences*), No. 3, 2010, p. 173.

[6] See Zhou Yun and Liu Yuzhi, "Summary of Research on Elderly Women", in *Almanac of Chinese Women's Studies* (2001 −2005) by Liu Bohong (ed.), (Beijing, Social Science Academic Press, 2007), pp. 232 −239.

situation of older women's economic security in the population aging and feminization process from a gender perspective, to explore the causes for the problems related to the older women's economic security, proposing policy recommendations for improving older women's economic security based on the analysis of older women's economic security policies of foreign countries.

I. The Current Situation of Older Women's Economic Security

Based on the sample survey data of 1% population in 2005 and the follow-up survey data of living conditions of urban and rural older people in 2006, to understand fully the problems related to older women's economic security from a gender perspective is of great significance for proposing related policy recommendations. These problems include issues such as low percentage of older women receiving pension income, low income, and less property per capita, a higher degree of economic dependence, a higher level of poverty ratio, and the gap between older women and older man.

1.1   Low Percentage of Older Women Receiving Pension Income

Pension insurance is an important part of the social security system; pension income is a guaranteed source of life for retired people. [1] At present stage, although the pension income of urban older people account for 76. 9 percent of their total income, [2] older women receive lower pension income than older men. The sample survey data of 1% population in 2005 shows that the percentage of older women receiving pension income (56. 9%) only account for 66. 71% of that of older man. [3] Besides, "Even though older women are entitled to receiving the pension income, the level of pension income is lower than that of older men". [4]

---

[1]   See Li Shanshan, "A Preliminary Analysis of Pension Gap between Enterprises and Public Institutions", *Theory Horizon*, No. 7, 2009, p. 146.

[2]   See Zhang Kaiti and Guo Ping (eds.), *Blue book on Population Ageing and the Older People in China*, (Beijing: China Social Press, 2010), p. 85.
Pearson Chi-Square =13483. 20, Asymp. Sig. (2 −sided) =0. 00.
See Yao Yuan and Mi Zhi, "The Importance of Resolving the Problems Related to Older Women in a Perspective of Building a Harmonious Society", p. 60.

1.2　Lower Income per Capita

Yao Yuan and Mi Zhi found that, in 2005, in Beijing $\frac{1}{3} - \frac{1}{2}$ of older women had their cost of living below the minimum standard of living; The urban older women who had no economic income or who had an average monthly income less than 100 CNY accounted for 27% of all older women, whereas this proportion is even higher in rural areas. [1] Together with the social and economic development and continuous improvement of pension security system in China, the pension gap between older women and older men was reduced; however, the older women's average economic income is still less than that of older men's. Take the average economic income in 2005 as an example: urban older women's average monthly income was 963.75 CNY, [2] only accounting for 60.12% of that of older men; furthermore, the rural older women's annual income per capita from family-run small business was less than rural older men's by about 1000 CNY. [3]

1.3　Less Property per Capita

Affected by factors such as property inheritance and property distribution practices, men have a natural advantage in acquiring and possessing family property. Family savings and houses are usually registered under the man' name; as a result, older women's family property rights cannot be effectively protected. The findings of a survey carried out in 2006 shows that, though urban and rural older women and their spouses' home ownership rates were respectively 74.5% and 57.3%, urban and rural older women's home ownership rates would drop to 14.77% and 32.97% respectively in case their spouses died. Without home ownership, widowed older women would easily get into a dependent situations, which possibly not only puts them into a disadvantaged position in family maintenance disputes, but also leads to the cases where some of them were driven out from their house by their children. This would reduce older women's quality of life and seriously

---

[1]　See Yao Yuan and Mi Zhi, "The Importance of Resolving the Problems Related to Older Women from a Perspective of Building a Harmonious Society", p. 60.

[2]　See Zhang Kaiti and Guo Ping (eds.), *Blue book on Population Ageing and the Older People in China*, p. 85.

[3]　See Zhang Kaiti and Guo Ping (eds.), *Blue book on Population Ageing and the Older People in China*, p. 90.

damage their dignity.

Moreover, for older women who do not receive any pension income, if they had saved a sum of money to support themselves during their older age, it should have helped them live an easy life in their old age. However, the findings of the survey carried out in 2006 shows that only 22. 55% of urban older women who do not receive any pension income and 7. 94% of rural old women who do not receive any pension income saved a sum of money sufficient to support themselves during their older age. This was lower than those of urban and rural men by 4% and 9% respectively, and the amount of deposit was far less than that of older men.

1. 4   A Higher Economic Dependence

For the Chinese older women, family members were the main source of support. For instance, in rural areas, 72. 7% of older women rely on their family members for a living. ① In recent years, the proportion of the older women who supported themselves has constantly increased. Nonetheless, in 2008, there were still more than half (52. 3%) of the rural older women and more than one thirds (36. 6%) of the urban older women who relied on family members for support; the proportion of the urban and rural older women who relied on family members for support was more than twice as much as that of the urban and rural older men. ② Older women's higher dependency on family members reduces on one hand their family status and increases economic burden of their family members, on the other, it increases the instability of economic sources of older women. If the family members couldn't provide sufficient financial support to the older women on time, these older women are mostly likely to fall into poverty.

1. 5   A Higher Level of Poverty Incidence

Among the poverty-stricken aged population, the older women's poverty incidence is higher than older men's, due to their low income, less pension, low social status, and low property ownership. In 2005, urban older women's poverty

---

①   See Du Peng and Wu Chao, " The Change in Main Source of Income of Chinese Elderly Population from 1994 to 2004", *Demographic Research*, No. 2, 2006, p. 22.

②   The figures are calculated in accordance with the information contained in the *China Population and Employment Statistics Yearbook 2009* prepared by the Department of Population and Employment Statistics of the National Bureau of Statistics of China.

incidence was 3. 8% , whereas the older man's was only 1. 7% ; [1] this indicated that older women's poverty incidence was 2. 24 times of that of older men. Affected by factors such as low coverage of old- age pension scheme and low security level in rural areas, the older women's poverty incidence in rural areas was up to 4. 3% [2], which was higher than that of urban older people and also much higher than that of rural older men. In addition, in terms of regional difference, the older women in northeast region had higher poverty incidence.

The above analysis shows that the problems faced by the older women, such as low economic security level and security instability, have a great impact on their life quality and social status. Consequently, the question to pose is the following: What are the causes for the problems related to the older women's economic security?

II. The Causes for Problems Related to Older Women's Economic Security

In the past few decades, older women's family and social life mostly has been part of a gender inequality environment; in particular, their gender disadvantage in education and employment has made it difficult for them to got jobs with regular payment. [3] Previous research has shown that, for most people, economic conditions tend to have consistency in their life; people who had low income in youth and middle age would continue to face poverty problems in old age; [4] thus, this disadvantage in the life of older women can have accumulative effects on them, which will make them fall more easily into poverty. Therefore, the study of gender difference in older people's economic security needs to address the following two issues: on one hand, the gender difference from a perspective of life circle in educational resource accumulation, participation into social work, and the career development in youth and middle age; on the other, the analysis of institutional

---

[1]   See Zhang Kaiti and Guo Ping (eds.) , *Blue book on Population Ageing and the Older People in China*, pp. 121 −122.

[2]   Supra note [1], p. 124.

[3]   See Song Xiaoli, "Elderly Women Have Six Worries", http: //news. qianlong. com, last visited 27 October 2012.

[4]   See NANCY R. HOOYMAN and H. ASUMAN KIYAK, *Social Gerontology*, translated by Zhou Yun et al, (Beijing: China Population Press, 2007) , p. 496.

factors having adverse impact from a gender perspective on older women, such as
retirement system, pension calculation, and survivor support system.

2.1 The Impact of Life Course

2.1.1 *Low educational level*

Affected by traditional ideas such as value of the male over the female, women
have shorter years of education both among youth population and older people.
The sample survey data of 1% population in 2005 shows, among older people who
were aged 60 or older, women without any schooling background accounted for
59.62%, which was 2.45 times of men; and women who received college
education or above accounted for only one thirds of men. [1] High illiteracy rate and
low educational level directly impede women's employment and development.

2.1.2 *Low employment rate in formal sectors*

Due to traditional division of labour in family, women usually do lifelong most of
the housework in the family and take responsibility for the care of family members.
This increases to certain extent women's domestic burden, takes up their social
labour time, and reduces their employment rate in formal sectors. A time-use
survey carried out in 2008 indicates that women spent 143 minutes doing unpaid
work more or less than men every day. [2] If calculated for a period from 15 to 74
years old[3], older women spent 520000 hours doing unpaid work in their entire
life, which accounted for 60% of men's paid work time. Meanwhile, affected by
low educational level, gender discrimination, occupational segregation and
traditional gender stereotypes of breadwinners-homemaker family, women were
often in a disadvantaged position due to their poor labour skills, low occupational
level, and low employment rate in formal sectors.

2.1.3 *Short period of continuous employment*

Because of the traditional gender labour division, notably for care for infants,
women have lower rates of labour force participation into paid work and short
period of continuous employment. Moreover, the retirement policy with women

---

① The figure is calculated in accordance with the information contained in "Table 9 −8: national aged
population by age, gender, education" of the 1% population sample survey in China in 2005."

② See The State Statistic Bureau, *Time Use Survey in 2008*, (Beijing: China Statistics Press, 2009),
p. 84.

③ The age range is 15 −74 years old in the time use survey in 2008.

retiring five years earlier than men directly leads to women' wage income lower than that of men before retiring. In case of a fixed pension replacement rate, their lower wage income in turn results in women's less pension income than men.

2. 1. 4   High percentage of widowhood among older women

Given the population-aging process, the difference in life expectancy between women and men, and the traditional marriage pattern that most women marry men several years their senior have led to a high percentage of widowhood among older women. [1] The percentage of widowhood among older women in urban and rural areas respectively was 2. 84 times and 2. 06 times of those of their male counterparts. [2] Relevant researches have shown that female widowhood is an important cause for families' poverty in general and for women living in poverty, in particular. The incidence of poverty among the aged widows (10. 8%) was 3. 6 times of that among the aged couple[3]. This is in line with the research findings by Wang Jing, who argues that "female widows are relatively poorer and in worse economic condition compared to the whole group of women. "[4] In terms of regional difference, not only was the incidence of poverty among old women in western part of China higher than that in eastern part of China, but also old women's poverty incidence in northeast area was obviously higher than that of old men's.

2. 1. 5   High property loss rate

In China, the Law on the Protection of the Rights and Interests of Women and the Law on the Protection of the Rights and Interests of Old People explicitly provide for that women's and older people's property rights should be protected. However, due to the influence by patriarchal society, including a traditional custom that sons inherit property, sons always inherit house and other property from their fathers when they get married or after the death of their fathers. As a result, when

---

[1]   See Huang Li, "Attentions Should Be Paid to the Older Women's Problem", *Journal of Anhui University* (Philosophy & Social Social Sciences), No. 4, 2007, p. 44.

[2]   The figure is calculated in accordance with the information contained in "Table 9 −5 of the sample survey data of 1% population in 2005. "

[3]   See Zhang Kaiti and Guo Ping (eds.), *Blue book on Population Ageing and the Older People in China*, p. 122.

[4]   See Wang Jing, Zhao Ying, and Liu Yanji, "Reflection on the Feminization of Aging Population and Elder Women's Living Conditions—An Analysis Based on the Survey Findings on Elder Women's Living Conditions in One Hundred Villages in Jilin Province", p. 173.

an older woman's husband dies, not only can she not get her husband's heritage, she also loses her own property rights. Apparently, the traditional inheritance custom in patriarchal society conventions still prevailing makes an important factor, which contributes to low home ownership rates among older women.

2. 2   The impact of Institutional Factors

2. 2. 1   *Women's early retirement age*

In order to provide care and protection for women, China introduced in the 1950s the retirement policy regulating that women retire five years earlier than men. This policy has been in effect until now. In accordance with this retirement system, even if women and men have the same seniority with the same level of wages, this early retirement age for women led to women's pension income losing 17% per month (women's pension income only accounts for 83% of men's). Undoubtedly, the retirement policy that women and men retire at different ages strengthens to some extent gender inequality. [1]

2. 2. 2   *Low level of support for survivors*

The survivors insurance is an important component of pension insurance system. After the insured dies, his/her surviving spouse and other family members who meet required qualifications are eligible for survivors insurance benefits. According to Article 73 of the Labour Law of 1994, the dependents of the labourer who dies shall enjoy, in accordance with the law, benefits provided to these dependents. However, in implementing this provision, the responsibility and the level of benefit vary among different enterprises, sectors, and industries in different areas. [2] This cannot effectively protect economic interests for old widowed women. Furthermore, the Labour Contract Law contains no provision on the survivors insurance, which will additionally affect the enjoyment of financial entitlements by the old widowed women. Under such a situation, many enterprises and public institutions evade their responsibilities for providing survivors insurance benefits to the dependents of their own deceased labourer by using a "reasonable" excuse that the current law says nothing on the survivors insurance.

---

[1]   See Peng Xizhe, "Social Policy and Gender Equality—Take China's Pension System as an Example for the Analysis", *Collection of Women's Studies*, No. 2, 2003, pp. 25 −30.

[2]   See Guan Bo and Guan Cha, "Necessity and Feasibility of Establishment of Social Survivors Insurance", *Journal of Shenyang University*, No. 4, 2009, p. 37.

2. 2. 3   Pension calculation method unfavourable for women

According to the "Decision of State Council on Perfecting the System of Basic Old-age Insurance for Enterprise Employees" issued in 2005, given the female workers' statutory retirement age earlier than that of the male workers, enterprise female workers had lower pension income because, on one hand, in the formula for calculating pension income on individual retirement account $31 - 56$ months were added to the denominator; on the other hand, the minimum pension is equal to 1% of the calculated mean value for each year of coverage. [1]

2. 2. 4   The impact of the minimum standard of living

The poverty incidence among rural older women is higher than that among rural older men, owing to the sex difference in older single population and the eligibility qualifications for minimum living allowance. Nonetheless, in the process of carrying out minimal standard of living policy, it is easier for older men to be eligible for the minimum living allowance because they are covered by "the five guarantees" system (which means that their food, clothing, housing, medical care and burial expenses are taken care of and subsidized by the government). Meanwhile, marriage rate for older women is high, among which a higher proportion of them have a child or children; it is therefore usually believed that their children have an obligation to support them provided they can afford it financially. As a consequence, the number of older women in poverty who shall be covered by the minimal standard of living is obviously smaller. The sample survey data of 1% population in 2005 shows that, among interviewees who relied on the minimum living allowance as their main source of living, the proportion of older women was lower than older men by 3. 73%. In addition, relevant data from the Ministry of Civil Affairs in 2008 indicates that there were 23. 348 million urban residents covered by the minimum standard of living system, among which women accounted only for 40. 59%. [2]

2. 2. 5   The impact of the new type rural social endowment insurance

The new type of rural social endowment insurance has a historical significance for

---

[1]   See Gui Shixun, "Positive and Negative Aspects of the Reform on the Calculation Method of the Basic Pension", *Market & Demographic Analysis*, No. 2, 2006, pp. 25 −28.

[2]   See Department of Planning and Finance of the Ministry of Civil Affairs, "Statistical Report of the People's Republic of China of the 2008 Development of Civil Affairs Undertakings", http: // cws. mca. gov. cn/accessory/200905/1242966216915. xls, last visited October 26, 2012.

providing rural older people with basic pension security. However, in accordance with the Guidance of the State Council on Launching the New Type Rural Social Endowment Insurance, this new type of rural social endowment insurance is carried out by following the principle of government sponsorship, in combination with voluntary participation of peasants. All the rural residents aged more than 60 and not having participated in the urban workers' basic pension insurance can receive the basic pension by month without depositing, but their children who meet the conditions to participate in the system have to pay the contribution. [1] In rural areas, older women make up a larger proportion of rural older people. In spite of that, they can hardly influence their children's decision as to whether to participate in the endowment insurance. In a nutshell: The principle of voluntary participation, including the precondition that their children who meet the conditions to participate in the system have to pay the contribution, have directly deteriorated already difficult position of older women's to enjoy basic pension.

2.3   A Reflection on Gender Theory

A famous feminist, Simone de Beauvoir has stated, "one is not born, but rather becomes, a woman." The problem of older women may on its surface look like a simple problem of gender difference. In fact, it is deeply rooted in patriarchal social system and cultural beliefs, and represents the issue of gender inequality. [2]

The domination of traditional social culture influence women from their early childhood education, to gender discrimination in the labour market, and to the expectation for employed women to be family-centred; consequently, women usually do most of housework in the family and take main responsibilities of the child care. Meanwhile, in the process of professional-title evaluation and of promotion, the evaluation committee and leaders at various levels neglect women workers' competence, this and other unspoken rules such as that men take priority over women, have created obstacles to women career development. Researches in the field have found out that, in a working unit in Beijing, a male worker usually is promoted to a section chief after he holds the position of a deputy section chief for

---

[1]   See "The Guidance of the State Council on Launching the New Type Rural Social Endowment Insurance", www. gov. cn, last visited 27 October 2012.

[2]   See Huang Li, "Attentions Should Be Paid to the Older Women's Problem", p. 46.

three years; however, for a female worker, it is difficult for her to be promoted even if she holds a position of deputy section chief for twelve years.

In addition, as of today, the protection of citizen's civil rights is still to a certain degree inadequate. At the same time, society as a whole does not sufficiently honour the social-welfare value of the fact that women take care of infants and young children, sick and elderly family members, doing at the same time other housework. Under such circumstances, when designing social security systems, especially five social insurance systems related to employment, it is easier for designers to exclude both women who have informal jobs and women who are unemployed. This as a result directly leads to problems related to women economic security such as low percentage of older women receiving pension income, a higher degree of economic dependence on family members, and a higher level of poverty ratio.

III. Experience of Older Women's Economic Security in Foreign Countries

As regards older women's economic security, both developed and developing countries have taken effective measures to ensure older women's economic interests. The following section maps out some specific measures.

3. 1   Same Retirement Age between Men and Women

Currently, about 60% of the countries worldwide have adopted the policy of retiring women and men at the same age. In 170 countries, the average statutory retirement age for men is 60. 5; for women, the retirement age is 59. 1, with a difference between retirement age of women and men being only 1. 8 year. However, the difference between retirement age of women and men in China is 5 −10 years. Besides, with female workers' retirement age at 50, China ranks as one of eight countries that have the lowest women's retirement age in the world, whereas difference between women's life expectancy and statutory retirement age ranks China as the fourth in the world. [1] The retirement policy based on the same

---

[1]   See Gao Qingbo and Deng Han, "A Study of Raising Women Workers Retirement Age", *Collection of Women's Studies*, No. 6, 2009, pp. 32 −37.

age for women and man has been implemented in many foreign countries, and it has played an important role in narrowing the income gap between old women and old men.

3.2   Establishment of Survivors Insurance System

OECD countries such as the United States, Canada, France, countries in Central and Eastern Europe like Hungary and Poland, Asia-Pacific nations such as Japan and India, Middle East countries such as Kuwait, and Latin American countries as Argentina and Brazil-all have introduced the survivors security system. The rate of survivors allowance usually accounts for 40% −100% of pension. [1] In the US, there are 683 million widowed older people who receive survivors' allowance, accounting for 14.5% of the people who receive social insurance benefits. [2] In other words, in America, one out of seven persons who receive social insurance benefits is also covered by the survivors insurance. Generally, survivors insurance has played an important role in ensuring basic living standards for survivors, especially for widowed older women.

3.3   Implementation of National Pension System

As early as in 1959, Japan adopted National Pension law, which explicitly provided that the national pension system was a universal system for all people. In the same vein, in 1985, Japan established pension rights for women so as to guarantee a basic pension benefit for all women, in case of their unemployment, under their own names. [3] In 1984, the US protected and strengthened pension benefits for widowed and divorced women. [4] Thanks to this policy, up to 62.7% [5]

---

[1]   See Wang Lili and Guo Ping (eds.), *Social Security System for the Aged in Japan*, (Beijing: China Social Press, 2010), pp. 190 −193.

[2]   See Institute for women's policy research, http: //womenandsocialsecurity. org/Women_ Social_ Security/news. htm, last visited 25 July 2010.

[3]   See Wang Lili and Guo Ping (eds.), *Social Security System for the Aged in Japan*, p. 191.

[4]   See the U. S. Department of State's Bureau of International Information Programs, http: // www. america. gov/st/democracy-chinese/2008/March/20080304143106ajesrom0. 4780084.   html, last visited 25 July 2010.

[5]   This figure is calculated in accordance with the information provided by the Institute for women's policy research, http: //womenandsocialsecurity. org/Women_ Social_ Security/news. htm, last visited 25 July 2010.

of older women's incomes were from pension and social security benefits, and about three fifths of older women got out of poverty. [1]

Not only have the developed countries established a unified national pension system, but most of the developing countries have also developed a social pension system. For example, Nepal, as Asia's poorest country, introduced the national social pension system in 1996; the same is the case with African countries such as Botswana, Mauritius, Namibia and South Africa; in Latin America, Bolivia and Brazil have set up national social old-aged insurance, too. It is noteworthy that in 2004, Antigua in Caribbean area made it possible for older people over 60 years old to enjoy pension benefits of USD 281 per moth, which was further increased to USD 375 per month in 2006. [2]

The social pension system, as established both in the developed countries and developing countries, is of considerable relevance for improving our country's old-age pension system, especially as regards pension systems for older women.

IV. Policy Suggestions for Improving Older Women's Economic Security

Given that older women outnumber older men, increasingly so as age increases, the United Nations pointed out at the General Assembly on Aging that the situation of older women must be everywhere a priority for policy action[3]. Premier Wen Jiabao clearly stated in the 2010 Report of the Chinese government that improving people's livelihood is the fundamental objective of economic development. As an important part of Chinese population, older women should have their basic living standard fully guaranteed. Based on further promoting the gender equality and

---

[1] See Zhao Yong, "Eradication of Poverty and Social Security System", http://www. nuigalway. ie/sites/eu-china-humanrights/seminars/ns0404s/zhao% 20yong - chn. doc, last visited 28 October 2012.

[2] See Zeng Yi (ed.), "*Demography*" *volume of the Encyclopedia of Life Support Systems*, (EOLSS), Chinese edition (edited by Ma Li and Jiang Weiping, translated by Liu Hongyan and Guo Weiming, et al. , and proofread by You Yunzhong and Gu BaoChang, et al.), (Beijing: China Population Publishing House , 2010), pp. 365 -367.

[3] See Wang Jing, Zhao Ying, and Liu Yanji, "Reflection on the Feminization of Aging Population and Elder Women's Living Conditions—An Analysis Based on the Survey Findings on Elder Women's Living Conditions in One Hundred Villages in Jilin Province", p. 170.

aimed at resolving the problems related to older women's economic security, this paper proposes the following policy measures by taking into account the international environment and the government work report.

4. 1   To Start a Piloting Programme for the Introduction of the Same Retirement Age Policy

The same retirement age for men and women is notoriously the development trend in the international community. In recent years, the Chinese policy that women and men retire at different age has seriously hindered women's career development and pension level. Therefore, the author would suggest that a pilot program be started in selected provinces for introducing the policy of same retirement age for men and women who are women cadres and women intellectuals,[1] and to expand the pilot program step by step. The aim of the introduction of the same retirement age policy is to promote women's career development, increase older women's accumulation of individual accounts, raise the level of basic pension, and decrease the number of months added to the denominator in the formula for calculating pension income, so as to improve the level of pension for older women.

4. 2   To Establish Survivors Security System

Survivors insurance cannot only guarantee older women's economic independence, ensure their adequate standard of living in old age, and promote a harmonious society and the gender equality,[2] but should also improve older women's economic status both in family and in society. The follow-up survey data of living conditions of urban and rural older people in 2006 shows that respondents whose wives have never been employed or whose husbands receive pension income accounted for 61. 8%. If China would establish a survivors insurance system, 60% of older women who don't receive pension would get economic security through survivors' allowance. Therefore, introducing the survivors' security policy,

---

① See Zhang Haiyan, "The Chairman of All-China Women's Federation Calls for the Introduction of the Same Retirement Age Policy Firstly in Beijing", http: //news. sina. com. cn, last visited 27 October 2012.

② See Pei Xiaomei, "Older Women's Economic Security Needs Survivors Insurance", *China Old Man News*, 8 March 2006, p. 2.

improving the survivors security system, and regulating the standard of allowance for the survivors and for the sources of funds, reflect both the recognition of women's contribution to social development and economic compensation for women for their participation in social development. [1]

4.3   To Protect Older Women's Economic Rights and Interests in Accordance with Law

Mo Wenxiu, Vice chairman of All-China Women's Federation requires Women's Federation should seize the opportunity for revising the Law on the Protection of the Rights and Interests of the Aged, and while revising the law, pay attention to including into this process the protection of older women's legal rights and interests, as well as promoting of gender equality, so that all people including older women can share the achievements of social and economic development. [2] Therefore, the Law on the Protection of the Rights and Interests of the Aged and the Law on the Protection of Women's Rights and Interests should be promptly revised and improved, older women's legal awareness should be improved, and new cultural construction through change in custom and tradition should be made, so as to effectively protect older women's economic rights and interests, both in accordance with the laws and through the change in custom and tradition.

4.4   To Include a Gender Perspective into the Retirement Pension Policy

In the process of formulating and implementing the retirement pension policy, especially in the process of revising and improving social pension insurance policies, a gender perspective should be included, so as to improve relevant parties' gender awareness. Furthermore, various impacts of relevant laws and policies on older women should be fully analysed and evaluated from the perspectives of life cycle and social gender division of labour. Based on understanding and recognition of the value of older women's household labour, reasonable economic compensation

---

[1]   See Wang Lili and Guo Ping (eds.), *Social Security System for the Aged in Japan*, (Beijing: China Social Press, 2010), p. 202.

[2]   See Jiang Yongping, " Protect Older Women's Rights and Interests and Build a Harmonious Society—A Seminar on Revising 'the Law on the Protection of the Rights and Interests of the Aged' held in Beijing, *Collection of Women's Studies*, No. 5, 2007, cover 3.

should be provided to older women for their large amount of unpaid household works. Through expanding the coverage of pension security for rural and urban people, older women's various economic security rights and interests shall be legally protected on an equal basis.

(Translated by Zuo Ti, proofread by Li Xixia)

中国法治论坛

CHINA FORUM ON THE RULE OF LAW

中国法治论坛
CHINA FORUM ON THE RULE OF LAW

妇女社会权利的保护：
国际法与国内法视角（下）

Protection of Women's Social Rights:
from International and Domestic
Law Perspectives Ⅱ

主编／〔中国〕李西霞
　　　　〔瑞士〕丽狄娅·R. 芭斯塔·弗莱纳

Editors in Chief
〔China〕Li Xixia
〔Switzerland〕Lidija R. Basta Fleiner

社会科学文献出版社
SOCIAL SCIENCES ACADEMIC PRESS（CHINA）

目　录

CONTENTS

Part Three The Legislative, Administrative and Judicial Protection of Women's Right to Health

Part Four   Legal Protection of Women's
Labour Rights

第三单元

妇女健康权的立法、行政和司法保护

澳大利亚对妇女健康权的立法保护

克里斯汀·弗斯特[*]

一　引言

　　澳大利亚已经批准了一系列国际公约。据此，澳大利亚应当承担公约关于承认和保护妇女健康权的义务。在国际层面上，健康权首先是由1946年世界卫生组织宪章予以明确规定的。宪章导言将健康定义为"健康是指人的生理、心理和社会适应能力的完好状态，而不仅仅是指没有疾病或身体处于虚弱状态"。事实上，健康是一项基本而又重要的资产，它能使妇女和女孩上学接受教育、从事有偿工作、拥有充实和积极的社区生活。虽然妇女与男子受到许多相同的卫生条件的影响，但妇女的经历却迥然不同。妇女的贫困发生率和对经济的依赖、针对妇女的暴力、卫生系统和整个社会上存在的性别偏见、基于种族原因和其他原因的歧视、多数妇女对性生活和生育有限的支配权和控制权，以及妇女缺乏对决策的影响力等这些社会现实因素，都会对妇女的健康状况产生负面影响。

　　虽然对妇女健康权的立法保护涉及在许多不同的领域采取措施，但本文仅重点讨论四个对澳大利亚具有特别重要意义的议题。这些议题包括：（1）基于性别的暴力。它被认为是世界各国普遍存在的一个重大的公共卫生和人权问题；（2）土著居民妇女的健康状况。相对于非土著居民妇女，土著居民妇女的健康状况处于非常低的水平；（3）堕胎。尽管在澳大利亚堕胎在一般情况下是安全的和可操作的，但在多数州堕胎是一种犯罪行为，因而在

---

* 克里斯汀·弗斯特，澳大利亚新南威尔士大学法学院。

此方面没有为妇女健康权提供立法保护；（4）对智障妇女和智障女孩强制绝育。澳大利亚在没有立法保护的情形下对智障妇女和智障女孩强制绝育，这种做法显然违背了澳大利亚参加的国际公约的相关规定，并将对她们的健康产生严重影响。

二　妇女的健康权：澳大利亚的国际义务

澳大利亚是一系列国际公约的缔约国。依据公约要求，澳大利亚应采取措施保护妇女的健康权。1966 年通过的《经济、社会和文化权利国际公约》要求各缔约国"承认人人有权享有能达到的最高的身体和心理健康的标准"，① 澳大利亚于 1975 年批准该公约。在 2007 年 9 月 13 日的联合国大会上，以 143 票赞成，11 票弃权，4 票反对，通过了《土著人权利宣言》。尽管澳大利亚是 4 个投反对票的国家之一，但是随着在最后一次全国大选中获胜的陆克文政府上台执政，政府的立场有所改变，陆克文政府表示支持该宣言。宣言第 24 条规定："土著人享有能达到的最高标准的身心健康的平等权利"，各缔约国有义务"采取必要的步骤使这一权利逐步得到全面实现"。

对女童健康权的保护作出规定的另一项国际公约是联合国《儿童权利公约》。② 该公约于 1990 年 9 月 2 日生效。截至 2010 年 3 月 15 日，共有 194 个国家批准该公约。澳大利亚于 1990 年批准该公约。《儿童权利公约》规定了儿童享有的公民、政治、经济、社会和文化权利，以及儿童权利保护的四项核心原则—非歧视原则、最大利益原则、保护生命、生存和发展权利原则、尊重儿童观点和意见原则。尤其是公约第 24 条要求缔约国承认儿童享有能达到的最高标准的健康的权利。此外，缔约国还应努力：（1）确保没有任何儿童被剥夺获得这种医疗保健服务的权利；　（2）降低婴幼儿死亡率；（3）确保向所有儿童提供必要的医疗救助和卫生保健，侧重发展儿童初级卫生保健；（4）消除疾病和营养不良现象；（5）确保母亲得到适当的产前和产后医疗保健；（6）确保向儿童介绍有关健康教育的基本知识，使他们得到这方面的教育并帮助他们应用这种基本知识。

《残疾人权利公约》③ 于 2008 年 5 月 3 日生效。截至 2010 年 3 月 15 日，

---

① International Covenant on Economic, Social and Cultural Rights 1976, Article 12.

② 1990 GA Res 44/25 (UN Doc A/44/736).

③ 2008 GA Res 61/106 (UN Doc A/61/49).

共有 82 个国家批准该公约。澳大利亚于 2008 年批准该公约。该公约规定了残疾人权利的综合性框架以及缔约国促进、保护并确保这些权利实现的义务。尤其是公约第 6 条承认，残疾妇女和残疾女孩受到多重歧视，在这方面，缔约国应承担公约义务采取措施，确保她们充分和平等地享有一切人权和基本自由。公约第 25 条规定：残疾人有权享有能达到的最高健康标准，不受基于残疾的歧视。特别值得注意的是，缔约国应当采取一切适当措施，确保残疾人获得考虑到性别因素的医疗保健服务，包括与健康有关的康复服务。

对妇女健康权的保护进行明确和具体规定的唯一国际公约是《消除对妇女一切形式歧视公约》（以下简称"《消歧公约》"）。① 该公约于 1979 年 9 月 3 日生效。澳大利亚于 1983 年批准该公约。《消歧公约》旨在全面规定妇女的平等权和不受歧视的权利，它要求缔约国采取一切必要措施（包括采取积极的步骤修订现行立法或实行新的立法措施）以消除对妇女的一切形式的歧视，并制定确保妇女在生活中享有实质性平等的相关政策。该公约第 12（1）条对缔约国保护妇女健康权的义务进行了规定。消除对妇女歧视委员会通过的第 24 号一般性建议，对《消歧公约》第 12 条作了系统化的阐述和解释。它要求各缔约国消除在妇女获得终生医疗保健服务方面对妇女的歧视。② 另外，第 19 号一般性建议列明了消除对妇女歧视委员会要求在消除基于性别的暴力方面（基于性别的暴力对妇女的健康权有着严重影响）的立法措施，包括保护妇女和儿童免受家暴的民事救济和赔偿措施，以及对家暴与性侵犯实施者进行起诉的刑事法律规定。

批准、加入或继承国际公约或条约意味着缔约国要承担公约义务并遵守公约各项规定。尊重、保护和实现③公约所载各项权利的义务包括以下两个方面：第一，法律上的义务，要求缔约国国内法律要符合公约创建的各项义务；第二，事实上的义务，不仅要求缔约国的国内法律与公约保持一致，而且要实施这些法律并实现预期的结果。在法律上遵守公约的规定，要求在缔约国的国家立法中纳入公约所载实体法律权利与义务。虽然评价澳大利亚是否在事实上遵守已批准国际公约关于健康权的相关规定超出了本文的研究范

---

① 1979 G. A. Res 34/180 (UN Doc A/34/46).

② General Recommendation 24, Women and Health, 1999, 20th Session (UN Doc A/54/38/Rev. 1).

③ See the Maastricht Guidelines on Violations of Economic, Social and Cultural Rights, Maastricht, 1997 at para [6]. Online: http://www.escr-net.org/resources _ more/resources _ more _ show. htm? doc_ id = 425803.

围，不过作者认为正是对国际公约事实上的遵守所取得的成就才是健康权有效实施的标志。国内立法或在法律上与公约保持一致是事实上遵循公约的重要的"第一步"，因为它标志着缔约国在健康权保护方面的政治承诺水平。相反，缔约国国内立法与公约规定不一致，很可能会成为在事实上未能令人满意地遵守公约的一个强烈和相关的信号。

对妇女健康权提供立法保护，要求在跨部门领域采取一系列有针对性的立法措施。这些措施应承认结构性歧视对妇女和女孩的影响，相对于男性与男孩，结构性歧视对她们健康的影响更为严重。本文着重讨论四个重要的和与澳大利亚特别相关的议题：基于性别的暴力、土著居民妇女的健康权、堕胎，以及对智障女孩和智障妇女强制绝育。

三　基于性别的暴力

对妇女的暴力普遍存在，它给妇女造成了巨大的身体和心理伤害及痛苦，无论在世界范围内还是在澳大利亚这都是对妇女健康权侵犯。根据相关统计数据，基于性别的暴力在澳大利亚普遍存在。澳大利亚国家统计局针对伴侣关系中对妇女的暴力发生率的最新统计数据表明，约1/3的成年女性在15岁以后遭受过来自配偶的身体暴力或性暴力，或受到此类威胁。另外，该统计数据还显示，12%的女性受访者在15岁前遭受过性侵犯，10%的女性受访者在15岁前曾经受过身体虐待。[①] 这些数据还不包括心理或经济虐待，以及来自非伴侣关系和其他家庭成员施加的暴力，因此，这些数据充分说明了在澳大利亚社会中对妇女的暴力可能是普遍存在的这一实质问题。还有其他研究认为，有34%的澳大利亚妇女在其一生中遭受过现配偶或前配偶的身体暴力或此类暴力威胁、性暴力（包括不情愿的性接触），以及心理暴力。[②] 研究还表明，在澳大利亚，有很大比例的儿童遭受家庭暴力。2001年一项针对年龄在12~20岁之间的5000名年轻人所做的调查结果表明，高达1/4的年轻人目睹过暴力。[③]

在澳大利亚，基于性别的暴力对健康的影响非常大。它对妇女、儿童、

---

① Personal Safety Survey, ABS 2007, p. 201.
② Findings of the Australian Component of the International Violence Against Women Survey (IVAWS) conducted in 2002 – 03.
③ D Indermaur, Young Australians and Domestic Violence (Canberra: Australian Institute of Criminology, 2001).

直系和旁系亲属、社区居民的健康都有严重的影响。[1] 受害者遭受的典型伤害包括自信心不足、抑郁症风险增加、自杀、身体健康状况差，以及其他形式的身体伤害和由此产生的短期和长期慢性影响。此外，焦虑和恐惧也会对受害者的生活方式产生一系列负面影响，如放弃接受教育和就业机会、缺乏参与公共生活与公共决策的能力等。[2] 越来越多的研究成果还证实，儿童目睹暴力会严重影响他们的心理、生理、教育和社会适应能力。[3] 为消除基于性别的暴力和保护妇女的健康权，关键是要建立一个旨在保护妇女免受基于性别的暴力的强有力的民事和刑事法律框架。虽然《消歧公约》本身并不包括对妇女的暴力的具体规定，但妇女的"健康与生命"这一议题的严重性在消除对妇女歧视委员会于 1992 年通过的第 19 号一般性建议（对妇女的暴力行为）中得到承认。[4] 消除对妇女歧视委员会明确指出，根据《消歧公约》规定，各缔约国有义务确保规范家庭暴力与虐待、强奸、性侵害以及其他基于性别的暴力的法律均能充分保护所有的妇女。[5]《北京宣言和行动纲要》还特别建议政府确保立法有效地保护妇女免于基于性别的暴力并对违法者进行起诉。[6]

为消除对妇女的暴力行为，澳大利亚颁行了一系列重要的立法保护措施。在家庭暴力方面，澳大利亚紧跟国际步伐，颁行了针对防止家庭暴力的民事法律。[7] 其目的是为了防止家庭暴力、确保所有家暴受害者的安全并为其

---

[1] L Avila-Burgos, R Valdez-Santiago, M Hijar, A del Rio-Zolezzi, R Rojas-Martínez, & C Medina-Solís, "Factors Associated with Severity of Intimate Partner Abuse in Mexico: Results of the First National Survey of Violence Against Women" (2009) 100 (6) Canadian Journal of Public Health 436; J Lawrence, G Williams, B Raphael, "The Impact of Domestic Violence on Women's Mental Health (1998) 22 (7) Australian and New Zealand Journal of Public Health 796; J Astbury, J Atkinson, J Duke, P Easteal, S Kurrle, P Tait & J Turner, "The Impact of Domestic Violence on Individuals" (2000) 173 MJA 427; UNICEF, Behind Closed Doors: The Impact of Domestic Violence on Children, 2006.

[2] L Seff, R Beaulaurier, & F Newman, "Nonphysical Abuse: Findings in Domestic Violence Against Older Women Study", Journal of Emotional Abuse 355, No. 8 (3), 2008.

[3] J Fantuzzo & W Mohr, "Prevalence and Effects of Child Exposure to Domestic Violence" (1999) 9 (3) The Future of Children 21, 26 – 28; J Osofsky, "The Impact of Violence on Children", The Future of Children 33, No. 9 (3), 1999.

[4] General Recommendation 19, Violence Against Women, 1992, 11th Session (UN Doc A/47/38).

[5] General Recommendation 19, note 13, at para [24 (r)].

[6] Report of the Fourth World Conference on Women, The Beijing Declaration and Platform for Action, Beijing, 1995, at para [8] (UN Doc A/CONF. 177/20/REV. 1).

[7] Crimes (Domestic and Personal Violence) Act 2007 (NSW, Australia); Domestic and Family Violence Act 2007 (NT, Australia); Domestic and Family Violence Protection Act 1989 (Queensland, Australia); Domestic Violence and Protection Orders Act 2001 (ACT); Family Violence Act 2004 (Tasmania, Australia).

提供有效的和便利的救济措施、促使非暴力成为一项基本的社会价值。具体来说，民事法律措施侧重于对那些"遭受家庭暴力或可能遭受家庭暴力"的人提供保护，建立不同的保护令制度以禁止违法者进一步实施家庭暴力，[①] 并/或使受害者能够留在家中而将施暴者逐出家门。澳大利亚各州都有相应的民事法律规定，据此可为家暴受害者申请不同的人身保护令。尽管各州法律各不相同，但在很多方面，好的做法是基本相同的。这些好的做法包括以下方面：

（1）对"家庭暴力"的概念作出恰当的和全面的定义，包括身体暴力、性虐待、情感虐待、恐吓、骚扰、跟踪、经济剥夺、财产损害、动物虐待，或受到此类威胁；

（2）保护任何遭受或有遭受家庭暴力风险的人；

（3）建立保护令、紧急保护令和职业保护令制度，禁止施虐者实施各种行为的不同条件；

（4）警察或其他国家机构申请和执行保护令的义务；

（5）执行保护令的综合机制；

（6）对家庭暴力的受害者给予损害赔偿。

除实施针对家庭暴力的民事法律外，好的做法同样要求实行针对家庭暴力的刑事法律，因为民事法律和刑事法律的目的虽然各有侧重，但两者具有互补性。[②] 刑法主要用于确定家庭暴力施暴者有罪或无罪，并依据刑事法律制度对罪犯进行适当的惩罚；在现代社会，如果可能也可以对罪犯进行改造。家庭暴力可以构成刑事犯罪向社会全体成员传递了一个信号：家庭暴力是犯罪行为，是不能接受的。[③] 不过，从历史上看，特定的家庭暴力并未被刑法典界定为刑事犯罪。尽管普通殴打罪在现行的大多数刑事法律框架内可以被用来对实施特定家庭暴力的罪犯进行起诉，但是事实已经证明这些不足以解决家庭暴力的复杂性和特异性，因为它通常把伤害单纯地视为身体虐待。[④] 因此，

---

① H Douglas & L Godden, "The Decriminalisation of Domestic Violence: Examining the Interaction between the Criminal Law and Domestic Violence" (2003) 27 Criminal Law Journal 33.

② J Roure, "Domestic Violence In Brazil: Examining Obstacles And Approaches To Promote Legislative Reform" (2009) 41 (1) Human Rights Law Review; R Davis, Domestic Violence: Intervention, Prevention, Policies and Solutions (Boca Raton: CRC Press, 2008), p. 213. See the Concluding Comments of the CEDAW Committee: Uzbekistan (2010) 45th Session at para [22] (UN Doc CEDAW/C/UZB/CO/4).

③ See the Concluding Comments of the CEDAW Committee: United Arab Emirates (2010) 45th Session at para [27] (UN Doc CEDAW/C/ARE/CO/1).

④ M Harwin, M Hester & C Pearson, Making an Impact: Children and Domestic Violence (Philadelphia: Jessica Kingsley Publishers, 1999), p. 83.

澳大利亚的一些州已经颁布相关立法，实行民事保护令制度，明确界定家庭暴力违法行为;[1] 还有一些州已将家庭暴力违法行为纳入了现行的刑法典。不过，大多数州尚未在其刑法中明确家庭暴力犯罪。

澳大利亚制定了相当完善的规范性侵害犯罪的刑事法律。现今，在澳大利亚，对遭受性侵害的法律保护已有较好的实践，主要有以下方面：

（1）所有的司法管辖区都规定了比较周延和不同级别的犯罪，包括对妇女和儿童的犯罪，如被瓶子、武器或其他物品攻击以及所有其他形式的犯罪。（2）关于对儿童的性侵害，法律明确规定与儿童或精神病患者发生性行为是犯罪行为。（3）法律规定"加重情节"，如对违背信任处以严重刑罚，不仅反映了所有性侵害行为中普遍的对于人身完整性的侵害，而且反映了在侵害中隐含的违背信任的破坏效应。纳入性犯罪框架的其他相关的加重情节有：同时实施身体暴力的，多人实施犯罪的（如轮奸），或者多个犯罪持续一定时间造成深度累积伤害的。（4）成文法上纳入同意要素的法定定义，这个定义罗列同意不能成立的并不详尽的情景，以及对于诚实地对同意的错误相信的明确法律限制。最后，澳大利亚各州和所有地区都对性犯罪规定了多种严重的刑罚。

四　土著居民妇女

相对于非土著居民来说，澳大利亚土著居民的健康状况处于非常低的水平，尤其是土著居民妇女遭受的健康问题比非土著居民妇女要严重地多。例如，土著居民妇女与托雷斯海峡岛妇女宫颈癌的患病率与死亡率远高于非土著居民妇女。土著居民妇女的人口平均预期寿命比非土著居民妇女的人口平均预期寿命几乎要短20年，有65%的土著居民妇女死于65岁以前，而只有16%的非土著居民妇女死于65岁以前。[2] 土著人健康状况低下的原因很复杂，主要包括：难以获得和利用主流卫生保健服务，医疗保健资金不足（尽管土著人的健康状况远低于非土著人的健康状况），缺乏以性别敏感性和文化上适当的医疗设施、货物和服务，在边远地区缺乏适当的住宿条件，以及在某些情况下缺乏安全的饮用水等。

解决澳大利亚土著居民的健康问题，尤其是土著居民妇女的健康问

---

① Family Violence Act 2004 (Tasmania).

② ABS Canberra, 2005, p. 151.

题，很大程度上依赖于政策措施而非立法保护措施。例如，现行的政策措施有：为土著居民妇女设计健康项目，收集数据以确定现行医疗卫生服务提供系统中存在不平等和不足之处，建立由土著居民管理的卫生机构，培训土著居民妇女胜任医生、护士、接生员和其他卫生专家等工作岗位。

虽然说政策措施非常重要，但法律也还是能通过各种途径对土著居民妇女健康权的保护提供协助作用。土著居民妇女不良的健康状况和较短的人口平均预期寿命与过去几十年来她们受到的体制性歧视有关，且其影响至今仍然存在。[①] 歧视是指基于不同的理由的任何区别、排斥或限制，其影响或目的均足以妨碍或否认对人权与基本自由的承认、享有和行使。歧视使边缘群体更容易受到贫困和疾病的侵袭，由此也过度地承担了由健康问题产生的不良后果。特别是，当一个人受到双重歧视时，如基于性别和基于种族的歧视，歧视的影响会更加严重。例如，在很多地方，土著居民妇女接受健康和生殖健康的服务和信息非常少，因此，她们比一般人群更容易受到身体暴力和性暴力的侵害。

在澳大利亚，反歧视立法的加强是土著居民妇女健康权保护的一个重要组成部分。实行非歧视和平等原则，意味着澳大利亚必须承认土著居民妇女面临的特殊健康问题，并满足她们有区别的和具体的需求。这些问题包括死亡率较高、易患特定类型的疾病、易受到基于性别的暴力等。虽然澳大利亚在联邦一级和州一级都有反歧视立法，但并没有适当地解决土著居民妇女受到的基于种族和基于性别的双重歧视这一问题。另外，确保非歧视原则实施的义务要求对特定的群体适用具体的健康标准，这些特殊群体包括妇女、儿童、残疾人和土著居民妇女等，以保护他们免遭进一步的歧视。因此，采取积极措施（也称平权行动）是消除澳大利亚土著居民妇女在健康领域受到的不平等对待的一项重要法律对策。不过，虽然已经颁行了相关立法，但平权行动却很少付诸实施。

五　堕胎

许多评论家主张，妇女拥有合法的堕胎权是其享有健康权的重要组成部分。虽然《消歧公约》没有明确要求将堕胎除罪化，但消除对妇女歧视公约

---

① See T Calma, "Indigenous Health and Human Rights" *Australian Journal of Human Rights* 21, No. 14 (1), 2008, p. 22.

委员会已经建议各缔约国取消对寻求堕胎的妇女的惩罚性措施。[1] 这与《北京宣言与行动纲要》呼吁各国政府重新审查其限制妇女堕胎法律的基调是一致的。[2] 堕胎法在世界范围内已被逐步取消,不过仍有约25%的世界人口生活在实行严格限制堕胎的国家里,这些国家主要分布在拉丁美洲、非洲和亚洲。[3] 有研究表明,堕胎犯罪化、孕产妇死亡率和产妇患病率之间存在着某种联系,即由不安全堕胎引发的死亡多数发生在堕胎受到法律严格限制的国家。[4] 另外,相关研究还显示,如果母亲死亡(包括由不安全堕胎引致的母亲死亡),其幸存下来的孩子在随后两年或几年内死亡的概率有可能增加3~10倍,而且失去母亲的孩子在其成长过程中也得不到充足的医疗保健和教育。[5] 因此,如果不将堕胎除罪化并为要求堕胎的妇女提供安全的堕胎措施,不但会危及她们自身的健康,而且还会危及由不安全堕胎引致母亲死亡而幸存下来的孩子的健康。

　　堕胎在澳大利亚全国各地相当普遍,并且在很大程度上可以进行安全操作。据估计,在澳大利亚每年大约有83000人堕胎。尽管在澳大利亚堕胎相对简单,但只有在澳大利亚首都地区妇女才拥有不受约束的堕胎权。事实上,在新南威尔士、北领地、塔斯马尼亚、南澳大利亚、西澳大利亚、维多利亚和昆士兰州,除非满足特殊的要求,堕胎无论对于孕妇还是对于实施堕胎的人,或是对于两者都是一种犯罪行为。在这种情形下,法律不保护妇女的健康权。不过,在上述各州及北领地,合法的堕胎服务能够轻而易举地获得,因为法院对所要求满足的条件作出了非常慷慨的解释。在新南威尔士和昆士兰州,如果基于经济、社会和医疗上的原因是必要的,妇女就能获准堕

---

①　Concluding Comments of the CEDAW Committee: Honduras (2007) 39th Session at para [25] (UN Doc CEDAW/C/HON/CO/6); Liechtenstein (2007) at [26] 41, Pakistan, (2007) 38th Session at para [41] (UN Doc CEDAW/C/PAK/CO/3); Brazil (2007) 39th Session at para [30] (UN Doc) Philippines (2006) 36th Session at para [28] (UN Doc CEDAW/C/PHI/CO/6). See also General Recommendation No 24, note 321, at para [14] where the Committee states that 'barriers to women's access to appropriate health care include laws that criminalise medical procedures only needed by women and that punish women who undergo those procedures.'

②　The Beijing Declaration and Platform for Action, Beijing, 1995, para. 8, (UN Doc A/CONF. 177/20/REV. 1).

③　See Women on Waves, Abortion Laws Worldwide. Online: http://www.womenonwaves.org/set-158-en.html.

④　WHO, Safe Abortion: Technical and Policy Guidance for Health Systems (Geneva: WHO, 2003) at 83.

⑤　M Islam & U Gerdtham, Moving Towards Universal Coverage: Issues in Maternal-Newborn Health and Poverty (Geneva: WHO, 2006) at 14.

胎。在塔斯马尼亚和南澳大利亚，如果执业医师认为若不终止妊娠，母亲将会有生命危险，在此情形下的堕胎必须有两名执业医师出具书面同意书才能进行。① 在西澳大利亚，如果堕胎并非出于医生"善意"或"有正当理由"的话，执业医师实施堕胎行为将构成犯罪，而孕妇则不会遭到刑事指控。另外，如果孕妇妊娠超过 20 周，必须有两名执业医师一致同意认为胎儿有严重的医疗危险时才能堕胎；如果 16 周岁以下由有监护权的父母抚养的女孩不同意堕胎，在这种情形下只有法院才能决定是否可以堕胎。② 维多利亚州在 2008 年修改法律，部分地将堕胎除罪化。没有资格的人实施堕胎，其行为将构成犯罪，但堕胎妇女并不构成犯罪。在妇女妊娠超过 24 周的情形下，除非有两名执业医师认为堕胎是"适当的"，否则不能实施堕胎。③

非法堕胎将受到严厉惩罚。在南澳大利亚州可判终身监禁；在新南威尔士可判怀孕妇女和实施堕胎的人 10 年有期徒刑；在西澳大利亚州，实施非法堕胎将判 1 万澳元罚金；在昆士兰州，判 3～14 年不等的有期徒刑；在北领地，判 7 年有期徒刑。

澳大利亚首都地区是澳大利亚唯一一个将堕胎正式合法化的司法管辖区。刑法中取消了所有有关堕胎的条款。只有注册的执业医师可以实施堕胎（没有资格的人实施堕胎，将被判处 5 年监禁）。④ 另外，该地区没有规定必须满足的堕胎条件，这与其他州不同。因而，在澳大利亚首都地区妇女的堕胎权利得到了充分承认。

总而言之，只有澳大利亚首都地区依据良好的实践和国际法上的义务对妇女堕胎提供了立法保护。尽管从事实的意义上讲，在澳大利亚其他各州和地区进行堕胎也相对容易（主要是因为对法律的解释和执行方式），但事实上法律本身尚不符合国际法上的标准，因而还不能对澳大利亚妇女的健康权提供适当的立法保护。

六　对智障妇女和智障女孩的强制绝育

健康权包括非自愿治疗的权利，如强制绝育。消除对妇女歧视委员会在其第 24 号一般性意见第 22 段中，明确要求各缔约国不应允许任何形式的胁

---

① Criminal Law Consolidation Act 1935, ss 81, 82. (South Australia); Criminal Code ss172, 173 (Northern Territory).

② Health Act 1911, s334 (3) (Western Australia).

③ Abortion Law Reform Act 2008 (Victoria).

④ Medical Practitioners (Maternal Health) Amendment Act 2002.

迫，如未经同意的绝育这种做法。消除对妇女歧视委员会最近依据《任择议定书》审议了关于未经同意的绝育的一项来文，委员会认为"强制绝育对妇女的身心健康有严重的负面影响，侵犯了妇女决定生育孩子的数量和间隔的权利"，同时，为妇女提供的"可接受的服务必须以充分尊重妇女的知情权和人格尊严的方式作出决定"。[1]

智障妇女和智障女孩特别容易受到强制绝育，在许多情形下，她们是在没有自由和知情同意的情形下被强制绝育，这严重侵犯了她们的健康权。很多人认为，违背妇女和女孩的意愿对她们进行绝育，严重侵害了她们的健康权，因为实施绝育这一过程将对她们的身心产生了严重影响。强制绝育对健康造成的负面影响包括无法生育、过早停经、患癌症的风险增大，以及因停经和不育带来的负面心理影响。在澳大利亚，没有制定统一的立法措施防止对智障妇女及智障女孩进行非治疗性绝育。这遭到了来自国际层面的批评，联合国儿童权利委员会对澳大利亚未能适当地规范，并在必要的情形下禁止上述做法的现状提出了批评。[2] 因此，对智障妇女及智障女孩进行非治疗性绝育的做法仍在澳大利亚继续，由于没有相关的立法，目前由普通法规范。家庭法院有权对18岁以下女孩的强制绝育作出判决。在许多情况下，法院判决实施绝育的原因包括：减轻智障女孩看护人（而非智障女孩）在智障女孩月经期间的看护负担；预防智障女孩在男女双方同意的情形下或遭受强奸的情形下怀孕；提供永久性避孕措施。根据澳大利亚法律，家庭法院有权对与儿童有关的福利事项进行管辖，据此法院有权对绝育事项作出判决，这主要考虑到智障女孩不具备知情同意的能力。尽管他们不应该推定残疾本身构成缺乏行为能力，但此类案例显示法院本身很少考虑这个问题，智障女孩在任何情况下都没有被询问其意见。对于正常儿童，尽管他们不具备知情同意的能力（由于年龄原因），法院仍会考虑他们的观点。由此可见，法院对智障女孩的做法明显带有差异性（可以说是对智障女孩的歧视）。一旦被认定不具备知情同意的能力，那么法院的裁定通常情况下是基于儿童的最大利益原则作出的。尽管有其他较为缓和的替代性措施，但绝育仍被认为是一个不得已的"最后手段"，并在一系列案件中予以判定。[3]

---

[1] Views of the CEDAW Committee, A. S. v Hungary (2006) Communication No 4/2004（UN Doc CEDAW/C/36/D/4/2004）.

[2] United Nations Committee on the Rights of the Child, Concluding Observations, Australia, 40th Session, 2005（UN Doc CRC/C/15/Add. 268）at para［45，46（e）］.

[3] See for example P and P Legal Aide Commission of NSW (1995) 19 Family Law Report；Re Marion（NO 2）(1993) 17 Family Law Report 336.

对于这一问题，一个较好的做法就是在立法上禁止绝育手术，除非在某些情况下女孩的安全有危险。家庭法委员会提议在下列情形下禁止实施绝育：优生原因、避孕、作为掩饰性虐待后果的手段、在女孩的月经开始前对女孩的月经状况的预测。这些问题似乎是提出对女孩实施绝育的人和法院裁定绝育的根本原因。但是，这些问题可以通过向智障女孩的父母和看护人提供更好的支持如咨询、短期托管和家庭住宿等方法得到更好的解决。[①] 由此可见，与智障妇女和智障女孩绝育相关的健康权并未在现行的澳大利亚法律中受到保护。

七　结论

综上所述，澳大利亚已经批准了一系列国际公约。因此，澳大利亚应当履行公约规定的采取保护妇女健康权立法措施的义务。虽然对健康权的保护要求在不同的领域采取一系列立法措施，但本文仅从四个主要方面对澳大利亚妇女健康权的法律保护进行了探讨。这四个方面是对妇女的暴力、堕胎、土著居民妇女和智障妇女与智障女孩的强制绝育。本文在结论中指出，总体上讲，澳大利亚在对妇女免于基于性别的暴力的法律保护方面已有较好的实践，不过刑法中有关家庭暴力的规定仍待加强和完善。土著居民妇女的健康状况令人担忧，而应对这一问题，很大程度上是要依赖政策措施而非法律措施。因此，本文作者建议应完善反歧视法律，实施平权行动，为土著居民妇女的健康权提供更强有力的保护。在澳大利亚，虽然在许多情形下，女孩和妇女可以安全堕胎，但是除了在澳大利亚首都地区以外的所有州和地区，堕胎对孕妇或实施堕胎的人或两者而言均是一种犯罪行为。因此，法律在此领域还没有对妇女的健康权提供充分保护。最后，对智障妇女和智障女孩进行强制绝育的做法在澳大利亚继续存在，且没有相关立法，这明显违反了澳大利亚参加的国际公约的相关规定，并产生了严重的不良健康后果。在此领域，女孩的健康权没有得到法律保护。虽然澳大利亚为作为健康权的组成部分的妇女健康权提供立法保护，但是在本文探讨和分析的四个领域内的妇女健康问题并没有得到很好地解决，而这些问题又对澳大利亚妇女的健康有着关键性的影响。

（李姝娴译、李西霞校）

---

①　L Steele, "Making Sense of the Family Court's decisions on the Non-Therapeutic Sterilisation of Girls with an Intellectual Disability", *Australian Journal of Family Law*, No. 22 (1), 2008, p. 15.

中国家庭暴力立法与
妇女健康权保障

薛宁兰[*]

一 引言

获得能达到的最高水平的健康是每个人的基本权利。这一理念载入《世界卫生组织宪章》半个多世纪以来，健康权在许多国际文书中得到确认和保护。[①]联合国 1966 年《经济、社会和文化权利国际公约》对健康权的内涵做出国际人权法的全面解释，其第 12 条第 1 款指出："本公约缔约国承认人人有权享有能达到的最高的体质和心理健康的标准。"这条规定与世界卫生组织对健康的定义基本吻合。它表明健康的国际标准为人的生理、心理和社会适应能力的完好状态。[②]

2000 年，联合国经济、社会和文化权利委员会第 14 号一般性意见认为，公约第 12 条所言"人人享有能达到的最高标准的身体和心理健康的权利"，是"为实现能达到的最高健康标准所必需的各种设施、商品、服务和条件的权利"。[③]第 14 号一般性意见还指出，健康权不只是身体健康的权利，也是包含自由与资格的权利。这种自由包括男女掌握自己健康和身体的权利，包括

---

* 薛宁兰，中国社会科学院法学研究所。

① 联合国 1948 年《世界人权宣言》、1956 年《消除一切形式种族歧视国际公约》、1966 年《经济、社会和文化权利国际公约》、1979 年《消除对妇女一切形式歧视公约》和 1989 年《儿童权利公约》中，均有对不同人群健康权保障的条款。

② 刘海年：《维护健康权：政府的义务》，载《中国人权年刊》（2005 第三卷），社会科学文献出版社，2006，第 4 页。

③ 经济、社会和文化权利委员会《第 14 号一般性意见》，第 9 段。

性和生育上的自由，以及不受干扰的权利，如不受酷刑、未经同意强行治疗和试验的权利。另一方面，健康权还包括男女参加卫生保健制度的权利，该套制度能够为人民提供平等的机会，享有可达到的最高水平的健康。① 委员会认为在解释健康权时，应将资源分配和性别差异等因素考虑在内，暴力和武装冲突等社会问题也是实现健康权的障碍。委员会强调各国在相关卫生政策、规划、方案和研究中，增加性别视角，承认生理和社会文化因素对男女健康的重要影响；为消除对妇女的歧视，缔约国应制定和执行综合性国家战略，使妇女健康权终身获得国家保障。

家庭暴力，是妇女遭受的各种暴力中的常见形式，也是世界各国普遍存在的社会问题。联合国消除对妇女歧视委员会 1989 年、1992 年发布的第 12 号一般建议和第 19 号一般建议指出，基于性别的暴力是严重阻碍妇女与男性平等享有权利和自由的一种歧视形式，缔约各国应采取积极措施，消除对妇女一切形式的暴力。1993 年联合国大会通过的《消除对妇女的暴力宣言》承认，对妇女的暴力是"男女之间不平等的权力关系的产物"，是"使妇女被迫处于屈从于男性地位的重要的社会机制之一"。1995 年第四次世界妇女大会成果文件《北京宣言和行动纲领》将妇女健康与对妇女的暴力，列为12 个重大关切领域中两个既独立又相互关联的议题，呼吁各国政府、国际社会和民间组织采取战略行动。

二　家庭暴力：女性健康的无情杀手

世界卫生组织认为，健康是指人的生理、心理和社会适应能力的完好状态，而不仅仅是指没有疾病或身体处于虚弱状态 。当人体在这几个方面同时健全，才是真正的健康。家庭暴力是危害妇女身心健康，妨碍其健康权实现的社会问题。2005 年世界卫生组织关于家庭暴力的一项研究表明，亲密伴侣暴力是妇女生活中遇到的最常见的暴力形式。来自丈夫和伴侣身体的和性的暴力对全世界妇女的健康和幸福构成巨大损害。然而，在许多国家，这种暴力很大程度上不为人知，各国应当将家庭暴力作为一个重要的公共卫生问题来对待。②

在中国，针对妇女的家庭暴力主要是来自丈夫的暴力，即配偶暴力。由

---

① 经济、社会和文化权利委员会第 14 号一般性意见，第 8 段。
② 《关于家庭暴力的里程碑式研究，世卫组织报告查明家庭暴力普遍存在并对健康产生严重影响》，资料来源：http://www.who.int/mediacentre/news/releases/2005/pr62/zh/，最后访问日期：2012 年 9 月 15 日。

受害妇女叙述可见，家庭暴力对妇女健康的损害既有身体伤害也有精神损害，甚至会导致妇女自杀和杀害施暴者。

（一）身体伤害

配偶暴力对妇女身体的伤害是最直接、最常见的。在中国，2000年第二期"中国妇女社会地位抽样调查"统计数据显示，女性被配偶殴打的比例高于男性。农村地区尤其明显，有超过1/4的农村女性表示配偶曾经对自己动过手，比男性高出9.2个百分点；女性被配偶强迫过性生活的比例也高于男性。[①]可以肯定，每一位受暴妇女的身体都不同程度地受到了伤害。

配偶暴力也是导致妇女自杀的重要外部动力。许多妇女在求助亲属无效、离婚不成时，便选择喝农药、喝安眠药、割腕等方式自杀，她们都因被及时发现送医院抢救，才保住了性命；还有些妇女产生过自杀的念头，想通过自杀结束受暴的命运。

第二期"中国妇女社会地位抽样调查"还显示，男女在自感健康方面差异显著，并且存在着城乡差别。城市男性自我评价最好，农村女性自我评价最差。男女在面临的心理问题方面也是同样的顺序，即农村和城市妇女均比农村和城市男性的心理问题要多。这从一个侧面解释了中国女性自杀率比男性高，农村妇女又比城市妇女高这一独有的现象。[②]目前，中国是世界上女性自杀率高于男性的唯一国家，而很多自杀个案的起因是配偶暴力。

（二）精神损害

由于配偶暴力来自妇女最亲近的人，她们与施暴者之间有着亲密的关系，被强烈的感情束缚着，在爱与恨的矛盾中煎熬着。北京红枫妇女热线的个案表明，遭到丈夫多次身体暴力或性暴力的妇女在倾诉时表现出许多心理不健康的特征。[③]主要有抑郁、恐惧、内疚、无奈、认命等。心理健康与生理健康相互依存、相互影响。配偶暴力对妇女身体的伤害刻在她们的脸上、头上、肢体上，也在她们的心灵深处烙下了难以消除的伤痕。一些知识女性在身体受到伤害后，精神上也产生了较为激烈的反映，感觉自己的人格尊严受

---

① 参见蒋永萍主编《社会转型中的中国妇女社会地位》，中国妇女出版社，2006，第269页。

② 世界范围内，男性自杀率是女性的3.6倍。然而，中国女性的自杀率则高出男性25%，农村妇女自杀率又高出城市妇女3～4倍。引自姜秀花《农村妇女健康水平和卫生服务利用》，载蒋永萍主编《世纪之交的中国妇女社会地位》，中国妇女出版社，2003，第371～372页。

③ 参见王行娟《受虐妇女的心理创伤与干预对策》，资料来源：http://www.maple.org.cn/tabid/62/ArticleID/773/Default.aspx，最后访问日期：2012年9月15日。

到极大损害，气愤、郁闷、失眠等一系列负面的心理反应出现。这些不良情绪反过来又影响到她们的身体。

配偶暴力对妇女精神上的损害，除了显见的使她们恐惧，产生心理障碍或者导致精神失常外，更为严重的是她们的自尊心和自信心降低。在暴力的环境中，一些妇女逐渐失去自信，学会在不平等的，缺乏互相尊重、互相关爱的婚姻中忍受，甚至对丈夫不法暴力行为的认识产生偏差。在认知被扭曲后，她们会产生很强的防御机制，压抑和合理化又是这种防御机制的主要表现。①压抑是一种不稳定的机制，它往往通过两种情绪反映出来：一是抑郁。处于这种情绪状态的妇女体验的是地狱般的生活。她们怀着深深的罪恶感，缺乏生活的动力和能量。最终，一些人决定不再忍受而采取自杀行动，结束这种既无法割舍又不能改变的受暴局面；二是当过度严重的压力持续发生时，妇女压抑的情绪会变得非常强烈。一旦压抑的强度突破临界点，她们的愤怒、怨恨便会爆发，采取极端手段对付施暴者。这是妇女长期受虐后杀夫的心理原因。

在选择预防和制止家庭暴力的对策时，一方面要关注暴力对妇女的心理影响与精神损害，妇女受虐杀夫是暴力危害后果的一个极端方面。另一方面，又不能局限于受害妇女本身看待暴力的后果，其实，家庭暴力的后果还影响到一般公众和执法人员的认知，影响整个社会的文化与制度机制。从立法着手，采取措施救助受虐妇女，对施暴者实施心理治疗与干预，在公众和执法人员中进行先进性别文化与法制的宣传教育，是防治家庭暴力的基本路径。

三 问题之分析：中国现行防治家庭暴力相关立法

（一） 立法现状

中国是联合国《经济、社会和文化权利国际公约》《消除对妇女一切形式歧视公约》《儿童公约》缔约国，政府通过颁布一系列法律法规，把提高妇女地位与促进妇女健康有机结合起来，积极履行保障妇女健康权的国家义务。目前在国家层面，中国还没有专门的家庭暴力防治法。与防治家庭暴力有关的法律规范散见在宪法、妇女权益保障法、民法通则、婚姻法、刑法、治安管理处罚法、侵权责任法，以及诉讼法等部门法之中。中国宪法关于保

---

① 参见〔美〕悉尼·乔拉德、特德·兰兹曼《健康人格》，华夏出版社，1990，第183页。

障公民基本权利，特别是保障公民生存权、发展权的规定，是制定防治家庭暴力法律法规的依据。①

1. "禁止家庭暴力"首次写入婚姻法

2001 年之前，"家庭暴力"一词未曾出现在中国法律之中。对于配偶暴力，民间形象地称之为"打老婆"。轻微的"打老婆"，即便多次发生或长期存在，社会观念均认为是"两口子的私事"，少有干预和制止的；只有当配偶一方被打伤、致残或死亡的，法律的干预才会凸现，以暴力干涉婚姻自由、虐待、伤害等罪名依照刑法处理。2001 年中国修改婚姻法，不仅将"家庭暴力"这样一个传统观念视为"私事""家务事"（法不入家门）的社会现象上升为人权和法律问题，更在以下三个方面有重大突破：

（1）"禁止家庭暴力"成为法律的基本原则

中国婚姻法将"禁止家庭暴力"作为贯彻在家庭中"保护妇女、儿童和老人合法权益"原则的禁止性规定之一。这是中国宪法关于婚姻、家庭、母亲和儿童受国家保护原则的体现，也成为其后各省市制定反家庭暴力地方性法规的上位法依据。

（2）配偶一方"实施家庭暴力或虐待、遗弃家庭成员"构成法定离婚理由

中国婚姻法第 32 条规定，配偶一方"实施家庭暴力或虐待、遗弃家庭成员"是人民法院对夫妻感情确已破裂，调解无效的离婚案件，准予离婚的法定理由之一。

（3）确定对家庭暴力受害人的救助措施与施暴者的民事法律责任

修改后的婚姻法专设"救助措施与法律责任"章，该章规定了对家庭暴力受害人的救助措施与施暴者的民事法律责任。《婚姻法》第 46 条规定，配偶一方因实施家庭暴力或者虐待、遗弃家庭成员而导致离婚的，无过错方在离婚时有权请求赔偿。

2. 妇女权益保障法的突破

2005 年，第四次世界妇女大会召开十周年之际，中国修改妇女权益保障法，加大了对妇女人身权利的保护力度。《妇女权益保障法》第 46 条规定："禁止对妇女实施家庭暴力。""国家采取措施，预防和制止家庭暴力。""公安、民政、司法行政等部门以及城乡基层群众性自治组织、社会团体，应当

---

① 中国宪法第 48 条规定："妇女在政治的、经济的、文化的、社会的和家庭的生活等各方面享有同男子平等的权利。"第 49 条指出："婚姻、家庭、母亲和儿童受国家的保护。禁止虐待老人、妇女和儿童。"

在各自的职责范围内预防和制止家庭暴力，依法为受害妇女提供救助。"这一规定与婚姻法相关规定相比，强调了预防和制止家庭暴力是国家的责任；强调多机构合作防治家庭暴力。

关于行为人实施家庭暴力的法律责任，妇女法明确了实施家庭暴力的法律责任。其第 58 条规定对妇女实施家庭暴力，"构成违反治安管理行为的，受害人可以提请由公安机关对违法行为人依法给予行政处罚，也可以依法向人民法院提起民事诉讼"。婚姻法对此没有专条规定，只是把实施家庭暴力作为无过错配偶一方在离婚时提起损害赔偿请求的法定理由。只有因配偶一方对另一方实施暴力导致离婚的，在离婚诉讼时，无过错可随离婚一并提起损害赔偿请求，或者在离婚后（也包括登记离婚）一年内，单独提出损害赔偿之诉。①

3. 治安管理处罚法

家庭暴力还是违反治安管理的行为。2006 年 3 月 1 日起施行的《治安管理处罚法》规定：殴打他人的，或者故意伤害他人身体的，处 5 日以上 10 日以下拘留，并处 200 元以上 500 元以下罚款；情节较轻的，处 5 日以下拘留或者 500 元以下罚款。对于"殴打、伤害残疾人、孕妇、不满 14 周岁的人或者 60 周岁以上的人的"或者"多次殴打、伤害他人或者一次殴打、伤害多人的"处 10 日以上 15 日以下拘留，并处 500 元以上 1000 元以下罚款（第 43 条）。治安管理处罚法还对虐待、遗弃家庭成员的行为规定了行政处罚措施（第 45 条）。

4. 侵权责任法

从民法角度看，家庭暴力是一种侵权行为。中国《侵权责任法》第 21 条规定："侵权行为危及他人人身、财产安全的，被侵权人可以请求侵权人承担停止侵害、排除妨碍、消除危险等侵权责任。"这是法律通过赋予受害人享有停止侵害请求权，对正在发生的侵权行为进行积极干预的表现。妇女在受到家庭暴力侵害的情况下，可以通过法律途径请求施暴人停止侵害。

5. 刑法中与家庭暴力相关的罪名

对家庭成员实施暴力，还会触犯刑律，构成犯罪。中国现行刑法还没有关于家庭暴力罪的类罪规定。刑法确立的下列犯罪，如果行为人是针对家庭成员实施的，就属于家庭暴力方面的犯罪。具体有故意杀人罪、故意伤害罪、非法拘禁罪、绑架罪、强迫卖淫罪、强奸罪、诽谤罪、暴力干涉

---

① 参见最高人民法院《关于适用〈中华人民共和国婚姻法〉若干问题的解释（一）》和《关于适用〈中华人民共和国婚姻法〉若干问题的解释（二）》相关条款。

婚姻自由罪、虐待罪、遗弃罪、强制猥亵、侮辱妇女罪等。从犯罪构成的角度看，家庭暴力犯罪具有如下特征：① （1）这类犯罪侵害的同类客体是家庭成员的人身权和财产权。人身权包括家庭成员的生命权、健康权、名誉权、人身自由权、性自由权、婚姻自主权，等等。（2）客观上，行为人实施了侵犯家庭成员人身或财产权的行为。（3）这类犯罪都是故意犯罪。行为人主观上具有对其他家庭成员实施暴力的故意。（4）在犯罪主体要件方面，这类犯罪都是身份犯罪，即犯罪人与被害人之间是家庭成员，具有一定的身份关系。

在对家庭暴力受害人的司法救济方面，上述实体法是确立施暴人民事、行政、刑事责任的依据，而中国民事诉讼法、行政诉讼法、刑事诉讼法则是通过正当的法律程序，保障家庭暴力受害人获得适当法律救济，实现司法程序公正的依据。

6. 地方性专项立法

1995 年联合国第四次世界妇女大会推动了中国依法防治家庭暴力的进程。从 1996 年开始，中国反对家庭暴力的地方性立法"滚雪球"似地展开，开创了地方立法先行的反家庭暴力立法模式。2000 年 3 月 31 日，第一个由省级人大常委会通过的地方法规《湖南省人民代表大会常务委员会关于预防和制止家庭暴力的决议》问世。决议明确了对家庭暴力案件的管辖，人民法院、人民检察院和公安机关应各司其职，加强配合，对遭受家庭暴力侵害的投诉，应依法受理；规定了执法人员不作为所要承担的法律责任：对有法定义务制止和处理家庭暴力行为而不予制止和处理、导致矛盾激化、造成严重后果的直接责任人，应当依法追究其责任；决议确立对家庭暴力的预防、监督机制和对受害妇女的法律援助制度，对符合法律援助条件的遭受家庭暴力侵害的受害人，给予法律援助。决议特别指出，公民有权劝阻、制止和举报家庭暴力行为；决议还界定了家庭暴力的概念，指出"本决议所称家庭暴力，是指发生在家庭成员之间的，以殴打、捆绑、禁闭、残害或者其他手段对家庭成员从身体、精神、性等方面进行伤害和摧残的行为"（第 13 条）。

目前，中国已有 27 个省市自治区制定了预防和制止家庭暴力的地方性法规或部门联合文件。18 个省、市、自治区通过了《妇女权益保障法》实施办法的修订，修订后的办法对于预防和制止家庭暴力均做出了专门规定。

---

① 参见陈明侠、夏吟兰、李明舜、薛宁兰主编《家庭暴力防治法基础性建构研究》，中国社会科学出版社，2005，第 82 页。

（二）现行法之不足与专门立法之必要

中国《婚姻法》和《妇女权益保障法》关于禁止家庭暴力的规定，表明了中国政府对家庭暴力坚决予以制止的态度，起到了转变公众意识，推动反家庭暴力工作，保护受害人的作用。但是，仅有这两部法不足以实现对家庭暴力的综合干预与防治。

第一，现行婚姻法关于禁止家庭暴力的规定比较原则，缺乏操作性，尤其是没有界定家庭暴力的概念和对受害人的法律救济方式，使司法机关在对受害人实施救助时，可采取的措施不够有效。①再者，婚姻法就其性质而言是民事法律，它主要从权利义务的角度对夫妻和其他家庭成员在家庭生活中的行为予以调整。家庭暴力虽然发生在家庭成员之间，其性质却是违法犯罪行为。因此，仅凭婚姻法是难以实现对家庭暴力的法律防控的。

第二，妇女权益保障法对妇女权益的保障是宣言性的、原则性的。对具体的家庭暴力行为的预防与处置，还需依靠现行民事法律、行政法律和刑事法律。

第三，现行民法通则、治安管理处罚法、刑法等相关法律关于公民生命健康权保护与救济的规定，没有考虑到家庭暴力与社会暴力的区别，没有考虑到社会观念在家庭暴力性质与危害认识上的偏差。因此，这些法律规定会因执法者在执法过程中对法律理解不同，而使这些客观中立的法律规定在制止家庭暴力，为受害人（主要是妇女、儿童）提供法律救济时，难以有效地保护受害人。例如，由于相关刑事法律中没有家庭暴力类罪的专门规定，法律对于因家庭暴力导致家庭成员伤害、死亡的犯罪与普通人之间的人身伤害或死亡同样对待。现有的家庭暴力犯罪如虐待、遗弃罪，均以"情节恶劣"、"情节严重"为犯罪构成要件，致使实际生活中很难适用上述罪名惩治施暴人、救济受害人。

家庭暴力的特性（持续性、周期性与隐蔽性，受社会传统文化习俗影响等）决定了在依法防治时需要一部综合性法律。再者，防治家庭暴力是一项系统工程，涉及社区干预、行政干预与司法干预诸多方面，它不是单一的民事、行政、刑事实体法和程序法上的问题，需要专门立法。

---

① 2001 年最高人民法院关于适用婚姻法的司法解释将婚姻法上的"家庭暴力"解释为："行为人以殴打、捆绑、残害、强行限制人身自由或者其他手段，给其家庭成员的身体、精神等方面造成一定伤害后果的行为。持续性、经常性的家庭暴力，构成虐待。"（第 2 条）由于它是对依司法途径惩治的家庭暴力的界定，不可避免地在家庭暴力的主体、表现形式、后果等方面缩小了家庭暴力的范围。

四　解决之道：以专门立法保障妇女健康权

1996 年，联合国对妇女暴力特别报告员拉迪卡·库马拉斯瓦米女士（Radhika Coomaraswamy）起草了《家庭暴力示范立法框架》。该示范立法框架同年为联合国经济及社会理事会人权委员会第五十二届会议通过。示范立法框架对家庭暴力专项法的目标、定义、投诉机制、法官职责、刑事诉讼、民事诉讼、服务条款有详细的说明与指导。该立法框架指出，家庭暴力专项法具有转变公众观念、以民事和刑事措施加强对受害人保护，同时对施暴人予以教育、帮助和治疗的特点。

目前，世界上已有 60 个国家和地区制定有专门的家庭暴力防治法，7 个国家制定了反对性别暴力的专门法。以专门立法防治家庭暴力，已经成为国际发展趋势。中国制定全国性的反家庭暴立法是有效应对家庭暴力，解决现行法律不完善、相互不衔接、内容不周延等法律局限性的需要，也符合国际社会强化弱者利益保护立法的总体趋势。①

中国反家庭暴力实践表明，防治家庭暴力需要建立以政府为主导、多机构合作的预防、制止和救助一体化的机制。当前，推动制定家庭暴力防治专项法，已经成为中国妇女界、法学界和司法实务部门的一致呼声。2003 年，中国法学会反家庭暴力网络首次向中国全国人大和全国政协会议（简称"两会"）提交"中华人民共和国家庭暴力防治法"项目建议稿。2008 年，中央宣传部、最高人民检察院、公安部、司法部、卫生部、民政部、全国妇联联合发布反家庭暴力政策性规范《关于预防和制止家庭暴力的若干意见》。同年，最高人民法院中国应用法学研究所发布《涉及家庭暴力婚姻案件审理指南》，在全国九家基层法院进行试点。2009 年，全国妇联权益部与中国法学会反家庭暴力网络联合向"两会"提交议案和建议案，呼吁制定"中华人民共和国预防和制止家庭暴力法"。2010 年这两个组织又分别向"两会"提交制定反家庭暴力专项立法的建议。

作为妇女人权保障法的家庭暴力防治法，应当有必要的社会性别视角，并以保护家庭暴力所有受害人权利为本位；作为保障家庭成员基本权益的特别法，家庭暴力防治法又以维护平等、和睦、文明的婚姻家庭关系，促进社会和谐稳定为目的。基于这一立法理念，本文对未来中国家庭暴力防治法的若干方面发表一孔之见。

---

①　参见中国法学会反家庭暴力网络 2010 年《关于〈家庭暴力防治法〉专家建议稿的说明》。

（一）关于家庭暴力防治法的立法目的

笔者认为，家庭暴力防治法关于立法目的的表述，应突出对受害人合法权益的保护，而不是泛泛所言"保障家庭成员合法权益"。

（二）关于家庭暴力的界定

在中文语境下，所谓"家庭暴力"，是指发生在基于婚姻、血缘和法律拟制而产生的配偶、父母子女等家庭成员之间的违法行为。未来专项立法对家庭暴力的界定，应突破现有司法解释的局限，将家庭暴力侵害的客体，扩大为受害人的身体、性、精神等方面的人身权利，以便在列举其形式时不限于身体暴力，还包括精神的和性的侵害；在行为的程度上，只要对受害人造成损害，都应构成家庭暴力，而不以"一定伤害后果"为要件。至于对家庭成员的解释，考虑到中国立法传统和公众接受程度，可以不将"具有恋爱关系、同居关系或者曾经有过配偶关系的人"视为家庭成员，但需专条规定"具有恋爱关系、同居关系或者曾经有过配偶关系者之间的暴力行为，准用本法"。[①]准用条款可以使家庭暴力防治法的适用范围扩大到具有恋爱、同居等亲密关系的伴侣之间，以最大限度地保护受害人权利。

（三）明确"以暴制暴"行为的法律责任

家庭暴力不同于陌生人之间的暴力，具有隐秘性、长期性和周期性等特点。中国家庭暴力防治法应加强刑事法律规范在惩治和预防特定人际关系中针对妇女暴力的作用。例如，为减少妇女因受虐而杀死施暴丈夫（或伴侣）的恶性事件，在刑事责任中可专条规定："因不堪忍受家庭暴力而故意杀害、伤害施暴人构成犯罪的，应当追究刑事责任，但应根据具体情况从轻、减轻或者免除处罚。"[②]从法的普适性出发，这一条款应适用于所有家庭暴力的受害人，而无论男女老幼。然而，以社会性别视角观之，这一条款是有针对性的。现实生活中受虐妻子杀夫比受虐丈夫杀妻的更为常见，因此，它一旦实施将会有利于保护女性的权利。这也是家庭暴力防治法为遏制家庭暴力恶性

[①] 参见中国法学会家庭暴力网络 2010 年《中华人民共和国家庭暴力防治法》专家建议稿第 10 条。

[②] 中国法学会家庭暴力网络 2003 年《中华人民共和国家庭暴力防治法》项目建议稿第 64 条，陈明侠等主编《家庭暴力防治法基础性建构研究》，中国社会科学出版社，2005，第 19 页。

循环，实现维护平等、和睦、文明的婚姻家庭关系，促进社会的和谐与稳定的立法目的，所采取的特别措施。

（四）创设对受害人的特殊救助制度

各国及地区反家庭暴力专门法均设立了各具特色的受害人特殊救助制度。这些措施和制度是传统法律体系中单一的民法、刑法、行政法、诉讼法所不具有的。例如，民事保护令制度，就是家庭暴力专项法确立的预防制止家庭暴力的有效司法救济手段，但它不是中国现行民事诉讼法所具有的制度[①]；施暴者违反民事保护令，将受到刑事制裁（违反保护令罪），也在中国现行刑法中没有规定。

民事保护令是法院根据受害人及其近亲属、警察、检察机关等有关个人和组织的申请签发的，制止暴力行为，保护受害人人身安全的临时性救助措施。各国法律关于民事保护令的内容有诸多列举，包括了禁止接触令、限制令、迁出令、隔离令、给付令，等等。[②]法院可以根据案件具体情形，从制止暴力行为，保护受害人生命健康权出发，向施暴人发出上述一项或多项命令；保护令又分为通常保护令和紧急保护令两种。法院确认受害人正在遭受家庭暴力或者暴力威胁，情况紧急的，可以不按照通常法定程序，快速（通常为 48 小时以内）签发临时保护令。

反家庭暴力立法的国际标准和已有国家及地区的立法经验，为中国制定家庭暴力防治法，提供了可资借鉴的蓝本。中国家庭暴力防治法对于民事保护令制度的设计，应以最大限度地发挥该制度保护受害人权利的功效为目的。

基于法律设立保护令制度的目的，各国及地区法均不对受害人提起保护令申请的时间有所限制。这表明：只要有家庭暴力发生，受害人便可依法向有管辖权的法院提出人身安全保护申请，而不论其是否已经提出离婚或提出侵权损害赔偿等民事诉讼。因为，只有人身受到侵害的一方得以在诉前先行向法院申请保护令，方可排除现实的或实际可能的暴力侵害。中国新近颁布

---

① 中国现行民事诉讼法确立的临时性救济措施，仅限于财产保全和先予执行两种。由于它们的适用范围不涉及人身，因而不能解救家庭暴力受害人于危难之时。

② 例如，日本《配偶暴力防止及被害人保护法》第 10 条规定，法院根据受害人申请，为防止其生命或身体健康受到侵害，可以向申请人的配偶发出以下两种命令：（1）禁止干扰令。该项命令从发布之日起 6 个月内，禁止施暴者到受害人居所或其停留的场所接近受害人；禁止施暴者在被害人居所、工作场所及其他经常去的场所附近滞留。（2）迁出婚姻居所令。在申请保护令期间受害人与施暴者一起生活的，从命令生效之日起，施暴者必须从与受害人共同生活的居所内迁出 2 周。

的《侵权责任法》第 21 条的规定即是法律通过赋予受害人享有停止侵害请求权，对正在发生的侵权行为进行积极干预的表现。该条规定也将成为中国制定家庭暴力防治法，确立民事保护令制度的立法依据。

从施暴人（被申请人）角度看，法院签发的民事保护令，具有法律强制力，是对其的民事强制措施。被申请人不执行或违反保护令的，应承担必要的法律责任。对此，各国及地区法又多规定有"违反保护令罪"。[①]在家庭暴力防治法中设置这一罪名，是保护令得以有效执行的制度保障。前述家庭暴力防治法的综合性特点也表明，中国在家庭暴力防治法中增设"违反保护令罪"等罪名，是可行的。

五　结语

依法防治家庭暴力是衡量一国人权保障状况的标志之一。作为联合国《经济、社会和文化权利国际公约》《消除对妇女一切形式歧视公约》《儿童权利公约》的缔约国，中国政府有义务通过法律的制定和实施，预防和制止家庭暴力，保障包括妇女、儿童和老人在内的所有家庭暴力受害人的基本人权。在中国政府发布的《国家人权行动计划（2009～2010 年）》中，"禁止针对妇女的一切形式的家庭暴力，探索建立预防、制止、救助一体化的反对家庭暴力的工作机制"是中国政府促进和保护妇女人权的工作目标之一。

将反对家庭暴力纳入国家立法，不仅为家庭暴力受害人获得有效救济提供了具体依据，也为转变公众意识，在全社会形成尊重和维护妇女儿童权利，建立平等和睦婚姻家庭关系的氛围提供了制度保障。随着国际妇女运动的发展、第四次世界妇女大会在北京的召开，中国政府和各级妇女组织开展了卓有成效的反对家庭暴力的宣传、教育、培训和倡导工作，公众的人权意识、反对家庭暴力意识不断提高。目前，中国大多数省建立了"110"反家庭暴力报警中心，部分省市公安系统开展了对警察处理家庭暴力的报警培训；全国有 400 多个妇女庇护所、救助站，个别省市还将因家庭暴力无家可归者纳入当地民政部门救助范围；许多省市司法行政部门在法律援助中心设立妇女法律援助站，开展对受暴妇女的法律援助；各级法院通过人民陪审

---

① 参见马来西亚 1994 年《家庭暴力法》第 8 条、南非 1998 年《反家庭暴力法》第 17 条、日本 2001 年《配偶暴力防止及被害人保护法》第 29 条、韩国 1998 年《家庭暴力犯罪处罚特别法》第 63 条，以及中国台湾地区 1998 年《家庭暴力防治法》第 50 条。

员、维权合议庭等形式，为受暴妇女提供司法救济。[1]

家庭暴力防治法不仅对妇女健康权保障具有特殊意义，而且在维护平等、和睦、文明的婚姻家庭关系，促进社会和谐稳定方面将发挥积极的作用。我们有理由相信，随着中国反家庭暴力立法的不断完善，全社会对家庭暴力性质、危害认识的转变，在不久的将来，家庭暴力的阴影将逐渐散去，平等、和睦的婚姻家庭关系将成为中国构建和谐社会的坚实基础。

---

[1]　参见刘延东《七部门文件出台背景及全国妇联今后的工作》，中国法学会反对家庭暴力网络《通讯》总第 37 期，2008 年 12 月。

女性农民工健康权益保护现状、问题及对策

——基于法规完善的视角

王虎峰　潘玮　严婵[*]

一　女性农民工就业特点及其健康保护问题

（一）中国女性农民工群体规模与就业分布

1. 中国农民工的现状及发展趋势

农村人口城市化是一个国家现代化发展的客观要求和必然趋势。在中国，改革开放之前，城市化进程严重滞后于工业化和国民经济的发展。改革开放以来，大量农村剩余劳动力开始持续不断地涌进城市就业。然而，从现实来看，农民进城之后并不能顺利融入城市，而成了所谓的"农民工"，被排斥在市民权利的享有之外，处于城市边缘阶层，其生活方式与城市主流社会差距明显。这极大地影响到中国城市化进程的推进以及社会主义和谐社会的构建。正是在此背景下，"农民工问题"作为我国社会转型期的一个重大社会问题得以呈现。在现实背景下，农民工问题主要表现为：一是就业边缘化；二是居住边缘化；三是社会保障缺失；四是子女遭受教育排斥；五是劳动权益全面受损；六是社会参与渠道缺乏；七是文化心理边缘化。[①]

随着经济的发展，大量 80 后农民进入城市务工，因为他们具有与老一

---

　　* 王虎峰、潘玮、严婵，中国人民大学医改研究中心。

　　① 胡杰成：《中国农民工问题相关研究述评》，《社科纵横》2010 年第 1 期。

代农民工明显不同的特点，学界和政界称其为新生代农民工。[①] 据全国总工会的调查[②]显示，游走在城乡两端的新生代农民工，一方面与传统农民工面临共同的社会境遇；另一方面，又因其出生成长于改革开放、社会加速转型的时代背景下，而明显带有不同于传统农民工的时代烙印。新生代农民工的心理预期高于父辈、耐受能力却低于父辈，对农业生产活动不熟悉，在传统乡土社会中处于边缘位置；同时，受城乡的限制与自身文化、技能的制约，在城市中难以获取稳定、高收入的工作，也很难融入城市主流社会，位于城市的底层。因此，新生代农民工在城乡两端都处于某种边缘化状态。综上可以看出，农民工问题已经不再是就业问题，而是作为一个群体成为社会发展中的问题。

分析我国经济发展的趋势和世界现代化的一般规律可以看出，农村富余劳动力逐步转移出来，进入非农产业和城市，既是客观需要，也是必然趋势。在一定时期内，我国劳动力的供给总量仍然处于过剩状态，农村尚有大量富余劳动力需要转移，因而，较长时间内我国农民工仍将保持较大规模。并且，由于农民工很难短期市民化，因而他们的活动仍会以在城乡之间双向流动为主。

2. 女性农民工群体的界定

农民工群体的规模较大，可按不同的标准对其进行分类。例如按年龄和代际特征可分为原生代农民工和新生代农民工；按性别可分为男性和女性农民工。本文所研究的是农民工中的女性群体，即女性农民工，她们是农民群体中的重要组成部分，也是一个非常特殊的人群。由于生理特点原因，女性农民工在职业选择、就业形式等方面有特殊之处；由于社会性别的差异，女性农民工受教育程度不同，在家庭和工作等方面的矛盾更加突出；同时，由于心理性别的差异，女性农民工在适应能力、幸福指数等方面亦有很大的不同。[③]

3. 女性农民工群体的规模与就业分布状况

2006 年 11 月，全国妇联公布的《全国农村妇女权益状况和维权需求调

---

① 2002 年，王春光在其论文《新生代农村流动人口的外出动因与行为选择》首次提"新生代"农村流动人口的概念，后学者开始用"新生代农民工"一词，《中国党政干部论坛》2002 年第 7 期。

② 全国总工会新生代农民工问题课题组：《全国总工会关于新生代农民工问题研究报告》，《工人日报》2010 年 6 月 21 日。

③ 全国妇联课题组：《金融危机背景下女性农民工就业对策分析——基于性别视角的分析》，参见网页 http：//219.238.228.244/tw/show/shownews2.jsp? news_ id=329。

查报告》显示，农民工队伍中女性占 30%；有 50.2% 的女性农民工属于非正规就业，较男性农民工 40.2% 的比例高出了 10 个百分点。这些女性农民工主要从事商业服务、餐饮服务、居民生活服务和加工制造业，其比例分别为 27%、14.1%、12.1% 和 10.7%，而这些就业领域技术含量低，对体力和年龄的要求较高，工作条件差。①

（二）女性农民工的群体特征

1. "候鸟式"迁移、流动性强

农民工的一大特点是往返于城市与农村之间，农闲时一般在城市务工，而农忙时则返回家乡收割。另外，由于他们从事工作不稳定，也常常在不同城市之间流动。女性农民工是农民工中的重要组成部分，也具有农民工流动性强的特点。

2. 多从事依附性工作

女性农民工由于自身的生理特点，她们进城后所从事的工作相对于男性农民工而言，多为辅助性工作，工作地位不高，工资较低，因而她们所赚得的收入不是家庭的主要经济来源，在家庭中的地位也不高。这种情况会影响到女性农民工患有疾病时在一个家庭中能够得到治疗的优先次序。

3. 劳动合同签署率低，劳动关系无保障

有些学者以某个地区为范围调查女性农民工的职业状况，结果显示当地女性农民工的劳动合同签署率一般较低。例如，赵银侠等 2007 年在陕西省所做的女性农民工调查结果显示，66% 的人与单位没有签订劳动用工合同。② 由于没有劳动合同的保护，将近 60% 的女性农民工享受不到本应享受的合法权益。

4. 女性特有的生理"四期"需要保护

女性有特殊的生理特点，即存在"四期"，具体指女性经期、孕期、产褥期、哺乳期。这"四期"典型地反应了女性在体质及生理上与男性不同，由于这种不同，当女性参加职业劳动时，职业危害因素会对女性及下一代的健康会产生特殊的不良影响，因而必须重视女工劳动保护，对女性农民工所从事的职业进行一定的限制或提供相关的保护。

---

① 全国维护妇女儿童权益协调组：《全国农村妇女权益状况和维权需求调查报告》，《中国妇运》2007 年第 3 期。

② 赵银侠、班理、梁淑萍：《城市女农民工生存状况的社会资本理论分析》，《宝鸡文理学院学报（社会科学版）》2007 年第 6 期。

（三）女性农民工健康权益保护问题的提出

1. 女性农民工群体是双重弱势群体

农民工全体本身在社会中处于弱势地位，而女性农民工的特点又决定了他们是农民工群体中的弱势群体。与男性农民工相比，她们所从事的工作地位不高，偏离城市的主流，处于具有明显弱势特征的职业边缘化状态；与职业边缘化相对应，其所从事的工作大多处于非正规就业领域，劳动合同签署率，很难享受合法劳动保护；而由于其生理特点，女性农民工的健康状况更容易受到侵害，需要更多的关注和保护。

2. 女性农民工的健康需求

与女性农民工的生理特点、工作环境相对应，女性农民工的健康需求可分为四部分。一是普通疾病的治疗需求；二是职业病的预防和治疗；三是生殖系统疾病的预防和检查以及孕产期的保健服务；四是对传染病的预防和治疗。

3. 健康权益的研究范畴

目前国内并没有相关法律定义"健康权益"的内涵和外延，本文根据健康的定义和权益的定义来界定健康权益的研究范畴。世界卫生组织对健康的定义是"健康是指人的生理、心理及社会适应能力的完好状况，而不仅仅是指没有疾病或身体处于虚弱状态"；法律意义上的权益是指公民受法律保护的权利和利益。结合这两种定义，本文提出，健康权益的内涵应该是公民为了达到生理、心理及社会适应能力的完好状况而应享受的法律保护的权利和利益；其外延包括健康信息的知情权、卫生医疗服务的获得权以及公平享受卫生医疗待遇的权利等。

二　健康保护不足：制度缺陷及现实困境

（一）法律体系中关于女性农民工健康权益的规定

1. 国家层面——从立法角度分析

我国宪法第 21 条规定，"国家发展医疗卫生事业，发展现代医药和我国传统医药，鼓励和支持农村集体经济组织、国家企业事业组织和街道组织举办各种医疗卫生设施，开展群众性的卫生活动，保护人民健康"；第 43 条规定"中华人民共和国劳动者有休息的权利。国家发展劳动者休息和休养的设施，规定职工的工作时间和休假制度"；第 48 条规定，"中华人民共和国妇女在政治的、经济的、文化的、社会的和家庭的生活等各方面享有同男子平等的权利。国家保护妇女的权利和利益，实行男女同工同酬，培养和选拔妇女干部。"以上是根本大法对公民特别是妇女健康权益保障规定。

从一些专门法和行政立法看，我国对妇女权益保护的法规有《妇女权益保障法》（2005 年修正案）和《流动人口计划生育工作条例》、《国务院关于解决农民工问题的若干意见》等。其中《妇女权益保障法》规定对妇女"四期"进行特殊保护，并对女职工能够享受产假、哺乳假做了具体规定。同时也规定：国家推行生育保险制度，建立健全与生育相关的其他保障制度；地方各级人民政府和有关部门应当按照有关规定为贫困妇女提供必要的生育救助。《流动人口计划生育工作条例》规定流动人口的计划生育工作由其户籍所在地和现居住地的人民政府共同负责管理，以现居住地为主；并提出计划生育技术服务机构和从事计划生育技术服务的医疗、保健机构应当在各自的职责范围内，针对育龄人群开展人口与计划生育基础知识宣传教育，对已婚育龄妇女开展孕情检查、随访服务工作，承担计划生育、生殖保健的咨询、指导和技术服务。2006 年颁布的《国务院关于解决农民工问题的若干意见》则提出了各种有针对性的措施，着力解决工资偏低和拖欠问题、农民工就业服务和培训问题、农民工社会保障问题以及农民工相关公共服务问题。

根据对健康权益的保护内容及实施主体分类，本文将法律法规中健康权益的保护分为职业卫生保护和公共卫生两方面。其中职业卫生方面的保护指居民在工作场所所需的劳动保护，主要由用人单位负责并实施；公共卫生方面的保护指居民在日常生活中所需的健康保护，包括生殖健康和传染病防控，主要由当地政府负责实施。

涉及职业卫生方面的法律法有：《中华人民共和国职业病防治法》《中华人民共和国劳动合同法》《中华人民共和国劳动合同法实施条例》《中华人民共和国劳动法》《中华人民共和国就业促进法》《中华人民共和国放射性污染防治法》《使用有毒物品作业场所劳动保护条例》《工伤保险条例》《女职工劳动保护特别规定》《女职工保健工作规定》《女职工禁忌劳动范围的规定》十多部法律法规等。这十多部法律法规从一般到特殊，从整体到细节，较全面地提出了对女性职工在职业卫生方面应该享受到的保护。第一，提出了用人单位与劳动者订立劳动合同的责任，并在具体实施层面提出了用人单位提供劳动保护的义务。第二，对职业病进行了定义，并指出政府及用人单位在职业病防治中承担的任务，指出用人单位承担为劳动者上工伤保险的责任。第三，规定了用人单位保证作业场所安全使用有毒物品，预防、控制和消除职业中毒危害的法律义务，以达到保护劳动者的生命安全、身体健康及其相关权益的目的。第四，结合女性职工的生理特点，详细规定了女职工禁忌劳动范围，包括妇女经期禁忌从事的劳动和妇女怀孕期间禁忌从事的劳动，并从具体操作层面规定了各单位应承担的女职工保健工作任务，提出了具体的保健措施。

公共卫生所涵盖的范围很大，本文主要从与女性农民工密切相关的生殖健康和传染病防控两方面梳理现有法律对居民公共卫生权利享有的保护。生殖健康方面，我国已有《中华人民共和国母婴保健法》《中华人民共和国母婴保健法实施办法》《中华人民共和国人口与计划生育法》《流动人口计划生育工作条例》《计划生育技术服务管理条例》《母婴保健监督员管理办法》《母婴保健监督行政处罚程序》《母婴保健医学技术鉴定管理办法》《产前诊断技术管理办法》《企业职工生育保险试行办法》等 10 多部法律法规。这10 多部法律法规从各方面较系统地规定了对妇女及女职工的生殖健康的保护。第一，规定了医疗机构提供婚检、孕产期保健服务的责任，并规定了婚前体检的具体项目以及卫生指导的具体事项。第二，规定了女职工享有休产假和领取生育津贴的权利，并指出要通过产检监督达到保障母婴健康的立法目的。第三，对计划生育工作的具体工作做了相应规定，规定了计划生育技术服务的项目，并明确开展流动人口计划生育工作的主体主要是现居住地。在传染病防控方面，我国已有《中华人民共和国传染病防治法》《艾滋病防治条例》《性病防治管理办法》等三部法律法规，这三部法律法规主要规定公民有接受免疫的权利，并规定了治疗传染病从业人员的工作规范，艾滋病和性病的防控工作的实施主体及宣教为主的防控形式。

与女性农民工健康权益相关的法律法规表 *

分类	法条名称	发布机关	执行机关	法律类别	主要相关规定
宪法	中华人民共和国宪法（2004年最后修正）	全国人大		法律	第 21 条提出保障公民健康权；第 42 条保障公民的劳动权；第 43 条保障劳动者的基本权利；第 48 条提出保障妇女权益。
妇女保障	中华人民共和国妇女权益保障法（2005 修正）	全国人大		法律	第 26～29 条分别规定了妇女"四期"的保护、保障女劳动者孕产假、妇女享受社会福利的权利和生育保障制度。第 38 条明确提出妇女健康权受到保护。

续表

分类	法条名称	发布机关	执行机关	法律类别	主要相关规定
农民工	国务院关于解决农民工问题的若干意见　国发〔2006〕5号	国务院		法规性文件	提出了各种有针对性的措施，着力解决农民工问题。
职业卫生	中华人民共和国职业病防治法（2011 年修改）	全国人大常委会	卫生行政部门、劳动保障部门	法律	第 2 条对职业病进行定义；第 2 条和第 5 条分别规定政府和用人单位在职业病防治中承担的任务；第 7 条规定用人单位承担为劳动者上工伤保险的责任；第 15 条具体规定产生职业病危害的用人单位的设立条件和职业卫生要求。
	中华人民共和国劳动合同法（2008 年）	全国人大常委会	劳动行政部门、工会	法律	第 2 条规定用人单位与劳动者订立劳动合同的责任；第 42 条规定对从事接触职业病危害作业的劳动者、在本单位患职业病或因公负伤并被确认丧失或部分丧失劳动能力的、和孕产期妇女的保护。
	中华人民共和国劳动合同法实施条例（2008 年，中华人民共和国国务院令第 535 号）	国务院	劳动行政部门	行政法规	第 8 条在实施层面具体规定了用人单位提供劳动保护的义务。
	中华人民共和国劳动法（1995 年）	全国人大常委会	劳动行政部门、工会	法律	第 59 条、第 60 条、第 61 条分别规定了妇女禁忌从事的劳动、妇女经期禁忌从事的劳动和妇女怀孕期间禁忌从事的劳动。
	中华人民共和国就业促进法（2008 年）	全国人大常委会		法律	27 条提出了妇女的平等就业权。
	中华人民共和国放射性污染防治法（2003 年）	全国人大常委会		法律	法律通过严格造成放射性污染单位责任和个人责任，以达到防治放射性污染，保护环境，保障健康权的目的。
	使用有毒物品作业场所劳动保护条例（2002 年，中华人民共和国国务院令第 352 号）	国务院	卫生行政部门、工会	行政法规	该法的条款规定了用人单位保证作业场所安全使用有毒物品，预防、控制和消除职业中毒危害的法律义务，以达到保护劳动者的生命安全、身体健康及其相关权益的目的。

续表

分类	法条名称	发布机关	执行机关	法律类别	主要相关规定
职业卫生	社会保险法(2011 年)	全国人大常委会		法律	该法规定工伤保险和生育保险。
	女职工劳动保护特别规定(2012 年)	国务院		行政法规	该规定规范了用人单位在维护女职工的合法权益,减少和解决女职工在劳动和工作中因生理特点造成的特殊困难,保护其健康的义务和责任。
	女职工保健工作规定(卫妇发〔1993〕第 11 号)	卫生部等五部委		部门规章	该规定从具体操作层面规定了各单位分管的女职工保健工作任务,提出了具体的保健措施。
	女职工禁忌劳动范围的规定(劳安字〔1990〕2 号)	劳动部		部门规章	详细规定了女职工禁忌劳动范围。
生殖健康	中华人民共和国母婴保健法(1995 年)	全国人大	国务院卫生行政部门	法律	第 3 条规定了针对母婴保健工作,各级政府的责任;第 7、14 条规定了医疗机构提供婚检、孕产期保健服务的责任。第 8 条规定了婚检的项目。
	中华人民共和国母婴保健法实施办法(2001 年,中华人民共和国国务院令第 308 号)	国务院	国务院卫生行政部门	行政法规	第 9 条规定了婚前卫生指导的具体事项。
	中华人民共和国人口与计划生育法(2002 年)	全国人大常委会	地方卫生行政部门	法律	第 14 条规定了流动人口计划生育工作的实施主体;第 33 条规定了计划生育技术服务机构的职责。
	《流动人口计划生育工作条例》(2009 年,中华人民共和国国务院令第 555 号)	国务院	地方政府	行政法规	第 4 条规定了开展流动人口计划生育工作的主体及其职责。
	计划生育技术服务管理条例(2004 年,中华人民共和国国务院令第 428 号)	国务院	各级计划生育行政部门和卫生行政部门	行政法规	第 9 条规定了计划生育技术服务的项目。
	母婴保健监督员管理办法(卫妇发〔1995〕第 7 号)	卫生部		部门规章	本法通过为加强对母婴保健工作的监督管理,达到保障母婴健康的目的。

续表

分类	法条名称	发布机关	执行机关	法律类别	主要相关规定
生殖健康	母婴保健监督行政处罚程序（1995 年 8 月 4 日卫生部令第 44 号）	卫生部		部门规章	本法通过为加强对母婴保健工作的监督管理，达到保障母婴健康的目的。
	母婴保健医学技术鉴定管理办法（卫妇发〔1995〕第 7 号）	卫生部	各级政府设立的母婴保健医学技术鉴定委员会	部门规章	第 2 条规定了公民或提供服务的医疗保健机构，对婚检、遗传病诊断和产前诊断结果或鉴定结论持有异议，提起医学技术鉴定的权利。
	产前诊断技术管理办法（2002 年，中华人民共和国卫生部令第 33 号）	卫生部	县级以上人民政府卫生行政部门	部门规章	第 1 条指出了通过产检监督达到保障母婴健康的立法宗旨。
	企业职工生育保险试行办法（劳部发〔1994〕504 号）	劳动部	劳动部门所属的社会保险经办机构	部门规章	第 5 条规定了女职工的享有休产假和领取生育津贴的权利。
传染病防控	中华人民共和国传染病防治法（2004 年修订）	全国人大常委会		法律	第 7、9、15 条分别规定了疾控机构、基层管理机构、国家和地方政府在传染病防控方面的义务和责任。
	艾滋病防治条例（2006 年，中华人民共和国国务院令第 457 号）	国务院		行政法规	第 17 条规定了艾滋病防控工作的实施主体及宣教为主的防控形式。
	性病防治管理办法（1991 年，卫生部令第 15 号）	卫生部	性病防治机构	部门规章	第 10 条性病防控工作的实施主体及宣教为主的防控形式。

　＊ 此表中法律的时间均以法律正式实施时间为准，而非以法律通过时间为准。

2. 地方层面——从执行和实施角度分析

　　我国立法体制分为中央立法和地方立法两个立法权等级。国家层面的法律法规主要从原则上对流动人口的健康权益进行保护，地方政府则需要将法律结合实际情况进行细化和转化为可实施的措施。本文选取北京和上海两个流动人口输入大市考察其对流动人口特别是农民工的健康权益的具体保护政策。

　　北京市对女性农民工健康权益保护的相关规定主要有：《北京市流动人口计划生育管理规定》《北京市外地农民工参加基本医疗保险暂行办法》

《北京市外地农民工参加工伤保险暂行办法》《北京市实施〈女职工劳动保护规定〉的若干规定》等。从形式上看，这些法律规定设立得比较全面，考虑到了流动人口的健康需求。但是，这些法律法规还存在以下问题：一是没有考虑到女性农民工特殊的健康需求；二是法律的实行缺乏可操作性，流动人口难以得到有效的保护。如《北京市外地农民工参加基本医疗保险暂行办法》第 3 条规定"用人单位招用外地农民工，应当到所在区、县的社会保险经办机构为其办理参加基本医疗保险手续"，但办法中始终未有用人单位如不执行规定的惩罚；另外，这一条很大程度上是针对那些与用人单位形成劳动关系的农民工而言的，那些没有与用人单位形成劳动关系的农民工享受不到有效保护。

上海市对居民健康权益保护的相关规定主要有：《上海市职业病防治条例》《上海市城镇生育保险办法》《上海市尘肺病防治实施暂行办法》《上海市工伤保险实施办法》《上海市女职工劳动保护办法》。公共卫生方面的主要政策文件有《上海市流动人口卫生防疫管理暂行规定》《上海市母婴保健条例》《上海市外来流动人员计划生育管理办法》等。上海市实行的这些具体政策与国家法律对应得很好，国家层面已有的相关法律在上海大都能找到相对应的执行政策，但是与北京存在的问题相一致，上海市的政策文件中没有考虑到女性农民工对健康的特殊需求，因而难以有效保护女性农民工的健康权益。

（二）女性农民工健康权益保护现状

1. 文献分析

整理分析国内已有文献，发现目前很少有专门针对女性农民工健康权益保护的文章，已有文献中的相关数据和关于女性农民工健康状况及健康权益保护面临的问题的相关论述印证了以上政策缺失以及社会关注不够等方面问题。

女性农民工整体健康状况及面临的问题。描述国内整体健康状况的文章多以局域调研为基础，得出某一地区女性农民工的健康数据。如袁玉涛，葛会欣[1]（2009）从健康素养知晓率、对健康的认识和健康状况等方面考察了女性农民工的健康状况，认为女性农民工的健康知识和理念知晓率不高，这也将导致女性农民工的健康水平不佳。

---

[1]　袁玉涛、葛会欣：《河北省城市女性农民工健康状况及体育参与特征研究》，《河北农业科学》2009 年第 13 期。

职业卫生方面面临的问题。女性农民工职业卫生方面的问题主要集中于由于没有正式的劳动关系而享受不到应有的医疗保险和劳动保护措施。工作劳动强度大、工作时间超长、工作条件恶劣、缺乏劳动保护以及职业危害。一方面与雇主或企业对职业危害的忽视有关，另一方面与农民工自身对职业危害认识水平较低有密切关系。①②

公共卫生方面，女性农民工面临的主要问题是生殖健康状况较差，这主要是由于女性农民工享受不到本应由居住地所在的社区提供的公共卫生服务。由于女性农民工生理的特殊性，女性农民工孕产妇的健康状况较差，主要表现为女性农民工获得生殖保健知识的渠道比较局限；计划外生育者成为孕产妇死亡的高危人群；缺乏医疗保险等。另外，女性农民工数量多、流动性大、经济承受能力差，且大多数文化水平较低，法制观念差，保健意识淡漠，医疗保健需求层次低。③④

2. 个案分析：女性农民工所面临的现实困境

为了求证以上法规和政策缺失带来的问题，作者在北京市对某个社区服务中心的 4 名服务女工作了访谈，深入了解了她们的基本健康状况和现实境况，了解到她们虽然都是家政服务公司正式员工，但未签订正式劳动合同；在京租住平房，有自来水，用公厕。由于篇幅有限，文章此处不作详述，只介绍一些访谈结果。

访谈结果表明，在这 4 个个案中存在很多共性：第一，虽然她们实际的健康状况好差不一，但她们主动获取健康保健知识的意愿低，获取健康保健知识的渠道少，因而她们的健康保健意识差，自我保健能力低。第二，她们都参与了户籍所在地的新型农村合作医疗制度，但是由于人在北京，即使生病了也难以享受新农合制度带来的报销；同时，由于与目前的工作单位没有签订正式的劳动合同，她们都没有享受工伤保险、城镇医疗保险以及生育保险，即她们在工作的城区享受不到合理的医疗保险报销。第三，由于从事非正规就业，她们所在的用人单位没有对她们进行"四期"特殊保护，也无产假和哺乳假，怀孕、生产而不能工作，则只好辞去

---

①　全总女职工部：《关于女农民工特殊权益保护情况的调查》，《中国职工教育》2008 年第 3 期。

②　叶莉敏、王景江、梅良英：《农民工健康保护与对策》，《公共卫生与预防医学》2004 年第 5 期。

③　邢海燕：《农民工健康状况及其卫生政策研究》，浙江大学 2008 届博士论文，第 39～45 页。

④　叶旭军：《城市外来农民工的健康状况及影响因素研究》，浙江大学 2003 届博士论文，第 82～85 页。

工作。第四，她们在城里工作生活，政府、各类组织一般都不会提供免费妇科检查。

三　问题根源剖析

（一）从现实看，对女性农民工健康权益法律保护存在缺失

1. 国家出台基本法规，地方缺乏配套政策

在国家出台的与女性农民工健康权益有关的法律法规中，有一些法律表现为仅在国家层面有主干法律，而省级或市级没有相应的配套法律。如全国人大已颁布《中华人民共和国妇女权益保障法》，规定了对妇女"四期"的保护、保障女性劳动者孕产假、妇女享受社会福利的权利和生育保障制度，但是省级层面并无对应的法律法规对女性劳动者的相应权利进行细化和实施，因而虽然国家层面已经有法律对女农民工健康权益的保护作出相关规定，但由于地方层面没有具体的实施措施，国家法律落不到实处。

2. 对女性农民工健康权益保护主体无相应财政支持

法律法规规定居民应该享受的权利往往会受到法律法规执行机构所拥有的财权的制约，这是因为事权往往要与财权相对应，在没有财权的情况下，法律法规规定的事情也不一定能够做到。在女性农民工健康权益保护方面，国家已经颁布相关法律对女性农民工的健康权益进行保护，但是由于没有相应财政支持，法律条文也容易变成一纸空文，不可操作。如对流动人口的健康教育和免费体检等服务，输出地无法承担，地理上不可及；而输入地，由于当地政府财力难以承担，经济上不可及。解决这些问题还需要财政投入机制的改革和配套。

3. 对女性农民工健康权益法律保护的监管有待加强

法律法规的实施除了要有相应的实施主体外，还需要有一定的监管主体，这样法律法规才能顺畅地被执行。在已梳理的与女性农民工健康权益保护相关的法律法规中，发现一些法律法规的落实虽明确了相应的行政机构作为实施主体，但是由于缺乏相应的监管主体，相关工作可能也很难落实。例如北京市和上海市都规定了农民工可以参加基本医疗保险，但是，若用人单位不按照规定办事，则没有相应的处罚条款，因而农民工医疗保险的参加率在北京和上海并不高，其他情况也可以以此类推。

4. 对事实劳动关系保护不足

法律法规所保护的对象一般是具有正式法律地位的事实和劳动者。考察

现有法律法规对女性农民工健康权益方面的保护，法律能够保护到的范围仅仅是那些已经拥有正式劳动合同的女性农民工。但女性农民工群体乃至整个农民工群体的一大特点是流动于体制之外，没有正式的劳动关系。因而，即便在法律法规层面，即使有国家层面的法律又有地方的配套法律，大部分没有正式劳动关系的女性农民工仍然享受不到法律的保护。

（二）从理论上看，现行管理体制同社会需求之间面临冲突

1. 流动人口常态化与相关制度二元设计思路的冲突

我国正处于城市化、工业化的历史阶段，人口流动是一段时期内社会发展的常态，而由农村流入城市务工的农民工是人口流动的主体，农民工处于城乡之间的尴尬位置使得其需要更为灵活的制度设计来满足其特殊需求。但是，社会保障、相关法律规定等相关制度设计却延续了城乡二元结构区别对待的思路，缺乏前瞻性使得一些法律法规制定滞后于社会发展。例如，在社会保障制度的设计上，在社会保障制度设计之初，仅在城市设有养老保险、医疗保险等，而农村居民则无任何保障。之后，国家在农村建立了新型农村合作医疗制度，此项制度仅保护农村户籍人口，而且报销范围也限定在农村。这种城乡二元结构区别对待的设计思路使得流动于农村和城市之间的农民工既享受不到其工作所在的城市的医疗保险，又难以真正享受新型农村合作医疗制度。

另外，我国已经制定专门针对流动人口的立法，例如国务院 2009 年颁布的《流动人口计划生育工作条例》，其中第 4 条规定了开展流动人口计划生育工作的主体及职责。但该法规定由流动人口居住地主要管理流动人口的计划生育工作，由于流动人口居住地一般没有专项资金管理流动人口的计划生育工作，因而此项法律规定也难以落实到位。因此可见，法律法规对流动人口的适用性不足。

2. 僵化的二元户籍制度与女性农民工的流动性需求相矛盾

我国的户籍制度按照城乡二元结构进行划分和管理。虽然部分城市对流动人口颁发暂住证、居留证，但城乡各项保障制度均按户籍划分人群并享受相应权益。这对女性农民工群体而言存在明显的户籍歧视，由于远离户籍所在地，他们既享受不到户籍地政府所提供的公共卫生服务、计划生育服务以及新型农村合作医疗制度的保障，又因为没有工作地的户籍，也享受不到工作地所提供的公共卫生服务、计划生育服务以及城镇职工（居民）医疗保险的相应保障。女性农民工所面临的困境可以用下图表示：

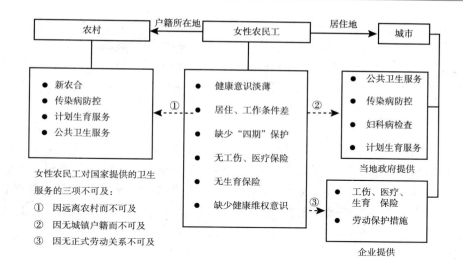

女性农民工面临的健康权益保护困境图

四　改进和完善女性农民工健康权益的实现途径

（一）为女性农民工争取政策名分

为了研究我国法律法规对女性农民工健康权益保护的现实状况，本文详细梳理了流动人口、农民工、妇女相关法律法规体系，从这些法律中可以看到对女性农民工健康权益保护的只言片语。同时，这些法律法规均未提到"女性农民工"的健康权益问题。虽然学界对是否专门界定农民工以及农民工的权益有不同认识，但笔者认为在执行环节强调和突出"女性农民工"健康权益保护是很必要的，不用借口细分群体是一种歧视，而影响了真正需要保护的群体。因此应鼓励和提倡社保、卫生、流动人口管理和妇女权益保障等相关部门在制定政策时充分考虑"女性农民工的特殊需求"，将"女性农民工"作为享有权益的主体，完善和改进法律法规。

（二）创新服务理念

对女性农民工的健康权益保护要以"公平、可及、完善、提高"为指导原则。公平是指要促进女性农民工和农村妇女、城镇女职工享受同样的健康保护待遇；可及是指要建立与女性农民工特点相适应的健康权益保护机制，使得女性农民工不会因其流动性而享受不到应享受的健康权益保护；完善是要根据女性农民工所面临的现实情况，在已有制度安排的基础上，完善制度设计，使女性农民工能够享受相适应的健康权益保护；提高是指要随着经济水平的发展，不断提高对女性农民工健康权益保护的水平。

（三）财政经费保障

从财政学的角度看，事权往往是和财权对应的，因而，要做好女性农民工健康权益保护的工作，需要政府一定的财政支持。建议将女性农民工健康权益保障相关工作纳入政府工作目标，配套经费列入财政预算。有条件的地区，可以设立专项的保障基金，保障对当地女性农民工健康权益的服务和保护经费，必要时中央财政应该对女性农民工输入集中地给予资金调剂和支持。

（四）将女性农民工健康权益保护纳入妇女组织工作重点之一

女性农民工也是妇女群体的一部分，妇女组织具有做妇女工作的有利条件，应该充分发挥妇女组织的作用，各级妇联、工会女职工委员会应将女性农民工的相关工作纳入其工作重点之一，积极为女性农民工宣传妇女保健、生殖健康知识，并监督和落实各项健康权益保障落实。

妇女健康权的法律保护

—— 从 中 国 民 法 的 角 度 切 入

常 鹏 翱[*]

健康权是人人皆享有的基本人权，目的在于促使居民的身心健康得到协调发展，进而实现个人的幸福，同时还有提升国家行为及制度理性化的功能，以便在健康个人和理性国家之间建立平衡关系。这无疑是个宏大语词，即便之前加上"妇女"的性别限定，也不能使其丰富意蕴减多少，就此而言，意欲用一篇短文来扯清妇女健康权的法律保护，对作者显然是不可能完成的任务。而要完成这个工作，一个可能的取巧方法就是截取其中某个方面来讲，本文即秉持这一路线，以民法为尺度来裁剪健康权，而要进行适当裁剪，首先要厘定健康权的一般意蕴，在此基础上理顺它与民法角度中的健麷权的关系（第一部分），进而白描中国民法保护健康权的规范经验，以求勾勒出健康权在法律层面运行的基本规律（第二部分），在以上理论和规范的铺垫下，从中国实践选取典型事实，肯定能印证中国规范的所得，但更重要的是能映衬出中国规范的疏漏，并为相关规范的完善也为妇女健康权保护的完备提供可能的思路（第三部分）。

一 健康权的基本意蕴

（一）作为基本人权的健康权

健康权的含义非常广泛，包括有利于居民达到最好的体质和心理健康状

* 常鹏翱，北京大学法学院。

态等内容，不过，为了避免与其他人权内容冲突，健康权的核心内容往往被限定在健康保健和健康的基本前提要素。除此之外，知悉与健康有关的信息和健康权受损害时的救济也应被视为健康权的内容。基于此种理解，通过分析《世界人权宣言》《经济、社会和文化权利国际公约》《消除一切形式种族歧视国际公约》《消除对妇女一切形式歧视公约》《儿童权利公约》《欧洲社会宪章》《欧洲人权公约》等相关法律文件，可以将健康权的内容分解为以下四类：

第一，获悉相关信息，即国家采用宣传、教育等措施，使居民了解有关健康权的法律规范、卫生保健常识、疾病预防和控制方法、重大疫情及其防治情况等，以便居民及时采用维持自身健康和公共健康的适当举措。此外，病患在健康检查或者治疗后，有权获得真实信息，以决定进一步的行动，这当然意味着除非基于维护公共利益的考虑，该信息不能被其他人非法获取。

第二，获得健康保健服务，即居民有权平等获得维持健康状况而必需的服务，它是居民维持自身健康，提高生存和生活质量的基础。该权利不仅表现在当居民患有疾病时，能得到及时而适当的救治或者得到基本药物，还表现在居民能得到有效的预防疾病的服务，如定期的健康检查等。该权利能否得以实现，显然要取决于个人的自由决定、经济条件等个人因素，但由国家提供的足够的相应服务则是更重要的基础。由此，国家要根据当地具体情况而负担相应的义务，至少包括以下方面：投入足够的健康预算资金；设立足够的便于人民获得常见保健和治疗（基础卫生保健）的医疗机构；提供足够的有资质保证的医疗人员队伍；提供足够的质量合格、价格合理的药物和医疗器械；通过立法以及其他措施确保人民能享有基本的健康或者医疗保险，给贫困群体以适当的医疗救助，从而使人民不会因经济条件得不到常见保健或者治疗；采用积极措施预防和控制严重危及人民健康的地方病、传染病和职业病；建立及时处理重大疫情和突发公共卫生事件的运行机制；对重大疑难疾病加大投资进行科研。

第三，获得健康的基本前提要素，即居民平等地获得充足食物、安全用水、适当营养、基本卫生条件、合适住房和居住环境、适宜的自然环境、有安全和健康保障的工作环境等健康的基本前提要素。为了保障该权利的实现，国家必须要积极作为，通过各种有效措施营造良好的环境，提高居民的身体素质，消除损及健康的风俗习惯，制止和惩罚蓄意破坏上述要素的行为。同时，国家还有不作为的义务，即不能做出发动战争、试验核武器等危及居民健康环境的非理性行为。

为了真正实现健康权的平等性，国家除了必须帮助患者、妇女、儿童等弱势群体切实获得有效的健康保障服务外，还必须努力给他/她们创造良好的健康的基本前提要素。具体而言，这包括以下方面：国家应为患者（特别是传染病患者）、残疾人创造宽松的社会环境，保障他/她们的人格尊严、不受歧视等基本人权，为他/她们的生活和工作提供相关的便利设施；妇女应获得适合其生理特征的生活和工作环境，禁止一切伤害妇女身体的行为或者习惯；为儿童提供适宜其身心健康发展的优良环境；为了保障胎儿健康，国家应采用切实有效的措施，防止因环境污染、药品质量、医疗失误等而导致胎儿在母体内遭受侵害；为保障农民健康，国家应加强对农民的健康教育，改善农村饮水、如厕等卫生环境，防止对农村水源、土地和空气的污染；尊重少数民族和土著居民的不危及健康的生活习惯，改善他/她们的居住环境和卫生设施；保障因犯的健康生活环境和条件，不得施以体罚。

第四，权利受损害时的救济，即国家从公法和私法两个角度来制止侵害健康权的行为，保护权利人的正当利益。从公法角度来看，国家一方面要通过刑法制裁侵害健康权的行为，通过行政法处罚危及健康权的行为；另一方面还要使宪法中的健康权能进入司法审判，这样才能切实保障健康权不受非法侵害，促使国家积极履行尊重、保障和实现的义务。从私法角度来看，当健康权有可能受到侵害或者已经受到非法侵害时，受害人有权依据自己的力量或者请求国家防止侵害行为的发生、停止侵害或者给予经济赔偿。对健康权的私法救济，主要在于恢复受害人原有的健康状况，或者保证受害人在受救济后的健康状况和经济条件不低于受侵害之前的状态。

在上述四项权利内容中，获得健康保健服务和获得健康的基本前提要素处于核心地位。《世界人权宣言》第25条即规定，人人有权享受为维持他本人和家属的健康和福利所需的生活水准，包括食物、衣着、住房、医疗和必要的社会服务；在疾病、残废的情况下，有权享受保障；母亲和儿童有权享受特别照顾和协助。《经济、社会和文化权利国际公约》不仅重申了上述规定，更明确提出"人人有权享有能达到的最高的身体和心理健康的标准"，为达到这个目标，下列四个步骤是必需的：（1）减低死胎率和婴儿死亡率，和使儿童得到健康的发育；（2）改善环境卫生和工业卫生的各个方面；（3）预防、治疗和控制传染病、风土病、职业病以及其他的疾病；（4）创造保证人人在患病时能得到医疗照顾的条件。该公约第7条还规定人人有权享有安全和卫生的工作条件。

上述表达已经明确了健康权的平等性，而《消除一切形式种族歧视国际公约》和《消除对妇女一切形式歧视公约》再次强调了这一点，前者要求国家确保每个人——无论种族、肤色、民族或人种——在法律上一律平等，尤其是享有公共健康、医疗保健、社会保障和服务的权利，后者则禁止在获得有关健康的教育信息、健康保健服务和设施等方面歧视妇女。

（二）作为人格权的健康权

在民法中，健康权属于以人体为依托的物质性人格权，是自然人其他权利得以实现的基础。在此所谓的健康乃一中性词语，并非用以表征自然人良好的生理和心理状态，而是描述了特定自然人在未受侵害情况下的生理和心理状态，即便该状态在医学意义上并不健康，仍不妨碍它在法律层面上的健康。这与作为基本人权的健康权所蕴涵的积极追求标准不一，后者应是以医学意义上的健康为标准。

而且，民法着眼于权利人这一个体单元，只要不背离法律强制性规范和社会公共利益，国家不会主动介入权利人的领域，健康权同样如此。比如，病患是否到医院就诊由权利人自我决定，除非法律另有规定，国家无须主动采取积极措施来提高人体生理和心理机能，这表现了权利人的健康维持权，即自然人有权决定是否维持其生理或者心理机能现状。作为人权的健康权与此不同，它除了包含自然人依凭自我努力而更健康的诉求，还为国家设置了相应的义务，即国家必须通过一定措施来帮助居民更健康，故而，健康权包括了个人权利和国家义务，后者甚至更重要。两相对比，作为人格权的健康权只是取了作为人权的健康权的最低层次，到目前为止，前者范围中还未出现国家的影子。

再者，当作为人格权的健康权受他人不法侵害时，权利人可排除侵害，以保有健康状况，在排除妨害时，权利人可依据自身力量来救济，也可请求国家公力救济；在排除不能时，权利人可以请求加害人赔偿损害。也就是说，即便在国家可以介入的领地，国家也只是消极的应对权利人的要求，无此要求，国家即无介入的正当理由，且只有司法等有限的部门可以介入。而在作为基本人权的健康权，国家对人民的健康有尊重、保障和促进的义务，该义务的履行不仅是政府中卫生管理部门的责任，也是整个政府部门的责任，正如《阿拉木图宣言》第 1 条所指出的，健康是人的生理、心理和社会适应能力的完好状态，是基本人权达到尽可能高的健康水平，是世界范围的一项最重要的社会性目标，而其实现，则要求卫生部门及社会与经济各部门协调行动。

概括说来，作为人格权的健康权，意义在于明确每个人均有维持自我健康的权利，防止健康权遭受侵害的权利，在侵害发生后获得赔偿的权利，与作为基本人权的健康权相比，它的面向是消极的。但是，从民法角度来审视健康权的保护却有相当积极的意义，因为立足于中国的司法实践现实，基本人权无法直接在司法中运用和实现，只有在权利人的健康权受损或者受损之时，方能进入司法获取救济。而且，无论如何，即便在作为基本人权的健康权，其本质也是个人维持、保障和促进自身健康的权利，国家的义务必须尊重这个本质，而不能以维护公共健康为由来不当限制个人健康权。更为重要的是，与作为基本人权的健康权相比，民法中的健康权处于末端位置，直接嵌于社会生活的方方面面，其生态状况反映着法律制度的得失，可为我们评价与健康权相关的法律经验提供坐标。

二　妇女健康权保护的民法规范

我国《宪法》是根本法，它在第 21、26、42、45 条规定了国家和政府负有保障居民健康的责任，据此，《民法通则》《婚姻法》《侵权责任法》等民法规定了保护健康权的措施。此外，《妇女权益保障法》等社会法中也有这样的民法保护条款，这些均是国家履行保护居民健康承诺的表现。中国民法有关妇女健康权保护的规范可分为一般规范和特殊规范，前者不区分保护对象的性别和身份，适用于所有的自然人，后者则专门针对妇女健康权。

（一）一般规范

从内容和形态上看，有关健康权保护的民法一般规范主要包括以下三类：

1. 确权规范

即法律确认自然人的健康权，为健康权进一步保护奠定基础。这类规范主要包括：（1）《民法通则》第 98 条："居民享有生命健康权。"（2）《侵权责任法》第 2 条第 2 款规定：本法所称民事权益，包括健康权。这些规范确认了健康权受法律保护的意旨，但它们并未界定健康权的内涵，需要通过司法实践和学理分析加以确定。

2. 禁止规范

即法律基于一定的观念指导，禁止当事人为或不为某种行为，如《婚姻法》第 3 条第 2 款第 3、4 句规定的"禁止家庭暴力。禁止家庭成员间的虐待和遗弃"即属此类规范。从法条构成来看，这类规范只框定了行为界限，而未明确背离该界限所应承担的法律效果，故在司法实践中不能单独适用。

3. 责任规范

即法律针对违法行为所设置的责任承担规范，既是健康权民法保护的核心所在，也是司法裁判的直接依据。在我国，健康权受损害后能适用以下责任规范：（1）非损害赔偿类规范，如《侵权责任法》第 21 条："侵权行为危及他人人身、财产安全的，被侵权人可以请求侵权人承担停止侵害、排除妨碍、消除危险等侵权责任。"（2）财产损害赔偿规范，如《民法通则》第 119 条："侵害居民身体造成伤害的，应当赔偿医疗费、因误工减少的收入、残废者生活补助费等费用；造成死亡的，并应当支付丧葬费、死者生前扶养的人必要的生活费等费用。"《侵权责任法》第 16 条："侵害他人造成人身损害的，应当赔偿医疗费、护理费、交通费等为治疗和康复支出的合理费用，以及因误工减少的收入。造成残疾的，还应当赔偿残疾生活辅助具费和残疾赔偿金。造成死亡的，还应当赔偿丧葬费和死亡赔偿金。"（3）精神损害赔偿规范，如《侵权责任法》第 22 条："侵害他人人身权益，造成他人严重精神损害的，被侵权人可以请求精神损害赔偿。"

（二）特殊规范

从内容和形态上看，有关妇女健康权保护的民法特殊规范主要包括以下三类：

1. 确权规范

《妇女权益保障法》第 2 条第 3 款规定，国家保护妇女依法享有的特殊权益，其中应当包括与妇女生理或者心理密切相关的健康权益。

2. 禁止规范

主要有以下条款：（1）《妇女权益保障法》第 2 条第 4 款："禁止歧视、虐待、遗弃、残害妇女。"（2）《妇女权益保障法》第 38 条："妇女的生命健康权不受侵犯。禁止溺、弃、残害女婴；禁止歧视、虐待生育女婴的妇女和不育的妇女；禁止用迷信、暴力等手段残害妇女；禁止虐待、遗弃病、残妇女和老年妇女。"（3）《妇女权益保障法》第 40 条第 1 句："禁止对妇女实施性骚扰。"（4）《妇女权益保障法》第 46 条第 1 款："禁止对妇女实施家庭暴力。"

3. 责任规范

《妇女权益保障法》第 56 条规定：违反本法规定，侵害妇女的合法权益，造成财产损失或者其他损害的，依法承担民事责任。

三　实践问题及其解决思路

法律规范的表达与实践之间往往存在差距，妇女健康权的保护同样如此，上述规范似乎已较全面地保护了妇女的健康权，但实践情况并非完全如此，正如下文所见，法律规范存在不小漏缺，亟须填补。而且，通过检讨侵害妇女健康权的原因，不难看出，民法外制度的缺失是引致妇女健康权受损的重要因素，也应积极地予以完善，这也表明，即便作为人格权的健康权处在私人领域，但它与公共领域有着千丝万缕的联系，还必须考察其社会属性。基于这种认识，本文认为，完善妇女健康权民法保护的途径不仅在提升民法制度本身，还有功夫在诗外的另一面，即完善民法外的其他制度。

（一）　民法制度内的问题及其解决思路

1. 明确健康权的内涵

中国既有的民法规范没有界定健康权的内涵，它究竟仅指向自然人的生理健康，还是应包括心理健康，牵涉到健康权保护的范围和力度。用健康权来保护自然人的生理健康没有异议，而心理健康的健康权保护却争议较大。① 对此，从为受害人提供更全面保护的角度出发，把心理健康归入健康权似乎更为妥当。如果这一说法成立，那么，精神惊吓在我国就应被定性为侵害健康权的行为。所谓精神惊吓，主要针对第三人因为加害人的行为而遭受严重精神打击，以至于产生精神疾病等身体健康遭受损害的情况，如 A 违章驾车致 B 死亡，B 的配偶 C 目睹该惨状，悲痛过度而精神失常或者身体病变。此时，宜认为 A 既对 B 实施了侵害行为，也对 C 的健康权实施了侵害行为。② 特别是考虑到妇女相较于男性，心理承受力等心理健康机制更容易受外力影响，将心理和精神上的痛苦、郁闷、烦躁等视为健康权受损害的情形，更能满足妇女健康权保护的需要。

2. 提升健康权的地位

健康权在学理上与同属于物质性人格权的生命权、身体权截然有别，通常说来，健康权意在保护人体健康，生命权用以保护生命安全，身体权则保护人体的完满状态。③ 不过，《民法通则》和《侵权责任法》并未体现这一区分，但最高人民法院颁布的《关于确定民事侵权精神损害赔偿责任若干问题的解释》和《关于审理人身损害赔偿案件适用法律若干问题的解释》明确了该区分，从而将身体权独立而明确地纳入侵权法的保护范围，不过，鉴于我国立法与司法明确分工的机制，法院进行此种创设的行为是否

① 参见郭卫华等《中国精神损害赔偿制度研究》，武汉大学出版社，2003，第 274 页以下。
② 参见王泽鉴《侵权行为法》第 1 册，中国政法大学出版社，2001，第 213 页以下。
③ 参见魏振瀛主编《民法》，北京大学出版社、高等教育出版社，2010，第 622 页以下。

合法值得探究。为了避免不必要的争议，不如提升健康权的地位，将之作为与人体直接相关的一般人格权，以涵盖身体权，为其法律保护提供根据。

这一做法还能解决诸如性骚扰这样的司法难题。性骚扰是法律禁止的行为，通常较为隐蔽，取证也相当困难，且不像身体暴力那样直接伤害妇女身体，司法处理起来难度相当大。同时，作为一种社会现象，性骚扰包含了各种不同的具体情形，对象可能指向健康权、身体权、性自主权、人身自由权、贞操权等人格权，在这些权利中，健康权的法律地位最明确，其他权利的地位在法律规范中则相当模糊。这些因素综合在一起，为性骚扰的民法保护制造了相当大的障碍，以至于性骚扰成为"闷骚"。① 如果将健康权作为涉及人体利益的一般人格权，就能以侵害健康权为由来解决性骚扰的对象不明问题，同时也能为处理诸如强奸、通奸等纠纷提供解决依据。

3. 强化规范性别意识

综观保护妇女健康权的民法规范，无论一般规范还是特别规范，内容均有进一步具体和补充的必要，而在进行这样的完善时，应有足够的社会性别意识，这不仅能为司法解决纠纷提供完备的法律依据，还能借此促进我国司法界乃至整个社会性别意识的提升。具体而言，应特别注重以下方面的社会性别意识：（1）充分考虑妇女生理和心理的性别特质，在其健康权保有和保护方面应予以特别照料，如保护妇女生殖健康、经期健康、心理健康等。（2）充分考虑妇女健康权在社会、家庭或者职场中更容易遭受侵犯的现实，如妇女在家庭暴力、婚内强奸、性骚扰案件中多为受害对象，对妇女提供相应的特殊保护措施。（3）充分考虑未成年女童的健康权弱势地位。中国《民法通则》第 16 条确定了未成年人的监护人，最高人民法院《关于贯彻执行〈中华人民共和国民法通则〉若干问题的意见（试行）》第 21 条规定了未成年子女的监护责任的承担，最高人民法院《关于确定民事侵权精神损害赔偿责任若干问题的解释》第 2 条规定了侵害监护权的责任，它们均意在保护未成年子女的利益，但实际上未充分考虑未成年女童的权利，为了弥补该缺陷，应在父母离婚或选择其他人担任监护人时，通过适当的措施，使未成年女童具有充足的自主选择监护人的权利；同时，鉴于未成年女童正在成长发育的现实，应指导女童选择对其成长更为有利的共同居住人或监护人，避免她们在年幼时受到性侵犯。

---

① 参见《取证难困扰性骚扰官司》《性骚扰多数成了"闷骚"》，载《南方周末》2006 年 3 月 23 日，A3 版。

而且，还应进一步明确监护人和被监护人之间的权利义务关系，特别是应确立未成年女童健康权不受侵犯的底线。

（二）民法制度外的问题及其解决思路

1. 处理家庭暴力的配套制度

家庭暴力对妇女健康权的危害相当大，但受制于其发生的领域有相当的私密性，在防治方面存在制止困难、取证困难等问题，要解决这些问题，在法律层面应明确规范保护受害人人身的临时救济机制和取证机制。最高人民法院中国应用法学研究所在 2008 年 3 月制定了《涉及家庭暴力婚姻案件审理指南》，较详尽地明确了人身安全保护措施和证据，并选择了试点法院进行实践操作。① 这些做法在一定程度上弥补了中国法律的漏缺，但它终究不是在全国范围内具有普适性的法律文件，地位不足势必影响其实效，其经验应尽早进入《民事诉讼法》，以全面有效地保护家庭暴力的受害人。此外，尽管《涉及家庭暴力婚姻案件审理指南》第 49 条将公安机关的接警或出警记录作为重要证据，但在实践中，受夫妻吵打是家务事等观念或者客观因素的影响，接警或出警记录未必会详尽记载家庭暴力具体情形，从而会掏空该规定，为了避免这一缺失，公安部应特别规范公安机关对家庭暴力案件的接警或出警记录事宜，尽可能全面详尽地反映客观情况，为司法处理家庭暴力提供有力的证据支持。

2. 防治性侵犯的配套制度

强奸等性侵犯是侵害妇女健康的另一种主要行为方式，中国《刑法》第236 条对强奸罪采用了徒刑和死刑的刑罚方式，这在一定程度可以威慑犯罪，但鉴于性侵犯加害人可能存有生理性或者心理性的性侵犯倾向，现今的徒刑刑罚未必能完全震慑加害人，不妨借鉴域外经验，采用化学阉割、电子脚镯等方式约束加害人，② 以防止加害人在出狱后再予性侵犯。此外，随着农村外出务工人员的增多，在中国的许多农村，空巢老人和留守女童的权益保护成为日益明显的社会问题，女童因无人照管而受性侵犯的案件也相当多见，为了解决这一问题，可以充分利用村民委员会、村民小组等农民中的既有组

---

① 参见《温州发首张"人身保护令"禁止丈夫家庭暴力》，载 http：//news. dayoo. com/china/200906/29/53868_ 9427705. htm，最后访问日期：2010 年 9 月 8 日。

② 参见《多国开始采用"化学阉割"研究称有效》，载 http：//www. chinadaily. com. cn/hqbl/kxts/2010 - 07 - 01/content_ 521148. html，最后访问日期：2010 年 9 月 8 日；《韩国强奸犯将戴电子脚镯》，载 http：//news. sina. com. cn/w/2009 - 12 - 24/141216827219s. shtml，最后访问日期：2010 年 9 月 8 日。

织，在监护人之外设立临时照管人，以妥当照料留守女童的健康权。

3. 新技术风险的控制制度

随着医疗、生物等新技术的发展和人们观念的变化，妇女有可能利用医疗、美容等技术途径来改变自己的形体外观，这就不可避免地涉及技术实施者或者提供者资质是否适格、技术的科学含量、技术的风险系数、技术设备或者材料是否足够安全、由此引发的损害后果如何获得救济等问题。在此方面，女性的注射隆胸、美容所引发的人身伤害问题尤为引人关注。[1] 为了有效解决这些问题，必须从技术风险监管制度入手，明确从业者的资格、技术运用的条件、材料的安全保障等因素，并加大违规者的责任承担。

4. 伦理风险的控制制度

因为伦理因素而引致妇女健康权受到损害的风险也应受到法律控制，在中国目前，应特别关注以下几种情况：（1）当代蓝领女性在从事化工、医药等高度污染行业工作时，由于技术措施不当、劳动保护不周，女工的健康往往会受到不同程度的损害，患上各种职业病，并导致育龄妇女的生育不健康，产生畸形胎儿等，[2] 如何保护这类女性的健康权，是一个大问题。（2）与男性相比，妇女的心理更脆弱，更容易引发心理疾病，如何保护这些妇女的健康权由此成为问题。（3）尽管卫生部颁布的《人类辅助生殖技术管理办法》禁止以任何形式买卖配子、合子、胚胎，医疗机构和医务人员也不得实施任何形式的代孕技术，但实践中出现了许多"代孕"现象，在这种情况下，代孕母亲和受孕儿的健康权如何受到保护，是一个疑难问题。[3]（4）尽管中国政府目前正在大力扫黄，但相信"地下黄业"不会因此绝迹，那么，高压之下、法律之外的黄业从业者的健康权如何得到保护，也是问题。

与新技术风险引发的问题不同，因为伦理风险引发的这些问题均有明确的法律规范，只是在实践中因为监管措施不到位或者应对方向不准确而出现了偏差，前两个问题即因行业主管部门监管不力所致，应对之策是加大监管力度；后两个问题则宜疏堵兼备，一方面禁止，另一方面在不能禁止之处采取适当措施保护利害人的健康权。

---

① 参见《注射隆胸：危害与猫腻》，载《南方周末》2001 年 9 月 20 日，第 18 版；《注射隆胸再调查》，载《南方周末》2001 年 11 月 1 日，第 11 版。

② 参见《冰山一角：药厂女工胎儿致畸》，载《南方周末》2001 年 10 月 25 日，第 18 版。

③ 参见段宏庆《"代孕"之争》，载《财经》2006 年第 8 期，第 102～103 页；范立波：《代孕合法化的伦理难题》，载《财经》2006 年第 8 期，第 102～103 页。

健康权性质的法理论析

余少祥[*]

作为一项权利，健康权在中国学界一直没有权威统一定义，在国际社会中也没有公认的界定标准。中国有学者将健康权定义为"对于一个活着的人来说，有权维持自己身体各器官的正常功能的权利"。[①] 也有学者认为，健康权是"自然人以其器官乃至整体的功能利益为内容的人格权，包括各种器官生理机能的健康，也包括心理即精神上的健康"。[②] 有学者感叹，"'健康权'是一个被频繁使用但含义上却颇不明确的概念"；[③] 由于不存在统一的健康标准，健康权的标准也是"不确定的"。[④] 在国际上，世界卫生组织将健康定义为"健康是指人的生理、心理和社会适应能力的完满状态，而不仅仅是指没有疾病或身体处于虚弱状态"，[⑤] 健康权相应被阐述为维持"生理、心理和社会适应能力的完满状态"的权利。联合国《经济、社会和文化权利国际公约》第 12 条将健康权定义为"享有能达到的最高生理和心理健康标准的权利"。后来，经济、社会和文化权利委员会在对此条款的解释中进一步提出，"不应将健康权理解为保持健康的权利"，而应该理解为"享有各种对于

---

* 余少祥，中国社会科学院法学研究所。

① 张千帆：《宪法学》，法律出版社，2004，第 184 页。

② 参见牟方君《对我国公民生命健康权民法保护的思考》，《湖北民族学院学报》1997 年第 4 期。

③ 参见岳远雷《论公民健康权的国家基本责任》，《中国医学伦理学》2007 年第 3 期。

④ 参见董文勇《健康权的标准及其实现》，《中国社会科学院院报》2004 年 6 月 3 日。

⑤ WHO, *Review of the Constitution and regional arrangements of the World Health Organization*, EB101/7, 101st Session, 14 November 1997, http：//www. who. int/en/index/html.

实现能达到的最高健康标准所必需的设施、物品、服务和条件的权利"。但何为"能达到的最高健康标准"，却没有统一认识。经济、社会和文化权利委员会在关于健康权的第 14 号一般性意见中还详细提供了健康权的一个概念框架。按照这个框架，健康权包括一种获得可用的、易用的、可以接受的和高品质的与健康有关的设施、物品和服务以及健康的内在决定因素的权利。① 可见，健康权的内涵在国际上一直处于发展变化之中，在这种情况下，要给出一个清晰的健康权的定义是极为困难的。笔者认为，从内容上看，世界卫生组织的定义比较接近健康权的性质。本文讨论的是，作为一项权利，尽管健康权的内涵在历史上有一个不断深化和认识的过程，但其基本性质是不变的，这是健康权作为权利最重要的界标。从法理上看，健康权有何本质特征？

一　健康权是基本权利

所谓基本权利，指人作为人应享有的权利，即通常所谓人权。② 健康是个人生存与发展的基本需要和条件，也是人类一切活动最重要的价值取向之一。由于一个人的健康状况直接影响其收入能力和生活水平，同时影响到其他社会经济权利的实现，健康权被认为是自然人最基本、最重大的人身利益和最重要的人身权利，并且是维系其自由和幸福的基本前提。正因为健康是人生存的基本条件，良好的健康可以给个人带来必不可少的劳动能力和个人发展潜力，自然法学派将健康权视为天赋的、与生俱来的、不可剥夺的基本人权和公民社会最根本的利益所在。③ 健康权作为基本权利受到法律保护在人类法制史上早有记载，东西方的古代法都有"伤人者刑"的类似规定。但作为现代宪法权利，健康权最早出现在 1919 年的《魏玛宪法》中。1925年，智利首次将健康权的国家义务写进宪法。1946 年，世界卫生组织宪章首次将健康权载入国际公约，后来在很多国际和区域性人权文件中都得到反映。1948 年，联合国发布《世界人权宣言》，正式确立健康权作为基本人权的地位。此后，联合国很多文献中都有保护健康权的规定。1978 年，国际初级卫生保健大会《阿拉木图宣言》提出，健康是基本人权，达到尽可能高的健康水平是世界范围内的一项重要社会性目标。应该说，在 20 世纪 90 年代

---

① 参见杨宇冠《联合国人权公约机构与经典要义》，中国人民公安大学出版社，2005，第 123页。

② 余少祥：《弱者的权利》，社会科学文献出版社，2008，第 168 页。

③ 〔美〕霍恩：《现代医学批判》，姜学清译，三联书店，2005，第 1 页。

以前，国际人权界普遍重视公民和政治权利而忽视经济、社会和文化权利。但近些年来，这种状况已得到纠正，国际人权界越来越关注经济、社会和文化权利包括健康权。

作为基本权利，健康权实现的效果其实并不理想，在一些国家，连基本的医疗保障都难以兑现。为此，联合国经济、社会、文化权利委员会第二十二届会议通过了第 14 号一般性意见，从消极和积极两个方面强调了国家对健康权负有尊重、保护和实现的基本义务。因健康权主要通过国家提供的基本医疗保障来实现，而基本医疗保障一般通过政府举办的社会医疗保险来实现。因此，国家应在经济条件许可的情况下，加大对医疗卫生的投入，同时有效地配置医疗资源，为公民健康权的实现提供实际保障。

二　健康权是普遍权利

所谓普遍权利，指所有人类成员，不论种族、性别、阶级、信仰、肤色、国籍、智识、能力、财富等差别，皆一律平等，拥有人之作为人的共同价值和尊严。作为普遍权利，健康权不是单纯的国内法问题，而是国际社会共同关注的问题。正因为如此，很多国际组织都将促进健康权的发展实现作为自己的重要目标。《世界人权宣言》第 25 条宣称："人人有权享受为维持他本人和家属的健康和福利所需的生活水准，包括食物、衣着、住房、医疗和必要的社会服务；在遭到失业、疾病、残废、守寡、衰老或在其他不能控制的情况下丧失谋生能力时，有权享受保障。母亲和儿童有权享受特别照顾和协助。"[1]《经济、社会和文化权利国际公约》第 12 条承认，"人人有权享有能达到的最高标准的生理和心理健康"。该《公约》要求缔约国采取步骤实现健康权，包括："（a）减低死胎率和婴儿死亡率，使儿童得到健康的发育；（b）改善环境卫生和工业卫生的各个方面；（c）预防、治疗和控制传染病、风土病、职业病以及其他的疾病；（d）创造保证人人在患病时能得到医疗照顾的条件。"[2]作为普遍权利，有关健康权的国际规范以及缔约国相应的义务是普遍适用的，不应在不同地域有所不同。但由于世界各国发展差异巨大，健康权的保护在实践中常常出现较大差异和冲突。如 WTO 规则允许各国政府为了本国国民的健康利益，制定比其他国家和国际标准更为严格的技术法规，壁垒其他国家达不到本国卫生标准的产品进入本国市场。有些发

---

① 《联合国人权公约和刑事司法文献汇编》，中国法制出版社，2000，第 84 页。

② 《联合国人权公约和刑事司法文献汇编》，第 114 页。

达国家因此提出，全球化的加速发展要求经济、社会及文化权利得到普遍实施，所有的贸易竞争者都应遵守相同的经济、社会和文化权利方面的最低国际标准，尤其是在劳工保护和环境保护方面，并建议制定国际职业健康标准和安全管理标准，避免成员国为降低产品成本，无视劳工保护，用低工资、雇用童工以及牺牲工人健康权等办法来获得更大的经济和贸易利益，[①] 声明如果缔约国不遵守国际最低标准，将被认为是社会倾销，可能受到包括中止贸易特权、施加配额等惩罚。实际上，社会经济权利的实现往往受制于经济发展和可资利用的资源条件，政府能够提供的公共健康保护水平要受到本国国情和经济能力的制约。惟其如此，包括健康权在内的社会、经济权利的实现被联合国赋予了一个渐进的过程。

三　健康权是概括权利

健康权是一个实体概念而非抽象的价值概念，它包含了很多实体内容，因此是一项概括权利。如前所述，健康内涵的发展同样经历了不断深化和认识的过程。在古希腊，健康是力量之美，是肉体的强健，而且是贵族的而非平民的健康。在中世纪欧洲，健康开始包含精神层面的内容。到了现代社会，健康有了新的标准，它不仅指个体的生理和心理状态良好，而且受到外部营养、卫生和医疗条件等的影响。因此，健康权除了指公民肉体和精神不被伤害外，还应保证其能够获得维持健康所必需的符合卫生标准的饮水、食物、生活与工作环境、公共卫生设施、医疗服务等。笔者认为，健康权至少包括两个层面内容：一是公民保有自己身体和精神健康的权利，二是在公民健康遭受不法侵害时，享有法律保护的请求权。有学者提出，健康权作为一项概括性权利，内容可以分得更细：以健康的保健要素分类，可分为卫生知识获得权、劳动卫生权、环境卫生权、获得医疗权、公共健康权、健康侵害救济权等；以权利的利用为标准分类，可分为健康保有权、健康请求权、医疗获得权等。[②] 经济、社会和文化权利委员会根据世界经济发展状况，提出了健康权享有的四个具体标准：（a）充足性（Availability），指公共卫生，医疗保健设施、物品和服务，以及卫生计划等的数量能够满足社会需要；（b）可及性（Accessibility），指人们必须能够无歧视地获得上述物品与服务；（c）可接受性（Acceptability），卫生保健与医疗服务应该符合医疗道德

---

① 苏志：《公民的健康权及其保障》，《中国卫生法制》2002 年第 1 期。
② 韩世强：《公民健康权的实现与国家义务的研究》，《时代人物》2008 年第 2 期。

与社会规范；（d）高质量（Quality），即上述卫生医疗物品与服务应该达到最低限度的科学与医学上的质量标准。从世界卫生组织宪章和该公约第12条的规定看，健康权的实体内容覆盖了大约如下范围：一是卫生保健领域（Health Care），包括医药保健（Medical Care）、卫生保健预防、儿童保健、家庭节育服务、孕前孕后卫生保健、精神保健服务等；二是卫生条件领域，包括清洁用水、充分营养食品、充分卫生设施、环境的健康、职业卫生、与健康有关的信息等。① 因此，根据世界卫生组织和联合国的有关规定，侵害健康权的行为既包括侵害公民躯体和精神健康，也包括政府和公共健康机构不能提供必要的卫生保健、医疗、清洁用水、充分营养食品和环境条件等。

四　健康权是社会权利

健康既是个人需要，"也是一种公共需要"，② 这就决定了健康权的社会性。因为健康权的实现不仅关系到公民个人的身体健康，而且关系到社会公共利益。比如一个人患了传染病，受损害的就不止其本人，周围其他人的健康也可能受到影响和威胁。特别是环境污染、流行疾病、瘟疫等，损害的乃是公共健康，涉及千家万户的利益。因此，保护健康权是各国政府和每一个公民的义务，也是社会的共同利益所在。实际上，健康权从私权发展为社会权利，同样有一个渐进的过程。在古代，无论是罗马法系，还是日尔曼法系和中华法系，都是在私权的维度上考虑健康权的保护问题，国家只是消极地在最低道德标准内为私人提供最后的救济手段。③ 私权意义的健康权指"自然人以其机体生理机能正常运作和功能完善发挥，以维持人体生命活动的利益为内容的具体人格权，包括身体健康维护权、劳动能力保持权和健康利益支配权"。④ 其局限性在于，仅停留在对主体生理机能的认识上，忽视了影响健康的心理的、社会的因素，无法认识到个人健康与公共健康、个人利益与公共利益的关系等。到18世纪末、19世纪初，边沁、穆勒等功利主义思想家关于社会有机体的学说奠定了健康权社会化的理论基础，他们提出的"最大多数人的最大幸福"的主张成为促成西方社会福利发展的重要观念，使得包括健康权在内的社会权利从慈善、人道救济和社会互助的

① 杨宇冠：《联合国人权公约机构与经典要义》，2005，第122页。
② 韩世强：《公民健康权的实现与国家义务的研究》，2008，第52页。
③ 蒋月等：《健康权观源流考》，《学术论坛》2007年第4期。
④ 杨立新：《人格权法》，法律出版社，2005，第156页。

角度获得了国家积极行动的新生命。[①] 20 世纪 40 年代，罗斯福总统关于"四大自由"的演讲，促成了国际社会对公民和政治权利之外的社会权利的承认。1945 年，在旧金山召开的关于国际组织的联合国大会正式将健康权纳入经济、社会和文化权利范畴，并为后来的《联合国宪章》第 55 条所确认。[②] 由此，健康权正式"从古代纯粹的私权形态向公私权混合（即社会）形态转变"，由纯粹的向个人主张的权利转变为向个人和国家均可主张的权利。[③] 健康权作为社会权利而不是纯粹私权的意义在于，除了公民要为自己的健康负责之外，国家在健康权保障中负有积极义务，即政府有责任确保健康权的实现，并在服务提供中扮演重要角色。目前，绝大多数国家都将基本医疗保健视为公民社会权利，其费用由国家组织筹措或直接负担，亦即将个人健康成本社会化，以社会的力量，保障每个国民公平获得。由于健康权的实现依赖于一定的医疗卫生服务，要实现公民的健康权，提高国民健康水平，国家需要大力发展医疗卫生事业，提高医疗卫生服务水平。

五　健康权是平等权利

平等和非歧视是健康权的基本要素。作为社会权利，它要求保障个人"在健康方面免遭社会和经济的不公正"，并谋求"保障可获得的卫生服务且能充分适应于个人文化背景"，为个人提供获得一系列健康服务的权利和自由，"特别是为弱势群体提供提高其能力的机会和平台"。[④] 学者熊惠平认为，健康权得不到应有保障，是权利贫困的重要表现，富人与穷人健康权的分布具有不对称性，其背后的实质是"权力对于权利的越位、权力与权利的

① 蒋月等：《健康权观源流考》，2007，第 145～146 页。

② 联合国教科文组织前法律顾问、法国学者卡雷尔·瓦萨克（Karol Vasak）曾提出一个"人权代际"的概念，并将社会权定位为"第二代人权"。他认为，第一代人权形成于美国和法国大革命时期，主要指公民权利和政治权利；第二代人权形成于俄国革命时期，主要指经济、社会和文化权利；第三代人权是对全球相互依存现象的回应，主要包括和平权、环境权和发展权。他根据公民与国家的不同关系样态，将第一代人权定性为消极的人权，将第二代人权定性为积极的人权，而将第三代人权定性为连带的权利（the solidarity rights）。目前，西方国家和西方一些非政府组织仍然认为，第二代人权远远没有第一代人权重要；而对于第三代人权——发展权和环境权等，西方国家和第三世界国家则各自持有不同的看法；对于第三世界国家来说，则更加强调第二代和第三代人权的重要性。参阅夏立安：《健康权：人权代际的桥梁》，http：//www.govyi.com。

③ 蒋月等：《健康权观源流考》，2007，第 147 页。

④ 熊惠平：《'穷人经济学'的健康权解读》，《四川理工学院学报》2007 年第 4 期。

错位、权利的缺位以及由此造成的贫富差距及其扩张"。① 因此，健康权的实现虽然受到社会的卫生保健水平、经济水平的制约，但由于其平等性和普遍性，卫生政策必须体现"公平的机会均等性"，即社会应认同生命的价值，体现对生命的尊重，让每一个疾患的生命都能够得到治疗——这是社会公正的体现。② 正因为如此，几乎所有的国际公约都明确肯定健康权的"非歧视原则"。联合国《经济、社会和文化权利国际公约》第 2（2）条规定，缔约国有义务保证公约所宣布的权利应予普遍行使，不得有例如种族、肤色、性别、语言、宗教 、政治或其他见解、国籍或社会出身、财产、出生或其他身份等任何区分。③ 经济社会文化权利委员会在第 14 号一般性意见中还专门提到消除基于健康状况（包括 HIV/AIDS）、残疾和性倾向的歧视。《消除各种形式种族歧视国际公约》强调健康权背景下平等和非歧视权利。该公约第 5 条要求缔约国"保证人人有不分种族、肤色或民族或人种在法律上一律平等的权利……尤得享受下列权利……公共健康，医疗保健，社会保障和社会服务"。④《消除对妇女一切形式歧视国际公约》第 12（1）条规定："缔约各国应采取一切适当措施，消除在保健方面对妇女的歧视，以保证她们在男女平等的基础上取得各种保健服务，包括有关计划生育的保健服务。"⑤《儿童权利公约》第 24（1）条规定："缔约国确认儿童有权享有能达到的最高标准的健康，并享有医疗和康复设施。缔约国应努力确保没有任何儿童被剥夺获得这种保健服务的权利。"⑥ 世界卫生组织从平等和非歧视原则出发，在"初级卫生保健战略"中曾提出一个普遍性的健康权的国家义务标准，⑦虽然这个标准过去了许多年，在促进健康权平等方面仍有重要意义。应该说，健康权的平等实现不能依赖于国家消极的不作为，相反，它需要国家积极作为并采取必要的步骤包括颁布法律、制定政策和战略、建立基本制度以保障健康权的公正与平等实现。诚然，健康权也有消极的、否定的性质，有时候它

---

① 熊惠平：《'穷人经济学'的健康权透视：权利的贫困及其治理》，《社会科学研究》2007 年第 6 期。

② 陈劲红：《论生命健康权与医疗公正》，《东南大学学报》2007 年第 9 卷增刊。

③ 《联合国人权公约和刑事司法文献汇编》，2000，第 110 页。

④ 《联合国人权公约和刑事司法文献汇编》，2000，第 136 页。

⑤ 《联合国人权公约和刑事司法文献汇编》，2000，第 126 页。

⑥ 《联合国人权公约和刑事司法文献汇编》，2000，第 166 页。

⑦ 这些标准包括：（1）提供重大卫生问题及其预防和控制这些问题的教育；（2）加强食品供应和适当的营养；（3）提供充分的安全饮用水和基本卫生设施；（4）提供包括计划生育在内的母婴保健；（5）提供重大传染疾病的免疫；（6）给予常见疾病和伤害以适当的治疗；（7）提供必备的药品。

需要国家以"不干预""不侵犯"的方式来保障其实现，即国家不妨碍公民保持健康状况，不以各种理由和方法牺牲公民的健康。

六　健康权是法定权利

法定权利是相对于"应然权利"和"道德权利"而言的。作为基本人权，健康权既是应然权利，又是实有权利；既是道德权利，又是法定权利。[①]从应然权利到法定权利，意味着公民依法享有健康利益的"法律上之力"，[②]这种力量具有支配标的物和支配他人的能力，并与"特定利益"要素相结合。有学者认为，健康权落实为法定权利，经历了血族复仇—血亲复仇—同态复仇—补偿赎罪等一系列过程，即追究侵害公民健康权利的行为和施以制裁的权力是逐步从氏族、团体或个人让渡到由法律明确指定的代表整个社会的公共官员手中的。[③]从法律规定看，1601年，英国《济贫法》确立了政府对穷人提供医疗救济和医疗服务的内容，但政府只承担有限的"道义"责任，且穷人在享受医疗救助和服务时个人尊严得不到保护。[④]1848年，英国颁布了世界上第一个公共卫生条例，同时成立了专门的国家卫生委员会，将维护公民健康权正式确定为国家责任。[⑤]1883年，德国颁布了世界上第一个医疗保障法《企业工人疾病保险法》，标志着个人、社会和国家共同承担风险的新型健康保障法律制度的诞生。不久，欧洲、美洲和亚洲一些国家相继推行健康保险立法，建立起不同模式的医疗健康保险制度。正如洛克所说，当健康的不同看法获得了历史的视角，健康权也就从自然的、不可让渡的权利上升为人权来捍卫。[⑥]在中国，现行宪法虽没有独立的"健康权"的概念，但从国家责任角度对民众健康保护作了明确规定。不仅如此，健康权受到民法、刑法、行政法等各类法律的严格保护。如《民法通则》第98条规定，公民享有"生命健康权"；第119条规定，公民的生命健康权被侵害时，侵权人"应当赔偿医疗费、因误工减少收入、残废者生活补助等费用；造成死亡的，并应当支付丧葬费、死者生前抚养的人必要的生活费等费用"。在刑法中，健康权的保护最为严格。在社会法和行政法中，如《消费者权益保

---

① 沈宗灵：《法理学》，高等教育出版社，1994，第190页。
② 梁慧星：《民法总论》，法律出版社，1996，第62页。
③ 蒋月等：《健康权观源流考》，2007，第145页。
④ 陈红霞：《社会福利思想》，社会科学文献出版社，2002，第83页。
⑤ 〔英〕罗伊斯·派克：《被遗忘的苦难》，蔡师豪等译，福建人民出版社，1983，第310页。
⑥ 艾德等主编《经济、社会和文化权利》，黄列等译，中国社会科学出版社，2003，第75页。

护法》《产品质量法》《职业病防治法》《传染病防治法》《母婴保健法》等都有大量的健康权保护的条款。需要说明的是，作为法定权利，健康权尽管具有普遍性质，但主要还是国内管辖的问题。

以上，是笔者对健康权性质的基本理解。随着全球人口增长、经济发展、生活方式的改变以及新疾病的爆发等，公民健康尤其是公共健康的内涵正处于激烈的动态变化之中。与此相应，健康概念和健康权亦将不断发展，并使其标准和内涵渗入更多的政治或其他目标，促使人权观念发生重大变化。[①] 正如有的学者所称，现代社会，健康已"从一个严格的卫生领域的概念，从一个涉及人道的概念，经历了一个逐渐被其他更多的社会目标所覆盖的过程，经历了一个内涵丰富化但是内容越加模糊的过程"，使得健康权作为一个人权概念面临巨大的风险，同时导致这一概念更加不准确。[②] 从本质上看，健康权的目的是保障公民身心完美和适应社会的状态，不同于基本生活保障。因此，是否应该建立所谓"最低标准"，在国内法和国际法中仍有很多争论。不仅如此，由于对健康权的性质缺乏统一认识，很多问题难以解决，如国家在"健康与发展"或"现在与未来"之间如何权衡？当健康权和发展权发生冲突的时候，应该如何取舍？政府是否应该禁止公民从事某些可能损害其自身健康的活动（如吸烟或酗酒）等等。联合国经济、社会和文化权利委员会提出，缔约国有一个确保最低限度基本健康权水平的核心义务，即确保不受歧视地使用健康设施、物品和服务的机会，特别是边缘群体和弱势群体；确保获得基本庇护所、住房、卫生条件、适当的食品和水源的机会；确保平等地分配所有健康设施、物品和服务；制定一个确保每个人健康权的全国性健康战略和行动计划等。但由于健康权在本质上主要是国内法问题，且受国家经济和社会发展状况影响较大，使得这种最低限度的义务很难落实，并使针对国家违反健康权义务的诉讼难以实现，这些都是需要解决的问题。

---

① 杜承铭等：《论健康权的宪法权利属性及实现》，《河北法学》2007 年第 1 期。

② 夏立安：《健康权：人权代际的桥梁》，http：//www.govyi.com。

论妇女健康权利的系统性保护

董文勇[*]

一 引论

自第二次世界大战结束以来，全球进入和平和发展时期。经济和社会的发展、人权运动的兴起不断为人的自由和发展提供良好的条件，并不断推动人权由思想意识向权利观念、由纸面上的权利宣示向实际的权利享有转变。人权体系已经由政治权利、经济权利向社会权利逐渐拓展。健康权是人的社会权利的重要内容之一，它对于个人维护健康利益、促使国家承担并履行保护公民身体和心理健康的责任均具有重要意义。

鉴于健康权的重要性，该项权利已经成为一项基本的人权，并在《世界人权宣言》《经济、社会和文化权利国际公约》《儿童权利公约》《消除对妇女一切形式歧视公约》等多个最重要的国际人权文件中加以规定。根据上述国际人权文件，健康权是一种普遍的权利，为每一个人所平等享有。但是，基于经济的、社会的和文化的等多方面因素的影响，健康权利平等还尚未充分实现，地域、性别、种族、宗教等均可能成为影响健康权平等享有的社会性因素。健康权利的性别平等是需要重点关注的问题，因为健康权利在性别间的平等享有涉及男性和女性两个最为庞大的基本社会群体间的权利平等。

从传统农业社会到现代工业社会，性别之间的权利平等一直是社会发展过程中不可忽视的一个侧面。妇女健康权利是妇女权利的一个方面，尊重、保护和改善妇女的健康权利对于提高一个国家的法治水平、促进全民的健康

---

* 董文勇，中国社会科学院法学研究所。

具有重要意义。然而，妇女的健康权利与许多其他社会性权利一样，在特定的社会发展阶段和特定的社会条件下具有明显的脆弱性，抽象地保护公民的健康权并不能有效地改善妇女健康权利的享有水平，这进一步说明保护妇女健康权利对于衡量社会进步的重要指征意义。因此，在现有社会条件下，有必要针对性地对于妇女健康权利给予特别的强调和保护。

在过去的 30 年中，中国的经济发展水平、社会结构和文化观念均发生了显著的变化，社会变迁对于妇女的健康产生了显著的影响，这种影响既包括由于经济发展和社会开放对妇女健康权利的促进，又包括经济发展不平衡、就业机会和受教育机会不均等、性解放等问题对妇女健康权利形成的压力。为保护妇女的健康权利，中国政府制定了包括《中国妇女发展纲要（2001～2010 年）》等在内的政策和《母婴保健法》《妇女权益保障法》《女职工保健工作规定》等一系列法律规范。尽管如此，中国妇女健康权的制度性保护仍不完善。为切实保护妇女健康权利，有必要对妇女健康权利的特殊性进行甄别，并以此构建妇女健康权利全方面保护的制度体系。为此，本文重在对妇女健康权利诉求进行分析，进而探讨妇女健康权利的条件性，在此基础上梳理出妇女健康权利保护体系。

二　妇女健康权辨析

"健康"是一个被频繁使用但内涵颇不确定的概念。笔者认为，健康权是指人所享有和应当享有的保持其躯体生理机能正常和精神状态完满的权利。这里所指的"人"，既包括个人，也包括某一类人，如妇女、儿童、残疾人。这里所谓的"躯体生理机能正常"，是指人的自然属性所决定的应当具有的机能的具备；所谓的"精神状态完满"，是指人的以自然属性为基础并为社会属性所要求具有的智力和思维条件。所谓健康，并非是指肢体健壮同时精神愉悦，而且也不是指没有疾病或状态虚弱，而是指作为一个生理的和社会的人，他（她）的肢体和精神状态能够适应和满足他（她）正常生活和寻求个人发展的要求。

（一）妇女健康权概述

根据上述关于健康权利的理解，妇女的健康权应当是指妇女所享有和应当享有的保持其躯体生理机能正常和精神状态完满的权利。妇女的健康权不是一种特殊的健康权利形式，而是妇女基于其生理和社会适应性特征而对健康利益的权利诉求。妇女的健康权利并不意味着妇女必须健康的权利，也不意味着政府、社会或他人必须要保证妇女的健康，而是意味着妇女为维护个人健康可以要求政府、社会或他人（特别是男性）为或不为一定行为，或者妇女本人可以不受妨碍地实施有利于自身健康的行为的可能性。

1. 妇女健康权的权利类型

妇女的健康权不是一项单一的权利，而是一系列权利的集合，这种权利集合围绕实现妇女健康而设置，根据不同的标准可以划分为不同的形式。

（1）以权利的享有主体为标准，妇女健康权分为妇女个体健康权、妇女群体健康权。妇女个体健康权是妇女个人所享有的健康权，如获得妇科医疗服务的权利、妇女保健权利等。这种健康权是最普遍、最一般和最主要的妇女健康权利形式，既包括一切人都享有的健康权利，又包括专属于妇女享有的健康权利。妇女群体健康权是妇女作为一个基本社会群体享有和应当享有的健康权，如妇女围产期保护权利、妇女生殖健康权利等。这种权利是针对妇女的生理和心理特点而设置的、男子所不能享有的权利。这种权利不仅在内容上，而且在权利行使机制上与一般的健康权利有所不同，如妇女组织可以在法律上代表全体女性群体向国家提出一定的健康权利要求，或在政治上施加这方面的影响;[①] 妇女保护组织甚至可以为寻求权利救济而能够参与审判。[②]

（2）以权利的内容为标准，妇女健康权有多种形式。根据健康需求的层次划分，妇女健康权分为妇女的卫生保健权、医疗待遇权、康复权等；根据健康存在的领域划分，妇女健康权分为妇女躯体健康权、精神健康权；根据健康的保障要素划分，健康权分为妇女的饮食健康权、药械获得权、卫生知识获得权、环境卫生权、医疗保障权、突发及重大公共卫生事件知情权，等等。当然，依据上述标准划分，还有很多具体权利形式。

（3）以权利的作用为标准，妇女健康权可以分为妇女所享有的健康保有权、健康请求权、健康待遇受领权、健康权利救济权，等等。

（4）以权利的自足性为标准，妇女健康权可以分为积极健康权和消极健康权。积极健康权是需要权利主体以外的其他主体积极配合才能实现的健康权利，如健康待遇受领权、医疗保障权等。消极健康权是权利主体无须他人

---

① 如作为政策性文件的《中国妇女发展纲要（2001～2010）》指出"在制定涉及妇女根本利益的方针政策时，要听取各级人大女代表、政协女委员以及妇女组织、妇女群众的意见和建议"。

② 《中国妇女发展纲要（2001～2010）》指出"建立和完善妇联特邀陪审员制度，切实贯彻男女平等、保护妇女合法权益的原则，保障涉及妇女的案件在审判过程中的公正"。

协助或干预即可实现的健康权，如健康保有权。健康权主要以积极健康权为主要形式。

2. 妇女健康权利的形态

妇女健康权利表现为三种形态：应有健康权利、法定健康权利和实有健康权利。

一项权利的成立，必须得到对权利所包含的利益、资格、主张、权能或自由等要素的肯定，并以此获得最起码的道德上的根据和支持，这样才有理由要求他人履行权利实现所必需的义务。[①] 一般而言，只有得到法律的肯定和确认，才能使权利获得权威和实现的保障。但是，由于各种主客观方面因素的影响，妇女健康权利难以实现与男子平等，尽管这种利益诉求在道德上具有合理性和正当性。而道德权利的法律化需要一个过程，在被法律确认之前，权利是以应然的状态出现的，在一些情况下，这种权利通过其他社会规范（如国家的政策、习惯或习俗[②]等）加以体现，妇女健康权利的演进规律尤其如此。

妇女法定健康权是妇女在法律上享有的健康权利。妇女的健康权利要获得最切实有效的保障，需要各种手段，其中法律手段是十分重要的。妇女应有的健康权利转化为法定健康权利，就能得到法律这一最权威和最具强制力的社会调控手段的保护。妇女法定健康权的确认和保障方式，有国内法和国际法两种形式。国内法对妇女健康权利的保护最具强制力和执行力，它是以实力强大的国家为后盾的。尽管在一些情况下妇女法定的健康权利可能也难以得到落实，[③] 但是就权利属性而言则最具刚性。相对而言，国际法如《经济、社会和文化权利国际公约》《妇女夜间工作公约》等所确认的法定健康权，则需要各国的承认并转化为国内立法才能得到实现。

实有妇女健康权是指妇女所能实际享受到的健康权利。法律确认妇女健康权的目的在于使其权利能够在社会中得到普遍和完整的实现，但是，由于卫生资源稀缺、妇女个人经济能力等客观条件的限制，也由于立法、执法和司法环节的种种偏误，法律文本常常不能完全转化为法律秩序，权利目标在实际中可能无法完全实现。然而，只有能够转化为实际利益的健康权利才是

---

① 王家福、刘海年主编《中国人权百科全书》，中国大百科全书出版社，1998，第 456 页。

② 如中国很多地方通过"坐月子"的传统风俗习惯保护妇女围产期健康。

③ 如立法过于纲领化、宣言化，可操作性差（参见马忆南《中国法律人权保障》，载白桂梅主编《国际人权与发展：中国和加拿大的视角》，法律出版社，1998，第 355 页），或者以男性本为的立法视角造成另一种歧视（参见周翠彬《当代中国妇女权益保障立法的问题与出路——与挪威〈男女平等法〉之比较》，载《法学杂志》2009 年第 1 期）等。

实实在在的、真实的权利，只有妇女实际所能享有的健康权利才是衡量一个国家妇女健康权利保护水平的最根本的和最真实的指标。

妇女的应有健康权利可以通过转化为法定健康权利而变为实有健康权利，也可以通过其他形式而转化为实有健康权利，无论如何，一个国家必须使妇女实际能够享有的健康权利无限接近应有健康权利。

3. 妇女健康权利与其他权利

作为基本的人权和重要的法律，健康权与其他人权和法律权利紧密相关，这些联系揭示了健康权利的价值和保护健康权利所必须要考虑的因素。妇女的健康权利是妇女权利的重要组成部分，尽管妇女的健康权利以保障妇女的健康利益为宗旨，但是却并不充分。妇女的健康权利与其他人权和法定权利密不可分，既表现为妇女的健康权利需要其他权利作补充，而且还需要其他权利作支持。

妇女的健康权利与其他权利的联系表现在：一方面，为了实现妇女健康权所需要的政策制定、法律创制和计划实施会促进或影响其他权利。例如，为了特别保障妇女所专享的健康权利，需要评估妇女的特定健康需求或存在的问题，需要考量这种特定健康利益是否存在以及对卫生资源的占用水平。在卫生资源有限的条件下，国家对妇女健康服务的过度投入会挤占其他社会性投资，从而影响其他社会群体本应享有的社会福利。而对于妇女孕期保护会有利于胎儿及未来的儿童的心智健康和有助于减少未来可能出现的家庭负担。另一方面，对妇女其他权利的保护或侵犯也有可能影响对妇女健康权的保护。例如保护妇女的就业权利有助于增强妇女的经济独立和提升其家庭地位，并进而对其健康产生积极影响。

由于妇女的健康权利与许多权利密切关联，因此，为了妇女健康权利的实现，必须考虑在保护妇女健康权利的同时，也需要尽量实现妇女健康权利与其他人权的平衡，以及对其他相关权利的保护，通过其他权利的保护为妇女健康权的实现创造有利的条件、提供必要的支持。

（二）妇女健康权的特征

1. 条件性

所谓妇女健康权利的条件性，是指妇女健康权利的范围、内容和享有程度受社会历史条件的影响和制约，这些条件包括政治的、经济的、社会的、文化的等条件。妇女的健康权利作为一种社会性权利，必然与产生这种权利的社会条件有关。妇女健康权利是一种历史的概念，妇女健康权利与妇女的其他权利一样，是一种不断被认知的发展的权利形式。在封建社会，妇女被视为是男子的财产，其主体性不甚明显，甚至没有主体地位，只是被男子支配的客体。在妇女缺乏主体地位的时代，所谓"妇女的健康权利"是个不可能出现的概念，只有随着妇女的社会地位和家庭地位的提高，两性之间凭借所掌握社会资源达到相互间影响力和控制力的平衡，妇女的健康利益诉求才能获得真正的重视，应然状态的权利（或者说道德权利）才有可能转化为法定权利；而只有变为法定权利，妇女的健康利益才能切实转化为实有权利。拨开权利外表的种种假象、虚华和温情脉脉的面纱，真正决定妇女能否获得自身的解放（包括健康方面的解放）的因素是社会条件以及妇女对这些社会条件的掌控能力和驾驭能力，否则妇女的健康利益可能被随意处置而无能为力，或者这种所谓的权利实质上是一种靠不住的恩赐。因此，妇女健康权利的范围和享有程度实质上是由社会条件决定的，尽管妇女对这种社会条件的掌控离不开自身的努力和争取。例如，妇女对政治的参与能够有助于在国家和社会治理决策中表达妇女的权利诉求，并有望通过影响政策和法律的制定，在制度层面上提升妇女权利保护的力度。妇女的政治和社会地位越高，就越有利于妇女应然权利的维护。受传统文化的影响，在许多国家的传统家庭当中，妇女应优先将好的食物分配给男人和孩子，因为一方面受文化因素的影响，妇女的家庭地位要逊于男人；另一方面，受生产力水平的影响，男人往往是一个家庭的经济支柱，保障男人的健康对整个家庭包括家庭妇女本人都有利。然而，食物优劣分配的结果可能造成健康水平的差别。妇女健康权利的条件性还意味着，随着健康权利从生命权利、身体权利等权利中分化出来，健康权利抽象地为每一个人所享有，但是妇女对健康的特定需求却还需要进一步甄别并加以特别保护。

2. 脆弱性

所谓妇女健康权利的脆弱性，是指妇女健康权利易遭受侵害且难以得到救济，妇女的健康权利容易受到歧视。妇女群体就整体而言属于社会弱势群体，因而容易成为家庭或社会侵害的对象。在很多国家，妇女常常成为家庭暴力的受害者，例如在中国少数民族地区，经常遭遇家庭暴力和偶尔遭遇家庭暴力的妇女分别占 8.25% 和 27.79%。[①] 遭受家庭暴力不仅损害妇女的身体健康，而且还会进一步损害心理健康。因为"身体的不健康演变为人的形态和心理情绪方面的疾病"。[②] 遭受暴力侵害的妇女长期生活在恐怖、紧张的

[①]　参见雷明光《少数民族妇女权益法律保护的再思考》，载《中央民族大学学报（哲学社会科学版）》2009 年第 2 期。

[②]　〔苏〕M. C. 克利涅尔：《评个人健康——社会价值》，孙舟译，载《国外社会科学》1990年第 3 期。

家庭气氛中，长时间的心理恐惧和哀怨容易导致心理障碍或精神疾病。而很多妇女为保持家庭稳定或对家庭成员的依赖，不愿暴露遭受家庭暴力的不幸，更不愿意寻求社会的支援或以法律为武器捍卫自身的权利。妇女也常常遭受来自家庭以外的殴打或性暴力，由此造成直接的身体损害或由于怀孕而引起的间接损害，由此引起的心理健康问题也难以为他人所知晓，因而难以得到及时和有效的救助。

妇女的健康权利容易受到歧视。基于性别歧视的健康权利歧视是较为普遍的情况。在中国的多子女家庭，城市的男女儿童一般能够享有同样的健康照护，但是在某些地区或家庭，尤其是在偏远地区和经济落后地区，重男轻女的问题妨碍女孩获得同男孩同样的医疗待遇。

受就业机会不均等的影响，妇女的经济能力受到限制，并进而影响其对卫生资源的获取。受教育落后、教育不均衡和教育资源有限问题的影响，妇女和女童难以与男子享有平等的受教育的机会，这影响了她们获取健康知识的能力，她们甚至并不知晓自己应当享有的健康权利，或基于某种考虑而不愿意求医问药，① 由于缺乏必要的健康知识，她们中间妇科病的发病率非常之高。②

妇女的健康还受到来自医疗服务模式的冲击。在国家对医疗服务市场缺乏适当干预的情况下，医疗机构为追求盈利目标，无节制地提供剖宫产服务。一些医疗机构将盈利目标锁定在中老年妇女群体，利用她们求健康控衰老的心理，在医疗保健过程中滥用雌激素；不适当的健康宣传也使得一些中老年妇女患上更年期恐惧症。

（三）小结

保护妇女的健康权利，应当首先认识到妇女健康权利的上述特点。在传统法律的视野内，所有人都被抽象化、符号化，然而这种抽象的、形式上的权利平等无助于实现实质的权利背后的利益的平等。因此，我们需要反思这种权利保护机制，需要从抽象保护转为具体的保护，经历一场"从契约到身份"的反向的或者修正的法律构建和理性回归，根据不同人群的具体特点实行有针对性的保护。

---

① 参见叶晓彬、唐斌《四川藏区妇女健康权益维护的调查与思考》，载《广西民族大学学报（哲学社会科学版）》2007 年第 12 期。

② 例如在中国一些地方的少数地区，有的地区 80% 的妇女患有妇科疾病。参见雷明光《少数民族妇女权益法律保护的再思考》，载《中央民族大学学报（哲学社会科学版）》2009 年第 2 期。

三　妇女健康权保护面临的问题

根据有关国际人权文件和各国立法，妇女的健康权利是妇女所享有和应当享有的重要人权和法定权利。然而，现实中妇女健康权利的状况并不十分理想。为保护妇女的健康权利，有必要找出影响妇女健康权利的因素，并通过法律对其加以疏导或克制。鉴于妇女健康权利是一项概括性的权利，影响妇女健康的因素也纷繁复杂，因此有必要从各个层面对妇女的健康权利加以系统性保护。系统保护妇女的健康权利受到诸多现实问题的制约。

（一）社会条件对妇女健康权利的制约

1. 经济条件的制约

经济是实现妇女健康权利的物质基础，妇女在经济上不独立、收入水平低均是妨碍妇女健康权利实现的经济根源。在经济不发达的发展中国家和地区，妇女为争取温饱而努力、为生计而奔忙、为避免失业而投身激烈的职业竞争，生存是其首要的追求目标。

在城市，经济形势的好坏对妇女就业的影响相对敏感。受特殊生理现象、家庭主妇角色的制约，妇女与男子的职业竞争条件并不对等，女性往往处于劣势地位。在贫困落后的农村地区，生产方式主要依靠体力劳动，而妇女在生理上并不占有优势，这导致她们在生产关系中处于更为不利的地位。为弥补经济地位的天然不足，她们需要付出更多的身心消耗，更容易产生健康问题。一方面是在经济上处于弱势地位，另一方面是疾病风险相对较高，在自由医疗市场条件下，经济上的劣势会放大其健康上的劣势。

由于在经济上处于弱势地位，妇女难以摆脱生存压力，其他需求处于次要的地位。受经济条件的制约，妇女容易丧失接受教育、培训的机会，削弱了其通过提高自身素质（包括健康水平）而谋求进一步发展的基础；由于经济条件有限，妇女享受基本保健、卫生和生育服务的需求难以得到充分满足，其健康状况受到严重威胁。经济地位弱势容易造成家庭和社会地位的弱势，使得妇女的健康权利容易被家庭和社会所忽视，妇女的健康权利也难以行使。

2. 宗教和文化条件的制约

相对于经济条件的硬约束，宗教和传统文化对妇女健康权利的约束则是软约束。性别间权利不平等背后的思想根源在于对妇女的轻视和歧视，而宗教和传统文化正是这些思想的重要来源。纵观世界多种宗教和教派，丑化妇女形象、宣扬男尊女卑等不利于妇女的教义比比皆是。不利于妇女的宗教教义和传统文化构成了对妇女健康权利的一种制约力量。这种教义和文化对妇女群体构成了直接的歧视，使她们权利被忽视的现象称为当然的和惯常的现象，以至于难以引起社会的注意和反思。而一旦权利不平等性为社会所普遍接受，尤其是对立法者产生潜移默化的影响的话，妇女的健康权利则极容易被克减。此外，一些宗教教义和传统文化构成对妇女健康的直接威胁。例如在非洲一些地区存在少女割礼习俗、中国重男轻女思想导致男女婴之间不同的喂养模式、少女早婚早孕等。①

值得注意的是，思想文化对妇女健康权利的影响并非仅限于传统文化、观念和习俗，即便是在现代社会，新兴的文化观念也同样对妇女健康权利产生不利的影响。只要性别歧视的观念不改变，那么这种性别不平等的逻辑只会是随着时代的发展改头换面而已。例如，中国古代社会流行的女性缠足和现代社会推崇的女性丰胸便是同一逻辑。

3. 自然和社会环境的制约

环境污染和自然资源的破坏与健康有直接的关系，因而世界上许多国家在宪法和有关环境保护的法律中直接规定了环境权利，并多将这种权利与健康联系起来。例如韩国宪法第 35 条、《葡萄牙共和国宪法》第 66 条等，其他将公民环境权写入宪法和环境保护基本法的国家有瑞士、泰国、古巴、罗马尼亚等。② 在国际上，《经济、社会和文化权利公约》第 12 条也将改善环境和卫生联系起来。

社会环境的变化也会影响妇女的健康。中国在经济发展过程中出现了人口大规模流动，流动人口的性别地理分布并不均衡，在轻工业和电子工业比较发达的地区，如广东东莞、深圳等城市，外来女工的比例较高，造成当地女性居民的比例远高于男性；③ 在城市建设较快的地区则集中了大量的男性工人，他们多在建筑、运输等行业工作。男女地理分布的不均产生了一系列的社会问题，性暴力、地下性服务是其中较为突出的问题，妇女遭受侵害、感染艾滋病的风险加大。在人口流出地，留守妇女、留守儿童和留守老人的生活方式和生活质量受到人口劳动力外流的影响，留守人口的生理和心理压力增加，留守妇女的健康受到影响。④ 在外来人口较多的城市，外来人口经

---

① Brigit C. A. Toebes, *The Right to Health as a Human Right in International Law*,（INTERSENTIA Antwerpen-Groningen-Oxford, 1999）, p. 258.

② 参见曹艳春《公民环境权的法律思考》，载《社会科学战线》2002 年第 4 期。

③ 资料来源：http://nddaily.com/comments/focus/201003/t20100309_1114668.shtml。

④ 参见王政、李瑞龙《河南省农村留守妇女健康状况和参与体育活动状况的调查研究》，载《井冈山学院学报（哲学社会科学）》2008 年 12 月第 29 卷增刊。

常受到社会歧视，他们很难融入当地社会，这对随父母进入城市的儿童的心理健康产生影响。

（二）妇女健康权利面临的问题

1. 妇女职业健康面临的问题

出于保护劳动者的需要，法律赋予劳动者以职业卫生权利。由于女性劳动者的生理脆弱，法律对女性职工实施特殊保护，例如女性劳动者经期保护、孕期保护、产期保护、哺乳期保护。在国际法层面上，关于女职工职业健康的国际公约包括《妇女夜间工作公约》《消除对妇女一切形式的歧视公约》《保护生育权利公约》等。在中国，保护妇女职业健康的法律文件已成体系，相关立法包括：《劳动法》（第7章）、《妇女权益保障法》（第26条）、《女职工劳动保护特别规定》、《女职工禁忌劳动范围的规定》、《女职工保健工作规定》、《妇幼卫生工作条例》（第18条）等。

尽管不少法律文件从各个方面对妇女健康的保护予以规定，但是目前女性劳动者职业健康权利实际享有水平不容乐观。在中国，一些企业经常要求女职工加班劳动。有些企业为降低生产成本，逃避交纳保险费的义务，很多女职工没有参加生育保险，迫于生育费用的压力，一些女职工降低了生育服务要求。女职工"四期"（孕期、产期、哺乳期、经期）期间得不到保护的现象仍普遍存在。① 在受制于经济发展压力、既有的行政管理水平等因素的影响下，女职工的职业健康权利常得不到劳动执法部门的保护。

此外，目前中国有关女性劳动者保护的立法存在城镇本位的特征，即主要对女性职工的职业健康权利进行法律保护，而对农村女性劳动者的关注不够，现行立法的保护对象主要是女性职工。

2. 妇女生殖健康面临的问题

妇女的生殖功能和生殖活动是妇女生活的重要方面，妇女的生殖健康涉及三个方面的内容：婚姻、性和生育。婚姻的自主性直接关系妇女的身心健康，婚内性的自愿、平等对妇女的健康具有影响。非自愿的、强迫的性行为和暴力行为，败坏了妇女身体完整健全的权利，而且还可能带来非意愿妊娠、性传播疾病、艾滋病等严重的生殖系统健康损害和心理方面的疾病。由于社会压力造成婚龄推迟、心理焦躁，同时缺乏生殖健康知识，未婚怀孕、

---

① 参见《女职工劳动保护不容乐观——一份来自非公有制企业的调查报告》，《金华日报》2004年6月17日，第8版。

未婚妈妈、性疾病、艾滋病等问题严重威胁着未婚妇女的生殖健康。与生育有关的问题是造成女性健康总体水平差的原因之一。[①] 频繁、过度的生育严重损害了妇女的身体健康。节育的自愿性、方式和手段也对妇女的健康有重要影响，据调查显示，90%以上的避孕工具、药品和手术主要针对妇女，绝育手术多对妇女实施，[②] 农村的问题要比城市更为严重。当在意外妊娠的情况下，流产和产后康复条件对妇女身心健康的影响也较大。

目前，中国妇女生殖健康权利的实际享有还存在很大的不足。妇女生殖健康权利与妇女其他健康权利存在的问题一样，也受到妇女的经济地位、社会地位和传统文化的影响，但是，妇女生殖健康问题和因生殖问题而产生的疾病与权利缺失、权利缺乏保障也存在一定的关系。对于生育时间、生育间隔和生育行为等方面，妇女本人的意愿常常服从于家庭长者或其丈夫的意愿。一些政策制定者在制定、管理、评估妇女健康项目时，没有对妇女的参与权利予以尊重，使得所制定的政策和法律常常难以符合妇女生殖健康规律、不能满足妇女群体维护生殖健康的实际需要。此外，妇女生殖健康权利存在不平等的问题，在流动人口较为集中的地区，当地的生殖健康管理部门不能平等地对流动人口中的妇女提供平等的生殖健康服务。[③]

（三）　与妇女健康权相关的权利面临的问题

由于健康概念具有不确定性，影响健康的因素又非常广泛，因此与健康有关的一切因素都可以与健康权联系起来。同样，任何合理的利益诉求皆有成为权利的可能性，而权利之间则相互支撑、相互补充。例如身体的完整性是健康的指征之一，而保护身体权利则有助于实现身体完整性；又如，基本的住房、卫生的食品和饮用水是保证健康的基本物质条件，因而保障公民的住房权、公共卫生权，则对于健康权利具有促进作用。同样，妇女的健康权利也与妇女的其他权利相互关联、相互促进。在这个意义上讲，与妇女的健康权利紧密相关的其他权利主要可以分为以下几个方面：生命权、身体权、受教育权、知情权、劳动权、居住权、社会保障权、公共卫生权等，在这些权利得不到充分保障的情况下，妇女的健康权利会受到直接的影响。

---

① 李银河：《女性权力的崛起》，文化艺术出版社，2003，第70页。
② 参见刘慧君《中国农村生殖健康状况的社会性别透视》，载《人口与经济》2009年第1期。
③ 姜秀花：《流动妇女计划生育/生殖健康权益实现情况调查及倡导建议》，载《中华女子学院学报》2004年12月第16卷第6期。

（四）小结

妇女健康保护面临着多方面的问题，这些问题表明，保护妇女的健康权利不能仅满足于使她们能够获得医疗保健，还包括建立一种机制，通过这种机制，妇女能够提高自身的经济能力、经济地位和获得物质解放，她们能够改善正常生活所必需的自然条件和社会条件，促进文化观念的道德含量和进步，以此来保障妇女健康权利获得社会条件的支撑。此外，妇女的健康权利还与其他社会权利紧密相关，如人身自由权利、政治参与权利、就业权利、受教育权利、环境权利，等等，保护这些相关的权利，就有助于实现健康权利。

四　妇女健康权利的系统性保护

妇女的健康权利是个多类别、多方面、多层级的权利体系，影响妇女的健康权利的因素错综复杂，这决定了妇女健康权利保护的复杂性。妇女健康权利保护法律体系业已建立且日益丰富，这种多维度的保护体系对保护妇女健康和健康权利发挥了越来越大的作用。目前妇女对健康权益的享有还存在诸多问题，这暴露了妇女健康权利保护制度体系仍需要进一步完善。笔者认为，妇女健康权的保护需要从各方面入手，推进保护的系统化，进而实现对妇女健康权的全面保护和有效保护。

（一）妇女健康权保护层次的系统性

1. 对妇女健康权利客体的保护

妇女健康系指妇女身心健康，故此，保护妇女健康权利的客体应为妇女的身体、心理或精神。保护妇女健康权利，应当以保护妇女的身体权利和精神权利为要旨。

妇女身体权是指妇女对其身体的自主性、完整性不受侵犯的权利，故身体权既可以指其身体自由支配权利，也可以指身体完整性不受侵犯的权利。若没有人身自由，妇女无以自由参与社会、自由从事经济活动，其健康权利的基础就会受到削弱；一旦妇女的健康受到损害，妇女亦可凭借人身自由权利排除来自家庭或社会的阻碍而寻求法律救济。在很多时候，遭受性暴力的妇女因为来自家庭成员的阻挠而不能报案，发生精神障碍的妇女不能自主决定是否应当就医、是否应当住院治疗。相对于身体自由权利，身体完整权利与妇女健康的关系更为直接，因而这种权利在很多人看来又可称之为"身体不受伤害权"。① 妇女是社会中的弱者，主要是基于其生理脆弱而言的。由于妇女在体力方面多弱于男性，且其身体经常需要特殊保护，因而身体不受伤害的权利是对抗各种暴力侵害、职业损害、传染病等外部健康威胁的利器。

心理和精神健康是妇女健康权利所指向的另一类健康利益，保护妇女精神健康需要赋予妇女精神健康权利。现代社会生活节奏加快、社会关系日益复杂、社会竞争趋于激烈，这对妇女在家庭、社会当中的地位产生越来越大的影响，家庭和社会的压力容易造成妇女的心理障碍甚至精神疾病。保护妇女的精神健康需要增强妇女的各项社会权利的保护和保障，以此改善其生存状态、增强其正常参与社会的能力，提高其社会适应性和自我调节能力。当妇女产生心理障碍或罹患精神疾病时，应能够保障她们享有就医的权利和康复的权利。

2. 对妇女健康权利本身的保护

妇女健康权利具有层次性，既包括以保健、医疗、康复为内容的核心健康权利，又包括生殖健康权、职业健康权等具体的健康权利。核心健康权利是保障妇女健康权利的最重要内容。在保健医疗服务的享有方面，尽管法律和政策在形式上对所有公民的健康权利进行平等保护，但是在事实上，妇女与男子还不能平等的享有健康权利。这既有医疗卫生体制方面的客观原因，又有医疗卫生法律和政策设计、健康权利行使等方面的主观原因。例如，医疗费用水平过高则会弱化经济处于弱势地位的妇女对于卫生保健服务在经济上的可及性；又如，医疗服务的个性化、丰富程度不够会导致医疗保健服务的可接受性降低。在中国部分农村地区，基层卫生保健部门普遍缺少女性乡村医生，直接影响到农村妇女对生殖健康服务的利用，尤其是在妇科病防治和孕产期保健方面尤为突出，很多农村妇女常常因为不愿意接受男医生的检查而贻误病情。②

尽管妇女的健康权利在实际享有水平方面存在着事实上的不足，但是健康权利平等保护原则仍需坚持。所谓的平等保护不仅仅是指健康权利机会的平等，而且还应包括实际上的平等。保护妇女的健康权利，并不意味着要克减男性的健康权利，而是法律对所有公民实行平等保护。但是，基于妇女健康的脆弱性，对于妇女的健康权利应予以倾斜保护。这是因为：一方面，妇

---

① 李震山：《从宪法观点论身体不受伤害权》，载《人性尊严与人权保障》，元照出版公司，2001，第 162 页。

② 参见萧扬《社会性别视角下的妇女生殖健康》，载《浙江学刊》2001 年第 5 期。

女行使健康权利容易遭遇障碍，有必要补足其权利能力的不足，以此来帮助其与男子平等享有健康权利；另一方面，妇女在健康需求方面有较多特殊性，需要对妇女的特殊健康需求予以特别满足，在制度上可以设置专门针对妇女的健康服务制度。对妇女医疗保健权利的倾斜保护与平等保护原则并不矛盾，在一定意义上讲，前者可以被视作是后者的手段。

3. 对具体健康权利的保护

妇女的健康权利包括一系列具体健康权利，这些权利相对于核心健康权利处于外围层面，也是妇女健康权利的具体组成部分。具体的健康权利包括：生殖健康权、职业健康权、医疗保健权、医疗保障权等。

为保护妇女的生殖健康权利，不仅要保护妇女的身体自由权、人格权等与健康权相关的权利，而且要保护生育自由权、性自主权、接受生殖健康教育权、生殖服务获得权等。政府有义务为育龄男女平等提供安全、有效的避孕药具和技术，保障实施节育手术的妇女的安全和健康，鼓励男性承担生殖健康义务。

为保护妇女的职业健康权利，国家在制定政策和法律时，有必要考虑灵活就业妇女、农村妇女的职业健康，有针对性地设计符合其生活和工作特点的职业健康保护制度，而不仅仅保护女职工的职业健康。为了在保护女性劳动者健康的同时不损害其经济权利，有必要调整男性本位的职业健康保护法律，例如在制度上可以从制定禁止女性劳动的范围调整为禁止强迫女性劳动的范围。

为保护妇女就医保健权利，国家需要注意培养女性卫生人力资源；在分配医疗卫生资源时，保障用于女性健康服务的卫生资源的充足性；制定医疗服务制度应考虑少数民族妇女的文化特征。

为保护妇女对医疗保健服务的可及性（availability），国家有必要保障社会医疗保险、社会医疗救助等医疗保障项目对妇女群体的覆盖率，对于贫困妇女、家庭妇女，国家可以根据实际情况对她们参保缴费予以补助。医疗保障制度应扩大女性健康服务范围，医疗费用分担制度应有助于减少妇女的经济负担。

4. 对与健康权相关权利的保护

相对于核心健康权利，与健康相关的权利对于促进对健康权的保护也具有重要意义。对妇女群体而言，保护其人身权和人格权、就业权、受教育权、住房权等权利仍很重要。人身人格权利、就业权利对于妇女健康权利保护的重要性不言而喻。受教育权利对于妇女健康权利也至关重要，许多研究表明，文盲妇女较有中等文化程度的妇女，二者在利用生殖健康知识方面存在巨大差异。① 不仅如此，保护妇女受教育的权利还有助于提升他们的个人素质、改善她们的经济能力、提高她们的社会地位和家庭地位，这对于保障妇女的身心健康、增强她们行使健康权利的自主性尤为必要。住房是人最基本的必需物质条件之一，缺乏基本的居住条件会对健康产生重大影响。家庭是很多妇女的主要生活、工作场所和精神依赖的重要基础，保护妇女的健康权利必然要保障她们获得住房保障的权利。

（二）　妇女健康权保护程度的系统性

健康具有条件性，因此国家需要基于社会物质和文化发展特征对健康权利的形式、内容及保护方式做出选择。为此，有学者指出，保护健康权首先需要对健康权的价值排列次序，以确定健康权的最大内容和最小内容。健康权的最大内容是："国家在其能得到的资源限度内确保个人和居民健康所需要的条件的义务"；健康权的最小方面是："国家应在其能得到的资源限度内具有为防止或减少对个人或居民健康的严重威胁而干预的责任。"②

本文开头提到，妇女健康权利表现为三种形态，即应有健康权利、法定健康权利和实有健康权利。在特定的时代条件下，妇女健康权利的实现难以一步到位，因而有必要根据时代条件、以某种适当的形式对不同形态的健康权利加以保护。根据权利保护的条件、社会资源的丰富程度，从对妇女健康权施以保护的程度，保护可以体现为尊重（respect）、保障（security）、保护（protection）和促进（promotion）四种形式。这四者的关系是：对妇女健康权利的尊重主要体现一种基本态度，保障的价值在于妇女健康权利的实现设置底线、使其不至于低于一定的标准，保护的目的在于排除权利行使障碍，促进意在积极推动权利目标的实现。

妇女的健康权利之所以需要获得尊重，是因为妇女的健康权利具有社会性质。在多数情况下，妇女作为权利的主体和享有人身自由权的人，实现其所享有的一些健康权利无须国家的干预或他人协助，且他人不得作出一定行为，只需他人不侵犯妇女的健康即可。正如洛克所说："人们既然都是平等和独立的，任何人就不得侵害他人的生命、健康、自由或财产。……除非为了惩罚一个罪犯，不应该夺去或损害另一个人的生命

---

① 参见《经济、社会和文化权利公约》第 11 条、《儿童权利公约》第 24 条和《圣萨尔瓦多议定书》第 10 条。

② Gostin L. O. and Lazzarini Z., *Human and Public Health in the AIDS Pandemic*，（Oxford：Oxford University Press，1997），p. 29.

以及一切有助保存另一人的生命、自由、健康、肢体或物品的事物。"①
尊重妇女的健康权利包括尊重妇女出于健康需要的自主权利、拒绝从事有害
自身健康的活动的权利等。

妇女的健康权利需要保障是由于健康权利具有积极性的一面。健康不完
全是个人的事情，在社会分工日益细密、社会关系日趋复杂、利益关系相互
交织的时代，妇女的健康问题在很大程度上是全社会的问题。因此，妇女的
健康权利需要获得国家和社会的保障。对妇女健康权利加以保障的目的在于
保证妇女所享有的健康权利不少于男子，保证妇女有机会获得适当的医疗、
保健和康复服务，保证妇女在经济贫困的情况下也能获得医疗救助。为此，
国家和社会有责任设置卫生服务设施和提供卫生服务。国家有义务为妇女的
健康提供定向健康服务等。

妇女的健康权利具有脆弱性，仅仅对该项权利加以消极保障不足以防范
对妇女健康权利的各种妨碍或侵害，同时，妇女行使健康权利的能力在诸多
因素的影响下可能面临障碍，健康权实现机制还很不完善。基于上述考虑，
有必要对妇女健康权利加以保护。此处所谓"保护"是狭义上的保护，主要
指对妇女健康权利意识进行引导，对妨碍妇女行使健康权利的行为进行干
预、支持妇女对侵害其健康权的行为提出申告等。

如果说对妇女健康权的尊重主要体现一种态度、对妇女健康权的保障
是为其权利的实现设置底线、使其不至于低于一定的标准的话，那么，消
极地尊重和保障对于保护妇女的健康权利是远远不够的。设置妇女健康权
利的目的在于将其健康权利变为实实在在的健康利益。如果从健康目标实
现的角度讲，不仅需要保护，更高的目标是促成妇女健康权利的实现。为
此，国家和社会在资源可能的范围内，应当创造各种条件提高妇女健康权
的享有水平。

（三）妇女健康权保护手段的系统性

妇女的健康权利在很大程度上不能自发实现，而是需要通过各种干预措
施保障、保护和促进其权利的实现。在各种保护机制中，来自国家的保护相
对理性、有力和有效。国家保护妇女健康权的手段包括各种国家宣示、政策
和法律。

国家对妇女健康权的宣示表达国家对妇女健康权益的态度和观点。
国家宣誓不对具体的社会组织和个人的行为进行直接的规范，而是通过

---

① 〔英〕洛克：《政府论》（下篇），叶启芳、瞿菊农译，商务印书馆，1964，第5页以下。

申明国家的立场对全社会行为产生导向作用和舆论引导作用。在很多情况下，一些个人或组织行为影响了妇女健康权利的享有，但是这种行为在特定社会条件下不具有违法性或明显的道德非难性，而是处于不得已的选择或理性选择（如在食物有限的情况下优先分配给家庭中的男性劳动力等），或者出于妇女本人的自害选择（如妇女吸烟等），对于这些行为，难以由国家强行干预，更为务实的方法是倡导男女平等、提倡健康的生活方式等。

国家政策对妇女健康权的实现也具有十分重要的作用。政策是政党和国家（或者政府）在一定历史时期为实现某种政策目标或完成某项任务而制定的行为规范和活动指南。世界卫生组织在其制定的"卫生发展管理程序"中将卫生政策定义为："改善卫生状况的目标，这些目标中的重点，以及实现这些重点的主要途径。"[1] 在法治不健全的国家，国家的健康政策非常重要，起到了事实上的法律的作用。而在法治完备的国家，国家的健康政策与法律处于不同的层面，并对健康立法发挥宏观指引作用。1978 年世界卫生组织所通过的《阿拉木图宣言》提出"所有政府应拟订出国家的政策、战略行动计划，并在其他部门的协作下发起并持续开展作为国家的全面的卫生制度组成部分之一的初级卫生保健。为此目的，便需发挥政治意志，合理调动国家资源并使用外来资源。"在中国，国家保护妇女健康的政策在社会治理机制中发挥着重要作用，这是保护妇女健康权利的国家资源中不可忽视的重要方面。

尽管国家宣示和国家政策在一定程度上能够发挥保护妇女健康权利的作用，但是在法治国家，法律至上是厉行法治的必然要求。宪法权利、行政法上的权利以及民事权利、诉讼权利是人权制度化的主要法律手段。[2] 为使妇女的健康权利获得国家强制力的保障和保护，国家应通过立法对妇女的健康权利明确的宣告，以法律的形式肯认妇女享有健康权利，这是妇女健康权利实现的前提。法律还需要规定妇女健康权的具体内容，如生殖健康权、保健权、接受健康教育权、劳动保护权、营养权、性疾病防疫权、获得足够食品、饮用水和药品以及安全使用健康相关产品的权利等。同时，还应规定妇女健康权的具体保障保护措施、相应的程序等。此外，法律还应对妇女健康权受到侵犯后的司法救济作出具有可操作性的规定。

---

① 参见梁万年主编《卫生事业管理学》，人民卫生出版社，2003，第 110 页。
② 参见莫纪宏、李岩《人权概念的制度分析》，载《法学杂志》2005 年第 1 期。

五　结论

妇女的健康权利是妇女享有的人权和法定权利，该项权利对于保障妇女的健康具有根本的法律意义。妇女健康权利不是妇女所享有的特权，该项权利的提出和保护是促进男女权利平等的重要方面。妇女健康问题的产生是错综复杂的各种社会性因素的共同作用的结果，这一复杂特征决定了对妇女健康权利的保护应当从各个层面、各个角度、利用各种适当的手段加以实施，因而，对于妇女健康权利的保护应是系统的、全方位的。

荷兰和德国妇女健康权考察报告

余少祥*

健康权与生命权、生存权密切相关，它是社会保障权的一种，属于经济、社会和文化权利的范畴。作为一个法律概念，健康权是 1948 年由世界卫生组织宪章首次承认的，后来在各种国际和区域性人权文件中都得到反映。国际人权法将健康权表述为一种"享受各种设施、物品、服务和条件以获得最高可能达到的健康标准"的权利，因此不应当将健康权仅仅理解为保持健康的权利。实际上，健康权是一种包含内容很多的权利，既包括及时和适当的保健，也包括健康的内在决定因素，比如获得安全水源和卫生条件、健康的职业和环境条件、健康信息和教育（包括性和生育健康）等的条件和机会。作为基本人权，健康权的内涵有自由和权利两个方面。自由包括控制自己健康和身体的自由、免受干扰的自由，比如免受酷刑和未经本人同意的治疗和实验的自由。权利包括享有某种使人们平等享受最高可能达到的健康水平的健康保护机制，比如享有生育健康的机制，预防、治疗和控制疾病的机制以及使用基本药物的机制等。① 经济、社会和文化权利委员会在"第 14 号一般性评论"中阐述了健康权的概念框架，认为健康权是包括获得可用的、易用的、可接受的和高品质的与健康有关的设施、物品和服务以及健康的内在决定因素的权利。

2011 年 9 月 19～28 日，中国社会科学院法学研究所所长李林教授率领代表团一行 6 人赴荷兰、德国考察，考察的重点之一就是妇女的健康权，包

---

  * 余少祥，中国社会科学院法学研究所。

① 参见刘作翔《试药人：一个特殊人群的健康权保护问题》，《政治与法律》2008 年第 9 期。

括妇女能享有的卫生保健服务、妇女在产前产后能否得到特别护理、妇女能否无歧视地享有医疗卫生条件、妇女生育的社会保障、妇女不被强迫从事其生理特点不允许的工作等内容。在为期 10 天的时间里，代表团先后走访了荷兰人权研究所、乌特勒支大学法学院、健康与人权组织国际协会、荷兰平等待遇委员会、圣克拉拉妇女研究所、维尔茨堡大学法学院、慕尼黑大学社会法研究所等多家机构，并且参观了阿姆斯特丹的安妮·弗兰克博物馆。在考察过程中，代表团与上述机构和组织的专家、学者及实务界人士就欧盟和两国妇女的健康权问题进行了深入广泛的交流，取得了丰硕的成果。

一　妇女健康权的立法体系

荷兰、德国和欧盟关于妇女健康权保护的法律体系较为完善。在荷兰、德国和很多欧盟国家，健康权被定位为基本权利，是人人享有、不可剥夺的基本人权，受到国际法、欧盟法和国内法三个层面的保护。

（一）国际法层面的相关规定

作为普适权利，有关健康权国际公认的规范以及缔约国相应的义务在荷兰、德国和欧盟很多国家是普遍适用的。这些规范性文件和国际公约包括：

1. 联合国一般性文件和公约

● 《世界人权宣言》。联合国《世界人权宣言》第 25 条规定："人人有权享受为维持他本人和家属的健康和福利所需的生活水准，包括食物、衣着、住房、医疗和必要的社会服务；在遭到失业、疾病、残废、守寡、衰老或在其他不能控制的情况下丧失谋生能力时，有权享受保障。"

● 《经济、社会和文化权利国际公约》。该公约第 12 条承认"人人有权享有能达到的最高的身体和心理健康的标准"，要求缔约国履行一系列义务，采取步骤实现健康权，并确立缔约国在健康权方面有尊重、保护与实现三个层次的义务。

● 《消除各种形式种族歧视国际公约》。该公约强调健康权背景下的平等和非歧视原则。如第 5 条明确要求缔约国"保证人人有不分种族、肤色或民族或人种在法律上一律平等的权利……尤其享受下列权利……公共卫生，医疗保健，社会保障和社会服务的权利"。

● 《消除对妇女一切形式歧视国际公约》。该公约第 12 条第 1 款规定："缔约各国应采取一切适当措施以消除在保健方面对妇女的歧视，保证她们在男女平等的基础上取得各种保健服务，包括有关计划生育的保健服务"；

第 12 条第 2 款规定："缔约各国应保证为妇女提供有关怀孕、分娩和产后期间的适当服务，于必要时给予免费服务，并保证在怀孕和哺乳期间得到充分营养。"

● 其他一般性文件和公约。如 1951 年《同工同酬公约》、1958 年《关于就业及职业歧视公约》、1960 年《取缔教育歧视公约》、1991 年《维也纳宣言和行动纲领》、1992 年《可持续发展行动计划 21 世纪议程》等都承认妇女的健康权是普遍人权不可分割的组成部分。

荷兰、德国作为联合国的成员国，联合国上述关于妇女健康权的规范性文件和公约都适用于这两个国家。

2. 国际劳工组织一般性文件和公约

国际劳工组织在妇女的雇佣自由、社会保障、劳动管理及健康权等方面为其成员国制定了一系列劳工公约和建议书，为各成员国广泛遵守。荷兰和德国作为核心成员国之一，这些公约和建议书在两国普遍适用。

● 生育保护的基本原则。1919 年《生育保护公约》（第 3 号）、1952 年《生育保护公约》（第 103 号）和 2000 年《生育保护公约》（第 183 号）都规定了生育保护的基本原则：享有产假的权利、享有医疗福利的权利和产假离职期间享有生育津贴的权利。

● 产假期限。2000 年《生育保护公约》将产假从第 3 号和第 103 号公约规定的 12 周提高到了最低 14 周，其中包括 6 周时间的产后强制性休假。若实际分娩时间晚于预期时间，则该假期应按实际分娩时间适当延长；若怀孕或分娩导致孕产妇生病，也应按同样办法处理。

● 生育津贴与医疗福利。2000 年《生育保护公约》规定：女职工因产假暂停工作，生育津贴应通过强制性社会保险或公共基金方式提供。而且，生育津贴水平，须保证妇女能以适当的健康条件和适当的生活标准供养自己及其婴儿，并有权享有产前、分娩期和产后护理及在必要情况下的住院治疗。

● 哺乳时间的规定。2000 年《孕产妇保护公约》要求缔约国承认妇女拥有可每日一次或多次休息或是减少每天工时为其婴儿哺乳的权利。哺乳时间，须算作工作时间，因而要付给报酬。

3. 保护妇女权利的专门文件和公约

除了一般性文件和公约，联合国和一些国际组织还制定了一些专门保障妇女权利的文件和公约，其中相当一部分与健康权有关，成为荷兰和德国保护妇女健康权重要的制度、法律渊源。这些文件和公约主要有：《禁止贩卖人口及取缔意图营利使人卖淫的公约》《关于婚姻的同意、结婚最低年龄及婚姻登记公约》《消除对妇女歧视宣言》《实现国际妇女年目标的世界行动计划》《消除对妇女一切形式歧视公约》《联合国妇女十年：平等、发展与和平后半期行动纲领》《消除对妇女暴力宣言》等。1994 年，国际人口与发展会议在开罗召开，会议确定增强妇女权力、改善生育健康与权利是解决人口与发展问题的关键。同年，联合国人权委员会为防止对妇女的暴力问题决定任命一个特别报告员，该报告员将收集各国政府、非政府组织及有关机构关于对妇女暴力及其根源的信息，并就消除这些暴力提出建议，以促进和保护妇女的健康权。

（二）欧盟法层面的相关规定

在欧盟法层面，主要有《欧洲人权和基本自由公约》《欧洲社会宪章》《欧盟基本权利宪章》及其他一些相关规定或议定书。尽管荷兰和法国拒绝了《欧盟基本权利宪章》（下称《欧盟宪章》），德国对《欧盟宪章》的许多条文做了保留，但法官在审理与健康权相关的案件时，通常会采取多种解释途径和方法，引用其相关内容作为裁判的重要依据及参考。

1. 《欧洲人权公约》

1950 年 11 月，欧洲理事会成员在罗马制定《欧洲人权公约》，明确认同《世界人权宣言》，重申对各项基本自由的深切信仰，对《世界人权宣言》"宣布的权利获得普遍与有效的承认和遵守"，允诺"作为具有共同思想和具有共同的政治传统、理想、自由与政治遗产的欧洲各国政府，决定采取首要步骤，以便集体施行《世界人权宣言》中所载的某些权利"。

● 《欧洲人权公约》的主要规定与《国际人权宪章》的理念及内容比较接近。一般认为，根据《欧洲人权公约》建立的欧洲人权保护系统是当代国际人权保护中最有效的系统。在这个系统中，欧洲人权委员会负责调查政府或个人的申诉，人权法院负责审理涉及解释和应用《欧洲人权公约》的所有案件。该公约的缔约国均须接受欧洲人权委员会和人权法院的管辖。

● 《欧洲人权公约》对健康权保护给出了明确的规定，比如第三条规定禁止酷刑以及其他非人道和侮辱性的对待和处罚，第八条规定尊重私人和家庭生活的权利，等等。这些规定尽管是普遍的，并非专门针对妇女，但对保护妇女的健康权具有极为重要的作用和意义。

● 在《欧洲人权公约》的基础上，欧洲一些国家包括荷兰和德国陆续颁布了一些有关个人财产权、受教育权、迁徙自由、废除死刑等内容的法案或"议定书"，丰富和完善了《欧洲人权公约》的人权内容和实施机制，成为保障公民健康权利重要的法律渊源。

2. 《欧洲社会宪章》

为进一步保障公民的社会、经济权利，欧洲理事会成员国于 1961 年 10 月 18 日在都灵通过《欧洲社会宪章》。宪章由序言、五个章节以及一项解释性附录组成，其中第一、二、四章与健康权密切相关。

- 第一章宣布了 19 项权利原则，各缔约国承诺将这些权利作为其政策目标加以接受，并采取一切国内和国际的适当措施予以实施，包括：人人应有机会通过其自由选择的职业中谋生；所有就业者均有权享有安全和健康的工作条件；儿童和青年人有权享有特殊保护；就业女工在怀孕时以及在适当的情形下，有权在工作中受到特殊保护；所有就业者及依靠他们抚养的家属有权享有社会保障；残疾人有权接受职业培训、得到康复和重新安置；以及家庭、母亲、儿童和移民应享有的权利和保护等。该部分明确规定，人人有权从能使他享有最高健康水平的任何措施中获益。

- 第二章规定了实现第一章所载权利和原则缔约国应履行的义务，如保障劳动权，公正、安全和健康的工作条件权，公平报酬权，结社权和集体交涉权，儿童、青年、女工受保护的权利等。此外，还规定了社会保障、社会和医疗帮助权等权利。如第 11 条规定：缔约国必须直接或者通过与公共组织或私人组织合作来消除不健康的根源，并鼓励在健康方面个人的责任感；为了增进健康而提供咨询和教育便利，尽可能防止流行病、地方病以及其他疾病。第 13 条规定：缔约国还必须保证社会和医疗援助的权利。

- 宪章第三章是关于缔约国义务的特殊规定。第四章规定报告制度。根据规定，缔约各国应每隔两年向欧洲理事会秘书长提交一份关于它们已承认的宪章第二章规定的权利的落实情况的报告。缔约国提交的报告依次经部长委员会任命的专家委员会、欧洲理事会设立的政府间社会委员会小组委员会审核，最后由欧洲理事会咨询议会审议，并与部长委员会协商一致后提出必要的建议。第五章的最后条款涉及在战争或突发公共事件情形下的国家权限、《欧洲社会宪章》与国内法或国际协约的关系等。

3. 《欧盟基本权利宪章》

2000 年 12 月，欧盟议会、欧盟部长理事会和欧盟委员会通过《欧盟基本权利宪章》，之后被纳入 2004 年《欧盟宪法条约》。《欧盟基本权利宪章》除序言外，共计 7 章 54 条，确立了以人为中心而非以权利为中心和以社会中的人而非假设的自然状态中的人为哲学基础的基本权利观。它第一次将过去作为消极权利的自由权与作为积极权利的经济、社会和文化的权利融为一体，并赋予同等的地位。对于公民的健康权问题，《欧盟基本权利宪章》提出了明确要求。

- 第一章："尊严"。其中，第 5 条规定："任何人不得被要求从事强迫性劳动或强制性劳动。"一般来说，不得被强迫劳动或被强制劳动属社会权范围，将该条规定在第一章是承认其内容隶属于人的尊严这一价值，即它不仅是一种社会权，也是自由权的内容，服从于人的尊严。

- 第三章："平等"。其中，第 21 条规定"不受歧视"，第 23 条规定"男女平等"，第 24 条规定"儿童权利"，第 25 条规定"老年人权利"，第 26 条规定"残疾人的融合"。《欧盟基本权利宪章》将这些权利作为平等价值的具体体现，恢复了社会、经济、文化权利的固有面目，既涉及这些群体的平等地位问题，也涉及他们的健康和健康权问题。《欧盟基本权利宪章》特殊化他们的利益主张和要求，反映了他们曾经和不同程度地还在遭受的歧视和差别对待。

- 第三章第 26 条对"残疾人的融合"作出规定："欧洲联盟承认和尊重残疾人享有从确保其独立、社会和就业公平待遇以及参与社群生活的措施中受益的权利。"由于身体或精神上的残疾与不便，一些机关、学校乃至企业常常以"健康原因"为借口拒绝招收或录用残疾人，严重妨碍了他们正常权利的行使，使其尊严受到伤害，并使其在社会地位和谋生方面遇到进一步的困难。因此，《欧盟基本权利宪章》要求成员国逐步采取措施，消除残疾人在教育和就业方面的障碍。

（三）　国内法层面的相关规定

在国内法层面，荷兰和德国还有一些与健康权有关的法律规定，包括宪法、刑法、民法、社会法等。荷兰和德国的健康权都是宪法确认的基本权利，因此受到相关法律的严格保护。

1. 荷兰的有关规定

在世界上，现代国际法的创始人之一荷兰法学家胡果·格劳秀斯（Hugo Grotius）也是最早提出"人权"概念的学者之一，在其不朽名著《战争与和平法》中，"人权"被描述为"人的普遍权利"。其后，荷兰另一位著名学者斯宾诺莎（Spinoza）在《神学政治论》中明确提出"天赋人权"，认为人权就是自然权利，而国家是人们通过缔结契约转让一部分自己的自然权利而产生的，由此实现了从神权到人权的巨大转变。荷兰作为人权实践的先行者，对健康权的保护较为完备。

- 1983 年，荷兰宪法第 18～23 条规定了公民一系列基本社会权利，其中第 22 条第 1 款规定，公民享有医疗权，同时为政府设定了促进公民健康的目标，规定"政府应采取措施促进人民之健康"。

- 1997 年，《荷兰民法典》第 13 条规定，在荷兰有惯常居所的消费者以该法规定的标准条款订立的消费合同，都适用《荷兰民法典》的有关规定，这样规定的目的在于预先保护弱势的消费者的健康权及相关权益。在涉外民商事诉讼中，当冲突规范指引的法律或当事人选择的法律损害了弱者的利益，与预先规定相冲突的时候，将不能适用该冲突规范。

- 荷兰的《工作条件法》规定：雇主必须采取必要措施为雇员创造健康的工作条件；此外，还要尽可能避免雇员受到性骚扰及其产生的不良影响。

- 在婚姻法中，荷兰法律明确规定，女方是弱者，在离婚和分割财产时应给予充分考虑。因妇女在婚后对家庭的贡献大于男人，她们操持家务、生育子女，有的甚至放弃职业生涯，这既是对家庭的贡献，也是对社会的贡献。因此在财产分割中，法律更多地照顾妇女和婚生子女的利益。

- 在荷兰，妓女卖淫是合法的。按照荷兰人的观点，有利于集中管理，减少社会问题，保护妓女的健康权。因此，荷兰法律对妓女营业场所的面积、消防措施和卫生条件都有明确规定。比如，妓院必须配备报警按钮、安全套和冷水、热水。在新法中，妓女享受劳工法保护，妓院不得强制妓女频繁接客，禁止在不受保护的情况下发生性关系。对于强迫卖淫者，过去只坐 1 年牢，现在要度过 6 年铁窗生涯，玩弄雏妓的还要受法律追究。

2. 德国的有关规定

"法益"（Rechtsgut）一词由德国学者首创，是指法所保护的客体，即受法保护的特定利益，其内容包括个体利益、公共利益和国家利益。1861 年，德国著名法学家鲁道夫·耶林发表了不朽名作《为权利而斗争》。他认为，作为一个国家和社会的公民，当自己的权利受到侵犯时，应当为自己的权利而奋斗，这不仅仅是一个公民的权利，也是公民为国家应尽的义务。由于具有尊重和保护个人权利的传统，德国对妇女健康权的保护亦比较完备。

- 德国的法律体系以基本法为核心。德国基本法明确规定："人的尊严不可侵犯，尊重和保护人的尊严是一切国家权力的义务。"所谓人的尊严在国家法律体系中主要体现在三个方面：人的基本权利、民主权利和社会权利，其中即包括健康权。50 年来，德国的基本法作了 100 多处修改，特别是妇女通过不懈努力提高了自身的法律地位。20 世纪 90 年代，增加了"国家有义务促进男女平等的实现"，大大改善了德国妇女的参政状况和健康状况。目前，德国广泛确立了将"性别意识纳入决策主流"的机制。

- 德国刑法对妇女健康权保护主要体现在禁止堕胎，禁止针对妇女的暴力、禁止婚内强奸和性骚扰等方面。早先终止妊娠在德国会受到很严厉的刑罚。直到 1992 年，才规定"怀孕妇女可以要求终止妊娠，但须事先获得咨询中心签发的证明"，对堕胎实行严格限制。针对对妇女的暴力问题，法律规定：所有的强奸都要惩治，包括婚内强奸（性暴力）；对实施家庭暴力的男性须将其带离住所，经过教育、心理治疗有所转变后才能回家。对于性骚扰问题，1994 年德国出台了一部法律提出对性骚扰的惩治。这个法律改变了妇女的观念，使她们更有自信心和勇气，敢对性骚扰进行反抗，维护身体和精神健康。

● 在民法方面，对妇女权利保护有所加强。1977 年，德国颁布新的《家庭婚姻法》，规定"夫妻双方都享有就业权利"，"结婚后妻子可以不改用丈夫的姓氏"等。《离婚法》规定，任何财产如不能证明属于夫妻任何一方，均视为共同财产，包括婚前财产等，甚至他人赠与的财产也要均分，以保障在家照顾孩子的妇女的基本生活权益。不仅如此，德国法还明确规定，女方是弱者，在财产分割中，应更多地照顾女方利益。1970 年，德国允许女性未婚生育，使未婚母亲和非婚生子女能够得到她们应该得到的权利。

● 在生育保护方面，德国法律规定妇女有权享有带薪产假。产假期限为 14 周，其中产前 6 周，产后 8 周（产后休假为强制性休假），以保护妇女自身健康和婴儿健康。孩子出生后男女双方有权享有总共为 14 个月的带薪育儿假，其中包括由父亲专属享有的 2 个月的育儿假期。育儿假的实行有效地促进了男女双方平等地从事有偿工作和无偿家务劳动。

二　妇女健康权的行政保护

在欧盟、荷兰和德国，妇女健康权的保护一直受到高度重视，出台了很多促进和保护妇女健康的相关政策，从事相关工作的机构和组织比较多，包括专门的工作机构和人员。

（一）欧盟层面的相关保护

覆盖所有居民的医疗保障制度是欧洲健康权保障的重要组成部分，也是欧盟成员国社会保障体系的重要支柱。不仅如此，欧盟还采取很多措施，积极推动和促进妇女健康权的实现。

● 在欧盟，以英国为代表的国家医疗服务体系模式（包括爱尔兰、丹麦、瑞典、芬兰、意大利、西班牙、葡萄牙、希腊、马耳他等国）和以德国为代表的社会医疗保险模式（包括比利时、法国、奥地利、卢森堡等）是最具有代表性的两大模式。其他欧盟成员国的医疗保险和医疗服务体系在一定程度上综合了上述两种典型模式的要素，同时又在某些环节上有所创新，形成了一些新的医疗保障类型，比如目前备受推崇的荷兰的新医疗保险模式就是成功的范例之一，① 在保障妇女健康权方面意义重大，发挥了重要作用。

• 保护妇女的各项权益特别是健康权是欧盟的一项基本原则。当今世界仍有很多妇女遭受家庭暴力和性别歧视等侵害，其健康权得不到应有保障。欧盟自成立以来，一直致力于保护妇女权益。无论是在欧洲、非洲、亚洲，还是拉丁美洲，欧盟的工作重心之一就是促进男女平等，推动妇女参政，帮助打击贩运妇女儿童活动，推动废除割礼、"荣誉谋杀"、逼婚等传统陋习。欧盟强调，侵害妇女权益的行为是不能接受的，且不会对这些行为听之任之，其重要目标之一就是确保全世界妇女的权益得到尊重和保护。

• 面对人口老龄化和医疗费用持续上涨的压力，欧盟一直在推动各国从本国实际出发进行医疗保障体系的改革，以更好地保护民众的健康权。欧盟委员会还定期发布欧盟妇女健康报告。前不久，欧洲药品评价署（EMEA）经对 AⅡRAs 的安全性评估，确定在怀孕后 6 个月使用此类药品的效益未大于风险，因此建议统一所有集中审批的 AⅡRAs 说明书，明确在怀孕头 3 个月内应避免使用此类药品，在怀孕后 6 个月内禁止使用（在"禁忌"项中明确）此类药品，以维护母婴健康。要求各成员国对非集中审批的AⅡRAs 的说明书进行统一。②

• 由于对妇女健康权保护日益深入，有学者甚至认为，现在欧盟成员国出台的一些健康决策，往往对女性更为适用，而男性和女性健康的很多问题是完全不同的。由此产生的结果是，"男性游离于健康政策之外"，各种健康组织、机构和活动也很少考虑到男性健康问题。而且，有关健康信息的介绍大都出自女性之手，或是针对女性，远比男性健康信息丰富。

（二）国家层面的行政保护

1. 荷兰的情况

在健康保障方面，荷兰传统的医疗保障由政府提供资金，经常导致卫生机构费用和卫生服务设施不足，不能满足国民的需要。为此，荷兰政府进行了一系列改革，目的是在适当控制费用的前提下提供较高质量和恰当的服务。目前，荷兰的健康医疗体制建立在全民与私人医疗保险的基础上，被认

---

① 参见王延中《欧盟社会保障改革趋势及经验借鉴》，《中国经贸导刊》2006 年第 22 期。

② 参见丁文《欧盟 EMEA 统一妊娠期妇女用 AⅡRAs 相关信息》，《中国医药报》2008 年 10 月 7 日。

为是欧洲最好的一个高质量的体系。

- 荷兰的医疗保险体系较为完善，其卫生总费用占国民生产总值的8.5%，并以每年2%的幅度递增。该体系旨在保证每一个人都可获得负担得起的健康护理，政府的任务是创造条件尽可能预防疾病与意外事故的发生，并努力提供各种方式的治疗、护理和照料。根据新的医疗保险法规，所有人都必须根据收入状况（低收入群体通过个人收入退税机制参加）参加法定医疗保险，以保证医疗保险基金的可持续性，且所有的人都得到公平的医疗服务。荷兰实行医疗卫生改革的另一个重要目标是，在医疗保险机构之间引入竞争机制，用新的方式将私营公司、市场效应和社会公平结合起来。

- 在医疗服务方面，政府的主要职能是确定重大疾病的标准化保单，建立费用风险分担体系。一方面，使承担风险较高的公司及时得到补偿，鼓励保险公司正确评估风险，增加医疗保险风险的透明度，使保险基金更加关注风险控制；另一方面，促使医疗服务机构更加关注疾病预防、基本保健和总体费用的控制。在医疗保险体系上，改革的重点是确保提供优质医疗保护，强化市场竞争的作用，使之形成受到监管约束的市场化结构。

- 医疗保健业是荷兰经济中的一个重要组成部分，每9名在职人员中就有1名从事此行业工作。保健领域分为预防、治疗以及护理照料。预防性保健包括两方面：一是预防疾病、意外事故或各种可能影响健康的问题；二是及早发现与处理上述问题。政府对可能影响健康的问题实行"预防性计划"，预防性计划服务专门面向那些具有特别风险的群体，如为30～60岁年龄的妇女提供乳腺癌和子宫癌全国范围的普查就是该计划的内容之一，有关费用由医疗保险基金支付。

- 荷兰政府一直在积极采取措施，实现"人人享有生殖健康权"的目标。在阿姆斯特丹的"红灯区"，政府设有专门的健康服务中心，为同性恋者和性工作者提供咨询和服务，并定期为性工作者进行体检，以维护其健康权。在红灯区，几乎所有的人都要接受HIV检查，对各个群体都有组织负责为其治疗，跟踪服务。该中心与市内各医院有广泛的联系，以便及时把病人介绍到医院去治疗，同时防止歧视和排斥艾滋病感染者，保证其正常生活的权利。

2. 德国的情况

德国是世界上最早实行医疗保险制度的国家，其健康保险体制曾被德国人引以为骄傲。但由于经济发展缓慢及人口老龄化问题日益严重，该体制近年来面临很多问题。目前，德国政府已提出了一些医疗改革法案，尝试对医疗保险体系进行革新，主要强调增加国民的自我责任，要求投保人分担部分医疗费用等。由于还存在不少分歧，现在评价其效果为时尚早。

• 就现体制而言，德国的医疗保险模式在全世界最具代表性，其医疗保险体系由社会医疗保险和商业保险共同组成，以社会医疗为主、商业医疗为辅。社会医疗保险为法定强制性医疗保险，保险对象为年收入在法定标准以下的所有国民，而年收入在法定标准以上的国民则可以在参加法定医疗保险和购买商业医疗保险之间选择。目前，德国有 90% 左右的人口由全民健康保险（社会医疗保险）覆盖，8% 左右的人口由私立的健康保险（商业医疗保险）覆盖，2% 的人群（如军人和警察）享受免费医疗。

• 德国法规定，参加社会医疗保险者的保险费由雇员和雇主各付一半，按照一定百分比从工资中扣除。保险费取决于投保人的经济收入，收入多者多缴，少者少缴，无收入者不缴，但投保人享受的医疗服务并无差异。缴费基数设有封顶线和保底线，即超过封顶线的部分不再征缴，工资收入在保底线以下的可免除缴费义务。政府每年根据情况对封顶线和保底线标准进行调整。社会医疗保险提供的医疗保障和健康服务主要包括：各种预防保健服务、医疗服务、药品及辅助用品费用、康复性服务，等等。

• 在德国，国家财政对艾滋病感染者给予资助和补贴，以尊重和保护其生命健康权。德国的艾滋病救助中心对艾滋病感染者负保密责任，感染者可以隐姓埋名，同时有工作的权利，不允许个人因感染艾滋病而被解雇。在控制母婴传播方面，中心用药物治疗艾滋病感染者，怀孕期间和生产后服药。其次对艾滋病感染者的母亲采取剖腹产，禁止母乳喂养，对新生儿也实行 10 天用药治疗。但在德国还没有为全部怀孕妇女进行 HIV 检查。

三　妇女健康权的司法保护

在荷兰和德国，妇女的健康权不仅是社会立法和政府的目标，而且具有司法意义。考察期间，有关专家向我们介绍了关于妇女健康权司法保护的一些案例，使我们感到它既是一项应有权利，也是一项实有权利。

（一）欧盟层面的司法保护

在欧盟层面，健康权可得到明确的宪法司法救济。以妇女的健康权保护为例，20 世纪 80 年代国际人权司法开先例的断案，预示着国家不但有义务预防人权暴力，也有义务保护个人不受其他个人和组织的伤害。如若国家不能强制执法以保障妇女权利，便是侵犯了妇女的人权。

• 在欧盟成员国，国际法和欧盟法的适用基本上实行一元论方式，即国际条约和欧盟法一旦被批准，就自动成为其国内法的一部分，公民可据此进行司法救济。在一个涉及荷兰病人基金会拒绝报销住院费的案件中，阿姆斯特丹上诉法院裁定：病人的住院费应当得到支付，为病人提供医疗保健是合理的，基金会应当承担其住院费用。在这个案件中，申诉人援引了《经济、社会和文化权利国际公约》第 12 条的规定，尽管法院回避了该条约在荷兰的直接效力问题，但它事实上是以该公约的第 12 条对拒绝报销住院费加以审查的。类似的案件意味着国际公约和欧盟法在荷兰国内司法中具有可诉性。[①]

• 在司法实践中，欧洲人权法院针对妇女健康权作出了一系列的判决。以冯·德里尔诉荷兰政府一案为例，欧洲人权法院作出如下认定和判决：a) 郡法院未经审问就拘禁冯·德里尔夫人，荷兰政府违反《欧洲人权公约》第 5 条第 1 款规定。b) 荷兰政府对申诉人的人身自由予以剥夺的通知方式和通知时间不符合公约第 5 条第 2 款的要求。c) 法院未履行通知申诉人的职责，导致延误，而这些延误有充分理由予以避免，违反了公约第 5 条第 4 款的规定。d) 申诉人受到了一些非刑罚的伤害。而且，郡法院未作出本应"立即"作出的决定使对她的关押一拖再拖，加重了她对被重新送回医院的恐惧。该案涉及对精神病人的健康权的特殊保护的问题。从《欧洲人权公约》的规定和人权法院的审判实践看，对精神病人的保护性规定的显著特点在于：它不但注重实体权利的保护，而且注重程序权利的保护。[②] 实际上，只有在程序方面的权利得到了保障，实体权利才有可能得到最终实现。

（二）国家层面的司法保护

1. 荷兰的情况

在过去，荷兰宪法所规定的健康权只是作为国家政策和政府目标，仅具有指导意义，法院也认为第 22 条第 1 款的规定是总括性的公民权利和国家促进健康的义务，不能成为案件的具体评判标准。20 世纪 70 年代以后，随着健康权保障的不断加强，这些原则上不具有可诉性的健康权条款，在实践中常常通过宪法法院的司法解释得到适用，使其具有一定程度的可诉性。

• 通过解释宪法条款保护公民健康权有两个著名的案例：a) 荷兰的一位心脏病人没有经过医疗基金机构许可在伦敦接受了心脏搭桥手术。审理这

---

① 参见夏立安《经济和社会权利的可裁决性》，《法制与社会发展》2008 年第 2 期。
② 参见朱应平《论弱势群体权利的宪法司法保护》，《云南行政学院学报》2003 年第 3 期。

个案件的法院认为，长达三个月的手术等待期可能会给病人带来无法接受的巨大风险，病人别无选择到国外接受必需的手术治疗，尽管没有得到医疗基金机构的事先许可，仍应得到医疗基金的退款补偿。① b）荷兰某位内科医生 H 给病人开美沙酮这种药，政府引用宪法中政府促进全体居民健康的义务条款，要求 H 停止给病人开此药。阿姆斯特丹地方法院认为，H 的行为威胁到病人的健康，并威胁到大众健康，因此判定 H 的行为是违法的。

● 1996 年，荷兰的一个案例是国际法的相关规定得到适用的著名例证。当年，荷兰中央上诉法院的一个案件涉及一条荷兰的法令，该法令要求个人承担一部分医学上所要求的住院分娩所产生的费用。案件申请人援引国际劳工组织第 102 号和 103 号公约提起诉讼。中央上诉法院认为，国际劳工组织的这两个公约具有强制力和直接效力，并援引这两个公约否定了与其不相符的国内立法，支持了申请人的诉讼请求。②

● 还有一些案例涉及政府"维持和改善环境"以促进健康的义务。如政府在水源处重建高速公路，且拒绝向自来水公司支付防止地下水被重建工程污染而产生的费用。海牙上诉法庭认为，环境利益具有较高的优先性，依照宪法第 21 条保护环境属于公共利益，因此政府应承担防止地下水被污染的费用。在荷兰的 Benckiser 案中，政府则援引宪法中的国家义务条款来保护健康权免受第三方侵害。在此案中，政府没有依化学废物法对被告施以行政处罚，而是依据宪法第 21 条和民事法律，以侵权为由在民事法庭上要求 Benckiser 为他在荷兰各地倾倒危险污染物的行为负责，并得到了法院的支持。

● 在荷兰，夫妻离异后不等于经济上相互扶持的责任结束，如果一方缺乏足够的生活资源，另一方有责任支付赡养费，这显然更有利于保护女方的权利。其要义是：a）如果妻子无职业，离异的前夫必须支付赡养费，直到前妻结婚或缔结同居关系为止；b）赡养费的数额和期限由法庭作出裁决。因此，离婚之后，支付赡养费是前夫的义务，如果前夫拒绝，政府有关部门——在荷兰称为 "LBIO"（Lande LijK Brueau Inning Onderhoudsbj jdragen），是一个执法部门，专门负责收取包括赡养费在内的有关家庭费用，会帮助前妻要求法官从前夫工资中直接扣除薪金或者收入以解决这个问题。

2. 德国的情况

在德国，男女不平等现象是现实的社会存在，用经验社会科学的术

---

① 参见曲相霏《外国宪法事例中的健康权保障》，《求是学刊》2009 年第 4 期。
② 参见曲相霏《外国宪法事例中的健康权保障》，《求是学刊》2009 年第 4 期。

语说，是"性别上的不对称"。可见，传统价值观的影响是很大的，妇女解放的道路还很长，而且不仅在德国的情况是这样。要改变现状，一种积极的政策是必需的。为此，德国法院在判决时尽可能对女性进行特殊保护。

● 事实上，对妇女权利进行倾斜保护已为德国法院广泛认可。德国《不来梅邦的平等法律》第 4 条规定："在任用及拔擢官员、法官时，若有女性应聘者与男性应聘者具有相当资历，且该部门之女性不及半数者，应优先任用及拔擢女性。"不来梅市一位男性官员因该条款未被拔擢，起诉到法院。第一、二、三审法院都认为，该行为不与宪法或民法相违，驳回原告之诉。之后，原告诉讼至欧洲法院。欧洲法院判决不来梅邦的规定违反欧盟指令 76/207/EWG 第 2（4）条规定。但是欧洲法院的判决遭到不少批评，认为该项判决不利于使妇女真正得到平等保护，将来有可能改变这种判例。[①]

● 在德国的离婚案件中，法院一般也会向女性倾斜。比如，在夫妻财产分割时，法院会明显偏向作为弱者的妻子，除非妻子主动提出离婚。尤其是作为不动产的房子自然是归妻子，动产（股票、现金等）则一分为二。最重要的是，婚后的赡养费，这对离婚后的前夫往往是不小的负担。法院认为，通过向女性适度倾斜，可以更好地保护女性的权利。

● 德国也有一些案例彰显了保护妇女健康权的力度。以《欧洲社会宪章》的实施为例。虽然德国政府对该宪章的一些条文持保留态度，然而，这种态度已经受到专家学者和独立专家委员会的批评。不过，在德国的司法实践中，法官经常采取多种解释途径和方法，援引《欧洲社会宪章》的相关内容作为其裁判的重要依据及参考，或者平衡利益的重要标准。

四　妇女健康权的社会保护

在欧盟成员国中，除了政府机构，有 2700 多个保护妇女权益的非政府组织。在荷兰和德国，也有大量的非政府组织甚至商业机构从事妇女健康权保护工作，这些都是非常重要的社会力量。因此，对于妇女的健康权问题，即便是我们看来非常微不足道，也有人去关心、去呼吁和奔走。现就我们了解到的主要机构介绍如下。

● 荷兰妇女工会。荷兰妇女工会是工会联盟的 17 个会员团体之一，

---

① 朱应平：《论弱势群体权利的宪法司法保护》，第 69 页。

是全国性组织，拥有会员约 1 万人。其宗旨是：在工会运动中维护妇女利益，为妇女解放和提高妇女觉悟而奋斗，争取一个男女权利、义务与机会均等的社会。其主要任务有：使社会承认妇女的家务劳动价值，为妇女争取更多的有偿就业机会，发展托幼和家庭服务，为妇女争取更多的教育和培训机会，等等。该组织对妇女的健康权利等给予特别关注，尤其那些未被其他维权组织的活动覆盖的妇女，如家庭妇女、家务帮手、志愿工作者等。

- 平等待遇委员会。该委员会不仅关注性别上的平等，而且关注国际法和相关欧盟指令如何转换成荷兰的法律和法规。在荷兰，大部分性别歧视发生后，人们往往倾向于选择到平等待遇委员会进行投诉，这不仅仅是出于对平等待遇委员会的地位与权威（《平等待遇法》所规定）的尊重与信任，而且是因为平等待遇委员会的裁决公开、公正，其工作方式与程序也比法院更具有亲和力、更简便易行。

- 健康与人权组织国际协会。其成员主要分为两类，一类是人权组织，一类是卫生组织。过去，卫生从业人员不了解人权，对涉及法律问题有一种恐惧心理，人权组织则时时批评卫生组织侵犯人权。该协会将健康与人权组织结合起来，主要是通过人权保护来促进健康。近年来，该组织一直致力于医疗卫生人员的培训，并将人权作为一个工具和方法来提高卫生服务质量。比如，医生不仅是开药方和治病救人，还要关心是否有家暴等情形。通过不懈努力，该组织在促进和保护妇女健康权方面取得了很大成就。

- 圣克拉拉妇女研究所。该研究所是典型的非政府组织，国家不提供财政支持，经费主要来自成员的捐款和社会资助。妇女权利协会是该研究所职能的延续，主要是以实际行动来维护妇女的权利。目前，该所有 250 余名个人成员，主要来自律师、科研机构等行业。其基本目标是：改善女性的法律地位，促进女性的社会和经济权利，为协会的成员创造一个平台。其关涉的领域主要有，妇女的工资收入、平等地位、健康的工作条件等，工作方式包括游说政客、出版发表保护妇女权利的论著、对政府或其他组织提起诉讼等。

- 商业保险公司。在荷兰，由于认为携带艾滋病病毒不等于被判了死刑，一些保险公司将寿险业务向所有在治疗中的艾滋病病毒抗体阳性者开放。目前，荷兰有 6 家保险公司宣布向一些艾滋病病毒携带者提供人寿保险服务，使荷兰成为世界上首个向艾滋病病毒携带者提供寿险的国家。这将避免使他们生活处于极为尴尬的境地。

五　妇女健康权的相关研究及其应用

在荷兰和德国，与妇女健康权相关的研究比较深入。这次我们访问的荷兰人权研究所、乌特勒支大学法学院、圣克拉拉妇女研究所、维尔茨堡大学法学院和慕尼黑大学社会法研究所等在妇女的健康权研究方面都取得了丰富的成果。不仅如此，荷兰和德国特别注重将医学和其他科学研究成果应用于妇女的健康权保护，取得了很大的成效。

● 最近，荷兰的研究人员追踪将近 100 万个子宫颈抹片检查（Pap smear）数据，结果显示，妇女在日照充足的八月感染人类乳突病毒（human papilloma virus，HPV）的概率，是较阴暗的冬天的两倍。此项研究中，研究人员观察了 HPV 感染的季节性变化，收集 1983~1998 年间的 920359 个子宫颈抹片检查资料，并且与日照的差异性作比较。结果显示，在八月间受 HPV 感染的人数是最低月份的两倍，即 HPV 感染的比率与日晒程度密切相关。

● 荷兰的最新研究表明，吸烟对于女性的生育能力具有毁灭性影响，它会使女性的育龄缩减 10 年。此外，吸烟女性比不吸烟女性更容易流产。荷兰科学家研究了 8000 多名正在接受试管授精移植程序的女性的受孕成功率，她们中有一些人被确诊有某种生殖缺陷，但也有很多人属于"无法解释的不孕"。最后，研究人员发现，在这些不明原因的不孕女性中，43% 都是烟民，而且她们在试管授精治疗期间也没有戒烟。

● 前不久，荷兰国立癌症基金会进行了一次流行病学调查研究，结果表明，每天饮用酸奶可有效预防乳腺癌。在过去 10 年中，癌症一直是威胁荷兰妇女生命健康的主要敌人之一。由于医疗手段的改善和乳腺检查逐步普及，荷兰妇女因患乳腺癌而死亡的情况近年来显著减少。荷兰中央统计局公布的数据显示，2006 年，荷兰妇女乳腺癌死亡率为十万分之二十九，比 10 年前显著下降，其主要原因是，治疗方法改进和乳腺癌普查日益普及。

● 一项覆盖 4000 多名欧洲女性的调查显示，在 25~35 岁，平均每人每年服用 77 片止痛药，会使体内卵子活性比不用止痛药的人低 7%。在荷兰，女性健康研究机构发现，每天喝一小杯红酒，卵子活跃性可以提高 20%，而且其中的多酚可以让卵子更健康。据悉，乌特勒支医学院的科学家们正在研究一种新型避孕药，以增大妇女怀孕生子的可能性，并使女性正常的更年期限得到改变。在对 12000 多名妇女进行观察后，科学家还发现服用高含量雌激素避孕药的妇女比服用稍晚且量少的同龄女性更早到达绝经期。

六 妇女健康权保护的问题及对中国的启示

尽管妇女的健康权在法律上得到严格保护，但与涉及其他人权的情况一样，现实中两国损害妇女健康权的行为时有发生，妇女的健康权保护仍面临一些挑战，如家暴和性别歧视等。因此，需要更加努力促进法律及政策执行中的社会性别视角的运用，提高整个社会的不歧视女性、公正对待女性、尊重女性的认识，加强对妇女健康权的保护。

（一）妇女健康权保护中的主要问题

最近，Diane Elson 在《世界妇女的进步》一文中指出，有许多因素加剧了男女的不平等。比如，女性获得高薪职位、信贷和职业培训的机会比男性少，适当工作环境（如充足的儿童保育设施）的缺乏也是一个重要原因。因此，各国政府应采取积极措施，扩大女性职业选择，增加女职工获得健康工作环境、从事自主工作、获得管理职位和创办企业的机会，并加强对女职工的职业培训和指导，以改善其贫困状况。

- 针对女性的家庭暴力是妇女健康权保护的第一大挑战。家庭暴力被认为是一种"长期疼痛难忍、内外伤并发的复发性重症"。联合国儿童基金会对女性家庭暴力的报告表明，估计世界各地有20%～50%的女性遭受家庭暴力或其他性犯罪。尽管荷兰和德国的情况不太严重，但是针对妇女的暴力、特别是家庭暴力并不鲜见，由此给妇女的健康造成的损害较为严重。

- 非法用工是妇女健康权保护的第二大挑战。根据国际移民政策发展中心研究，每年有很多人移民到欧盟，其中多数是女性，由于很多是非法移民，一些人被招工许诺所引诱，最终沦为性奴隶或被强迫劳动。据了解，在荷兰和德国都有这种情况。

- 色情行业的存在是妇女健康权保护的第三大挑战。在德国，尽管色情行业已经合法化，然而有些从事色情行业的女性却不能享有政府的健康保障及退休计划。在新法规中，德国政府保障性工作者，但强迫妇女及利用儿童卖淫、贩卖妇女或儿童仍然被列作不合法。而且，社会福利只照顾了小部分从事色情行业的女性，只有那些在酒吧及妓院工作的妓女才受惠。新法并没有惠及站街的妓女，因为她们大部分来自外国，通常都是非法入境者。

- 日益严重的肥胖症是妇女健康权保护的第四大挑战。来自欧盟的统计数据表明，23%的英国女性患有肥胖症，人数之多在欧盟国家中居第一位，德国和马耳他女性分列第二和第三名。荷兰的情况也不容乐观，同样有一定数量的女性患有不同程度的肥胖症。欧盟最苗条的女性是意大利女性，仅有 8% 的意大利女性存在肥胖问题。肥胖症已成为欧洲妇女健康的杀手之一。

- 艾滋病的蔓延是妇女健康权保护的第五大挑战。世界卫生组织和联合国艾滋病联合规划署发表的《2001 年艾滋病状况报告》指出，艾滋病已成为威胁人类生命的第四大杀手。由于预防宣传和防治手段不力，目前艾滋病继续在全球肆虐。在欧盟国家（包括荷兰和德国），尽管艾滋病病毒携带者已呈现稳定趋势，但依然是公众健康、特别是母婴健康的最大威胁之一。在发展中国家，艾滋病病毒携带者则开始增多，且有从城市向农村蔓延之势。

（二）妇女健康权保护对中国的借鉴

在中国，随着卫生条件的改善，国民的健康水平明显提高。目前，中国平均期望寿命已从新中国成立前的 35 岁上升到 71.4 岁，孕产妇死亡率从 20 世纪 50 年代初期的 1500/10 万下降到 2010 年的 30/10 万。[①] 但妇女的保健权保障依然存在很多问题，有很多方面需要向欧洲借鉴。

第一，要增进对妇女健康权保障的认识。在欧洲，由于经历了持久的人权和妇女解放运动，妇女的健康权观念深入人心。实际上，要切实保障妇女的生命健康权，实行社会立法是一个方面，更重要的是在制定法律及政策时要增加社会性别的视角，促进法律及政策执行中社会性别视角的运用。比如，提高社会对促进妇女健康、不歧视女性、公正对待女性的认识，强调对于女性人权的重视。只有这样，才能为妇女健康权保障提供良好的社会环境。

第二，根据中国现有法律体系，并不缺少对妇女健康权保护的规定，但这些规定大多属于纲领或宣言式的概括性条款，对法律后果缺少详细而具体的设计，使得法律的实施效果大打折扣。如《妇女权益保障法》《未成年人保护法》《残疾人权益保护法》等都有妇女健康权的保护条款，由于没有规定具体的法律后果，在司法中很少应用。

第三，要加强对妇女健康权的司法保障。在中国，妇女的健康权在很大程度上是应然权利，而不是实然权利。比如，《妇女权益保障法》规定，禁止对妇女的性骚扰，法律却没有对这一概念做出明确界定，使得妇女的身心健康等权利很难得到实际保障。再如，对妇女的劳动保护权、休息权受到侵

---

① 参见黄明明《2010 年我国孕产妇死亡率显著降低》，《中国保险报》2011 年 9 月 22 日。

犯等问题，法律也没有做出明确具体的规定，常常使司法机关无能为力。此外，在荷兰和德国，很多国际条约和区域法可以在法院直接适用，在中国即使被批准也不能在法院直接适用，这是很大的不足，不利于妇女的健康权保障。

第四，要打破城乡分割体制，对城市和农村妇女的健康实行一体化和平等保护。由于长期实行"城乡分治"的政策，中国农村女性的保健形势非常严峻。在许多农村地区，特别是山区、边远、贫困地区，由于卫生设施和医务人员不足，加之人们缺乏足够的卫生保健知识，以及交通不便，孕产妇住院分娩率偏低，造成孕产妇死亡率及婴儿死亡率较高。而且，由于贫困，妇女无法享有最基本的生育健康服务，一些本可防治的疾病成为危害妇女健康的主要问题。因此，应该借鉴荷兰和德国的经验，对城乡妇女的健康权予以一体化保护。

妇女健康权的国际保护

董　斌[*]

导　言

妇女健康权是国际人权法的一个重要内容，是妇女应该享有的一项基本人权。在妇女健康权的国际保护上，主要有两个国际文件：《经济、社会和文化权利国际公约》（以下简称"A公约"）和《消除对妇女一切形式歧视公约》（以下简称"《妇女公约》"）。A公约第12条规定人人都享有健康权，但是该条规定缺乏性别视角，没有考虑到妇女对健康的特殊需求，而且在实际生活中侵害妇女健康权的情形是大量存在的，相关人权条约机构通过解释使得A公约也完全适用于妇女健康权的保护。《妇女公约》第12条提出了妇女健康权保护上的非歧视原则，要求缔约国在健康领域消除对妇女一切形式的歧视，这样，A公约以及《妇女公约》共同形成了一个完整的保护妇女健康权的国际法规则的体系。

中国是A公约以及《妇女公约》的缔约国，因而负有国际法上的义务履行公约的规定和内容。但是与公约相比，中国宪法当中没有规定健康权，更谈不上妇女的健康权。同时我国宪法中也没有一般性地规定非歧视原则，我国宪法以及修改后的《中华人民共和国妇女权益保障法》也没有对歧视加以界定。当然，宪法和法律中没有规定健康权并不代表我国公民完全不享有该项权利，但问题是一项权利在已经得到宪法和法律明确规定的情况下，尚有可能得不到很好的实施和适用，更何况是宪法和法律中没有得到明确规定

---

* 董斌，华侨大学法学院。

的权利了。因此本文建议在条件成熟的情况下，有必要将健康权、非歧视原则以及歧视的定义写入宪法，以便更好地保护妇女的健康权，最大程度地提高中国妇女的健康水平。

本文首先介绍有关妇女健康权的相关国际文书的主要内容，然后对 A 公约第 12 条和《妇女公约》第 12 条展开分析和论述，最后则对我国宪法与相关条约的规定加以比较并提出相应的意见和建议。

一　妇女健康权国际保护的法律渊源

妇女健康权国际保护的法律渊源主要包括以下国际文件。

（一）《经济、社会和文化权利国际公约》

该公约由联合国大会于 1966 年 12 月 16 日第 2200A（XXI）号决议通过，并于 1976 年 1 月 3 日生效。我国于 1997 年 10 月 27 日签署了该公约，2001 年 3 月 27 日递交了批准书。提交批准书时，我国并未对 A 公约提出任何保留。

A 公约广泛涉及经济、社会、文化权利，其中包括了健康权。公约第 12 条规定：（一）本公约缔约各国承认人人有权享有能达到的最高的身体和心理健康的标准。（二）本公约缔约各国为充分实现这一权利而采取的步骤应包括为达到下列目标所需的步骤：1. 减低死胎率和婴儿死亡率和使儿童得到健康的发育；2. 改善环境卫生和工业卫生的各个方面；3. 预防、治疗和控制传染病、地方病、职业病以及其他的疾病；4. 创造保证人人在患病时能得到医疗照顾的条件。

本条之规定包括两个方面。一方面是规定个人的健康权。其中"人人"一词，从人权保护的目的出发，显然不宜于理解为缔约国的每一个人，而是应该理解为包括了缔约国的每一个人，也包括了非缔约国的每一个人。即该款之规定不仅仅是一个条约规则，同时也可以看作一项国际习惯规则。[①]

另外一方面，该条又规定了缔约国为实现个人的健康权而需承担的四项义务。这也是公约的一个特点，即采取个人权利加国家义务的模式，人人享

[①] 《世界人权宣言》第 25 条也有类似的措辞，该条第一款规定："人人有权享受为维持他本人和家属的健康和福利所需的生活水准，包括食物、衣着、住房、医疗和必要的社会服务；在遭到失业、疾病、残废、守寡、衰老或在其他不能控制的情况下丧失谋生能力时，有权享受保障。"该款并未专门提到健康权问题，但是显然已经把健康作为一个目标来实现了。另外该款也使用了"人人"一词，此处"人人"显然包括了世界上的每一个人。

有健康权，而国家则负有实现个人健康权的义务。

第 12 条有关健康权的规定适用于所有的人，包括男人，同时也包括妇女。男人有健康权，妇女同样也享有健康权。

（二）《消除对妇女一切形式的歧视公约》

《妇女公约》于 1979 年 12 月 18 日由联合国大会第 34/180 号决议通过，1981 年 9 月 3 日在第 20 个国家批准这项公约后开始生效。截止到 2005 年 3 月 180 个国家加入或批准了该公约。

我国政府于 1980 年 7 月 17 日签署该公约，同年 11 月 4 日交存批准书，12 月 4 日该公约对中国生效。中国政府仅对该公约第 29 条第 1 款，即有关缔约国之间关于公约的解释或适用方面的任何争端的解决方式的规定提出保留。

该公约第 12 条规定：1. 缔约各国应采取一切适当措施消除在保健方面对妇女的歧视，保证她们在男女平等的基础上取得各种保健服务，包括有关计划生育的保健服务。2. 尽管有本条第 1 款的规定，缔约各国应保证为妇女提供有关怀孕、分娩和产后期间的适当服务，于必要时给予免费服务，并保证在怀孕和哺乳期间得到充分营养。①

《妇女公约》第 12 条的规定为缔约国设定了义务，要求缔约国采取措施消除在保健方面对妇女的歧视，以确保妇女健康权的实现。

《妇女公约》有关妇女健康权的相关条款还包括：第 5 条（b）项、第 10 条（h）项、第 11 条第 1 款（f）项、第 14 条第 2 款（b）项、第 16 条第 1 款（e）项、第 16 条第 2 款。

《妇女公约》是第一个把性别平等和非歧视要求法律化的国际条约。对于保障妇女健康权的充分实现具有重要的意义。

（三）其他国际文件

除了以上这两项公约以外，《儿童权利公约》第 23 条、第 24 条②也有对健康权的一些规定；

一些区域性人权文书也承认健康权，如修订的 1961 年《欧洲社会宪章》（第 11 条）、1981 年的《非洲人权和人民权利宪章》（第 16 条）和 1988 年的《美洲人权公约关于经济、社会和文化权利领域的附加议定书》

---

① 非常巧合的是，A 公约和《妇女公约》关于健康权的规定都是被排列在第 12 条。

② 该条确认儿童享有可达到的最高标准的健康，并特别强调缔约国有义务确保母亲得到适当的产前和产后保健。

（第 10 条）。

以上这些条约具有法律拘束力，条约的缔约国要受条约的拘束，有义务履行条约所设定的义务，采取必要的措施以保护其境内的人的健康权。

涉及妇女健康权的国际文件还包括：经济、社会、文化委员会于 2000 年第二十二届会议通过的第 14 号一般性意见：享有能达到的最高健康标准的权利（第 12 条）；消除对妇女歧视委员会通过的第 24 号一般性建议：妇女和保健（第 12 条）等。①

这些国际文件本身并非条约，而是相关的国际人权条约机构作出的决定，由于这些机构是相关条约的监督管理机构，缔约国定期向其提出报告，而决定的内容又是对相关条约规定的权威解释，因此，这些机构所做出的有关健康权的决定，缔约国也须遵守。②

二　妇女健康权国际保护的标准

A 公约第 12 条不仅宣示和确认了健康权的存在，而且指出了健康权国际保护的标准。

人人有权享有能达到的最高的身体和心理健康的标准。③

该条对健康权做了最高的，也是最为全面的规定。最高的体质和心理健康的标准本身并不是一个静止的标准，而是一个动态的标准。同时这也是一个可能最终都无法彻底实现的标准。

关于健康的定义，在起草 A 公约第 12 条时，联合国大会第三委员会没有采用《世界卫生组织宪章》序言中对健康的定义，该定义的健康概念是："健康是指人的生理、心理和社会适应能力的完好状态，而不仅仅是指没有疾病或身体处于虚弱状态。" 然而，公约第 12 条第一款所讲的 "享有能达到的最高的身体和心理健康的标准"，并不限于得到卫生保健的权利。相反，

---

① 人权委员会第 1989/11 号决议、1993 年《维也纳宣言和行动纲领》也都提出过健康权；联合国大会 1991 年通过的 "保护精神病患者和改进精神保健的整套原则"（第 46/119 号决议）和适用于精神病患者的经济、社会、文化权利委员会关于残疾人的第 5 号一般性意见；1994 年在开罗举行的人口与发展国际会议行动纲领；和 1995 年在北京举行的第四次世界妇女大会宣言和行动纲领，分别载有生育卫生和妇女健康的定义。

② 不仅如此，人权条约机构在审查缔约国定期报告时所提出的意见和建议，缔约国在提交下一次定期报告时要对这些意见和建议的履行情况有所交代。

③ 《儿童权利公约》第 24 条也采取了同样的定义模式："1. 缔约国确认儿童有权享有可达到的最高标准的健康，并享有医疗和康复设施；缔约国应努力确保没有任何儿童被剥夺获得这种保健服务的权利。" 该条第 2 款也规定了缔约国为充分实现这一权利而应采取的措施。

起草的过程和第 12 条第 2 款明确的措辞认为，健康权包括多方面的社会经济因素，促进使人民可以享有健康生活的条件，包括各种健康的基本决定因素，如食物和营养、住房、使用安全饮水和得到适当的卫生条件、安全而有益健康的工作条件和有益健康的环境。①

经济、社会和文化权利委员会对健康以及健康权的定义做了明确的界定。

享有健康权，不应理解为身体健康的权利。健康权既包括自由，也包括权利。自由包括掌握自己健康和身体的权利，包括性和生育上的自由，以及不受干扰的权利，如不受酷刑、未经同意强行治疗和试验的权利。另一方面，应该享有的权利包括参加卫生保护制度的权利，该套制度能够为人民提供平等的机会，享有可达到的最高水平的健康。②

"能达到的最高的健康标准" 这一概念，既考虑进了个人的生理和社会经济先决条件，也考虑进了国家掌握的资源。有一些方面不可能完全在国家与个人之间的关系范围内解决，具体而言，国家不能保证健康，它也不能提供对所有可能造成人类疾病的原因提供保护。因此，遗传因素、个人是否易患疾病和追求不健康或危险的生活方式，都可能对个人的健康产生重要影响。因此，享有健康权必须理解为一项享有实现能够达到的最高健康标准所必需的各种设施、商品、服务和条件的权利。③

最高的身体和心理健康标准本身是一个弹性的规定，但是这并不妨碍它有一些具体的指标。包括第 2 款中降低死胎率和婴儿死亡率；改善环境卫生和工业卫生的各个方面；预防、治疗和控制传染病等疾病；创造保证人人在患病时能得到医疗照顾的条件。这些是缔约国应该承担的义务，也可以看作健康权的具体标准。④

第 12 条并没有专门提出妇女健康权，而是概括地规定健康权问题，因

---

① 经济、社会和文化权利委员会第 14 号一般性意见：享有能达到的最高健康标准的权利（第 12 条），第 4 段。

② 经济、社会和文化权利委员会第 14 号一般性意见：享有能达到的最高健康标准的权利（第 12 条），第 8 段。

③ 经济、社会和文化权利委员会第 14 号一般性意见：享有能达到的最高健康标准的权利（第 12 条），第 9 段。

④ 经济、社会和文化权利委员会的 "缔约国报告撰写准则" 列举了一系列指标，健康权的指标包括：（1）政府用于健康的经费在国民生产总值中的百分比；（2）初级健康保健支出在政府总健康经费中的百分比；（3）可以获得专业人士治疗常见疾病和受伤人口比例；（4）可以获得 20 种基本药物的人口比例；（5）怀孕期间可以获得专业人士检查及在生产时接受后者服务的孕妇比例；（6）可以获得专业人士看护的婴儿比例；（7）出生婴儿抵抗主要疾病的免疫治疗；（8）预期生命；（9）婴儿死亡率；（10）人口享有安全用水情况；（11）人口享有适当排泄物处理设备情况。

而受到一些学者的批判，主要的原因是其性别视角的缺失，它没有考虑到女性对健康权的特别需求。第 12 条的规定体现了男性主导的健康权概念，例如，生殖健康并未列入该权利的主要构成之中。该条要求缔约国采取措施降低死胎率和儿童死亡率，却无视母亲的死亡率。委员会制订的报告撰写准则要求提供一些而非全部的分性别数据，但委员会未能强调或执行这一要求。①

委员会也意识到这个问题的存在，因此在 1993 年曾经开会商讨在健康权方面存在的对妇女的歧视问题，但是与会的专家并未发表任何有关妇女的问题的材料和观点，最后经过一天的会议之后，未能通过有关健康权的一般性意见。

到 2000 年委员会第二十二届会议时，通过了第 14 号一般性意见：享有能达到的最高健康标准的权利（第 12 条）。终于取得了一个突破性的进展，例如该意见对第 12 条第 2 款（a）解释为"需采取措施，改善儿童和母亲的健康，性和生育卫生服务，包括实行计划生育、产前和产后保健、紧急产科服务和获得信息，以及根据获得的信息采取行动所需的资源"。这样实际上是采纳了性别视角以对原有的条款作了扩大解释。另外，在意见的第 20 条，委员会建议："各国在它们有关卫生的政策、规划、方案和研究中，增加性别观点，促进改善妇女和男人的健康。基于性别的方针承认，生理和社会文化因素在影响男人和妇女的健康方面起着重要作用。按性别对卫生和社会经济数据进行分类，对发现和纠正卫生方面的不平等现象十分重要。"为了消除对妇女的歧视，意见之第 21 条要求缔约国必须制定和执行综合性国家战略，在妇女的整个人生中促进她们的健康权。这样通过纳入性别视角以及对公约原有条文的扩大性解释，使得将公约也完全可以适用于妇女的健康权的国际保护。

三　妇女健康权的实现：非歧视原则

虽然有 A 公约关于健康权的规定，但是在实践当中妇女健康权得不到有效的保护，歧视妇女的现象仍然普遍存在，妇女在获得保健方面往往机会最少。因此《妇女公约》在第 12 条中要求缔约各国采取适当措施以消除在保健方面对妇女的歧视，保证她们在男女平等的基础上取得各种保健服务，包

---

① Audrey R. Chapman，"Monitoring Women's Right to Health under the International Covenant on Economic, Social and Cultural Rights"，*The American University Law Review*，Vol. 44，第 1156 ~ 1157 页.

括有关计划生育的保健服务。① 该条规定成为妇女健康权实现过程中的一条基本原则，被称为是"非歧视原则"，这也是妇女健康权平等保护方面的一项基本原则。

同时公约在第一条就"对妇女的歧视"做了界定："基于性别而作的任何区别、排斥或限制，其影响或其目的均足以妨碍或否认妇女不论已婚未婚在男女平等的基础上认识、享有或行使在政治、经济、社会、文化、公民或任何其他方面的人权和基本自由。"

A 公约中也涉及了非歧视的规定。该公约之第 2 条要求缔约国保证公约所宣布的权利应予普遍行使，而不得有例如种族、肤色、性别、语言、宗教、政治或其他见解、国籍或社会出身、财产、出生或其他身份等任何区分。不过该条之规定主要是给缔约国设定义务，而并没有明确地提出非歧视原则。

《公民权利和政治权利国际公约》也有类似的规定，该公约之第 2 条要求缔约国承担尊重和保证在其领土内和受其管辖的一切个人享有公约所承认的权利，不分种族、肤色、性别、语言、宗教、政治或其他见解、国籍或社会出身、财产、出生或其他身份等任何区别。此条规定实际上也是给缔约国设定义务。同时该公约之第 26 条规定："所有的人在法律面前平等，并有权受法律的平等保护，无所歧视。在这方面，法律应禁止任何歧视并保证所有的人得到平等的和有效的保护，以免受基于种族、肤色、性别、语言、宗教、政治或其他见解、国籍或社会出身、财产、出生或其他身份等任何理由的歧视。"人权事务委员会认为，第 26 条并不仅仅重复第 2 条已经作出的保证，而是本身就规定了一项单独存在的权利。它禁止公共当局管理和保护的任何领域中在法律上或事实上的歧视。因此，当某一缔约国通过立法时，必须符合第 26 条的要求，其内容不应是歧视性的。换言之，第 26 条所载的非歧视原则不仅适用于《公民权利和政治权利国际公约》所规定权利。② 另外，委员会的一般性意见中也对歧视做了界定。这样，A 公约第 12 条中所规定的健康权也同样适用非歧视原则，即在健康权保护领域同样不可因为性别的不同而有所区别，对于妇女也应该给予平等的对待和保护。非歧视构成妇女的一项单独的健康

---

① 《妇女公约》的最初草案中并未将健康列为一种单独的权利，处理社会、人道和文化事务的联大第三委员会审查公约草案时，丹麦和荷兰建议加入妇女健康权的条款，在得到妇女地位委员会的采纳和经社理事会同意后，这一建议成为《妇女公约》的第 12 条。

② 在此之前，人权事务委员会于 1987 年规定《公民权利和政治权利国际公约》第 26 条不仅禁止该公约所规定权利之歧视，它也适用于对该公约以外的人权的歧视。

权利。

在健康权领域，对妇女的歧视也是对男女平等原则的违反。①

四　中国的相关实践：问题与解决对策

改革开放以来，中国在妇女健康权保护方面取得了很大的成就，同时也存在着一些问题，有待于进一步的完善。

（一）问题

1. 中国宪法中并未明确规定健康权

宪法第 12 条规定："国家发展医疗卫生事业，发展现代医药和我国传统医药，鼓励和支持农村集体经济组织、国家企事业组织和街道组织举办各种医疗卫生设施，开展群众性的卫生活动，保护人民健康。国家发展体育事业，开展群众性的体育活动，增强人民体质。"

虽然该条规定的实施对公民健康会有所促进，但是该条完全没有提到"健康权"，更没有像 A 公约第 12 条第一款那样将健康权规定为个人的权利。②③

有一种观点认为，我国现行宪法虽然没有明确规定健康权，但是一般性地肯定了国家在保障公民健康中的法律义务。也有观点认为，我国宪法中关于健康的表述相对于 A 公约而言，稍显抽象，我国宪法没有规定衡量健康权实现程度的一系列指标如死胎率和婴儿死亡率。的确，宪法第 21 条明确国家要发展医疗卫生事业以及发展体育事业，但实际上该条规定并不明确也不具体，而是很抽象、很笼统的规定，而且很空洞，最多只能算得上是国家的政策方向，完全算不上是法律义务。如果一定要说它是法律义务的话，也只

---

① 在国际法与国内法中，平等与非歧视是互相紧密联系的两项原则，它们可以看作一枚硬币的两面。不同之处在于，"平等"是从一种积极的、作为的方式强调保护所有人的人权与自由；"非歧视"或说"禁止歧视"则是从一种消极的、不作为的方式要求保护所有人的人权和基本自由。参见朱晓青教授《〈欧洲人权公约〉中的平等与非歧视原则》，http://www.chinalawedu.com/news/15300/157/2007/3/li14961245301623700242 - 0.htm，最后访问日期：2010 年 5 月 19 日。

② 关于健康权未入宪的原因，莫纪宏认为"其权利内涵比较复杂，政府在保障这些权利时责任也比较难以确定，所以一直没有在宪法中加以规定。"参见莫纪宏《国际人权公约与中国》，世界知识出版社，2005，第 155 页。

③ 与相关国际人权公约相比，我国宪法中没有规定公民的生命权、健康权和思想自由权。

能说这是没有任何责任的法律义务。①

所以总的来说，我国宪法此条规定在界定模式上以及在内容上都与 A 公约存在着实质性的差别。

宪法中没有健康权的规定，妇女健康权更是无从谈起。

如今，很多民法制度国家已将健康权列入宪法中，定为保护个人健康的权利，或确定国家在卫生政策的角色。海地宪法第 19 条把健康权与生命权直接链接："国家有义务保障生命权、健康和对人的尊敬。"第 23 条还要求国家保证全国人民都享有适当的医疗照顾系统以保障或恢复大家的健康。匈牙利宪法第 70 条第 1 款提到身体与心理最高可能性的健康权，第 2 款列出国家应注意的四个责任。社会主义国家常把健康权列在基本权利中，跟其他经济、社会、文化权利一样。古巴宪法第 49 条，说明卫生照顾与保护，要求国家借着教育及预防措施提供及支持免费而普遍性的公共卫生系统。②

2. 我国宪法未一般性地规定非歧视原则

宪法第 23 条第 2 款规定：中华人民共和国公民在法律面前一律平等。这是我国宪法中关于平等原则的规定，虽然有对平等原则的规定，社会生活中仍然大量存在各种各样的歧视现象，而我国宪法中尚未一般性地规定非歧视原则。

宪法第 34 条规定：中华人民共和国年满十八周岁的公民，不分民族、种族、性别、职业、家庭出身、宗教信仰、教育程度、财产状况、居住期限，都有选举权和被选举权；但是依照法律被剥夺政治权利的人除外。按照该条规定，我国公民仅在选举权和被选举权的行使上，不分民族、种族、性别、职业、家庭出身、宗教信仰、教育程度，财产状况、居住期限，而在其他基本权利的行使上则并不适用非歧视原则。

因此，与相关国际人权公约相比，我国宪法中现有的关于非歧视的规定

---

① 莫纪宏认为："总的来说，健康权在我国的保障还是比较充分的，在制度上也是比较健全的。"我国宪法当中既未将健康权规定为个人的权利，也没有提出具体的措施，这样的宪法怎么能算得上是充分和健全呢？我国民法当中有关于健康权的规定。《中华人民共和国民法通则》第 98 条规定："公民享有生命健康权。"但是民法中的健康权和 A 公约中的健康权是有重要区别的。民法中的健康权是一种民事权利，要求他人不得侵犯，一旦侵犯，应该由侵权人作出赔偿，但是作为人权公约中的健康权则要求国家采取必要的措施加以保障和实现。因此，民法中的健康权和国际人权法中的健康权是有着本质的区别的。民法中的健康权的规定不能代替宪法中对健康权的规定，这是一个基本的法理常识问题。

② Enrique González and Mas Achmad Santosa, "Right to Health and Right to Environmental Protection" in *Circle of Rights*: *Economic, Social & Cultural Rights*, available at: http://peace. ls. fju. edu. tw/paper/046. pdf, visited on May 19, 2010.

在适用范围上相当有限，在实践中无法有效地保障公民的基本权利。

3. 我国法律中无歧视定义

我国宪法和法律至今尚未对歧视加以界定。

《妇女公约》的监督机构—消除对妇女歧视委员会在 2006 年 8 月 10 日第 743 和 744 次会议上审议了中国的第五次和第六次合并定期报告。委员会再次关切地注意到中国国内立法仍未根据《妇女公约》第一条对歧视妇女包括直接和间接歧视作出定义。这个问题在委员会以往的结论意见（A/54/38/Rev. 1）中已有提及，而且在 2005 年修订的《妇女权益保障法》中也没有关于歧视的定义。虽然中国代表主张公约也是中国法律的组成部分，但委员会认为中国作为《妇女公约》的缔约国仍未明白在法律上对歧视加以界定的重要性，缺少一项专门的法律规定，会限制在中国充分适用《妇女公约》对歧视的定义。

（二）解决对策

由于我国在批准 A 公约以及《妇女公约》时并没有对两公约的第 12 条作出任何性质的保留或者声明，因此，我国政府有义务完全履行两公约第 12 条所规定的义务。但是如何履行公约的义务？公约在国内的适用一般有两种方式：一种是在国内直接适用；另外一种是通过转化的方式，将公约的内容通过制订国内法，将公约的规则转化成国内法的规则，在国内通过适用国内法的方式履行公约所设定的义务。就中国的实践而言，民商事条约大多是可以在国内直接适用的，但是有关人权的条约一般是间接适用的。因此，作为人权条约的 A 公约以及《妇女公约》实际上不能在我国国内直接适用，仍然需要通过制订国内法的方式加以履行。国内法又可以分为宪法和一般法律两种情况。如果将健康权问题规定在一般法律中，就有可能导致一种结果，即法律对公民的基本权利的保护是不平衡的，被宪法规定的权利可能会更完善一些，而由一般法律所保护的权利则不够完善。本文认为，作为一项基本人权的健康权应该在宪法中做出明确的规定。本文建议，在条件成熟的情况下将健康权写入宪法，既是中国作为 A 公约的缔约国履行自己的国际义务的行为，也有利于促进国内人权保护的进一步提高和完善。采取逐步立法的方式，先制定一般法律，在条件成熟后再写入宪法。

关于非歧视原则，建议在目前宪法第 34 条规定的基础上加以扩展，将非歧视原则作为适用于各种公民基本权利的一项基本原则，在条件具备的情况下写入宪法之中。

关于歧视的定义，则有必要先在《中华人民共和国妇女权益保护法》修改时考虑对歧视加以界定，在条件成熟的时候再写入宪法。

浅析健康权的法律保护

——以中国卫生法律制度为视角

宋大平[*]

一 引言

健康在传统社会属私人领域，个体对自身的健康负责。当个体行为对他人健康构成威胁或造成损害时，私法或公法介入，对损害进行预防和救济。从可追溯的历史看，传染病防治法的雏形在秦代就已出现，可以说是中国最早的卫生立法。[①] 传统西方法制除却公共卫生立法，多以侵权法中的殴击和刑法中的袭击罪、殴击罪等形式对健康权加以保护。这时候的健康权仍然是一般意义上的健康权。

健康广泛地进入公共领域视野，是 17、18 世纪随工业化而产生、发展的。为降低恶劣劳工条件导致的社会冲突，也为应对社会经济结构改变导致的社会动荡，各国政府逐步在几个世纪中出台了一系列法案，对劳工条件、医疗保障乃至社会保障等作出正式的制度安排，秉承的核心理念经历了将健康当作提高生产力、实现经济增长、维持社会稳定的手段到视健康为社会经济发展最终目标的转变，健康的概念也从身体的良好状态扩展至身体、精神和社会功能上的完好状态。作为第二代人权意义上的健康权的概念首次由世界卫生组织在 1946 年提出，《世界卫生组织宪章》规定"享有可能获得的最高标准的健康是每个人的基本权利之一，不因种族、宗教、政治信仰、经济

---

[*] 宋大平，卫生部卫生发展研究中心。

[①] 参见睡虎地秦墓竹简整理小组《睡虎地秦墓竹简》，文物出版社，1978；转引自王绍东《中国古代最早的传染病防治立法》，载《光明日报》2003 年 10 月 16 日。

及社会条件而有区别"。随后的《世界人权宣言》（1948 年）第 25 条规定："人人有权享受为维持他本人和家属的健康和福利所需的生活水准，包括食物、衣着、住房、医疗和必要的社会服务。"《经济、社会和文化权利国际公约》（1966 年）第 12 条和联合国经济、社会和文化权利委员会 2002/31 号决议是健康权概念的两大支柱，分别规定"可能达到的最高标准的健康"和"人人享有可能达到最高标准的身体及精神健康的权利"。2000 年该委员会针对《公约》第 12 条发表的第 14 号一般性意见指明，健康权不能理解为"保有身体健康的权利"，而是"有均等机会受健康保护体制覆盖的权利，该体制应确保国民实现最高的健康水平"，并对尊重、保护和实现这三大国家义务做出界定，分别意指不干预享有健康权、确保第三方（非国家行为者）不侵害享有健康权和采取积极措施实现健康权。另有多个国际公约对健康权、国家义务进行了规定。① 对一个国家而言，一个设计精良、运转高效的卫生法律制度将在最大程度上确保国民健康权的尊重、保护和实现，本文统称为"健康权的法律保护"或者"对健康权的保障"。

二　卫生法律制度的架构（大陆法系）

因健康权具有多个纬度，权利层次涉及人权意义上的健康权和一般意义上的健康权，内容涉及公共卫生、医疗保健与药品、医疗保障等国家义务，医疗卫生服务的可得性、可及性、可支付性和质量要求，以及权利的救济；等等，所以健康权的法律保护也十分宽泛。保障健康权的卫生法，无论在中国，还是在其他国家的法律体系中，都不是一个独立的法律部门。

卫生法律制度以国际公约或宪法为指导，散见于国内法中。主流观点视卫生法为特殊行政法，未免有失偏颇，只能说卫生法律制度的核心部分属行政法范畴，涉及公共卫生、基本医疗、尖端医学技术、基本药物、医疗产品责任等方面。此外，在社会法中，劳动法、社会保障法、资源与环境保护法等都从不同视角对健康权加以保护。民法和刑法对健康权的保护可分为一般和特殊两个层面：一般层面是对公民生命健康权的保护，如民法中对人身损害的救济，和刑法中对故意伤害、抢劫、绑架、强奸、猥亵、强迫卖淫等损害生命健康权的行为作出的惩戒；特殊层面是对医疗卫生相关的民事和刑事关系的调整，如契约、侵权等民法调整卫生服务活动中产生的社会关系，如医疗侵权、商业医疗保险合同、医疗合同纠纷等，刑法调整某些特定的卫生

---

① 龚向前：《众善之首：健康权析论》，载《医学与哲学》2009 年第 3 期。

法律关系如精神病人的强制住院治疗、非法行医、非法采供血液等。后者属于卫生法律制度范畴。

三　中国卫生法律制度的历史变迁

（一）卫生行政立法的发展

1. 卫生行政立法的三个发展阶段

新中国的卫生行政立法经历了三个发展阶段。第一阶段是建国初期至文革开始前的探索阶段。期间制定了"预防为主""面向工农兵""中西医结合""卫生工作与群众运动相结合"的四大卫生工作方针，并以此为依据先后制定了一系列卫生法律和行政法规。《中国人民政治协商会议共同纲领》和1954年宪法中有关人民健康的规定为卫生行政立法提供了宪法依据。该阶段中国先后制定了《中华人民共和国国境卫生检疫条例》《医师暂行条例》《药师暂行条例》《医院诊所管理暂行条例》《种痘暂行办法》《传染病管理办法》《国务院关于消灭血吸虫病的指示》《食品卫生管理试行条例》《工厂安全卫生规程》等法律法规，为卫生法律制度建设的进一步发展奠定了基础。①

第二阶段是"文化大革命"十年动乱的停滞阶段。已有的卫生法律法规无从执行，没有制定新的卫生法律法规。②

第三阶段是党的十一届三中全会至今的蓬勃发展阶段。1982年宪法第21条规定："国家发展医疗卫生事业，发展现代医药和我国传统医药，鼓励和支持农村集体经济组织、国家企业事业组织和街道组织举办各种医疗卫生设施，开展群众性的卫生活动，保护人民健康。"第45条规定："中华人民共和国公民在年老、疾病或者丧失劳动能力的情况下，有从国家和社会获得物质帮助的权利。国家发展为公民享受这些权利所需要的社会保险、社会救济和医疗卫生事业。"虽然新宪法没有明文规定国民享有健康权，但仍然为新时期卫生法律制度建设指明了方向。③ 自1984年以来，全国人大及其常委

① 曹康泰：《我国的卫生法律制度》，载 http：//www. people. com. cn/GB/14576/15097/2369648. html，最后访问日期：2013年1月28日。

② 曹康泰：《我国的卫生法律制度》，载 http：//www. people. com. cn/GB/14576/15097/2369648. html，最后访问日期：2013年1月28日。

③ 曹康泰：《我国的卫生法律制度》，载 http：//www. people. com. cn/GB/14576/15097/2369648. html，最后访问日期：2013年1月28日。

会制定颁布了《药品管理法》《母婴保健法》《传染病防治法》《执业医师法》《食品安全法》《国境卫生检疫法》《献血法》《职业病防治法》《红十字会法》和《精神卫生法》等10部法律，《基本医疗卫生保健法》和《中（传统）医药法》等2部法律尚在制定过程中；国务院制定了《医疗器械监督管理条例》《医疗事故处理条例》《中医药条例》《突发公共卫生事件应急条例》等30余件行政法规；卫生部、食品与药品监督管理局等部门制定了400多件部门规章；省、自治区、直辖市和较大的市制定了一系列有关医药卫生方面的地方性法规、规章。

2. 卫生行政立法的内容

截至目前，我国卫生行政立法的内容已涵盖规范公共卫生及预防保健方面的法律制度（传染病预防控制、突发公共卫生事件应急、公共场所和学校卫生、妇女儿童健康权益和公民生殖健康权益保障等），规范医疗机构、医疗人员以及医疗救治行为方面的法律制度，规范与人体健康相关的食品、药品、化妆品和医疗器械管理方面的法律制度，规范卫生公益事业的法律制度，和规范传统医学保护的法律制度。[①]

以下的里程碑事件在我国的卫生行政立法中具有特殊的地位。2002年的《医疗事故处理条例》第一次从患者的角度系统地规定了患者的权利。2003年的《中医药条例》是我国历史上第一个综合性的中医药法规。2003年的《突发公共卫生事件应急条例》建立了我国第一套应急体制和机制。2005的《疫苗流通和预防接种管理条例》第一次以立法的形式，规定了在卫生领域适用公平原则对受害人进行经济补偿。2007年的《人体器官移植条例》第一次确立了医学伦理审查在医疗活动中的作用和地位。[②]

与其他部门法相比较，行政法对健康权的保障体现出了预防性、主动性、专业性和整体性的特点。

（二）民法在保护健康权方面的发展

民事权利按照内容划分为财产权和人身权两大类，健康权属于人身权中的人格权。因健康权与生命权密不可分，1987年施行的《民法通则》第98条规定"公民享有生命健康权"，意指公民享有维护自己的生命和健康安全不受侵害的权利，以及该权利受侵害时有权实施正当防卫或紧急避险，对侵

---

① 曹康泰：《我国的卫生法律制度》，载 http：//www. people. com. cn/GB/14576/15097/2369648. html，最后访问日期：2013年1月28日。

② 汪建荣：《卫生立法是卫生改革发展的缩影》，http：//www. jkb. com. cn/htmlpage/6/67764. htm？docid＝67764&cat＝null&sKeyWord＝null，最后访问日期：2013年1月28日。

害有权要求救济。侵权法作为救济法，在健康权的保障方面发挥着尤为重要的作用。

1. 生命健康权优位规则的确立

传统侵权法着重保护财产权，而现代侵权法的保护对象不断扩展。人格权，尤其是生命健康权，逐渐优于财产权受到保护，"生命健康权优位规则"得以确立，其中有多层含义。例如财产权的保护不得以侵害他人生命健康权为代价，除非自身的生命健康权同样受到威胁。再如有时即使在过错责任的归责原则下，行为人没有过错但造成了重大人身损害后果时，行为人在一定程度上不能免责，而假如损害后果是重大财产损失，行为人在没有过错的情况下是可以免责的。① 这一规则在现代侵权法的多个方面得到体现，在我国的侵权法中也得到了体现，是对健康权法律保护的丰富，其秉承的理念是人本思想的归位。

2. 医疗侵权法的发展

对医疗侵权而言，我国的法律制度长期以来面临两大难题。一是法律适用和损害鉴定皆实行双轨制，造成了一定的混乱局面。在法律适用上，《民法通则》和《医疗事故处理办法》皆自 1987 年起施行，后者在 2002 年被《医疗事故处理条例》取代，医疗损害可依《民法通则》提起人身损害之诉，也可依《办法》（2002 年后适用《条例》）提起医疗事故之诉。人身损害之诉适用范围较宽，而医疗损害专业性强，本应由特别法来作规定，但目前《条例》却不能满足医疗损害的要求。在实务中，因医疗事故的界定较为严格，程序较为复杂，赔偿额度较低，导致人身损害之诉居多。在损害鉴定上，医学会出具的医疗事故鉴定结论官方色彩浓重，在群众中间缺少公信力，而司法鉴定机构出具的医疗过错责任鉴定又因缺乏医学专业性，不为医疗机构和医务人员采信。如此一来，影响了健康权损害的有效救济，加剧了医患矛盾。

二是举证责任的不合理性。举证责任分配的一般原则是"谁主张，谁举证"，而在特殊侵权案件中，这一原则可有例外，提出主张的当事人（一般是原告）并不就某事实的存在或不存在负担举证责任，而由对方当事人（一般是被告）负担举证责任，假如对方当事人不能完成举证责任则要承担败诉的后果。国际上医疗侵权仅在某些情况下实行举证责任倒置，无论是日本、德国等大陆法系国家，还是英国、美国等普通法系国家，都未在医疗侵权领域采用完全的举证责任倒置。而在我国，2001 年《关于民事诉讼证据的若

---

① 王利明：《论侵权法的发展》，独墅湖畔人大法学论坛第十二期实录，载 http：//www. civillaw. com. cn/article/default. asp？id＝47424，最后访问日期：2013 年 1 月 28 日。

干规定》第 4 条第 1 款第 8 项规定"因医疗行为引起的侵权诉讼，由医疗机构就医疗行为与损害结果之间不存在因果关系及不存在医疗过错承担举证责任"，该司法解释被广泛理解为医疗侵权诉讼适用举证责任倒置原则，并在实践中广泛适用。该司法解释的出发点是好的，其考量的是医患之间信息不对称，医疗机构掌握专业知识和证据材料，而患者大多没有医疗背景，且难以收集证据，若适用举证的一般原则，对患者不公平。然而其负面影响十分深远，最突出的是医务人员为避免事故出现和遭到起诉的风险，开展"保护性"医疗，即医务人员为患者进行多种检查、制定多套治疗方案，并增加文案时间，而大部分的检查和用药只是预防性的，并没有临床意义，这样一来白白增加了就医成本，对患者、用人单位、医疗保障基金、医疗卫生资源而言都造成了浪费，加剧了"看病难、看病贵"的局面。而且在"保护性"医疗下，医务人员的治疗方案越来越保守，甚至推诿病患，严重影响了患者的利益，也影响了国家卫生体系的形象。

《侵权责任法》于 2009 年底通过，划时代地设专章对医疗损害责任做出了规定，尽管只有 11 条，但涉及过错责任的采用、"谁主张，谁举证"规则的回归，损害赔偿单轨制，医生对患者负有告知义务等重要内容，为解决以上两大难题带来了一线曙光。该法是充实健康权民事救济理念和内容的一次积极尝试，其效果仍有待评价。

（三）刑法、社会法、国际条约对公民生命健康权的保障

刑法作为惩罚法，在保障公民健康权方面也发挥了重要作用，但仍然有很大的发展空间。我国刑法对于故意伤害、抢劫、绑架、强奸、猥亵、强迫卖淫等危害公民生命健康权的犯罪行为规定了具体的刑事处罚标准，此外在"妨害社会管理秩序罪"一章中设"危害公共卫生罪"一节，对非法造成传染病传播、非法引起重大动植物疫情、非法采供血液、医疗事故、非法行医等罪责做出了规定。我国的医疗刑法还有很长的路要走，刑法如何面对安乐死、器官移植、基因技术、变性手术、性别选择等尖端医学技术带来的刑事犯罪问题，仍然有很多空白要去填补。

《社会保险法》《妇女权益保障法》《安全生产法》《矿山安全法》等一系列社会法从社会保险、用工环境、生态环境、性别视角等不同方面对健康权进行保障，保障范围仍在扩展，在此不作详述。我国加入了《国际卫生条例》《儿童生存、保护和发展世界宣言》《麻醉药品单一公约》《精神药物公约》《阿拉木图宣言》等诸多有关国际公约，这些国际公约转化为国内法，也是国民健康权的有力保障。

四　对我国卫生法律制度的简要评价

我国已初步建立起一套庞大的制度体系来保障国民的健康权，这个制度体系从无到有，改革开放三十年来蓬勃发展；多层次、多类别，涉及多个部门法，涵盖诸多内容；而且与时俱进，医疗侵权、器官移植等在卫生法律制度中都有踪迹。但不可否认的是，这个制度体系也不可避免地面临一些问题。

首先最突出的问题是卫生行政立法缺乏一部母法而技术立法繁杂。目前的卫生行政立法中"就事立法"现象突出，立法层次普遍不高，多出于工作便利而制定大量单行法，其中技术立法居多，造成健康权利、义务和责任的规范分散在各个单行法中，缺乏统一性，同时造成各项单行法内容单薄、条文不周延，如《药品管理法》未将医疗机构制剂纳入常规药品管理致使出现监管盲区。此外，没有一部母法以全局的眼光为卫生行政立法构建一个框架，造成了一些核心内容的缺失，如基本医疗的地位、卫生经费在国家财政支出中的法定比例、医疗保障安排等，导致卫生事业发展随意性强且缺乏长效机制。

其次是现行法律法规之间协调性不佳且执行较为混乱。以婚前医学检查为例，1995年施行的《母婴保健法》第12条规定，"男女双方在结婚登记时，应当持有婚前医学检查证明或者医学鉴定证明"，规定了强制婚前医学检查，与1994年施行的《婚姻登记管理条例》第10条规定冲突："在具备条件的地方，应当建立婚前健康检查制度。实施婚前健康检查的具体地域范围，由省、自治区、直辖市人民政府的民政部门、卫生行政部门提出意见，报本级人民政府批准。"《婚姻登记管理条例》于2003年为《婚姻登记条例》所取代，仍然坚持婚前医学检查不强制。依法的效力等级，应执行《母婴保健法》的规定，实行强制婚前医学检查，但实务中却按照2003年《婚姻登记条例》的规定废除了强制性的婚前医学检查。法律法规之间协调性差、执行混乱的情况可见一斑。

再次第三是现行相关法律法规中的有关规定仍稍显粗糙。如《侵权责任法》虽然首次规定了医疗损害赔偿责任，但其内在逻辑性仍有待提高，诸如统一损害鉴定机构等棘手问题仍有待尽快解决。刑法虽规定了"危害公共卫生罪"，但其对"公共卫生"的界定却与医疗卫生行业对"公共卫生"的界定有所出入。

此外，医学科学和医疗卫生技术的发展速度远远超出了卫生立法的发展速度，对诸多尖端医疗技术的规范应提上日程。医药卫生体制的发展速度也日新月异，新形势的发展也给现行的法律制度提出了挑战，如国家基本药物制度的建立要求对《药品管理法》进行进一步修订，基本医疗保障制度的建立涉及多个政府职能部门之间的职责分工，也需以硬性法律的形式加以明确，等等。

五　在新医改形势下完善中国卫生法律制度

2009 年 1 月 21 日发布的《中共中央国务院关于深化医药卫生体制改革的意见》绘制了新的中国医药卫生体系的蓝图，也为完善卫生法律制度带来了机遇。《意见》称，要"坚持以人为本，把维护人民健康权益放在第一位"，并明确提出"建立健全医药卫生法律制度。完善卫生法律法规。加快推进基本医疗卫生立法，明确政府、社会和居民在促进健康方面的权利和义务，保障人人享有基本医疗卫生服务。建立健全卫生标准体系，做好相关法律法规的衔接与协调。加快中医药立法工作。完善药品监管法律法规。逐步建立健全与基本医疗卫生制度相适应、比较完整的卫生法律制度。"其中提及《基本医疗卫生保健法》和《中（传统）医药法》等目前正在进行的几项立法工作，也提出要从整体上建立健全医药卫生法律制度。

笔者认为，深化医药卫生体制改革中，亟待解决的首要问题是理顺卫生行政法律应包含的内容，并提纲挈领地制定一部统一的《卫生法》。该法是完善卫生行政法律制度的重中之重，应包含以下内容：卫生领域的财政投入安排，卫生行政管理体制，公共卫生安排（传染病防治、国境卫生检疫、突发公共卫生事件应急处理、公共场所和学校卫生、职业病防治、妇女儿童健康权益和生殖健康等），基本医疗和补充性医疗安排（基本医疗、补充性医疗的内涵、外延、地位，医疗卫生机构和医疗卫生人员的法律地位、财政补助机制、运行机制、责任、行为等），医疗保障安排（医疗保障管理体制、筹资责任与安排、基金管理、组织管理、待遇支付等），药品生产、供应、流通机制，食品、化妆品、医疗器械安全，以及法律责任与救济。此外，还应加速对尖端医疗技术应用的规范，其他的部门法也应做出相应的调整，如医疗侵权、医疗卫生活动相关罪责、劳动保护法的完善等，并加强有关法律法规之间的协调性。

不可否认的是，卫生法律制度的完善面临着几个体制性障碍。例如，割裂的卫生行政管理体制。目前医药、食品、国境卫生检疫、职业卫生、医疗保障、劳动卫生等分属国务院不同职能部门主管，责任高度分散，总体上缺乏协调性，为制定一部统一的《卫生法》带了莫大的困难。再如，当前医疗卫生机构及人员的定位和职责、财政补助机制、费用支付方式和运行机制不尽合理，导致医疗行为逐利性强，加之基本医疗保障水平仍然有限，自付医疗费用较高，疾病经济负担较重，从经济支付性上制约了健康权的实现。反观之，之所以出现这些改革阻力，除却改革理念和价值观的影响，一定程度上还归因于立法缺陷，导致卫生体制发展随意性强，久而久之形成了体制性的顽疾。完善卫生法律制度，有破有立，才能深化医药卫生体制改革，更好地保障国民的健康权。

六　结语

健康权是一项基本人权，我国的卫生法律制度在保障国民的健康权方面发挥着至关重要的作用。卫生法律制度建设已取得重大成就，但仍然面临挑战。借着新医改的东风，卫生法律制度的完善应加快进程。"法相宜，事则成"，国民的健康权将进一步得到保障。

第四单元

妇女劳动权的法律保护

家政劳动者保护的路径选择

叶静漪　魏倩[*]

近年来，如何完善家庭保姆、医院陪护等家政劳动者的法律保护，已成为我国一大重要研究课题。中国的家政劳动与世界其他国家的相同，由于其特殊的劳动性质，长期被社会过低评价；在中国，从事家政劳动的劳动者，主要是农村外来务工者，从性别组成上看多为女性。她们面临的困难和问题主要包括雇用的不安定、劳动时间不规范、个人家庭与家政劳动的矛盾、收入水平较低、[①] 社会保障缺失等。与家政劳动有关的薪酬纠纷出现时，由于诉讼成本过高，往往以家政劳动者"走人"的方式放弃自身合法权益的维护。

而从家政服务利用者来讲，由于个人雇用的信息偏差，家政工职业水平不高等，导致家政劳动利用者人身或财产难免发生损害，而限于家政劳动者的赔偿责任能力有限，往往使得家政服务利用者难以甚至无法获得损害赔偿。出于风险预防，家政服务利用者往往只能通过自发的风险预防，对家政劳动者的劳务提供给予更多限制与控制，进而恶化了家政劳动者的境遇，例如人身监视（隐蔽录像）、不公平约定（限制外出等）随之而出。

本应建立在信赖基础上的家政劳动，在现实中却多以不信任为前提，这凸显了家政劳动法律风险控制机制的缺位。而与此同时，家政劳动者作为一种职业劳动者，愈发处于经济与社会的不利境地，也内在要求在法律上给予

---

   * 叶静漪、魏倩，北京大学法学院。

  ① 家政劳动者中也存在一定的"高收入"类型，比如月嫂，收入水平较高。但是由于其家政劳动的短期性，其所得水平需要结合实际雇用具体评价。

其相应保护。特别是国际劳工组织近年来推动的"家政劳动者体面劳动运动"，首先从国际层面上表明了对加强家政劳动者保护的态度，并希望将国际劳工标准适用于这一劳动群体。

这一国际趋势，尤其是对于家政劳动法律关系的提议，对我国劳动法提出了重要课题。即，家政劳动的法律关系在国内法层面应当如何评价。是否意味着家政劳动法律关系应统一作为劳动法律关系来处理？对于个人雇用家政劳动的广大家庭，是否意味着需要作为劳动法上的义务主体承担各项劳动法上的责任和义务？对于以上这些问题，笔者认为有必要重新检讨家政劳动的法律关系定位。

一　问题提起：《关于家庭工人体面劳动公约》下的家政劳动法律关系定位

如前所述，作为国际劳工组织近年来的重要举措之一，为促进所有人的体面劳动之实现，贯彻《国际劳工组织关于工作中的基本原则和权利宣言》和《国际劳工组织关于争取公平全球化的社会正义宣言》的目标，家庭工人体面劳动有关的权利公约起草成为 2010 年第 99 届国际劳工大会的重要议题之一，国际劳工组织试图确立家庭工人有关的国际劳工标准。为此，首先起草了相关报告书和《关于家庭工人体面劳动公约（草案）》（以下简称"公约草案"），与公约建议书草案①。我国政府也做出了表态。②

2011 年 6 月，国际劳工组织在第 100 届国际劳工大会上通过了《关于家庭工人体面劳动公约》（ILO 第 189 号公约）。公约中规定了适用于家庭工人的集体谈判、禁止就业歧视、基本休息权、最低工资、体面劳动条件等在内的具体劳动标准。特别是该公约规定，公约加入国法律必须保证家庭工人的基本劳动权利的保障，同时，家庭雇主应承担相应的法律义务，确保家庭工

---

① International Labor Conference, 99th session 2010, *Report IV* (1), *Decent Work for Domestic Workers*, reference ILC99 - IV (1) [2008 - 12 - 0075 - 1] -En. doc. 《关于家庭工人体面劳动公约（草案）》中文版本，参见国际劳工组织同报告中文版 ILC100-IV (1) - 2010 - 06 - 0459-Ch. doc. 针对公约草案和建议书草案，国际劳工组织对成员国、雇主组织和工会组织三方进行了问卷调查，收回并统计了来自 75 个成员国政府的回答，以及 28 个成员国雇主组织和工会组织的回答。

② International Labor Conference, 99th session 2010, *Report IV* (2), *Decent Work for Domestic Workers*, Confrep \ ILC99 (2010) \ IV (2) - [2010 - 01 - 0156 - 1] -En. doc.

人基本权利的实现。从权利内容上可以认为，国际劳工组织希望将以往适用于劳动关系的国际劳工标准，扩大到家庭工人中进行适用。而对雇主家庭的法律义务之提出，在一定意义上可以认为是将雇主家庭作为家庭工人的相对方，使其承担相应的劳动权利保障义务。

公约的这一基本思路，对包括我国在内的很多国家，在未来如何在国内劳动法上作出回应，提出了一个重要的课题——家政劳动的法律关系应当如何定位。比如在我国，集体谈判、最低工资、休息休假、就业歧视禁止、解雇限制等法律制度，适用对象均限定于劳动法上的主体。其前提法律关系是劳动法律关系的构成。这样一来，像公约那样赋予家庭工人以各项劳动基本权利，则意味着须承认家政劳动的法律关系性质为劳动法律关系。同时，之所以需要讨论，其原因在于，我国与许多大陆法系国家，法律上都规定了家庭雇用的家政劳动，不属于劳动法的调整范围。① 其法律关系通常意义上是按照平等主体间的民事法律关系（有说雇用关系，有说劳务关系等）处理的。但按照条约的思路，为保障家庭工人的劳动条件，需要在国内法上做出回应，即将家政劳动的民事法律关系变而承认为劳动法律关系。这样一来，从家庭工人的角度，新的权利被赋予，生存权得到更好的保障。但是，问题在于，义务主体应该是谁？雇主家庭作为义务主体，是否适当？

对于这一问题，在公约草案阶段，大多数国家在国际劳工组织的问卷调查中，回答是相当谨慎的。事实上，这次公约草案的重大缺陷，正是家庭工作有关的主体定义不明。② 因此，在2011年通过的公约正式文本中，不再对雇主进行界定，仅集中在国家责任上提出公约要求。而我国政府在公约草案审议阶段的意见就认为，如果对中国适用，首先需要在国内法层面上清晰雇用关系与劳动关系在法律关系上的异同。③ 有鉴于此，本文主要从家政劳动的法律关系评介开始，试分析家庭雇用的家政劳动之法律关系性质。

---

① 依照国际劳工组织统计，目前通过劳动法规制家庭劳动的主要发达国家，主要有瑞典（Code des Obligations，家庭工人适用劳动合同规定）和美国《公正劳动基准法》（Fair Labor Standards Act，仅限于最低工资、加班工资、禁用童工、记录保存等方面）。

② 前述对于雇用家庭作为雇主的认识，来源于国际劳工组织报告、公约具体条文的解读。根据公约中的义务主体的相关规定来看，雇主包括家政服务利用者（公约采用了"雇主家庭"的表述），此外，还包括招聘家庭工人的就业机构。

③ 我国政府的回答，参见 International Labor Conference, 99th session 2010, Report IV (2), Decent Work for Domestic Workers, Confrep \ ILC99 (2010) \ IV (2) - [2010 - 01 - 0156 - 1] -En. doc。

二   我国家政劳动的法律关系定位

（一） 家政劳动相关的基本概念

在讨论我国家政劳动的现状前，有必要明确家政劳动的相关定义。本文中的家政劳动，与国际劳工组织公约中的家庭工作（domestic work）可理解为一致。① 家政劳动，依照公约的规定，是指"在一个家庭或为一个家庭或为几个家庭从事的工作"［公约第 1（a）条］。从公约的规定可以看出，家政劳动在形式上涵盖了在利用者家庭中（以居住或访问的方式）提供家政劳动和不在利用者家中的家政劳动。家庭工作的内容，公约中没有规定，可理解为是以家庭工作（主要是儿童、病患、残障、老年人等的照看以及通常意义上的做饭、清洁等一般性家务劳动）为内容的。

家政劳动者，本文也采用公约的规定，是指"在一种雇用关系范围内从事家庭工作的任何人"［公约第 1（b）条］。这里，公约从字面上将家政劳动的法律关系定义为一种雇用关系（employment relationship），但其所指则因各国法律的不同可存在不同解读。在有些国家，雇用关系是指个体劳动关系，适用劳动法的规制；而在我国，雇用关系现被认为是一种民事法律关系，不受劳动法的规制。从事家政工作者，应当是职业化的基础上从事家政工作的人员，排除了偶尔或零星地从事该劳动的人［公约第 1（c）条］，强调家政工作的职业性。

（二） 中国家政劳动现状

中国现有的家政劳动，从其服务类型上看，存在多种方式。最普遍的方式是，家政劳动者居住到利用者家中，提供在宅家政服务，与利用者及其家庭共同生活（在宅家政）。其次，是通过定时访问利用者家庭，按小时提供家政服务（访问家政）。最后，是在特定的服务机构，例如敬老院、医院等设施内，向利用者提供家政护理服务（设施家政）。从现有劳动形式类别上看，主要认为存在两种：（1）劳动关系下的家政劳动，往往由家政公司聘用家政劳动者，并派至签订有家政服务合同的利用者家中，进行家政劳动；②

---

① 因此，本文在用语上，"家庭工作"与"家政劳动"是可以互换的。作为英文表述，还有 home care worker, home helper 等表述。

② 学理上有观点认为，这里的劳动关系属于劳务派遣。但是，笔者认为，我国劳动合同法中规定的劳务派遣，其用工单位是具有成为劳动关系主体的"单位"，"单位"尚不能解释为家政服务利用者（自然人或家庭）。因此，此处不应理解为存在劳动法上的劳务派遣。

（2）雇用关系下的家政劳动，即由家政劳动者自己或者通过家政服务中介机构，与家政服务利用人签订协议（协议名称多样，有雇用合同、服务合同等），并提供家政劳动。上述第一种劳动关系下的家政劳动，劳动者与家政公司之间劳动法律关系明确，勿用赘述，因此本文所讨论的家政劳动法律关系，主要侧重于上述第二种雇用关系下的家政关系的讨论。

（三）　我国家政劳动的法律适用

应当说，我国对于家政劳动的法律适用，以往存在有限的法律规定。如前所述，对于由家政公司等经营实体雇用的家政劳动者，通常承认其劳动法的法律适用。对于直接由家政服务利用者雇用的家政劳动者，根据现行的法律规定，通常被认为属于民事雇用关系，适用民法和合同法的一般规定，不属于劳动法的调整范围。劳动部 1995 年《关于贯彻执行〈中华人民共和国劳动法〉若干问题的意见》中第 4 条明确指出，"……家庭保姆等不适用劳动法"。《最高人民法院关于审理劳动争议案件适用法律若干问题的解释（二）》第 7 条规定，家庭或者个人与家政服务人员之间的纠纷不属于劳动争议。而在以往地方法律中，也明确排除对于此类家政劳动的劳动法之适用。比如，《〈上海市劳动合同条例〉实施细则》（2002 年 4 月 27 日）[①] 第 1（2）条就规定，"家政服务人员、职业保险代理人、从事有收入劳动的在校学生、劳务人员等不属于建立劳动合同关系范围的，不适用《上海市劳动合同条例》"。[②] 这里，家政劳动的劳动法律关系之否定，似乎是从劳动内容上做出的，但无论在学理上还是现实而言，应当依照劳动法律关系的判断标准，具体进行。

按照我国目前学理上对于劳动法律关系的判断标准通说，劳动关系的成立主要从以下三方面进行考量：（1）劳动合同当事人的特定性，即劳动关系一方必须是劳动者，另一方则是用人单位；（2）从属劳动关系的存在，即劳动者与用人单位之间存在经济上以及人格上的从属关系；（3）集团性、组织性，即劳动者是作为集团劳动中的一份子而存在的。以上述三个劳动关系的

---

① http：//qpq. sh. gov. cn/gb/content/2010－05/27/content_ 318744. htm.
② 从上述上海市法律规定来看，逻辑上不甚明确。相当于说，不适用上海市劳动合同条例的家政服务人员，是那些不属于劳动合同关系范围的人。对于该规定的解释，笔者认为可能存在以下两种：（1）家政服务人员与相对人所建立的法律关系，不属于劳动合同关系，因而不适用劳动合同条例（完全的适用排除）；（2）家政服务人员与相对人所建立的法律关系，有些属于劳动合同关系，有些不属于劳动合同关系，对于后者不适用劳动合同条例（选择的排除适用）。然而，这里的合同相对人，从法条上下文来看，仅限于用人单位（国家机关、事业组织、社会团体），不包括家政服务的利用者。

判断要件来看，民事雇用关系与劳动关系之间，最大的区别集中于（1）与（3），①　换言之，在于主体中对"用人单位"的法律要求。

依照我国 1995 年《劳动法》第 2 条规定，"用人单位"是指"在中华人民共和国境内的企业、个体经济组织"；根据 2008 年《劳动合同法》第 2 条规定，"用人单位"是指"在中华人民共和国境内的企业、个体经济组织、民办非企业单位等组织"。这里虽然在用人单位范围上存在一定差异，但是，劳动法律关系中，相对于劳动者一方的雇主，其性质上必须是一个组织，而不是自然人；组织的性质虽可以不以营利为要件，但须从事一定的事业。也因此，家政劳动中，自然人作为雇主的雇用关系，不在劳动法调整范围之内。

那么，为何劳动法对于家政劳动的法律关系处理，作出了这样的区别，而不承认自然人之间的雇用关系？这一点在我国的既往研究中难觅踪迹。但是在我国邻邦日本，法律上也对家政劳动的劳动法（劳动基准法）之适用，做出了类似的剔除。在日本法上，曾经长期存在区分雇用契约与劳动契约的学理争论。这些争论，应当有助于我们对家政劳动的法律关系实质之理解，于是笔者转向日本，希望从比较法上寻求可能的解答。

三　日本学界关于雇用合同与劳动合同论说

对于劳动合同和雇用合同的区别之争，不仅仅在我国是一大理论难题，在日本理论界也曾经历了长期的争论。这一问题的触及，最早可以上溯到第二次世界大战以前。

早期的日本劳动法理论，将劳动契约区别于雇用契约，主要存在三种学说：一为劳动的组织性说②，二为劳动的从属性说③，三为劳动的身份性说④。"劳动的组织性说"认为，劳动契约是产业革命后出现的劳动组织的特殊形

---

①　（2）之从属性标准，笔者认为在民事雇用关系中，也存在经济和人身上的从属性，对于经济和人身的从属性是否作为劳动合同区别于民事雇用合同的特征，还值得商榷。参照日本劳动法学界的主流观点，该特征不是民事雇用合同与劳动合同的本质区别所在。具体参照日本讨论部分。

②　平野義太郎：「労働法契約概論（一）」法学協会雑誌 40 巻 11 号，1922 年 11 月，第 65、74 页。

③　津曲藏之丞：『労働法原論』改造社，1932，第 223、232 页。

④　末弘厳太郎：『法律学辞典』（第 4 卷）岩波書店，1936，第 2777 页。此外，参见同作者『労働法の話し』，一洋社，1947，第 189 页。作为日本劳动基准法的立法委员会会长，末严博士重申了其劳动身份性观点，认为劳动契约是民法上的特殊契约，根据实际的劳动关系，先行适用劳动契约之理论和规定，在补充意义上适用民法的雇用契约及其理论、规定。

态，其与雇用契约的区别在于，是否以组织化劳动为目的。"劳动的从属性说"，吸收了德国劳动法中的从属性理论，认为劳动契约是从属劳动关系的固有法律形态，在承认劳动契约是债权关系的同时，认为身份的从属性是劳动契约与雇用、请负、委任关系之间的最大区别。而"劳动的身份性说"，为后来起草日本劳动基准法立法委员会会长末弘严太郎所提出。在其看来，劳动契约不是单纯的债务契约，而是在一定企业中取得劳动者地位的一种身份契约，只有获得这种劳动者身份者，才能够适用法律对劳动关系规定的各种权利并承担相应义务。这一点，是其与发生劳务和报酬有关的债权债务为直接目的的雇用契约之区别。

　　二战后，对于上述各种学说，日本理论界提出了批判。主要集中于"劳动从属性说"和"劳动身份性说"，认为上述两种学说并不能说明雇用与劳动契约的本质区别。① 无论是雇用契约下的劳务提供，还是劳动契约下的劳动提供，都是一种劳动力的附期限让渡，都是在他人指挥命令下的一种人格从属。因而，有学者指出，劳动契约之所以与雇用契约存在区别，其实质原因在于国家法政策下的一种选择，② 体现了国家在法律规制上的态度和方式之不同。③

　　进入 20 世纪 50 年代以后，围绕劳动契约与雇用契约之间的关系，日本劳动法学界以及民法学界进一步展开了讨论。主张劳动契约特殊性者，出现了以劳动法学者片冈生教授提出的"劳动契约之独自性论"，④ 并成为当时学术界的主流观点。该理论认为，劳动契约概念，是通过从法律上承认团结权而确保劳动者的生存权这一观点出发，对民法上的雇用契约之自由原则予以修正而形成的，⑤ 同时借助民法中不存在的"劳动之从属性"，⑥ 与雇用契

---

① 相关议论可参见以下著作。吾妻光俊：『労働法の基本問題』，有斐閣，1948。山中康雄：「労働契約の本質」季刊労働法 7 号 1953 年 3 月。三宅正男：『就業規則』，日本評論社，1952。

② 沼田稲次郎：『労働法論序説』，勁草書房，1950，第 162～163 页。

③ 蓼沼謙一：「労働関係と雇用契約・労働契約（一）（二）」労働法 37 号 1955 年 4 月、38号 1955 年 5 月。

④ 片岡昇：『団結と労働契約の研究』，有斐閣，1959，第 212 页。

⑤ 片岡昇：『団結と労働契約の研究』，有斐閣，1959，第 213 页。

⑥ 这里的"劳动之从属性"这一概念，是将劳动者生存权的规范意识通过吸纳到既存的法秩序中，以此为媒介对相关事态加以修正时被承认的概念。从这个角度上看，劳动之从属性，在内容上是指劳动遂行中劳动者服从于使用者支配的关系，包括人之从属性与经济从属性。其中，经济从属性，不单指劳动者在经济地位上处于劣势这一社会事实，而是指基于劳动者的社会地位，承认劳动力处分权之持续性让渡关系之从属性，是设定了使用者对劳动力的处分地位之时出现的劳使间的从属关系。片岡昇：『団結と労働契約の研究』，有斐閣，1959，第 224 页。

约相区别。这里强调了劳动组织性和劳动从属性的观点。对于以往的劳动之身份性，"劳动契约之独自性理论"继而提出劳动契约的"二重构造理论"，认为劳动关系的形成在劳动契约上分为两个侧面：其一为地位设定侧面，劳动者将自己的劳动力（包括性）处分让渡给使用者，从而获得成为使用者从业员地位的劳动关系基础之侧面；其二为具体的劳动遂行侧面，即劳动关系内容得以具体化，由使用者现实地处分所让渡之劳动力的侧面。① 笔者认为，这一劳动契约"二重构造理论"事实上加强了劳动者身份性的观点。

作为对"劳动契约之独立性论"的批判，民法上②和其他劳动法学者③也提出了劳动契约统一性论。民法学说认为，劳动契约是受新原理（实现保障每个人生存之实质平等这一新理想）规范的劳务供给契约，其特质在于劳务者的从属性，因而民法上的雇用契约与劳动契约具有同一性。按照该理论，劳动基准法之外的民事雇用契约，也应当类推适用劳动基准法。劳动法上的批判也认为，劳动契约和雇用契约没有本质区别，劳动之从属性不能作为判断两者区别的唯一根据。

在以上各种学说的基础上，对于劳动契约的特征的认识，劳动法学界又有了进一步发展，出现了劳动契约体系论④、劳动契约解释论⑤、劳动契约立法论⑥等论说。其中，劳动契约体系论将劳动契约分为当事人意思决定部分和法律关系自身客观决定部分，从而在体系上把握劳动契约的法律性质。劳动契约体系论下的现代劳动契约，否认契约的身份设定，而认为是一种继续的、流动的、组织的劳动契约关系中权利义务总体的劳动契约。目前，劳动法的主流学说认为，劳动契约的提出，是因为意识到劳动关系中契约当事人之间实质不平等性和组织性支配的特点，而将其在契约概念上予以反映的结果。⑦ 换言之，劳动契约之概念，可理解为具有实质不平等的组织关系契

---

① 片冈昇：「労働契約の法的性質」西村他『労働基準法論』，法律文化社，1959，第 101 页。
② 我妻荣：『債権各論中巻二』，岩波書店，1962，第 539 页。
③ 劳动法的批判主要参见以下文献。沼田稲次郎：「労働契約について（一）（二）」海上労働 8 巻 4 号 1959 年 4 月、5 号 1959 年 5 月。下井隆史：「労働契約と賃金をめぐる若干の基礎理論的考察—「独自」の労働契約法理論の検討のために」ジュリスト 441 号 1970 年 1 月 129 页以下。
④ 和田肇：『労働契約の法理』，有斐閣，1990 年 10 月。片冈昇：「労働契約と労働者の義務（一）（二）」龍谷法学 26 巻 1 号 1993 年 6 月、2 号 1993 年 9 月。
⑤ 西谷敏：「労働契約論と労働法の再構築」法律時報 66 巻 2 号。
⑥ 労働契約等法制部会の報告「今後の労働契約法制のあり方について」1993 年 5 月 10 日。
⑦ 菅野和夫：『労働法（第八版）』，弘文堂，2008，第 66 页。

约这一特征。因而，作为劳动契约关系的一般特色，认为应当从四个方面把握：（1）劳动契约是以劳动力的利用为目的的一种人的、继续性契约关系；（2）组织性劳动；（3）契约内容的白地性[①]与弹力性；（4）使用从属性。[②]

从以上日本学术界对劳动契约与雇用契约的争论来看，对劳动契约的特殊性认识，经历了诸多变化。劳动之身份性这一观点，与历史上日本劳动关系的终身制特点不无关联。末弘曾比喻劳动关系，是与婚姻、继承等身份关系一样，劳动法的规制在于进入和退出这一关系之两极，劳动关系维续期间，则由使用者制定就业规则以及劳使之间的集体谈判来规制。这种观点可以说是日本劳动基准法的立法原意，未尝不是一种政策选择。个人雇用的家政劳动（日本法律上称为家事使用人）不被纳入日本劳动基准法的调整范围，并非一种历史的忽视，而是有意的身份区别。而劳动之从属性之提出，同我国台湾地区的学理解释相似，是日本学者早期借鉴德国法理论之结果。对劳动之从属性论过分夸大的批判，是日本劳动法学者立足于本国、构建自身劳动法学理论中的一次自省。唯有劳动之组织性、集团性之观点，鲜受争议。[③]笔者认为，这一点正道出了家庭雇用家政劳动难以被劳动法调整的原因。组织性、集团性，虽然是对劳动者存在方式的概括，而与此对应的是使用者之相应的责任能力。而组织性也反映了组织结构下劳使之间地位的不平等，是劳动法规制的前提。就劳动立法史而言，特别是劳动基准法的出现，则是在产业劳动下的劳使斗争之产物。因此，从这个意义上而言，雇用关系下的家政劳动，虽然家政工人也往往是在利用者家庭的支配、指挥下从事劳动（特别是在没有对家政劳动内容做出具体约定的情况下，从属性更强），但这里的劳动之从属性不同于组织劳动下的劳动之从属性，同时建立在家庭收入（大部分仍是工资收入）基础之上的雇主责任能力也不能与企事业等责任能力并论，因而法律上的规制就存在了两种区分。

值得注意的是，随着 2008 年日本《劳动契约法》的颁布，日本的雇用契约与劳动契约在理论上的区别之争已不如往昔激烈。劳动契约在法律上被明确规定为一种特殊的民事契约，为了涵盖非正规雇用劳动者，劳动契约主

---

① 劳动契约的白地性又称他人决定性。是指劳动契约成立时，劳动者从事的业务内容并不做具体约定，而在劳动契约开始后，由劳动者和使用者具体约定，或者一定意义上交由使用者的劳务指挥权处理。

② 菅野和夫：『労働法（第八版）』，弘文堂，2008，第 67 页。

③ 对劳动之组织性、集团性的个别批判，可参见下井隆史「雇用・請負・委任と労働契約—『労働法適用対象』問題を中心に」甲南法学 11 巻 2~3 号、1971 年 2 月 241 页以下。

体的使用者不再限于"事业"，而是可以包括自然人。这样一来，受雇于家庭的家政劳动者，[①] 成为劳动契约法上的适用主体。诸如解雇权、惩戒权、固定期限契约的订立等法律上的限制，也当然适用于家政劳动者。然而，如同劳动契约体系论的分层认识，劳动契约法下区别了约定与法定的契约内容，法定内容中保障劳动基本权的劳动基准法之适用，仍是以事业使用的劳动者为限，不包含家庭雇用的家政劳动者。不得不说，这种劳动基准法和劳动契约法上适用主体的区别与我国不同。

既然家庭雇用的家政劳动关系难以直接适用劳动基准法的规制，那么从事该种劳动的人，如何改善他们的境遇？在这一点上，日本选择了专门立法的方式，将大部分家政劳动产业化，纳入到组织劳动中来实现劳动基准法的适用。

四　日本家政劳动的法律规制——以介护劳动者为例

家政劳动曾经是流行于日本社会的一种劳动形式（例如封建时代的"女中"，现称为"家政妇"）。但是随着第二次世界大战后劳动市场的变化，一度退出了历史舞台。日本社会结构出现了家庭主妇承担家庭劳动的变化，至今仍是区别于我国的一大特色。

但是，随着妇女进入劳动力市场，家政劳动在时下的日本社会也广泛存在。与中国不同的是，日本鉴于老龄化社会的到来，对于原属于家政劳动中的介护劳动，结合社会保障制度中对老年人和残障人士的保护（如1997年《介护保险法》，国家承诺对老年以及残疾人提供必要的医疗和福祉服务），已经进行了专门的立法规范。而介护劳动者之外受雇于家庭或个人的家政劳动者比如家政妇（相当于我国通常意义上的保姆），仍被排除于劳动基准法的规制之外。[②] 法律作出这样的规定，有学者认为，原因在于国家规制和监督的困难与不切实际。[③] 也有学者认为，这种区别决定于立法者对劳动契约与雇用契约的不同定位。前文关于日本学界对雇用契约与劳动契约的论说，可见一斑。从介护劳动的法律规制来看，日本仍然坚持，必须在劳动法律关系这一基础上实现劳动基本权保障。

---

① 使用与使用者共同生活的亲族除外。日本《劳动契约法》第19条。
② 受雇于个人从事家政劳动的人，在日本劳动基准法上属于"家事使用人"，按照日本现行劳动基准法第116条第2项的规定，家事使用人不适用劳动基准法。
③ 菅野和夫：『労働法（第八版）』，弘文堂，2008，第84页。

（一）《介护劳动者雇用管理改善法》下的家政劳动

事实上，将介护劳动者纳入劳动关系体系中来，是日本近年来采取的一项主要措施。尤其是针对老龄化社会的特殊国情，日本对于家政劳动中的老年人介护劳动，制定了《介护劳动者雇用管理改善法》，通过介护劳动者——介护事业者——介护利用者之间的法律关系结构，使家政劳动之介护劳动纳入劳动法的调整范围之中。

如前所述，日本社会老龄化的发展，产生了对介护劳动者日益增加的社会需求。与此同时，规范介护劳动、改善相应的雇用管理、促进介护劳动水平的提高，也成为政策考虑的重心。在此背景下，早在《介护保险法》① 制定前，日本于 1992 年（平成 4 年）颁布了《介护劳动者雇用管理改善法》②（以下简称 "介护劳动者法"），促进介护劳动力的维持，并增进介护劳动者的福利。

1. 介护劳动的相关主体

介护劳动者法对介护服务中的法律关系主体做出了明确的界定。其相关主体包括介护劳动者③、介护事业主④和介护劳动的 "职业介绍业者"。⑤ 职业介绍业下的介护劳动，与我国目前大量存在的家政劳动相似，多以注册制的方式存在。

按照介护劳动者法的规定，劳动关系的成立限定于介护劳动者与介护事业者之间。而通过介护职业中介机构，由家庭或个人雇用介护劳动的，其与介护劳动者之间是民事雇用关系。法律上直接承担劳动基准法义务的，是劳动关系下的 "事业主"（使用者）；为此，《介护劳动者雇用管理改善法》对使用者规定了相应的法律义务和责任。具体而言，介护事业者，作为劳动法上的使用者，对其雇用的介护劳动者，负有改善劳动环境、实施教育训练、增进福利的努力义务。而对于雇用关系下的雇主家庭或雇主个人，在《介护

---

① 由于介护劳动是作为一种社会保险事业进行的，因此对于这一福利利用者，有一定的资格要求。被介护者需要接受政府相关机构的资格评定和审查。

② 「介護労働者の雇用管理の改善等に関する法律」，日本法律第 63 号。最终修订于 2007 年。

③ 是指专门从事介护关联业务的劳动者；这里的 "介护关联业务"，是指对于身体或精神上存在障碍并带来日常生活障碍者，所进行的洗浴、排泄、进食等介护、身体机能训练、看护以及疗养上的管理等福利服务或医疗服务。因此，介护劳动中还包括医疗、看护等专业劳动。

④ 是指雇用介护劳动者、从事介护事业者。这里，介护劳动中的使用者，与日本劳动基准法的规定相同，要求使用者是一个 "事业"，具有组织性。

⑤ 依照职业安定法被许可开展有偿介护劳动者职业介绍的事业。

劳动者雇用管理改善法》立法之初，考虑到个人或家庭作为雇主客观上缺乏主动改善雇用管理的基础，因此该法是通过对职业介绍事业者课以一定的责任和义务，[①] 以促进雇用关系下介护劳动者的权利保障。即，介护劳动的职业介绍者，对于介护劳动者以及希望成为介护劳动者的求职者，负有增进福利的努力义务［同法第3（2）条］。

2. 介护劳动认定与介护劳动安定中心

然而，依靠事业者自发的改善对介护劳动者的雇用管理，在立法者看来也是存在一定难度的。因此，日本实行了介护劳动事业认定制度，对于确实努力改善雇用管理的事业主给以财政上的扶持。

作为获得政府认定的条件，事业主需要向地方政府提交具体的改善计划（目标、内容和实现期限）。经认定切实可行的，由财政对事业主给予一定补贴，用于事业主雇用管理方面的培训，以及获得介护劳动安定中心的其他援助。

介护劳动安定中心是获得政府批准的介护劳动服务机构，主要从事的业务包括：向事业主和职业介绍机构提供介护劳动相关的法律信息，通过职业介绍机构从事介护劳动者在工资获得困难时获得工资保护和其它安定职业生活的援助，向认定的事业主支付补助金，开展对介护劳动者的职业培训，调查研究介护劳动者雇用安定和能力开发等事宜。

3. 国家和地方政府的作用

此外，由于日本的介护劳动具有福利事业的特征，国家在保障介护劳动者的权利和福利上也负有一定的责任。主要体现为介护雇用管理改善的计划义务。即厚生劳动大臣需要制定相应政策，听取劳动政策审议会的意见，并及时公布制定或修订相关政策。计划的事项包括介护劳动者的雇用动向，促进雇用管理改善以及劳动者能力开发的具体措施，以及增进介护劳动者福利的具体措施。厚生劳动大臣在认为必要之时，可直接对事业主、职业介绍机构以及其他关系人提出改善雇用管理、提高劳动者能力开发、增进劳动者福利的要求。地方公共团体，在促进介护劳动者的雇用管理的改善、进行介护劳动者的能力开发和提高，以及增进介护劳动者的福利等方面，也负有制定综合政策并有效推进政策实施的义务。

（二）介护劳动的细分化尝试与教训

为了提高介护劳动的水准，日本对介护劳动实行职业资格制度。除医疗

---

① 高崎真一：「介護労働者の雇用管理の改善等に関する法律について」ジュリスト1007号 1992年9月，第117页。

人员提供的专业医疗介护外，对于由社会一般劳动者提供的介护劳动，创立了介护福利士这一职业资格。对于介护劳动中，接触被介护者的身体介护（比如洗浴、排便、喂食等）实行了资格垄断要求。[①] 具体资格的取得，需要参加一定时间的职业培训（介护福利士 1 级资格取得需要学满 230 小时的培训课程，2 级资格为 130 小时培训课程，3 级资格为 50 小时培训课程）。同时，为了保证职业资格劳动的贯彻执行，对于那些派出没有职业资格的介护劳动者提供劳动的事业主，可面临取消营业资格的处罚。

推行介护劳动职业资格的初衷，还在于提高资格劳动者的工资水平（介护服务费用）。然而具有职业资格的劳动却没有得到市场的回应。事实表明，介护利用集中在低费用、无须职业资格的家事援助上。为了提高竞争力，以家事援助的服务价格推出的介护劳动，在实际上附带身体介护，这是日本现在介护服务市场的常态。这表明，介护劳动的职业培训，需要结合国内介护利用者的实际需要进行。同时，获得职业资格的介护劳动，其劳动者工资的提高受介护服务市场的制约。介护利用者与介护劳动者的价格博弈，是我国未来推行家政劳动培训以及职业资格制度必须要考虑的问题。最近，日本正在通过《介护从业者人才确保待遇改善法案》，[②] 正凸显了介护劳动者工资提高与劳动者确保问题解决的复杂性。

综上所述，日本在介护劳动这种特殊的家政劳动的法律规制上，还是主要在劳动法律关系上展开的。介护劳动事业主与劳动者之间形成劳动法律关系，由事业主承担劳动法上的相应义务，事业主与介护利用者之间缔结介护服务合同（准委任契约），介护劳动者与利用者之间不直接形成劳动法律关系。这种处理，正是由于前述对劳动法律关系之组织性、集团性要求。笔者认为，也是对雇主责任能力考量的现实回应。

五　中国家政劳动规制的建议

笔者认为，为加强保护中国家政劳动者的法律权利，促进家政劳动事业的发展，从长远来看，将分散和孤立的家政劳动者加以组织化和集团化，使

① 对于一般性家事援助，比如做饭、打扫、洗衣等，法律上并不要求劳动者需具备职业资格。但是相对于身体介护的工资水平，家事援助的工资仅为其 1/3。
② 「介護従事者等の人材確保のための介護従事者等の処遇改善に関する法律案」已经日本参议院 2010 年 5 月 21 日一致表决通过，待众议院审议。参见日本参议院网址：http://www.sangiin.go.jp/japanese/joho1/kousei/gian/169/meisai/m16905169016.htm，最后访问日期：2012 年 12 月 27 日。

劳动关系中的相对方"用人单位"到位，以完成适用劳动法的衔接过程，可能较为妥当。而家政劳动用人单位的补足，是可以通过政策鼓励实现的。比如建立针对家政服务企业的责任保险制度，降低家政事故中对家政服务利用者的赔偿风险；国家负责家政劳动者的培训和职业资格赋予，在大专院校设置家政服务专业培养专业人才；通过税收优惠，扶植部分家政服务机构（比如针对老年人和残疾人的护理家政等）；在一定期间内，特别对于非正规雇用的家政劳动者，其用人单位在社会保险费缴付上给予特别处理等。

在中国，不仅要关注家政劳动者的权利赋予，更要关注权利赋予后的权利实现。从实践看，将家庭雇用的家政劳动作为劳动关系处理，尚存在一定困难。家政劳动利用家庭或者个人，是否具备劳动法上之雇主责任能力，需要商榷。① 然而，这并不意味着我们对于家政劳动者的劣势境遇无所作为。笔者认为，可以采用特别立法的方式，对家政服务合同的内容作出一定规范，借鉴国际劳工组织公约的部分内容，对目前我国家政劳动中的热点问题——计酬方式与休息休假进行规制。这种特别法上的规范，一方面可以解决家政劳动中侵害家政劳动者权利的紧迫问题，同时也可以对为组织家政劳动的培育争取时间。此外，对于家政劳动者的社会保险保障，除了公司制家政劳动者当然适用社会保险法，强制加入社会保险外，对于雇用关系下的家政劳动者，可以考虑社会保险的特别加入制度（家政劳动者个人加入制），完善家政劳动者的社会保险待遇。

有鉴于此，对于家政劳动的相关立法，我们也需要保持冷静的态度，多做推敲。目前的当务之急是要抓紧研究制定能够保护家政劳动者基本权利的，并且能够促进家政劳动职业化、组织化的过渡性办法。

---

① 尤其是我国劳动立法的混合性特征，即劳动基准的规定不仅在于1995年《劳动法》中，也存在于2008年的《劳动合同法》中。因此，将家政劳动纳入到劳动法下进行调整，必然带来雇主家庭或个人承担诸多义务，比如对家政劳动者的安全注意义务、劳动时间上的法律规制、病假休假待遇的给付与劳动关系的维持、劳动合同解除的赔偿与补偿、工伤保险上的赔偿责任、社会保险和税金的代扣代缴等。同时，雇主家庭或个人如何行使对家政劳动者的权利也将需要明确，比如家政劳动的评价与惩处、劳动时间设置与计算、工作规则的制定与解释，等等。

女职工劳动保护的立法与
孕期保护的实践

黎建飞 *

一 女职工劳动保护的新规定

与实施近 24 年的《女职工劳动保护规定》相比，2012 年出台的《女职工劳动保护特别规定》的特色不只是体现在标题上，而是在延续前项立法的可取之处上，新增了一些特别的规定。

首先，坚持适用范围和法定标准的统一性。正如立法的题目所示，"女职工"这一概念是这类立法所特有的，明显有别于劳动立法中通常使用的"劳动者"。"女职工"是指全体女性工作者而言，既包括女性脑力劳动者，又包括女性体力劳动者。女职工特殊保护是世界各国劳动法和劳动保护工作的重要内容，我国立法中的"女职工"包括所有从事体力劳动和脑力劳动的已婚、未婚的女性职工。女职工保护的法律制度是基于女性的生理特点而设立的，是缘于女性在劳动和工作中必然会出现的一些特殊情况或者说特殊困难而特别规定的。女性承担着生育和抚育婴幼儿的天职，无论是生产工人还是高级白领抑或是高层领导概莫能外，都需要在劳动和工作中给予特殊的关照和特别的保护，否则不仅会影响女职工本身的安全和健康，而且还会影响到下一代的安全和健康。

因此，《女职工劳动保护特别规定》第 2 条延续了《女职工劳动保护规定》第 2 条适用于"一切国家机关、人民团体、企业、事业单位（以下统称

* 黎建飞，中国人民大学法学院。

单位）的女职工"的规定，进一步明确规定"国家机关、企业、事业单位、社会团体、个体经济组织以及其他社会组织等用人单位及其女职工，适用本规定。"在这个意义上，我们经常说，一个扫地的清洁女工和一位女性高官享有同样的女职工保护权益。同时，在立法目的上，《特别规定》的第1条也比《规定》更加简单明确，就是"为了减少和解决女职工在劳动中因生理特点造成的特殊困难，保护女职工健康"。

其次，增强了产期和哺乳期的保护力度和期限。产期保护是对女职工在生育期间的保护，是针对孕妇生育期间在生理上的急剧变化，体力消耗、精力极度紧张等情况而设立的，目的在于保障女职工能够平安分娩和产后恢复。女职工在产期内享受生育假和生育待遇。产期保护包括了正产和流产。在《女职工劳动保护规定》中，女职工产假为90天，《劳动法》规定为"不少于90天"。《女职工劳动保护特别规定》参照国际劳工组织有关公约关于"妇女须有权享受不少于14周的产假"的规定，将生育产假假期延长到了14周（即98天）。①

对女职工流产，《女职工劳动保护规定》规定为"给予一定时间的产假"，导致实践中难于落实。尽管劳动部《关于女职工生育待遇若干问题的通知》中有"女职工怀孕不满四个月流产时，应当根据医务部门的意见，给予十五天至三十天的产假；怀孕满四个月以上流产时，给予四十二天产假"的具体规定，但由于位阶较低，同样难于在实践中贯彻。在这次的《特别规定》中，明确规定了流产产假，即怀孕未满4个月流产的，享受15天产假；怀孕满4个月流产的，享受42天（6周）产假。这一规定，有望改变实践中存在实施不力的问题。同样有意义的是，《特别规定》第8条还明确了女职工流产同女职工生育一样，医疗费用按照生育保险规定的项目和标准由生育保险基金或者用人单位支付。

《特别规定》还特别明确了产假期间生育津贴的同一待遇和不同归属。同一待遇即不应由职工本人承担；不同归属即参加生育保险女职工和未参加生育保险女职工的产假期间待遇和相关费用支出分别规定。已经参加生育保险的，按照用人单位上年度职工月平均工资的标准由生育保险基金支付；未参加生育保险的，按照女职工产假前工资的标准由用人单位支付。这些规定

---

① 《国务院法制办负责人就〈女职工劳动保护特别规定〉答记者问》："《女职工劳动保护规定》规定的女职工产假为90天，《劳动法》规定为'不少于90天'。根据征求意见的情况，从有利于女职工身体恢复和母乳喂养的角度，《规定》参照国际劳工组织有关公约关于'妇女须有权享受不少于14周的产假'的规定，将生育产假假期延长至14周（即98天）。"http://www.gov.cn/zwhd/2012－05/07/content_ 2131560. htm，最后访问日期：2012年12月27日。

对于保障女职工生育期间的相关待遇具有重要的意义。

当然，在严格意义上，生育保险是国家立法确立的一项制度，是用人单位必须参加的。生育保险费用的单一性，即由用人单位缴纳、职工个人不承担费用的缴费方式也表明了所谓的"未参加生育保险"的法律责任是用人单位单方面的，不应当影响女职工依法享受生育保险的权益。因此，对于"未参加生育保险的"，应当追究相关单位的法律责任，由此造成的后果不应当归属于女职工本人，而应当由用人单位直接承担。

同时，调整了女职工禁忌劳动范围。由于女性的生理机能和身体结构都与男子不同，各种不良劳动条件及各种职业危害会对妇女的身体健康产生不良影响。《劳动法》第59条规定，禁止安排女职工从事矿山井下的劳动，世界各国法律也都规定禁止妇女从事矿山井下的劳动。

《女职工劳动保护特别规定》将女职工禁忌从事的劳动范围放在附录加以列示，这对于社会各界，尤其是用人单位和女职工本人了解相关规定，保护女职工，维护相应的权利都具有现实的意义。与此同时，也对女职工禁忌从事的劳动范围进行了调整。突出了孕期和哺乳期的保护，扩大了孕期和哺乳期禁忌从事的劳动范围，同时也缩小了经期禁忌从事的劳动范围。①

尽管用的是"平衡女职工劳动保护与妇女就业的关系"理由来缩小经期禁忌从事的劳动范围。但社会上将此解读为女职工的"软福利"，② 而且敏感到同样在2012年国务院法制办公布了《女职工特殊劳动保护条例（征求意见稿）》曾有规定"痛经的女职工一个月可以有1到2天休假"，但到公布的时候却并未将"痛经假"纳入。进而对于此间一些地方立法中的博弈与规定也都进行着各自的解读，③ 如2012年6月通过的《成都市妇女权益保障条

---

① 《国务院法制办负责人就〈女职工劳动保护特别规定〉答记者问》："为平衡女职工劳动保护与妇女就业的关系，缩小了经期禁忌从事的劳动范围。" http://www.gov.cn/zwhd/2012 - 05/07/content_ 2131560.htm，最后访问日期：2012年5月7日。

② 参见陈微娴《女工例假能否成真'假'》，《河南工人日报》2009年7月28日。

③ 南京推广"合同样本"，女工每月可多休1天：1989年《江苏省女职工劳动保护办法》规定：女职工在月经期间，所在单位不得安排其从事高处、低温、冷水、野外和国家规定的第三级体力劳动强度的劳动，应暂时调做其他工作，或给予公假1至2天。对其他工种的女职工，月经过多或因痛经不能坚持工作的，经医疗单位证明，给予公假1天。南京市总工会公布了8份"南京市事业单位女职工权益保护专项集体合同参考样本"，列出了"经期休假"的条款。南京市玄武中等专业学校《女教职工权益保护专项集体合同》规定：女教职工因月经过多或因痛经不能坚持工作的，经医生证明，可休假1天。南京力学小学《女教职工权益保护专项协议》中也专列"女教职工经期保护"条款：在不影响教育教学正常秩序的前提下，女教职工根据自身实际情况注意休息，并给予每月半天的优惠假。经期休假不影响奖金。（"女工来'例假'，可休带薪假"，《绍兴晚报》2008年8月7日）。

例》中规定：即便女性因经期不适而请假，用人单位也不能因此减薪。但去年 11 月该《条例》在公布时，有关"经期请假不扣钱"的规定却不见了。早在 1990 年，《上海市女职工劳动保护办法》对经期特殊保护做了规定，要求对从事高空、低温、冷水、野外流动、强体力劳动强度作业的女职工，应给予公假一天。"对其他生产第一线的女职工，在月经期间也应酌情给予照顾。"但关于这一规定的"细化"至今依然没有下文。所以，对于大多数女性职工来说，"经期假"只是一个传说。①

女职工月经期间机体抵抗力降低，双腿无力、酸软，如从事高处作业，易发生伤亡事故。从事低温冷水作业时，易致经血不畅，淤积盆腔，引起痛经、闭经，机体抵抗力较低，有患疾病的危险。接触有毒物质，可能引起多量出血。不良的劳动条件对妇女月经期的健康是有影响的，在这方面不注意特殊保护，将会影响女职工的健康及其生育能力。所以，《劳动法》第 60 条规定："不得安排女职工在经期从事高空、低温、冷水作业和国家规定的第三级体力劳动强度的劳动。"但女职工月经期间的禁忌性劳动保护并不等同于在经期休息的例假。

事实上，女职工享有例假在我国由来已久。新中国成立以来，我国生产企业中的一线女工每月都享有二天"例假"。"例假"之"例"除了照"例"办理外，还领取全额全薪。女职工只需在每月的某一天写上一张假条交给生产班组或者车间的负责人，然后再由医生开具两天假条即可。虽然"例假"在当时也按照病假看待，但由于当时并无病假扣薪一说，因此，女职工的任何权益都不会受到休息例假的影响。在《女职工劳动保护规定》颁布实施十周年的 1998 年，采访我的记者先去采访了多家饭店的服务员，多为用冷水洗碗的小姑娘。问遍多人，竟没有一个人会向老板提出例假要休息。这些洗碗、洗菜都需要把双手浸泡在冷水中的女职工没有一个能够在月经期间休息，更谈不上享受理所当然的例假。可见，这些在 20 世纪都已经解决了的问题到现在反而又成了问题。这实在不是社会发展和法律进化所应有的状况！②

---

① 全国维护妇女儿童权益协调组办公室："调查数据显示，有 78.5% 的妇女在经期没有受到特殊保护；40.1% 的妇女在孕期没有受到特殊保护；25.6% 的妇女在哺乳期没有受到特殊保护。"《〈妇女权益保障法〉实施情况调查报告》，中国网，最后访问日期：2002 年 12 月 4 日。

② 这类问题似乎还有一定的普遍性：澳洲全国制造业工会提出，在生产线上工作的女性员工应该享有月经例假，这类有薪假期每个月可给一天。澳洲全国制造业工会秘书卡梅伦表示，在每个月的月事来临时，女性员工都会面对一些生理上的困扰。这些女性员工通常需要站上一整天，所负责的工作和男性无异，例如焊烧、油漆、磨砂和装配汽车等，而这些都是"非常辛苦的工作"。许多女性员工抱怨说，过度的抽痛、头疼和作呕，让他们（转下页注）

二 女职工孕期保护的法律实践

（一）女职工孕期解雇案

2006 年 7 月，王小姐到溧水某公司从事木材采购工作，月工资 1400 元。2007 年 4 月 6 日，已怀孕 5 个月的王小姐像往常一样正常上班，不过她随身带了一个苹果。该公司《员工管理规则》规定：在工作现场吃东西者，经查证属实，给予口头警告，同时视情节轻重罚款 10 元至 20 元；拒绝听从管理人员合理指挥，经劝导仍不听从者，经查证属实，给予即日解雇处分，同时视情节轻重并处罚款 100 元至 500 元。公司以王小姐违反了劳动合同及公司规章制度为由，做出了与她解除劳动合同的决定，并在第二天用书面的形式送达王小姐。2007 年 5 月 17 日，王小姐向劳动争议仲裁委员会申请仲裁，要求撤销解除劳动合同的决定并支付工资。王小姐胜诉了后，公司又诉至法院。法院认为王小姐与公司的劳动合同中有关违反规章制度就可以开除的条款，明显违反《劳动法》的有关规定，属无效条款。而且，公司解除合同时，王小姐正在怀孕期间，用人单位不得终止劳动合同。最后，法院判决撤销公司解除与王小姐劳动合同的决定，双方合同期限延续至王小姐哺乳期期满为止，公司同时赔偿王小姐损失 6760 元。①

（接上页注②）无法专注工作。卡梅伦说，"我们和丰田其余 90% 的男性工人商量过，他们大多表示理解这样的情况，并准备支持这项照顾女性的要求。"卡梅伦表示，"生产线上的工作既艰苦又危险，我们相信这项要求合情合理，而这也将给公司带来好处，因为这会提高生产力和质量，同时改善员工的健康与安全条件。"（Dennis："澳工会商议今后给女工多一个假期—月经假"，http：//news. skykiwi. com/na/zh/2005 - 02 - 13/5468. shtml，最后访问日期 2005 年 2 月 13 日。在台湾地区，一位空姐向立委陈情，旺季时向航空公司请生理假，竟被要求找大医院开证明；由于太麻烦，有人干脆不请假，忍痛上班。劳委会官员表示，该公司的做法已经构成"不当的程序刁难"，雇主可能受罚。立委黄淑英昨天举行记者会，质疑"生理期能不能工作，是谁说了算？"陈情的 A 小姐电话连线表示，公司公告的医疗院所，都是在市区一定规模的大医院，没有一般诊所，许多女员工身体不舒服了，还要上大医院开证明，根本达不到休息目的，最后只好忍痛上班；甚至有同事请生理假没提出证明，遭主管约谈，还被记申诫、警告。据她了解，另一家大型航空公司女员工要请生理假，只需口头请假，完全不必附上医院证明；事实上，对于生理痛，医师主要听取就诊者的陈述，要求到大医院开证明，实在太强人所难，「难怪很多人干脆去上班！」劳委会劳动条件处专员许根魁表示，该公司规定已经属不当程序的刁难，依新修正的劳基法，未来最高可处罚三十万元；而违反性平法部分，雇主最高也可处罚十万元。（《生理假需大医院证明 空姐控刁难》，《联合早报》2011 年 6 月 27 日）

① 参见《孕妇被怀疑上班时吃苹果遭解雇》，《现代快报》2008 年 4 月 4 日。

　　这个案例首先涉及《劳动法》第 25 条和《劳动合同法》第 39 条的相关规定及适用解读。《劳动法》第 25 条"劳动者有下列情形之一的，用人单位可以解除劳动合同"的第 2 项规定："严重违反劳动纪律或者用人单位规章制度的"。在《劳动合同法》第 39 条中规定为"（二）严重违反用人单位的规章制度的。"上班吃苹果算不算"严重违反用人单位的规章制度的"？当用人单位的规章制度明确规定"在工作现场吃东西者"即可解雇时，是否符合法律条文中"严重违反用人单位的规章制度的"的立法精神和法定尺度？即便是这两项都能得到肯定，还会涉及《劳动法》第 29 条的解雇保护条款，即"劳动者有下列情形之一的，用人单位不得依据本法第 26 条、第 27 条的规定解除劳动合同"中的第 3 项："（三）女职工在孕期、产期、哺乳期内的"同样的内容在《劳动合同法》第 42 条中作出了同样的规定。法院的判决显然是将此类规定作为了明确的法律依据，因而也就可以显而易见地作出有利于怀孕女职工的判决。但是，该项立法依然存在着不确定的因素——明确排除了《劳动法》第 25 条的相关情形，这样的排除在《劳动合同法》中同样存在。

　　据此，问题的实质可以直接表述为：女职工在怀孕期间，即便出现法律规定的"严重违反用人单位的规章制度的"情形，用人单位也不能解除其劳动合同。对此，实践中并不统一，相同事例的不同判决不时出现在不同时间和不同地区的仲裁或者法院裁决中。在笔者看来，即便女职工在怀孕期间"严重违反用人单位的规章制度"，用人单位也不能解除其劳动合同，因为在特殊时期的保护女职工特别权益的价值远高于用人单位的一般解雇权。

（二）女职工孕期调岗案

　　在虎门一家布料市场做文秘的晓玲在 2008 年 1 月得知自己怀孕后，为了防止辐射，她有意识地减少打字和复印工作，但公司想就此解雇她。双方几番交涉后，公司安排她去做卫生监督员。不过刚做一个星期，公司又要求她去做清洁工作。该公司给晓玲发了一个新的职位说明书，说明书上明确其工作任务是清洁工的工作。"让一名原本做文秘的孕妇去做清洁工，我觉得公司这种做法太不人道。"晓玲说她不能接受这份工作，但去找公司理论也得不到妥善解决。①

　　29 岁的李华在忠进国际货运（福建）有限公司厦门分公司上班，是名海运客服人员。2007 年 12 月 21 日，公司负责人突然通知让她不要再过来上

---

　　① 参见《女文秘怀孕后被安排做清洁工作》，《南方都市报》2008 年 3 月 4 日。

班了，说她不适合现在的岗位，不能胜任。12月24日，李华找到了经理徐悦，说自己已怀孕6个月，按《劳动法》，是受到保护的。然而，当天晚上公司就给她出具了一张调岗通知书，让她去销售部上班，做业务。挺着大肚子，怎么去做销售呢？于是，李华拒绝了公司领导安排的新岗位。她认为，这是公司故意刁难她。①

这两个案例都涉及用人单位在女职工怀孕后调换其工作岗位的情形，而且都是从"二线"调换到"一线"，从管理调换到生产。这样的调换是直接与女职工劳动保护立法背道而驰的。《女职工劳动保护规定》第7条要求用人单位"对不能胜任原劳动的，应当根据医务部门的证明，予以减轻劳动量或者安排其他劳动——在劳动时间内应当安排一定的休息时间"。《女职工劳动保护特别规定》第6条要求"女职工在孕期不能适应原劳动的，用人单位应当根据医疗机构的证明，予以减轻劳动量或者安排其他能够适应的劳动——应当在劳动时间内安排一定的休息时间"。这些规定的立法意图是明确无误的，即要求用人单位在此期间调整女职工岗位的前提是"女职工在孕期不能适应原劳动的"，调整的方式是"予以减轻劳动量或者安排其他能够适应的劳动"，调整的目的是为了女职工在孕期既能胜任相应的工作，也能顺利地孕育胞儿。用人单位出于其他动机，对女职工在孕期的工作岗位作出反向调换，显然是与法相悖的。

如果我们对照《劳动法》或者《劳动合同法》关于"劳动者不能胜任工作，经过培训或者调整工作岗位，仍不能胜任工作的"情形是用人单位解雇劳动者的条件，就会更加清楚地认识到立法对于女职工孕期保护的制度和力度。记得几年前在一次讲座中，有人问到他们的老板在女职工怀孕时将其工作量增加一倍的问题时，笔者的回答简单明了：这位老板变态。

还有一种另类的调换：怀孕3个月时，杨老师喜滋滋地把这个消息告诉全班学生。毛毛（化名）就在这个班读书。毛毛妈一听说这消息，脸就黑了，忙给家长联盟会的铁杆盟友们打电话商量："我们自己都是过来人，虽说杨老师平时挺负责的，但现在快进入毕业班，保胎、哺养等，这一年她肯定没精力好好管学生！"结果10名家长一联合，就给校长写信要求换班主任。一些家长进校前就摸过底，发现班主任老师已结婚没生育就提前要求换班！中学校长除了排课表，还排计划生育表。把全校已结婚未生孩子的老师全部"抓"出来排排队，并向她们发出提示，想要生孩子的提前申请。育才中学郝老师今年就动用了预怀孕期。"我刚带完一届学生。校长对我说，如

---

①　参见吴泗海等《工厂怀疑怀孕女工骗福利将其调离原岗》，《厦门商报》2008年1月3日。

果还不准备生孩子，那就接手今年的初一新生，但要考虑清楚，一带就是三年；如果计划要生的，那不管现在有没有怀孕，马上调换到行政岗位工作，今年我们学校 3 个老师都从一线转到行政岗位。"① 这些家长为了孩子的成绩几近于不管不顾，但她们的这些做法似乎与孩子的成长与成才是背道而驰的，并且给孩子们树立了一个不正确的社会价值观。考虑到这些"妈妈"们也是女性，我们只得再多说一句：女人，要对自己好一点。②

（三）女性怀孕拒录用案

屈女士 2004 年 11 月她报了国家公务员岗位，并通过了国家公务员笔试考试。今年 3 月在用人单位举行的笔试和面试考核中，屈女士也都顺利通过。3 月 15 日，屈女士被列为拟录用人员。她对记者说，如果体检和户口考核都合格的话，她就可以顺利走上公务员岗位了。可是第二天，她发现自己怀孕了，于是在第三天的体检中她就没有进行 X 光检查。当她把体检报告送到单位时，单位问她为什么没有 X 光检查结果，她如实告诉单位是因为刚发现自己怀孕了，怕对孩子有影响。当时单位让她等待审核结果，但随后单位又告诉她，她目前的身体状况不适合这项工作，决定对她暂不录用。屈女士表示不解，国家公务员体检须知第 7 条上明明写着，女性怀孕或可能已受孕者，事先告知医护人员，勿做 X 光检查。这项规定应该说明国家机关并不排斥待孕妇女，报考单位难道是因为屈女士怀孕而不予以录用吗？人事部公务员管理司工作人员回答道："在国家公务员考试中，人事部只负责制订招考政策，具体录用原则由用人单位自行定夺，而招考政策中并未限制待孕妇女的报考权。"用人单位人事处称，之所以对屈女士做出暂不录用的决定有两方面原因：首先，用人单位是否和屈女士签订录用合同还需进一步考核；其次，屈女士目前的身体状况难以满足工作岗位的要求。屈女士报考的岗位需要从事大量的外勤工作，工作任务量大，而且用人单位也急需用人。屈女士现在已经怀孕，这样就无法参加即将开始的岗位培训，也无法立刻投入工作。③

2004 年 8 月初，刚刚大学毕业的唐女士在老家办理过结婚登记后，进入商务部人事教育劳动司办公室工作。在 11 月的一次体检中，她被检查出已

① 参见《小学班主任怀孕，家长要求换人》，《钱江晚报》2007 年 11 月 24 日。
② 黎建飞：《女人，要对自己好一点》，http://www.rucdpls.com/blog/home.php? mod = space&uid = 4&do = blog&id = 357，最后访问日期：2012 年 8 月 31 日。另：《单飞妈咪》的作者陈敏甄在书中也写到："歧视我们的，多数是女人。"《单飞妈咪》，中国人民大学出版社，2012，第 20 页。
③ 参见《孕妇报考公务员被暂缓录用》，《北京青年报》2005 年 3 月 28 日。

怀孕，她和丈夫商量后决定要把孩子生下来。她把自己的情况向领导做了汇报后，办公室的李主任多次找她谈话，明确表示希望她要么打掉孩子，要么离开商务部。很快办公室主管领导表示，司里已通过司务会决议，唐女士负责的文件流转工作已另有其他安排。"从 2004 年 11 月底到 12 月初，单位领导多次说让我回家。可我觉得我不能这么不明不白地走。"但是司里随后调整了唐女士的座位，她不能接触文件，开会也被排除在外。2004 年 12 月 17 日上午，办公室主任通知唐小姐说司里已决定取消她的录用资格，要求她中午 1 时前交出钥匙和工作证。①

这两个案例都是因女性怀孕而影响其求职和录用的，后一个更加准确地说是已经录用且有了"工作证"，上班数月的女职工怀孕后被单位"取消她的录用资格"的。用人单位在女性求职中设置或者增加"怀孕"条件——准确地说是"不得怀孕"的条件，同样是对女性合法权利的严重侵犯，是如同因女性怀孕而解除劳动关系一样的严重违法行为。女性怀孕是人类延续自身的必然前提，而延续人类自身即人类的再生产是人类一切生产活动的根本目的和本质追求。当女性单方面承担了人类这一共同的根本性任务时，人类社会必须为女性承担相应的责任。因此，在这类案件中，用人单位的做法在某种意义上是具有"原罪"的，即从根上就是错误的和违法的，任何理由和借口也都是不能成立的。②

（四）女职工怀孕降薪案

31 岁的王女士是中国农业大学的博士，她的职务原是公司研发部开发软件的项目经理，每月近 8000 元的高薪。因为 3 月份生小孩休了四个月的产假，7 月 5 日回单位上班没几天，公司就要求她当技术含量低的测试工程师，

---

① 参见张卉《女公务员怀孕后被取消录用资格状告国家商务部》，《北京晚报》2005 年 3 月 28 日。"准妈妈告商务部瞭了法官"：专家点评：解雇孕期职工违法，此案要分两种情况。各个行业的女性职工都受到国务院颁布的《女职工劳动保护规定》的保护，不论是不是公务员。如果单位因为女职工在孕期将其开除或者解雇，都是违法的。这个案件分两种情况来看，一是唐女士被取消公务员资格时还没有与商务部建立正式的录用关系，那么商务部可以以唐女士不符合录用条件为由不予录用；另一种情况是唐女士已经与商务部建立录用关系——包括试用期在内，在这期间如果由于唐女士怀孕而取消其录用资格，便是侵犯了唐女士的合法权益。——人民大学劳动法学专家黎建飞。（《法制晚报》2005 年 4 月 1 日）

② 参见"今年毕业的大学生孙琳琳在一次人才交流会上，对一家公司的财会职位很感兴趣。然而负责人却在面试时向她提出，必须五年内不得怀孕，否则将不予录用。为了防止口说无凭，对方还提出将以书面的形式签订一份协议，孙琳琳因为求职心切最后还是答应了这个要求。"《生孩子就要丢工作：女性困惑映射社会问题》，新华网北京频道，2005 年 3 月 8 日。

理由为休假过长对近段研发工作业务不熟。王女士不乐意，因为测试工程师每月工资只有 3000 多元。"8 月份我只得做测试工作，公司月底要按测试工程师的标准给我发工资，因为我一直没有同意调岗，所以不同意按这个标准发，9 月初公司就给我发待岗通知了。"王女士待岗每个月只有 500 多元。因为不能找别的工作，她觉得目前的处境很困难。①

2001 年 6 月，在重庆万州赛德国际学校担任小学部数学老师的庞红，怀孕三个月后接到了学校通知让她休息一年。但是，休息就意味着失去每月1850 元的收入，只能拿每月 500 元的基本工资。庞红觉得还能胜任工作，不愿意这么早就休息。经过一番争取没有结果后，她还是接受了学校的安排。她 9 月份拿到 500 块钱工资，但到 10 月份再去领工资时，没有从学校再领到一分钱。没有产假的工资待遇也就算了，等孩子出生后，身体一恢复就去上班，问题也不大。可让她意外的是，宝宝都快两岁了，学校仍然在推托。学校先是以不好安排为由让她等待。而后学校又有了新的说法，说他们之所以不让这位教师重新上班，是因为他们认为教师在生育后可能会影响教学水平。②

在这两个案例中，怀孕和哺乳女职工权益受到侵害的事项有三：一是被用人单位调换了工作岗位；二是失去了原有的岗位，进而降低了工资；三是在生育后不能回到原岗位，进而失去了工作。在这三个方面，用人单位都是违法的，都构成了对女职工权益的侵犯。

首先，工作岗位是劳动关系中的重要内容，一经约定即具有法律效力，任何一方都无权随意变动。在这上面，一般的劳动关系，普通的劳动者尚且如此，处于特殊时期的女职工应当更加受到法律的特别保护。

其次，女职工在怀孕和哺育的特殊时期中，身体素质、心理状况都会发生一些变化，其本人和家庭的经济负担也会增加。正是基于这些因素，法律才把这些期间作为女职工劳动保护的特殊时期，给予她们不同于一般劳动关系中的普通劳动者的特殊保护。③ 1988 年的《女职工劳动保护规定》第 4 条关于"不得在女职工怀孕期、产期、哺乳期降低其基本工资"的表述在当时应当说是清楚和完善的。因为当时的"基本工资"几乎就等于是职工的总收

---

① 参见《女博士休完产假月薪锐减 7 千 称被企业变相解聘》，《北京娱乐信报》2004 年 9 月 24 日。

② 参见《做了母亲就下岗》，《央视国际》2003 年 11 月 13 日。

③ 针对孕妇生育期间的生理急剧变化、体力消耗、精力极度紧张等情况，为了平安分娩和产后的恢复，日本劳动标准法规定了保证休养和产前、产后的休假制度。女工在预产期 6 周前，就可申请休假。分娩当天算产前日期。产期推迟，产前休假延长。日本的产后休假与产前休假不同，因产后休假是受法律保护的，所以无须申请。分娩 5 周后，本人提出申请时，就可让其从事医生认为无影响的工作。产假的工资，如集体合同、就业规则中有产假有薪规定，就可领取工资。依据健康保险法的规定，生育前后 6 周内的假期，可领取标准报酬的 60%。

入，不得降低其基本工资也就等同于不得降低工资或者说其全部收入。并且，在当时以国营企业为主体的经济体制中，工作岗位的变动比今天灵活，用人单位的确可以单方面地调配职工的工作岗位，但关键点在于：工作岗位的变动与工资无关！即工资是不随岗位的变动而变动的，除非是级别调整且就高不就低；或者除非是你犯了错误，把降级降薪作为处罚手段。现在，客观情况发生了变化，用人单位早已有了工资的自主权，但这个自主权不是单方面调整职工工资的权力。同样，用人单位以其自己定义的"基本工资"范畴来解释基本工资，从而达到降低女职工在特殊时期的实际工资的做法，也是与立法精神和立法原意相背离的。

再次，在怀孕女职工生育后，用人单位通过不让其回到原工作岗位，通过变换工作岗位来降低哺乳期女职工的工资，通过待岗等方式迫使其自行离职的做法也是与法相悖的，的确是一种"变相解聘"。我们即便是承认用人单位所谓"休假过长对近段研发工作业务不熟"、"生育后可能会影响教学水平"的说法，也得不到用人单位所希望的结论，因为当法律规定"不得在女职工因怀孕期、产期、哺乳期降低其基本工资"时，已经明白无误地考虑到了她们的这些情况。换言之，女职工因怀孕期、产期、哺乳期而影响工作或者工作能力的，用人单位也不得"降低其基本工资"，这正是女职工特殊劳动保护的特别之处。①

（五）女职工怀孕解雇案

1999年9月，张某与该航空公司签订劳动合同，担任乘务员工作，期限

① 在德国，产前不允许雇佣准妈妈从事繁重体力劳动，从事损害身体健康的放射性、粉尘性、气体或蒸汽、热、冷或湿、震动或噪声工作。孕妇保护法列举了一系列准妈妈不能从事的工作：（1）用手或无机械帮助，经常搬运超过5公斤的物品，或偶尔搬运10公斤以上物品；（2）怀孕5个月后，如果工作时间一天超过4小时，而且准妈妈大部分时间必须站立的工作；（3）准妈妈必须得连续伸臂或弯腰的工作，或长时间蹲坐的工作；（4）由于怀孕容易导致职业病的工作；（5）怀孕3个月后，载货或载客的机动车工作；（6）容易发生事故的工作，尤其是容易发生滑倒或摔倒的工作。准妈妈不能从事计件工作或其他靠工作速度获得较高报酬的工作。
雇主必须在工作场所采取一切措施安装和维持安全，以保护准妈妈和哺乳母亲的生命和健康，这也适用于其他设施，例如洗手间、食堂和通路，也包括其使用的工具。工作的内容和方式也必须有利于保护孕妇和生育后妇女的生命和健康，尤其要考虑工作性质、期限、位置和速度、倒班、防护服。如果工作要四处走动和站立，例如商店，必须为雇员安排座位使她每隔一段时间能够坐下稍作休息。如果工作是坐着的，如速记打字员，必须每隔一段时间有站立和四处走动机会。准妈妈和乳母如在农田工作，她得有躺下休息的机会，在休息时有适当的休息房间。

至 2002 年 12 月止。2002 年 1 月 17 日，张某登记结婚。几天后，她参加体检时却被发现已怀孕，航空公司以张某未婚先孕，违反了公司的内部规定，属违纪行为，取消了她的飞行资格并作待岗处理，从 5 月起按最低工资标准支付劳动报酬。去年 11 月 4 日，张某收到退工通知单。①

　　这个案例的特殊性在于"未婚先孕"。"未婚先孕"是否违反了"公司的内部规定"或者是否"属违纪行为"且先不论，这里需要考虑的仅仅是"未婚先孕"的女职工是否也属于法定"怀孕期、产期、哺乳期"的保护对象？②

　　回答是肯定的！法律对于怀孕期、产期、哺乳期的女职工提供特殊的劳动保护，其法律依据主要在于这些时期中女性所特有的生理和心理状态和生理与心理需求。这些特定的生理和心理现象只与是否怀孕有关，而与婚否怀孕无关。无论结婚与否，怀孕后的女职工的特殊需要都是别无二致的，既不会因为结婚而增加，也不会因为未婚而减少。因此，在对女职工处于特殊时期进行特殊保护时，需要明确地排除道德因素和道德考量。唯一需要确定的只是女职工已经怀孕这一基本事实，并据此给予特殊的劳动保护。在女职工的怀孕期、产期、哺乳期如此，在女职工流产，并因流产需要给予特殊的劳动保护时更应如此，更应明确地排除道德或者其他要素的考虑，仅在确认事实的基础上提供全部的法律保护即可。

---

①　参见李鸿光等《空姐未婚先孕被退工　航空公司被判赔偿 1.5 万元》：该案由张某起诉到法院后，上海市静安法院认为航空公司工作有一定特殊性，可以制定针对怀孕乘务员的工作安排的内部规定，让他们改从事地面工作或酌情安排休息，但并不能作为对张某待岗处理的依据，由此判决航空公司支付张某工资、工资差额和晚退工损失共计 1.5 万余元。《新民晚报》2004 年 2 月 2 日。

②　《浙江省人口与计划生育条例》第 52 条规定，"不符合法定条件生育的，除按本条例规定缴纳社会抚养费外，产假期间不发工资，妊娠、分娩等一切费用自理，取消其他生育福利待遇，男女双方各处以降级以上的行政处分，直至开除公职。县（市、区）人民政府可以在其职权范围内规定其他限制措施。"

中国妇女社会权利保障的历史变迁

赵建文[*]

在中国不同历史时期，妇女的社会地位、权利意识和权利保障情况各不相同。揭示中国妇女社会权利保障的历史变迁，对当前和今后改善中国妇女社会权利的保障状况是有意义的。

一 中国古代：妇女没有权利意识、社会地位低下

早在夏、商、周时期，父系权力与财富的传承制度、一夫一妻多妾的婚姻制度已经形成，男尊女卑已经成为社会传统。妇女没有独立的人格和身份地位，被排斥在社会政治生活之外，没有独立经济来源，也没有社会权利可言。"三从四德"的女子行为规范、缠足、童养媳等陋习长期影响着古代中国妇女的身心健康和生存发展。

（一）"三从四德"对妇女社会地位的不利影响

在有关周代典章制度的经典中就有了"三从四德"的妇女行为规范。

"三从"是指"未嫁从父、出嫁从夫、夫死从子"。"未嫁从父"是说，女子在出嫁前要服从、孝顺父亲。例如婚姻大事要听从"父母之命"。"出嫁从夫"意思是说出嫁后要服从、辅佐丈夫。汉朝孟光对丈夫梁鸿"举案齐眉"广为传颂。"夫死从子"是说如果丈夫先去世，要顺从儿子。对寡妇而言，"从子"是"从夫"的延伸。她不得改嫁，要遵从作为一家之长的儿子，由儿子决定重大事情。

---

[*] 中国社会科学院国际法研究所。

"三从"使得妇女没有独立法律人格或权利主体资格。在家中没有男人的情况下，女人听到家里是否有人的询问时，只能回答"家里没有人"，有男人在家才能回答家里有人。没有权利主体资格，也就谈不上享有权利的问题。在政治上，女性绝对地被排除在国家权力系统之外。王位或家族的传承、财产的继承完全是"父死子继"或者"兄终弟及"的男性继承制。女性没有独立的政治或经济地位。

四德是指妇德、妇言、妇容、妇功。汉班昭《女诫·妇行》："夫云妇德，不必才明绝异；妇言，不必辩口利辞也；妇容，不必颜色美丽也；妇工，不必技巧过人也。幽闲贞静，守节整齐，行己有耻，动静有法，是谓妇德；择辞而说，不道恶语，时然后言，不犬于人，是谓妇言；盥浣尘秽，服饰鲜洁，沐浴以时，身不垢辱，是谓妇容；专心纺绩，不好戏笑，洁齐酒食，以供宾客，是谓妇功。"

"四德"中首要的是"妇德"。妇德的核心是贞节要求。宋朝理学家们在全社会提倡"饿死事极小，失节事极大"，并将贞节观上升为礼教的核心。到明清时期，国家表彰贞妇烈妇，对妇女的贞节要求达到了极致，女性被要求"从一而终"。

"三从四德"是歧视妇女的古代封建礼教，其作用是维护父权、夫权制家族或家庭的利益、维护男尊女卑的社会等级秩序，进而维护整个古代封建专制制度。

（二）缠足对妇女社会地位的不利影响

在封建社会形成的对妇女权利影响很大的一项陋习是女子缠足。女子从五六岁开始用布缠足，使两足只有拇指能伸直，其余四指卷附于前脚掌，整个脚部呈锥形。当时的社会风尚以小脚为美，有"三寸金莲"之称。不缠足的大脚女子，通常是嫁不出去的。

中国女子缠足的习俗对妇女身心健康产生终身不利影响。童年缠足痛苦难忍，长大以后无法正常行走，无法同男子一样从事对体能要求较高的农业、手工业劳动，弱化了女子谋生的本领，强化了男主外、女主内的角色定位和女子的依附地位。缠足和"四德"中的"妇功"相一致。女子只好"专心纺绩，不好戏笑，洁齐酒食，以供宾客"。

（三）童养媳对妇女社会地位的不利影响

童养媳是指由婆家养育幼女，待到成年后转变为儿媳妇的一种习俗。形成童养媳现象原因很多，一是贫穷，养童养媳的家庭家境贫寒，儿子长大后娶亲付不起聘礼；贫穷的人家生下女儿无力养活或长大后出嫁支付不起嫁妆，就趁早把她送给或卖给别人家。富裕人家不会养童养媳，也不会把女儿送为或卖为童养媳。二是女子在古代社会地位底下。如果仅仅因为贫穷，是无法解释为什么没有普遍出现"童养婿"现象的。如果男女平等或女子社会地位高于男子，是不会形成童养媳现象的。

中国古代没有婚姻自由，童养媳就更谈不上结婚和离婚自由。童养媳在结婚前处于"被养"的地位，结婚后仍然受"童养媳"身份的影响，在家庭和社会上处于受歧视的地位。童养媳现象不仅影响童养媳个人地位，对全社会的妇女地位都有不利影响。

由于古代社会确立了"三从四德"、缠足等社会规范或习俗，妇女地位低下。社会对生男生女的态度不一样，家里添了男孩叫"大喜"，添了女孩叫"小喜"，溺死或遗弃女婴的现象较多。受教育、担任公职的"权利"专属于男子，从事社会交往的"权利"也专属于男子，妇女没有社会权利可言。正是在这样的背景下，才有"花木兰"女扮男装替父从军，"冯素贞"女扮男装考取状元还被招为驸马，"祝英台"女扮男装外出求学爱上梁山伯演绎了传奇爱情悲剧。她们之所以扮为男子，是因为女子没有从事这些活动的资格。

在古代社会，中国妇女没有权利意识，没有出现妇女争取社会地位的斗争。当时的中国人似乎认为男尊女卑是命中注定的。和中国人用"阴阳"学说看待万事万物一样，认为男人与女人地位不同，也像太阳与月亮有差别一样是自然形成的。男人生来就应该统治女人，女人生来就应该依附于男人。在这种观念支配下，古代社会女子的"幸福感"可能并不很低。

二　中国近代：妇女萌发权利意识，妇女解放运动兴起

1840 年鸦片战争，帝国主义列强的坚船利炮轰开了中国的大门。中国失败，沦为半殖民地半封建社会。东西方制度和理念碰撞，中国妇女萌发权利意识。

（一）戊戌变法：中国妇女开始觉醒，妇女解放初现端倪

甲午战败的国家危机直接刺激着以康有为、梁启超等为代表的维新志士。他们要求变法维新，包括倡导妇女解放，并以不缠足和兴女学为妇女解放的突破口。救亡图强的知识精英提出改变"母弱种弱"的良方。梁启超明确指出：兴女学培养女子，"上可相夫，下可教子，近可宜家，远可善种，妇道既昌，千室良善，岂不然哉！"[1]

---

① 梁启超：《倡设女学堂启》，《梁启超选集》，上海人民出版社，1984，第 51 页。

在维新志士的倡导与支持下，以康同微、裘毓芳等为代表的先进女性，在上海创立了中国第一个以妇女为主体的团体——"女学会"。1898 年 3 月，《新闻报》刊登《中国女学会书塾章程》一文，"中国女学会"正式见诸报端。1898 年 6 月 11 日，光绪皇帝颁布"明定国是"诏书，"百日维新"开始。中国女学会办了两件大事：一是在上海创办了中国人自办的第一所女学堂；二是是创办了中国历史上第一份妇女报纸——《女学报》。1898 年 7 月 24 日，《女学报》正式创刊。戊戌变法失败后，学会停止活动，报纸停刊。

20 世纪初，蔡元培等人在上海成立中国教育会，将创办女校列入议事日程。清政府在内忧外患的情况下，1907 年 3 月 8 日，中国第一部由官方颁布的女学堂章程——《学部奏定女子小学堂章程》26 条和《学部奏定女子师范学堂章程》36 条颁行全国。这是首次正式把女子教育纳入国家教育体系，女性被长期剥夺的教育权，开始得到法律的承认。

虽然中国妇女开始觉醒，但当时女性的声音是极其微弱的，女权基本上要靠男性来倡导，广大妇女没有权利意识。中国妇女解放的先驱秋瑾曾悲愤地写道："二万万的男子，是入了文明新世界，我的二万万女同胞，还依然黑暗沉沦在十八层地狱，一层也不想爬上来。足儿缠得小小的，头儿梳得光光的；花儿、朵儿，扎的、镶的，戴着；绸儿、缎儿，滚的、盘的，穿着；粉儿白白，脂儿红红的搽着。一生只晓得依傍男子，穿的吃的全靠着男子。身儿是柔柔顺顺的媚着，气虐儿是闷闷的受着，泪珠儿是常常的滴着，生活儿是巴巴结结的做着。一世的囚徒，半生的牛马。"即使"那安富尊荣、家资广有的女同胞""虽然安享，也没有一毫自主的权柄""总是男的占主人的位子，女的处了奴隶的地位"①。

（二）辛亥革命：中国妇女萌发权利意识，妇女解放取得进展

辛亥革命时期，中国妇女解放的理论和实践有所进展。例如：

1. 放足：免于奴役、保障健康权

据说清朝道光年间（1821 年），由外国人开办的耶稣教会提倡"天足"，反对缠足，但影响甚微。19 世纪末年，康有为、梁启超等维新派在上海、广东发起成立"天足会"，有一定影响。光绪二十年（1894 年），宣传放足的大众性读物——《劝入脚图说》由上海书局石印出版，但未能广泛传播。辛亥革命后，社会舆论普遍认为，缠足使女性成为"废人""病夫"，"乃愚乃顽，乃怯乃惰"，严重侵犯女性的身心健康。当时妇女刊物认为，缠足不仅

---

① 秋瑾：《敬告姊妹们》，《中国女报》第 1 期，1907 年 1 月 14 日。

残害了妇女本人，使"终生为废人"，而且祸及下一代的健康。因为"缠足之母，运动不灵，血脉停滞，人人皆病夫。所生儿女，亦瘵弱夭昏，多不获尽其天年，其得成立者类多病夫"①。如此下去，还不改革，如何雪"彼东方病夫"之耻？因此，欲争女权，首先就应铲除缠足陋习，"近今同胞尚不能保全其肢体而摧残削弱之，遑论权利"。②

辛亥革命后，国民政府采取了一系列措施，逐渐废除了缠足陋习。

2. 以"天赋人权"说争取权利

女性权利意识的觉醒，是实现妇女权利的关键。辛亥革命给妇女解放提供了契机，男性思想家的倡导对妇女解放起到了启蒙和推动作用，但如果没有秋瑾等先进女性主体意识的觉醒，没有广大妇女同胞的行动，放足、兴女学等主张将永远停留在观念形态上而不能变为现实。

先进妇女抨击封建礼教，要求恢复女权的理论根据就是"天赋人权"说。她们指出：天之生人，无论男女，原本无轻无重。只因后世创为"天高地卑"，扶阳抑阴，"女界同胞遂退处于劣败之地，而究非天演公例也"。"恢复其天赋之权，并非为非分之要求"。③"男女同生天地间，同有天赋之权利，同有争存之能力"。④西方人权理论的传播，特别是斯宾塞的《女权篇》，约翰·弥勒的《女人压制论》等专门关于女权的学说的流行，大大促进了近代中国先进女性权利意识的觉醒。

3. 将妇女权利与国家地位相联系

面对国家危机，中国先进女性深深地意识到不应再局限于"贤妻良母"的社会角色。他们指出："亡国之惨，一国之男子固受其祸，一国之女子亦受其祸。故国亡而不能补救，则匹夫匹妇，皆与有罪；而国将亡而思补救，则匹夫与匹妇，皆与有责也。"⑤"男女各半，国民二字，非但男子负此资格，即女子亦纳此范围中。文明之国，男女有平等之权利，即有平等之责任"。⑥

---

① 竹庄：《论中国女学不兴之害》，张枬、王忍之：《辛亥革命前十年间时论选集》第1卷下册，三联书店，1960，第923页。
② 柳亚子：《黎里不缠足会缘由》，载李又宁、张玉法《近代中国女权运动史料》，台北传记文学出版社，第867页。
③ 江纫兰：《说女子参政之理由》，《妇女时报》第8期，1912年9月25日。
④ 竹庄：《论中国女学不兴之害》，张枬、王忍之：《辛亥革命前十年间时论选集》第1卷下册，三联书店，1960，第923页。
⑤ 柳隅：《留日女学生杂志题辞》，张枬、王忍之：《辛亥革命前十年间时论选集》第3卷，三联书店，1963，第833页。
⑥ 《论文明先进女子》，载中国妇联《中国妇女运动资料》（1840~1918），中国妇女出版社，1991，第212页。

与此相联系，当时的中国知识精英们还认识到妇女权利状况关系国家的文明程度高低和国力强弱："女权愈振之国，其国愈文明；女权愈衰之国，其国愈衰弱。"①

然而，辛亥革命时期广大妇女的权利意识比较淡薄。辛亥革命后中国妇女提出一系列的权利要求，有实现的，如废除缠足，也有未能达到目的的，如妇女参政。辛亥革命"冲击"了封建礼教，并没有根本动摇男尊女卑的旧制度。②

（三）"五四运动"：中国妇女权利意识增强，妇女解放运动蓬勃兴起

与辛亥革命时期的妇女运动有比较浓厚的"男性特色"不同，"五四运动"时期的女性解放运动开启了"女性的发现"。"五四运动"是爱国运动、新文化运动同时也是妇女解放运动。"五四运动"时期妇女解放取得了多方面的进展。例如：

1. 抨击封建礼教

鲁迅在五四时期写了以妇女为主题的三部小说：《祝福》《伤逝》和《离婚》，无情地揭露了封建礼教的本质和社会危害性。这一时期对封建礼教宣战的浩大声势，唤醒了妇女争取人权的意识，加速了妇女解放的进程。

例如：五四运动在破除封建礼教的贞操节烈观方面发挥了巨大作用。胡适在五四时期旗帜鲜明地批判愚昧的封建贞操节烈观。他以在美国的亲身经历对当时北洋政府仍在搞"表彰节烈"发出了声讨檄文，指出《褒扬条例》鼓励女人自杀殉夫，是"野蛮残酷的法律"，腐儒作文劝人作烈女，是"罪等于故意杀人"。鲁迅在《我之节烈观》中无情地抨击表彰节烈妇女的妖风，揭露封建礼教对妇女的残酷迫害："把女子多当作男子的物品，或杀或吃，都无不可。"

2. 教育权男女平等

"五四"以前，中国只有协和女子大学、金陵女子大学、华南大学、女子高等师范学校等少数几所女子高等学校，并且这些学校与招收男生的大学的教育不同，是以培养贤妻良母为宗旨的，家政科是必修课程。这种教育制度引起了广大青年学生尤其是女青年的不满。当时的思想界、教育界，认为男

---

① 竹庄：《论中国女学不兴之害》，张枏、王忍之：《辛亥革命前十年间时论选集》第 1 卷下册，三联书店，1960，第 924 页。
② 参见徐辉琪《辛亥革命时期妇女的觉醒与对封建礼教的冲击》，载《近代史研究》1994 年第 4 期，第 131～135 页。

女才智愚庸既无差异，教育即不应因男女而有别。女校重家政和美术、轻科学的倾向应当改变。后来，家政科降低了它的地位，慢慢由必修科变成选修科了。

"五四"运动时期，"大学开女禁"的要求，从上海至北京、天津等地，产生了广泛影响。女青年们一方面从事宣传，一致向各大学一再呈文请求。1919 年初，北京《晨报》对大学开放女禁展开了专题讨论。五月，甘肃女青年邓春兰给北大校长蔡元培写信，要求北大招收女生，实行男女同读。同年夏，另一女青年王兰毅然求见了北大教务长陶孟和，申请进北大学习。几经波折，她成了大学男女开禁后的第一位女大学生。中国高校男女不能同读的清规戒律被打破。到次年 3 月，共有九名女生入北大学习，各地公、私立大学纷纷仿效。1920 年秋，各大学及专门学校都已开放女禁。北京女子师范学校也升为女子高等师范。

"五四运动"后成立的中国共产党，继承了和发扬了"五四运动"的科学、民主和人权的精神。

三 中国现代：妇女权利意识普遍增强，妇女解放取得巨大成就

新中国成立后，占全世界妇女四分之一的中国妇女获得了历史性的解放。

（一）确立和贯彻男女平等基本国策

1949 年《中国人民政治协商会议共同纲领》第 6 条规定："中华人民共和国废除束缚妇女的封建制度。妇女在政治的、经济的、文化教育的、社会的生活各方面，均有与男子平等的权利。"从此，男女平等就作为中国的宪法原则和基本国策加以贯彻实施。

在婚姻家庭关系中，1950 年 5 月颁布的《中华人民共和国婚姻法》规定：废除包办强迫、男尊女卑、漠视子女利益的封建主义婚姻制度，实行男女婚姻自由、一夫一妻、男女平等、保护妇女和子女合法利益的新的婚姻制度。全国范围的贯彻《婚姻法》的运动，使中国社会几千年来男女不平等的婚姻家庭制度不复存在，妇女不再是"嫁鸡随鸡，嫁狗随狗"。《婚姻法》几经修改，男女平等原则得到了更好的贯彻。

在经济上，新中国在土地改革中，实行"按人口分配土地"的原则，在农村开展了广泛深刻的土地改革运动，广大农村妇女与男子一样分得了土

地。在中国农村实行集体生产的年代，男女劳动力同工同酬。在实行分田到户、联产承包责任制以来，男女有同等的承包田。在城市和工商业领域，男女就业机会均等，同工同酬。在中国从计划经济转向市场经济以来，市场经济给男女提供了相对公平的法律制度和共同的机会和舞台。在市场经济面前，凭本事吃饭，按贡献拿钱，工商界的女"白领"、男"蓝领"、女上级、男下级现象、家庭里的女主外、男主内现象比从前有所增加。①

在其他方面，男女平等原则的贯彻同样取得了成就。如在政治上妇女有与男子同等的选举权和被选举权，在教育领域男女入学和升学基本实现了平等。

新中国妇女在工农业生产、科学、文化、教育、卫生等各项事业中作出了极其重要的贡献，"半边天"成为全社会对妇女地位和作用的形象的赞誉。

（二）确立和完善有中国特色的妇女权利保障法律体系

1982 年《中华人民共和国宪法》第 48 条规定："中华人民共和国妇女在政治的、经济的、文化的、社会的和家庭的生活等各方面享有同男子平等的权利。国家保护妇女的权利和利益，实行男女同工同酬，培养和选拔妇女干部。"

1992 年《中华人民共和国妇女权益保障法》规定，"实行男女平等是国家的基本国策。国家采取必要措施，逐步完善保障妇女权益的各项制度，消除对妇女一切形式的歧视。"该法从社会主义初级阶段的实际情况出发，根据宪法，全面规定了妇女在政治、文化教育、劳动、财产、人身、婚姻家庭等方面的权益保障问题。2005 年十届人大对该法作了修正。此后，全国 31个省（区、市）根据新修订的《妇女权益保障法》分别完善了该法的实施办法。

《民法通则》《婚姻法》《继承法》《母婴保健法》《人口与计划生育法》等法律，国务院及所属部委颁布的行政法规或部门规章，地方政府制定的地方性法规，都有保护妇女权益、消除对妇女歧视的条款或内容。

当前，中国已经形成了以《中华人民共和国宪法》为基础，以《中华人民共和国妇女权益保障法》为主体，包括国家各种单行法律法规、地方性法规和政府各部门行政规章在内的保护妇女权益和促进男女平等的法律体系。

---

① 李德民：《中国妇女的地位》，《人民日报海外版》2005 年 1 月 12 日，第 1 版。

（三）制定和实施妇女发展纲要，把妇女发展纳入经济社会发展总体规划

1991 年联合国人类发展报告引入了"性别发展指数"，1995 年联合国人类发展报告增加了"性别赋权指数"，性别平等因素成为发展进程的一项指标。正是在这样的背景下，中国开始制定和实施妇女发展纲要。中国已经制定和实施了 1995～2000 年和 2001～2010 年的两个妇女发展纲要。目前正在实施《中国妇女发展纲要（2011～2020 年）》。这些纲要，是中国推进妇女发展的总体规划和履行国际承诺的国家行动纲领。

《中国妇女发展纲要（2001～2010 年）》确定了妇女与经济、妇女参与决策与管理、妇女与教育、妇女与健康、妇女与法律、妇女与环境六个优先发展领域。该纲要确定的主要目标都如期实现。《中国妇女发展纲要（2011～2020 年）》在上一个纲要 6 个优先领域的基础上，增加了"妇女与社会保障"领域。新纲要着力解决妇女生存发展中的新问题，"总目标"是"将社会性别意识纳入法律体系和公共政策，促进妇女全面发展"。重视社会性别意识问题，有利于实现男女平等基本国策。

《中国妇女发展纲要（2011～2020）》确定的各项目标已被全面纳入国家各项发展政策和计划之中。《中华人民共和国国民经济和社会发展第十二个五年规划纲要（2011～2015）》第三十六章设专节规定促进妇女全面发展的问题，旨在保证"落实男女平等基本国策，实施妇女发展纲要，全面开发妇女人力资源，切实保障妇女合法权益"。

（四）在实现男女平等的进程中对妇女实行特别保护

中国的妇女权利保障法治有两个基本原则：一个是男女权利平等原则。根据该原则，妇女在政治、经济、文化教育、婚姻家庭等方面享有与男子平等的权利；另一个是对妇女权益实行特别保护原则。确立特殊保护原则是因为在我国的现阶段，男女两性的社会地位实际上还存在某些差别，歧视妇女、虐待妇女、拐卖妇女的现象依然存在，就业、报酬、教育方面男女不平等的现象时有发生，有必要在立法上采取有针对性的（暂行）特别保护措施，以便实现男女权利的实际平等。例如，在离婚问题上，妇女享有与男子平等的离婚权利，但离婚给女方带来的困难往往大于男方。所以，《妇女权益保障法》第 45 条规定："女方在怀孕期间、分娩后一年内或者终止妊娠后六个月内，男方不得提出离婚。女方提出离婚的，或者人民法院认为确有必要受理男方离婚请求的，不在此限。"此外，对离婚时房屋的所有权，女方

的住房困难，责任田和宅基地的处理，以及子女的监护和抚养等问题，《妇女权益保障法》都根据男女平等、对妇女合法权益的特殊保护的精神，作了相应的规定。

（五）建立和完善促进男女平等和保护妇女权益的政府和非政府机制

1990 年 2 月，国务院成立了妇女儿童工作协调委员会。1993 年 8 月，为了突出该委员会的"工作"职能，更名为妇女儿童工作委员会。委员会主任通常由国务院一位副总理担任，成员单位由国家 33 个部门组成，委员由各成员单位的一名副部长级领导担任。目前，全国所有省（自治区、直辖市）、地（市、州、盟）和县（市、区、旗）人民政府均成立了妇女儿童工作机构。

中国政府重视发挥与促进男女平等、保护妇女权益有关的非政府组织的作用。中华全国妇女联合会、中华全国总工会、中国共产主义青年团中央委员会、中国残疾人联合会、中国科学技术协会等非政府团体，都根据其宗旨在全国范围内开展促进男女平等和保护妇女权益的工作。

中华全国妇女联合会是中国最大的促进男女平等和保护妇女权益的非政府组织。全国妇联的组织体系包括各级地方妇女联合会和团体会员，具有广泛的代表性、群众性和社会性。全国妇联和地方各级妇联在团结、动员广大妇女参与国家现代化建设、在代表和维护妇女权益等方面一直发挥着重要作用。

（六）融入妇女权益保障国际机制

1980 年 7 月 17 日中华人民共和国政府代表首批签署《消除对妇女一切形式歧视公约》，同年 11 月 4 日交存批准书。2012 年中国提交了《关于〈消除对妇女一切形式歧视公约〉执行情况的第七次和第八次定期合并报告》。

1995 年 9 月，中国政府成功地承办了联合国第四次世界妇女大会和非政府组织论坛，通过了《北京宣言》和《行动纲领》，扩大了中国妇女的对外交流，大大地推动了中国妇女运动的发展。中国于 2000 年 5 月向联合国提交了《中华人民共和国 1995 年第四次世界妇女大会〈北京宣言〉〈行动纲领〉执行成果报告》，2005 年 3 月提交了《中华人民共和国执行〈北京行动纲领〉（1995 年）和第二十三届联大特别会议成果文件（2000 年）情况报告》。

中国是一个发展中国家，男女平等的实现受到经济社会发展水平的制约，并且历史文化中残存的男女不平等的陈规陋习尚未完全消除，促进男女平等和妇女发展面临许多新情况和新问题，不同地区、不同群体妇女发展的不平衡现象比较明显，侵犯妇女权益的现象在一些地区仍然不同程度地存在。男女在法律上的平等并不等于实际上的平等。因此，真正全面实现男女平等基本国策是长期的任务，需要长期进行政治、经济和文化建设和创造其他条件。

英国妇女权利的法律保护

德利·达芬[*]

一 英国妇女权利保护的早期立法：1839～1928 年

在英国历史上，为争取妇女法律权利的努力最早可以追溯到 19 世纪。当时封建宗法社会已经结束，工业化社会的现代化要求进行理性化和民主化的改革以顺应时代发展的要求。社会变革，特别是中产阶级的快速崛起，使妇女的经济和社会地位发生了变化。随着女性接受教育程度的日渐提高，并且开始致力于在家庭之外的社会事务中发挥作用，她们要求进一步推行改革。活动家们关注的重点不仅包括已婚妇女在财产和子女方面的权利，而且还包括所有女性的选举权、受教育权和就业权利。

这场变革活动最初涉及已婚妇女的法律地位。根据英国普通法，在婚姻中丈夫和妻子成为一个人，而这个人就是丈夫。这一原则有多层含义。首先，在法律上，已婚妇女被视为未成年人，由其丈夫监护。她们不能作为公民与国家发生直接关系，也没有任何义务和权利。她们不能拥有财产。已婚妇女的婚前财产和婚后取得的财产都属于其丈夫所有。父亲是孩子的唯一监护人。丈夫有责任供养妻子和孩子；但是如果丈夫没有尽到抚养妻子和孩子的义务，妻子不能诉诸法律要求丈夫提供供养，因为在法律上他们是一个人。上层阶级的富裕家庭为了保护自己的女儿，有时会在女儿结婚时将财产托人代管。财产由受托人为了妻子的利益而保管，丈夫不能动用这笔钱。但是，这项制度的初衷是为那些拥有可观财富的土地贵族设计的，而与工人阶

---

* 德利·达芬，英国利兹大学。

级甚至是迅速壮大的中产阶级妇女无关。

普通法下已婚妇女法律地位的改变最早要归功于卡罗琳·诺顿夫人的非凡努力。卡罗琳·诺顿是一位受过良好教育的智慧女性，在她数年的不幸婚姻期间，曾多次遭受丈夫殴打，身体多处受伤，最终她于 1836 年与丈夫分居。[①] 当卡罗琳·诺顿得知她的丈夫有权抚养三个儿子并有权阻止她探望孩子时，她感到非常震惊。她的丈夫甚至对她的财产提出权利主张，包括分居后她的写作收入。卡罗琳·诺顿的家人虽然非常同情她的遭遇，但却无计可施。

诺顿夫人不是现代女权主义者，所以她的观点在当时还是很传统的。她相信男人优于女人，男人应该控制他的妻子和孩子。但是她痛苦的个人经历促使她开始为女性寻求婚姻中的公正。她学习法律并且记录下那些虐待女性的案例。正是由于她发起的这场运动，英国于 1839 年通过一项法案，规定在非常有限的情形下法院可以将不满 7 岁的孩子的抚养权判给母亲。但这只是漫漫长路的第一步。直到 1973 年英国颁布《未成年人监护法》，妇女在子女抚养权问题上才取得了法律上的平等权利。

诺顿夫人与其丈夫的财产纠纷为公众所知后，其他女性从中受到启发，发起了一项旨在保护已婚妇女财产权的立法倡导运动。这场立法运动与当时为妇女争取选举权的运动在同一时期进行，并且成为后者的绝佳理由。因为，女权主义者逐渐认识到，只有女性享有选举权，议会议员才会愿意听取她们的意见。事实上，议会中有一些坚定的支持者，比如哲学家约翰·斯图亚特·穆勒，他是《女性的屈从》一文的作者；但同时激烈反对者也大有人在。直到 1882 年英国颁布《已婚妇女财产法》，妇女才拥有独立的财产权、有权签订合同、可以作为原告和被告。此时，这场运动才取得了真正的成功。

《已婚妇女财产法》的颁行，意味着在法律上承认了已婚妇女拥有独立的人格。但是，它并不意味着在公共领域也承认女性应当与男性平等。比如在妇女选举权的问题上仍有不少人激烈反对，而 19 世纪 60 年代开始的争取选举权运动已经持续了几十年。[②] 1914～1918 年的战争迫使许多妇女进入各种就业领域，填补那些到前线打仗的男性留下的空白。这使得议会议员的观念开始改变，他们逐渐认识到妇女选举权的重要性。1918 年，30 岁以上的

---

① Margaret Forster, *Significant Sisters: The Grassroots of Active Feminism* 1839 – 1939, (Harmonsworth: Penguin, 1984).

② Harold L. Smith, *The British Women's Suffrage Campaign* 1866 – 1928, (Harlow: Longman, 1998).

英国妇女首次获得选举权，1928 年，所有的成年女子和男子享有平等的选举资格。

19 世纪女权运动关注的另一个领域是教育领域。妇女为接受更好的教育、获得更多的就业机会，以及选择职业的权利而发起的一系列运动并没有为她们争取到与男性平等的权利。不过，19 世纪的医学领域，20 世纪前二十年的法律、政治和会计领域已经为她们开启了大门。①

二　妇女权利：20 世纪 20 年代与 30 年代

第一次女权主义浪潮的胜利为妇女赢得了一些基本的法律权利；但是，它并没有很好地解决与妇女权利相关的其他问题，如就业歧视、低工资，以及已婚妇女特别是母亲在经济上对丈夫的依赖。提高妇女在这些领域的地位可谓困难重重，因为对此人们几乎达不成共识。

政府对妇女福利的有限的关注与妇女作为"人类母亲"的角色直接相关。布尔战争（1899～1902 年）爆发后，军队新招募士兵的不良健康状况使人担忧。因此，英国采取相关措施改善孕产妇和儿童福利待遇水平，以保存"帝国种族的质量"，这些措施在战争期间一直付诸实施。②

女权主义者及其左翼同盟促进妇女在经济上更加独立的计划，大多以失败告终。工会坚决支持"男性家庭工资"这一理念，基于这一理念建立的制度中，男性的工资要高于女性工资以使他们能够供养妻子和孩子。③ 过去，男性家庭工资只在由男性垄断的工作被采用，如造船和采矿业，以表明此工作的较高价值。在其他行业，例如男性老师，即使他们与女性同事处于同一级别，承担同样工作，其报酬也还是比女性同事的报酬要高。

家庭工资的设想带有限制妇女从事有偿工作机会的倾向。人们通常的期望是，妇女在她们结婚生子前可以从事全职工作。这就导致女性自身、她们的家庭和老师在教育与培训方面更加重视男性而忽视女性。无论已婚或单身女性，她们往往集中在服务业和低收入行业中就业，而那些女教师或女性公务员一旦结婚则被要求放弃工作。这使得已婚妇女更加依赖丈夫，再加上社会中已经存在的一些做法，如房产所有或租用只能登记在男性名下，使得婚姻关系非常不平等。另外，家庭工资制度对于有抚养家属责任的单身女性和

---

① Lee Holcombe, *Victorian Ladies at Work*,（Newton Abbot：David and Charles, 1973）.

② Anna Davin, "Imperialism and Motherhood", *History Workshop Journal* 5：1 1978, pp. 9 – 66.

③ Sylvia Bashekin, *Women's Work in Never Done：Comparative Studies in Care-Giving*, *Employment and Social Policy Reform*,（London：Routledge, 2002）, pp. 90 – 91.

丧偶女性来说尤其不公，但却给无须供养他人的单身男性带来极大好处。

社会计划往往倾向于保护男性的工作权，质疑已婚妇女参加工作的权利，特别是在失业率居高不下的时期，从而反映出男性赚取家庭工资养家糊口的模式。另外，失业救济金也效仿工资体系设置，已婚妇女被视为男性的附属，而不是失业的个人，并且已婚男性获取的救济金要高于未婚男性或女性。

三　妇女权利与战后福利国家

二战后，英国建立的福利国家比之前建立的任何福利制度都更加慷慨更加全面。但在该制度实施的第一年，福利国家仍旧以男主外女主内的模式为基础。① 已婚妇女没有资格领取失业救济金或疾病津贴，因为她们被认为应该依靠自己的丈夫；另外，她们的老年抚恤金与丧偶抚恤金要根据自己丈夫的缴费情况发放。对于女性来说，"家庭津贴"的发放是一大进步。这项津贴按周支付给生产第二胎或更多孩子的母亲。虽然这与工资无法相提并论，但它为母亲提供了一小笔独立的资金来源，也是对她们作为妻子和母亲付出的辛劳的公开的承认。另外，新的国民医疗保健制度规定所有人有权免费享有医疗保健服务，这对于女性来说具有特别重要的意义，因为在过去大部分女性没有资格享有免费医疗服务。

由于战争使很多夫妻被迫长期分离，因此，战后离婚率与战前相比有所上升。人们由此开始讨论离婚协议的基础应该是什么，财产应如何分配，赡养费或子女抚养费应如何支付。② 法院逐渐发展了这个理念，即没有工作的妻子应该在家庭中获得一些平等权利，因为她们为建立和维持家庭付出很多。尽管在 20 世纪 50 年代女性的就业率仍然相对较低，但与战前相比有所上升。另外，因为对于战争中的动员令记忆犹新，那个时期的无业母亲有时会在抚养女儿的过程中寻求就业。

四　20 世纪 70 年代后的发展

随着生于 20 世纪 40 和 50 年代的年轻自信的一代女性步入社会，英国

---

① Gillian Pascall, *Scial Policy: A New Feminist Analysis*. (London: Routledge, 1997), p, 13.

② Carol Smart, *Divorce in England*, 1950 - 2000: *A Moral Tale*? Leeds: University of Leeds, Centre for Research on Family, Kinship and Childhood, 2000.

在 20 世纪 70 年代见证了第二次女权主义浪潮。得益于战后福利国家提供的免费中学教育甚至高等教育，她们期待着能拥有自己的事业，并能与男性享有平等权利。另外，很多女性还深受 20 世纪 60 年代政治激进主义的影响。① 她们的权利诉求包括：

1. 同工同酬。
2. 平等的教育与工作机会。
3. 免费避孕。
4. 免费的全天 24 小时的社区托儿服务。
5. 女性在法律与经济方面的独立。
6. 消除对女性同性恋的歧视。
7. 保护所有女性免于遭受恐吓威胁或男性暴力。对于那些仍然承认男性统治和纵容男性侵犯女性的行为的法律、臆断与机制，一律废除。②

随着这一代女性大规模地进入职业领域，尤其是大学教学、法律、政治与社会福利，她们开始影响学术思想、法律、社会政策以及其实施。从下文的相关论述我们知道，这一代女性的一些主张在过去 40 年间已经通过社会政策的实行得以实现，但这并不一定是女权主义运动的结果。

在英格兰的一家福特汽车工厂发生妇女罢工运动后，英国于 1970 年通过《同酬法》，该法规定在从事相同工作的前提下，女职员的报酬不得低于男员工的报酬，否则构成违法。③ 随后，又对这部法律进行修改，使之更加符合欧盟法。起初，只有在男性与女性从事相同工作的情况下才能适用此法，但在一个性别隔离的劳动力市场中，这样的规定无疑是本法的严重缺陷。不过，1985 年，英国政府通过一项修正案，规定男性与女性从事同等价值的工作，应获得同等的报酬。这样一来，同等价值的概念就有助于劳动力市场中的性别隔离问题的解决。根据该修正案，那些从事多由女性来做的低收入工作的妇女，可以要求自己应得的报酬应该与那些从事同等价值工作的男性相同，即使男性从事的工作与她们不一样，她们也可以主张依据责任的大小、技能、知识以及付出的体力劳动来衡量其劳动价值。

妇女在教育领域也取得了很大进步。到了 21 世纪的最初几年，她们已在很多领域胜过男性。根据法律规定，目前几乎所有就业领域都对女性开放，在招聘中歧视女性的行为是违法的。但是，确保女性实际上享有平等机

---

① Jenni Diski, *The Sixties*, (London：Profile Books, 2010).

② http：//www. feministseventies. net/demandsx. html.

③ http：//www. legislation. gov. uk/ukpga/1970/41.

会还是相当艰难。她们不仅受制于就业中的歧视，还受制于其他多种因素，尤其是她们在照顾子女和家庭方面承担更大的责任很难仅仅依据法律来进行规范和改变。

根据目前英国的国民医疗保健制度，公民可以享受免费的避孕服务。然而，儿童托管服务的发展却十分有限。虽然也有好的也非常专业的儿童托管服务，但是费用高昂，即使对于拥有固定收入的职业女性来说也难以承担。那些收入较低的妇女和单身母亲，通常情况下支付不起托儿服务费用。因此，她们被迫从事非全日制工作或者晚间工作，这样她们可以依靠配偶或者其他家庭成员照顾孩子。这就在女性和母亲的成本方面产生了群体性差异。据估计，没有特别技能的妇女因结婚生子而导致在其一生中的收入会减少58%，而高学历女性因此损失的收入只为4%。[1]

由此看来，女性确实获得了法律和经济上的独立地位，但是仍然被她们的低收入和家庭责任所制约。

第一部英国性别平等法并没有规定向女性同性恋者和同性恋者提供保护，因为法院认为性别与性取向是不同的。但是，为了与欧洲共同体法律保持一致，英国政府必须要在2003年12月以前通过立法保护同性恋者免受歧视。于是，新法规从2003年开始实施，为男同性恋、女同性恋、变性人和双性恋者的就业权利提供保护。[2]

针对妇女的暴力行为，尤其是丈夫或性伴侣的暴力行为，是妇女运动关注的重点。20世纪70年代，警察通常将家庭暴力视为个人私事，法律不加以干涉。而且，受害者往往在经济上依赖施暴者，如果离开，则会面临无家可归的境地。在这种情形下，社会活动家发起各种运动提高公众的意识，并且创建避难所以便受害者和她们的孩子能够暂住并躲避施暴的男性。现在的避难所则由政府提供财政支持，紧急情况下可以提供住宿。遭受暴力的女性往往被送到远离家庭所在地的避难所以降低被她们的伴侣找到的风险。求助于避难所往往是最后的无奈之举，因为这意味着远离朋友、家庭、工作和孩子的学校。因此，平等和人权委员会认为提供避难所仍然不足以保护女性。[3]现在，警察会接受培训，学习如何处理家庭暴力事件，被虐妇女也可以要求把施虐者带到法庭。除此之外，根据1996年《家庭法》（此法在2004年被修改为《家庭暴力、犯罪和受害人法案》），妇女还可以向法院申请人身保护

---

① "How Fair is Britain?", Equality and Human Rights Commission, 2012.

② http://www.stonewall.org.uk/scotland/at_work/your_rights_at_work/2714.asp.

③ Rights of Women, From *A to Z: A Woman's Guide to the Law*, London, 2006.

令以保护自己免受虐待或者命令施暴者离开他们共同居住的家。①

　　针对妇女暴力问题的解决，由于关乎私人生活和个人情感，因此，仍然是一个最为棘手的问题，但是通过立法还是取得了相当大的进步。

五　1997 年到目前的发展

　　到 20 世纪末，尽管有关妇女权利的语言已经基本消失，但是在欧洲人们普遍认为应实施性别平等。即使 1997 年开始执政的工党政府很少提及性别平等的议题，甚至对性别平等的目标也只有只言片语，但是它制定了"平衡工作与家庭"的政策。政府的社会政策旨在帮助夫妻双方都有工作的家庭，方便女性参与工作和促进儿童早期教育。与此前的政府相比，这届政府在遵守欧盟有关平等的规定方面更加积极。②

　　在过去的 20 年间，制定与实施家庭政策的社会背景完全不同了。女性生育数量减少，初次生育年龄推迟，非婚生子的现象越来越普遍。例如，2009 年的总生育率为 1.95，女性初次生育的平均年龄是 29 岁，46.2% 的儿童为非婚生子。③ 很多未婚父母生育的孩子会由父亲和母亲一同抚养，他们住在一起就像传统的已婚夫妇。另外，还有一些未婚生育的孩子可能会由父母一方和继父（母）一起抚养，或者由父亲或母亲单独抚养（由母亲抚养的情况居多）。不论结婚与否，配偶之间的关系都不如以前稳定。在英国的2400 万户家庭中，只有 700 万户家庭有需要抚养的子女：其中包括 520 万户由夫妇双方共同抚养子女的家庭，160 万户由单身母亲抚养子女的家庭，以及 18 万户由单身父亲抚养子女的家庭。同时，由于英国现在是一个多元文化社会，人们对于家庭和母亲的观念有着极大的差别，因此家庭比以往更具多样性特征。2006 年，接近 1/4 在英国出生的儿童是由在其他国家出生的女性所生育的。④ 在今天的英国，1/10 的女性有黑人、亚裔以及少数民族的背景。

　　如同世界上其他国家一样，在英国性别平等的一个主要障碍是母亲身

---

①　Rights of Women, From *A to Z*: *A Woman's Guide to the Law*, London, 2006.

②　See for example Commission of the European Communities (CEC) *Reconciliation between work and Family Life in Europe*, Luxembourg, 1998; *Roadmap for Equality between Women and Men*, Commission report to the European Parliament, 2006.

③　Sources：ONS (2005) Population Trends Winter 2005; ONS (2005) Focus on Families. http://www.statistics.gov.uk/hub/population/families/families-children-and-young-people.

④　Birth statistics for England and Wales, 1999 - 2009. http://www.statistics.gov.uk/hub/population/births-and-fertility/live-births-and-stillbirths.

份。当一位女性成为母亲的时候，她很可能会减少工作时间以便有更多的时间承担照顾家庭的责任。这样一来，她的赚钱能力、职业前景以及养老金权利都会受到影响。由于被定位为家庭的照顾者，女性在照顾孩子之余可能还要承担起照顾家庭成员中的老人和病人的责任。

英国的离婚率很高。经济繁荣以及女性经济独立性的增强可能是一部分原因。但具有讽刺意义的是妇女和儿童反倒成为经济上的受害者。对于单身母亲，其工作要比那些有配偶的妇女困难很多（见附表），且单亲家庭往往在贫困家庭中占据较大比例。

自 20 世纪 70 年代开始，英国女性的就业人数大幅度增加。但是直到 20 世纪 90 年代还是没有多少法定政策来协调工作和家庭责任的关系。[1]政府没有为 5 岁以下的儿童提供照顾或者资助。因为私人服务非常昂贵，所以大多数父母依靠家人或保姆来照顾孩子。因此，虽然母亲就业的比例很高，但大多数却是从事非全日制工作。而英国父亲的工作时长却是整个欧洲最长的。也有很多父母从事轮班工作。比如，母亲可以在商店里或者医院里上夜班。

六　产假与父母的权利

工党政府为有孩子的家庭提供帮助实施的措施之一就是实行育儿假政策，使国内法律符合欧盟指令规定的最低标准，但该政策主要侧重于产假制度。根据此制度，英国的产假从 14 周延长到 9 个月，2010 年又延长到 1 年，成为欧盟国家中产假期限最长的国家。此外，法定产假工资比原来增长了一倍，母亲产假后返回工作岗位时还有权要求按弹性工时上班。

产假制度的具体规定十分复杂。[2] 他们取决于怀孕妇女的就业状况以及收入水平。产假分为"普通产假"和"额外产假"，前者指产后的最初 26 周，几乎所有的母亲都有权享有；而后者是指普通产假之外的 26 周，一些母亲会选择使用，但通常情况下会以较大的经济损失为代价。大多数有工作的妇女能领到为期 39 周的法定产假工资，其标准为：最初 6 周，产假工资为原工资 90%；其后，产假工资为每周 128 英镑。没有参加工作的妇女有权从政府领取一笔小额产假津贴。一些妇女，尤其在公共部门任职的妇女，她们的产假工资要比法定产假工资高。女职员在产假结束有权返回原工作岗

---

①　Jane Lewis, *Work-Family Balance*, *Gender and Policy*,（Cheltenham：Elgar, 2009）, introduction.

②　http：//www. direct. gov. uk/en/MoneyTaxAndBenefits/BenefitsTaxCreditsAndOtherSupport/Expect-ingorbringingupchildren/DG_ 10018869.

位。法定的陪产假只有一周或两周。① 陪产假是不带薪休假；调查显示有44%的新生儿父亲选择不休陪产假，这主要是因为经济原因。在某些情况下，当一些男性的妻子或伴侣在她们有权领取津贴的期限结束之前返回工作岗位时，男性就可获得额外的陪产假津贴。

虽然陪产假与陪产假津贴制度针对男性，但却与女性权利息息相关，因为照顾孩子一直以来被认为完全是或者主要是母亲的责任，而陪产假制度是对这一观念的挑战。英国的陪产假时间短而且很少被使用很可能会产生边际效应。相比之下，在一些北欧国家，陪产假的使用遵循"新生儿父亲如不使用陪产假就作废"的原则，法律不允许将陪产假作为一项福利由新生儿父亲转让给母亲，由此使得新生儿父亲在孩子的早期发展阶段能够习惯照顾孩子的角色。

另一项帮助父母的措施是税收抵免，有工作但是收入低微的父母如果需要抚养小于18岁并且正在接受全日制教育的孩子，可以享受税收抵免政策。在某些情形下，政府会承担家庭的额外支出以保证正规的儿童照顾所需的费用。税收抵免政策只适用于有工作的父母，其目的在于提供工作激励。如果没有税收抵免，那些有孩子的收入低的职员甚至可能失去工作。因为与那些依靠福利过活无需工作也无需支付育儿费用的人相比，一旦有孩子的父母支出育儿费用，其实际收入很可能比前者还少。一些免费的非全日制托儿所设置有儿童早期教育课程，它们对在职父母的孩子开放。这项服务最先在贫困社区推广，2008年开始普遍实行。

七　英国对国际法的遵守

近些年来，英国妇女权利立法与妇女权利工作重点一直受到以下因素的影响：世界其他国家在妇女权利方面的发展、对妇女权利和人权关系新的理解，以及英国作为欧共体成员国所承担的责任。

1948年，联合国通过《世界人权宣言》重申对"男女平等权利"的信念，并致力于实现平等与公正。② 英国已经加入联合国1979年通过的《消除对妇女一切形式歧视公约》（以下简称《消歧公约》），该公约于1981年生效。③《消歧公约》被称为"妇女权利宪章"，关于"对妇女的歧视"一词的

---

① http：//www. direct. gov. uk/en/Parents/Moneyandworkentitlements/WorkAndFamilies/Paternityrightsintheworkplace/DG_ 10029398.

② http：//www. un. org/en/documents/udhr/.

③ http：//www. un. org/womenwatch/daw/cedaw/cedaw. htm.

定义，它做出以下表述："对妇女的歧视"一词，是指基于性别而作的任何区别、排斥或限制，其影响或其目的均足以妨碍或否认妇女不论已婚未婚在男女平等的基础上认识、享有或行使在政治、经济、社会、文化、公民或任何其他方面的人权和基本自由。公约要求缔约各国在国内立法中纳入性别平等原则并废止所有歧视性规定。

该《公约》还要求缔约国政府建立相应的法院和机构以保证有效地保护妇女免于歧视，并且要求缔约国采取一切适当措施，消除任何个人、组织或企业的对妇女的歧视。

2004 年，英国加入《〈消除对妇女一切形式歧视公约〉任择议定书》。根据该议定书，英国妇女和女童在其权利受到损害时，如果已经用尽所有可用的国内救济办法仍无法行使公约权利时，可以向位于日内瓦的联合国消除对妇女歧视委员会提出"来文"以保护自己的权利。

英国现在每 4 年向委员会提交一次正式履约报告，阐述英国就实施《公约》各项条文所采取的措施以及在消除对妇女的歧视方面取得的进展。[①] 尽管这些报告倾向于描绘一幅乐观的蓝图并且措辞平淡，但是提交报告的义务却产生了积极效果，能促使政治家和公务员关注与妇女有关的议题，比如对妇女的暴力行为等；由此，与妇女相关的议题不会被忽视。非政府组织也可以向委员会提交"影子报告"。例如位于伦敦的女性资源中心就曾于 2004 年和 2008 年[②]提交过影子报告，并准备在 2012 年[③]再次提交。比较这两种类型的报告十分有趣。非政府组织提交的报告往往更具体更尖锐。实际上，公约已经提供了新的机制，使得女性活动家可以据此开展活动。

英国 2000 年《平等法》的目的旨在使英国法律符合欧盟的要求。它与欧盟的四个主要平等待遇指令的目标相同，其目的就是为了反映和实施欧盟相关指令的规定。[④]《平等法》规定，不论年龄、残疾状况、是否变性、婚姻状况和民事伴侣关系、种族、宗教或信仰、性别，以及性取向，在私有服务领域和公共服务领域就业都应享有平等待遇。在性别方面，该法规定为怀孕妇女提供特别保护。在保护残疾人方面，雇主和服务提供者有责任对残疾

[①] The seventh report for 2011 is available at：http：//www. homeoffice. gov. uk/publications/equalities/international-equality/7th-cedaw-report.

[②] http：//www. wrc. org. uk/resources/briefings _ and _ consultations/past _ briefings _ and _ consultations/international/cedaw_ and_ beijing_ 10. aspx .

[③] http：//www. wrc. org. uk/resources/tools_ to_ engage_ and_ influence/working_ internationally/cedaw_ shadow_ report_ 2012. aspx.

[④] see EU Directive 2000/78/EC，2000/43/EC，2006/54/EC.

人的工作场所做出合理调整以帮助他们克服障碍。不过，该法却允许具有性别特征的服务领域可以拒绝变性人，如果"这是实现合法目的的适当手段"。

八　反歧视立法的监督与执行

1976 年英国设立平等机会委员会，以监督《同酬法》和《性别歧视法》的实施情况，这是对性别平等和反歧视立法的一个重要支持。2006 年，平等机会委员会被平等和人权委员所取代。平等和人权委员的法定职责是：促进与监督人权保护状况；保护、实施与促进基于以下九个因素的平等"保护"——年龄、残疾状况、性别、种族、宗教和信仰、怀孕与生育、婚姻状况和民事伴侣关系、性取向和变性。①

为了顺应整合反歧视工作的发展趋势，2010 年英国颁布《平等法案》，②将一系列复杂的法案和条例整合在一起，这些法案与条例包括 1970 年《同酬法》、1975 年《性别歧视法》、1976 年《种族关系法》和 1995 年《残疾歧视法》，它们共同构成了英国反歧视法律制度的基础。

九　目前妇女的权利：前景与问题

在英国，妇女在经济、政治和公共生活中发挥着越来越积极的作用。她们在就业市场中占据将近半壁江山。就是那些需要养育 5 岁以下幼儿的妇女，她们中的很多人现在也能将有偿工作与家庭责任结合起来。另外，妇女在政治和公共生活中的代表性也在不断提高，越来越多的女性任职公司领导、公共机构主席、顾问、议会议员，以及各自社区的领导与积极志愿者。

但是，无论在公共部门还是在私有部门，女性任职高层职位的比例还相当低。政治变革的步伐尤其缓慢。平等机会委员会在其 2006 年的最后一份报告中指出，当年只有 20% 的议会议员是女性；如果按照这一增长速率，要在国会中实现性别平等至少还需要 200 年。在大型企业、司法机关和警察机关，只有大约 10% 的高级职位由女性任职。但是，在其他一些领域，女性任职高层职位的比例已有大幅度上升，如女性任职专业机构负责人和国家艺术机构负责人的比例均已达到 33% 。平等机会委员会呼吁通过立法明确规定雇主的促进性别平等的义务——以便使更多的老年妇女能够按弹性工时上班。

---

① For the Commission website see, http：//www. equalityhumanrights. com/.

② For details of the law see, http：//www. legislation. gov. uk/ukpga/2010/15/contents.

正如平等机会委员会主席指出的那样"除非我们采取措施消除障碍，否则女性任职高层职位的数量不可能有实质性的增加，而英国也将继续错失女性的才能"。①

六年后的今天，陈旧的工作模式和僵化的组织仍旧是女性任职高层职位的主要障碍。对家庭责任的过度承担以及把较长的工作时间视为规则的企业文化，长期以来一直制约着女性的发展潜力，因为她们没有任职高级职位所需的时间与精力。英国职员的工作时间是欧洲所有国家中最长的。职员必须长时间工作才能发展自己的事业，这样的认知成了女性事业发展的桎梏，因为她们常常需要协调无偿工作与有偿工作，并要平衡其工作与家庭生活之间的关系。②

世界经济论坛发布的全球性别差距指数对世界各国在男性与女性之间分配资源和机会的平等性进行评估。2006 年，在接受调查的 135 个国家中英国位列第 9 位。但是，到 2011 年却下滑到第 16 位，③ 教育程度指数位列第一，经济参与和机会平等指数排名第 33，政治赋权指数排名第 23。毫无疑问，全球性别差距指数只是一个粗略的估量，尽管如此，教育程度与后续的职业发展之间的差距令人担忧，它表明英国在处理性别不平等问题上的失败。英国排名下滑主要是受到了男女收入差距的影响，因为近些年来英国的性别收入差距实际上已经扩大。④

英国时下最流行的家庭模式是母亲从事非全日制有偿工作，父亲从事工作时间较长的全日制工作，这种家庭模式并不利于实现充分的性别平等。⑤它倾向于将女性限制在低层次和低收入的工作职位中。另外，虽然非全日制工作能帮助女性达成工作和家庭关系的平衡，但它是以将实践做法制度化为代价的，这种实践是指妇女承担家务和照顾子女的主要责任。最后，在一个离婚率居高不下的社会中，从事非全日制工作并附随投资于伴侣的事业对年轻母亲来说是风险很高的办法。如果与孩子的父亲关系破裂，她们的家庭收入水平很可能会急剧下降。

英国在短期内大力促进性别平等的前景并不乐观。全球经济危机、国家债务、削减政府社会项目开支，以及联合政府在意识形态层面不愿采取国家

---

① http://www.official-documents.gov.uk/document/hc0607/hc07/0784/0784.asp.

② Equality and Human Rights Commission, 'Sex and Power' 2011. http://www.equalityhumanrights.com/key-projects/sexandpower/.

③ http://www3.weforum.org/docs/GGGR11/GGGR11_ Rankings-Scores.pdf.

④ Andrew Taylor, Gender gap grew last year, Financial Times November 15 2008.

⑤ For comparative data from 1997 and 2007 on women and men's employed hours broken down by parenthood status and age of child, see appendix 1.

行动支持保护妇女权利，这些都使得近年来促进性别平等的进展困难重重。削减政府开支对妇女造成了不成比例的负面影响，其一是因为妇女集中在国有部门就业，其二是家庭福利待遇水平也随之被降低。

十　结语：妇女权利与社会背景

如果我们认真思考历史上为实现妇女权利而开展的各种运动，以及为了将妇女权利的保护纳入英国立法所付出的努力，可以清楚地看出，社会背景决定着这些运动的性质、目的及其成功的比率。法律或许会反映出对妇女的歧视，有时甚至能引发歧视，但是对妇女的歧视还来源于社会风俗和实践。女性的生活由三种重叠的角色构成：工作、婚姻与母亲。女性这些角色的形式影响着她们实现自治、独立和与男性平等的程度。一些重要的可变因素包括：结婚率与结婚习俗、离婚、出生率和劳动中的性别分工。

在英国历史的早期阶段，人们认为对妇女权利的法律保护就是直接改变相关法律规定，比如有关财产、孩子的监护权、进入职业领域和选举权的法律规定。但是，在现代英国，如同在其他现代社会一样，保护妇女权利与消除性别歧视显得更加复杂。目前，普遍认为，在不同的福利制度和税收制度下，对妇女和母亲提供的不同待遇对能否实现性别平等有着重大的影响。另外，如果要实现真正的性别平等，个人、社会与国家的信念和承诺都是十分重要的因素。

附录1　英国1997～2007年的就业率与一般工作时间

女性和母亲	就业率%		选择不同的工作时间的就业者的比率%					
			1～15		16～29		30+	
	1997	2007	1997	2007	1997	2007	1997	2007
所有女性 人数	68.5 27640	73.3	14.4	10.1	23.5	25.3	61.3	62.7
非单身母亲 所有非单身母亲 人数	66.9 9209	71.5 7217	22.5	16.5	34.6	36.2	42.3	45.4
有子女的非单身母亲 孩子年龄 0～4	57.6	62.8	24.9	18.2	35.3	39.4	39.3	40.0

续表

女性和母亲	就业率%		选择不同的工作时间的就业者的比率%					
			1～15		16～29		30＋	
	1997	2007	1997	2007	1997	2007	1997	2007
5～9	71.2	75.6	26.0	18.0	36.4	36.8	37.2	43.4
10～15	77.6	79.9	16.7	12.7	32.3	32.0	50.2	53.3
单身母亲								
所有单身母亲	42.2	57,6	19.6	7.4	35.2	39.8	42.2	50.5
人数	1581	1792						
有子女的单身女性 孩子年龄								
0～4	29.2	40.7	20.8	7.7	39.8	47.9	38.9	42.9
5～9	46.6	60.1	22.1	7.9	36.6	43.3	39.8	46.2
9～15	58.1	68.1	16.1	7.0	30.1	33.6	53.0	57.1
男性和父亲	就业率%		选择不同的工作时间的就业者的比率%					
			1～15		16～29		30＋	
	1997	2007	1997	2007	1997	2007	1997	2007
所有男性	82.3	86.4	4.5	4.9	45.7	52.0	48.3	40.2
人数	30983	22584						
所有父亲	88.1	90.9	3.3	4.3	41.8	50.0	53.8	43.1
人数	12191	9330						
有子女的父亲 孩子年龄								
0～4	88.6	91.8	3.4	4.3	41.8	51.7	53.5	41.6
5～15	87.7	90.2	3.1	4.3	41.8	48.5	54.0	44.3

Adapted from Jane Lewis, *Work-Family Balance*, *Gender and Policy*. Cheltenham: Edward Elgar, 2009, pp. 144 – 145.

Fathers = cohabiting fathers including stepfathers. Lone mothers are non co-habiting. Figures include self-employed, Based on Office of National Statistics data.

附录 2　时间表：英国法律中妇女权利

Under English Common Law, husband and wife were considered one person and that person was the husband. Therefore, married women could not own anything, their earnings belonged to their husbands and they could not vote. The father was the guardian of the child.

1839 Infant Custody Act.

1860s to 1890s

1867 The London Society for Women's Suffrage is formed.

1870 – 82 Married Women's Property Acts allow married women to own property.

1902 Women textile workers from the north of England present a 37000 signatory petition to Parliament demanding votes for women.

1903 The Women's Social and Political Union is founded in Manchester by Mrs Pankhurst, her daughters Christabel and Sylvia, and Annie Kearney.

1906 The National Federation of Women Workers set up.

1907 Under the Qualification of Women Act, women can be elected onto borough and county councils and can also be elected mayor.

1910 – 1920

1912 The 'Cat and Mouse' Act allows the temporary discharge of women prisoners hunger-striking for the vote-until they were fit enough to be imprisoned again.

1918 Women over 30 are granted the right to vote in Britain.

Parliamentary Qualification of Women Act allows women to stand as MPs.

1920s

1920 Sex Discrimination Removal Act opens the legal profession and accountancy to women.

1921 Unemployment benefits extended to include allowances for wives.

1922 Law of Property Act allows husband and wife to inherit property equally.

1923 Matrimonial Causes Act makes grounds for divorce the same for women and men.

1928 All women in Britain gain equal voting rights with men.

1929 Women become 'persons' in their own right, by order of the Privy Council.

1930s & 1940s

1941 The National Service Act introduces conscription for women. All unmarried women aged 20 to 30 are called up for war work. It is later extended to include women up to age 43 and married women, though pregnant women and those with young children can be exempt.

1948 The introduction of the National Health Service (NHS) gives everyone free access to health care. Previously, only the insured, usually men, benefited.

1950s

1956 Legal reforms give women teachers and civil servants equal pay.

1958 Life Peerages Act entitles women to sit in the House of Lords.

1960s

1964 Married Women's Property Act entitles a woman to keep half of any savings she has made from the housekeeping allowance she is given by her husband.

1967 The Abortion Act decriminalises abortion in Britain on certain grounds.

The contraceptive pill becomes available through Family Planning Clinics. NHS health authorities are allowed to give women contraceptive advice regardless of marital status and the Family Planning Association follows suit.

1970s

Britain's first national Women's Liberation Conference is held in Oxford. The Women's Liberation Movement, influential throughout the 1970s, develops from the conference.

The Equal Pay Act makes it illegal to pay women lower rates than men for the same work.

1972 First women's refuge in Chiswick, London.

1973 Guardianship Act gave mothers the same rights over children as fathers.

1974 The National Women's Aid Federation brings together nearly 40 refuge services across the country

Contraception becomes available through the NHS as a direct result of pressure from the women's movement.

1975 The Sex Discrimination Act makes it illegal to discriminate against women in work, education and training.

The Employment Protection Act introduces statutory maternity provision and makes it illegal to sack a woman because she is pregnant.

1976 The Equal Opportunities Commission comes into effect to oversee the Equal Pay Act and Sex Discrimination Act.

The Race Relations Act makes it illegal to discriminate on grounds of race in employment and education.

Lobbying by women's organisations ushers in the Domestic Violence and Matrimonial Proceedings Act is introduced to protect women and children from domestic violence. The Act gives new rights to those at risk of violence through civil protection orders.

1977 Women's Aid lobbies government to acknowledge women and children at risk of violence as homeless and introduce their right to state help with temporary accommodation.

The first Rape Crisis Centre opens in London.

1978. The Organisation of Women of African and Asian Descent is set up acting as a national level umbrella group for black women's organisations.

Margaret Thatcher becomes Britain's first female prime minister.

1980s

1980 Women can apply for a loan or credit without a male guarantor.

1981 Baroness Young becomes the first woman leader of the House of Lords.

The Court of Appeal decides that bars and pubs are no longer able to refuse to service women at the bar as this constitutes sex discrimination.

1985 The Equal Pay (Amendment) Act allows women to be paid the same as men for work of equal value.

Campaigning against female genital mutilation leads to the Prohibition of Female Circumcision Act.

1986 The Sex Discrimination (Amendment) Act enables women to retire at the same age as men. It also lifts the legal restrictions which prevent women from working night shifts in factories.

1987 Diane Abbot becomes the first black woman member of Parliament.

1988 Julie Hayward, a canteen cook at a shipyard in Liverpool, is the first woman to win a case under the amended Equal Pay Act.

Elizabeth Butler-Sloss becomes the first woman Law Lord when she is appointed an Appeal Court Judge.

1990s

Independent taxation for women is introduced. For the first time, married women are taxed separately from their husbands.

1993 With the help of lobbying by women's organisations around the world, the United Nations Declaration on the Elimination of Violence against Women affirms that violence against women violates their human rights.

1994 The UK starts its first 'Take Our Daughters to Work' Day.

1994 Rape in marriage is made a crime after 15 years of serious campaigning by women's organisations.

1998 The European Union passes the Human Rights Act, guaranteeing basic principles of life for everyone.

1999 The House of Lords delivers a historic judgement that women who fear gender persecution should be recognised as refugees.

A new law on parental leave enables both men and women to take up to 13 weeks off, unpaid, to care for children under age five.

2000 –

2000 After a long battle led by refugee women's groups in the UK the immigration and asylum tribunal launches its *Asylum Gender Guidelines* for use in asylum appeals. They aim eliminate gender discrimination in of the cases.

2002 Parliament allows lesbian and unmarried couples to adopt children.

2003 The Employment Equality (Sexual Orientation) Regulations are introduced to protect people against discrimination based on their sexual orientation.

The Female Genital Mutilation Act strengthens and amends the Prohibition of Female Circumcision Act of 1985.

2005 The first civil registration of same-sex couples takes place as a result of the long campaigned for Civil Partnerships Act.

2006 Equal Opportunities Commission replaced by Equality and Hunan Rights Commission.

（宋夏瀛洁译、李西霞校）

妇女工作权解析

薛小建[*]

一 中国妇女工作权的宪法分析

自 19 世纪以来的女权主义运动，虽然在很大程度上改变了妇女的社会地位和家庭观念，但是对于妇女工作权的改进却不尽如人意；"社会的现代化发展也没有把妇女从所必须担负的生育任务和家庭劳动中彻底解放出来，传统伦理规范对女性人格价值仍有诸多苛求。"[①]

妇女工作权问题在中国语境下，也具有独特的内涵：首先，中国的妇女解放运动发轫于阶级革命，女性解放被视为国家现代化的重要标志，因此在官方话语中具有"政治正确性"[②]；其次，建国后长时间推行的彻底的"男女平等"政策招致了诸多批评，其后对于女性权利的讨论与特殊性保护，可以视为对此"绝对平等"趋势的矫正[③]；再次，改革开放后的工业化改革，

---

* 薛小建，中国政法大学法学院。

① 刘莉、刘浩：《面包与玫瑰——女性权利的解释和实现》，上海译文出版社，2005，第 18 页。

② 毛泽东在其 1927 年的《湖南农民运动考察报告》中就将夫权与政权、族权、神权并列作为运动对象。中华人民共和国成立之后，《婚姻法》作为最早颁布的法律之一，就是兑现妇女平等权利的革命承诺。历部《宪法》也规定了男女平等的原则：妇女在政治的、经济的、文化的、社会的和家庭的生活各方面享有同男子平等的权利。

③ 在 20 世纪 60~70 年代，在工作领域的"去性别化"趋势，虽然在很大程度上改变了妇女的社会地位，但是此种进步却是以牺牲妇女的身体和权利换来的。具体可参见：金一虹：《"铁姑娘"再思考：中国文化大革命期间的社会性别与劳动》，载《社会学研究》2006 年第 1 期。

以及市场经济地位的确立，在很大程度上挤压了妇女工作权的空间，也导致了此问题再次进入公共舆论，成为社会关注的焦点①；最后，伴随着中国加入了一系列国际公约，妇女工作权也成为人权外交话语下的新议题②。

因此，我们需要重新审视妇女工作权的内涵，简化其所承载的历史与政治意义，以宪法规范为出发点，明确妇女工作权的核心权利，并由此分析落实妇女工作权所面临的障碍及其实现途径。

（一）工作权与劳动权

中国宪法文本采用了"劳动权"而非"工作权"的概念，并且规定劳动权兼有权利和义务的双重性质。考察国外的相关立法例，可以看出1919年的《魏玛宪法》中详细规定了劳工权利，包括了劳工的结社自由、保险制度和工会制度；而1936年的《苏联宪法》更是将劳动权列于"公民的基本权利和义务"章节之首，同时规定了休息权和物质保障权。这些立法例背后有深刻的社会思潮：其一，工人运动和社会主义运动的兴起，特别是马克思主义理论将劳动视为人之本能和价值源泉，劳动权成为个人生存和发展的前提条件和必备要素，"基于社会主义思想而形成的劳动权将工作机会的创造与分配视为国家的责任"③；其二，福利国家的兴起，国家也主动承担起降低失业率、保障劳工基本工作条件和工资水平的任务。这些社会思潮影响了宪法规范的制定，促进了宪法中的劳动权的概念和范畴的确立，特别是苏联宪法对于中国"劳动权"写入宪法产生了直接影响。

随着社会经济发展与人权内涵拓展，"工作权"的概念被引入到实践和理论视野之中，并被一系列国际公约所认可。对于劳动权和工作权，学者一般在概念上不作区分，且经常交替使用④；也有学者认为劳动权应作为上位概念，"劳动权是一个表征权利群的总括概念，而且其中已然包括获得工作

---

① 相关研究表明，政府角色转化在很大程度上导致了女性社会地位的下降：改革开放后，政府不再主动担当"女性劳动力保护者的角色"。在女性工作权领域，"市场竞争机制和性别不平等共同促成了差距的拉大"。具体可参见李春玲、李实《市场竞争还是性别歧视——收入性别差异扩大趋势及其原因解释》，载《社会学研究》2008年第2期。

② 中国已经加入或批准的相关国际公约有：《消除对妇女一切形式歧视公约》《经济、社会和文化权利国际公约》《男女同工同酬公约》《就业和职业歧视公约》《就业政策公约》《各种矿场井下劳动使用妇女公约》。具体可参见：周雯：《我国妇女工作权的法律状况分析》，载《北京化工大学学报（社会科学版）》2007年第3期。

③ 徐钢、方立新：《论劳动权在我国宪法上的定位》，载《浙江大学学报（人文社会科学版）》2007年7月刊。

④ 具体可参见黄越钦《劳动法新论》，中国政法大学出版社，2002，第57页；王天玉：《工作权研究》，中国政法大学出版社，2011，第27页。

的权利……工作权是劳动权的下位概念，并以工作为利益要素"①。

我们认为应当慎重厘定劳动权与工作权的概念内涵，并在此基础上辨析二者在宪法上的位阶关系。从二者概念内涵的角度，工作权不仅包括了就业和择业的权利，而且包括了享有安全的工作环境与最低工资标准的权利、免于遭受就业歧视的权利、休息与带薪休假的权利、获得社会保障（保险）的权利，以及组织和加入工会、举行罢工的权利——工作权的上述内涵得到了《经济、社会和文化权利国际公约》所认肯。而传统意义上的劳动权仅包括了就业权利、获得报酬的权利和休息权，其含义较之"工作权"显然狭窄许多，保障标准也停留在较低水准。

因此，我们建议用"工作权"作为上位概念，其涵盖了包括劳动权在内的"与工作相关的权利"（work-related rights），具体包括：与就业相关的权利（即传统意义上的劳动权的范畴）、由就业派生的权利（享受公正的工作条件的权利、获得报酬的权利、获得职业发展的权利、社会保障权等）、平等对待和不歧视的权利、工具性质的权利（结社权、集体交涉权、罢工权、工人的迁徙自由等）。②

（二）中国妇女工作权的体系

在辨析了"工作权"与"劳动权"的概念之后，我们认为工作权可以更好的处理和兼容其项下的各种权利类型，形成对于劳动者更加周延的保护。而当工作权的主体具体到妇女之时，我们需要分析在中国妇女工作权的体系。

我们认为，妇女工作权是由宪法和国际人权公约所确认和保护的一项基本权利。不仅在中国宪法和法律中有相关规定，而且中国也加入了国际社会对妇女工作权保护的主要公约。③ 但目前宪法学界对妇女工作权的关注更多的局限于公民劳动权的研究（即宪法第 42 条的规定），同时也对妇女与男性在政治、经济、文化、社会和家庭五个方面的平等权利进行一般性研究。这种研究缩减了妇女工作权的范围，也忽视妇女工作权固有的其他内涵。

妇女工作权是由宪法和法律，包括中国加入的保护妇女工作权的公约所

① 王天玉、仇晓光：《工作权之再认识——与劳动权相比较视角下的展开》，载《当代法学》2011 年第 3 期。
② 此分类是由克里斯托弗·德泽维奇提出的，较好地解决了工作权中诸多子权利的层次分类问题，具体可参见薛长礼《劳动权论》，科学出版社，2010，第 28 页。
③ 具体可参见周雯《我国妇女工作权的法律状况分析》，载《北京化工大学学报（社会科学版）》2007 年第 3 期。

确认和保护的各项具体权利构成的一个广泛的权利体系。它包括但不限于下列内容：

1. 宪法中关于妇女工作权的规定

- 平等权与人权（第33条）：中华人民共和国公民在法律面前一律平等。国家尊重和保障人权。

- 参政权（第34条）：中华人民共和国年满十八周岁的公民，不分……性别……都有选举权和被选举权。

- 劳动权（第42条）：除第一款规定公民有劳动的权利和义务外，第二款和第三款明确了国家创造和改善劳动条件，加强劳动保护，提高劳动报酬和福利待遇的国家义务。

- 休息权（第43条）：中华人民共和国劳动者有休息的权利。国家发展劳动者休息和休养的设施，规定职工的工作时间和休假制度。

- 退休权（第44条）：国家依照法律规定实行企业事业组织的职工和国家机关工作人员的退休制度。退休人员的生活受到国家和社会的保障。

- 物质帮助权（第45条）：除公民在年老、疾病和丧失劳动能力时有从国家和社会获得物质帮助权外，还明确了国家为此而发展社会保险，社会救济和医疗卫生事业的国家义务。

- 男女平等（第48条）：中华人民共和国妇女在政治的、经济的、文化的、社会的和家庭的生活等各方面享有同男子平等的权利。国家保护妇女的权利和利益，实行男女同工同酬，培养和选拔妇女干部。

- 母亲的权利（第49条）：母亲受国家保护的权利。

2. 劳动法中关于妇女工作权的规定

- 劳动者的权利（第3条）：劳动者享有平等就业和选择职业的权利、取得劳动报酬的权利、休息休假的权利、获得劳动安全卫生保护的权利、接受职业技能培训的权利、享受社会保险和福利的权利、提请劳动争议处理的权利以及法律规定的其他劳动权利。

- 平等就业权（第13条）：妇女享有与男子平等的就业权利。在录用职工时，除国家规定的不适合妇女的工种或者岗位外，不得以性别为由拒绝录用妇女或者提高对妇女的录用标准。

- 解除劳动合同的禁止情形（第29条）：劳动者有下列情形之一的，用人单位不得依据本法第26条、第27条的规定解除劳动合同……（三）女职工在孕期、产期、哺乳期内的；

（以下为《劳动法》第7章"女职工和未成年工特殊保护"中的相关内容）

- 特殊保护（第58条）：国家对女职工和未成年工实行特殊劳动保护。

- 特殊保护（第59条）：禁止安排女职工从事矿山井下、国家规定的第四级体力劳动强度的劳动和其他禁忌从事的劳动。
- 特殊保护（第60条）：不得安排女职工在经期从事高处、低温、冷水作业和国家规定的第三级体力劳动强度的劳动。
- 特殊保护（第61条）：不得安排女职工在怀孕期间从事国家规定的第三级体力劳动强度的劳动和孕期禁忌从事的劳动。对怀孕七个月以上的女职工，不得安排其延长工作时间和夜班劳动。
- 特殊保护（第62条）：女职工生育，有权享有带薪产假。
- 特殊保护（第63条）：不得安排女职工在哺乳未满一周岁的婴儿期间从事国家规定的第三级体力劳动强度的劳动和哺乳期禁忌从事的其他劳动，不得安排其延长工作时间和夜班劳动。

除了宪法和劳动法外，《妇女权益保护法》《劳动合同法》，以及中国加入的相关国际条约中均有关于妇女工作权的规定，在此不再赘述和引用。综上，可以看到中国妇女工作权包括妇女与男子平等的自由择业权，获取工作报酬权，休息权，获得职业培训的权利，社会保障权，结社权，集体协商的权利，民主管理的权利，解决劳动争议的救济权等。

中国妇女工作权体系是基于宪法、法律和国际条约中的相关权利构成的体系，形成了周延的、完整的保护模式。从职业发展的角度而言，妇女的工作权包括了职业教育、职前培训等"前工作权利"，也包括了在应聘和求职过程中的"择业自由权"，以及在职业生涯中有关报酬、福利、休息、职业培训和升迁等"工作过程中的权利"，乃至在职业生涯接受后的"退休权"和"社会保障权"。特别是在"前工作阶段"和"后工作阶段"的相关权利保障，不仅拓展了妇女工作权的内涵，而且保证了女性在职业发展中的实质平等。

从职业性质的角度而言，妇女工作权不仅涵盖了从事一般工作的权利，而且更加重要的是妇女的参政权：包括通过行使选举权和被选举权而担任政府官员，也包括了通过专业考试获得公共职务。在中国法律体系中，保证妇女参政权的方式是多元的：既有对于妇女选举权的保障，也致力于消除文官考录中的性别歧视。

综上，从文本和规范的角度，中国妇女工作权体系已然成型，其内涵亦在不断扩充。我们认为，中国妇女工作权体系具备以下特征：

第一，这个体系应当是一个开放的体系，它不仅应包括我国现行宪法和法律所确认的法定权利，而且还应不断发展那些未被法律明确肯定的但是属于基本人权，又与妇女工作权密切相关的必不可少的权利。

第二，在整个权利体系中，妇女工作权应有以平等权为核心的实体性权利，也应有保护妇女工作权得以实现的程序性权利，还应有妇女工作权受到侵害和遭受损失时得以救济的权利。但现阶段整个体系中，程序性权利不足，在劳动法中列举了多项权利，但对妇女劳动权违法行为的行政处罚则仅限于特殊保护的行为。在现实中，由于程序性、救济性权利匮乏，导致诸如妇女面临的就业歧视、职场性骚扰时投诉无门。

第三，妇女工作权体系与公民基本权利的其他权利紧密相关。国际人权学者对工作权和与工作权有关的权利的分类，分为与就业有关的权利、由就业派生的权利、平等与非歧视的权利、辅助性权利①。其中辅助性权利包括人身自由、公正安全审判权、表达自由等，这种辅助性权利对为工作权的实现提供了必要的"工具"，不可忽视。

第四，妇女权利是一项国际人权。一方面借鉴其他国家的经验和教训，另一方面，国际化与全球化使劳动力市场有了对妇女工作权的保护的国际标准（工资标准，保护基准，社会保障基准，人权基准等）和妇女发展的其他国际标准（参政，就业，教育和健康），应积极参加。

二　妇女工作的自由权利

妇女解放的历程与妇女工作权的发展可视为妇女主体地位逐步确立的过程。在此过程中，妇女逐步获得在家庭生活、职业发展与政治参与等方面的自由选择权，打破"男权社会"强加的禁忌和限制，争取到对于自身发展的决定性权利。其中，妇女的工作权作为基础性权利：妇女工作权的有效保障，促使妇女参与到职业竞争之中，获得独立的经济地位和完整的职业前景，从而在家庭生活和政治参与方面的权利才可能实现。

有学者敏锐的指出后工业化时代的简单重复劳作，虽然使得女性摆脱了在体力方面的弱势地位，但是工作本身却产生了"性别湮灭"的倾向。"虽然这一过程使她们能够获得某种独立和平等，但繁重的工作、时空的压缩、对成功的向往以及权力关系的设置使她们在工作中越来越趋向无性化，从而日益成为资本流转过程中纯粹的劳动力。"② 这种基于社会学立场的批评，虽然充满人文关怀，但并不能抹杀妇女工作权的进步：自由权作为妇女工作权的内核，赋予妇女在职业发展中的自主地位；而工作本身产生的社会影响，

---

① 艾德：《经济、社会和文化权利教程》（修订第2版），四川人民出版社，2004，第185页。
② 朱健刚、暵凯：《工作、权力与女性认同的建构——对广东一家外资企业的中国白领女性的个案研究》，载《清华社会学评论》2001年第1期。

显然超出了法律的调控范围。

妇女工作权是妇女自我选择，自我决定，自我发展的权利。在中国妇女工作权体系中，同样体现了自由权的面向，其中较为典型的包括择业自由权、休息权、退休权、职业培训权、组织与参加工会的权利和罢工权等。

1. 择业自由权亦应涵盖"是否选择工作的权利"，这意味着妇女有权选择放弃工作、而专注于家庭生活或其他个人追求的，这也是工作权的自由面向的应有之义。择业自由权包括了妇女有权选择何时、何地和以何种方式参加工作的自由。首先，达到工作年龄的妇女均可以选择开始工作。我国于2002年颁布了新修订的《禁止使用童工规定》，将工作年龄定为16周岁，未满16周岁的均视为"童工"。其次，妇女有自由选择工作地点的权利。虽然我国宪法并未明确规定"迁徙自由权"，现行户籍制度也实际上限制了人员的跨区域流动，但是随着市场经济的发展以及"单位体制"的突破，妇女对于特定地域和工作单位的依附性大大降低，基本上可以实现对于工作地点的自由选择。最后，妇女有权选择参加工作的方式和途径，对于不同职位可以选择参加招录考试、公开竞争应聘等多种方式——招聘方式多是雇主（用人单位）根据岗位特点而设计的，就业方式可以视作女性求职者与雇主之间的双向选择机制。

在现代法律制度中，出于对女性的保护，设置了一些女性禁止从事的工作，比如《劳动法》中明确禁止安排妇女从事矿井、低温、高温等工作。这些禁忌劳动体现了社会的文明进步，表明了对妇女工作权的特殊保护。但是在一些模糊地带中，有些工作虽具有相当的劳动量或者一定危险性，但并不足以对女性身心构成直接威胁，那么这些工作就不能排除女性入职，而是应将选择权交由女性自身和市场机制。比如，某些工作需要长期出差或者工作地点位于高原地区，这些时候并不能武断的替代女性做出选择，否则就是对于妇女工作权的侵犯。因此，我们主张对妇女从事的工作范围做最小的"保护"性限制，过度的保护反而会限制妇女工作的选择权。

2. 自由权意味着妇女享有免于奴役和强迫劳动的自由。任何形式的强迫妇女从事任何工作的行为都是对妇女自由权利的侵犯。《公民权利和政治权利国际公约》第8条规定：任何人不应被要求从事强迫或强制劳动。联合国1926年日内瓦的《禁奴公约》① 第5条规定：缔约各国承认实行强迫或强制

---

① 中华民国政府曾于1926年批准加入了《禁奴公约》，但是中华人民共和国政府并未继受该公约，目前，该公约在我国台湾地区和澳门特别行政区有效实施。随着"黑砖窑事件"的曝光，有学者呼吁政府应尽快加入该公约。

劳动可能带来严重的后果，并承允在各自主权、管辖、保护、宗主权或监护下各领土的范围内，采取适当的措施，以避免强迫或强制劳动不致引起与奴隶制相类似的状况。

中国宪法中劳动权的规定，将劳动权规定为权利和义务的双重属性，是否意味着劳动作为一项义务，从而国家有权强制公民进行劳动呢？通过考察国外宪法，我们可以发现日本宪法中也存在类似的规定：全体国民都有劳动的权利与义务。① 有学者指出"作为一种义务的劳动义务，指的是具有劳动能力的人均必须通过自己的劳动维持其个人的生活（其中当然包括其家庭生活）的责任，在此并不构成国家将之人们从事劳动的那种法规范上的依据，而仅具有一定道德意义上的指导性质的内涵"。② 笔者认为这种分析是恰当的，但是在中国宪法中除了劳动权兼具权利和义务的双重性质之外，受教育权亦是如此（日本宪法也有相似规定）——此间的逻辑关系何在？我们认为，劳动权与受教育权均具有"生存权"的特点：在现代社会中，教育和劳动构成个人赖以生存的必要条件，"在劳动还是人们谋生的主要手段的历史条件下，劳动权的价值功能主要表现为保障功能，并集中表现为保障人的生存权"③。因此，宪法将劳动规定为义务，体现了国家"父爱主义式"的道德关怀和伦理指引，不能简单理解为强迫劳动。

3. 妇女工作权的自由权面向，重在强调在就业选择和职业生涯中妇女的主体地位，而并非剥夺雇主或者用人单位的选择权。市场经济本身就蕴含了人才选用时的优胜劣汰：雇主对于人才的选择和擢升，不仅意味着妇女工作权的实现；对于用人单位而言，更重要的是通过人才的引进、培训和任用，创造经济价值、达到预设的效益目标。因此，在法律范围内，雇主享有雇工的自由和决定工作报酬等级的自由。

但是，现代宪法和法律在保障雇主用工自由的同时，又施加了诸多限制：比如，最低工资限制、日均工作时间的限制、法定的带薪休假、强制雇佣残障人士的配额制度等。对于妇女工作权的保障，雇主也承担了重要的法律责任，当然这种责任主要是平等权与反歧视方面的，但是也包括了自由权的面向，比如对于妇女组织工会、参加罢工的权利的保护。

---

① 日本宪法第 27 条。
② 林来梵：《从宪法规范到规范宪法：规范宪法学的一种前言》，法律出版社，2001，第 217 页。
③ 李雄：《劳动权保障与制度重构——以"农民工"为视角》，载《现代法学》2006 年 9 月刊。

4. 妇女就业率是妇女享有工作权的一个标志，但过分强调以妇女就业率的高低判断妇女工作权的实现是一种机械的方式，不具有充分的说服力。

如中国在 20 世纪的计划经济年代，有着较高的妇女就业率，但却是以牺牲了劳动者的自由权为代价。所有的公民都没有自主的工作选择权，遑论妇女。非农业劳动者与务农劳动者的劳动场所被严格固定，区域之间的劳动力被严格区分开来，企业与个人之间没有选择的自由，劳动者不得自由流动，乡村不得向城市流动。由国家向国有和集体经济组织安排就业人员，就业模式单一，公民没有任何自主选择可能。

在市场经济时代，就业率虽然可以反映妇女工作权实现的总体情况，但是很难反映妇女在职场中的地位与升迁机会，更不能反映工作权实现状况对于妇女个人职业成就感的满足程度。因此，我们需要对就业率保持必要的审视态度，建立更加综合的判断标准、引入多元化的统计指标。

5. 目前，妇女工作权的自由权利仍然受到很多限制。首先是城乡二元格局的限制，使得农村女性在城市就业并试图融入城市的愿望，变得分外艰难。"那些在工厂流水线上和建筑工地工作的进城农民，由于缺乏城市社会化的途径，往往只能进入城市的地理空间，与城市社会始终保持着相对隔离的状态。"[①] 使城市与农村务工人员产生疏离的不仅仅是知识壁垒与观念歧视，更加重要的是横亘于城乡之间的户籍制度。"中国关于劳工身份的政策，不仅与工业化相关，也与其颇具特色的城乡二元体制紧密联系。中国 60 年的社会主义历史，在城乡之间树立起了一道铁幕。除了个别例外，乡村只能培养农民、城市只能产生工人，长期以来中国一直严格执行一项被称作'户籍制度'的措施。"[②]

除了似乎牢不可破的城乡二元格局及附着其上的户籍制度外，在现实中还存在诸多体制和行政上的障碍。比如，对于进城务工人员的社会保障制度并不能使其真正受惠，反而加重了其个人负担，也不能随着其返乡而顺利转移；现行的暂住人口居留制度，实际上将外来务工人员视为异类，使其无法真正融入城市。对于女性劳工的权益保障也更加疏漏，很多女性的工作权利受到侵害，而缺乏完善的救济机制。

---

① 朱虹：《打工妹的城市社会化———项关于农民工城市适应的经验研究》，载《南京大学学报（社科版）》2004 年第 6 期。

② Pun Ngai, Becoming Dagongmei (Working Girls): The Politics of Identity and Difference in Reform China, *The China Journal*, No. 42, 1999, p. 3.

三　平等与反对歧视

平等与反对歧视是妇女工作权的关键权利。平等不是将女人"雄性化"为男人，而是正如 1975 年国际社会在《墨西哥宣言》① 中所指出的平等是"男人和女人的尊严和价值的平等，以及男女权利和机会和责任的平等"。因此，我们所倡导的工作权领域的平等与反歧视，并非抹杀性别，而是根据女性独特的生理和心理特点，制定对于女性职业发展和价值实现的政策和法律。

妇女解放运动（或称"妇女人权运动"）的长期发展，在很长时期内是以争取平等的社会地位、工作机会、选举权利为目标的，在取得阶段性胜利后，转移到反对性骚扰、职业平等升迁等具体目标。"妇女人权运动是一种社会运动，其关怀内容以女性课题为主，其短程目标在于促进或抗拒女性地位和角色变迁，或者女性意识成长，其终极目标在消除所有形成的性别歧视。"②

1. 工作权中的妇女平等与反对歧视是一个世界性的问题。各国就妇女工作权的立法以"平等"为价值，而非以"保护"为目的，国际社会关于妇女工作权的立法也以平等与反歧视为旨。

值得我们思考的是关于退休年龄的国际经验，"在世界范围内，男女退休年龄相同的国家（地区）有 98 个，占 59.4%；男女退休年龄不同的国家（地区）有 67 个，占 40.6%。其中东欧和原苏联地区男女退休年龄都不相同，其余地区则退休年龄相同的国家远多于不同的国家"③。妇女退休年龄提前的理念是基于"保护目的"（或者"特殊照顾"）而非"平等价值"，结果也遭到了女性群体内部的反对，认为这是一种性别歧视。

从世界范围内观察，妇女平等工作权问题面临着严重的不平衡。当经济社会后发国家为争取妇女平等就业权利、同工同酬、平等升迁机会等基础性权利而斗争之时，发达国家则已经步入了解构两性话语的"后现代阶段"。比如西方的"第三次妇女解放浪潮"将关注焦点集中于"黑人女性、少数民

---

① 1975 年第一次世界妇女大会，时任中国全国人大常委会副委员长李素文率中国代表团参加了这次大会，会议通过了《关于妇女的平等地位和她们对发展与和平的贡献的宣言》，简称《墨西哥宣言》。

② 胡蔼若：《就目的论台湾妇女人权运动特质的蜕变（1949~2000）》，载《复兴岗学报》2004 年第 81 期。

③ 《退休年龄：女儿何以不如男?》，《中国新闻周刊》2005 年 11 月 9 日（总第 252 期）。

族女性、双性恋女性、同性恋女性、变性的女性、来自于后殖民地区以及社会底层的女性等"，①这种目标对于后发国家而言，显然是不切实际的奢侈品。

2. 对于中国而言，妇女平等工作权则是一个历史性的问题。中国妇女受压迫历史漫长，受传统经济模式、家庭模式、社会形态和儒家学说等因素的影响，妇女地位低下，受束缚受限制的程度与历史也具有独特之处。并且，中国也不曾有过西方从18世纪开始的较大规模的女权主义运动影响，事实上中国妇女从20世纪初的辛亥革命后才开始走出家门。正如本文开篇所论及的，中国的妇女解放运动与阶级斗争历史紧密的嵌合在一起——中国共产党将妇女整体视为一个有待解放的"阶级"，而非西方妇女解放中的"个人本位"式的权利观念。"毛泽东科学地分析了中国妇女的存在状况，指出了在斗争中求解放，在生产中求平等的妇女解放道路，使中国妇女运动与中国革命同步发展，并最终赢得胜利。"②

20世纪40年代，国家更重要的是解放妇女，在妇女权利方面更多地从"保护"的角度来制定法律和政策具有合理性。但今天的妇女已和20世纪初的妇女相比，经济地位、社会地位都大不相同，而且接受教育程度（包括高等教育的程度）已经有了极大的变化。更加重要的是，21世纪的产业结构和经济结构已不同于农业社会和工业社会初期，产业结构集中于服务业、金融业、投资业信息业等新的方式，而制造业和生产业对体能的要求由于科技的发展也与以往不同了，女子与男子在体能上的差异已不再成为工作平等的障碍。因此，要改变对妇女给予"保护"的传统思维定式。

3. 中国现行宪法关于妇女权利的规定主旨是平等。宪法第48（1）条规定：中华人民共和国妇女在政治的、经济的、文化的、社会的和家庭的生活等各方面享有同男子平等的权利；第48（2）条中的"同工同酬"也与工作权直接相关。对妇女予以"保护"的明确规定涉及两款内容：第48（2）条中的"国家保护妇女的权利和利益"，以及第49（1）条对"母亲"的保护。

我们认为宪法中的相关"保护"条款，更多蕴涵的是平等内涵，并非将妇女置于弱者地位。宪法第48（2）条规定：国家保护妇女的权利和利益，实行男女同工同酬，培养和选拔妇女干部——此处"保护"的含义等同于"保障"，其具体保障对象为同工同酬权利以及妇女的参政权。这就意味着此

① 何佩群：《女性主义运动的第三次浪潮》，载《文汇报》2011年12月26日。
② 丁娟：《试论毛泽东关于中国妇女解放道路的思想》，载《妇女研究论丛》1993年第4期。

处的"保护"并非赋予妇女以特权、亦非特殊照顾，而是保障女性获得平等权利。而宪法第49条规定：婚姻、家庭、母亲和儿童受国家的保护——此处对于"母亲"的保护，与其说是对于女性的特别关照，毋宁认为是对于家庭关系的特别规范。

我们在日常对于妇女理解中，将妇女与儿童、老人并列，实际上有悖于宪法中的平等内涵的本质，无异于将妇女视为"限制行为能力人"，而需要国家和社会予以特殊照顾和优惠。此种思想不自觉的将妇女置于"弱势地位"，缺乏平等观念，是"男权社会"中的根深蒂固的逻辑。

4. 妇女工作权领域存在歧视与反歧视的斗争，在中国公开的、明显的就业歧视是中国目前对妇女平等工作权的主要侵犯形式。根据中国政法大学宪政研究所对于2010年中国国家公务员招考中的就业歧视的统计分析：性别歧视在中央机关公务员招聘歧视中所占的比重排名第五位，占中央机关公务员招聘总职位数的12.96%；占中央机关公务员招聘歧视总量的5.01%。……地方公务员招聘中的性别歧视比中央机关公务员严重，在地方机关公务员招聘歧视中所占的比重排名第四位，占地方公务员总职位数的16.56%；占地方机关公务员招聘歧视总量的5.57%。① 作为公职岗位公开招考的公务员考试过程中，也存在大量的、公开的制度性歧视，那么在私营企业的招聘中相关歧视现象就更加严重了。

《经济、社会和文化权利国际公约》第3条规定"缔约国……承担保证男女在享有本公约所规定的所有权利上……有平等的权利"。经济社会和文化权利委员会在国家承担的非歧视原则中，则要求国家立即采取行动，而不是如其他权利可以逐步实现。这也就使得国家在反对就业歧视、落实妇女平等工作权方面承担了国际义务，该问题将在文末详细论述。

四　妇女工作权实现的制约性因素

妇女工作权的实现也是由理念到制度、由规范到现实的过程，在二者之间存在着诸多制约性因素。诚如上文中在分析妇女工作自由权实现时的制度性限制，在妇女工作权整体落实过程中，依然存在更多的障碍。此间种种制度性障碍，莫不与中国社会的转型困境有千丝万缕的联系。

现实中国处于转型期的尴尬局面：完备的市场机制并未建立，存在政府

---

① 中国政法大学宪政研究所：《公平正义比太阳还要有光辉：国家公务员招考中就业歧视状况调查》，载《科学时报》2010年4月21日。

权力对于市场的过度干预，但是在需要政府监管的环节，政府往往又是缺位的；公民社会正在孕育过程中，但是各种思潮杂陈，并未形成现代意义上的公民理念；法律制度伴随着大规模立法正在逐步成型，但是其中新法与旧法并存、良法与恶法交织，一些不合理、甚至违宪的制度成为实际支配社会运转的真实规则。

因此，中国妇女工作权的实现也面临着上述障碍，我们可以将其分别归纳为：市场性因素、社会性因素和制度性因素。

1. 市场因素在中国表现为完全"优胜劣汰"的竞争规则，是"社会达尔文主义"的最佳诠释。在妇女工作权领域，将妇女和男性置于完全平等的竞争层面，不顾妇女独特的生理和心理特点，将经济效益视为唯一的价值追求。这种将妇女工作权的实现通过市场的配置而排斥政府的安排、完全依靠男女公平竞争的机制，事实上对于女性是不公平的。

市场因素天然的劣根性，以及对于经济利益的追逐，对妇女工作权产生了两个负面影响：依靠体力优势，将妇女逐步排挤出"蓝领工人"的领域；在"白领工人"的领域中，逐步显示出"去性别化"的特点，性别特征在脑力劳动中逐步湮灭。

因此，法律和国家并不能完全退出市场领域，特别是对于妇女工作权的实现，国家应该进行积极干预，抑制市场的消极因素，保障妇女工作权之落实。

2. 社会性因素表现为社会自身对妇女工作权中妇女的自由选择、自我决定权和平等权等的认知、接受和支持。中国妇女工作权的要求从辛亥革命始，受国际社会影响妇女走出家门，参加公共事务。民国时期妇女的工作权有了较大范围的发展，但很大程度上并不是公民普遍享有的权利。

中华人民共和国成立以来，妇女解放运动使得妇女与男子享有平等的工作权成为可能。但长期的计划经济，使妇女享有自由的工作权受到极大限制。而中国又不曾有过欧美女性主义的运动。因此，妇女对工作权的自由和平等的广度和深度的自我觉醒和自我意识远没有西方女性那样强烈，而更习惯于接受国家和社会的安排，更"自愿"地接受对其工作权的限制和不平等。另一方面，社会对妇女工作权的正当诉求也少见多怪。如发生在中国的性骚扰案件，就业歧视案件并没有得到社会的普遍认可。

3. 由于市场因素和社会因素在落实妇女工作权方面存在诸多消极作用，因此，通过建立完备的制度性保障措施便尤为关键。妇女工作权的实现要有制度性的安排，包括国家组织的设立、社会组织的参与，比如建立就业平权组织，而非仅仅是妇女儿童工作委员会。在制度安排方面，比如香港平等机会委员会可能会提供一些有益的经验。

制度性的安排最有效的是妇女工作权利体系的建立与完善。对目前的法律根据宪法规定，以妇女工作权为自由平等权为价值和主要内容予以调整，建立起一套以尊重妇女价值、维护妇女权利、体现公约要求的现代妇女工作权体系。

五　结语：妇女工作权实现的政府责任

妇女工作权的实现，政府责无旁贷：在落实宪法规定、保障妇女权益方面，政府应该主动担负起立法、行政和司法的宪法义务；在实现国际条约、履行国际责任方面，政府亦应积极兑现国家承诺。

1. 妇女工作权是妇女的自由权利，其自由的意义在于国家负有尊重之义务，不干涉妇女自由权之行使，并将对于妇女的"特殊保护"限制在必要且可行的范围之内，否则很容易干涉妇女的自由意志。同时应当允许和鼓励妇女通过自由行使"工具性质的权利"，使得妇女可以通过自由组织和参加工会、自由进行集体谈判和诉讼的程序性权利，保卫自身的工作权。

与此同时，国家对于妇女工作权的平等权则不仅有尊重之义务，而且负有促进与保护之义务。妇女工作平等权的实现，在很大程度上依赖政府提供积极支持，比如对传统上由妇女从事的育儿持家养老等事项提供社会化服务的努力。

2. 中国签署、批准和加入了一系列与妇女工作权相关的国际公约，由此承担了实现公约预设目标的政治承诺。1992 年世界妇女代表大会上，中国政府做出了"实行男女平等是国家的基本国策"的承诺。政治性的承诺表明政府的政治正确，是国家努力的风向标，但承诺必须靠行动来实现，没有具体的行动等于空话，而这一承诺纳入了 2005 年修改后的妇女权益保障法。

因此，实现这些政治承诺的方式包括了将国际条约确定的原则、权利和标准纳入到国内法之中，将政治承诺转化为法律责任。虽然法律与政治承诺有联系，但二者的可操作性是有明显高下之分的：法律是具有可操作的具体规范，政治承诺不能只停留在宣言，而只有形成系统的妇女工作权体系，才有可能实现周延、完善、高标准的妇女工作权保障机制，将作为妇女工作权核心的自由权和平等权落到实处。

劳动权与职业自由权的国际比较

吴 越[*]

一 劳动权与职业自由权的理念差异

我国《宪法》并没有直接规定公民的职业自由权，仅规定了公民的劳动权利劳动义务。笔者认为，尽管《宪法》对劳动权的承认意味着宪法在事实上部分承认了公民的职业自由权，但是明确规定公民的职业自由权或者说《世界人权宣言》所指的工作自由权却更加合理，这是因为劳动权和职业自由权无论是在语境上还是在内涵上都存在较大的差异。

"劳动"是一个动词，而"职业"是一个名词。劳动一词具有其特殊的历史背景。劳动总是与工人、农民和服务人员联系起来的。与此相应，"劳动者"这个词也不如"职业"科学，因为劳动者就是指"在劳动的人"，它可以是临时的劳动，也可以是长期的劳动，并且它可以是义务劳动，也可以是有报酬的劳动；而职业则不然，它是指长期从事重复性的并且是有报酬的劳动。

劳动的英文单词是 labour，德文为 Arbeit，而职业的英文概念为 profession 或者 occupation，德文为 Beruf。一字之差反映出了二者不同的内涵。

职业则是一个平等的概念，它包括了工人、农民、服务人员、公务人员、科研人员和高级管理人员等各种职业者在内，换言之"蓝领"和"白领"都包括在内了。因此，《宪法》只规定劳动权，而不规定职业自由权本

---

[*] 吴越，西南财经大学法学院。

身就带有一定的不平等性。"保姆"就是一个典型的例子，现在其正式的称谓是家政人员。

从我国的情况看，从劳动观到职业观的变迁是随着社会经济的发展和价值观的变迁而变迁的。在中央集权的计划经济时代，"人人都是社会主义的劳动者和建设者"，劳动是个体的权利，更是个体的义务。计划经济犹如一部巨大的钢铁机器，每个个体都是这部机器上的一棵"螺丝钉"，同时，每个个体作为螺丝钉可以根据经济计划的需要随时被调配到不同的位置去充当不同的角色。可见，在计划经济时代，个体被视为集权的计划经济的部分。劳动是光荣的，但并非是自由的，因为在计划经济观念之下，个体的劳动更多的是一种义务。螺丝钉的位置基本上是固定的，于是围绕计划经济这部巨大的钢铁机器运转的为生存而生存的人也就有了"铁饭碗"。也正是在这种背景下，个体被要求参加各种各样的劳动竞赛，因为计划经济这部机器不允许有"生锈的螺丝钉"。可见，在计划经济时代，劳动报酬是可以忽略不计的，因为应实行以"精神鼓励为主"的劳动原则。① 相应的，那个时代的劳动观也十分重视"体力活"而鄙视脑力劳动或者管理劳动这类"不劳而获"的人。这类"分子"中表现不好的人将被实行强制的"劳动改造"。这种"螺丝钉式"的劳动义务观可以说是 20 世纪 50、60 年代的真实写照。在那个时代，人们不是问"你从事什么工作"，而是问"你从事什么劳动"。

一直到了 20 世纪 70 年代末期中国实行改革开放的时候，这种义务式的劳动观才有了一定变化。农民开始进城找工作，于是有了"打工妹"和"打工仔""下海"与"经商"等新名词的诞生。在这个时期，人们开始用"你从事什么工作"来代替"你从事什么劳动"。"劳动"与"工作"虽然都有"劳作"之意，但是后者已经远离了义务性质的无自由选择性质的含义。从此，"你从事什么劳动"基本上成为历史。一直到了 20 世纪 90 年代，"你从事什么职业"开始成为社会认可的观念。中国改革开放所带来的从"劳动观"到"职业观"的变迁其实是计划经济观到市场经济观转变的一个组成部分。职业观是一种自由取向的、平等地适用于体力劳动和脑力劳动者并且是以等价交换为前提的个体价值观，它符合市场经济的基本价值：自由、平等和等价交换。所以，在计划经济时代劳动岗位的变动是异常艰难的，是要经过正式的"调动"的；而在市场经济时代，一个体要"跳槽"是非常容易的。

---

① 参见我国 75 宪法第 10 条的规定，桂宇石主编《中国宪法经济制度》，武汉大学出版社，2005，附录一：清末以来我国宪法中关于经济制度的条款选编，第 338 页。

可见，劳动权与职业自由权之间虽然存在紧密的联系，但是二者之间的区别也是十分明显的。我国《宪法》明确承认职业自由权将更加符合我国社会的现实，也符合国际上的做法，因为国际人权公约中规定的是工作权（working rights）[①] 而非劳动权（labor rights），尽管国际公约中也有劳工权（laborer's rights）概念，后者仅仅是对从事体力劳动的职业者的基本权利的规定。

二　职业自由的内涵

何为法律意义上的职业？德国学者认为，德国《基本法》第 12 条 1 款规定的职业自由中所指的职业是任何长期性的、法律许可的并且旨在建立或者维持个人的生存基础的活动。[②] 由此可见，从法律上看，职业具有三个特征，即长期性、合法性以及维持个体生存。职业大致可以分为受雇用的职业和自由职业两大类。不过在实践中，自由职业与下文要分析的营业或者说企业概念有时很难区分。例如，德国联邦宪法法院认为，个体医生属于自由职业，但是对于个体货物运输，则很难笼统地归入自由职业一类。[③] 笔者认为，从我国法律的有关规定来看，区分自由职业与营业的标准应当是是否雇用他人从事生产或经营。例如按照我国的规定，雇工 8 人以上的有组织的生产经营活动被视为私营企业，反之个体工商户则是个体及其家属所从事的一种"自由职业"。职业的合法性特征表明职业必须是法律不禁止的职业，例如毒品交易和惯偷就不是法律意义上的职业，并且不受宪法和法律的保护。反之，"黑工"或者性工作并非是自开始就是不合法的职业。[④]

职业自由权的含义是，个体有依法选择职业和结束职业的自由，这是其积极的职业自由含义。个体也有权拒绝从事自己不愿意从事的任何职业的自由，任何人没有法律的依据不得强迫他人从事任何职业，也不得强迫他人在法律规定的限度之外从事职业活动（例如强迫他人在正常的工作时间之外"加班"）。即使一个体本来有职业能力却自愿地放弃从事任何职业，也是法律所不禁止的，例如在一些高福利国家，就存在自愿失业现象。这就是职业自由的消极含义。

作为职业自由的延伸，个体的职业自由也包含了个体选择职业培训的内

---

① 参见《经济、社会和文化权利国际公约》第 6 条的规定。

② 〔德〕W. Frotscher, Wirtschaftsverfassungs-und Wirtschaftsverwaltungsrecht, Beck, 1999, S. 26.

③ 参见德国联邦宪法法院的判决：BVerfGE 11, 30/41。

④ 〔德〕W. Frotscher, Wirtschaftsverfassungs-und Wirtschaftsverwaltungsrecht, Beck, 1999, S. 27.

容和职业培训的地点和机构的自由。换言之，任何个体和组织无权强迫其他个体接受自己所无法接受的职业培训内容，也无权强迫他人接受培训地点和培训机构。由于当代经济和社会分工的细密化，要从事职业通常意味着必须先接受职业化教育或者职业培训，即使对已经有从业经验的人而言，选择新的职业也通常意味着要先接受新的职业培训。因此作为职业自由权组成部分的职业培训自由也具有重要的现实意义。

职业自由和职业培训自由在许多国家的宪法中都有明确的规定。例如德国《基本法》第12条就规定了积极的职业自由和消极的职业自由以及职业培训的自由。再如与德国《基本法》有着渊源关系的日本宪法对职业自由也有类似的规定。日本宪法学者芦部信喜和高桥和之认为，选择职业的自由、居住与迁徙的自由以及财产权总称为经济自由权。[①] 笔者认为，将财产权理解为个体自由权从广义上说当然是成立的，但鉴于产权的特殊性，它与经济制度的关联更大，在此不再赘述。

三 职业自由与制度性就业歧视

尽管《宪法》对职业自由没有明确规定，但是职业自由在我国已经成为一种为大众所接受和认可的自由观念。不过，由于历史的、现实和法律上的原因，个体的职业自由受到各种限制和歧视。而在这种歧视当中，对职业自由权最大的歧视其实是制度性就业歧视。

首先是对政府公务员职业和国家事业单位的从业歧视。在我国，不具备城镇户口的人原则上无法进入公务员职业队伍，也无法从事国家性质的事业单位的工作。此外，城镇人口中不具备干部身份的人也很难进入公务员和事业单位。这显然是对农村人口和城镇人口非干部身份人员的从业歧视。有学者呼吁，应当对这部分人群开放公务员和事业单位职业，实行公平竞争。[②]

从中外就业制度的比较来看，制度性就业歧视无疑更加具有中国特色。由于制度性就业歧视的存在，使得社会中的多数人无法通过公平竞争的方式进入一些关键职位，例如政府要职和国有企业的高管职位。这种制度性歧视也是造成社会分配不公的极其重要的原因之一，这同时也表明我

---

① 〔日〕芦部信喜、高桥和之：《宪法》，林来梵、凌维慈、龙绚丽译，北京大学出版社，2006，第204页。
② 参见王美艳《城市劳动力市场上的就业机会与工资差异——外来劳动力就业与报酬研究》，《中国社会科学》2005年第5期。

国的劳动与就业制度存在着制度性的不正义。当代法理学家罗尔斯认为，正义的第一个原则性的假定就是"每个人对于拥有的最广泛的基本自由体系的制度，而且这种制度也能够平等地适用于其他一切人"，①而不平等只能建立在个人的能力大小差异之上。按照罗尔斯界定正义的第二个原则性假设，那就是"应当这样来塑造社会经济的不平等，使得任何人都可以理性地期待得到好处；并且不平等只能与地位与职务挂钩，而地位与职务则必须对所有人开放。"②也就是说，只有基于个人能力差异造成的地位与职务的不平等才是正义的，而一切以剥夺个人竞争机会为目的的差异就是非正义的。

其次，我国也存在着性别、身高、相貌、不影响就业的疾病患者和残疾人的歧视。女性就业比男性就业更加艰难并且女性的报酬比男性的低是不争的事实③。而在择业过程中对人的身高、相貌和不影响就业的疾病和残疾人的歧视现象也普遍存在。

从宪法和法律的规定来看，上述的就业歧视并无法律上的依据。就业歧视的形成，大都是历史原因造成的。在当代，就业歧视也与政府的经济政策和经济行政存在着直接的关联。

四　职业自由与职业培训自由

职业培训自由是个体的职业自由的必要的延伸。从广义上说，职业培训自由也是公民的受教育权的自由的体现。职业培训自由的意义在于，个体一生可能并非只从事一种职业，而且职业培训的质量高低也影响到其职业自由权的实现。

然而，在转轨经济时期，职业培训的不自由却严重地影响到职业培训的质量和职业自由权利的实现。职业培训的不自由有各种不同的表现形式。

首先，在一些国有企业当中，国有企业职工的职业培训往往被其行政主管部门或者企业自身所垄断。职工于是被剥夺了自由比较与选择培训机构的权利。其次，在私营企业当中，一些行业协会或者行政主管部门也制约着职工的职业培训自由权。最后，在一些自由职业当中，由于各种各样的从业资格考试都有各自的行政主管部门，因此这些从业资格考试的培训活动在事实上也被某些行政主管部门或者其利益相关单位所垄断。职业培训和从业资格

---

① 〔美〕罗尔斯：《正义论》，何怀宏、何包钢、廖申白译，中国社会科学出版社，1988，第60～61页。

② 〔美〕罗尔斯：《正义论》，何怀宏、何包钢、廖申白译，1988，第60～61页。

③ 参见黄娟《就业性别歧视与保障女性就业》，《山东社会科学》2006年第9期。

考试培训垄断的存在，导致职业培训的质量下降，使得职业培训达不到应有的质量要求。更为恶劣的是，有的职业培训不仅流于形式，而且有以职业培训之名剥夺个体的经济利益之实的嫌疑。

可见，打破职业培训的垄断，对于实现个体的职业自由权具有重要的现实意义。对此问题应给予足够的重视。

五　职业自由之公共利益限制所引发的问题

正如任何自由都有其限制一样，个体的职业自由也受到法律的一定程度的限制。个体的职业自由的行使不得违背社会公共利益，也不得违背他人的权利和自由。如前所述，我国宪法第51条规定："中华人民共和国公民在行使自由和权利的时候，不得损害国家的、社会的、集体的利益和其他公民的合法的自由和权利。"

该规定也是个体的职业自由的兜底条款。

根据该条款，在职业过程中如果损害国家的或者社会的公共利益，该自由即受到限制甚至禁止。例如，公民有从事自由职业的自由。但是出于公共利益的需要禁止在学校、政府机构或者其他公共场所的某些区域摆摊设点就具有正当性。个体无权依据职业自由权对抗社会公共利益。基于同样的理由，诈骗、盗窃、贩毒等活动在任何时候都不得视为一种合法的职业。

不过，由于对社会公共利益的标准有不同的认识，有时候对二者之间的冲突会引发法律上的问题。例如，上海市出台了一个规定，禁止乞丐在某些关系到上海的国际形象的领域从事乞讨活动。根据笔者的观察，乞讨在许多国家都是合法的行为，因此也是合法的"职业"，乞讨者的行为不违背他人的权利和社会公共利益。另外，某些人从事乞丐活动具有一定的正当性，因为乞讨的人只要不是出于营利目的，而是出于迫不得已维持生计的需要，就应当是正义的。当个体无法获得必须的社会救济的时候，乞讨也是行乞的人主张社会正义的权利。因此，乞丐现象和乞丐作为一种维持基本生存的职业具有社会公共利益性质。问题是如何衡量一个城市形象所代表的公共利益和乞丐职业的公共利益是个难题。因此，上海市禁止在某些地段行乞的规定自然会引发法律问题。

其次，社会公共利益标准也在变迁之中。例如，如何看待流动商贩这一职业？如何规范流动商贩这一职业？这不仅涉及社会公共利益，也涉及数百万人的生计。

六　职业自由与《劳动合同法》所引发的问题

众所周知，财产权、平等与契约自由是法治的市场经济的三大基本要素或者说精髓所在。职业自由无疑是契约自由精神在劳动法，尤其是劳动合同法领域的具体体现。

然而，鉴于劳动者与雇佣者在缔约时处于不平等的地位，因此国家通过法律的形式对集中体现契约自由精神的劳动合同进行某些限制无疑具有正当性。这种正当性也被称为平衡正义。在私法领域，通常承认个人自主原则和契约自由原则，因此法律通常不会强制任何人缔结私法上的合同，也不会强行规定私法契约的正义标准，这也就是所谓平衡正义的自主性。例如在买卖合同中，何为"等价"或者何为交换的正义，宪法和行政法通常不会给出一个强行性的标准。在私法领域，只要双方之间的交易是自愿的，也就是正义的和公正的。在市场经济中，市场就是由契约来规制的。所以对契约而言何谓公平，这个问题是多余的："因为一个人得到了自己想要的，对他个人而言就不存在不公平。"①

因此平衡正义的自主性也受到一定的限制，尤其是在劳动法中。在市场经济国家中，劳动报酬和其他的劳动条件也是通过在劳动力市场中缔结的合同来调整的。劳动合同规则对社会合意而言特别重要，因为他们涉及的是没有明确标准的"报酬正义"。更为关键的是，在劳动力市场进行交换的劳动力是一种特殊的商品。马克思认为，劳动力交换是包含着"血肉和灵魂"的交换。因此对劳动力需要有特别的"市场制度"②。不仅劳动法中对劳动报酬和劳动条件有明确的规定，而且很多国家的宪法对劳动条件和劳动报酬也有明确的规定。例如，我国宪法第 42 条第 2 款规定，国家通过各种途径，创造劳动就业条件，加强劳动保护，改善劳动条件，并在发展生产的基础上，提高劳动报酬和福利待遇。

在实践中，劳动合同或者聘用合同中的不公正条款比比皆是。这些不公正的法律条款严重地影响到个体的职业自由权的实现。劳动合同的不公平条款主要体现在劳动条件、劳动报酬、违约责任以及劳动合同的后续义务等方面的不合理规定方面。此外用人单位非法解除劳动合同也是普遍存在的现象。③

---

① 〔德〕魏德士：《法理学》，丁晓春、吴越译，法律出版社，2005，第 163～166 页。

② 〔德〕魏德士：《法理学》，丁晓春、吴越译，第 164 页。

③ 参见魏宏斌、林国荣、李小媚《论用人单位非法解除劳动合同》，《企业家天地》（理论版）2006 年第 7 期。

鉴于此，2007 年《劳动合同法》一出台就备受争议。支持者认为，新的《劳动合同法》充分体现了平衡正义，该法的实施无疑会更好地保护劳动者的合法权益，有助于实现社会公平正义。反对者则认为，新的《劳动合同法》实质性地干涉了私人的契约自由权，它不仅不能很好地保护劳动者的合法权益，反而增加了企业的不合理的成本，牺牲了企业的效率，同时导致中国劳动力成本的升高，进而导致外资从中国撤离到劳动力更加廉价的发展中国家，损害中国的国际竞争力。

在反对者当中，最有代表性的莫过于经济学家张五常。张五常认为，"新劳动法的意图是把租值转移，或把劳资双方的收入再分配。收入再分配的方法有多种，为祸最大的通常是干预合约的自由选择，而新劳动法正是这种干预。"[1]张五常认为，正是国家法律对劳动合同或者说择业自主权的不正当的干预，才导致了"劳资皆输"的格局。[2]

笔者认为，如何平衡契约自由与国家干预之间的矛盾关系显然是法学和政治上的一个难题，但是经验表明，如何平衡二者之间的矛盾，显然应当考虑到中国的历史发展阶段，不顾现实地维护劳动者一方的权益，不但可能达不到预期的立法目的，反而可能导致负面效应。

七　简短的结论

解读"劳动权"，应当从历史的角度和国际比较的角度来进行。应当从宪法的高度，从职业自由的角度来塑造和审视当代中国的劳动法律制度。如果仅仅从劳动权的角度来解读，则不能很好地说明问题，不能把握问题的关键。

作为契约自由的一个重要组成部分，职业自由权应当是重塑中国劳动权及其相关制度的一把钥匙。

从国际比较来看，在职业自由权的实现方面，我国显然还存在着许多制度性的障碍。正是这些制度性障碍导致个体择业的不自由和不公平。契约正义在自主择业领域因此受到伤害。

尽管契约自由在劳动法领域应当受到一定的限制，这种限制的理论基础就是平衡正义，但是这种限制应当与本国的经济与社会发展阶段相适应，否则不但达不到保护劳动者合法权益的预期效果，反而可能牺牲企业效率，不当地提高企业的成本，导致国家的国际竞争力的比较优势丧失。

---

① 　张五常：《新卖橘者言》，中信出版社，2010，第 289 页。
② 　张五常：《新卖橘者言》，第 289 页。

荷兰妇女劳动权的法律保护：
经验、挑战及其借鉴意义

谢增毅 *

2011 年 9 月，笔者作为代表团成员赴荷兰就妇女社会权利保护，包括妇女平等权、劳动权、健康权、生育保护和反家暴等问题进行考察调研。本文围绕妇女劳动权保障这一主题，根据考察调研结果，结合相关资料，评析荷兰相关立法与实践，并探索其对我国完善妇女劳动权保护的借鉴意义。

一 欧盟就业平等权保护的立法框架

近年来，平等权越来越受到各国政策和法律的重视，平等权的保护成为各国劳工政策和劳工法律的重要部分。在欧盟，有关劳动法的指令基本上是围绕就业平等展开的，就业平等是欧盟劳动法的核心理念。对平等尤其是性别平等的追求已经成为欧盟社会政策的核心以及最为发达的支柱（pillar）。对平等的追求已经成为欧洲社会政策模式的核心并且成为成员国变化的催化剂。[1] 目前欧共体和欧盟专门涉及反歧视的指令主要包括：1975 年有关"适用男女同酬原则"的《75/117 指令》，1976 年有关"在就业、职业培训、晋升和工作条件方面实施男女平等待遇原则"的《76/207 指令》（《2002/73 指令》修改了该指令），2000 年有关"实施种族或民族出身（racial or ethnic origin）平等待遇原则"的《2000/43 指令》，2000 年有关"建立就业和职业

---

* 谢增毅，中国社会科学院法学研究所。

[1] Catherine Barnard, *EC Employment Law*, Third Edition, （Oxford；New York：Oxford University Press，2006），p. 297.

平等待遇一般框架"的《2000/78 指令》。2006 年又发布了"实施关于就业和职业中男女平等机会和待遇原则"的《2006/54 指令》。1976 年有关"实施男女平等待遇原则"的指令（《2002/73 指令》修改了该指令）旨在实施男女在就业机会、职业培训和晋升、工作条件中平等待遇的原则。2000 年有关"建立就业和职业平等待遇一般框架"的指令，旨在确立反对就业和职业中基于宗教或信仰、残疾、年龄或性取向的歧视的一般框架，以此来实施欧盟确立的平等待遇原则。2006 年"实施关于就业和职业中男女平等机会和待遇原则"的指令，是为了确保男女在就业和职业中平等机会和平等待遇原则的实施，为达到此目的，该指令涉及的内容包括：（1）就业机会，包括晋升和职业培训；（2）工作条件，包括报酬；（3）职业的社会保障项目。

从上可以看出，欧盟的指令禁止基于性别、种族或民族出身、宗教或信仰、残疾、年龄或性取向的歧视。性别平等方面的指令内容丰富，涉及事项广泛，涵盖就业和职业的各个方面，包括就业机会、职业培训、晋升、工作条件、报酬、社会保障等事项。通过这些指令，欧盟建立了比较完善的平等保护包括就业中性别平等保护的法律框架。这为包括荷兰在内的成员国平等法包括性别平等法的制定和实施打下了坚实的基础。

二　荷兰妇女劳动权保护的立法及其实施状况

（一）荷兰平等权保护的法律框架

为了促进平等权的保护，实施欧盟相关的平等保护指令，荷兰通过了一系列平等保护的立法。这些立法主要包括：（1）1994 年 3 月 2 日生效的《平等待遇法（Equal Treatment Act）》（2004 年 9 月 9 日修订）。这是荷兰一部综合性的平等保护法律。该法禁止基于宗教、信仰、政治观点、种族、性别、国籍、性取向以及婚姻状况的歧视。[①] 根据该法，在就业的各个环节实施歧视都是非法的。这些环节和事项包括：工作广告和录用程序、工作安排、劳动关系的确立和解除、公务员的任免、劳动的条款和条件（terms and conditions of employment）、就业前的教育和培训、晋升、工作条件（working conditions）。[②] 根据该法，荷兰建立了"平等待遇委员会（Equal Treatment

---

① See, Section 1 of Equal Treatment Act.
② See, Section 5 of Equal Treatment Act.

Commission）"，负责对歧视行为进行调查。① 目前，荷兰正在考虑将这一机构并入综合性的国家人权机构。如果并入国家人权机构，其权力将更为充分。（2）2003 年通过、2005 年 1 月 1 日生效的《残疾和慢性病平等待遇法（Act on Equal Treatment on the Grounds of Disability or Chronic Illness）》。该法禁止对残疾人、慢性病人在劳动、职业教育、公共服务等领域实施歧视。（3）2002 年通过的《劳动平等待遇（年龄歧视）法》。该法禁止在劳动、自由职业、职业培训、会员制组织（membership organizations）等方面实施年龄歧视。（4）1980 年通过的《平等待遇（男性和女性）法》。该法是为了实施欧盟 1976 年指令而通过的，目的在于禁止性别歧视。根据该法，歧视包含直接歧视和间接歧视，直接歧视包括因怀孕、生育、母亲身份而受到的歧视；间接歧视指基于非性别的因素，例如婚姻状态或家庭环境，而造成性别上的歧视。② 同时，荷兰还通过了《临时和长期工作平等待遇法（Equal Treatment Temporary and Permanent Employment Act）》《工作时间平等待遇法（Equal Treatment in Working Hours Act）》，禁止对不同期限劳动合同的雇员实施歧视。

从荷兰立法可以看出，荷兰平等立法完善，其禁止歧视的事由广泛，包括宗教、信仰、种族、性别、国籍、性取向、婚姻状态、残疾或慢性病人、年龄、工作时间（全职或兼职）、合同（临时或长期）；而且其反歧视的适用范围不仅包含劳动关系及其他工作关系，还包括商品或服务的提供与获得，例如住房、教育、社会服务、卫生服务以及文化事务。③

（二）荷兰平等权保护及性别平等保护立法的实施情况

如上文所述，根据 1994 年《平等待遇法》，荷兰建立了"平等待遇委员会"。该委员会的主要职责包括四项：（1）提供法律意见；（2）进行独立调查；（3）提供立法以及其他方面的咨询建议；（4）促进反歧视意识的提高。该委员会的主要职能是接受当事人的投诉和主动进行调查，并提供法律意见。虽然该委员会做出的法律意见并没有直接的法律约束力，但当事人特别是雇主一般都会认真对待该委员会的意见，而且该委员会的意见可以作为诉讼中的证据被法院采纳。因此，该委员会的地位和作用值得重视。2010 年，该委员会通过电子邮件或电话接受咨询 1636 次，共收到 406 份书面申诉。在这些申诉中，有关性别的占 16%，有关种族和国籍的占 18%，有关宗教

---

① See, Section 11, 12, of Equal Treatment Act.
② Section 1 of Equal Treatment (Men and Women) Act.
③ Richard de Groot, Legal Advisor of ETC, "Dutch Equal Treatment Commission (CGB)", September 2011.

的占 7%，有关残疾或慢性病的占 17%，有关年龄的占 21%，其他事由的占 21%。该委员会的调查发现，52% 的申诉案件中存在违反《平等待遇法》的行为，48% 的案件不存在违反该法的行为。[①] 在该委员会处理的有关性别歧视的 32 起案件中，24 起和就业有关，8 起和商品及服务的提供和获取有关。[②] 可见，在荷兰，整体上歧视案件并不多，歧视现象并不严重。当然，男女工资的差异也说明了性别歧视依然存在。2009 年，女性平均工资只有男性工资的 80%，工资差异的部分原因是客观理由，比如，工作经历、教育水平和部门的差异，但部分工资差异的原因无法得到解释。在私营部门，9% 的工资差异无法得到解释，在公共部门，8% 的工资差异无法得到解释。[③] 因此，这意味着女性受到一定程度的歧视。在 2009 年的一个案例中，一位有中国背景的女会计和一名男同事从事相同的工作，但工资却比男同事低 20%，尽管雇主解释了各种理由，最后平等待遇委员会还是认定雇主的行为构成性别歧视和种族歧视。[④] 在荷兰，现在的一个现象是各种歧视的原因交织在一起，歧视的认定更加复杂。而且，女性到平等待遇委员会申诉往往需要很大勇气，如果没有家庭的支持，受歧视的妇女难以主张自己的权利。这也说明反歧视法的实施需要家庭和社会的支持。

　　除了工资收入差异，男女职场职位的差异也值得关注。在荷兰，女性在高级和学术职业（senior and academic occupations）中从事管理岗位的比例从 2003 年的 24% 提升到 2007 年的 28%，但女性在这些职业工作的人数比例为 42%；2009 年从事管理岗位的女性占到 27%。2009 年，在荷兰最大的 100 家企业中，9% 的高级管理人员为女性，而 2005 年的比例仅为 7%。荷兰女教授的比例从 2007 年的 11% 提高到 2009 年的 12%。在公务员中，高级以及顶级的公务员（senior and top civil servants）中女性比例从 2007 年的 18% 提高到 2010 年的 26%。[⑤] 可见，女性在公务员中的比例相比其他行业更高。当

① Richard de Groot, Legal Advisor of ETC, "Dutch Equal Treatment Commission（CGB）", September 2011.

② J. E. Bonneur, Legal advisor ETC, "Equal Treatment Commission, discrimination on the ground of gender", 20 September 2011.

③ The Netherlands Institute for Social Research, *Emancipation Monitor* 2010, p. 248, http://www.scp.nl/english/Publications/Summaries _ by _ year/Summaries _ 2011/Emancipation _ Monitor_ 2010.

④ J. E. Bonneur, "Equal Treatment Commission, discrimination on the ground of gender".

⑤ J. E. Bonneur, "Equal Treatment Commission, discrimination on the ground of gender", The Netherlands Institute for Social Research. http://www.scp.nl/english/Publications/Summaries_ by_ year/Summaries_ 2011/Emancipation_ Monitor_ 2010.

然，以上数据无法直接说明女性在职场中受到歧视。整体上，荷兰女性的就业率比较高，经济独立性也有所提高，女性在各类职场的占有率几乎都呈上升趋势，并未受到金融危机的影响。

（三）非全日制工的盛行及其法律保护

荷兰很突出的一个特点是女性就业参与率高，而且女性从事非全日制工作（part-time）的比例很高。在荷兰，60%的女性参与就业，45%的荷兰女性在经济上是独立的。而在就业的女性中，75%的女性从事非全日制的工作，即每周的工作时间在20～35小时。相比女性，男性只有15%从事非全日制的工作。[①] 根据统计，2009年，就业女性的平均工作时间为每周25.3小时。[②] 这是荷兰非常突出的特点，荷兰也因此被称为"欧洲兼职女王（part-time Queen of Europe）"。由于四分之三的就业女性从事的是非全日制工作，而男性比例只有15%，因此，非全日制工的法律保护对女性而言就非常重要。

荷兰根据欧盟指令制定了《工作时间平等待遇法（Equal Treatment in Working Hours Act)》，保护非全日制工和全日制工的平等待遇。欧盟于1998年通过了保护非全日制工人平等权的97/81号指令。[③] 该指令适用于拥有劳动合同或劳动关系的非全日制工人，其基本的原则是非歧视，即在劳动条件上，非全日制工人和相对应的全日制工人相比，不能仅因其非全日制工作而受到不利待遇，除非差别待遇具有正当和客观的理由。[④] 为了落实该原则，该指令规定，成员国有义务确认和审视其法律或行政上可能妨碍非全日制工作机会的限制措施，并加以消除。而且，工人拒绝在全日制工和非全日制工之间进行转换并不能成为雇主合法解雇雇员的事由。同时，雇主有义务考虑雇员在全日制工和非全日制工之间进行转换的请求，并提供相应的便利和信息。[⑤]

---

① The Netherlands Institute for Social Research, *Emancipation Monitor* 2010, p. 248, http://www.scp.nl/english/Publications/Summaries _ by _ year/Summaries _ 2011/Emancipation _ Monitor_ 2010. J. E. Bonneur.

② The Netherlands Institute for Social Research, *Emancipation Monitor* 2010, p. 246.

③ Council Directive No. 97/81 concerning the framework agreement on part-time work concluded by UNICE, CEEP and the ETUC (1998).

④ Clause 2, 4 of Council Directive No. 97/81 concerning the framework agreement on part-time work concluded by UNICE, CEEP and the ETUC.

⑤ Clause 5, 4 of Council Directive No. 97/81 concerning the framework agreement on part-time work concluded by UNICE, CEEP and the ETUC.

（四）女性生育的法律保护

在荷兰，在平等待遇委员会 2010 年出具性别歧视意见的 32 个案件中，有 11 个和怀孕有关，说明怀孕歧视在性别歧视中的比重较大。在荷兰，女性享有 16 周产假，休假期间，生育津贴为其工资的 100%，女性怀孕和休假期间，雇主不得解雇。在 2003 年的一个案例中，一名已工作 6 个月的女出租车司机向平等待遇委员会提起申诉，主张其因怀孕，雇主拒绝与其续签合同。雇主辩称未续签合同的理由是该司机经常缺勤。而平等待遇委员会认为，该司机缺勤是由其怀孕引起的，因此，雇主的行为构成性别歧视。[①] 关于生育保障，近年来，荷兰面临的新问题是有关女性自雇者的生育待遇问题。

在荷兰，2004 年以前，失能保险（invalidity insurance）适用于所有工作的雇员，包括女性。领薪者都可以获得此项保险，独立企业主（independent enterpreneurs）以及自雇者（self-employed）也可以享受此项保险。该保险包含对自雇者女性的怀孕和生育补贴。2004 年，荷兰政府宣布该项保险不适用于自雇者，因此，女性自雇者怀孕和生育的补贴被取消了。尽管很多反对意见认为，政府的这项举措违反了联合国《消除对妇女一切形式歧视公约》以及欧盟相关指令的规定，但政府认为这项福利针对的是领取薪水的工人，一些人可以被排除，因此，还是取消了对女性自雇者怀孕和生育的补贴。荷兰的一些非政府组织（简称 NGO）要求政府对所有妇女给予生育的福利。经过斗争，政府最终于 2008 年通过了一项法律，但该法律仅仅规定由国家按照最低工资的标准支付生育补贴。一些 NGO 和其他组织不满政府的措施，认为生育补贴按照最低工资的标准支付过低，而且要求政府对 2004～2008 年期间未享受生育补贴的自雇者女性提供补偿，但法官和政府都没有考虑补偿的问题。[②]

（五）家政工的法律保护及面临的挑战

荷兰的家政工（domestic worker）比较盛行，包括从事家务工作、保洁、照看小孩、照顾老人、私人护士等工作。在荷兰，除了私人雇用的家政工，

---

① The Netherlands Institute for Social Research, *Emancipation Monitor* 2010, p. 248, http://www.scp.nl/english/Publications/Summaries _ by _ year/Summaries _ 2011/Emancipation _ Monitor_ 2010., J. E. Bonneur.

② 参见荷兰非政府组织 Association of Women and Rights, Clara Wichmann 提供的书面资料 "Maternity Benefits for Self-employed Women", 22 September 2011, Utrecht.

还有政府提供部分补贴用于照顾老人、残疾人、病人的家政工，此外，还有中介机构派出的家政工。

在荷兰，私人家政工受《家政工条例》的规制。该条例于 2007 年 1 月 1 日生效。根据该法，一自然人可以雇用另一自然人每周从事不超过 3 天的家政工作（domestic work），家政工主要从事家务。荷兰 1998 年通过了一项家政服务条例，但条例的影响很小，该条例后来被另一项条例《豁免家政工人条例》（the Regulation on exempt domestic workers）所取代，《豁免家政工人条例》规定私人家政工和客户之间的关系与经典的雇主和雇员的关系不同，因此，双方无须缴纳税收或社会保险费，但家政服务每周不得超过两天。2007 年，荷兰通过了新的《家政工条例》，将豁免时间从两天延长到 3 天。但条例在内容上并没有根本变化。①

在荷兰，由于家政工通常不向税务或社会保险部门申报，为此，新的条例主要有三个目标：一是使更大比例的家政工情况可以为政府知悉；二是鼓励更多受教育程度较低的人参与就业市场；三是降低家政工的门槛，促进雇用家政工的人参与就业市场。根据新的条例，一个自然人可以雇用另一个自然人每周从事不超过 3 天的家政工作，该雇用者没有义务交税或支付社会保险费，也无须在税务或社会保险部门登记。只要家政工每周工作不超过 3 天，双方的关系不属于雇主和雇员的劳动关系。由于无须缴纳税收和社会保险费，家政工无法获得社会保险福利，包括失业保险、病假或残疾福利和养老保险的累积，但家政工适用有关最低工资和收入的规定，受雇人也应在其年度收入税收中报告其收入。"3 天"的标准适用于单独的一项工作，但是不足一天算一天。因此，受雇者可以同时为几个人工作，只要向其中的一个客户工作不超过 3 天就符合该条例的规定。如果家政工向一个客户工作的时间超过 3 天，双方的关系就变成经典的雇主和雇员的关系，劳动法上雇主和雇员的法律义务适用于双方。目前，并没有很多人知道这项新的法律，这降低了其有效性。政府因此计划加大宣传力度。关于家政工的人数，根据 2004 年的一项调查，大约有 390 万家庭使用家政工，大约 45% 的家政工向政府部门申报，55% 的家政工未申报。②

可以看出，在荷兰，家政工（每周工作 3 天以下）基本不适用劳动法。因此，相比一般雇员，家政工面临不少问题和挑战。主要表现在：（1）由于

①　参见 Regulation of domestic work, Netherlands, 载 http：//www. eurofound. europa. eu/areas/labourmarket/tackling/cases/nl001. htm，最后访问日期：2011 年 10 月 7 日。

②　参见 Regulation of domestic work, Netherlands, 载 http：//www. eurofound. europa. eu/areas/labourmarket/tackling/cases/nl001. htm，最后访问日期：2011 年 10 月 7 日。

没有集体合同，收入更低；（2）没有解雇保护；（3）怀孕和生育的社会福利较少；（4）社会保险损失，没有失业保险、养老保险、假日福利，医疗保险待遇降低。（5）获取有关劳动关系信息的权利较少。除了适用最低工资制度，家政工几乎不适用劳动法和雇员社会保险的规定。荷兰之所以未将家政工纳入劳动法的保护体系，主要理由是：（1）家政工在私人家庭工作，政府不希望给私人雇主强加过多的行政负担，而且也不希望增加更多的政府责任；（2）从家政工的角度看，家政工的收入是家庭的"额外"收入，而且家政工本身也认为没有必要接受经常的监管；（3）促进就业比保护单个的家政工更为重要。目前荷兰的家政工人数大约为35万~150万，但是95%以上的家政工是女性，因此，对家政工的保护不足从某种意义上属于间接歧视。[①] 一些NGO认为荷兰的政策违反《消除对妇女一切形式歧视公约》（CEDAW）第38、39条的规定以及CEDAW委员会的建议，主张应该确保家政工充分享受劳动法的保护。

笔者认为，荷兰家政工特别是每周工作三天以下的家政工受到的法律保护不足。尽管家政工为雇主工作3天以上的，将适用劳动法，但这项规定容易遭到规避。例如，两个家庭同时雇用两个家政工，两名家政工在两家雇主每周各工作3天就可以规避"3天"的规定。而且家政工也无法获得一般的社会保险福利，对其非常不利。

此外，在荷兰，很多家政工并没有合法的居留身份，尽管发生争议时，他们可以赢得诉讼，但一旦诉诸法庭，其身份暴露，将必须离开荷兰。因此，很多人在权利受到侵犯时，并不会通过法律途径寻求救济。

三　荷兰的立法和实践对我国的启示

从荷兰的立法和实践可以看出，荷兰在保护妇女劳动和社会保障权方面积累了丰富经验，对妇女的保护较为完备，但同时也面临一些挑战。荷兰的立法和实践经验为我们提供了丰富的借鉴价值，其面临的挑战也值得我国反思。

（一）反就业歧视立法及其实施的完善

欧盟及其成员国反歧视立法自20世纪70年代起，目前已经非常完备，因此，其核心任务是促进法律实施，并消除人们存在的有意或无意的歧视观

---

① 参见 Regulation of domestic work, Netherlands, 载 http：//www. eurofound. europa. eu/areas/labourmarket/tackling/cases/nl001. htm，最后访问日期：2011年10月7日。

念。我国虽没有统一的反歧视法，但《宪法》《劳动法》《就业促进法》《残疾人保障法》《妇女权益保障法》等都有禁止歧视的规定。我国反歧视包括就业中的性别歧视的基本法律框架已经形成。但是，对比欧盟和荷兰的立法和实践，我国反就业歧视立法的主要不足表现在：第一，我国法律对就业歧视范围的规定过于狭窄，无法覆盖现实生活中存在的各种就业歧视现象。例如《劳动法》和《就业促进法》主要限制民族、种族、性别和宗教歧视四类歧视，没有包括年龄等基于其他事由的歧视。性别歧视是否包括对怀孕妇女的歧视以及是否禁止基于变性、性取向的歧视也不明确。第二，反就业歧视立法的规定过于原则，缺乏操作性，受害人难以获得有效救济。我国仅仅列举了禁止歧视的事由，但各类歧视的概念、判断标准、抗辩事由、举证责任、诉讼时效、受害人的救济都缺乏明确规定。第三，行政机构在反就业歧视中的作用弱化。依据我国现行《劳动法》的规定，县级以上各级人民政府劳动行政部门依法对用人单位遵守劳动法律、法规的情况进行监督检查，对违反劳动法律、法规的行为有权制止，并责令改正。[①] 但在劳动保障部门实施的监察事项中，并没有就业歧视的内容。[②]《就业促进法》也没有明确将歧视行为作为监督检查的对象。[③] 相比荷兰设立的平等待遇委员会，我国反就业歧视的执行机构非常薄弱。

因此，我国应该继续完善相关立法：第一，规定禁止就业歧视的事由和保护范围。我国应该进一步扩大歧视的禁止事由，应禁止基于性别、种族、残疾、宗教、信仰、年龄等实施的歧视。除了禁止歧视的事由，反就业歧视的环节应涵盖求职招聘、工资报酬、休息休假、劳动安全卫生保护、就业服务、职业培训、社会保险和福利、解雇等各个环节。第二，规定就业歧视的主要方式、判断标准和抗辩事由。我国应当借鉴欧盟和荷兰的立法规定直接歧视和间接歧视的概念和判断标准，同时，引入直接歧视和间接歧视之外的"骚扰"和"歧视教唆"行为，禁止歧视的各种形式。第三，规定举证责任与法律救济。借鉴欧盟及其成员国的经验，只要原告能够提供表面的证据证明歧视的存在，被告就要承担反驳的举证责任。关于法律救济，应该向受害人提供损害赔偿包括精神损害赔偿的救济。目前，在我国的一些乙肝歧视案件中，法院也会判决被告承担一定的精神损害赔偿责任，但金额非常少，难以起到制裁和威慑的作用。我国立法和司法机关应该进一步探索在其他歧视

---

① 《劳动法》第 85 条。

② 参见我国《劳动保障监察条例》第 11 条规定。

③ 《就业促进法》第 60 条仅规定："劳动行政部门应当对本法实施情况进行监督检查，建立举报制度，受理对违反本法行为的举报，并及时予以核实处理。"

案件中如何为受害人提供精神损害赔偿。第四，加强反歧视执行机构建设。考虑目前在我国设立独立的反歧视和平等促进机构的难度较大，我国可以考虑在人力资源和社会保障部内部设立独立的部门，负责反就业歧视监察和平等权的促进。该部门的职责，除了对歧视行为进行监察，帮助受害人提起诉讼，还应树立处罚与预防、促进并重的原则，通过发布规章或指引，帮助雇主和雇员树立就业平等的观念。①

（二）女职工的特殊保护

我国对女职工的特殊保护，主要体现在规定禁止女性从事的劳动、"三期"、产假和生育保险上。借鉴欧盟和荷兰的经验，我国应该完善的要点包括以下几点。

第一，生育保险。目前我国虽然已经建立了生育保险制度，② 但生育保险仅限于就业的职工，未就业的职工无法享受相应的生育待遇，而且，就业的职工享受生育待遇的前提是用人单位为其缴纳生育保险，如果用人单位不缴纳生育保险费，则职工难以享受生育保险待遇。截至 2010 年底，全国参加生育保险人数为 12336 万人，和我国职工人数相比，我国生育保险的覆盖率还非常低。③ 这些都是生育保险制度和实践需要解决的问题。

第二，怀孕女性劳动关系的保护。女性就业后，因怀孕遭受解雇的，由于我国《劳动合同法》有相应的不当解雇责任的明确规定，④ 受害人一般可以获得法律救济，仲裁机构或法院可以按照不当解雇的规则包括损害赔偿数额的规则要求雇主承担赔偿责任。但是，对怀孕妇女的不当解雇，涉嫌性别歧视，仅仅适用不当解雇的一般规则，对女性的保护似乎不够周延，雇主的违法成本较低，难以有效防止雇主对怀孕女性的随意解雇。

（三）非全日制工和家政工的保护

从荷兰实践看，女性从事非全日制工和家政工的比例很大，因此，加强对非全日制工和家政工的保护，对妇女的劳动权保护非常重要。我国虽然没有精确的非全日制工和家政工的统计数字，但随着工作方式和生活方式的变化，非全日制工和家政工的重要性日益凸显，应该加以关注。

---

① 谢增毅：《劳动法的比较与反思》，社会科学文献出版社，2011，第 135～136 页。
② 参见《社会保险法》第 6 章。
③ 人力资源和社会保障部：《2010 年度人力资源和社会保障事业发展统计公报》。
④ 《劳动合同法》第 87 条。

1. 非全日制工的保护

关于非全日制工，从欧盟以及荷兰的相关立法看，其主要的指导原则是平等对待，即对非全日制工和全日制工应该平等对待，不能因非全日制工的身份而给予不利的待遇，同时赋予工人选择非全日制工和全日制工的权利。我国在《劳动合同法》中规定了非全日制工，但该法的规定显得过于简单。同时，在立法的指导思想上，该法过分突出非全日制的特殊性和灵活性，法律对其保护程度远远弱于全日制工。从《劳动合同法》的规定看，我国非全日制用工存在以下不足：第一，关于非全日制用工的定义过于简单。按照《劳动合同法》第68条的规定，非全日制用工，是指以小时计酬为主，劳动者在同一用人单位一般平均每日工作时间不超过四小时，每周工作时间累计不超过二十四小时的用工形式。该定义严格限制非全日制工用工时间，相比欧盟及其成员国的规定，显得过于僵化。第二，对非全日制用工的保护不足，集中体现在第71条。第71条规定，非全日制用工双方当事人任何一方都可以随时通知对方终止用工。终止用工，用人单位不向劳动者支付经济补偿。由于解雇保护是对劳动者提供的强有力保护，而《劳动合同法》赋予雇主对非全日制工随意解雇的权利，是对劳动者保护的一大缺失。虽然这样的规定对鼓励就业有促进作用，但容易使雇员受到不公正待遇，使雇员缺乏职业的安全感和稳定性，是对非全日制工的一种严重的差别对待。对比荷兰，我国非全日制工存在广阔的发展空间，特别是非全日制工对于扩大女性就业，增强工作弹性，平衡工作和生活的关系，具有重要意义。当前我国的学前教育设施和服务还很不完善，鼓励女性或男性从事非全日制工作，不仅可以扩大就业市场，也有利于工作者照顾小孩和家庭，减轻社会和政府的负担。雇主和求职者都应转变观念，特别是雇主应该对工作岗位和内容作适当调整，允许雇员从事非全日制工作，这不仅可以提高工作的灵活性，还可以促进儿童教育和家庭照顾，促进工作和生活的平衡，其社会意义不容小觑。今后在立法中，应该强化对全日制工和非全日制工平等对待的指导思想，对非全日制工给予更多的保护。

2. 家政工的保护

目前，按照劳动法和劳动合同法的相关规定，如果家政工直接受雇于私人家庭，由于家庭并不是法定的"用人单位"，① 家政工不是法定的"劳动

---

① 根据《劳动法》第2条以及《劳动合同法》第2条，我国的用人单位仅指企业、个体经济组织、民办非企业单位，"家庭"或个人并不属于法定的"用人单位"，相应的家政工也不是法定的"劳动者"。

者"，自然无法受到劳动法的保护。除非家政工受雇于家政服务公司，其作为家政服务公司的雇员将受到劳动法的保护。由于我国许多家政工直接受雇于家庭或个人，其权利的保护就成为一个重要问题。目前，在城市里，雇用家政工的现象非常普遍。例如，有分析指出，2010 年北京市家政工总数已达40 余万，目前，全国从事家政工服务的劳动者已经达到 1500 万。[①] 家政工中 90% 以上为女性。因此对这一群体的保护，不仅事关其基本权利，也关涉家政行业的健康发展，关涉女性的保护，以及人们的生活质量，应该加以重视。

借鉴荷兰的实践经验，荷兰承认家政工具有劳动关系的某些特征，劳动法的部分内容适用于家政工。在荷兰，虽然家政工的法律保护饱受批评，但最低工资制度适用于家政工。考虑到家政工的特殊性，家政工完全受劳动法的保护有一定困难，[②] 但是，应该对家政工提供一定的保护。由于家政工的重要特点是其灵活性，而且，雇主和一般的用人单位不同，并没有很多"工作岗位"，雇主的组织性也不强，解雇保护的相关规则对其难以适用，因此，对家政工的保护应主要着眼于保护家政工的基本权利和安全卫生。根据 2011 年《家庭工人体面劳动公约》的相关原则和规定，借鉴荷兰的做法，我国应该对家政工提供最低工资、工作时间的保护，并要求客户对家政工的安全卫生尽到责任。此外，应该改变家政工难以参加社会保险的作法，使家政工可以参加一定的社会保险项目，确保家政工参加养老、医疗、工伤保险，保证其基本权益。

---

① 马丹：《北京市家政工的现状与问题》，《法制与社会》2011 年第 1 期。
② 谢增毅：《劳动法的比较与反思》，第 12～13 页。

论劳工就业权之行政救济

—— 劳动监察制度的解释与适用

李运华*

一 引言

劳工之就业权,从属于人权法或宪法上的工作权(包括中国在内的一些国家的宪法称之为劳动权)。人权法或宪法上的"工作权"一词,大体上有广义、中义、狭义三种用法:广义工作权,即一般劳动权,相当于劳动法上各项具体劳动权利之总称;狭义工作权,亦即狭义劳动权,即请求国家提供职业工作职位的权利,可谓之工作请求权;① 介于这两者之间的中义工作权概念,就是劳动法学界所称之就业权,即"与就业有关的权利",可界定为是"以获得和保持职业工作机会为目的利益的劳动权利"。就其构成内容而言,就业权包含工作自由权、平等就业权、解雇保护权、就业服务权和失业保障权等项子权利。② 其中,前三项权利依其属性可归类为消极就业权,后两项权利可归类为积极就业权。

就业权的实现,自权利人的角度看,包括权利的行使和权利的救济两个

---

　* 李运华,武汉大学社会保障研究中心。

① 人权法上习惯用"工作权"的用语,宪法中使用"劳动权"的较多,也有用"工作权"的。广义工作权的内容,参考《经济、社会和文化权利国际公约》第6~8条之规定(另参《欧洲社会宪章》第1~10条条文),可知其范围之广泛,适足涵盖劳动法上的各种具体劳动权利。狭义工作权,见之于《世界人权宣言》第23条规定,但关于这种权利是否存在、是否就业权之内容、其性质效力如何等,学界有严重分歧。

② 李运华:《就业权研究》,中国社会科学出版社,2009,第37页。

层面。所谓权利救济，或称权利保护，是指防止或矫正（纠正、改正）针对法定权利所发生或者已造成损害（伤害或危害损失）的不当行为。[①] 它是权利实现的最终途径和最后保障。

权利救济可分为自力救济与公力救济。公力救济又可分为行政救济和司法救济。其中，行政救济是指由国家行政机关在权利人权利受到侵害时，依其职权和法定程序以具体行政行为之方式实施的权利救济。现代社会保护公民权利的方式虽具有多元性的特征，但一般情况下还是以司法救济为公力救济的主要形式。不过，由于就业权系劳动法上的权利，在就业权诸保护方式中，行政救济——尤其是劳动监察这种特定的行政救济方式，起着特别重要的作用。这是就业权权利救济上的一个重要特点，值得我们专门探讨。

二　劳动监察及其功能范围

劳动监察，国际上多称之为劳工检查，是指为保护劳动者利益，享有劳动监察权的专门机关和人员，代表国家对雇主在劳动关系领域遵守劳动法的情况依法进行的监控、检查、纠举、处罚等监督与执法活动的总称。

劳动监察属于通常所谓"劳动监督"之一种。劳动监督是一种守法监督，包括行政监督和社会监督（如工会监督、媒体监督、公众监督等）。行政监督又可分为劳动行政监督和（劳动行政部门以外的）其他行政监督，其中，劳动行政监督即劳动监察。劳动监察具有法律强制性、专门性、普遍性的特征。所谓法律强制性，即劳动监察制度是由国家具强行性的法律规范所直接规定的，是监察主体必须严格依法实施、监察对象必须接受、不得拒绝或规避的法律行为。所谓专门性，是指劳动监察是由法定的专门机关以国家的名义（即代表国家）针对劳动法的遵守情况所实施的专门行政执法行为。所谓普遍性，即劳动监察不但是各种劳动监督方式中最具强行性的，而且是最具普适性的，即执法范围最为普遍——依国际劳工标准，仅有极少数用工部门（如军队、国家安全部门等）允许有特殊的监察安排（而非排除于监察之外）。[②]

劳动监察的主体是劳动监察机构和劳动监察员。劳动监察机构，多数国家称劳工检查机构，是经法律授权代表国家对劳动法的遵守情况实行监察的

---

① 参见《牛津法律大辞典》，光明日报出版社，1988，第764页。

② 王全兴：《劳动法》（第二版），法律出版社，2004，第409页以下；林燕玲：《国际劳工标准》，中国工人出版社，2002，第149页。

专门机构。劳动监察员，称劳工检查员或检查官，是具备法定资格，经有权机关任命，担负具体执行监察职责的人。为了切实实现劳动监察保护劳工利益之目的，很多国家建立了劳动监察的三方管理体制，即在劳动监察组织上设立一个三方机构（如三方性理事会）领导劳动监察工作，由它来监督监察机构，制定监察政策，监督政策执行，评价监察结果，分配资源，并对监察部门的正常运作承担总体责任。

劳动监察的基本对象是雇主。它是专门针对雇主在劳动关系领域遵守劳动法情况的监督。但现在世界各国都有将其对象范围拓宽的发展趋势，我国也同样如此。根据我国《劳动保障监察条例》第 2 条和第 34 条等法律条文的规定，包括职业介绍机构、职业培训机构、职业技能鉴定机构、社会保险经办与服务机构等劳动和社会保障服务机构，以及国家机关、事业组织、社会团体等用工单位均在监察对象之列。这样也比较有利于全面保护劳动者利益。

劳动监察的功能范围，即劳动监察适用的事项范围，一般是通过确定被监察的劳动法律规范的范围来予以界定的，这是因为劳动监督本质上是一种针对雇主的守法情况的监督。而关于何种劳动法律规范属于劳动监察之范围，在学说上或各国立法中都不是完全一致的，大体有三种学说主张或立法例：其一，劳动监察的功能范围仅限于劳动基准（标准）法；其二，以全部具有强行性的劳动法规范为劳动监察之对象；其三，以劳动法之整体或全部为劳动监察之功能范围。[①]

就现当代各国劳动立法的演变动态观察，第二种立法例有发展成为主流制度形式的趋势。以日本和韩国的劳动法为例，两国在初始制度设计上均将劳动监察作为实施劳动标准的手段规定在各自的劳动标准法之中，劳动监察的功能范围以劳动标准法为限，而现在日、韩两国都出现了拓宽劳动监察适用范围的趋势。比如，日本就在其履行国家劳动监察职能的各地方劳动标准监察机构中，特别增设了"雇佣条件顾问"和用于处理就业歧视等问题的专门机关等新机构。新设的"雇佣条件顾问"，可以处理不属于日本劳动标准法规范领域的劳工投诉。[②] 将我国 1993 年颁布的《劳动监察规定》与 2004年制定的《劳动保障监察条例》有关劳动监察适用范围的条款进行比较，也可以看到劳动监察功能范围是在往上述第二种立法例的方向发展。此外，国

---

① 王全兴：《劳动法》（第二版），法律出版社，2004，第 416 页；黄越钦：《劳动法新论》，中国政法大学出版社，2003，第 453 页。

② 乔健：《日本的个人劳动争议的处理》，《中国工运学院学报》1997 年第 6 期。

际劳工组织有关劳动监察方面的公约和建议书也体现出这种发展趋势。①

在学理上，比较而言，也是第二种主张更具合理性，即劳动监察以全部具强行性的劳动法规范为执法对象比较适宜。因为若依第三种观点，则劳动法中的任意性规范也将成为监督实施的对象，可任意性规范属于劳雇（资）双方自治的领域，国家既然将其让由当事人自治，道理上不宜又把它纳入劳动行政管制之内。而若依第一种观点，仅以劳动基准（标准）法为限，又不利于劳工权益的周全保护和国家于劳动生活领域中的强力意志的贯彻，最终是不利于国家正常劳动秩序之维持。

三　作为就业权行政救济方式的劳动监察

依现行《劳动保障监察条例》（2004 年颁布实施）第 11 条规定，下列事项为劳动监察之对象：（一）用人单位制定内部劳动保障规章制度的情况；（二）用人单位与劳动者订立劳动合同的情况；（三）用人单位遵守禁止使用童工规定的情况；（四）用人单位遵守女职工和未成年工特殊劳动保护规定的情况；（五）用人单位遵守工作时间和休息休假规定的情况；（六）用人单位支付劳动者工资和执行最低工资标准的情况；（七）用人单位参加各项社会保险和缴纳社会保险费的情况；（八）职业介绍机构、职业技能培训机构和职业技能考核鉴定机构遵守国家有关职业介绍、职业技能培训和职业技能考核鉴定的规定的情况；（九）法律、法规规定的其他劳动保障监察事项。

若仅就《劳动保障监察条例》第 11 条所明文列举的八种具体监察对象而言，则有关就业权的各制度规则，虽有被包含于其中的，如失业保险、职业教育培训、职业介绍等，但更有不在其列的，如解雇保护、禁止强迫劳动、保护平等就业权的反歧视制度等等。这或许是因为解雇保护、反就业歧视等制度主要是规定在《就业促进法》《劳动合同法》等法律之中，在《劳动保障监察条例》制定当时，这些法律尚未出台——在这些后出台的新法律中确立的权利和制度自然不可能出现在产生于先的该条例之中。②应对这种情况的最理想的办法，当然是通过修订《劳动保障监察条例》来解决问题。

---

① 林燕玲：《国际劳工标准》，中国工人出版社，2002，第 147 页以下。
② 日本、韩国等国的劳动监察就无须面对这类困窘，因为两国的劳动监察是作为实施劳动标准法的手段产生的，而两国在劳动标准法中即已确立了平等就业、解雇保护、禁止强迫劳动、强制性社会保险等权利和相应的制度规范。

　　但我们不能据此得出结论，认为解雇保护、禁止强迫劳动、保护平等就业权的反歧视制度等在《劳动保障监察条例》未修改之前就不属于劳动监察对象，因为还有该条例第 11 条第 9 项规定的存在——这项规定具有对本条例颁布实施以前立法的追认和对以后立法的授权两种意义，即就算不在该条款前 8 项所明文列举的事项之内，但只要以前或以后的法律法规有规定（某事项应受劳动监察者），则该事项即为劳动监察之当然对象。如此，依据《劳动保障监察条例》第 11 条第 9 项，并结合我国《就业促进法》第 60 条之规定，① 可知有关就业权的各项制度规范，凡具强行性规则属性的，皆属劳动监察之对象事项。

　　综上所论可知，劳动监察既是针对雇主守法而设的检察制度，就业权各制度又属于劳动监察之对象事项，从劳工权利保护的角度看，它不失为就业权救济之一种途径，即就业权的行政救济。

　　实则通过劳动监察，既能有效地预防雇主违反劳动法，又能对雇主违反劳动法的行为予以纠正和处罚，从而达到保护劳工权利的目的。而且，比起诉讼与仲裁等司法或准司法救济程序，劳动监察具有预防性、时效性强、劳工所负权利救济成本低、方便快捷、劳雇双方对抗程度低从而有利于雇佣关系的维持等诸种优势。因此，现已成为保障劳动权实现、保障劳动法实施的一种强有力的手段，广为世界各国所利用。从权利保护之实效的角度看，这种行政救济在很多国家和地区甚至于还超乎司法救济之上。以日本为例，通过劳动监察这种行政救济来处理的劳动案件，在数量上已经远超劳动司法案件。②

四　劳动监察保护就业权的具体方式

　　作为就业权行政救济方式，劳动监察是一种程序性很强的行政行为，其具体程序规则依普通劳动监察程序（又分普通立案检查程序和普通不立案检

---

① 该条规定：劳动行政部门应当对本法实施情况进行监督检查，建立举报制度，受理对违反本法行为的举报，并及时予以核实处理。

② "尽管雇员起诉雇主的数量急剧增长，但通过这种途径来伸张正义却相当不易。其主要症结在于，审判程序痛苦而漫长……这有助于解释日本的劳动诉讼数量比其他发达国家明显偏低的原因。除法庭诉讼外，当一项劳动争议涉及违反《劳动标准法》《最低工资法》或《工业安全与卫生法》时，雇员可以将这类侵害向劳动标准监察机构报告。全日本设有 343 个监察公署，配备了近 3300 名劳动标准监察员。如果有人将某一重大案件向他们检举，监察员有权检查工作场所，直接要求雇主纠正违规行为。"参见乔健《日本的个人劳动争议的处理》，《中国工运学院学报》1997 年第 6 期。

查程序）和（狭义）劳动保护专项检查程序之不同而有别。程序之发动，各国法律通常都赋予劳工以申诉权（参见我国《劳动保障监察条例》第 9条[①]），劳工可以依申诉启动劳动监察救济程序。但劳动监察程序的启动，并不以申诉为唯一方式，劳动监察行政部门还可以（或应当）依职权发起。比如，依《就业促进法》第 60 条规定，劳动监察机构即应当依职权启动监察程序，保护劳动者就业权利。若不履行其职责，可能要承担（行政的、民事的，甚至刑事的）法律责任。[②]

求职劳动者或雇员的权利或利益，可由劳动监察获得何种类型或性质的救济，可以分两方面阐明。

首先，劳动监察是一种针对雇主劳动行为的守法监督和处置。劳动监察机构可以动用诸如检查权、调查权、处置权、处罚权等法定权力或手段来实施执法。[③] 雇主由此可能承担的法律后果之种类包括：警告、通报批评、责令改正、罚款、没收违法所得、责令停产停业、吊销许可证等等。构成犯罪的，还要依法移送，追究其刑事责任（参考我国《劳动行政处罚若干规定》第 5 条等规则）。这些措施及其后果，论其性质，应属行政法上之行政处罚（有少数措施应归属于行政强制、行政裁决等具体行政行为）。作为公法性质的行政处罚，其立法目的首在公共利益和公共秩序之维护，并非是对受害人权利的直接救济或补偿。但是，不可否认，这种行政处罚对于受害人权利有着间接的救济或保护作用，类似史尚宽先生在论及刑罚对私权的保护作用时所言，"私权并依刑法规定，间接的受有保护，例如杀人罪之规定……间接地保护人格权。"[④]

更为重要的是，我们把劳动监察作为劳工就业权利的救济途径，是因为

① 《劳动保障监察条例》第 9 条："劳动者认为用人单位侵犯其劳动保障合法权益的，有权向劳动保障行政部门投诉。劳动保障行政部门应当为举报人保密；对举报属实，为查处重大违反劳动保障法律、法规或者规章的行为提供主要线索和证据的举报人，给予奖励。"我国立法虽赋予劳工以申诉权，可惜关于申诉的发动和回应的具体程序制度尚欠缺详细规定，这在一定程度上必然影响到其作为就业权利之行政救济的效能。在这方面，我国台湾地区的立法要详明具体得多，其经验可资参考。参见黄越钦《劳动法新论》，中国政法大学出版社，2003，第 463 页以下。

② 《就业促进法》第 68 条规定。

③ 各国赋予其劳动监察机构的法定权力及执法手段不尽相同，不少国家在这方面的授权较我国更充分。以我国台湾地区为例，其劳工检查机构除享有与大陆机构类似的赋权外，还握有封存、申请搜查、扣押等执法手段。参见黄越钦《劳动法新论》，中国政法大学出版社，2003，第 463 页以下。

④ 史尚宽：《民法总论》，中国政法大学出版社，2000，第 34 页。另参见《牛津法律大辞典》，光明日报出版社，1988，第 764 页。

劳工就业权利（或利益）还可以因其获得保护、救济和补偿。对我国劳动立法中与劳动监察相关的既有制度规范进行分析和总结，就业权受侵害时可由劳动监察获得的直接救济或保护，主要有如下几种具体形式。

其一，返还财物。比如，根据《就业促进法》第63条规定，公营的职业中介机构不得以谋利为目的，违法向劳动者收取费用，否则，由监督机关责令改正，将违法收取的费用退还劳动者。依同法第66条规定，职业中介机构向劳动者收取押金的，扣押劳动者居民身份证等证件的，由监察机关责令限期退还劳动者。

其二，经济补偿和赔偿。如根据《劳动保障监察条例》第26条规定，用人单位有解除劳动合同未依法给予劳动者经济补偿的，由劳动保障行政部门责令限期支付劳动者解除劳动合同的经济补偿；逾期不支付的，责令用人单位按照应付金额50%以上1倍以下的标准计算，向劳动者加付赔偿金。又如，根据国务院颁布的《女职工劳动保护特别规定》第15条规定，对违反该规定侵害女职工合法权益的用人单位，应由有权监督机关责令其依法给予赔偿。

其三，恢复劳动关系。依《劳动保障监察条例》第29条规定，用人单位违反《中华人民共和国工会法》，有……（三）劳动者因参加工会活动而被解除劳动合同的；（四）工会工作人员因依法履行职责被解除劳动合同的，由劳动保障行政部门责令改正。依劳动部颁发的《违反〈中华人民共和国劳动法〉行政处罚办法》第16条规定，用人单位未按《劳动法》规定的条件解除劳动合同或者故意拖延不订立劳动合同的，应责令其限期改正。在上述这类情况下，执行"责令改正"行政处理决定的必然结果，当然是恢复劳动关系。

其四，停止侵害和排除妨碍。如我国《劳动法》第85条授权劳动监察机构，对违反劳动法行为有权制止，并责令改正。相关劳动立法在很多地方设立了此类"责令改正"的规定，如《就业促进法》第66、67条，《违反〈中华人民共和国劳动法〉行政处罚办法》第3～17条，都规定了"责令改正"的行政处置措施。这些行政处置措施的实施，对劳动者享有和行使就业权利，通常具有排除妨碍或（迫使违法行为人）停止侵害的实际功能。①

① 略举两立法例，以资参考：如《违反〈中华人民共和国劳动法〉行政处罚办法》第17条：用人单位无故不缴纳社会保险费的，应责令其限期缴纳；逾期不缴的，除责令其补交所欠款额外，可以按每日加收所欠款额千分之二的滞纳金。滞纳金收入并入社会保险基金。又如，《就业促进法》第67条：违反本法规定，企业未按照国家规定提取职工教育经费，或者挪用职工教育经费的，由劳动行政部门责令改正，并依法给予处罚。

五　劳动监察行政救济的效力

劳动监察所作出的监察行政措施之法律效力如何，一方面关系到它作为就业权之救济途径的效能或可靠性，另一方面也关系到各利益相关方之权利的平等保护问题。

劳动监察，就其法理性质论，属于行政执法范畴。它所作出的监察行政决定，① 系属国家行政机关依法作出的具体行政行为，因而具有一般行政行为的各种效力，包括确定力，即已生效行政行为对行政主体和行政相对人所具有的不受任意改变的法律效力；公定力，即行政行为一经成立，不论是否合法，即具有被推定为合法而要求所有机关、组织或个人予以尊重的一种法律效力；拘束力，即已生效行政行为所具有的约束和限制行政主体和行政相对人行为的法律效力；执行力，即已生效的行政行为要求行政主体和行政相对人对其内容予以实现的法律效力。② 劳动和社会保障部据此于《关于实施〈劳动保障监察条例〉若干规定》中作出如下规定：劳动保障行政处理或处罚决定依法作出后，当事人应当在决定规定的期限内予以履行（第41条）；当事人不服行政处理或行政处罚决定申请行政复议或者提起行政诉讼的，行政处理或行政处罚决定不停止执行，法律另有规定的除外（第42条）；当事人对责令支付劳动者工资报酬、赔偿金或者征缴社会保险费等行政处理决定逾期不履行的，劳动监察部门申请人民法院强制执行，或者依法强制执行（第44条）。

由此可见，劳工于其就业权利受损害时由劳动监察决定所获得的救济或保护，是具有非常强的确定性的。因此，可以说劳动监察是保护劳工就业权的一种有效的、可靠的公力救济途径。

不过，基于平等保护人民权利的需要，同时基于法治国家尊重司法最终决定原则，法律仍然赋予劳雇双方当事人——在我们于此处讨论的主题中尤其是指雇主一方当事人——以对劳动监察机构之处罚或处理决定提起行政复议和行政诉讼的权利。

雇主享有这种权利的依据是《行政复议法》第6条（第1、2、3项等）和《行政诉讼法》第11条（第1、2项）的规定，以及《劳动保障监察条

---

① 监察行政措施的基本文书表现形式有：劳动保障监察限期整改指令书、劳动保障行政处理决定书、劳动保障行政处罚决定书。

② 姜明安主编《行政法与行政诉讼法》，北京大学出版社、高等教育出版社，1999，第154页以下。

例》根据前述条款与其第 19 条作出的规定。依照《行政复议法》第 6 条
（第 9、10 项）和《行政诉讼法》第 11 条（第 5 项）的规定，以及《劳动
和社会保障行政复议办法》第 3 条规定，劳工一方也享有提起行政复议（性
质上仍属劳动行政救济，但与本文研究的劳动监察行政救济已有所不同）和
行政诉讼的权利。①

在这些程序性的权利外，根据《劳动保障监察条例》第 31 条规定："劳
动保障行政部门和劳动保障监察员违法行使职权，侵犯用人单位或者劳动者
的合法权益的，依法承担赔偿责任"，劳雇双方当事人还享有要求行政赔偿
等实体性权利。

从我国劳动立法所作的如上制度安排——允许对劳动监察决定提起行政
复议、行政诉讼，乃至行政赔偿请求——可以推知，就业权之行政救济在法
律效力上又具有非终局性的特点。这也正是就业权在行政救济之外尚须有司
法救济为之后盾的根本原因所在。

---

① 由于劳动监察是针对雇主采取的、以保护劳工利益为宗旨的行政救济行为，理论上说，对
于劳动者而言是有利的，故劳动者似乎不必再针对劳动监察主体使用行政复议或行政诉讼
的手段，但根据我国行政诉讼法等法律的规定，劳工仍将被授予这种权利。

论女性就业平等权

石 娟 黎博思[*]

一 妇女权益保障的平等原则

平等具有悠久的思想源流，亚里士多德对平等的经典定义是相类似的事物得到相类似的对待；不相同的事物应根据他们的不相同给予不相同的对待。平等是人们相互间的相同性，这种相同性或者是所获得的利益之本身相同，或者是所获得的利益之来源相同，社会平等正如无数先哲所说，实乃权利平等[1]。妇女享有同男子平等的权利，平等权是最重要的权利之一，是一种人权及社会权。从人权角度，性别平等权是公民不分性别在政治、经济和社会一切领域内依法有同其他公民同等的权利，不因任何外在或内在的差别而予以区别对待[2]。在国际层面，《联合国宪章》《世界人权宣言》《经济、社会和文化权利国际公约》《消除对妇女一切形式歧视公约》和国际劳工组织的一些专门性公约均确立了妇女与男子在一切经济、社会及文化权利方面享有平等的权利。其中《消除对妇女一切形式歧视公约》是在保护妇女权益领域内的一份十分重要的国际文书，被称为《妇女权利宪章》，而我国是最早批准该公约的国家之一；在国内法层面，《宪法》《妇女权益保障法》《劳动法》《就业促进法》《劳动合同法》《女职工劳动保护特别规定》等亦确定了妇女的平等权，并对妇女因生理特殊造

---

* 石娟，中国人民大学法学院；黎博思，北京航空航天大学。

① 王海明：《平等新论》，载《中国社会科学》1998 年第 5 期。

② 杨成铭：《人权法学》，中国方正出版社，2004，第 204 页。

成的特殊困难予以保护。但是这些法律所确定的平等原则并不属于同一类型，有些要求男女绝对的平等，有些则是以差别对待为基础，包含特殊保护的平等。

平等的类型划分有多种，比如形式平等与实质平等，机会平等与结果平等。由于实质平等在其二分中被视为更高的阶段，比形式平等更为重要，而机会平等和结果平等具有适用之阶段性，本文基于不同的重心和落脚点将平等区分为强式平等对待和弱式平等对待两种不同类型。

（一）两种类型的平等对待

权利平等原则有两层含义：一是人人所享有的基本权利应该完全平等；二是人人所享有的非基本权利应该比例平等①。在利益和负担分配的语境中可以有两种意义上的平等对待：一种是强式意义上的平等对待，它要求每一个人都被视为"同样的人"，使每一个参与分配的人都能够在利益或负担方面分得平等的"份额"，因此要尽可能地避免对人群加以分类。另一种是弱式意义上的平等对待，它要求按照一定的标准对人群进行分类，被归入同一类别或范畴的人才应当得到平等的"份额"。因此，弱式意义上的平等对待既意味着平等对待，也意味着差别对待——同样的情况同样对待，不同的情况不同对待。在对妇女的保护中，弱式的平等对待主要表现在基于妇女特殊的身体和心理需要而给予不同于男性的特殊保护。弱式平等对待和强式平等对待各有其调整的领域和范围。

1. 强式的平等对待

两性之间的强式平等对待是指男性和女性所享有的权利完全平等。近代法律，特别是民法，坚持强式意义上的平等对待的正当性是基于两项基本判断。第一个基本判断，是平等性。平等原则的地位是伴随着市民社会和私法的发展而不断提高的。而在平等原则确立的近代史上，当时市场经济并不发达，从事民事活动的主体主要是农民、手工业者、小业主、小作坊主。这些主体，在经济实力上相差无几，一般不具有显著的优越地位。因此立法者对当时的社会生活做出了民事主体具有平等性的基本判断。第二个基本判断，是互换性。所谓互换性，是指民事主体在民事活动中频繁地互换其位置。这样，即使平等性的基本判断存有不足，也会因互换性的存在而得到弥补。在这种意义上，互换性从属于平等性。王轶认为民法基本论证规则之一即为，在没有足够充分且正当理由的情况下，应当坚持强式意义上的

---

① 王海明：《平等新论》，载《中国社会科学》。

平等对待。① 在人权及女权的指引下，两性之间的完全平等具有较强的号召力。需要注意的是强式平等对待不是均等主义。

2. 弱式的平等对待

弱式的平等对待是基于女性自身的特殊情况，特别是生理情况而给予特殊的法律权利保护。这不是特权，因为赋予女性特殊法律权利的目的，是保障社会弱势群体平等人权的完满实现，故特殊法律权利在遵循这一目的过程中获得了合理性。② 两性之间的强式平等对待受到多方面的限制，如社会经济条件、社会生活方式、历史传统、宗教思想及社会文化等方方面面。在男性和女性之间，强式平等对待的两个基本条件的不满足是较为明显的。一是，男性常常具有较为优越的社会地位。正如德沃金所言，社会生活的主体并非平等。假如人以相等的财富起步，并具有大致相同水平的原始技能，那么市场配置将保证没有一个人可以有合理理由抱怨其整个生活而言比不上别人。假如他像别人那样做出消费、储蓄或工作的决定，那么他本来可以有与他们相同的结果。但是现实中人们并非具有相同的起点。在市场经济里，与别人的要求相比能力较弱的人并不具有平等机会。③ 对不平等的情况要求平等对待实为有悖于公正。历史告诉人们，世界上多数国家的女性均曾处于极为不利的地位。在西方，肤色和性别一度作为歧视的借口，主张女性和有色人种缺少白人男子所具有的理性思考和决定的能力。二是两性之间身体特征的差异决定互换性的缺失。妇女是特殊的群体。④ 女性体能状态和生理特征的差异决定了其在社会角色和社会地位的不同，特别是在刀耕火种的时代，这也是造成女性弱式的本质因素。在存在各种不同的情况下，一律要求平等对待，如女性"四期"期间仍然不加以区别的平等，只会加深不公平的鸿沟。可见，弱式平等对待最基础的原则为"不等者不等之"，即差别对待。但这种差别的辐射能力的强度，辐射范围的广度并不易把握。过强、过广或者只注重差别均有可能导致平等二字毫无意义。正因如此，许多平等理论与其说是在追求平等，不如说是在论证不平等，平等可以与等级制度并存，甚至并不对奴隶制度构成挑战，"因为这项原则可以解释为由于奴隶与自由人不同，只要对于属于奴隶的一群人给予相同的对待，即已达到对平等原则的

---

① 王轶：《民法价值判断问题的实体性论证规则——以中国民法学的学术实践为背景》，载《中国社会科学》2004 年第 6 期。

② 吴宁、岳昌智：《女性权利的法律保护》，同济大学出版社，2010，第 41 页。

③ 〔美〕罗纳德·德沃金著《原则问题》，张国清译，江苏人民出版社，2005，第 270 页。

④ 余少祥：《弱者的权利－社会弱式群体保护的法理研究》，社会科学文献出版社，2008，第13 页。主要是区分于弱式群体。

尊重"。①

强式平等对待与弱式平等对待是妇女享有的平等原则的两个侧面。这两种类型的平等对待大致相当于罗尔斯的"两个正义原则"：第一个正义原则是指"基本自由体系"的平等，"每个人对与所有人所拥有的最广泛平等的基本自由体系相容的类似自由体系都应有一种平等的权利"。第二个正义原则是指合理地安排"社会的与经济的不平等"，包含着两个具体原则。"社会的和经济的不平等应这样安排，使它们：（1）在与正义的储存原则一致的情况下，适合于最少受惠者的最大利益；（2）依系于在机会公平平等的条件下职务和地位向所有人开放。②弱式平等对待应当遵守"任何不平等的利益分配都要符合最少受惠者的最大利益，并给社会不利群体以一定的补偿"，并且两个原则的序位是基本自由体系的平等优于社会的经济的不平等。强式的平等对待应当优于弱势的平等对待，其表现在对强式平等对待的优先性，即仅在强式平等无法提供保护时方能采用弱式平等对待，且其范围受到严格限制。

（二）　我国妇女权益平等对待的两个历史阶段

整体上讲，西方男女平等思想发展历经了三个阶段③。第一阶段是强调男女平等，要求平等的工作权利、经济权利和法律权利。第二阶段强调男女差别和不同。第三阶段是后现代主义女性主义阶段，其基本策略是解构男性和女性的概念。这种思想发展路径在我国得到了验证，也正在发生影响。

1. 新中国成立初期强式平等对待发挥的作用

从康有为、梁启超呼吁"女子当与男子一切同之"起，男女平等观念在我国开始生根发芽。在新中国成立初期，男女平等是以限制迫害妇女为出发点，目的是清除封建势力和封建残余对妇女的人身压迫。我国在革命根据地时期，以及在新中国成立之初，就制定了大量相关立法。这些法律的立法目的，旨在清除封建势力对妇女的人身迫害，等等。例如，1931 年《中华苏维埃共和国宪法大纲》规定："不分男女、种族、宗教，在苏维埃法律面前一律平等"；"中国苏维埃政权以保证彻底地实行解放妇女为目的。承认婚姻自由，实行各种保护妇女的办法，使妇女能够从事实上逐渐得到脱离家务束

---

① 周勇：《少数人权利的法理——民族、宗教和语言上的少数人群体及其成员的国际司法保护》，社会科学文献出版社，2002，第 19 页。

② 罗尔斯著《正义论》，何怀宏、何包钢、廖申白译，中国社会科学出版社，2009，第 302 页。

③ 袁锦秀：《妇女权益保护法律制度研究》，人民出版社，2006，第 207 页。

缚的物质基础，而参加全社会经济的政治的文化的生活。"再如，1949 年《中国人民政治协商会议共同纲领》宣布："中华人民共和国废除束缚妇女的封建制度。妇女在政治的、经济的、文化教育的、社会的生活各方面，均有与男子平等的权利。实行男女婚姻自由。"在计划经济时期，"妇女能顶半边天"的思想广为传播。按照马克思主义妇女观，妇女被压迫是人类历史发展到一定阶段的社会现象，它必将被新的历史条件下的男女平等所取代①。这一阶段的法律，对于把妇女从封建压迫中解放出来，建立社会主义新秩序，起到了重要作用②。这期间的女性解放和妇女平等，与其说是思想的解放，不如说是因政治的需要，但终于得以打破几千年"男尊女卑"的封建思想。

2. 改革开放以来弱式平等对待发挥的作用

从 1976 年起，由于市场经济的建立和开展，中国妇女再次滑向男女不平等的轨迹③。在市场经济中，男性扮演了主要角色，妇女的经济地位及社会生活各个方面的地位较为弱势，两性不平等的状态有所加剧。妇女权利相关立法进入第二个阶段，主要是倾向于从男性本位的角度来谈保护妇女权利。《妇女权益保障法》就是这个阶段的一个主要代表。在这个阶段的法律中，立法侧重于赋予妇女与男子平等的各项权利，但是，却不是以强式平等作为立法的价值取向，而是在原有的男性处于优势，女性处于劣势而无法短时间内达到权利平等的情形下，要求保护妇女的权利。虽然法律赋予了妇女与男子平等的权利，但是，在社会观念男女不平等、社会现实也是男女不平等的前提下，仅仅从特殊处、差别处入手的结果是，妇女的特殊权利得到了保障，但是与男子之间仍然存在较大差距，无法达到两性平等。

（三）女性平等就业权

我国劳动法规定，"劳动者享有平等就业和选择职业的权利、取得劳动报酬的权利、休息休假的权利、获得劳动安全卫生保护的权利、接受职业技能培训的权利、享受社会保险和福利的权利、提请劳动争议处理的权利以及法律规定的其他劳动权利"，"劳动者就业，不因民族、种族、性别、宗教信仰不同而受歧视"，"妇女享有同男子平等的就业权利"。本文将就业作扩

---

① 薛宁兰：《社会性别与妇女权利》，社会科学文献出版社，2008，第 11 页。

② 周翠彬：《中国当代妇女权益保障立法的问题与出路——与挪威《男女平等法》之比较》，载《法学杂志》2009 年第 1 期。

③ Stacey H. Leong："Women in China：Free Market Reforms Decrease Gender Equality"，U. C. Davis J. Int'l L. & Pol'y，No. 2，1996，p. 137.

大解释，将就业视为整个职业过程。所谓女性平等就业权，是指从招聘、雇佣到退休整个阶段的男女平等对待。弱式的就业平等对待是基于女性生理因素的不同而给予特殊的保护，其范围是不限于但主要是女性禁忌劳动和"四期"保护。强式的就业平等对待是男性与女性劳动者之间劳动权利一律平等，包括入职、工资、培训、晋升、劳动条件及退休和社会保险等各个方面。

二　弱式意义上的就业平等对待

即便是在视平等为基本原则的民法领域，面对现代社会企业主与劳动者、生产者与消费者之间的分化和对立，民事主体之间普遍平等的假定也受到了挑战。仅仅坚持强式意义上的平等对待，单纯强调民事主体抽象的人格平等，已经无法在特定的领域内维持社会的和平。弱式意义上的平等对待，日渐受到重视。具体表现为在生活消费领域内，将民事主体区分为经营者和消费者，在生产经营领域内，将民事主体区分为雇主和劳动者，分别设置相应的法律规则，侧重对消费者和劳动者利益的保护。这对市民社会立法具有革命性的意义。近代意义上的民法从按社会成员的不同身份赋予不同权利的立法，转变为不问社会成员的身份如何，对同样行为赋予同样法律效果的立法，可以说实现了从身份立法到行为立法的转变。而在私法和社会法领域，现在又重新重视特殊群体的身份，不得不考量正当性及其作用和范围界限。

（一）弱式平等对待的任务

区别于近代的身份立法，当前这种区分身份的立法目的并不是保护该群体的特殊利益，而是追求与其他社会成员享有同样的利益和获得实质的平等。如果不采用弱式意义上的平等对待，会导致处于分化和对立状态中的社会群体利益关系严重失衡，以至身处弱势地位的一方无法自由地表达意志，无法实现同等的政治、经济、文化权利。弱式平等对待的正当性在于：妇女权益通过弱式平等对待得到比强式平等对待更大的改善。

1. 阶段性地提升妇女的权利保护

在男女平等思想确立之后，世界范围内均经历了强调男女的差别和不同而给予女性特殊保护的阶段。一是男女不同和差别的客观性。差别原则提供了一个强势群体对弱势群体进行补偿而使弱势群体与他们一起合作的公平基础①。二是这种弱式平等较易达成社会共识。亚里士多德在《尼各马可伦理学》中对平等与正义有深刻的论述，正义是一种中间物，就如法官是诉讼两造的居中者一样。他所作的是为了重建平等：设若有一条线被分割为两个不平等的两个部分，他从超过一半较长部分拿走多余的数量，添加到较短的那一份上。人们便说：他们各自获得了自己的东西，获得了平等的份额②。弱式平等虽有其正当性，但是现代社会人权的视野里，对弱式平等是采限制的态度。在社会的共识及立法基础尚未达到给予强式平等保护的情形下，弱式平等保护较容易实现，阻力更小。如为了减少和解决女职工在劳动中因生理特点造成的特殊困难，而特别制定女职工劳动保护规定。该保护性规定在1988 年制定，并在 2012 年修改，可以说该法在女职工的劳动保护，如禁忌劳动和四期保护上的保护效果显著。这些保护不仅是为了保护女职工的身体健康，也是为了保护下一代，不仅不会对男性构成威胁，还让男性切实得益，故相对较易达成社会共识。

2. 弱式平等适用于妇女权益保障的各个阶段

弱式平等是一种对妇女权益保护较弱的方式，不是一种最后阶段才出现的保护方式，但是应当是两性平等的最高阶段仅存的保护方式。这种较弱的保护方式不仅在强式平等对待难以实现的情形下采用，也在两性已达到总体平衡、总体平等的情形下采用。只要这种差别待遇"符合最少受惠者的最大利益，并给社会不利群体以一定的补偿"，弱式平等对待就有存在的正当性。而女性的特殊生理原因和担当的孕育下一代的社会职责没有改变的情况下，给予女性特殊的劳动保护均具有正当性。可以预见，妇女劳动权益合目的性的特殊保护将一直存续。

（二）　弱式平等对待的特定适用范围

弱式平等对待作为一种特殊保护，必须严格地合目的性，主要是基于女性生理心理的不同特点。一方面，由于妇女生理上的差异主要表现在妇女体力比男性差，对重体力劳动和高低温环境作业的适应能力不如男子，所以应当规定女性的禁忌劳动。以 1990 年的《女职工禁忌劳动范围的规定》为代表。另一方面，当妇女在经期、孕期、产期和哺乳期这"四期"期间，其生理机能会发生变化，对外在环境的抵抗能力更弱，过重的劳动、不良的工作

① 赵迅：《弱势群体保护的社会契约基础》，中国政法大学出版社，2010，第 190 页。
② 〔古希腊〕亚里士多德著《尼各马科伦理学》，苗力田译，中国社会科学出版社，1980，第235 页。

环境或过度紧张都有可能影响到妇女的安全和健康，甚至会影响到整个民族下一代的健康成长，故给予"四期"保护。以 1988 年的《女职工劳动保护规定》和 2012 年的《女职工劳动保护特别规定》为代表。

"规定即否定"，规定其一即否定其余。在其他法律规定中，除了禁忌劳动和"四期"保护的上位法源规定外，其他的平等类型均不应是弱式平等对待。这也就是为什么很多学者质疑《妇女权益保障法》的平等力度以及男女退休不同龄的原因所在。在不应给予弱式平等保护的领域给予弱式平等对待，随着时间的推移和权利意识的变化，保护的性质可能改变，差异性"保护"这种弱式平等可能被视为对保护主体的歧视。以女职工提前退休为例，1958 年 2 月 9 日发布《国务院关于工人、职员退休处理的暂行规定》后，《劳动部办公厅、国务院人事局、全国总工会劳动保险部关于工人、职员退休处理暂行规定的问题解答》中就此有过解答："问：为什么女职工退休年龄要低一些？一般工龄要短些？答：因为男女生理条件不同，女人身体一般较弱，在生育子女的时候，身体是受到影响的，因此国家除了对女职工在生育时给予必须的休息假期和妇婴保护以外，还规定女职工的退休年龄低一些，这是完全必要的、合理的。"但随着女性教育的提高，经济体制改革和工资制度、养老制度的改革，退休年龄的差异这项原本对女性的保护制度对女性养老保险待遇和职业生涯的负面影响日益凸显。女性退休年龄较早直接导致了养老金水平较低，同时也意味着替代率，晋升的机会和女性自我价值的实现程度降低。人为地截短女性的职业寿命，这种不当的弱式平等对待转变成为对女性就业权利的损害，如周香华诉中国建设银行平顶山分行违宪案[①]。周香华出生于 1949 年 10 月，原为中国建设银行平顶山分行（以下简称银行）出纳部副经理。2005 年 1 月，银行以周香华已达到法定退休年龄为由，通知她办理退休手续。但周香华认为自己足以胜任目前的工作，因此要求与男性一样享有 60 岁退休的权利，并称单位的这一做法属于歧视，违反宪法。2005 年 8 月，周女士向平顶山市劳动仲裁委员会提出仲裁申请，要求撤销该退休决定并向人民法院提起诉讼。

现在很多人支持"社会性别"的提法，认为可以消弭现在的法律制度构建中所谓的"男权"或男性视角基础上的不公平，是两性之间实现平等的重要路径。然而这种提法应当受到一定的限制，因为如同对女性的特殊

---

① 《男女退休年龄的"性别歧视案"》，http：//news. hrloo. com/zhaopin/22652. html，最后访问日期：2012 年 6 月 5 日。

保护一样，这种提法非常有可能加重社会的男女性之间不同的认识。而且只有在男女差别足够大，而且在短时间内无法更改、不可弥补的情形下才具有一定的意义，且其作用主要限于立法价值，对平等理念的追求弊大于利。

三　强式意义上的就业平等对待

（一）强式平等对待之正当性

1919 年，德国《魏玛宪法》首次以法律的形式确立了现代意义的生存权，其内涵在于生存权不仅是活下去的权利，而且是能够体现人的价值、体现人有尊严地活下去的权利。就业权是最为基础的生存权，在不同时期有不同的需求。劳动就业权是人们生存和发展所必要的、基础的权利，是满足人们政治、经济、思想等方面的最低的、基本需要的权利。在没有足够充分且正当理由的情况下，应当坚持强式意义上的平等对待，这是两性平等原则的基本论证规则。正如罗尔斯论述两个正义时指出，"这两个原则是按照先后次序安排的，第一个原则优先于第二个原则。这一顺序意味着：对第一个原则所要求的平等自由制度的违反不可能因为较大的社会经济利益而得到辩护或补偿"。强式平等对待应在平等对待中发挥最为重要的作用，任何平等对待类型的确定均应遵守上述论证规则。有人可能根据权利的相互性，"不是不保护弱者，而是用多大的代价保护弱者"的理由，否认强式平等是站不住脚的。根据雇主歧视理论，要求雇主对女性强式平等对待符合经济规律，因为雇主歧视并不会为雇主带来真正经济上的利益。一些有女性歧视偏好的雇主为了达到与女性职员保持距离的目的而宁愿支付费用或放弃某种收入。如果女性劳动者与男性具有相同条件的情况下，雇主对于雇用男性来从事高工资的工作有一种特定的偏好，那么，从它们进行雇佣决策时所采取的行动来看，就好像女性劳动者的生产率比男性要低一样。女性的生产率在雇主那里之所以会贬值，完全是因为雇主的主观臆断，是后者的偏见造成的结果。一位雇主的偏见越深，则女性劳动者的实际生产率打折扣的幅度越大。假定女性和男性工人具有相同的劳动生产率，无歧视偏好的雇主认为他们之间是完全可替代的，在工资水平一致的情况下可以随机地雇用他们，但是如果一个雇主对女性抱有成见，那么他们就会更趋向于雇用男性。存在雇主歧视时对利润的影响是歧视性雇主为了坚持自己的偏见不得不放弃一部分利润。这将影响有歧视偏好的雇主的生存，因为追求利润最大化的雇主通常能够比歧视性雇主从既定的投资中获得更多的利润，非歧视性雇主最终能把歧视性雇主赶出市场。[1]就其范围而言，除女性禁忌劳动和"四期"保护之外，女性劳动者的入职、工资、培训、晋升及劳动条件均应采取两性的强式平等对待。

（二）强式平等对待之任务

根据 2012 年性别平等指数，中国排名第 81 位，其中，教育平等的指数为 0.95，经济平等的指数为 0.76，参政指数 0.21，综合指数为 0.64。[2]其中教育的高指数应当归因于九年义务教育和统一的高考制度，是强式平等对待的结果。可见，强式平等在维护两性平等方面起着极为关键的作用。强式平等对待是当下实现妇女职业平等权利的助推器。强式就业平等在我国妇女权益保障的各个阶段发挥了极为重要的作用，而不同历史时期的强式平等有不同的内涵。在我国刚确立男女平等的第一时期，主要是一种抽象的强式平等。在男女平等的理念尚没有确立的年代，女性能参加一定程度的社会活动，参加社会意义上的劳动即可谓进步，即能满足就业权的需求。当妇女劳动保护意识确立后，女性能在家庭之外，依靠自己的劳动生存，即使处在较低的社会地位，亦可视为实现了就业权。而人们今天谈论女性及其就业权，其目的是不再谈论，不再区分，准确地说是期望不存在将女性作为特殊群体加以区分的必要，即不存在男性尊者、女性卑者的社会现实。也就是说，随着人们要求和权利意识的提高，就业权的需求也就早已超越仅能参加工作维持生存而已，而是在于能有尊严并与男子在总体上无差别地平等对待。除了女性生理差异需要一定范围的特殊保护外，女性的劳动参与和社会分工并无特殊之处，应当以强式平等作为女性就业权益保护之目标。例如，挪威《男女平等法》的每一个条款，都是从两种性别结合比较的角度来谈的，要求国家给予两性同等的待遇。几乎没有一个条文是单独从女性的角度，要求国家保护女性的。从两性比较的角度来谈两性权利，而不是单方面地脱离平等权来谈保护妇女权利，从而促进两性就业的强式平等之任务。在美国，对于妇女权益保障的精髓在于平等二字，因为在美国妇女的权利被看作一种宪法性权利，其内涵是妇女与男性应享有同等的权利，得到同等的法律保护，也就是典型的强式平等。综上，强式就业平等对待的任务是促进两性在劳动权利方面总体无差别的平等。

---

[1]　See Gary S. Becker, *The Economics of Discrimination*, second edition, （London：the University of Chicago Press, 1971）.

[2]　参见 http：//socialwatch.org/node/14367, visited on August 7, 2012。

妇女参政权是衡量各国妇女政治地位的重要指数，很多国家的相关法律均对妇女应该在选举结果中所占的比例做出了明确规定。虽然参政议政也是工种之一，但是更多地属于女性政治权利的范畴。如果放在劳动就业权领域，仅有强式平等方能提高其参政率，而不应采比例原则[①]。1995 年联合国举办的第四次世界妇女会议通过的《北京行动纲领》确认"联合国经济与社会理事会（ECOSOC）的关于妇女在决策岗位上至少应占 30% 的目标"，虽然该比例原则旨在提高妇女的参政率，但该比例原则却导致采取比例原则的国家参政率的下降，如我国[②]。另一方面，通过强式平等的方式调整，遵守排除歧视规则，包括直接歧视和间接歧视，女性参政权利的保护更能体现平等性。挪威《男女平等法》第 21 条规定："当一个公共机构任命或选举委员会、董事会、理事会及管理部门等时，每一性别应按如下规定得到代表：如果委员会有 2 个或 3 个成员，两种性别必须都获得代表；如果委员会有 4 或 5 名成员，每种性别必须获得至少两名代表；如果委员会有 6 或 8 名成员，每种性别必须获得至少三名代表……"

（三）强式平等和弱式平等的对立和协调

很多法律均同时确立了强式平等和弱式平等。如 1966 年《经济、社会和文化权利国际公约》既规定了经济、社会、文化各方面的平等权，也对母亲、儿童、少年的特殊保护权进行了规定。特殊保护这种特定范围弱式意义上的平等并不应当影响其他范围或者总体上的强式平等。平等对待并不排除差别，即并不产生平等结果[③]。只要"等者等之，不等者不等之"均能坚守各自的管辖范围，两者便可共存不悖。但是这种不逾越雷池的坚守并不易实现，因而存在两种危险，一是不适当地适用某一类型的平等。例如，过分强调差别和不同，或超出范围地适用弱式平等，仍然是把妇女局限在男性本位的视野下和原有的弱式地位里，这种"保护"的结果，不可能超脱原有的妇女地位低下的模式。妇女在这种"保护"之下，永远不可能获得与男子平等的权利。二是过分依赖某一类型的平等。在我国当下的妇女权益法律保护中就存在过分依赖弱式平等，似乎只要有了必须的特殊保护，其他均可交由社

---

① 王海明区分的基本权利和非基本权利，在非基本权利范围采用比例平等。一个人能否享有选举权与被选举权是一个能否享有最低的、基本的政治权利问题；至于他能否担任官职，则是一个能否享有比较高级的、非基本的政治权利问题。

② 参见 http://socialwatch.org/node/14367，最后访问日期：2012 年 9 月 1 日。

③ 〔美〕乔万尼·萨托利著《民主新论》，冯克利等译，上海人民出版社，2009，第 385 页。

会和市场自由竞争和自主解决，平等不需要政府或他力的介入。故这两种风险有可能导致两种结果，一种是应该强式平等的领域给予弱式平等对待，另一种是应给予弱式平等的领域给予强式平等对待。在我国法律已经对弱式平等给予明确法律规定的情形下，我们需要注意的是，强式平等的领域需要正本清源，拒绝采用弱式平等取代之。

四　强式平等对待是反就业歧视的标准

但平等及人权的实现，从来都不因其本身具有正当性，而无须政府的规制和法律的介入。当前，与男性劳动者相比，女性劳动权利的实现存在着不利的差别待遇[①]。例如劳动和社会保障部对中国 26 个定点城市的调查结果显示，有 67% 的用人单位对于应聘者提出了性别限制，或明文规定女性在聘用期不得怀孕生育。另一项调查显示，中西部省区 80% 以上的应届毕业女生在求职的过程中遭到过这种就业性别歧视。大多数用人单位认为，女生毕业后很快要面临婚嫁和生育问题，这增加了企业的成本。[②] 性别歧视贯穿了从求职到退休的各个环节，严重地影响了女性的生存和发展。一方面，包括女大学生在内的女性普遍就业困难，如在中性职业中私营企业比国营企业给女性更多的就业机会，女性劳动者比男性劳动者更容易处于半职就业和临时性就业的状态，出现了职业和职位的性别隔离。另一方面，退休年龄的不同影响女性从业期间的晋升培训和退休后的生活待遇。而这些领域并没有进行弱式平等对待之正当性。无论是处于何种阶段、属于何种类型的歧视，均因违反强式就业平等对待而引起，故反歧视是实现强式就业平等的重要任务。

（一）明确歧视行为判断标准

歧视是对处于相同地位的个人或团体给予不同的待遇。美国著名社会学家波普诺将其定义为："某一群体或类属之成员而对他们施以不公平或不平等的待遇。"[③] 联合国《消除对妇女一切形式歧视公约》认为，对女性的歧视是指基于性别所作的任何区别、排斥或限制，其影响或其目的均足以妨碍或否认妇女不论已婚未婚在男女平等基础上认识、享有或行使在政治、经

① 薛宁兰：《社会性别与妇女权利》，第 108 页。
② 《中国妇女还需要维权吗？》，中国网，http://www.china.com.cn/book/zhuanti/qkjc/txt/2007
　　-03/05/content_ 7906161_ 3. htm，最后访问日期：2012 年 6 月 5 日。
③ 〔美〕戴维·波普诺著《社会学》，李强等译，中国人民大学出版社，2004，第 306 页。

济、文化、公民或任何其他方面的人权和基本自由。国际劳工组织《（就业和职业）歧视公约》对职场歧视和例外情形均做了明确的规定。在国际劳工组织（就业和职业）111号建议书中提出，所有的人都应当在以下方面不受歧视地享有机会均等和待遇平等：①得到职业指导和分配工作的服务；②有机会按照自己的选择得到培训和就业，只要他适合于这种培训或就业；③根据个人的特点、经验、能力和勤奋程度得到晋升；④就职期限的保障；⑤同工同酬；⑥劳动条件，包括工作时间、休息时间、工资照发的年假、职业安全和卫生措施以及同就业相联系的社会保障措施、各种福利和津贴。法国劳动法规定得较为具体，如"招聘启事或任何形式的公开招工广告中都不得指明招聘对象的性别和家庭状况，招聘单位也不得以性别或家庭状况为由拒绝聘用，否则视为歧视；对于同一项工作，雇主支付一个新招聘的男性雇员的工资多于一个已经干了几年的女性雇员，就构成性别歧视"。美国联邦法院制定了差别待遇歧视标准和差别结果歧视标准两套歧视标准。英国（《性别歧视法案》）、澳大利亚（《平等机会法》）、挪威（《男女平等法》）、我国香港（《性别歧视法案》）等国家和地区将性别歧视分为直接歧视和间接歧视两种。我国现行法律在对歧视行为的判定和衡量上缺乏依据和技术支持，给反歧视操作带来困难。现实中，不仅存在差别待遇歧视或直接歧视，也存在差别结果歧视或间接歧视。前者主要是执法的问题，后者主要的问题是法律没有明确的规定。强式平等对待不允许存在直接的歧视，也不允许间接歧视的存在。由于间接歧视通常不是显性的和故意的，歧视者经常以职业特点、特殊需求等作为抗辩理由，其行为难以识别，所以间接歧视的法律规定要求明确、精细，要求对各种歧视行为给予明确的判断标准，将抗辩理由的性质和范围具体化。同时也要对性别歧视的例外情形予以规定，如弱式平等对待的特殊保护规定、职业特点需要录用某一性别的人，为消除歧视而采取的暂行特别措施等。另外，打破传统的"谁主张，谁举证"原则，将举证责任转移到雇主方面。即受害人只需证明其受到歧视，雇主则必须用证据推翻歧视的假设，如果他不能提供客观的有效的证据来证明待遇的差别是合理需要，则可判定歧视成立。

（二）明确歧视的法律责任

"有损害，就有救济。"禁止就业歧视行为，就必须以具体的法律责任作保障，加强对就业歧视行为的惩戒力度。在未规定反歧视法的情形下，我国对违反强式平等对待的很多行为都没有可以援引的法律责任，如未规定雇主在招聘过程中实施歧视行为的具体责任。对此，必须通过立法通盘考虑救济与责任问题，可借鉴美国经验，规定禁止令、复职、晋升以及损害赔偿等救济措施，以增强对就业歧视受害人的保护。其中造成受害人损害的赔偿责任，应包括诉讼费用，对故意歧视的，要规定惩罚性的赔偿责任①。在此类案件的赔偿类别上，由于给被歧视对象造成了精神痛苦，应考虑精神损害赔偿。

（三）设立专门的监督机关

因为中国目前没有专门的保障就业机会均等的机构，仅设立一个劳动行政主管部门来承担全国劳动法的执行、监督职能，由于事情庞杂，对于歧视问题根本顾及不过来，一般不会主动过问。美国、英国、澳大利亚及我国香港地区都先后成立了"平等机会委员会"，并建立了多种执法机制，对消除就业、职场歧视起到了非常好的推动作用。如英国于 1976 年成立了机会均等委员会，独立于政府之外，有权发布解决歧视问题的实施准则和根据性别歧视法提起诉讼，尤其是团体诉讼。美国 1991 年制定了《玻璃天花板法》，借用政府公权力的介入来打破两性职业隔离，消除女性晋升的障碍②。可借鉴美国、英国的做法，成立一个专门的机构，如"机会均等委员会"或"公平就业委员会"，专司反就业歧视之职，不仅包括性别歧视，还包括残疾人歧视、地域歧视、民族歧视等。直接提起诉讼之权利，还有权对特别的人或事进行调查，发布反歧视的通知。

五　结论

从"女人，你的名字是弱者"到两性平等得到普遍的共识，可以说这是人类历史上最为巨大的社会进步和变革之一。而如何才能实现两性平等、实现什么样的两性平等，挑战的不仅是历史和传统，还有人类的智慧和决心。现阶段人们热衷于特殊保护而忽视各种歧视，似乎是一种现实、便捷的选择，而这种假借特殊保护之盾封住歧视之口的企图注定是要流产的。弱式平等对待固然有其必要性，但其范围特定和作用有限，主要限于女性的"四期"保护和禁忌劳动。在这些领域之外，强式平等对待的理念应当全面覆盖。当前，反就业歧视是非常重要的社会命题，也是实现男女就业强式平等的

① 喻术红：《反就业歧视法律问题之比较研究》，载《中国法学》2005 年第 1 期。
② 李莹主编《中国职场性别歧视调查》，中国社会科学出版社，2010，第 79 页。

重要路径。对于弱势群体的保护提倡重视弱势群体的社会权和特别保护原则①，而妇女这一群体的权利保障不同于其他弱势群体很重要的一点就是，妇女权益保障重视强式平等对待而不是弱式平等对待，重视不歧视原则而不是特别保护原则。强式平等对待下的女性才能与歧视斗争、与男性平等竞争，从而笑傲职场。

---

① 齐延平主编《社会弱势群体的权利保护》，山东人民出版社，2006，第108页。

论中国劳动力市场职业晋升机会
性别歧视的治理路径

贺 玲[*]

一 问题的提出与研究现状

"玻璃天花板"效应正是用来描述劳动力市场中的纵向职业隔离现象，意喻想要到达企业高层的女性所面临的各种看不见的障碍,[①] 中国劳动力市场中是否存在"玻璃天花板"现象？2000 年第二期中国女性社会地位抽样调查数据显示，中国城镇在业女性中，各类负责人占 6.1%，比 1990 年增加了 3.2 个百分点；各类专业技术人员占 22.8%，比 1990 年增加了 5.4 个百分点。根据 2005 年 1% 人口抽样数据显示，全国企业负责人中的女性比例为 21.79%,[②] 而女性劳动参与率为 45.41%。[③] 可见随着社会主义市场经济体制的建立，社会为女性的职业发展提供了更多的向上流动机会。但相对于男性而言，女性各类负责人和专业技术人员的数量还是很少。有研究采用第二次中国妇女社会地位调查的数据进行分析，得出的结论是男女的职业流动模式存在较大差别，28.91% 的男性在其职业生涯中经历了上升流动，而只有 23.97% 的女性经历了上升流动，比男性低将近 6 个百分点。[④] 尽管《中华人

---

[*] 贺玲，西南民族大学法学院。

① Hymowitz, C. & Schellhardt, T. D., "The Glass Ceiling: Why Women Can't Seem to Break the Invisible Barrier that Blocks Them from Top Jobs", *The Wall Street Journal*. No. 3, 1987.

② 谭林主编《2006～2007 年：中国性别平等与妇女发展报告》，社会科学文献出版社，2008，第 418 页。

③ 谭林主编《2006～2007 年：中国性别平等与妇女发展报告》，第 85 页。

④ 宋月萍：《职业流动与性别：审视中国城市劳动力市场》，经济学年会征文，2006。

民共和国宪法》第 42 条规定："中华人民共和国公民有劳动的权利和义务"，在第 48 条明确妇女在政治、经济、文化、社会和家庭生活各方面享有与男子同等的权利。但基于性别因素而引发的就业歧视确是一种既存的社会现象，女性劳动参与率虽然得到了提高，但是女性职业层次较低却是一个现实问题。康宛竹（2007）采取系统抽样的方式将 2004 年深沪两市上市的 A 股公司为研究总体，考察女性任职的基本状况。其对 278 个样本的调查结果显示：中国上市公司女性董事、监事及高管的比例较低，仅占 13.52%，且有 33 家公司高层中没有女性，占 11.9%。在中国上市公司的高层职位中，女性任职的确处于低比例状况，而且是职位越高，比例越低。[①] 其实，针对职业晋升机会的性别歧视是一个全球广泛存在的问题，如《2009 年恒生指数企业女性董事概况的调查报告》显示，在香港恒指主要企业中，女性董事的代表比例仅为 8.9%，而其女性劳动者在劳动力中的比例为 47.1%。2005 年美国财富 500 强企业的董事会成员中，女性的比例为 14.7%，[②] 另据 Catalyst 对加拿大金融邮报 FP500 的调查数据显示，2009 年女性董事的比例为 14.0%。[③] 而据 Janice D. Yoder（1991）的相关研究表明，15% 是一个群体中少数人群的"装点门面"的比例，在这种象征性的比例状况下，少数人群会受到明显的消极影响。职业晋升机会性别歧视是在公司高层上的不平等，而且这种不平等随着一个人在等级阶梯上地位的上升而不断加重。职业晋升机会性别歧视将导致女性劳动者长期处于较低的职业层次，而较低职业层次与较低的劳动报酬相对应，所以，在职业晋升机会上的性别歧视将直接影响女性的经济地位，并进而降低女性劳动参与率。

国内虽不乏针对就业歧视的研究成果，但专就女性劳动者职业晋升机会歧视的专项研究成果较少，国外及我国台湾地区的研究成果较多，基本可以归为三类：

第一，针对职业晋升机会歧视的因果机制分析。Lloyd 和 Niemi（1979）认为女性的低收入、高失业与职业隔离是由于她们较高的流动率和缺乏持续工作的经历。Blau 和 Ferber（1986）认为，男女在资源获取、控制和支配方面的权力大小主要取决于男女劳动分工制度。Guy（1993）把"玻璃天花板"效应归因于性别刻板印象。Cecilia L. Ridgeway（1997）的"互动理论"认

①　康宛竹：《中国上市公司女性高层任职状况调查研究》，《妇女研究论丛》2007 年 7 月。

②　*Catalyst*, *Catalyst census of women corporate officers and top earners and Catalyst census of women board directors*, http://www.catalyst.org, 2005.

③　数据来源：2009 *Catalyst Census*: *Financial Post* 500 *Women Board Directors*, http://www.catalyst.org/。

为，互动过程中两性间显著的差异造成男性和女性不同的地位信心。在自我实现预期效应下，具有同等能力的男性和女性对自己的期望值不同；同时男性为了维护他们的优势地位，利用占据权威位置的机会，故意忽视或消除对他们不利的因素以维护他们的权益，使女性很难改变这种状况。陈铭熏、吴文杰、吕秋霞（2005）以台湾企业为调查对象进行实证调查及线性结构模式分析认为：女性在升迁发展上受到的影响因素主要包括：人力资本、社会心理、组织系统等。① 张春霞（2006）从经济学、社会学、心理学角度探究知识女性"玻璃天花板"的现象，认为其主要是由性别歧视和性别人力资本投资的差异造成的。② 另外女性在领导岗位上担任重要职务的比例也是社会学中检测女性社会地位的重要指标，主要研究女性或作为一个个人主体或作为一个社会整体被他人或其他社会群体的尊重程度及其所拥有的生存与发展机会的平等程度。

第二，针对职业晋升机会性别歧视及其关联效应的分析。较多成果集中在对公司董事会性别特征与公司绩效的关系进行研究，但对二者是否具有正相关关系并没有达成共识，二者之间成正相关、负相关、不相关的结论均存在。Lazear 和 Rosen（1990）指出，性别工资差距的大部分原因是女性得到晋升的机会远远小于男性。张抗私（2009）对就业性别歧视与人力资本投资性别取向两者之间的关联及相互作用的研究，指出就业性别歧视使得女性人力资本投资不及男性，人力资本投资的性别倾向又影响女性能力的提高，进一步加剧就业性别歧视。

第三，针对消除职业晋升机会性别歧视的措施分析。Charles Tilly（1998）在其制度理论中提出从结构的角度考察歧视现象，认为减少生活机遇和福利的不平等的唯一出路是组织体制的缓慢改变以及人力资本的积累。在社会心理学看来，社会偏见并不一定导致社会歧视，实现这种转变是与被歧视者自身力量相对弱小、"谈判力"不足相关的。要减少或消除社会歧视必须一方面壮大被歧视者的力量，阻止已有的偏见向歧视的转化；另一方面通过被歧视者的努力，以及加强沟通来改变固有的偏见并防止新的偏见的产生。③

---

① 张抗私：《就业性别歧视与人力资本投资倾向的交互作用分析》，《浙江大学学报》（人文社会科学版）2009 年 9 月。

② 张春霞：《性别歧视与性别人力资本投资差异的纠结》，《中国劳动关系学院学报》2006 年第 2 期。

③ 黄家亮：《论社会歧视的社会心理根源及其消除方式——社会心理学视野下的社会歧视》，《思想战线》2005 年第 5 期。

综上，针对消除职业晋升机会性别歧视的研究在整体上有两个特征：第一，实证研究相对较少；第二，从不同的研究的角度，职业晋升机会障碍可以成为不同社会学科的研究命题，在研究方法上也呈现多学科交差研究趋势。

如前述，就职业晋升机会性别歧视的成因分析，各学科都已有大量研究成果，本研究的主旨在于将职业晋升机会性别歧视作为我国劳动力市场上的一种既存现象，研究如何在制度层面上消除这种职业不自由，从社会性别视角检视我国目前反职业晋升性别歧视的法律文本，并试图回答以下问题：

1. 配额制纠偏行动能否有效消除职业晋升机会中的性别歧视，及其对于转型中国经济条件下的适应性分析。

2. 如何选择消除职业晋升机会性别歧视的制度规范路径。

3. 职业自由权保障与消除职业晋升机会歧视是何种关联关系。

二　从社会性别角度检视我国当前反职业晋升机会性别歧视的法律文本

社会性别作为一种法律分析方法是国际女权运动尤其是女权主义法学运动的产物。社会性别有别于自然性别，是指社会造成的基于性别之上的思想、观念和行为模式，是后天习得的社会性角色，是由社会建构的差别即性构。[1] 法律的社会性别分析强调在立法的层面将女性经验转换成抽象法律语言，而绝非简单的要求男女平等的权利诉求，"当这些差异在两性形式上的平等的名义下被忽略时，男女之间持续的、实际存在的不平等便会被掩盖、被合理化。至少在当前的社会背景下，形式上的男女平等常常可能结果上保证了而不是消灭了男女不平等"，[2] 法律的社会性别分析同时关注法律目标实现及其社会效果。

我国目前反职业晋升机会性别歧视的规范性法律文件首先是《妇女权益保障法》第 25 条的相关规定，要求在晋职、晋级、评定专业技术职务等方面，应当坚持男女平等的原则，不得歧视妇女。其次是我国通过批准国际公约的方式在国际保护框架下承担的一般反就业歧视义务，如《经济、社会和文化权利国际公约》要求缔约国确保人人在其所在职业中有适

---

[1] Catharine A. MacKinnon, "Feminism, Marxism, Method, and the State, Toward-Feminist Jurisprudence", *Journal of Women in Culture and Society*, Vol. 8, No. 4, 1983.

[2] 艾莉森·贾格：《性别差异与男女平等》，载王政、杜芳琴主编《社会性别研究选译》，北京三联书店，1998，第 196 页。

当提级的同等机会，而不应受除资历和能力外其他考虑的限制。《消除对妇女一切形式歧视公约》要求各缔约国应采取一切适当措施，消除在就业方面对妇女的歧视，以保证她们在男女平等的基础上享有相同权利，包括享有自由选择专业和职业，升级和工作保障，一切工作福利和服务条件，接受职业训练和再训练。最后，是散见在《宪法》《妇女权益保障法》《劳动法》《就业促进法》中的保护妇女权益和促进性别平等的制度规范。

经过相关文本的梳理，不难看出，国内规范性文件文本有三个特征：第一，重在保障两性在职业晋升机会上的形式平等。如《宪法》第48条规定，女性"在政治的、经济的、文化的、社会的和家庭的生活等各方面享有同男子平等的权利"，《劳动法》第12条规定："劳动者就业，不因民族、种族、性别、宗教信仰不同而受歧视"，《妇女权益保障法》明确男女平等的基本国策地位，并"禁止歧视、虐待、遗弃、残害妇女"，"国家保障妇女享有与男子平等的劳动权利和社会保障权"，《就业促进法》第3条规定劳动者依法享有平等就业和自主择业的权利。劳动者就业，不因民族、种族、性别、宗教信仰等不同而受歧视。在注重形式平等的同时，既有规范性法律文件的第二特征可归纳为弱可操作性，如《妇女权益保障法》规定，侵害妇女文化教育权益、劳动和社会保障权益、人身和财产权益以及婚姻家庭权益的，由其所在单位、主管部门或者上级机关责令改正，然劳动者所在单位往往就是实施就业歧视的主体，在这种情况下，无法寻求救济，再如《就业促进法》规定如用人单位实施就业歧视的，劳动者可以向人民法院提起诉讼，但在目前的规范体系下并无对就业歧视的内涵界定，这两个特征恰反映出我国当前消除职业晋升机会性别歧视制度渊源的第三个特征，规范欠缺社会性别意识，不能对在国际公约中就消除女性在职业晋升所受到的歧视中所应承担的国家责任作出充分的回应。

三 配额制（Promotion Quotas）纠偏行动对消除转型时期中国劳动力市场女性职业晋升机会歧视的适应性分析

就业歧视治理的成败最终要看反歧视法律的实施效果，国外在提高组织高级管理层中女性比例状况的实践中，在很大程度上得益于各项公平就业法律严格实施的同时，也包括采取各种措施保证企业高层任职中女性的一定比例，如2008年，挪威政府要求于奥斯陆证券交易所上市的公司女性董事的比例达到40%，否则公司清盘，停止经营，据统计总共有560名到600名女性进入了企业董事会。西班牙政府要求，于 IBEX 上市的公司必须于 2014 年前确保董事会的女性比例达到 40%。据英国泰晤士报 2010 年 1 月 21 日报道，法国议会 20 日审议了一项有关规定大型企业的董事会必须包括 40% 女性董事的草案……这种政府通过设置高层女性比例消除职业晋升中性别歧视现象的措施属于反歧视纠偏行动的一种，通常称为配额制，联合国也曾使用过配额制增加就业中女性的比例，要求在高层面上男女比例达到各占 50%。①

纠偏行动②缘于美国，曾经是美国规制就业歧视制度重要特色之一，指经由政府机关或私人企业在自愿或被动的情况下，采取积极措施，透过各种方案或计划的实施与执行，对受公平就业法律所保护的特定弱势群体之成员提供更多的就业机会或其他优惠利益，以纠正过去对她们加以歧视待遇所产生之负面影响、建立模范角色而消除各种对少数族裔及女性劳动者的刻板印象与偏见，以及增进他们在工作场所之代表性及多样性等。③ 旨在通过对弱势群体的差别对待，额外保护追求实质平等的法律效果。纠偏行动的主要形式有资源调配制，配额制、设定任务和目标，报告、监督及采取措施，对自愿采取暂行特别措施的雇主的激励措施等，④ 其中争议集中在资源调配制和配额制两种方式，而反对配额制的主要理由主要基于：容易引发反向歧视纠纷，容易导致无效率。

我国《妇女权益保障法》明确男女平等的基本国策地位的同时指出国家采取必要措施，逐步完善保障妇女权益的各项制度，消除对妇女一切形式的歧视。那么对处于经济与社会双重转型时期的中国，应该采取何种必要措施来消除在职业晋升机会中的性别歧视呢？纠偏行动是否为实现职业晋升机会两性实质平等必须采取的行动？如果是，那么配额制作为纠偏行动的一种方案对于经济与社会双转轨时期的中国适应性如何呢？

---

① 参见 45UN GA Res45/125，45/239 C（Sep. 1990）.

② 关于纠偏行动一词，在中文中有多种译法，也称为"肯定性行动"、"赞助性行动"或"积极行动"，"暂行特别措施"。"肯定性行动"是 20 世纪 60 年代美国政府以总统行政命令的形式发布的一项政府政策，其直接的法律依据是《1964 年民权法案》，主要内容是保障黑人等少数族裔在就业、升学等方面免受歧视，享受平等待遇。后来该计划又不断被行政命令、国会立法和最高法院的判决所补充，并被扩大到妇女、残疾人等。

③ 焦兴铠：《论美国推动积极行动方案以消弭就业歧视问题之努力》，《长庚人文社会学报》第二卷第一期。

④ 关于每种方式的具体内涵参见李薇薇、Lisa Stearns《禁止就业歧视：国际标准和国内实践》，法律出版社，2006，第 51~61 页。

（一）配额制纠偏行动在中国存在的合理性

从弱势群体保护的角度，配额制纠偏行动是有利于促进形式平等向实质平等转化。基于前文的分析，我们已经明确：职业晋升机会性别歧视是我国社会中广泛存在的一种社会现象，而由于在制度规范层面社会性别意识缺失，有限的反职业晋升性别歧视规范性法律文件的实效不佳。反思对职业晋升机会的性别歧视治理，是应该揭开形式平等的面纱而寻求在职业晋升机会面前的实质平等的，而不可否认，在劳动力市场上女性劳动者相对男性属于"弱势群体"，在制定法律或者公共政策选择的时候加入社会性别因素，采取纠偏行动这种倾斜保护就是在这种价值指导下的制度选择，其正是在不平等的现实状况下对明显处于弱势的群体给予特殊保护，借助制度使对其额外保护正当化。

从效率的角度，我国目前的劳动力市场劳动者群体在与用人单位进行缔约时根本缺乏相应的议价能力（bargaining power），所以，虽然 Friedman 认为自由市场有一个经济激励机制来区分经济效益和个人的其他特征。一个商人或企业在其商业行为中表现与生产效率无关的偏好则与其他没有表现偏好的个体相比将处于劣势，表现偏好的个体会比那些没有这样偏好的个体有更高的成本压力。因此，在自由市场上表现偏好的企业将被驱逐出市场，[①] 并得出了直接政府干预在消除歧视上是最没必要和最没效率的结论，但竞争性市场体系完全有能力消除歧视这样的结论在目前我国社会主义市场经济条件下并不完全适用，政府适度干预有其存在的合理性。

（二）配额制纠偏行动在中国存在的合法性基础

配额制纠偏行动由于在规则的起点上具有不平等性，所以其合宪性经常遭到质疑，通常认为反职业晋升机会性别歧视的配额制纠偏行动在美国法上的合宪依据为美国宪法第 14 条修正案的规定，关于人民受平等的法律待遇，法律面前人人平等，但最高法院在适用此项宪法原则时有一项重要例外，即在下列两种情况之下，政府可以用种族作为执行法律的标准。一是为了保护国家安全；二是为了弥补历史上的歧视后果。作为配额制这种方式应当以何种表现形式出现，才能既合理又合法呢？纠偏行动可以直接规定在法律中，也可以通过命令、政策指导、行政指南及实践手册等形式设立或授权，还可

---

① Milton Friedman, *Capitalism and Freedom* (Chicago: University of Chicago Press, 1962), pp. 109~110.

以采取由公共领域或私企部门之间的社会组织集体谈判的形式达成。如果将配额制作为消除职业晋升机会性别歧视纠偏行动上升到法律层面，则无法避免对其合宪性的讨论。保护弱势群体，尽管有合理的社会伦理基础，却必须受到宪政和法治约束。[①]

《经济、社会和文化权利国际公约》要求缔约国对经济和社会权利承担起"最大限度地利用其可利用之资源""逐渐实现"的义务，其中包括人人在其所在职业中有适当提级的同等机会，不应受除资历和能力外其他考虑的限制。另据 2004 年消除对妇女歧视委员会《消除对妇女一切形式歧视公约》"第 25 号一般性建议"，公约的目的不限于形式上的平等，而是追求妇女实质上的平等，为实现这一目标，缔约国应采取有效的暂行特别措施，主要有定向征聘、雇佣和晋升，以及与一定时期有关的数额指标和配额制等。从国内法渊源来看，我国《妇女权益保障法》指出国家采取必要措施，逐步完善保障妇女权益的各项制度，消除对妇女一切形式的歧视。虽然没有明确何为必要措施，但是可以理解为可以针对歧视现象采取积极行为措施的一种法律导向，现有反歧视法律文本中是为配额制纠偏行动的存在预留了制度空间。

但充分考虑配额制纠偏行动在我国可能引发的责难可能来自两方面：一是关于违反宪法平等权的反向歧视问题。我国宪法明确规定中华人民共和国公民法律面前一律平等，而"在社会资源有限的条件下，对少数族群的优惠显然意味着其他族群利益的减损"。[②] 但其实"一旦冲突发生，为重建法律和平状态，或者一种权利必须向另一种权利（或有关利益）让步，或者两者在某一程度上必须各自让步。"[③]

另一责难可能源于反职业晋升机会性别歧视的配额制纠偏行动的目标群体的有限性。反职业晋升机会性别歧视的配额制纠偏行动主要是解决在企业高层中女性代表名额不足的问题，其受益群体为女性劳动者中的上层，相对于这类目标群体，则又会区分出在同一性别标准下的相对弱势的群体，如女性农民工群体。弱势群体是一个基于特定维度的相对概念，提倡对女性职业晋升机会予以保护是将性别作为维度，将女性劳动者视为一个群体进行保护，但并不排斥在另一层面上加强对其他维度作为划分标准的另类弱势群体的同步保护。

---

① 苏力：《弱者保护与法律面前人人平等——从孕妇李丽云死亡事件切入》，《北京大学学报》2008 年 11 月。

② 张千帆：《宪法学》，法律出版社，2004。

③ 卡尔·拉伦茨：《法学方法论》，陈爱娥译，五南图书出版公司，1996。

（三）配额制纠偏行动与企业社会责任

根据利益相关者理论，企业社会责任是指在市场经济体制下，企业的责任除了为股东追求利润外，也应该考虑影响及受影响企业行为的各方相关利益人的利益。我国《公司法》第 5 条通常被认为是对公司承担社会责任的法律依据：公司从事经营活动，必须遵守法律、行政法规，遵守社会公德、商业道德，诚实守信，接受政府和社会公众的监督，承担社会责任。但如何落实公司社会责任，哪些属于法定义务语焉不详，以至于公司社会责任依然还游走在法律责任与道德准则之间。[①]

企业社会责任是一个规制体系，由法律规制的社会责任、道德约束的企业社会责任和行业等自律的企业社会责任构成，[②] 在这样的规制体系下，依照约束力为参照标准其实将企业社会责任分层，对应于本文所讨论的职业晋升机会中的性别歧视问题，首先，遵行不歧视原则属于企业在法律规制层次应承担的责任，因为《劳动法》规定："劳动者就业，不因民族、种族、性别、宗教信仰不同而受歧视"，《妇女权益保障法》规定"禁止歧视、虐待、遗弃、残害妇女"，《就业促进法》第 3 条规定劳动者依法享有平等就业和自主择业的权利。其次，在职业晋升中不歧视是行业协会及证券交易所的企业社会责任标准的自律责任指引。《深圳证券交易所上市公司社会责任指引》要求上市公司不得干涉职工信仰自由，不得因民族、种族、国籍、宗教信仰、性别、年龄等对职工在聘用、报酬、培训机会、升迁、解职或退休等方面采取歧视行为。中国纺织企业社会责任管理体系（CSC9007）严格禁止企业因民族、种族、宗教信仰、残疾、个人特性等原因使员工受到歧视。员工不应当仅因其民族、种族、宗教信仰、残疾、个人特性等客观原因而在招用、培训、晋级、薪酬、生活福利、社会保险、解聘、退休等方面受到不公平地对待。《中国工业企业及工业协会社会责任指南》严格禁止在招用、薪酬、福利、晋升等方面出现性别歧视。最后，采取配额制纠偏行动回归于道德责任。虽然如前讨论在现有制度框架下，配额制可以找到合法存在的制度空间，《上市公司治理准则》也要求上市公司应为维护利益相关者的权益提供必要的条件，但强行采用配额制解决企业高层女性代表性不足配额制也极易引发争议，因为决策层与企业经营密切相关，但是目前就上市公司董事会

---

① 朱慈蕴：《公司的社会责任：游走于法律责任与道德准则之间》，《中外法学》2008 年第 1 期。

② 此观点参见侯水平《规制视野下企业社会责任体系之建构》，中国法学会商法学研究会 2009 年年会论文集。

性别构成与公司绩效的研究并无统一的结果，那么回归于道德责任范畴考量如何促进其就职业晋升中的性别歧视承担责任就显得有必要了。

那么应当考虑的是如何通过制度安排影响资源分配或激励方式来影响企业行为选择，最恰当的制度安排应是将营利性与企业社会责任相结合，以调和技术环境对企业效率的目标要求与制度环境对企业承担社会责任的"合法性"机制①要求的矛盾。政府可以考虑从税收优惠角度促进企业采取配额制以消除职业晋升机会中的性别歧视，为企业采取更积极主动的行动措施承担社会责任注入动力，这种措施在国际上也是有先例的，如意大利为提高女性在管理层的比例，在农业、手工业、商业和工业领域内为女性占主要和管理层主要为女性的企业给予法律上的信誉和资金支持。而在我国为促进某一特殊群体就业也正在或曾经采取过税收优惠措施，如《就业促进法》第17条就通过给予安置残疾人员达到规定比例或者集中使用残疾人的企业税收优惠措施来扶持残疾人就业。在对待部队专业人员的再就业问题上上海市通过地方性法规形式采取过税收优惠的做法。② 另一方面，上市公司是有主动承担相关社会责任的具体安排的内在动力的，因为在经济全球化的时代背景下，上市公司按照国际社会普遍认可的标准保障职业晋升中的性别平等将更容易在竞争中取得优势地位，更易于与其他企业相互交往，更容易获得资源，更能得到政府的支持和承认，从而能提高其资源交换能力，提高企业的生存和竞争能力。

四　反职业晋升机会性别歧视的治理路径选择

歧视的原因是多方面的，不是可以通过简单的法律制度规范就可以一劳永逸的解决。对职业晋升机会性别歧视的制度规制应当考虑三方面因素，一是积极主动采取措施，保障人力资本投资的性别平等，提高女性劳动者在劳动力市场上的竞争力；二是针对劳动力市场的歧视现象从社会性别角度立法，加强对出现歧视现象之后的救济保障，类似于一种补救措施；三是通过制度的约束建立健全完全竞争的劳动力市场，对劳动者的职业自由权予以保障，对消除各种形式的劳动力市场歧视现象创造良好的制度环境，三者都不能偏废。

---

① "合法性"不仅仅指法律制度的作用，而且包括了文化制度、观念制度、社会期待等制度环境对组织行为的影响。

② 参见《关于印发〈上海市自主择业的军队转业干部安置管理暂行办法〉的通知》，文号沪人【2002】16号。

（一）从制度层面保障两性人力资本投资机会平等

人力资本是通过投资所形成的凝结在人体内的知识、能力和健康，[①] 是通过对医疗保健、学校教育、在职人员培训、个人和家庭为适应就业机会的变化而进行的迁移活动等的投资形成的，其中教育和培训是人力资本最重要的投资。[②] 教育一方面是影响女性劳动生产率的一个重要变量；另一方面也是影响女性职业层次的重要变量，即女性受教育程度越高，其人力资本存量越大，潜在的资薪能力就越强，向较高职业层次流动的机会越大。

在 2005 年 1% 的全国抽样人口调查中，6 岁以上妇女占全国总人口的49.8%，占未受教育人口的 72.7%，占受小学教育人口的 51.2%，占受初中教育人口的 45.5%，占受高中教育人口的 43.2%，占受高等教育人口的42.7%。这项抽样调查还显示，73.6% 的文盲是妇女。另据 2006 年中国劳动统计数据显示，在全国女性就业人员受教育程度构成中未上过学的女性所占比例为 10.2%，受过小学教育的占 33.7%，受过初中教育的占 40.6%，受过高中的占为 9.6%，受过大学专科教育的占 4.0%，大学本科的占1.8%，受过研究生教育的仅 0.16%，而在分地区全国男性就业人员受教育程度构成统计中，相应比例分别为 3.8%，26.7%，48.6%，13.8%，4.5%，2.4% 和 0.29%，对比显示，女性文盲比例大于男性，除小学教育程度的人口比例是女性大于男性外，其他教学程度女性受教育群体均低于男性。

反职业晋升机会性别歧视的治理要求保障两性人力资本投资机会平等的原因有两点：第一，贝克尔指出：唯一决定人力资本投资量的最重要因素可能是这种投资的有利性或收益率，而女性的人力资本投资收益率不低于男性。第二，且不论人力资本投资收益率中的性别差异，我国《宪法》明确了公民的受教育权是一项基本权利，那么根据法律面前人人平等的宪政精神，性别也不应成为实现受教育权的障碍，应当在两性人力资本投资上给予平等权益和平等机会。第三，接受在职培训将降低女性劳动者工作替代率，并且促进女性劳动者向更高的职业层次流动。教育既包括普通教育也包括职业培训。普通教育是一种职前教育，对于职业晋升机会而言，更为重要的是在职

[①] 西奥多·W. 舒尔茨：《论人力资本投资》，北京经济学院出版社，1990，第 1～16页。

[②] 加里·S. 贝克尔：《人力资本理论——关于教育的理论和实证分析》，郭虹等译，中信出版社，2007，第 2 页。

培训，一方面，离职率和解雇率与专业培训量成反比，①另外，在职培训中的专业培训会提高人力资本的专用型，而人力资本的专用性是人力资本所有者参与企业治理的重要依据，因为专用性人力资本的积累引致了将来的谈判力，从而可能改变既定的利益状态。②

企业支付了专业培训的成本，将不希望劳动者的流动而使自己蒙受损失，一种理性的选择就是提供较高的工资，提升其职业层次。但企业对不同性别员工人力资本投资机会的分配是有差异，而《劳动法》第68条要求用人单位"建立职业培训制度……有计划地对劳动者进行职业培训"，故消除职业晋升机会中的性别歧视从根源上需要消除在人力资本投资中的性别歧视倾向，改善女性的教育和培训机会，提升女性劳动者的职业竞争力，这是促进女性职业层次的提高，使其获取平等的职业发展机会的途径。2006年欧盟设立的性别协会拥有52.5亿欧元的预算资金，社会基金以专项投入方式为提供平等的就业与职业培训"给妇女新的机会"项目等提供资助，以提高妇女劳动者的就业技能，增强其适应劳动市场的能力。

（二）从社会性别视角进行反职业晋升机会性别歧视立法

职业晋升机会性别歧视，是一种职业过程中的性别歧视，对于两性就业平等的法律规制在各国都得到普遍的重视，除采取专门的立法模式，很多国家和地区都遵循国际公约的要求建立了独立的平等就业执法机构，如《挪威男女平等法》及由国王任命的男女平等事务督察官和男女平等申诉委员会，丹麦的《关于雇用平等男女平等待遇法》，荷兰的《男女均等待遇法》、香港地区《性别歧视条例》及平等机会委员会，我国台湾地区《两性工作平等法》等。美国在保障平等就业方面，除有《男女雇佣机会均等法》规定女性在工资待遇、就业机会以及职务晋升方面享有与男子同等的权利，其保障实施机构为联邦平等就业机会委员会，另外在1991年通过了《玻璃天花板法》，特别规定应由联邦政府成立"联邦玻璃天花板委员会"，其主要职能是研究如何消除女性及少数族裔晋升至经理及决策阶层的障碍，并增进她们在这方面的机会及发展经验。同时，创设一套全国性的奖励措施，以鼓励那些积极晋用女性及少数族裔至决策层的绩优厂商。此外，该委员会还被授权采取必要的措施，以增进女性及少数族裔晋升至经理或决策阶层的机会。

---

① 加里·S. 贝克尔书：《人力资本理论——关于教育的理论和实证分析》，第24页。
② 杨瑞龙、周业安：《一个关于企业所有权安排的规范性分析框架及其理论含义——兼评张维迎、周其仁及崔之元的一些观点》，《经济研究》1997年第1期。

中国至今没有反对性别歧视法这一反映女性特殊需要的法律，而只是在有限的反性别歧视规则中，从中立的角度确保劳动权，又或者是预设一个可资参照的客观标准作为反性别歧视的立法目标，而由于历史和文化的原因，这些客观标准又多是男性制定的。从某种意义上讲，法律的实质是父权的。[①]从社会性别视角进行反性别歧视专项立法的价值取向应注重的是实质平等，不排除差别对待，在立法过程中更应注重女性经验，遵循的路径应是如何谋求女性作为一个群体"如何获得力量并使用该力量依照自己的意志而行动"，[②] 而非简单的给予"国家监护"。

（三）消除职业晋升机会性别歧视与保障职业自由权的关联关系

"由于我们的职业通常也决定了我们生活的地点和将和那些人在一起生活，因而选择职业的某种自由，对我们的幸福来说，甚至也许比闲暇时用我们的收入的自由更为重要。"[③] 1948 年《世界人权宣言》规定：人人有权工作、自由选择职业、享受公正和合适的工作条件并享受免于失业的保障。德国、日本宪法上均有职业自由权的相关规定，德国基本法第 12 条规定："所有德国人均有自由选择职业、工作职位与教育地点之权利。我国《宪法》并没有直接规定公民的择业自由权。但职业自由权、营业自由权、（经济上的）迁徙自由权和（经济上的）结社自由权四大部分构成经济自由权，是公民基本经济权利的核心内容。[④]

按照义务层次论的观点，每种基本权利相对应的义务分为三类：避免剥夺的义务、保护个人不受剥夺的义务、帮助被剥夺者的义务。[⑤] 具体到作为一项公民经济、社会权利的职业自由权，国家的义务层次首先应当是尊重个人的职业自由；其次，积极保护个人职业自由不受他人剥夺的义务；最后，国家对个人职业自由权负有实现的义务。国家的义务分别对应于职前和职业过程中两个阶段，对内含于职业自由权的择业自由和职业流动自由予以尊

---

① 郭慧敏：《劳动就业立法的妇女参与与性别约束》，载邱仁宗主编《女性主义哲学与公共政策》，中国社会科学出版社，2004，第 199 页。

② 星野英一：《私法中的人》，王闯译，中国法制出版社，2004，第 85 页。

③ 弗里德里·希奥古斯特·哈耶克：《通往奴役之路》，王明毅、冯兴元译，社会科学出版社，1997，第 93 页。

④ 吴越：《经济宪法学导论——转型中国经济权利与权力之博弈》，法律出版社，2007，第 132 页。

⑤ Henry Shue, *Basic Rights*: *Subsistence*, *Affluence and U. S*, *Foreign Policy*, Second Edition, Princeton University Press, 1996, pp. 52 - 53. 转引自黄金荣《司法保障人权的限度——经济和社会权利可诉性问题研究》，社会科学文献出版社，2009，第 143 页。

重、保护和实现。职业晋升是个体在组织中的职业过程中的向上流动，职业晋升机会作为一种资源，其分配是在组织中进行和完成，其分配结果将对个人的生活机遇和社会的资源分配产生重要的影响，而如果女性职业群体与男性职业群体具备同等的劳动生产率，则应该在组织中找到与之相匹配的位置，即在同等资历和能力下应当拥有同男性平等的晋升机会。消除职业晋升机会中的性别歧视，改善向人们开放的可供选择的机会是保障职业自由权的必然要求。

五　结论

女性职业晋升障碍现象的形成有复杂的政治、经济及社会原因，这些因素与我国目前劳动力市场供需失衡，国家经济社会转型等交织在一起，呈现更复杂的态势。消除职业晋升机会中对女性的歧视，确保女性在职业过程中自由的向上流动渠道的畅通，需要公共政策的引导，法律制度的规范，更需要隐藏在市场之后的体制观念因素的改进，因此，这将会是一个综合治理的漫长过程。

参考文献

［1］《2006－2007年：中国性别平等与妇女发展报告》，社会科学文献出版社，2008。

［2］康宛竹：《中国上市公司女性高层任职状况调查研究》，《妇女研究论丛》2007年7月。

［3］王政、杜芳琴主编《社会性别研究选译》，三联书店，1998。

［4］〔美〕加里·S·贝克尔：《人力资本理论——关于教育的理论和实证分析》，郭虹等译，中信出版社，2007。

［5］邱仁宗主编《女性主义哲学与公共政策》，中国社会科学出版社，2004。

［6］黄金荣：《司法保障人权的限度——经济和社会权利可诉性问题研究》，社会科学文献出版社，2009。

Part Three

The Legislative, Administrative and
Judicial Protection of Women's
Right to Health

Legislative Protection for Women's Right to Health in Australia

Christine Forster [*]

I. Introduction

Australia is a party to a number of international conventions which obligate it to recognise and protect women's right to health. Internationally, the right to health was first articulated in the 1946 Constitution of the World Health Organization (WHO), whose preamble defines health as "a state of complete physical, mental and social well-being and not merely the absence of disease or infirmity". Indeed, health is a basic yet essential asset which enables women and girls to attend school, to participate in paid employment, and to live full and active lives in the community. Women however, although affected by many of the same health conditions as men, often experience them differently. The prevalence of poverty and economic dependence among women, their experience of violence, gender bias in the health system and society at large, discrimination on the grounds of race or other factors, the limited power many women have over their sexual and reproductive lives and their lack of influence in decision-making are social realities which have an adverse impact on their health.

Whilst legislative protection of the right to health for women involves measures across a vast range of areas, this paper focuses on four topics of particular

[*] Law Faculty, University of NSW, Sydney Australia.

significance in the Australian context. These topics are gender-based violence, which is regarded a major public health and human rights problem throughout the world; the health status of indigenous women which is significantly poorer than non-indigenous women; abortion which, although generally safe and accessible in Australia is in most states a criminal offence and therefore does not provide legislative protection of women's right to health in this area; and finally the compulsory sterilisation of women and girls with intellectual disabilities which continues in Australia without legislative protection despite its clear breach of international covenants to which Australia is a party and its significant health implications.

II. Women's Right to Health: Australia's International Obligations

Australia is party to a number of international conventions which require it to take measures protect women's right to health. The International Covenant on Economic, Social and Cultural Rights 1966 which requires State Parties to "recognise the right of everyone to the enjoyment of the highest attainable standard of physical and mental health"[1] was ratified by Australia in 1975. The Declaration on the Rights of Indigenous Peoples was adopted by the General Assembly of the United Nations on Thursday 13 September 2007 with 143 countries voting in favour, 11 abstaining and 4 voting against. Although Australia was one of the 4 countries who voted against the Declaration the change of government at the last federal election heralded a position change with the Rudd government subsequently indicating that it supports the Declaration. Article 24 of the Declaration states that ' indigenous individuals have an equal right to the enjoyment of the highest attainable standard of physical and mental health' and obligates states to "take the necessary steps with a view to achieving progressively the full realization of this right."

Another convention that provides protection of the right to health of girls is the United Nations Convention on the Rights of the Child (CRC).[2] The CRC came into force on 2 September 1990 and as at 15 March 2010, 194 countries are parties to the Convention. Australia ratified the Convention in 1990. The

---

[1]   International Covenant on Economic, Social and Cultural Rights 1976, Article 12.

[2]   1990 GA Res 44/25 (UN Doc A/44/736) hereinafter CRC.

Convention sets out the civil, political, economic, social and cultural rights of children with the four core guiding principles of non-discrimination, devotion to the best interests of the child, the right to life, survival and development, and respect for the views of the child. In particular, Article 24 requires State Parties to recognize the right of the child to the enjoyment of the highest attainable standard of health. State Parties additionally must strive i) to ensure that no child is deprived of her or his right of access to health care services, ii) to diminish infant and child mortality; iii) to ensure the provision of necessary medical assistance and health care to all children with emphasis on the development of primary health care, iv) to combat disease and malnutrition, v) to ensure appropriate pre-natal and post-natal health care for mothers, and vi) to ensure that children, are informed, and have access to health education.

The Convention on the Rights of Persons with Disabilities (CRPD)[1] came into force on 3 May 2008 and as at 15 March 2010 82 countries are parties to the Convention. Australia ratified the Convention in 2008. The Convention provides a comprehensive framework of the rights of persons with disabilities and the obligations of State Parties to promote, protect and ensure those rights. In particular, Article 6 recognizes that women and girls with disabilities are subject to multiple forms of discrimination, and obligates the state to take measures to ensure the full and equal enjoyment by them of all human rights and fundamental freedoms. Article 25 states that persons with disabilities have the right to the enjoyment of the highest attainable standard of health without discrimination on the basis of disability. Of particular note State Parties must take all appropriate measures to ensure access for persons with disabilities to health services that are gender-sensitive, including health-related rehabilitation.

The only convention to expressly and specifically protect the right to health of women is the Convention on the Elimination of All Forms of Discrimination against Women (CEDAW)[2] which came into force on the 3rd September 1979 and was ratified by Australia in 1983. CEDAW seeks to comprehensively address women's rights to equality and non-discrimination. State Parties are required to take all necessary measures, including taking active steps to amend or introduce legislative

---

[1] 2008 GA Res 61/106 (UN Doc A/61/49) hereinafter CRPD.

[2] 1979 G. A. Res 34/180 (UN Doc A/34/46) hereinafter CEDAW or 'the Convention'.

measures, to eliminate discrimination against women and to pursue policies that will bring about substantive equality in the lives of women. In particular, Article 12 (1) of CEDAW outlines the obligations of State Parties to protect women's right to health. The CEDAW Committee in General Recommendation 24, which specifically elaborates and fully defines Article 12 of the Convention, states that States are obliged " to eliminate discrimination against women in their access to health-care services throughout the life cycle. "[1] Additionally, General Recommendation 19 outlines the legislative measures identified by the CEDAW Committee that are required in the area of gender-based violence, an area that has significant implications for women's right to health, including the enactment of civil provisions to protect women and children from domestic violence and the enactment of strong criminal provisions to prosecute offenders of domestic violence and sexual assault.

Ratification, accession or succession to an international convention or treaty obliges State Parties to comply with its provisions. The obligations to respect, protect and fulfil[2] the rights contained within conventions include, first, de jure obligations requiring the domestic laws of the State party to accord with the obligations created by the convention and, second, de facto obligations requiring that the obligations to observe the convention are not merely reflected in the laws of the country but implemented in practice with the intended results. De jure compliance requires that national legislation incorporate the Convention's substantive legal rights and obligations. Whilst it is beyond the scope of this article to assess Australia's de facto compliance with the right to health through its ratification of the international conventions detailed above, it is acknowledged by the author that it is the achievement of de facto compliance that marks the effective implementation of the right to health. However, the achievement of legislative or de jure compliance is an important "first step" in achieving de facto compliance as it marks a level of political commitment by a state party towards the protection of the right to health. Additionally, low legislative compliance is likely to be a strong and relevant

---

[1]   General Recommendation 24, Women and Health, 1999, 20th Session (UN Doc A/54/38/ Rev. 1).

[2]   See the Maastricht Guidelines on Violations of Economic, Social and Cultural Rights, Maastricht, 1997 at para [6]. Online: http: //www. escr − net. org/resources_ more/resources_ more_ show. htm? doc_ id =425803.

indicator of unsatisfactory de facto compliance.

The provision of legislative protection of the right to health for women requires a range of targeted legislative measures across a range of areas. Such measures recognise that women and girls are impacted through structural discrimination that differentially affects their health compared to men and boys. This paper focuses on four important and particular issues in the Australian context. These topics are gender-based violence, the right to health for Aboriginal women, abortion, the involuntary sterilisation of girls and women with intellectual disability.

III. Gender-Based Violence

Violence against women is a widespread cause of physical and psychological harm and suffering among women, as well as a violation of their right to health worldwide and in Australia. In Australia, statistics confirm that gender-based violence is widespread. The most recent survey by the Australian Bureau of Statistics on the prevalence of partner violence against women indicates that around one in three adult women have experienced actual or threatened physical or sexual violence perpetrated by a partner since the age of 15. Additionally, the same survey indicated that 12% of female respondents had experienced sexual abuse before the age of 15 and 10% experienced physical abuse before the age of 15. [1] These figures, since they do not include psychological or economic abuse nor domestic violence perpetrated by non-partners and other family members, is illustrative of the potentially widespread nature of violence against women in the Australian community. Other research has additionally indicated that over a lifetime 34% of Australian women experience actual or threats of physical violence, sexual violence (including unwanted sexual touching) and psychological violence from a current or former partner. [2] Research also indicates a high percentage of Australian children are exposed to domestic violence. A 2001 study of 5000 young people aged between 12 −20 years found that up to one quarter had witnessed violence. [3]

---

[1]   Personal Safety Survey, ABS 2007, p. 201.

[2]   Findings of the Australian Component of the International Violence Against Women Survey (IVAWS) conducted in 2002 −03.

[3]   D Indermaur, Young Australians and Domestic Violence (Canberra : Australian Institute of Criminology, 2001).

The health implications of gender-based violence in Australia are significant.
Gender-based violence has devastating health effects on women, children, their
extended families and their communities. ① Typical injuries suffered by victims
include low self-confidence, increased risk of depression, and suicide, poor physical
health generally, in addition to a range of physical injuries with both short-term and
long-term chronic effects. Additionally, anxiety and fear can lead victims to make a
range of detrimental changes to their lifestyle such as foregoing educational and
employment opportunities and an inability to be involved in public life and decision
making. ② Children can also be profoundly affected by witnessing violence with a
growing body of research evidence documenting its major effects on a child's
psychological, physical, educational and social wellbeing. ③ To protect women's
right to health in this area it is critical that there is a strong civil and criminal law
framework in place aimed to protect women from gender-based violence. Whilst
CEDAW did not itself include specific provisions on violence against women the
gravity of this issue to women's 'health and lives' was recognised by the CEDAW
Committee in General Recommendation 19, on violence against women, in
1992. ④ The Committee explicitly stated that CEDAW obligates State Parties to
ensure that laws against family violence and abuse, rape, sexual assault and other
gender-based violence give adequate protection to all women. ⑤ The Beijing
Declaration and Platform for Action (Beijing Platform) also specifically
recommends that governments ensure that the legislation effectively protects women

---

① L Avila-Burgos, R Valdez-Santiago, M Hijar, A del Rio-Zolezzi, R Rojas-Martínez, & C Medina-
   Solís, "Factors Associated with Severity of Intimate Partner Abuse in Mexico: Results of the First
   National Survey of Violence Against Women" (2009) 100 (6) Canadian Journal of Public Health
   436; J Lawrence, G Williams, B Raphael, "The Impact of Domestic Violence on Women's Mental
   Health (1998) 22 (7) Australian and New Zealand Journal of Public Health 796; J Astbury, J
   Atkinson, J Duke, P Easteal, S Kurrle, P Tait & J Turner, "The Impact of Domestic Violence on
   Individuals" (2000) 173 MJA 427; UNICEF, Behind Closed Doors: The Impact of Domestic
   Violence on Children, 2006.
② L Seff, R Beaulaurier, & F Newman, "Nonphysical Abuse: Findings in Domestic Violence Against
   Older Women Study", , Journal of Emotional Abuse 355, No. 8 (3), 2008.
③ J Fantuzzo & W Mohr, "Prevalence and Effects of Child Exposure to Domestic Violence" (1999) 9
   (3) The Future of Children 21, 26 −28; J Osofsky, "The Impact of Violence on Children", The
   Future of Children 33, No. 9 (3), 1999.
④ General Recommendation 19, Violence Against Women, 1992, 11th Session (UN Doc A/47/
   38).
⑤ General Recommendation 19, note 13, at para [24 (r)].

from gender-based violence and prosecutes offenders. [1]

Australia has a number of important legislative protections in place in relation to violence against women. In the area of domestic violence, Australia has moved forward in line with a recent global trend towards the introduction of targeted civil domestic violence legislation. [2] The aims of domestic violence civil law provisions are, broadly, to prevent domestic violence, to ensure the safety of all persons who experience domestic violence, to provide victims with effective and accessible remedies, and to promote non-violence as a fundamental social value. Specifically, civil law initiatives focus on the protection of persons "exposed or potentially exposed to violence in a domestic setting" [3] with the establishment of various orders that prohibit the offender from any further acts of domestic violence and/or to enable victims to remain in the family home from which the offender is excluded. All Australian states have targeted civil laws providing a range of protection orders for victims of domestic violence and although they vary from state to state the laws all provide, in the most part, good practice approaches. They uniformly include the following range of good practice features i) an appropriate and comprehensive definition of domestic violence including physical violence, sexual abuse, emotional abuse, intimidation, harassment, stalking, economic deprivation, property damage, animal abuse or threats of any of the above; ii) protection to any person who experiences or is at risk of experiencing domestic violence; iii) a system of protection orders, emergency protection orders and occupation orders, with an extensive range of conditions which prohibit the abuser from a range of behaviours; iv) an obligation on the police and other state actors to apply for and enforce orders; v) a comprehensive mechanism for the enforcement of orders and finally vi) the provision of compensation to victims of domestic violence.

Good practice also requires however the inclusion of both civil and criminal laws

---

[1]   Report of the Fourth World Conference on Women, The Beijing Declaration and Platform for Action, Beijing, 1995, at para [8] (UN Doc A/CONF. 177/20/REV. 1).

[2]   Crimes (Domestic and Personal Violence) Act 2007 (NSW, Australia); Domestic and Family Violence Act 2007 (NT, Australia); Domestic and Family Violence Protection Act 1989 (Queensland, Australia); Domestic Violence and Protection Orders Act 2001 (ACT); Family Violence Act 2004 (Tasmania, Australia).

[3]   H Douglas & L Godden, "The Decriminalisation of Domestic Violence: Examining the Interaction between the Criminal Law and Domestic Violence" (2003) 27 *Criminal Law Journal* 33.

dealing with domestic violence as they serve different but complementary
purposes. ① The criminal law focuses primarily on determining the innocence or
guilt of those accused of domestic violence, and the administering of appropriate
punishment of offenders within the criminal law system, and in the modern
context, the rehabilitation of the offender where possible. Criminal offences send a
message to all members of society that domestic violence is a crime and
unacceptable. ② Historically, specific criminal offences for domestic violence were
not incorporated into penal and criminal codes. Whilst common assault offences,
present in most criminal law frameworks could be utilised to prosecute perpetrators
in some limited circumstances of domestic violence, they have proven to be
insufficient to incorporate the complexity and specificity of domestic violence and
typically perceive harm only in terms of physical abuse. ③ Some Australian states
have enacted targeted legislation that provides both civil protection orders and
establishes targeted domestic violence offences④ and some have incorporated targeted
domestic violence offences into existing criminal codes. Most however have not yet
adequately established targeted domestic violence offences in the criminal law.

Australia has well-developed criminal sexual assault laws. Good practice
components of the sexual assault laws that have been incorporated throughout
Australia include the following. First, all jurisdictions include a comprehensive and
graded set of offences that incorporate the range of violations experienced by
women and children, including penetration by a bottle, a weapon or some other
object and all other forms of violation. Second, designated child sexual offences,
acknowledging that the law has a role in explicitly stating that sexual activity with
children or persons with mental incapacity is wrong. Third, the inclusion of
"aggravating circumstances" such as a breach of trust with serious penalties to reflect

---

① J Roure, "Domestic Violence In Brazil: Examining Obstacles And Approaches To Promote
Legislative Reform" (2009) 41 (1) Human Rights Law Review; R Davis, Domestic Violence:
Intervention, Prevention, Policies and Solutions (Boca Raton: CRC Press, 2008), p. 213. See the
Concluding Comments of the CEDAW Committee: Uzbekistan (2010) 45th Session at para [22]
(UN Doc CEDAW/C/UZB/CO/4).

② See the Concluding Comments of the CEDAW Committee: United Arab Emirates (2010) 45th
Session at para [27] (UN Doc CEDAW/C/ARE/CO/1).

③ M Harwin, M Hester & C Pearson, Making an Impact: Children and Domestic Violence (Philadelphia:
Jessica Kingsley Publishers, 1999), p. 83.

④ Family Violence Act 2004 (Tasmania).

not only the invasion of personal integrity common to all sexual assaults but also the devastating effects of the breach of trust implicit in the assault. Other relevant aggravating contextual circumstances that are incorporated into the sexual offences framework include when it is accompanied by physical violence, when it is perpetrated by multiple offenders (such as a gang rape) or where there are multiple offences perpetrated over a period of time resulting in extensive cumulative harm. Fourth, the inclusion of a statutory definition of the element of consent including a non-exhaustive list of situations in which consent cannot be established and explicit statutory limits on the defence of honest mistaken belief of consent. Finally all Australian states and territories have incorporated serious penalties for sexual offences.

IV. Indigenous Women

The health of Aboriginal people in Australia is much worse than the health of the rest of the Australian population. In particular, Aboriginal women suffer from a range of health issues to a much greater degree than non-indigenous women. For example, there is a higher cervical cancer incidence and mortality for Aboriginal and Torres Strait Islander women compared with non-indigenous women. The life expectancy for indigenous women in Australia is almost 20 years less than for non-indigenous women with 65% of indigenous women dying before 65 compared to 16% of non-indigenous women. [1] Reasons for poor health amongst the indigenous population are complex but include: difficulties in accessing and utilising mainstream health services, under-funding of Aboriginal health care (despite Aboriginal people being sicker than the rest of the Australian population), lack of medical facilities and goods and services which are gender-sensitive and culturally appropriate, and in remote areas inadequate housing and in some instances poor access to safe drinking water.

The solutions to the health concerns of the Australian indigenous population and in particular indigenous women lie largely within policy measures rather than legislative protections. For example, policy measures which have been introduced include designing health programs for indigenous women, data collection to

---

[1]   ABS Canberra, 2005, p. 151.

determine the inequalities and inadequacies in current health delivery, establishing indigenous controlled health organisations, and training indigenous women for positions in health, doctors, nurses, midwives and other health experts.

However, despite the importance of policy initiatives there are ways in which the law could assist in the protection of indigenous women's right to health. The inequality in health status and life expectancy of indigenous women in Australia can be linked to systemic discrimination over many decades and its legacy in the present day. [1] Discrimination means any distinction, exclusion or restriction made on the basis of various grounds which has the effect or purpose of impairing or nullifying the recognition, enjoyment or exercise of human rights and fundamental freedoms. Discrimination leaves marginalised population groups more vulnerable to poverty and ill health and to bear a disproportionate share of health problems. In particular, the impact of discrimination is compounded when an individual suffers double discrimination, such as discrimination on the basis of sex and race. For example, in many places indigenous women receive fewer health and reproductive services and information, and are more vulnerable to physical and sexual violence than the general population.

The strength of anti-discrimination legislation therefore is an important component of protecting indigenous women's right to health in Australia. The application of the principles of non-discrimination and equality means that Australia must recognize and provide for the differences and specific needs of indigenous women who face particular health challenges, such as higher mortality rates, vulnerability to specific diseases and vulnerability to gender-based violence. Whilst Australia has a system of anti-discrimination legislation at both federal and state level, it does not adequately account for the discrimination on the dual grounds of race and sex experienced by indigenous women. Additionally, the obligation to ensure non-discrimination requires specific health standards to be applied to particular population groups, such as women, children or persons with disabilities or indigenous women if such groups of persons have continuously been discriminated against. Positive measures (also known as affirmative action) are therefore a crucial legal response to the disparities in health experienced by indigenous women in

---

[1] See T Calma, "Indigenous Health and Human Rights", *Australian Journal of Human Rights 21*, No. 14 (1), 2008, p. 22.

Australia. However, although the legal capacity is there affirmative action is infrequently employed.

V. Abortion

A right to a legal abortion is recognised as an important component of the right to health for women by numerous commentators. Whilst CEDAW does not explicitly call for the decriminalisation of abortion, the CEDAW Committee has recommended that State Parties remove all punitive measures imposed on women who seek abortions. [1] This is in accord with the Beijing Platform which calls upon governments to "re-examine restrictive abortion laws that punish women."[2] Abortion laws have been gradually liberalised world-wide, however approximately 25% of the world's population still live in countries with highly restrictive abortion laws, mostly in Latin America, Africa and Asia. [3] The link between the criminalisation of abortion, maternal mortality and maternal morbidity has been established by research which indicates that most deaths from unsafe abortions occur in countries where abortion is severely restricted by law. [4] Additionally, research has shown that when a mother dies (including as a result of an unsafe abortion), her surviving children are 3 − 10 times more likely to die within two years and further, motherless children receive less health care and education in their formative years. [5] Thus, the failure to decriminalise abortion and to provide safe accessible

---

[1] Concluding Comments of the CEDAW Committee: Honduras (2007) 39th Session at para [25] (UN Doc CEDAW/C/HON/CO/6); Liechtenstein (2007) at [26] 41, Pakistan, (2007) 38th Session at para [41] (UN Doc CEDAW/C/PAK/CO/3); Brazil (2007) 39th Session at para [30] (UN Doc) Philippines (2006) 36th Session at para [28] (UN Doc CEDAW/C/PHI/CO/6). See also General Recommendation No 24, note 321, at para [14] where the Committee states that 'barriers to women's access to appropriate health care include laws that criminalise medical procedures only needed by women and that punish women who undergo those procedures.'

[2] The Beijing Declaration and Platform for Action, Beijing, 1995, para. 8, (UN Doc A/CONF. 177/20/REV. 1).

[3] See Women on Waves, Abortion Laws Worldwide. Online: http://www.womenonwaves.org/set − 158 − en. html.

[4] WHO, Safe Abortion: Technical and Policy Guidance for Health Systems (Geneva: WHO, 2003) at 83.

[5] M Islam & U Gerdtham, Moving Towards Universal Coverage: Issues in Maternal-Newborn Health and Poverty (Geneva: WHO, 2006) at 14.

facilities for women who require abortions endangers their health and also that of
any child born after a failed abortion.

Abortion is common throughout Australia and is largely facilitated by safe
providers. It is estimated that around 83000 abortions are performed in Australia per
year. However, although access to abortion is relatively straightforward throughout
Australia only the Australian Capital Territory provides women with an unfettered
right to abortion. Indeed, in New South Wales, Northern Territory, Tasmania,
South Australia, Western Australia, Victoria and Queensland abortion is a crime
either for the person administering the abortion, the pregnant woman or both
unless certain requirements are adhered to, and as such the law does not protect
women's right to health. In all these states and in the Northern Territory abortions
can be readily obtained lawfully because the conditions have been generously
interpreted by the courts. In New South Wales and Queensland a woman can
obtain an abortion if "necessary" due to "economic, social or medical grounds"
before the birth. In Tasmania and South Australia written consent must be obtained
from two medical practitioners which will be provided if the practitioners believe
there will be "risk" to the pregnant woman if the pregnancy proceeds. [1] In
Western Australia a woman cannot be charged with a criminal offence however a
medical practitioner can if the abortion is not performed in good faith or
"justified." Additionally, if the woman is over 20 weeks pregnant two medical
practitioners must agree that the foetus has a severe medical condition that justifies
the procedure, or if a girl under 16 who is supported by custodial parents cannot
consent to an abortion and only with a court order can an abortion proceed. [2] In
Victoria in 2008 the laws were amended to partially decriminalise abortion. Whilst,
it remains an offence for an unqualified person to perform an abortion this does not
apply to the woman herself. Abortions however cannot be performed after 24
weeks gestation unless two practitioners consider it "appropriate". [3]

Additionally, the penalties for unlawful abortions are harsh, life imprisonment in
South Australia and ten years imprisonment in New South Wales for the pregnant
woman and any other person who administers the abortion, a MYM10000 fine for

---

[1]   Criminal Law Consolidation Act 1935, ss 81, 82. (South Australia); Criminal Code ss172, 173
       (Northern Territory).

[2]   Health Act 1911, s334 (3) (Western Australia).

[3]   Abortion Law Reform Act 2008 (Victoria).

the performance of an unlawful abortion in Western Australia, in Queensland offences range in penalty from 3 years to 14 years; and 7 years in the Northern Territory.

The Australian Capital Territory is the only Australian jurisdiction to formally legalise abortion. All references to abortion have been removed from the Crimes Act. Whilst only registered medical practitioners may carry out abortion (with a penalty of 5 years imprisonment for an abortion carried out by someone unqualified)①, there are no criteria that must be satisfied as in the other states and therefore a woman's right to an abortion is fully recognised.

In summary therefore only Australian Capital Territory provides legislative protections that accord with good practice and international obligations. Although in a de facto sense abortion is relatively easy to obtain throughout all other states and territories due to the manner in which the law is interpreted and implemented, in fact the legislation itself is insufficient to meet international standards and as such does not provide adequate legislative protection to women's right to health in Australia.

VI. Involuntary Sterilisation of Women and Girls with Intellectual Disability

The right to health includes the right to be free from non-consensual medical treatment, such as forced sterilization. The CEDAW Committee in General Recommendation 24 (22) expressly states that State Parties should not permit forms of coercion, such as non-consensual sterilization. The CEDAW Committee has recently stated in its views to a communication under the Optional Protocol concerning a non-consensual sterilisation that "compulsory sterilization adversely affects women's physical and mental health and infringes upon the rights of women to decide the number and spacing of children" and "acceptable services are those that are determined in a way that ensures that a woman gives her full informed consent and respects her dignity."②

Women and girls with intellectual disabilities are particularly exposed to forced

①　Medical Practitioners (Maternal Health) Amendment Act 2002.

②　Views of the CEDAW Committee, A. S. v Hungary (2006) Communication No 4/2004 (UN Doc CEDAW/C/36/D/4/2004).

sterilisation and in many cases they are sterilised without their free and informed consent — a clear and serious violation of their right to health. Many have argued that the sterilisation of women and girls against their will is a fundamental breach of their right to health since the procedure has profound psychological and physical effects. Consequences to health include the prevention of reproduction, early onset of menopause, increased risk of cancer and the psychological effects of the loss of menses and fertility. In Australia there is no consistent legislative protection that prevents the non-therapeutic sterilisation of women and girls with intellectual disabilities despite international criticism of Australia for its failure to appropriately regulate and, if necessary prohibit the practice, by the UN Committee on the rights of the Child. ① Such sterilizations continue therefore in Australia, governed by the common law in the absence of legislation. The Family Court has jurisdiction to make orders in relation to sterilization in relation to girls under 18. In many cases where sterilization has been ordered by the court the reasons given include the following: easing the burden of managing menstruation often for the carer rather than the girl herself; to prevent the girl becoming pregnant either through a consensual relationship or through rape; and to provide a permanent means of contraception. The court is empowered to decide the issue of sterilisation through its welfare jurisdiction given to it by the Family Law Court, and is based on the principle that the girl is incapable of giving informed consent. Although they should not presume that the disability in itself constitutes lack of capacity the cases indicate very little deliberation by the court on this issue and in no case are the views of the girl herself provided. Where children do not have intellectual disabilities the court often entertains their views even though they are not considered capable (because of their age) of providing informed consent. It is apparent therefore that the court is responding differently (and arguably discriminating against) those with intellectual disabilities. Once a person is determined to be incapable of giving consent the decision is based on the best interests of the child. Whilst sterilisation is supposed to be a step of last resort there is a string of Australian cases in which it has been ordered despite the availability of other less invasive alternatives. ②

---

① United Nations Committee on the Rights of the Child, Concluding Observations, Australia, 40th Session, 2005 (UN Doc CRC/C/15/Add. 268 at para 45, 46 (e)].

② See for example P and P Legal Aide Commission of NSW (1995) 19 Family Law Report ; Re Marion (NO 2) (1993) 17 Family Law Report 336.

A good practice approach to this issue would be to prohibit sterilizations in the legislation except in circumstances where the safety of the girl was at issue. The Family Law Council proposed the prohibition of sterilisation in the following circumstances: for eugenic reasons; for contraceptive purposes; as a means of masking the consequences of sexual abuse; and prior to the onset of menstruation based on predictions of how the girl might manage menstruation. The "problems" which appear to be the underlying reasons for persons seeking the sterilisations of girls and the court ordering the sterilisations could be addressed through the provision of much better support to parents and carers of girls with intellectual disabilities such as counselling, respite care and in-home accommodation. [1] The right to health of women and girls in the area of sterilisation of those with intellectual disabilities is not therefore legislatively protected in current Australian law.

VII. Conclusion

Australia is party to a number of international conventions which obligate it to introduce legislative measures to protect women's right to health. Whilst the right to health requires a range of legislative measures across a number of areas this paper has assessed legal protection for women's right to health in Australia in four key areas. The four areas are violence against women, abortion, indigenous women and the sterilisation of girls and women with intellectual disabilities. This paper has concluded that Australia has generally good practice legal protections in place in relation to gender-based violence, although a strengthening of the criminal law in relation to domestic violence would be desirable. The health status of indigenous women is unacceptable and whilst to a large extent it is policy, rather than legislative, measures that are required, this paper has concluded that anti-discrimination law could be improved and affirmative action provisions employed, to provide stronger protection of indigenous women's right to health. Although access to safe abortion is available to girls and women in many circumstances throughout Australia, it remains a crime in all states and territories except the

---

[1] L Steele, "Making Sense of the Family Court's decisions on the Non – Therapeutic Sterilisation of Girls with an Intellectual Disability", *Australian Journal of Family Law*, No. 22 (1), 2008, p. 15.

Australian Capital Territory either for the pregnant woman or the person who performs the abortion or both. As such the law does not provide adequate protection of women's right to health in this area. Finally the sterilisation of women and girls with intellectual disabilities continues in Australia without legislative protection despite its clear breach of international covenants to which Australia is a party and its significant health implications. In this area the right to health of girls is not protected. Although Australia does provide legislative protection of women's right to health as part of a general right to health it does not adequately deal with the four areas, key to the health of Australian women, discussed and analysed in this paper.

Domestic Violence Legislation and Protection of Women's Right to Health in China

Xue Ninglan*

I. Introduction

The Constitution of the World Health Organization in 1948 was the first international document to articulate that the enjoyment of the highest attainable standard of health is one of the fundamental rights of every human being. Since then, for more than half a century, the right to health has been recognized and guaranteed in a number of international documents. [1] The International Covenant on Economic, Social and Cultural Rights ("ICESCR"), adopted by the United Nations in 1966 and in force since 1976, has made a comprehensive interpretation of the right to health in terms of international human rights law. Its Article 12 (1) provides for that "the State Parties to the present Covenant recognize the right of everyone to the enjoyment of the highest attainable standard of physical and mental health." This is in accord with the definition of health provided by the World Health Organization ("WHO"), which indicates the

---

* The Institute of Law, Chinese Academy of Social Sciences.

[1] The international documents such as the Universal Declaration of Human Rights of 1948, the International Convention on the Elimination of All Forms of Racial Discrimination of 1956, the International Covenant on Economic, Social and Cultural Rights of 1966, the Convention on the Elimination of All Forms of Discrimination against Women of 1979 and the Convention on the Rights of the Child of 1989, all include provisions relating to the protection of the right to health targeting at various groups.

international standard of heath as a state of complete physical, mental and social wellbeing. ①

According to the General Comment No. 14, adopted in 2000 by the Committee on Economic, Social and Cultural Rights, "the right to health" in Article 12 of the ICESCR must be understood as "a right to the enjoyment of a variety of facilities, goods, services and conditions necessary for the realization of the highest attainable standard of health." ② In addition, the General Comment No. 14 points out that the right to health is not to be understood as a right to be healthy. The right to health contains both freedoms and entitlements. The freedoms include the right to control one's health and body, including sexual and reproductive freedom, and the right to be free from interference, such as the right to be free from torture, nonconsensual medical treatment and experimentation. On the other hand, the entitlements include the right to a system of health protection, which provides equality of opportunity for people to enjoy the highest attainable level of health. ③ The Committee suggests that the interpretation of the right to health shall take into account such determinants as resource distribution and gender differences. The socially-related concerns as violence and armed conflict may also create obstacles for the realization of the right to health. The Committee recommends that States integrate a gender perspective in their health-related policies, planning, programmes and research in order to promote better health for both women and men. Such a gender-based approach recognizes that biological and socio-cultural factors play a significant role in influencing the health of men and women. In order to eliminate discrimination against women, it is further stressed that there is a need to develop and implement a comprehensive national strategy for promoting women's right to health throughout their life span.

Domestic violence is the most common form of violence experienced by women and a widespread social problem worldwide. According to the General Recommendations No. 12 and No. 19 respectively adopted by the Committee on the Elimination of Discrimination against Women in 1989 and 1992, gender-based violence is a form of discrimination that seriously inhibits women's ability to enjoy

---

①   Liu Hainian, "The Right to Health and Responsibilities of the Government", in *Chinese Yearbook of Human Rights* (Vol. 3 2005), (Beijing: Social Science Academic Press, 2006), p. 4.

②   General Comment No. 14 by the Committee on Economic, Social and Cultural Rights, Para. 9.

③   Ibid., Para. 8.

rights and freedoms on a basis of equality with men; the State Parties are required to
take positive measures to eliminate all forms of violence against women. The
Declaration on the Elimination of Violence against Women adopted by the United
Nations General Assembly in 1993 recognizes that violence against women is "a
manifestation of historically unequal power relations between men and women,"
and "one of the crucial social mechanisms by which women are forced into a
subordinate position compared with men." Beijing Declaration and Platform for
Action, the Outcome Document from the Fourth World Conference on Women
in 1995, identifies women's health and violence against woman as two separate, but
intertwined issues among the twelve critical areas of concern and calls for strategic
actions by the governments, international community and civil society.

II. Domestic Violence: Ruthless Killer of Women's Health

According to the WHO, health is defined as a state of complete physical, mental
and social well-being and not merely the absence of disease or infirmity. There will
be no real health if a human being enjoys no wellbeing in these aspects. Domestic
violence against women is a social problem, which brings women's physical and
mental harm and creates obstacles for the realization of the right to health. A study
on domestic violence by the WHO in 2005 revealed that the most common form of
violence experienced by women globally was physical violence inflicted by an
intimate partner. The physical or sexual violence perpetrated by a husband or a
partner has caused significant damage to health and wellbeing of women all over the
world. In many countries, however, violence has largely been ignored as a major
public health issue. [1]

In the same vein, domestic violence against women in China is mainly
perpetrated by husbands, i. e. , as a spousal violence. Based on the women victims'
accounts, domestic violence against women brings a series of health problems,
including physical injury, mental illness, even suicide and homicide.

---

[1]   See "The Milestone Study on Domestic Violence, the WHO Report Reveals the Prevalence of
Domestic Violence and Its Serious Implications for Health," available at: http: //www. who. int/
mediacentre/news/releases/2005/pr62/zh/, last visited 15 September 2012.

2. 1   Physical Injury

Spousal violence is the most direct and prevalent violence against women. As indicated by the statistics of the second sample survey on Chinese Women's Social Status in 2000, the proportion of women being battered is higher than that of men. This is particularly the case in rural areas. More than one quarter of the rural women said that they had been battered by their husbands. This ratio is 9. 2% higher than that of the rural men. The ratio for rural women being forced to have sex with their husbands is also higher than that of the men. [1] It is for sure that each woman victim has been physically injured to various degrees.

Spousal violence is also an important cause of women's suicide. Being unable to get help from their relatives or having failed to get a divorce, many women choose to end their lives by drinking pesticide, taking sleeping pills or cutting the waist. The lives of some of them were saved only because they were duly found and sent to hospital. Some women had suicide thoughts at some point in order to end their abused lives.

The second sample survey on Chinese Women's Social Status also indicates significant differences between men and women regarding self-perception of health, which is further compounded by urban/rural disparity. Urban males were more likely to have a self-perception of good health while rural females had a poor self-perception of health status. This order also applies to the psychological problems faced by men and women, i. e. females in both rural and urban areas faced more psychological problems than males in rural and urban areas. This may partially account for why the suicide rate is higher among Chinese women and why rural women have a higher suicide rate than urban women do. [2] Currently, China is the only country in the world where more women than men commit a suicide. It has been found in many suicide cases that the spousal violence has been the direct cause.

---

[1]   Jiang Yongping (eds.), *Chinese Women's Social Status in the Process of Social Transformation*, (Beijing: China Women Publishing House 2006), p. 269.

[2]   All over the world, the ratio for suicide for men to women is 3. 6 to 1. However, the suicide ratio for women in China is 25% higher than that for men, and rates in rural areas are three to four times higher then in cities. Jiang Xiehua, " Health Status of Rural Women and Health Services, Utilization" in Jiang Yongping (eds.), *Chinese Women's Status in a Transiting China*, (Beijing: China Women Publishing House 2003), pp. 371 −372.

2. 2　Mental Injury

In the cases of spousal violence with females as victims, the perpetrators are usually their husbands. They have intimate relationships with perpetrators, fettered by the intensive emotions and tortured by the intertwined love and hatred. Individual cases reported to Beijing Red Maple Women's Hotline reveal that women who frequently suffered physical violence or sexual violence from their husbands usually possess unhealthy psychological characteristics when they were trying to talk out[1], such as depression, fear, guilty conscience, helplessness, etc. Psychological and physical health correlates and affects each other. Spousal violence is not only a physical pain due to fist in the face, or a kick in the head or an injury or other assault in the body, but also causes severe emotional distress. Women intellectuals have particular intense psychological reactions after being hurt physically. In some cases they feel that their dignity is not respected and show therefore negative psychological reactions such as anger, depression or sleeplessness, etc. All these devastating psychological effects may conversely affect their physical health.

Apart from fear, psychological impediments or disorder, the more serious negative effect that spousal violence can cause is to shake self-esteem and self-confidence of the women victims. With their exposure to domestic violence, some women victims gradually lose their self-confidence. They may learn to endure the suffering in an unequal marriage with no mutual respect and care. Furthermore, they may even have twisted perception towards the unlawful spousal violence forced upon them. Such a distorted perception may lead to a strong defence mechanism, to which repression and rationalization are the essential reflections.[2] Repression is a fragile mental state, which will eventually turn into two types of emotion. One is depression. A depressed woman may feel miserable about life; she may feel guilty, losing interest in life. Eventually a few of such women may choose to end their tortured life by suicide when they cannot stand the violence any more. On the other end, some women's depressed emotion may become particularly strong when excessive emotional distress keeps happening repeatedly. Once it exceeds a critical

---

[1]　Wang Xingjuan, "Mental Injury of Abused Women and Policy Intervention", available at: http://www.maple.org.cn/tabid/62/ArticleID/773/Default.aspx, last visited 15 September 2012.

[2]　Sydney M. Jourard, Ted Landsman, *Healthy Personality*, (Beijing: Huaxia Publishing House, 1990), p. 183.

point, the suppressed frustration may result in an outbreak of anger and hatred, fighting against the perpetrator with extreme measures. Such is the psychological ground for the husband's slaughter committed by some women.

In order to choose a policy preventing and combating domestic violence, we should pay attention to women's psychological reactions and their emotional distress resulting from violence; we should also be aware that a severely abused woman might kill her husband in an extreme case. Therefore we shall not limit our horizon within the perspective of the women victims when weighing the consequences of domestic violence. Domestic violence can actually influence the perception of the general public and law enforcement officers, cultural and institutional mechanisms of the whole society. Therefore, it is of fundamental importance to amend or introduce legislative measures preventing and combating domestic violence, in order to provide women victims with effective and accessible remedies. Equally important is to provide psychological treatment or intervention programs for perpetrators, and to conduct public education in the advanced gender-sensitive culture and legal system.

III. An Analysis of Current Legislation for Anti-Domestic Violence in China

3. 1　Current Legislation

China is a State Party to International Covenant on Economic, Social and Cultural Rights, the Convention on the Elimination of All Forms of Discrimination against Women and the Convention on the Rights of the Child. With the adoption of a series of laws and regulations, the government actively carries out its obligations to protect women's right to health while harmonizing the legal framework aimed at improving women's social status and promoting women's health. At the time being, there is no special law against domestic violence at national level. Relevant provisions are scattered in the Chinese Constitution, the Law on the Protection of Women's Rights and Interests, the General Principle of the Civil Law, Marriage Law, Criminal Law, Law on Public Security Administration Punishments, Tort Liability Law, procedural laws, etc. The provisions on the protection of citizen's fundamental rights in China's Constitutional law, especially those on the protection of citizen's right to survival and development, make the basis for the legislation of the law against domestic violence. ①

*3. 1. 1 "Domestic Violence shall be prohibited" for the First Time was Incorporated into
the Marriage Law*

Before 2001, the term "domestic violence" could not find its place in China's
law. The colloquial expression of spousal violence is "wife-beating. " If the "wife-
beating" is not serious, even if it occurred frequently or lasted for a long while, it is
socially accepted as the "private business between couples. " It was therefore seldom
intervened or stopped. Only when one spouse of a married couple was seriously
injured or maimed or killed, crimes like wounding with intent, violent interference
with the freedom of marriage, and mistreatment, which are present in the criminal
law, could be utilised to prosecute perpetrators in some limited circumstances of
domestic violence. In 2001, the amended Marriage Law was passed in China. Since
then, domestic violence has become a matter of public concern and the prohibition
of domestic violence has been treated as a human right. In other words: a legal issue
instead of a private matter or a domestic issue, as traditionally regarded. More
notably, the amended Marriage Law has made the following major breakthroughs:

a. The prohibition of domestic violence has become a basic legal principle. The
amended Marriage Law includes "prohibition of domestic violence" as one of the
principles governing the protection of the legally guaranteed rights and interests of
women, children and senior citizens. This provision builds on the constitutional
principle that "marriage, family, mother and child are protected by the State".
The Marriage Law is also a higher-level law for making the local regulations
prohibiting domestic violence.

b. If one spouse of a married couple perpetrated domestic violence or maltreated
or deserted of any family member, it constitutes a legitimate ground for divorce.
Article 32 of the amended Marriage Law provides for that "domestic violence or
maltreatment or desertion of any family member perpetrated by one spouse of a
married couple constitutes a legitimate ground for divorce if mediation fails. "

c. Remedies for victims of domestic violence and civil liabilities of the
perpetrators are clearly provided. The new Marriage Law contains a special Chapter

---

① Article 48 of the Chinese Constitution provides that "Women in the People's Republic of China
enjoy equal rights with men in all spheres of life, political, economic, cultural, social and family
life. " Article 49 thereof further provides that "Marriage, the family and mother and child are
protected by the state. Maltreatment of old people, women and children is prohibited. "

on Remedies and Legal Liabilities, providing for the remedy measures to help victims of domestic violence, as well as the civil liabilities the perpetrators shall bear. According to Article 46 of the amended Marriage Law, in case of domestic violence and maltreating or deserting of any family members which has led to the divorce of husband and wife, the innocent party shall be entitled to claim damage.

3. 1. 2 The Breakthrough Made by the Law on the Protection of Women's Rights and Interests

On the occasion of the 10th anniversary of the Fourth World Conference on Women in 2005, China amended the Law on the Protection of Women's Rights and Interests so as to strengthen the protection of the personal rights of women. Its Article 46 provides that "it is prohibited to commit domestic violence against women", "The State shall take measures to prevent and stop domestic violence", and "the public security, civil affairs, judicial administrative departments, the urban and rural grassroots self-governing organizations, and social organizations shall, according to their respective functions, prevent and stop domestic violence and help the women victims." The latter provision stresses the cooperation among various organizations as well as the state responsibility to prevent and prohibit domestic violence in comparison with the relevant provisions under the amended Marriage Law.

The Law on the Protection of Women's Rights and Interests also clearly defines the legal liabilities for those who commit domestic violence. Its Article 58 provides that, in the event of domestic violence against women, and "if this act constitutes a violation of the public security administration, the victim may require the public security organ to give the perpetrator an administrative punishment or may initiate a civil action in the people's court." On the other side, the amended Marriage Law contains no specific provisions in this regard. The Law simply treats domestic violence as a statutory ground for damages to be claimed by the innocent party in the divorce proceedings. Only in the case of domestic violence by one party against the other having led to the divorce, can the innocent party claim for damage along with the divorce proceedings, or can the innocent party separately raise the claim for damages one year after the divorce or the registration of divorce. ①

3. 1. 3 Law on Public Security Administration Punishments

Domestic violence also falls into the categories of acts violating public security

---

① See the relevant provisions in Interpretations of the Supreme People's Court about Several Issues Concerning the Application of the Marriage Law of the People's Republic of China (I) and (II).

administration. According to the Law on Public Security Administration
Punishments, which came into force on 1ˢᵗ March 2006, "anyone who beats any
person or intentionally injures the body of any person shall be detained for not less
than 5 days but not more than 10 days, and shall be fined no less than 200 CNY but
not more than 500 CNY. If the circumstances are lenient, he (she) shall be detained
for no more than 5 days or shall be fined no more than 500 CNY"; "Anyone, who
(a) beats or injures any person who is disabled, pregnant, under the age of 14 or
more than 60 years old; or (b) beats or injures any person for two or more times,
or beats or injures several people at a time, shall be detained for not less than 10 days
but not more than 15 days, and shall be fined not less than 500 CNY but not more
than 1000 CNY" (Article 43). Article 45 also provides for administrative
punishments on persons who maltreats or deserts of any family member (Article 45).

3.1.4 Tort Liability Law

In the perspective of the civil law, domestic violence is a tort behaviour. Article
21 of the Tort Liability Law of China provides that "where a tort endangers the
personal or property safety of another person, the victim of the tort may require the
tort feasor to assume the tort liabilities including but not limited to cession of
infringement, removal of obstruction and elimination of danger." This provision
grants a victim the right to request cession of infringement, with the characteristics
of an active intervention of law to stop the ongoing infringement.

3.1.5 Criminal Offences in the Criminal Law Relating to Domestic Violence

Domestic violence may also violate criminal law, thus constituting a crime. The
currently in force Criminal Law of China contains no specific criminal offences of
domestic violence. In the case of a family member having committed relevant
crimes listed in the criminal law against the other family member, such as murder,
wounding with intent, illegal detention, kidnap, forced prostitution, rape,
defamation, violent interference with the freedom of marriage, maltreatment and
desertion of any of family member, sexual harassment, or insulting a woman by
force, etc., such crimes shall be treated as the criminal offences of domestic
violence. From the perspective of criminal structure, these crimes have the
following common features. [1] Firstly, the object of crime in such cases are personal

---

[1] Chen Mingxia, Xia Yinlan, Li Mingshun, Xue Ninglan (eds.), *Study on Basic Structure of Law
against Domestic Violence*, (Beijing: China Social Sciences Press, 2005), p. 82.

or property rights of the family members. Personal rights include a family member's rights to life, health, reputation, personal liberty, sexual freedom, freedom of choice in marriage, etc. Secondly, in terms of objective elements of these criminal offences, the perpetrators practice one or more acts violating personal or property rights of the other family members. Thirdly, in terms of subjective elements of these criminal offences, such crimes are committed with intention. The actor has the intention to hurt the other family members. Fourthly, in terms of subject of the crimes, the actors committing such crimes are with certain identities, i. e. the perpetrator and the victim are family members and have certain relationship with each other.

In terms of judicial remedies at disposal to victims of domestic violence, the aforesaid legislation is the basis of establishing civil, administrative and criminal liabilities of the perpetrators. In the meantime, the Civil Procedure Law, Administrative Procedure Law and the Criminal Procedure Law provide for the basis for due process, in order to ensure that a victim of domestic violence obtains appropriate legal remedies.

3. 1. 6 Special Legislation at the Local Level

The Fourth World Conference on Women in 1995 stimulated the legislation process of domestic violence law in China. From 1996 on, the legislation at the local level has been unfolding rapidly and the bottom-up approach for legislation against domestic violence has been developed. On 31 March 2000, the Standing Committee of the Hunan Provincial People's Congress promulgated the first local legislation on anti-domestic violence, 'Resolution on Prevention and Prohibition of Domestic Violence'. With the jurisdiction over cases of domestic violence delineated, the Resolution clearly foresees that the People's Courts, People's Procuratorates and the Public Securities Organs shall perform their respective duties and co-operate with each other; the complaints relating to domestic violence shall be dealt with in accordance with the Resolution. The Resolution also provides for legal liabilities for those legal enforcement officers failing to perform their duties accordingly, i. e. those directly responsible persons who fail to stop and deal with domestic violence causing any serious consequences shall be brought to justice. The Resolution also sets up the mechanisms to prevent or supervise domestic violence and the legal aid system for female victims, according to which legal aid shall be granted to domestic violence victims. Most importantly, the Resolution provides that a citizen shall have the right to stop and report on domestic violence. Finally, the Resolution defines domestic violence as "the physical, mental or sexual infliction, which occurs between the family members in the form of beating, bundling, confinement, harm and the other means" (Article 13).

For the time being, local legislations or coordination among various departments within the government can be found in 27 provinces, municipalities or autonomous regions of China. The implementation measures of the Law on the Protection of Women's Rights and Interests have been amended in 18 provinces, municipalities or autonomous regions, which all include special provisions in relation to prevention and combating against domestic violence.

3.2　Challenges in the Current Legal Systems and the Need of a Special Law against Domestic Violence

The provisions against domestic violence in the amended Marriage Law and the Law on the Protection of Women's Rights and Interests show a firm attitude of Chinese government against domestic violence. They help to transform the public perception, promote anti-domestic violence, and protect the victims of domestic violence. However, these two laws alone have proven to be insufficient to provide comprehensive legal intervention and prevention mechanisms against domestic violence.

Firstly, related provisions for domestic violence in the current amended Marriage Law are in principle too general to operate. In particular, the Marriage Law does not include a definition of domestic violence and remedies for a victim thereof. Thus the judicial organs in fact are not able to adopt so effective measures when addressing the suffering of the victim.① On the other hand, given its civil-law nature, the Marriage Law mainly regulates the behaviour of the husband and wife and the other family members in family life in terms of rights and obligations. Although it takes place among family members, domestic violence, is nonetheless criminal. In this sense, a single Marriage Law cannot sufficiently guarantee the

---

① The judicial interpretation issued by the Supreme People's Court in 2001 on the application of the Marriage Law included a definition of "domestic violence" as "any act that causes physical, psychological and other kinds of harm to other family member(s) by means of battering, binding, forced restriction of physical freedom or by other means. Any continuous and frequently occurred domestic violence constitutes maltreatment." (Article 2) Since this definition of domestic violence is for the purpose of judicial remedy in that regard, it definitely covers a narrower scope of domestic violence in terms of the subject, forms and consequences.

prohibition and prevention of domestic violence

Secondly, the Law on Protection of Women's Rights and Interests only provide the protection of women's rights and interests as a manifesto or a set of general principles. The prevention or addressing of a specific domestic violence requires that these principles be legally operationalized within the civil law, administrative law and criminal law currently in force.

Thirdly, although the currently valid General Principles of Civil Law, Law on Public Security Administration Penalties, Criminal Law and the other relevant laws provide for the protection and remedy of a citizen's right to life and heath, they take into account neither the difference between domestic and social violence, nor the misconception in the society of the nature of domestic violence and its hazard thereto. The law enforcement officer may therefore have different understandings of such provisions aimed at preventing domestic violence. As a consequence, these legal provisions cannot effectively protect the victims when providing the remedies for the victims, consisting mainly of women and children. For example, since no targeted domestic violence offences have been incorporated into the criminal laws now in force, the law treats the injury or death of the family members caused by domestic violence in the same manner as that occurred between ordinary people. Since the criminal offences of domestic violence such as the crimes of abuse and abandonment are to be established on the basis of "flagrant circumstance" or "serious circumstance," it is in fact difficult to apply such provisions in order to really punish the perpetrators and protect the victims.

The characteristics of domestic violence such as continuity, periodicity, inaccessibility, tendency to be influenced by the custom of traditional culture, etc. demand a comprehensive law against domestic violence. The prevention and prohibition of domestic violence is a comprehensive project, involving community, administrative and judicial intervention, not merely a single issue of civil, administrative, and criminal substantive and procedural law. A special law is needed against domestic violence.

IV. Resolution: Introduction of Special Law for the Protection of Women's Right to Health

In 1996, Radhika Coomaraswamy, the UN Special Rapporteur on Violence against Women, drafted "A Framework for Model Legislation on Domestic Violence," adopted in the same year at the 52nd Session of Commission on Human Rights of United Nations Economic and Social Council. The Model elaborates in detail on the objective of the Model, a definition of domestic violence, complaint mechanisms, duties of judicial officers, criminal proceedings, civil proceedings and provision of services. Furthermore, it points out that a specific legislation on domestic violence helps to raise public awareness, provide protection for the victims with the civil and criminal legal measures, and make available education, counselling and therapeutic programmes for the abuser.

As of today, 60 countries or regions have promulgated specific legislation on domestic violence, while 7 countries have adopted specific law against gender-based violence. Adopting special law on domestic violence has been an international development trend. To introduce national legislation on prevention and prohibition of domestic violence in China is not only necessary, in order to effectively address domestic violence and resolve the problem of legal insufficiency caused by the incomprehensive, incongruence, incompleteness of the current legal mechanisms, but also conform to the general trend worldwide of putting in place legislation for strengthening the protection of the interests of valuable groups in the international communities. ①

Practices in combating domestic violence in China testify to a need for the establishment of a government-dominated collaborative mechanism that integrates prevention, prohibition and assistance in the fight against domestic violence. At the moment, pushing forward legislative process in national legislation on preventing and prohibiting domestic violence has been unanimously voiced by China's women activists, legal academics, and judiciary and judicial practice communities. In 2003, the Anti-Domestic Violence Network of China Law Society for the first time submitted a Project Proposal on the Formulation of Law on Prevention and Prohibition of Domestic Violence of the PRC to the National People's Congress and the Chinese People's Political Consultative Conference (hereinafter refers to as "the Congress and Conference"). In 2008, the Publicity Department of the CPC Central Committee, the Supreme People's Procuratorate, the Ministry of Public

---

① See Notes to the Expert Draft of the Law on Prevention and Prohibition of Domestic Violence prepared by the Anti-Domestic Violence Network of China Law Society in 2010.

Security, the Ministry of Justice, the Ministry of Health, the Ministry of Civil Affairs and the All-China Women's Federation jointly issued a policy document "Several Opinions on Prevention and Prohibition of Domestic Violence." In the same year, the Application Law Institute of the Supreme People's Court issued the "Guideline for Processing the Cases of Domestic Violence and Marriage" and designated nine grassroots courts nationwide as pilot courts. In 2009, the Department for Women's Rights and Interests of the All-China Women's Federation and the Anti-Domestic Violence Network of China Law Society jointly submitted to the Congress and Conference a proposal, which called for drafting of national law on prevention and prohibition of domestic violence in China. In 2010, these two institutions respectively submitted to the Congress and Conference legislative proposals on domestic violence.

As a law to guarantee women's human rights, the law against domestic violence should include a gender perspective and give top priority to the protection of rights of all victims of domestic violence. As a special law to protect the basic rights and interests of family members, the law against domestic violence shall aim at promoting social harmony and stability, while ensuring the equal, harmonious and civilised marriage and family relations. Based on these premises, this paper proposes the following considerations in relation to drafting law against domestic violence in China.

1. Legislative Goals

The legislative goals of the law against domestic violence should flag the protection of legitimate rights and interests of all victims of domestic violence, rather than the protection of legitimate rights and interests of family members.

2. Definition of "Domestic Violence"

In Chinese linguistic context, the so-called "domestic violence" refers to illegal acts committed by a member of a family against another member of that family which are established through marriage, or blood relationship, or legal fiction. The special law against domestic violence to be adopted should go beyond the current judicial interpretation regarding the definition of domestic violence. The object of domestic violence should be expanded, including personal rights such as physical, sexual and spiritual rights of the victims. Therefore, the enumeration of the forms of domestic violence must include not only physical violence but also the psychical and sexual harm done. For the degree of the illegal acts, the harm done to the

victim suffices constituting of domestic violence and the "consequence of domestic
violence". The term "family members" should be interpreted with a view to the
Chinese legal tradition and public perception; people who are in a dating and
cohabitation relationship or who have formerly been in a spousal relationship cannot
be defined as a family member. However, it should be specifically provided that
"this law shall also apply to the violence occurred between people who are in a
dating and cohabitation relationship or who have formerly been in a spousal
relationship."① This application clause apparently expands the scope of protection
also to the people who are in a dating and cohabitation relationship or who have
formerly been in a spousal relationship, so that the rights of the victims can be
protected to the utmost degree.

3. Legal Liabilities for the "Violence with Violence"

Domestic violence is different from the violence occurred between people who
do not know each other. It possesses characteristics such as inaccessibility,
continuity and periodicity. The Law against Domestic Violence shall strengthen the
function of the criminal provisions to punish or prevent the violence against women
in certain relationships. For example, in order to avoid atrocity such as the murder
of the husband or partner by the abused women, it can be specifically put in the
section for criminal liabilities, "those who cannot stand the violence and kill or
harm the perpetrator shall be criminally liable when the act constitutes crime.
However, lighter or mitigated punishment or exemption from punishment shall be
granted according to all the circumstances of the case."② Looking from the
principle of legal equality, this clause shall be applied to all the victims of domestic
violence, regardless of sex and age. However, from a gender perspective, this
clause is drafted with a clear aim. In reality, it is more common for an abused
woman to kill her husband that for an abused man to kill his wife. Therefore, its
implementation will help to protect women's rights. This is what shall be specially
provided by the law against domestic violence; namely, to stop the vicious cycle of

---

① See Article 10 of the Expert Draft of the Law on Prevention and Prohibition of Domestic Violence
prepared by the Anti-Domestic Violence Network of China Law Society in 2010.

② Article 64 of the Project Proposal of the Law on Prevention and prohibition of Domestic Violence of
the PRC prepared in 2003 by Anti-Domestic Violence Network of China Law Society; Chen
Mingxia et al. (eds.), *Study on Basic Structure of Law against Domestic Violence*, (Beijing: China Social
Sciences Press, 2005), p. 19.

domestic violence, to maintain an equal, harmonious and civilised marriage and
family relations, and to realize the legislative objective of promoting a harmonious
and stable society.

4. Establishing a Special Protection System for·Victims

Different protection systems have been set up in the special laws against domestic
violence in various countries or regions. However, such measures and systems can
not be included a single law such as civil law, criminal law, administrative law and
law of proceedings under the traditional legal system. For example, current civil
procedure law of China does not have the mechanism as the system of civil
protection orders, which is an effective judicial remedy provided by the specific law
against domestic violence. ① That the perpetrator who violates the civil protection
orders shall be subject to criminal punishment, has neither been adequately
developed in the criminal law of China.

As an interim remedy, the civil protection order is issued by the court on the
application filed by a victim, victim's close relatives, the police, the procuratorate
and the other individuals or organizations to stop the violence and to protect the
personal safety of the victim. In different countries, the law on the protection
orders enumerates various types of orders, including no-contact order, restraining
order, move out order, isolation order, and payment order, etc. ② The court may
issue one or several of the abovementioned orders, in order to stop the violence and
to protect the health and life of the victim according to the given circumstances.
The protection orders are divided into two categories, normal protection orders and
emergency protection orders. When the court believes that there is an immediate
danger and present danger to a family or household member, the court will grant an

---

① The interim remedies provided by Civil Procedure Law of China only refer to property preservation
   and enforcement in advance. Since they do not relate to personal rights, they cannot help the victim
   of domestic violence when needed.

② For instance, Article 10 of the Law for Prevention of the Spousal Violence and the Protection of
   Victims of Japan provides that the court can issue two types of protection orders to the claimant's
   spouse upon the application of the victim to protect the victim's health and life. One is the "Order to
   Prohibit Approach," Which prohibits the spouse from approaching the victim for a six-month period.
   During the period, the perpetrator is not allowed to enter the residence or place of the victim to
   approach the victim. Furthermore, the perpetrator is not allowed to stay near to the places where the
   victim frequently visits, such as the victim's residence, working place, etc. The other is the "Order
   to Vacate" which requires the spouse to vacate the domicile that the spouse shares as the main home
   with the victim for a two-week period.

emergency protection order (generally within 48 hours) without following the normal legal procedures.

The international standards and the legislative experience of relevant countries in regard of the legislation against domestic violence provide a reference for China when drafting the law against domestic violence. The design of the system of the civil protection orders in China shall aim to maximize the effectiveness of the system to protect the rights of victims.

For the purpose of the system of the protection orders, various countries do not impose time limit within which the victim can file an application for the protection order. This means that the victim can apply for personal safety and protection for an order from a court with jurisdiction upon the occurrence of domestic violence, no matter whether the victim has filed a divorce lawsuit, an infringement suit or the other civil claims. The basis of this practice lies in the fact that only after the victim applies to the court for the protection order, can the actual or potential violence be prevented. Article 21 of the Tort Law of China provides that the victim of the tort may require from the tortfeasor to assume the tort liabilities including but not limiting to cession of infringement, removal of obstruction and elimination of danger where a tort endangers the personal or property safety of another person, which indicates the victim's active intervention in continuing tort. This provision may also be a legislative basis for China to formulate the law against domestic violence and to establish the system of civil protection orders.

From the perspective of the perpetrator or the respondent, the protection order issued by the court is enforceable as a civil compulsory measure. In the event that the protection order is violated, the respondent shall be liable. Against which various countries or regions have provided for the applicable criminal penalties for violating protection order. [1] This will systematically ensure an effective enforcement of civil protection orders. On the other hand, the aforesaid general feature of the law against domestic violence also proves that it is feasible for China to include a crime of domestic violation and of a protection order in the law against domestic violence.

---

[1]   See Article 8 of the Malaysia Domestic Violence Act of 1994, Article 17 of the Domestic Violence Act of 1998 adopted by South Africa, Article 29 of the Law for the Prevention of Spousal Violence and the Protection of Victims adopted by Japan in 2001, Article 63 of Special Act on the Punishment of Domestic Violence adopted by South Korea in 1998, and Article 50 of the Domestic Violence and Protection Control Law adopted by China's Taiwan in 1998.

V. Conclusion

The prevention and prohibition of domestic violence in accordance with law is one of factors for evaluating the level of human rights protection in a country. China is a party to the International Covenant on Economic, Social and Cultural Rights, the Convention on the Elimination of All Forms of Discrimination against Women, and the Convention on the Rights of the Child, which obligate it to prevent and prohibit domestic violence by formulating and implementing the law and regulations so as to safeguard the fundamental human rights of all the victims of domestic violence, including women, children and seniors. According to the National Human Rights Action Plan of China (2009 – 2010), it is one of the objectives of Chinese Government "to prohibit all forms of domestic violence against women, and to explore and establish a working mechanism that integrates prevention, prohibition and assistance in the fight against domestic violence", with an aim to promote and guarantee women's human rights.

That domestic violence was recognized in national law not only provides victims of domestic violence with effective and accessible remedies, but also provides the system with a guarantee for promoting public awareness and for creating an atmosphere in the whole society, in which the rights of women and children are respected and equal and harmonious marriage and family relations are established. With the development of the international women's movement and the Fourth World Conference on Women in Beijing, Chinese government and women organizations at various levels have initiated and run a successful campaign against domestic violence through promotion, education, training and advocacy, with the result of the increasing public awareness of human rights and anti-domestic violence. At present, the public security authorities in most of the provinces in China have set up "dial 110" telephone hotline domestic violence reporting centres. Furthermore, some of them have provided relevant training programmes for police officers on how to deal with domestic violence reporting. There are more than 400 women's shelters or assistance centres nationwide providing shelter for abused women of domestic violence. A few provinces and municipalities have made an arrangement to include homeless victims of domestic violence into their respective local social relief system. Justice administration organs in many provinces and cities have established women's legal-aid stations within their respective local legal aid centres providing legal aid services to abused women. The courts at various levels provide judicial remedies to abused women by means of adoption of the people's assessor system or women's rights-protection collegial panels. [1]

The introduction of a special law on prevention and prohibition of domestic violence will be particularly important for the protection of women's right to health. Furthermore, it will also play a positive role in building equal, harmonious and civilized marriage and family relations while ensuring a stable and harmonious society. With improved domestic violence legislation and the changing of attitudes towards domestic violence in China, we have reasons to believe that the shadow of domestic violence will gradually disappear in the near future, and that equal and harmonious marriage and family relations will become a solid foundation for building a harmonious society.

(Translated by Wu Jun, proofread by Li Xixia)

---

[1] See Liu Yandong, "Background for the Joint Issuance of *Several Opinions on Prevention and Prohibition of Domestic Violence* by Seven Government Ministries and Tasks for All-China Women's Federation," in *Communications* prepared by the Network for Combating Domestic Violence of the China Law Society, Vol. 37. December 2008.

Protection of Female Migrant Workers' Health Rights and Interests: Current Situation, Problems and Countermeasures

—From a Perspective of Better Legislation

Wang Hufeng, Pan Wei and Yan Chan *

I. Employment Characters of Female Migrant Workers and Health Protection Issue

1.1 Population Size of Chinese Female Migrant Workers and Employment Distribution

1.1.1 Current Situation of Chinese Migrant Workers and Development Trend

The urbanization of rural population is an objective requirement and unavoidable trend of modernization of a state. In China, before the reform and opening-up policy was pursued, the process of urbanization had lagged considerably behind that of industrialization and development of national economy. Since the reform and opening up, there has been a large and continuous influx of surplus rural labour force into cities for job opportunities. However, reality has made it clear that farmers couldn't integrate into the cities successfully, becoming instead the so-called migrant workers. They are marginalized and excluded from those who are entitled to enjoy citizen rights, their way of life being quite different from that of the mainstream society. This has greatly affected China's urbanization process and the construction of a socialist harmonious society. It is in such a context that the

---

* Wang Hufeng, Pan Wei and Yan Chan, Healthcare Reform and Development Center of Renmin University of China.

migrant workers issue has been considered as a major social problem in the period of China's social transformation. Typically, the major problems that migrant workers are facing mainly include marginalization of employment, living in marginalized places, lack of adequate social security, exclusion of their children in education, violations of their labour rights, lack of opportunities for social participation, and marginalization of cultural psychology. [1]

With economic development, a great number of migrant workers born at 1980s entered cities for jobs. Academic and political circles call them a "new-generation migrant workers", because they are obviously different from the old generation migrant workers. [2] According to the survey carried out by the All-China Federation of Trade Unions (ACFTU)[3], the new-generation migrant workers, who have experienced living both in a city and in a rural area, although coming from the same social context as traditional migrant workers were, are nonetheless strikingly marked by the situation considerably different from that of the traditional migrant workers; they were born in the 1980s and grew up in the period of reform and opening-up, accelerating social transformation. The new generation of migrant workers have at the same time psychologically higher expectations and lower endurance capacity than their parents. They are not familiar with agricultural production activities and are marginalized in traditional rural society. Meanwhile, it is difficult for them to find a stable and well-paid job and thus integrate into mainstream community in cities, because of both relevant constraints in urban and rural areas and of their own inadequate education and low skills. Therefore, they have no choice but to remain at the bottom of the society. In other words, the new-generation migrant workers are to some degree marginalized in both rural and urban society. Arguably, the issue of migrant workers is not a problem of employment any more; it has become an issue influencing social development since

---

① Hu Jiecheng, "Comment on Research Related to Issues of Chinese Migrant Workers", *Social Sciences Review*, No. 1, 2010, pp. 32 −34.

② In 2002, Wang Chunguang used the term "new generation" rural migrant population in his paper "Motives of New Generation Rural Migrant Population to Cities and Their Behavior Selection" for the first time, and since then other researchers began to use the term New Generation Migrant Workers, *Chinese Party Politics Cadre Forum*, pp. 30 −32.

③ Project Team on New Generation Migrant Workers Research Project of All China Federation of Trade Unions, "A Study Report on Issues Related to New Generation Migrant Workers", *Workers' Daily*, 21 June 2010.

it relates to a particular group of the society.

An analysis of the trend of China's economic development and general traits of modernization worldwide shows that a gradual shift of rural surplus labour force into non-agricultural industries and cities is both an objective need and unavoidable trend. With the time, the total supply of labour force in China would continue to be bigger than demand. In rural areas, there are still a large number of surplus labour forces waiting to be transferred. As a result, in a relatively long period of time, there will be a large migrant worker population in China. Their activities would mainly be carried out with two-way flows between big cities and villages, because it is very difficult for them to become urban citizens within a short time.

1. 1. 2   Definition of Female Migrant Workers

China currently has a large population of migrant workers. They may be classified into different categories according to different standards. For example, they may be divided into old and new generations of migrant workers by age and intergenerational characteristics, and male and female migrant workers by sex. This article focuses on female migrant workers, who are an important and special part of the migrant workers. Due to their physiological characteristics, female migrant workers are particular in choosing an occupation and employment forms; gender differences and different level of education have put female migrant workers into a very difficult situation to balance family and work. Moreover, due to psychological gender differences, female migrant workers also differ in terms of adaptation capability and happiness index, etc. [1]

1. 1. 3 Population Size of Female Migrant Workers and Their Employment Distribution

In November 2006, All-China Women's Federation released a Survey Report on the Situation and Protection of Rights and Interests of Rural Women Nationwide. Based on the report, female migrant workers accounted for 30% of total migrant workers; 50. 2% of female migrant workers were in informal employment, 10% higher than that of male migrant workers in informal employment (40. 2%). These women migrant workers were mainly engaged in business services, catering

---

[1]   Project team of All-China Women's Federation, "Strategies Analysis of Female Migrant Workers' Employment in the Context of Global Financial Crisis", at http://219. 238. 228. 244/tw/show/shownews2. jsp? news_ id =329.

services, residents support services, and manufacturing industry, respectively accounting for 27% , 14.1% , 12.1% , and 10.7% of the total employees. These are low-tech jobs, which require more for physical strength and age whereas with poor working conditions. ①

1.2   Characteristics of Female Migrant Workers as a Group

1.2.1   Seasonal Migration and High Mobility

One of the major characteristics of migrant workers is that the migration for many of them is seasonal. They spend their time in cities in slack season, returning to his or her village to help plant and harvest crops. Meanwhile, they often flow among different cities because many workers change their jobs frequently. As an important component of migrant workers, female migrant workers share this characteristic of mobility.

1.2.2   Doing Supplementary Works

Due to their physiological characteristics and different level of education, female migrant workers, in comparison with their male counterparts, usually take supplementary jobs with lower salary in cities. As a result, their salaries are not main resource of household income, and they are in a subordinate position in their families. This in turn would affect female migrant workers' priority of obtaining medical care when they get sick at the same time with another family member because of the inadequate affordability.

1.2.3   Low Rate of Signing Labour Contract and Inadequate Guarantee for Labour Relationship

A survey on employment of female migrant workers in a given region shows a low rate of signing labour contract among female migrant workers. For example, the survey on women migrant workers carried out by Zhao Yinxia, et al. in 2007 in Shannxi Province showed that 66% of respondents did not sign labour contract with their respective employers. ② Due to the absence of protection of labour

---

① National Coordination Group of the Protection of Women and Children's Rights and Interests, "Survey Report on the Situation and Protection of Rights and Interests of Rural Women Nationwide", *Chinese Women's Movement*, No. 3, 2007, pp. 5 −11.

② Zhao Yinxia, Ban Li and Liang Shuping, "An Analysis of Living Conditions of Female Migrant Workers Based on the Social Capital Theory", *Journal of Baoji University of Arts and Sciences* (Social Science) No. 6, 2007, pp. 71 −75.

contract, nearly 60% of female migrant workers could not enjoy legal rights and interests to which they are entitled.

1. 2. 4   Necessity of Special Protection during Four Special Periods of Female Workers

Women have special physiological characteristics, i. e. , they have menstruation, pregnancy, childbirth and baby nursing periods. The four special periods typically embody physical and physiological differences between women and men. As a result of these differences, it is necessary to pay attention to the special labour protection of female workers and exert certain limitations on occupations female migrant workers might engage in or provide relevant protection, so as to avoid occupational risky factors which might have adverse effects on the health of women and her baby.

1. 3   Issue of the Protection of Health Rights and Interests of Female Migrant Workers

1. 3. 1   Female Migrant Workers are doubly Vulnerable

All migrant workers are in a vulnerable position in society, and the nature of female migrant workers further puts themselves into a rather disadvantaged position in the population of all migrant workers. Compared to male migrant workers, female migrant workers usually work in low position jobs. Being marginalized by the mainstream of the city, they in consequence also experience the employment marginalization with noticeable vulnerable characteristics. Correspondingly, most of them work in informal employment sectors with low rate of signing formal labour contract, which in turn make it very difficult for them to enjoy legal protection. Moreover, due to their physiological characteristics, health of female migrant workers is more likely to be affected and therefore needs more attention and protection.

1. 3. 2   Health Needs of Female Migrant Workers

Given their physiological characteristics and working environment, health needs of female migrant workers could be divided into four parts: (1) need for treatment of common diseases; (2) prevention and treatment of occupational diseases; (3) prevention and examination of diseases of the urogenital system and health care during pregnancy and childbirth; and (4) prevention and treatment of infectious diseases.

1. 3. 3   Scope of Health Rights and Interests in This Study

For the time being, there is no legal definition of the term "health rights and interests" in domestic legislation. Therefore, this article defines the scope of health rights and interests based on definition of the term "health" and that of the term "rights and interests". According to the World Health Organization, the term "health" is defined as "a state of complete physical, mental and social well-being and not merely the absence of disease or infirmity". Rights and interests in terms of law means citizens' rights and interests which are protected by Law. Combing these two definitions, this paper argues that health rights and interests should be given the status of citizens' rights and interests, which are legally protected with an aim to be in a state of complete physical, mental and social well-being, including the right to have access to health-related information, right to health care and medical services, right to have equal access to health care services, etc.

II. Inadequate Health Protection: Deficiency in Systems and Dilemma in Reality

2.1   Provisions in Current Laws Regarding Health Rights and the Interests of Female Migrant Workers

2.1.1   At the National Level: An Analysis from a Legislative Perspective

The Constitution of the PRC in its Article 21 provides for that "The state develops medical and health services, promotes modern medicine and traditional Chinese medicine, encourages and supports the setting up of various medical and health facilities by the rural economic collectives, state enterprises and institutions and neighbourhood organizations, and promotes health and sanitation activities of a mass character, all for the protection of the people's health. " Its Article 43 provides for that "Working people in the People's Republic of China have the right to rest. The state expands facilities for the rest and recuperation of the working people and prescribes working hours and vacations for workers". Furthermore, its Article 48 provides for that "Women in the People's Republic of China enjoy equal rights with men in all spheres of life, in political, economic, cultural, social and family life. The state protects the rights and interests of women, applies the principle of equal pay for equal work to men and women alike and trains and selects cadres from among women". These are provisions stipulated in the fundamental law for the protection of health rights and interests of all citizens, including those of women.

Special laws and administrative regulations in relation to the protection of rights and interests of women include Law on the Protection of Women's Rights and Interests (Revised in 2005), The Regulations on the Family Planning Work for the Migrant Population, Several Opinions of the State Council on Resolving Problems of Migrant Workers, and etc. The Law on the Protection of Women's Rights and Interests requires that special protection shall be provided to women during their menstrual period, pregnancy, obstetrical period and nursing period. It also provides specifically for maternity leave and maternity benefits. Meanwhile, it provides that the State implements maternity insurance system and shall establish other guarantee systems related to childbearing; local governments at all levels and relevant departments shall provide necessary childbearing assistance to poor women in accordance with relevant provisions. The Regulations on the Family Planning Work for the Migrant Population provides that the governments of the place of the registered permanent residence of the migrant population and that of the current residential place shall be jointly responsible for the planned family work for the migrant population. However, priority shall be given to the government of the present residential place of the migrant population, and the government of the place of the registered permanent residence of the migrant population shall provide assistance and cooperation. These Regulations further requires that the family planning technical service institutions and other medical institutions and health care centres, which are involved in providing the family planning technical services shall, within their respective terms and reference, conduct publicity and education of the family planning information and knowledge; collect basic information regarding women of childbearing age in the migrant population, make follow up visits, and provide counselling, guidance and technical services in relation to reproductive health and the family planning. Several Opinions of the State Council on Resolving Problems of Migrant Workers issued in 2006 provide various pertinent measures in order to resolve problems of migrant workers, such as low salary and delayed payment, employment and training services, inadequate social security and relevant public services.

According to contents of health rights and interests, as well as the implementing agencies, this article divides legal provisions on the protection of health rights and interests into two categories, occupational health protection and public health. The occupational health protection covers health protection of workers in working places, which is mainly employers' responsibility; while public health refers to health protection in citizens' daily lives, including reproductive health and prevention and control of infectious diseases, which is mainly local governments' responsibility.

The following are more than 10 laws or regulations related to the occupational health protection: the Law on the Prevention and Control of Occupational Diseases, Labour Contract Law, Regulations on the Implementation of Labour Contract Law, Labour Law, Employment Promotion Law, Law on Prevention and Control of Radioactive Pollution, the Regulations on Labour Protection in Workplaces Where Toxic Substances are Used, Regulations on Work-Related Injury Insurance, Special Provisions on the Labour Protection of Female Employees, Working Rules concerning Women Workers' Health Care, and Provisions on Scope of Forbidden Work Assignment for Female Workers. These laws and regulations comprehensively provide for both general and special occupational health protection for female workers. In the first place, they provide for employing units' obligation to sign labour contracts with their workers, and their obligations to provide labour protection at the implementation level. Secondly, they provide a legal definition of occupational diseases, specify the tasks of governments and employers in relation to the prevention and control of occupational diseases, and require employers to participate in work-related injury insurance, including the payment of work-related injury insurance premiums for all their employees. Moreover, they require that employing units engaging in the operations in which toxic substances are used shall ensure safe use of toxic substances in workplaces, prevent, control and eliminate occupational poisoning hazards, so as to protect workers' life safety, health and other relevant rights and interests. Thirdly, taking into consideration physiological characteristics of female workers, they provide the scope of forbidden work assignment for female workers, including forbidden work assignment during their menstrual period and pregnancy. They also specify responsibilities of different institutions which are involved in works related to the health care of women workers at operational level, and bring forward specific health care measures.

Public health covers a wide range of contents. This article only discusses the legal protection of public health from the two perspectives of reproductive health and prevention and control of infectious diseases, which are closely related to female migrant workers. As for reproductive health, more than 10 laws or regulations are in place, including the Law on Maternal and Infant Health Care, Measures for Implementation of the Law on Maternal and Infant Health Care, the Law on Population and Family Planning, Regulations on the Family Planning Work for the Migrant Population, Regulations on the Administration of Family Planning Technical Services, Administration of Supervisors of Mother and Infant Health Care, Administrative Punishment Procedure of Mother and Infant Heath Care Supervision, Management Method for Medical Technical Appraisement of Maternal and Infant Health Care, Management Methods of Prenatal Diagnosis Techniques, and the Trial Measures for Maternity Insurance of Enterprises Employees. These pieces of legislation systemically provide for the protection of reproductive health of women and female workers from various perspectives. First, they provide for that medical institutions shall take responsibilities for providing prenatal check-up and maternal health care services, and further specify the premarital check-up items and pre-marital health instructions. Secondly, they provide for that female workers are entitled to maternity leave and maternity benefits, and define that one of the legislative purposes is to guarantee health of mothers and infants through the monitoring of prenatal check-ups. Thirdly, they specifically provide for works related to the population and family planning, including types of family planning technical services; they also for-see that the governments of the current residences of migrant population shall play a major role in carrying out family planning work related to migrant population.

As for the prevention and control of infectious diseases, three laws or regulations in place are the Law on Prevention and Treatment of Infectious Diseases, Regulations on the Prevention and Treatment of HIV/AIDS, and Management Methods for Prevention and Control of Sexually Transmitted Diseases. These laws mainly provide for all citizens' entitlement to immunizations, working standards for health care professionals engaged in the treatment of infectious diseases, implementing institutions in charge of the prevention and control of HIV/AIDS and sexually transmitted diseases (STDs), publicity and education as major methods in prevention and control of HIV/AIDS and STDs.

2. 1. 2   *At the Local Level: An Analysis from Perspectives of Enforcement and Implementation*

China's legislative system is divided into two levels of legislative powers, central

Table I   Legislation Regarding Health Rights and Interests of Female Migrant Workers*

Classification	Title	Issuing Authority	Enforcement Authority	Hierarchy of Law	Major Relevant Provisions
Constitution	The constitution of the People's Republic of China (Revised in 2004)	National People's Congress (NPC)		Law	Protection of citizens' right to health (Article 21); protection of citizens' right to labour (Article 43); protection of labourers' basic rights (Article 43); protection of women's rights and interests (Article 48).
Women protection	Law on the Protection of Women's Rights and Interests (Revised in 2005)	Standing Committee of the NPC		Law	Articles 26–29 provide for: (1) special protection of women during menstrual period, pregnancy, obstetrical period and nursing period; (2) maternity leave; (3) enjoyment of rights and interests in the aspects of social insurance, and social welfare. Article 38 clearly provides for the protection of women's right to health.
Migrant workers	Several Opinions of the State Council on Resolving the Problems of Migrant Workers (2006)	State Council		Administrative regulation	Various measures have been formulated to resolve problems faced by migrant workers.
Occupational health	Law on the Prevention and Control of Occupational Diseases(Revised in 2011)	Standing Committee of the NPC	Health administrative departments, labour and social security departments	Law	Article 2 defines the term occupational diseases; Articles 2 and 5 respectively provides for tasks of governments and employers in relation to the prevention and control occupational diseases; Article 7 requires employers to participate in work-related injury insurance; Article 15 specially provides for legal requirements and occupational health requirements for the creation of an employer with occupational disease hazards.

Contitnued

Classification	Title	Issuing Authority	Enforcement Authority	Hierarchy of Law	Major Relevant Provisions
	Labour Contract Law (2008)	Standing Committee of the NPC	Labour administrative departments and trade unions	Law	Article 2 provides for employers' responsibility to sign labour contract with employees; Article 42 provides for the protection of employees engaging in operations exposing him to occupational disease hazards, those who have been confirmed as having lost or partially lost his capability to work due to an occupational disease or a work-related injury during his employment with the employer, and women who are in their pregnancy, confinement or nursing period.
	Regulations on the Implementation of Labour Contract Law (2008)	State Council	Labour administrative departments	Administrative regulation	Article 8 provides for obligations of employers to offer labour protection at implementation level.
Occupational health	Labour Law (1995)	Standing Committee of the NPC	Labour administrative departments and trade unions	Law	Articles 59, 60 and 61 respectively provide for labours forbidden to women workers, to women workers during their menstrual periods, and women workers during their pregnancy.
	Employment Promotion Law (2008)	Standing Committee of the NPC		Law	Article 27 provides for women's equal labour rights with men.
	Law on Prevention and Control of Radioactive Pollution (2003)	Standing Committee of the NPC		Law	Through imposing strict liability both on enterprises and individuals, this law aims to prevent and control radioactive pollution, protect environment and guarantee the right to health.
	The Regulations on Labour Protection in Workplaces Where Toxic Substances are Used (2002)	State Council	Health administrative and trade union	Administrative regulation	Employing units that engage in the operations in which toxic substances are used shall ensure safe use of toxic substances in workplaces, prevent, control and eliminate occupational poisoning hazards, so as to protect workers' life safety, health and other relevant rights and interests.

Continuued

Classification	Title	Issuing Authority	Enforcement Authority	Hierarchy of Law	Major Relevant Provisions
	Social Insurance Law (2011)	Standing Committee of the NPC		Law	This law provides for work-related insurance and maternity insurance systems.
Occupational health	Special Provisions on the Labour Protection of Female Employees(2011)	State Council		Administrative regulation	The Provisions provide for employers' obligations and responsibilities to protect legal rights and interests of women workers, so as to reduce and resolve the special difficulties which female worker' may have in the course of their labour due to their physiological characteristics, and to protect their health.
	Working Rules concerning Women Workers' Health Care(1993)	Five Ministries and Committees, including Ministry of Health, etc.		Department rule	It provides for responsibilities of different institutions, which are involved in works related to the health care of women workers at operational level, and brings forward with specific health care measures.
	Provisions on Scope of Forbidden Work Assignment for Female Workers(1990)	Ministry of Labour		Department rule	It specifically provides scope of forbidden work assignment for female workers.
Reproductive health	Law on Maternal and Infant Health Care(1995)	NPC	Health administrative department of State Council	Law	Article 3 provides for that governments at various levels shall take responsibility for maternal and infant health care; Articles 7 and 14 provide for responsibilities of medical institutions to offer premarital check-up and maternal health care service; Article 8 specifically provides for premarital check-up items.
	Measures for Implementation of the Law on Maternal and Infant Health Care (2001)	State Council	Health administrative department of State Council	Administrative regulation	Article 9 provides for the pre-marital health instructions.

Contitnued

Classification	Title	Issuing Authority	Enforcement Authority	Hierarchy of Law	Major Relevant Provisions
	Law on Population and Family Planning (2002)	Standing Committee of the NPC	Local health administrative departments	Law	Article 14 provides for implementation agencies for managing the family planning work associated with transient population; Article 33 provides for the functions and responsibilities of the family planning service agencies.
	Regulations on the Family Planning Work for the Migrant Population (2009)	State Council	Local governments	Administrative regulation	Article 4 provides for implementation agencies and their functions and responsibilities for carrying out family planning work for the migrant population.
	Regulations on the Administration of Family Planning Technical Services (2004)	State Council	Family planning administrative departments and health administrative departments at all levels	Administrative regulation	Article 9 provides for specific contents of the family planning technical services.
	Administration of Supervisors of Mother and Infant Health Care (1995)	Ministry of Health		Department rule	These rules aim to protect maternal and infant health through strengthening supervision and management of maternal and infant health care.
	Administrative Punishment Procedure of Mother and Infant Heath Care Supervision (1995)	Ministry of Health		Department rule	These rules aim to protect maternal and infant health through strengthening supervision and management of maternal and infant health care.
Reproductive health	Management Methods for Medical Technical Appraisement of Maternal and Infant Health Care (1995)	Ministry of Health	The medical technical appraisement committees for maternal and infant health at province, city and county levels	Department rule	Article 2 provides for that citizens and health care institutions are entitled to application for medical technical appraisement in relation to the result of the prenatal examination, genetic disease diagnosis, and prenatal diagnosis, where they have any doubts about the result.

Contitnued

Classification	Title	Issuing Authority	Enforcement Authority	Hierarchy of Law	Major Relevant Provisions
	Management Methods of Prenatal Diagnosis Techniques (2002)	Ministry of Health	Health administrations at and above the county level	Department rule	Article 1 defines legislative purpose of the methods is to guarantee health of mothers and infants through the monitoring of prenatal check-ups.
Reproductive health	Trial Measures for Maternity Insurance of Enterprises Employees (1994)	Ministry of Labour	Social insurance agencies Institutions affiliated by Ministry of Labour in charge of handling social insurance formalities	Department rule	Article 5 provides for rights of female workers to maternity leave and maternity benefits.
	Law on Prevention and Treatment of Infectious Diseases (Revised in 2004)	Standing Committee of the NPC		Law	Articles 7, 9 and 15 provide for obligations and responsibilities of diseases prevention and control institutions at all levels, medical agencies, the State, and local governments at various levels in relation to prevention and control of infectious diseases.
Prevention and control of infectious disease	Regulations on the Prevention and Treatment of HIV/AIDS (2006)	State Council		Administrative Regulation	Article 17 provides for the implementation institutions in charge of HIV/AIDS prevention and treatment, and publicity and education as main forms for HIV/AIDS prevention and treatment.
	Management Methods for Prevention and Control of Sexually Transmitted Diseases (1991)	Ministry of Health	Institutions for STDs prevention and control	Department rule	Article 10 provides for implementing institutions responsible for STDs prevention and control, and publicity and education as major methods for preventing and controlling STDs.

* The year indicated in the table refers to the year when the law or regulation came into force.

and local. National laws and regulations mainly include the protection of health rights and interests of migrant population in principle, while local governments need to specify relevant provisions by bringing together laws and reality, and convert them into enforceable legal and policy measures. This article uses Beijing and Shanghai, the two cities with large migrant population, as examples to illustrate their specific policies for the protection of health rights and interests of migrant population, especially of migrant workers.

Local regulations in Beijing concerning the protection of health rights and interests of female migrant workers mainly include: Provisions of the Beijing Municipality on Family Planning for the Migrant Population, Interim Measures of Beijing Municipality on the Basic Medical Insurance for Migrant Workers, Interim Measures of Beijing Municipality on the Work-related Injury Insurance for Migrant Workers, Several Provisions of Beijing Municipality on the Implementation of the Regulations concerning the Labour Protection of Female Employees, etc.. Generally, these provisions were formulated for the purpose of providing comprehensive protection of migrant population, including health protection of migrant population. However, they fail to provide the protection in the following aspects. First, there is no provision on special health needs of the female migrant workers. Second, a lack of operability exists in the enforcement of these provisions, making it very hard for migrant population to have access to effective protection. For example, Article 3 of the Interim Measures of Beijing Municipality on the Basic Medical Insurance for Migrant Workers provides for that " the employing unit that employs migrant workers shall handle the basic medical insurance formalities for all its migrant workers with the social insurance agencies of the district or county where the employing unit is located'. Nonetheless, the measures does not provide for legal responsibility when the employing unit fails to do so. Furthermore, Article 3 applies only to those migrant workers who have contracted a labour relationship with their employing units; it does not cover those who have not contracted a labour relationship with their employing units.

Local regulations in Shanghai concerning the protection of citizens' health rights and interests mainly include: the Regulations of Shanghai Municipality on Prevention and Control of Occupational Diseases, Procedures of Shanghai Municipality on Urban Childbearing Insurance, Interim Measures of Shanghai Municipality for Implementing the Prevention and Cure of Pneumoconiosis,

Implementation Measures of Shanghai Municipality on the Work-Related Injury Insurance, and the Measures of Shanghai Municipality on Labour Protection of Female Employees. Policy documents related to public health mainly include: the Interim Provisions of Shanghai Municipality on Hygiene and Disease Control for Migrant Population, Regulations of Shanghai Municipality on Maternal and Infant Health Care, and the Provisions of Shanghai Municipality on Family Planning for the Migrant Population, etc. The above-cited regulations and policies formulated by Shanghai correspond well with national laws and regulations. Most of the current laws and regulations at the national level could find corresponding enforcement measures in Shanghai. However, just like the situation in Beijing, the regulations and policy documents of Shanghai don't include any provision related to special health needs of female migrant workers, making it very difficult to provide effective protection of the health rights and interests for them.

2.2   Current Situation of the Protection of Health Rights and Interests of Female Migrant Workers

2.2.1   Literature Analysis

An analysis of literature available in China finds that there are few articles specially dealing with the protection of health rights and interests of female migrant workers. However, statistical information and relevant analyses of the problems faced by female migrant workers regarding their health status and health rights and interests' protection in relevant materials prove the existence of the above-mentioned problems, such as lack of relevant policy and inadequate social attention.

The first issue is about overall health status of female migrant workers and existing problems. Articles describing the overall health status in China are mostly based on the survey in a given region, and get health data on female migrant workers in that given region. For example, Yuan Yutao and Ge Huixin (2009) studied female migrant workers' health status from the perspectives of health knowledge rate and health awareness, etc., and concluded that the low health knowledge rate and health awareness would also cause poor health of female migrant workers. [1]

---

[1]   Yuan Yutao and Ge Huixin, "A Study of Health Status of Women Migrant Workers and Features of Their Participation in Sporting Activities", *Journal of Hebei Agricultural Sciences*, Vol. 13, 2009, pp. 144 −146.

The second issue regards inadequate occupational health protection. The problems in the field of the protection of female migrant workers' occupational health mainly affect the lack of medical insurance and labor protection due to the failure of establishing labor relationship. As a result, female migrant workers experience various kinds of problems to different degrees, such as high intensive labor, longer working hours, inadequate working conditions and occupational hazards. This is partly because of employers' or enterprises' negligence of the occupational harm, and partly because of migrant workers' low awareness of the occupational harm. [1][2]

As for public health, the major problem faced by female migrant workers is that they have a poor reproductive health, which is caused by the fact that female migrant workers have no access to public health services provided by the communities where their residential places are located. Pregnant migrant workers and women who have just given birth to babies have relatively poor health, which is usually caused by the following factors: they have limited access to productive health related knowledge and information; those who give birth to more children than permitted by family planning regulation are likely to fall into high-risk groups; and their medical insurance is insufficient. Moreover, there are a large number of female migrant workers with high mobility; they have poor affordability, lower educational background, inadequate legal consciousness, lower health care awareness and a low-level of health care needs. [3][4]

2.2.2   Case Study: Dilemmas of Female Migrant Workers Taken Realistically

In order to support the above arguments concerning the problems resulted from the absence of related legislation and policies, the authors of this article interviewed

① Women Workers' Department of the All China Federation of Trade Unions, "A Survey on the Protection of Special Rights and Interests of Women Migrant Workers", *China Staff Education*, No. 3, 2008, pp. 50 −51.

② Ye Limin, Wang Jingjiang and Mei Liangying, "Health Protection of Migrant Workers and Countermeasures", *Journal of Public Health and Preventive Medicine*, No. 5, 2004, pp. 75, 81.

③ Xing Haiyan, "A Study of Health Status of Migrant Workers and Public Health Policy", Doctoral Dissertation of Zhejiang University, 2008, pp. 39 −45.

④ Ye Xunjun, "A Study of Health Status of Migrant Workers and Influencing Factors", Doctoral Dissertation of Zhejiang University, 2003, pp. 82 −85.

4 female employees in a community service center in Beijing, with an intention to understand their basic health status and reality. They didn't sign formal employment contracts although they were regular employees of the center. They rented rooms in a single story building with tap water and public toilets. Due to limited space, the paper, instead of giving detailed description of the cases, only presents some of the relevant findings of the interview.

The interview findings show that there are many things in common among the above-mentioned cases. Firstly, either in good or bad health, the interviewees had a low willingness to actively obtain health care related knowledge; meanwhile they had a limited access to the knowledge and information concerning health care. As a result, their health care awareness and self-care ability were low. Secondly, they all had participated in the New Rural Cooperative Medical System in places of their registered permanent residences; however, it was very difficult for them to obtain compensation for medical expenses from the system, because they were working in Beijing. Moreover, due to a failure of signing formal employment contracts with their present employers, they could not enjoy the work-related injury insurance, medical insurance and maternity insurance; that is to say, they could not enjoy reasonable local medical insurance where they were working. Thirdly, they were employed in informal employment; their employing units did not provide special protection during their menstrual period, pregnancy, and childbirth and nursing period. They had no maternity leave and breasting breaks. They would have to quit their jobs if they could not continue their work in case of pregnancy or childbirth. Finally, in cities where they lived and worked, they had no access to free health check-ups, to which they were entitled in places of their registered permanent residences usually provided by governments or other organizations.

III. The Causes of Problems

3. 1   Defects in Legal Protection of Health Rights and Interests of Female Migrant Workers' in Reality

3. 1. 1   The Absence of Supporting and Implementing Policies at Local Level Corresponding to National Legislation

As regards the national laws and regulations regulating the protection of female migrant workers' health rights and interests, some of their provisions need to be enforced through the implementation of local supporting policies at the provincial or city level, which have not yet been formulated and put in place. For instance, the Law on the Protection of Women's Rights and Interests enacted by the National People's Congress provides special protection for women during their menstrual period, pregnancy, childbirth and nursing period, their entitlements to maternity leave, and social welfare and maternity protection. However, these provisions cannot be thoroughly and faithfully implemented in practice, owing to absence of policies at local level specifying rights of female workers provided in national laws.

3. 1. 2　Inadequate Financial Support for Implementation Bodies

Enjoyment of rights that citizens are entitled to in accordance with laws and regulations are often subject to financial constraints of responsible implementing agencies. Therefore, inadequate financial support will render rights in books invalid in practice. As for the protection of female migrant workers' health rights and interests, the state has enacted a very good and comprehensive legislation. However, due to inadequate financial support, it is very likely for national legislation to stay just in paper and infeasible to implement. For example, as for services such as health education and free physical check-ups for migrant population, governments of places of their registered permanent residence are geographically not able to provide these services to them because they live and work far away from the places; while governments of places where they are living and working have limited financial affordability to provide the services. To resolve these problems, reforms of present financial investment systems and formulation of new supplementary systems are required.

3. 1. 3　The Monitoring of the Legal Protection Needs to be Strengthened

In addition to implementation bodies of the laws and regulations, supervising bodies are also necessary for law enforcement. Only in this way can law be faithfully and smoothly implemented. The analysis of the above legislation on the protection of female migrant workers' health rights and interests shows clearly that although relevant administrative agencies have been designated as implementation bodies, relevant works cannot be satisfactorily accomplished due to the absence of supervising bodies. For example, both Beijing and Shanghai provide for that migrant workers may participate in the basic medical insurance. However, there is no corresponding sanction provision in case that employing units fail to handle medical insurance formalities for migrant workers and pay for the premiums. Therefore, it is not surprising that the rate of migrant workers' participation in medical insurance in both Beijing and Shanghai is low. Other issues might also be inferred from such facts.

3. 1. 4 *Insufficient Protection for Factual Employment Relationship*

The objects protected by laws or regulations are usually facts and workers with formal legal status. Reviewing the protection of female migrant workers' health rights and interests provided in current laws and regulations, we can find that the scope of legal protection can only reach those female migrant workers with a formal labour contract. One of the main characteristics of female migrant workers, more correctly the whole group of migrant workers, is that they float outside the formal system and have no formal employment relationship. More notably, even there are both laws and regulations at the national level and supplementary measures and policies at local levels, most female migrant workers without formal employment relationship are still unable to enjoy legal protection.

3. 2   Conflicts between Current Management System and Societal Requirements in Theory

3. 2. 1   *Conflict between Normalization of Migrant Population and the Idea of Dual-System Model in Designing of Relevant Systems*

China is in the process of urbanization and industrialization, and population migration will become a normal state of social development in a given period of time. Migrant workers flowing from rural villages to big cities for employment host the largest migrant population among the total migration population. The difficult situation that migrant workers face when flowing between rural and urban areas requires more flexible systems to be designed in order to meet their special needs. However, relevant systems, such as social security, as provided in relevant laws and regulations, build on the ideology of a dual-system model, treating rural areas and cities differently. Because of these lack-of-forward-looking ideas, legislation lags behind social development. For example, at the very beginning of the designing of the social security system, endowment insurance and medical insurance were designed only for urban areas, without consideration of rural residents at all. Then, the state established the New Rural Cooperative Medical System (NRCMS), which protects only those with rural household registration and covers only rural areas. Furthermore, medical expenses can be compensated only in places of the rural household registration. This dual system model pushes migrant workers into a situation where they neither can enjoy the medical insurance provided by the place where they live and work, nor can they benefit from the NRCMS.

As we know, China has already enacted legislation targeting the protection of migrant population. For example, the Regulations on the Family Planning Work for the Migrant Population were enacted in 2009, its Article 4 providing for implementation agencies and their functions and responsibilities for carrying out family planning work for the migrant population. Meanwhile, the Regulations provide for that the governments of the present residential place of the migrant population take the main responsibility for the family planning work for the migrant population. Because the governments of the present residential place of the migrant population do not have special fund for family planning work for migrant population, this provision can hardly be enforced in practice. Clearly, the applicability of current legislation to migrant population is insufficient.

3. 2. 2   The Conflict between Rigid Dual Household Registration System and Needs of Female Migrant Workers

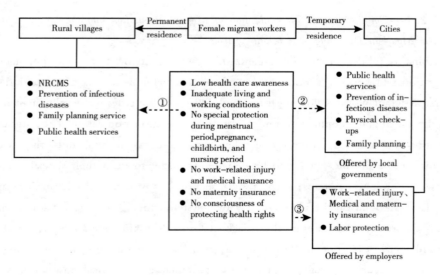

Female migrant workers have very limited access to health services provided by the state because of the following three reasons:

① faraway from rural villages; ② no household registration in cities; ③ absence of formal employment relationship.

The household registration system in China has been developed and managed based on the urban-rural dual structure. Although some cities issue temporary residence permits for migrant population, various social insurance systems developed respectively for urban areas and rural areas cover people according to their household registration, and grant them corresponding rights and interests. This constitutes a kind of household registration discrimination against female migrant workers, because they neither can enjoy public health services, family planning service and NRCMS offered by governments of their household registration places because they are far away from their hometown, nor can they enjoy public health services, family planning service and medical insurance in cities and towns where they work. Difficulties that female migrant workers face are demonstrated in the above graphic.

IV. Approaches for Promoting the Implementation of Female Migrant Workers' Health Rights and Interests

4.1   Require Policy Consideration for Female Migrant Workers

In order to study the present situation of the legal protection of female migrant workers' health rights and interests, this article in detail analyses relevant laws and regulations concerning the protection of migrant population, migrant workers and women. It can be clearly seen that provisions concerning protection of female migrant workers' health rights and interests are not sufficient. Meanwhile, there is no provision in these laws and regulations regarding the protection of *female migrant workers'* health rights and interests. Although it is being debated whether it is necessary to specially define migrant workers and their rights and interests, the authors of this article believe that it is necessary to stress and highlight the protection of *female migrant workers'* health rights and interests in the enforcement of these laws and regulations, and that arguments that to specify groups is a kind of discrimination are just excuses which would affect those who really need protection. Put it differently, relevant agencies related to social security, health, migrant population management and protection of women's rights and interests should be encouraged to give full consideration to the special needs of *female migrant workers* in the formulation of policies, and to promote and perfect related legislation by taking *female migrant workers as subjects of rights and interests.*

4.2　Innovate Service Ideas

The protection of female migrant workers' health rights and interests should be carried out under guiding principles of "fairness, accessibility, perfection, and promotion". Fairness refers to female migrant workers, women in rural villages and female workers in cities must have equal access to health care services. Accessibility means that health rights protection mechanisms compatible with the characteristics of female migrant workers should be established, in order to enable them to enjoy protection for their health rights and interests that they are entitled to enjoy despite their migration. Perfection means that system arrangements should be ameliorated on the basis of present systems and in accordance with reality that female migrant workers are being confronted with, so as to enable them to enjoy necessary protection for their health rights and interests. Promotion means that the level of protection of female migrant workers' health rights and interests shall be constantly increased along with economic development.

4.3　Guarantee Financial Support

Looking from a public finance perspective, the capability to perform functions and duties is subject to financial capacity. Therefore, it is necessary to get government's financial support for doing the work related to the protection of women migrant workers' health rights and interests. This article suggests that the protection of female migrant workers' health rights and interests be included into the government's objectives and financial budget be secured. Where conditions permitted, local governments can set up a special security fund, so as to guarantee services and protection of health rights and interests of female migrant workers within their respective jurisdiction. When necessary, the central government should provide financial support to areas with high concentration of female migrant workers.

4.4　List the Protection of Female Migrant Workers' Health Rights and Interests as One of Priorities of Women Organizations

Female migrant workers make up part of women group. Women organizations are granted various conditions favourable for carrying out works regarding women' rights and interests' protection, and they are expected to give full play. Women' federations and women workers' committee of trade unions at all levels should list works in relation to female migrant workers as one of their work focuses, to actively carry out publicity and education on health care and reproductive health for female migrant workers and to make efforts ensuring that all health rights and interests are protected.

(Translated by Zhou Zhenjie, proofread by Li Xixia)

Legal Protection of Women's Right to Health

—From the Perspective of Chinese Civil Law

Chang Pengao [*]

The right to health is one of the fundamental human rights of every human being. Its aim is to promote physical and mental health of all residents of a country, so as to achieve a level of personal happiness; its function is to rationalize state act and mechanisms so as to strike a balance between a healthy individual and a rational country. Undoubtedly, the right to health is a broad term and its wide implications cannot be limited even by relating it specifically to women. It will be a mission impossible for the author to clearly elaborate on the legal protection of women's right to health in a relatively short article. However, a possible convenient way to do this is to discuss only one aspect of this subject. This article, therefore, embraces such an approach and focuses on the civil-law issues of the right to health. For that purpose, the general meaning of the right to health shall be first defined. Based on this, the relationship between the right to health and the same concept in the civil law has to be clarified (Part I). Furthermore, we shall analyse the practice of application of the Chinese civil-law rules covering the protection of the right to health, the aim being to identify the underlying logic for the right to health, in order to effectively operate within a given legal framework (Part II)). Based on the aforesaid theory and rules, some typical examples from practices in China will definitely testify to positive effects of the related legal rules. More importantly, these

* Law School of Peking University.

examples should help clarifying the loopholes of such rules, thus providing a possible approach to make the protection mechanism for women's right to health more comprehensive.

I. The Scope of the Right to Health

1.1   The Right to Health as a Fundamental Human Right

The right to health enjoys a broad coverage, including those entitlements facilitating the residents to the enjoyment of the highest attainable standards of physical and mental health. However, to avoid overlapping with other human rights, the core contents of the right to health is generally limited to the health care and the basic determinants of health. Besides, access to health-related information and remedies available to a victim are also regarded as elements included in the right to health. Based on this understanding, an analysis of the legal documents such as the Universal Declaration of Human Rights, International Covenant on Economic, Social and Cultural Rights, Convention on the Elimination of All Forms of Racial Discrimination, Convention on the Elimination of All Form of Discrimination against Women, Convention on the Rights of the Child, European Social Charter and European Convention on Human Rights leads us to classifying the right to health into the following four categories.

The first category of rights covers access to health-related information. That is to say, the state shall adopt different measures, like publicity and education, in order to enable residents understand the legal rules related to the right to health, basic knowledge of the health care, ways to prevent and control the diseases, a serious epidemic and its prevention and control, etc. , so that residents can adopt appropriate measures for their own as well as for public health. In addition, a patient has the right to obtain correct information after making physical check or receiving the treatment, so as to be able to decide on further action. This of course means, other party cannot illegally obtain the information, unless justified by the needs to protect public interest.

The second category of rights regards access to health care services. All residents have the right to equal access to health care services necessary to maintain their own health. This right provides the basis for residents to maintain their own health and to improve their living quality. Such a right not only means that in case of sickness, a resident must have a timely access to appropriate curative services and essential drugs, including effective preventive services, such as regular health checks. The enforcement of such a right apparently depends on the elements on the resident's side such as the resident's own decision and economic situations. Nevertheless, the more important basis has to be provided by the state through sufficient relevant services. It is the state that has to shoulder corresponding obligations according to local circumstances, which include at least the following: allocate sufficient budget for health; establish adequate medical institutions available for the public to have easy access to health care and treatment services (basic medical treatment); provide sufficient and qualified medical staff and sufficient number of quality-guaranteed drugs and medical instruments at a reasonable price; adopt legislations and other measures to assure that the public can enjoy the basic health insurance. The population living in poverty should be able to obtain appropriate medical assistance, so as to avoid the failure of access to health care or medical treatment for these people simply because they can not afford it. The state should also adopt active measures to prevent and control endemic, infectious and occupational diseases, and establish mechanisms to deal with serious epidemic and public health emergency; increase investment in the research on serious diseases.

The third category of rights guarantees equal access to the basic determinants of health, such as sufficient food, safe drinking water, appropriate nutrition, basic sanitation, adequate housing and living conditions, suitable natural environment, safe and healthy working conditions, etc. In order to ensure the implementation of this right, the state must actively take various measures to create a favourable environment, improve physical conditions of residents, eliminate the customs having negative effect on health, as well as stop and punish deliberate conduct with the intention to violate the right to aforesaid basic health determinants. At the same time, the state also has an obligation not to act, i. e. not to act unreasonably, like initiating war, testing nuclear weapons, etc.

In order to fully achieve the equality inherent in the right to health, the state must undertake endeavours to ensure equal access for vulnerable groups like patients, women and children to the basic determinants of health, in addition to helping them to have access to effective health services. Specifically, this includes the following entitlements: the state shall create a tolerant social environment for patients, infectious and disabled patients in particular, whose fundamental human rights like personal dignity and non-discrimination are to be guaranteed. The state must also provide convenient living and working facilities; women must enjoy a living and working environment suitable for their physiological characteristics, and all behaviour patterns or customs detrimental to women's physical wellbeing shall be forbidden; create beneficial environment suitable for children's physical and mental health development; to ensure the health of a foetus, the state shall adopt practical and effective measures protecting the foetus in mother's body against the harm caused by pollution, poor medicine, medical malpractice, etc. ; to safeguard the health of farmers, the state shall support better health education for farmers, improve their hygienic situations including the quality of drinking water and the toilet situation in rural areas, as well as prevent water pollution, land pollution and air pollution in rural areas; respect the habits of the minority ethnic groups and the local people, improve their living environment and hygiene facilities; ensure healthy living environment for prisoners without imposing physical punishment.

The forth category of rights is the remedy provided when violation of rights occurs. The violation of the right to health shall be sanctioned by the state in both public and private law in order to protect legitimate interest of the right holder. From the point of view of public law, on the one hand, the state shall punish the violation of right to health by means of criminal law as well as administrative law; on the other hand, the state shall ensure that judicial remedy is available in case the right to health provided in constitution is violated, so as to effectively ensure that the right to health will not be violated and make the state abide by its obligations to respect, protect and fulfil those rights. In the field of private law, in case that the right to health may be infringed or has been infringed, the victim has the right on his or her own to ask for prevention, termination of the violations and economic compensation from the state. The private law remedies mainly aim at restoring the original health of the victim or to ensure that after being remedied, the victim can have the health or economic conditions not lower than the situation before infringement.

Among the aforesaid four categories of rights, the right to access to health care services and the right to basic determinants of health hold the key position. Article 25 of the Universal Declaration of Human Rights provides that everyone has the right to a standard of living adequate for the health and well-being of himself and of his family, including food, clothing, and housing and medical care and necessary social services, and the right to security in the event of sickness and disability. Motherhood and childhood are entitled to special care and assistance. International Covenant on Economic, Social and Cultural Rights not only reaffirms the aforesaid provisions, but also specifically states "the right of everyone to the enjoyment of highest attainable standard of physical and mental health." To achieve such an objective, the following four steps are necessary: (1) The provision for the reduction of the stillbirth-rate and of infant mortality and for the healthy development of the child; (2) The improvement of all aspects of environmental and industrial hygiene; (3) The prevention, treatment and control of epidemic, endemic, occupational and other diseases; (4) The creation of conditions which would assure to all medical service and medical attention in the event of sickness. This covenant also provides in its Article 7 that everyone enjoys safe and healthy working conditions.

The aforesaid has specified equality of the right to health. This has been emphasized again in the International Convention on the Elimination of All Forms of Racial Discrimination and the Convention on the Elimination of All Forms of Discrimination against Women. The former requires the state to guarantee the right of everyone, without distinction as to race, colour, national or ethnic origin, to equality before the law, notably in the enjoyment of the rights such as the right to public health, medical care, social security and social services; the latter prohibits discrimination against women in respect of access to educational information on health, health care services and facilities, etc.

1. 2   Right to Health as a Personal Right

In civil law, the right to health is a substantial personal right based on the human body, the basis for the realization of other rights of a natural person. The term health is here a neutral term, instead of indicating the well-being of the physical and mental situation of a natural person, describing the specified natural person's physical and mental state without being harmed. Although this condition may be not healthy in the sense of medical science, it is still a healthy condition defined by law. This does not conform to the active pursuit of the right to health in the sense of human right; the latter shall be based on the standards set up by medical health.

In addition, the civil law focuses on the right holder as the individual. So long as the mandatory rules and social public interests are followed, the state will not actively intervene in the realm of the right holder. The same applies to the right to health. For instance, the right holder shall decide whether he or she as a patient would visit a doctor. Unless otherwise provided by the law, the state needs not to adopt active measures improving physical and mental functions of a human body. This is actually the health-maintenance right of the right holder, i. e. a natural person has the right to decide whether to maintain his or her physical and mental state. By contrast, the right to health as a human right not only entitles an individual to take endeavours to be ever healthier, but it also imposes obligations on the state, i. e. the state shall adopt certain measures for its citizens to attain the state of healthier ever; in this sense, the right to health corresponds to the individual right as well as the state obligations but the latter is more important. In comparison, the right to health as a personal right only reaches the bottom level of the right to health as a human right. There is no place for active role of the state concerning the right to health as a personal right.

Furthermore, in the event of the infringement of the right to health as a personal right, the right holder can secure health by resorting to remedy either on his or her own or from the public authority to eliminate the infringement. When elimination is not possible, the right holder can ask for compensation from the infringer. In other words, even in the field for the state to intervene, the state can only passively treat the request from the right holder. Without such a request, the state consequently loses the justification to step in only through judicial authorities. By contrast, the right to health as a human right obliges the state to respect, protect, and promote people's health. Such an obligation is not only for the authority of health, but also for the whole government. As Article 1 of Declaration of Alma-Ata International Conference on Primary Health Care provides, health is a state of complete physical, mental and social wellbeing, and is a fundamental human right and that the attainment of the highest possible level of health is the most important world-wide social goal, whose realization requires the action of many other social and economic sectors in addition to the health sector.

In a nutshell, the right to health as a personal right implies that everyone has the right to maintain his or her own health, to protect his or her right to health against infringements and to obtain the damages for the infringes occurred. In comparison with the right to health as a human right, this right does not include duty of the state to act actively. However, the respect for and protection of the right to health in civil law is of significant implication given that, according to China's judicial practices, the basic human right cannot be enforced by legal actions within judicial system. The judicial remedy can only be provided when the right to health as a personal right is infringed or likely to be infringed. In addition, even the right to health as a basic human right is still of the nature of an individual's right to maintain, protect and promote his or her own health. The state has the obligation to respect such a right instead to unduly restrict the right to health for the sake of protecting public health. More importantly, in comparison with the right to health as a basic human right, the right to health in the civil law is at the bottom end of the system, directly working on various aspects of the social life and reflecting a real situation of the legal system, right or wrong. This will provide a context for us to comment on the legal practices related to the right to health.

II. Rules of Civil Law on the Protection of Women's Right to Health

As the highest legal act and fundamental law in China, the Constitution provides that the state and government bear the responsibility to protect the residents' health in its Articles 21, 26, 42, and 45. Based on this, General Principles of the Civil Law, Marriage Law, Tort Law and the other civil legislation provide the measures to protect the right to health. Besides, the social legislations like the Law on the Protection of Women's Rights and Interests also provide such civil law rules. These provisions serve as the evidence for the state to deliver on its promise to protect the residents' health. The civil law rules related with the protection of women's right to health can be categorized as the general rules and the specific rules; the former applies to all members of the society regardless of their gender and national origin while the latter specifically applies to women's right to health.

2.1   General Rules

In terms of the contents and form, there are mainly three types of civil law rules related to the protection of the right to health:

2.1.1   The Rules Giving Legal Validity to the Right to Health
This is a natural person's right to health as provided for by the law, which entails

the basis for further protection of the right to health. Such rules include: (1) Article 98 of the General Principles of the Civil Law provides, "Residents shall enjoy the right to life and health." (2) Article 2 (2) of the Tort Law provides that civil law rights and interests include the right to health. Such rules confirm the aim that the right to health is legally protected. Nevertheless, these rules have not substantively defined the right to health, which can only be ascertained by means of judicial practices and theoretical analysis.

2. 1. 2   *Prohibitive Rules*

With these rules, based on the guidance provided by certain assumptions, the parties are prohibited from doing or not doing something. For instance, the third and forth sentences of Article 3 (2) of the Marriage Law provide that "domestic violence shall be prohibited. Maltreatment and desertion of one family member by another shall be prohibited." The structure of the provision shows that only boundaries of the act are defined therein without specifying legal consequences of going ultra vires. In consequence, such rules cannot be applied independently in judicial practices.

3. 1. 3   *Liability Rules*

These are rules set up for illegal acts to takeup conesponding responsibilities, which not only lie at the heart of the civil law protection for the right to health, but also provide direct basis for a judicial decision. In China, the following liability rules can be applied when the right to health is infringed: (1) rules for failing damage payment. For instance, Article 21 of the Tort law provides that "where a tort endangers the personal or property safety of another person, the victim of the tort may require the tortfeasor to assume the tort liabilities including but not limited to cession of infringement, removal of obstruction and elimination of danger;" (2) rules for damages. Article 119 of the General Principles of the Civil Law provides that "anyone who infringes upon a citizen's person and causes him physical injury shall pay his medical expenses and his loss in income due to missed working time and shall pay him living subsidies if he is disabled; if the victim dies, the infringer shall also pay the funeral expenses, the necessary living expenses of the deceased's dependents and other such expenses." Article 16 of the Tort Law provides that "where a tort causes any personal injury to another person, the tortfeasor shall compensate the victim for the reasonable costs and expenses for treatment and rehabilitation, such as medical treatment expenses, nursing fees and travel expenses, as well as the lost wages. If the victim suffers any disability, the tortfeasor shall also pay the costs of disability assistance equipment for the living of the victim and the disability indemnity. If it causes the death of the victim, the tortfeasor shall also pay the funeral service fees and the death compensation. " (3) Compensation for mental damages. For instance, Article 22 of the Tort Law provides that "where any harm caused by a tort to a personal right or interest of another person inflicts a serious mental distress on the victim of the tort, the victim of the tort may require compensation for the infliction of mental distress. "

2.2   Specific Rules

In terms of contents and form, the specific civil law rules related to the protection of women's right to health mainly include the following three types:

2.2.1   *Rules Giving Legal Validity to the Women's Right to Health*

Article 2 (3) of Law on the Protection of Women's Rights and Interests provides that the state shall protect special rights and interests enjoyed by the women under the law, including the rights and interests of health related to the physical or mental state of women.

2.2.2   *Prohibitive Rules*

The prohibitive rules are mainly the following: (1) Article 2 (4) of the Law on the Protection of Women's Rights and Interests provides that "it is prohibited to discriminate against, maltreat, desert or abuse women. " (2) Article 38 of the Law on the Protection of Women's Rights and Interests provides that "women's right of life and health shall be inviolable. Drowning, abandoning or cruel infanticide in any manner of female babies shall be prohibited; discrimination against or maltreatment of women who gave birth to female babies or who are barren shall be prohibited; cruel treatment causing injury, even death of women by means of superstition or violence shall be prohibited; maltreatment or abandonment of sick, disabled and aged women shall be prohibited. " (3) the first sentence of Article 40 provides that "Sexual harassment against women is prohibited. " (4) Article 46 (1) provides that "the domestic violence against women is not tolerated. "

2.2.3   *Liability Rules*

According to Article 56 of the Law on the Protection of Women's Rights and Interests, where a violation of this law damages the lawful rights and interests of a woman, causing property losses or any other damages, the violator shall bear civil liabilities.

III. Issues in Practices and Approach for the Solution

Generally, there is discrepancy between the rules and the practices. The same also applies to the protection of women's right to health. Although it appears that the aforesaid rules have provided a comprehensive protection to women's right to health, the practices speak not totally according to the rules. As the text below indicates, the significant flaws in such rules need to be rectified. In addition, the examination of the causes for the infringements of women's right to health can easily reveal that the important element for the insufficient protection of women's right to health is the lack of the system beyond the civil law, which shall be actively improved. In other words, even though the right to health as a personal right is limited in the private realm, it still relates significantly to the public realm, and its social and legal nature needs further review. Based on this acknowledgement, this article argues that the way to improve the protection of women's right to health provided by the civil law lies not only in the advancement of the civil law system itself, but also needs further efforts to improve the relevant legal mechanisms beyond the reach of the civil law.

3.1   Issues with the Civil Law System and Approach to Solve

3.1.1   *Specifying Content of the Right to Health*

China's current civil law rules have not defined the content of the right to health. It is not clear whether it refers to physical health of a natural person or should also include mental health. This issue bears impact on the application scope and the effectiveness of the protection of the right to health. It is an established practice to protect physical health of a natural person through the right to health. Nevertheless, it is highly controversial to protect mental health by reference to the right to health. [1] With the view to provide a comprehensive protection to the victim, it may be more appropriate to incorporate mental health into the definition of the right to health. If this is the case, a mental shock should be determined as an act infringing the right to health in China. The mental shock refers to a serious mental distress suffered by

---

[1]   See Guo Weihua et al, *Study on Compensation for Spiritual Damages in China*, (Wuhan: Wuhan University Press, 2003), p. 274.

the third party due to the act of the infringer, and leading to the mental illness or other deterioration of the physical state. For instance, B was killed by A because of A's reckless driving against the law. C, the spouse of B, and a witness of the horrific scene, suffered a mental breakdown or a disease simply because of the overloaded sorrow. In this case, it is appropriate to rule that a tort has been committed against C's right to health as well as to B's life. ① Taking account of women's mental state and other mental system tend to be influenced more by the external forces in comparison with men's in particular, it may be more suitable to meet the need to protect women's right to health with a view of mental and spiritual suffering, stress and anxiety as a sign that the right to health is being infringed.

3. 1. 2   *Improving the Status of the Right to Health*

Theoretically speaking, the right to health is different from personal rights, such as the right to life and the right to physical body. In general, the right to health aims to protect health of the physical body while the right to life protect the safety of life and the right to physical body protect the well being of the physical body. ② However, the General Principles of the Civil Law and the Law of Tort have not reflected such a difference. By contrast, the Interpretation of the Supreme People's Court on Problems regarding the Ascertainment of Compensation Liability for Emotional Damages in Civil Torts, as well as the Interpretation of the Supreme People's Court of Some Issues concerning the Application of Law for the Trial of Cases on Compensation for Personal Injury clearly acknowledge such difference, so as to make the application scope of the tort law cover the right to physical body as a distinct and specific right. However, given a clear division of power between the legislative and judicial branches, it is still an issue for further study whether such a right creation by the judicial branch is legal or not. To avoid unnecessary controversies, it is better to improve the position of the right to health so as to treat it as part of the general personal right related to the physical body. The right to physical body is thus included and so as to provide a legal basis for its protection.

Such practices can also solve the judicial puzzles like sexual harassment, which, as an illegal act prohibited by law, is generally committed in privacy and makes it hard

---

① See Wang Zejian, *Law of Tort*, Vol. 1, (Beijing: China University of Political Science and Law Press, 2001), p. 213.

② See Wei Zhenying (eds), *Civil law*, (Beijing: Peking University Press, High Education Press, 2010), p. 622.

to obtain the necessary evidence. Unlike the direct harm inflicted upon a woman's body by the physical infringement, it is hard to be resolved satisfactorily by means of only court's ruling. Meanwhile, the sexual harassment refers to various circumstances, including those inflicted upon personal rights like the right to health, right to physical body, sexual autonomy, physical freedom, right to chastity, in which only the right to health enjoys a clear legal status while the legal regime of others remains vague. All these elements mix together and constitute an impediment for the civil law protection to be guaranteed to the victims of sexual harassment. As a consequence, the harassment is regarded as a "secretive harassment."[①] If treating the right to health as a general personal right, the originally vague object of the sexual harassment will be specified based on the ground of infringement of the right to health. It will also provide a legal basis to deal with the disputes arising from the rape or adultery cases.

3. 1. 3   Strengthening the Gender Perspective in the Rules

Among the civil law rules to protect women's right to health, for both the general rules and the specific ones, the content needs to be further specified and complemented. Such an improvement requires a gender perspective. This will not only provide a comprehensive legal basis for the dispute resolution, but also promote social awareness of gender in our judicial circle and even in whole society. In particular, the following social awareness of gender are critically important: (1) the characteristics of physical and mental state of women should be sufficiently taken into account so as to provide special preferential treatment with regard to the maintenance and protection of the right to health, especially reproductive health, menstrual health, mental health, etc. (2) the vulnerable position of women to suffer the infringement in the social, family or working environment should be sufficiently taken into account. For instance, the victims of the domestic violence, marital rape and sexual harassment cases are mostly women. The special protection measure should thus be adopted in women's favour. (3) The vulnerable position of the girls should be taken into account with regard to the right to health. Article 16 of the General Principles of the Civil law of China has specified the guardians for the minors. Article 21 of Opinions of the Supreme People's Court on Several Issues

---

①   See "Harassment Trial Impeded by the Difficulty to Obtain the Necessary Evidence", and "Sexual Harassment Becomes Secretive Harassment", in *Southern Weekly*, March 23, 2006, A3.

concerning the Implementation of the General Principles of the Civil Law (Trial
Implementation) further specifies the circumstances for the guardians to shoulder
their responsibilities to the minors. Article 2 of the Interpretation of the Supreme
People's Court on Problems regarding the Ascertainment of Compensation Liability
for Emotional Damages of Torts specifies the liabilities of the guardians. They all
undertake efforts to protect the interests of minors. In reality, the girl's interests are
not sufficiently covered. To rectify such flaws, appropriate measures should be
adopted to guarantee the girls full autonomy to choose their guardians in the event
of the divorce of their parents or appointment of the other persons as their
guardians. At the same time, given that girls are in the process of physical
development, a minor girl must be instructed to choose a person who lives with her
together or a guardian with a view to which the guardianship is beneficial for the
girl, so as to prevent her from suffering sexual assault in the childhood. In addition,
the rights and obligations relations between a guardian and a minor should be further
clarified, establishing in particular that the girl minor's right to health shall not be
infringed as a bottom line.

3.2   Issues beyond the Civil Law System and the Approach for the Resolution

3.2.1   Complementary Measures against Domestic Violence

Domestic violence can be of significant harm to women. However, subject to
the degree of privacy in the area occurred, there is a great difficulty to stop the
violence or obtain the relevant evidence when trying to prevent or stop the
domestic violence. To solve this problem, it is necessary to clearly delineate the
rules on the interim remedy mechanisms and the evidence collection system for the
protection of the victim's right to health. China Institute of Applied Jurisprudence
at the Supreme People's Court made in March 2008 the Guidance for Handling
Marriage Cases Related to Domestic Violence, laid down relatively more specific
rules on the safeguarding rules for personal safety and evidences, and started a pilot
court program. [1] Such practices have to some degree filled the loopholes of the legal

---

[1]   "The First Protection Order Issued inWenzhou to Prohibit Domestic Violence Inflicted by the
Husband", at http://news.dayoo.com/china/200906/29/53868_9427705.htm, last visited 8
September 2010.

system in China. Nevertheless, they are not the universally applied legal documents in China; an insufficient legal authority will definitely have impact on its effects in reality. The experience with the application of such guidance should, therefore, be incorporated into the Law of Civil Proceedings, in order to ensure a comprehensive protection provided to the victims of the domestic violence. Furthermore, although the Guidance for Handling Marriage Cases Related to Domestic Violence has provided in its Article 49 that the case report or case record can be treated as an important evidence, influenced by the assumption that the fights between a couple is a domestic matter or limited by the real circumstances, the case report or case record of police may be unable to give a detailed account of the specific situation of the domestic violence concerned. That way, Article 49 may become an empty shell. To avoid such situation, the Ministry of Public Security should introduce specific rules on recording of cases related to domestic violence by the police staff, so as to provide strong evidence support for the judicial resolution of the domestic violence.

3. 2. 2   Complementary Measures to Protect against Sexual Assaults

Sexual assaults like rape are another major category of cases to infringe women's right to health. Article 236 of the Criminal Law of China adopted imprisonment and capital punishment against the crime of rape, which can deter the crime to some degree. Nevertheless, given that the imprisonment may fail to effectively deter the criminal, it may be appropriate to refer to the experiences abroad and adopt the measures like chemical castration or electronic ankle bracelet to limit the act of the potential criminals[①] so as to prevent the concerned people to commit the sex crimes again after serving the terms of imprisonment. In addition, an increasing number of the farmers going out to work leave their elders and minor girls without care in many villages, which is becoming a serious social problem while the reports are not uncommon that some minor girls have been sexually assaulted given they are not under good care. To solve this problem, it may be appropriate to make full use of the existing organizations of the farmers like villagers committees or villagers groups to appoint an interim guardian in addition to the guardians the minor girls

---

①   See "Various Countries Adopt Chemical Castration and Claimed Effective by Studies", at http: // www. chinadaily. com. cn/hqbl/kxts/2010 - 07 - 01/content _ 521148. html, last visited 8 September 2010; "Rape Criminal to Wear Electronic Ankle Bracelets in South Korea", at http: // news. sina. com. cn/w/2009 -12 -24/141216827219s. shtml, last visited 8 September 2010.

already have, so as to provide due care to the minor girls left by their parents out for work.

3. 2. 3   Risk Control Mechanism for the New Technologies

With the development of new technologies such as the medical technology and biological technology as well as change of people's attitudes, women may make use of the technologies such as medical technology or cosmetology to improve their figures or appearance. This will inevitably involve the issues as the qualification of persons applying the technologies or the service provider, the scientific logic of the technologies, the risks inherent in the technologies, the safety of the equipment or materials used, the remedies for the damages arising from the technologies. In this regard, the personal injuries arising from breast augmentation by means of injections and cosmetology call for particular attention of the public. [1] To effectively solve these problems, the qualification and competence of the professional in the industry, the conditions for the application of the technologies and the safety of the material used should be specified based on the risk control measure, while those who are against the rules shall be held strictly liable.

3. 2. 4   Risk Control System for Ethics

The risks related to the harm caused to women's right to health due to the ethical reasons should also be legally controlled. In China today, the following situations deserve particular attention: (1) The modern blue collar women workers may have their health impaired when they work in highly polluted industries like chemical or medical industry without appropriate technical measures or comprehensive labour protection provided. Women worker may suffer from occupational disease and their reproductive health may be impaired to such a degree that they may even bare deformed baby. [2] How to protect this element of the women's right to health is a big issue. (2) In comparison with man, woman may have a more fragile mental state, which can easily lead to a mental problem. It is therefore a very important issue as to how to protect the right to health of the women in suspect of the psycho patients. (3) The Ministry of Health has issued the Regulation on the Human

---

[1]   See " Augmentation of Breast by Injection: Harm and Tricks Behind ", in *Southern Weekly*, September 20, 2001, Page 18; "Re-Investigation of the Breast Augmentation", in *Southern Weekly*, November 1, 2001, p. 11.

[2]   See "Tip of the Iceberg: Women Worker in Medical Factory Bear Deformed Baby", at the *Southern Weekly*, October 25, 2001, Page 18.

Assisted Reproductive Technologies, which prohibits the trading in any form of gametes, zygotes, and embryos while the medical institutions and professionals may not implement surrogacy by any means. In spite of that, there are still some surrogated mothers in reality. In such circumstances, it is a highly difficult issue to provide protection to the right to health of the surrogated mother and the babies. ①
(4) Although China is taking endeavours to eliminate prostitution, the prostitution underground can hardly be rooted out. Therefore, it is also very important to provide protection of the right to health of the underground prostitutes when such sex workers are oppressed illegally.

Different from the issues arising from the risks inherent in the new technologies, the problems brought by such ethical risks are clearly due to the inadequate monitoring measures or the incorrect response to these problems in practices, although these ethical risks are explicitly regulated by law. The former two issues arise from the failure of the sector-specific regulators to perform their duties. The strategy should be to strengthen the monitoring. On the other hand, the latter two issues should be resolved with an approach combining prohibiting some of the illegal acts and if such prohibition fails to work, to take appropriate measures to protect the right to health of the related parties.

(Translated by Wu Jun, proofread by Li Xixia)

---

① See Duan Hongqing, "Issue on Surrogacy", in *Caijing*, Vol. 8 2006, pp. 102 − 103; Fan Libo, "Ethical Issues for Legalization of Surrogacy", in *Caijing* Vol. 8 2006, pp. 102 − 103.

A Jurisprudential Analysis of the Nature
of the Right to Health

Yu Shaoxiang [*]

Currently, there is no authoritative or unified definition of the right to health in the Chinese academic circle. Nor is there a universally recognized definition of the right to health in international community. A Chinese scholar defines the right to health as "the right of a living human being to maintain the normal functioning of the various organs in his body."[①] Another Chinese scholar holds that the right to health is "a natural person's right of personality, with the interest of the functioning of his various organs and of his whole body as its content, including the healthy physiological functioning of various organs in his body as well as psychological or mental wellbeing."[②] Another scholar argues, "The right to health is a frequently used yet very vague concept."[③] Because of the lack of a unified standard on the concept of health, the standard on the right to health is also "indeterminate".[④] At the international level, the World Health Organization defines health as "a state of complete physical, mental, and social well-being and not merely the absence of

[*] The Institute of Law, Chinese Academy of Social Sciences

[①] Zhang Qianfan, *Constitutional Law*, (Beijing: Law Press, China, 2004), p. 184.

[②] See Mou Fangjun, "Reflections on the Civil Law Protection of Citizens' Right to Life and Right to Health in China", *Journal of Hubei Institute for Nationalities*, No. 4, 1997, p. 12.

[③] See Yue Yuanlei, "On the State's Fundamental Responsibilities for Citizens' Right to Health", *Chinese Journal of Medical Ethics*, No. 3, 2007, p. 99.

[④] See Dong Wenyong, "Standards of the Right to Health and Their Realization", *Journal of CASS*, No. 3, 2004.

disease or infirmity. "① Correspondingly, the right to health is defined as the right to maintain "a state of complete physical, mental, and social well-being". Article 12 of the International Covenant on Economic, Social and Cultural Rights defines the right to health as "the right to the enjoyment of the highest attainable standard of physical and mental health. " Later, the committee on Economic, Social and Cultural Rights (the Committee) further pointed out in an interpretation of Article 12 that "the right to health is not to be understood as a right to be healthy. " Rather, it "must be understood as a right to the enjoyment of a variety of facilities, goods, services and conditions necessary for the realization of the highest attainable standard of health. " However, there is no consensus on what is " the highest attainable standard of health". In its General Comment No. 14 on the Right to Health, the committee provided a conceptual framework for the right to health, according to which, the right to health includes the right to available, accessible, acceptable and good quality health facilities, goods and services as well to underlying determinants of health. ② It is thus clear that, internationally, the content of the right to health is constantly evolving and developing. Under this circumstance, it is extremely difficult to have a clear definition of the right to health. The author is of the opinion that the definition given by the WHO is relatively close to the nature of the right to health. Although historically the content of the right to health has been undergoing a process of continuous evolution and deepening of understanding, the basic nature of this right remained unchanged, which is an important indication of the right to health as a right. So what is the nature of the right to health from the jurisprudential point of view?

I. The Right to Health Is a Fundamental Right

The so-called fundamental rights refer to the rights that everyone is entitled to enjoy as human being, namely the so-called human rights. ③ Health is a basic

---

① WHO, *Review of the Constitution and Regional Arrangements of the World Health Organization*, EB101/7, 101st Session, 14 November 1997, available at http: //www. who. int/en/index/html.

② See Yang Yuguan, *United Nations Human Rights Treaty Bodies and Their Comments*, (Beijing: Chinese People's Public Security University Press, 2005), p. 123.

③ See You Shaoxiang, *The Rights of the Vulnerable*, (Beijing: Social Science Academic Press, 2008), p. 168.

prerequisite for the survival and development of an individual as well as one of the most important value objectives of all human activities. Since a person's health condition directly affects his earning capacity and living conditions, as well as the realization of his other social and economic rights, the right to health is considered the fundamental and most important personal interest. Personal right of a natural person is the basic prerequisite for the realization of his freedom and happiness. It is exactly because health is the basic condition for the survival of human being that good health can bring an individual the work capacity and development potential that are indispensable to him. The school of natural law regards the right to health as the natural, inherent, and inalienable fundamental human rights and a basic interest of a civil society. [1] The right to health as a fundamental right protected by law has long been documented in the legal history of mankind. The ancient laws of both eastern and western countries had provided for criminal punishments for causing bodily harms to another person. However, it was not until 1919 that the right to health first appeared as a modern constitutional right in the Weimar Constitution. In 1925, the safeguarding of the right to health was first provided for in the constitution as a state obligation in Chile. In 1946, the right to health was first provided for in an international convention—the Constitution of the World Health Organization. Later it was embodied in many international and regional human rights instruments. In 1948, the United Nations Universal Declaration of Human Rights formally established the right to health as a fundamental human right. After that, it has been provided for in many other UN instruments. In 1978, the Declaration of Alma-Ata, adopted at the International Conference on Primary Health Care, proclaims that the right to health is a fundamental human right and that the attainment of the highest possible level of health is a most important worldwide social goal. It should be said that, before the 1990s, the international human rights circle generally tended to attach importance to civil and political rights while ignoring economic, social and cultural rights. However, this tendency has been rectified in recent years and the international human rights circle is paying increasing attention to economic, social and cultural rights, including the right to health.

---

[1]   Ross Horne, *Health and Survival in the 21st Century*, Chinese edition (translated by Jiang Xueqing), (Beijing: SDX Joint Publishing Company, 2005), p. 1.

The implementation of the right to health as a fundamental right is not very satisfactory. In some countries, people are unable to enjoy even the most basic medical security. In view of this situation, the UN Committee on Economic, Social and Cultural Rights adopted at its 22nd Session the General Comment No. 14 (2000), which emphasizes active and passive aspects of a state's basic obligations to respect, protect and realize the right to health. Since the right to health is mainly realized through the basic medical security provided by the state, which in turn, is realized through state sponsored social and medical insurances, the state should, to the extent permitted by their economic conditions, increase its investment in medical care and public health, and effectively allocate medical resources, so as to provide actual safeguards for the realization of citizens' right to health.

II. The Right to Health Is a Universal Right

The so-called universal right means that all members of the human family, regardless of race, gender, class, belief, colour, nationality, intelligence, ability and wealth, equally possess the common value and dignity as human being. As a universal right, the right to health is not only an issue of domestic law, but also an issue of common concern for the international community. It is for this reason that many international organizations have made the promotion of the development and realization of the right to health one of their important goals. The Universal Declaration of Human Rights declares in its Article 25 that: "Everyone has the right to a standard of living adequate for the health and well-being of himself and of his family, including food, clothing, housing and medical care and necessary social services, and the right to security in the event of unemployment, sickness, disability, widowhood, old age or other lack of livelihood in circumstances beyond his control;" and that "motherhood and childhood are entitled to special care and assistance."[1] And the International Covenant on Economic, Social and Cultural Rights recognizes in its Article 12 "the right of everyone to the enjoyment of the highest attainable standard of physical and mental health" and requires State Parties

---

[1]   See *Compendium of United Nations Documents on Human Rights and Criminal Justice*, (Beijing: China Legal System Publishing House, 2000), p. 84.

to take steps to realize the right to health, including (a) the provision for the reduction of the stillbirth-rate and of infant mortality and for the healthy development of the child; (b) the improvement of all aspects of environmental and industrial hygiene; (c) the prevention, treatment and control of epidemic, endemic, occupational and other diseases; and (d) the creation of conditions which would assure to all medical service and medical attention in the event of sickness. "① Because the right to health is a universal right, the international norms on this right and the corresponding obligations of State Parties are universally applicable, regardless of regional differences. However, because of the hugely different levels of development between various countries of the world, there are often differences and conflicts in the protection of the right to health in practice. For example, the WTO allows governments, for the health interest of their own citizens, to adopt stricter laws and regulations on technology than those of other countries and to prevent foreign products that fail to meet such laws and regulations from entering into their domestic markets. Some developed countries therefore hold that the acceleration of the globalization requires the universal implementation of economic, social and cultural rights, and that all trade competitors should follow the minimum international standards on economic, social and cultural rights, especially those relating to labour and environmental protection. They propose to adopt international standards on occupational health and safety, so as to prevent some member states from reducing the costs of products by ignoring labour protection, and pursuing maximization of economic and trade interests by lowering wages, using child labour, or sacrificing workers' right to health. ② Member states that do not abide by the minimum international standards should be regarded as practicing social dumping and will be faced with sanctions such as suspension of trade privileges or imposition of trade quotas. In reality, however, the implementation of economic and social rights is often dependent on economic development and the availability of resources; the level of public health services a state can provide is restrained by its national conditions and economic capability. It is for this reason that the realization of social and economic

---

① See *Compendium of United Nations Documents on Human Rights and Criminal Justice*, (Beijing: China Legal System Publishing House, 2000), p. 114.

② See Su Zhi, "Citizens' Right to Health and Its Protection", *China Health Law*, No. 1, 2002, p. 22.

rights, including the right to health, is defined by the United Nations as a progressive process.

III. The Right to Health Is an Inclusive Right

The right to health is a substantive concept, rather than an abstract value concept. It contains wide-ranging substantive content and therefore it is an inclusive right. As mentioned above, the content of health has also undergone a process of continuous deepening of understanding. In ancient Greece, health was the beauty of strength and the physical robustness, and it was the health of aristocrats, rather than that of the commoners. In the Middle Ages of Europe, the concept of health began to contain spiritual or mental content. In modern society, a new standard on health has emerged: it refers not only to the physical and mental well-being of an individual, but also to external factors, such as proper nutrition, basic sanitation and adequate medical facilities. Therefore, the protection of the right to health means not only protecting citizens from physical and mental harms, but also providing them with portable drinking water, nutritiously safe food, living and working environments that conform to the relevant hygienic standards, public health facilities, medical services, etc. The author is of the opinion that the right to health contains at least two levels of meaning: first, citizens have the right to maintain their own physical and mental health; and second, citizens have the right to request legal protection when their health is unlawfully infringed upon. Some scholars argue that the content of the right to health as an inclusive right can be further divided according to different criteria. According to the elements of health care, it can be divided into the right to acquire health knowledge, the right to healthy working conditions, the right to healthy environment, the right to medical care, the right to public health, and the right to remedy for damages to health. According to the criterion of the utilization of rights, it can be divided into the right to maintain health, the right to demand for health and the right to access to medical care. [1] The Committee on Economic, Social and Cultural Rights, in light of the conditions of the development of the world economy, puts forward four concrete

---

[1]   See Han Shiqiang, "Studies on the Realization of Citizens' Right to Health and the Corresponding State's Obligations", *Times Figure*, No. 2, 2008, p. 52.

standards on the enjoyment of the right to health: (a) availability-public health and health-care facilities, goods and services, as well as programmes have to be available in sufficient quantity so as to meet the need of the society; (b) accessibility-health facilities, goods and services have to be accessible to everyone without discrimination; (c) acceptability-all health facilities, goods and services must conform to medical ethics and social norms; and (d) quality-health facilities, goods and services must meet the minimum scientific and medical quality standards. According to the Constitution of the World Health Organization and Article 12 of the International Covenant on Economic, Social and Cultural Rights, the right to health mainly covers the following substantive content: first, health care services, including medical care, prevention of disease, child health care, birth control service, prenatal and postnatal health care, and mental health care; and second, underlying determinants for health, including clean water, sufficient nutritious food, adequate health facilities, healthy environment, occupational health, health information, etc. ①Therefore, according to the relevant documents of the WHO and the UN, infringements of the right to health refers not only to causing harms to citizens' physical and mental health, but also failure on the part of the government and public health authorities and institutions to provide citizens with the necessary health care, medical treatment, clean water, sufficient nutritious food or healthy environment.

IV. The Right to Health Is a Social Right

Health is not only a need of an individual, but also a "public need"②. It determines the social nature of the right to health, because the realization of the right to health involves not only the health of the individual, but also public interest of the society. For example, if an individual catches an infectious disease, not only the health of himself but also of all the people around him might be affected and threatened. Problems such as environmental pollution and infectious diseases harm public health and the interests of huge numbers of families.

---

① Yang Yuguan, *United Nations Human Rights Treaty Bodies and Their Comments*, 2005, p. 122.

② See Han Shiqiang, "Studies on the Realization of Citizens' Right to Health and the Corresponding State's Obligations", 2008, p. 52.

Therefore, the protection of the right to health is an obligation of the government and every citizen, as well as a common interest of society. In reality, the development of the right to health from a private right into a social right has been a progressive process. In ancient times, all the major legal systems, whether the Roman law system, the Germanic law system, or the Chinese law system, protected the right to health at the private law level and the state only passively provided individuals with the last remedy as required by the minimum moral standard. [1] The right to health in private law refers to "the normal operation and full development of the physiological functions of a natural person and the concrete rights of personality with the interest of maintaining the life activity of human body as its content, including the right to maintain physical health, the right to maintain the capacity to work, and the right to dispose of health interest." [2] Such definition has its limitations. It focuses only on the understanding of the physiological function of the subject, while ignoring the psychological and social determinants of health, and fails to recognize the relationships between health of the individual and public health and between individual interest and public interest. In the end of the 18th century and at the beginning of the 19th century, the theory of social organism put forward by utilitarian thinkers, notably Jeremy Bentham and John Stuart Mill laid the foundation for the theory of socialization of the right to health. The idea of "the greatest happiness for the greatest number of people" proposed by them became an important principle that helped to bring about the development of social welfare in western countries, and infused the right to health and other social rights with new life by promoting positive state actions through charity, humanitarian relief and social mutual aid. [3] In the 1940s, the speech by President Franklin Roosevelt on the "Four Freedoms" brought about the recognition by the international community of social rights, in addition to civil and political rights. In 1945, at the United Nations Conference on International Organization held in San Francisco, the right to health was formally incorporated into economic, social and cultural rights and later recognized in Article 55 of the

---

[1]   See Jiang Yue *et. al.* , "Textual Research on the Idea of the Right to health", *Academic Forum*, No. 4, 2007, p. 145.

[2]   Yang Lixin, *Laws on Personality Rights*, (Beijing: Law Press China, 2005), p. 156.

[3]   See Jiang Yue *et. al.* , "Textual Research on the Idea of the Right to health", 2007, pp. 145 −146.

United Nations Charter,[1] thereby being transformed from a purely private right to a mixed public-private (namely, social) right, and from a right that can only be claimed against individuals to a right that can be claimed against both individuals and the state.[2] The significance of the right to health as a social right, rather than a purely private right, lies in the fact that not only a citizen must bear responsibility for his own health, but the state also has to bear positive obligation to safeguard the right to health. Namely, the government has the duty to ensure the realization of the right to health and to play an important role in the provision of relevant services. Currently, in most countries worldwide basic health care is regarded as a citizen's social right, the expenses of which are to be paid through the fund raised by state or to be borne directly by the state. And the health of the individual is socialized so as to ensure, through social forces, the equal access to health care by every citizen. Since the realization of the right to health is dependent on medical and health services, it requires from the state to vigorously develop medical and health undertakings and raise the quality of medical and health services.

V. The Right to Health Is an Equal Right

Equality and non-discrimination is a basic element also of the right to health. As a

---

[1]   Karel Vasak, a French scholar and former legal advisor to UNESCO, puts forward the concept of the "generations of human rights" and he puts social rights into the category of "second-generation human rights". According to him, first-generation human rights emerged during the period of American and French Revolutions and mainly include civil and political rights; second-generation human rights appeared during the Russian Revolution and mainly include economic, social and cultural rights; third-generation human rights are the response to the global interdependence and mainly include the right to peace, the right to environment and the right to development. With a view to different forms of relationship between the citizen and the state, he defines first-generation human rights as negative human rights, second-generation human rights as positive human rights, and third-generation human rights solidarity rights. Currently, western countries and some of western NGOs still maintain that second-generation human rights are far less important than first-generation human rights. And for the so-called third-generation human rights, including the right to development and environmental rights, the western countries and third world countries hold different views. However, third world countries tend to emphasize the importance of second-and third-generation human rights. See Xia Li'an, "The Right to Health: A Bridge Between Generations of Human Rights", available at: http://www.govyi.com.

[2]   See Jiang Yue *et al.*, "Textual Research on the Idea of the Right to health", 2007, p. 147.

social right, it creates a duty for the state to "protect the individual from economic and social injustice in matters of health", to ensure that "health services are accessible and fully adapted to the cultural background of the individual", in order to provide the individual with a series of rights and freedoms relating to health services, "especially opportunities and platforms for the disadvantaged groups to improve their abilities". [1] Xiong Huiping warns that the lack of sufficient protection of the right to health is an important manifestation of poverty of rights. There is an imbalance in the enjoyment of the right to health between the rich and the poor, and the essence of such imbalance is "the overriding of rights by power, the misplacement of rights and power, and the absence of rights, and the resulting gap between the rich and the poor and the widening of such gap." [2] Therefore, although the realization of the right to health is restrained by the factors such as the levels of development of health care and economy, its equal and universal nature requires that health policy must embody "fair equality of opportunity". Namely, society should recognize and respect the value of life and ensure that every patient gets the necessary treatment, so as to embody social justice. [3] It is exactly for this reason that almost all international human rights conventions have unequivocally affirmed the "non-discrimination principle" relating to the right to health. The International Covenant on Economic, Social and Cultural Rights provides in Article 2 (2) that the State Parties have the obligation to guarantee that the rights enunciated in the Covenant will be exercised without discrimination of any kind as to race, colour, sex, language, religion, political or other opinion, national or social origin, property, birth or other status. [4] The Committee on Economic, Social and Cultural Rights especially mentioned in the General Comment No. 14 elimination of discrimination based on health status (including HIV/AIDS), disability and sexual orientation. The International Convention on the Elimination of All Forms of Racial Discrimination stresses the equality and non-discrimination

---

[1]　See Xiong Huiping, "Interpretation of the 'Poor Economics' from the Perspective of the Right to Health", *Journal of Sichuan University of Science & Engineering*, No. 4, 2007, p. 56.

[2]　See Xiong Huiping, " 'Poor Economics' from the Perspective of the Right to Health: Poverty of Rights and Its Control", *Social Science Research*, No. 6, 2007, p. 37.

[3]　See Chen Jinghong, "The Right to Health and Medical Treatment Fairness", *Journal of Southeast University (Philosophy and Social Science)*, No. 9, 2007 (supplementary issue), p. 40.

[4]　*Compendium of United Nations Documents on Human Rights and Criminal Justice*, 2000, p. 110.

relating to the right to health. Article 5 of the Convention requires State Parties to "undertake to prohibit and to eliminate racial discrimination in all its forms and to guarantee the right of everyone, without distinction as to race, colour, or national or ethnic origin, to equality before the law, notably in the enjoyment of the following rights: … the right to public health, medical care, social security and social services". ① The Convention on the Elimination of All Forms of Discrimination against Women provides in its Article 12 (1) that "State Parties shall take all appropriate measures to eliminate discrimination against women in the field of health care in order to ensure, on a basis of equality of men and women, access to health care services, including those related to family planning". ② The Convention on the Rights of the Child provides in its Article 24 (1) that: "State Parties recognize the right of the child to the enjoyment of the highest attainable standard of health and to facilities for the treatment of illness and rehabilitation of health. State Parties shall strive to ensure that no child is deprived of his or her right of access to such health care services." ③ And the WHO, based on the principle of equality and non-discrimination, adopted a set of universal standards on state obligations relating to the right to health in the "Strategy for Primary Health Care". ④ Although these standards were adopted many years ago, they are still of great importance to the promotion of the equal right to health today. It should be said that the realization of the equal right to the health can not take place if the state in question remains inactive in this field. On the contrary, it requires that the state take positive actions and necessary steps, including promulgation of laws, making of policies and strategies, and the establishment of basic health-care systems, in order to ensure a fair and equal protection of the right to health. On the other side, it is true that the right to health also has negative aspects. Sometimes it demands that the state guarantees its implementations by "non-interference" or "non-infringement";

---

①　*Compendium of United Nations Documents on Human Rights and Criminal Justice*, 2000, p. 136.

②　Supra note①, p. 126.

③　Supra note①, p. 166.

④　These standards include: 1. carrying out education on major health problems and their prevention and control; 2. strengthening the provision of food and proper nutrition; 3. providing sufficient safe drinking water and basic health facilities; 4. providing maternal and infant health care service, including family planning services; 5. providing immunization against major infectious diseases; 6. providing proper treatment to people suffering from common diseases and harms; and 7. providing essential medicine.

namely the state should not impede citizens from maintaining their health or sacrifice citizens' health on any excuse or by any means.

IV. The Right to Health Is a Statutory Right

Statutory rights correlate to "due rights" and "moral rights". As a fundamental human right, the right to health is both a due right and an actual right, and it is both a moral right and a legal right. [1] The transformation of the right to health from a due right to a legal right means that citizens possess "the force of law" with respect to their health interest. [2] Such force gives a citizen the capacity to control subject matter and the justification to ask other persons to fulfil an obligation. Some scholars point to the fact that before the right to health was transformed into a legal right, it had gone through a process of evolution from clan revenge to blood revenge, from blood revenge to talion, and from talion to atonement through compensation. The power to investigate and punish acts of violation of the right to health had been gradually transferred from the clan to groups or individuals, and then to public officials designated by the law to represent the whole society. [3] As far as the law is concerned, in 1601, Poor Law in England established the content of medical assistance and services that the government should provide to the poor. However, the government borne only limited "moral" obligation in this respect and the poor people's dignity was not protected when receiving such medical assistance or services. [4] In 1848, England promulgated the first law on public health in the world and established the Central Board of Health, thereby formally establishing the state's obligation to safeguard citizens' right to health. [5] In 1883, Germany promulgated the first health security law in the world—the Law on Health Insurance for Industrial Workers, which marked the birth of a new type of health insurance legal system: health risks were shared by the individual, the society and

---

[1]   Shen Zongling, *Jurisprudence*, (Beijing: China Higher Education Press, 1994), p. 190.

[2]   Liang Huixing, *General Introduction to Civil Law*, (Beijing: Law Press China, 1996), p. 62.

[3]   See Jiang Yue *et. al.*, "Textual Research on the Idea of the Right to health", 2007, p. 145.

[4]   Chen Hongxia, *Social Welfare Thoughts*, (Beijing: Social Sciences Academic Press, 2002), p. 83.

[5]   E. Royston Pike, *Human Documents of the Industrial Revolution in Britain*, Chinese edition (translated by Cai Shihao *et. al.*), (Xiamen: Fujian People's Publishing House, 1983), p. 310.

the state. Not long after that, various countries in Europe, America and Asia began to implement health insurance laws and established different models of medical and health insurance systems. Just as John Locke pointed out, when different views on health acquire historical perspective, the right to health is transformed from a natural and inalienable right into a human right. [1] In China, the current Constitution contains no independent concept of "the right to health". Nevertheless, it has clear stipulation on the protection of people's health from the perspective of state responsibility. In addition, various civil, criminal, and administrative laws protect strictly the right to health. For example, Article 98 of the General Principles of the Civil Law provides that citizens shall have "the right to life and health"; Article 119 of the same law provides that anyone who infringes upon a citizen's right to health "the infringer shall pay his medical expenses and his loss in income due to missed working time and shall pay him living subsidies if he is disabled; if the victim dies, the infringer shall also pay the funeral expenses, the necessary living expenses of the deceased's dependents and other such expenses." The highest level of protection of the right to health is provided for in the criminal law. Provisions on the protection of the right to health can also be found in various social and administrative laws, such as the Law on the Protection of the Rights and Interests of Consumers, the Law on Product Quality, the Law on the Prevention and Control of Occupational Diseases, the Law on the Prevention and Control of Infectious Diseases, and the Law on Maternal and Infant Health Care. Although legally protected and of a universal nature, the right to health is mainly a right under domestic jurisdiction.

Until now I mapped my basic understanding of the nature of the right to health. Along with the growth of world population, the development of the world economy, changing of lifestyle and the breakout of new diseases, the connotation of citizens' health, especially public health, is undergoing a process of dynamic change. Correspondingly, the concepts of health and the right of health will also constantly develop and incorporate more political and other objectives into their standards and connotations, thereby leading to major development of the ideas of human rights. [2] In the same vein one scholar points out that in modern society,

---

[1]　Asbjørn Eide et. al. , Economic, Social and Cultural Rights: A Textbook, Chinese edition (translated by Huang Lie et. al.), (Beijing: China Social Sciences Publishing House, 2003), p. 75.

[2]　See Du Chengming, et. al. , "The Right to Health: Its Nature as a Constitutional Right and Its Realization", Hebei Law Science, No. 1, 2007, p. 65.

health "has undergone a process of evolution from a strict concept belonging to the health sector and involving humanitarianism to a concept gradually covered by many other social objectives, a concept with increasingly rich connotation and vague content." As a result, the right to health becomes more risky and inaccurate as a human right concept. ① In essence, the objective of the right to health is to safeguard citizens being in a state of complete physical, mental, and social wellbeing, which is different from that of guarantee of basic livelihood. Therefore, currently, there are many disputes among domestic and international law circles as to whether or not it is appropriate to set up a so-called "minimum standard" on the right to health. Moreover, the lack of unified understanding of the nature of the right to health has made it difficult to resolve many health-related problems, more notably: How can the state strike a balance between "health and development" and between "present and future"? In the case of conflict between the right to health and the right to development, which one shall prevail over the other? Whether the government should prohibit citizens from engaging in certain activities that are harmful to their own health (such as smoking or excessive drinking)? The UN Committee on Economic, Social and Cultural Rights holds that State Parties have some core obligations to ensure the satisfaction of minimal, essential levels of the right to health. These obligations include: to ensure the right of access to health facilities, goods and services on a non-discriminatory basis, especially for vulnerable or marginalized groups; to ensure access to basic shelter, housing and sanitation and to an adequate supply of nutritionally adequate and safe food and safe and potable water; to ensure equitable distribution of all health facilities, goods and services; and to adopt and implement a national public health strategy and plan of action that safeguard the right to health of every citizen. However, because the right to health is in essence an issue of domestic law and its fulfilment is to a large extent determined by the conditions of economic and social development in a country it has become very difficult to implement such core obligations or to initiate litigation against a government for violation of such obligations. All of these are problems need to be resolved in future.

(Translated by Bi Xiaoqing, proofread by Li Xixia)

---

① See Xia Li'an, "The Right to Health: A Bridge Between Generations of Human Rights", available at: http://www.govyi.com.

On the Systematic Protection of Women's Right to Health

*Dong Wenyong**

I. Introduction

After World War Ⅱ , the world entered into a period of peace and development. Since then, economic and social development and the rise of the human rights movement have been continuously creating favourable conditions for the freedom and development of people, promoting the transformation of human rights from ideology to concepts, from rights existing only on paper to rights actual enjoyed by people. The human rights system has gradually expanded to cover not only political and economic rights but also social rights. The right to health, as one of the important social rights, is of great significance to protecting the health interest and promoting the fulfilment of state responsibility of safeguarding citizens' physical and mental health.

Due to its great importance, the right to health has become a fundamental human right enshrined in many important international human rights instruments, such as the Universal Declaration of Human Rights, the International Covenant on Economic, Social and Cultural Rights (ICESCR), the Convention on the Rights of the Child, and the Convention on the Elimination of All Forms of Discrimination against Women (CEDAW). According to the above-mentioned

* The Institute of Law, Chinese Academy of Social Sciences.

international human rights instruments, the right to health is a universal right to be equally enjoyed by every human being. However, because of the influence of economic, social and cultural factors, the right to health has not yet been fully realized and geography, gender, race and religion can all become social factors affecting the equal enjoyment of this right. Gender equality in the enjoyment of the right to health has become a focus of attention because it involves the equality of right between two of the greatest social groups—men and women.

From traditional agricultural society to modern industrial society, equality of rights between men and women has always been an important aspect of the process of social development. The right to health is an aspect of women's rights; respecting, protecting and improving women's right to health is of great significance to raising the level of the rule of law of the country and to promoting the health of the whole nation. However, women's right to health, like many other social rights, has its obvious vulnerability at given stage of social development and under given social condition. Legally abstract protection of citizens' right to health will not effectively improve the level of women's enjoyment of the right to health. This further demonstrates the significance of the protection of women's right to health as an indicator of social progress. Therefore, under the existing social conditions, it is necessary to lay special emphasis on the protection of women's right to health.

During the past 30 years, some remarkable changes have taken place in the level of economic development, social structure, and cultural ideas in China. These social changes have had obvious impact on women's health, including not only the promotion of women's right to health by economic and social development and opening up of the society, but also the impediment to the development of women's right to health by such factors as the imbalance in economic development, the inequality of employment and educational opportunities, and sexual liberation. In order to better protect women's right to health, the Chinese government has adopted a series of policies and laws, including the Program for the Development of Chinese Women (2001 - 2010), the Law on Maternal and Infant Health Care, the Law on the Protection of the Rights and Interests of Women, and the Provisions on the Health Care Work for Female Workers. Despite these policies and laws, the institutional protection of women's right to health in China is still unsatisfactory. In order to truly protect women's right to health, it is necessary to identify the particularity of women's right to health and, on the basis of such identification, to construct an institutional system that provides comprehensive protection for women's right to health. For this purpose, this article will analyse women's claims under health rights, explore the conditionality of women's right to health. Based on such analysis, the article will explore a feasible system of protection of women's right to health.

II. The Analysis of Women's Right to Health

"Health" is a frequently used concept that, however, lacks a specific enough meaning. The author of this article believes that the right to health refers to the right of everyone to maintain normal physiological functions and mental well-being. Here, "everyone" refers not only to individuals, but also groups of individuals, such as women, children, and the disabled. The so-called "normal physiological function" refers to the functions determined by the natural attributes of human beings, whereas "mental well-being" refers to intelligence and thinking ability based on the natural attributes of a human being and required by his or her social attributes. Therefore, the so-called health refers to neither a strong body and cheerful spirit, nor the absence of disease or infirmity, but to the ability of the body and the mind a person, as a physiological and social being, to adapt to and satisfy the requirements of a normal life and individual development.

2.1   An Overview of Women's Right to Health

According to the above-mentioned understanding of the right to health, women's right to health refers to the right of women to maintain normal physiological functions and mental well-being. It cannot be reduced to a special form of the right to health. Women's claim of health interests are based on the characteristics of their physiological and social adaptability. Women's right to health does not mean women have the right to be healthy. Nor does it mean that the government, society or other individuals must ensure women's health. Rather, it means that women have the right to request the government, society or others (especially men) to take or refrain from certain action so as to protect their health and women have the right to engage in acts conducive to their own health without any impediment.

2.1.1   *Forms of women's right to health*

Women's right to health is not a single right, but a series of rights established around the goal of realization of women's right to health. These rights can be divided into different categories according to different criteria.

a. Using the subjects of the right as criterion, women's right to health can be divided into woman's individual rights to health and the women's collective rights to health. The former are the rights enjoyed by individual women, such as the right to gynaecological medical service and the right to health care. These are the most common and the main form of women's right to health. It includes both the ordinary health rights enjoyed by all people and special health rights enjoyed only by women. Women's collective rights to health cover the right to health of women as a basic social group, including the right to protection during prenatal period and reproductive rights. Such rights are based on women's specific physiological and psychological characteristics and therefore cannot be enjoyed by men. They are different from ordinary right to health not only in content, but also in the implementation mechanism. For example, women's organizations can legally claim certain forms of the right to health on behalf of all women as a group or exert political influence in this respect. ① Women protection organizations can even participate in court proceedings to seek remedy for violations of women's right to health. ②

b. Using the content of right as criterion, women's right to health can be divided into many different forms. For example, according to the levels of health need, women's right to health can be divided into right to healthcare, right to medical treatment, right to rehabilitation, etc. ; according to the health areas, women's right to health can be divided into the right to physical health and the right to mental health; according to the key elements in safeguarding health, women's right to health can be divided into the right to dietetic health, the right to medicine and medical appliances, the right to have access to health knowledge, the right to

① For example, the Program for the Development of Chinese Women (2001 −2010) points out that "In formulating policies and guidelines concerning fundamental interests of women, the government must solicit the opinions and proposals of female deputies to the people's congresses and of Chinese people's political consultative conferences at various levels, various women's organizations and individual women. "

② The Program for the Development of Chinese Women (2001 −2010) points out that: "China needs to establish and improve a system of specially invited assessors from women's federations, truly implement the principles of gender equality and protection of women's lawful rights and interests, and ensure the fairness of the trial of cases involving women's rights. "

environmental health, the right to medical security, the right to be informed in case
of emergent and major public health incident, etc. Of course, women right to
health can take many concrete forms under each of the above categories.

c. Using the aim of right as criterion, women's right to health can be divided
into the right to maintain health, the right to claim health, the right to health
benefits, and the right to remedies for the violation of the right to health.

d. Using the self-sufficiency of the right as criterion, women's right to health can
be divided into a positive right to health and negative right to health. The former is
the right that can be realized only with an active cooperation of subjects other than
the bearers of the right themselves, such as the right to health benefits and the right
to medical security. The latter is the health right that can be realized without the
assistance or intervention of others, such as the right to maintain one's health. The
positive right to health is the main type of the right to health.

(2) Forms of women's right to health

Women's right to health has three forms: due right to health, legal right to
health and actual right to health.

In order for a right to be established, the essential elements of the right,
including interest, qualification, claim, and power or freedom, must be confirmed
so as to gain the minimum moral support. Only in this way has the holder of the
right the justification to demand others to fulfil the obligations necessary for the
realization of the right. [1] Generally speaking, a right can acquire legal entitlement
and ensure its realization only if it is guaranteed by law. However, due to various
subjective and objective factors, it is difficult for women to enjoy the right to health
on an equal basis with men despite the reasonableness and justifiability of this right.
And a moral right must go through a process before it can become a legal right.
Before confirmed by law, a right exists only as a due right. Under certain
circumstances, such rights can be embodied in other social norms (such as state
policies, practices and customs[2]). This is especially true for women's right to
health.

---

[1]   Wang Jiafu and Liu Hainian (eds.), *China Encyclopedia of Human Rights*, (Beijing: China Encyclopedia
      Publishing House, 1998), p. 456.

[2]   In many places in China, women's health during the postnatal period are protected through the
      traditional custom of "sitting the month", namely for the mother to rest indoors for one full month
      after giving birth.

Women's legal right to health is the right to health enjoyed by women in accordance with law. Various mechanisms must be established in order to effectively safeguard women's right to health and the legal mechanism is the most important one among them. Only when women's due right to health is transformed into legal right to health can it be protected by law as the most authoritative and powerful social-control mechanism. There are two mechanisms for the confirmation and safeguarding of women's legal right to health: domestic law and international law. The protection of women's right to health by domestic law has the strongest coercive power and enforceability because it is backed up by the state power. Although women's legal right to health is not implemented under certain circumstances, [①] as far as its nature is concerned, it is the most rigid form of right. In comparison, the legal right to health provided for by instruments of international law, such as the ICESCR and Night Work (Women) Convention, can be implemented only after its was recognized by states and translated into national law.

Women's actual right to health is the right to health that can in fact be enjoyed by women. Legalisation of women's right to health aims at a universal and full realization of the right in the society. However, due to the limitation of various objective conditions, such as the scarcity of health resources and the low affordability of individual women, as well as various defects in the legislative, law enforcement and judicial processes, legal texts often cannot completely translate into legal order, and objectives of rights can not be fully realised. The right to health can become a tangible and genuine right only if it can be translated into actual right, and only the right to health that can be effectively enjoyed by women is the most basic and genuine indicator of the level of protection of women's right to health in a country.

We can turn women's due right to health into actual right to health by transforming it into legal right to health or by other means. In any case a state must try its best to make the right to health effectively enjoyed by women as close as

---

① A piece of legislation loses operability if it is too general and declarative [see Ma Yinan, "Legal Protection of Human Rights in China", in Bai Guimei (ed.), *International Human Rights and Development: Chinese and Canadian Perspectives*, (Beijing: Law Press China, 1998), p. 355.]. And a piece of legislation is discriminatory if it is based on male-oriented legislative perspective (See Zhou Cuibin, "Problems in the Chinese Legislation on the Protection of the Rights and Interests of Women and Their Solutions: A Comparison with Norwegian Law on Gender Equality", *Law Science Magazine*, No. 1, 2009,).

possible to women's due right to health.

2. 1. 3   *Women's right to health and other rights*

As a basic human right and important part of human rights law, the right to health is closely related to other human rights and laws. These relations reveal the value of the right to health and the factors that must be taken into consideration in the protection of the right to health. Although women's right to health, as an important component of women's rights, takes the safeguarding of women's health interest as its major objective, it is not sufficient in itself to achieve this objective. This right is therefore inseparable from other human rights and related laws because it needs to be supplemented and supported by other rights.

On the one hand, the relationship between women's right to health and other rights is notoriously manifested in the adoption of policies, laws and plans for the realization of the women's right to health that can promote or affect other rights. For example, in order to safeguard the right to health as a specific right, it is necessary to evaluate women's special health needs and existing health problems, so as to determine whether such special health interest exist, and the availability of health resources. Under the condition of limited health resources, the over-investment by the state in women's health services can drain resources away from other social investments and affect the social welfare of other social groups. The protection of women during pregnancy is conducive to mental and physical health of the foetus and infants and to reducing the burdens that families may incur in future.

On the other hand, the protection or violation of women's other rights may affect the protection of women's right to health. For example, the protection of women's right to employment is conducive to strengthening women's economic independence and improving their status in family, thereby having a positive impact on their health.

Since women's right to health is closely related to many other rights, it is critical to strike a balance between women's right to health and other human rights, and create favourable conditions and provide necessary support for the realisation of women's right to health through the protection of other relevant rights.

2. 2   The Characteristics of the Women's Right to Health

2. 2. 1   *Conditionality*

The so-called conditionality of women's right to health means that the scope, content, and level of enjoyment of women's right to health are affected and restricted by social and historical conditions, including political, economic, social and cultural conditions. Women's right to health, as a social right, inevitably relates to relevant social conditions. Like other women's rights, the right to health is a historical concept, an evolving form of right. Namely people's understanding of this right is deepening continuously. In feudal society, women were regarded the property of men. They did not enjoy the status of subjects, but were only objects dominated by men. The concept of "women's right to health" could not emerge at times when women did not enjoy the status of subjects. Only after women's status in society and family gradually had improved and when men and women, by relying on the social resources under their respective control, had stricken a balance in influence and control power between them, could women's claim for health interest be truly paid attention to and their due (or moral) right translated into legal rights, with women's health interest transforming into a legal right effectively enjoyed by women. Once the veil of various false appearances of vanity and tender feelings covering rights has been lifted, the real factors determining women's self-liberation (including the liberation in the field of health) are revealed: they are social conditions and women's power to control and master these social conditions. Without these factors, women's health interests may be disposed at whim by men and the so-called women's health right is in essence merely a kind of unreliable charity. Therefore, the scope and level of enjoyment of women's right to health are essentially determined by social conditions, although women's control over such social conditions is inseparable from their own efforts and struggle. For example, women's political participation is conducive to flagging their rights claims in the decision-making process of state and social administration and, by influencing the adoption of policies and laws, to strengthening the protection of women's rights at the institutional level. Apparently, the higher women's political and social status, the better the protection of women's due rights will be. Influenced by traditional culture, women in traditional families of many countries are required to give the best food to men and children. This is because, on the one hand, due to the influence of traditional culture, women's status in family is inferior to that of men and, on the other hand, due to the level of productivity, men are usually the bread-earners in the family and it is to the interest of the whole family, including that of the housewife, to ensure the health of the men. However, an unequal distribution of food may result in different health levels among the family members. The conditionality of women's right to health also means that, with the separation of the right to health from other rights, such as the right to life and right to person, every person enjoys the right to health in an abstract way. However, it is necessary to further identify and give special protection to women's special health needs.

2.2.2   Vulnerability

The so-called vulnerability of women's right to health means that this right is susceptible to infringement and discrimination and that it is difficult for women to get remedy for such infringements and discrimination. Women are notoriously a disadvantaged group in society and can easily become victims of violation in family and society. In many countries, women are often the victims of domestic violence. In China, for example, the percentages of women in ethnic minority areas who are subjected to frequent or occasional domestic violence are 8.25% and 27.79%, respectively. ① Domestic violence harms not only the physical health, but also mental health of women because "physically ill health can affect human body's shape and lead to mental and emotional illness."② Women who are victims of domestic violence live for a long time in a horrifying and tense family environment and a long-term fear: their sadness and bitterness can easily result in serious emotional and mental disturbances or mental illness. Moreover, in order to maintain family stability or their reliance on family members, many women are not willing to disclose their unfortunate experience of domestic violence, let alone to seek social support or to use legal means upholding their own rights. Moreover, women are often subject to physical and sexual violence outside family, which would also result in direct bodily harms and indirect harms caused by pregnancy. These could cause mental health problems often little known to others and, as a consequence, few victims can get timely and effective assistance.

Women's right to health can be easily subjected to discrimination. Gender-based discrimination with respect to the right to health is a common phenomenon. In China, boys and girls in multi-children families in urban areas usually enjoy the

---

① Lei Mingguang, "Reflections on the Legal Protection of the Rights and Interests of Women of Ethnic Minorities", *Journal of the Central University for Nationalities* (Philosophy and Social Sciences Edition), No. 2, 2009.

② M. C. Clenier, "On the Health of the Individual: Social Value", (translated by Sun Zhou), *Social Sciences Abroad*, No. 3, 1990, p. 77 -78.

same health care. However, in some rural regions and families, especially in remote and economically backward areas, son preference has prevented girls to get equal medical treatment with boys.

Inequality in employment opportunities affects women's economic capability and their access to health resources. Due to backward and unbalanced education and limited educational resources, women and girls are unable to enjoy equal educational opportunities with men, which in turn affect their ability to acquire health knowledge. Many of them are not aware of the health rights they are entitled to and are unwilling to seek medical treatment due to various considerations. [1] Because of the lack of necessary medical knowledge, the incidence rate of gynaecological diseases among them is very high. [2]

Women's health has also been negatively affected by medical service mode. For example, under the condition in which there is a lack of appropriate state intervention of medical service market, medical institutions, in their pursuit of profitable objectives, often provide unnecessary caesarean delivery service to women. Some medical institutions especially target the group of old and middle-aged women for profit-making objectives. Taking advantage of their eagerness to seek health and control aging, they abuse oestrogen in health care process; many old and middle-aged women also develop menopause phobia as result of dissemination of inappropriate health information.

2.3   A Brief Summary

In order to protect women's right to health, we must first recognize the above-described characteristics of women's right to health. In traditional law, all human beings are abstract and formal. However, such abstract and formal equality of right is not conducive to the realization of the equality of the interests that lie behind substantive rights. Therefore, we need to reflect on such right protection mechanism that will transform formal protection into materialised concrete protection, thus experiencing a reversed or revised legal construction and a rational

---

[1]   Ye Xiaobin and Tang Bin, "Protection of the Rights and Interests of Women in Ethic Tibetan Minority Areas in Sichuan Province: Investigation and Reflection", *Journal of Guangxi University for Nationalities (Social Sciences Edition)* , No. 12 , 2007.

[2]   For example, in some ethnic minority areas in China, about 80% of women are suffering from gynecological diseases. See Lei Mingguang, note[1] of Previous page.

return "from contract to status", thus implementing targeted protection in light of the concrete characteristics of different groups of people.

III. The Problems in the Protection of Women's Right to Health

Under relevant international human rights instruments and domestic legislation of various countries, women's right to health is the most important human right enjoyed or should be enjoyed by women. However, the implementation of this right in reality is not satisfactory. In order to protect women's right to health, it is necessary to identify factors affecting this right, and to guide and control such factors. In view of the fact that women's right to health is an inclusive right and factors affecting this right are complex, it is necessary to provide a systematic protection to this right at every level. However, such protection is restricted by many practical problems.

3. 1   Restrictions on Women's Right to Health by Social Conditions

3. 1. 1   Restriction by economic conditions

Economy is the material basis for the realization of women's right to health. Economic dependence and low-income level are among the major economic causes impeding the realization of women's right to health. In economically backward developing countries, women must struggle hard to keep body and soul together; they must throw themselves into fierce occupational competition in order to avoid unemployment. Therefore, survival is the primary objective pursued by women in these countries.

In urban areas, women's employment is very susceptible to the influence of economic situation. Restricted by their special physiological conditions and their role as housewives, women often find themselves in a disadvantaged position when in occupational competition with men. In economically backward rural areas where production mainly relies on physical labour, women's physiological characteristics put them in an even more disadvantaged position in respect of production. To make up for their "in-born inadequacy" in economic position, they must work harder, suffer more physical and mental consumption and, therefore, are more likely to encounter health problems than men. In free medical market conditions, health disadvantage can be amplified by economic disadvantage.

Economically disadvantaged position makes it hard for women to get rid of survival stress and, as a result, women's other needs are put on the back burner. Restricted by economic conditions, women can easily lose education and training opportunities, which weakens the basis of further development through self-improvement (including improvement of their health) ; because of limited economic capacity, women are unable to fully satisfy their basic need for health care, medical and reproductive services, their health facing serious threat. Disadvantaged economical position can easily lead to a disadvantage position in family and society. As a result, family and society often ignore women's right to health, which makes it difficult to exercise.

3. 1. 2   *Restriction by religious and cultural conditions*

Compared to the "hard" restrictions by economic conditions, the restrictions on women's right to health by religion and traditional culture are "soft" restrictions. Ideologically-caused inequality of rights between men and women displays discrimination against women. Religion and traditional culture are important sources of such discriminatory ideology. An overview of religions and religious sects throughout the world reveals abundant examples of religious doctrines that defame women, propagating male supremacy and other ideas harmful to women. Religious doctrines and traditional cultures unfavourable to women constitute an inhibiting force for women's right to health and a direct discrimination against women. As a result, the disregarding of women's rights is considered a natural and usual phenomenon, unable to draw attention or cause reflection of the society. Once the inequality of rights is universally accepted by society, especially when it has exerted subtle influence on legislators, women's right to health can be easily derogated. Moreover, some religious doctrines and traditional cultures constitute a direct threat to women's health. For example, female genital mutilation is still practiced in some African regions; son preference in China has led to many problems, including different feeding modes for male and female infants and early marriage and early pregnancy among girls. ①

It is worth noting that women's right to health is negatively affected not only by

---

① Brigit C. A. Toebes, *The Right to Health as a Human Right in International Law*, (INTERSENTIA Antwerpen-Groningen-Oxford, 1999) , p. 258.

traditional cultures, concepts and customs, but also by newly emerged cultures and concepts in contemporary society. As long as gender discrimination is tolerated or even "taken for granted", the logic of gender inequality will never disappear, but just appear in a different form with the changed appearance along with passage of time. For example, foot binding in ancient Chinese society and the breast augmentation surgery in modern China actually follow the same logic.

3. 1. 3 *Restriction by natural and social environments*

Since environmental pollution and destruction of natural resources have direct impact on health, many countries of the world have directly provided for the environmental right in their constitutions and environmental protection laws and associated such right with health. Examples in this respect include Article 35 of the South Korean Constitution and Article 66 of the Portuguese Constitution. Other countries that have provided for the citizen's environmental right in their constitutions and basic laws of environmental protection include Switzerland, Thailand, Cuba, and Romania. [1] At the international level, Article 12 of the ICESCR also links the right to health to the improvement of the environmental hygiene.

Changes in social environment also affect women's health. In China, economic development has led to large-scale movements of population, with unequal gender and geographical distribution among the transient population. In areas with developed light industries or electronic industries, such as Dongguan and Shenzhen in Guangdong Province, there are a large number of female migrant workers, resulting in far greater proportion of women than men in the local population, [2] whereas in areas with rapid urban construction, there are a large number of male migrant workers working in construction and transportation industries. The unbalanced geographical distribution of men and women has led to a series of social problems. Among them, sexual violence and underground sexual services are the most prominent ones, which increase women's risk of becoming victims of sexual violence or being infected with HIV virus. In areas of origin of migrant workers, the mode and quality of the life of women, children and the elderly who are left

---

[1] Cao Yanchun, "Legal Reflections on Citizens' Environmental Rights", *Social Science Front*, No. 4, 2002.

[2] Source: http: //nddaily. com/comments/focus/201003/t20100309_ 1114668. shtml.

behind have been affected by the outflow of labour force. Left-behind women's health is affected by increased physiological and mental stress. [1] In cities with a large proportion of migrant population, non-local people are often discriminated against and find themselves hard to integrate into local society. This has had a negative impact on rural children who migrate into cities with their parents.

3.2   Problems in the Protection of Women's Right to Health

3. 2. 1   Occupational health

Law to protect workers provides for the right to occupational health. Special protections for women, include protections during periods of menstruation, pregnancy, childbirth and lactation, are provided for by law in light of women's physiological vulnerability. At the international law level, international conventions on the protection of women's occupational health include ILO Night Work (Women) Convention, CEDAW, and ILO Maternity Protection Conventions. China has already developed a system of legal instruments on the protection of women's occupational health consisting mainly of the Labour Law (Chapter Seven), the Law on the Protection of Women's Rights and Interests (Article 26), Special Rules on the Labour Protection of Female Employees, Provisions on Scope of Forbidden Work Assignment for Female Workers, Provisions on the Health Care Work for Female Workers, and Regulations on Maternal and Child Health Work (Article 18).

Despite protections provided for by various legal instruments, the current level of actual enjoyment of the right to occupation health by female employees is far from optimal. In China, some enterprises often require female employees to work overtime. Some other enterprises, in order to reduce production costs, shirk their responsibility of paying insurance premium. As a result, many female employees are not covered by maternity insurance. Under the pressure of high childbirth expenses, some female employees have to lower their requirement of childbirth service. It is very common that women are unable to get adequate protection during the "four periods" (namely the periods of pregnancy, childbirth, lactation

---

[1]   Wang Zheng and Li Ruilong, "An Investigation on the Health Status of and Participation in Sports Activities by Left-behind Women in Rural Areas of Henan Province", *Journal of Jinggangshan University (Philosophy and Social Sciences Edition)*, No. 29 Supplement, 2009.

and menstruation). ① And due to such factors as the pressure of economic development and low level of public administration, the right to health of female employees is often not protected by law enforcement agencies.

Moreover, current Chinese legislation on the protection of female workers is city-oriented. Namely, its main aim is to provide legal protection to the right to occupational health of female employees in urban areas, rather than female workers in rural areas.

3. 2. 2   Reproductive health

Women's reproductive function and activities are an important aspect of women's life. Their reproductive health has three main contents: marriage, sex and childbirth. The autonomy of marriage as well as the voluntariness and equality of sex within marriage are directly related to women's physical and mental health. Involuntary or forced sex and other violence not only violate women's right to physical integrity, but can also lead to involuntary pregnancy, STDs, Aids and other serious harms to the reproductive system as well as mental illness. Women's reproductive health also faces serious threat from the delay of marriage and the accompanying psychological anxiety resulting from social pressure, the lack of knowledge of reproductive health, and pregnancy and childbirth before marriage. Problems related to reproductive function are one of the main causes of the low overall health level of women. ② Frequent and excessive procreation seriously damage women's physical health. The voluntariness, the means and the method of birth control also have important impact on women's health. According to an investigation, 90% of the contraceptive devices, drugs and surgeries as well as sterilization operations are targeted on women. ③ These problems are more serious in rural areas than in urban areas. In case of unintended pregnancy, conditions of abortion and postpartum recovery also have important impact on women's physiological and mental health.

Currently China still has a long way to go in ensuring the actual enjoyment of the right to health by women. Women's right to reproductive health, like other health

---

① See "The Situation of Labor Protection of Female Workers Not Optimistic: An Investigation Report on Non-Publicly-Owned Enterprises", in *Jinhua Daily*, June 17, 2004, p. 8.

② Li Yinhe, *The Rise of Women's Power*, (Beijing: Culture and Art Publishing House, 2003), p. 70.

③ Liu Huijun, "An Analysis of the Situation of Reproductive Health in Rural China from A Gender Perspective", *Population & Economics*, No. 1, 2009.

rights, is affected by women's economic and social status and influenced by traditional culture. However, there is a certain relationship between problems with women's reproductive health and other resulting illnesses and the deficiency in rights and right protection mechanism. Women are often obedient to the wishes of their husbands or family elders in such matters as the timing and spacing of children and childbearing behaviour. Some policy-makers fail to respect women's right to participation in the making, management and evaluation of women's health programs. As a result, the policies and laws they make often do not conform to the natural laws of women's reproductive health and cannot meet women's actual need of protecting their reproductive health. Moreover, there is the problem of inequality in the enjoyment of women's right to reproductive health. In areas where there is a concentration of transient population, local reproductive health administration departments often cannot provide equal reproductive health service to non-local women. [1]

3. 3   The Problems in the Protection of Other Rights Related to Women's Right to Health

Because of the ambivalent nature of the concept of health and the wide variety of factors affecting health, all factors related to health can be linked to the right to health. Meanwhile, all reasonable claims of interest can become rights and different rights are supportive and supplementary to each other. For example, physical integrity is one of the indicators of health, and the protection of the right of personality is conducive to the realization of the right to physical integrity; for another example, basic housing, hygienic food and drinking water are the basic material conditions for the maintenance of health. Therefore, safeguarding citizens' housing right and the right to public hygiene is conducive to the realization of the right to health. Likewise, women's right to health and other women's rights are also interrelated and mutually beneficial. In this sense, other rights that are closely related to women's right to health can be divided into the following categories: right to life, right of the personality, right to education, right to know, labour rights, housing right, right to social security, and right to public hygiene.

---

[1]   Jiang Xiuhua, " Realization of the Right of Migrant Women to Family Planning/Reproductive Health: Investigation and Recommendations", *Journal of China Women's University*, No. 6, 2004.

Insufficient protection of the above rights can directly affect the realization of women's right to health.

3. 4 A Brief Summary

Many problems in the protection of women's right to health show that, to protect women's right to health, it is necessary not only to provide women with medical and health services, but also to establish a mechanism through which women can enhance their economic capacity, raise their economic status, liberate themselves from material needs, improve the natural and social conditions necessary for them to lead a normal life, and raise moral standards and promote the progress of cultural ideas, so as to ensure that this right is supported by various social conditions. In a nutshell, women's right to health is also closely related to many other rights, such as the right to personal freedom, right to political participation, right to employment, right to education, and environmental right. The protection of the above rights is conducive to the realization of the right to health.

IV. Systematic Protection of Women's Right to Health

Women's right to health is a multi-category, multi-aspect and multi-layered system of rights. The complexity of factors affecting women's right to health determines the complexity of the protection of women's right to health. A system of law for the protection of women's right to health has already been established and is playing an increasingly important role in protecting women's health and their right to health. Nevertheless, currently many problems still exist in the enjoyment by women of this right; therefore further improvements still need to be made on system of the protection of women's right to health. The author of this article is of the opinion that the state needs to take a multi-facet approach to these problems, so as to promote the systematization of the protection and realize a comprehensive and effective protection of women's right to health.

4. 1 The Systematicness of the Levels of Protection of Women's Right to Health

4. 1. 1 *Protecting the objects of women's right to health*
Since women's health consists of both physical and mental health, the objects of

protection of women's right to health should include women's body, mind and spirit. Protecting women's right to health should take the protection of women's right to person and spiritual rights as its main content.

Women's right to personal freedom refers to women's right to protect the autonomy and integrity of their body from violation. Therefore, the right to person refers both to the right to freely control their body and the right to protect their body from violation. Without right to personal freedom, right to personality, women are unable to freely participate in social and economic activities and, as a result, the foundation of the right to health will be weakened; on the other hand, women whose right to health is violated can seek legal remedies only if they can exercise their right to personal freedom to overcome obstacles from family and society. In many cases, their family members prevent women victims of sexual violence from reporting the case to authorities. Because of the obstruction and women suffering from mental disorder cannot freely decide whether or not they should seek medical help or be hospitalized. Compared with the right to personal freedom, the right to the integrity of the body is more directly related to women's right to health and, in the opinion of many authors, can also be called "the freedom from bodily harms". ① Due to their physiological vulnerability, women are disadvantaged in society. Because most of them are physically weaker than men, and their bodies often need special protection, the right to freedom from bodily harms is an effective weapon they can use to defend themselves against various forms of violence, occupational harms, infectious diseases and other external threat to their health.

Psychological or mental health is another category of health interest protected by women's right to health. To protect women's mental health, it is necessary to grant women the right to mental health. In contemporary society, the speeding up of pace of life, increasingly complicated social relations, and the intensification of social competition are having ever-greater impact on women's status in family and society. Pressure from family and society can easily result in psychological disorder or even mental illness in women. To protect women's mental health, it is necessary

---

① Li Zhenshan, "A Discussion on the Right to Freedom from Bodily Harms from the Constitutional Point of View", in *Dignity of Human Being and Protection of Human Rights*, (Taipei: Yuanzhao Publishing Co. , Ltd, 2001), p. 162.

to strengthen the protection of various social rights of women, so as to improve their living conditions, their ability of normal social participation, their social adaptability and their self-adjustment. Women who are suffering from psychological disorder or mental illness should be guaranteed their right to seek medical help and their right of rehabilitation.

4. 1. 2   *Protecting women's right to health itself*

Women's right to health is a hierarchical system consisting of core rights to health, with health care, medical treatment, and rehabilitation as their main content, and concrete rights such as reproductive right and right to occupational health. Core rights to health are the most important content of the protection of women's right to health. As far as the access to health care and medical services is concerned, although relevant laws and policies have given all citizens formal equal protection, in realty women still can not enjoy the right to health on an equal footing with men. This inequality is caused by both objective factors in the medical and health system, and subjective factors in the design of medical and health laws and policies, as well as in the exercise of the right to health. For example, the high cost of medical service can weaken the accessibility to health and medical services by women who are in an economically disadvantaged position; the lack of individualization and diversity can reduce the acceptability of medical and health service. In some rural areas of China, the widespread problem of lack of female doctors in grassroots medical and health institutions has directly affected the use of reproductive health services by rural women. This problem is especially prominent in the areas of prevention and control of gynaecological diseases and health care during pregnancy and childbirth. Many rural women fail to get timely treatment of their illnesses because they are not willing to accept examination by male doctors. ①

Notwithstanding the above problems in the actual level of enjoyment by women of their right, the principle of equal protection of the right to health should still be complied with. The so-called equal protection refers not only to the equality of opportunity, but also to the equality in actual enjoyment of the right. The protection of women's right to health does not mean the derogation from men's

---

① Xiao Yang, "An Analysis of Women's Reproductive Health from A Gender Perspective", *Zhejiang Academic Journal*, No. 5, 2001.

right to health, but equal protection of the health right for all citizens. However, in view of the vulnerability of women's health, it is necessary to give more protection to the right to health of women than that of men. This is because, on the one hand, women are more likely to encounter obstacles in exercising their right to health; therefore it is necessary to make up for their insufficiency in capacity of rights, so as to enable them to enjoy equal health rights with men. On the other hand, women have more particular health needs than men and, to meet these special needs, it is necessary to establish a special health service system for women. Special protection of women's right to medical and health services is not contradictory to the principle of equal protection before the law. More importantly, in a certain sense, the former can be seen as a means for achieving the latter.

4. 1. 3   *Protecting concrete health rights*

Women's right to health includes a series of concrete health rights, which, compared with core health rights, are located in the outer layers, but still are a component part of women's right to health. These rights include the right to reproductive health, right to occupational health, right to health care, and the right to medical security.

To protect women's right to reproductive health, it is necessary to protect not only women's right to personal freedom, right to personality, and other rights related to the right to health, including women's reproductive freedom, sexual freedom, right to education in reproductive health, and the right to reproductive services. The government has the obligation to provide safe and effective contraceptive drugs, devices and techniques to men and women of child-bearing age on an equal basis, to ensure the safety and health of women undergoing birth-control surgeries, and to encourage men to bear reproductive health obligations.

To protect women's right to occupational health, the state, when formulating policies and laws, needs to pursue different approaches to the occupational health of employed women in urban areas and that of female labourers in rural areas, and design different occupational health protection systems in light of their respective living and work conditions, rather than merely protecting the occupational health of female employees in cities. In order to protect the health of female workers without harming their economic rights, it is necessary to adjust male-oriented laws on the protection of occupational health. For example, the scope of work prohibited for female workers can be adjusted to become scope of work that may not be assigned to women against their will.

To protect women's right to medical and health services, the state needs to pay attention to the training of female health personnel, providing adequate health resources for women's health services and formulating medical treatment and health services system compatible with cultural characteristics of ethnic minority women.

To ensure the availability of medical treatment and health care services for women, the state needs to increase the coverage for women of such medical security programs as social medical insurance and social medical assistance, and give preferential treatments to women in poverty and housewives in matters of insurance premiums. The medical security system should expand the scope of health services for women and the medical cost-sharing system should be conducive to reducing women's economic burden.

4.1.4   Protecting other rights related to the right to health

Other health-related rights are also of great significance to the protection of the right to health. As far as women are concerned, these rights include the right to personal freedom, the right to personality, employment right, right to education, and housing right. The importance of the right to personality, the right to personality, and employment right for women's right to health is self-evident. The right to education is also crucial to realization of women's right to health. Many researches have shown that there is a huge difference between illiterate women and women with middle level education in the use of knowledge about reproductive health.[1] Not only so, safeguarding women's right to education is conducive to improving their personal quality and economic capability, and to raising their status in society and family, which is of special importance to protecting women's physical and mental health and to enhancing their autonomy in the exercise of the right to health. Housing is one of the indispensable material conditions for the survival of human beings. The lack of basic living conditions has a major negative impact on the realization of the right to health. For many women, home, as a place of family life, also means their main workplace and important basis of spiritual support.

---

[1]   See Article 11 of ICESCR, Article 24 of Convention on the Rights of the Child and Article 10 of Protocol of San Salvador.

Protecting their housing security is indispensable to the protection of their right to health.

4.2   The Systematicness of the Levels of Protection of Women's Right to Health

Because of the conditionality of health, the state needs to carefully choose the form, content and method of protection of the right to health in light of the characteristics of material and cultural development of the society. Some scholars point out that, to protect the right to health, it is necessary to make first an ordering of the values of the right to health, so as to determine the maximum and minimum contents of the right. The optimal content of the right to health is: "the state's obligation to create, to the maximum of its available resources, conditions necessary for ensuring the health of individuals and residents;" the minimum content of the right to health refers to: "the state's obligation to make intervention, to the maximum of its available resources, to prevent and reduce serious health threats to individuals and residents". [1]

As already mentioned in the beginning of this article, women's right to health has three different forms: moral right to health, legal right to health and actual right to health. Under certain historical condition, it is difficult to realize the right to health in one step, but it is necessary to give different forms of protection to the right to health in different state of existence in light of historical conditions. In light of the condition of rights protection and the availability of social resources, the following four different levels of protection can be given to the women's right to health: respect, security, protection and promotion. The relationship between the above four levels of protection is the following: "respect" mainly embodies a basic positive attitude of acceptance towards women's right to health; the value of "security" mainly lies in the establishment of a bottom line for the realization of women's right to health, so as to ensure that it is not lower than a certain standard; the purpose of "protection" is to remove obstacles to the exercise of the right; and "promotion" is aimed at actively promoting the realization of the objectives of the right.

---

[1]   Gostin L. O. and Lazzarini Z. , *Human and Public Health in the AIDS Pandemic*, (Oxford: Oxford University Press, 1997), p. 29.

The reason why women's right to health needs to be respected is that this right has its negative aspect. In most cases, women, as subjects of rights and the right to personal freedom, do not need the intervention by the state or the assistance by others in order to exercise some of their health rights. They only need others to refrain from infringing upon these rights. Just as John Locke pointed out: "being all equal and independent, no one ought to harm another in his life, health, liberty or possessions… or, unless it be to do justice on an offender, take away or impair the life, or what tends to the preservation of the life, the liberty, health, limb, or goods of another."[①] Respect for women's right to health includes respect for women's right to autonomy in health-related matters and their right to refuse to engage in activities harmful to their own health.

The reason why women's right to health needs security is that this right has its social aspect. Health is not a matter that concerns only individuals. In an age when division of labour in a society is becoming increasingly elaborate, social relations become more and more complicated, and various interest relations are intertwined with each other, the problem of women's health has, to a large extent, become the problem of the whole society. Therefore, a woman's right to health need to be secured by the state and society. The purpose of securing women's right to health is to ensure that the right enjoyed by women is of no lower quality than that enjoyed by men; that women have access to adequate medical, health and rehabilitation services, and that women in poverty can get medical assistance. The state and society have the obligation to guarantee the provision of health facilities and services to women. The state also has the obligation to provide targeted health services to women.

Women's right to health is vulnerable. Negative protection alone is not enough to eliminate various impediments to the exercise of or prevent various infringements upon, women's right to health. Meanwhile, women's ability to exercise their right to health is affected by various factors and the mechanism for the realization of this right is far from perfect. Based on the above considerations, it is necessary to protect women's right to health. Here the term "protect" is used in a narrow sense, mainly referring to raise the consciousness of women's right to health,

---

① John Locke, *Two Treaties of Government*, Part II, Chinese edition (translated by Ye Qifang & Que Junong) (Beijing: Commercial Press, 1964), p. 5.

making intervention against acts impeding women's exercise of their right to health, and providing support to women in filing complaints and lawsuits against infringements upon their right to health.

If it can be said that "respect" for women's right to health mainly embodies an attitude, the purpose of "security" of women's right to health is to establish a bottom line for the realization of this right and to ensure that it is not lower than a certain standard, then only "respect" and "security" are far from enough for the protection of women's right to health. The purpose of establishing women's right to health is to turn it from a health right into tangible health interests, namely to promote its realization. For this purpose, the state and society should, to the maximum of their available resources, create various conditions for raising the level of women's actual enjoyment of their right to health.

4.3 The Systematicness of the Means of Protection of Women's Right to Health

To a large extent, women's right to health cannot be realized spontaneously, but only through various measures of safeguarding, protection and promotion. Among the various protection mechanisms, those provided by the state are relatively more rational, powerful and effective. They include various declarations, policies and laws.

State strategies on women's right to health express the attitudes and standpoints of the state towards women's health rights and interests. They do not directly regulate the concrete behaviours of social organizations and individuals, but serve as guidance for the whole society and the mass media. In many cases, some of the behaviours of individuals and organizations that have negative impact on women's enjoyment of the right to health are not against law or obviously morally blameworthy, but are necessary or rational choices under given social conditions (for example, giving priority to male workers in the distribution of limited food in family) or the free choice of women themselves (such as smoking). It is not appropriate for the state to take compulsory measures to intervene in these behaviours. A more pragmatic way to deal with these problems is to advocate gender equality and a healthier way of life.

State policies also play a very important role in the realization of women's right to health. Policies are codes of conduct and guidelines adopted by a political party or a government in a certain historical period for the achievement of certain policy objectives or tasks. The World Health Organization, in the Managerial Process for National Health Development, defines national health policy as "an expression of goals for improving the health situation, the priorities among these goals, and the main directions for attaining them."[①] In countries without a sound system of the rule of law, national health policies are very important because they actually play the role of laws. In countries with a sound system of the rule of law, national health policies and laws are at different levels, the former play the role of macroscopic guidance for the latter. In the Declaration of Alma-Ata, adopted in 1978, the WHO required that: "All governments should formulate national policies, strategies and plans of action to launch and sustain primary health care as part of a comprehensive national health system and in coordination with other sectors. To this end, it will be necessary to exercise political will, to mobilize the country's resources and to use available external resources rationally." In China, national policies on the protection of women's right to health play an important role in the social administration mechanism and constitute an indispensable aspect of national resources for the protection of women's right to health.

Although government strategies and policies can, to some extent, play the role of promoting the protection of women's right to health, in a state under the rule of law, the principle of the supremacy of law requires that rights in constitutional laws, administrative laws and civil laws, as well as litigation rights should be the main legal means for the institutionalization of human rights.[②] To safeguard and protect women's right to health with coercive force of the state, the government should guarantee women's right to health through the adoption of legislation, which is the precondition for the realization of women's right to health. Laws also need to provide for a concrete content of women's right to health, such as the right to reproductive health, the right to health care, the right to health education, the right to labour protection, the right to nutrition, the right to the protection against STDs, and the right to adequate food, drinking water, medicine and other health related products. Meanwhile, the government should also provide for concrete

---

① Liang Wannian (ed.), *Administration of Health Care Undertakings*, (Beijing: People's Medical Publishing House, 2003), p. 110.

② Mo Jihong and Li Yan, "Institutional Analysis of the Concept of Human Rights", *Law Science Magazine*, No. 1, 2005.

measures and procedures protecting women's right to health. Moreover, the relevant laws should also contain operable provisions on the judicial remedies for women whose right to health is infringed upon.

V. Conclusions

Women's right to health is a human right and legal right of women, the protection of which is of a fundamental legal significance to the safeguarding of women's health. The right to health is not a prerogative for women. The establishment and protection of this right is an important aspect of the promotion of the equality of rights between men and women. The problem of women's health is a result of a complex interaction of numerous social factors. The complexity of this interaction determines that the protection of women's right to health should be implemented at various levels, from various perspectives and with various means. Such a protection should be systematic and omnibearing.

(Translated by Bi Xiaoqing, proofread by Li Xixia)

A Study Visit Report on Women's Right to Health in the Netherlands and Germany

Yu Shaoxiang *

The right to health is closely related to the right to life and the right to existence. As a kind of social security right, it belongs to the category of economic, social and cultural rights. As a legal concept, it was first recognized by the Constitution of the World Health Organization in 1948 and later embodied in various international and regional human rights instruments. In the international human rights law, it is defined as the right to the enjoyment of a variety of facilities, goods, services and conditions necessary for the realization of the highest attainable standard of health. Therefore, the right to health should not be understood as the right to be healthy. It is an inclusive right with broad content, covering not only timely and appropriate health care but also the underlying determinants of health, such as access to safe and potable water and adequate sanitation, healthy occupational and environmental conditions and access to health-related education and information, including those on sexual and reproductive health. As a basic human right, the right to health contains both freedoms and entitlements. The former include the freedom to control one's own health and body and the freedom from such interferences as torture or non-consensual medical treatment or scientific experimentation. The latter include the right to a system of health protection, providing equality of opportunity for everyone to enjoy the highest attainable level of health, right to

* The Institute of Law, Chinese Academy of Social Sciences.

protection of reproductive health, right to prevention, treatment and control of diseases, and access to essential medicines. ① The UN Committee on Economic, Social and Cultural Rights, in its General Comment No. 14, provides a conceptual framework for the right to health that includes the right to available, accessible, acceptable and high-quality health-related facilities, goods and services, and various underlying determinants of health.

From 19-28 September 2011, a delegation comprised of six project team members from the Institute of Law CASS, headed by Professor Li Lin, the Director of the Institute of Law, made an academic visit to the Netherlands and Germany. One of the key contents of the study visit was women's right to health, including the right to health care services, the right to special care before and after childbirth, the right to enjoy medical services without discrimination, the right to social security during childbirth, and the right not to be forced to engage in work not suitable for women from a perspective of women's physiological features. During the 10-day study visit, the delegation visited different institutes, such as Netherlands Institute of Human Rights, Law School of Utrecht University, the International Federation of Health and Human Rights Organizations, Dutch Equal Treatment Commission, Clara Wichmann Institute, Law School of Würzburg University, Institute of Social Law at the University of Munich, as well as Anne Frank Museum in Amsterdam. During the study visit, members of the delegation conducted extensive and fruitful exchanges with the experts, scholars and practitioners from the above-mentioned institutions and organizations over women's right to health at the EU level, in the Netherlands and Germany.

I. The System of Legislation on Women's Right to Health

The Netherlands, Germany and the EU have established relatively complete systems of law for the protection of women's right to health. In the Netherlands, Germany and many other EU member states, the right to health is defined as a basic right, namely an inalienable fundamental human right enjoyed by every

---

① Liu Zuoxiang, "Volunteers for Pharmaceutical Experimentation: the Protection of the Right to Health of a Special Group of People", *Political Science and Law*, No. 9, 2008, p. 134.

human being and protected at the levels of international law, EU law and domestic law.

1. 1   The Relevant Provisions at the Level of International Law

Internationally recognized norms on the right to health as a universal right and the corresponding state obligations are applicable in the Netherlands, Germany and many EU member states. These normative documents and international conventions include:

1. 1. 1   *Universal Instruments Adopted by the UN*

• The United Nations Universal Declaration of Human Rights, which provides in its Article 25 that: "Everyone has the right to a standard of living adequate for the health and well-being of himself and of his family, including food, clothing, housing and medical care and necessary social services, and the right to security in the event of unemployment, sickness, disability, widowhood, old age or other lack of livelihood in circumstances beyond his control."

• The International Covenant on Economic, Social and Cultural Rights, which recognizes in its Article 12 "the right of everyone to the enjoyment of the highest attainable standard of physical and mental health" and requires for a series of state obligations to realize the right to health, including the obligation to respect, protect, and realize the right to health.

• The International Convention on the Elimination of All Forms of Racial Discrimination stresses equality and non-discrimination in connection with the right to health. For example, its Article 5 requires from State Parties "to guarantee the right of everyone, without distinction as to race, colour, or national or ethnic origin, to equality before the law, notably in the enjoyment of the following rights: ⋯ The right to public health, medical care, social security and social services".

• The Convention on the Elimination of All Forms of Discrimination Against Women, which provides in its Article 12 (1) that: "State Parties shall take all appropriate measures to eliminate discrimination against women in the field of health care in order to ensure, on a basis of equality of men and women, access to health care services, including those related to family planning" and in its Article 12 (2) that "State Parties shall ensure to women appropriate services in connection with pregnancy, confinement and the post-natal period, granting free services where necessary, as well as adequate nutrition during pregnancy and lactation. "

● Other universal instruments and conventions also recognize women's right to health as an indispensable part of universal human rights, they include: the Equal Remuneration Convention (1951), Discrimination (Employment and Occupation) Convention (1958), Convention against Discrimination in Education (1960), Vienna Declaration and Programme of Action (1991), Agenda 21: Programme of Action for Sustainable Development (1992).

The Netherlands and Germany are members of the United Nations. The above-mentioned normative documents and conventions relating to women's right to health are all applicable in these two countries.

1. 1. 2   Conventions and Other Instruments Adopted by the International Labour Organization

The ILO has adopted a series of conventions and recommendations governing women's freedom of employment, social security, labour management and the right to health. They are applicable to and generally observed by State Parties, including the Netherlands and Germany.

● Basic principles of maternity protection-The 1919 Maternity Protection Convention (No. 3), the 1952 Maternity Protection Convention (No. 103), and the 2000 Maternity Protection Convention (No. 183) all provide for the right to maternity leave, the right to medical welfare, and the right to maternity benefit during maternity leave.

● Period of maternity leave-The Convention No. 183 extends the period of maternity leave to at least 14 weeks from the 12 weeks provided in Conventions No. 103, and No. 183, including the period of 6 weeks' compulsory leave after childbirth; the leave before the presumed date of confinement shall be extended by any period elapsing between the presumed date of confinement and the actual date of confinement, and the period of compulsory leave to be taken after confinement shall not be reduced on that account; the same applies in case of illness arising out of pregnancy or confinement.

● Maternity benefits and medical benefits-The 2000 Maternity Protection Convention provides that while absent from work on maternity leave, the woman shall be entitled to receive cash and medical benefits, which shall be provided either by means of compulsory social insurance or by means of public funds; cash benefit shall be at a level which ensures that the woman can maintain herself and her child in a proper conditions of health and with a suitable standard of living; and medical benefits shall include pre-natal, confinement and post-natal care by qualified midwives or medical practitioners as well as hospitalization care where necessary

- Breastfeeding breaks-The 2000 Maternity Protection Convention requires State Parties to ensure a woman who is nursing her child to the right to one or more daily breaks or a daily reduction of hours of work to breastfeed her child. These breaks or the reduction of daily hours of work shall be counted as working time and remunerated accordingly.

1. 1. 3 Specialized Instruments on the Protection of Women's Rights

Apart from universal instruments, the UN and other international organizations have also adopted specialized instruments on the protection of women's rights; many of them are related to the protection of women's right to health. They are important institutional and legal sources of protection of women's right to health in the Netherlands and Germany. These instruments include: Convention for the Suppression of the Traffic in Persons and of the Exploitation of the Prostitution of Others, Convention on Consent to Marriage, Minimum Age for Marriage and Registration of Marriage, Declaration on the Elimination of Discrimination against Women, World Plan of Action for the Implementation of the Objectives of the International Women's Year, Convention on the Elimination of All Forms of Discrimination Against Women, Programme of Action for the Second Half of the United Nations Decade for Women: Equality, Development and Peace, and Declaration on the Elimination of Violence against Women. In 1994, the International Conference on Population and Development was held in Cairo, Egypt in which it was confirmed that the keys to the solution of the question of population and development were empowerment of women and improvement of reproductive health and reproductive rights. In the same year the Human Rights Commission appointed a Special Rapporteur on Violence against Women, who collects from governments, NGOs and other relevant organizations information about violence against women and its causes, and puts forward proposals on the elimination of such violence so as to promote and protect women's right to health.

1. 2 Relevant Provisions at the EU Level

At the EU level, the relevant provisions are mainly contained in the European Convention for the Protection of Human Rights and Fundamental Freedoms

(European Convention on Human Rights), the European Social Charter, Charter of Fundamental Rights of the European Union and other relevant conventions and protocols. Although the Netherlands and France have not ratified the Charter of Fundamental Rights of the European Union, and Germany made reservations to many provisions of this Charter, judges in these countries, when dealing with cases relating to the right to health, often invoke by various means of interpretation of the relevant provisions of this Charter as important basis for their decisions.

1. 2. 1 European Convention on Human Rights

In November 1950, members of the Council of Europe adopted in Rome the European Convention on Human Rights (ECHR), which reaffirms their profound belief in fundamental freedoms, recognizes "the universal and effective recognition and observance of the Rights" declared in the Universal Declaration of Human Rights, and "resolved, as the governments of European countries which are like-minded and have a common heritage of political traditions, ideals, freedom and the rule of law, to take the first steps for the collective enforcement of certain of the rights stated in the Universal Declaration".

- The main ideas and content of the ECHR are similar to those of the Universal Declaration of Human Rights. It is generally believed that the human rights protection system established under the ECHR is the most effective one among contemporary human rights protection systems. Under this system, the European Commission on Human Rights is responsible for the investigation into allegations of human rights violations submitted by governments or individuals, and the European Court of Human Rights deals with all matters concerning the interpretation and application of the ECHR. All contracting parties to the ECHR must accept the above-mentioned competences of the European Commission of Human Rights and the European Court of Human Rights.

- ECHR contains specific provisions on the right to health. For example, it provides in Article 3 that no one shall be subjected to torture or to inhuman or degrading treatment or punishment and in Article 8 that everyone has the right to respect for his private and family life. Although these provisions are not specifically made for women, they are of great importance to the protection of women's right to health.

- On the basis of the ECHR, some countries in Europe, including the Netherlands and Germany, have passed a series of laws on the right to property, the right to education, the freedom of movement, and the abolition of the death penalty. They constitute important legal sources for the protection of citizens' right to health, because they enrich the content and contribute to improving the implementation mechanism of ECHR.

1. 2. 2   European Social Charter

In order to further protect citizens' social and economic rights, the Member States of the Council of Europe adopted the European Social Charter in Turin on 18 October 1961. The Charter consists of a Preamble, five parts of the main text, and an explanatory appendix. Of these, Parts I, II and IV are closely linked to the right to health.

- Part I of the Charter provides for 19 rights and principles. Their putting in place are accepted as State Parties' policy aim and have to be pursued by all appropriate means at both national and international levels. These include: everyone shall have the opportunity to earn his living in an occupation freely entered upon; all workers have the right to safe and healthy working conditions; children and young persons have the right to a special protection; employed women, in case of maternity, and other employed women as appropriate, have the right to a special protection in their work; all workers and their dependents have the right to social security; and disabled persons have the right to vocational training, rehabilitation and resettlement. This part of the Charter also contains the rights and protection to be enjoyed by family, mother, children and immigrants, and the right of everyone to benefit from any measures enabling him to enjoy the highest possible standard of health attainable.

- Part II provides for the obligations undertaken by State Parties for the realization of the rights and principles listed in Part I, including the right to work, the right to fair, safe and health conditions of work, the right to a fair remuneration, the right to association and collective bargaining, the right of children and young persons to protection, the right of employed women to protection, the right to social security and the right to social and medical assistance. For example, Article 11 provides that the Contracting Parties undertake, either directly or in cooperation with public or private organizations, to take appropriate measures designed to remove as far as possible the causes of ill-health, to provide advisory and educational facilities for the promotion of health and the encouragement of individual responsibility in matters of health and to prevent as far as possible epidemic, endemic and other diseases. Article 13 provides that Contracting Parties must also ensure the effective exercise of the right to social and medical assistance.

• Part III contains some special provisions on Contracting Parties' obligations; Part IV provides for a reporting system. According to this system, the Contracting Parties shall send to the Secretary General of the Council of Europe a report at two-yearly intervals concerning the application of such provisions of Part II of the Charter as they have accepted. The report shall be examined by a Committee of Experts appointed by the Committee of Ministers, a sub-committee of the Governmental Social Committee of the Council of Europe, and the Consultative Assembly. The Committee of Ministers may, on the basis of the report of the sub-committee, and after consultation with the Consultative Assembly, make to each Contracting Party any necessary recommendations. Part V contains the final provisions on such matters as derogations in time of war or other public emergency, and relations between the charter and domestic law or international agreements.

1. 2. 3   The Charter of Fundamental Rights of the European Union

The Charter of Fundamental Rights of the European Union was adopted in December 2000 by the European Parliament, the Council and the Commission, and then incorporated into the Treaty Establishing a Constitution for Europe in 2004. Apart from the Preamble, it consists of seven chapters with 54 articles. It establishes the basic philosophy of rights centered on human beings, rather than on natural rights, and based on human beings in the society, rather than human beings in a hypothetical state of nature. It has for the first time in history integrated the rights of freedom, which are regarded as negative rights, and economic, social and cultural rights, which are regarded as positive rights, into one treaty, giving them an equal status. With regard to the right to health, the charter contains more specific requirements.

• Chapter One (Dignity) Article 5 of the Charter provides that: "No one shall be required to perform forced or compulsory labour." Generally, the right not to be required to perform forced or compulsory labour falls in the category of social right. The purpose of placing this right in this chapter is to recognize that its content is subordinate to the value of human dignity, namely it is not only a social right, but also the right of freedom, which is closely related to human dignity.

• Chapter Three (Equality) This charter includes non-discrimination (Article

21), equality between women and men (Article 23), the rights of the child
(Article 24), the rights of the elderly (Article 25), and the integration of persons
with disabilities (Article 26). By taking these rights as the concrete embodiments of
the value of equality, the charter restored the true nature of economic, social and
cultural rights. They involve not only the issue of health and the right to health,
but also the issue of equality of status. The charter specifies their claims of interests,
indicating that the discriminations and different treatment they had once been
subjected to still exist to various degree.

- Chapter Three Article 26 (Integration of Persons with Disabilities) provides
that: "The Union recognizes and respects the right of persons with disabilities to
benefit from measures designed to ensure their independence, social and
occupational integration and participation in the life of the community. " Because of
their physical or mental illness, persons with disabilities are often rejected on "health
reasons" by state organs, colleges, or enterprises in recruitment or enrolment,
which seriously impedes the exercise of their rights, harms their dignity, and makes
it more difficult for them to improve their social status or support themselves.
Therefore, the charter requires from State Parties to take measures to remove
impediments to their education and employment.

1.3　Relevant Provisions at the Level of Domestic Law

At the level of domestic law, both the Netherlands and Germany have made legal
provisions on the right to health in their constitution, criminal law, civil law and
social law. In both countries, the right to health is a fundamental right recognized
by the constitution and therefore is strictly protected by the relevant laws.

1.3.1　Relevant Provisions in the Netherlands

One of the founders of the international law the Dutch jurist Hugo Grotius was
also one of the first to put forward the modern concept of human rights. In his
famous book De iure belli ac pacis (On the Law of War and Peace), he described
"human rights" as universal rights of human beings. Later, another Dutch scholar
Baruch Spinoza put forward the concept of "natural right" in his book Tractatus
Theologico-Politicus (A Theologico-Political Treatise). By stating that human rights
are natural rights and that the state is created when people agree to hand over some
of their natural rights to a sovereign through a social contract, he decisively
contributed to the transformation from divine rights to human rights, which took

place at the beginning of modern age. Being one of the pioneers in human rights practice, the Netherlands has a relatively well-developed system of the protection of the right to health.

- The 1983 Dutch Constitution provides for a series of fundamental social rights in its Articles 18 −23. For instance, it provides in Article 22 (1) that citizens have the right to medical care and that "the authorities shall take steps to promote the health of the population."

- The 1997 Dutch Civil Code provides in Article 13 that the provisions of the Dutch Civil Code shall apply to any consumer agreement entered into by a consumer who has his domicile or habitual residence in the Netherlands in accordance with the standard clauses provided in this Code. The purpose of this provision is to guarantee preliminary protection of the right to health and other relevant rights and interests of consumers who are in a disadvantaged position. In foreign-related civil proceedings, the court shall not apply any law chosen by the conflict-of-law rule or by the parties that may harm the interest of the disadvantaged party and thereby contravene the above-mentioned provision.

- The Dutch Working Conditions Act provides that the employer must, apart from adopting necessary measures to create healthy working conditions for employees, try his best to protect employees from sexual harassment and its negative impact.

- The Dutch marriage law provides that the women are in a disadvantaged position in marriage relationship, and that their interest must be given full consideration in divorce and division of property because women contribute more to the family than men do: they do housework, give birth and raise children. Some of them even have to give up their professional career in order to fulfil their family responsibilities. In this way, they make great contribution not only to their family, but also to society as a whole. Therefore, the law should also give more consideration to the interest of women and legitimate children in the division of property.

- Prostitution is legal and regulated in the Netherlands. The Dutch people believe that legalizing prostitution is conducive to carrying out concentrated management of prostitution, reducing social problems, and protecting prostitutes' right to health. The Dutch law contains concrete provisions on the floor area, fire protection facilities, and sanitary conditions of a prostitute's place of business. For example, such places must be equipped with alarm buttons, condoms, and hot and cold tap water. The labour law protects sex workers; brothels are prohibited from forcing sex workers to work too frequently or to have sex without protection. Those who force others into prostitution were punished by only one year of imprisonment under the old law. But under the new law, they face up to six years imprisonment. Those who use child prostitutes also face criminal punishment.

1. 3. 2   *Relevant Provisions in Germany*

The concept of "legal interest" (Rechtsgut) was invented by a German scholarship. It refers to objects protected by law, namely specific interests protected by law, including individual interests, public interests and state interests. In 1861, the famous German jurist Rudolf von Jhering published his masterpiece *The Struggle for Law* (Der Kampf ums Recht), in which he argued that citizens of a country or a society should fight for their own rights whenever these are infringed upon. This is not only their rights as citizens, but also their obligation to the country. Because of this tradition of respecting and protecting individual rights, Germany also has a relatively well-developed system of protection of women's right to health.

a. The legal system in Germany takes the Basic Law as its foundation. The Basic Law clearly provides that: "Human dignity shall be inviolable. To respect and protect it shall be the duty of all state authority. " In the German legal system, the so-called human dignity is embodied in three categories of rights: basic rights of human beings, democratic rights, and social rights, which include the right to health. In the past 50 years, over 100 revisions have been made to the Basic Law. During this process, German women have, through their unremitting efforts, greatly improved their own legal status. In the 1990s, a provision on state's obligation to promote the realization of gender equality was added to the Basic Law, thereby greatly improving political participation and health conditions of German women. Currently, a mechanism for mainstreaming gender perspective in decision-making has been widely established in Germany.

b. To date, the protection of women's right to health in German criminal law is mainly embodied in the prohibition of abortion, the violence against women, marital rape and sexual harassment. In early years, abortion was faced with severe criminal punishment in Germany. It was only in 1992 that the law provides that a pregnant woman may request the termination of the pregnancy after acquiring a certificate from a counselling center. With regard to violence against women, the

criminal law provides that all acts of rape, including marital rape (sexual violence)
must be punished; perpetrators of domestic violence must be taken away from their
home and are allowed to return only after receiving education and psychotherapy
and showing improvement. A law adopted in 1994 prohibited sexual harassment.
The law has changed the traditional idea about women and given women the self-
confidence and courage to oppose sexual harassment and to protect their physical
and mental health.

c. The protection of women's rights in the civil law has also been strengthened.
In 1977, Germany adopted the Family and Marriage Law, which provides that both
husband and wife have the right to employment and that a woman may choose not
to change her family name to that of her husband's after marriage. In order to
safeguard basic rights and interests of women who stay at home to take care of
children, the Divorce Law provides that any property in a family, including pre-
marital property, even property donated by others, shall be considered joint
property of the spouses, unless it can be proved to belong only to one spouse.
More importantly, the German law also provides that the woman is at a
disadvantaged position in the family, and therefore should be given more
consideration in the division of marital property in divorce. In 1970, childbirth out
of wedlock was allowed in Germany, thereby enabling unmarried mother and
children born out of wedlock to enjoy the various rights which they shall be entitled
to.

d. In terms of maternity protection, the German law provides that women are
entitled to a period of 14 weeks of paid maternity leave, including six weeks before
childbirth and 8 weeks after childbirth (postnatal leave is compulsory leave), with
an aim to preserve the health of the mother and her newborn baby. After the child
is born, the parents are entitled to a period of paid parental leave for 14 months,
including reserved 2 months exclusively for fathers. The introduction of the parental
leave system has greatly promoted the gender equality between men and women in
paid work and unpaid household work.

II. Administrative Protection of Women's Right to Health

In the EU, the Netherlands and Germany, the protection of women's right to
health has gained great importance. Various policies relating to the promotion and

protection of women's health have been adopted. There are many institutions and organizations, including specialized institutions and full time staff, engaging in related works.

2. 1   Protection at the EU Level

A health security system that covers all residents is an important component of the system of protection of the right to health in Europe, as well as an important pillar of the social security system in EU Member States. Moreover, the EU has also taken many other measures to promote the realization of women's right to health.

● In EU, there are two major models of health security systems: one is national health service mode, represented by that of the UK (other countries that have adopted this model include Ireland, Denmark, Sweden, Finland, Italy, Spain, Portugal, Greece, and Malta); the other one is social medical insurance model, represented by that of Germany (other countries that have adopted this model include Belgium, France, Austria and Luxemburg). Other EU members have created new models of health security by combining elements of the above-mentioned two models with their own innovations. One successful example in this respect is the new medical insurance model adopted by the Netherlands,[①] which is highly regarded for the important role it plays in safeguarding women's right to health.

● Protection of women rights and interests, especially women's right to health is a basic principle of the EU. Currently women in many parts of the world are still subjected to domestic violence and gender discrimination, and their right to health is not duly safeguarded. Since its establishment, the EU has been committed to the protection of women's rights and interests. One of the emphases of its activities, whether in Europe, Africa, Asia or Latin America, is to promote gender equality and political participation by women and to help the fight against traffic in women and children and the abolition of harmful traditional practices such as female genital mutilation, "honour killing" and forced marriage. The EU stresses that violations of women's rights and interests are unacceptable and will not be tolerated and that one of its goals is to ensure that women's rights and interests are respected and

---

① See Wang Yanzhong, "Reform of the Social Security System in EU: Trend of Development and Useful Experience for China", *China Economic & Trade Herald*, No. 22, 2006, p. 28.

protected all around the world.

- Faced with the aging of the population and pressure of increasing medical expenses, the EU has been propelling its Member States to carry out reform on their health security system in light of their respective national conditions, so as to better protect people's right to health. The European Commission publishes periodical reports on the conditions of women's health in EU Member States. Not long ago, the European Agency for the Evaluation of Medicinal Products (EMEA), following a review of the safety of the medicine Angiotensin Ⅱ Receptor Antagonists (AIIRAs) during pregnancy, determined that this medicine's risks outweighs its benefits for women during the second or third trimester of pregnancy. Therefore, it recommended that the product information of all centrally authorized AIIRAs be harmonized regarding their use during pregnancy. Such information should warn that the use of AIIRAs should be avoided in the first three months of pregnancy and prohibited during the second and the third trimester of pregnancy, so as to protect the health of mother and the fetus. [1]

- With the increasing level of protection of women's right to health, some scholars even believe that, currently, the health-related decisions and policies made by the EU Member States are more suited to women than to men, who are faced with many different health problems than women. As a result, men are marginalized by health policies and men's health problems are rarely taken into consideration by various health organizations and agencies. Moreover, since most materials on health information are written by women or target women, they contain far more information on women's health than men's.

2.2   Administrative Protection at the Domestic Level

2.2.1   The Situation in the Netherlands

The government in Netherlands funds traditional health security. Due to the shortage of funds and inadequate medical facilities, public health and medical services are often unable to meet the need of citizens. To solve this problem, the Dutch government carried out a series of reforms aimed at providing high-quality and adequate health services while reasonably controlling the health care costs. The

---

[1]   See Ding Wen, "EMEA Harmonizes Product Information on A II RAs Regarding to the Usage by Pregnant Women", in *China Pharmaceutical News*, 7 October 2008.

current Dutch health system, which is established on the basis of public and private
medical insurance, is considered one of the best in Europe.

- The Netherlands has a well-developed medical insurance system. The total
health spending accounts for 8.5% of the GDP in the country, and is increasing at
the rate of 2% each year. The objective of this system is to ensure everyone to have
access to an affordable health care. The government's task in this respect is to create
conditions for the prevention of diseases and accidents and provide different forms of
treatment and care. According to the new medical insurance regulations, everyone
is obliged to participate in mandatory health insurance according to their income
(people in the low income group can participate through an individual income tax
reduction mechanism), so as to ensure that the health insurance fund is sustainable
and that everyone can get fair medical services. Another important objective of the
reform of the health system is to introduce competition mechanisms into health
insurance agencies, and to integrate private companies, market effect and social
equality through a new mechanism.

- With regard to health services, the main function of the government is to
define a standard insurance policy for major diseases and establish a risk sharing
system for health care costs. On the one hand, it enables insurance companies
taking higher risks to get timely compensation, encourages insurance companies to
correctly assess risks, increases the transparency of risks of medical insurance, and
draws more attention of insurance fund to the issue of risk control; on the other
hand, it urges the medical service providers to pay more attention to the prevention
of diseases, basic healthcare and the control of total cost. With regard to medical
insurance system, the focus of the reform is to ensure the provision of high-quality
medical services, to strengthen the role of market competition, and to develop a
marketized structure subjected to supervision.

- Health care is an important component of the Dutch economy. One in every
9 employees in the country is engaged in the provision of health care services. The
healthcare sector can be divided into three areas: prevention, treatment and
caretaking. Preventive health care has two aspects: first, prevention of diseases,
accidents, and various problems affecting health; second, early discovery and
solution of health problems. The government implements a " preventive program "
for problems that may affect health, targeting at groups with special health risks. For
example, one of the content of the program is to carry out nationwide screening for

breast cancer and uterine cancer among women aged 30 to 60. The cost of such screening is paid from medical insurance fund.

- The Dutch government has taken various positive measures to promote the realization of the goal of "ensuring reproductive health for everyone". In the "red-light districts" in Amsterdam, the government has set up special health service centers to provide consultation and other services and to carry out physical examination for homosexuals and sex workers, so as to uphold their right to health. All people working in these districts must accept HIV test. There are organizations or agencies responsible for the treatment and follow-up services to each group of people in these districts. Such centers have established extensive relations with various hospitals in the city, and they can send their patients to hospitals for treatment in a timely manner, prevent HIV carriers from being discrimination against, and ensure that they have a normal life.

2.2.2   *The Situation in Germany*

Germany was the first country in the world to implement health insurance system and German people are used to be proud of their health insurance system. In recent years, however, with the slowdown of economic development and the aging of the population, this system is faced with many problems. Currently, the government has put forward some plans for the reform of the healthcare system, which mainly emphasize citizens' self-responsibility, and require the insured to share some of the health care costs. Because there are many controversies surrounding these reform plans, it is still too early to comment on the results.

- The German health insurance model is one of the most inclusive worldwide. It consists of social health insurance and commercial health insurance, with the former as the main body and the latter as the supplement. Social health insurance is compulsory for all citizens whose annual income is lower than the threshold provided for by law. Those whose annual income is higher than the legal threshold may choose between social and commercial health insurance. Currently 90% of German people are covered by national (social) health insurance, 8% are covered by private (commercial) health insurance, and 2% (military servicemen, police, etc.) enjoy free medical services.

- According to German law, the premium of social health insurance is paid half by the employee and half by the employer. The premium is calculated on the basis of income: the more you earn, the more you pay; those who have no income do

not need to pay. But there is no difference in the health service enjoyed by the
insured. There is an income cap and a bottom line income in the calculation of
premium. If you earn more than the income cap, you do not have to pay higher
insurance fee; if you earn less than the bottom line income, you don't have to pay
any premium. The government adjusts the income cap and bottom line income
every year according to the actual situation. Main health care and medical services
covered by social insurance include: various preventive health care services, medical
services, medicines and other medical aids, rehabilitative services, etc.

• In Germany, the government provides assistance and subsidy to people living
with AIDS/HIV so as to respect and protect their right to life and health. AIDS
assistance centers in Germany have the obligation of confidentiality towards people
living with AIDS/HIV, who have the right to anonymity and the right to work.
No one may be dismissed because of his AIDS/HIV status. With regard to the
prevention of mother-to-fetus transmission, these centers provide medicine
treatment to HIV infected pregnant women before and after childbirth; their babies
are delivered by Cesarean section, and they are prohibited from breast-feeding their
babies. A ten-day drug-treatment is also provided to new-born babies. However,
currently there is no compulsory HIV testing for pregnant women in Germany.

III. Judicial Protection of Women's Right to Health

In the Netherlands and Germany, protection of women's right to health is not
only a goal of legislation and the government administration, but also has judicial
significance. During our study visit, the experts have introduced us some legal cases
relating to the protection of the right to health in the Netherlands and Germany,
which gave us the impression that this right is not only a due right, but also an
actual right in these two countries.

3.1 Judicial Protection at the EU Level

At the EU level, judicial remedy to the right to health is clearly provided for by
law. Take women's right to health for example. International human rights case law
in the 1980s suggested that the state has the obligation not only to refrain from
violating the human rights of individuals, but also to protect individuals from the
violations by other individuals and organizations. A state violates women's human

rights if it fails to safeguard women's rights through law enforcement.

• The EU Member States have basically adopted a monistic approach towards domestic application of international and EU laws. Namely once an international treaty or EU law is ratified by a country, it automatically becomes the part of its domestic law and can be invoked by citizens in judicial proceedings. In a case in which a Dutch sickness fund refused a patient's request for reimbursement of hospitalization expenses, the Amsterdam Court of Appeals ruled that the patient's medical expenses were reasonable and should be covered by the sickness fund. In this case, the plaintiff invoked the provisions of the Article 12 of the International Covenant on Economic, Social and Cultural Rights. Although the Court avoided the question of the direct applicability of the Covenant in the Netherlands, its examination of the issue in the case was actually based on Article 12 of the Covenant. This and similar cases demonstrate that international treaties and EU laws are justiciable in the Netherlands. ①

• In its jurisprudence, the European Court of Human Rights has passed a series of judgments on cases relating to women's right to health. In the Case of van deer Leer v. the Netherlands, the Court made the following rulings: a) the Cantonal Court violated Article 5 (1) of the European Convention on Human Rights by authorizing the detention of the applicant without holding a hearing; b) the applicant was not informed of the deprivation of her liberty in a manner that corresponded to the requirements of Article 5 (2) of the Convention; c) the Court failed to fulfill its obligation to inform the applicant of its decision, resulting in excessive delay which could be reasonably avoided, thereby violating Article 5 (4) of the Convention; d) the applicant suffered harms resulting from measures extended beyond the realm of criminal punishment. Moreover, the Cantonal Court failed to make the decision which should be made "speedily", resulting in the prolonged detention of the applicant and aggravating her fear of being sent back to hospital. This case involved special protection of the right to health of people with mental illness. The relevant provisions of the European Convention on Human Rights and the case law of the European Court of Human Rights point to one prominent feature of the provisions on the protection of mental patients, namely,

---

① See Xia Lian, "The Justiciability of Economic and Social Rights", *Law and Social Development*, No. 2, 2008, p. 82.

importance is attached to the protection of not only substantive rights, but also of procedural rights. [1] In fact, substantive rights can be enforced only if procedural rights are also guaranteed.

3.2   Judicial Protection at the Domestic Level

3.2.1   The Situation in the Netherlands

Initially, the right to health was provided for in the Dutch Constitution only as an objective to be achieved through national policies and government activities, and therefore it had significance only as a guiding principle. Dutch courts also held that Article 22 (1) of the Dutch Constitution only provided for citizens' a general right to health and a general state obligation to promote the right to health, which could not be taken as a concrete standard in the adjudication of individual cases. Since the 1970s, with the continuous strengthening of the protection of the right to health, this originally injusticiable provision on the right to health has often been applied through judicial interpretation by the Constitutional Court and has become justiciable to a certain extent.

- There are two famous cases in the Netherlands on the protection of the right to health through the interpretation of constitutional provisions. In the first case, a heart disease patient had a bypass operation in London without prior approval by a sickness fund. The court held that a waiting period of three months for the operation to be carried out in the Netherlands might bring unacceptably big risk to the patient's health. As a result, the patient had no choice but to have the necessary operation abroad. Therefore, the expenses of the operation should be covered by the sickness fund even though the operation was not approved by fund in advance. [2] In another case, a physician (H) in the Netherlands prescribed the drug Methadone for his patients. The government ordered H to stop prescribing Methadone for his patients by invoking the constitutional provision on the government's obligation to promote the health of all citizens. The Amsterdam District Court held that H's act was unlawful because it had threatened the health not only of his patients but also of the general public.

---

① See Zhu Yingping, "Constitutional and Judicial Protection of Disadvantaged Groups", *The Journal of Yunnan Administration College*, No. 3, 2003, p. 69.

② See Qu Xiangfei, "Protection of the Right to Health in Foreign Constitutional Law Cases", *Seeking the Truth*, No. 4, 2009, p. 72.

- In a famous case involving the implementation of the relevant provisions of international law in the Netherlands in 1996, the Dutch Central Appeals Court examined a Dutch regulation requiring the patient to pay part of the cost of medically necessary maternity care after a hospital delivery. The plaintiff made a reference to the provisions in ILO Conventions No. 102 and No. 103. The Court held that the two ILO conventions were directly applicable in the Netherlands. It invoked the two ILO conventions to set aside the Dutch regulation, which was incompatible to them and to support the plaintiff's claims. ①

- There are also some cases in the Netherlands involving the government's obligation to promote health by protecting and improving the environment. For example, in a case in which the government rebuilt an express way near a water source and refused to cover the cost incurred to the water supply company in preventing the ground water from being contaminated by the construction project, the Hague Appeals Court held that environmental interest was of a higher priority and according to Article 21 of the Constitution, the protection of the environment belonged to public interest. Therefore, the government had the obligation to bear the cost involved in preventing the ground water from being contaminated. In the Benckiser Case, the government invoked the state's constitutional obligation to protect the right to health from infringement by a third party. Instead of imposing administrative sanctions on Benckiser in accordance with the Law on Chemical Waste, the government brought the company to civil court in accordance with Article 21 of the Constitution and the relevant provisions of the Civil Law, demanding that it be held responsible for dumping dangerous chemicals in various places in the Netherlands. The court ruled in favour of the government's demand.

- In the Netherlands, divorce does not mean the end of the obligation of spouses to support each other financially. If one of them lacks sufficient means to support himself or herself, the other has the obligation to pay alimony. This is apparently more conducive to protecting women's rights: a) if the ex-wife is jobless, her ex-husband must pay her alimony till she marries again or establishes a relationship of cohabitation; b) the amount and period of payment shall be determined by a court. If the ex-husband refuses to pay, a special agency called

---

① See Qu Xiangfei, "Protection of the Right to Health in Foreign Constitutional Law Cases", *Seeking the Truth*, No. 4, 2009, p. 72.

LBIO (Landelijk Bureau Inning Onderhoudsbijdragen) will help the ex-wife to request the judge to deduce the amount directly from the ex-husband's salary or other income.

3. 2. 2   The Situation in Germany

In Germany, the inequality between men and women is a social reality, which is described by empirical social science as "gender asymmetry". This indicates that the influence of traditional value is still very strong; women both in Germany and in other parts of the world still have a long way to go in the struggle for their own liberation. A positive policy is necessary to change this situation. Therefore, courts in Germany are trying their best to give women special protection in the adjudication of relevant cases.

● In fact, preferential treatment of women has already been widely recognized by German courts. Article 4 of the Bremen Law on Equal Treatment for Men and Women in the Public Service provides that in the case of an appointment of a civil servant or judge, women who have the same qualifications as men applying for the same post are to be given priority in sectors where they are under-represented, i. e. , if they do not make up at least half of the staff in the department. A male public servant in Bremen who failed to get promotion because of this provision brought a lawsuit to court claiming he was discriminated against. The courts of the first, second, and third instances all ruled that the provision did not contravene the relevant provisions of the Constitution and the Civil Code. The plaintiff brought the case to the European Court of Justice, which ruled that Article 4 of the Bremen Law on Equal Treatment for Men and Women in the Public Service violated Article 2 (1) of Council Directive 76/207/EEC (Equal Treatment Directive). However this ruling has been criticized by many as not conducive to achieving the *de facto* equality between men and women. Therefore, such case law may be changed in the future. [1]

● In divorce cases, German courts usually give more favourable consideration to the wife than to the husband. For example, in the division of marital property, the court tends to make rulings that are obvious in favour of the wife, unless it is the wife who filed for divorce. The matrimonial residence, as immovable property, is naturally given to the wife and movable properties such as stock shares and cash are

---

[1]   See Zhu Yingping, "Constitutional and Judicial Protection of Disadvantaged Groups" , p. 69.

divided equality between spouses. Most importantly, the husband usually has to pay a sizable amount of alimony to the wife after divorce. German courts believe that giving more favourable treatment to the wife in divorce cases is conducive to protecting women's rights.

- The level of protection given to women's right to health in Germany is demonstrated by some relevant cases. Take the implementation of the European Social Charter for example. Although the German government has adopted a more conservative attitude as regards some provisions of the Charter, which is criticized by experts and scholars as well as by the Committee of Independent Experts, in judicial practice German judges often invoke by various means of interpretation the relevant provisions of the European Social Charter as an important basis or reference for their judgments, or as important criteria for the balance of interests in the handling of cases.

IV. Social Protection of Women's Right to Health

In the EU Member States, in addition to government agencies, there are over 2700 NGOs devoted to the protection of women's rights and interests. In the Netherlands and Germany, there are also a large number of NGOs, even commercial organizations, engaged in the protection of women's right to health and these organizations have become a very important social force. For almost every issue regarding women's right to health, no matter how seemingly insignificant, there are always NGOs engaged in the relevant advocating activities. In the following I will introduce some of the main organizations engaged in the protection of women's right to health that we have learned during the study visit.

- Dutch Women's Trade Union-The Dutch Women's Trade Union, one of the 17 trade unions affiliated to Dutch Trade Union Federation, has about 10000 members. Its main objectives are: to uphold women's rights and interests in the trade union movement, to struggle for the liberation of women and enhancement of women's consciousness; and to fight for a society in which men and women have equal rights, obligations and opportunities. Its main tasks include: to strive for recognition by the society of the value of women's housework; to struggle for more paid work for women; to develop childcare and housekeeping services; and to fight for more education and training opportunities for women. This organization attaches special attention to the issues related to women's right to health, especially the right to health of women who are not covered by the activities of other rights protection organizations, such as housewives, housekeepers, and volunteers.

• Dutch Equal Treatment Commission-The Commission is active not only in the field of gender equality, but also as regards the conversion of international law and relevant EU directives into Dutch laws and regulations. In the Netherlands, people who experience gender discrimination usually file complaints at the Equal Treatment Commission. This is not only because the Commission has won Dutch people's respect and trust (its legal status and authority are provided for in the Equal Treatment Act), but also because the Commission's decisions are transparent and fair, and its working method and procedure are more agreeable and convenient than those of the court.

• The International Federation of Health and Human Rights Organizations-This Federation is made up of two kinds of members: health organizations and human rights organizations. In the past, health and medical workers knew little about the human rights and had a mentality of anxiety and fear towards legal issues, and health organizations are often criticized by human rights organizations for violation of human rights. The Federation brings together the two types of organizations to jointly promote health through the protection of human rights. In recent years, the Federation has devoted itself to the training of medical workers and used human rights as a tool to improve the quality of medical and health services. For example, it trains medical professionals not only to give medical treatments to their patients, but also to pay attention to whether their patients have been subjected to domestic violence. Through its unremitting efforts, the Federation has made great achievements in the promotion and protection of women's right to health.

• Clara Wichmann Institute-The Institute is a typical NGO because it does not receive any allocation of fund from the state. It mainly depends on donations from its members and from society in covering its expenses. The Association of Women's Rights, as an extension of the functions of the Institute, mainly engaged in the protection of women's rights through practical actions. Currently the Institute has over 250 individual members, who are mainly legal professionals and scientific researchers. The major goals of the Institute are to improve women's legal status, to promote women's social and economic rights, and to create a platform for its members to take joint actions. Its main fields of activities include women's salary income, equal status, and healthy working conditions. Its main work methods include lobbying, publishing books on women's rights, and bringing lawsuits against governments and other organizations violating women's rights.

• Commercial insurance companies–Because today HIV carriers are no longer considered carriers of death sentence in the Netherlands, some insurance companies begin to open their life insurance business to HIV carriers who are showing positive signs in treatment. Currently the Netherlands is the only country in the world to provide insurance services to HIV carriers: now there are already six insurance companies in the country providing life insurance services that can help HIV carriers avoid being driven into extreme difficulties.

V. Research on Women's Right to Health and Its Applications

Many fundamental research projects on women's right to health are being carried out in the Netherlands and Germany. The institutions covered by our study visit, including the Netherlands Institute of Human Rights, Law School of Utrecht University, Santa Wichmann Institute, Law School of Würzburg University, and the Institute for Social Law at University of Munich, have all achieved remarkable results in their research on women's right to health. Moreover, the two countries in particular attach special importance to the application of the results of medical and other scientific research to the protection of women's health, and have made great achievements.

• Recently, Dutch researchers discovered through the follow-up study of near one million pap smears that women are twice as likely to be infected by human papilloma virus (HPV) in August, when there is plenty of sunlight, than in winter, when the sunlight is scarce. Through the observation of 920359 pap smears collected between 1983 and 1998, researchers carrying out this study discovered seasonal changes in the risk of HPV infection among women, identifying a close relationship between HPV infection and the amount of exposure to sunlight.

• The latest researches in the Netherlands suggest that cigarette smoking has a destructive effect on women's reproductive function: it can shorten women's childbearing age by ten years. Besides, women who smoke are more likely to have a miscarriage than those who do not. Dutch scientists studied the success rate of

8000 women who had undergone *in vitro* fertilization procedure; some of them had been diagnosed of certain reproductive deficiencies, while many others suffered from "unexplained subfertility". The researchers found out that 43% of those suffering from unexplained subfertility were smokers and did not quit smoking even during *in vitro* fertilization procedure.

• Recently, an epidemiological investigation conducted by the National Cancer Foundation of the Netherlands showed that drinking yoghurt everyday could effectively prevent breast cancer. In the past ten years, breast caner has been a main threat to women's life and health in the Netherlands. Because of the improvement of medical treatments and the gradual popularization of breast cancer screening, breast cancer mortality rate among Dutch women has decreased dramatically in recent years. Statistics released by the Central Statistics Bureau of the Netherlands shows that breast cancer mortality rate among Dutch women was 29 per 100000, which was significantly lower than that of 10 years ago.

• An investigation covering over 4000 European women aged between 25 and 35 showed that taking an average of 77 pills of painkiller every year made their in vivo eggs activity 7% lower than people who do not take painkillers. In the Netherlands, women's health research institutions found out that drinking a small cup of red wine everyday can increase women's egg activity by 20%. This is because polyphenols in red wine can make eggs healthier; it is reported that currently scientists at Utrecht Medical Center is researching on a new type of contraceptives that can increase women's chance of being impregnated and postpone the menopause. After observing over 12000 women, scientists also discovered that women taking contraceptives that contain high-level of estrogen would have menopause earlier than those who take contraceptives with lower estrogen contents.

VI. The Protection of Women's Right to Health and Its Implications for China

Although law strictly protects women's right to health, it is often violated in reality, just like any other human right. Both in the Netherlands and Germany, women's right to health is faced with many challenges, such as domestic violence and gender discrimination. Therefore, more efforts need to be made in promoting the application of gender perspective in the implementation of laws and policies, in raising public consciousness of the prohibition of discrimination against women, the fair treatment of women, and the respect for women and in strengthening the protection of women's right to health.

6. 1   Main Problems in the Protection of Women's Right to Health

In a recent article published in the "Progress of the World's Women", Diane Elson points out that the inequality between men and women has been exacerbated by many factors. For example, women have fewer opportunities than men in obtaining high salary jobs, credit and occupational training. The lack of proper working environment, such as insufficient nursing and child-care facilities, is another important factor. Therefore, governments should take positive measures to expand women's occupational choices, in order to increase women's opportunities in obtaining healthy work environment, in engaging in the professions of their choice, in getting managerial positions and in starting their own businesses, and strengthening occupational training and guidance for women, so as to help them to overcome poverty.

- Domestic violence against women is the biggest challenge faced by the protection of women's right to health. Domestic violence is considered a "recurrent and severe disease with long-lasting, unbearable pains resulting from internal and external injuries". A report on domestic violence published by the UNICEF shows that about 20-50% of women around the world has been subjected to domestic violence or to sexual offices. Although the situation in the Netherlands and Germany is not severe, violence, especially domestic violence, against women is nevertheless a common phenomenon and it has become a serious threat to women's health.

- Illegal employment is the second challenge faced by the protection of women's right to health. According to an estimation by the International Centre for Migration Policy Development, each year there are a large number of people immigrated to EU countries, including the Netherlands and Germany, and most of them are women and children. Some of them are illegal immigrants lured into these countries by promise of work but ended up becoming sex slaves or doing forced labour.

- The existence of sex industry is the third challenge faced by the protection of women's right to health. In Germany, prostitution becomes a lawful profession; however, some prostitutes are unable to enjoy the health security and retirement plan provided by the government. According to a new law, the German government protects sex workers. However, acts of forcing women into prostitution, child prostitution, and traffic in women and children are still illegal. Moreover, social welfare only covers a small number of prostitutes, namely those working in bars and brothels. The new law does not benefit streetwalkers because most of them are from foreign countries and usually illegal immigrants.

• The increasingly serious problem of obesity is the fourth challenge faced by the protection of women's right to health. Statistics released by EU shows that the UK has the highest level of obesity of women in Europe, with over 23% of women in the country being obese. Germany and Malta rank the second and the third. The situation in the Netherlands is not optimistic either, with many women suffering from various degree of obesity. The Italian women are the slimmest in European Union, with only 8% of them having obesity problem. Obesity has become one of the health killers of European women.

• The spread of AIDS/HIV is the fifth challenge faced by the protection of women's right to health. According to the AIDS Status Report 2001 published by WHO and the Joint UN Programme on HIV/AIDS (UNAIDS), AIDS has become the fourth leading cause of death around the world. Due to the ineffectiveness of prevention and treatment, today, AIDS continues to wreak havoc around the world. In the EU countries, including the Netherlands and Germany, although the situation has been stabilized, AIDS is still one of the greatest threats to public health, especially to maternal and infant health. In developing countries, the number of HIV carriers is increasing and the epidemic is spreading from urban areas to rural areas.

6.2   Implications of Women's Right to Health for China

In China, with the improvement of health services, there is a remarkable rise in the health level of Chinese citizens. Average life expectancy has increased from 35 years in 1945 to today's 71.4 years, and maternal mortality rate had decreased from 1500 per 100000 in early 1950s to 30 per 100000 in 2010. [1] Nevertheless, China still faces many problems in safeguarding women's right to health and therefore needs to draw on the experience of European countries.

---

[1]   See Huang Mingming, "A Marked Decrease in Maternal Mortality Rate in China in 2010", in *China Insurance News*, 22 September 2011.

Firstly, China needs to enhance the awareness of the protection of women's right to health. In Europe, as a result of long period of human rights movements and women's liberation movements, the idea of women's right to health has been deeply rooted in people's mind. In order to truly protect women's right to health, China should not only adopt social laws and policies, but, more importantly, also incorporate gender perspective in the formulation and implementation of relevant laws and policies. For example, we need to raise public awareness of women's health, prohibition of discrimination against women, and fair treatment of women and emphasize the respect for women's human rights. Only in this way can we create a good environment for the safeguarding of women's right to health.

Secondly, although the current Chinese legal system contains plenty of provisions on the protection of women's right to health, most of them are general programmatic or declarative provisions. The lack of detailed and concrete provisions, including legal consequences of violation of women's right to health has greatly reduced the effectiveness of these legal provisions. For example, although the protection of women's right to health is provided for in laws such as the Law on the Protection of Rights and Interests of Women, the Law on the Protection of Minors, and the Law on the Protection of the Rights and Interests of Disabled People, relevant provisions are rarely applied in judicial practice because these laws contain no provision on the legal consequences for their violations.

Thirdly, China needs to strengthen judicial protection of women's right to health. In China, women's right to health is to a large extent a due right, rather than an actual right. For example, although the Law on the Protection of Rights and Interests of Women prohibits sexual harassment against women, it does not give a clear definition of what sexual harassment is. As a result, it is very difficult to protect women's physical and mental health in practice. Another example: because the relevant laws contain no concrete provisions on the legal consequences of violation of female workers' right to labour protection and right to rest, judicial bodies often can do nothing when faced with such violations. Besides, domestic courts in the Netherlands and Germany can directly apply international treaties and EU laws whereas in China domestic courts cannot directly apply international treaties even when they are ratified by China. This is a major problem affecting the protection of women's right to health.

Fourthly, China needs to abolish the system of urban-rural segregation and

implement an integrated and equal health protection system for both urban and rural
women. Because of the long-term implementation of the national policy of
"separate administration of urban and rural areas", the situation of women's health
in rural areas is serious. For example, in many rural areas, especially in
mountainous, remote and poverty-stricken areas, due to factors such as the shortage
of health facilities and medical personnel, the lack of health knowledge among rural
people, and poor transportation, hospital delivery rate among pregnant women is
low, resulting in relatively high rates of maternal mortality and infant mortality.
Moreover, because of poverty, women are unable to enjoy the most basic
reproductive health services, and some easily preventable and curable diseases have
become main threats to women's health. Therefore, China should take references
from Dutch and German experiences and implement an integrated system of
protection of women's right to health.

(Translated by Li Xixia)

International Protection of Women's Right to Health

Dong Bin[*]

Introduction

Women's right to health is an important content of the international human rights law and a fundamental human right every woman should enjoy. The two most important conventions in the field of international protection of women's right to health are the International Covenant on Economic, Social and Cultural Rights and the Convention on the Elimination of All Forms of Discrimination against Women. The ICESCR provides in its Article 12 that everyone has the right to health. However, this article lacks gender perspective and fails to take into consideration the special health needs of women. In actual life, violation of women's right to health is a very common phenomenon. On the basis of the interpretation by relevant human rights treaty bodies, the ICESCR is completely applicable to the protection of women's right to health. Article 12 of CEDAW provides for the principle of non-discrimination in relation to the protection of women's right to health, requiring from State Parties to eliminate all forms of discrimination against women in the field of health. Together, ICESCR and CEDAW form a completed system of the international law on the protection of women's right to health.

China, as one of the State Parties to both ICESCR and CEDAW, has the

---

[*] Law School of Huaqiao University.

obligation under international law to implement the relevant provisions of the two treaties. However, the Chinese Constitution contains neither the right to health, let alone women's right to health, nor a general provision on the principle of non-discrimination. Moreover, neither the Constitution nor the revised Law on the Protection of the Rights and Interests of Women has given a definition of the term "discrimination". The fact that the right to health is not provided for in Chinese Constitution and laws does not mean that Chinese citizens do not enjoy this right. The issue is: how a right that has not been specifically provided for in the Constitution and laws can be safeguarded, when even the rights that have been guaranteed by Constitution and laws are often not effectively implemented? Therefore, the author of this article suggests that China should, when conditions permit, provide for the right to health, the non-discrimination principle and the definition of the term discrimination in the Constitution, so as to better protect women's right to health and improve the health status of Chinese women.

In the following, this article will first introduce the main contents of international instruments relevant to women's right to health, then carry out an in-depth analysis of Article 12 of ICESCR and Article 12 of CEDAW and, finally, compare the relevant provisions in the Chinese Constitution with the relevant international instruments, in order to put forward corresponding proposals.

I. Legal Sources of the International Protection of Women's Right to Health

Mainly, the legal sources of international protection of women's right to health include the following international instruments:

1.1 ICESCR

The ICESCR was adopted by UN General Assembly Resolution 2200A (XXI) on December 16, 1966 and entered into force on January 3, 1976. China signed the covenant on October 27, 1997 and ratified the covenant without reservation on March 27, 2001.

The ICESCR provides for a wide variety of economic, social and cultural rights, including the right to health. Article 12 of the covenant provides that:

(1) *The State Parties to the present Covenant recognize the right of everyone to the enjoyment of the highest attainable standard of physical and mental health.*

(2) *The steps to be taken by the State Parties to the present Covenant to achieve the full realization of this right shall include those necessary for:*

(a) *The provision for the reduction of the stillbirth-rate and of infant mortality and for the healthy development of the child;*

(b) *The improvement of all aspects of environmental and industrial hygiene;*

(c) *The prevention, treatment and control of epidemic, endemic, occupational and other diseases;*

(d) *The creation of conditions, which would assure to all medical services and medical attention in the event of sickness.*

This article has two aspects: one aspect is the right of individuals to health. For the purpose of protection of human rights, the term "everyone" used in this article apparently should be understood as referring not only to everyone in State Parties to the Covenant, but also to everyone in non-State Parties to the Covenant. Namely, the provisions of this article are not merely treaty provisions, but could be regarded as constituting a rule of customary international law. [1] Another aspect is the four obligations that must be undertaken by State Parties in order to realize the right of individuals to health. This combination of individual right and state positive obligations is one of the key characteristics of the ICESCR: everyone enjoys the right to health, and the state has the obligation to realize the right of the individual to health.

The provisions on the right to health in Article 12 apply to everyone, including both men and women.

1.2 CEDAW

The CEDAW was adopted by Resolution 34/180 of the United Nations General

---

[1] Article 25 of the Universal Declaration of Human Rights contains a similar wording. Paragraph 1 of this article provides: "Everyone has the right to a standard of living adequate for the health and well-being of himself and of his family, including food, clothing, housing and medical care and necessary social services, and the right to security in the event of unemployment, sickness, disability, widowhood, old age or other lack of livelihood in circumstances beyond his control." Although the provision does not specially mention the right to health, it has apparently taken health as an objective to be achieved. Moreover, this provision also uses the term "everyone", which, in this context, apparently refers to every human being in the world.

Assembly on December 18, 1979 and entered into force on September 3, 1981, after it had been ratified by 20 states. By March 2005, it was ratified by a total of 180 states.

The Chinese government signed the Convention on July 17, 1980, and the Convention entered into force with respect to China on December 4 of the same year. When ratifying the Convention, China made only one reservation with respect to Article 29 paragraph 1, namely to the provision on the method of resolution of disputes between State Parties concerning the interpretation or application of the Convention.

Article 12 of the CEDAW provides for that:

> (1) *State Parties shall take all appropriate measures to eliminate discrimination against women in the field of health care in order to ensure, on a basis of equality of men and women, access to health care services, including those related to family planning.*
>
> (2) *Notwithstanding the provisions of paragraph I of this Article, State Parties shall ensure to women appropriate services in connection with pregnancy, confinement and the post-natal period, granting free services where necessary, as well as adequate nutrition during pregnancy and lactation.* ①

This article provides for the State Parties' obligation to take measures to eliminate discrimination against women in the field of health care, so as to ensure the realization of women's right to health.

Other provisions in the CEDAW that touch upon women's right to health include: Article 5 (b), Article 10 (h), Article 11 (1) (f), Article 14 (2) (b), Article 16 (1) (e) and Article 16 (2).

The CEDAW is the first international convention that lays down a legal obligation of State Parties to ensure gender equality and non-discrimination and, therefore, has a great significance to the full realization of women's right to health.

1.3   Other International Instruments

Apart from the above two conventions, Articles 23 and 24② of the Convention

---

①   *Coincidentally, the right to health is provided for in Article 12 of both ICESCR and CEDAW.*

②   This Article confirms the right of the child to the enjoyment of the highest attainable standard of health and stresses that State Parties have the obligation to ensure appropriate pre-natal and post-natal health care for mothers.

on the Rights of the Child also contain provisions on the right to health.

The right to health has also been recognized by some regional human rights instruments, such as the revised 1961 European Social Charter (Article 11), the 1981 African Charter on Human and People's Rights (Article 16), and the Additional Protocol to the American Convention on Human Rights in the area of Economic, Social and Cultural Rights (Article 10).

All of the above-mentioned international documents are legally binding treaties. The State Parties to these treaties have the obligation to adopt necessary measures in order to protect the right to health of everyone within their jurisdictions.

Other international instruments including the right to health include: General Comment No. 14: The Right to the Highest Attainable Standard of Health (Article 12), adopted by the Committee on Economic, Social and Cultural Rights at its 22nd meeting in 2000; and General Recommendation No. 24: Women and Health (Article 12) adopted by the CEDAW. ①

These international instruments are not treaties, but decisions made by the treaty bodies of the relevant international human rights treaties. Since these bodies are responsible for the supervision over the implementation of the relevant treaties and for receiving and reviewing the periodical reports submitted by State Parties on the implementation of these treaties, the decisions made by them are authoritative interpretations of the relevant provisions of these treaties and therefore must also be followed by State Parties. ②

II. Standards on the International Protection of Women's Right to Health

Article 12 of the ICESCR has not only declared and confirmed the existence of

---

① The right to health has also been mentioned in the following documents: Resolution No. 1989/11 of the Human Rights Commission and the 1993 Vienna Declaration and Program of Action; Principles for the Protection of Persons with Mental Illness and the Improvement of Mental Health Care, adopted by General Assembly Resolution No. 46/119 of December 17, 1991 and Committee on Economic, Social and Cultural Rights' General Comment No. 5, Persons with disabilities; the Programme of Action agreed to at the International Conference on Population and Development (ICPD) in Cairo in 1994; and Beijing Declaration and Platform for Action adopted at the Fourth World Conference on Women in 1995, which contain the definitions of reproductive health and women's health.

② Not only so, State Parties also have the obligation to report in their subsequent periodical reports on the measures they have taken to implement these comments and recommendations.

the right to health, but also established the standards on the international protection of the right to health.

Everyone has the right to the enjoyment of the highest attainable standard of physical and mental health. ①

This article contains the highest-level and most comprehensive provision on the right to health. The highest attainable standard of physical and mental health is not a static, but a dynamic standard. Meanwhile, it is also a standard that probably will never be fully achieved.

With respect to the definition of health, during the drafting of article 12 of the ICESCR, the third Committee of the UN General Assembly did not adopt the definition of health contained in the Preamble to the Constitution of the World Health Organization, namely "Health is a state of complete physical, mental and social well-being and not merely the absence of disease or infirmity." However, the reference in Article 12 (1) of the Covenant to "the highest attainable standard of physical and mental health" is not confined to the right to health care. On the contrary, the drafting history and the express wording of Article 12 (2) acknowledge that the right to health embraces a wide range of socio-economic factors that promote conditions in which people can lead a healthy life, and extends to the underlying determinants of health, such as food and nutrition, housing, access to safe and potable water and adequate sanitation, safe and healthy working conditions, and a healthy environment. ②

The Committee on Economic, Social and Cultural Rights has given clear definitions to "health" and "the right to health".

The right to health is not to be understood as a right to be healthy. The right to health contains both freedoms and entitlements. The freedoms include the right to control one's health and body, including sexual and reproductive freedom, and the right to be free from interference, such as the right to be free

---

① Article 24 of the Convention on the Rights of the Child adopted the same mode of definition: "State Parties recognize the right of the child to the enjoyment of the highest attainable standard of health and to facilities for the treatment of illness and rehabilitation of health. State Parties shall strive to ensure that no child is deprived of his or her right of access to such health care services." Paragraph 2 of this article also provides for the measures that State Parties should take in order to fully realize this right.

② General Comment No. 14 of the Committee on Economic Social and Cultural Rights: The right to the highest attainable standard of health (Article 12), paragraph 4.

from torture, non-consensual medical treatment and experimentation. By contrast, the entitlements include the right to a system of health-protection, which provides equality of opportunity for people to enjoy the highest attainable level of health. ①

The notion of "the highest attainable standard of health" in Article 12 (1) takes into account both the individual's biological and socio-economic preconditions and a State's available resources. There are a number of aspects, which cannot be addressed solely within the relationship between States and individuals; in particular, good health cannot be ensured by a State, nor can States provide protection against every possible cause of human ill health. Thus, genetic factors, individual susceptibility to ill health and the adoption of unhealthy or risky lifestyles may play an important role with respect to an individual's health. Consequently, the right to health must be understood as a right to the enjoyment of a variety of facilities, goods, services and conditions necessary for the realization of the highest attainable standard of health. ②

The "highest attainable standard of physical and mental health" itself is a flexible term. Nevertheless, it contains some concrete indicators in paragraph 2, including the reduction of the stillbirth-rate and of infant mortality; the improvement of all aspects of environmental and industrial hygiene; the prevention, treatment and control of epidemic, endemic, occupational and other diseases; and the creation of conditions which would assure to all medical service and medical attention in the event of sickness. ③

Article 12 contains no special provision on women's right to health, but only

---

① General Comment No. 14 of the Committee on Economic Social and Cultural Rights: The right to the highest attainable standard of health (Article 12), para. 8.

② Supra note①, para. 9.

③ The "Reporting Guidelines" adopted by the Committee on Economic, Social and Cultural Rights list a series of indicators on the right to health, including: (1) the percentage of GNP spent on health; (2) the percentage of health expenditure allocated to primary health care; (3) proportion of the population having access to trained personnel for the treatment of common diseases and injuries; (4) proportion of the population having access to regular supply of 20 essential drugs; (5) proportion of pregnant women having access to trained personnel for examination during pregnancy and proportion attended by such personnel for delivery; (6) proportion of infants having access to trained personnel for care; (7) infants immunized against major diseases; (8) life expectancy; (9) infant mortality rate; (10) population access to safe water; and (11) population access to adequate excrete disposal facilities.

general provisions on the right to health. Therefore, it has been criticized by some scholars for the lack of gender perspective and for the failure to take into consideration the special needs of women with respect to the right to health. The provisions of Article 12 embody the male-oriented conception of the right to health. For example, reproductive health is conspicuously absent from the listing of the major components of the right to health. Article 12 mandates that State Parties to the Covenant undertake steps to provide for the reduction of the stillbirth rate and infant mortality, but remains silent about maternal mortality. The reporting guidelines developed by the Committee for Article 12 mandate that State Parties provide some, but certainly not all, data disaggregated by sex, but the committee has failed to stress or enforce this requirement. [1]

The committee had also took note of this problem and held a meeting in 1993 to discuss the issue of discrimination of women relating to the right to health. However, the experts attending the meeting failed to submit any material or opinion on this issue and no general comment on the right to health was adopted after one day's meeting.

By 2000, the committee finally made a breakthrough by adopting at its 22nd session General Comment No. 14: The right to the highest attainable standard of health (Article 12). For example, it is stated in the General Comment that Article 12 (2) (a) may be understood as "requiring measures to improve child and maternal health, sexual and reproductive health services, including access to family planning, pre-and post-natal care, emergency obstetric services and access to information, as well as to resources necessary to act on that information." This is actually an extensive interpretation of the provision through the adoption of the gender perspective. Moreover, in paragraph 20 of the General Comment, the committee recommends that "States integrate a gender perspective in their health-related policies, planning, programs and research in order to promote better health for both women and men. A gender-based approach recognizes that biological and socio-cultural factors play a significant role in influencing the health of men and women. The disaggregation of health and socio-economic data according to sex is

---

[1]   Audrey R. Chapman, "Monitoring Women's Right to Health under the International Covenant on Economic, Social and Cultural Rights", The American University Law Review, Vol. 44, pp. 1157 - 1175.

essential for identifying and remedying inequalities in health." To eliminate discrimination against women, paragraph 21 of the General Comment requires from the State Parties to develop and implement a comprehensive national strategy for promoting women's right to health throughout their life span. Thus, through the adoption of gender perspective and extensive interpretation of the relevant provisions, the committee made the Covenant fully applicable to the international protection of women's right to health.

III. Realization of Women's Right to Health: the Principle of Non-discrimination

Notwithstanding the provisions on the right to health in ICESCR, in practice, women's right to health is not effectively protected, and the discrimination against women is still a common phenomenon, women often having the least opportunity in the access to health care. Therefore, Article 12 of the CEDAW requires from State Parties to take all appropriate measures to eliminate discrimination against women in the field of health care in order to ensure, on a basis of equality of men and women, access to health care services, including those related to family planning. [1] This provision has become a basic principle in the realization of women's right to health and is called the "principle of non-discrimination". This is also the basic principle in the equal protection of women's right to health.

Meanwhile, the convention gives the following definition to the term "discrimination against women" in Article 1: "any distinction, exclusion or restriction made on the basis of sex which has the effect or purpose of impairing or nullifying the recognition, enjoyment or exercise by women, irrespective of their marital status, on a basis of equality of men and women, of human rights and fundamental freedoms in the political, economic, social, cultural, civil or any other field."

---

[1] The original draft of CEDAW did not list the right to health as a separate right. During the deliberation of the draft Convention by the Third Committee of the General Assembly, which was responsible for dealing with social, humanitarian and cultural affairs, Denmark and the Netherlands proposed a separate article on women's right to health. After adopted by the Commission on the Status of Women and approved by the Economic and Social Council, the proposed article became Article 12 of CEDAW.

The ICESCR also contains a provision on non-discrimination. Article 2 of the covenant requires from State Parties to guarantee that the rights contained in the covenant will be exercised without discrimination of any kind as to race, colour, sex, language, religion, political or other opinion, national or social origin, property, birth or other status. However, the purpose of this article is mainly to impose a positive obligation on State Parties. It does not specifically provide for the principle of non-discrimination.

The International Covenant on Civil and Political Rights (ICCPR) contains a similar provision. Article 2 of the ICCPR requires from State Parties to ensure to all individuals within its territory and subject to its jurisdiction the rights recognized in the covenant, without distinction of any kind, such as race, colour, sex, language, religion, political or other opinion, national or social origin, property, birth or other status. The purpose of this article is in fact also to impose an obligation on State Parties. In the same vain, Article 26 of the ICCPR provides that: " All persons are equal before the law and are entitled without any discrimination to the equal protection of the law. In this respect, the law shall prohibit any discrimination and guarantee to all persons equal and effective protection against discrimination on any ground such as race, colour, sex, language, religion, political or other opinion, national or social origin, property, birth or other status. " The Human Rights Committee holds that Article 26 does not merely repeat the guarantees provided for in Article 2, but contains itself a separate right. It prohibits de jure or de facto discrimination in any fields under the administration or protection of public authorities. Therefore, when a State Party adopts a piece of legislation, it must make sure that it meets the requirements of Article 26 and that its content is not discriminatory. In other words, the non-discrimination principle provided for in Article 26 applies not only to the rights provided for in the ICCPR, but also to the rights not provided for in the covenant. [1] Moreover, the committee has also given a definition of " discrimination " in one of its general comments. Therefore, the non-discrimination principle provided for in the ICCPR also applies to the right to

---

[1]   The Human Rights Committee stated in 1987 that Article 26 of the ICCPR prohibits not only discrimination with respect to rights provided for in the covenant, but also discrimination with respect to rights not provided for in the covenant.

health provided for in Article 12 of the ICESCR. Namely, it is prohibited to make any distinction on the basis of gender; women should be given equal treatment also in the field of protection of the right to health. Accordingly, non-discrimination constitutes a foundational right to health for women.

In the field of the right to health, discrimination against woman constitutes the violation of the principle of gender equality. ①

IV. Chinese Practices: Problems and Countermeasures

Since the Reform and Opening up, China has made far-reaching or major achievements in the protection of women's right to health. Meanwhile, some problems still exist and further improvements are needed in this field.

4.1 Problems

4.1.1 The Lack of a Specific Provision on the Right to Health in the Chinese Constitution

Article 21 of the Chinese Constitution provides that: "The state develops medical and health services, promotes modern medicine and traditional Chinese medicine, encourages and supports the setting up of various medical and health facilities by the rural economic collectives, state enterprises and undertakings and neighbourhood organizations, and promotes sanitation activities of a mass character, all to protect the people's health. The state develops physical culture and promotes mass sports activities to build up the people's physique."

Although this article can play a positive role in promoting citizens' health, it does not mention the right to health at all, let alone providing for the right to health as

---

① Under both international and domestic laws, equality and non-discrimination are two closely related principles, just like two sides of one coin. The differences between the two is that "equality" emphasizes the protection of everyone's human rights and freedoms in a positive and active way; "non-discrimination" or "prohibition of discrimination" protects everyone's human rights and fundamental freedoms in a passive and non-active way. See Zhu Xiaoqing, "The Principles of Equality and Non-Discrimination under the European Convention on Human Rights", available at: http://www. chinalawedu. com/news/15300/157/2007/3/li14961245301623700242 - 0. htm, last visited May 19, 2010.

an individual right of citizens, like that contained in Article 12 of the
ICESCR. ①②

Some authors are of the opinion that, notwithstanding that the current Chinese
Constitution does not specifically provide for the right to health, it does provide for
a general legal obligation for the state to safeguard citizens' health. Some others hold
that the wording of the provision on health in the Chinese Constitution is
somewhat abstract as compared to that of the ICESCR: the former does not
provide for a series of indicators of the realization of the right to health, such as the
still-birth rate and infant mortality rate. It is true that Article 21 of the Chinese
Constitution specifically requires state to develop physical culture and promote
mass sports activities. However, this article is neither specific, nor concrete. It is
rather an abstract, general and hollow provision. It cannot be regarded as a legal
obligation at all, but only as proclaiming state policy at best. If some authors argue
that this is a legal obligation, then it can be only said that this is a legal obligation
without any corresponding responsibility. ③

Therefore, generally speaking, there is a substantive difference between the
above provision in the Chinese Constitution and Article 12 of the ICESCR, both
in terms of mode of definition and in terms of content.

---

① As to the reason why the Chinese Constitution does not provide for the right to health, Mo Jihong
held that: "This is mainly because this right has a very complicated connotation and it is difficult to
determine the obligation of the government in safeguarding this right." See Mo Jihong, *International
Human Rights Conventions and China*, (Beijing: World Knowledge Publishing House, 2005),
p. 115.

② In contrast to relevant international human rights conventions, the Chinese Constitution does not
provide for the right to life, the right to health and the right to freedom of thought.

③ Mo Jihong held that: "Generally speaking, the right to health in China is sufficiently protected and
the relevant system is relatively complete." Chinese Constitution has provided for neither the right to
health as an individual right, nor any concrete measure for the protection of the right to health. How
can such a constitution be said to be sufficient and complete in the protection of the right to health? It
is true that the General Principles of Civil Law of the People's Republic of China provides in its
Article 98 that: "Citizens shall enjoy the right to life and the right to health." However, there is an
important difference between the right to health in civil law and that in the ICESCR. The former is
a right in civil law. It protects this right from infringement by other citizens. Once infringed upon, it
requires that the infringer pay compensation to the infringed. In contrast, the right to health in the
human rights conventions requires the state to adopt necessary measures to safeguard and realize this
right. Therefore there is an essential difference between the right to health in the civil law and that in
the international human rights law. The former cannot replace the provision on the right to health in
the constitution. This is basic question of common knowledge of legal theory.

As already said, the Chinese Constitution contains no provision on the right to health, let alone women's right to health.

Today, many civil law countries have already provided for the right to health or defined the role of the state in formulating health policies in their constitution. Article 19 of the Constitution of Haiti directly links the right to health to the right to life: "The state has the obligation to safeguard the right to life, health and respect for human being". Article 23 of the Constitution also requires the state to ensure to all the people in the country an adequate medical care system so as to safeguard or recovery their health. Article 70 (1) of the Hungarian Constitution mentions the right to highest attainable physical and mental health and 70 (2) lists the four obligations that the state must pay special attention to. In socialist countries, the right to health, like other economic, social and cultural rights, is often listed as one of the fundament rights. Article 49 of the Cuban Constitution provides for the right to heath care and health protection and requires the state to provide and support free and universal public health care system through education and preventive measures. ①

4. 1. 2   *The Lack of a General Provision on the Principle of Non-Discrimination in Chinese Constitution*

Article 33 (2) of the Chinese Constitution provides that all citizens of the People's Republic of China are equal before the law. Despite this constitutional provision on the principle of equality, various kinds of discrimination still abound in social life, and the Chinese Constitution still does not contain a general provision on the principle of non-discrimination.

Article 34 of the Chinese Constitution provides that all citizens of the People's Republic of China who have reached the age of 18 have the right to vote and stand for election, regardless of nationality, race, sex, occupation, family background, religious belief, education, property status, or length of residence, except persons deprived of political rights according to law. This provision implies that the non-discrimination principle is applicable only to the exercise of the right to vote and the right to stand for election, but not to the exercise of other fundamental rights.

---

① Enrique González and Mas Achmad Santosa, "Right to Health and Right to Environmental Protection" in *Circle of Rights: Economic, Social & Cultural Rights*, available at: http: // peace. ls. fju. edu. tw/ paper/ 046. pdf. , last visited May 19, 2010.

Therefore, compared with relevant provisions in international human rights conventions, the provision on non-discrimination in Chinese Constitution has a very limited scope of application and does not suffice to effectively safeguard citizens' fundamental rights in practice.

4. 1. 3　The Lack of a Definition of Discrimination in Chinese Laws

To date, the Chinese Constitution and laws still contain no definition of the term "discrimination".

The supervisory body established under the CEDAW, the Committee on the Elimination of Discrimination against Women, considered the combined fifth and sixth periodic reports of China at its 743rd and 744th sessions on August 10, 2006 and made the following concluding comments: "the committee" remains concerned that Chinese domestic legislation still does not contain a definition of discrimination against women, in accordance with Article 1 of the convention, encompassing both direct and indirect discrimination, as already noted in its previous concluding comments (A/54/38/Rev. 1), and that such a definition was not included in the Law on the Protection of Rights and Interests of Women, amended in 2005. While noting that the convention is an integral part of Chinese law, the committee is concerned that the State Party is still not aware of the importance of such a definition and that the lack of a specific legal provision may constrain the application of the full scope of the convention's definition of discrimination in the State Party. "

4. 2　Countermeasures

China has not made any reservation or declaration with respect to Article 12 of ICESCR and to Article 12 of CEDAW. When ratifying these two treaties, it has undertaken to fully implement its obligations under these two conventions. In other words, the question to pose is: How can China implement its obligations under these two conventions? Generally speaking, there are two methods of domestic application of international conventions: one is direct application; the other is indirect application, namely to translate, through the adoption of domestic law, the content of a convention into rules of domestic law and to implement obligations under the convention through the application of the domestic law. As far as Chinese implementation policy is concerned, most treaties in the field of civil and commercial law are applied directly, whereas human rights treaties are applied indirectly. Therefore, ICESCR and CEDAW, as human rights treaties, are in fact not directly applicable in China. They can be implemented only through the adoption of domestic legislation. Domestic legislation can be divided into constitution and ordinary laws. Providing for the right to health only in ordinary laws may result in the unequal protection by law of citizens' fundamental rights because rights provided for in the Constitution are often better protected than those provided for only in ordinary laws.

The author of this article holds that the right to health, as a fundamental human right, should be specifically provided for in the Chinese Constitution. This is not only China's obligation as State Party to the ICESCR, but also the measure conducive to the further improvement of domestic protection of human rights. In doing so, China should adopt the method of step-by-step legislation, namely providing for the right to health first in an ordinary law, and then, when conditions are ripe, in the Constitution.

With regard to the principle of non-discrimination, the author of this article suggests that, on the basis of Article 23 of the current Constitution, the principle of non-discrimination should be made a basic principle of the Chinese Constitution, and its scope of application be expanded to include the protection of all fundament rights of citizens.

The definition of the term "discrimination" should be provided for first in the Law on the Protection of the Rights and Interests of Women during the revision of the Law and then in the Constitution when conditions are ripe.

(Translated by Bi Xiaoqing, proofread by Li Xixia)

Legal Protection of the Right to Health

—From the Perspective of the Chinese Health Law System

Song Daping *

I. Introduction

In a traditional society, health belongs to the private sphere. Each individual is responsible for his or her own health. When the behaviour of an individual constitutes a threat or harm to the health of others, the private or public law will intervene to prevent or remedy the harm. A look at the traceable history of China shows that a primitive legal system on the prevention and control of infectious diseases emerged in the Qin Dynasty (221 BC-206 BC), which could be said to be the earliest health law in China. [1] In the traditional western legal system, the provisions on battery also protected the right to health, apart from being protected by the public health law, in the tort law and the provisions on assault and battery in the criminal law. In such a system, the right to health was still a right in the ordinary sense.

Health entered into the purview of public sphere in the 17th and 18th century, with the progress of industrialization. Over the past several centuries, the

---

   *   National Health Develoment Research Center.

  [1]   See Research Group on Shuihudi Qin Bamboo Texts, *Shuihudi Qin Bamboo Texts*, (Beijing: Cultural Relics Publishing House), 1978. CF: Wang Shaodong, "The First Legislation on Prevention and Treatment of Infectious Diseases in Ancient China", *Guangming Daily*, 16 October 2003.

governments of different countries had adopted a series of laws establishing formal institutional arrangements on such issues as working conditions, health care, even social security, so as to mitigate the social conflicts resulting from poor working conditions and to cope with the social upheaval caused by changes of social and economic structures. During this period of time, the core idea of developing the health law system evolved from taking health as the means for achieving the objectives of raising productivity, realizing economic growth and maintaining social stability, to treating health as the ultimate objective of social and economic development. The definition of the health concept also evolved from physical well-being to a state of complete physical, mental and social well-being. The right to health in the sense of a second-generation human right was first put forward by the World Health Organization in 1946. The Constitution of the WHO provides in its Preamble: "The enjoyment of the highest attainable standard of health is one of the fundamental rights of every human being without distinction of race, religion, and political belief, economic or social condition." Later, the 1948 Universal Declaration of Human Rights provides in Article 25: "Everyone has the right to a standard of living adequate for the health and well-being of himself and of his family, including food, clothing, and housing and medical care and necessary social services". The two pillars of the concept of the right to health are Article 12 of the 1966 International Covenant on Economic, Social and Cultural Rights and the Commission on Human Rights Resolution 2002/31, providing for "the highest attainable standard of physical and mental health" and "the right of everyone to the enjoyment of the highest attainable standard of physical and mental health", respectively. In 2000, the Committee on Economic, Social and Cultural Rights pointed out in General Comment No. 14 concerning Article 12 of the International Covenant on Economic, Social and Cultural Rights that the right to health is to be understood not as "a right to be *healthy*", but as "the right to a system of health protection which provides equality of opportunity for people to enjoy the highest attainable level of health." It defines the three main state obligations with respect to the right to health, namely: the obligations to respect, protect and fulfil, as not to interfere the enjoyment of the right to health, to protect the right to health from violation by a third party (a non-state actor), and to adopt positive measures to realize the right to health, respectively. The right to health and the corresponding state obligations have been further specified by a number of other international conventions. ① As far as the state is concerned, a well-designed and highly efficient system of health law will be able to ensure the fulfilment, to the maximum extent possible, of the state obligations to respect, protect and fulfil citizens' right to health. In this article, such a system is referred to as the system of "legal protection of the right to health" or the safeguarding system of the right to health.

II. The Framework of Health Law System
(Continental Law System)

The right to health has many different dimensions: in terms of the level of right, the right to health involves rights in the human-rights sense and rights in the ordinary sense; in terms of its content, the right to health involves the state obligation with respect to public health, health service and medicine, health security, the availability, accessibility, affordability as well as the quality of medical and health services, and the remedies for rights. Therefore, the scope of legal protection of the right to health is extensive. The health law that protects the right to health is not an independent branch of law in the system of law, whether in China or in any other country.

The system of health law is guided by international conventions or constitution; its content scatters among various domestic laws. The mainstream view that sees the health law as a special branch of administrative law is somewhat misleading. It can only be said that the core of the health law system, which involves public health, basic medical service, advanced medical technologies, essential drugs, and liability for medical products, fall within the scope of administrative law. Apart from that, the social law, labour law, social security law, and the law on the protection of natural resources and the environment have also provided for the protection of the right to health from different perspectives. The civil law and the criminal law protect the right to health at two levels: ordinary protection and special protection. The former is the protection of citizens' right to life and to health, such as the remedies for personal injuries in the civil law and punishments for various acts of violation of the right to life and to health, e. g. , intentional injuries, robbery, kidnapping, rape, indecent assault, and forced prostitution; the latter is the

---

① See Gong Xiangqian, 'The Chief Good: an Analysis of the Right to Health', *Medicine & Philosophy* (*Humanistic & Social Medicine Edition*), No. 3, 2009, pp. 20 −21.

regulation of health-related civil and criminal law relations, such as the regulation by contract law, tort law and other civil laws that regulate social relationships resulting from the provision of health services, such as medical tort, commercial medical insurance contract, disputes over medical contract and the regulation by the criminal law of some special health law relationships, such as the compulsory hospitalization of mental patients, illegal medical practice and illegal collection and supply of blood, etc. The latter falls within the scope of the health law system.

III. Historical Development of the Health Law System in China

3.1   Health Administrative Law

3.1.1   Three Stages of Development of Health Administrative Law

The health administrative law in the People's Republic of China has experienced three stages of development. The first stage is the period of exploration that began with the founding of the New China and ended with launching of the Cultural Revolution. At this stage, the government adopted four main guidelines for health work, namely: "prevention first", "to be geared to the needs of workers, peasants and soldiers"; "to combine traditional Chinese medicine with western medicine", and "to combine health work with mass movement", and adopted a series health-related laws and administrative regulations in accordance with these guidelines. The provisions on people's health in the Common Program of Chinese People's Political Consultative Conference and the 1954 Constitution provided constitutional basis for health administrative legislation. The health laws and regulations adopted by China at this stage included the Quarantine Regulations of the People's Republic of China, the Interim Regulations on Medical Doctors, the Interim Regulations on Pharmacists, the Interim Regulations on the Administration of Hospitals and Clinics, the Provisional Measures on Vaccination, the Measures for the Management of Infectious Diseases, the Instruction of the State Council on the Extermination of Schistosomiasis, the Provisional Regulations on the Administration of Food Health, and the Code of Safety and Health in Factories. They had laid a foundation for the further development of the health law system in China. ①

---

① Cao Kangtai, "The Health Law System in China" http: //www. people. com. cn/GB/14576/15097/2369648. html, last visited 28 January 2013.

The second stage was a stage of stagnation during the ten-year "Cultural Revolution", at which the existing health laws and regulations were not implemented and no new health laws and regulations were adopted. ①

The third stage began with the opening of the Third Plenary Session of the Eleventh Central Committee of Communist Party of China in 1978 and lasted till the present time. The 1982 Constitution provides in Article 21: "The state develops medical and health services, promotes modern medicine and traditional Chinese medicine, encourages and supports the setting up of various medical and health facilities by rural economic collectives, state enterprises and public institutions as well as neighbourhood organizations, and promotes health and sanitation activities of a mass character, all for the protection of the people's health." and in Article 45 that: "Citizens of the People's Republic of China have the right to material assistance from the state and society when they are old, ill or disabled. The state develops the social insurance, social relief and medical and health services that are required for citizens to enjoy this right." Although the new constitution does not specifically provide for citizens' right to health, the above provisions of the constitution provides guidance for the construction of the health law system in the new era. ② Since 1984, ten health laws have been adopted by the National People's Congress and its Standing Committee, including the Pharmaceutical Administration Law, Law on Maternal and Infant Health Care, Law on the Prevention and Control of Infectious Disease, Law on Practicing Doctors, Law on Food Safety, Frontier Health and Quarantine Law, Blood Donation Law, Law on the Prevention and Treatment of Occupational Diseases, and the Law on the Red Cross Society, and the Mental Health Law; two more health laws, the Law on Basic Medical and Health Services and Law on Traditional Chinese Medicine, are in the process of adoption; more than thirty health administrative regulations have been promulgated by the State Council, including the Regulations on the Supervision and Management of Medical Devices, Regulations on the Handling of Medical Accidents, Regulations on Traditional Chinese Medicine, Regulations on the Urgent Handling of Public Health Emergencies; over 400 ministerial or departmental rules have been adopted by the

---

① Cao Kangtai, "The Health Law System in China" http://www.people.com.cn/GB/14576/ 15097/2369648.html, last visited 28 January 2013.

② Ibid.

Ministry of Health, the State Food and Drug Administration, and other government organs; and a large number of local rules and regulations on health services and medicines have been adopted by the governments of provinces, autonomous regions, municipalities directly under the central government, and larger cities.

3. 1. 2   The Content of Health Administrative Law

Today, the scope of health administrative legislation covers the following aspects: (a) the legal system regulating public health, prevention of diseases and healthcare (prevention and control of infectious diseases, the urgent handling of public health emergencies, hygiene and health in public places and schools, protection of the health rights and interests of women and children and of citizens' reproductive health rights and interests); (b) the legal system regulating medical institutions, medical personnel, and the medical treatment activities; (c) the legal system regulating the administration of health related food, medicine, cosmetics, and medical appliances; (d) the legal system regulating health-related public interest undertakings; (e) and the legal system regulating the protection of traditional Chinese medicine. ①

The following milestone events have special place in the development of health administration law in China: the adoption of the Regulations on the Handling of Medical Accidents in 2002, which for the first time systematically provided for the rights of patients from the perspective of patients; the adoption of the Regulations on Traditional Chinese Medicine in 2003, which were the first comprehensive regulations on traditional Chinese medicine; the adoption of the Regulations on the Urgent Handling of Public Health Emergencies in 2003, which established the first system and mechanism for the handling of public health emergencies; the adoption of the Regulations on the Administration of Vaccine Circulation and Vaccination Immunization in 2005, which provided for the first time economic compensation for the victims of medical accidents resulting from vaccination, in accordance with the principle of fairness; and the adoption the Regulations on Human Organ Transplantation in 2007, which for the first time established the role and status of the examination of medical ethics in medical activities. ②

---

① Cao Kangtai, "The Health Law System in China" http: //www. people. com. cn/GB/14576/15097/2369648. html, last visited 28 January 2013.

② Wang Jianrong, "Health Legislation as an Epitome of the Reform and Development of the Health System in China", http: //www. jkb. com. cn/htmlpage/6/67764. htm? docid = 67764&cat = null&sKeyWord = null, last visited 28 January 2013.

The protection of the right to health by administrative law, as compared with protections by other branches of law, had the characteristics of preventive, proactive, specialized and comprehensive protection.

3. 2　Development of Civil Law for the Protection of the Right to Health

According to their content, rights in civil law can be divided into two categories: property rights and personal rights. The right to health is a right of personality that belongs to the category of personal rights. Since the right to health is inseparable from the right to life, the 1987 General Principles of Civil Law provides in Article 98 that "citizens shall enjoy the right to life and to health", meaning that citizens have the right to protect their own life and health against infringements, to exercise justifiable defence or to take emergency action when their right to life or right to health is infringed upon, and to claim remedies against infringements of such rights. The tort law, as a law of remedies, is playing an especially important role in safeguarding the right to health.

3. 2. 1　*The establishment of the Priority Rule for the Right to Life and to Health*

The traditional tort law focused on the protection of property, whereas the modern tort law is continuously expanding its scope of protection. The right to personality, especially the right to life and to health, has gradually been given priority in protection over property right. "The rule of the priority of the right to life and to health" has many different levels of meaning. For example, the property right may not be protected at the cost of other people's right to life and to health, unless the life or health of the owner of the property is also faced with threat. Another example is that according to the fault-liability principle, a person whose act has caused serious property damage to others may be exempted from liability for the damage if that person is not in fault. However, a person whose act has caused serious personal injury to others may be liable for the damage even if he is not in fault. [1] This rule, which is embodied in many aspects of the modern tort law as well as of the Chinese tort law, is based on humanistic ideology and has enriched

---

[1]　Wang Liming, "On the Development of the Tort Law", in "*Dushu Lakeside*" *Law Forum of Renmin University of China*, http: //www. civillaw. com. cn/article/default. asp? id = 47424, last visited 28 January 2013.

the content of the legal protection of the right to health.

3.3.2 Development of the Medical Tort Law

For a long period of time, the Chinese legal system has been faced with two major problems relating to medical tort: the first one is that a double-track system is implemented both for the application of law and for the technical identification of medical accidents, which has caused certain confusion in the field. In the application of the law, both the General Principles of Civil Law and the Measures for the Handling of Medical Accidents were adopted and took effect in 1987 are applicable to medical accidents. (The latter was replaced by the Regulations on the Handling of Medical Accidents, which took effect in 2002). The victim of a medical accident can either bring a civil lawsuit for compensation for personal injury in accordance with the General Principles of Civil Law or bring an administrative lawsuit for compensation for medical accident in accordance with the Measures (the Regulations from and after the year 2002). Compensation for personal injury under the civil law has a broad scope of application, whereas compensation for personal injuries resulting from medical accident is a specialized legal issue that should be regulated by a special law. However, the current Regulations on the Handling of Medical Accidents can not meet actual need of society because, in reality, the standard for the identification of medical accident is very strict, the process of identification complicated, and the amount of compensation to the victims in such cases often very low. As a result, most victims choose to bring personal injury lawsuit under the civil law. As regards the identification of personal injuries resulting from medical accidents, the medical accident expert conclusions given by medical associations often have too much bureaucratic colour and, as such, lack authority for judicial organs and credibility for the general public; whereas the identification of medical malpractice made by judicial expertise organs is often not accepted by medical institutions and medical personnel because of the lack of medical expertise. This situation has negatively affected the effectiveness of remedy for the violation of the right to health and intensified the doctor-patient conflicts.

The second problem is the unfair distribution of the burden of proof. Under normal circumstances, the distribution of the burden of proof should follow the rule that "the burden of proof should be borne by the claimant". However, in some special tort cases there can be exception to this rule: the burden of producing evidence to prove the existence or non-existence of a certain fact is not borne by the party who makes the claim (normally the plaintiff), but by the party against whom the claim is made (normally the defendant). The latter faces the consequence of losing the lawsuit if he fails to produce the evidence. Internationally, this rule of reversed burden of proof applies only to certain cases of medical tort. This is true for the civil law countries like Japan and Germany as well as for the common law countries like the U. K. and the U. S. In China, the 2001 Several Provisions of the Supreme People's Court on Evidence in Civil Procedures provides in Article 4 paragraph 1 (8) that: "In an infringement action of damages caused by medical acts, the medical institution shall be responsible for producing evidences to prove that there is no causal relationship between the medical act and the harmful consequences or it is not at fault." This judicial interpretation is widely understood and invoked in judicial practice as meaning that the rule of reversed burden of proof shall apply in cases of medical tort. The intention of this judicial interpretation is good, namely it is based on the consideration of the asymmetry of information between the doctor and the patient: medical institutions are in possession of specialized knowledge and medical evidence, whereas most patients do not have medical expertise and have difficulties in collecting evidence. Under this circumstance, the application of the ordinary rule of distribution of burden of proof is unfair to patients. More notably, this interpretation has profound negative impacts on the doctor-patient relationship. The most prominent one is that medical personnel, in order to avoid the risk of medical accident and related litigation, tend to carry out "protective" medical treatment, namely to carry out numerous examinations on and adopt multiple therapeutic schedules for patients increasing the time spent on paperwork—most of these examinations and medications are only preventive in nature and have no clinical significance. This increases the medical cost, resulting in great waste for patients, their employers, and medical insurance fund as well as in the waste of medical and health resources; it in fact exacerbates the problem of "difficulties in having accessing to and high cost of medical service". Moreover, under the "protective" mode of medical treatment, the medical personnel tend to adopt more and more conservative treatments, even shirk their responsibility in treating of patients. This situation has a serious negative impact on the interest of patients as well as on the image of the national health system.

The Tort Law of the People's Republic of China, adopted in the end of 2009, contains an epoch-making special chapter on liability for medical malpractice. Although consisting of only 11 Articles, the chapter contains stipulations on such important issues as the application of the fault-responsibility principle, return to the rule that "the burden of proof should be borne by the claimant", establishment of the single-track system of compensatory liability for damages, and the doctor's obligation of disclosure of information to the patient, thereby bringing some hope of solving the above-mentioned two major problems. This law is a positive attempt at enriching the idea and content of the civil remedies for the right to health, the effect of which is still to be evaluated.

3. 2. 3   Protection of the Right to Health by Criminal Law, Social Law and International Treaties

The criminal law, as a law of punishment, is also playing an important role in protecting citizens' right to health, although there is still a great room for further development in this field. The Chinese Criminal Law provides for concrete standards of criminal punishment for various crimes against citizens' right to life and to health, such as intentional injury, robbery, kidnapping, rape, indecent assault, and forced prostitution. Besides, the chapter in the Criminal Law on "Crimes of Obstructing the Administration of Public Order" contains a section on "Crimes of Endangering Public Health", which provides for the criminal responsibilities for such crimes as unlawfully causing the spread of infectious diseases, unlawfully causing major infectious animal or plant diseases, illegal collection or supply of blood, causing medical accidents, and illegally engaging in medical practice without obtaining the qualification for medical practice. However, the Chinese criminal law still has a long way to go in protecting of the right to health, since many criminal law problems brought about by such new medical technologies as euthanasia, organ transplantation, gene technology, transsexual operation, and prenatal gender selection, remain to be solved.

A series of social laws, including the Social Insurance Law, Law on the Protection of Women's Rights and Interests, Production Safety Law, and the Mine Safety Law, have protected the right to health from the perspectives of social insurance, working conditions, and ecological environment, gender perspective; the scope of such protection is expanding continuously. Moreover, China has ratified a series of international treaties on the protection of the right to health, including the International Health Regulations, World Declaration on the Survival,

Protection and Development of Children, Single Convention on Narcotic Drugs, Convention on Psychotropic Substances, and the Declaration of Alma-Ata. When translated into and implemented by domestic law, these international instruments can become effective safeguards of citizens' right to health.

IV. A Brief Evaluation of the Chinese Health Law System

Over the past more than thirty years since the "reform and opening up", China has gradually established a large institutional system for the protection of citizens' right to health, which consists of different levels and categories of laws, covers a wide range of fields, and keeps pace with times—many newly emerged issues, such as medical tort and organ transplantation, are covered by the system. Nevertheless, it is undeniable that this system is also faced with some problems.

The most prominent problem this system faces is that the current health administration legislation still lacks a parent law, and the administrative regulations on technology are too numerous and complicated. Currently, the "case-by-case legislation" is one of the prominent phenomena in the field of health administration legislation. Most of the pieces of legislation in the field are low-level, separate regulations on technology, adopted for the convenience of work. As a result, there is the lack of unity and consistency among legal norms on health-related rights, obligations and liabilities, which are scattered in various separate acts of legislation. Meanwhile, many separate laws and regulations are inadequate in terms of content and remain rigid in coverage. For example, the Pharmaceutical Administration Law fails to bring the pharmaceutical preparations made by medical institutions into the scope of pharmaceutical administration, bringing about a supervisory "blind zone". Moreover, the lack of a parent law for constructing a comprehensive framework of health administration legislation has resulted in the absence of some core components in the health administration legislation, such as the provisions on status of basic medical care, statutory percentage of health expenditure in the total national budget, and the medical security arrangements. This in turn causes the arbitrariness and the lack of long-term mechanism in the development of the health care undertaking.

The second problem is the lack of coordination between and confusion in the application of the existing laws and regulations in the field. Take premarital medical examination for instance. The 1995 Law on Maternal and Infant Health Care provides in Article 12: "Both the male and the female shall, in making marriage registration, produce their certificates of pre-marital medical examination or certificates of medical technical appraisement", thereby establishing a mandatory system of premarital medical examination. However, this provision is in conflict with the 1994 Regulations on the Administration of Marriage Registration, which provides that: "In localities where conditions permit, a premarital medical examination system shall be established. The provincial civil affairs and health administration departments shall submit proposals on the specific areas for the implementation of the system to the people's government at the same level for approval." Although the Regulations on the Administration of Marriage Registration were replaced by the Regulations on Marriage Registration in 2003, the latter still adhere to the principle of non-mandatory premarital medical examination. According to hierarchical level of law validity, the 1995 Law on Maternal and Infant Health Care establishing the compulsory premarital medical examination system should prevail over the 2003 Regulations on Marriage Registration. In practice, however, the mandatory premarital medical examination system was abolished in accordance with the 2003 Regulations on Marriage Registration. This example demonstrates the lack of coordination between and the confusion in the application of the laws and regulations in this field.

The third problem is that many of the provisions in the relevant laws and regulations are imperfect or defectives. For example, although the Tort Law has provided for the first time in China the compensatory liability for medical malpractice, the internal consistency and logic of the Law still need to be improved. Many urgent and difficult problems, such as the lack of a single organ responsible for the evaluation of personal injuries by medical accidents, remain to be solved. For another example, although the Criminal Law provides for the "crimes of endangering public health", its definition of "public health" is different from the one commonly used in the medical and health sector.

Moreover, the development of the health legislation lags far behind the development of medical science and technology. The regulation of many newly emerged medical technologies should be placed on China legislative agenda as soon as possible. The rapid development of pharmaceutical and healthcare systems also poses new challenges to the system of health law. For example, the establishment of essential medicines system makes it necessary to revise further the Pharmaceutical Administration Law. In addition, the establishment of basic medical security system involves the distribution of responsibilities among many different functional departments of the government, which also needs to be specified by law.

V. Improving the Health Law System within the Context of the New Medical Reform in China

The Opinions of the CPC Central Committee and the State Council on Deepening the Reform of the Medical and Health Care System, promulgated on January 21, 2009, provides a blueprint for the development of the new medical and health care system in China and brings a new opportunity for further improvement of the health law system. The Opinions states that in reforming the medical and health care system, "We shall adhere to the people-first principle and give priority to safeguarding the health rights and interests of the people" and "We shall establish and improve a medicine and health care legal system, to improve the health laws and regulation. We shall speed up the basic medical health legislation, specify the rights and obligations of government, society and residents in health promotion and to ensure that everyone have access to the basic medical and health care services. We shall establish and improve a health standard system, and deal with properly the relationship and coordination between relevant laws and regulations. We shall accelerate the legislation on traditional Chinese medicines. We shall improve the laws and regulations on drug supervision. We shall gradually establish and perfect a comparatively complete health legal system comparable with the basic medical and health care system. " It mentions several pieces of the on-going legislative work, including drafting of the Law on Basic Health Care Law and the Law on Traditional Chinese Medicine, and suggests that an overall planning should be made in constructing and improving the health law system.

In the opinion of the author of this article, the most urgent task in deepening the reform of the medical and health care system is to clarify the issues that should be covered by health administration legislation and adopt a unified Health Law that focuses on the main issues in the field. Such a law is a key to the improvement of the health administration law system and should cover the following issues: financial input into health, the health administration system, public health arrangements (prevention and control of infectious diseases, frontier health and quarantine, urgent handling of public health emergencies, hygiene and health in public places and schools, prevention and control of occupational diseases, health rights and interests of women and children, and reproductive health), arrangements of basic and supplementary health services (the intension, extension and status of basic and supplementary health services, the legal status of medical institutions and medical personnel, the financial subsidy mechanism, the operation mechanism, responsibilities and behaviours), the health care arrangement (health care management system, the fund-raising responsibility and arrangement, administration of fund, organization and management, the payment of benefits, etc.), mechanisms for the production, supply and circulation of medicines, food safety, cosmetics and medical appliances, and related legal responsibilities and remedies. Moreover, China should also speed up regulating the application of newly-emerged medical technologies; make the corresponding adjustments to other branch laws relating to such issues as medical tort, medical and health activities and the corresponding criminal responsibilities, and labour protection; and strengthen the coordination between relevant laws and regulations.

Undoubtedly, China is faced with several institutional obstacles in improving its health legal system. One of such obstacles is the decentralized and incongruous health administration system in which medicines, food, frontier health and quarantine, occupational health, health care, and labour health are under the responsibilities of different departments of the State Council. Such a system, with high dispersion of responsibilities and lack of overall planning and coordination, has made the adoption of a unified Health Law extremely difficult. Another obstacle is that the current status and responsibilities of medical institutions and medical personnel, financial subsidy mechanism, payment method and operation mechanism are not properly defined. Consequently, medical activities are highly profit-driven. Together with the high out-of-pocket medical costs resulting from the low level of basic medical security, this has increased citizens' economic burden for the treatment of diseases, thereby impeding the realization of the right to health. Upon reflection, the author of this article believes that the above obstacles to the reform of the health system come on the one hand from the out-dated ideas and values and on the other, from the defects in legislation, which have resulted in the arbitrary and irrational development in the current health system. Therefore, in the process of improving the health law system, China must not hesitate, while adopting new laws and establishing new systems, to abolish the out-dated and unreasonable laws and systems. Only in this way can it deepen the reform and better safeguard citizens' right to health.

VI. Concluding Remarks

The right to health is a fundament human right and the health law system is playing a crucial role in safeguarding Chinese citizens' right to health. China has already made important achievements, but is still faced with great challenges in the construction of the health law system. China should take advantage of the favourable conditions created by the new round of reform of the health system and speed up the improvement of the health law system, so as to better safeguard citizens' right to health.

(Trauslated by Li XiXia)

Part Four

Legal Protection of Women's Labour Rights

The Selection of Approach to the Protection of Domestic Workers

Ye Jingyi, Wei Qian [*]

In recent years, the issue of how to improve the legal protection of domestic workers such as housekeepers and hospital care workers has become an important research subject in China. Because of its special nature, domestic work has long been under-valued in China, as that has been the case in many other countries worldwide. Domestic workers in China are mostly female migrant workers from rural areas. They are faced with such difficulties and problems as the lack of employment security, inadequate standard on working hours, the conflicts between family life and domestic work, the low-income level, [①] and the absence of social security. Due to the high cost of litigation, disputes over remuneration for domestic work often ended with domestic workers giving up their lawful rights and interests by quitting their job.

On the other hand, the users of domestic services often suffer personal-and-property damages as a result of the inaccuracy of employment information or the low professional standard of domestic workers, and it is difficult, sometimes even impossible for them to get any compensation for such damages because of domestic workers' limited capacity for compensation. To reduce such risks, they often take

[*] Ye Jingyi and Wei Qian, Law School of Peking University.

[①] There are high-income groups among domestic workers, such as confinement nurses. However, due to the short-term nature of their work, their actual income level needs to be evaluated in light of their actual employment situation.

preventive measures or impose more restrictions on domestic workers, such as personal surveillance (hidden camera) or unfair agreements (restriction on domestic workers' outdoor activities), thereby further aggravating the work conditions of domestic workers.

As a result, although it should have been based on the trust between domestic workers and their clients, domestic work is in reality often based on distrust, which highlights the absence of legal risk-control mechanism for domestic work in China. Meanwhile, domestic workers as professional workers are finding themselves in an increasingly disadvantaged economic and social condition, and also inherently need protection by law. By launching the "Global Campaign for Decent Work and Rights for Domestic Workers" in recent years in particular, the ILO, has made clear its attitude towards strengthening the protection of domestic workers and its intention of applying international labour standards to this group of workers.

This international trend, especially the proposal on the labour law relationship in domestic work, has posed an important task for Chinese labour law; namely, what legal status should be given to domestic work by Chinese law? Should such relationships be treated as labour law relationship? Does it mean that the broad masses of households as individual employers of domestic workers need to bear various obligations and duties as subjects of obligations in labour law? The authors of this article believe that in order to answer these questions, it is necessary to re-examine the status of domestic work legal relationship.

I. The Status of Domestic Work Legal Relationship under the ILO Convention Concerning Decent Work for Domestic Workers

As mentioned above, in order to promote the realization of decent work for all and implement the Declaration on Fundamental Principles and Rights at Work and the Declaration on Social Justice for a Fair Globalization, the ILO placed the drafting of a convention on decent work for domestic workers on the agenda of the 99th Session of the International Labour Conference in 2010, with a view to the setting of labour standards in the field of domestic work. For this purpose, it prepared relevant reports and a Proposed Convention Concerning Decent Work for

Domestic Workers (hereafter referred to as the proposed Convention) and a Proposed Recommendation Concerning Decent Work for Domestic Workers. ①
The Chinese government has also expressed its opinion on the proposed convention and recommendation. ②

At the 100th Session of the International Labour Conference in June 2011 , the ILO adopted the Convention Concerning Decent Work for Domestic Workers (ILO Convention No. 189) , which provides for concrete labour standards applicable to domestic workers, including those on collective bargaining, prohibition of discrimination in employment, basic right to rest, minimum wage, and decent work condition. Especially, the Convention requires that the national laws of the State Parties to the Convention must safeguard the basic labour rights of domestic workers, and ensure that household employers of domestic workers bear corresponding obligations. The content of the Convention shows that the ILO hopes to expand the scope of application of existing international labour standards to domestic workers. In a certain sense, the reference to the legal obligations of the employer can be regarded as establishing household employers of domestic workers as the opposite party to domestic workers in labour relationship, making them bear the obligation to safeguard labour rights of domestic workers.

This basic line of thinking of the Convention has posed an important challenge to many countries, including China: How should a national labour law respond to the Convention? What is the position of legal relationship of domestic work in national legal system?

In China, for example, legal regimes such as collective bargaining, minimum wage, rest and vacations, prohibition of discrimination in employment and restriction on dismissal are applicable only to the subjects in labour law. The precondition for their application is the establishment of labour law relationship. Therefore, to give domestic workers various basic labour rights as required by the

---

① International Labour Conference, 99th session 2010, *Report IV (1)* , *Decent Work for Domestic Workers*, reference ILC99 − IV (1) [2008 − 12 − 0075 − 1] -En. doc. The ILO conducted a questionnaire survey on the proposed convention and recommendation among member states, employer's organizations and trade unions and received returns from 75 government members and 28 employers' organizations and trade unions in member states.

② International Labour Conference, 99th session 2010, *Report IV (2)* , *Decent Work for Domestic Workers*, Confrep \ ILC99 (2010) \ IV (2) − [2010 −01 −0156 −1] − En. doc.

Convention means to recognize legal relationship of domestic work as that of labour law. Meanwhile, this issue needs to be discussed because, according to the relevant laws in China as well as in many other civil law countries, the legal relationship between domestic workers and households that employ them do not fall within the scope of application of the labour law. ① Normally such legal relationship is dealt with as the civil law relationship between equal subjects. (Some say they are "employment relations" while others say they are "labour relationship"). However, the Convention requires the State Parties to take legislative measures in order to change the legal relationship of domestic work from civil-law to a labour-law relationship, so as to give new rights to domestic workers and protect better their right to existence. The problem is: who should be the subject of corresponding obligation? Is it appropriate to make households employing domestic workers subjects of such an obligation?

Most states have replied cautiously to the above questions in the questionnaire survey carried out by the ILO during the drafting of the Convention. In fact, a vague definition of the subjects of domestic work relationship is regarded as the main defect of this proposed Convention. ② As a result, the final text of the Convention adopted in 2011 contains no definition of the employer, but concentrates instead on the obligations of the state. During the deliberation of the proposed Convention, the Chinese government expressed the opinion that, in order to apply the Convention, China must clarify at the national law level the similarities and differences between employment relationship and labour relationship. ③ In view of the above fact, this article analyses the nature of the legal relationship involved in the employment of domestic workers by households,

---

① According to the statistics provided by the ILO, currently developed countries that regulate domestic work through labour law mainly include Sweden (Code des Obligations, according to which labour contract applies to domestic workers) and the U. S. (Fair Labour Standards Act, which applies to domestic work only with respect to minimum wage, overtime remuneration, prohibition of child labor, and records retention).

② The above understanding of household employers of domestic workers is based on the relevant ILO reports and provisions of the Convention. According to the provisions on the subjects of obligation in the Convention, employers include users of domestic work (the Convention uses the term "household") and employment agencies that recruit and place domestic workers.

③ See answers to the Questionnaire by Chinese Government, International Labour Conference, 99th session 2010, *Report IV (2)*, *Decent Work for Domestic Workers*, Confrep \ ILC99 (2010) \ IV (2) − [2010 −01 −0156 −1] -En. doc.

taking as the starting point some general reflections on the nature of legal relationship in domestic work.

II. The Status of Domestic Work Legal Relationship in China

2.1   Basic Concepts related to Domestic Work

Before discussing the current situation of domestic work in China, it is necessary to clarify some concepts related to domestic work. The term "domestic work" used in this article will refer to "domestic work" as defined in the Convention. [1] According to the Convention, "domestic work" means the "work performed in or for a household or households" (Article1 (a)). The relevant provisions of the Convention show that the term "domestic work" covers domestic work performed both in the home of the user (by live-in or visiting domestic workers) and that performed outside the user's home. The content of domestic work is not elaborated in the Convention, but it can be understood as mainly including such ordinary housework as taking care of children, the sick, the disabled and the elderly, cooking and cleaning. This article also contains the definition of "domestic worker" as applied in the Convention, namely: "any person engaged in domestic work within an employment relationship" [Article1 (b)]. Here, the Convention literally defines the legal relationship of domestic work as a kind of employment relationship. However, the interpretation of employment relationship can be different under the national laws of different countries. In some countries, the employment relationship refers to labour relationship between individuals and is regulated by the labour law, whereas in China, the employment relationship is considered as a civil law relationship, which is not regulated by the labour law. According to the Convention, the term "domestic workers" refers to those who perform domestic work on an occupational basis, and excludes those who perform domestic work only occasionally or sporadically, thus stressing the occupational nature of domestic-work basis [Article 1 (c)].

---

[1]   Other expressions such as "home care worker", "home helper" should be understood as having the same meaning as "domestic worker".

2.2　Current Situation of Domestic Work in China

Currently there are different forms of domestic work in China. The most common form is performed by domestic workers who reside in the household of their employers (live-in domestic workers); the second form of domestic work is performed by domestic workers who visit their employers' household on a regular basis and charge by the hour (visiting domestic workers); the third form of domestic work is a care work performed by domestic workers in special facilities, such as geracomium or hospital (facility domestic workers). As regards the relationship between domestic workers and users of domestic services, domestic work can be divided into two categories: first, domestic work under labour relationship, namely the activities performed by domestic workers hired by a domestic service company and placed to households, and that have signed a domestic service contract with the company. ① Second, domestic work under employment relationship, namely those activities performed by domestic workers who have signed domestic work contract (such contract can have different names, such as "employment contract" or "service contract") with households, either directly or through a domestic service company. Here, it is not necessary to further discuss the first type of domestic work, since there is a clear labour law relationship between the domestic worker and a domestic service company. Therefore, this article will concentrate on the legal relationship in the second type domestic work.

2.3　The Application of Current Chinese Law to Domestic Work

It should be said that in the past there were only a few legal provisions in China applicable to domestic work. As already pointed out, the labour law is usually applicable only to domestic workers hired by operational entities, such as domestic service companies; whereas the relationship between domestic workers and households that directly employ them is usually considered as a civil employment

---

① Some legal scholars hold that such labour relationship constitutes labour dispatch relationship. However, the authors of this article are of the opinion that, in the labour dispatch under the Chinese Labour Contract Law, the users of labour are the "employing units" that constitute subjects of labour relationship. Such units cannot be interpreted as including the users of domestic services (natural persons or households). Therefore such domestic workers placed by domestic service companies should not be interpreted as dispatched labor.

relationship, falling within the scope of application of civil law and contract law, rather than that of labour law. In Article 4 of the 1995 Opinions on Several Issues concerning the Implementation of the Labour Law of the People's Republic of China, the Ministry of Labour clearly pointed out that "…the Labour Law does not apply to domestic workers employed directly by households". Article 7 of the Interpretation of the Supreme People's Court on Several Issues concerning the Application of Laws for the Trial of Labour Dispute Cases (II) provides that "disputes between domestic workers and individuals or households that employ them are not labour disputes." Domestic work is specifically excluded from the scope of application of the Labour Law by existing local regulations. For example, the Rules for the Implementation of Regulations of Shanghai Municipality on Labour Contract (promulgated on April 27, 2002)① provide in Article 1 (2) that: "These Rules do not apply to domestic workers, professional insurance agents, or college students engaged in paid work, who have not entered into a labour contract relationship."② We can assume that here, the negation of labour law relationship in domestic work is made on the basis of the content of domestic work. However, whether in legal theory or in legal practice, such a determination should be made instead with a view to the criteria pertinent to the labour law relationship.

According to a generally accepted theory on the criterion for determining a labour law relationship, the following three elements should be taken into consideration: (1) the specificity of parties to labour contract-one of the parties must be the labourer while the other party must be the employing unit; (2) the existence of a subordinate labour relationship-the existence of economic or personal relationship of

---

① See http://qpq.sh.gov.cn/gb/content/2010 -05/27/content_ 318744. htm, last visited November 24, 2012.

② The above provision of Shanghai Municipality is logically vague. It is equivalent to saying that the Regulations of Shanghai Municipality on Labour Contract do not apply to domestic workers who have not entered into a labour contract relationship. In the opinion of the authors of this article, this provision can be interpreted in the following two ways: (1) the legal relationship established between a domestic worker and the other party is not labour contract relationship and therefore, the Regulations on Labour Contract do not apply (total exclusion of application); (2) some of the legal relationships established between a domestic worker and the other party belong to labour contract relationship while some others are not. The Regulations on Labour Contract apply to the former but not the latter (selective exclusion of application). However, from the context of this provision we can see that the other party of the contract here refers only to an employing unit (a state organ, public organization or mass organization), not a user of domestic work.

subordination between the labourer and the employing unit; (3) group or
organizational characteristic-the labourer is a member of an organization or a group.
With respect to the above three criteria of labour relationship, the biggest difference
between a civil law employment relationship and a labour relationship is embodied
in elements (1) and (3) ,① namely in the legal requirements for the "employing
unit".

According to Article 2 of the 1995 Labour Law, "employing units" are "all
enterprises and individual economic organizations within the boundary of the
People's Republic of China". Article 2 of the 2008 Labour Contract Law likewise
provides that "employing units" refers to "enterprises, individual economic
organizations and private non-enterprise units within the territory of the People's
Republic of China". Although the above two provisions differ in the scope of
application as regards "employing units", they both require that an employing unit
in the labour law relationship must be an organization, rather than a natural person;
such organizations are not necessarily for-profit in nature, but they must be engaged
in certain undertaking. It is exactly for this reason that the employment relationship
in which the employer is a natural person does not fall within the scope of
application of the Labour Law.

So why does the labour law, when laying down the legal relationship in domestic
work, make such a distinction instead of recognizing the employment relationship
between natural persons? The answer to this question is difficult to find in the
existing literature in China. In our neighbouring country of Japan, a similar
exclusion of domestic work from the scope of application of the labour law has been
made. However, in the Japanese legal scholarship, there has been a long-standing
theoretical controversy over the distinction between employment contract and
labour contract. An examination of this controversy should help us to have a better
understanding of the essence of the labour relationship in domestic work.
Therefore, this article will further focus on the relevant theories and practices in

①   With regard to element (2) , the authors of this article holds that employment relationship under the
civil law also has the nature of economic and personal subordination and it is debatable whether such
subordination can be regarded as the characteristic distinguishing labour contract from civil law
employment contract. According to the mainstream view of the labour law circle in Japan, the answer
to this question is in the negative. Please refer to parts III and IV of this article for more detailed
discussion on this issue.

Japan, with an effort to answer the above question from the perspective of comparative law.

III. The Theories on Employment Contract and Labour Contract in the Japanese Legal Scholarship

The distinction between labour contract and employment contract is a difficult theoretical issue not only in China, but also in Japan. The debate on this issue in Japan has been a long-standing one, and can be traced to the period before the Second World War.

Initially, the Japanese labour law theorising had built on three main doctrines about the distinctions between labour contract and employment contract: the first was the doctrine of organizational attribute of labour;[1] the second one was the doctrine of subordinate attribute of labour;[2] and the third one was the doctrine of status attribute of labour.[3] For the first doctrine, the labour contract is a special form of labour organization that emerged after the Industrial Revolution. It differs from employment contract in that it takes organized labour as its objective. The second doctrine of subordinate attribute of labour embraced the subordinate doctrine in German labour law theory and held that labour contract was an inherent legal form of the subordinate labour relationship. While recognizing that labour contract was a kind of obligatory relationship, it held that it was mainly the subordinate status attribute that distinguished the labour contract from employment contract, working contract or contract of mandate. The doctrine of "status attribute of labour" was put forward by Izutarō Suehiro, the chairman of the Legislative

---

[1]   HIRANO Yoshidaro, "General Statement of Contract in Employment Law", *Journal of the Jurisprudence Association*, Volume 40, No. 11, 1922, pp. 65 −74.

[2]   TSUMAGARI Kuranojyo, *Principles of Labour Law*, (Kaizosha, 1932 September), pp. 223 −232.

[3]   SUEHIRO Yizutaro, *Law Dictionary*, Vol. 4, (Yiwanami Shoten, 1936), p. 2777. See also SUEHIRO Yizutaro, *A Discussion on Labour Law*, Yitiyosha, 1947, p. 189. As the Chairman of the Legislative Committee for the Drafting of the Labour Standard Law, Suehiro Yizutaro reaffirmed his doctrine of the status of laborer, holding that labour contracts are a special type of contract in civil law. To such contracts, the theory and provisions of labour law should apply first in light of the actual labour relationship, and the theory and provisions on the employment contract under civil law should apply in a supplementary sense.

Committee for the Drafting of Labour Standard Law. According to Suehiro, the labour contract is not an obligatory contract, but a contract of status by which individuals acquire their status as workers of an enterprise. Only individuals who have acquired the status of labourers in a certain enterprise can enjoy the various rights and bear the corresponding obligations provided for in the labour law. This is the main difference between a labour contract and an employment contract; it takes the establishment obligation relating to service and remuneration as its direct objective.

After World War II, the above doctrines were met with criticism in the Japanese academic circle. The criticism were mainly focused on the "doctrine of subordinate attribute of labour" and the "doctrine of status attribute of labour", holding that the two doctrines were unable to explain the essential difference between an employment contract and a labour contract. [1] The provision of service, whether under employment contract or under labour contract, is in essence the transfer of labour for a limited time period and the subordination of personality under the command of others. Therefore, some scholars suggest that the difference between a labour contract and an employment contract is essentially the result of different choices made under state laws and policies[2] that embody different attitudes and methods of legal regulation by the state. [3]

In the 1950s, further discussions on the relationship between labour contract and employment contract carried on both in the Japanese labour law and civil law scholarship. The doctrine of "the independence of labour contract"[4] put forward by a labour law scholar Noboru Kataoka became the mainstream view of the academic circle during that period. According to this doctrine, the concept of a labour contract is the product of the revision of the principle of freedom of employment contract in civil law from the perspective of safeguarding the labourers' right to existence through the recognition by law of the solidarity right. [5] It

---

[1] For the relevant discussions, see AZUMA Mitsutoshi, *Basics of Labour Law*, (Yuhikaku, 1948). YAMANAKA Yasuo, "Essentials of Labour Contract", *Labour Law Quarterly*, No. 7, 1953. MIYAKI Masao, *Employment Rules*, Nippon Hyoron Sha, 1952.

[2] NEMATA Yinejiro, *Introduction to Labour Law*, (Keisoshobo, 1950), pp. 162 −163.

[3] TADENUMA Kenyiti, "Labour Relations and Employment Contract, Labour Contract" (I) (II), *Labour Law Quarterly*, No. 37 and No. 38, 1955.

[4] KATAOKA Noboru, *Research on Solidarity and Labour Contract*, (Yuhikaku, 1959), p. 212.

[5] Supra note[4], p. 213.

distinguishes itself from the employment contract by virtue of the "subordinate attribute of labour", a concept not to be found in civil law. ① The doctrine emphasizes the organizational and subordinate attributes of labour. With regard to the doctrine of the status attribute of labour, the advocates of the doctrine of "the independence of labour contract" put forward a "theory of dual structure of labour contract", according to which the formation of labour relationship is embodied in the following two aspects of a labour contract: the first aspect is the establishment of status by which the labourer transfers the right to the disposition of his labour power to the user, thereby acquiring the status of an employee of the user; the second aspect is the realization of labour, namely the concretization of the content of labour relationship and the actual disposition of the transferred labour power. ② The authors of this article hold that the "theory of dual structure of labour contract" actually strengthened the "doctrine of the status attribute of the labourer".

As a refutation to the "doctrine of the independence of labour contract", the "doctrine of unity of labour contract" was put forward by some civil law③ and labour law④ scholars. The civil law opponents of the "doctrine of the independence of labour contract" hold that labour contract is a kind of service provision contract regulated by the new theory (namely the new idea of ensuring to everyone substantive equality in the enjoyment of the right to existence). Its essence is the subordination of the labourer. Therefore, the employment contract

---

① Here, the concept of "subordinate attribute of labor" is recognized in the process of incorporating the normative consciousness of the laborer's right to existence into the existing legal order, thereby rectifying the relevant states of affairs. In this sense, the subordinate attribute of labor, as far as its content is concerned, refers to the relationship of subordination between the laborer and the user of labor, including personal subordination and economic subordination, in the process of realization of labor. The economic subordination refers not merely to the social fact that the laborer is in an economically disadvantaged position, but also to the fact that, based on the laborer's social status, the recognition of the subordinate attribute of the relationship of continuous transfer of the disposition of labour power determines the subordinate relationship between the laborer and the user emerged when the status of the user as the disposer of labour power is established. Ibid. , p. 224.

② KATAOKA Noboru, *Features of Labour Contract and Labour Standard*, edited by NISHIMURA Nobuo, (Horitsu Bunka Sha, 1959), p. 101.

③ WAGATSUMA Sagae, *Particular Topics on Claims*, (Yiwanami Shoten, 1962), p. 539.

④ For criticisms from labour law perspective, see NEMATA Yinejiro, "A Discussion on Labour Contract" (I) (II), *Kaijo Roudo* Vol. 8 No. 4 and No. 5, 1959. SHIMOI Takashi, "Labour Contract and Fundamental Research on Wages-Particular Theory of Labour Contract Law", *Jurist*, No. 441, 1970, p. 129.

under civil law is the same as the labour contract. According to this doctrine, the Labour Standard Law should apply by analogy to civil law employment contract. The labour law opponents of the "doctrine of the independence of labour contract" also hold that there is no essential difference between a labour contract and an employment contract because the subordinate attribute of labour cannot be taken as the only criterion for the determination of the differences between the two kinds of contract.

On the basis of the above-discussed doctrines, the Japanese scholars made further progress in understanding the characteristics of labour contract. Many new doctrines were conceptualised, such as the doctrine of labour contract system[1], the doctrine of labour contract interpretation[2], and the doctrine of labour contract legislation[3]. The doctrine of labour contract system divides labour contract into two parts, namely the part determined by the intention of the parties and the part determined objectively by legal relationship, which on the other side enabled a systematic understanding of the legal nature of labour contract. The modern doctrine of labour contract system denies the designation of the contract by status and holds that labour contract is a collection of rights and obligations in a continuous, mobile, and organizational labour contract relationship. Currently, the mainstream labour law theory holds that the emergence of labour contract is the result of the awareness of a substantive inequality and organizational control between parties to labour contract in labour relationship, and the reflection of such awareness in the concept of contract. [4] In other words, the concept of labour contract can be understood as having the characteristic of a contract of substantively unequal organizational relationship. Therefore, the general characteristics of labour contract relationship should be understood from the following four aspects: (1) labour contract is the contract by status in a continuous contract relationship and with the utilization of

---

[1] WADA Hajime, *Theories of Labour Contract*, (Yuhikaku 1990). Also see KATAOKA Noboru, "Labour Contract and Obligations of Labors", *Ryukoku Law Review*, Vol. 26 No. 1 and No. 2, 1993.

[2] NISHITANI Sstoshi, "Labour Contract and Restructure of Labour Law", *Horitsujiho*, Vol. 66 No. 2.

[3] The Future of Japanese Labour Contract Law, Section Meeting Report on Labour Contract Law, 10 May 1993.

[4] SUGENO Kazuo, *Labour Law* (8th edition), (Koubundou, 2008), p. 66.

labour power as its objective; (2) organizational labour; (3) the blankness① and elasticity of the content of contract; and (4) the subordinate attribute of use. ②

The above debates over labour contract and employment contract in the Japanese academic circle have shown that understanding of the special characteristics of labour contract has gone through many changes in Japan. The doctrine of status attribute of labour reflects a life-long nature of the labour relationship in Japanese history. Suehiro has once likened labour relationship to the status relationships of marriage and inheritance. The establishment and the termination of labour relationship is regulated by the labour law, while the duration of labour relationship is regulated by employment rules made by the user or by the collective bargaining between the labourer and the user. This view flags truly both a legislative intent of the Japanese Labour Standard Law and a reasonable policy choice. The fact that domestic work hired by individuals was not regulated by the labour law is not a historical overlook, but the result of an intentional distinction of status. The emergence of the doctrine of the subordinate attribute of labour, just like similar academic interpretations in the Taiwan Province, was the result of the borrowing from German legal theory by earlier Japanese scholars. The criticism of the exaggeration of the doctrine of subordinate nature of labour was a self-reflection by Japanese labour law scholars in their effort to base themselves on the actual conditions in Japan and construct their own labour law theory. Of various doctrines of the labour relationship in Japan, the only one that has aroused little controversy is the doctrine of the organizational and group attributes of labour. ③ In the opinion of the authors of this article, this is exactly the reason why it is so hard for domestic work hired by households to be regulated by the labour law. Organizational and group attributes are the outcome of the fact that the labourer's state of existence corresponds to the user's capacity for obligation. The organizational attribute also reflects the inequality in status between

---

① The blankness of contract is also called the attribute of determination by others. It means that the specific content of the service is not specified in the labour contract when it is concluded, but is agreed upon by the laborer and the user of labour after the beginning of the implementation of the contract or, in a sense, decided by the user through the exercise of his labour command power.

② SUGENO Kazuo, *Labour Law* (8th edition), (Koubundou, 2008), p. 67.

③ For criticisms of the doctrine of the organizational and group attributes of labor, see SIMOYI Takasi, "Employment, Contract Work , Entrustment and Employment Contract-Applicable Object of Labour Law", *Konan Law Review*, Vol. 11 (2) and (3) of 1971, p. 241.

the labourer and the user under the organizational structure, which is the precondition for the regulation by the labour law. As far as the legislative history of labour law is concerned, the emergence of the labour standard law was the product of the struggle between the labourer and the user in the process of industrial labour. Therefore, although in employment relationship domestic workers often do their work under the control and command of a household user (the subordination of labours even stronger in cases where there is no specific pre-arrangement on the content of domestic labour); the subordinate attribute in such relationship is different from that of the organized labour. Neither can the capacity for obligation based on family income (in most case salary income) be compared with that of enterprises and institutions. Hence there exist two different regulatory systems in law.

It is noteworthy that with the promulgation of the Labour Contract Law in Japan in 2008, the theoretical debate over the differences between employment contract and labour contract became less heated than before. According to the Law, labour contract is a special type of civil law contract. To cover labourers in informal employment, the Law provides that users of labour, as subjects of labour contract, are no longer limited to "enterprises", but can also include natural persons. As a result, domestic workers employed by households[1] become subjects that fall within the scope of application of the Labour Contract Law, and legal restrictions on the power of dismissal, the power of punishment, and conclusion of fix-term contract are also applicable to domestic workers. However, like the doctrine of labour contract system, the Labour Contract Law distinguishes the contents of contract agreed upon by parties and those prescribed by the law. Of the legally-prescribed contents, those covered by the Labour Standard Law and aimed at the safeguarding basic labour rights still apply only to the workers employed by enterprises, and not to domestic workers employed by households. More notably, such a distinction between the subjects protected by the Labour Standard Law and those by Labour Contract Law does not apply to the Chinese system.

Since the Labour Standard Law is not directly applicable to domestic work hired by households, how can the conditions of domestic workers are improved? Japan's

---

[1] With the exception of a domestic worker who is a relative of the user and live together with the user.
See article 19 of the Japanese Labour Contract Law.

answer to this question is to adopt special legislation to industrialize the greatest part of domestic work and to incorporate these regulations into organized labour, to which the Labour Standard Law is applicable.

IV. Legal Regulation of Domestic Work in Japan: the Example of Care Workers

Domestic work had been popular in the Japanese society [for example, 女中 (maids) in the feudal times and 家政婦 (housekeepers) in the contemporary time]. However, with the changes in social structure and labour market after the World War II, domestic workers virtually disappeared in Japan for a period of time when housework was done mainly by housewives. Even today, this is still a main feature distinguishing Japanese society from Chinese society.

Today, with women gradually entering into the labour market, domestic labour becomes widespread in the Japanese society. In view of this and in light of the arrival of the aging society, Japan adopted special legislation on care work; this originally fell into the category of domestic work. This legislation was made also for the protection of the elderly and the disabled by social security system (for example, the 1997 Care Insurance Act requires the government to provide necessary medical and welfare services to the elderly and the disabled), However, apart from care workers, domestic workers employed by households or individuals, such as housekeepers or maids, are still excluded from the scope of application of the Labour Standard Law. [1] Some scholars hold that such a legal solution is due to the fact that it is difficult and impractical for the state to supervise and regulate domestic work. [2] Some others hold that such differentiation by law is determined by the different positioning of labour contract and employment contract by the legislator, reflecting the debate over the two different kinds of contract in the Japanese academic circle. The legislation on care work shows that, in Japan, the existence of the labour law relationship still represents a precondition for safeguarding basic labour rights.

---

[1]　Article 116 (2) of the current Japanese Labour Standard Law provides that the Law does not apply to "domestic servants" (家事使用人), namely domestic workers hired by individuals.

[2]　SUGENO Kazuo, *Labour Law* (8th edition), 2008, p. 84.

4. 1   Domestic Work under the Act on Improvement of Employment Management and Other Matters for Care Workers

In fact, bringing care workers into the system of labour relationship is one of the major measures adopted by Japan in recent years. Especially in light of the national condition of the population aging, Japan has adopted the Act on Improvement of Employment Management and Other Matters for Care Workers, with a view to bringing care workers for the elderly into the scope of application of the labour law by establishing a structure of legal relationships between the care workers, care service companies and users.

As pointed out above, the aging of the population in Japan leads to increasing social demand for care workers. Meanwhile, regulating care work, improving the corresponding employment management, and raising the quality of care work have become the focuses of state policy consideration. Against this background, Japan adopted the Act on Improvement of Employment Management and Other Matters for Care Workers[1] (hereinafter referred to as Care Workers Act) in 1992—which was before the adoption of the Care Insurance Act[2]—with a view to promoting the sustainability of the labour force of care workers and increasing the welfare of care workers.

4. 1. 1   *Relevant Subjects in Care Work Relationship*

The Care Workers Act contains clear definitions of the subjects of legal relationship in care work, including care workers[3], care service companies,[4] and care workers' employment agencies. [5] A system of registration of care workers hired

---

[1]   Since care work is treated as a kind of social insurance undertaking, users of such welfare benefit must meet certain qualifications and are subject to evaluation and review by relevant authorities.

[2]   Act on Improvement of Employment Management and Other Matters for Care Workers, Japan Law No. 63, finally revised in 2007.

[3]   "Care workers" refers to workers who are specialized in care related businesses. Here, "care-related business" refers to welfare and medical services provided to persons who suffer from physical and mental disabilities and, as a result, encounter difficulties in their daily life. Such services include care work relating to such daily activities as bathing, excretion, and feeding, training of body functions, nursing, and recuperation management. Care work also includes specialized medical and nursing services.

[4]   "Care service companies" refers to those who hire care workers to engage in care work. Here the user of care work is the same as that defined in the Japanese Labour Standard Law, which requires that the user must be an organized "business".

[5]   "Care workers' employment agencies" refers to businesses permitted under the Employment Security Act to provide paid employment services to care workers.

by employment agencies is established in Japan, which is similar to the domestic workers registration system currently prevalent in China.

According to the relevant provisions of the Care Workers Act, a labour relationship can be established only between a care worker and a care service company. The relationship between a household, or an individual that hires a domestic worker through an employment agency, and the domestic worker hired by such household or individual is a civil law employment relationship. The care service companies (users) of care work in the labour relationship directly bear the obligations under the Labour Standard Law; the Care Workers Act thus provides for the corresponding legal obligations and duties of the user. More specifically, as the users of care work, the care service companies have the following obligations to care workers under the labour law: to improve their working conditions, to provide them with education and training, and to make effort to increase their welfare. Given that households and individuals, as employers of care workers in the employment relationship, lack the capability for improving the employment management on their own initiatives, the Care Workers Act imposes on the care workers' employment agencies certain duties and obligations, to safeguard the rights of care workers in the employment relationship. [1] Namely, care workers' employment agencies have the obligation to enhance the welfare of care workers and job seekers who intend to become care workers [Article 3 (2)].

4.1.2 The Recognition of Care Work and Care Work Stability Centre

In the opinion of the Japanese legislator, it is nonetheless difficult to rely on the initiatives of the domestic service companies in order to improve the employment management of care workers. Japan therefore established a care-service-enterprise-recognition system, in order to provide financial support to domestic service companies having made genuine effort in improving the employment management for care workers.

As a condition for recognition by the government, a domestic service company must submit to local government a detailed improvement plan (which must include the objectives, content and time period of realization of the measures to be taken).

---

① TAKASAKI Shinyiti, "Review of Act on Improvement of Employment Management and Other Matters for Care Workers", *Jurist*, No. 1007, 1992, p. 117.

If such a plan is recognized as feasible, the care service company can get certain subsidy from the government, to be used for the training on employment management, and other assistance from a care-work-stability centre. Care work stability centres are care work service agencies established with the approval of the government. Their main businesses include: to provide care service companies and employment agencies with legal information on care work; to provide through employment agencies wage protection and other employment stability assistance to care workers who have difficulties in getting their wages; to pay subsidies to recognized care service companies, to provide occupational training to care workers; and to carry out survey and research on such issues as the care workers' employment security and capacity building.

4. 1. 3   The Roles Played by the State and Local Governments

Moreover, because care work in Japan has the nature of welfare undertakings, the state has certain obligations in safeguarding the rights and welfare of care workers. Such an obligation is mainly embodied in the plan for the improvement of employment management for care workers. Namely, the Health, Labour and Welfare Minister needs to adopt corresponding policies, take into consideration the opinions of the Labour Policy Council on such policies, and promulgate and revise such policies in a timely manner. The plan should include a description of the trend of employment of care workers, concrete measures for promoting the improvement of employment management and capacity building for labourers, and concrete measures for improving the welfare of care workers. When necessary, the Health, Labour and Welfare Minister may directly demand domestic service companies, employment agencies and other relevant parties to take concrete steps to improve employment management, capacity building and welfare for care workers. Local public organizations also have the obligation to adopt and effectively implement comprehensive policies in this respect.

4. 2   Attempt and the Lessons Learnt from the Classification of Care Work

In order to raise the standard of care work, Japan has implemented a system of professional qualification for care workers. Apart from the professional care provided by medical personnel, a new professional qualification of certified care worker has been created for the care work provided by ordinary workers and a monopoly certification system is implemented for body care work (such as care work relating to bathing, excretion and feeding).① In order to acquire the certification, an applicant must complete a certain period of professional training (the completion of 230 hours of training course is required for class 1 certification; the completion of 130 hours of training course is required for class 2 certification; and the completion of 50 hours of training course is required for class 3 certification). Meanwhile, to ensure the implementation the system of professional qualification for care workers, care service companies who place uncertified workers to provide care work may be faced with the punishment of revocation of business license.

The original purpose of implementing the professional qualification system for care workers is to raise the wage standard of certified care workers (the fee of care work). However, the market response to professionally certified care work has been lukewarm. In fact, the demand for care work in Japan is concentrated on the low-cost housekeeping work for which no professional certification is necessary. In order to raise competitiveness, it is now normal in Japanese for care workers to provide body care work at the price of housekeeping work. This shows that the occupational training of care workers must be carried out in light of actual need of care users in the country. Meanwhile, the raise of the wages of certified care workers is restricted by the care service market. The price gaming between users of care service and care workers is an issue that must be taken into consideration by China in the future implementation of occupational training system and professional qualification system for domestic workers. Currently, Japan is in the process of adopting the Act on Improvement of Working Conditions of Care Workers with A View to Secure Care Work Forces,② which highlights the complexity of the solution to the problem of the increase of remuneration of care workers and the maintenance of care work force.

In conclusion, the legal regulation of care work, as a special type of domestic

---

① Domestic workers engaged in ordinary housework, such as cooking, cleaning or laundry, are not required by law to obtain a certification. However, their wage is only one third of that of body care workers.

② The law has already been unanimously adopted by the House of Councilors of the National Diet on May 21, 2010 and is being deliberated by the House of Representatives. See http: // www. sangiin. go. jp/japanese/joho1/kousei/gian/169/meisai/m16905169016. htm, last visited 27 December 2012.

work, is carried out mainly at the level of a labour law relationship. The labour law
relationship is established between care service companies and care workers; care
service contract is concluded between care service companies and users. No direct
labour law relationship is established between care workers and users. Such an
approach is exactly required by the doctrine of the organizational and group
attributes of the labour law relationship as discussed above. The authors of this
article are of the opinion that such an approach is also a realistic response to the
concern about the employers' capacity for fulfilling obligations.

V. Suggestions on the Regulation
of Domestic Work in China

In order to strengthen the protection of legal rights of domestic workers and to
promote the development of domestic work undertaking in China, a relatively
appropriate strategy in the long run could be to organize scattered individual
domestic workers and to put in place the "employing unit" as the opposite party to
domestic worker in the labour relationship, so as to make Labour Law applicable to
domestic work. The establishment of the employing units of domestic workers can
be realized through encouragement policies, such as setting up liability insurance
system for domestic service enterprises, lowing the risk of compensation to the users
of domestic service in domestic work accidents; making the state responsible for the
occupational training and professional certification of domestic workers, and making
domestic work a special field of study in colleges and universities, so as to train
specialized personnel; adopting preferential tax policies to support certain types of
domestic service agencies (such as those providing domestic services to the elderly
and the disabled); and giving special treatments to employers of domestic workers,
especially domestic workers in informal employment, in the payment of social
insurance premiums during a certain period of time.

In China, adequate attention should be paid not only to granting legal rights
to domestic workers, but, more importantly, to the realization of the legal
rights that have been granted to domestic works. In practice, it is still difficult
to treat the relationship between domestic workers and households that hire them
as labour relationship because it is still debatable whether household or individual
employers of domestic worker have the capability for liability as employer in

labour law. ① Nonetheless, this does not mean that we can do nothing to improve the disadvantaged situation faced by domestic workers. The state, for instance, could adopt a special legislation regulating the content of domestic service contracts. Relevant provisions of the ILO Convention concerning Decent Work for Domestic Workers can be used as a point of reference for formulating regulations on some of the "hot issues" in domestic work in China, such as the methods of calculation of remuneration and rest and vacations. Such regulating by special law can, on the one hand, solve the urgent problem of violation of the rights of domestic workers and, on the other, buy some time for the organization of the vocational training of domestic workers. With regard to the issue of social insurance, the social security law is naturally applicable to domestic workers employed by domestic service companies, for whom the participation in social insurance is compulsory. As for domestic workers directly hired by households or individuals, a special social insurance participation system (individual participation system) can be established, so as to improve the social insurance treatment of domestic workers.

In view of the above fact, China should adopt a calm attitude towards and carry out careful research on legislating domestic work. Currently, the top priority is to speed up the research on and adoption of transitional measures that can protect the fundamental rights of domestic workers, and to promote the professionalization and organization of domestic work.

(Translated by Bi Xiaoqing, proofread by Li Xixia)

---

① In China, labour laws have the characteristic of mixed legislation, namely labour standards are provided for not only in the 1995 Labour Law, but also in the 2008 Labour Contract Law. Therefore, bringing domestic work into the scope of application of the labour law will inevitably result in the imposition of many obligations on household and individual employers of domestic workers, including the obligations relating to the safety of domestic workers, legal regulation on working hours, sick leaves and vacations, the maintenance of labour relationship, compensation for the termination of labour contract, liability for compensation for work-related injury insurance, withholding and payment of social insurance premium and taxes, etc. Meanwhile, issues relating to how household and individual employers can exercise their rights in relating to domestic workers, such as evaluation of work and punishment for misconduct, establishment and calculation of working hours, and adoption and interpretation of work rules, also need to be further specified.

Legislation on Labour Protection of Female Employees and the Protection during Their Pregnancy

Li Jianfei[*]

I. New Provisions on Labour Protection for Female Employees

Compared with the Regulations concerning the Labour Protection of Female Employees (hereafter referred to as the "Regulations"), which had been implemented for near 24 years, the newly promulgated Special Provisions on the Labour Protection of Female Employees (hereafter referred to as the "Special Provisions"), while retaining the merits of the Regulations, contain some new provisions on special protections.

Firstly, they adhere to the principle of uniformity of the scope of application and legal standard. As their title suggests, the term "female employees" is specific to this kind of legislation and obviously different from the term "labourers" used in the labour law. "Female employees" refer to all women who work, including both female white-collar workers and female blue-collar workers. Special protection of female employees is an important content of labour law and the labour protection system of countries around the world. The term "female employees" in Chinese legislation includes all female employees engaging in manual or mental work, regardless of their marital status. The legal system for the protection of female employees is established on the basis of physiological characteristics of female employees. Namely it is based on special circumstances or special difficulties that

---

[*] Law School of Renmin University of China.

female employees will inevitably encounter in their work. Whether productive workers, white-collar workers or senior managers, women all have a natural function of childbearing and caring for infant; therefore they all need special treatment and protection at work. Otherwise, the safety and health of not only of female employees themselves, but also of the next generation, will be endangered.

Therefore, converse to Article 2 of the Regulations providing that "These Regulations shall apply to the female employees of all state organs, mass organizations, enterprises and public institutions", Article 2 of the Special Provisions expands the scope of application to include individual economic organizations and other social organizations and their female employees. In this sense, we can say that a female sanitation worker enjoys the same protection of labour rights as that enjoyed by a female high-ranking official. Moreover, compared to Article 1 of the Regulations, Article 1 of the Special Provisions is also more concise and clear about the objective of the legislation, namely "to reduce and resolve the special difficulties which female employees may have in their work due to their physiological characteristics, and to protect their health. "

Secondly, the Special Provisions have strengthened the protection of female employees during childbirth and lactation. The protection of female employees during childbirth is provided for in light of the fact that women during childbirth are faced with difficulties resulting from drastic changes in physiological conditions, the depletion of physical strength, and stress. The purpose of protection is, therefore, to ensure that female employees have a safe childbirth and post-natal recovery. Such a protection includes maternity leave and maternity benefits, and covers both normal childbirth and miscarriage. Whereas the maternity leave is "90 days" in the Regulations and "no less than 90 days" in the Labour Law, the Special Provisions comply with the relevant ILO Convention, which stipulates that "Women shall be entitled to a period of maternity leave of not less than 14 weeks", extend the maternity leave for female employees to 14 weeks (98 days). ①

---

① In answers to reporters' questions concerning the Special Provisions, an official of the Legislative Affairs Office of the State Council made the following comments: "the maternity leave for female employees is 90 days in the Regulations concerning the Labour Protection of Female Employees and 'no less than 90 days' in the Labour Law. the Special Provisions, on the bases of opinions solicited during the drafting process, and in light of the relevant ILO convention, which provides that "Women shall be entitled to a period of maternity leave of not less than 14 weeks", extend the maternity leave from 90 days to 14 weeks (98 days) so as to better facilitate the post-natal recovery of the mother and breast feeding of infant. See http: // www. gov. cn/zwhd/2012 −05/07/content_ 2131560. htm, last visited May 7, 2012.

As for employees who have a miscarriage, the Regulations only provided that they "shall be granted a certain period of maternity leave". This provision is difficult to implement in practice. The Circular on Several Issues relating to the Maternity Benefits of Female Employees, promulgated by the Ministry of Labour, provides that "Female employees who have a miscarriage before the fourth month of pregnancy shall be granted 15 to 30 days of maternity leave in accordance with the opinion of a medical department; and female employees who have a miscarriage in or after the fourth month of pregnancy shall be granted 42 days of maternity leave". Nonetheless, such a provision cannot be enforced without difficulties, because of the low level of the Circular in the legislative hierarchy. In contrast, the Special Provisions clearly stipulate that female employees who have a miscarriage before the fourth month of pregnancy shall be granted 15 days of maternity leave; and female employees who have a miscarriage in or after the fourth month of pregnancy shall be granted 42 days (six weeks) of maternity leave. Hopefully, this provision will solve the problem of a poor implementation in practice. Also of significance is Article 8 of the Special Provisions, which clearly stipulates that the medical expenses for the miscarriage of female employees shall be paid by the maternity insurance fund on the basis of the prescribed maternity insurance items and standards or by the employers, in the same way as the medical expenses of childbirth of female employees are paid.

The Special Provisions also clearly provide for "the same treatment and different categories" of maternity benefits. The "same treatment" means the maternity insurance premiums shall be paid by employers rather than employees; "different categories" means different maternity benefits and methods of payment of the related expenses are stipulated both for the female employees who have participated in maternity insurance and for those who have not. Namely the maternity benefits for female employees who have participated in maternity insurance shall be paid by the maternity insurance fund and calculated on the basis of the average monthly wages of employees paid by employers during the previous year; and the maternity benefits for female employees who have not participated in maternity insurance shall be paid by the employers and calculated on the basis of the wages of female employees prior to their maternity leave. These provisions are of great importance for the safeguarding of the relevant treatments of female employees during childbirth.

Of course, maternity insurance in strict sense is a system established by the state law and is compulsory on all employing units. Unilateral nature of maternity insurance premiums (the premiums are to be paid by the employing unit, rather than by the employee) means that the legal responsibility of not participating in maternity insurance should be borne solely by the employing unit and may not affect female employees' right to enjoy maternity insurance. Therefore, employing units that fail to participate in maternity insurance should be investigated for legal responsibilities. And the resulting consequences should not be borne by female employees, but by employing units directly.

Meanwhile, the Special Provisions have adjusted the scope of prohibited labour for female employees. Because women are different from men in both physiological function and body structure, various inadequate working conditions and occupational hazards may have adverse impact on women's health. Article 59 of the Labour Law stipulates that it is prohibited to arrange female workers to engage in work down the pit of mines. Various countries of the world have adopted similar provisions.

The Special Provisions list the scope of prohibited labour for female employees in an annex, which is of practical significance to people from all sectors of society, especially to employing units and female employees themselves, in understanding the relevant provisions and in safeguarding the rights of female employees. Meanwhile, the Special Provisions have also adjusted the scope of prohibited labour for female employees: the protection during periods of pregnancy and lactation is highlighted, the scope of prohibited labour during pregnancy and lactation expanded and the scope of labour prohibited during menstruation narrowed down. [1]

Although the scope of prohibited labour for women during menstruation period is narrowed on ground of striking a balance between labour protection for female employees and promotion of women's employment, it has been interpreted as a "soft welfare" of female employees. [2] This issue is a quite controversial one. An

---

[1] In answers to reporters' questions concerning the Special Provisions, an official of the Legislative Affairs Office of the State Council made the following comments: "The purpose of narrowing down the scope of prohibited labour for female employees during menstrual period is to strike a balance between the labour protection for female employees and promotion of women's employment", available at: http://www. gov. cn/zwhd/2012 −05/07/content_ 2131560. htm, last visited May 7, 2012.

[2] See Chen Weixian, "Can Female Employees Really Have 'Menstrual leave'?", in *Henan Workers' Daily*, July 28, 2009.

exposure draft of the Special Provisions published by the Legislative Affairs Office of the State Council in 2011 provided that "female employees who suffer from dysmenorrhea can have one to two days menstrual leave each month". However, this provision was removed from the Special Provisions when they were formally promulgated in 2012. Similar situation can also be found in the process of local legislation. ① For example, the Regulations of Chengdu Municipality on the Protection of Women's Rights and Interests, adopted in June 2011, provided that: employing units may not cut the salary of a female employee who takes a leave because of discomfort caused by menstruation. However, this provision was gone when these regulations were formally promulgated in November 2011. As early as in 1990, the Measures of Shanghai Municipality for the Labour Protection of Female Employees contained provisions on the special protection of women during menstruation, requiring employing units to give a one-day menstrual leave to female employees engaging in works high above the ground, in low temperature or cold water, in field mobile work, or in work of high physical labour intensity; "other female employees working in the front line of production shall also be given special consideration during period of menstruation." However, up to this day no further

---

① The "standard labour contract" publicized by Nanjing municipality provides that female employees can have one more day of rest than men each month. The 1989 Measures of Jiangsu Province for Labour Protection of Female Employees provide that an employing unit may not arrange female employees to engage in work high above ground, in low temperature, cold water, or in the field or in work with Grade III physical labour intensity during menstruation period. Those who engage in such works shall be temporarily transferred to other work positions or given one or two days off during menstrual period. Female employees engaged in other types of work who are unable to work due to menorrhagia or dysmenorrhea shall, upon producing certificate from a medical institution, be granted a one-day leave. The eight specimens of "Special Collective Contract for the Protection of Rights and Interests of Female Employees of Public Institutions of Nanjing City", published by the Federation of Trade Unions of Nanjing City, all contain a clause on "menstrual leave"; the Special Collective Contract for the Protection of Rights and Interests of Female Employees of the Specialized Secondary School of Xuanwu District, Nanjing City provides that a female employee who is unable to work due to menorrhagia or dysmenorrhea shall, upon producing a certificate from a medical institution, be granted a one-day leave; the Special Contract for the Protection of Rights and Interests of Female Employees of Lixue Primary School of Nanjing City also contains the following clause on "the protection of female teachers and administrative staff": under the precondition of not disrupting the normal teaching schedules, female teachers and administrative staff may be granted a half-day preferential leave during menstruation period each month. Such leave should not affect their monthly bonus. See "Female Employees Can Have Paid Menstrual leave", *Shaoxing Evening News*, August 7, 2008.

measures have been taken to implement this provision. Therefore, the "menstrual leave" is only a "fairy tale" to most female employees. ①

During the menstrual period, female employees often suffer from reduced body resistance and weak and aching limbs. Engaging in work high above the ground during this period can easily lead to casualty accidents; working under low temperature or in cold water can easily lead to poor circulation of blood, resulting in dysmenorrhea, amenorrhea, reduced body resistance and other illnesses; and exposure to poisonous substance can lead to menorrhagia. Without special protection in menstrual period, inadequate working conditions can have negative impact on the health and fecundity of women. Therefore, the Labour Law stipulates in its Article 60 that "Female employees during their menstrual periods shall not be arranged to engage in work high above the ground, under low temperature, or in cold water or work with Grade III physical labour intensity as stipulated by the State. " However, the prohibition of certain types of work for female employees during the menstrual period is not equal to menstrual leave.

In fact, menstrual leave for female employees has a long history in China. In the years following the establishment of the People's Republic of China, female employees in the frontline of production in Chinese enterprises have two days paid menstrual leave each month. All they needed to do are to submit an application for leave, together with a certificate from a medical doctor, to the shift leader or superintendent. Although at that time "menstrual leave" was treated as sick leave, because there was no reduction of salary for sick leave back then, the menstrual leave did not affect any of the rights and interests of female employees. In 1998, ten years after the promulgation of the Regulations, a reporter interviewed female employees of many restaurants. The main job of these female employees was to wash dishes and vegetables in cold water. None of them had ever thought about asking for leave or had been allowed to have any rest during their menstrual

---

① The Office of National Coordination Group on the Protection of the Rights and Interests of Women and Children pointed out: "statistics show that 78.5% of women have not been given special protection during menstrual period; 40.1% of women have not been given special protection during pregnancy; and 25.6% of women have not been given special protection during period of lactation. " See "Survey Report on the Implementation of the Law on the Protection of the Rights and Interests of Women", available at: http://www.china.com.cn/chinese/zhuanti/241810.htm, visited on August 28, 2012.

periods. It is thus clear that this problem, which had already been solved in the 20th century, has reemerged in today's society, which is a regrettable situation in current social and legal environment. ①

①   It seems that this problem is common to many countries and regions: Australian Manufacturing Workers Union (AMWU) proposed that female employees working on the production line be given a day's menstrual leave each month. AMWU national secretary Doug Cameron said women were faced with some physiological problems every month during their periods. They were standing on a production line for most of the day, doing the same jobs as the men including welding, painting, grinding and bolting cars together — "very tough work." Many of them complained of excessive cramps, headache and nausea, which made them hard to concentrate on their work. He said that: "We have spoken to our male members who are 90 percent of the workforce at Toyota and they have said that they understand the issue and they are prepared to support this claim for the women." and that "It's a tough, hot dangerous job and we believe that this is a reasonable claim that's good for the company because it will improve productivity, it will improve quality and it will improve health and safety." (Dennis, "Australian Manufacturing Workers Union Negotiating Menstrual Leave for Female Workers", http://news.skykiwi.com/na/zh/2005 - 02 - 13/ 5468.shtml, visited on February 13, 2005). In Taiwan province, an air hostess of an airline company complained to legislators that air hostesses asking for menstrual leave during the busy season were required by their company to produce medical certificate issued by major hospitals. Many hostesses had to give up the menstrual leave because it was too troublesome to get the medical certificate from major hospitals. An official from the Council of Labour Affairs pointed out that the practice had already constituted "creating unjust procedural obstacle" and company might be punished for such practice. At a press conference, legislator Huang Shuying raised the question "who can decide whether a female employee is able to work during her period?" Ms. A, who filed a complaint on telephone, pointed out that the medical institutions announced by the company were all major hospitals in downtown areas and none of them was ordinary clinic. It was unreasonable to require female employees, who were physically ill during their periods, to go to big hospital to obtain the certificate because in doing so they would not get the rest they needed. As a result, many of them had to give up the menstrual leave. One of her colleagues was reprimanded and given a warning by the manager because she asked for menstrual leave without producing the medical certificate. To her knowledge, female employees in another big airline company who needed to take menstrual leave only needed to submit an oral application without producing any medical certification. In fact, for the diagnosis of dysmenorrheal, a doctor only needs to hear the patient's compliant. Requiring female employees to obtain medical certification at major hospitals for a diagnosis of dysmenorrhea was deliberately making things difficult for them: "no wonder many employees just gave up the menstruation leave". Mr. Xu Genkui, a commissioner at the Working Conditions Department of the Council on Labour Affairs, pointed out that the company's practice had constituted creating unjust procedural difficulties, and might be faced with a fine of up to 300000 NTMYM under the revised Labour Standard Law. It might also be faced with a fine of up to 100000 NTMYM for the violation of gender equality law. (See: "Air Hostess Files Complaint against Airline Company for Requiring Female Employees Asking Menstrual Leave to Produce Medical Certificate Issued from Major Hospitals", in *Lianhe Zaobao*, June 27, 2011).

II. Legal Practice of Protection of Female Employees during Pregnancy

2.1   The Case of a Female Employee Dismissed during Pregnancy

In July 2006, a company in Lishui County, Nanjing City, employed Ms. Wang to be responsible for the procurement of timber. Her salary was 1400 CNY per month. In April 6, 2007, Ms. Wang, who was five months pregnant at that time, went to work in the company as usual, only this time she brought an apple with her. The Rules on the Management of Employees of the company provided that: an employee who eat food in workplace shall be given an oral warning and, depending on the seriousness of the case, a fine of 10 −20 CNY; those who refuses to follow the reasonable instruction of managerial staff shall be dismissed on the spot and, depending on the seriousness of the case, given a fine of 100 −500 CNY. The company made a decision to terminate Ms Wang's labour contract on ground of violation of the labour contract and the management rules of the company and delivered the written decision to Ms Wang the next day. On May 17, 2007, Ms Wang brought the matter to an arbitration committee for labour disputes, requesting for revocation of the decision on the labour contract termination and for wages. After the committee made a decision in favour of Ms Wang, the company brought the matter to a court for decision. The court held that the clause in the labour contract between Ms Wang and the company, which stated that the company could dismiss an employee for violation of the internal rules of the company, was obviously contrary to the relevant provisions of the Labour Law, and therefore was invalid. Moreover, the company terminated its labour contract with Ms Wang when she was pregnant, which was also against the Labour Law. The court ruled that the company's decision to terminate its labour contract with Ms Wang was invalid. The period of the labour contract should extend to the end of Ms Wang's lactation period. Meanwhile, the company should pay compensation to Ms Wang in the amount of 6760 CNY. [1]

---

[1]   See: "Pregnant Women Dismissed for Being Suspected of Eating an Apple at Work", *Modern Express*, April 4, 2008.

This case first of all involves the interpretation and application of Article 25 of the Labour Law and Article 39 of the Labour Contract Law. Article 25 of the Labour Law stipulates that: "The employing unit may revoke the labour contract with a labourer in any of the following circumstances… (2) serious violation by the labourer of labour disciplines or the rules of the employing units." Article 39 of the Labour Contract Law contains a similar provision "The employing unit may revoke the labour contract with a labourer in event of serious violation by the labourer of the rules of the employing units". Does eating an apple at work constitute "serious violation of the rules of the employing units"? Do the rules of an employing unit specifically providing that "an employee who eats food at work will be dismissed" comply with the legislative spirit and scope of application of Article 25 of the Labour Law and Article 39 of the Labour Contract Law? Even if the answer to the above question is affirmative, they may still violate the provision on the protection from dismissal of Article 29 of the Labour Law, which provides that: "The employing unit shall not revoke its labour contract with a labourer in accordance with the stipulations in Article 26 and Article 27 of this Law in any of the following circumstances: (…) if the labourer is a woman in the pregnancy, childbirth and breast-feeding period." Article 42 of the Labour Contract Law contains a similar provision. The judgment of the court was obviously based on the above provisions of law and, therefore, was obviously in favour of the pregnant female employee. However, there is an element of uncertainty in the above-mentioned legal provisions, namely the exceptions from the protection against dismissal provided for in Article 25. The same exceptions can also be found in the Labour Contract Law.

Accordingly, the essence of this problem can be expressed as the following: the employing unit may not terminate its labour contract with a female employee during pregnancy, even if the latter has committed "serious violation of the rules of the employing unit" provided for in the Labour Law and Labour Contract Law. In practice, however, the same case can get different judgments in different times and locations, depending on how the balancing of rights will be decided. In my opinion, even if a female employee "seriously violates the rules of the employing unit", the employing unit cannot terminate its labour contract with her, because the value of the protection of female employees in special period is far higher than the value of the right of the employing unit to dismissal its employees.

2. 2   Cases of Transferring a Female Employee to another Work Position during Pregnancy

The first case involved a woman named Xiaoling, who was a secretary at a fabric market in Humen City, Guangdong Province. In January 2008, she found herself pregnant and consciously cut down on her own typing and copying work, so as to reduce the exposure to radiation. Initially, the company wanted to dismiss Xiaoling, but after repeated negotiation, it transferred her to the position of "hygiene inspector". However, only one week later, the company asked her to do sanitation work, and prepared terms and references for her clearly indicating her work as a cleaner. Xiaoling said that she could not accept this job because "transferring a secretary to the position of the cleaner during her pregnancy is inhumane. " The problem was not solved despite repeated protest by Xiaoling. ①

In the second case, Ms. Li Hua, who was 29 years old, worked as customer service personnel at Xiamen Branch Office of Zhongjin International Freight (Fujian) Co. , LTD. On December 21, 2007, the responsible person of the company notified Ms Li that she was dismissed because she was not competent for her job. On December 24, Ms. Li went to the manager of the company Xu Yue and argued that the company should not fire her because she was six months pregnant and therefore protected from dismissal by the Labour Law. However, on that evening, the company gave Ms Li a notice on the transfer of position, which transferred her to the Sales Department to work as a saleswoman. Li Hua rejected the transfer because she believed that the company deliberately created difficulties for her by asking her to do sales work when she was already six months pregnant. ②

In both of the above two cases, the employing units transferred female employees to other work positions—from office work to manual work or from management work to frontline production work. Such a transfer was contrary to the laws on the protection of female employees. Article 7 of the Regulations required an employing unit to "reduce the amount of work or arrange other work for pregnant employees

---

① See "A Female Secretary is Transferred to the Work Position of Cleaner after Being Pregnant", in *Southern Metropolis Daily*, March 4, 2008.

② See Wu Sihai et al. , "A Factory Transferred a Pregnant Female Worker Away from Her Original Work Position on Suspicion of Benefits Cheating", in *Xiamen Business News*, January 3, 2008.

who are no longer competent at their original work, according to a certificate from a medical department…or give them certain rest periods during their work hours. " A similar stipulation is contained in the Special Provisions. The purpose of the above legislation is unequivocal—to require the employing unit to adjust the work of a female employee during the period of pregnancy only if "they are no longer competent at their original work". The method of adjustment should be to "reduce the amount of work or arrange other suitable work". And the aim of the adjustment should be to ensure that suitable work be arranged for female employees during pregnancy and that foetuses may develop healthily in their mothers' womb. The practice of the employing units in above cases of arranging a harder work for pregnant employees for some other purposes was obviously contrary to the relevant laws.

Both the Labour Law and the Labour Contract Law provide that one of the preconditions for the termination of labour contract is that "where a labourer is unqualified for his or her work and remains unqualified even after receiving a training or an adjustment to another work position". This provision can help us better understand the system of protection of female employees during the period of pregnancy. I remember that during a lecture several years ago, some participants asked about my opinion about their boss, who doubled the amount of work for female employees during their period of pregnancy. My response was simple: that boss was a pervert.

Another kind of transfer of work positions is elaborated in the following cases. The first case involved a school-teacher named Ms Yang. One day, Ms. Yang found herself three months pregnant and, filled with joy, excitedly announced this news to the class she was in charge of. However, this news made the mother of one of the students in the class very nervous. She immediately called several friends in the school Parents' Alliance to discuss this matter. She said: "Although Ms Yang has been a very responsible teacher, she will not be able to take good care of her class during pregnancy, especially after childbirth. This is bad for the class which in the following year will be faced with graduation examinations. " Therefore, she and other parents of nine other students of the class jointly wrote a letter to the headmaster, requesting that Ms Yang be transferred away from her current teaching post. The parents of some children even carried out investigations on female teachers before their children entered into school. If they found out that the teacher in charge of the class to which their children belonged was a married woman who had not yet given birth, they would ask the school to transfer their children to another class. As a result, the headmaster had to make a list of all female teachers in the school who had married but not yet given birth and asked them to make application before they planned to have a child. In the second case, Ms Hao in Yu Cai Middle School was among the female teachers who had applied for childbirth. She said: "At that time, the class I was in charge of had just graduated. The headmaster told me that he could put me in charge of another class if I still did not plan to have a baby in the near future. But if I accepted this post, I would not be allowed to have a baby during the next three years before the class graduate. If I planned to have a child, I would be immediately transferred from my current teaching post to an administrative post, regardless of whether or not I was currently pregnant or not. In this year alone, three female teachers have already been transferred from their teaching posts to administrative posts for planning to have a baby. "[1] The above-mentioned mothers, by disregarding the rights and interests of female teachers in the pursuit of better academic records for their children, had set up an incorrect social value for their children, which would impede the healthy development of their children. Considering the fact that these mothers are also women, I would like to add: women should treat one another better. [2]

2.3 Cases of Refusal to Employ a Pregnant Woman

In the first case, Ms Qu applied for a position as civil servant and passed the national examination for civil servants in November 2004. In March 2005, she passed the written examination and interview held by the employing unit. On March 15, Ms Qu was shortlisted as one of the persons to be employed by the employing unit. She told a reporter that she would have become a civil servant if she had been able to pass the physical examination and the verification of registered

---

[1] See: "Parents of Pupils in a Class of a Primary School Demanded the Female Teacher in Charge of the Class to Be Transferred Away from Her Current Teaching Post on Ground That She is Pregnant", in *Qianjiang Evening News*, November 24, 2007.

[2] Li Jianfei, "Women Should Treat One Another Better", http://www.rucdpls.com/blog/home.php? mod = space&uid = 4&do = blog&id = 357, last visited August 31, 2012. Author Chen Minzhen, in her book *Single Mother*, also pointed out that "The majority of those who discriminate against women are women themselves." Chen Minzhen, *Single Mother*, (Beijing: China Renmin University Press, 2012), p. 20.

permanent residence. However, she found herself pregnant in the following day
and did not take the X-Ray inspection during the physical examination on the third
day. When the report on the physical examination was sent to the employing unit,
she was asked why she had not taken the X-Ray inspection during the examination.
She replied truthfully that she had just found out that she was pregnant and that she
did not take the X-ray inspection because she was afraid, the exposure to radiation
would have a harmful impact on the foetus. The employing unit asked her to wait
for the result of the final verification, but later informed her that it had decided not
to employ her for the time being because she was not suitable for the job in her
current physical condition. Ms Qu found this decision unacceptable: the
Instructions on the Physical Examination for Civil Servants clearly stated in Article 7
that "A female examinee that is pregnant or suspected of being pregnant should
inform medical personnel in advance and avoid taking X-ray inspection." This
provision showed that state organs should not have excluded pregnant women. So
how could the employing unit refuse to employ her just because she was pregnant?
An official at the Department of Civil Servants of the Ministry of Personnel
explained: "In the national examination for civil servants, the Ministry of Personnel
is only responsible for the formulation of recruitment policy. The employment units
themselves decide the concrete rules of recruitment. In the recruitment policy there
is no restriction on the right of pregnant women to apply for a job as civil servant or
to participate in the national examination for civil servants." An official at the
personnel department of the employing unit claimed that the decision of not
employing Ms Qu for the time being was based on two factors: firstly, the
employing unit needed to further examine and verify Ms Qu's application materials
and relevant documents before it could decide whether or not to conclude labour
contract with her; secondly, in her current physical condition, Ms Qu could not
meet the requirements of the job she was applying for, which involved a large
amount of field work and needed to be done urgently. Because Ms Qu was
pregnant, she would not be able to participate in the on-the-job training and
therefore could not start work soon. ①

In the second case, Ms Tang, a female college graduate, was employed by the

---

① See "An Employing Unit Suspended Its Job Offer to a Women after Learning That She Was
Pregnant", in *Beijing Youth Daily*, March 28, 2005.

Department of Personnel and Education of the Ministry of Commerce in early August 2004, soon after she got married in her hometown. In a physical examination held in November that year, she was found pregnant. After consultation with her husband, she decided to have that baby and reported the matter to the leaders of her department. One of the leaders made clear to her that she either had to abort the child or quit the job. Later another leader informed Ms Tang that the department had decided to take someone else to do the job of document circulation, which had been previously assigned to Ms Tang. Ms Tang said: "Between the end of November and beginning of December 2004, the department urged me many times to quit my job, but I refused to be fired without justifiable cause." The department later rearranged her seat in the office so that she could not have access to official documents, and she was also excluded from all the meetings. In the morning on December 17, the Director of Executive Office notified Ms Tang that the Department had already cancelled the job offer to her and demanded that she turn in the key to her office and her work ID by 13: 00 pm that day. [1]

In both of the above two cases, a woman's job seeking and employment had been affected by her pregnancy. In the second case, the woman had actually already been employed and issued a work ID. But after she had worked there for several months, the employing unit "cancelled the job offer to her" because she was pregnant. The employing unit in both cases had made "pregnancy" —or rather, "no pregnancy" —a condition for employment, which was a serious violation of

---

[1]   See Zhang Hui, "A Female Civil Servant Sues the Ministry of Commerce for Canceling the Job Offer to Her after Learning That She Was Pregnant", in *Beijing Evening News*, March 28, 2005. According to Mr. Li Jianfei, an expert of labour law at Renmin University of China, all female employees in China, regardless of whether they are civil servant or not, are protected by the Regulations on the Labour Protection of Female Employees, promulgated by the State Council. It is illegal for any employing unit to dismiss a female employee during her pregnancy. In this case, there were two possibilities. Firstly, if Ms Tang had not yet established formal employment relationship with the Ministry by the time the Ministry canceled the job offer to her, then the Ministry had the right to cancel the job offer to her on ground that she did not meet the requirements of employment; secondly, if by that time Ms Tang had already established employment relationship, including probationership, with the Ministry, and the Ministry cancelled the job offer to her because she was pregnant, then it had violated the lawful rights of Ms Tang. See "An Expectant Woman Sues the Ministry of Commerce But Fails to Appear in Court During Hearing of the Case", in *Legal Evening News*, April 1, 2005.

law and women's lawful rights, just as was the termination of labour contract of a female employee because she is pregnant. Pregnancy is a precondition for the self-reproduction of mankind, which in turn is the basic aim and ultimate pursuit of all productive activities of mankind. When women unilaterally take on this fundamental task, the human society must bear corresponding responsibilities towards women. Therefore, in the above two cases, the practices of the employing units, in a certain sense, were of the nature of the "original sin". Namely, they are fundamentally wrong and illegal and cannot be justified by any ground or excuse. [1]

2.4　Cases of Reduction in Salary on Ground of Pregnancy

In the first case, 31-years-old Ms Wang had a doctoral degree from China Agricultural University. She worked as a programs manager for software development at the R & D Department of a company, with a monthly salary close to 8000 CNY. She gave birth to a child in March 2004 and took a four-month maternity leave. When she came back to work on July 5, the company changed her work position from that of a programs manager to that of a QA engineer, a low-skill job, on the ground that she was no longer familiar with the current R & D work of the company after a long maternity leave. Ms Wang did not accept this job transfer, because the monthly salary of a QA engineer was only a little more than 3000 CNY. She told a reporter: "In August I had no alternative but to do the work of a QA engineer. In the end of the month, the company paid me the salary of a QA engineer. Since I had never agreed to the job transfer, I refused to accept this salary. In September the company issued me a notice, informing me to go home and wait for new job assignment. " During the period of waiting for new job assignment, she received from the company a salary of only a little more than 500 CNY per month and she was not allowed to search for a new job. As a result, she

---

[1]　See "Ms Sun Linlin, a college graduate, applied for an accountant's job advertised by a company at a career fair this year. During the interview, a responsible person of the company told her that, as precondition for her employment, she would not be allowed to become pregnant during the first five years of work at that company and proposed that she sign a written agreement to that effect with the company. Eager to get that job, Ms Sun finally accepted this condition. " See Zhang Duo, "A Choice between Job and Child: A Social Problem Reflected by Women's Dilemma", http://news. xinhuanet. com/focus/2005 −03/08/content_ 2661672. htm, last visited March 8, 2005.

was faced with great financial difficulties. ①

In the second case, Ms Pang Hong was a math teacher at the Primary Section of Saide International School in Wanzhou County, Chongqing Municipality. In June 2001, Ms Pang, who was three months pregnant at that time, received a notice from the school, asking her to take a one-year leave. This meant that her monthly salary would be cut by 1850 CNY, namely she could only receive 500 CNY base salaries each month during the leave. Ms Pang thought that she was still competent for the teaching job and did not want to take leave at such an early stage of pregnancy. However, after some futile efforts, she finally had to accept the school's arrangement. She received 500 CNY basic salaries from the school in September but after that had never received any salary from the school during the maternity leave. Ms Pang again accepted an unfair treatment in the hope that she would be allowed to go back to work as soon as she recovered from the childbirth. However, by the time her baby was almost two years old, she had still not been assigned any work by the school, which had always kept her waiting on various excuses. Later, the school admitted that the true reason for not arranging any work for Ms Pang was that it was afraid, nursing and caring the baby would affect the quality of her teaching. ②

In the above two cases, the rights and interests of female employees in pregnancy and lactation had been subjected to the following three forms of infringement: first, being transferred to another work position; second, losing the original work position, resulting in the reduction of salary; and third, not being able to go back to work after childbirth, thereby losing their jobs. All the above three forms of infringement are prohibited by law.

Firstly, work position is an important content of labour relations. Once determined, it has legal effect and no party has the right to change it at will. This is true even for ordinary labour relations and ordinary workers, let alone for female employees during periods of pregnancy and lactation, who enjoy special protection of law.

Secondly, pregnancy and lactation cause changes in physical and psychological conditions of female employees, and increase their financial burden. It is for these

---

① See "A Female Employee Who Has a Doctoral Degree Finds Her Salary Cut by 7000 CNY after Childbirth, Claims Herself the Victim of Dismissal in Disguised Form", in *Beijing Star Daily*, September 24, 2004.

② See "A Female School Teacher Gets Laid Off after Childbirth", *CCTV International*, November 13, 2003.

reasons that the relevant laws have given female employees special protections during these special periods. ① For example, Article 4 of the 1988 Regulations on Labour Protection of Female Employees provides that "the basic salaries of female employees may not be reduced during pregnancy, maternity leave and nursing period." At the time when the Regulations were adopted, "basic salary" was practically the total income of an employee. Therefore, the prohibition of reducing an employee's basic salary was equivalent to the prohibition of reducing an employee's total salary or income. Moreover, under the economic system at that time, with the state-owned enterprises as its main body, the change of work positions within an employing unit was easier than it is today. The employing unit could indeed unilaterally adjust the work positions of its employees. But the key point was: the change of work position was not related to salary. Namely, the salary did not change with the change of work position, except for the adjustment of rank, which usually means promotion and increase of salary, unless demotion and reduction of salary was used as a means of punishment for mistakes or wrongdoings. Today the situation has changed. The employing unit has acquired certain autonomy with respect to the employee's salary. However, this autonomy does not mean the employing unit has the power to unilaterally adjust the salary of the employee. Also the practice of some employing units of interpreting the 'basic salary' in the relevant laws as the 'basic salary' defined by themselves, for the purpose of reducing the actual salary of female employees during their special periods is contrary to the spirit and purpose of these laws.

Thirdly, the practice of not allowing a female employee to return to her original

---

① In light of the fact that women during childbirth are faced with difficulties such as drastic changes in physiological conditions, depletion of physical strength, and stress, and in order to ensure that female employees have a safe childbirth and post-natal recovery, the Japanese Labour Standard Law provides for a system of prenatal and post-natal maternity leave. A female employee may apply for prenatal maternity leave starting from six weeks before the presumed date of confinement. The date of actual confinement is included in the prenatal leave. The leave before the presumed date of confinement shall be extended by any period elapsing between the presumed date of confinement and the actual date of confinement. Maternity leave after confinement is protected by law and no application is needed for taking it. A female employee may, upon her own application, be assigned a work, which in the doctor's opinion will not affect her recovery five weeks after confinement. Female employee's salary during maternity leave shall be paid according to the relevant provisions in the collective contract or rules of employment. According to Health Insurance Law, female employees are entitled to 60% of the standard salary during the 6-week maternity leaves before and after confinement.

work position after maternity leave, changing the work position of a female employee during the period of lactation for the purpose of reducing her salary, or forcing her to quit by keeping her waiting indefinitely for job assignment, is also contrary to the relevant laws and constitutes "dismissal in disguise". Even if the various explanations given by these employing units, such as "the female employee is no longer familiar with the current R & D work in the company after a long maternity leave" or "nursing and caring the baby would affect the quality of teaching", etc., could be accepted as reasonable, they still could not justify such practice. Namely, the relevant laws, when stipulating that "The basic salaries of female employees may not be reduced during pregnancy, maternity leave and nursing period", have already taken clearly these circumstances into consideration. In other words, an employing unit may not "reduce the basic salary" of a female employee whose work or work capacity is affected by pregnancy, childbirth or lactation— exactly what special labour protection of female employees is all about. ①

---

① In Germany, it is prohibited to employ expectant mothers in jobs involving heavy manual work or in jobs in which they are exposed to the harmful effects of substances or radiation presenting a health hazard, of dust, gases or fumes, of heat, cold or moisture, of vibrations or of noise. According to the German Act on Maternity Protection, expectant mothers must not be employed: (1) in jobs in which loads of more than 5 kg are regularly lifted by hand, moved or transported without mechanical aids or loads of more than 10 kg are occasionally lifted by hand, moved or transported without mechanical aids; (2) once the fifth month of pregnancy has elapsed, in jobs in which they have to remain standing constantly, inasmuch as this occupation exceeds four hours per day; (3) in jobs in which they frequently have to stretch considerably or bend down or in which they constantly have to crouch down or remain stooped; (4) in jobs in which, because of their pregnancy, they are particularly exposed to the danger of contracting an occupational disease; (5) on means of transport, once the third month of pregnancy has elapsed; and (6) in jobs in which they are exposed to a greater risk of accident, in particular to the danger of slipping, falling or falling from a height. The employment of expectant mothers is also prohibited on piecework and other jobs in which higher wages can be obtained by increasing the work rhythm.

Persons who employ an expectant or nursing mother shall take the necessary precautions and measures to protect the life and health of the expectant or nursing mother in the installation and maintenance of the work post including that of restroom, canteen, roads, and tools in the organization of employment. The content and method of work should also be conducive to the protection of the life and health of pregnant and nursing women and should especially take into consideration such factors as the nature, duration, location, and speed of the work, work shift and protective clothing. Persons who employ an expectant or nursing mother in work where she has to constantly remain standing or walk, for example, shops, shall provide a seat for her for short rests. Persons who employ an expectant or nursing mother in work where she has to sit constantly, for example, typist, shall give her the opportunity to interrupt her work for brief periods. An expectant or nursing mother who works on a farmland should be provided a restroom where she can lie down.

2. 5　Cases of Dismissal of Female Employees on Ground of Pregnancy

In September 1999, Ms Zhang signed a labour contract with an airline company. According to the contract, Ms Zhang worked as a stewardess of the airline and the work relationship would be valid until December 2002. On January 17, 2002, Ms Zhang got married at a registry. Several days later, she was found pregnant in a physical examination. The company cancelled Ms Zhang's qualification as stewardess of the airline and ordered her to await job assignment on ground that she had violated the internal disciplines of the company by being pregnant before getting married. Beginning from May 2002, she had been paid only the minimum salary and on November 4, 2003 she received a notice of dismissal from the company. ①

What is particular in this case? The airline company punished the stewardess for "becoming pregnant before getting married". Here, let us leave aside the question of whether "becoming pregnant before getting married" constituted violation of "internal rules or disciplines of the company", and consider the question of whether female employees who "have become pregnant before getting married" fall into the scope of application of the laws and regulations on the protection of female employees during periods of pregnancy, childbirth and lactation?②

The answer is definitely yes. The laws that provide special labour protections to women during the periods of pregnancy, childbirth and lactation are based on the special physiological and psychological conditions and needs of women during these

---

① Ms Zhang brought a lawsuit against the airline company. The Jing An court of Shanghai held that, because of the special nature of the industry, airline companies could adopt internal rules on the work arrangement for pregnant stewardess. They could transfer them to work positions on the ground or arrange them to take leaves in light of actual circumstance. However, they could not use pregnancy as a ground for not arranging any work for them or dismiss them. Therefore, the court ordered the company to pay Ms Zhang 15000 CNY compensation for the loss of wages and wage differences, and for late termination loss. See Li Hongguang et al. , "Airline Company Ordered by Court to Pay 15000 CNY Compensation to an Air Hostess for Dismissing Her on Ground of Becoming Pregnant Before Getting Married", in *Xinmin Evening News*, February 2, 2004.

② Article 52 of the Regulations of Zhejiang Province on Population and Family Planning provides that: "Those who give birth to a child in violation of the relevant laws and regulations shall pay social support fee in accordance with these Regulations. Moreover, they are not entitled to receive any salary during maternity leave, must pay all the medical expenses relating to pregnancy and childbirth by themselves, be deprived other maternity benefits, and given an administrative sanction ranging from demotion to discharging from public employment. People's governments of counties (cities and districts) may adopt other punitive measures within the scope of their competence".

periods. These physiological and psychological conditions and needs concern only the question of whether or not a female employee is pregnant. They have nothing to do with the question of whether a female employee becomes pregnant before or after being married. Whether married or not, the special needs of a female employee are always the same. Therefore, " moral factors " or " moral considerations" should be explicitly excluded from the special protection of female employees during these special periods. We only need to determine the basic fact of whether a female employee is pregnant, and to give her the special labour protection if she is. This is true not only for female employees during the periods of pregnancy, childbirth and lactation, but also for female employees who had a miscarriage. Especially in the latter case, it is all the more important to exclude any moral or other considerations and to provide all legal protections, which should be solely based on the determination of the basic fact.

(Translated by Li Xixia)

Historical Changes in the Protection of Women's Social Rights in China

Zhao Jianwen [*]

In China, women have had different social status, rights consciousness and level of rights protection in different historical periods. Understanding the historical changes in the protection of women's social rights in China is of great significance to the improvement of both the current and future protection of women's social rights in China.

I. Chinese Women in Ancient Times: No Rights Consciousness and Low Social Status

As early as in the Xia Dynasty (c. 2070 − c. 1600 BC), Shang Dynasty (c. 1600 − 1046 BC) and Zhou Dynasty (c. 1046 − 256 BC), the patriarchal power and property inheritance system, the marriage system of "one husband, one wife and more than one concubines", and the social tradition of "male superiority to female" were already established in China. In ancient China, women had no independent personality or status and were excluded from social and political life, they had no independent economic source and no social rights; Women's physical and mental health and their survival and development were seriously affected by the feudal ethic code of "the three rules of obedience and the four qualifications", and by such corrupt customs as foot-binding and child bride.

---

* The Institute of International Law, Chinese Academy of Social Sciences.

1.1   The Negative Influence of "the Three Rules of Obedience and the Four Qualifications" on Women's Social Status

"The three rules of obedience and the four qualifications", as a code of conduct for women, can be found in the rules and regulations of the Zhou Dynasty. The "three rules of obedience" means women should be obedient to her father before marriage, to her husband during married life, and to her sons in widowhood. Obedience to father means to obey and be filial to father. For example, a woman should accept the arrangement of her marriage by her parents. Obedience to husband means wife shall obey and assist her husband. For example, a woman named Meng Guang in Han Dynasty who, when serving her husband food, lifted the tray to a level with her eyebrows to show great respect for her husband, was widely acclaimed as a model wife. Obedience to son was an extension of obedience to husband. After her husband died, a woman was not allowed to remarry, but had to be obedient to the eldest son who became the head of the household and let him decide on important matters in the family.

"The three rules of obedience" deprived women of their independent legal personality and their qualification as subject of rights. According to the code of conduct for women in ancient China, if a woman staying at home was asked whether there was anybody at her home when all male family members were out, she must answer "there's nobody at home". Because women were not given the status of subject of rights, no such issue as violation of their rights could be raised. Politically, women were absolutely excluded from the state power system. The succession to the throne or family inheritance and the inheritance of property strictly followed the rule of male inheritance. When a man died, only his son or brother had the right to inherit his title or property. In sum: Women had no autonomous political or economic status.

The "four qualifications" refer to "womanly virtue", "womanly words", "womanly bearing", and "womanly work". The *Lessons for Women: Women's Code of Conduct*, a book written by Ban Zhao, a female historian in Han Dynasty, contains the following elaborations on the "four womanly qualifications": (1) womanly virtue, (2) womanly words, (3) womanly bearing, and (4) womanly work. Now, what is called womanly virtue need not have brilliant ability, exceptionally different from others. Womanly words need be neither clever in debate nor keen in conversation. Womanly appearance requires neither a pretty nor a perfect face and form. Womanly work need not be work done more skillfully than that of others. To guard carefully her chastity; to control circumspectly her behaviour; in every motion to exhibit modesty; and to model each act on the best usage, this is womanly virtue. To choose her words with care; to avoid vulgar language; to speak at appropriate times; and nor to weary others with much conversation, may be called the characteristics of womanly words. To wash and scrub filth away; to keep clothes and ornaments fresh and clean; to wash the head and bathe the body regularly, and to keep the person free from disgraceful filth, may be called the characteristics of womanly bearing. With whole-hearted devotion to sew and to weave; to love not gossip and silly laughter; in cleanliness and order to prepare the wine and food for serving guests, may be called the characteristics of womanly work.

Womanly virtue was the primary one among the "four qualifications" and the core of womanly virtue was chastity. The rationalistic Confucian scholars in the Song Dynasty advocated the teaching, "compared with the loss of chastity, starving to death is only a petty thing to a woman" and treated the idea of chastity as the core of the feudal code of ethics. In the Ming and Qing dynasties, the state glorified women who committed suicide upon their husbands'death to show their chastity and loyalty to their husbands, requiring women "to be faithful to their husband unto death".

"The three rules of obedience and the four qualifications" were ancient feudal ethical code discriminatory to women. Their function was to maintain the patriarchal authority, the interests of patriarchal clan or family, and the hierarchical social order in which women are inferior to men, thereby upholding the feudal autarchy system in ancient China.

2. The Negative Impact of Foot-Binding on Women's Social Status

Foot-binding was one of the corrupt customs formed in the feudal society that had serious negative impact on women's rights. Foot-binding usually began when a girl was five or six years old. A bandage was wrapped tightly around each of the feet, forcing the four small toes under the sole of the foot. As a result, the feet became narrower, shorter, and deformed like cone. In the old days, women with small bound feet, known as "three-inch golden lotuses", were highly appreciated, whereas women with big unbound feet faced great difficulties in finding a husband.

Foot-binding had a life-long harmful impact on women's physical and mental health. It inflicted excruciating pains on women when they were young girls and deprived them of the ability to walk normally when they grew up. It prevented women from engaging in physically demanding work, such as agriculture and handicraft, thereby weakened their ability to earn their living and strengthened women's stereotyped role as housewife and their dependency on men. Foot-binding had the same function as "womanly work" in the "four womanly qualifications": it left women with no choice but "to sew and to weave with whole-hearted devotion; to love not gossip and silly laughter; and in cleanliness and order to prepare the wine and food for serving guests".

3. The Negative Impact of Child Bride on Women's Social Status

Child bride refers to the custom according to which a girl is taken into a family as a daughter-in-law-to-be, and becomes the wife when she reaches the marriageable age. There were many causes for the phenomenon of child bride. The first one was poverty. Families that took in child bride were poor families that could not afford betrothal presents for a grown-up bride, while those gave away or sold their girls as child brides were also poor families that could not afford to raise their daughters or to pay for their dowry when they grew up. Rich families would not take in child bride or gave away their daughters as child brides. The second cause was the generally low status of women in ancient China. Poverty alone could not explain the phenomenon of child bride in China, which could not have existed if women had had the same social or higher social status than men.

There was no freedom of marriage or divorce for anyone in ancient China, let alone for child brides. Child brides were discriminated against both in family and in society, before and after marriage. The practice of child bride had a negative impact on the social status of not only child brides themselves, but also of women in general.

Because of the backward social codes and customs in ancient China such as "the three rules of obedience and the four qualifications", and foot-binding, women at that time had a very low social status. Society had different attitudes towards the birth of boys and the birth of girls. A family was said to have "great happiness" when it begot a baby boy, but only "small happiness" when it begot a girl. The practice of drowning or abandoning baby girls was common. Only men enjoyed the right to education, the right to hold a public office, or the right to engage in social activities, while women had no social right at all. It was exactly against such a background that many famous stories in Chinese history emerged of young girls who pursued their ideals by disguising as men. Examples of such stories include the story of Hua Mulan, who disguised as a man to take her aged father's place in the army and become a war hero; the story of Feng Suzhen, who disguised as a man to take part in the imperial examination, came first in the examination, and was chosen by the emperor as his son-in-law; and Zhu Yingtai, who disguised as a man to go to school and fell in love with her classmate Liang Shanbo, but their love affair ended in tragedy when her family forced her to marry another man. These young girls disguised themselves as men because, at their times, only men were qualified to join the army, participate in imperial examination or go to school.

In ancient China, women did not have any rights consciousness, nor had they engaged in any struggle for the improvement of their social status. At that time, the Chinese people believed that women were destined to be inferior to men. Using the yin-yang theory to explain everything in the universe, they believed that the difference between men and women in social status was as natural as the difference between the sun and the moon. Men were born to dominate women and women were born to depend on men. Under the influence of such idea, the "sense of happiness" of women in ancient society was not necessarily low.

II. Chinese Women in Modern History: the Development of Rights Consciousness and the Rise of Women's Liberation Movement

In the 1840 Opium War, western imperialist powers forced open the door of China with their strong warships and powerful cannons, reducing the country to a semi-colonial and semi-feudal society. As a result of the clashes between eastern and western institutions and ideas, rights consciousness began to emerge among Chinese women.

2.1   The Hundred Days' Reform: the Awakening of Chinese Woman and the Beginning of Women's Liberation in China

The national crisis triggered by the defeat of China in the Sino-Japanese War of

1894 – 1895 upset greatly the reformists represented by Kang Youwei and Liang Qichao. They demanded constitutional reform and modernization and advocated the liberation of women, which included the anti-foot-binding movement and the development of education for women as its breakthrough points. Patriotic intellectuals put forward proposals for changing the situation of "weak mother, weak nation" in China. Liang Qichao pointed out that providing education to women would enable them "to better assist their husbands and raise their children, therefore is beneficial to both the family and the nation."[1]

With the advocacy and support of the reformists, progressive women, represented by Kang Tongwei and Qiu Yufang, established China Women's Society—the first women's organization in China. In March 1898, the *Charter of the School of China Women's Association* was published in *Sin Wan Pao*, a leading daily newspaper at that time. On June 11, 1898, Emperor Guangxu issued an imperial edict that started the Hundred Days of Reform. China Women's Society made two major achievements: firstly, it established in Shanghai the first women's school run by Chinese people; secondly, it created the first women's newspaper in China—*Nu Xue Bao*, which started publication on July 24, 1898. After the Hundred Days Reform failed, China Women's Society ceased all activities and *Nu Xue Bao* stopped publication.

In the beginning of the 20th century, Cai Yuanpei and others established China Educational Society in Shanghai, which put the establishment of women's schools on its agenda. Faced with domestic strife and foreign aggression, the Qing Government promulgated on March 8, 1907 the first official regulations on women's schools—the 26-article *Approved Regulations of the Ministry of Education on Primary Women's Schools* and the 36-article *Approved Regulations of the Ministry of Education on Women's Normal Schools*. This was the first time that women's education was incorporated into China's state educational system and that the women's long-time denied right to education was recognized by law.

Although Chinese women were awakening, their voice was still extremely weak. The majority of women did not have any rights consciousness and they basically depended on men to advocate their rights. Qiu Jin, a pioneer of women's liberation

---

[1]   See Liang Qichao, "Proposal to Establish Schools for Women", in *Selected Works of Liang Qichao*, (Shanghai: Shanghai People's Publishing House), 1984, p. 51.

in China, once wrote indignantly: "200 million Chinese men have already entered into the civilized world but 200 million Chinese women are still living in hell: with small bound feet, neatly combed hair and richly bedecked with gold and silver, they are dependent on men throughout their life. They must always be submissive to men like their prisoners or pet animals. " Even those who married into wealthy families "do not have any autonomous power, despite their easy and comfortable life. Men are always the masters and women always their slaves. "①

2.2   The Revolution of 1911: the Development of Women's Rights Consciousness and the Progress in Women's Liberation

During the period of the 1911 Revolution, China had made some progress in the theory and practice of women's liberation, including:

2.2.1   Abolition of Foot-Binding: the Right to Be Free from Servitude and the Right to Health

During the Emperor Daoguang's reign (1821), some Christian churches established by foreigners advocated "natural feet" and opposed foot binding but with little success. At the end of the 19th century, Kuang Youwei, Liang Qichao and other reformists established "natural feet societies" in Shanghai and Guangdong, which exerted some influence on society. In the 20th year of Emperor Guangxu's reign (1894), a popular reading, Shanghai Publishing House published entitled Illustrated Handbook on the Abolition of Foot-binding, but it was not widely disseminated. After the Revolution of 1911, it was generally recognized that foot-binding turned women into "ignorant, obstreperous, timid and lazy invalids" and severely harmed women's physical and mental health. Women's journals at that time maintained that foot-binding not only harmed women themselves, causing them lifelong disability, but also affected negatively the health of the next generation, as "mothers with bound feet are all sick women because they are unable to do any exercise and the blood circulation in their bodies is stagnant. The children borne by these women are also physically and mentally weak. Many of them die young. Those who managed to reach maturity have mostly become sick men and sick women. "②

①   See Qiu Jin, "A Letter to Fellow Sisters", *Chinese Women's Journal*, Issue 1, January 14, 1907.

②   Zhu Zhuang, "The Harmful Effects of the Lack of Education for Women in China", in Zhang Dan and Wang Renzhi (ed.), *Selected Commentaries on Current Events of the Decade Preceding the Revolution of 1911*, Volume 1, part 2, (Beijing: SDX Jointing Publishing Company), 1960, p. 923.

Without abolishing foot-binding, Chinese people would never be able to rid themselves of the label "Sick man of East Asia" and Chinese women would never be able to enjoy any right, because "how could women have any right to talk about if they cannot even protect their own bodies against such brutal abuse?"[1]

After the Revolution of 1911, the Nationalist Government adopted a series of measures that gradually abolished the corrupt custom of foot-binding.

2.2.2   Striving for Rights on the Basis of the Theory of Natural Rights

The awakening of the rights consciousness among women is the key to the realization of women's rights. The Revolution of 1911 provided an opportunity for the liberation of Chinese women. The advocacy by male thinkers had played the role of enlightenment and promotion in women's liberation. However, without the awakening of the subject consciousness among advanced women like Qiu Jin or the participation of the broad masses of women, ideas such as foot emancipation and education for women would never have been realized.

The theoretical basis on which progressive women criticized feudal ethical code and strived for the restoration of women's rights was the theory of natural rights. They pointed out that men and women are born equal. "The current disadvantaged position of women was the result of not the operation of the natural law, but the subjugation and oppression by men." Therefore, "women's demand for the restoration of their natural rights is reasonable."[2] "Men and women are born with equal natural rights and equal capabilities."[3] The dissemination of western human rights theories, especially theories of women's rights, such as Spencer's *the Rights of Women* and John Stuart Mill's *the Subjection of Women*, had greatly promoted the awakening of the rights consciousness of progressive women in modern Chinese history.

2.2.3   Linking Women's Rights with the Standing of the Country

Faced with national crisis, advanced women in China realized that they should

---

[1]   Liu Yazi, "The Origin of the Lili Foot Emancipation Society", in Li Youning and Zhang Yufa (ed.), *Historical Materials on Women's Rights Movement in Modern Chinese History*, (Taipei: Taipei Biographical Literature Publishing House), p. 867.

[2]   Jiang Renlan, "Theoretical Basis of Women's Right to Political Participation", (1912) 8 *Women's Times*, September 25, 1912.

[3]   Zhu Zhuang, "The Harmful Effects of the Lack of Education for Women in China", in Zhang Dan and Wang Renzhi (ed.), *Selected Commentaries on Current Events of the Decade Preceding the Revolution of 1911*, Volume 1, part 2, (Beijing: SDX Jointing Publishing Company), 1960, p. 923.

no longer limit their social role to that of a "good wife and kind mother". They pointed out that: "The subjugation of the nation is a disaster not only for men, but also for women. Therefore, everyone, including women, has the responsibility to save the nation from foreign subjugation;" [1] and that: "men and women each make up half the population in the country and both have the qualification as citizens. In civilized countries, men and women have equal rights and equal obligations." [2]

The intellectuals at that time also realized that the condition of women's rights is closely related to the civilizational level and the national strength of the country: "the stronger the women's rights in a country, the more civilized that country; the weaker the women's rights in a country, the weaker that country." [3]

However, the rights consciousness among the broad masses of women was still weak during that period. After the 1911 Revolution, Chinese women raised a series of rights demands. Some of them, such as the abolition of foot-binding, were fulfilled; while others, such as political participation, were not. The 1911 Revolution weakened the feudal ethic code but failed to destabilise the foundation of the old social system in which women's social status was inferior to that of men. [4]

2.3 The May Fourth Movement: Strengthening of the Rights Consciousness of Chinese Women and the Rise of Women's Liberation Movement

The women's liberation movement during the period of the May Fourth Movement was different from that during the period of 1911 Revolution; the latter was dominated by men while the former marked the beginning of women's journey of "self-discovery". The May Fourth Movement was a patriotic movement, a

---

[1] Liu Yu, "Preface to Journal of Chinese Women Studying in Japan", in Zhang Dan and Wang Renzhi (ed.), *Selected Commentaries on Current Events of the Decade Preceding the Revolution of* 1911, Volume 3, (Beijing: SDX Jointing Publishing Company), 1960, p. 833.

[2] "On Civilized and Advanced Women", in All-China Women's Federation (ed.), *Materials on Women's Movement in China* (1840 ~ 1918), (Beijing: China Women's Publishing House), 1991, p. 212.

[3] Zhu Zhuang, "The Harmful Effects of the Lack of Education for Women in China", in Zhang Dan and Wang Renzhi (ed.), *Selected Commentaries on Current Events of the Decade Preceding the Revolution of* 1911, Volume 1, part 2, (Beijing: SDX Jointing Publishing Company), 1960, p. 924.

[4] See Xu Huiqi, "the Awakening of Women's Consciousness during the Period of the Revolution of 1911 and Its Impact on the Feudal Ethical Code", *Modern Chinese History Studies*, No. 4, 1994, pp. 131 ~ 135.

new culture movement, as well as a women's liberation movement. During this period of time, many progresses had been achieved in women's liberation:

2.3.1   Questioning the Feudal Ethical Code

During the period of the May Fourth Movement, Lu Xun wrote three novels with women as their main theme—*New Year Sacrifice*, *Sad Memories*, and *Divorce*, which exposed without mercy the barbaric nature and social harmfulness of feudal ethical code. The powerful and dynamic wave of denunciation of feudal ethical code awakened the human rights consciousness of Chinese women and speeded up women's liberation.

The May Fourth Movement played an important role in eliminating the feudal ethical code on women's chastity. For example, famous scholar Hu Shi denounced adamantly the benighted feudal code on women's chastity. Based on his personal experience in the United States, he condemned the Regulations on Commendation issued by Beiyang (Northern Warlords) Government that glorified women who committed suicide upon their husbands' death to show their chastity and loyalty to their husbands, calling it "a piece of barbaric and cruel law" and accused as murderers those pedantic scholars who wrote articles encouraging widows to commit suicide to show their chastity and loyalty to their late husbands. Lu Xun, in his essay *My Views on Chastity*, denounced openly the evil practice of glorifying women who committed suicide upon their husbands' death to show their chastity and exposed the cruel persecution of women by feudal ethical code: "Women are supposed to be subservient to, and even can be killed and eaten by men at their will."

2.3.2   Equal Right to Education for Men and Women

Before the May Fourth Movement, there were only a few women's colleges in China, including the North China Union College, Jinling Women's College, South China University, and the Beijing Higher Normal School for Women. Different from colleges that accepted male students, the main aim of these women colleges was to train good wives and good mothers, providing domestic management a compulsory course for all studies. This educational system caused widespread discontent among young students, especially among female students. The thinkers and educators of that time argued that there is no difference between men and women in terms of intelligence and therefore education should not discriminate between men and women. The situation of women's colleges of favouring domestic management and arts over science and technology should be changed. Later, these colleges turned domestic management from a compulsory course into an optional course.

During the period of the May Fourth Movement, the call for lifting the ban on female students enrolment in universities had a far-reaching influence in many big cities, such as Shanghai, Beijing, and Tianjin. Young women carried out publicity campaigns and sent appeals to various universities. In the beginning of 1919, the newspaper *Morning Post* in Beijing opened a special column to discuss the issue. In May 1919, a young woman from Gansu Province named Deng Chunlan wrote a letter to Mr. Cai Yuanpei, the president of Peking University, demanding the University to enrol female students. In the same year, another young woman named Wang Lan visited Mr. Tao Menghe, the provost of Peking University, and applied to him for admission to the University. After several twists and turns, she became the first female student in Peking University. By March 1920, a total of nine young women were admitted to Peking University. Many public and private colleges and universities throughout the country followed this practice. By the autumn of 1920, all colleges and universities in the country had lifted the ban on enrolling female students and Beijing Normal School for Women was upgraded to the Higher Normal School for Women.

The Communist Party of China, established after the May Fourth Movement, inherited and carried on the spirit of the May Fourth Movement, namely the spirit of promoting science, democracy and human rights.

III. Contemporary China: Enhancing Women's Rights Consciousness and Achieving Women's Liberation

With the establishment of the People's Republic of China, Chinese women, who made up of one fourth of the total population of women in the world, gained historical emancipation.

3.1 Establishing and Implementing the Basic State Policy of Equality of Men and Women

The Common Program of the Chinese People's Political Consultative Conference, adopted in 1949, provided in Article 6 that: "The People's Republic of China shall abolish the feudal system which holds women in bondage. Women shall enjoy equal rights with men in political, economic, cultural, educational and social life." Henceforth, the equality of men and women has been implemented as one of the constitutional principles and basic state policies in China.

In the field of marriage and family relations, the 1950 Marriage Law abolished the feudal marriage system characterized by arranged or forced marriage, male superiority, and disregarding rights of the child, and introduced a new marriage system characterized by freedom of marriage, monogamy, equality of men and women, and the protection of the lawful rights of women and children. As a result of the implementation of the 1950 Marriage Law throughout the country, the unequal feudal marriage and family system, which had lasted for thousands of years in China, was finally abolished. The Marriage Law has been revised several times thereafter and the principle equality of men and women has been well implemented.

In the economic field, the New Government carried out extensive land reform in rural areas in accordance with the principle of "allocating land according to population", which enabled the broad masses of rural women to acquire land on an equal basis with men. When the system of collective production was practiced in the rural areas men and women got equal pay for work of equal value. Since the implementation of the contract system with remuneration linked to output, men and women are allocated the same amount of contracted land. In urban areas and in the fields of industry and commerce, men and women have the same employment opportunity and get equal pay for work of equal value. The transition from the planned economy to the market economy has brought about a relatively fair legal system and equal opportunities for men and women. Under the market economic system, people are remunerated according to their ability and contribution. The phenomena of "female white collars", "male blue collars", "female bosses", "male subordinates", and "women playing the key role in society while men are confined to the family chores" has become more and more common. [1]

Progress has also been made by China in the implementation of the principle of

---

[1]   Li Demin, "The Social Status of Chinese Women", in *People's Daily* (*Overseas Edition*), January 12, 2005, p. 1.

gender equality in other fields. For examples, in the political field women enjoy the right to vote and the right to stand for election on an equal basis with men; in the field of education, men and women have basically the same school enrolment and graduation rates.

Since the foundation of the People's Republic of China, women have made extremely important contribution in agriculture, science, culture, education, health and other fields and have been widely praised as "half the sky" for the crucial role they play in society.

3. 2   Establishing and Improving the Legal System for the Protection of Women Rights with Chinese Characteristics

The Constitution of the People's Republic of China of 1982 provides in Article 48 that: "Women in the People's Republic of China enjoy equal rights with men in all spheres of life, including political, economic, cultural and social, and family life. The state protects the rights and interests of women, applies the principle of equal pay for equal work for men and women alike and trains and selects cadres from among women. "

The Law on the Protection of Women's Rights and Interests of 1992 provides that: "It is a basic state policy to realize equality between men and women. The state shall take necessary measures to gradually improve various systems for the protection of the rights and interests of women and to eliminate all kinds of discrimination against women. " Based on the actual conditions of the primary stage of socialism and in accordance with the Constitution, this Law provides for comprehensive measures for the protection of women's rights and interests in the fields of political participation, culture, education, labor, property, personal freedom, marriage and family. The Tenth National People's Congress revised the Law in 2005. After that, 31 provinces, autonomous regions and municipalities directly under the Central Government revised their respective measures for the implementation of the Law.

Many other laws, including the General Principles of the Civil Law, the Marriage Law, the Inheritance Law, the Law on the Protection of the Mother and the Child, the Law on Population and Family Planning, administrative regulations and ministerial rules and regulations adopted by the State Council and various ministries and commissions under it, as well as local regulations adopted by local governments at various levels all contain provisions on the protection of women's rights and interests and on the elimination of discrimination against women.

Currently, China has already constructed a legal system for the protection of women's rights and interests. It consists of various separate laws and administrative regulations, local regulations as well as rules and regulations adopted by various government departments, with the Constitution as its basis and the Law on the Protection of Women's Rights and Interests as its main body.

3. 3   Adopting and Implementing the Program for the Development of Chinese Women and Incorporating the Development of Women into General Social and Economic Development Plans

The 1991 United Nations Human Development Report introduced the "gender-related development index" (GDI) and the 1995 United Nations Human Development Report introduced the gender empowerment measure (GEM). As a result, gender equality has become an indicator of human development. It was against this background that China began the adoption and implementation of women's development programs. Today, China has already completed the implementation of two programs for the development of women, namely the program for 1995 ~ 2000 and the program for 2001 ~ 1010, and is currently implementing the third one, namely the program for 2011 ~ 2020. These programs are China's general plans for promoting women's development and for fulfilling its international obligations.

The Program for the Development of Chinese Women (2001 ~ 2010) identified six priority areas of development: women and the economy; women's participation in decision-making and management; women and education; women and health; women and the law, and women and the environment. All the major objectives of this Program have already been achieved as scheduled. The Program for the Development of Chinese Women (2011 ~ 2020) adds a new priority area of development to the six areas identified in the previous program, namely women and social security, . The new program aims at solving many newly emerged problems related to the subsistence and development of women. Its general objective is to "incorporate gender awareness in the legal system and public policies, and promote women's comprehensive development. " Attaching importance to the issue of gender consciousness is conducive to the implementation of the basic state policy of gender equality.

The various objectives established by the Program for the Development of Chinese Women (2011 ~ 2020) have already been incorporated into various state development policies and plans. The Outline of the Twelfth Five-Year Plan for National Economic and Social Development (2011 ~ 2015) contains a special section (Chapter 36) elaborating issues related to the "promotion of the overall development of the women". It states that China will adhere to the basic state policy of gender equality, implement the program for women's development, and safeguard genuinely the legal rights and interests of the women.

3.4   Giving Special Protection to Women for a Full and Effective Gender Equality

The Chinese legal system for the protection of women's rights and interests is based on two basic principles: the first one is the principle of equality of rights between men and women. According to this principle, women enjoy the same rights with men in all spheres of life, including political, economic, cultural, and family life. The second principle is additional protection of women's rights and interests through special measures. The rationale behind this principle takes into account that, at the current stage of development, there is still a considerable gap between men and women in their actual social status; discrimination against women, abuse of women, abducting and trafficking in women, and the inequality between men and women in employment, remuneration for work, and education have still not been eliminated. Therefore, it is necessary to adopt temporary special measures to realize the *full and effective* equality in rights between men and women. Take divorce, for example. Although women enjoy equal rights with men in divorce, divorce often brings greater difficulties to women than it does to men. Therefore, the Law on the Protection of Women's Rights and Interests provides in Article 45 that: "During the period of pregnancy, within one year after childbearing or within 6 months after termination of pregnancy of a woman, her husband shall not apply for divorce. If the woman applies for divorce or if the people's court deems necessary to accept the divorce application of the husband, the case shall not be subject to this restriction." The Law also contains specific provisions on such issues as the disposition of jointly possessed houses, contracted land, and house sites, and guardianship and bringing up children in case of divorce.

These provisions are also based on the principle of equality of men and women and the principle of special protection of women's lawful rights and interests.

3.5　Establishing and Improving Governmental and Non-Governmental Mechanisms for the Promotion of Gender Equality and Protection of Women's Rights and Interests

In February 1990, a National Coordinating Committee on Children's and Women's Work was established under the State Council. In August 1993, the committee was renamed National Working Committee on Children and Women, so as to highlight its "working" function. The position of the chairperson of the Committee is usually held by one of the vice primes. The Committee consists of 33 members. They are vice-ministerial level officials from 33 ministries and commissions under the State Council. Today, working committees on children and women have been established under the people's governments of all provinces (including autonomous regions and municipalities directly under the Central Government), prefectures (including larger cities, autonomous prefectures, and leagues), and counties (including small cities, districts, and banners).

The Chinese government attaches great importance to giving full play to the role of various NGOs engaged in the promotion of gender equality and protection of women's rights and interests, including All-China Women's Federation (ACWF), All-China Federation of Trade Unions, the Central Committee of the Communist Youth League of China, China Disabled Persons' Federation, and China Association for Science and Technology.

ACWF is the largest NGO in China engaged in the promotion of gender equality and protection of women's rights and interests. Its organizational system consists of local women's federations and group members. As such, it has broad representativeness and strong mass and social potential. ACWF and local women's federations at various levels have always been playing an important role in uniting and mobilizing the broad masses of women to participate in the construction of a modernized country and in representing and protecting women's rights and interests.

3.6　Integrating into the International Mechanism for the Protection of Women's Rights and Interests

The Government of the People's Republic of China signed the Convention on

the Elimination of All Forms of Discrimination against Women on July 17, 1980
and deposited the instruments of ratification of the Convention on November 4 of
the same year. In 2012, China submitted to the Committee on the Elimination of
Discrimination against Women the Combined Seventh and Eighth Periodic Report
on the Implementation of the Convention on the Elimination of All Forms of
Discrimination against Women.

In September 1995, the Chinese Government successfully organized the Fourth
World Conference on Women and NGO Forums, which adopted the Beijing
Declaration and Platform for Action. This event expanded the foreign exchange of
Chinese woman and greatly promoted the development of the women's movement
in China. In May 2000, China submitted to the UN the Report on the
Implementation Result of the People's Republic of China of the "Beijing
Declaration" and the "Platform for Action" Adopted by the Fourth World
Conference on Women in 1995; in March 2005, it submitted to the UN the
Report on the Implementation of the People's Republic of China of the "Beijing
Platform for Action" (1995) and the Document of Results of the 23rd UN
General Assembly Special Session (2000).

In China, which is a developing country, the realization of gender equality is
restricted by the level of economic and social development; many outmoded
conventions and customs in the traditional culture that are discriminatory to women
have not been fully eliminated, while many new situations and problems that
negatively affect the realization of gender equality and the development of women
have emerged; there are obvious imbalances in the development of women between
different regions and social groups; and different forms of violation of women's
rights and interests still exist in some regions. The equality of men and women in
law does not amount to equality in actual life. Therefore, China still has a long way
to go in creating the political, economic, cultural and other conditions necessary for
the genuine and comprehensive realization of gender equality in the country.

(Translated by Bi Xiaoqing)

The Legal Protection of Women's Rights in the UK

Delia Davin *

I. Early Legislation on Women's Rights in Britain, 1839 – 1928

The first efforts to gain legal rights for women in the UK date back to the 19th century when the passing of a feudal patriarchal society and its replacement by a modernising industrialised society gave rise to demands for rationalistic and democratic reforms to meet the needs of the times. Social change, and in particular the rapid growth of the middle classes, brought about changes in the economic and social position of women. As women became more educated and sought non-domestic roles they pressed for further changes. Campaigners focussed on married women's rights to their property and children, and the rights of all women to the vote, education and entry to the professions.

The opening campaigns involved a challenge to the legal position of married women. In English common law, husband and wife were one person and that person was the man. This had many implications. Under law, married women were treated like minors. They had no direct relationship with the state as citizens, no obligations and no rights. They could not own property. Anything that a woman owned before her marriage became the property of her husband and

* Department of East Asian Studies University of Leeds, UK.

anything that she subsequently earned belonged to him. Fathers were the sole
guardians of their children. A husband was obliged to support his wife and
children, but if he failed to do so his wife could not go to law to enforce her claim
against him because legally they were the same person. To protect their daughters,
wealthy upper class families sometimes put property in trust for them when they
married. The property was then held by trustees for the benefit of the wife and her
husband could not touch it. However, this expensive system was designed for
women of the landed aristocracy with considerable wealth. It was irrelevant to
women of the working class or even the rapidly growing middle class.

The first changes to the position of married women under common law came
about as the result of the extraordinary efforts of Mrs Caroline Norton. An educated
and intelligent woman, she separated from her husband in 1836 after some years of
an unhappy marriage during which he had beaten and injured her many times. [1]
She was shocked to find that her husband had the right to take her three sons and to
prevent her ever seeing them again. He even claimed her property, including her
earnings from her writing after the separation. Her own family, though deeply
sympathetic, could do little to help.

Not a modern feminist, Mrs Norton's views were conventional for her time. She
had believed that men were superior to women and should govern their wives and
children. But her bitter personal experience made her to seek justice in marriage for
women. She studied the law and wrote about cases in which it had treated women
monstrously. As a result of her campaigning, a law passed in 1839, made it possible
for courts, in very limited circumstances, to grant the custody of children under
seven to their mothers. This was the first step on a long road. Women did not gain
equal rights over their children in UK law until the Guardianship Act of 1973.

Mrs Norton's well publicized troubles with her husband over property inspired
other women to begin a campaign for legislation on married women's property
rights.

The campaign overlapped with and gave ammunition to a campaign for women's
suffrage as feminists began to argue that only when women could vote would
members of parliament be ready to listen to their opinions. In fact, there were

---

[1]   Margaret Forster, *Significant Sisters: The Grassroots of Active Feminism 1839 –1939*, (Harmonsworth:
Penguin 1984).

some strong supporters in Parliament such as the philosopher John Stuart Mill, author of an essay entitled the *Subjection of Women* but there were also strong opponents. Real success did not come until 1882 when the Married Women's Property Act gave women the rights to own their own property, to enter into contracts, and to sue and be sued.

The Married Women's Property Acts implied the recognition in law of married women as persons in their own right. However this acceptance did not necessarily extend a belief that women should be equal with men in the public sphere. Bitter opposition remained for example to women's suffrage, and the battle for the vote which began in the 1860s took many decades. [1] The 1914 − 18 war drew many women into work as they replaced the men who had gone to fight. This helped convert MPs to the cause of suffrage. Women over 30 gained the right to vote in 1918 and in 1928 the franchise was finally extended to all adult women on equal terms with men.

Another sphere of agitation by women in the 19th century was education. Women's campaigns for better education, more jobs and the right to enter the professions did not gain them equality but did open some doors medicine in the 19th century and law, politics, and accountancy in the first two decades of the 20th century. [2]

II. Women's Rights in the 1920s and 1930s

The successes of the first wave of feminists had won some basic rights for women under the law but had achieved little in relation to a whole range of other problems such as employment discrimination, low wages for women and the general economic dependence of married women, especially mothers, on their husbands. Improving the position of women in these areas was fraught with difficulty because there was little agreement about how it should be done.

Limited state concern for the women's welfare was directed towards their role as "the mothers of the race". From the time of the Boer War (1899 − 1902) the poor health status of recruits to the military had created anxiety and measures to

---

[1] Harold L. Smith, *The British Women's Suffrage Campaign 1866 − 1928*, (Harlow: Longman, 1998).
[2] Lee Holcombe, *Victorian Ladies at Work*, (Newton Abbot: David and Charles, 1973).

improve maternal and child welfare introduced in order to preserve the "quality of
the imperial race" were continued through the inter-war period. [1]

Feminists and their allies on the left wanted more economic independence for
women but largely failed to get it. The trade unions defended the idea of the "male
family wage", that is a system in which men's wages are systematically higher than
women's to allow them to support a wife and children. [2] The male family wage was
used to justify the higher evaluation of jobs exclusively performed by men like
shipbuilding or mining. In other areas, such as teaching men at the same grade and
doing the same work than their female colleagues were automatically paid more.

The ideology of the family wage tended to limit women's opportunities in paid
employment. Women were expected to work full time only until they married and
had children. This caused women themselves, their families and teachers to take
their education and training less seriously than that of their brothers. Women,
whether married or single, were concentrated in service sector employment and
lower paid jobs. Women who worked as teachers or civil servants were often
required to give up their jobs when they married. This increased the dependency of
married women and combined with social practices such as the home being owned
or rented only in the name of the man made the married relationship very unequal.
The system was also particularly unfair to single women and widows with
dependents, while greatly advantaging single men without dependents.

Social programmes tended to preserve male work rights and question the right of
the married woman to work, especially in times of high unemployment thus
reflecting the model of the male breadwinner and the family wage. Unemployment
benefits mimicked the wage system, married women were viewed as dependents
rather than unemployed individuals, and married men received high benefits than
unmarried men or women.

III. Women and the Post-war Welfare State

The welfare state that was created in Britain after the Second World War was

---

[1]   Anna Davin, "Imperialism and Motherhood", History Workshop Journal 5: 1 1978, pp. 9 −66.

[2]   Sylvia Bashekin, *Women's Work in Never Done: Comparative Studies in Care-Giving, Employment and
Social Policy Reform*, (London: Routledge 2002), pp. 90 −91.

more generous and more comprehensive than anything that had preceded it. Yet in its first years, the welfare state was still based on the model of the male breadwinner and the stay-at home wife. ① Married women could not qualify for unemployment benefit or sick pay as they were supposed to depend on their husbands, and their old age and widow's pensions were paid on the basis of their husbands' contributions. A great advance to women was the "family allowance". This benefit was a weekly sum payable to the mother for the second and every subsequent child. It was by no means equivalent to a wage, but it did give mothers a small independent source of money and was a public recognition of their work as wives and mothers. The new National Health Service, available as of right and free at the point of delivery to everyone, was also of particular value to women many of whom had not qualified for free healthcare previously.

Divorce rates were higher than they had been pre-war as marriages were disrupted by the long separations that the war had imposed. This led to debate about what the basis of divorce settlements should be, how property should be distributed and what maintenance or child support should be paid. ② The courts gradually developed the idea that non-working wives should be seen as having earned some equity in the family home through their work in building up and maintaining the home.

Although women's labour participation rates were comparatively low in the 1950s, they were higher than they had been before the war. Moreover, with memories of mobilisation during the war, the stay-at-home mothers of that period sometimes brought their daughters up to expect a career.

IV. Developments since the 1970s

The 1970s saw the rise of a second wave of feminism in Britain as confident young women born in the 1940s and 50s came of age. Having benefited from the post-war welfare state's provision of free secondary and even tertiary education, they expected careers and equality with men. Many were also deeply influenced by the political activism of the 1960s. ③ Their rights-based demands included:

---

① Gillian Pascall, *Scial Policy: A New Feminist Analysis.* (London: Routledge, 1997). p. 13.
② Carol Smart, *Divorce in England, 1950 −2000: A Moral Tale?* Leeds: University of Leeds, Centre for Research on Family, Kinship and Childhood, 2000.
③ Jenni Diski, *The Sixties*, (London: Profile Books, 2010).

1. Equal pay for equal work

2. Equal education and job opportunities

3. Free contraception

4. Free 24-hour community-controlled childcare

5. Legal and financial independence for women

6. An end to discrimination against lesbians

7. Freedom for all women from intimidation by the threat or use of male violence. An end to the laws, assumptions and institutions which perpetuate male dominance and men's aggression towards women. [1]

As this generation of women entered the professions, notably university teaching, law, politics and social welfare, in significant numbers, they influenced academic thinking, the law, social policy and its implementation. As the discussion below shows, some of their demands have been realised through social policy in past 40 years although not necessarily as a result of feminist campaigning.

The 1970 Equal Pay Act which followed a women's strike action at a Ford plant in England made it illegal to pay women lower rates for the same work. [2] This act was subsequently amended to make it more consistent with European law. At first, its use was limited to situations where men and women were doing the same work-a real disadvantage in a sex segregated labour market. However, in 1985, an amendment laid down that women and men should be paid the same for work of equal value. This concept of equal value helped to overcome the problem of the segregated labour market. Women in low-paid stereotypically women's jobs could argue they should be paid the same as men in jobs of the same value measured in terms of the responsibilities, skill, knowledge and physical effort required by the job even when no men did exactly the same work.

Women have made great progress in education. By the first years of the 21st century they out-performed men in many areas. By law, almost all areas of employment are now open to women and it is illegal to discriminate in recruitment to jobs. Ensuring that women *actually* have equal opportunity proved much more difficult. They are still held back in employment not only by discrimination, but by a variety of factors, above all their greater responsibility for children and family care

---

[1]   http: //www. feministseventies. net/demandsx. html.

[2]   http: //www. legislation. gov. uk/ukpga/1970/41.

that are difficult for law alone to alter.

Free contraception is now available under the National Health Service. Achievements in childcare have been much more limited. Good professional childcare is available but the price is high even for women on professional salaries. For less well paid women and solo mothers, day care is often unaffordable. They are forced into part-time or evening work so that they can rely on partners or family to care for the children. This creates a class difference in the cost of motherhood to women. It has been calculated that unskilled women will earn 58% less over a lifetime as a result of becoming mothers compared with only a 4% loss for graduate mothers. [1]

Women do have legal and financial independence but this is often still limited by their lower earnings and family responsibilities.

Lesbians and homosexuals did not acquire protection from the first UK sex equality legislation because the courts differentiated between sex and sexual orientation. However, in order to comply with European Community Law, the UK government was required to put protection against homophobic discrimination into legislative form by December 2003. In 2003, therefore, new regulations were implemented that offered protection of the rights of employment for gay, lesbian, transgender and bisexual people. [2]

Violence against women, especially violence by the husbands or partners, was a key concern of the Women's Movement. In the 1970s domestic violence was often seen by the police as a private matter in which the law should not intervene. Moreover the victims were frequently economically dependent on the perpetrator and faced homelessness if they left him. Activists dealt with these problems by campaigning to raise consciousness about the problem and creating refuges where the victims and their children could live in hiding from violent men. Refuges now receive state funding to provide emergency same day accommodation. Women are usually sent to refuges outside their home area to reduce the risk that they will be found by their partners. Their use is a last resort measure as it means moving away from friends, family, employment and children's schools. The Equality and Human Rights Commission considers that the provision of refuges is still inadequate. [3] The

---

[1] "How Fair is Britain?", Equality and Human Rights Commission, 2012. http://www. equalityhumanrights. com/key-projects/how-fair-is-britain/.

[2] http://www. stonewall. org. uk/scotland/at_ work/your_ rights_ at_ work/2714. asp.

[3] "How Fair is Britain?", http://www. equalityhumanrights. com/key-projects/how-fair-is-britain/.

police are now given training in dealing with cases of domestic violence and abused
women can ask that their abuser be taken to court Alternatively, under the Family
Law Act 1996, as amended by the Domestic Violence, Crime and Victims Act
2004, a woman may obtain an injunction from the court to protect her from abuse
or to order the abuser to leave their shared home. [1]

Violence against women, involving as it does personal lives and human emotions
remains one of the most intractable problems in the area of women's rights, but
considerable progress has been achieved through legislation.

V. 1997 onwards to the Present Day

By the end of the 20th century, although the language of women's rights had
almost disappeared, there was general agreement on the desirability of gender
equality in Europe. Although the Labour Government which took power in 1997
made little reference even to the objective of gender equality, it had a stated policy
of 'balancing work and family'. Its social policies were intended to help working
families, to make it easier for women to work and to promote early learning for
children. It was more active than previous governments in trying to achieve
compliance with EU requirements on equality. [2]

The social context for family policy in the last 20 years is entirely new. Women
give birth to fewer children, start childbirth later and frequently give birth outside
marriage. The total fertility rate in 2009 was 1.95, the average age of women
giving birth was 29, and 46.2% children were born outside marriage. [3] Many
children born to unmarried parents will be parented by their father and mother
living together in a household unit like a traditional married couple. Others may be
parented by a parent and a step parent or by a lone parent, most often the mother.
Couple relationships whether married or otherwise are much less stable than they
had been in the past. Of 24 million households in Britain, only 7 million have

---

①   Rights of Women, *From A to Z*; *A Woman's Guide to the Law*, London 2006.

②   See for example Commission of the European Communities (CEC) *Reconciliation between work and Family Life in Europe*, Luxembourg, 1998; *Roadmap for Equality between Women and Men*, Commission report to the European Parliament, 2006.

③   *Sources: ONS (2005) Population Trends Winter 2005; ONS (2005) Focus on Families. http: // www. statistics. gov. uk/hub/population/families/families-children-and-young-people.*

dependent children. These include 5. 2 million families headed by couples, 1. 6 million headed by a lone mother and 180000 headed by a lone father. Diversity has also increased because Britain is now a multicultural society in which ideas of family and motherhood vary enormously. In 2006, almost a quarter of UK births were to mothers born outside the UK.[1] One in ten women in the UK today are from Black, Asian and Ethnic Minority backgrounds.

In the UK as elsewhere in the world a major obstacle to gender equality is motherhood. When a woman becomes a mother she is likely to cut her hours of work dramatically to create more time for family responsibilities. In consequence, her earning power, career prospects and pension rights tend to suffer. Identified as the family carer, in addition to childcare, the woman may also undertake the care of old or sick family members.

The UK's has high rates of break up and divorce. Greater prosperity and the increased economic independence of women were probably factors that made possible but ironically women and children have become the economic victims of these high rates. It is much more difficult for lone mothers to work than for partnered women to do so (see attached table) and the lone parent families tend to be heavily represented amongst the poorest families.

Women's employment in the UK expanded greatly from the 1970s but until the 1990s there were few statutory policies to reconcile work and family responsibilities.[2] The state did not provide or subsidise care for the under fives. Most parents relied on family or childminders as private provision was costly. As a result, although a high proportion of mothers worked, most had part time jobs, while fathers worked some of the longest hours in the EU. Parents were also heavily engaged in shift work. For example mothers could do the evening shift in a shop or the night shift in a hospital.

VI. Maternity Provision and Parental Rights

The help for families with children introduced by the Labour Government

---

[1] Birth statistics for England and Wales, 1999 – 2009. http: //www. statistics. gov. uk/hub/ population/births-and-fertility/live-births-and-stillbirths.

[2] Jane Lewis, *Work-Family Balance, Gender and Policy*, (Cheltenham: Elgar, 2009), "Introduction".

included parental leave in minimal compliance with the EU Directive but was mainly focused on maternity provision. Maternity leave was increased from 14 weeks to nine months, and then in 2010 to one year, making it the longest in the EU. Statutory maternity pay was doubled and mothers returning to work were given the right to ask for flexible working hours.

The details of maternity provision are complicated. ① They depend on the employment status and earning level of the expectant woman. Maternity leave is divided into "Ordinary Maternity Leave", the first 26 weeks taken by almost all mothers, and "Additional Maternity Leave" the subsequent 26 weeks taken by some mothers, usually at a considerable financial sacrifice. Most employed women receive statutory maternity pay payable for 39 weeks. This consists of 90% of earnings for the first six weeks and £128 per week thereafter. Women who are not employed qualify for a small maternity allowance from the state. Some women, especially those working in the public sector get more than the statutory pay. Women workers have the right to return to their jobs when their leave comes to an end. Statutory paternity leave is only one or two weeks. ② It is unpaid and surveys show that 44% of new fathers choose not to take it, probably for economic reasons. Extended paternity pay is available in some circumstances to men whose partners have returned to work before the end of their paid entitlement.

The right to paternity leave and pay is relevant to women's rights in that it challenges the assumption that children are solely or mainly the responsibility of the mother. British paternity leave being short and little used probably has a marginal effect. By contrast, in some Nordic countries, where paid paternity leave is offered on a 'take it or lose it basis' rather than as a benefit that can be passed to the mother, men are more likely to take it and thus to accustom themselves to the role of caring for their children early in the child's life.

A further form of help to parents was introduced in the form of tax credits which are available to working parents on low incomes who have responsibility of a child under 18 in full time education. In some circumstances, the extra is paid to help with the cost of formal childcare. Tax credits are paid only to working parents in a

---

① http://www. direct. gov. uk/en/MoneyTaxAndBenefits/BenefitsTaxCreditsAndOtherSupport/
Expectingorbringingupchildren/DG_ 10018869.

② http://www. direct. gov. uk/en/Parents/Moneyandworkentitlements/WorkAndFamilies/
Paternityrightsintheworkplace/DG_ 10029398.

deliberate attempt to offer an incentive to work. Without such credits, the lowest paid workers with children may even lose out by working. Once they have paid for childcare they might have less income after paying for childcare than people living on benefit who do not work and do not need to pay childcare costs. Free part-time nursery places with an early years learning curriculum were made available for the children of working parents. This began in poor neighborhoods but general entitlement was implemented in 2008.

VII. UK Compliance with International Law

In recent years UK legislation on women's rights and the focus of work around women's rights has been influenced by developments elsewhere in the world and especially by new understandings of the relationship between women's rights and human rights, and the UK's obligations as a member of the European community.

The Universal Declaration of Human Rights adopted by the United Nations in 1948, enshrined 'the equal rights of men and women', and made commitments on equality and equity. [1] The UK acceded to the Convention on the Elimination of All Forms of Discrimination against Women (CEDAW) adopted by the UN in 1979 which came into force in 1981. [2] The Convention, which has been described as a bill of rights for women, defines discrimination against women in the following terms:

> *Any distinction, exclusion or restriction made on the basis of sex which has the effect or purpose of impairing or nullifying the recognition, enjoyment or exercise by women, irrespective of their marital status, on a basis of equality of men and women, of human rights and fundamental freedoms in the political, economic, social, cultural, civil or any other field. Under the convention states are required to enshrine gender equality in their domestic legislation and repeal all discriminatory provision.*

It obliged acceding governments to establish tribunals and institutions to guarantee women effective protection against discrimination, and required them to seek to

---

[1]   http: //www. un. org/en/documents/udhr/.

[2]   http: //www. un. org/womenwatch/daw/cedaw/cedaw. htm.

eliminate all forms of discrimination practiced against women by individuals,
organizations, and enterprises.

In 2004 the UK acceded to the Optional Protocol to the Convention on the
Elimination of All Forms of Discrimination against Women. The protocol allows
women and girls to make a 'communication' to the UN Committee on the
Elimination of Discrimination against Women in Geneva once they have exhausted
all other ways of trying to get their rights under the Convention protected in the
UK.

The UK is now obliged to submit four yearly official reports on its efforts to
comply with CEDAW and on progress made in eliminating discrimination against
women in the UK. [1] Although these reports tend to paint the an optimistic picture
and to be rather bland, the obligation to submit them has the useful effect of
focusing the attention of politicians and civil servants on women-related issues that
they might otherwise ignore, such as violence against women. Non-governmental
organizations are also able to present 'shadow reports to CEDAW'. The London-
based women's Resource Centre did this in 2004 and 2008 [2] and is preparing to do
it again in 2012. [3] It is interesting to compare the two types of report. Those of the
NGOs tend to be more concrete and more critical. In effect CEDAW has provided
new mechanisms through which activists for women can campaign.

The 2000 Equality Act was designed to bring UK law into compliance with EU
requirements. It had the same goals as the four major EU Equal Treatment
Directives and was drafted to mirror and implement their provisions. [4] It required
equal treatment in access to employment in both private and public services,
regardless of the protected characteristics of age, disability, gender reassignment,
marriage and civil partnership, race, religion or belief, sex, and sexual orientation.
In the case of gender, it laid down special protections for pregnant women. In the
case of disability, employers and service providers were under a duty to make

---

[1] "The Seventh Report for 2011 is Available" at: http: //www. homeoffice. gov. uk/publications/
equalities/international-equality/7 th-cedaw-report.

[2] http: //www. wrc. org. uk/resources/briefings _ and _ consultations/past _ briefings _ and _
consultations/international/cedaw_ and_ beijing_ 10. aspx .

[3] http: //www. wrc. org. uk/resources/tools _ to _ engage _ and _ influence/working _
internationally/cedaw_ shadow_ report_ 2012. aspx.

[4] see EU Directive 2000/78/EC, 2000/43/EC, 2006/54/EC.

reasonable adjustments to their workplaces to overcome barriers experienced by disabled people. However the Act allowed transsexual people to be barred from gender-specific services if that is 'a proportionate means of achieving a legitimate aim'.

VIII. Supervising and Enforcing Anti-discrimination Legislation

An important support to the sex equality and anti-discrimination legislation was the Equal Opportunities Commission that came into being in 1976 to oversee the implementation of the Equal Pay Act and the Sex Discrimination Act. In 2006, the EOC was succeeded by the Equality and Human Rights Commission which had the statutory remit to promote and monitor human rights; and to protect, enforce and promote equality across the nine "protected" grounds-age, disability, gender, race, religion and belief, pregnancy and maternity, marriage and civil partnership, sexual orientation and gender reassignment. [1]

In keeping with the growing tendency to group all anti-discrimination work together, the 2010 Equality Act [2] was intended to consolidate the complicated array of acts and regulations, which formed the basis of anti-discrimination law in Great Britain including the 1970 Equal Pay Act, the 1975 Sex Discrimination Act, the 1976 Race Relations Act and the 1995 Disability Discrimination Act.

IX. Women's Rights Today: Prospects and Problems

Women play an increasingly active role in economic, political and public life in the UK. They make up nearly half of those in employment. Even among women with young children under five, many now combine paid work with their family responsibilities. Women are increasingly represented in all areas of political and public life-as heads of companies, chairs of public bodies, councilors, Members of Parliament (MPs) and leaders and active volunteers in their local communities.

Yet few attain senior positions in either the public or the private sectors. The

---

[1]   For the Commission website see, http://www.equalityhumanrights.com/.

[2]   For details of the law see, http://www.legislation.gov.uk/ukpga/2010/15/contents.

pace of change in politics has been particularly slow. In its final report in 2006, the Equal Opportunities Commission pointed out that 20% of MPs were then women, and the rate at which they were progressing would mean 200 years before equality reached Parliament. In large companies, the judiciary and the police force, only about 10% of senior roles were held by women. However, in some areas women were reaching critical mass, including as heads of professional bodies (33%) and national arts organizations (33%). The Commission called for a legal requirement on employers to promote sex equality-and for more senior women to be allowed to work flexible hours. As the Chair of the EOC pointed out "Women will not make it to the top in significant numbers unless action is taken to remove the barriers that stand in their way, and Britain will continue to miss out on women's skills". [1]

Six years later, dated working patterns and inflexible organizations continue to be major barriers to women's participation in positions of authority. The unequal division of domestic responsibilities and company cultures in which long hours are the norm limit women's potential to find the time and energy these top posts demand.

Employees in the UK work some of the longest hours in Europe. The assumption that employees must work these hours in order to advance their careers imposes career penalties on women who often have to reconcile unpaid and paid work and want a balance between their work and home lives. [2]

The World Economic Forum's Global Gender Gap Index assesses how evenly each country shares its resources and opportunities between men and women. In 2006, the UK held 9th place out of the 135 countries examined but by 2011 it had slipped to 16th. [3] It was ranked joint first for gender equality in educational attainment, but 33rd for economic participation and opportunity and 23rd for political empowerment. While doubtless a crude measure, this gap between educational attainment and subsequent careers is worryingly indicative of the failure of the UK efforts tackle gender inequality. Much of the slippage in the UK's placing was driven by the pay gap between men and women which has actually widened in

---

[1] http://www.official-documents.gov.uk/document/hc0607/hc07/0784/0784.asp.

[2] Equality and Human Rights Commission, 'Sex and Power' 2011. http://www.equalityhumanrights.com/key-projects/sexandpower/.

[3] http://www3.weforum.org/docs/GGGR11/GGGR11_ Rankings-Scores.pdf.

some recent years. ①

The model most prevalent in Britain, sometimes known as the one and a half earner model, in which mothers do part-time waged work and their partners work for much longer hours outside the home is not conducive to full equality. ② It tends to confine women to less senior' less well-paid jobs. Moreover, while part-time work helps women achieve balance between work and family; this comes at the cost of institutionalizing the practice whereby women have primary responsibility for domestic work and childcare. Finally, in a society with high rates of couple breakdown, part-time work and the concomitant investment in their partner's career are high risk strategies for young mothers. In the event of the breakdown of their relationship with the children's father, they are likely to slide dramatically down the household income scale.

Immediate prospects for greater gender equality in the UK are not positive. The global economic crisis, national indebtedness, cuts in government spending on social programmes and the advent of the Coalition Government ideologically disinclined to state action in support of women's rights have created obstacles to progress in recent years. Cuts in state spending have hit women disproportionately both because their employment is concentrated in the state sector and because family-orientated benefits have been reduced.

X. Conclusion: Women's Rights and the Social Context

If we consider the history of movements to achieve women's rights and efforts to protect them in law in the UK it becomes clear that the social context affects the nature of such movements, their objectives and their chances of success. Discrimination against women may be reflected in the law, or even arise from it, but it is also embedded in social custom and practice. Women's lives are shaped by three overlapping roles: work, marriage and motherhood. The forms these roles take affect the extent they can achieve autonomy, independence and equality with

---

① Andrew Taylor, "Gender gap grew last year", *Financial Times* November 15 2008.

② For comparative data from 1997 and 2007 on women and men's employed hours broken down by parenthood status and age of child, see appendix 1.

men. Among the important variables are marriage rates and marriage customs, divorce, birth rates, and the sexual division of labour.

At an earlier stage in UK history, the legal protection of women's rights was seen as a straightforward matter of changing the law on matters such as property, child custody, entry to the professions, and the vote. In contemporary Britain, as in other modern societies the protection of women rights and the elimination of gender discrimination seem much more complex. It is recognized that the treatment of women and mothers under different welfare systems and tax regimes has major impacts on the possibility of gender equality. Conviction and commitment on the part of individuals, society and the state are all important factors if real gender equality is to be achieved.

Appendix 1 Employment rates and usual hours worked in UK 1997 – 2007

| Women and mothers | % employed | | Of whom % of employed working particular hours | | | | | |
| | | | 1 – 15 | | 16 – 29 | | 30 + | |
	1997	2007	1997	2007	1997	2007	1997	2007
All women	68.5	73.3	14.4	10.1	23.5	25.3	61.3	62.7
N	27640							
Mothers in couples								
All	66.9	71.5	22.5	16.5	34.6	36.2	42.3	45.4
N	9209	7217						
With youngest child aged								
0 – 4	57.6	62.8	24.9	18.2	35.3	39.4	39.3	40.0
5 – 9	71.2	75.6	26.0	18.0	36.4	36.8	37.2	43.4
10 – 15	77.6	79.9	16.7	12.7	32.3	32.0	50.2	53.3
Lone mothers								
All	42.2	57,6	19.6	7.4	35.2	39.8	42.2	50.5
N	1581	1792						
With youngest child aged								
0 – 4	29.2	40.7	20.8	7.7	39.8	47.9	38.9	42.9
5 – 9	46.6	60.1	22.1	7.9	36.6	43.3	39.8	46.2
9 – 15	58.1	68.1	16.1	7.0	30.1	33.6	53.0	57.1

Continued

Men and fathers	% employed		Of whom % of employed working particular hours					
			1 – 15		16 – 29		30 +	
	1997	2007	1997	2007	1997	2007	1997	2007
All men	82. 3	86. 4	4. 5	4. 9	45. 7	52. 0	48. 3	40. 2
N	30983	22584						
All fathers	88. 1	90. 9	3. 3	4. 3	41. 8	50. 0	53. 8	43. 1
N	12191	9330						
With youngest child aged								
0 – 4	88. 6	91. 8	3. 4	4. 3	41. 8	51. 7	53. 5	41. 6
5 – 15	87. 7	90. 2	3. 1	4. 3	41. 8	48. 5	54. 0	44. 3

Adapted from Jane Lewis, *Work-Family Balance, Gender and Policy*. Cheltenham: Edward Elgar, 2009, pp. 144 −5.

Fathers = cohabiting fathers including stepfathers. Lone mothers are non co-habiting. Figures include self-employed, based on Office of National Statistics data.

Appendix 2: Timeline: Women's rights in English law

Under English Common Law, husband and wife were considered one person and that person was the husband. Therefore, married women could not own anything, their earnings belonged to their husbands and they could not vote. The father was the guardian of the child.

1839 Infant Custody Act.

1860s to 1890s

1867 The London Society for Women's Suffrage is formed.

1870 − 82 Married Women's Property Acts allow married women to own property.

1902 Women textile workers from the north of England present a 37, 000 signatory petition to Parliament demanding votes for women.

1903 The Women's Social and Political Union is founded in Manchester by Mrs Pankhurst, her daughters Christabel and Sylvia, and Annie Kearney.

1906 The National Federation of Women Workers set up.

1907 Under the Qualification of Women Act, women can be elected onto borough and county councils and can also be elected mayor.

1910 −1920

1912 The "Cat and Mouse" Act allows the temporary discharge of women prisoners hunger-striking for the vote-until they were fit enough to be imprisoned again.

1918 Women over 30 are granted the right to vote in Britain.

Parliamentary Qualification of Women Act allows women to stand as MPs.

1920s

1920 Sex Discrimination Removal Act opens the legal profession and accountancy to women.

1921 Unemployment benefits extended to include allowances for wives.

1922 Law of Property Act allows husband and wife to inherit property equally.

1923 Matrimonial Causes Act makes grounds for divorce the same for women and men.

1928 All women in Britain gain equal voting rights with men.

1929 Women become "persons" in their own right, by order of the Privy Council.

1930s & 1940s

1941 The National Service Act introduces conscription for women. All unmarried women aged 20 to 30 are called up for war work. It is later extended to include women up to age 43 and married women, though pregnant women and those with young children can be exempt.

1948 The introduction of the National Health Service (NHS) gives everyone free access to health care. Previously, only the insured, usually men, benefited.

1950s

1956 Legal reforms give women teachers and civil servants equal pay.

1958 Life Peerages Act entitles women to sit in the House of Lords.

1960s

1964 Married Women's Property Act entitles a woman to keep half of any savings she has made from the housekeeping allowance she is given by her husband.

1967 The Abortion Act decriminalises abortion in Britain on certain grounds.

The contraceptive pill becomes available through Family Planning Clinics. NHS health authorities are allowed to give women contraceptive advice regardless of marital status and the Family Planning Association follows suit.

1970s

Britain's first national Women's Liberation Conference is held in Oxford. The

Women's Liberation Movement, influential throughout the 1970s, develops from the conference.

The Equal Pay Act makes it illegal to pay women lower rates than men for the same work.

1972 First women's refuge in Chiswick, London.

1973 Guardianship Act gave mothers the same rights over children as fathers.

1974 The National Women's Aid Federation brings together nearly 40 refuge services across the country

Contraception becomes available through the NHS as a direct result of pressure from the women's movement.

1975 The Sex Discrimination Act makes it illegal to discriminate against women in work, education and training.

The Employment Protection Act introduces statutory maternity provision and makes it illegal to sack a woman because she is pregnant.

1976 The Equal Opportunities Commission comes into effect to oversee the Equal Pay Act and Sex Discrimination Act.

The Race Relations Act makes it illegal to discriminate on grounds of race in employment and education.

Lobbying by women's organizations ushers in the Domestic Violence and Matrimonial Proceedings Act is introduced to protect women and children from domestic violence. The Act gives new rights to those at risk of violence through civil protection orders.

1977 Women's Aid lobbies government to acknowledge women and children

at risk of violence as homeless and introduce their right to state help with temporary accommodation.

The first Rape Crisis Centre opens in London.

1978. The Organisation of Women of African and Asian Descent is set up acting as a national level umbrella group for black women's organizations.

Margaret Thatcher becomes Britain's first female prime minister.

1980s

1980 Women can apply for a loan or credit without a male guarantor.

1981 Baroness Young becomes the first woman leader of the House of Lords.

The Court of Appeal decides that bars and pubs are no longer able to refuse to service women at the bar as this constitutes sex discrimination.

1985 The Equal Pay (Amendment) Act allows women to be paid the same as men for work of equal value.

Campaigning against female genital mutilation leads to the Prohibition of Female Circumcision Act.

1986 The Sex Discrimination (Amendment) Act enables women to retire at the same age as men. It also lifts the legal restrictions which prevent women from working night shifts in factories.

1987 Diane Abbot becomes the first black woman member of Parliament.

1988 Julie Hayward, a canteen cook at a shipyard in Liverpool, is the first woman to win a case under the amended Equal Pay Act.

Elizabeth Butler-Sloss becomes the first woman Law Lord when she is appointed an Appeal Court Judge.

1990s

Independent taxation for women is introduced. For the first time, married women are taxed separately from their husbands.

1993 With the help of lobbying by women's organizations around the world, the United Nations Declaration on the Elimination of Violence against Women affirms that violence against women violates their human rights.

1994 The UK starts its first 'Take Our Daughters to Work' Day.

1994 Rape in marriage is made a crime after 15 years of serious campaigning by women's organizations.

1998 The European Union passes the Human Rights Act, guaranteeing basic principles of life for everyone.

1999 The House of Lords delivers a historic judgement that women who fear gender persecution should be recognized as refugees.

A new law on parental leave enables both men and women to take up to 13 weeks off, unpaid, to care for children under age five.

2000 −

2000 After a long battle led by refugee women's groups in the UK the immigration and asylum tribunal launches its *Asylum Gender Guidelines* for use in asylum appeals. They aim eliminate gender discrimination in of the cases.

2002 Parliament allows lesbian and unmarried couples to adopt children.

2003 The Employment Equality (Sexual Orientation) Regulations are introduced to protect people against discrimination based on their sexual orientation.

The Female Genital Mutilation Act strengthens and amends the Prohibition of Female Circumcision Act of 1985.

2005 The first civil registration of same-sex couples takes place as a result of the long campaigned for Civil Partnerships Act.

2006 Equal Opportunities Commission replaced by Equality and Hunan Rights Commission.

Analysis of Women's Right to Work

Xue Xiaojian[*]

I. Constitutional Analysis of Women's Right to Work in China

Although the feminist movement that began in the 19th century has to a large extent changed women's social status and family values, the improvement of women's right to work has been less than satisfactory. "The modernization of society has failed to completely liberate women from the burdens of childbirth and housework and women are still faced with many excessive demands on their personality value imposed by traditional ethical norms."[①]

Women's right to work has special connotation in the Chinese context. Firstly, having originated class revolution, women's liberation movement in China was seen as an important symbol of modernization of the country and, as such, acquired "political correctness" in the official discourse.[②] Secondly, the long-term policy of

---

[*] Law School of China University of Political Science and Law.

[①] Liu Li and Liu Hao, *Bread and Roses: Interpretation and Realization of Women's Rights*, (Shanghai: Shanghai Translation Publishing House, 2005), p. 18.

[②] In his 1927 *Report on an Investigation of the Peasant Movement in Hunan*, Mao Zedong, listed the authority of husband, together with political authority, clan authority and religious authority, as one of the targets of the movement. After the establishment of the People's Republic of China, the Marriage Law, as one of the first laws adopted by the new government, gave the force of law the revolutionary promise of realizing the equality of men and women. The principle of equality of men and women enshrined in each of the constitutions adopted since 1949: "Women in the People's Republic of China enjoy equal rights with men in all spheres of life, political, economic, cultural and social, and family life."

"complete equality of men and women" implemented since the establishment of the People's Republic of China was widely criticized. The latter discussion and special protection of women's rights could be seen as the result of rectification on such policy of "absolute equality" of men and women. ① Thirdly, the industrial reform and the establishment of the market economy since the Reform and Opening up have to a large extent negatively affected women's right to work. As a result, this issue has once again become the focus of attention of the Chinese society. ② And finally, with China's ratification of a series of international human rights conventions, women's right to work has also become a new issue in the discourse of China human rights diplomacy. ③

Therefore, we need to re-examine the connotation of women's right to work, clarify the historical and political significance this right had, take constitutional norms as the starting point, determine the core content of women's right to work and analyse the obstacles encountered in the implementation, as well as paths to the realization, of women's right to work.

1.1　Right to Work and Labour Right

The Chinese Constitution uses the term "labour right", rather than "the right to work". According to the Constitution, labour right has the dual attribute of both

---

① In the 1960s and 1970s, although the "de-gendering" tendency in workplace had greatly improved women's social status, such progress was achieved at the cost of women's health and rights. See Jin Yihong, "Reflections on 'Iron Girls': Gender and Labour during the Period of Cultural Revolution in China", *Sociological Studies*, No. 1, 2006.

② Relevant researches show that the change of the role of the government has to a large extent led to the decline of women's social status: after the Reform and Opening up, the government is no longer actively playing the role of the "protector of female workers". In the area of women's right to work, "the market competition mechanism and the inequality between men and women have jointly contributed to the widening of the income gap between men and women." See Li Chunling and Li Shi, "Market Competition or Gender Discrimination: the Widening Income Gap between Men and Women and the Causes Thereof", *Sociological Studies*, No. 2, 2008.

③ The relevant international conventions ratified by China include: the Convention on the Elimination of All Forms of Discrimination against Women, the International Covenant on Economic, Social and Cultural Rights, Equal Remuneration Convention, Discrimination (Employment and Occupation) Convention, Employment Policy Convention, and Convention Concerning the Employment of Women on Underground Work in Mines of All Kinds. See Zhou Wen, "Analysis of the Legal Condition of Chinese Women's Right to Work", *Journal of Beijing University of Chemical Technology* (*Social Sciences Edition*), No. 3, 2007.

right and obligation. A review of the relevant legislation in foreign countries shows that the 1919 "Weimar Constitution" provided in detail various labour rights, including the freedom of association, labour insurance system, and the trade union system; the 1936 USSR Constitution placed labour right at the beginning of the chapter on "Fundamental Rights and Duties of Citizens", providing at the same time for the right to rest and the right to material security. The above constitutional provisions were supported by profoundly socialist ideological tenets: firstly, with the rise of the workers' movement and socialist movement, especially the spread of Marxist theory understanding labour as a human instinct and the source of value, labour right becomes a precondition and necessary element of the survival and development of individuals: "labour right formed on the basis of socialist ideology take the creation and distribution of work opportunity as an obligation of the state." [1] Secondly, with the rise of welfare state, the states have also actively taken on the tasks of reducing unemployment rate and safeguarding workers' basic working conditions and basic wages. These ideological trends have affected the adoption of constitutional norms, and promoted the establishment of the concept and the scope of the labour right in the constitution. Especially, the enshrinement of the labour right in the Chinese Constitution was influenced directly by the Soviet Constitution.

With the social and economic development and the extension of the scope of human rights, the concept of "the right to work" has been introduced into theory and practice of human rights protection and recognized by a series of international conventions. Most scholars do not distinguish between "labour right" and "the right to work", which are often used interchangeably. [2] But some scholars hold that labour right is a broader concept than the right to work: "labour right is an inclusive concept representing a group of rights, including the right to work ⋯ whereas the right to work is a lower-level concept covered by the concept of labour right and takes work as its interest element." [3]

---

[1] Xu Gang and Fang Lixin, "On the Positioning of the Labour Right in Chinese Constitution", *Journal of Zhejiang University (Humanity and Social Sciences)*, No. 7, 2007.

[2] See Huang Yueqin, *A New Theory of Labour Law*, (Beijing: China University of Political Science and Law Press, 2002), p. 57; Wang Tianwu, *Studies on the Right to Work*, (Beijing: China University of Political Science and Law Press), 2011, p. 27.

[3] Wang Tianyu and Qiu Xiaoguang, "Reconsideration of the Right to Work: From the Perspective of Comparison with Labour Right", *Contemporary Law Review*, No. 3, 2011.

The author of this article believes that Chinese scholars should carefully define the concepts of labour right and the right to work and on the basis of such definition, determine their hierarchical relationship in the Constitution. As far as its scope is concerned, the right to work includes not only the right to a job and the right to free choice of occupation, but also the right to safe working environment, right to minimum wage, freedom from discrimination in employment, right to rest and paid leaves, right to social security (insurance), right to found and join trade unions, and the right to strike—all the above content of the right to work have been affirmed by the International Covenant on Economic, Social and Cultural Rights; whereas the content of "labour right" in the traditional sense includes only the right to employment, the right to remuneration for work and the right to rest, which is apparently much narrower than "the right to work". Moreover, the standard of protection of labour right is also lower than that of the right to work.

Therefore, the author of this article suggests the "right to work" be treated as a broader concept that comprises of the labour right and a series of work-related rights, including employment-related rights (namely labour right in the traditional sense), rights derived from employment (right to just working conditions, right to remuneration for work, right to professional development and right to social security), right to equal treatment and non-discrimination, and instrumental rights (freedom of association, right to collective bargaining, right to strike and workers' freedom of movement). [1]

1.2   The System of Women's Right to Work in China

After differentiating and analysing the concepts of "the right to work" and "labour right", the author of this article believes that the concept of the right to work is more appropriate to embody various types of rights covered by it and develop a more comprehensive protection system for labourers. With respect to women as holders of the right to work, the paper will focus on the analysis of the system of the right to work of Chinese women.

The author of this article believes that women's right to work is a fundamental

---

[1]   This classification, put forward by Krzysztof Drzewicki, satisfactorily solved problem of hierarchical classification of the many subsidiary rights of the right to work. See Xue Changli, *On the Labour Rights*, (Beijing: Science Press, 2010), p. 28.

right confirmed by the Chinese Constitution and international human rights
conventions. China has not only provided for women's right to work in its
Constitution and relevant laws, but also ratified major international conventions on
the protection of women's right to work. ① However, currently the attention paid
by China's constitutional law scholars to women's right to work mostly concentrates
on citizen's labour right (namely the provisions of Article 42 of the Constitution).
Meanwhile, general research has also been carried out on the equality of rights
between men and women in political, economic, cultural, social and family fields.
Such research has not only narrowed down the scope of women's right to work,
but also ignored other inherent connotations of women's right to work.

Women's right to work is an extensive rights system, consisting of a wide range
of concrete rights confirmed and protected by the Chinese Constitutions and laws as
well as by many international conventions ratified by China. These rights include,
among others, the followings:

1. 2. 1　Women's Right to Work provided for in the Chinese Constitution

● The Right to Equality and Human Rights (Article 33): All citizens of the
People's Republic of China are equal before the law. The state respects and
safeguards human rights.

● The Right to Political Participation (Article 42): All citizens of the People's
Republic of China who have reached the age of 18 have the right to vote and stand
for election, regardless of ⋯ sex⋯

● Labour Right (Article 42): 42 (1) provides that Citizens of the People's
Republic of China have the right as well as the duty to work; 42 (2) and 42 (3)
provide for the obligation of the state to create and improve working conditions,
strengthen labour protection, increase remuneration for work and social benefits.

● The Right to Rest (Article 43): Labourers in the People's Republic of
China have the right to rest. The state expands facilities for rest and recuperation of
labourers, and prescribes working hours and vacations for workers and staff.

● Right to Retirement (Article 44): The state prescribes by law the system of
retirement for workers and staff in enterprises and public undertakings and for
functionaries of organs of state. The livelihood of retired personnel is ensured by the
state and society.

---

① See Zhou Wen, "Analysis of the Legal Condition of Chinese Women's Right to Work.

- The Right to Material Assistance (Article 45) : Citizens have the right to material assistance from the state and society when they are old, ill or disabled; the state has the obligation to develop the social insurance, social relief and medical and health services that are required to enable citizens to enjoy this right.

- Gender Equality (Article 48) : Women in the People's Republic of China enjoy equal rights with men in all spheres of political, economic, cultural, social, and family life. The state protects the rights and interests of women, applies the principle of equal pay for equal work for men and women alike and trains and selects cadres from among women.

- The Right of Mother (Article 49) : the mother has the right to be protected by the state.

1. 2. 2   Women's Labour Right provided for in the Labour Law

- Labourers' Rights (Article 3) : Labourers have the right to be employed on an equal basis, choose occupations, obtain remuneration for their labour, take rest, have holidays and leaves, obtain protection of occupational safety and health, receive training in vocational skills, enjoy social insurance and welfare, submit applications for settlement of labour disputes, and other rights relating to labour as stipulated by law.

- Equal Employment Right (Article 13) : Females shall enjoy equal rights as males in employment. It shall not be allowed, in the recruitment of staff and workers, to use sex as a pretext for excluding females from employment or to raise recruitment standards for the females, except for the types of work or posts that are not suitable for females, as stipulated by the State.

- Prohibition of Revocation of Labour Contract (Article 29) : The employing unit shall not revoke its labour contract with a labourer in accordance with the stipulations in Article 26 and Article 27 of this Law in any of the following circumstances : ···a female staff member or worker during pregnant, puerperal, or breast-feeding period.

The following rights are provided for in the relevant provisions of Chapter Seven of the Labour Law (Special Protection for Female and Juvenile Workers)

- Special Protection (Article 58) : The State shall provide female workers and juvenile workers with special protection.

- Special Protection (Article 59) : It is prohibited to order female workers to engage in work down the pit of mines, or work with Grade IV physical labour intensity as stipulated by the State, or other work that female workers should avoid.

- Special Protection (Article 60): Female workers during their menstrual periods shall not be ordered to engage in work high above the ground, under low temperature, or in cold water, or to work with Grade III physical labour intensity as stipulated by the State.

- Special Protection (Article 61): Female workers during their pregnancy shall not be ordered to engage in work with Grade III physical labour intensity as stipulated by the State or other work that they should avoid in pregnancy. Female workers pregnant for seven months or more shall not be arranged to extend their working hours or to work night shifts.

- Special Protection (Article 62): After childbirth, female workers shall be entitled to paid maternity leaves.

- Special Protection (Article 63): Female workers during the period of breast-feeding their babies less than one year old shall not be ordered to engage in work with Grade III physical labour intensity, as stipulated by the State or other labour that they should avoid during their breast-feeding period, or to extend their working hours or to work night shifts.

Apart from the Constitution and the Labour Law, women's right to work has also been guaranteed by the Law on the Protection of Women's Rights and Interests, Labour Contract Law as well as in many international treaties ratified by China. The above-quoted provisions show that women's right to work in China include: the right to free choice of occupation on an equal basis with men, right to remuneration for work, right to rest, the right to occupational training, right to social security, right of association, right to collective bargaining, right to participation in democratic management, and the right to remedies in case of labour dispute.

The system of women's right to work in China is a comprehensive and complete rights protection model, consisting of relevant rights, as provided for in the Chinese Constitution and laws and international treaties. As far as professional development is concerned, women's right to work includes " pre-work rights" as the right to occupational education and orientation training, " the right to free choice of profession" in the process of job seeking and job application, "rights in the process of work", such as the right to remuneration for work, right to welfare, right to rest, right to vocational training, and the right to promotion, as well as the rights after the termination of professional life, such as the rights to retirement and social security. Especially important are the "pre-work" and "post-work" rights, which not only extend the connotation of women's right to work, but also safeguard substantive equality in women's professional development.

As regards the nature of profession, women's right to work covers not only the right to engage in ordinary occupations, but more importantly, also women's right to political participation, including the right to hold public office through the exercise of the right to vote and the right to stand for election or through participation in professional examinations. The Chinese legal system contains many different mechanisms of safeguarding women's right to political participation: some of them safeguard women's right to vote while some others are aimed at eliminating gender discrimination in the civil servant examination and admission.

Clearly, as far as legal texts and norms are concerned, China has already established a system of women's right to work, and the connotation of this right is expanding continuously. In the author's opinion, the system of women's right to work in China should have the following characteristics:

Firstly, it should be an open system, not only containing the legal rights confirmed by the current constitution and laws, but also continuously developing those rights that have not yet been recognized by law but belong to fundamental human rights closely related to women's right to work.

Secondly, such a system should contain substantive rights with the right to equality as its core, procedural rights that ensure the realization of women's right to work, as well as remedial rights enabling women to get effective redress when their right to work is infringed upon. At the current stage, there are not sufficient procedural rights in this system. Although the Labour Law lists many labour rights of women, administrative punishments are imposed only on the violations of specially protected rights. In reality, because of the lack of procedural and remedial rights, women who are victims of discrimination in employment and sexual harassment in workplace are often unable to get any recourse.

Thirdly, the system of women's right to work is closely related to other fundamental rights of citizens. International human rights scholars divide the right to work and other work-related rights into the following categories: employment-related rights, rights derived from employment, right to equality and non-discrimination, and auxiliary rights. ① Auxiliary rights, including personal freedom, right to fair trial, and freedom of expression, provide necessary "instruments" for the realization of the right to work and therefore should not be ignored.

Fourthly, women's rights are part of the international system of human rights. China should learn from the experiences and lessons of other countries and actively follow international standards on the protection of women's right to work (wage standard, protection standard, social security standard and human rights standard) as well as other international standards on women's development (standards on women's political participation, employment, education and health) in the process of internationalization and globalization of the labour market.

II. Women's Right to Freedom of Work

The process of women's liberation and development of women's right to work can be seen as a process of gradual establishment of women's status as holders of rights. In this process, women are gradually acquiring the freedom of choice in matters of family life, professional development and political participation, breaking the taboos and restrictions imposed on them by the patriarchal society, and wining the right to decide on their own development. Women's right to work is the basis of other women's rights: an effective protection of women's right to work encourages women to participate in occupational competition and to acquire independent economic status and complete career prospects, thereby making possible the realization of various rights in the fields of family life and political participation.

Some scholars are quick to point out that, notwithstanding that the simple and repetitive work of the post-industrialization era enabled women to overcome their disadvantages in physical strength, such work itself has the effect of " gender annihilation". "Although this process enables them to acquire certain independence and equality, the heavy work, the shrinking of time and space, the crave for success, and the setup of power relationship are making them increasingly

---

① Eide Asbjorn, *Economic, Social and Cultural Rights: a Textbook*, revised second Chinese edition, (Chengdu: Sichuan People's Publishing House, 2004) , p. 185.

genderless, and turning them into pure labour force in the process of capital flow. "① From a sociological perspective, such criticism reveals indeed legitimate humanistic concerns. Nonetheless, it can not obliterate the progress in women's right to work: being the core of women's right to work, freedom gives women an autonomous status in occupational development, whereas the social impact of work itself is apparently beyond the scope of legal regulation.

Women's right to work is women's right of own choice, self-determination and self-development. The Chinese system of women's right to work also embodies such freedoms; the more typical ones include the right to free choice of occupation, right to rest, right to retirement, right to occupational training, right to found and join trade unions, and the right to strike.

2. 1 The right to free choice of occupation should include "the right to choose whether or not to work". This means that women have the right to choose giving up their work so as to devote themselves to family life or other personal pursuits. This is also an inherent meaning of the freedom aspect of the right to work. Women's right to free choice of occupation includes women's freedom to decide when, where and how to work. Firstly, all women who have reached the working age should be able to choose to work. In 2002, China promulgated the revised Provisions on the Prohibition of Child Labour, defining the minimum age of work as 16 years old. All workers below the age of 16 are regarded "child labour". Secondly, women should have the freedom to choose the location of work. Although the Chinese Constitution does not provide specifically for the "freedom of movement" and the current household registration system also has the effect of restricting the cross-regional flow of population, the development of market economy and the breaking of the "work unit system" have reduced greatly women's dependency on specific region or work unit, and basically enabled them to realize the free choice of location of work. Finally, women should have the right to free choice of the ways and methods of entering into employment. Employers (work units) may design different methods of recruitment, such as recruitment examination or open competition for a work post, in view of the characteristics of

---

① Zhu Jiangang and Shen Kai, "Work, Power and Construction of Female Self-Identity: Case Study on Chinese Female White Collar Workers in a Foreign Invested Enterprise in Guangdong Province", *Tsinghua Sociological Review*, No. 1, 2001.

different work posts, and the recruitment method should be seen as a two-way
selection mechanism between female job seekers and employers.

To protect female workers, modern legal systems have prohibited certain types of
work for women. For instance, under the Chinese Labour Law, it is specifically
prohibited to order female workers to engage in work down the pit of mines, in
very low or high temperature, or of high physical labour intensity. These
prohibitions embody the progress of society and special protection of women's right
to work. However, in some grey areas, although some types of work have certain
physical labour intensity or involve certain dangers, they do not constitute a direct
threat to women's physical or mental health. In such cases, women should not be
excluded from such work. The matter should be determined by women themselves
and by the market mechanism. Some jobs require long-term business trips or
working in high plateau. In such cases, arbitrarily making the decision for women
also constitutes a violation of women's right to work. Therefore, the protective
restriction on the types of work women are allowed to engage in should be
minimized. Excessive protection constitutes unlawful restriction on women's right
to free choice of occupation.

2.2 The freedom aspect of women's right to work means freedom from
servitude and forced labour. Any act of forcing women to engage in any kind of
work constitutes the violation of women's freedom. The International Covenant
on Civil and Political Rights provides in Article 8 that no one shall be required to
perform forced or compulsory labour. The Slavery Convention① adopted in
Geneva in 1926, provides, "The High Contracting Parties recognize that
recourse to compulsory or forced labour may have grave consequences and
undertake, each in respect of the territories placed under its sovereignty,
jurisdiction, protection, suzerainty or tutelage, to take all necessary measures to
prevent compulsory or forced labour from developing into conditions analogous to
slavery." (Article 5)

The labour right in Chinese Constitution has the dual attribute of both right and

---

① The government of the Republic of China ratified the Slavery Convention in 1926. However, the
government of the People's Republic of China has not succeeded to the Convention after it took over
power in 1949. Currently the Convention is effective only in Taiwan Province and Macao Special
Administrative Region. After the "underground brick kiln" incidents, some scholars having been
calling on the Chinese government to ratify the Convention as soon as possible.

duty. Does this mean that the state has the power to compel citizens to perform their duty to work? An insight into foreign constitutions shows that there is a similar provision in the Japanese Constitution: all citizens have the right as well as the obligation to work. ① Some scholars point out, "the duty to work means that every person who has the ability to work must make a living (including supporting his family) through work. This duty does not constitute a legal norm by which the state can compel people to work, but only a duty in the sense of moral guidance. "② Undoubtedly, such analysis is appropriate. However, under the Chinese Constitution, the right to education, like the labour right, also has the dual nature of both right and duty (there is also a similar provision in the Japanese Constitution). What is the logical relationship between these two rights? In the author's opinion, both the labour right and the right to education have the characteristic of "the right to existence": in modern society, education and work constitute necessary conditions for the survival of individuals. "Under the historical condition in which work is still the main means of making a livelihood, the value function of the labour right mainly is embodied as the security function, especially the function of securing the right to existence. "③ Therefore, the duty to work as laid down in the Constitution embodies the "paternalist" moral consideration and ethical guidance, rather than forced labour.

2.3 The freedom aspect of women's right to work, rather than depriving employers or work units of their right of choice, emphasizes the employment option and the subject status of women in career life. The market economy itself contains the mechanism of survival of the fittest in the personnel selection process: the selection and promotion of qualified personnel means not only the realization of women's right to work, but, as far as the employing unit is concerned, also the creation of economic value and achievement of predefined objectives through the introduction, training and appointment of qualified personnel. Consequently, the employer has the freedom to hire employees and to decide the salary level of employees within the scope of law.

---

① Article 27 of the Japanese Constitution.

② Lin Laifan, *From Constitutional Norm to Normative Constitution*, (Beijing: Law Press China, 2001), p. 217.

③ Li Xiong, "Protection of the Right to Work and Institutional Reconstruction: from the Perspective of Migrant Peasant Workers", *Modern Law Science*, No. 9, 2006.

However, modern constitutions and laws, while safeguarding the freedoms of employers, also impose many restrictions on the exercise of such freedoms, including minimum wage, maximum daily working hours, statutory paid leaves, and compulsory quota relating to the employment of people with disabilities. The employer also bears important legal responsibility of safeguarding women's right to work. Of course, such responsibility mainly involves equality and non-discrimination, but also has the freedom aspect; for example, the protection of women's right to organize trade unions and participate in strikes.

2. 4 Women's employment rate is an indicator of women's enjoyment of the right to work. However, over-emphasizing women's employment rate as the indicator of the realization of women's right to work is a mechanical, not a method sufficiently persuasive.

For example, the high employment rate among women during the period when China was under the planned economy was achieved at the cost of labourer's freedom. No citizen, let alone women, had the freedom to choose their job: the locations of work of non-agricultural workers and agricultural workers were rigidly fixed and labour forces of different regions strictly segregated; there was no freedom of choice either for enterprises or for individuals; the labourers had no freedom of movement; and people in rural areas were not allowed to migrate to urban areas. There was only one single employment model in which employees assigned by the state to state-owned or collectively owned economic organizations, excluding any possibility of independent choice by citizens.

Although in market economy the employment rate can reflect generally the realization of women's right to work, it can hardly reflect women's status in workplace and their promotion opportunity, let alone their degree of satisfaction of individual professional achievement. We must therefore adopt a critical and objective attitude toward employment rate, establish more comprehensive criteria, and introduce pluralistic statistical indicators.

2. 5 Currently, the freedom aspect of women right to work is still subjected to many restrictions. First, the restriction of the urban-rural dual structure makes it extremely difficult for rural women to find job in cities and to integrate into city life. "Because of the lack of the channel to integrate themselves into urban life, rural peasants who come to cities to work in factory assembly lines or construction sites are only able to enter into the geographical space of cities, but always find

themselves in a state of relative isolation from urban society."[1] The segregation of migrant peasant workers from urban life is caused not only by knowledge barrier and ideological discrimination, but more importantly, also by the household registration (*hukou*) system that segregates the urban and rural societies. "The politics of labour identity in China has been linked not only to industrialization, but also to a distinctive urban-rural dichotomy. Six decades of Chinese socialist history had erected an iron curtain between urban and rural areas. With few exceptions, rural areas could only nurture *peasants*, and urban areas *workers*, a rigid life-long division enforced by China's so-called *hukou* (household registration) system."[2]

Apart from the seemingly unbreakable urban-rural dichotomy and the *hukou* system attached to it, migrant peasant workers face many other institutional and administrative obstacles in reality. For example, the social security system for migrant peasant workers, instead of bringing true benefits to migrant peasant workers, increases their economic burden and makes it difficult for them to bring their social security benefit with them when they go back to their hometown. The current temporary resident permit system in fact treats migrant workers as aliens and makes it impossible for them to truly integrate into city life. There are also many loopholes in the system of protection of rights and interests of female workers. Violation of women's right to work is widespread, and remedial mechanism has been inadequate for the victims of such violations.

III. Equality and Non-discrimination

Equality and non-discrimination is a key component of women's right to work. Gender equality means not "masculinization" of women and turning them into men, but, as the 1975 Declaration of Mexico[3] points out, "equality in their

---

[1]   Zhu Hong, "Urban Socialization of Migrant Female Workers: an Empirical Study on the Adaptation of Migrant Peasant Workers to the City Life", *Journal of Nanjing University* (*Philosophy*; *Humanities and Social Sciences*), No. 6, 2004.

[2]   Pun Ngai, "Becoming *Dagongmei* (Working Girls): the Politics of Identity and Difference in Reform China", *The China Journal*, No. 42, 1999, p. 3.

[3]   The Declaration (Declaration of Mexico on the Equality of Women and Their Contribution to Development and Peace) was adopted at the First World Conference on Women, held in the Mexico City in 1975. A Chinese delegation, led by Li Suwen, the then Vice Chairwoman of the Standing Committee of the National People's Congress, participated in the Conference.

dignity and worth as human beings as well as equality in their rights, opportunities
and responsibilities". Therefore, equality and non-discrimination in the field of the
right to work does not mean to obliterate gender, but to adopt, in light to
women's physiological and psychological characteristics, policies and laws conducive
to women's career development and value realization.

For a long period of time, women's liberation movement (or women's human
rights movement) had taken the realization of equality in social status, job
opportunity, and the right to vote as its primary objectives. After wining the initial
victory, the movement turned its focus to such concrete objectives as the
prohibition of sexual harassment, realization of equal opportunity of professional
advancement, etc. "Women's human rights movement is a social movement that
takes women's issues as its main content, the promotion of or resistance to women's
status and change of role, or the growth of women's self-consciousness as its short-
term objectives and the elimination of all forms of gender discrimination as its
ultimate objective. "[1]

3. 1 The equality and non-discrimination aspect of the right to work is a
worldwide issue. The national laws of various countries as well as international
legislation on women's right to work all take "equality", rather than "protection",
as their objective.

The foreign experience on the retirement age is particularly worth reflecting
upon: "Of all the countries and regions in the world, 98 or 59. 4% have the same
retirement age for men and women, 67 or 40. 6% have different retirement ages for
men and women. Countries of Central and Eastern Europe and the former Soviet
Union all have different retirement ages for men and women, while in other
regions, countries with the same retirement age for men and women far outnumber
those with different retirement ages for men and women. "[2] The idea of early
retirement age for women is based on the "protective purpose" (or "special
treatment"), rather than "the value of equality" and, as such, it is met with
opposition within the women's group and regarded as a kind of gender
discrimination.

---

① Hu Airuo, "On the Transformation of the Nature of Women's Human Rights Movement in Taiwan
Province (1949 -2000)", *Fu Hsing Kang Academic Journal*, No. 81, 2004.

② "Retirement Age: Why Should Women Be Not Equal with Men?" in *China Newsweek*, 9
November 2005.

A worldwide survey shows that there is a serious imbalance in the realization of women's equal right to work in different parts of the world. While women in developing countries are still struggling for such basic rights as equality employment, equal pay for work of equal value, and equal promotion opportunities, the developed countries have already entered into the " post-modern stage " of deconstruction of gender discourse. For example, the "Third Wave or Women's Liberation" in western countries focuses its attention on "black women, ethnic minority women, bisexual women, lesbian women, transsexual women, women from post-colonial regions and women from the bottom of society". [1] Such an objective is apparently an unrealistic luxury for developing countries.

3.2 As far as China is concerned, women's equal right to work is a historically defined issue. Chinese women had been subjected to oppression in the history. Influenced by such factors as traditional economic, family and social patterns and Confucian doctrines, their social status had been very low; the restrictions they had been subjected to are also unique in the world in terms of their degree and history. Moreover, China has not experienced the large-scale feminist movement, which began in western countries already in the 18th century. In fact, Chinese women began to walk out of their home only after the 1911 Revolution. As pointed out at the beginning of this article, liberation movement of women in Chinese history had been closely related to class struggle—the Communist Party of China saw Chinese women as a "class" to be liberated, rather than individuals, as they are treated in the western women's liberation movement. " Mao Zedong scientifically analysed the conditions of existence of Chinese women, pointed out the road to their liberation as 'seeking liberation through struggle and striving for equality through production', thereby synchronizing women's movement with the communist revolution and ultimately wining the victory. " [2]

In the 1940s, the liberation of women was an important task of the government and it was reasonable for the government to adopt laws and policies on women's rights from the perspective of protection. However, women in today's China are very different from women in the last century, both in terms of economic and social

---

[1] He Peiqun, "The Third Wave of Feminist Movement" in *Wen Hui Bao*, 26 December 2011.

[2] Ding Juan, "A Tentative Study on Mao Zedong's Theory on the Road to the Liberation of Chinese Women", *Collection of Women's Studies*, No. 4, 1993.

status and in terms of educational level (including level of higher education). More importantly, industrial and economic structures of the 21st century are also different from those of the agricultural society and early industrial society. The industrial structure today is concentrated on such new industries as service industry, financial industry, and investment and information industry. As a result of the development of science and technology, the difference between men and women in physical strength is no longer an employment obstacle for women in the manufacture and production industries. In the same vein, it is necessary to change the traditional mind-set of "protection" of women.

3.3 Equality makes the essence of the provisions on women's rights in the current Chinese Constitution. Article 48 of the Constitution provides in the first paragraph that women in the People's Republic of China enjoy equal rights with men in all spheres of life, including political, economic, cultural and social, and family life. The principle of "equal pay for equal work for men and women alike" provided for in the second paragraph of the same article is directly related to the right to work. There are two provisions in the Chinese Constitution specifically providing the "protection" of women; Article 48 (2) lays down that "The state protects the rights and interests of women"; Article 49 (1) provides for the protection of "the mother".

In the author's opinion, the provisions on the "protection" of women in the Chinese Constitution, rather than putting women in the position of the weak, actually sustain the connotation of equality. Article 48 (2) guarantees for the protection by the state of women's rights and interests, an equal pay for equal work for men and women, and the training and selection of cadres from among women. Here, the term "protection" has the same meaning as "safeguarding", the concrete objects of safeguarding being women's rights to equal pay for equal work and to political participation. Thus the "protection" here means not giving women privileges or special treatment, but safeguarding their right to equality. Article 49 of the Constitution provides that the marriage, family, mother and the child are protected by the state. Here the protection of "the mother" is not so much the special treatment of women as a special regulation of family relationship.

In our daily life, women are often mentioned in the same breath with children and the elderly. This amounts to regarding women "with capacity limited for disposing conduct" who need special preferential treatments by the state and society. This is actually contradictory to the meaning of equality as anchored in Chinese Constitution. Such a way of thinking, by automatically placing women in a "disadvantaged position", shows the lack of the consciousness of equality and deep-rooted influence of the logics of the "patriarchal society".

3. 4 Currently, the main form of violation of women's right to work in China is the open and flagrant discrimination against women in employment. A statistical analysis on the situation of employment discrimination in the recruitment of civil servants in 2010, carried out by the Institute of Constitutionalism of China University of Political Science and Law, shows that gender discrimination ranked the fifth among various types of discrimination in the recruitment of civil servants by central government organs, consisting 12. 96% of the total number of job postings and 5. 01% of total amount of discrimination in the recruitment ⋯ Gender discrimination was even more serious in the recruitment of civil servants by local governments, ranking fourth among various types of discrimination and consisting 16. 56% of the total number of job postings and 5. 57% of total amount of discrimination in the recruitment. [1] If a large number of open and institutionalized forms of discrimination exist even in the civil servant examination, which is a process of open recruitment of public officials, one can imagine how rampant the discrimination will be in the recruitment of employees by private enterprises.

The International Covenant on Economic, Social and Cultural Rights provides in Article 3, "The State Parties to the present Covenant undertake to ensure the equal right of men and women to the enjoyment of all economic, social and cultural rights set forth in the present Covenant. " The Committee on Economic, Social and Cultural Rights requires State Parties to the Covenant to adopt immediate actions to implement the principle of non-discrimination, whereas other rights in the Covenant can be achieved progressively. As a result, the State Parties have an immediate international obligation to prohibit discrimination in employment and to ensure to women equal right to work. This issue will be discussed in more detail at the end of this article.

---

[1]　Institute of Constitutionalism of China University of Political Science and Law, "Fairness and Justice Are More Glorious than the Sun: Investigation on the Situation of Employment Discrimination in the Recruitment of Civil Servants", in *China Science Daily*, 21 April 2010.

IV. Factors Impeding the Realization
of Women's Right to Work

The realization of women's right to work is a process of evolution from ideas to institutions and from norms to reality, and there are many factors that can impede this process of evolution. The overall implementation of women's right to work is faced with even more obstacles, including the institutional restrictions on the realization of freedom aspect of women's right to work analysed above. All these institutional obstacles are closely related to the dilemma of social transition in China.

Currently, China is finding itself in an awkward situation in the transition period: no complete market mechanism has been established; there are excessive interventions in the market by the government; nevertheless government supervision is lacking in many areas in which such intervention is needed; the civil society is still in its embryonic stage of development, with different ideological trends mixing with each other, but a civic idea in the modern sense has yet to be formed; accompanied by large-scale legislation, the legal system is gradually taking form. However, in this system, new laws coexist with old laws, good laws intertwine with bad laws, and some unreasonable, even unconstitutional patterns become the rules that are actually governing the operation of society.

The realization of women's right to work in China is also faced with the above-mentioned obstacles. These obstacles can be summarized into the following three categories of factors: market factors, social factors and institutional factors.

4. 1 Market factors in China manifest themselves in the competition rule of "the survival of the fittest" and are the best annotation of "social Darwinism". In the field of women's right to work, women are placed at a competitive level on a completely equal basis with men, without any regard to their unique physiological and psychological characteristics and with economic results as the only value pursuit. Such approach of relying completely on the market configuration and the mechanism of fair competition between men and woman, rather than any government intervention, for the realization women's right to work is in fact discriminatory against women.

The inherent evils of the market factors and the pursuit of economic benefits have two negative effects on women's right to work: firstly, women are squeezed out of the "blue collar" sectors by men with their advantage in physical strengthen; secondly, women in the "white collar" sectors are gradually undergoing a "de-gendering" process, in which they gradually lose their gender characteristics in their work. Therefore, the law and the state should not completely withdraw from the market. Especially women's right to work requires the state to take active intervention measures to suppress the negative market factors, so as to ensure the realization of the right.

4.2 The social factors manifest themselves in the forms of understanding, acceptance and support by society of the free choice, self-determination and equality aspects of women's right to work. Beginning from the 1911 Revolution, Chinese women, under the influence of the international community, began to walk out of their homes to participate in public affairs. During the period of the Republic of China, there had been a large-scale development of women's right to work. Nevertheless, the right to work was to a large extent not as yet a universal right enjoyed by all citizens at that time.

As already said, after the establishment of the People's Republic of China, the women's liberation movement made it possible for women to enjoy the right to work on an equal basis with men. However, the long period of implementation of the planned economy had greatly restricted the free enjoyment of the right to work by women. Moreover, unlike western countries, China has experienced no feminist movement. As a result, the Chinese women's consciousness of the extensiveness and the depth of the freedom and equality aspects of the right to work are much weaker than those of women in western countries. They are more accustomed to the arrangements made by the state and society and to "voluntarily" accepting the restrictions on and inequalities in their enjoyment of the right to work. On the other hand, society is also not accustomed to women's legitimate claims to their right to work. Women's legal actions against gender discrimination in employment, just as women's legal actions against sexual harassment, have not been yet generally accepted by society.

4.3 Because of the many negative impacts of market and social factors on the realization of women's right to work, it is especially important to establish a complete system of institutional safeguards for women's right to work. These institutional arrangements should include the establishment of state organs and the participation by mass organizations, for example the establishment of not only the

Working Committee on Women and Children, but also an organization on equal employment right. In this respect, Equal Opportunity Commission in Hong Kong could provide some useful experiences.

The most effective institutional arrangement is to establish and improve the system of women's right to work. Specifically, to revise the existing laws based on the relevant provisions of the Constitution and taking the freedom and equality aspects of women's right to work as core value and main content, so as to establish a modern system of women's right to work that respects women's value, protects women's rights and embodies the requirements of international human rights conventions.

V. Conclusion: Government's Responsibility to Promote the Realization of Women's Right to Work

The government has a responsibility to promote the realization of women's right to work. It must take actively legislative, administrative, and judicial measures in order to implement relevant provisions on the safeguarding of women's rights and interests, as laid down in both the Chinese Constitution and relevant international treaties China ratified.

5. 1 Women's right to work is women's right to freedom. Accordingly, the state has the obligation to respect this right, refrain from interfering in the women's exercise of this right, to keep "special protection" of women when necessary and feasible, and to enable women to protect their own right to work by freely forming and joining trade unions, participating in collective bargaining, and exercising their procedural rights in litigation.

Meanwhile, the state has the obligation not only to respect the freedom aspect of women's right to work, but also to promote and protect such freedom. The realization of such freedom depends to a large extent on an active support by the government. Such support includes providing socialized services of housework and caring for children and the elderly, which are traditionally the responsibility of women.

5. 2 China has signed, ratified or acceded to a series of international conventions relating to women's right to work. At the 1995 World Conference on Women,

the Chinese government made the commitment that it would make the implementation of gender equality one of its basic state policies. This political commitment sets a politically correct objective of achievement for the China government. However, the commitment can be realized only with concrete actions. Otherwise it will remain an empty talk. In 2005, this commitment was enshrined in the revised Law on the Protection of Women's Rights and Interests.

Typically, one of the methods of implementing this political commitment is to incorporate into domestic law the relevant principles, rights and standards provided for in international treaties so as to turn this political commitment into legal obligations. Although law and political commitment is related to each other, the former has obvious advantage over the latter in terms of operability: laws are operable and concrete norms while political commitments are merely declaration of objectives. The freedom and equality aspects of women's right to work can be realized effectively only through the establishment of a system of comprehensive, complete and high-standard safeguarding mechanisms for women's right to work.

(Translated by Li Xixia)

An International Comparison of Labour Rights and Freedom of Occupation

Wu Yue [*]

I. Conceptual Differences between Labour Rights and Freedom of Occupation

The Chinese Constitution does not contain any provision on the freedom of occupation. Instead, it provides labour rights and labour obligations of citizens. The author of this paper believes that the Constitution's recognition of the citizen's labour rights means that it partly recognizes freedom of occupation. However, it would be more rational that the Chinese Constitution should clearly provide citizens' freedom of occupation, or refer to free choice of employment as provided for in the Universal Declaration of Human Rights, since there exist large differences between labour rights and freedom of occupation both in terms of context of their uses and their contents.

The Chinese term "laodong" (which means labour in English) is a verb while the Chinese term "zhiye" (which means occupation) is a noun. The term "labour" has a special historical background and it is always connected with workers, farmers and people employed in service sectors in China. Correspondingly, the term "labourer" is not as scientific as the term "occupation". A *labourer* means "a person who labours", which may refer to a

---

[*] Law School of Southwestern University of Finance and Economics

temporary labour or a long-term one, a voluntary labour or a paid one, while occupation means a long-term engagement in repetitive and paid labour.

The English term "labour" is equivalent to "Arbeit" in German, while "profession or occupation" in English is equivalent to "Beruf" in German. These two different terms embody the differences in their contents.

Occupation is a concept that shows equality because it includes people engaged in various kinds of occupation, such as workers, farmers, those engaged in service sectors, civil servants, scientific researchers and senior managers, etc. In other words, it includes both "blue-collar" and "white-collar" workers. Therefore, that the Constitution only provides labour rights while failing to include provision on freedom of occupation embodies inequality to some degree. A "housemaid", whose formal name now is "domestic worker", is just a case in point.

As regards the situation in China, general attitude towards labour and occupation has taken a change with the country's social and economic development and the change of values. In the period of centralized planned economy, "all people were labourers and builders of socialism"; labour was not only a right, but also an obligation of individuals. Planned economy was like a huge machine made of iron and steel in which every individual acted as a "screw". At the same time, as a screw, every individual could be assigned to different positions and play a different part, so as to serve the need of the planned economic. In other words, during this period, an individual was taken as a part of the centralized planned economy; labour was an honour but not a freedom, because the labour of an individual was more like an obligation under the concept of planned economy. The place of a screw was basically fixed and those who lived on the big iron and steel machine of planned economy could have an "iron rice bowl". It is precisely in this context that individuals were required to participate in various kinds of labour contests, because the machine of planned economy did not allow any "rusty screw". As a consequence, during the period of planned economy, the remuneration of labour could be ignored because it was considered that the labour principle of "spiritual encouragement" should be implemented as a major principle. [1] Correspondingly,

---

[1] See Article 10 of the Chinese Constitution of 1975. Gui Yushi (ed.), *The Constitutional Economic Institution of China*, (Wuhan: Wuhan University Press, 2005), p. 338. Annex one of the book includes some of constitutional provisions on economic institution since the late Qing Dynasty.

general attitude to labour in that period was that they looked up to "manual labourers" while looking down upon those engaged in mental labour or management; these people were regarded as "reaping without sowing". Those among them who behaved poorly would be forced to receive "reformation through labour". This "screw-type" paradigm of labour as obligation was a real picture of China in the 1950s and 1960s. In those days, people usually asked you "what labour are you engaged in?" rather than "what is your job?"

This labour concept mainly taking labour as an obligation, did not change until the end of the 1970s, when China implemented its reform and opening up policy. Since then, farmers have begun to flow into cities looking for jobs. New terms such as "migrant girl workers", "migrant boy workers", "plunge into the commercial sea" and "to run business" have appeared in the Chinese vocabulary. In this period, people began to ask you the question "what's your job" instead of "what labour are you engaged in". Although the terms both "labour" and "job" have the meaning of "work", the latter has already departed from the implication of being an obligation and without freedom of choice. Since this time, the question of "what labour are you engaged in" has become a history. In the 1990s, the concept of "people are engaged in an occupation" has been widely recognized society-wide. In fact, this change from the "concept of labour" to the "concept of occupation" was brought about by China's reform. The opening up is a part of the change from the concept of planned economy to the concept of market economy. Based on equivalent exchange, the concept of occupation is a freedom-oriented individual value, equally applicable to both manual and mental workers. Moreover, it is in line with the basic values of market economy——freedom, equality and equivalent exchange. Therefore, "job-hopping" is very easy for an individual under the market economy whereas it is very difficult to change one's position under the planned economy.

Accordingly, the differences between labour rights and freedom of occupation are obvious, although they are closely connected. If the Chinese Constitution clearly recognizes the freedom of occupation, it will be more in line with the reality of Chinese society and international practice because it is the right to work instead of labour right that is provided for in international human rights treaties. [1] Though

---

[1] See Article 6 of the International Covenant on Economic, Social and Cultural Rights.

labourer's rights are also prescribed by some of international conventions, such provisions have a more specific meaning: they govern basic rights of those engaged in the occupation of manual labour.

II. The Content of Freedom of Occupation

What is occupation in a legal sense? German scholars believe that the term occupation as prescribed for in Article 12 (1) (freedom of occupation) of the German Basic Law refers to any long-term activities that are permitted by the law and aimed to maintain one's basic subsistence. [1] Therefore, from a legal point of view an occupation has three features: first, it should last for a long term; second, it should be permitted by the law; and third, it should be aimed to maintain an individual's subsistence. Occupation can be classified into two types: employed occupation and free occupation, but in practice it is very difficult to differentiate free occupation from business operation or enterprise that will be discussed later in this article. For example, the Federal Constitutional Court of Germany believes that a self-employed doctor can be regarded as a free occupation while it is very difficult to include individually-run cargo transportation business into the category of free occupation. [2] The writer of this article believes that, based on relevant legal provisions of China, the key to differentiate between free occupation and business operation is whether other people are employed in the process of production or operation. For example, according to the law of China, those who employ 8 or more than 8 employees to carry out organized production and business activities shall be regarded as private enterprises. In contrast, an individually-run business is a kind of "free occupation" taken by an individual or his (her) family members. The legality feature of occupation indicates that an occupation should not be prohibited by the law. For example, drug trade and habitual thief are not occupations in the legal sense and are not protected by the Constitution and laws, unlike "black-labourer" (illegal workers) and sex workers who were not illegal occupations from the beginning[3].

---

[1] 〔German〕 W. Frotscher, Wirtschaftsverfassungs-und Wirtschaftsverwaltungsrecht, Beck, 1999, S. 26.

[2] See Decisions by the Federal Constitutional Court of Germany: BVerfGE 11, 30/41.

[3] Sapra note[1], S. 27.

The meaning of the right to freedom of occupation is that an individual has the freedom both to choose and end an occupation according to law, which is the positive meaning. Meanwhile, an individual also has the freedom to refuse an occupation which he (or she) is reluctant to take; and an individual, without legal ground, shall not force other people to take an occupation, nor shall (he or she) force other people to engage in any occupational activities beyond legal limits (for example, force other people to "work overtime" beyond the standard working time). The law does not prohibit an individual who has working capacity to give up an occupation voluntarily. For example, the voluntary unemployment phenomenon exists in some welfare countries. This is the negative meaning of occupational freedom.

As extension of freedom of occupation, the freedom of an individual to choose an occupation also includes the freedom to choose content, place and institution of occupational training. In other words, no individuals and organizations shall have the right to force other individuals to receive the occupational training that they cannot accept; neither do they have the right to force other individuals to receive the occupational training in place and institution which they cannot accept. Due to the increased division of economic and social work, an individual has to receive vocational education or occupational training before taking up an occupation; and even those who already have working experience also have to receive new occupational trainings if they choose a new occupation. Therefore, freedom of occupational training, as a part of the freedom of occupation, is also very important in practice.

Freedom of occupation and freedom of occupational training are explicitly provided for in constitutions of many countries. For example, Article 12 of the German Basic Law provides for positive freedom of occupation, negative freedom of occupation and freedom of occupational training. Another example is the Japanese Constitution. It has a lot in common with the German Basic Law, including similar provisions on the freedom of occupation. Japanese constitutional scholars Nobuyoshi Ashibe and Kazuyuki Takahashi believe that freedom of choosing one's occupation, freedom of living and migration as well as property rights altogether are called economic freedom.[①] The author of this article thinks

---

① 〔Japanese〕 Nobuyoshi Ashibe; Kazuyuki Takahashi: *Constitution*, Chinese edition (translated by Lin Laifan, Ling Weici, Long and Xuanli), (Beijing: Beijing University Press, 2006), p. 204。

that it is of course tenable to understand property rights as the freedom of an individual in a broad sense, but since property right is more closely connected with economic system, it is not discussed here in this article.

III   Freedom of Occupation and Institutional Employment Discrimination

Although freedom of occupation is not explicitly provided for in the Chinese Constitution, it has already become a èart of the concept of freedom of occupation generally accepted and recognized in China. However, because of historical, realistic and legal factors, an individual's freedom of occupation is subject to various restrictions and discriminations. Among these discriminations, institutional employment discrimination constitutes the major form of discrimination against occupational freedom.

First, employment discrimination exists in the occupation of civil servants and public institutions employees. In China, people without a permanent urban household registration status, in principle, have no chance to become government employees or to take up a work in public institutions. Moreover, those urban residents without cadre status also find it difficult to work as government employees or in public institutions. This is obviously employment discrimination against rural population and those urban residents having non-cadre status. Therefore, some scholars called for that the occupations of civil servants and public institutions employees should be open to these groups of people for fair competition[1].

A comparison of employment system between China and Western countries shows that institutional employment discrimination is undoubtedly a Chinese characteristic, leading to the fact that the vast majority of people have been denied access to some key positions, such as important government positions and senior managers of state-owned enterprises through fair competition. It is also one of the very important reasons for an unfair distribution of social wealth, which indicates that there is an institutional injustice in the labour and employment system of

---

[1]   See Wang Meiyan, "Job Opportunities and Wage Differential in Urban Labour Market: Research on Employment and Remuneration of Migrant Labourers", *China Social Sciences*, No. 5, 2005, pp. 36 −46.

China. John Rawls, one of the leading contemporary legal philosophers, believes that the first principle of justice is as follows: "Each person has an equal claim to a fully adequate scheme of equal basic rights and liberties, which scheme is compatible with the same scheme for all". [1] Inequality should only be built on the differences in capacities of individuals. According to the second principle of justice defined by Rawls, "Social and economic inequalities are to be arranged so that: (a) they are to be of the greatest benefit to the least-advantaged members of society, consistent with the just savings principle; (b) they are to be attached to positions and offices open to all under conditions of fair equality of opportunity". [2] That is to say, only those inequalities in having access to positions and offices caused by differences in capacities of individuals are just, while any differences based on depriving individuals of their opportunities in competitions are unjust.

Second, there is also discrimination against sex, height, appearance, disease that does not affect employment, and disabilities. It is an undisputable fact in China that women always find it more difficult to get employed than men and they're also less paid than their male colleges[3]. The discrimination against height, appearance, disease that does not affect employment, and disabilities is also widespread in China.

However, we need to make it clear that the above-mentioned employment discrimination have no legal basis either in the Constitution or in other relevant laws, their emergence and development being mostly due to historical reasons. In contemporary society, employment discriminations are also directly connected with the government's economic policies and economic administrations.

IV Freedom of Occupation and Freedom of Vocational Training

The freedom of occupational training is a necessary extension of individuals' freedom of occupation. In a broader sense, the freedom of occupational training also embodies a citizen's freedom of education. The significance of freedom of

---

① John Rawls, *A Theory of Justice*, Chinese edition (translated by He Huaihong, He Baogang and Liaoshenbai), (Beijing: China Social Sciences Publishing House, 1988), pp. 60 −61.

② Supra note①, pp. 60 −61.

③ See Huang Juan, "Gender Discrimination in Employment and Security of Women's Employment", *Shandong Social Sciences*, No. 9, 2006, pp. 138 −140.

occupational training lies in that an individual may not engage in only one occupation in his or her lifetime and the quality of occupational training will definitely affect the realization of his or her freedom of occupation.

However, in an economic transition period, unnecessary restrictions on freedom of occupational training have seriously affected the quality of training and the realization of occupational freedom. These restrictions are in various forms as shown below.

Firstly, in some state-owned enterprises, the competent administrative authorities or the enterprises themselves usually monopolize the occupational trainings of their employees. Thus the employees are deprived of the right to compare and choose training institutions freely. Secondly, in private enterprises, some trade associations or competent administrative departments restrict their employees' freedom of occupational training. Thirdly, for some freelance jobs, since various practitioner qualification examinations are under the charge of different competent administrative departments, some of these administrative departments or some of their stakeholders in fact dominates the training activities related to these exams. Due to the monopoly in occupational training and job qualification examination trainings, the quality of occupational training is declined and fails to meet relevant requirements. It is worse that some occupational training go to such an extreme that they deprive individuals' economic interests in the name of training.

Therefore, to break monopoly in occupational training has a practical significance for the realization of individuals' occupational freedom and serious attention should be paid to this issue.

V. Problems Triggered by Public-Interest Restrictions on Freedom of Occupation

As any freedom has its limits, individuals' freedom of occupation is no exception. It is also subject to certain legal restrictions. In order to be able to exercise freedom of occupation, an individual should not violate public interests, nor should he/she violate the rights and freedom of other people. Article 51 of Chinese Constitution provides that: "Citizens of the People's Republic of China, in exercising their freedoms and rights, may not infringe upon the interests of the state, of society or of the collective, or upon the lawful freedoms and rights of other citizens." This provision is also the bottommost clause restricting individuals' freedom of occupation.

According to this provision, the freedom of occupation shall be restricted or even forbidden if it infringes upon the public interest of the State or of society during the process of taking one's occupation.

For example, although citizens have freedom of engaging in an occupation, it is justifiable to forbid them to set up a stall in certain places near schools, government institutions and other public places for the benefit of the public interest. Therefore, an individual has no right to violate social public interest on the ground of right to occupational freedom. For the same reason, such behaviors as fraud, theft and drug trafficking shall not be regarded as lawful occupations under any circumstances.

However, different understandings of social public interest may sometimes cause legal problems.

For example, Shanghai Municipality has promulgated provisions forbidding beggars to engage in begging in some public places representing the city's international image. Conversely, begging is a lawful behavior in many countries and is hence a lawful "occupation" so long as the behavior of a beggar does not violate the rights of others or public interest. Moreover, it is somewhat legitimate for some people to engage in begging activities because it should be considered justifiable as long as the beggars are forced to beg in order to make a living instead of making profits. When individuals have no access to necessary social relief, beggars have a right to begging as a way for upholding social justice. Therefore, the begging phenomenon and beggars, as an occupation to maintain one's basic subsistence, do not violate public interest. The problem is how to balance public interest represented by the international image of a city and the public interests of the begging occupation. As a result, Shanghai's provisions prohibiting begging in specific public places would inevitably trigger legal problems.

Furthermore, criterions for determining what is public interest have been in a constant change. For example, how to treat the occupation of hawkers and peddlers and how to regulate this occupation has become an important issue, which not only relates to public interest but also to the living of millions of people.

VI. Problems Aroused by Freedom of Occupation and Labour Contract Law

It is well known that property rights, equality and freedom of contract are the three basic components or essence of market economy under the rule of law. The freedom of occupation is undoubtedly an embodiment of the freedom of contract in labour laws, especially in the labour contract law.

However, in view that labourers and employers are often in unequal positions in the process of conclusion of labour contracts, it is undoubtedly legitimate for the State to put some restrictions by laws on labour contracts embodying the spirit of freedom of contract. And this legitimacy is also called the balance of justice. In the field of private law, the principle of individual autonomy and the principle of freedom of contract are generally recognized, so the law neither forces a person to sign a contract in private law, nor does it impose any criteria of justice on contracts in private law. This is the so-called balance of justice and autonomy. For example, the constitution and administrative laws usually do not impose a criterion on what is "equivalent price" or what is the justice of exchange in sales contracts. In the field of private law, trades between two parties are regarded as just and fair so long as they are conducted voluntarily. In a market economy, market is regulated by contracts, thus the question of what is just is not relevant for contracts: "because when a person gets what he or she wants, there will be no injustice for him or herself"[1].

Therefore, the balance of justice and autonomy is also subject to certain restrictions, especially in labour laws. In market economy countries, the remuneration and other working conditions are adjusted through contracts signed in the labour market. Hence the framework rules about labour contract are particularly important for social consensus because they involve "justice of remuneration" which does not have any clearly defined criterion. A more critical issue is that labour force is a special commodity traded in the labour market. Just as Marx said, labour exchange is an exchange embodying "flesh and soul", therefore, there should be a special

---

[1] [German] Ruthers Bernd, *Jurisprudence*, Chinese edition (translated by Ding Xiaochun and Wu Yue), (Beijing: Law Press China), 2005, pp. 163 −166.

"market system" for labour①. Consequently, the remuneration and working conditions are clearly provided for not only in labour laws, but also in constitutions of many countries. For example, Article 42 (2) of the Chinese Constitution provides for that the state, by using various channels, creates conditions for employment, strengthens labour protection, improves working conditions and, on the basis of expanded production, increases remuneration for work and social benefits.

In practice, unfair contract terms are widely seen in labour contracts or contracts of employment, and they have seriously affected the effectiveness of individuals' freedom of occupation. These unjust terms mainly contain unreasonable provisions in the fields of working conditions, remuneration for labour, responsibility of breach of contract as well as the follow-up duties of labour contract. Furthermore, illegal termination of labour contracts by employers is a common phenomenon. ②.

Given these reasons, the Labour Contract Law has caused much controversy as soon as it was passed in 2007. Its supporters hold that the new Labour Contract Law fully embodies balance between the freedom of contract and justice; that the implementation of the law will undoubtedly provide a better protection of the legitimate rights and interests of labourers, and thus can help achieve social equity and justice. Its opponents argue that the new law interferes with the individual freedom of contract; instead of providing a better protection of legitimate rights and interests of labourers, the law increases unreasonable cost to enterprises, lowers their efficiency and at the same time leads to rising labour costs in China, and eventually resulting in the withdrawal of foreign capital from China to other developing countries with a lower labour cost, what will undermine China's international competitiveness.

Zhang Wuchang, a Chinese economist, is a major representative of these opponents. He believes "the purpose of the new labour law is to transfer rental value, or redistribute income of both labourers and employers. There are various ways for redistributing income, among which the most harmful one is to interfere with freedom of contract, and the new labour law is just this kind of interference."③ He thinks that both labourers and employers become losers just

---

①   Supra note①, p. 164.
②   See Wei Hongbin, Lin Guorong, and Li Xiaomei, "On Illegal Termination of Labour Contracts by Employers", *World of Entrepreneurs* (*edition of theories*), No. 7, 2006, pp. 85 −87.
③   Zhang Wuchang, *New Words of Orange Sellers*, (Beijing: China CITIC Press, 2010), p. 289.

because of this improper interference with labour contract or the freedom of choosing an occupation by this national law. [1]

In the author's opinion, how to strike a balance between the freedom of contract and state interference is obviously a difficult legal and political issue. However, experiences have shown that solution to this problem should take into consideration different historical development stage of China; to protect rights and interests of labourers without also taking social impact into account may not only fail to achieve legislative purpose, but also lead to negative effects.

VII. A Short Conclusion

The interpretation of "labour rights" should be made both from a Chinese historical and from an international comparative perspective. China's labour law system should be reviewed and formulated both at the constitutional level and from the perspective of occupational freedom. Otherwise, we would not have a coherent legal framework provided on this issue and would fail to grasp the main point.

As an important part of the freedom of contract, the right to freedom of occupation should be a key to reshaping labour rights and the relevant systems in China.

From an international comparative perspective, it can be seen that there still exist many institutional barriers to the realization of freedom of occupation in China. It is these institutional obstacles that have resulted in injustice and the lack of freedom of individuals in choosing their occupation. Thus, the justice of contract is violated in the field of freedom of choosing an occupation.

Although the freedom of contract should be subject to certain restrictions in the field of labour laws, which is based on the theory of balance of justice, these restrictions should be compatible with the economic and social development in a given country. Otherwise, instead of achieving the expected result of protecting legitimate rights and interests of labourers, the restrictions could sacrifice the efficiency of enterprises, raise their costs improperly and finally cause the loss of the country's comparative advantage in international competitiveness.

(Translated by Li Ling, proofread by Li Xixia)

---

[1] Zhang Wuchang, *New Words of Orange Sellers*, p. 289.

Legal Protection of Women's Labour Rights in the Netherlands: Experiences, Challenges and Referential Significance

Xie Zengyi[*]

As a member of the delegation of the Institute of Law of Chinese Academy of Social Sciences, the author of this article visited the Netherlands in September 2011 for a study of the situation of the protection of women's social rights in this country, including the right to equality, labour rights, and right to health, maternity protection and anti-domestic violence. Based on the findings of this study visit and the relevant materials, this article analyzes the legislation and practice in the Netherlands relating to the protection of women's labour rights and explores the referential significance of the Dutch experience for the improvement of the protection of women's labour rights in China.

I. Legislative Framework for the Protection of the Equal Employment Right in the EU

In recent years, the right to equality has been given increasing importance by the policies and laws in various countries around the world, and the protection of the right to equality has become an important component of such policies and laws. In the EU, labour law related directives are basically focused on the principle of equal employment, which constitutes the central idea of EU labour law. The pursuit of equality, especially gender equality, has become the core and the most developed

---

[*] The Institute of Law, Chinese Academy of Social Sciences.

pillar of the EU mode of social policy as well as a catalyst for social changes in the EU member countries. [1] Currently EC and EU directives relating to the prohibition of discrimination mainly include: the Council Directive 75/117/EEC of 10 February 1975 on the application of the principle of equal pay for men and women; the Council Directive 76/207/EEC of 9 February 1976 on the implementation of the principle of equal treatment for men and women as regards access to employment, vocational training and promotion, and working conditions (revised by Council Directive 2002/73); the Council Directive 2000/43/EC of 29 June 2000 implementing the principle of equal treatment between persons irrespective of racial or ethnic origin; Council Directive 2000/78/EC of 27 November 2000 establishing a general framework for equal treatment in employment and occupation; and the Directive 2006/54/EC of the European Parliament and of the Council of 5 July 2006 on the implementation of the principle of equal opportunities and equal treatment of men and women in matters of employment and occupation. The Directive 76/207/EEC (revised by Directive 2002/73) is aimed at implementing the principle of equal treatment for men and women as regards access to employment, vocational training and promotion, and working conditions. The Council Directive 2000/78/EC is designed to establish a general framework for the prohibition of discrimination in employment and occupation based on religious or other beliefs, disability, age or sexual orientation and to realize the equal treatment principle established by the EU. The Directive 2006/54/EC aims at implementing the principle of equal opportunities and equal treatment of men and women in matters of employment and occupation. For this purpose, the Directive contains provisions on the following subjects: (1) employment opportunities, including opportunities for promotion and vocational training; (2) working conditions, including remuneration; (3) professional social security schemes.

Accordingly, we can see that the EU directives prohibit discrimination based on gender, race or ethnic origin, religious or other beliefs, disability, age, and sexual orientation. The contents of directives on gender equality are substantial, covering a wide range of matters relating to employment and occupation, including employment opportunity, vocational training, and promotion, working conditions, remuneration

---

[1]   Catherine Barnard, *EC Employment Law*, Third Edition, (Oxford; New York: Oxford University Press, 2006), p. 297.

and social security. Through these directives, the EU has established a relatively complete legal framework for equal treatment, including equal treatment of men and women in employment and occupation, thereby laying in the Netherlands and other EU member states a sound foundation for the adoption and implementation of laws on equal treatment, including equal treatment of men and women,.

II. Legislation on the Protection of Women's Labour Rights and Its Implementation in the Netherlands

2.1 Legal Framework for the Protection of the Right to Equality in the Netherlands

The Netherlands has adopted a series of legislation aimed at promoting the protection of the right to equality and implementing EU directives on the right to equality. These legislations mainly include: (1) The Equal Treatment Act of 2 March 1994 (as amended on 9 September 2004) -As a comprehensive law on equal protection, it prohibits discrimination on the grounds of religion, belief, political opinion, race, sex, nationality, sexual orientation or civil status. ① According to this Act, discrimination is unlawful in every aspect of employment, including advertisements for job vacancies and procedures leading to the filling of vacancies; job placement; the commencement or termination of an employment relationship; the appointment and dismissal of civil servants; terms and conditions of employment; education or training during or prior to employment; promotion; and working conditions. ② The Law establishes an Equal Treatment Commission to be responsible for the investigation of acts of discrimination. ③ Currently the Netherlands is considering the incorporation of this Commission into a comprehensive national human rights institution so as to strengthen its power. (2) Equal Treatment (Disability and Chronic Illness) Act, adopted in 2003 and in force since 1 January 2005-This act prohibits discrimination on grounds of disability and chronic illness in the fields of employment, vocational education and public

---

①   See Section 1 of Equal Treatment Act.
②   See Section 5 of Equal Treatment Act.
③   See, Sections 11 and 12 of Equal Treatment Act.

service. (3) Equal Treatment in Employment (Age discrimination) Act-Adopted in 2002, this act prohibits discrimination on the ground of age in employment, liberal profession, vocational training, and membership organizations. (4) Equal Treatment (Men and Women) Act-The act was adopted in 1980 for the purpose of implementing the Council Directive 76/207/EEC on the prohibition of gender discrimination. According to this law, gender discrimination includes direct and indirect discrimination. The former includes discrimination on grounds of pregnancy, childbirth and maternity; the latter refers to discrimination on grounds other than gender, such as civil status or family conditions, which results in direct discrimination. [1] Meanwhile, the Netherlands has also adopted the Equal Treatment (Temporary and Permanent Employment) Act and the Equal Treatment in Working Hours Act, which prohibit discrimination between employees on grounds of the term of employment contract.

Undoubtedly, the Netherlands has a well-developed system of law on equality that prohibits discrimination on a wide range of grounds, including religion, belief, race, gender, nationality, sexual orientation, civil status, disability or chronic illness, age, working hours (full time or part time), and employment contract (temporary or permanent), with its scope of application covering not only employment relations and other work relations, but also the provision of and access to goods or services such as housing, education, social services, health services and cultural affairs. [2]

2.2   The Implementation of Legislation on the Protection of the Right to Equality and the Right to Gender Equality in the Netherlands

As already mentioned, the Equal Treatment Commission was established in the Netherlands under the Dutch Equal Treatment Act. The main functions of the Commission include: (1) to provide legal opinions; (2) to carry out independent investigations; (3) to make recommendations on legislation and other matters; (4) to promote awareness raising of non-discrimination. The Commission's main task is to carry out investigations upon receiving a complaint or on its own initiatives and to provide legal opinions on the basis of such investigations. Although such

---

[1]   Section 1 of Equal Treatment (Men and Women) Act.

[2]   Richard de Groot, Legal Advisor of ETC, "Dutch Equal Treatment Commission (CGB)", September 2011.

opinions are not directly binding, they are generally taken seriously by parties to
disputes, especially by employers, and they can be accepted by the court as
evidence in legal proceedings. Therefore, the status and roles of the Commission
are important. In 2010, the Commission accepted 1636 requests for consultation by
e-mail or telephone and 406 written complaints. Of these complaints, 16% were
about gender discrimination, 18% about discrimination on grounds of race and
ethnic origin, 7% about discrimination on ground of religion, 17% about
discrimination on grounds of disability or chronic illness, 21% about age
discrimination and 21% about discrimination on other grounds. Through
investigation, the Commission found violation of the Equal Treatment Act in 52%
of the cases and no violation in 48% of the cases. [1] Of the 32 cases of gender
discrimination, 24 were related to employment and 8 related to the provision of and
access to goods and services. [2] The statistics shows that, generally, the number of
discrimination cases is small and the phenomenon of discrimination not very severe
in the Netherlands. Nevertheless, the wage gap between men and women reveals
that gender discrimination still exists in the country. In 2009, women's average
salary was only 80% of that of men. While some objective grounds, such as
differences in work experience, educational level, and sector, can explain a part of
the gap, unexplained pay difference remains of 9% in the private sector and 8% in
the public sector. [3] This implies that women are still subjected to a certain degree of
discrimination in the Netherlands. In a case in 2009, a female accountant with
Chinese background, who did the same work as one of her male colleagues, found
out that her salary was 20% lower than that of her male colleague. Despite the
various excuses given by her employer, the Equal Treatment Commission found
that such pay differential constituted gender and racial discrimination. [4] Nowadays,
various grounds of discrimination are often intertwined with each other and with
other factors, making the determination of discrimination more complicated than

---

[1] Richard de Groot, Legal Advisor of ETC, "Dutch Equal Treatment Commission (CGB)",
     September 2011.

[2] J. E. Bonneur, Legal advisor ETC, "Equal Treatment Commission, discrimination on the ground of
     gender", 20 September 2011.

[3] The Netherlands Institute for Social Research, *Emancipation Monitor 2010*, p. 248, http: //
     www. scp. nl/english/Publications/Summaries _ by _ year/Summaries _ 2011/Emancipation _
     Monitor_ 2010.

[4] J. E. Bonneur, *supra* note [2].

before. Moreover, it takes great courage for a woman to file complaint with the Equal Treatment Commission. Therefore, without the support from her family, it is very difficult for a woman to claim her rights. This also indicates that the support of family and society is important to the implementation of the anti-discrimination law.

Apart from the income gap, the difference between men and women in positions held at workplace is also noteworthy. In the Netherlands, the share of women in management positions in senior and academic occupations increased from 24% in 2003 to 28% in 2007, whereas the total share of women in senior and academic professions was 42%; in 2009, 27% of all management positions were held by women; in 2009, 9% of senior management positions at the 100 largest companies in the country were held by women, as compared to 7% in 2005; the share of female professors is rising gradually, going up from 11% in 2007 to 12% in 2009; the proportion of female senior and top civil servants rose from 18% in 2007 to 26% in 2010. [1] The data quoted here lead to a hypothesis that the proportion of women among civil servants is higher than the proportion of women in other professions. Of course, the above statistics should not be seen as a direct proof that women are discriminated against in occupation in the Netherlands. Generally speaking, Dutch women enjoy relatively high employment rate and economic independence, and their percentages in various professions are on the rise, unaffected by the recent financial crisis.

2.3   The Prevalence of Part-Time Work and Its Legal Protection

One of the prominent features of the employment situation in the Netherlands is the high employment rate among women, and high percentage of women engaged in part-time work. In the Netherlands, 60% of women are employed and 45% are economically independent. Among the employed women, 65% are engaged in a part-time job, namely working between 20 and 35 hours each week. In comparison, only 15% of men in the country work part-time. [2] According to statistics, employed women in the Netherlands worked an average of 25.3 hours per week in 2009. [3] Because of this prominent feature, the Netherlands is also

---

[1]   The Netherlands Institute for Social Research, *supra* note [3] of the previous page.

[2]   J. E. Bonneur, *supra* note [2] of the previous page.

[3]   The Netherlands Institute for Social Research, *Emancipation Monitor 2010*, p. 246.

called the "Part-time Queen of Europe". Since three fourths of employed women
in the country work part-time, the legal protection of part-time workers is of great
significance to women.

Crucially, the Netherlands has adopted the Equal Treatment in Working Hours
Act in accordance with Council Directive 97/81/EC of 15 December 1997
concerning the Framework Agreement on part-time work. ① The Directive is
applicable to part-time workers who have employment contract or employment
relationship. It provides for the basic principle of non-discrimination, namely, in
respect of employment conditions: part-time workers shall not be treated in a less
favourable manner than comparable full-time workers solely because they work part
time, unless different treatment is justified on objective grounds. ② In order to
implement this principle, the Directive stipulates that member states should identify
and review obstacles of a legal or administrative nature, which may limit the
opportunities for part-time work and, where appropriate, eliminate them. A
worker's refusal to transfer from full-time to part-time work or vice-versa should not
in itself constitute a valid reason for the termination of employment. Meanwhile, as
far as possible, employers should give consideration to requests by workers to
transfer from full-time to part-time work or vice-versa and provide them with timely
information and facilities for such transfer. ③

2.4   Maternity Protection

Of the 32 cases in which the Dutch Equal Treatment Commission found gender
discrimination in 2010, 11 were related to pregnancy. This shows that
discrimination on ground of pregnancy makes up a large proportion of gender
discrimination. In the Netherlands, women enjoy 16 weeks maternity leave during
which period they are entitles to 100% wage earnings. Employers cannot dismiss a
female employee during pregnancy and maternity leave. In a case in 2003, a female
taxi driver who had worked for six months for a taxi company filed a complaint at

---

① Council Directive No. 97/81 concerning the framework agreement on part-time work concluded by
UNICE, CEEP and the ETUC (1998).

② Clauses 2 and 4 of Council Directive No. 97/81 concerning the framework agreement on part-time
work concluded by UNICE, CEEP and the ETUC.

③ Clauses 5 and 4 of Council Directive No. 97/81 concerning the framework agreement on part-time
work concluded by UNICE, CEEP and the ETUC.

the Equal Treatment Commission against her employer. She claimed that her employer refused to renew her employment contract because she was pregnant. The employer argued that the reason for refusing to renew her employment contract was that she had been frequently absent from her duty. The Commission held that the employee's absence from her duty was caused by her pregnancy and therefore the employer's act constituted gender discrimination. ①

In recent years, a new issue faced by the Netherlands is related to maternity benefits for self-employed women. Before 2004, the invalidity insurance in the Netherlands covered all male and female employees, including wage earners, independent entrepreneurs, and self-employed persons. The insurance included maternity benefits for self-employed women. However, the Dutch government declared in 2004 that this insurance would no longer cover self-employed persons. As a result, the maternity benefits for self-employed women were cancelled. Although many opponents of this decision believe that it violated the Convention on the Elimination of All Forms of Discrimination against Women (CEDAW) and the relevant EU directives, the Dutch government insisted that this welfare covered only wage-earning employees and that some people could be excluded from it. After the struggle by some NGOs, a law was finally adopted in 2008, which requires the government to provide self-employed women with maternity benefits, to be paid according to the minimum wage standard in the country. However, some NGOs and other organizations are not satisfied with this result. They believe this maternity benefit is too low and they request the government to compensate self-employed women who had been denied maternity benefits during the period between 2004 and 2008. However, this request has not been considered either by the government or by any judge. ②

2.5 Legal Protection of Domestic Workers and Challenges Faced by It

Domestic workers are very common in the Netherlands. Their work includes housekeeping, cleaning, baby-sitting, taking care of the elderly, private nursing,

---

① J. E. Bonneur, "Equal Treatment Commission, discrimination on the ground of gender".

② See "Maternity Benefits for Self-employed Women", 22 September 2011, Utrecht. (This article was provided by Clara Wichmann from Association of Women and Rights, an NGO in the Netherlands).

etc. Apart from privately hired domestic workers, the government also hires domestic workers to take care of some elderly, disabled, or sick people. Moreover, there are also domestic workers employed by intermediary agencies.

Private domestic work in the Netherlands is regulated by the Regulation on Domestic Work, which came into force on 1 January 2007. According to this Regulation, a private person can hire another private person for domestic work up to a maximum of three days a week. Earlier, the Regulation on Employment in Domestic Services was adopted in 1998 but this regulation produced little result and was later replaced by the Regulation on Exempt Domestic Workers. The latter defined the relationship between private domestic workers and their clients as being different from the classic employer-employee relationship. This meant that both parties were exempt from paying taxes and social insurance contributions on the domestic work, as long as it did not exceed two days a week. The 2007 Regulation contains no fundamental change to the old regulation except that the period of exemption is increased from two to three days of domestic work a week. [1]

In the Netherlands, the domestic work of private persons is often not declared for tax and social insurance purposes. Therefore, the regulation was implemented to achieve the following three objectives: first, to make a larger proportion of such work visible to the authorities; second, to encourage more people from low educated groups to participate in the labour market; and third, to lower the threshold for domestic work and boost the labour market participation of the hiring persons. According to the new regulation, a natural person who hires another natural person is not obliged to pay tax or social insurance premiums in relation to this work, or to register the worker at the tax and social insurance offices, as long as the hired person does not work more than three days a week, because in such cases the relationship between the hiring person and the hired person is not regarded as employer-employee relationship. Not paying social insurance contributions also means that the hired person has no right to receive social insurance benefits in case of losing job, sick leave or disability and that no retirement pension capital accrues. However, domestic workers have the right to be paid at least the minimum income

---

[1] See Regulation of domestic work, Netherlands, http://www.eurofound.europa.eu/areas/labourmarket/tackling/cases/nl001.htm, visited on 7 October 2011.

level and have to report the income in their yearly income tax. The 'three days a week' criterion applies for each job; however, a part of the day for one client counts as one workday. Thus, a domestic worker can work for several clients as long as he or she does not work for more than three days for any of the clients. In the case of more than three days of work for one client, the classic employer-employee relationship applies, including all of the legal obligations of this relationship, Since, currently, not many people are aware of the new regulation, which reduces its effectiveness, the government is planning to strengthen the promotion of the regulation. As for the number of domestic workers in the country, a survey carried out in 2004 indicated that about 3. 9 million households used domestic work in that year. About 45% of the work was declared and 55% was undeclared. ①

We can therefore conclude that the Dutch labour law is basically not applicable to domestic work (not more than three work days a week). As a result, domestic workers are faced with many problems and challenges: (1) since they do not have collective contract, their income is lower than that of formal employees; (2) they are not protected from dismissal; (3) they enjoy less maternity benefits than formal employees; (4) they suffer losses in social insurance: they have no unemployment insurance, pension and holiday benefits, and the level of their health insurance is low; (5) they do not have enough access to information about labour relations. Apart from the minimum income standard, almost no provision of labour law and social insurance is applicable to domestic workers. The main reasons why domestic workers are not covered by the labour protection system in the Netherlands are: (1) domestic workers work in private homes, and the government does not want to impose too much administrative burden on private persons who hire domestic workers. Nor does it want to take on more government responsibilities; (2) as far as domestic workers are concerned, their income is usually "extra" to that of their families, and they do not consider it necessary to accept regular supervision and regulation; (3) the government thinks that it is more important to promote employment than to protect any individual domestic worker. Currently there are between 150000 and 350000 domestic workers in the Netherlands, 95% of them

---

① See Regulation of domestic work, Netherlands, http: //www. eurofound. europa. eu/areas/labourmarket/tackling/cases/nl001. htm, visited on 7 October 2011.

are women. Therefore, the lack of protection of domestic workers constitutes in a certain sense indirect discrimination against women. [1] Some NGOs argue that the above policy of the Dutch government violates the provisions of Articles 38 and 39 of CEDAW and the relevant recommendations of the Committee on the Elimination of Discrimination against Women. They advocate a full protection of domestic workers by the labour law.

The author of this article believes that the legal protection of domestic workers, especially those working not more than three days per week, is inadequate in the Netherlands. Although the labour law is applicable to domestic workers who work for an employer for more than three days a week, the relevant provisions can be easily circumvented. For example, a private person can evade the "three days" provision by hiring two domestic workers at the same time, each working for three days a week. Moreover, the exclusion of domestic workers from the coverage of the social insurance also puts them at a very disadvantaged position.

Besides, many domestic workers in the Netherlands are immigrants who have no residence permit. Notwithstanding that, in case of disputes, they usually can win the lawsuit, once they bring the dispute to the court, their status as illegal immigrants will be exposed and they will have to leave the country. Therefore, many of them renounce to legal remedies when their rights are infringed upon.

III. The Relevance of the Dutch Experience for China

The discussion of the anti-discrimination legislation in the Netherlands testify that this country has accumulated rich experiences, but at the same time has also faced considerable challenges in the protection of women's labour rights and social security rights. These experiences and challenges are of great relevance for China when developing its corresponding systems of laws and other regulations.

3.1　Anti-Discrimination Legislation and Its Implementation and Improvement

The EU and its member states introduced anti-discrimination legislation in the 1970s and have since then developed comprehensive and well-functioning systems

---

[1]　Supra note [1] of previous page.

of anti-discrimination law. Now, their central task is to promote the implementation of these systems and eliminate the conscious or unconscious discrimination existing in people's mind. Although China does not have a codified anti-discrimination law, anti-discrimination provisions can be found in many laws, including the Constitution, the Labour Law, the Employment Promotion Law, the Law on the Protection of Disabled People, and the Law on the Protection of the Rights and Interests of Women. These provisions form a basic framework of the anti-discrimination law system, including the laws against sex-discrimination in employment. However, compared with that of the EU and the Netherlands, China's system of laws against discrimination in employment has the following main problems: first, the scope of discrimination in employment defined by law is too narrow to cover various phenomena of employment discrimination in real life. For example, the Labour Law and the Employment Promotion Law prohibit only discrimination in employment based on ethnic origin, race, gender and religious belief, but not those based on age and other grounds, and it is not clear whether gender discrimination includes discrimination based on pregnancy, transsexuality, or sexual orientation; second, provisions on the prohibition of discrimination in employment are too general in nature and lack operability. Therefore, it is very difficult for victims of discrimination to obtain effective remedy. The relevant laws only list the prohibited grounds of discrimination, but contain no clear provisions on such matters as definitions of various kinds of discrimination, criteria for the determination of discrimination, defences and exceptions, burden of proof, limitation of actions, and remedies for the victims; third, the weakening of the role of administrative organs in the prohibition of discrimination. According to the current Labour Law, labour administrative departments of people's governments at or above the county level shall, in accordance with the Law, supervise and inspect the implementation of laws, rules and regulations on labour by the employing unit, and have the power to stop any acts that run counter to laws, rules and regulations on labour and order the rectification thereof. [1] However, discrimination in employment is not listed as a matter under the supervision of labour security administrations either in the Regulations on Labour Security Supervision[2] or in the

---

[1]   Article 85 of the Chinese Labour Law.

[2]   See Article 11 of Chinese Regulations on Labour Security Supervision.

Employment Promotion Law. ① Compared with the Dutch Equal Treatment Commission, the Chinese anti-discrimination organs are very weak.

This is why China should continue to improve the relevant legislation: Firstly, the relevant Chinese laws should extend the prohibited grounds of discrimination in employment and expand their scope of protection. The prohibited grounds of discrimination should (also?) include sex, race, disability, religion, belief, and age. The protection against discrimination should cover all aspects and links of employment, including job seeking, recruitment, remuneration, rest and holidays, labour safety and health, employment service, vocational training, social insurance and social welfare, and dismissal. Secondly, China should provide for the main forms of, the criteria on, and valid defences against the discrimination in employment. In this respect, China should draw on the experiences of the EU and the Netherlands by introducing the concepts and criteria of "direct" and "indirect" discrimination as well as "harassment" and "instruction to discriminate", so as to prohibit discrimination in all its forms. Thirdly, the relevant Chinese laws should provide for the burden of proof and legal remedies by drawing on the experience of the EU and its member states. As long as the plaintiff can produce *prima facie* evidence of discrimination, the defendant should have the burden of producing counter-evidence. With regard to the remedies to the victim of discrimination, the relevant laws should provide victims of discrimination with compensation for damages, including the compensation for spiritual damages. In a number of cases involving discrimination against HIV carriers, Chinese courts have awarded the plaintiff certain amount of compensation for spiritual damages. However, the amount was too small to have any punitive or deterrent effect. The Chinese legislative and judicial organs should further explore the ways of providing spiritual compensation to victims of discrimination in the cases involving other forms of discrimination. Fourthly, China should strengthen the construction of anti-discrimination law enforcement organs. In view of the fact that it is difficult to establish in China an independent national equal treatment commission like that of the Netherlands, the author suggests that government establish an independent

---

① Article 60 of the Chinese Employment Promotion Law provides that: "The administrative department of labour shall supervise and inspect the implementation of this Law and establish a reporting system to accept reports on violations of this Law, and shall verify and handle such violations in a timely manner."

department under the Ministry of Human Resources and Social Security, responsible for the supervision over the prohibition of discrimination and promotion of equality. The functions of this department should, apart from carrying out supervision over the prohibition of discrimination and helping victims of discrimination to bring relevant cases to the court, also include establishing the principle of attaching equal importance to punishment, prevention and promotion, and enhancing the consciousness of equality in employment among employers and employees by issuing regulations and guidance. ①

3. 2   Special Protection for Female Employees

The special protection of female employees in Chinese laws is mainly embodied in the prohibition of assigning women work or physical labour not suitable to them; special protection during pregnancy, obstetrical period and nursing period; and maternity leave and maternity insurance. In light of the EU and Dutch experiences, China should make improvements in the following areas to strengthen the protection of female employees:

First, regarding maternity insurance-Although China has already established a maternity insurance system, ② this insurance covers only employees. Unemployed people cannot enjoy maternity insurance benefits. Moreover, a precondition for an employee to enjoy maternity-insurance benefits is that her employer pays the maternity insurance premiums for her. If the employer fails to pay the premiums, the employee will not be able to enjoy the benefits. By 2010, a total of 123. 36 million people had been covered by maternity insurance, which was still very low in light of the total number of employees in China. ③ These problems need to be solved through the reform of the maternity insurance system.

Second, regarding the protection of pregnant women against wrongful dismissal- A female employee who is dismissed by her employer because of her pregnancy can seek legal remedies in accordance with the provisions on unlawful termination of

---

① Xie Zengyi, *Labour Law: Comparison and Reflection*, (Beijing: Social Sciences Academic Press, 2011), pp. 135 −136.

② See Chapter Six of the Chinese Social Insurance Law.

③ See Ministry of Human Resource and Social Security: *Bulletin on Statistics relating to the Development of Human Resource and Social Security Undertakings in 2010*, available at: http: //www. molss. gov. cn/ gb/zwxx/2011 −05/24/content_ 391125. htm, visited on 18 May 2012.

labour contract in the Labour Contract Law. ① In such cases, an arbitration organ or court can order the employer to pay compensation to the employee in accordance with the relevant provisions of the Labour Contract Law. However, wrongful dismissal of a pregnant woman also constitutes gender discrimination and the mere application of the general provisions on wrongful dismissal cannot provide women with sufficient protection. It cannot effectively prevent the arbitrary dismissal of pregnant employees by employers because the sanction imposed on such employers is too light.

3.3   Protection of Part-Time and Domestic Workers

From the Dutch experience we can see that a large proportion of women are engaged in part-time and domestic work. Therefore, strengthening the protection of part-time and domestic workers is of great importance to the protection of women's labour rights. In China, although there is no accurate statistics on the numbers of part-time and domestic workers, with the change of work mode and lifestyle, these workers become increasingly important and therefore deserve more attention.

3.3.1   Protection of Part-Time Workers

The main guiding principle of the legislation on part-time workers in the EU and the Netherlands is equal treatment, namely part-time workers shall not be treated in a less favourable manner than comparable full-time workers solely because they work part time and workers should have the right to choose between full-time and part-time work. Although the Chinese Labour Contract Law contains provisions on part-time workers, these provisions are over-simplified. Meanwhile, as far as guiding legislative principle is concerned, this law over-emphasizes the special nature and the flexibility of part-time work and gives far less protection to part-time workers than to full-time workers. The relevant provisions of the Labour Contract Law show that the current system of part-time work in China has the following shortcomings: first, the definition of part-time work is over-simplified. According to Article 68 of the Labour Contract Law, part-time employment is a form of employment under which remuneration is chiefly calculated by the hour and the workers generally work for not more than 4 hours per day in average and not more

---

① See Article 87 of the Chinese Labour Contract Law.

than an aggregate of 24 hours per week for the same employing unit. Compared with the relevant provisions of the EU and the Netherlands, this restriction on the working hours of part-time workers is too rigid; second, the protection given to part-time workers is insufficient. A typical example in this respect is Article 71 of the Law, which provides that either of the two parties to part-time employment may give a notice to the other party at any time to terminate the employment, and in such a case the employing unit shall not pay any financial compensation. As we know, the protection against dismissal is a powerful form of protection for workers. Yet the Chinese Labour Contract Law gives the employer the right to dismiss part-time workers at his will. Although such a provision is conducive to promoting employment, it can easily lead to unfair treatment of employees and result in a sense of lack of occupational safety and stability among them and therefore constitutes a serious discrimination against part-time workers. Compared with the Netherlands, there is a broad space in China for the development of part-time work, which is of great importance to expanding the employment of women, increasing the flexibility of work and striking a balance between work and family life. Currently the pre-school education facilities and services are still very underdeveloped in China, encouraging women or men to engage in part-time work will not only expand the labour market, but also enable workers to take care of their children and family, thereby reducing the burden of the society and the government. Both employers and job seekers should change their attitude towards part-time work. Especially employers should make necessary adjustments to work posts and work responsibilities so as to allow employees to engage in part-time work. In the future legislative work, China should strengthen the guiding principle of equal treatment of full-time and part-time workers and provide more protection to part-time workers.

3.3.2 *Protection of Domestic Workers*

According to the current Labour Law and Labour Contract Law in China, families are not "employing units". [1] Therefore, domestic workers who are hired

---

[1] According to Article 2 of the Chinese Labour Law and Article 2 of the Chinese Labour Contract Law, employing units only refer to enterprises, private individual economic organizations and private non-enterprise units. "Family" or individuals are not "employing unit" in the legal sense and correspondingly, domestic workers directly employed by families or individuals are not "workers" in the legal sense.

directly by families or private persons are not "workers" in the legal sense and consequently are not entitled to the protection of the labour law. Only domestic workers hired by domestic service companies as their employees can be protected by labour law. Since many domestic workers in China are directly hired by families or private persons, the protection of their rights has become a prominent problem. Currently the use of domestic workers is very common in Chinese cities. According to statistics, in 2010, there were over 400000 domestic workers in Beijing alone. Currently the total number of domestic workers in the whole country has exceeded 15 million,[1] over 90% of them are women. Therefore, great importance should be attached to the protection of this group of workers because it affects the fundamental rights of domestic workers themselves, but also the healthy development of domestic service industry, the protection of women, and the quality of people's life in China.

In the Netherlands, it is recognized that domestic workers form a certain kind of labour relationship with the persons who hire them. Consequently, some parts of the labour law are applicable to domestic workers. Although the Dutch law on domestic workers has been widely criticized in the Netherlands, it provides for the application of the minimum wage standard to domestic workers. Considering the special characteristics of domestic work, it is difficult to give domestic workers full protection of the labour law.[2] Nevertheless, at least some protection should be given to them. Since one of the important features of domestic work is flexibility, and employers of domestic workers, unlike ordinary "employing unit", do not have many "work positions" and are not well-organized, it is very difficult to apply the relevant rules of protection against dismissal to domestic workers. Therefore, the protection of domestic workers should instead be focused on the fundamental rights and the safety and health of domestic workers. China should, in accordance with the relevant principles and provisions of the Convention Concerning Decent Work for Domestic Workers and in light of the Dutch experiences, provide domestic workers with protection in such matters as minimum wage and working hours and make the clients responsible for their safety and health. Besides, China

---

[1] Ma Dan, "Domestic Workers in Beijing: Current Situation and Existing Problems", *Law and Society*, No. 1, 2011, pp. 175 −176.

[2] See chapter Six of the Chinese Social Insurance Law.

should also change the current practice of excluding domestic workers from social insurance, and enable them to participate in some social insurances, such as old age insurance, medical insurance and work-related injury insurance, so as to guarantee their basic rights and interests.

(Translated by Li Xixia)

On Administrative Remedies for the Infringement of Employment Rights

—Interpretation and Application of Labour Supervision System

Li Yunhua [*]

I. Introduction

Workers' employment rights can be classified under the category of the right to work in human rights law or under constitutional law (some countries, including China, define it as labour rights in their constitutions). Generally speaking, the term right to work in human rights law or constitutional law can be used in a broad sense, in a common sense, and in a narrow sense. Firstly, the right to work in a broad sense refers to a general labour right, which is equivalent to a generic term for specific labour rights provided for in labour laws. Secondly, the right to work in a narrow sense, also known as the labour right in a narrow sense, refers to the right of individuals to request the state to provide employment opportunities, thus a right to request work. [①] In between is the right to work in a common sense, which

---

[*] The Center for Social Security Studies of Wuhan University.

① "The right to work" is a customary term in human rights law, while "labour right" is a more frequently used term in constitutional law. Yet, the term "the right to work" is also used in some of constitutions. As to the contents of the right to work in a broader sense, Articles 6 to 8 of International Covenant on Economic, Social and Cultural Rights (as well as Article 1 to 10 of European Social Charter) provide a broad scope of rights which sufficiently cover various specific labour rights in labour laws. As regards the right to work in a narrow sense, it is provided for by Article 23 of the Universal Declaration of Human Rights. However, it has been quite controversial in the academic world whether such a right exists, whether it is included in the contents of the right to work, and what its validity is.

actually refers to the employment rights as called by labour law experts, that is "rights related to employment", which can be defined as "the labour rights for the benefit of obtaining a job and maintaining job opportunities." As regards contents of employment rights, they include freedom to work, right to equal employment, right to protection from dismissal, access to employment services, right to unemployment insurance, etc. [1] The former three rights can be defined as the negative employment rights while the latter two rights can be defined as the positive employment rights.

From the perspective of right holders, the realization of employment rights is twofold, exercise of rights and right to remedies. The right to remedies or protection of rights refers to prevention or rectification of unlawful behaviours violating the lawful rights or already causing damages (injury or potential loss). [2] It is the final and most effective guarantee for the realization of employment rights.

Remedies can be categorized as private remedies and public remedies, among which the latter can be further divided as administrative remedies and judicial remedies. Administrative remedies refer to the remedies provided by the administrative authorities on its own initiatives, through a specific administrative act in accordance with the prescribed procedures in the event of infringement of the right of the persons concerned. Although in modern society means for the protection of civil rights are multiple, judicial remedy as a kind of public law remedies, generally, are of major relevance. However, given that employment rights are the rights provided in labour laws, administrative remedies, most notably the specific means of labour supervision play a particularly important role amongst other instruments in the protection of employment rights. This role is one of the key characteristics of the remedies for infringement of employment rights, thus deserving our special attention.

II. Labour Supervision and its Functional Scope

Labour supervision, in the international community more commonly known as

---

[1]   Li Yunhua, *Study on Theory of Employment-related Rights*, (Beijing: China Social Sciences Press, 2009), p. 37.

[2]   *The Oxford Companion to Law*, (Beijing: Guangming Daily Publishing House, 1988), p. 764.

labour inspection, is a generic term that covers supervision and enforcement
activities involving supervision, inspection, making a correction and imposing a
penalty. These activities are carried out by the special labour supervision authorities
and their designated staff on behalf of the state for supervising employers' compliance
with labour laws, regulations and rules, with an aim for the protection of
employees' rights and interests.

Labour supervision is a kind of labour monitoring. The labour monitoring is
compliance monitoring, which includes administrative monitoring and social
monitoring (e. g. monitoring by trade unions, media, and the public). The
administrative monitoring can be divided into two categories: labour administrative
monitoring and administrative monitoring by authorities other than labour
administration. It is specifically this labour administrative monitoring as the labour
supervision that we are discussing in this article. The labour supervision has
mandatory, special and universal characteristics. Due to its mandatory nature, the
labour supervision systems are directly established in accordance with mandatory legal
provisions, meaning that the labour supervision is a legal conduct, which has to be
strictly carried out by the supervisory agencies, in accordance with laws. They
employers have to accept the labour supervision, implying that they can neither
refuse nor evade them. The special characteristic means that labour supervision is
carried out by special agencies which are established in accordance with relevant laws,
acting on behalf of the state, and specifically for supervising an employer's compliance
with labour laws. The universal characteristic means that labour supervision does not
only have its mandatory nature, but also are most universally applied. In accordance
with the international labour standards, only a very small number of employing
departments (such as military and national security departments) are allowed to have
special supervision arrangement (rather than excluding supervision). [1]

The labour supervision bodies include the labour supervision agencies and labour
supervisors. The labour supervision agencies, usually known as labour inspection
agencies in most countries, are legally authorized special agencies to supervise the
compliance with labour laws on behalf of the state. Labour supervisors, also called
labour inspectors, are qualified persons appointed by the competent authorities to

---

[1]   Wang Quanxing, *Labour Law* (2nd edition), (Beijing: Law Press, 2004), from p. 409; Lin
Yanling, *International Labour Standards*, (Beijing: China Worker Publishing House, 2002), p 149.

specifically carry out the supervisory duties. In order to fulfil effectively the purpose of protecting labourers' interests, many countries have established a labour supervision system jointly managed by three parties, i. e., an organization consisting of designated staff from three parties (e. g. three party council) established to be in charge of the labour supervision. This organization monitors activities carried out by supervision bodies and by supervision policies, supervises the enforcement of the supervision policies, evaluates the supervision results, allocates resources, and takes overall responsibilities of the regular functioning of the supervision department.

Labour supervision is primarily charged with supervising employers' compliance with labour laws. Nevertheless, today, we witness a trend towards broadening its scope of application in various countries, including China. According to Articles 2, 34 of the Regulation on Labour Security Supervision of China, the labour supervision applies to the institutions providing job referral services, occupational skills training institutions, occupational skills assessment and authentication institutions, social insurance handling institutions and social insurance service institutions, as well as employing units such as state organs, public institutions, and social groups. As a consequence, the broadening of the scope of labour supervision will contribute to a more comprehensive protection of the interests of employees.

Functional scope, i. e., applications scope, of the labour supervision is generally defined by delineating the scope of the labour laws subject to the labour supervision. This is so because the essence of labour supervision is primarily to supervise employers' compliance with labour laws. As to which labour laws or regulations fall under the scope of labour supervision, there is some discrepancy in theory as well as in legislation of various countries. In general, there are three schools of theory or three legislation models. Firstly, functional scope of the labour supervision is limited to the basic (standard) labour law. Secondly, the scope of labour supervision is defined to cover all mandatory labour provisions. Thirdly, functional scope of labour supervision covers all labour laws or regulations. ①

The dynamic evolution of labour laws and legislations of different countries shows that the second legislation model is likely to become a mainstream model. For

---

① Wang Quanxing, *Labour Law* (2nd edition), (Beijing: Law Press, 2004), p. 416; Huang Yueqin, *New Theory on Labour Law*, (Beijing: China University of Political Science and Law Press, 2003), p. 453.

instance, both Japan and South Korea initially adopted labour supervision system in their respective standard labour laws as mechanisms to implement the labour standards, with the scope of labour supervision being limited to the labour standards laws. Nowadays both Japan and South Korea experience a trend toward broadening the application scope of labour supervision. In Japan, an advisor on employment terms and a new institution to deal with employment discrimination are specifically created within various labour standard supervision institutions at local levels. The advisor for employment terms may deal with the labour complaints not arising from the labour standards law of Japan. ① A Comparison between the Rules of Labour Supervision adopted by China in 1993 and the Regulation on Labour Security Supervision of 2004 with regard to the provisions the application scope of labour supervision discloses that a direction towards the second legislative model has taken place. Besides, the conventions and proposals adopted by the International Labour Organization concerning labour supervision also reflect such trend. ②

In theory, the second legislative model is more convincing in comparison with the other two models; that is to say, it is more appropriate to limit the scope of labour supervision to all mandatory labour provisions. According to the third legislative model, the discretionary provisions fall under the labour supervision. However, the discretionary provisions are subject to the autonomy of the employees and employers provided for by law, and therefore not suitable for being included into the scope of the labour regulation. At the same time, the first legislative model limits the application scope only to the labour standard law, which neither helps provide a comprehensive protection of employees' rights and interests nor helps implement the State's will in the field of employment relations, and, finally, is not conducive to maintain the normal labour order.

III. Labour Supervision as an Administrative Remedy for the Infringement of Employment Rights

According to Article 11 of the Regulation on Labour Security Supervision

---

① Qiao Jian, "Settlement of Individual Labour Disputes in Japan", *Journal of China Institute of Industrial Relations*, No. 6, 1997.

② Lin Yanling, *International Labour Standards*, (Beijing: China Worker Publishing House, 2002), from p. 147.

promulgated in 2004, the followings fall under the scope of labour supervision: (1) the employing units' formulation of internal labour security rules and systems; (2) the employing units' conclusion of labour contracts with labourers; (3) the employing units' compliance with the provisions on prohibiting employment of child labourers; (4) the employing units' compliance with the provisions on special labour protection of female employees and underage labourers; (5) the employing units' compliance with the provisions on working hours, rests and holidays, and leave; (6) the employing units' payment of wages to the labourers and implementation of the minimum wage standard; (7) the employing units' participating in various social insurances and payment of social insurance premiums; (8) the compliance with national provisions concerning job referral services, occupational skills training, and occupational skills assessment and authentication by the job referral services institutions; occupational skills training institutions, and occupational skills assessment and authentication institutions; (9) other particulars on labour security supervision prescribed by laws and regulations.

As to the eight particular situations specifically listed in Article 11 of the Regulation on Labour Security Supervision, they cover some systems and rules related to employment rights, such as unemployment insurance, occupational education and training, job referral services, etc.; they nevertheless leave out issues such as the protection against dismissal, prohibition of forced labour, anti-discrimination system with regard to the equal employment protection, etc., which were later included in such laws as the Chinese Employment Promotion Law and the Labour Contract Law, etc. These laws were not yet promulgated at the time of drafting the Regulation on Labour Security Supervision. Therefore, it was impossible for the rights and systems included in the later labour laws to be included in the previously promulgated Regulation. [1] The best way to deal with this situation is to amend the Regulation on Labour Security Supervision.

However, we cannot therefore conclude that the systems concerning protection

---

[1]　Such a dilemma does not exist in Japan, South Korea and the other countries. In Japan and Korea, the labour supervision was established as a means to implement the labour standard law, which has established the rights and systems related to equal employment, protection against dismissal, prohibition against forced labour and mandatory social insurance.

against dismissal, prohibition of forced labour and the equal protection of
employment rights do not fall within the scope of the labour supervision before an
amendment to the Regulation on Labour Security Supervision is put in place.
Namely, Article 11 (9) thereof can be seen as both confirmation of the previous
legislations and authorization of the later legislations, i. e. even if an issue is not
included in the former eight situations, it naturally falls under the scope of the
labour supervision provided by other laws or regulations promulgated before or after
the Regulation was introduced. In this sense, based on Article 11 (9) of the
Regulation on Labour Security Supervision together with Article 60 of Employment
Promotion Law, ① it can be concluded that various legal systems related to the
employment rights shall be subject to labour supervision provided that they are of
mandatory nature.

In summary, the labour supervision is a system for supervising employers'
compliance with labour laws; various legal regimes related to employment rights are
subject to labour supervision. In view of the protection of labour rights, labour
supervision may well be a way of providing the remedy for infringement of
employment rights, namely, administrative remedy for infringement of employment
rights.

In fact, labour supervision not only prevents employers from violating labour laws
but also rectifies or imposes sanctions on employers' violations against labour laws,
so as to achieve the purpose of protecting employees' rights. Furthermore, in
comparison with the judicial or quasi-judicial proceedings like litigations and
arbitrations, labour supervision has the advantages for being preventive, timely, of
lower cost on the side of employees, convenient and efficient, of a low level of
conflict between employers and employees, which is beneficial for labour relations,
labour supervision, thus becoming a powerful means for protecting labour rights and
implementing labour laws that have been widely introduced by various countries all
over the world. As regards the efficiency of right protection, such a kind of
administrative remedy even prevails over the remedies provided by the judiciary
system. For instance, in Japan, the number of the labour disputes settled down

---

① Article 60 of the Employment Promotion Law provides that the labour administrative department shall
supervise and inspect the implementation of the law, establish a reporting system and accept reports of
violations of the law and timely verify and handle such violations.

through labour supervision as an administrative remedy is far larger than that settled down through judicial means. ①

IV. Specific Means of Labour Supervision for the Protection of Employment Rights

Due to its nature of an administrative remedy for infringement on employment right, labour supervision is an administrative act based on procedures. The specific procedures of labour supervision vary in accordance with the ordinary labour supervision procedure. The latter can be (a) ordinary supervision procedure based on acceptance of reports and complaints, (b) ordinary supervision procedure based on examining required written documents and making daily inspection, and (c) the special labour supervision procedure. According to national laws of various countries, the procedure is initiated once employees file a complaint (see Article 9 of the Regulation on Labour Security Supervision②). However, the initiation of

---

① "Although the number of cases in which employees sue their employers has been dramatically increased, it is quite difficult to make justice being done by this means. The key is that the trial proceedings are painful and time consuming······this helps explain why the number of labour cases in courts is far less than that of other developed countries. Besides the court proceedings, in the event that a labour dispute involves a violation of Labour Standard Law, Law of Minimum Wages or Law of Industrial Safety and Health, the employee may report such a violation to the labour standard supervision agencies. There are 343 supervision bureaus all over Japan with nearly 3300 labour standard supervisors. Upon the report of a serious case, the supervisors are entitled to inspect the business premises and directly request the employer to rectify the violation". Please see Qiao Jian, "Settlement of Individual Labour Disputes in Japan", *Journal of China Institute of Industrial Relations*, No. 6, 1997.

② Article 9 of the Regulation on Labour Security Supervision provides that "Where a labourer considers that the employing unit infringes upon his lawful rights and interests of labour security, he shall have the right to make complaint to the labour security administration. A labour security administration shall keep confidential for the reporters and complainants, and shall award those whose report is true and who have provided important clues or evidence for investigating major acts of violating labour security laws, regulations or rules. " In spite of the right of employees to file a complaint as provided in Chinese legislation, there still lack detailed provisions on the specific procedures relating to the launch of the complaint and the response to the complaint. This to some extent has inevitably affected its effectiveness as an administrative remedy for infringement on employment rights. In this regard, Taiwan province has adopted a far clearer and more detailed legislation, which provides useful reference and experiences. See Huang Yueqin, *New Theory on Labour Law*, (Beijing: China University of Political Science and Law Press, 2003), from page 463.

the labour supervision procedure does not rely solely on filing a complaint; instead, the labour supervision administration can (or should) also start the procedure on its own initiatives. For instance, Article 60 of the Employment Promotion Law provides that the labour supervision administration shall initiate the supervision procedure on its own initiatives to protect the employee's employment rights. For anyone who fails to perform his duties and impairs the legitimate rights and interests of workers, he shall bear administrative liabilities, civil liabilities and criminal liabilities, where appropriate. [1]

As regards the remedies available for job seekers or employees through labour supervision, when their rights or interests are violated, the following section will elaborate this issue from two aspects.

Firstly, labour supervision is a kind of supervision over employers' compliance with relevant laws and regulations. The labour supervision administration can make use of statutory powers such the power to inspection, investigation, disposal, and imposing a penalty to implement the law. [2] The legal consequences which an employer may bear can include receiving a warning or public reprimand, being ordered to make corrections, being fined, illegal earnings confiscated, being ordered for suspension of production or business, cancellation of license, etc. If a crime is constituted, it shall be subject to criminal liabilities in accordance with the law (Article 5 of Several Provisions on Administrative Penalties relating to Labour Issues). In fact, the use of the statutory powers and the legal consequences possess the nature of administrative penalties provided for in administrative law (a few measures are the specific administrative acts like administrative mandatory measures or administrative decisions). Given their public law nature, the purpose of administrative penalties primarily focuses on the protection of public interests and public order, instead of directly providing administrative remedy or compensation to the victims. Nevertheless, it is undeniable that such administrative penalties may

---

[1]   Article 68 of the Employment Promotion Law.

[2]   The power and means available to the labour supervision authorities vary between the countries. A lot of countries or regions provide more sufficient authorization than Mainland China. For instance, labour supervision authority in Taiwan province can have power to seal, to apply for a search warrant and to seize, in addition to the similar powers of their mainland counterparts. Please See Huang Yueqin, *New Theory on Labour Law*, (Beijing: China University of Political Science and Law Press, 2003), from p. 463.

play a role of providing indirectly a remedy or safeguarding the rights of the victims. As Shi Shangkuan elaborated on the role of the criminal penalties in protecting private rights, "private rights are not ruled by the criminal law but are indirectly protected thereby. For instance, the provisions relating to murder (···) indirectly protect the personality rights". ①

More importantly, we see labour supervision as a remedy for the infringement on employees' employment rights on the basis that it can provide protection; remedy and compensation in case of their employment rights are violated. Based on the analysis of the currently in force laws and regulations related to labour and labour supervision, the following major forms of remedies can be used against violations of employment rights.

The first is restitution of property. For instance, Article 63 of the Employment Promotion Law provides that job referral agency established by government or its related departments shall not be operated for commercial purpose or by charging workers fees, or the supervision authority shall order it to make a correction, refunding to workers the fee illegally charged. Article 66 provides that, where a job referral agency collects deposits or detains the resident identity cards or other certificates of workers, the labour administrative department shall order the agency to return them to the workers within the given time limit.

The second remedy provides economic compensation or damages. For instance, according to Article 26 of the Regulation on Labour Security Supervision, where an employing unit fails to pay labourers the economic compensation in accordance with law after rescinding the labour contracts, it shall be ordered by the labour security administration to pay, within a time limit, the economic compensation for rescinding the labour contracts. If the employing unit fails to pay the said amount within the time limit, it shall be ordered to pay additional compensation to the labourers at the rate of not less than 50% but not more than 1 time of the payable amount. Another example: Article 15 of the Special Rules on the Labour Protection of Female Employees provides that, where an employing unit violates these Rules by infringing upon the legitimate rights and interests of any female

---

① Shi Shangkuan, *Civil Law Pandect*, (Beijing: China University of Political Science and Law Press, 2000), p. 34; *The Oxford Companion to Law*, (Beijing: Guangming Daily Publishing House, 1988), p. 764.

employee and causing damage to the female employee, the employing unit shall make compensation pursuant to law.

The third remedy consists of restoring the labour relations. According to Article 29 of the Regulation on Labour Security Supervision, where an employing unit violates the Labour Union Law of the People's Republic of China by committing… (3) Rescinding the labour contract with a labourer due to his attending labour union activities; or (4) rescinding the labour contract with an employee in the labour union due to his lawful performance of his duties, it shall be ordered by the labour security administration to make a correction. According to the Administrative Penalty Measures for Violating the Labour Law of the PRC, Article 16 provides that, if an employing unit fails to rescind a labour contract according to conditions stipulated in the Labour Law or intentionally delay the conclusion of a labour contract, it shall be ordered to make a correction within a prescribed period. In such a case, the result of implementing the administrative decision of "being ordered to make a correction" is inevitably to restore the labour relations.

The fourth remedy stops the infringement and eliminates the impediments. For instance, Article 85 of the Labour Law of the PRC authorizes the labour supervision authority to stop the act violating the labour laws and to order the rectification. Relevant labour laws also include such "order-to-rectify" provision, for instance, Articles 66, 67 of the Employment Promotion Law, Articles 3 −17 of the Administrative Penalty Measures for Violating the Labour Law, which provide the administrative penalty measures for "order-to-rectify". The implementation of such administrative penalty measures for "order-to-rectify" normally functions to eliminate the impediments and (to force those who violate the laws) to stop the infringement. [1]

---

[1]　Two examples of legislation are raised as reference. For instance, Article 17 of the Administrative Penalty Measures for Violating the Labour Law provides that if an employing unit fails to pay social insurance premiums without justifiable reason, it shall be ordered to correct it within a prescribed time period. If it fails to correct it within the prescribed period, it shall be ordered to pay up not only the overdue premiums but also a fine equivalent to two per thousand of the overdue payment for each day in arrears. The overdue fine payments shall be incorporated into the social insurance fund. Article 67 of the Employment Promotion Law provides that where an enterprise violates this Law by failing to make a provision of the operating fund for education of employees or by misappropriating the operating fund for the education of employees, the labour administrative department shall order it to make a correction; and it shall be punished in accordance with law.

V. Effect of Labour Supervision as an Administrative Remedy

The legal effect of supervision administrative measures adopted through labour supervision relates, on the one hand, to its efficiency or reliability as remedies for violation of employment rights, and on the other hand, to equal protection of rights of all parties concerned.

In terms of its legal nature, labour supervision falls under/within the scope of the administrative law enforcement. A supervision decision made by a labour supervision administration[1] is a specific administrative act adopted by the relevant administrative organ within the limits defined by law. The decision thus has the validity of administrative act, including invariableness, presumptive legality, restriction and the validity of fulfilment. The validity of invariableness effect means that an effective administrative act has a definite effect on administrative subject and administrative counterpart, without the possibility to be changed at will; presumptive legality implies that, once an administrative act is conducted, it should be presumed as legal and effective, which requires all the authorities, organizations or individuals to respect the adoption of the administrative act; validity of restriction is a binding and restrictive effect that an enforceable administrative act can have on administrative subject and administrative counterpart; the validity of fulfilment is the validity which requires administrative subject and administrative counterpart to carry out the contents of the effective administrative act.[2] In line with this, Several Provisions of the Ministry of Labour and Social Security Regarding the Implementation of the Regulation on Labour Security Supervision provide for the following in Articles 41, 42 and 44 respectively: after a decision of labour security administrative punishment or handling is made according to law, the party concerned shall carry it out within the time limit as specified in the decision; if the party concerned applies for administrative reconsideration or lodges an administrative

---

[1]   The forms of document used for different administrative measures basically include labour security supervision order for making a correction within prescribed period, labour security supervision decision on administrative punishment, and the labour supervision decision for administrative penalty.

[2]   Jiang Mingan ed. , *Administration and Administrative Procedure Law*, (Beijing: Peking University Press, Higher Education Press, 1999), from p. 154.

lawsuit because it refuses to accept the decision of labour security administrative handling or administrative punishment, the execution of the decision shall not be stopped unless it is otherwise provided for by law; If the party concerned fails to carry out, within a specified time limit, the decision of administrative punishment, or decision of administrative handling such as an order of paying the wage, remuneration, compensation to an employee or social insurance premium, the labour security administrative department can apply to the people's court for enforcement, or itself enforce the decision according to law.

Thus, in the event of infringement of workers' employment rights, the remedy or protection available for the workers provided by the labour supervision decision is with a high certainty. In this sense, it can be said that the labour supervision is an effective, reliable public remedy for the protection of labourers' employment rights.

However, in light of the need to protect equally the rights of people, as well as of the principle of respect judicial decision in a rule of law state, the law gives/ guarantees both parties to the employment relations, in particular employers as discussed in this article, the right to apply for an administrative reconsideration or lodge an administrative lawsuit against the administrative penalty or decision from the labour supervision authorities.

The right of employers for seeking administrative reconsideration or lodging lawsuit is based in Article 6 (1), (2), (3) of Administrative Reconsideration Law, in Article 11 (1), (2) of the Administrative Procedure Law, and in Article 19 of the Regulation on Labour Security Supervision. Meanwhile, in accordance with Article 6 (9), (10) of the Administrative Reconsideration Law, Article 11 (5) of the Administrative Procedure Law and Article 3 of Measures for Administrative Reconsideration on Labour and Social Security. Namely, workers also have the right to apply for an administrative reconsideration (with its nature being as labour administrative remedy, which however is different from the administrative remedy provided by labour supervision as discussed in this paper) or lodge an administrative lawsuit. ①

---

① Given that the labour supervision is an administrative remedy adopted against employers to protect the interests of labourers, theoretically speaking, it is good for labourers. In this sense, labourers seem to have no need to apply for an administrative reconsideration or lodge an administrative lawsuit against the labour supervisory agencies. However, according to relevant stipulations of the Administrative Procedure Law and the other laws, labourers still have such right.

Besides these procedural rights, the parties to labour relations are entitled to substantive rights, like the right to require administrative compensation. For example, Article 31 of the Regulation on Labour Security Supervision provides that "where a labour security administration or a labour security supervisor illegally exercises powers, and infringes upon the lawful rights and interests of an employing entity or labourer, it/he shall bear the liabilities for compensation in accordance with the law".

The aforesaid system arrangements in Chinese labour legislation allow for administrative reconsideration, administrative lawsuit and even a request for administrative compensation on administrative decisions made by labour security supervision administration. Accordingly, it can be inferred that the administrative remedies for victims of violations of employment and labour laws are not last resorts, which is exactly the fundamental reason for the judicial remedies having been provided after exhaustion of administrative remedies for victims of violations of employment rights.

(Translated by Bi Xiaoqing, proofread by Li Xixia)

On Women's Equal Employment Rights

Shi Juan, *Li Bosi*[*]

I. The Principle of Equality in the Protection of Women's Rights and Interests

Equality has ancient philosophical origins. According to Aristotle's classical definition, equality requires like cases to be treated alike; unlike cases should be treated differently, in proportion to their unlikeness. Equality is the commonality between people, which can be the commonality of benefit itself or the commonality of the sources of benefit. Social equality, as countless ancient sages had pointed out, is in essence the equality of rights. [1] Equality between men and women is one of the important human rights, including social rights. From the perspective of human rights, gender equality means that all citizens, regardless of their gender, should enjoy equal rights in all political, economic and social fields, without any differential treatment based on external or internal differences. [2] At the international level, women's equal rights with men in the enjoyment of all economic, social and cultural rights is provided for in the United Nations Charter, the Universal Declaration of Human Rights, the International Covenant on Economic, Social

* Shi Juan, Law School, Renmin University of China; Li Bosi, Beijing University of Aeronautics and Astronautics.

[1] Wang Haiming, "A New Theory of Equality", *China Social Sciences*, No. 5, 1998, p. 53.

[2] Yang Chengming, *Human Rights Law*, (Beijing: China Integrity Press, 2004), p. 204.

and Cultural Rights, the Convention on the Elimination of All Forms of Discrimination against Women (CEDAW), as well as in some specialized conventions of the International Labour Organization (ILO). Among these instruments, the CEDAW is known as the Women's Bill of Rights for being the most important international instrument in the field of protection of women's rights and interests. China is among the countries that first ratified the CEDAW. At the domestic level, the Chinese Constitution, the Law on the Protection of the Rights and Interests of Women, the Labour Law, the Employment Promotion Law, the Labour Contract Law, and the Special Rules on Labour Protection of Female Employees have provided for women's right to equality, as well as for special protections for women with difficulties resulting from their special physiological needs. However, the principles of equality established by these laws do not belong to the same category: some require an absolute equality of men and women, while in some others equality includes differential treatment and therefore contains special protections.

Equality can be divided into many different categories, such as formal equality and substantive equality, or the equality of opportunity and the equality of result. Substantive equality is considered to be a higher level of equality than formal equality, and the difference between the equality of opportunity and the equality of result relates to different stage of application. Therefore, based on different emphasis and footholds, this article divides equality into two categories, namely, the strong form of equal treatment and the weak form of equal treatment.

1. Two Different Types of Equal Treatment

The principle of equal rights has a two-fold meaning: first, everyone should be equal in the enjoyment of fundamental rights; second, everyone should be proportionally equal in the enjoyment of non-fundamental rights. [1] In the context of distribution of benefits and burdens, equal treatment can have two different meanings. The first one is the strong form of equal treatment, which requires that everyone be treated as "the same human beings", so as to enable everyone to participate in the distribution of benefits and burdens, in order to get his or her equal share. Therefore, classification of people should be avoided as much as possible. The second one is the weak form of equal treatment, which requires that

---

[1] Wang Haiming, *supra* note [1].

people be classified into different categories according to certain criterion, so that only those who have been classified into the same category can have equal share. Therefore, the weak form of equal treatment means both equal and differential treatment: namely, the same treatment under the same circumstance, differential treatment under different circumstances. For instance, as regards the protection of women, the weak form of equal treatment is mainly manifested in the special protection for women, based on their special physiological and psychological needs. Typically, each form of equal treatment has its own scopes of application.

(ⅰ) The Strong Form of Equal Treatment

The strong form of equal treatment between men and women refers to a complete equality between men and women in the enjoyment of rights. The adherence to the strong form of equal treatment by modern laws, especially civil law, is justified on the ground of two basic judgments. The first one is equality. The acceptance of the principle of equality has been rising with the development of civil society and of the civil law. The principle of equality was established during the first phase of modern history, when the market economy was not developed. The subjects of market economy and thus members of civil society were mainly free peasants, craftsmen, small owners and the owners of individual workshops who were basically equal in economic strength and very few of them had prominent advantage over others. This is what lead legislator to the basic judgment regarding social life at that time, namely, that all civil subjects were equal. The second basic judgment was inter-changeability, which means that civil subjects frequently switch positions with each other in civil activities. This would make up for any insufficiency in the basic judgment of equality. For example: Inter-changeability was a complementary principle, aimed at making the principle of absolute equality in civil law more flexible and thus more reflecting the dynamic reality of growing civil society. In this sense, inter-changeability is subordinate to equality. Wang Yi holds that one of the basic rules of argumentation in civil law is that the strong form of equal treatment should be adhered to unless there is a sufficient justification for not doing so. [1] Under the guidance of principles of human rights and women's rights,

---

[1] Wang Yi, "Substantive Rules of Argumentation in the Value Judgment of Civil Law: Taking the Academic Practice in Civil Law Studies in China as Background", *China Social Sciences*, No. 6, 2004, p. 105.

the complete equality between men and women has a strong appeal. However, it is important to note that the strong form of equality is not equal to egalitarianism.

(ii) The Weak Form of Equal Treatment

The weak form of equal treatment refers to the legal protection of women's special rights based on women's special needs, especially physiological needs. Such a treatment is not a privilege, because the purpose of legal protecting of women special rights is to ensure full realization of equal rights of disadvantaged groups in the society and that the special rights acquire reasonableness in the pursuit of this objective. [1] The strong form of equal treatment of men and women is restricted by many factors, such as socio-economic conditions, social lifestyle, historical tradition, religious belief and social culture. Between men and women, it is obvious that two basic conditions of the strong form of equal treatment are not satisfied. Firstly, men usually enjoy a more advantaged social status than women. Just as Ronald Dworkin has pointed out, subjects of social life are not equal. If people start with equal amount of wealth and have roughly equal levels of raw skills, then a market allocation would ensure that no one could properly complain that he had less than others, over his whole life. He could have had the same as they if he had made the decisions to consume, save or work as they did. But in the real world people do not start their lives on equal terms. In a market economy, people who do not have equal opportunity are less able to produce what others want. [2] It is actually contrary to justice to demand that unequal circumstances be treated equally. History tells us that in most countries worldwide, women were in an extremely disadvantaged position. In western countries, skin colour and gender had once been used as ground for discrimination; women and colored people were thought to lack the ability of rational thinking and decision-making possessed by white men. Secondly, the physiological differences between men and women have determined the lack of inter-changeability between them. Women are a special group of people in society. [3] The

---

[1]　Wu, Ning and Yue Changzhi, *Legal Protection of Women's Rights*, (Shanghai: Tongji University Press, 2010), p. 41.

[2]　Ronald Dworkin, *A Matter of Principle*, Chinese edition (translated by Zhang Guoqing), (Nanjing: Jiangsu People's Publishing House, 2005), p. 270.

[3]　Yu Shaoxiang, *Rights of the Disadvantaged: Jurisprudential Studies on the Protection of the Disadvantaged Groups in the Society*, (Beijing: Social Sciences Academic Press, 2008), p. 13. The author of this book distinguishes between "special groups" and "disadvantages groups".

difference between men and women in physical strengthens and physiological
characteristics determined their different roles and status in society, especially in the
times of slash-and-burn cultivation, and were also an essential factor leading to
women's disadvantaged position. Under these circumstances, to require the uniform
equal treatment of men and women, for example, to treat women in the same way
as men when they are in the four periods (periods of menstruation, pregnancy,
childbirth, and lactation), would only widen the gap of inequality between men
and women. Therefore, the fundamental principle of the weak form of equal
treatment is "unequal treatment of unequal cases", namely differential treatment.
However, the capacity and scope of radiation of this principle are hard to
determine. Too strong capacity of radiation, too broad scope of radiation or too
much focus on differences may render the term "equality" meaningless. It is for this
reason that the purpose of many theories and doctrines are not so much as pursuing
equality as demonstrating the existence of inequality. These theories and doctrines
argue that equality can coexist with hierarchical systems. It even does not pose a
challenge to the slavery system because this system can be justified in the following
way: since slaves are different from free men, the principle of equality is abided by
as far as all people falling into the category of slave are treated equally. ①

The strong and weak forms of equal treatment are two sides of the same coin —the
principle of equal treatment for women. These two kinds of equal treatment roughly
correspond to John Rawls' two principles of justices: the first one refers to the
"system of equal basic liberties: 'Each person has an equal claim to a fully adequate
scheme of equal basic rights and liberties, which scheme is compatible with the same
scheme for all. ' The second principle of justice means "the reasonable arrangement
of social and economic inequalities". It contains two concrete principles, i. e. , social
and economic inequalities are to satisfy two conditions: first, they are to be to the
greatest benefit of the least advantaged members of society, consistent with the just
savings principle; second, they are to be attached to positions and offices open to all
under conditions of fair equality of opportunity. ② The weak form of equal

---

① Zhou Yong, *Jurisprudence on Minority Rights in International Law: Ethnic, Religious and Linguistic
Minorities and Judicial Protection of Their Members under International Law*, (Beijing: Social Sciences
Academic Press, 2002), p. 19.

② John Rawls, *A Theory of Justice*, Chinese edition (translated by He Huaihong, He Baogang and
Liaoshenbai), (Beijing: China Social Sciences Publishing House, 2009), p. 302.

treatment should abide by the principle that "any unequal distribution of interests must be to the greatest benefit of the least advantaged, and must give certain compensation to the disadvantaged social groups", and the order of priority between the principles implies that the system of equal basic liberties takes priority over the system of social and economic inequalities. Likewise, the strong form of equal treatment should take priority over the weak form of equal treatment. More to the point: the weak form of equal treatment can be adopted only in situations where the strong form of equal treatment is unable to provide the necessary protection. Even in such situations, the scope of application of the weak form of equal treatment should be strictly limited.

2. Two Historical Stages in the Development of Women's Right to Equal Treatment in China

Generally speaking, the idea of gender equality has undergone three stages of development in western countries.[①] The first stage was characterized by the emphasis on the equality between men and women, and the demand for equal enjoyment of the right to work, economic rights and legal rights by men and women; at the second stage, the differences between men and woman were emphasized; the third stage was the stage of post-modern feminism, with the deconstruction of the concepts of men and women as its basic strategy. This ideologically based development has reflected the reality and is beginning to exert influence in China.

(ⅰ) The Role Played by the Strong Form of Equal Treatment in the Early Years of the People's Republic of China (PRC)

The idea of gender equality began to take root in China in late Qing Dynasty, when Kang Youwei and Liang Qichao called for "the complete equality between men and women". In the early years of the PRC, gender equality took restricting the persecution of women as its starting point and aimed at eliminating physical oppression of women by feudal forces and the remaining evils of feudalism. Before the establishment of the PRC and during the early years of the PRC, the communist government had passed a large number of pieces of legislation in this field. For example, the Outline Constitution of the Soviet Republic of China, adopted in 1931, provided that "Everyone, regardless of gender, race or religion,

---

① Yuan Jingxiu, *Studies on the System of Legal Protection of Women's Rights and Interests*, (Beijing: People's Publishing House, 2006), p. 207.

is equal before the Soviet law;" and that "The Chinese Soviet political power takes
the complete liberation of women as its aim, recognizes the freedom of marriage,
implements various measures for the protection of women, and strives to ensure to
women the material basis enabling them to actually free themselves from the restraint
of domestic labour so that they can take part in the economic, political and cultural
life of society." Furthermore, the 1949 Common Program of the Chinese People's
Political Consultative Conference declared that: "The PRC abolishes the feudal
systems that fetter women. Women shall have equal rights with men in all fields of
political, economic, cultural, educational and social life. The state implements the
system of the freedom of marriage." During the period when China was under the
planned economy, the idea that "women hold up half the sky" had been widely
disseminated. According to the Marxist view as regards women, the oppression of
women is a social phenomenon that emerges at certain stage of human history and
will be inevitably replaced by gender equality under new historical conditions. ①
The law at this historical stage had played an important role in liberating women
from feudal oppression and establishing a new socialist order. ② Women's liberation
and equality during that period was not so much as emancipation of mind as a
political necessity. Nevertheless it broke the feudal idea of "male superiority" that
had dominated in China for thousands of years.

(ⅱ) The Role Played by the Weak Form of Equal Treatment since the Reform
and Opening up

Since 1976, with the establishment and development of the market economy,
China has once again embarked on the road of inequality between men and
women. ③ Under the market economy, men play the dominant role in society,
while women are in a disadvantaged position in economic and all other areas of
social life. The inequality between men and woman has intensified. The legislation
on women's rights entered into the second stage, at which legislators tended to

---

① Xue Ninglan, *Gender and Women's Rights*, (Beijing: Social Sciences Academic Press, 2008),
p. 11.

② Zhou Cuibin, "Existing Problems and their Solutions in Legislation on the Protection of Women's
Rights and Interests in Contemporary China: a Comparison with Norwegian Gender Equality Law",
Law Science Magazine, No. 1, 2009, p. 138.

③ Stacey H. Leong, "Women in China: Free Market Reforms Decrease Gender Equality",
U. C. Davis J. Int'l L. & Pol'y, No. 2, 1996, p. 137.

consider the protection of women's rights mainly from the androcentric point of view. The Law on the Protection of Women's Rights and Interests is the most representative legislation at this stage, with a focus on giving women various rights on an equal basis with men. However, rather than taking the strong form of equality as its underlying value orientation, it demands the protection of women's rights under circumstances in which women are in a disadvantaged position as compared to men, and the equality of rights of men and women will not be achieved in a short period of time. Although the law has given women equal rights with men, under the condition in which women are not equal with men either in social ideas or in social reality, the approach of proceeding from the special characteristics of women and the differences between men and women has led to the situation in which although women's special rights are protected, there is still a big gap between men and women in the enjoyment of rights, with no gender equality having been achieved.

3. Women's Equal Employment Rights

The Chinese Labour Law provides that: "Labourers shall have the right to be employed on an equal basis, choose occupations, obtain remuneration for their labour, take rest, have holidays and leaves, obtain protection of occupational safety and health, receive training in vocational skills, enjoy social insurance and welfare, and submit applications for settlement of labour disputes, and other rights relating to labour as stipulated by law;" that "Labourers shall not be discriminated against in employment, regardless of their ethnic community, race, sex, or religious belief;" and that "Females shall enjoy equal rights as males in employment." Here the term "employment" is to be understood in a broad sense, namely as the entire process from recruitment to employment to retirement; the so-called women's equal employment rights refer to the equal treatment of men and women during this whole process. The weak form of equal treatment in employment covers a special protection given to women in light of their special physiological needs. The scope of such protection mainly includes, but is not limited to, the prohibition of women from occupations or works that are harmful to their health, and special protections of women during the "four periods". The strong form of equal treatment in employment means that men and women shall enjoy equal labour rights in all aspects of employment, including recruitment, salary, and training, promotion, working conditions, retirement and social insurance.

Ⅱ. The Weak Form of Equal Treatment in Employment

Even in the area of civil law, which takes equality before the law as a fundamental principle, the presumption of universal equality between civil subjects has been challenged by the differentiation and opposition between entrepreneurs and labourers, on one side, and between producers and consumers in the contemporary society, on the other. It is no longer possible to maintain social peace in specific fields by merely adhering to the strong form of equal treatment and by stressing the abstract equality of personality between civil subjects. As a result, the increasing attention has been paid to the weak form of equal treatment, the concrete manifestations of which are dividing civil subjects into business operators and consumers in the field of consumption, and into employers and labourers in the field of production and business management, thus establishing corresponding legal rules and emphasizing the protection of the interests of consumers and labourers. This change in attitude regarding the weak form of equal treatment has a revolutionary significance to law making in civil society. The civil law in modern sense has evolved from the legislation that gives members of society different rights according to their status into the legislation that provides for the same legal effects for a given act, regardless of the social status of the actor. This can be seen as a transition from status-based legislation to behaviour-based legislation. Currently, there is a tendency of re-attaching importance to the status of certain social groups in the fields of civil law and social law. Such an approach needs to be scrutinized both for its legitimacy and its role and scope of application.

1. Tasks of the Weak Form of Equal Treatment

As different from the status-based legislations in modern history, the current status-based legislation aims not at protecting special interests of certain social groups, but at ensuring that such groups enjoy the same interests and substantive equality with other members of the society. More importantly, without the weak form of equal treatment, there will be a serious imbalance of interest relationship among various social groups, which are in a condition of differentiation and confrontation with each other. As a result, the disadvantaged groups will be unable to express freely their will and to realize their political, economic and cultural rights on equal basis with other social groups. The weak form of equal treatment is justifiable in that it can better protect women's rights and interests than the strong form of equal treatment.

(i) Improving the Protection of Women's Rights in a Step-by-Step Way

After introducing the idea of gender equality, most countries worldwide have gone through the stage of stressing the differences between men and women and giving special protection to women. Firstly, the differences between men and women are objective. The difference principle creates a fair basis for the advantaged groups to compensate the disadvantaged groups, so as to make the cooperation between the advantaged groups and the disadvantaged groups possible. ① Secondly, it is easy for society to reach a consensus on the weak form of equality. In his book *Nicomachean Ethics*, Aristotle gave a profound analysis of equality and justice: The just, then, is an intermediate, since the judge is so. Now the judge restores equality; it is as though there were a line divided into unequal parts, and he took away that by which the greater segment exceeds the half, and added it to the smaller segment. And when the whole has been equally divided, then they say they have "their own" —i. e. when they have got what is equal. ② Although the weak form of equality has its justifications, from the human rights perspective, a restrictive approach towards this form of equality has been adopted by the modern society. Before a social consensus is reached or a legislative basis laid down for the realization of the strong form of equality, it is easier to realize the weak form of equality. For example, special provisions on the protection of labour rights of female workers can be adopted to reduce or eliminate the difficulties encountered by female workers because of their special physiological characteristics. A law containing such protective provisions was passed made in China in 1988 and revised in 2012. Arguably, this law has played a prominent role in the protection of the labour rights of female workers, especially in the prohibition of employing female workers in the occupations or work that are harmful to women, and in the protection of female workers during the "four periods". The purpose of these special measures is not only to protect the health of female workers, but also to protect the next

---

① Zhao Xun, *The Social Contract Basis for the Protection of Disadvantaged Groups*, (Beijing: China University of Political Science and Law Press, 2010), p. 190.

② Aristotle, *Nicomachean Ethics*, Chinese Edition (translated by Miao Litian), (Beijing: China Social Sciences Publishing House, 1980), p. 235.

generation. Therefore, rather than constituting a threat to men, special measures
will bring practical benefits to men. As a result, it is easy (or: it should be easy?)
to reach a social consensus on these measures.

(ii) The Weak Form of Equality Is Applicable to All Stages of the Protection of
Women's Rights and Interests

The weak form of equality, as a weak form of protection of women's rights and
interests, is not a form of protection that applies only at the last stage of the
development of gender equality; it should instead be the only form of protection
remaining at the highest stage of the development of gender equality. This form of
equality can be applied not only in situations where the strong form of equal
treatment is difficult to realize, but also in situations where an overall balance and
equality have been reached between men and women. The weak form of equal
treatment has legitimate grounds as long as such a differential treatment "is in the best
interest of the least advantaged, and can bring certain compensation to the
disadvantaged groups of the society". The special labour protections for women are
justifiable as long as women's special physiological conditions and their childbearing
social function remain unchanged. It is foreseeable that purpose-specific measures for
the protection of women's special labour rights will always be necessary in a society.

2. The Specific Scope of Application of the Weak Form of Equal Treatment

The weak form of equal treatment, as a special form of protection, must be
strictly purpose-specific and mainly based on women's special physiological and
psychological characteristics. On the one hand, physiological differences between
men and women are manifested mainly in the fact that women are physically weaker
and less adaptable to heavy physical labour or very high-or-low-temperature work
environment; hence the necessity of prohibiting the use of female workers in such
work or work environment. The 1990 Provisions on the Scope of Forbidden Work
Assignment for Female Workers are one example of such laws. On the other hand,
women's physiological functions are affected and their resistance to the influences of
external environment weakened by the "four periods". Heavy physical labour,
inadequate working conditions and stress may affect women's safety and health,
even the health of the next generation of the entire nation, hence the necessity of
providing them with special protection during the "four periods". The 1988
Regulations on the Labour Protection of Female Staff and Workers and the 2012
Special Rules on the Labour Protection of Female Employees are two typical

examples of such special protection.

The principle that "Determinatio est negation" (every determination is a negation), implies that the determination of one means excludes all the others. No other law may contain provisions on the weak form of equal treatment except for the above mentioned provisions originating from higher ranking laws that prohibit women from engaging in certain occupations or work harmful to their health or protect female workers during the "four periods". That is why many scholars question the extent of equality in the Law on the Protection of Women's Rights and Interests and the legitimacy of the system of different retirement ages for men and women. More notably, if the weak form of equal treatment is implemented in the fields where such a treatment is not appropriate, the nature of the treatment may change with the passage of time, causing the change of people's rights consciousness-the differential "protection", as a weak form of equality, might be seen as a form of discrimination against the protected group.. Take the system of early retirement age for female workers for example. After the State Council adopted the Interim Provisions on the Retirement Age of Workers and Staffs on February 9, 1958, the General Office of the Labour Ministry, the Personnel Bureau of the State Council, and the Department of Labour Insurance of the All-China Federation of Trade Unions jointly issued the Answers to Questions relating to Interim Provisions of the State Council on the Retirement Age of Workers and Staffs, which contained the following question and answer:

> Question: Why is the retirement age lower for women than for men?
> Answer: This is because men and women have different physiological conditions. Women are generally weaker than men. Their health is affected by childbirth. Therefore, the state, apart from giving female workers maternity leave and special protection for mother and infant during childbirth, also provides for early retirement age for women, which is completely necessary and reasonable.

However, with the progress in women's educational level, the implementation of economic reform and the reform of the salary system and the pension system, negative effects of the system of different retirement ages for men and women, which was first implemented as a system of protection for women, become increasingly prominent. Early retirement age for women directly leads to the lowering of pension level, replacement rate, promotion opportunity and degree of self-realization for women. As the case of Zhou Xianghua v. China Construction Bank Pingdingshan Branch shows, artificially cutting short women's professional life, as an inappropriate weak form of equal treatment, has become an infringement of women's employment rights. [1] Ms. Zhou Xianghua, who was born in October 1949, had been the deputy manager of the Tellers' Department of China Construction Bank Pingdingshan Branch (hereafter referred to as the Bank). In January 2005, the Bank notified Ms. Zhou to go through retirement procedures on the ground that she had reached the legal retirement age. However, Ms. Zhou believed that she was still competent for her current work and therefore demanded that she have the same retirement age of 60 as her male colleagues. She claimed that the practice of the Bank constituted discrimination and violation of the Constitution. In August 2005, Ms. Zhou filed an arbitration application at the Arbitration Committee for Labour Disputes of Pingdingshan City, requesting the Committee to annul the Bank's decision. When the Committee did not support her request, she brought a lawsuit at a people's court.

Today many people support the idea of "social gender" and believe that an important approach to the realization of gender equality is to eliminate the unfairness in the current legal structure based on the so-called "male privilege" or male perspective. However, this approach should be subjected to certain qualifications because, like the special protection for women, such an approach may intensify social consciousness of the differences between men and women. It has certain significance only when the differences between men and woman are large enough to be changed or remedied in a short period of time. Even under such circumstance, its significance is mainly limited to the legislative value and it can do more harm than good to the pursuit of the ideal of equality.

III. The Strong Form of Equal Treatment in Employment

1. The Legitimacy of the Strong Form of Equal Treatment

In 1919, the Weimar Constitution of Germany for the first time in human

---

[1] See " 'Case of Gender Discrimination' Relating to Different Retirement Ages for Men and Women", http: //news. hrloo. com/zhaopin/22652. html, visited on June 5, 2012.

history established the right to existence in a modern sense. This right includes not only the right to live, but also the right to live a life that embodies human value and human dignity. The right to employment is the most fundamental form of the right to existence and it has different requirements in different periods of time. It is a fundamental right indispensable to the survival and development of human beings and to the satisfaction of their minimum and basic political, economic and ideological needs. One of the basic rules of argument for the principle of gender equality is that the equal treatment in the strong sense must be adhered to unless there is sufficient justification to do otherwise. As John Rawls pointed out when discussing the two principles of justice: " These principles are to be arranged in a serial order with the first principle prior to the second. This ordering means that a departure from the institutions of equal liberties required by the first principle cannot be justified by, or compensated for, by greater social and economic advantages. " Among different types of equal treatment, the strong form of equal treatment should play the most important role. The determination of any type of equal treatment must abide by the above rule of argument. Some people deny the strong form of equality on grounds of the reciprocity of rights and the argument that " the question is not whether or not to protect the disadvantaged, but to protect the disadvantaged at what cost". These arguments are not tenable. According to the theory on the discrimination by employers, requiring the employer to give women the strong form of equal treatment is compatible with laws of economics, because practising discrimination will not bring real economic benefit to the employer. Some employers who approve of discrimination against women are willing to pay a certain cost or give up certain income, in order to keep female employees away. Provided that female and male employees have the same qualifications, if an employer has a preference for hiring male employees in high-salaried jobs, then his action taken during the employment policy-making process shows that he believes that female employees have a lower productivity than male employees. Female employees' productivity is devalued solely because of a subjective judgment or prejudice of the employer. The stronger the employer's prejudice, the more discount is made of the actual productivity female employees. Suppose female workers have the same productivity as male workers. Female and male workers are considered completely substitutable with each other, and can be hired randomly at the same salary level by employers who do not incline to gender-based discrimination. However, an employer who has prejudice against women tends to hire only men. In order to adhere to his prejudice, he has to forfeit some of the profit, which will affect his survival as an employer, because employers who are driven only by the pursuit of the maximization of profit will always be able to get more profit from a given amount of investment than discriminatory employers. As a result, non-discriminatory employers will ultimately drive discriminatory employers out of the market. ①Obviously, apart from the prohibition of using female workers in certain work that are harmful to their health and the special protection of female workers during the "four periods", women should enjoy the strong form of equal treatment in recruitment, salary, training, promotion, working conditions and all other aspects of employment.

2. The Tasks of the Strong Form of Equal Treatment

In 2012, China ranked number 81 in the World Gender Equity Index. China's gender equality indices in the relevant fields were: education 0.95; economy: 0.76; political participation: 0.21; comprehensive index: 0.64. ② China's high index of gender equality in the field of education was attributed to the 9-year compulsory education system and the unified college entrance examination system. It is the result of the strong form of equal treatment. This shows that the strong form of equality plays a crucial role in upholding gender equality and is an accelerator of the process of realization of women's right to equal employment. The strong form of equal treatment in employment has played a crucial role at various stages of protection of women's rights and interests in China, and it has had different connotations at different historical periods. During period when China had just established the principle of gender equality, it was mainly an abstract form of equal treatment. In the years when the idea of equality between men and women had not yet been widely accepted, women's employment rights would be considered realized if they were allowed to participate in certain social activities or certain social labour. Later, as women's consciousness of legal protection gradually increased, women's employment rights were considered as

---

① See Gary S. Becker, *The Economics of Discrimination*, second edition, (London: the University of Chicago Press, 1971).

② See http: //socialwatch. org/node/14367, visited on August 7, 2012.

realized provided women could support themselves through work outside their families, even if their social status was still relatively low. Today, the narrative on women's employment rights has as its primary aim to ensure that there will no longer be any need to discuss this issue, and that there will no longer be any differential treatment of men and women. More precisely, they hope that there will be no longer any need to treat women as a special group in society, and that women inferiority towards men will no longer be a social reality. Moreover, with the rise of women's rights consciousness, women's right to employment is no longer reduced to the right to have a job to support themselves, but it also includes the right be treated with dignity and equality, with no differentiation between men and women on the whole. Apart from certain special protections based on women's special physiological characteristics, there should be no difference between men and women in the participation in and division of labour in a society; the strong form of equality should become the objective of the protection of women's right to employment. For example, almost every article in the Norwegian Gender Equality Act demands equal treatment of men and women from an integrated and comparative perspective, and almost none of them demand the protection of women solely from women's perspective. By discussing the rights of both men and women from the comparative perspective, rather than merely discussing the protection of women's rights divorced from the right to equality, this Act has promoted the strong form of gender equality in employment. In the U. S. , the essence of the protection of women's rights and interests is equality because women's rights are seen as constitutional rights, the connotation of which is that men and women should enjoy the same rights and the same legal protection. This is a typical strong form of equality. To sum up, the task of the strong form of equality in employment is to promote the equality between men and women in the enjoyment of labour rights without differential treatment.

The degree of women's participation in political affairs is an important indication of women's political status in various countries. The laws in many countries provide for the percentage of women in elected public bodies. Although political participation is a type of working activity, it also belongs to the category of women's political rights. In the context of employment rights, only the strong form of equal treatment, rather than the principle of proportionality, can raise women's rate of political participation. ① The Beijing Platform for Action, adopted at the Fourth World Conference on Women held in 1995, confirmed "the target endorsed by the Economic and Social Council of having at least 30 per cent women in positions at decision-making levels". However, as the situation in China has shown②, such a principle of proportional equality, although aimed at raising the rate of women's political participation, has in reality only led to the decline of the rate of women's political participation. In contrast, the strong form of equal treatment can better embody the principle equality by eliminating discrimination, including direct and indirect discrimination, in the area of political participation. An example of the strong form of equal treatment is Article 21 of the Norwegian Gender Equality Act, which provides that: "When a public body appoints or elects committees, governing boards, councils, boards, etc., each sex shall be represented as follows: If the committee has two or three members, both sexes shall be represented; if the committee has four or five members, each sex shall be represented by at least two members; if the committee has six to eight members, each sex shall be represented by at least three members…"

3. The Strong and Weak Forms of Equality: Opposition and Harmonisation

Many legal documents have provided for both the strong and the weak forms of equality. For example, the 1966 International Covenant on Economic, Social and Cultural Rights, while providing for equal rights in economic, social and cultural areas, also provides for the rights to special protection of the mother, the child and the juvenile. Special protection, as a weak form of equality applicable only in specific areas, should not affect the strong form of equality in other areas, or equality on the whole. Equal treatment does not exclude differences. More importantly, it does not necessarily lead to the result of equality. ③ As far as the principle of "treating like cases alike and unlike cases differently" is adhered to, the two forms of equal treatment can be kept within their respective scopes of

---

① Wang Haiming makes a distinction between fundamental rights and non-fundamental rights and maintains that proportional equality is only applicable to non-fundamental rights. The right to vote and the right to stand for election are the minimum-level, fundamental political rights whereas the right to hold public office is a higher-level, non-fundamental political right.

② See http://socialwatch.org/node/14367, visited on September 1, 2012.

③ Giovanni Sartori, *The Theory of Democracy Revisited*, Chinese edition (translated by Feng Keli et al.), (Shanghai: Shanghai People's Publishing House, 2009), p. 385.

application and can coexist without conflict. However, since adhering to the above principle is not easy in reality, we are often faced with two dangers: the first is inappropriate application of one form of equality, such as over-emphasizing differences or exceeding the scope of application of the weak form of equality. As a result, women are still confined by the male-dominant perspective and the same old disadvantaged position, and such a "protection" cannot change the low status of women. The second danger is an over-reliance on one form of equality. For example, the current system of protecting women's rights and interests in China too much focuses on the weak form of equality; it is believed that, as far as the necessary special protections are in place, anything else can be spontaneously resolved by society and free market competition without intervention by the government and other forces. The above two dangers will lead to two different results: the application of the weak form of equal treatment in areas in which the strong form of equal treatment should be applied and vice versa. In China, under the condition that the weak form of equality has been clearly provided for by law, special attention should be paid not to substitute the strong form of equality with the weak form of equality in the areas where the strong form of equality should be applied.

IV. The Strong Form of Equal Treatment Is a Standard against Discrimination in Employment

The legitimacy of equality and human rights themselves does not mean that they can be realized without regulation by government or intervention by law. Currently Chinese women face many unfavourable differential treatments as compared to men that impede the realization of their labour rights. [1] For example, a survey carried out by the Ministry of Labour and Society Security in 26 selected cities throughout China shows that 67% of the employers in these cities have in the recruitment of employees made restrictions on job applicants on the basis of gender or specifically stated that women may not become pregnant or give birth during the period of employment. Another survey shows that 80% of female college graduates in

---

[1]   Xue Ninglan, Gender and women's Rights, (Beijing: Social Sciences Academic Press, 2008), p. 108.

Midwestern areas have encountered gender discrimination in the job-seeking process. Most employers hold that female college graduates will soon face with marriage and childbirth, which will increase the cost of the enterprise. ① Gender discrimination runs through all stages of employment from job application to retirement and seriously affects women's survival and development. On the one hand, women, including female college graduates, are generally faced with difficulties in employment. For example, in gender-neutral occupations, more employment opportunities are given to women by private enterprises than by state-owned enterprises. Compared with men, women are more likely to find themselves in a condition of part-time or temporary employment. Gender segregation has emerged in certain professions and positions, for instance. On the other hand, different retirement ages for men and women have negative effects on women's promotion, training and living standard after retirement. This is why in these areas there is no legitimacy for the weak form of equal treatment. Discrimination in employment, whichever stage it is at and whatever its type, is always caused by the violation of the strong form of equal treatment. Therefore, the prohibition of discrimination is an important part of enforcing the strong form of equality in employment.

1. Clarifying the Criterion for the Determination of Discriminatory Acts

Discrimination means giving different treatments to individuals or groups who have the same status. A famous American sociologist David Popenoe defines discrimination as "unfair or unequal treatment imposed on someone because of his or her membership of a particular group or class."② According to the CEDAW, the term "discrimination against women" means any distinction, exclusion or restriction made on the basis of sex which has the effect or purpose of impairing or nullifying the recognition, enjoyment or exercise by women, irrespective of their marital status, on a basis of equality of men and women, of human rights and fundamental freedoms in the political, economic, social, cultural, civil or any other field. The ILO Discrimination (Employment and Occupation) Convention contains specific provisions on discrimination in workplace and exceptions to the

---

① "Do Chinese Women Still Need to Fight for Their Rights?" at http://www.china.com.cn/book/zhuanti/qkjc/txt/2007 −03/05/content_ 7906161_ 3. htm, visited on June 5, 2012.

② David Popenoe, *Sociology*, Chinese edition (translated by Li Qiang et al.), (Beijing: Renmin University of China Press, 2004), p. 306.

prohibition of discrimination. In its Discrimination (Employment and Occupation) Recommendation (R111), the ILO points out that all persons should, without discrimination, enjoy equality of opportunity and treatment in respect of— (1) access to vocational guidance and placement services; (2) access to training and employment of their own choice on the basis of individual suitability for such training or employment; (3) advancement in accordance with their individual character, experience, ability and diligence; (4) security of tenure of employment; (5) remuneration for work of equal value; (6) conditions of work including hours of work, rest periods, annual holidays with pay, occupational safety and occupational health measures, as well as social security measures and welfare facilities and benefits provided in connection with employment. The French Labour Code contains more concrete criteria on discrimination in employment. For example, it provides that "An employer may not state in a job advertisement or any other recruitment advertisement that a job is open only to persons of a particular gender or family condition or refuse to employ a person on ground of his or her gender or family condition. Otherwise he will be considered to have committed discrimination; an employer is considered to have committed gender discrimination if the salary he pays to a newly recruited male employee for a job is higher than the salary he pays to a female employee who has been doing the same job for several years." The U. S. Federal Court has adopted two standards on discrimination: differential-treatment-discrimination standard and differential-result-discrimination standard. The U. K. (Gender Discrimination Act), Australia (Equal Opportunity Act), Norway (Gender Equality Act) and Hong Kong Special Administration Region (Gender Discrimination Act) have divided gender discrimination into two categories: direct discrimination and indirect discrimination. The current Chinese law lacks the basis and technical support for the determination and measurement of discrimination, resulting in difficulties in the prohibition of discrimination. In reality, there is not only differential treatment discrimination, or direct discrimination, but also differential result discrimination, or indirect discrimination. The former is mainly a problem of law enforcement, while the latter is a problem of lack of clear legal provision. The strong form of equal treatment does not allow the existence of either direct or indirect discrimination. Because indirect discrimination is usually not open or deliberate, and the perpetrators often defend their acts on the ground of professional characteristics or special needs, such discrimination is difficult to identify. Therefore, the law on the prohibition of indirect discrimination must be clear, precise and detailed, so as to provide clear criteria for the determination of various discriminatory acts and to specify the nature and scope of legal remedies against allegations of discrimination. Meanwhile, the law should provide for exceptions to the prohibition of gender discrimination, such as special protection as a weak form of equal treatment, the employment opportunity available to only men or women because of the special nature of a profession, temporary special measures aimed at elimination of discrimination, etc. Moreover, anti-discrimination laws should shift the burden of proof in discrimination cases from the plaintiff to the defendant. The plaintiff only has to claim that he or she has been subjected to discrimination, and it is the obligation of the defendant to produce evidence to prove otherwise. Unless objective and valid evidence can be produced to prove the reasonableness of a differential treatment, such a treatment will be found to constitute discrimination.

2. Establishing Legal Responsibilities for Discrimination

Where there is damage, there is relief. The prohibition of discrimination in employment must be based on concrete legal responsibilities for discrimination and punishment for acts of discrimination in employment. Currently, China has not yet adopted an anti-discrimination law, and no concrete legal accountability and punishment is provided for many acts of violation of the strong form of equality, such as the discriminatory acts of the employers in the process of recruitment of employees. To solve this problem, China must adopt the legislation that takes into consideration all issues relating to remedies and accountability. It may learn from American experience and provide for such remedies as injunction, reinstatement, promotion and compensation for damages, so as to strengthen the protection of the victims of discrimination. The compensation for damages should include litigation fees. Punitive damages should be imposed on those who deliberately commit acts of discrimination. ① In such cases, compensation for spiritual damages should be considered if the discrimination has caused mental sufferings to the victim.

3. Establishing Special Supervisory Bodies

China has not yet established a special body responsible for ensuring that equal

---

① Yu Shuhong, "A Comparative Study on Legal Issues relating to the Prohibition of Discrimination in Employment", *China Legal Science*, No. 1, 2005, p. 135.

opportunity in employment be put in place. It has only established departments of labour administration to be responsible for supervising the enforcement of the labour law throughout the country. Since these bodies are too busy with other matters, they usually do not deal with the cases of discrimination on their own initiatives. In contrast, many countries and regions worldwide, such as the U. S. , the U. K, Australia and Hong Kong Special Administrative Region, have established equal opportunity commissions and various law enforcement mechanisms, which are playing an important role in eliminating discrimination in employment. For example, the U. K. established an Equal Opportunity Commission in 1976. The Commission is independent from the government and has the power to issue guidelines for implementing the anti-discrimination law; it also deals with litigations, especially class actions, brought in accordance with the anti-discrimination law. The U. S. adopted the Glass Ceiling Act, which relies on the intervention of public power to break the occupational segregation between men and woman and to eliminate obstacles to women's promotion. ① China should take the U. S. and U. K. experience as a reference and establish a specialized body, such as " Equal Opportunity Commission " or " Equal Employment Opportunity Commission". It is responsible for fighting against discrimination in employment, which includes not only gender discrimination, but also discrimination based on disability, geography location, and ethnicity. Such a body should have the right to bring directly lawsuits to the court, to initiate investigations on specific persons or matters, and to issue notice against discrimination.

V. Concluding Remarks

The development from " Frailty, thy name is woman" to a universal consensus on gender equality is a great social progress or transformation. The questions as to how to realize gender equality and what kind of gender equality to realize challenge not only the historical traditions, but also the wisdom and determination of the mankind. Generally flagged enthusiasm for special protections and disregard of various forms of discrimination at the current stage of development seems to be a

---

① Li Ying (ed.), *Investigation on Gender Discrimination in Workplace*, (Beijing: China Social Sciences Publishing House, 2010), p. 79.

realistic and convenient choice. However, this attempt to use special protection as a shield to protect against discrimination is destined to fail. Although the weak form of equal treatment is necessary, it has limited role and scope of application, namely it is mainly applicable in the areas of protection of women during the "four periods" and the prohibition of employment of women in occupations or work that are harmful to women. All the other areas, the strong form of equal treatment should be put in place without qualifications. Currently, the prohibition of discrimination is a very important social thesis as well as an important approach to the realization of the strong form of gender equality in employment. The protection of vulnerable groups should be focused on advocating the social rights of vulnerable groups and the principle of special protection. ① The protection of women as a social group differs from the protection of other vulnerable groups in that the former should focus on the strong form, rather than the weak form, of equal treatment, and attach instead importance to the principle of non-discrimination, rather than to the principle of special protection. Only under the strong form of equal treatment can women fight against discrimination, compete with men on equal basis, and reach their full potential in workplace.

(Translated by Bi Xiaoqing, proofread by Li Xixia)

---

① Qi Yanping (ed.), *Protection of the Rights of Vulnerable Groups in Society*, (Jinan: Shandong People's Publishing House, 2006), p. 108.

On Ways to Tackle Gender Discrimination in Promotion Opportunities in China's Labour Market

He Ling *

I. Questions Raised and the Research Status

The " glass ceiling " effect is used to describe the vertical occupational segregation in labour market, symbolizing various invisible barriers that block women from top jobs. [1] Does this phenomenon exist in China's labour market? According to the findings from the second sample survey on Chinese women's social status in 2000, among the women employees in urban areas, 6. 1% were heads of various departments, an increase of 3. 2% over the year 1990; 22. 8% were technical professionals, an increase of 5. 4% . Based on the sample survey data of 1% population in 2005, female leaders in enterprises·accounted for 21. 79% of the total number of leaders in enterprises, [2] while the female labour force participation was 45. 41% . [3] This shows that, with the establishment of socialist market economy in China, the society has provided more promotion opportunities for women in their career development. Nevertheless, the number of female leaders and technical professionals is still relatively small compared with

---

 * Law School of Southwest University for Nationalities.

 [1] Hymowitz, C. & Schellhardt, T. D. , "The Glass Ceiling: Why Women Can't Seem to Break the Invisible Barrier that Blocks Them from Top Jobs", *The Wall Street Journal*. No. 3, 1987.

 [2] Tan lin (ed.), *Annual Report on Gender Equality and Women's Development in China (2006 −2007)*, (Beijing: Social Sciences Academic Press, 2008), p. 418.

 [3] Ibid, p. 85.

their male counterparts. A research based on the analysis of findings of the second sample survey of women's social status in China, comes to a conclusion that there's a big difference in the occupational mobility pattern between man and women: 28. 91% of men have experienced upward mobility in their career while only 23. 97% women have experienced this, which is nearly 6% lower than that of men[1]. Chinese Constitution in Article 42 provides that "Citizens of the People's Republic of China have the right as well as the duty to work", and in its Article 48 clearly provides that "Women enjoy equal rights with men in all spheres of life, in political, economic, cultural, social and family life". However, gender-based employment discrimination is actually an existing social phenomenon in China: despite the increase in female labour force participation, the fact that most women are engaging in low-level occupations has become a problem in reality.

By adopting the method of systematic sampling, Kang Wanzhu conducted a survey of A-shares companies listed on Shenzhen and Shanghai Stock Exchanges on their female employees' positions in 2004. The result of the survey of 278 samples shows that, among the total number of directors, supervisors and senior executives in these listed companies, women account for a small share of only 13. 52% ; 33 out of the total 278 listed companies do not have female directors, supervisors or senior executives, making up for 11. 9% of the companies investigated. Of the senior positions in China's listed companies, women actually take up a very low proportion, and female representation falls with seniority. [2] As a matter of fact, gender discrimination in promotion opportunities has become a worldwide problem. For example, "Women on Boards: Hang Seng Index 2009" suggests that 8. 9% of board positions on the Hang Seng Index are held by women; women make up 47. 1% of the workforce in Hong Kong. The percentage of female directorships for US Fortune 500 is 14. 7% [3] in 2005, and for Canada FP 500 is 14. 0% [4] in 2009.

---

[1]　Song Yueping, "Occupational Mobility and Gender: A Review on Chinese Urban Labour Market", Thesis at China Economics Annual Conference, 2006.

[2]　Kang Zhuyuan, "Investigation of Women Who Hold Senior Management Positions in Chinese Listed Companies", *Collection of Women's Studies*, July, 2007.

[3]　*Catalyst, Catalyst census of women corporate officers and top earners and Catalyst census of women board directors*, http://www.catalyst.org, 2005.

[4]　Data source: *2009 Catalyst Census: Financial Post 500 Women Board Directors*, http://www.catalyst.org/.

The relevant research done by Janice D. Yoder (1991) shows those members of a subgroup accounting for 15% of the whole group can be defined as tokens, which will have a negative affect on the subgroup. The gender discrimination in occupation promotion opportunities is manifested as an inequality in the senior positions of companies, which will be aggravated with seniority. Gender discrimination in promotion opportunities tend to segregate female workers into lower level jobs within occupation for a long term, which is related to a lower pay accordingly, thus directly affecting women's economic status and finally reducing female labour force participation.

Although the researchers on employment discrimination in Chinese mainland have achieved quite a lot, only a few of them are specialized in the employment discrimination against women in terms of job promotion. By contrast, a lot of achievements in such special studies are found in foreign countries and Taiwan province. Basically, they can be classified into three groups.

The first group is the cause-and-effect analysis on discriminations in occupation promotion opportunities. Lloyd and Niemi (1979) believe that low income, high unemployment rate and occupational segregation of women can be attributed to their high mobility rate and the lack of continuity in working experience. Blau and Ferber (1986) hold that the different power between men and women in acquiring, controlling and dominating resources mainly depends on the gender division of labour system. Guy (1993) ascribed the "glass ceiling" effect to gender stereotypes. According to the "interaction theory" put forward by Cecilia L. Ridgeway (1997), the significant difference between men and women during the process of interaction results in their different confidence in position. Under the effect of self-fulfilling expectations, men and women with equal ability have different expectations for themselves; meanwhile, in order to maintain their advantageous status, men deliberately ignore or remove the factors that are detrimental to their rights and interests by taking the chance of occupying the position of authority, which makes it difficult for women to change the situation. Chen Mingxun, Wu Wenjie and Lu Qiuxia (2005) carried out an empirical investigation in the enterprises in Taiwan province and, after making the LISREL (Linear Structural Relation Model) analysis, they came to a conclusion that the factors affecting women's promotion opportunities mainly included human capital, social psychology and organizational systems, etc. [1] Zhang Chunxia (2006) explored the phenomenon of "glass ceiling" of women with higher educational background from perspectives of economics, sociology and psychology, and concluded that women's career development opportunities are mainly affected by gender discrimination and differences in human capital investment. [2] Moreover, the proportion of women holding important leadership positions is also an important indicator for measuring women's social status from a perspective of sociology, which is mainly used to study the degree to which women, as individuals or a social group are respected by other people or other social groups, and the degree of equality they enjoy in survival and development opportunities.

The second group is the analysis on gender discrimination in promotion opportunities and its context effects. Most of the analysis focuses on relations between gender features of boards of directors and performances of companies, but they didn't come to an agreement on whether there is a positive correlation between the two mentioned factors; instead, they came to different conclusions such as positive correlations, negative correlations and irrelevance between the two factors. Lazear and Rosen (1990) pointed out that the reason why gender wage gap is large is because that women get far less promotion opportunities than men. Zhang Kangsi (2009) studied the correlation and interaction between the employment gender discrimination and gender orientation in human capital investment, and pointed out that gender discrimination in employment results in less human capital investment in women, which in turn affects the improvement of women's ability and further aggravates gender discrimination in employment.

The third group is the analysis on measures for eliminating gender discrimination in promotion opportunities. Charles Tilly (1998) proposed in his "system theory" that discrimination should be examined from a perspective of structure and argued that the only way to reduce inequality in both life opportunities and welfare is a slow change in system and in human capital accumulation. Looking from a perspective of social-psychology, social prejudice doesn't necessarily lead to social

---

[1]　Zhang Kangsi: "Analysis on Interaction between Gender Discrimination in Employment and Trend of Human Capital Investment", *Journal of Zhejiang University (Humanities and Social Sciences)*, Sep., 2009, p. 110.

[2]　Zhang Chunxia: "The Entanglement of Gender Discrimination and Gender Human Capital Investment Difference", *Journal of China Institute of Industrial Relations*, No. 2, 2006.

discrimination; discrimination is related to relative weakness and inadequate "bargaining power" of those people who are discriminated. In order to reduce or eliminate social discrimination, on the one hand, the power of those people who are discriminated must be increased so as to prevent the existing prejudice from changing into discrimination; and on the other hand, those people who are discriminated must make efforts and enhance communication, so as to change the existing prejudice and prevent further prejudice. [1]

In summary, the studies on eliminating gender discrimination in promotion opportunities bear two characteristics: first, there are less empirical studies; second, the barriers to promotion opportunities could become the topic of research proposals of various social studies and from different research perspectives, bearing in mind the trend of interdisciplinary researches in research method.

As mentioned above, there have been a lot of research achievements in analysing the causes of gender discrimination in promotion opportunities from different perspectives. Therefore, the main purpose of this article is to study how to eliminate gender discrimination in promotion opportunities being as a phenomenon existing in China's labour market; review current legal documents in relation to this gender discrimination from a gender perspective, and attempt to answer the following questions:

1. Can the implementation of promotion quotas eliminate effectively gender discrimination in promotion opportunities? Will they prove adaptable to China's economy in transition?

2. How to choose institutional route eliminating gender discrimination in promotion opportunities?

3. What is the correlation between the protection of freedom of occupation and elimination of gender discrimination in promotion opportunities?

II. Current Legal Documents on Gender Discrimination in Promotion Opportunities in China: the Gender Perspective

As a legal analysis approach, gender is the product of international feminist

---

[1]   Huang Jialiang: "On the Socio-psychological Causes of Social Discrimination and Possible Solutions—An Analysis on Social Discrimination from a Perspective of Social Psychology", *Thinking*, No. 5, 2005.

movement, in particular, the product of feminist jurisprudence movement. Being
different from sex, gender refers to ideas, concepts and behavioural patterns based
on sex in a social sense. It is the acquired social role and the socially constructed
difference, namely, gender. ① Legal analysis from a gender perspective stresses a
transformation of women's experience into abstract legal language at the legislation
level instead of a simple request for equal rights between man and women, and
"when these differences are ignored under the name of equality between man and
women, the inequality continuously and actually existing between them will be
covered and rationalized. At least in the current social context, the formal equality
between man and women may always protect, instead of eliminating, the inequality
between them". ② Meanwhile, legal analysis from a gender perspective also pays
attention to the realization of legal objectives and its social effects.

Currently in China, regulatory legal documents concerning the prohibition of
discrimination in promotion opportunities mainly include the following. First, the
Law on the Protection of Rights and Interests of Women in Article 25 provides that
the principle of equality between men and women shall be upheld and discrimination
against women shall not be allowed in such aspects as promotion in position or in
rank, evaluation and determination of professional and technological titles. Second,
the international conventions ratified by China obligate it to fulfil obligations in
fighting against employment discrimination under the international framework. For
example, International Covenant on Economic, Social and Cultural Rights requires
that States Parties should ensure equal opportunity for everyone to be promoted in his
employment to an appropriate higher level, subject to no considerations other than
those of seniority and competence. The Convention on the Elimination of All Forms
of Discrimination against Women requires that State Parties shall take all appropriate
measures to eliminate discrimination against women in the field of employment in
order to ensure, on a basis of equality of men and women, the same rights, in
particular, the right to free choice of profession and employment, the right to
promotion, job security and all benefits and conditions of service and the right to
receive vocational training and retraining. Finally, the Chinese Constitution, Law on

---

① Catharine A. MacKinnon, "Feminism, Marxism, Method, and the State, Toward-Feminist
Jurisprudence", *Journal of women in Culture and Society*, Vol. 8, No. 4, 1983.

② Alison Jagg: "Gender Difference and Gender Equality", in Wang Zheng and Du Fangqing (eds.),
Selected Works on Gender Studies, (Beijing: SDX Joint Publishing, 1998), p. 196.

the Protection of Rights and Interests of Women, the Labour Law, and the Employment Promotion Law contain relevant provisions regarding the protection of rights and interests of women and the promotion of gender equality.

Typically, the relevant provisions of the above discussed regulatory legal documents possess three characteristics. First of all, they focus on formal equality between men and women in promotion opportunities. For example, Article 48 of Chinese Constitution provides that women "enjoy equal rights with men in all spheres of life, in political, economic, cultural, social and family life"; Article 12 of the Labour Law provides that "Workers shall not be discriminated against in employment due to their nationality, race, sex and religious belief"'; the Law on the Protection of Rights and Interests of Women provides that "To realize equality between men and women is a basic state policy", that "discrimination against, ill-treatment, abandonment, and cruel treatment of women shall be prohibited" and that "the State shall guarantee that women enjoy the equal right with men in work and social security". The Employment Promotion Law provides in its Article 3 that "Workers shall have the right to equal employment and to choose job on their own initiative in accordance with law. Workers seeking employment shall not be subject to discrimination based on factors such as ethnicity, race, gender, religious beliefs, etc." Second, the lack of operability in the enforcement of the relevant provisions is evident. For example, the Law on the Protection of Rights and Interests of Women provides that "anyone who violates this laws and infringes upon the rights and interests of a woman in the aspects of education, labour and social security, person, property, marriage, and family shall be ordered to make corrections by the entity he works for, or by administrative authority or by a higher level authority". However it is employers who have often discriminated against their employees. In this case, women workers could find it very difficult to seek remedies. Another example: the Employment Promotion Law provides that "If employer violates this law in relation to employment discrimination, workers may lodge a lawsuit in the people's court", but there is no definition of the term "employment discrimination" in the current Chinese legal system. The above two characteristics uncover exactly the third characteristic, namely: the established regulations lack a gender perspective, failing to comply fully with the obligations under the international conventions as regards the elimination of discrimination against women in promotion opportunity.

III. Adaptability of Affirmative Action Quotas to the Elimination of Gender Discrimination in Promotion Opportunities in China's Labour Market during the Transitional Period

The success in fighting against employment discrimination depends ultimately on the implementation of anti-discrimination laws. In some foreign countries, the rise in proportion of women to senior management positions is to a large extent attributed to the strict implementation of fair employment laws and to various measures taken to ensure a certain percentage of women in senior management of companies. For example, the Norwegian government required that, since January 2008, every organization quoted on Oslo Stock Exchange must have 40% of each gender on its boards of directors and those who fail to do so should be wound up. As a result, altogether about 560 to 600 female employees became members of boards of directors, according to the statistics. The Spanish government has required companies listed on IBEX until 2014 to ensure 40% female representation on their boards of directors. According to the report of The Times on January 21, 2010, the French Parliament reviewed a draft on January 20 proposing the boards of directors in large companies should include 40% female members. These measures taken by the government to eliminate gender discrimination in job promotion by setting up a proportion of female members in senior management of companies belong to one of the anti-discrimination affirmative actions, and are usually called promotion quotas. The United Nations once adopted the quotas system requiring that men and women should take up an equal proportion of 50% at the high level employment, so as to increase the proportion of women in employment. [1]

Originated in the U. S. , affirmative action[2] was once an important feature of the

---

[1]   See 45UN GA Res45/125, 45/239 C (Sep. 1990).

[2]   The term "affirmative action" has been translated into different terms in Chinese literature, such as "kendingxing xingdong", "zanzhuxing xingdong" or "jiji xingdong", "zanxing tebiecuoshi". Based on the Civil Rights Act of 1964, affirmative action is a policy issued by the U. S. Government in the form of executive order of the president in the 1960s and it's main purpose is to protect the blacks and other minorities from being discriminated against in the fields of employment and school admission, etc. so that they can enjoy equal treatment. Later it was amended by administrative orders, Congress legislation and decisions of the Supreme Court of the United States and its application scope has been extended to women, persons with disabilities, and etc.

country's system regulating employment discrimination. It refers to the positive measures taken by the government agencies or private enterprises voluntarily or reluctantly to provide more employment opportunities or other preferential treatment for members of specific disadvantaged groups through the implementation of various plans or programmes; meanwhile to reverse the negative effects of past discrimination, set up role models, eliminate stereotypes and prejudices against minorities and female workers, and increase their representation and diversity in workplace, etc. ① The purpose of affirmative action is to seek substantive equality through differential treatment and special protection of disadvantaged groups. The major forms of affirmative action include resource allocation, quotas, task and target setting, reporting, supervision and implementing measures as well as incentives given to employers adopting temporary special measures voluntarily, etc. ② Among them, resource allocation and quotas are the most controversial issues; the major reason for anti-quota narrative is that it would easily result in reverse discrimination and inefficiency.

As indicated above, the Law on the Protection of Rights and Interests of Women provides explicitly that to realize equality between men and women is a basic state policy of China; the state shall therefore take necessary measures to gradually improve various systems for the protection of women's rights and interests and to eliminate all forms of discriminations against women. Then, what necessary measures should China take to eliminate gender discrimination in promotion opportunities in its economic and social transitional period? Is affirmative action a necessary measure that must be taken to achieve substantive equality between men and women in promotion opportunities? And if so, do quotas—as a form of affirmative action—adapt to Chinese specific conditions in the country's economic and social transitional period?

3.1 Necessity for Affirmative Action Quotas in China

From a perspective of the protection of disadvantaged groups, affirmative action quotas can help transform formal equality into substantive equality. The foregoing

---

① Cing-Kae Chiao: "The Efforts Through Affirmative Action Programme in Eliminating Employment Discrimination in the U.S.", *Chang Gung Journal of Humanities and Social Sciences*, Vol. 2, Issue. 1.

② Li Weiwei and Lisa Stearns (eds.), *Prohibition against Employment Discrimination: International Standards and Domestic Practice*, (Beijing: Law Press China, 2006), pp. 51 −61.

analysis has showed clearly that gender discrimination in promotion opportunities is a common social phenomenon in China, and that regulatory legal documents protecting against this discrimination fail to produce a good effect as a result of the lack of a gender perspective. Therefore, in reflecting on administering gender discrimination in promotion opportunities, it is necessary to unveil the cover of formal equality and to seek substantive equality before promotion opportunities. It cannot be denied that, compared with male workers, female workers belong to the "disadvantaged groups" in the labour market. Thus, the incorporation of a gender perspective into law-making or public policymaking and the adoption of an affirmative action have become institutional choices under the guidance of the above value orientation; it is a special protection for the groups that are actually and obviously in a disadvantaged position. In other words, additional protection in this case is necessary by institutional arrangement.

From an efficiency perspective, Friedman believes that there's an economic incentive mechanism in the free market to differentiate economic benefits from other personal characteristics. A businessman or an enterprise that has a preference in its business operation irrelevant to production efficiency will be in a disadvantaged position and bear a higher cost than those who don't have such a preference. Therefore, he believes that those enterprises, which have preferences, will be driven out of the free market[①]and comes to a conclusion that direct government intervention in eliminating discrimination is neither necessary nor efficient as long as a competitive market system has the capacity to eliminate the discrimination. However, because the workers in Chinese present labour market do not have adequate bargaining power when signing a contract with their employers, his conclusion cannot apply completely to China's socialist market economy and adequate government interventions are justified.

3.2   Legitimacy of Affirmative Action Quotas in China

Since the affirmative action quotas are unequal at the starting line, their constitutionality has always questioned. In the U. S. , the Fourteenth Amendment to the U. S. Constitution has been generally regarded as a constitutional basis for

---

① Milton Friedman, *Capitalism and Freedom* (Chicago: University of Chicago Press, 1962), pp. 109 -110.

quotas against gender discrimination in promotion opportunities (the Amendment provides for equality before the law). However, in applying this constitutional principle, the US Supreme Court makes an important exception and allows the government to use ethnicity as a criterion to implement the law in the following two cases: first, to protect national security; second, to compensate for past discrimination. Then, how can quotas be both justified and legalized? Affirmative action can be directly provided for in a law, or an order, policy guidance, administrative direction and handbook, or agreed upon by collective negotiations between social organizations of public or private sectors. However, if quotas are provided for in a law as a kind of affirmative action to eliminate gender discrimination in promotion opportunities, discussions on their constitutionality will be unavoidable. The protection of the disadvantaged groups must be subject to constitutional government and the rule of law although it has reasonable social ethical basis. ①

The International Covenant on Economic, Social and Cultural Rights requires State Parties to "undertake to take steps to the maximum of their available resources", to "achieve progressively" the full realization of the rights recognized in the Covenant, including equal opportunity for everyone to be promoted in his employment to an appropriate higher level, subject to no considerations other than those of seniority and competence. According to the General Recommendation No. 25 of the Committee on the Elimination of Discrimination against Women, the purpose of the CEDAW is to eliminate all form of discrimination against women with a view to achieving women's de jure and de facto equality with men in the enjoyment of their human rights and fundamental freedoms. In order to achieve this goal, State Parties should take effective and temporary special measures such as targeted recruitment, hiring and promotion, numerical goals connected with time frames, as well as quotas system. In China, the Law on the Protection of Rights and Interests of Women provides that the state shall take necessary measures to gradually improve various systems for the protection of women's rights and interests and to eliminate all forms of discriminations against women. Although what are the necessary measures is not clearly defined in the law, this provision can be

---

① Su Li: "The Protection of the Disadvantaged and Equality before the Law—from the Death of Li Liyun-A Pregnant Woman", *Journal of Peking University*, November 2008, p. 11.

understood as a legislative orientation that positive measures can be taken to eliminate discrimination. Undoubtedly, the existing legal system in China has provided institutional and legal framework for developing affirmative action quotas.

However, adequate consideration should be given to possible criticisms if affirmative action quotas were to introduce in China, which might relate to the following two issues. The first issue is the reverse discrimination, violating the right of equality provided for in Chinese Constitution. The Constitution clearly stipulates that all citizens of the People's Republic of China are equal before the law; however, with limited social resources, granting preference to a minority group obviously means undermining interests of other groups. ① As a matter of fact, once a conflict happens, to reconstruct harmonious law requires one right must give in to another right (or interest), or both sides must make a concession to some degree. ②

The second issue is limited target groups, which affirmative action quotas might cover. The affirmative action quotas mainly solve the problem of lower women representation in senior management of enterprises. In this case, beneficiaries are those women who reach the upper-levels of management. However, this would produce other relatively disadvantaged groups within the same gender, for example, female migrant workers. The "term-disadvantaged group" is a relative concept based on a given ground. The protection of women's promotion opportunities only takes gender as a ground, including women workers as a target group; however, it doesn't exclude the protection of other disadvantaged groups judged from other grounds/dimensions.

3. 3   Affirmative Action Quotas and Corporate Social Responsibility

According to the Stakeholder Theory, corporate social responsibility means that, in market economy, the responsibility of enterprises is not only to pursue profit for their shareholders, but also to consider the interests of various stakeholders that impact (or are impacted by) corporate behaviours. Article 5 of the Company Law of China is usually regarded as the legal basis for requiring an enterprise to undertake social responsibility, providing that " When conducting business operations,

---

① See Zhang Qianfan: *Constitution*, (Beijing: Law Press China, 2004).
② See Karl Larenz, *Methodology of Law*, (Translated by Chen Ai'e), (Taibei: Wu-Nan Press, 1996).

companies shall comply with the laws and administrative regulations, social morality, and business morality. They shall act in good faith, accept the supervision of the government and general public, and fulfil social responsibilities". However, as this provision doesn't specifically for-see how to fulfil corporate social responsibility and what the legal obligations of companies are corporate social responsibility is still lingering between legal responsibility and moral codes. ①

Corporate social responsibility is governed by a regulatory system and is comprised of social responsibilities respectively provided for by laws, by moral restrictions and by self-discipline in trading. ② Under such a system, corporate social responsibilities with regard to gender discrimination in promotion opportunities can be divided into different levels according to the extent of restriction. First of all, compliance with the principle of non-discrimination is the responsibility that enterprises should take at the legal level. This is provided for in the Labour Law (Article 12) "Workers shall not be discriminated against in employment due to their ethnicity, race, sex or religious belief", the Law on the Protection of Rights and Interests of Women (Article 2), which says that "discriminating against, maltreating, abandoning and physically abusing women are prohibited", and the Employment Promotion Law (Article 3), providing "Workers shall have the right to equal employment and to choose job on their own initiative in accordance with law". Secondly, non-discrimination in promotion opportunities is a self-discipline guide included in the corporate social responsibility criteria of trade associations and stock exchanges. The Social Responsibility Guide for Listed Companies in Shenzhen Stock Exchange requires that the listed companies shall not interfere with their employees' freedom of belief, or discriminate against them in terms of employment, remuneration, training opportunities, promotion, dismissal and retirement due to their nationality, race, religious belief, gender and age etc. China Social Compliance for Textile & Apparel Industry (CSC9007) strictly prohibits enterprises from discriminating against their employees on the grounds of their nationality, race, religious belief, disability and personal characteristics; it further stipulates that employees shall not

---

① Zhu Ciyun: "Corporate Social Responsibility: Lingering between Legal Responsibility and Moral Codes", *Peking University Law Journal*, No. 1, 2008.

② See Hou Shuiping: "Construction of Corporate Social Responsibility System from a Perspective of Regulation", Collection of Theses at the Annual Conference of China Commercial Law Society in 2009.

receive unfair treatment in terms of recruitment, training, promotion,
remuneration, welfare, social insurance, dismissal and retirement due to their
nationality, race, religious belief, disability and personal characteristics. The
Guidelines on Social Responsibility for China' Industrial Enterprises and Industry
Associations (GSRI-CHINA) strictly prohibits gender discrimination in
recruitment, remuneration, welfare and promotion. Lastly, the adoption of
affirmative action quotas is a moral responsibility. As already mentioned, under the
existing institutional framework, quotas may find their justification and legitimacy.
In addition, the Code of Corporate Governance for Listed Companies in China also
requires the listed companies to provide necessary conditions to protect the rights
and interests of stakeholders. However, enterprises being forced to meet quotas for
women so as to solve the problem of under-representation of women in senior
management are easily to trigger disputes, because decision-makers are closely
connected with the operation of enterprises. More importantly, so far, no common
understanding has been achieved on the relationship between gender composition of
boards of directors and company performance in listed companies; therefore, it
becomes indeed necessary to critically re-asses moral responsibility and re-consider
how to make companies responsible for the elimination of gender discrimination in
promotion opportunities.

Then, what we shall consider is how to affect distribution of resources through
institutional arrangement or how to affect behaviour choice of enterprises through
incentives mechanism. The best institutional arrangement should be a combination
of profitability with social responsibility, so as to reconcile the contradiction
between requirement by technical environment for company efficiency and
requirement by institutional environment for " legitimacy " of corporate social
responsibility. [1] The government may consider adopting tax incentives to
encourage enterprises to adopt quotas eliminating gender discrimination in
promotion opportunities, and giving new incentive to enterprises so that they can
take more active measures to shoulder social responsibility. Different countries have
already adopted such measure. For example, in order to increase the representation

---

[1] "Legitimacy" not only refers to the role of the legal system, but also to the influence of institutional
environment such as cultural system, ideological system and social expectation on organization
behaviour.

of women in senior management, the Italian government, grants legal credibility
and financial support to those enterprises where women account for a majority of
employees or women have a higher representation in senior management in the
fields of agriculture, handicraft industry, commence and industry. Another example
is China, which also uses the tax incentive to promote employment for a special
group of persons. Article 17 of the Employment Promotion Law promotes the
employment of disabled persons by offering tax preferential treatment to enterprises
that meet the prescribed ratio of offering jobs to disabled persons, or that employ
disabled persons in a centralized manner. Shanghai Municipal Government once
adopted an administrative regulation concerning tax incentive policy in order to
solve the problem of reemploying discharged military professionals. ① On the other
hand, the listed companies do have internal motivation to make specific
arrangement in order to undertake relevant social responsibilities. Given the context
of economic globalization, if they protect gender equality in promotion
opportunities according to the internationally recognized standards, it will be much
easier for them to win international competitiveness, make contact with other
enterprises, have access to resources, and obtain more government support and
recognition, thus improving their capacity to exchange resources and
competitiveness.

IV. Selection of Ways to Tackle Gender Discrimination in Promotion Opportunities

Since the reasons for discrimination are complex, discrimination problem cannot
be solved once and for all simply by laws and regulations. To address this problem,
the following three factors should be taken into consideration: first, to take active
measures to ensure gender equality in human capital investment and to increase
competitiveness of female workers in the labour market; second, to make laws from
a gender perspective tackling discrimination in the labour market and providing
remedies to victims of past discrimination; third, to establish a completely
competitive labour market through system regulation, to protect workers' right to

---

① See Notification on Issuing the "Provisional Measures of Shanghai Municipality for Reemployment of
Discharged Military Cadres Who Chooses Job on His Own Initiative", Document No. 16 [2002].

free choice of occupation, and to eliminate various forms of discrimination in the labour market. All these three factors are important and should be given equal attention.

4. 1   Ensuring Equal Gender Opportunity in Human Capital Investment at Institutional Level

Human capital refers to the knowledge, competences and health formed through investment in human being. [1] It is formed through investment in medical care and health, school education, training of on-the-job staff, and investment in migration activities of an individual or family to adapt to changes of employment opportunities, among which education and training are the most important human capital investment. [2] Education is an important variable not only affecting women's labour productivity, but also affecting their occupational status, i. e. the higher education a woman receives, the higher her human capital stock is, hence the stronger her earning capacity is, and the bigger chances she will (have to) be promoted to a higher position.

According to sample survey data of 1% population in 2005, women aged from 6 accounted for 49. 8% of the total population of the country, 72. 7% of the uneducated population, 51. 2% of the population having received primary school education, 45. 5% of the population having received junior middle school education, 43. 2% of the population having received high school education, and 42. 7% of the population having received higher education. The survey also showed that 73. 6% of the total number of illiterates was women. According to the China labour statistics from 2006, women employees who hadn't received school education took a proportion of 10. 2% , those who had received primary school education accounted for 33. 7% , those who had received junior middle school education accounted for 40. 6% , those who had received high school education made up for 9. 6% , those who had received college education: 4. 0% , those who had received university education: 1. 8% , and those who had received post-graduate education only accounted for 0. 16% . Meanwhile, in statistics of the

---

[1]   Theodore W. Schultz, *Investment in Human Capital*, (Beijing: Beijing Institute of Economics Press, 1990), pp. 1 −16.

[2]   [American] Gary S. Becker: *Human Capital: A Theoretical and Empirical Analysis, with Special Reference to Education*, (Translated by Guo Hong), (Beijing: CITIC Press, 2007), p. 2.

Educational Attainment of Male Employed Persons by region, the corresponding proportions were 3. 8% , 26. 7% , 48. 6% , 13. 8% , 4. 5% , 2. 4% and 0. 29% . The comparison of these statistics shows that the number of women illiterates was larger than that of men illiterates and the proportion of women was smaller than that of men for receiving all levels of education, except the primary education level.

To tackle gender discrimination in promotion opportunities requires the equality of opportunities in human capital investment. Three reasons account for this. Firstly, as Becker pointed out: "the only important factor determining the amount of investment in human capital may be the profitability or return of the investment", and the return on female human capital investment is no less than men. Secondly, since Chinese Constitution explicitly stipulates that the right to education is a basic right of citizens, and according to the constitutional principle all persons are equal before the law, gender shouldn't be a barrier to enjoying the right of education; hence, equal rights and interests and opportunities should be given to women in human capital investment. Third, to receive on-the-job training will lower the work replacement ratio of female workers and help them move to a higher occupational level. Education includes not only general education but also on-the-job training. The former is a pre-employment education while the latter is more important for promotion opportunities. On the one hand, quit rate and lay-off rate is inversely proportional to the amount of professional training. [1] On the other hand, the professional job training may increase the specificity of human capital, which is an important basis for the owner of human capital to participate in corporate governance, because the accumulation of specific human capital will produce future bargaining power and thus may change the existing state of interest. [2]

After paying the cost for professional training, enterprises don't like the mobility of their employees because this will bring them losses; so they rationally choose to offer a higher salary to their employees and promote them to a higher level. However, enterprises usually give different opportunities of human capital

[1] [American] Gary S. Becker: *Human Capital: A Theoretical and Empirical Analysis, with Special Reference to Education*, (Translated by Guo Hong), (Beijing: CITIC Press, 2007), p. 24.

[2] Yang Ruilong, Zhou Ye'an: "A Framework of Normative Analysis on Enterprise Ownership Arrangement—with Comments on the Opinion of Zhang Weiying, Zhou Qiren and Cui Zhiyuan", *Economic Research*, No. 1, 1977.

investment to their employees with different genders. In China, Article 68 of the
Labour Law requires that employers should "establish a job training system … and
carry out job trainings to workers in a planned manner". Hence the elimination of
gender discrimination in promotion opportunities requires us to eliminate gender
discrimination tendency in human capital investment, increase educational and
training opportunities for women and upgrade their occupational competitiveness,
which is a way to improve women's occupational status and help them gain equal
opportunities in career development.

4.2　Adopting Legislation against Gender Discrimination in Promotion Opportunity from a Gender Perspective

Gender discrimination in promotion opportunities is a kind of gender
discrimination during the process of occupation. Laws and regulations on gender
equality in employment are widely valued in the world. Many countries and regions
have not only adopted special legislation models, but also established independent
law enforcement agencies to ensure equality in employment. For example, the
Norwegian Gender Equality Act, and Gender Equality Ombudsman and Gender
Equality Appeals Board appointed by the King in Norway; the Act on Equal Pay to
Man and Women in Denmark; the Equal Treatment (Men and Women) Act on
of the Netherlands; the Sex Discrimination Ordinance and Equal Opportunities
Commission in Hong Kong Administrative Region, as well as the Law on Gender
Equality in Employment in Taiwan province etc. In the U.S., there is not only
the Equal Employment Opportunity Act which stipulates that women shall enjoy
equal rights with men in salary and conditions, employment opportunities and
promotion, and its executive body—the Federal Equal Employment Opportunity
Commission. The Glass Ceiling Act from 1991 specially stipulates that the Federal
Government shall establish a Federal Glass Ceiling Commission whose major task is
to study how to eliminate the barriers to women and minorities' promotion to the
position of a manager and decision-makers and how to increase their opportunities
and development experience in this regard; at the same time, the Commission can/
or shall give a package of incentive measures to those employers who actively
promote women and minorities to management or decision-making positions.
Moreover, the Commission is also authorized to take necessary measures to increase
women and minorities' opportunities to be promoted to the management and

decision-making positions.

So far there hasn't been any anti-discrimination law in China to accommodate women's special need. Instead, there is only the guarantee of labour rights in the limited anti-discrimination rules, or an objective standard set up beforehand to be a legislative target. And for historical and cultural reasons, men set most of the standards. Hence to some extent, the real nature of law is patriarchal. ① This is why the value orientation of special legislation in anti-sexual discrimination from a gender perspective should give top priority to strict equality without the exclusion of differential treatment, pay more attention to female experience during the law-making process and follow a way in finding out "how to gain power and use the power and act according to their own will" for women as a group, ② instead of simply giving them "state custody".

4.3　Correlation between the Elimination of Gender discrimination in Promotion Opportunities and Protection of the Right to Free Choice of Occupation

"Since our occupation usually determines where we live and who we'll live with, therefore, for our happiness, the freedom to choose an occupation may be more important than the freedom of spending our income in spare time." ③ The Universal Declaration of Human Rights of 1948 provides that everyone has the right to work, to free choice of employment, to just and favourable conditions of work and to protection against unemployment. The German and Japanese constitutions have relevant provisions on occupational freedom, and Article 12 of the German Basic Law provides that: "All Germans have the right to free choice of occupation, working position and places of education". Chinese Constitution doesn't directly provide for citizen's right to free choice of occupation. However, the freedom of occupation, freedom of business operation, freedom of migration (in an economic

---

① Guo Huimin, "Women Participation and Gender Restriction in Labour and Employment Legislation", *Feminist Philosophy and Public Policy*, Edited by Qiu Renzong, (Beijing: China Social Sciences Press, 2004), p. 199.

② Eiichi Hoshino, *Private Person-to the Property on the Law of the Civil Code*, (translated by Wang Chuang), (Beijing: Law Press China, 2004), p. 85.

③ Friedrich August Hayek, *The Road to Serfdom*, (Translated by Wang Mingyi, Feng Xingyuan), (Beijing: China Social Sciences Press, 1997), p. 93.

sense) and freedom of association (in an economic sense) constitute economic freedom, which is the core of citizens' basic economic right. ①

According to the theory of obligation hierarchy, obligations corresponding to every basic right are divided into three types: to avoid depriving, to protect from deprivation, to aid the deprived. ② When applying this theory to analyse the freedom of occupation, which belongs to economic and social rights of citizens, the first level of a State's obligation should be to respect for individuals' freedom of occupation; the second one should be that the State shall provide legal remedies for individuals being deprived of his or her freedom of occupation; the third should be that the State should promote actively measures for individuals' freedom of occupation. The State's obligation can be further divided into obligation to be carried out in individuals' pre-employment period and that in their career process; it respects, protects and realizes the freedom to choose an occupation and freedom of job mobility contained in the freedom of occupation. Occupational promotion is the upward mobility of individuals in an organization during the process of occupation. The distribution of the promotion as a kind of resources is conducted and completed within the organization and the result of the distribution will greatly affect individuals' life opportunity and distribution of resources in the society. If the female occupational group has equal labour productivity with the male occupational group, they should get the matched positions. In other words, they should enjoy equal promotion opportunities with men if they have the same qualification and capacity. Therefore, to eliminate gender discrimination in promotion opportunities and increase opportunities open to everybody under same conditions, are the inevitable requirements of protecting freedom of occupation.

V. Conclusion

The barriers blocking women's occupational promotion is a complex

---

① Wu Yue, *An Introduction to Economic Constitution—Game between Economic Rights and Power in China under Transformation*, (Beijing: Law Press China, 2007), p. 132.

② Henry Shue, *Basic Rights: Subsistence, Affluence and U. S, Foreign Policy*, Second Edition, (Princeton: Princeton University Press, 1996), pp. 52 –53. CF: Huang Jinrong, *A Theory on the Justiciability of Economic and Social Rights*, (Beijing: Social Sciences Academic Press (China), 2009), p. 143.

phenomenon. It is created from various political, economic and social factors. Furthermore, the complexity of the phenomenon is compounded by the combination of these factors with the imbalance of labour supply and demand, as well as the country's social and economic transformation. Therefore, to eliminate discrimination against women in promotion opportunities and to improve upward mobility for women in their career process requires not only the guidance of public policy and adopting new regulation within the national legal system, but also the improvement of the concept of institutional factors behind the market. This also implies that it is a long process and needs to be treated through comprehensive measures.

(Translated by Li Ling, proofread by Li Xixia)

图书在版编目（CIP）数据

妇女社会权利的保护：国际法与国内法视角：全 2 册/李西霞，
（瑞士）弗莱纳主编. —北京：社会科学文献出版社，2013.5
（中国法治论坛）
ISBN 978－7－5097－4534－2

Ⅰ.①妇…　Ⅱ.①李…　②弗…　Ⅲ.①妇女儿童权益保护－
研究　Ⅳ.①D913

中国版本图书馆 CIP 数据核字（2013）第 080416 号

·中国法治论坛·

妇女社会权利的保护：国际法与国内法视角（上、下册）

主　　编／〔中国〕李西霞
　　　　　〔瑞士〕丽狄娅·R. 芭斯塔·弗莱纳

出 版 人／谢寿光
出 版 者／社会科学文献出版社
地　　址／北京市西城区北三环中路甲 29 号院 3 号楼华龙大厦
邮政编码／100029

责任部门／社会政法分社（010）59367156　　责任编辑／杨惠媛　郁　青　关晶焱
电子信箱／shekebu@ ssap. cn　　　　　　　　责任校对／王翠荣
项目统筹／刘骁军　　　　　　　　　　　　　责任印制／岳　阳
经　　销／社会科学文献出版社市场营销中心（010）59367081　59367089
读者服务／读者服务中心（010）59367028

印　　装／三河市尚艺印装有限公司
开　　本／787mm×1092mm　1/16　　　　　印　　张／81
版　　次／2013 年 5 月第 1 版　　　　　　　字　　数／1472 千字
印　　次／2013 年 5 月第 1 次印刷
书　　号／ISBN 978－7－5097－4534－2
定　　价／280.00 元（上、下册）